KB215037

WESTERN CIVILIZATIONS

새로운 서양 문명의 역사

✦ 하 ✦

근대 유럽에서 지구화에 이르기까지

지은이 주디스 코핀·로버트 스테이시

옮긴이 손세호

소나무

WESTERN CIVILIZATIONS 16th edition

Copyright ⓒ 2008 by W. W. Norton & Company, Inc.

All rights reserved

Korean translation copyright ⓒ 2014 by SONAMOO Publishing Co.

Korean translation rights arranged with W. W. Norton & Company

through EYA (Eric Yang Agency)

이 책의 한국어판 저작권은 EYA (Eric Yang Agency)를 통한
W. W. Norton & Company사와의 독점 계약으로 한국어 판권을 '소나무'가 소유합니다.
저작권법에 의하여 한국 내에서 보호를 받는 저작물이므로 무단 전재와 복제를 금합니다.

새로운 서양 문명의 역사 (하)

초판 발행일 | 2014년 3월 1일
4쇄 발행일 | 2021년 8월 20일

지은이 | 주디스 코핀·로버트 스테이시
옮긴이 | 손세호
펴낸이 | 유재현
출판감독 | 강주한
편집 | 박수희·온현정
마케팅 | 유현조
디자인 | 박정미
인쇄·제본 | 영신사
종이 | 한서지업사

펴낸 곳 | 소나무
등록 | 1987년 12월 12일 제2013-000063호
주소 | 412-190 경기도 고양시 덕양구 현천동 121-6
전화 | 02-375-5784
팩스 | 02-375-5789
전자우편 | sonamoopub@empas.com
전자집 | http://post.naver.com/sonamoopub1

ISBN   978-89-7139-093-1   04920
          978-89-7139-091-7   (전2권)

이 도서의 국립중앙도서관 출판시도서목록(CIP)은 서지정보유통지원시스템 홈페이지(http://seoji.nl.go.kr)와
국가자료공동목록시스템(http://www.nl.go.kr/kolisnet)에서 이용하실 수 있습니다.
(CIP 제어번호 : CIP2014004496)

새로운 서양 문명의 역사

하

근대 유럽에서 지구화에 이르기까지

지은이 주디스 코핀·로버트 스테이시

옮긴이 손세호

Western Civilizations

제7부
세계의 중심에 선 서양

제8부
서양과 세계

머리말

1920년대 이래로 서양 문명의 역사에 대한 탐구는 미국의 대학 및 고등학교 교과과정에서 중심적 위치를 차지하고 있다. 그러나 '서양 문명(Western Civilization)'이라는 개념은 모호하고 논란의 여지가 있어 보인다. 그러므로 이 용어의 의미가 무엇인지를 정의하는 것으로부터 이야기를 시작하는 것이 적절해 보인다. 이 책의 저자인 우리는 이 주제를 어떻게 이해하는가?

20세기 대부분의 기간 동안 '서양' 문명이란 곧 '서유럽 문명'을 뜻했는데, 여기에 고대 근동 역사가 덧붙여진 것은 얼마간은 자의적인 일이다. 서양 문명은 수메르에서 시작해 이집트에서 발전하고 그리스에서 꽃을 피운 것으로 설명되었다. 그것은 그리스에서 로마로 확산되었고, 다시 프랑스, 독일, 잉글랜드, 이탈리아, 에스파냐로 전파되었으며, 에스파냐의 식민지 정복자들을 통해 1492년 이후 아메리카 대륙으로 옮겨졌다. 그 결과 서양 문명은 마치 여러 군데 역들을 통과하는 기차와도 같이, 정차할 때마다 새로운 '화물'을 싣지만 기관차와 화물차는 언제나 동일한 것으로 파악되었다.

서양 문명에 대한 이러한 시각은 선택적인 것일 뿐만 아니라 논쟁의 여지가 있는 일련의 가정과 결부되어 있다. 그것은 1800~1950년 사이 유럽 제국주의 열강의 세계 지배를 수천 년에 이르는 역사적 발전의 절정으로 간주하며, 역사가는 마땅히 그렇게 설명해야만 한다고 전제한다. 또한 그것은 19세기와 20세기 유럽의 세계 지배가 유럽의 제국주의 팽창기에 정복된 아프리카, 아시아 및 아메리카 원주민 문명에 대한 서유럽 문명의 우월성을 반영 또는 입증하는 것으로 가정한다.

오늘날의 역사가들은 이 같은 관점이 얼마나 많은 것을 빠뜨리고 있는지를 예리하게 간파하고 있다. 이러한 관점은 유럽 팽창 과정에서 행해진 강탈과 기만을 간과한다. 또한 수많은 다른 문화를 하찮게 여기면서 그 문화들의 세련됨과 역동성과 휴머니티를 무시한다. 비잔티움과 이슬람의 결정적인 중요성을 간과함으로써 유럽 문명의 발전에 관해 오도되고 편협한 설명을 제시한다. 또한 그것은 1492년 이후 남북 아메리카에서 창조된 문명에 대해 그릇된 설명을 제공한다. 그것은 혼합적인 문화이며, 단순히 유럽 문화가 다른 지역에 이식된 것에 그치지 않는다는 식이다. 이렇게 말한다고 해서 서양 문명에 대한 연구를 세계 문명사 연구로 대치시켜야 한다고 주장하는 것은 아니다. 다만 서양의 역사적 발전을 이해하려면 서유럽보다 더 넓은 지리적·문화적 맥락 속에서 바라보아야 한다는 것을 강조할 뿐이다. 패권주의에서 벗어날 때 서양 문명의 다양하고 다채로운 역사는 한층 더 흥미롭게 다가온다.

따라서 우리가 말하는 서양 문명은 '단수형'이 아니라 '복수형'이다. 서양 역사는 단일한 연속적인 문화로 이해되어서는 안 된다. 다수의 서양 문명이 있었고, 그 문명들의 근본 성격은 시간을 경과하면서 현저하게 변화되었다. 우리는 '서양'이란 용어를 기원전 3500년에서 서기 500년 사이 지중해 부근에서 발달한 주요 문명들을 가리키는 지리적 명칭으로 간주한다. 또한 서기 500년 이후 지중해 세계에 등장한 세 개의 문명—고대 그리스·로마 세계는 중세에 접어들어 이슬람 문명, 비잔티움 문명, 라틴 그리스도교 문명 등으로 나뉘었다—을 '서양' 문명으로 간주한다. 이들 세 개의 서양 문명이 상호 의존하면서 주고받은 영향들은 이 책 전반부에서 반복적으로 설명될 것이다. 우리는 1500년 이후 유럽이 접촉하기 시작한 다른 문명과 유럽 사이의 복잡한 관계에 대해서도 동일한 접근방식으로 서술할 것이다.

『새로운 서양 문명의 역사』는 3세대에 걸친 역사가들의 학문적 노력에 기반을 두고 있다. 에드워드 맥널 번즈, 로버트 러너, 스탠디시 미첨은 변화하는 환경과 사회와 문화에 평범한 사람들이 어떻게 다양한 방식으로 반응했는지에 유의하면서 생동감 있는 문체로 이 책을 집필했다. 우리는 그들의 업적을 토대 삼아 전통적인 강점을 고스란히 유지하고자 힘썼다. 우리는 이를 위해 서술방식에 유의했고, 정확성을 양보하거나 복잡성을 무시하지 않으면서 서술의 명료성과 이해가능성을 추구했으며, 정치와 문화를 하나의 공통된 세계사적 경험의 일부로서 제시하고자 했다.

우리는 또한 교사, 학생, 역사학자의 역사적 관심의 변화를 반영해 이 책에 커다란 변화를 주었다. 서양 문명에 대한 지식수준의 확대에 부응해 우리는 서유럽 바깥 세계에 한층 더 주의를 기울였다. 사회사·문화사 및 여성사의 새로운 학문적 업적을 본문의 설명에 융합시키는 동시에 경제사·종교사·군사사에도 한층 주의를 기울였다. 다양한 서양 문명들이 각자의 고유 영역 및 정복 영역을 통치한 다양한 방식에도 각별한 주의를 기울였다. '제국'은 4,000년 이상 서양 역사에서 하나의 일관된 주제였다. 이 책을 개정하면서 우리는 그것의 중요성을 공정하게 평가하고자 했다.

제16판에서 바뀐 점

이 책 전체를 통해 우리는 본문과 시각 자료와 교수법을 통합시키려 했다. 다양한 이미지를 도입하고, 핵심 문제를 반복 서술했으며, 인용 자료에 대한 학습 문제를 추가하고, 본문을 업데이트했다. 이런 변화는 본문을 좀 더 독자에게 친근하게 만들고, 교수와 학생이 다같이 본문을 그들의 특정한 학습 과정과 관심사에 맞춰 적용할 수 있게 하기 위해서이다.

'제1부 고대 근동'은 이미 제14판에서 완전히 재구성되고 재서술되었다. 그러나 우리는 본문은 물론 도판과 자료 선정에서 많은 변화를 주었다. 제1장에서는 선사 시대 및 최초의 성읍·촌락의 등장에 관련된 설명이 업데이트되었는데, 특별히 차탈휘위크에서 진행 중인 흥미로운 고고학 연구에 주의를 기울였다. 우리는 수메르 종교에 대한 설명을 수정했고 최고 여사제이자 사르곤 1세의 딸 엔헤두안나에 대한 설명을 추가했다. 제2장에서는 하트셉수트의 여성 파라오로서의 역할에 관한 설명을 수정했다.

제2부의 모든 장에서 서술이 한층 다채롭게 개선되었다. 제4장에서 헬레니즘 종교, 특히 '신비 종교'에 관한 설명을 수정했다. 최근의 학문적 성과를 반영해 제정 초기에 로마를 휩쓸었던 새로운 종교의 사례로서 미트라교를 제5장에서 설명했다. 또한 제5장에서 로마 제국의 경제에 대한 새로운 설명을 접할 수 있을 것이다. 제6장에서는 5세기 서로마 제국의 멸망에 대해 완전히 새로운 설명을 제시했는데, 로마 몰락의 돌발성과 그 붕괴가 로마 경제 및 서로마 제국 내의 생활수준에 미친 엄청난 영향을 강조했다. 이 책의 다른 부분과 마찬가지로 제6장에서도 최근까지 연구된 학자들의 견해를 균형감 있게 반영하려고 노력했다.

'제3부 중세'의 제7장에서는 바이킹을 독립된 절로 서술했다. 또한 이슬람교 시아파와 수니파의 분열에 관한 설명을 수정하고, 초기 이슬람 문명의 유럽에 대한 영향을 새롭게 평가했다. 『쿠란』에 나오는 유대인과 그리스도교도에 대한 언급을 '우마르 협정'과 나란히 자료 상자에 새롭게 수록했다. 제8장에는 1096년 제1차 십자군 소집에 관련된 새로운 자료 상자를 추가했다. 중세 전성기의 기후 변화에 대한 새로운 설명도 접하게 될 것이다. 제9장에는 종교적 직책으로서의 왕권에 대한 새로운 자료 상자를 올렸는데, 이를 통해 서임권 투쟁의 쟁점이 무엇이었는지를 좀 더 쉽게 이해할 수 있을 것이다.

'제4부 중세에서 근대로'는 중세 말기를 다룬 완전히 새로운 장(제10장)으로 시작한다. 제10장에서는 흑사병 위기에 직면했던 유럽인의 탁월한 회복력과 창조성을 강조하고 있다. 사회·경제·종교에 미친 전염병의 광범한 영향이 중심 주제이다. 최근 흥미롭게도 역사가와 역학자(疫學者) 사이에서 흑사병이 과연 선(腺)페스트였는지 아니면 전혀 다른 질병이었는지를 놓고 상당한 의문이 제기되고 있다. 이 새로운 장은 이 논쟁에 대한 최근의 설명을 포함하고 있는데 이 논쟁은 아직도 해결되지 않은 채로 남아 있다. 제13장 종교개혁에서는 '개혁과 훈련'이라는 새로운 절과, 결혼과 독신주의에 대한 루터파와 가톨릭의 대립된 입장을 보여주는 새로운 문헌 자료를 접하게 될 것이다.

제5부 '제16장 17세기의 새로운 과학'은 명료하고 이해하기 쉽게 고쳐 썼다. 과학지식·관행·제도의 변화를 강조했다. 지성사에 관한 모든 논의가 그렇듯이, 새로운 사상이 어떻게 등장했으며, 어떻게 철학자·지배자·관료로부터 탐험가·예술가·기술공에 이르는 다양한 사람들의 관심사로 확산·유포되었는지를 중점적으로 설명했다.

제6부에서는 나폴레옹 제국 및 그것이 유럽과 세계에 남긴 유산에 대한 설명을 확대했다. 제21장에서는 남북 아메리카 대륙의 노예제 및 노예제 폐지에 관한 설명을 더 늘렸는데, 그것은 제16장에서 다룬 아이티 혁명에 대한 후속 설명이다. 우리는 이 장을 미국 남북전쟁 앞에 배치시킴으로써 미국의 역사적 발전을 좀 더 포괄적이고 비교사적인 관점에서 볼 수 있도록 했다. '서양'과 같이 정의하기 까다로운 주제를 다룰 경우 어떤 설명방식을 취한다 해도 전부를 다 포괄할 수는 없다. 그러나 우리는 비교사와 세계사에 유념하면서 노예제 폐지의 정치학 같은 주제를 선별해 다루었다. 같은 이유로 제22장에서는 미국의 제국주의에 관한 설명을 확대했다.

제6부는 주제별로 체계화했다. 제19장에서는 사회·경제·문화의 관계에 주목하면서 산업사회—또는 삶의 방식으로서의 산업—에 초점을 맞추었다. 제20장과 제21장은 격동의 19세기 혁명사를 둘로 나누어 해당 주제를 이해하기 쉽도록 서술했다. 제20장은 1789년 프랑스혁명에 대한 반동으로부터 1848년 재발된 혁명에 이르기까지를 다루고, 19세기의 정치 이데올로기와 문화운동에 관해 설명했다. 제21장은 중·동부 유럽의 혁명에서 출발해 이들 혁명이 초래한 주제—다른 지역에서 발생한 민족 및 국가 건설—에 초점을 맞추었다.

제7부에서는 제1차 세계대전을 다룬 제24장을 고쳐 썼다. 전쟁의 장기화와 전면전의 등장에 관한 더 많은 자료를 접하게 될 것이다. 우리는 세계사의 주요 장면이었던 파리평화회의에 대한 서술도 확대했다. 전쟁 범위가 전에 없이 확대되었기에 전쟁의 결과를 처리하기 위한 국제적 기구를 필요로 했는데, 이러한 국제적 관심이 국가적 이해관계와 양립 가능한 것이었는지에 대해서는 논란의 여지가 있다. 그것은 20세기사의 한 주제가 될 것이다. 제국 팽창, 민족자결운동의 활성화, 새로운 민족국가 내에서 소수파의 보호 등 파리 평화회의의

다른 핵심 주제도 마찬가지다.

제8부는 거의 다시 쓰다시피 했다. 우리는 인권에 대한 설명을 추가함으로써 세계화에 대한 장을 마무리 지었다. 어째서 인권이란 말이 그토록 갑자기 친근해졌는가? 그 변화는 냉전 말기에 이루어진 극적인 정치적 변화를 강조한다. 그것은 또한 급속한 세계화—그것은 잠재적 가능성과 위험성을 동시에 지닌다—를 겪은 지구촌의 새로운 지평을 반영한다. 끝으로 인권의 역사는 서양의 정치적 전통의 몇몇 핵심 논점을 돌아볼 기회를 제공한다.

서술과 편집의 특징

『서양 문명의 역사』 16판은 최대한 가독성을 높이는 데 목표를 두었다. 힘차고 명료하며 간결하게 서술했을 뿐만 아니라 학생들을 위한 교육 프로그램을 추가했다.

- **제1장 고대 근동의 식량 생산의 기원**: 농업이 가져온 이익과 불이익에 초점을 맞추어 새롭게 확대·재집필했다.

- **제6장 게르만족의 침입과 서로마 제국의 멸망**: 게르만족과 로마의 관계에 대한 새로운 자료를 통해 5세기 서로마 제국의 경제적 붕괴를 좀 더 자세하게 설명했고, 로마인의 다양한 삶의 국면—조세 및 행정체계, 농업체계, 도시생활—이 어떻게 살아남았는지를 설명했다.

- **제10장 흑사병**: 흑사병의 영향은 유럽 전역에 파문을 일으켰다. 그것은 삶의 모든 국면에 영향을 미쳤다. 예를 들면 들에서 일할 수 있는 노동력은 줄어들었지만 먹여야 할 인구도 그만큼 줄어들었다. 곡물가가 치솟았지만 일자리를 구하는 사람이 줄어드는 바람에 임금 또한 상승했다. 그 결과 보통 사람은 더 많은 빵을 구입할 수 있었을 뿐만 아니라 유제품·고기·생선·과일·포도주 등을 정기적으로 구입할 수 있게 되었다. 그 결과 중세 말기 유럽인은 좀 더 균형 잡힌 음식을 섭취했고 결과적으로 종전보다 훨씬 영양 상태가 좋아졌다.

- **제16장 과학과 문화적 변화**: 새로운 '변화'를 다룬 이 절은 과학혁명에서 비롯된 문화적 변화를 살핀다. 17세기에 시작된 과학 및 과학적 방법의 수용은 근본적으로 '근대적'인 것이었다. 이것은 계몽사상에 긴밀한 영향을 미쳤지만 동시에 새로운 기술 및 새로운 제국을 정당화시켜주었다.

- **제24장 베르사유 평화협정:** 베르사유 조약은 미국이 세계 초강대국으로 떠오르는 계기가 되었다. 그것은 최초로 많은 국가를 평화협정에 참여토록 만든 계기이기도 했다. 그것은 또한 전쟁의 범위, 민족 감정의 성장, 복잡해진 국제관계와 경제 네트워크에 주목한 협정이었다.

- **자료 말미에 새롭게 추가된 질문:** 교수들의 요청을 받아들여 수록된 자료들에 관련한 분석 문제를 제시했다. 우리는 상자 아래쪽에 질문을 실었다. 학생들로 하여금 일차 자료에 접근할 수 있게 하고, 그것을 해당 장에 제시된 더 큰 주제에 연결 지을 수 있도록 하기 위함이다.

- **수준 높은 설명이 덧붙여진 지도:** 이 책 전체에 걸쳐 130여 개의 훌륭한 지도가 수록되었다. 25개의 지도는 새롭게 추가된 것이며, 각각의 지도에는 수준 높은 설명을 붙였다. 역사의 발전 과정에 지리적 요인이 끼친 역할을 설명하면서 독자가 역사 읽기에 분석적으로 참여할 수 있게 하기 위해서이다.

- **각 장에 딸린 연표:** 특별한 사건·주제·시대를 중심으로 간략한 연표가 각 장마다 삽입되어 본문의 세부 설명에 대한 로드맵을 제공했다.

- **핵심 문제:** 핵심 문제는 다음 두 가지 유형으로 서술된다. ①각 장 첫머리에 그 장의 내용을 간략하게 소개하는 핵심 질문이 있다. ②절 첫머리에 해당 절이 다루는 내용과 연관된 질문이 다시 서술된다.

옮긴이의 글

이 책은 주디스 코핀(Judith G. Coffin)과 로버트 스테이시(Robert C. Stacey)가 공동 저술한 『서양 문명의 역사(Western Civilizations)』(16판, 2008년)를 완역한 것이다. 이 책은 본래 1941년에 에드워드 맥널 번즈(Edward McNall Burns)가 초판을 저술한 이래 미국에서 한 세대가 넘도록 절찬리에 개정을 거듭해오다가 9판(1980)부터 로버트 러너(Robert E. Lerner)와 스탠디시 미첨(Standish Meacham)이 제2세대 저자로 합류해 이전과는 전혀 다른 새로운 내용을 담게 되었다. 이 무렵에 이르러 이 세 사람이 공동 저술한 『서양 문명의 역사』는 미국 대학의 서양 문명사 강좌에서 가장 정평 있는 교재로 이용되었을 뿐만 아니라 일반 독자에게도 서양 문명의 역사 이야기를 알기 쉽게 전해주는 고급 교양서로서 명성을 얻었다. 이에 국내에 이렇게 품격 있는 서양 문명사 또는 서양 문화사 강의 교재가 거의 없었던 시절 옮긴이는 『서양 문명의 역사』 10판(1984)을 완역해 1996년 국내에서 최초로 번역본을 출간했다.

이후 국내에서 『서양 문명의 역사』는 수많은 독자들의 과분한 사랑을 받으며 서양사 분야의 스테디셀러로 자리 잡아 오늘날까지 이어져왔다. 하지만 옮긴이는 이 책이 미국의 대학가와 출판계에서 독보적인 서양 문명사 교재로 명성을 이어가는 만큼 몇 년마다 새로운 역사 연구의 성과를 반영한 개정판이 속속 출간되지만 그러한 성과를 그때마다 앞서 출간된 번역본에 반영하지 못함을 늘 아쉬워하고 있었다. 또한 이 책이 국내 독자들의 사랑을 많이 받으면 받을수록 개정 내용을 신속히 반영해야 하는 것이 옮긴이의 책무라고 생각하면서도 옮긴이의 개인적 사정과 국내 출판 시장의 영세성 등으로 이를 실천에 옮기지 못한 것을 늘 안타깝게 여기고 있었다. 그러던 중 몇 년 전 옮긴이의 의지와 소나무 출판사의 용단이 결합되어 당시 가장 최신판인 16판을 번역하기로 했다.

옮긴이는 애초 기존의 번역본에 대한 개정판을 번역하는 것이니만큼 새로 번역해야 할 내용이 절반을 넘지 않으리라 예상하고 본래 방대한 분량이기는 하더라도 비교적 이른 시일에 번역이 끝날 것으로 생각했다. 그러나 그것은 옮긴이의 순진한 오산이었다. '서양 문명의 역사'라는 제목은 그대로였지만 첫 번역본인 10판 이후 약 사반세기가 지난 뒤 출간된 16판은 완전히 다른 새로운 책이었다. 더욱이 2002년에 출간된 14판부터는 제2세대의 러너와 미첨에 더해 제3세대 저자라고 할 수 있는 코핀과 스테이시가 새로 참여해 책의 내용이 상당히 바뀌었고, 16판부터는 러너와 미첨이 아예 빠지고 제3세대 저자 두 사람이 공동 저술한 그야말로 완전히 새로운 책이 되었다. 따라서 기존의 책을 개정·번역하는 것이 아니라 완전히 새로 번역해야 하는 방대한 작업이 되는 바람에 2008년에 시작된 번역이 이제야 마무리되어 출간될 만큼 시간이 많이 걸리고 말았다.

원서가 출간된 지 80여 년이 지나는 동안 미국에서만 대학 교재로서 드물게도 100만 부이상이 팔린 이 책의 내용은 지나온 세월만큼이나 많은 변화를 겪었다. 특히 최근 판에서는 16판 저자 서문에 언급된 것처럼 "사회사, 문화사 및 여성사의 새로운 학문적 업적을 본문의 설명에 융합시키는 동시에 경제사, 종교사, 군사사에도 한층 주의를 기울었다"는 것을 알 수 있다. 그뿐만 아니라 "정치와 문화를 하나의 공통된 세계사적 경험의 일부로서 제시"함으로써 최근에 서양 역사학계에서 주목받고 있는 지구사적 관점을 포용하고자 하는 모습도 보여주고 있다.

이 책이 지닌 장점을 열거하자면 우선 저자의 말처럼 앞선 저자들은 "변화하는 환경과 사회와 문화에 평범한 사람들이 어떻게 다양한 방식으로 반응했는지에 유의하면서 생동감 있는 문체로 이 책을 집필"했는데 "그들의 업적을 토대 삼아 전통적인 강점을 고스란히 유지하려고 힘썼다"는 점이다. 두 번째는 "서양 문명의 지식 수준의 확대에 부응해……서유럽 바깥 세계에 한층 더 주의를 기울였다"는 점이다. 세 번째는 본문과 시각 자료와 교수법이 통합되어 있다는 점이다. 이 책은 기존 판본과 달리 본문을 새로운 연구 성과에 따라 업데이트했을 뿐만 아니라 많은 지도를 새로 추가하고 핵심 문제를 반복 서술했으며, 인용 자료에 대한 학습 문제를 추가했다. 저자의 말처럼 "이런 변화는 본문을 좀 더 독자에게 친근하게 만들고 교수와 학생이 다 같이 본문을 그들의 특정한 학습 과정과 관심사에 맞춰 적용할 수 있게" 할 것이다. 특히 각 장의 주요 사건과 관련해 인용되어 있는 사료는 일부러 찾아 읽기 전에는 구하기 힘든 당대의 생생한 목소리를 우리에게 직접 들려준다는 점에서 주입식 또는 암기식 역사 공부가 아니라 말 그대로 살아 숨 쉬는 역사 교육 그리고 즐기는 역사 학습의 방편을 제공해준다고 할 수 있다. 그 밖에도 많은 장점들이 있지만 나머지는 독자들이 이 책의 독서를 통해 직접 확인할 수 있으리라 생각한다.

21세기를 살고 있는 우리가 가장 많이 접하는 단어 중 하나는 '전 지구적인(global)' 또는 '전 지구화(globalization)'일 것이다. 그렇다. 우리는 지금 분명 하나가 된 지구촌에 살고 있다. 그러기에 우리는 우리가 태어난 한국 그리고 우리 주위의 동아시아나 동양이라는 범주를 넘어서 타자로 간주해온 서양에 대한 이해의 폭을 넓혀야 할 필요를 절실히 느낀다. 따라서 이제는 하나로 어우러진 서양 문명의 근원에 대한 한층 더 정확한 이해가 필수적이다. 옮긴이는 이 책이 독자들에게 이를 위한 필수적인 안내서의 역할을 해줄 수 있을 것으로 기대한다.

옮긴이가 이 책을 번역·출간하면서 기대하는 것은 수준 높은 역사 지식의 대중화이다. 따라서 좀 더 쉽고 간명한 문장으로 독자들에게 다가가고자 번역 과정에서 나름대로 많은 노력을 기울였다. 하지만 워낙 원서의 분량이 방대하여 원서 자체도 두 명의 저자가 각기 상·하권으로 나누어 집필한 것처럼 한국어 번역본도 두 명의 옮긴이가 상·하권으로 나누어 번역하게 되었고 본 옮긴이는 하권의 번역을 맡게 되었다. 이처럼 원서의 분량이 방대하고 다루고 있는 주제가 다양하기 때문에 뜻하지 않은 오역이나 독자의 눈에 거슬리는 서툰 표현이 있을 것으로 생각한다. 독자 여러분의 기탄없는 비판과 지적을 기대하며 차후 가능하면 신속하게 이루어지길 바라는 개정판 번역에서 이를 바로잡을 것을 약속한다.

그 어느 때보다도 출판계 사정이 어려운 가운데 그 어느 책보다도 까다로운 작업이었던 이 책의 제작과 편집을 기꺼이 맡아준 소나무출판사에게 깊은 감사를 드린다.

2014년 1월, 동삭벌 우거에서

옮긴이 손세호

제5부
근대 초 유럽

　17세기와 18세기 유럽인의 생활은 상업과 전쟁 그리고 꾸준한 인구 증가의 복합적인 결과로 형성되었다. 상업혁명은 유럽의 산업을 위한 새로운 시장을 열어주면서 해외 식민지와 무역의 발전을 자극했다. 농업 생산성은 전례 없는 수준에 도달한 유럽 인구를 충분히 먹여 살릴 정도로 증가했으며, 유럽 여러 나라들이 한층 더 자주 전쟁을 치르고 더욱더 많은 군대를 동원할 수 있을 만큼 인구가 증가했다.

　군주들은 계속해서 자신의 영역 내에서 여러 신분으로부터 반대에 직면하긴 했지만, 그들은 점차 절대적 통치자로서의 권력을 주장했다. 전쟁은 여전히 유럽 대외 정책의 주요 수단으로 남아 있었지만, 서서히 외교적·군사적 세력 균형의 개념이 유럽의 국가 관계의 최우선 목표로서 무절제한 세력 확장 추구를 대신하기 시작했다.

　이 두 세기 동안 유럽인의 지적 생활에서도 중대한 변화가 일어나고 있었다. 천문학자들은 새로운 도구를 이용하고 새로운 수학의 기법을 적용해 지구가 우주의 중심이 아니라는 사실을 명확하게 입증했다. 생물학자와 물리학자들은 생명이 창조·유지되는 과정과 자연에 대해 한층 정교한 이해를 선도했으며, 아이작 뉴턴 같은 물리학자는 처음으로 진정한 역학의 과학을 확립했다. 18세기 동안 이루어진 이러한 발견은 인간의 이성이 지닌 능력만이 자연을 이해할 수 있으며, 따라서 인간의 삶을 향상시킬 수 있다는 새로운 확신을 낳았다. 그것은 그러한 확신을 지녔던 사람들에게 계몽주의 시대의 징후로 선언되었다.

연표: 근대 초 유럽

	정치	사회와 문화	경제	국제 관계
1500		코페르니쿠스, 『천체의 회전에 관해』(1543)	인클로저 운동 (1500~1700년대)	프랜시스 드레이크가 카디즈에서 에스파냐의 함대에 대한 공격을 이끌다 (1587)
		오페라의 아버지 클라우디오 몬테베르디 (1567~1643)	유럽에서 설탕 수요가 급증함 (1500년대 말)	
		요하네스 케플러 (1571~1630)	프랑스에서의 광범위한 흉작 (1597~1694)	
		윌리엄 하비 (1578~1657)		
1600		유럽 전역에 걸친 읽고 쓰는 능력의 증대 (1600~1800)	극동으로부터 기계톱과 캘리코 날염의 도입 (1600년대)	1,100만 명에 달하는 아프리카인이 중부 항로를 가로질러 강제로 선적됨 (1500~1800)
		도시화의 증가 (1600~1750)	네덜란드 동인도 회사 설립 (1602)	
		유럽에서 흡연이 확산됨 (1600년대 초)		
		8만 명 이상의 사람들이 영국을 떠나 신세계로 감 (1607~1650)		영국 식민지인들이 제임스타운을 창건함 (1607)
	장 밥티스트 콜베르, 프랑스 재무장관 (1619~1683)	갈릴레이, 『별의 사자』(1610)		
		베이컨, 『신논리학』(1620)		메이플라워 호가 신세계에 상륙함 (1620)
		갈릴레이 이단으로 고발되다 (1632)		
		존 로크 (1632~1704)		
	태양왕 루이 14세의 치세 (1643~1715)	데카르트, 『방법 서설』(1637)	프랑스 정부가 인두세를 도입함 (1645년경)	
	영국의 항해법 공표 (1651, 1660)	흑사병 창궐 (1649~1665)	유럽에서 커피 소비가 급증함 (1650년대)	
		에드먼드 핼리 (1656~1742)	스웨덴 은행 설립 (1657)	
	찰스 2세의 복위와 복귀 (1660)	런던 왕립학회와 프랑스 과학아카데미 창립 (1660)		
		대니얼 디포, 『로빈슨 크루소』 작가 (1660~1731)		
		런던 대화재 (1666)		네덜란드인의 뉴암스테르담이 영국에게 항복함 (1667)
	루이 14세의 낭트 칙령 취소 (1685)	바흐 (1685~1750)		오스트리아의 합스부르크가가 빈에 대한 터키의 공격을 격퇴함 (1683)
		헨델 (1685~1759)		아우크스부르크 동맹 (1686)
	영국의 명예혁명 (1688~1689)	뉴턴, 『자연철학의 수학적 원리』 (1687)		포르투갈이 에스파냐로부터의 독립을 되찾음 (1688)
	러시아의 표트르 대제 치세 (1689~1725)	로크, 『통치론』과 『인간오성론』 (1690)	영국 은행 설립 (1694)	오렌지 공 윌리엄이 영국과 홀란드를 통치함 (1688)
				아우크스부르크 동맹 전쟁 (1688~1697)
				보인 전투, 영국인이 아일랜드에 대한 지배를 굳건하게 함 (1690)
1700	신성 로마제국의 황제 샤를 6세의 치세 (1711~1740)	옥수수와 감자가 유럽에 소개되다 (1700년대)	직조기를 위한 비사(飛梭) 발명 (1700년대 초)	
	위트레흐트 조약 (1713)	살롱과 커피하우스의 증가 (1700년대)	중농주의자들이 자유방임의 개념을 촉구함 (1700년대)	
	영국에서 하노버 왕조의 첫 번째 왕, 조지 1세의 치세 (1714~1727)	영국에서 최초의 일간 신문 발간 (1702)		에스파냐 왕위 계승 전쟁 (1702~1713)
	루이 15세 (1715~1774)	루소, 『사회계약론』(1762)		잉글랜드와 스코틀랜드가 영국으로 통합함 (1707)
	로버트 월폴, 영국 최초의 수상으로 재임 (1720~1742)			

정치	사회와 문화	경제	국제 관계	
		독일 제국 법이 품팔이직인의 조합을 금지시킴 (1731)		1731
'계몽 전제 군주' 프리드리히 대왕 (1740~1786)	볼테르, 『철학 서간』(1734) 몽테스키외, 『법의 정신』(1748) 인구의 꾸준한 증가가 시작됨 (1750) 디드로와 달랑베르가 『백과전서』 출간 (1751~1772) 볼프강 아마데우스 모차르트 (1756~1791)	프랑스가 도로 및 교량 공사단을 창설함 (1747)	오스트리아 왕위 계승 전쟁 (1740~1748) 7년 전쟁/프랑스-인디언 동맹 전쟁 (1756~1763)	
영국의 조지 3세 (1760~1820) 러시아의 예카테리나 대제 (1762~1796) 오스트리아의 마리아 테레지아와 요제프 2세의 공동 통치 (1765~1780) 프랑스의 루이 16세 (1774~1792)	베카리아, 『범죄와 형벌』(1764)	유럽에서 반노예제 운동이 등장함 (1760년대) 제임스 쿡이 태평양을 탐험함 (1768~1779) 레날, 『철학적 역사』(1770) 스미스, 『국부론』(1776)	파리 조약: 프랑스가 캐나다와 인도를 영국에게 양도함 (1763) 프랑스 동인도회사가 해체됨 (1769) 러시아-터키 전쟁 (1769~1792) 아메리카 혁명 (1775~1783)	
프랑스 혁명 발발 (1789)	칸트, 「계몽주의란 무엇인가?」 (1784) 울스턴크래프트, 『여성의 권리에 대한 옹호』(1792) 오스틴, 『오만과 편견』 (1813~1817)		러시아, 오스트리아, 프로이센이 폴란드를 완전히 분할함 (1795)	1800

제15장
절대주의와 제국, 1660~1789년

핵심 문제

♠ 절대주의 통치자의 목적은 무엇이었나?

♠ 존 로크의 정치 원리가 잉글랜드에서 명예혁명의 배경이 되었는가?

♠ 루이 14세는 어떤 방법으로 프랑스에 대한 자신의 통제를 강화했는가?

♠ 프로이센 세력 증대의 배후에는 어떤 변화들이 있었는가?

♠ 러시아의 절대주의는 어떤 면에서 서유럽의 절대주의와 달랐는가?

♠ 상업혁명을 용이하게 만든 요인은 무엇인가?

♠ 아메리카 대륙에서 유럽인의 식민지 정착 유형은 서로 어떻게 달랐는가?

♠ 유럽의 17세기와 18세기 식민 활동은 어떤 면에서 상이한가?

    (잉글랜드에서 왕정이 회복되고 프랑스에서 루이 14세의 통치가 시작된) 1660년에서 (프랑스 혁명이 일어난) 1789년까지의 시기를 전통적으로 절대주의 시대라고 일컫는다. 절대주의란 통치자들로 하여금 자신의 영토 내에서 완전한 통치권을 요구하도록 고취시키는 정치이론이었다. 17세기와 18세기의 절대주의자들에게 완전한 통치권이란 통치자가 다른 어떤 통치 당국의 공식 승인을 받을 필요 없이 자기 마음대로 법을 만들고 사법권을 행사하며, 관료제를 만들어 이를 지휘하고 전쟁을 선포하며, 세금을 부과하는 것을 의미했다. 때때로 절대 권능의 주장은 자신의 가정에 대한 가장의 절대 권위와 동일한 신성한 권리로 통치자가 자신의

영토를 통치한다는 주장으로 뒷받침되었다. 이른바 유럽에서 '철의 세기(iron century)'의 혼돈이 지난 이후 많은 유럽인은 그러한 절대적이고 '가부장적' 통치자의 통치권을 강화함으로써 유럽인의 생활에 질서가 회복될 수 있으리라 믿게 되었다.

절대주의 시대는 또한 제국의 시대였다. 1660년에 이르러 프랑스, 에스파냐, 포르투갈, 잉글랜드, 네덜란드는 모두 아메리카와 아시아에 중요한 식민지들을 세웠다. 서로 경쟁하는 이들 식민지 열강 사이의 다툼은 격렬했고 자존심을 내포한 것이었다. 17세기 말 유럽의 전쟁은 거의 항상 식민지와 관련된 것이었다. 하지만 18세기 중엽 전 세계적 무역이 유럽 경제에서 더욱더 큰 역할을 떠맡게 되자 유럽에서 식민지 문제와 제국주의적 충돌로 인해 전쟁이 발발하게 되었다.

절대주의는 유럽 여러 나라가 이 시기 동안에 어떤 통치 방법을 모색하는가에 따른 정치 이론만의 문제는 아니었다. 잉글랜드, 스코틀랜드, 네덜란드, 스위스, 베네치아, 스웨덴, 폴란드-리투아니아는 모두 제한군주국이거나 공화국이었지만, 러시아에서는 차르 체제에 기반한 극단적인 전제 정치가 대두하고 있었다. 차르 체제란 서유럽의 절대 군주들이 상상했던 것 이상으로 백성의 삶과 재산에 대해 통제권을 행사하는 것이었다. 그러나 러시아에서조차 절대주의는 실제로는 이론처럼 결코 그렇게 무제한적인 것은 아니었다. 17세기와 18세기 유럽의 가장 절대주의적인 군주들조차도 신민(그리고 특히 귀족)이 군주의 정책에 최소한 암묵적으로라도 동의할 용의가 있는 한에서만 효과적으로 통치할 수 있었다. 심각한 반대가 있을 때에는 절대군주라 하더라도 한 발 물러서야만 했다. 그리고 1789년 공공연한 정치적 혁명이 일어났을 때 절대주의의 전체 구조는 와르르 무너지고 말았다.

절대주의의 매력과 정당화

◆ 절대주의 통치자의 목적은 무엇이었나?

절대주의가 내세운 안정·번영·질서에 대한 약속은 앞선 '철의 세기(1540~1660)'에 보여준 혼란에 대한 매력적인 대안이었다. 이것은 특히 프랑스의 전형적인 절대군주 루이 14세(재위 1643~1715)에게서 두드러지게 나타났다. 루이 14세가 미성년자였던 시절의 정치적 혼란은 어린 왕에게 지워지지 않는 흔적을 남겼다. 1651년 어느 날 밤 파리 군중이 자신의 침실에 침입했을 때 루이는 그것을 자기 자신의 인격뿐만 아니라 자신이 의인화시킨 프랑스라는 나라의 권위에 대한 매우 불쾌한 모욕이라고 생각했다. 자신의 어린 시절 파리 고등법원을 통한 국왕의 정책에 대한 비판과 귀족계급 사이의 시시한 언쟁을 목격한 루이는 프랑스가 강력한 유럽 국가로 살아남기 위해서는 자신이 아무런 제약 없이 단호하게 통치해야 한다고 마음먹었다.

절대군주들은 국가의 군대 지휘권, 법률 체계에 대한 통제권, 임의로 국가의 재원을 징수하고 지출하기 위한 권리 등을 자기 수중에 모으려고 했다. 또한 이러한 목적을 달성하기 위해 그들은 군주 자신에게 직접 충성을 다하는 효율적이고 중앙집권적인 관료제의 창출을 필요로 했다. 그러한 관료제를 만들어내고 유지하는 일은 비용이 많이 드는 일이었지만, 이전에 왕권의 자유로운 행사를 방해해왔던 특권을 지닌 특별한 이해관계 세력의 약화라는 원대한 절대주의 목적을 위해서는 필수적인 것이었다. 법적으로 특권을 지닌 귀족과 성직자 계급, 준(準)자치적 지역의 정치적 권한, 그리고 고등법원·의회·신분회(estates general) 같은 독자적 생각을 지닌 대의기구의 암묵적 요구 등은 모두 절대군주가 이루고자 하는 강력한 중앙집권적 정부의 장애물이었다. 절대주의의 역사는 무엇보다도 야심찬 절대군주들이 그러한 기관이나 제도를 자신에게 복종시키고자 한 역사였다.

대부분의 프로테스탄트 국가에서 교회의 독립적 권력은 이미 절대주의 시대가 시작되었을 때 국가의 이해관계에 종속되었다. 하지만 로마 가톨릭 교회가 국교로 남아 있던 프랑스·에스파냐·오스트리아에서 절대군주들은 영토 내 교회와 성직자를 국가에 귀속시키는 일에 전심전력을 기울여야 했다. 그 결과 프랑스와 에스파냐의 군주들은 15세기와 16세기 동안 교황으로부터 정교 협약을 이끌어냈지만, 교회에 대한 권한을 군주정이 장악하기에는 아직도 갈 길이 많이 남아 있었다. 1759년에서 1788년까지 에스파냐를 통치한 독실한 가톨릭 신자인 카를로스 3세조차도 성직 임명권과 자신이 승인하지 않은 에스파냐에 영향을 미치는 어떠한 교황의 교서를 무효화할 수 있는 권리를 부여하는 교황의 정교 협약을 성공적으로 이끌어냈다.

하지만 국왕의 절대주의에 대한 가장 중요한 잠재적 반대자는 교회가 아니라 귀족이었다. 군주들은 이들의 위협에 대해 다양한 방법으로 대처했다. 루이 14세는 프랑스 귀족들을 자신의 호화로운 베르사유 궁전에 머물게 함으로써 그들의 사회적 위신을 높여주는 한편 지방에서는 그들의 정치적 권력을 박탈했다. 러시아의 표트르 대제(재위 1682~1725)는 자기 휘하의 모든 귀족이 종신 공직을 맡지 않으면 안 되게 만들었다. 18세기 말 러시아의 예카

26

테리나 2세는 러시아 귀족에게 방대한 영지와 (세금 면제를 포함한) 다양한 사회·경제적 특권을 주는 대가로 그들이 실질적으로 국가의 행정권과 정치권력을 여황제의 손에 넘겨주는 거래를 성사시켰다. 프로이센에서는 에스파냐·프랑스·잉글랜드에서와 마찬가지로 귀족들이 군대의 지휘관이나 참모가 되었다. 하지만 18세기 오스트리아의 요제프 2세(재위 1765~1790)는 귀족의 면세 특권을 부정하고 귀족과 평민 사이의 구별을 흐리게 만들면서 화해보다는 대결의 정책을 취했다.

군주와 귀족 간의 투쟁은 종종 지방과 중앙 정부의 관계에도 영향을 끼쳤다. 프랑스의 군주는 상위 귀족을 자신의 궁전에 살도록 요구함으로써 귀족이 주도하는 지방 기관의 자치권을 잠식하고자 했다. 에스파냐에서는 카스티야에 근거를 둔 군주정이 아라곤과 카탈루냐의 독립성이 강한 귀족들과 투쟁을 벌였다. 프로이센의 통치자들은 '자유' 도시 주민에 대한 경찰권과 과세권을 주장함으로써 이들 도시를 지배하고자 했다. 합스부르크 제국의 황제들은 비록 성공하지는 못했지만 광범위한 자치를 누리고 있던 헝가리 귀족계급을 억압하고자 했다. 하지만 왕권과 귀족계급 사이의 대치 관계는 장기적으로 보아 그다지 바람직한 것은 아니었다. 18세기의 가장 유능한 절대군주들은 휘하의 귀족과 잠정적인 협정(modus vivendi)을 맺었다. 이에 따라 귀족들은 자신의 이익을 국왕의 이해관계와 관련되어 있는 것으로 여기게 되었다. 이러한 이유로 18세기 '구체제(ancien régime)' 기간 동안 왕과 귀족은 갈등 관계라기보다는 더욱 빈번하게 협조의 양상을 띠었다.

절대주의와 가부장제

아래 사료들은 두 명의 정치이론가가 어떻게 자기 가족에 대한 가장(家長)의 절대적 권위로부터 국왕의 절대주의를 정당화했는지를 보여준다. 자크-베니뉴 보쉬에(1627~1704) 주교는 모(Meaux)의 주교가 되기 전에 루이 14세의 아들을 가르친 유명한 프랑스의 설교자였다. 로버트 필머 경(1588~1653)은 영국의 정치이론가로, 그의 저작들은 존 로크가 국왕의 권위가 지닌 가부장적 특성에 관한 필머의 관점을 논박하기 위해 『통치론(Two Treatises of Government)』을 펴낸 1680년대에 특별한 주목을 받았다.

군주의 권위가 지닌 속성에 관한 보쉬에의 주장

국왕의 권위에는 다음과 같은 필수적인 네 가지 특징 또는 특질이 있다. 첫째, 국왕의 권위는 신성하다. 둘째, 그것은 가부장적이다. 셋째, 그것은 절대적이다. 넷째, 그것은 이성의 지배를 받는다.……모든 권력은 하나님에게서 온다.……따라서 군주는 하나님의 대행자로서 행동하고 지상에서는 하나님의 부관이다. 군주를 통해 하나님은 자신의 제국을 다스리신다.……이 방식으로……왕위는 인간의 왕좌가 아니라 하나님 자신의 왕좌인 것이다.

우리는 국왕이 인류의 진정한 아버지이신 하나님의 자리를 보유하고 있는 것을 보아왔다. 우리는 또한 인간들 사이에 있는 권력에 대한 최초의 생각이 가부장권의 사상이라는 것도 알고 있다. 그리고 국왕이 아버지를 본보기로 해 형성되었다는 것도 알고 있다. 더욱이 온 세상은 공권력에 기인하는 복종이 사람들에게 자신의 부모를 존경하는 의무를 지우게 하는 가르침에서만……발견된다는 것에 동의한다. 이 모든 것에서 '국왕'이라는 명칭이 아버지의 이름이자 자애가 왕의 가장 당연한 본성이라는 것이 뚜렷해진다.……

국왕의 권위는 절대적이다. 이 말을 불쾌하고 지지하기 힘든 것으로 만들기 위해 많은 사람들은 절대적 정부와 전횡적인 정부를 혼동하는 척한다. 그러나 우리가 정의에 관해 말할 때 분명히 할 수 있는 것처럼 이보다 더 명확한 것은 아무것도 없다.……군주는 자신이 정한 것에 대해 그 누구에게도 설명할 필요가 없다.……이러한 절대적 권위가 없다면 군주는 선행을 할 수도 악을 물리칠 수도 없다. 따라서 군주의 권력은 어느 누구도 군주로부터 벗어날 수 있으리라는 희망을 가질 수 없는 그런 것이 되어야 한다.……공권력에 대해 개인이 취할 수 있는 유일한 방어는 그들의 결백이 되어야 한다.……

그 다음에 사람들은 세상사에서 질서도 정의도 없는 것이 아니라 마치 군주가 정의 그 자체인 것처럼 그에게 복종해야 한다. 군주는 신이고 어떤 면에서 신적인 독립성을 공유한다.……이것으로부터 군주에 복종하기를 원치 않는 사람은……공공의 평화와 인간 사회의 적으로서 불가피하게 사형을 선고받게 되는 일이 뒤따른다.……군주는 자신이 잘못했다는 것을 알았을 때 스스로 고칠 수 있다. 그러나 그의 권위에 대항하는 것에는 아무런 구제책이 있을 수 없다.……

국왕 권위의 가부장적 기원에 관한 필머의 주장

이 세상 최초의 정부는 군주제적이었다. 번식해서 이 땅에 사람들을 살게 하고 또 그것을 정복하도록 명을 받았을 뿐만 아니라 모든 피조물에 대한 지배권을 갖고 있는 아담은 모든 육신의 아버지이기에 전 세계의 군주였다. 그의 자손은 어느 누구도 그 어떤 것을 소유할 아무런 권리도 갖지 못하지만, 아담의 하사 또는 허가 아니면 계승으로……아담은 자기 가족의 아버지, 왕 그리고 주인이었다. 따라서 아들, 신하, 그리고 하인이나 노예는 하나이자 처음에는 똑같은 것이었다.……

나는 자기 자신을 통치하거나 아니면 자신이 통치자를 선택하거나 아니면 정부의 종류를 자기 마음대로 바꾸는 사람들에게 어떠한 권력이 부여되었다는 것을……어느 곳에서나 또는 성경의 어느 본문에서도 발견할 수 없다. 정부의 권력은 '영광스러운 그대의 아버지'의 계율로 정해지고 확정된다. 만약 이 아버지의 권력보다 더 높은 권력이 있다면, 이 계율은 유효하지도 준수되지도 못할 것이다.……

지상의 모든 권력은 이 아버지의 권력으로부터 나오거나 찬탈한 것이기에, 어떠한 권력이라도 더 이상 그 밖의 고유한 것을 발견할 수 없을 것이다. 왜냐하면 하나의 권력이 다른 권력에게 어떠한 종속도 없이 두 종류의 권력을 부여받게 된다면, 이 권력들은 두 개의 최고권이란 존재할 수 없기에 최고의 권력이 되어야 하는 끊임없는 투쟁을 하게 될 것이다. 만약 아버지의 권력이 최고의 것이라면 인민의 권력은 그것에 종속되거나 의존해야 한다. 만약 인민의 권력이 최고의 것이라면 아버지의 권력은 그것에 복종해야 하고 자연의 구조와 과정을 크게 파괴해야만 하는 인민의 허가 없이는 행사될 수 없다. 하나님 스스로 인류에게 행사하는 권력조차도 아버지의 권리로 행사하는 것이다. 왜냐하면 하나님은 우리 모두의 왕이자 아버지이기 때문이다. 하나님도 이 세상 왕이 신이라고 말함으로써……그의 위엄을 칭찬했기에, 따라서……하나님은 자신의 권력을 표현하기 위해 어떠한 인민 정부의 직함이 아니라 왕이라는 직함을 취함으로써 스스로를 기꺼이……낮추셨던 것이다.

분석 문제

1. 일부 정치이론가들이 아버지의 본보기에 입각해 절대주의의 필요성을 주장한 이유는 무엇인가? 이 본보기에 대한 대안은 있었는가?

2. 존 로크는 어떤 근거로 로버트 필머의 정치이론에 반대했나? 이에 대해 필머는 로크에게 무엇이라고 대답했을까?

절대주의에 대한 대안

♣ 존 로크의 정치 원리가 잉글랜드에서 명예혁명의 배경이 되었는가?

절대주의가 17세기와 18세기 유럽 군주들의 지배적인 본보기이긴 했지만, 유럽인을 지배했던 유일한 체제는 결코 아니었다. 베네치아에서는 공화주의 과두정이 계속해서 이 도시를 지배했다. 17세기 초 네덜란드에서는 에스파냐로부터 독립을 획득한 영토들이 근대 초기에 유럽에서 유일하게 탄생된 진정한 신생국인 네덜란드 연합주를 형성하기 위해 결합했다. 에스파냐와의 전쟁으로 네덜란드인은 어떠한 군주정에 대해서도 깊은 불신을 갖게 되었으며, 그 결과 비록 홀란드가 이 연합주를 지배했지만 독립 전쟁을 이끌었던 오라녜 가(House of Oranje)는 결코 이 신생국을 공화정에서 군주정으로 변모시키려고 시도하지 않았다. 심지어 1688년 이후 오라녜 공(公) 빌렘이 잉글랜드 왕 윌리엄 3세가 되었을 때에도 네덜란드 연합주는 공화정으로 남았다.

제한 군주정: 잉글랜드

유럽 여러 나라에 걸쳐 대의기관의 권력이 잠식되고 있을 때 잉글랜드 의회는 유럽의 대의기관 중에서 가장 오래 존속하고 있었으며 가장 고도로 발전했다. 잉글랜드의 정치이론가들은 수세기 동안 자신들의 정부를 군주정, 귀족정, 비(非)귀족정적인 요소로 이루어진 혼합 군주정으로 보았다. 하지만 17세기 동안 이러한 전통은 의회 없이 통치하려고 했던 찰스 1세의 시도로, 그리고 올리버 크롬웰(1599~1658)의 독재적인 호국경 정치 기간 동안에 위협을 받았다. 1660년 군주정의 회복은 잉글랜드가 장차 공화국이 될 것이냐 아니면 군주국이 될 것이냐의 문제를 해결했다. 하지만 잉글랜드가 어떠한 군주국이 될 것인가는 찰스 2세의 치세가 시작되면서 미해결의 문제로 남았다.

찰스 2세의 치세

찰스 2세(재위 1660~1685)는 잉글랜드인에게 상당한 증오심을 불러일으키고 참수된 찰스 1

세의 아들이었지만 처음에는 환영을 받았다. 그는 즉위하면서 프로테스탄트 '반대자들'(공식적인 잉글랜드 국교회 교인이 아닌 프로테스탄트들)에 대한 제한적인 종교적 관용을 선언했다. 또한 찰스 2세는 그의 특기라고 할 수 있는 유머를 섞어가며 "여행을 다시 시작하고 싶지 않노라"고 선언하면서 대헌장(Magna Carta)과 권리청원을 준수하겠다고 약속했다. 그의 궁정에서 벌어지는 외설스러운 유희, 무도회, 성적인 방종과 더불어 해이해진 도덕적 분위기는 퓨리턴 지배 시절의 제약을 잊고자 하는 대중의 욕망을 반영했다. 일부 비판자들은 '처녀성과 정조에 대한 소문난 적' 찰스 2세가 자기 나라를 너무 엄숙하게 다스리기보다는 아버지로서의 역할을 떠맡았다는 설을 제시했다. 하지만 그에게는 적자(嫡子)가 없었고 왕좌를 놓고 다투게 될 한 명의 사생아만 있을 뿐이었다.

프랑스에서 망명 생활을 하며 성장한 찰스 2세는 프랑스의 모든 것에 대한 예찬자였다. 1670년대 동안 그는 공공연하게 루이 14세의 절대주의를 자신의 왕권을 위한 본보기로 삼기 시작했다. 그 결과 잉글랜드의 유력 인사들은 공개적으로 찰스의 지지파(반대파는 이들을 '토리[Tory]'라고 불렀는데, 이는 아일랜드의 가톨릭교도 산적들의 잘 알려진 별명이었다)와 반대파(토리파는 이들을 스코틀랜드계 장로교도 반도(叛徒)들의 별명을 따서 '휘그[Whig]'라 불렀다)로 나뉘었다. 양측은 왕권에 대한 저항이 내전과 궁극적으로 공화주의를 불러일으켰던 1640년대의 좋지 않은 시절로 되돌아가는 것과 절대주의를 염려했다. 그러나 그들은 어떤 가능성을 한층 더 두렵게 여기는지에 대해서는 의견을 달리했다.

종교 역시 분열을 일으키는 문제로 남아 있었다. 찰스 2세는 심지어 1685년 임종할 때 개종할 정도로 로마 가톨릭교에 호의적이었다. 1670년대에 그는 의회의 입법을 무시할 수 있다는 국왕으로서의 권리를 내세우며 가톨릭교도와 프로테스탄트 반대자들에 대한 벌금을 잠시 유예했다. 결국 그는 대중의 강력한 항의로 후퇴하지 않을 수 없었지만, 이 논쟁은 찰스 2세의 동생이자 왕위 계승자인 독실한 가톨릭교도 제임스에 대한 반대 움직임을 키웠을 뿐만 아니라 1679년과 1681년 사이에 치러진 일련의 선거에서 휘그당을 승리로 이끌었다. 급진적 휘그당 일파가 형의 뒤를 이어 제임스가 왕위에 오르는 것을 법으로 막으려고 시도했지만, 찰스 2세는 이른바 '왕위 승계 배척 위기'[1]에서 반대파를 억눌렀다. 그 후 찰스 2세는 늘어나는 관세 수입과 루이 14세가 보내준 비밀 보조금을 합치면 의회에 의지하지 않아도

---

1) 찰스 2세의 동생이자 가톨릭교도인 요크 공 제임스를 왕위 계승에서 배제하려는 '배척 법안(Exclusion Bill)'을 둘러싼 위기.

통치할 수 있을 만큼의 자금이 확보된다는 것을 알았다. 나아가 찰스 2세는 휘그당 정치인 중 몇 명을 반역죄로 처형하고 지방 정부를 국왕의 통제에 더욱 복종하도록 개조하는 등의 조치로 휘그당에게 경고를 보냈다. 찰스 2세는 1685년 자신의 권세가 하늘을 찌를 때 서거했지만 그보다 더 유능하고 한결 노련한 후계자가 아니라면 해결할 수 없는 정치적·종교적 유산을 남겨놓았다.

제임스 2세의 치세

제임스 2세(재위 1685~1688)는 세속적인 형과는 사뭇 달랐다. 열광적인 가톨릭교 개종자인 제임스 2세는 가톨릭교도와 프로테스탄트 반대자들이 정치적 관직을 맡는 것을 금하는 법을 유예함으로써 대부분이 잉글랜드 국교회 교인이었던 자신의 토리 지지자들을 소외시켰다. 또한 그는 자신의 모든 백성이 가톨릭으로 개종하기를 바란다고 공공연히 공표하고 로마 교황 사절들이 런던 거리를 공개적으로 행진하게 하면서 로마 가톨릭교에 대한 믿음을 과시했다. 1688년 6월 제임스 2세가 모든 잉글랜드 국교회 성직자들에게 설교단에서 종교적 관용에 대한 자신의 포고령을 읽도록 명령했을 때 이를 거부한 7명의 주교는 선동적인 명예훼손죄로 즉시 투옥되었다. 하지만 재판에서 주교들은 무죄 판결을 받았고, 이에 잉글랜드의 프로테스탄트교도들은 안도의 한숨을 쉬었다.

주교들의 재판은 위기를 불러온 단초에 불과했다. 1688년 제임스 2세와 두 번째 부인 모데나 출신의 메리 사이에 예기치 않게 아들이 태어난 것이었다. 가톨릭교도로 자라나야만 하는 이 아이는 그보다 훨씬 연상이며 프로테스탄트교도인 제임스 2세의 딸 메리 스튜어트가 지닌 스코틀랜드와 잉글랜드 왕위 계승자로서의 지위를 대체했다. 이 아이의 출생은 전혀 예상치 못한 일이라서 그가 사실은 제임스 2세의 아들이 아니고 워밍팬에 담겨 국왕의 침실로 몰래 들여왔다는 소문이 널리 나돌았다.

이른바 '워밍팬 아기(warming-pan baby)'의 출생과 더불어 사건은 빠르게 절정으로 치달았다. 휘그와 토리 대표단은 메리 스튜어트와 오렌지 공 윌리엄을 초빙하기 위해 잉글랜드 해협을 건너 홀란드로 갔다. 대표단은 새로운 의회를 소집해 프로테스탄트와 잉글랜드인의 자유를 지켜달라는 명분을 내세우며 그들이 침략군을 이끌고 잉글랜드로 건너오기를 청했다. 윌리엄은 당시 프랑스와 전쟁을 치르고 있는 대륙 연합의 지도자로서 루이 14세의 팽창주의적 대외 정책에 대항해 잉글랜드를 연합국으로 만들기 위한 기회를 마다할 이유가 없었다.

명예혁명

윌리엄과 메리의 침공은 무혈 쿠데타가 되었다(비록 제임스가 위기의 순간에 코피를 흘렸다는 소문이 있지만 말이다). 제임스 2세가 조국을 등졌기 때문에 의회는 왕좌의 공위(空位)를 선언하고 윌리엄과 메리가 계승권에 따라 공동 통치자로서 즉위할 길을 열어주었다. 1689년 의회에서 통과되고 새로운 왕과 여왕이 받아들인 「권리장전(Bill of Rights)」은 배심제, 인신보호법(누구도 범죄로 기소되지 않는 한 투옥될 수 없다는 것을 보장), 의회를 통해 군주에게 불만 사항을 청원할 수 있는 권리 같은 잉글랜드인의 인권을 재차 확약했으며, 군주는 나라의 법에 복종해야 한다고 선언했다. 또한 1689년에 통과된 관용법(Act of Toleration)은 프로테스탄트 반대자들에게 비록 관직을 맡을 수는 없지만 자유로운 예배의 권리를 부여해주었다. 그리고 1701년의 왕위 계승법(Act of Succession)은 장래의 모든 잉글랜드 군주는 잉글랜드 국교회 교인이어야 한다고 규정했다. 자식이 없는 메리 여왕이 죽고 이제 국왕 윌리엄마저 죽는다면 왕위는 메리의 여동생인 프로테스탄트교도 앤(재위 1702~1714)에게 넘어가고, 앤마저 자녀 없이 죽는다면 독일 하노버 공국의 선제후이며 프로테스탄트교도인 제임스 1세의 증손자 조지에게 넘어간다는 것을 의미했다. 1707년 스코틀랜드와 잉글랜드 사이에 맺어진 공식적인 연합법(Act of Union)은 제임스 2세의 가톨릭교도 후계자는 장차 잉글랜드의 왕위를 갖지 못하는 것과 마찬가지로 스코틀랜드의 왕위를 차지할 권리를 갖지 못한다고 명시했다.

잉글랜드인들은 1688년과 1689년의 사건들을 '명예혁명(Glorious Revolution)'이라고 부른다. 그것이 명예로운 이유는 명예혁명이 유혈사태 없이 진행되었고 '의회에 속하는 국왕'이 통치하는 혼합 군주정으로서의 잉글랜드를 굳건하게 확립시켰기 때문이다. 윌리엄과 메리 그리고 그들의 후계자들은 계속해서 상당한 정도의 행정권을 행사했지만, 1688년 이후 잉글랜드의 어떤 군주도 그때부터 해마다 열렸던 의회를 무시하고 통치하려고 시도하지 않았다. 의회 특히 하원은 과세와 지출에 대한 통제력을 강화했다. 프로테스탄트들은 특히 명예혁명을 잉글랜드에 대한 하나님의 특별한 은혜를 보여주는 또 다른 징표로 기렸다. 그들은 유리한 (프로테스탄트의) 순풍이 윌리엄과 메리에게 불어와 그토록 빠르게 잉글랜드에 당도했으며, 제임스 2세의 함대가 동원할 수 있는 저항군을 결집시키는 것을 방해했다는 점에 주목했던 것이다.

하지만 1688년은 모두에게 명예로운 것은 아니었다. 그것은 찰스 2세와 제임스 2세 치하에서 지방 정부에 대한 통제력을 위협받아왔던 거대한 재산 소유자의 지위를 공고하게 해 주었던 혁명이었다. 따라서 명예혁명은 곧 정부에 대한 후원과 전쟁을 통한 이윤으로 더 한층 부유해지게 될 부유층 거물을 대신한 현상 유지의 회복이었다. 명예혁명은 또한 스코틀랜드의 가톨릭교 소수파와 아일랜드의 가톨릭교 다수파를 비참한 신세로 만들었다. 1690년 국왕 윌리엄이 보인(Boyne) 전투에서 제임스 2세의 군대에게 결정적인 승리를 거두었을 때 아일랜드의 권력은 아일랜드 사회에 대한 지배를 현대까지 지속하게 될 '프로테스탄트의 우세' 아래 견고하게 장악되었다.

존 로크와 정부 계약 이론

명예혁명은 독특한 정치적 환경의 산물이었지만 보댕(1530~1596), 홉스(1588~1679), 필머, 보쉬에 같은 저술가들의 사상에 부응해 형성되고 있던 17세기 말의 반(反)절대주의 정치이론을 반영한 것이기도 했다. 이들 절대주의의 반대자 중 주요한 인물은 명예혁명 이전에 집필한 『통치론(Two Treatises of Government)』을 1690년에 처음으로 출간한 잉글랜드의 존 로크(1632~1704)였다.

로크는 인간이란 본래 어떤 형태의 정부도 없는 절대적인 자유와 평등을 특색으로 하는 자연 상태에서 살아왔다고 주장했다. 자연 상태에서 유일한 법은 각자의 생명·자유·재산에 대한 자연권을 스스로 강하게 주장할 수 있는 자연법(로크는 이를 이성의 법과 동일시했다)이다. 하지만 인간은 곧 자연 상태에서 장점보다 단점이 더 많다는 것을 지각한다. 따라서 인간은 우선 절대적 평등에 입각한 시민 사회를 세우고 나서 시민 사회 내에서 일어날지도 모를 논쟁을 중재하기 위해 정부를 세우는 데 동의했다. 그러나 인간은 정부의 권력을 절대적인 것으로 만들지는 않았다. 정부는 단순히 모든 사회구성원의 권력을 결합해놓은 것에 불과하며, 정부의 권한은 "사람들이 사회 속으로 들어가 그 권한을 공동체에 넘겨주기 전에 인간이 자연 상태에서 가지고 있었던 것 이상이 될 수 없다." 정부에게 명시적으로 양도하지 않은 모든 권력은 인민 스스로에게 유보되어 있으며, 따라서 정부의 권한은 계약적이면서도 제한적인 것이다. 만약 정부가 자체에 부여된 권한을 넘어서거나 남용한다면 사회는 정부를 해체하고 또 다른 정부를 세울 수 있는 권리가 있다.

로크는 모든 형태의 절대주의를 비난했다. 그는 절대군주를 공격했지만, 의회의 통치권

주장에 대해서는 비판의 강도가 그리 크지 않았다. 그는 정부란 생명·자유·재산을 보호하기 위해 세워진 것이기에 어떤 정치적 권위체도 신성한 이것들을 보호하기 위한 개인의 자연권을 침해할 수 없다고 주장했다. 따라서 이러한 권리들이 구현된 자연법은 입법·행정·사법을 망라하는 정부의 모든 부처에 대한 자동적이고 절대적인 제약이었다.

18세기 말 로크의 사상은 아메리카 혁명과 프랑스 혁명 모두에서 중요한 지적 배경의 요소로 작용했다. 하지만 1690년과 1720년에 그의 사상은 그보다는 훨씬 미흡한 급진적 목적에 기여했다. 제임스 2세를 윌리엄과 메리로 대체한 거물 지주들은 로크가 자신들의 보수적 혁명을 옹호해주는 것으로 이해했다. 제임스 2세가 자신들의 자유와 재산을 보호해주기보다는 두 가지를 모두 위협했기 때문에 거물 지주들은 제임스 2세가 수립한 폭정을 무너뜨리고 그것을 자신들의 자연권을 보호해주고 자신들의 이해관계를 방어해줄 수 있는 정부로 대체할 권리가 있다고 생각했다. 1689년 이후의 잉글랜드 정부는 의회에 의해 지배되었고, 의회는 차츰차츰 관직을 향한 탐욕스런 경쟁 혹은 가끔씩 원리에 대한 불일치가 공통의 이해관계를 훨씬 능가하는 토지 귀족에 의해 통제되었다.

루이 14세의 절대주의

♣ 루이 14세는 어떤 방법으로 프랑스에 대한 자신의 통제를 강화했는가?

루이 14세의 공식 초상화를 보면 즉위식에서 입은 옷을 걸치고 그의 권능을 상징하는 것으로 둘러싸인 절대군주의 겉모습 이면에 있는 인간의 모습을 구별하기란 거의 불가능하다. 그 겉모습은 아마도 근대 초의 어느 통치자보다 인상적인 왕의 존엄성이 지닌 극적 효과의 중요성을 인식했던 루이 14세가 용의주도하면서도 인위적으로 꾸며냈을 것이다. 루이 14세와 후계자들은 일반인이 근접하기 힘든 신적인 권세를 부여받은 통치자로서의 지위를 드러내기 위해 자신의 통치력을 극적으로 보여주는 장면을 주도면밀하게 연출했다.

베르사유에서 왕의 위엄을 연기하기

루이 14세가 자신의 통치권을 가장 공들여서 과시하고자 한 곳은 파리 근교에 있는 베르사유 궁전이었다. 베르사유 궁전 건물과 대지는 루이 14세가 매일 의식을 거행하고 국왕의 위엄을 보여주면서 귀족들을 복종시키려고 최면을 거는 무대가 되었다. 그 궁전의 정면은 길이만도 530미터 정도였다. 궁전 내부에는 프랑스 군대의 승리와 국왕의 개선을 기리는 벽걸이와 그림이 걸려 있었고, 건물 전체에 걸쳐 거울들이 가물거리는 빛을 반사하고 있었다. 궁전 밖의 드넓은 정원에 있는 그리스의 태양신 아폴로 상은 루이 14세가 프랑스의 '태양왕(Roi Soleil)'임을 상기시켜주었다. 루이 14세가 침대에서 일어나면 귀족들은 경쟁적으로 그를 수행했고, 앞다투어 왕의 음식(왕실 주방에서 국왕의 식탁까지 여러 블록의 거리를 운반해왔기에 대개 돌처럼 차가운 음식)을 먹었으며, 왕의 정원을 산책하거나(심지어 왕의 걸음걸이까지도 왕립 안무가가 춤곡으로 안무했다), 말을 타고 사냥에 나섰다. 루이 14세의 궁정은 태양왕의 집으로서 국왕의 광채가 발현되는 중심점이었다. 프랑스의 주요 귀족들은 일 년 중 일정 기간을 베르사유에서 루이 14세와 함께 지내야 했다. 루이 14세의 장엄한 궁전은 국왕과 제휴한 귀족들의 위신을 높여주는 한편, 그들이 국왕에게 불복종할 가능성을 막기 위해 계획적으로 만들어진 것이었다. 루이 14세의 영지에서 귀족들은 반역을 획책하기보다 국왕의 행차가 광대한 궁정 홀을 장엄하게 통과할 때 2~3분 동안만이라도 그와 이야기를 나눌 수 있는 특권을 갖게 될지도 모른다는 상상을 즐겼다. 하지만 동시에 궁정 주변의 세련되면서도 거의 불가능할 정도로 세밀한 예의범절의 규칙은 특권을 지닌 이들 귀족에게 완벽한 매너를 보여주어야 하는 상황에서 사소한 실수를 범해 국왕의 기분을 거스르지나 않을까 줄곧 걱정하는 지속적 불안감을 안겨주었다.

루이 14세는 이러한 연출을 통치자로서의 의무 중 하나라고 이해했고 매우 진지하게 이행했다. 루이는 명석함과는 거리가 멀었지만 근면하고 성실했다. 루이 14세가 실제로 "짐은 곧 국가다(L'état, c'est moi)"라고 말했는지 안 했는지 상관없이 그는 분명히 자신이 프랑스의 이익을 위해 기여하고 있다고 생각했다. 그 점에서 그는 자신이 개인적으로 신민의 복리에 책임이 있다고 생각했다. 그는 아들을 위해 남긴 통치술에 관한 비망록에서 다음과 같이 말했다. "우리가 신민으로부터 받는 복종과 존경은 공짜로 얻어지는 것이 아니다. 그것은 그들이 우리에게서 기대하는 정의와 보호의 대가로 지불되는 것이다. 그들이 우리를 존경해야만 하듯이 우리는 그들을 보호하고 지켜주어야 한다."

행정과 중앙집권화

　루이 14세는 이러한 책임을 절대주의적 입장에서 규정했다. 즉, 전반적인 국내 안정을 도모하려면 왕권을 집중시켜야 한다는 것이었다. 그는 귀족을 자신의 왕권 아래로 끌어들이는 한편, 상층 부르주아계급을 국왕의 행정가 특히 36개에 달하는 프랑스의 기본 행정 단위인 제네랄리테(generalités)의 행정을 담당하는 지방 장관으로 편입시킴으로써 그들의 환심을 샀다. 이들 지방 장관은 대개 자신의 출신 지역에 임명되지 않았으므로 관할 지역의 지방 유력자들과 결탁하는 일 또한 없었다. 그들은 국왕의 마음에 따라 관직을 얻었으며 확실한 왕의 사람이었다. 몇몇 행정관들은 행정적 봉사의 대가로 종종 새롭게 귀족으로 편입되었으며 그러한 가문에서 충원된 행정관들은 베르사유에서 국정 수행을 보좌하기도 했다. 그들은 태양왕 루이를 위한 연극배우가 아니었다. 오히려 그들은 국가 복리를 책임진 루이를 대신해 고된 업무에 종사하는 보좌관들이었다. 루이 14세의 행정관들은 세금 징수에 많은 시간과 정력을 소모했다. 그것은 무엇보다도 루이의 호전적이고 매우 개인적인 대외 정책의 바탕인 대규모의 상비군을 유지하기 위한 재정에 필수적이었다. 근대 초기의 절대주의에서 드러나는 개인적인 요소는 언급할 만하다. 절대주의는 언뜻 보기에는 정치이론의 모양새를 갖추었지만, 근본적으로는 야심찬 군주가 정복과 과시를 통해 자신의 권력을 증대시킬 수 있는 정부를 만들고자 하는 방식이었다. 그것만으로도 엄청나게 비용이 많이 드는 일이었다. 17세기 전체를 통해 늘어난 타유(taille) 또는 토지세에 더해 부가세가 부과되었다. 여기에 루이의 정부는 카피타시옹(capitation, 인두세)까지 도입했으며, 소금·포도주·담배와 그 밖의 물품에 부과하는 간접세를 철저히 징수했다(소금에 부과되는 간접세를 염세[gabelle]라고 한다). 그런데 귀족은 타유가 면제되었기 때문에 결국 그만큼의 부담이 농민에게 무겁게 부과되었다. 그 결과 지방 곳곳에서 농민 반란이 일어났지만, 루이는 그러한 반란을 쉽게 진압할 수 있었다.

　지방의 반대 세력은 루이 14세의 치세 동안 결코 제거되지는 않았지만 줄어들었다. 지방 귀족을 베르사유로 이동시킴으로써 루이 14세는 지방에 대한 권력과 영향력의 근원으로부터 그들을 떼어놓을 수 있었다. 또한 루이 14세는 지역 의회의 방해 세력을 제거하기 위해 자신의 법을 승인·집행하는 것을 거부하는 어떤 의회의 의원도 즉각 추방시킬 것을 명했으며, 브르타뉴, 랑그도크, 프랑슈콩테의 지방 신분회의 권한을 무력화시켰다. 1614년에 마지막으로 소집되었던 프랑스의 전국적인 대의기구인 신분회(Estates-General)는 루이 14세의 통치 기간 동안 단 한 번도 소집되지 않았으며, 그 후 1789년까지 다시 소집되지 않았다.

루이 14세의 종교 정책

국가적인 이유에서 또한 개인적인 성실함으로 루이 14세는 프랑스인에게 경제적·사회적 비용이 들더라도 종교적 통일성을 부여하고자 결심했다. 그는 하나님이 그러한 신앙심에 대한 보답으로 자신을 좋아할 것이라고 굳게 믿었다.

대다수 프랑스인은 로마 가톨릭교도였지만, 프랑스의 가톨릭교도는 정적주의자(靜寂主義者, Quietists), 장세니스트(Jansenists), 예수회(Jesuits), 갈리아주의자(Gallicans)로 나뉘어 있었다. 정적주의자는 하나님과 개개인의 마음 사이의 직접적인 관계를 강조하면서 개인적 신비주의로 은둔할 것을 설교했다. 그러한 교리는 늘 그렇듯이 교회의 중개 역할을 필요로 하지 않는데, '하나의 국왕, 하나의 법, 하나의 신앙(un roi, une loi, une foi)'이라는 신조와 결합된 절대주의 추종자가 보기에는 의심스러운 것이었다. 창시자인 17세기의 이프르(Ypres) 주교 얀센(Cornelius Jansen)의 이름에서 유래한 장세니즘은 놀랍게도 가톨릭판 칼뱅주의처럼 보이는 아우구스티누스의 예정설을 주장했다. 루이 14세는 정적주의자와 장세니스트를 단호하게 박해했다. 그는 그들에게 믿음을 철회할 것인지 아니면 투옥과 추방을 감수할 것인지 양자택일하도록 강요했다. 반면에 그는 프랑스에서 가톨릭교회의 반동종교개혁을 일으키려고 노력했던 예수회를 지원했다. 하지만 예수회에 대한 루이 14세의 지원은 프랑스 교회가 교황, 예수회, 에스파냐의 영향력(프랑스 교회는 이들을 동일시하는 경향이 있었다) 등으로부터 독립하기를 바라는 프랑스의 전통적인 갈리아주의 가톨릭교도를 당황하게 만들었다. 이러한 가톨릭교도 사이의 불화로 말미암아 루이 14세의 왕권을 빛내주는 종교적 영기(靈氣)는 그의 치세 동안에 사라지고 말았다.

하지만 루이 14세는 프로테스탄트 위그노에 대해서 무자비한 전쟁을 벌였다. 프로테스탄트 교회와 학교는 파괴되었고 프로테스탄트교도가 의학과 인쇄업을 포함한 많은 전문직을 갖는 것이 금지되었다. 급기야 1685년에 이르러 루이 14세는 위그노가 1598년 이래 누려온 관용의 토대인 낭트 칙령을 취소하고 말았다. 프로테스탄트 성직자가 추방되고 평신도는 갤리선에 노예로 팔려갔으며 그 자녀들은 강제로 가톨릭으로 개종해야만 했다. 많은 이들이 개종했지만, 20만 명의 프로테스탄트 망명자가 잉글랜드, 홀란드, 독일, 아메리카로 탈출했으며, 이와 더불어 자신의 전문 기술과 수공업자로서의 기술을 망명지에 함께 가지고 갔다. 이는 프랑스에게는 엄청난 손실이었다. 한 가지만 예로 들면, 베를린과 런던의 견직공업은 루이 14세의 박해를 피해 건너간 위그노가 설립한 것이었다.

콜베르와 왕실 재정

프랑스를 통합하고 중앙집권을 이루려는 루이 14세의 정책은 1664년부터 1683년 사망할 때까지 국왕의 재무장관이었던 장 밥티스트 콜베르(1619~1683)가 감독한 왕실 세입의 엄청난 증가에 의존했다. 콜베르는 세금 징수 과정을 강화했으며 가능한 지역에서 세금 징수의 도급 관행(징세 대리인이 국왕을 위해 징수한 세금의 일정 비율을 보유하도록 허용하는 것)을 없애버렸다. 콜베르가 재무장관에 취임했을 때 왕국에서 징수된 세금의 약 25퍼센트만 국고에 귀속되었지만 그가 사망할 무렵에는 그 비율이 80퍼센트로 늘어났다. 콜베르의 감독 아래 프랑스는 판사직과 시장직을 포함한 여러 관직을 팔았으며, 길드는 통상 규제를 시행할 수 있는 권리를 매입했다. 콜베르는 또한 대외 무역을 통제·규제함으로써 국가의 수입을 증대시키고자 했다. 콜베르는 확고한 중상주의자(아래의 사료 '중상주의와 전쟁' 참조)로서 수입이 줄어들고 수출이 증가하면 프랑스의 부도 증가할 것이라고 믿었다. 따라서 그는 비단, 레이스, 태피스트리, 유리 등과 같이 이전에 수입되던 상품의 국내 제조를 촉진하기 위해 국고를 사용하는 한편 프랑스로 수입되는 외국 상품에 관세를 부과했다. 그는 특히 전시에 프랑스가 필요로 하게 될 모든 물건을 생산할 수 있는 국내 산업을 창출하기를 갈망했다. 그는 또한 국내 통상을 촉진하기 위해 프랑스의 도로, 교량, 수로 등을 개선했다.

국왕의 세입을 증대시키기 위한 콜베르의 노력에도 불구하고 그의 정책은 궁극적으로 루이 14세가 요구하는 그칠 줄 모르는 전쟁 비용을 조달하는 데 실패했다. 콜베르는 왕에게 다음과 같이 잔소리했을 때 이러한 결과를 스스로 예견했다. "무역은 국가 재정의 근원이며 국가 재정은 전쟁에 사활이 걸린 중추입니다.……신은 폐하께서 평상시와 마찬가지로 전시에도 지출의 결정에서 쓸 수 있는 돈의 액수를 결코 염두에 두지 않는다고 폐하께 제가 감히 말씀드릴 수 있도록 허락해주시기를 간청하옵나이다." 하지만 루이 14세는 그의 말에 아무런 주의를 기울이지 않았다. 그 결과 루이의 치세 말경에 그의 호전적인 대외 정책은 파탄지경에 이르렀고 프랑스의 재정은 감당할 수 없는 전쟁 비용으로 인해 결딴나고 말았다.

중상주의와 전쟁

장 밥티스트 콜베르는 1664년부터 죽을 때까지 루이 14세의 재무장관으로 재임했다. 그는 상업을 촉진하고 프랑스 산업을 증강하고 수출을 증대시키기 위해 주도면밀하게 일했다. 콜베르는 자신의 경제 정책을 그 자체의 목적으로 여긴 반면, 루이 14세는 그것을 항상 현재 치르고 있는 전쟁을 끝내기 위한 수단으로 보았다. 궁극적으로 루이의 전쟁은 콜베르가 그토록 열심히 창조하려고 애썼던 번영을 갉아먹었다. 1670년 루이 14세에게 보낸 비망록은 콜베르가 관리한 중상주의적 자급 가능성을 분명히 보여주고 있다. 그는 프랑스 해군을 꾸리기 위해 필요한 모든 품목은 다른 곳에서 적은 비용으로 획득할 수 있다고 할지라도 궁극적으로는 프랑스에서 생산된 것이어야 한다고 역설했다.

그리고 폐하께서 폐하의 해군을 재건하는 데 부지런히 일하기를 원하시기 때문에, 그리고 그에 앞서 매우 방대한 지출을 하는 것이 필요하기 때문에, 모든 제품·군수품·제조품목이 이전에는 홀란드와 북쪽 나라들에서 왔기 때문에, 이 위대한 계획에 필수적일지도 모를 모든 것을 왕국 내에서 찾거나 왕국에 설치하는 것에 특히 관심을 기울이는 것이 절대적으로 필요하옵니다.

이러한 목적을 위해 타르 제조업은 메독, 오베르뉴, 도피네, 프로방스, 대포 제조업은 부르고뉴, 니베르누아, 생통, 페리고르, 큰 닻 제조업은 도피네, 니베르누아, 브르타뉴, 로슈포르, 레반트 산을 대체하기 위한 범포(帆布)의 제조업은 도피네, 올이 성긴 옥양목 제조업은 오베르뉴, 도선사와 그 밖의 사람들을 위한 모든 도구는 디에프와 라로셸, 선박 건조용 목재의 제재업은 부르고뉴, 도피네, 브르타뉴, 노르망디, 푸아투, 생통, 프로방스, 기엔, 피레네에 세워졌습니다. 그리고 우리 왕국에는 한 번도 알려지지 않은 돛대의 제조업은 프로방스, 랑그도크, 오베르뉴, 도피네, 그리고 피레네 산맥 지역에 세워진 바 있습니다. 스웨덴과 비스케 만에서 구했던 철은 최근 우리 왕국에서 제조되고 있습니다. 프로이센과 피에몬테에서 왔던 로프를 만들기 위한 질 좋은 삼(森)은 최근에는 부르고뉴, 마꼬네, 브레스, 도피네에서 획득되옵니다. 그리고 그것을 위한 시장이 베리와 오베르뉴에 세워진 이래로 이들 지방에 항상 돈을 마련해주고 그 돈이 왕국 내에서 머물도록 해주옵니다.

한마디로 선박 건조를 위해 필요한 모든 것은 최근에 왕국에 개설되어, 폐하께서는 해군의 재건을 외국인들 없이도 진행시킬 수 있고, 심지어 단기간에 그것들을 공급받을 수 있으며 그리고 이 방식으로 자금도 확보할 수 있을 것입니다. 그리고 폐하의 해군을 위해 풍부하게 준비하는 데 필요한 모든 것을 갖는다는 목적으로, 폐하께서 지금처럼 세심하게 보존되고 있는 왕국의 모든 숲에 대한 전반적인 개혁에 임하신다면 이를 위해 필요한 모든 목재를 충분히 생산할 수 있을 것입니다.

> **분석 문제**
>
> 1. 루이 14세는 콜베르의 경제 정책을 좀 더 현명하게 이용할 수 있었을까? 중상주의 정책은 전쟁에 의존하지 않고도 이행될 수 있는가? 전쟁은 중상주의의 필수적인 구성 요소인가?

1697년까지 루이 14세가 치른 전쟁

루이 14세에게 절대주의는 결코 목적이 아니었다. 그것은 오히려 목적을 이루기 위한 수단이었다. 예컨대 국내에서의 영광은 해외에서의 군사적 승리를 통해 이룩되는 것이었다. 루이 14세는 직접 통치를 시작한 1661년부터 1715년 사망할 때까지 프랑스를 거의 끊임없는 전시 상태로 유지했다. 그가 전쟁을 치른 주요 목적은 크게 두 가지였다. 하나는 프랑스를 둘러싸고 있는 에스파냐, 에스파냐령 네덜란드, 신성로마제국을 구성하고 있는 합스부르크 왕가의 세력이 프랑스에 가하는 위협을 약화시키고자 하는 것이었고, 다른 하나는 자기 가문의 왕조적 이해관계를 촉진하는 것이었다. 다행스럽게도 루이에게는 이 두 가지 목적이 종종 조화를 이루었다. 1667~1668년 루이 14세는 릴(Lille)을 점령하면서 그가 왕비를 대신해 권리를 주장한 에스파냐령 네덜란드를 공격했으며, 1672년 에스파냐령 네덜란드에 대한 이전의 공격을 훼방하려는 네덜란드인과 자신을 깎아내리려는 네덜란드인의 선동에 기분이 상해 홀란드와 그곳의 새로운 지도자 오라녜 공 빌렘(재위 1672~1702)에 대해 공격을 감행했다. 16세기의 프로테스탄트 투사였던 침묵공 빌렘의 증손자인 오라녜 공 빌렘은 유럽에서 루이 14세의 정복 전쟁에 맞서는 주도적인 인물이었다.

네덜란드와의 전쟁은 1678~1679년에 맺은 네이메헌 조약(Treaty of Nijmegen)으로 끝났다. 루이 14세는 비록 저지대 지방에 교두보를 거의 확보하지 못했지만 프랑슈콩테의 동부 지역을 정복·점령하는 데는 성공했다. 이에 고무된 루이 14세는 동쪽으로 눈을 돌려 스트라스부르의 자유시(1681), 룩셈부르크(1684), 쾰른(1688) 등을 차례로 점령했다. 그리고 그는 라인 강을 건너 밀고 들어가 라인란트 중부 지역을 약탈·방화했다. 이 지역은 그가 자신의 불행한 처제이자 그 지역 통치자인 선제후 팔츠의 딸을 대신해 권리를 주장한 곳이었다.

이러한 새로운 침략에 대항해 오라녜 공 빌렘(윌리엄 3세)은 아우크스부르크 동맹을 조직했다. 이 동맹은 루이 14세에 대항해 홀란드, 잉글랜드, 에스파냐, 스웨덴, 바이에른, 작센, 라인 강 서부 팔츠 선제후령 등이 연합한 것이었다. 그 결과로 일어난 9년 전쟁(1689~1697)은 엄청나게 파괴적이었다. 전쟁은 대부분 저지대 지방에서 치러졌지만, 아일랜드에서 인도 그리고 북아메리카(북아메리카에서는 이 전쟁을 윌리엄 왕의 전쟁이라고 부른다)에 이르기까지 확대되었다. 마침내 1697년 라이스바이크 강화조약(Peace of Ryswick)으로 루이 14세는 스트라스부르와 알자스 주변 영토를 제외하고 프랑스가 근래에 획득한 대부분의 영토를 돌려주어야 했다. 또한 이 조약은 오라녜 공 빌렘을 잉글랜드의 새로운 왕으로 인정하면서 가톨릭교도인 제임스 2세를 프로테스탄트 군주인 윌리엄과 메리로 대체했던 명예혁명을 합법화해주었다.

에스파냐 왕위 계승 전쟁

아우크스부르크 동맹은 서부 및 중부 유럽에서 새로운 외교적 목표가 등장했음을 보여주었다. 그 목표란 프랑스와 같이 어느 한 나라가 너무 막강해져 유럽의 국가 체제 내에서 다른 주요 강대국의 지위를 위협하는 것을 방지하는 세력 균형의 유지였다. 이 목표는 1914년 제1차 세계대전의 발발과 더불어 전체 세력 균형 체제가 붕괴할 때까지 이후 200년 동안 유럽 외교에 활력을 불어넣어주었다. 세력 균형 외교의 주요 옹호국은 잉글랜드, 네덜란드 연합주, 프로이센, 오스트리아 등이었다. 그러나 세력 균형은 루이 14세가 동의한 목표는 아니었다. 계속되는 전쟁과 기근(프랑스 인구의 약 5퍼센트에 달하는 100만 명이 1693~1694년의 프랑스 대기근으로 죽었다)으로 피폐해진 프랑스는 1697년 아우크스부르크 동맹으로 평화를 찾았다. 그러나 루이 14세는 또 다른 실질적인 목표, 즉 한 프랑스인이 에스파냐 왕위 계승을 주장할 권리가 있고 따라서 신세계의 에스파냐 제국, 이탈리아, 네덜란드, 필리핀 등에 대한 통치권을 요구할 수 있는 권리를 예견하고 있었다.

루이 14세의 첫 번째 부인은 에스파냐 왕 펠리페 4세(재위 1621~1665)의 장녀였다. 펠리페 4세의 차녀는 신성로마제국 황제인 오스트리아의 레오폴트 1세(재위 1658~1705)와 결혼했다. 이 딸들 중 어느 누구도 에스파냐 왕위 계승을 기대하지 않았다. 하지만 펠리페 4세의 유일한 아들인 에스파냐의 카를로스 2세는 일생에 걸쳐 정신적·신체적으로 병약했다. 1690년대에 카를로스 2 세가 더 이상 살 수 없다는 것이 분명해지자 유럽의 주요 강대국들은 에스파냐 왕위 계승에 관심을 갖기 시작했다. 그야말로 판돈이 엄청나게 컸기 때문이다.

에스파냐 왕위 계승	
펠리페 4세	재위 1621~1665년
카를로스 2세	재위 1665~1700년
펠리페 5세(앙주의 필립)	재위 1700~1746년
루이 15세(프랑스의 왕)	재위 1715~1774년

만약 레오폴트의 아들 중 하나가 왕위를 계승한다면 프랑스는 연합한 합스부르크 세력에게 사방으로 둘러싸일 판이었다. 하지만 만약 루이 14세의 아들이나 손자가 왕위를 계승한다 면 프랑스는 유럽과 아메리카에서 압도적인 세력이 될 것이었다.

1690년대 동안 이러한 위기를 해결하기 위한 몇 가지 계획이 떠돌아다녔다. 그중 한 가지 는 카를로스 2세의 조카의 아들인 여섯 살짜리 바이에른 공에게 에스파냐 왕위를 계승시 키자는 것이었으나 계획이 무르익기도 전에 그 아이가 죽고 말았다. 또 다른 제안은 이탈리 아 영토 중 에스파냐가 차지하고 있는 지역을 루이 14세에게 주고 에스파냐 제국의 나머지 영토를 레오폴트에게 준다는 것이었다. 하지만 레오폴트는 이 제안을 묵살했다. 레오폴트는 이탈리아 영토는 어찌되었든 신성로마제국 황제인 자신에게 속해야 할 것이라고 주장하면 서 오스트리아는 아시아와 아메리카에 있는 에스파냐의 식민지 영토를 통치하기 위한 해군 력을 갖고 있지 못하다는 것을 암암리에 인정했던 것이다.

카를로스 2세의 조언자들은 이들 계획 중 어느 것에도 귀 기울이지 않았다. 그들의 관심 은 에스파냐 제국 전체를 단 한 명의 상속자에게 모두 넘겨줌으로써 분할을 피하는 것이었 다. 이를 위해 그들은 카를로스 2세에게 유언장에다 자신의 모든 영토를 두 가지 조건을 붙 여 루이 14세의 둘째 손자인 앙주의 필립(Philip of Anjou)에게 넘겨주도록 조정했다. 그 조건 은 필립이 (어쨌든 상속에서 우선권이 있는) 자신의 형 루이를 위해 프랑스 왕위에 대한 권리 를 포기하는 것과 그가 에스파냐 제국을 본래대로 유지한다는 것이었다. 이 유언장의 내용 은 비밀로 하기로 했지만 루이 14세와 의논하기로 결정되었다. 카를로스 2세가 죽자 펠리페 5세(재위 1700~1746)가 에스파냐의 새로운 왕으로 선포되었고 루이 14세는 프랑스 군대를 몰 고 에스파냐령 네덜란드로 진격했다. 또한 루이 14세는 프랑스 상인을 에스파냐령 아메리카 로 파견했으며 오라녜 공 빌렘을 잉글랜드 왕으로 인정했던 것을 철회했다.

이에 따라 잉글랜드, 네덜란드 연합주, 오스트리아, 프로이센을 한편으로 하고 프랑스, 바이에른, 에스파냐를 다른 한편으로 하여 전쟁이 일어났다(에스파냐 왕위 계승 전쟁). 전쟁 이 발발하고 얼마 되지 않아 1702년 오라녜 공 빌렘이 사망하자 반(反)프랑스 연합 최고사령관인 그 역할은 두 명의 탁월한 전략가인 잉글랜드의 말보러 공 존 처칠(1650~1772)과 오스트리아의 부유한 상류층 군인 사보이 공 오이겐(1663~1736)에게 넘겨졌다. 그들의 지휘하에 연합군은 저지대 지방과 독일에서 치열한 전투를 치렀다. 그중에는 바이에른으로의 놀라운 진군도 있었는데, 블렌하임 전투(1704)에서 그들은 자신들에 대항해 정렬해 있던 5만 명의 군사 중 3만 명을 죽이거나 사로잡으며 프랑스와 바이에른 연합군에게 참담한 패배를 안겨주었다. 이후 곧이어 잉글랜드 해군은 지브롤터와 미노르카 섬을 함락함으로써 지중해에서의 전략적·상업적 교두보를 확보했을 뿐만 아니라 에스파냐 본토에 새로운 군사 활동 무대를 마련했다.

1709년경 프랑스는 패망 직전에 있었다. 하지만 반프랑스 연합은 루이 14세에게 에스파냐에 있는 그의 손자에 대항한 전쟁에 가담해달라고 요구하는 자충수를 두고 말았다. 따라서 전쟁은 양측에 엄청난 손실을 입히면서 계속되었다. 8만 명의 프랑스 군이 11만 명의 연합군과 맞서 싸운 말플라케 전투(1709)에서 말보러와 오이겐은 프랑스군을 물리치기는 했지만 2만 4,000명의 사상자가 발생했다. 이는 프랑스 군 희생자의 두 배에 달하는 숫자였다. 프랑스의 한 장군은 전투가 끝난 뒤 루이 14세에게 다음과 같이 썼다. "만약 하나님께서 우리에게 또다시 그런 전투에서 패할 수 있는 은혜를 주신다면, 폐하께서는 폐하의 적들이 절멸되는 것을 기대하셔도 될 것입니다."

잉글랜드의 앤 여왕(메리의 여동생이자 윌리엄의 계승자)은 점차 전쟁에 환멸을 느꼈고 가장 유능한 장군인 말보러를 해임했다. 잉글랜드와 네덜란드의 상인들 또한 전쟁이 무역과 상업에 끼치고 있는 손실에 대해 소리 높여 불평하고 있었다. 잉글랜드에서 휘그를 물리치고 새로 집권한 토리 정부는 프랑스에 평화의 가능성을 타진했다. 그사이 유럽의 외교적 상황도 바뀌고 있었다. 오스트리아의 레오폴트 1세가 1705년에 사망하고 그의 장남이자 후계자인 요제프 1세마저 1711년에 사망하자 오스트리아의 왕권은 반프랑스 연합의 에스파냐 왕위 후보자였던 레오폴트 1세의 차남인 카를 대공에게 넘어갔다. 이에 따라 오스트리아의 통치자이자 신성로마제국의 황제인 카를 6세(재위 1711~1740)가 에스파냐 왕위도 계승할 수 있다는 전망은 다시금 유럽 전역에서 세력 균형을 뒤흔들어놓을 가능성이 있었다.

위트레흐트 조약

　전쟁은 마침내 1713년 위트레흐트 조약(Treaty of Utrecht)으로 끝을 맺었다. 이 조약의 내용은 모든 교전국에게 상당히 공정한 것이었다. 루이 14세의 손자인 펠리페 5세는 에스파냐왕으로 남았고 에스파냐의 식민지 제국을 본래대로 보유했으며, 루이 14세는 프랑스와 에스파냐가 결코 동일한 통치자 아래로 결합되지 않을 것이라는 데 동의했다. 오스트리아는 에스파냐령 네덜란드와 밀라노 및 나폴리를 포함한 이탈리아 영토를 획득했다. 네덜란드인은 장차 있을지도 모를 프랑스의 침략으로부터 자신의 국경에 대한 보호를 보장받았고, 프랑스는 릴과 스트라스부르 모두를 보유했다. 이들을 훨씬 능가하는 최대의 승자는 (1707년 잉글랜드와 스코틀랜드 연합 왕국이 된) 영국이었다. 영국은 위트레흐트 조약으로 지브롤터와 미노르카를 유지했고, 뉴펀들랜드, 노바스코샤 본토, 허드슨 만, 카리브 해의 세인트키트 섬을 포함한 신세계에 있는 프랑스 영토의 상당 부분을 획득했다. 또한 영국은 한층 더 값진 것으로서 에스파냐로부터 에스파냐령 아메리카에서 아프리카 노예를 운송·판매할 수 있는 권리를 얻어냈다. 그 결과 영국은 이제 주요 노예 상인이자 18세기 세계의 지배적인 식민지 및 상업 세력으로 자리매김하게 되었다.

　위트레흐트 조약은 서유럽에서의 세력 균형을 근본적인 방식으로 재조정했다. 이미 코앞에 있던 에스파냐의 붕괴는 1713년에 완결되었다. 에스파냐는 이후 2세기 동안 '유럽의 병자'로 남게 되었다. 홀란드의 쇠퇴는 에스파냐보다는 점진적이었지만, 1713년에 이르러 홀란드의 위대한 나날 역시 종말을 고하고 말았다. 네덜란드의 스파이스 제도에 대한 지배는 계속되겠지만, 대서양 세계에서는 영국과 프랑스가 지배 세력이었다. 이 두 나라는 북아메리카에 대한 지배권을 놓고 이후 반세기 동안 대결을 계속하게 된다. 위트레흐트에서 식민지에 대한 세력 균형은 영국에 유리한 방향으로 결정적으로 바뀌었다. 유럽에서 프랑스의 군사적 패권에 대한 신화가 산산이 깨졌다. 이제 프랑스의 육군이 아니라 영국 해군이 18세기의 새로운 제국 및 상업 세계를 지배하게 될 것이다.

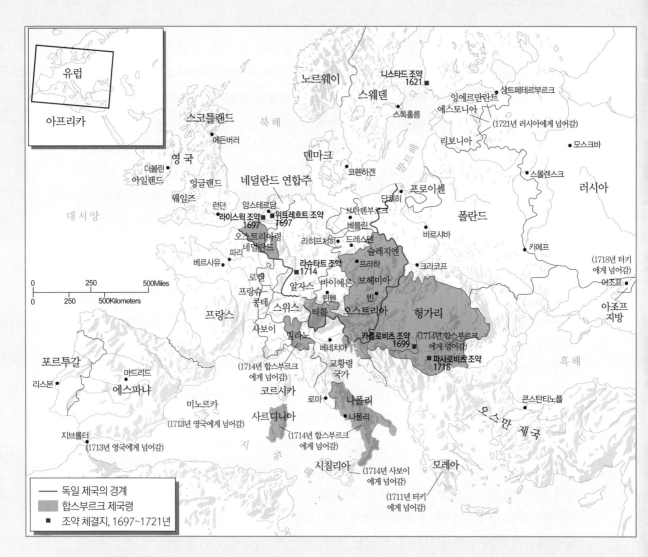

위트레흐트 조약 이후의 유럽, 1713년

유럽 내의 세력 균형이 위트레흐트 조약의 결과로 어느 정도 변화되었는가? 1713년 이후에 합스부르크 영역의 지리적 위치와 범위가 정해진 뒤에, 여러분은 합스부르크의 나라들이 18세기 유럽을 지배할 것이라고 기대하는가? 그렇다면 그 이유는 무엇이고 그렇지 않다면 또 그 이유는 무엇인가?

중부·동부 유럽의 재편

✦ 프로이센 세력 증대의 배후에는 어떤 변화들이 있었는가?

1680~1720년의 40년은 중부·동부 유럽의 세력 균형을 재편성하는 결정적인 시기이기도 했다. 오스만 제국의 세력이 약화되면서 합스부르크 왕조의 오스트리아-헝가리 제국은 중부·남부 유럽에서 주도적 세력으로 등장했고, 북쪽에서는 브란덴부르크-프로이센이 떠오르고 있었다. 하지만 가장 극적인 변화는 러시아에서 일어나고 있었다. 러시아는 스웨덴과의 오랜 전쟁 끝에 발트 해에서 지배 세력으로 부상했고 곧이어 폴란드-리투아니아 연합 왕국에 대한 치명적인 위협이 되었다.

합스부르크 제국

1683년 오스만튀르크는 빈에 대한 최후의 공격을 감행했고, 급파된 7만 명의 폴란드 군대가 오스트리아의 수도를 포위망에서 구해냈다. 이후 남동 유럽에서 오스만의 세력은 급격하게 쇠퇴했다. 1699년경 오스트리아는 헝가리의 대부분 지역을 오스만 제국으로부터 탈환했고, 1718년경 헝가리 전 지역과 트란실바니아와 세르비아를 장악했으며, 1722년 폴란드로부터 슐레지엔 영토를 획득했다. 이제 헝가리가 오스트리아와 오스만 제국 사이의 완충 국가가 되자 빈은 18세기 유럽의 위대한 문화적·정치적 수도 중 하나로 떠올랐고 오스트리아는 유럽의 세력 균형을 유지하는 중재국 중 하나가 되었다.

오스트리아의 합스부르크 왕조는 신성로마제국이라는 명칭을 갖고 있었고 1713년 이후에는 네덜란드와 이탈리아에 영토를 보유했지만, 이 왕조의 실질적인 권세는 오스트리아, 보헤미아, 모라비아, 갈리시아, 헝가리 등에 미쳤다. 이들 영토는 지리적으로는 서로 연결되어 있지만, 인종·종교·언어 면에서는 크게 달랐다. 합스부르크 왕조의 통치자들이 중앙집권화를 위해 많은 노력을 기울였지만 그들의 제국은 매우 성격이 다른 영토와 보유지의 느슨한 연합체로 남았다.

보헤미아와 모라비아에서 합스부르크 제국의 황제는 농민에게 영주를 위해 일주일에 3일을 무보수로 일하도록 강제함으로써 수출용 작물을 생산하도록 영주를 적극 지원해주었다.

그 대신에 이들 영토의 지주 엘리트들은 황제가 전통적인 입법 회의에서 자신들의 정치적 독립성을 축소하는 것을 용인했다. 하지만 헝가리에서는 강력하고 독립적인 귀족층이 그러한 유혹에 저항했다. 군대를 통해 헝가리를 관리하고 종교를 가톨릭으로 통일시키고자 하는 합스부르크 제국의 노력 역시 강력한 저항에 직면했다. 그 결과 헝가리는 제국 내에서 오스트리아인이 헝가리의 지원을 결코 당연시할 수 없는 반(半)자치적인 지역으로 남게 되었다.

1740년 이후 마리아 테레지아(재위 1740~1780)와 그 아들 요제프 2세(재위 1765~1790. 1765년에서 1780년까지 두 사람은 공동 통치자였다)는 그들의 제국 내에서 '계몽 절대주의'라는 새로운 방식을 개척했다. 그것은 빈으로 행정을 중앙집권화하고 세금을 증액하고 직업적인 상비군을 창설하고 교회에 대한 통제를 강화하는 한편, 국가 차원의 초등 교육제도를 신설하고 검열을 완화하며 한결 자유주의적인 새 형법을 제도화하는 방식으로 이루어졌다. 하지만 실제로 합스부르크 제국의 절대주의는 그것이 계몽적이든 아니든 항상 제국 영토의 다양함과 지방 정부 제도의 취약함으로 인해 한계가 있었다.

브란덴부르크-프로이센의 등장

오스만 제국이 붕괴된 이후 오스트리아의 주된 위협은 떠오르는 세력인 브란덴부르크-프로이센이었다. 오스트리아처럼 프로이센은 호엔촐레른 왕가의 상속으로 획득된 지리적으로 나누어진 몇 개의 영토로 구성된 혼성 국가였다. 하지만 이 왕조의 주요한 보유지는 수도인 베를린을 중심으로 하는 브란덴부르크와 동프로이센 공국이었다. 이 두 영토 사이에는 (스웨덴이 권리를 주장하는) 포메라니아와 그단스크(단치히) 항구를 포함하는 폴란드 왕국의 중요 부분이 자리 잡고 있었다. 호엔촐레른 왕가의 목적은 이들 사이에 끼어 있는 영토를 확보해 통일시키는 것이었는데, 1세기 이상의 지속적인 국가 건설 과정을 거쳐 결국 그 목적을 달성했다. 그 과정에서 브란덴부르크-프로이센은 중부 유럽의 군사적 강국으로 성장했고, 18세기 중엽 세력 균형 외교에서 핵심적 역할을 맡게 되었다.

프로이센이 강성해지는 데 초석을 놓은 인물은 '대선제후(Great Elector)' 프리드리히 빌헬름(재위 1640~1688)이었다. 그는 1650년대 스웨덴에 대항한 전쟁에서 폴란드 편을 들면서 폴란드 왕에게 동프로이센에 대한 명목상의 지배권을 양도받았고, 1670년대에는 능란한 외교

솜씨를 발휘해 전쟁에서 획득한 포메라니아를 프랑스의 동맹국인 스웨덴에 돌려주고 그 대신 프랑스의 공격으로부터 서부 지방을 보호했다. 하지만 이러한 외교적 위업이 가능할 수 있었던 것은 대선제후 프리드리히가 군대를 창설하고 그 비용을 지불하기 위한 재원을 동원하는 데 성공했기 때문이었다. 프리드리히 빌헬름은 자신의 영토에 있는 강력한 귀족(융커, Junker)에게 휘하 농민을 농노로 격하시킬 수 있는 권한을 부여해주고 군대의 장교단 구성을 그들에게 의존하면서 과세의 면제를 보장해줌으로써 그가 영토의 나머지 지역에 부과한 효과적이면서도 대단히 독재적인 과세 체제에 대한 귀족의 지원을 얻어냈다. 자신의 영지에 대한 통치권을 확보하고 서유럽과의 곡물 무역에서 얻은 이윤으로 부유해진 융커 계급은 프로이센의 국가 관리를 중앙집권화한 관료제에 넘겨주는 것에 만족했다. 이 관료제의 가장 중요한 임무는 프로이센 군대의 규모와 군사력을 증대시키는 것이었다. 군대는 대선제후가 통치하는 광범위한 영토에 대한 그의 통치력을 강화시켜주는 가장 중요한 도구가 되었다.

대선제후의 아들인 프리드리히 1세(재위 1688~1713)는 에스파냐 왕위 계승 전쟁에서 오스트리아를 지원함으로써 스스로 프로이센 왕이라 칭할 수 있는 권리를 부여받았다(신성로마제국 황제인 오스트리아 군주는 왕을 만들어낼 권리가 있었다). 그리고 프리드리히 1세는 스웨덴에 대항한 북방 전쟁(Nothern War, 1700~1721)에서 러시아 편에 가담함으로써 포메라니아에 대한 통제권을 회복하고 확장하기 위한 길을 닦았다. 하지만 국왕으로서 주된 관심은 프랑스의 루이 14세의 선례를 따라 새로운 왕국의 수도인 베를린의 문화생활을 발전시키는 데 전념하는 것이었다.

프리드리히 빌헬름 1세(재위 1713~1740)는 할아버지의 정책으로 되돌아갔다. 그의 가장 중요한 관심사는 최고 수준의 군대를 보유하는 것—이것에 매우 골몰했던 그는 '하사관 왕(sergeant king)'이란 별명을 얻었다—이었다. 그의 치세 동안 프로이센 군대는 3만 명에서 8만 3,000명으로 증강되어 프로이센은 프랑스, 러시아, 오스트리아 다음으로 유럽에서 네 번째 규모의 군대를 보유하게 되었다. 또한 그는 키 180센티미터가 넘는 병사로만 구성된 '포츠담 거인 부대(Potsdam Giants)'라는 비밀 연대를 창설함으로써 또 다른 방식으로 프로이센 군대의 규모를 증강시켰다. 프리드리히 빌헬름 1세는 군대를 지원하기 위해 세금을 인상하고 징수 방법을 간소화하는 한편 궁정에서 값비싼 사치품을 멀리하도록 했다. 그는 개인적 도락에 국가의 재원을 낭비하는 것을 너무도 꺼려해서 맛있는 음식을 먹기 위해 귀족의 식사 자리에 불청객으로 불쑥 나타나곤 했다고 한다. 그에게는 절대주의의 활동무대는 궁전

이 아니라 자신이 아끼는 군대와 그 군대를 유지하는 국가의 관직을 몸소 감독했던 사무실이었다.

무뚝뚝하고 상상력이 빈곤했던 프리드리히 빌헬름 1세도 아들 프리드리히만은 뜻대로 할 수 없었다. 그는 군대보다 플루트에 더 열심이었고, 프랑스 문화를 경멸했던 아버지와는 반대로 프랑스 문화를 찬양했다. 젊은 날 프리드리히가 반항한 것도 무리가 아니었다. 그는 18세였던 1730년에 한 친구와 함께 궁정을 뛰쳐나와 도망을 쳤다. 두 사람은 곧 붙잡혀 왕 앞에 끌려왔고 왕은 그가 보는 앞에서 친구를 처형해 버렸다. 프리드리히는 무서운 교훈을 얻었다. 이후 프리드리히는 음악과 문학에 대한 사랑을 결코 잊지 않았지만 왕으로서의 임무에 충실했다. 그는 '국가의 첫 번째 공복'이라는 자신의 이미지에 맞게 생활했으며, 결국 프리드리히 대왕이라는 역사적 칭호를 얻었다.

프리드리히 빌헬름 1세는 프로이센을 강국으로 만들었고 프리드리히 대왕(재위 1740~1786)은 주요 강대국의 반열에 올려놓았다. 1740년 왕위에 오르자마자 프리드리히 대왕은 부왕이 결코 전투에 투입한 적이 없었던 군대를 동원해 오스트리아의 슐레지엔 지방을 점령해 버렸다. 프로이센은 슐레지엔에 대해 아무런 정당한 권리를 갖고 있지 않았지만, 프리드리히는 부유하면서도 방어가 매우 취약한 그곳을 프랑스의 지원을 받아 점령했다. 합스부르크 제국의 마리아 테레지아는 이에 대해 반격을 가했고 영국과 헝가리가 지원했지만 슐레지엔을 되찾을 수 없었다. 초기의 성공에 고무된 프리드리히는 나머지 통치 기간을 슐레지엔에서 자신이 획득한 것을 공고히 하면서 프로이센과 브란덴부르크 사이에 있는 폴란드 영토에 대한 지배권을 확대하는 데 보냈다. 부단한 외교적 노력과 빈번한 전쟁을 통해 프리드리히는 1786년경 프로이센을 서로 연결된 막강한 영방 왕국으로 변모시키는 데 성공했다.

프리드리히 대왕은 프로이센의 적들에 대항해 국내의 연합전선을 확보하기 위해 자신의 정책에 대한 융커 계급의 지지를 확보하는 데 심혈을 기울였다. 프리드리히의 부왕은 공무원을 출신보다는 능력으로 선발했지만, 그는 군대와 확대되는 행정에 필요한 인력의 충원을 귀족에 의존했다. 놀랍게도 프리드리히의 전략은 적중했다. 귀족들이 그에게 충성을 바쳤으며, 프리드리히는 유럽에서 가장 고도로 전문적이고 효율적인 관료제를 만들어냈던 것이다.

프리드리히 대왕은 국내 정책에서도 융커 계급이 민감해 하는 문제에 관심을 보였다. 프리드리히는 동시대인인 오스트리아의 요제프 2세와 마찬가지로 계몽적인 절대 군주였다. 그는 기소된 범죄자에 대한 고문과 재판관에 대한 뇌물 공여를 금지시키고 초등학교 제도를 수립하는 등의 사회 개혁을 감독했다. 그는 강력한 반(反)유대주의자였지만 그리스도교인에 대한 종교적 관용을 권장했으며, 심지어 이슬람 교인의 수가 이슬람 사원을 채울 정도로 충분하다면 베를린에 기꺼이 사원을 세워줄 것이라고 선언하기도 했다. 그는 자신의 왕령지에서 사형 제도를 폐지하고 농민에 대한 강제 부역을 줄여주었으며, 농민이 경작하는 토지에 대한 장기 임차를 허용했다. 그는 과학적 임업과 새로운 작물의 경작을 장려했으며, 슐레지엔에 새로운 토지를 개간하고 그 땅을 경작하기 위해 많은 사람들을 이주시켰고, 전쟁으로 농경지가 폐허가 되었을 때 농민에게 새로운 가축과 농기구

중부 유럽의 절대주의 통치자들		
프랑스		
	루이 14세	1643~1715년
	루이 15세	1715~1774년
	루이 16세	1774~1792년
브란덴부르크–프로이센		
	프리드리히 빌헬름 대선제후	1640~1688년
	프리드리히 1세	1688~1713년
	프리드리히 빌헬름 1세	1713~1740년
	프리드리히 대왕	1740~1786년
오스트리아		
	레오폴트 1세	1658~1705년
	카를 6세	1711~1740년
	마리아 테레지아	1740~1780년
	요제프 2세	1765~1790년
러시아		
	표트르 대제	1689~1725년
	예카테리나 대제	1762~1796년

를 공급해주었다. 하지만 그는 이러한 개혁을 결코 귀족의 영지까지 확대시키려고 하지 않았다. 그렇게 할 경우 프리드리히가 의존하고 있는 바로 그 집단을 소외시킬 우려가 있었기 때문이다.

러시아에서의 독재정치

👉 러시아의 절대주의는 어떤 면에서 서유럽의 절대주의와 달랐는가?

한층 더 극적인 변화는 역동적인 통치자인 표트르 1세(1672~1725) 치하의 러시아에서 일어났다. 표트르 1세는 그가 이룩한 업적만으로도 표트르 '대제'라는 칭호를 얻을 만하다. 하지만 2미터가 넘는 거대한 체구와 농담을 하다가도 갑자기 격노하는 변덕스러운 성격 역시 그에게 그러한 칭호가 붙는 데 한몫했음에 틀림없다. 표트르는 자기 나라를 서유럽과 접촉하게 만든 첫 번째 차르는 아니지만, 그의 정책은 러시아를 유럽의 강대국으로 만드는 데 결정적이었다.

표트르 1세의 치세 초기

1613년 이래로 러시아는 로마노프 왕조의 지배를 받았다. 피에 굶주리고 반쯤은 미치광이였던 이반 4세(재위 1533~1584)가 1584년에 사망한 후 혼란스러운 '고난의 시기'가 찾아왔다. 그 후 정치적 안정을 되찾으려는 로마노프 왕조의 시도는 얼마간 성공을 거두었지만 1667~1671년 심각한 위협에 직면했다. 코사크(반半자치적인 농민 기병대)의 지도자인 스텐카 라진(1630?~1671)이 반란을 일으켜 러시아 남동 지역의 상당 부분을 휩쓸었던 것이다. 라진의 봉기는 억압받던 농노뿐만 아니라 모스크바의 지배로부터 벗어나기를 갈망한 볼가 강 하류의 비(非)러시아계 부족들에게도 광범위한 지지를 얻었다. 하지만 궁극적으로 알렉세이 1세(재위 1654~1676)와 러시아 귀족은 열의는 가득했지만 오합지졸에 불과한 10만 명 이상의 반란군을 살육하면서 라진의 무리를 패배시켰다.

프랑스의 루이 14세와 마찬가지로 표트르 1세는 소년 시절에 왕위에 올랐는데, 이는 그가 정치적 알력과 궁정 음모의 표적이 되었음을 의미했다. 하지만 1689년 17세가 된 그는 배다른 누이 소피아의 섭정을 무너뜨리고 러시아에 대한 직접적인 지배권을 장악했다. 젊은 차르는 러시아를 위대한 군사 강국으로 만들 결심을 하고 1690년대에 조선 기술을 연구하고 해군 건설을 도와줄 외국인 숙련 기술자를 구하기 위해 홀란드와 영국을 여행했다. 그런데 표트르가 해외에 있는 동안 궁전 근위대(스트렐치, Streltsy)가 소피아를 복위시키고자 반란을 일으켰다. 이에 표트르는 빈에서 급거 귀국해 반란을 경악할 만큼 잔인하게 진압했다. 약 1,200명에 달하는 혐의자들을 즉시 처형했는데, 그들 중 상당수는 크렘린 궁 벽 앞에서 교수형에 처해졌다. 그들의 시신은 차르의 절대적 권력에 감히 도전하는 자들에게 어떤 운명이 기다리고 있는 것인지를 생생하게 보여주기 위해 여러 달 동안 매달린 채 썩어갔다.

차르 국가의 변화

표트르 1세는 전통적인 러시아의 귀족에게 일련의 사회적·문화적 개혁을 시행함으로써 러시아를 서구화하려고 했던 차르로서 가장 유명하다. 그는 귀족에게 긴 수염과 늘어뜨린 소매를 자르도록 명했고, 바닥에 침을 뱉거나 손가락으로 식사하는 것을 금하는 예법에 관한 책을 출간했으며, 남녀 간에 점잖은 대화법을 장려했고, 귀족 여성에게는 결혼식, 주연,

기타 공적 행사에 남성과 더불어 서양식 복장을 갖출 것을 요구했다. 러시아 귀족의 자녀는 교육을 위해 서유럽의 궁정에 위탁되었다. 표트르가 세운 새로운 학교와 학원의 교사로 그리고 그가 건설하고자 하는 새로운 건물을 설계하기 위해 또한 차르의 육군, 해군, 행정 부문에 기여하기 위해 수천 명의 서유럽 전문가들이 러시아로 초빙되었다.

이러한 조치들은 중요했지만, 러시아를 근대화하고 서유럽화하고자 하는 표트르의 욕구로 추진된 것은 아니었다. 표트르의 정책은 러시아인의 생활을 근본적으로 변화시키는 것이었지만, 그의 진정한 목적은 러시아 사회를 개조하는 것이 아니라 군사 대국으로 만드는 것이었다. 예를 들면 세대가 아니라 개인에게 세금을 부과했던 새로운 과세 체계(1724)는 러시아 농민 사회의 전통적인 구분을 거의 쓸모없게 만들었지만 전쟁을 위해 더 많은 돈을 거두기 위해 만들어낸 것이었다. 1722년에 부과된 표트르의 품계표(Table of Ranks)는 귀족계급에게 이와 유사한 충격을 주었다. 표트르 대제는 모든 귀족이 (하위) 지주 계급에서 (상위) 행정 계급과 (최고) 군사 계급으로 승진하도록 위계를 세워 러시아 귀족 사회의 전통적인 계급제도를 뒤집어놓았다. 그때까지의 전통적 방식은 출신에 따른 귀족을 능력에 따라 대두한 행정가와 군인보다 더 우위에 두는 것이었다. 하지만 그는 귀족계급을 차르를 위한 행정 및 군사적 복무로 끌어들이기 위해 강력한 새로운 유인책을 만들었다.

표트르 대제는 전 러시아의 독재 군주로서 유럽의 어느 나라와도 비교가 되지 않는 절대적인 주인이었다. 1649년 이후 러시아의 농민은 법적으로 지주의 재산이었지만 1750년경 그중 절반은 농노였고 나머지 절반은 차르가 소유한 토지에 사는 국가 농민이었다. 국가 농민은 차르의 군대에서 병사로서, 차르의 공장에서 노동자로서(이들의 생산력은 표트르의 치세에 엄청나게 증가했다), 또한 차르의 건설 사업에 강제 노동자로서 복무하기 위해 징집될 수 있었다. 하지만 농노 역시 차르로부터 과세되거나 자신의 영주가 그랬듯이 군 복무를 위해 소집될 수 있었다. 따라서 모든 러시아인은 계급이 무엇이든지간에 차르를 위해 봉사해야 했고 전 러시아는 어떤 의미에서 차르에게 속해 있는 것으로 간주되었다.

표트르는 자신의 권력을 더욱 집중시키기 위해 러시아의 초보적인 의회인 두마(Duma)를 군대와 민간 문제를 감독하는 임의로 선출된 9명의 행정관 집단인 상원으로 대체했고, 종교 문제와 관련해 러시아 정교회의 일을 관장하는 제국 관리를 임명함으로써 정교회를 직접 통치했다. 그는 또한 전쟁에 필요한 것을 충당하기 위해 귀족 여부를 막론하고 선발한 사람들로 새롭고 규모가 크고 한층 더 효율적인 행정 체계를 마련했다. 새로운 관료제에서의 지위는 출신에 의존하지 않았다. 표트르의 주요한 조언자 중 한 사람인 알렉산드르 멘시코프(1670~1729)는 요리사였지만 나중에는 공작이 되었다. 이 정도의 사회적 이동성은 당대의 어떤 서유럽 국가에서도 꿈꿀 수 없는 일이었다. 반면에 귀족의 지위는 모든 귀족이 표트르의 군대나 행정에 참여해야 하는 공무 봉직에 달려 있었다. 표트르는 이 요구 사항을 강행하는 데 완전히 성공하지는 못했지만, 그가 고안한 행정 기구는 향후 200년 동안 러시아에 통치 계급을 제공해주었다.

표트르 대제의 대외 정책

표트르의 대외 정책 목표는 러시아가 흑해와 발트 해에서 부동항을 확보하는 것이었다. 흑해에서 그의 적은 오스만 제국이었다. 하지만 그곳에서 그는 거의 성공을 거두지 못했다. 1696년 그는 아조프 항을 점령했지만 1711년 그 항구를 돌려주지 않으면 안 되었다. 이후 러시아는 18세기 말까지 흑해에서 부동항을 확보하지 못했다. 하지만 북부에서 표트르 대제는 많은 성과를 거두었다. 1700년 그는 스웨덴과 21년 전쟁이 될 전쟁을 시작했고 이후 발트 해에서 지배 세력이 되었다. 1703년경 표트르는 핀란드 만에 교두보를 확보했고 즉시 그곳에 자신이 상트페테르부르크라고 이름 붙인 새 수도를 건설하기 시작했다. 프로이센의 지원을 받은 러시아의 군대가 폴타바 전투에서 스웨덴군을 결정적으로 패배시켰던 1709년 이후 표트르의 새 수도 건설 작업은 가속화되었다. 루이 14세의 베르사유를 모방하고 경쟁하기 위해 설계된 왕궁이 중심이었던 새 수도의 건설을 위해 수많은 농노가 징용되었다.

스웨덴과의 북방 전쟁은 니스타드 평화조약으로 종식되었다. 이 조약은 서유럽에서 위트레흐트 조약이 발휘한 것에 견줄 만한 세력의 재편성을 동유럽에 가져다주었다. 스웨덴은 북해의 영토를 하노버 왕조에게 그리고 발트 해의 독일 영토를 프로이센에게 넘겨주었다. 핀란드 만 전체, 리보니아, 에스토니아를 포함한 스웨덴의 동쪽 영토는 러시아로 넘어갔다. 스웨덴은 이제 북부 유럽에서 2류 국가로 전락했다. 폴란드-리투아니아는 살아남았지만 서쪽에서는 팽창하는 프로이센 세력과 동쪽에서는 확대되는 러시아 세력과 직면했다. 폴란드-리투아니아 역시 쇠퇴하는 세력이었다. 18세기 말 이 왕국은 사라지고 그 영토는 한층 막강한 이웃 나라들이 집어삼키게 된다. 니스타드에서의 승자는 프로이센과 러시아였다. 두 나라는 모두 발트 해안을 따라 영토를 확보했고, 수지맞는 서유럽과의 곡물 무역에서 유리한 위치를 점하게 되었다.

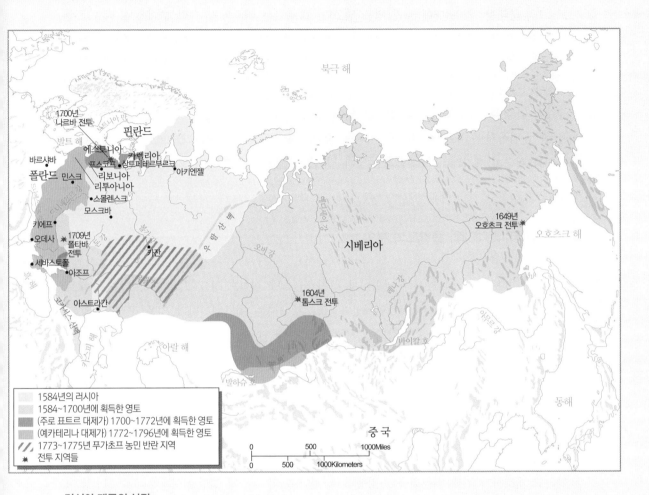

1584년의 러시아
1584~1700년에 획득한 영토
(주로 표트르 대제가) 1700~1772년에 획득한 영토
(예카테리나 대제가) 1772~1796년에 획득한 영토
1773~1775년 푸가초프 농민 반란 지역
전투 지역들

러시아 제국의 성장

표트르 대제는 러시아가 지배하는 영토를 어떤 방법으로 확장했는가? 그가 추가적인 땅을 획득함으로써 달성하고자 노력한 것은 무엇이었는가? 이러한 확장의 대가들은 무엇이었는가? 한층 더 크고 한결 더 막강한 러시아의 등장이 유럽의 세력 균형에 어떠한 영향을 끼쳤는가? 전 지구적 세력으로서의 러시아의 발전에 대해 예카테리나 대제가 기여한 것은 무엇이었는가?

표트르의 승리는 엄청난 결과를 초래했다. 그의 치세 동안 직접세는 500퍼센트나 증가했고 그의 군대는 1720년대에 30만 명을 넘었다. 표트르는 러시아를 유럽 무대에서 무시할 수 없는 세력으로 만들었으나, 특히 러시아 귀족계급에게 커다란 반발을 불러일으켰다. 표트르의 유일한 아들이자 상속자인 알렉세이는 차르에 대항한 음모의 구심점이 되었고, 표트르는 마침내 1718년 그를 체포해 처형했다. 그리하여 1725년 표트르가 사망했을 때 그는 자신을 승계할 아들을 두지 못했다. 궁전 근위병이 옹립한 몇 명의 무력한 차르가 이어지면서 불만을 품은 귀족들은 표트르 대제가 이룩한 개혁의 상당 부분을 무위로 돌렸다. 하지만 1762년 왕위를 계승한 예카테리나 대제의 야망과 결의는 위대한 전임자에 결코 뒤지지 않았다.

예카테리나 대제와 폴란드의 분할

예카테리나는 1762년 자신의 남편이자 나약한(그리고 아마도 정신적으로 정상이 아닌) 표트르 3세가 죽자 제위에 오른 독일인이었다. 표트르 3세는 예카테리나가 일을 꾸미는 데 도움을 주었을 궁전 쿠데타로 폐위되어 처형당했다. 예카테리나는 계몽된 통치자(그녀는 프랑스 계몽 철학자들과 서신 교환을 했으며, 희곡을 쓰고 러시아 역사를 집필했다)의 이미지를 스스로 만들어내기도 했지만, 자신을 제위에 올려준 귀족계급의 지지를 잃지 않겠다고 결심했다. 그리하여 그녀의 사회 개혁을 위한 노력은 병원과 고아원의 설립, 지방 귀족을 위한 초등학교 체제의 창설 정도에서 크게 벗어나지 않았다. 같은 시대의 계몽적인 절대 군주인 오스트리아의 요제프와 프로이센의 프리드리히 대왕처럼 1767년 그녀는 러시아의 법을 법전화하고 개정하기 위해 위원회를 소집했다. 하지만 법의 급진적 조항(사형제의 폐지, 사법상 고문의 금지, 농노의 판매 금지 등)은 거의 이행되지 않았다. 그러한 조치들이 실시될 가능성은 1773~1775년 에밀리안 푸가초프(1742~1775)라는 코사크인이 이끄는 대규모 농민 반란이 잠시 모스크바를 위협했을 때 사라지고 말았다. 예카테리나는 자신의 정부를 더 한층 중앙집권화하고 농민층에 대한 귀족의 통제를 강화함으로써 반란에 대응했다.

예카테리나의 가장 큰 업적은 전쟁과 외교를 통해 이루어졌다. 1769년 그녀는 흑해에 부동항을 확보하기 위한 표트르 대제의 시도를 재개했다. 그 결과 오스만튀르크와 치른 전쟁(1774년 종전)에서 러시아는 흑해의 북부 해안에 대한 통제권을 획득하고 크림(1783년 러시아에 합병)의 독립을 지켜냈으며, 러시아 선박이 보스포루스 해협을 통해 지중해로 들어갈 수 있는 통로를 확보했다. 또한 이 전쟁에서 러시아는 도나우 강 연안에 있는 오스만 제국의 몇몇 지방에 대한 통제권도 획득했다.

그런데 러시아의 발칸 반도 진출은 오스트리아를 놀라게 했다. 오스트리아는 막강한 세력으로 성장한 러시아 제국이 자국 남부의 코앞에 도달했음을 발견했던 것이다. 프로이센 역시 오스만 제국의 동맹국으로서 전쟁에 개입하겠다고 위협하고 있었다. 하지만 프리드리히 대왕의 진정한 이해관계는 자국에 훨씬 더 가까운 곳에 있었다. 그는 러시아, 프로이센, 오스트리아 사이의 평화를 유지하는 방안으로 폴란드의 분할을 제안했다. 이 제안에 따르면, 도나우 정복을 포기한다면 러시아는 그에 대한 보답으로 100만 명에서 200만 명에 이르는 폴란드인을 포함한 폴란드 동부의 곡창 지대를 차지할 수 있고, 오스트리아는 250만 명의 폴란드인을 포함한 갈리시아를 갖게 되며, 프로이센은 브란덴부르크와 포메라니아를 동프로이센과 분리시켜놓고 있는 그단스크(단치히) 항을 포함한 폴란드의 해안 지역을 차지하게 될 것이다. 1772년에 확정된 이 협약의 결과 폴란드는 영토의 약 30퍼센트와 인구의 절반 가량을 상실했다.

폴란드는 이제 정치적 보수주의의 대가를 치러야만 했다. 폴란드의 귀족계급은 주요 중부 유럽 세력 중에서 유일하게 군주정으로의 중앙집권을 향한 어떠한 움직임도 자신의 자유에 대한 위협으로 여겨 이에 반대했다. 그 자유 중 하나는 모든 귀족이 폴란드 대의기구, 즉 국회(Diet)에서 제안된 어떤 법안에 대해서도 거부권을 갖는다는 것이었다. 설상가상으로 폴란드의 귀족은 폴란드 국왕 선거에서 투표의 대가로 외국 세력에게 뇌물을 받을 정도였다. 1764년 예카테리나 대제는 이런 방법으로 자신의 연인이었던 스타니스와프 포냐토브스키(재위 1764~1795)가 폴란드의 새로운 국왕으로 선출되는 데 개입했다. 1772년 저항하기에는 너무도 나약했던 스타니스와프 국왕은 마지못해 자기 나라의 분할을 받아들였다. 하지만 1788년 그는 자신의 왕국에 남아 있던 통제권을 강화하기 위해 새로 발발한 러시아-터키 전쟁을 이용했다. 그리하여 1791년 5월 이전에 존재했던 것보다 한층 더 강력한 군주정을 세우는 새 헌법이 채택되었다. 그러나 때는 이미 너무 늦었다. 1792년 1월 러시아-터키 전쟁이 끝나자 예카테리나 대제가 갑자기 덤벼들었다. 1793년 러시아와 프로이센은 함께 비준 과정에 있던 새 헌법을 파괴하고 폴란드의 거대한 두 지역을 날름 삼켜버렸다. 1795년 러시아·오스트리아·프로이센이 마지막 한 조각마저 먹어치우자 폴란드나 리투아니아에는 전혀 아무것도 남은 것이 없었다.

상업과 소비

♣ 상업혁명을 용이하게 만든 요인은 무엇인가?

러시아·프로이센·오스트리아의 군사력 증강에도 불구하고 유럽에서의 세력 균형은 18세기 동안 꾸준히 서쪽으로 이동하고 있었다. 특히 북대서양의 경제는 유럽의 어느 지역보다도 훨씬 더 빠르게 성장하고 있었다. 그 결과 프랑스와 영국은 유럽뿐만 아니라 더욱 넓어진 세계에서 압도적으로 우세한 세력이 되었다.

18세기 유럽의 경제 성장

북서부 유럽에서의 급속한 경제 성장과 인구 증가의 요인은 복합적이며, 역사가들 사이에서 계속 논란이 되고 있다. 영국과 홀란드에서는 새롭고 한층 더 집약적인 농업 체계가 발달해 이전보다 에이커당 훨씬 더 많은 식량을 생산하고 있었다. 이 새로운 농업 방식은 운송 체계의 개선과 결합해 기근의 발생 빈도를 훨씬 줄이고 사람들에게 보다 많은 음식을 제공했다. 새로운 작물, 특히 옥수수와 감자(둘 다 아메리카 대륙에서 유럽으로 건너왔다)는 늘어나는 유럽 인구를 먹일 수 있는 식량 공급의 증대에 기여했다. 그러나 기근이 덜 발생하고 그다지 광범위하지 않았지만 전염병은 계속해서 유럽인의 절반을 20세가 되기도 전에 사망하게 만들었다. 하지만 여기에서도 약간의 진전이 이루어졌다. 특히 페스트에 대해 어느 정도의 면역(아마도 유전적인 돌연변이의 결과로)이 유럽인 사이에서 나타나기 시작하자 페스트는 주요 사망 원인에서 제외되었다. 또한 더 나은 식사와 향상된 위생 시설은 장티푸스, 콜레라, 천연두, 홍역 같은 사망 요인의 감염률을 낮추는 어느 정도 역할을 했을 것이다.

또한 북서 유럽은 점차 도시화되어가고 있었다. 유럽 전역에 걸쳐 도시 거주민의 숫자는 1600년부터 1800년 사이에는 눈에 띄게 변하지 않았다. 1600년과 1800년에 유럽에서 인구 1만 명이 넘는 도시는 200여 개 정도였다. 그러다가 첫 번째로 도시가 점차 북부와 서부 유럽에 집중되는 변화가 나타났고, 두 번째로 매우 큰 도시들이 급속하게 성장하는 변화가 나타났다. 무역과 통상의 유형이 이러한 변화와 밀접한 관련이 있었다. 독일의 함부르크, 영국의 리버풀, 프랑스의 툴롱, 에스파냐의 카디스 같은 도시들은 1600년과 1750년 사이에 약

250퍼센트 정도 성장했으며, 근대 초 국제적 상업의 중추였던 암스테르담의 인구는 1530년 3만 명에서 1630년 11만 5,000명으로 그리고 1800년경에는 20만 명으로 증가했다. 지중해의 번잡한 항구인 나폴리의 인구는 1600년 30만 명에서 18세기 말에는 거의 50만 명에 달했다. 그러나 한층 더 경이로운 인구 증가는 유럽의 행정 수도들에서 일어났다. 런던의 인구는 1700년 67만 4,000명에서 한 세기 뒤에는 86만 명으로 증가했으며, 파리의 인구는 1600년 18만 명에서 1800년 50만 명 이상으로 늘었다. 베를린의 인구는 1661년 6,500명에서 1721년 6만 명, 1783년 14만 명으로 급증했는데, 그중 약 6만 5,000명은 국가의 피고용인이거나 그 가족이었다.

이들 신흥 도시를 먹여 살리기 위해서는 식량 공급의 증가가 필요했지만, 북서 유럽의 증대되는 번영에는 농업보다 무역과 제조업의 발전이 한층 더 큰 기여를 했다. 더 나은 도로와 교량, 새로운 운하 등과 같은 운송의 개선에 자극받은 사업가들은 시골에서 직물 산업을 촉진시키기 시작했다. 그들은 농촌 노동자들에게 양모와 아마를 분배(이른바 '선대先貸')한 후 성과급제로 빗질하고 실을 잣고 천으로 짜서 옷을 만들어내도록 했다. 그런 다음 사업가들은 완성된 옷을 모아 이제 지방 도시에서 국제적 수출업자로 확대된 시장에 내다팔았다. 이러한 체제(원[原]산업화)는 농한기 동안 지방 거주민에게 반가운 고용을 제공해주었다. 이를 관리하는 상인-사업가에게는 이 체제가 비용이 많이 드는 도시에서의 길드에 의한 제한을 피할 수 있게 해주고 자본 투자의 수준을 경감시켜주었기 때문에 전체적인 생산비를 줄여주었다. 도시의 의류 노동자들은 고통을 겪었지만, 이 체제는 직물뿐만 아니라 철, 금속 가공, 심지어 장난감과 시계 제조 등에서 고용을 눈에 띄게 증대시켜주었으며 더 높은 수준의 산업 생산을 이끌었다.

농촌의 원산업화에도 불구하고 제조업 중심지로서의 도시의 역할은 18세기 내내 계속 성장했다. 북부 프랑스에서는 직물업에 고용된 수백만 명의 남녀가 아미앵, 릴, 랭스 같은 도시에서 일하면서 생활했다. 프로이센의 통치자들은 프랑스의 프로테스탄트들이 견직물 제조업을 하기 위해 베를린으로 몰려들고 있다는 점을 이용해 베를린과 브레슬라우 및 함부르크를 연결하는 운하를 건설하면서 그 도시를 제조업 중심지로 육성할 정책을 세웠다. 대부분의 도시 제조업은 소규모 작업장에서 이루어졌는데, 이들 작업장에서는 장인의 감독하에 일하는 통상 5명에서 20명에 이르는 품팔이 직인이 고용되어 있었다. 하지만 작업장들이 수천 명의 노동자에게 동일한 제품을 생산시킬 수 있게 단일한 제조업 지역을 형성하며 한데 모이기 시작하자 사업의 규모가 커지고 한층 더 전문화되어갔다.

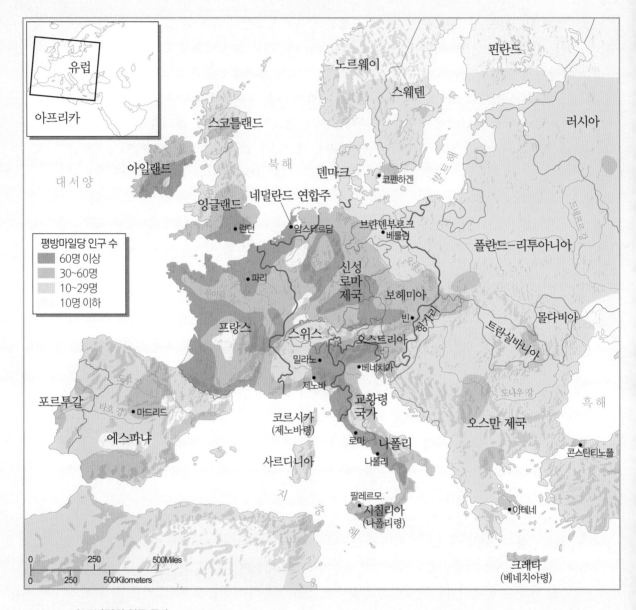

유럽

아프리카

대서양

핀란드

노르웨이

스웨덴

러시아

스코틀랜드

아일랜드

북해

덴마크

코펜하겐

발트해

네덜란드 연합주

잉글랜드

런던

암스테르담

브란덴부르크

베를린

폴란드-리투아니아

평방마일당 인구 수
- 60명 이상
- 30~60명
- 10~29명
- 10명 이하

파리

신성 로마 제국

보헤미아

몰다비아

빈

증기권

프랑스

스위스

오스트리아

트란실바니아

밀라노

베네치아

도나우강

제노바

포르투갈

타호강

마드리드

교황령 국가

흑해

코르시카 (제노바령)

오스만 제국

에스파냐

로마

나폴리

사르디니아

나폴리

콘스탄티노플

지중해

팔레르모

시칠리아 (나폴리령)

아테네

0   250   500Miles
0   250   500Kilometers

크레타 (베네치아령)

1600년경의 인구 증가

북서 유럽의 인구가 한층 더 빠르게 증가한 이유는 무엇인가? 도시화의 영향은 무엇이었는가? 도시화는 삶과 교역의 유형에 어떤 영향을 미쳤는가? 연안 지역들이 인구 면에서 가장 큰 증가를 보인 이유는 무엇인가? 무역의 확대와 운송 혁신이 이들 새로운 도시 중심지의 보통 사람들에게 어떤 영향을 미쳤는가?

　일부 업종에서는 여러 세기 동안 아무런 기술 변화가 일어나지 않았다. 그러나 다른 업종에서는 새로운 발명이 생산의 질뿐만 아니라 노동의 형태를 변화시켰다. 직물 제조의 속도를 높이기 위한 단순한 장치인 편물 기계가 영국과 홀란드에서 그 모습을 드러냈다. 철사를 뽑아내는 신선기(伸線機)와 못 제조공이 철 봉강(棒鋼)을 가늘고 긴 쇠막대로 만들 수 있게 해주는 절삭기가 독일에서 영국으로 전파되었다. 캘리코 면직에 색채 무늬를 직접 물들이는 기법이 아시아에서 수입되었고, 홀란드를 시작으로 여러 곳에서 한층 더 효율적인 신형 인쇄기가 등장했다. 네덜란드인은 '낙타(camel)'라고 부르는 기계를 발명했는데, 이 기계를 이용해 배의 선체를 물위로 끌어올릴 수 있어 수리하기가 쉬워졌다.

　노동자들은 이러한 기술 혁신을 쉽게 받아들이려 하지 않았다. 노동 절약형 기계는 사람들의 일자리를 빼앗기 때문이었다. 수공업자 특히 길드로 조직되어 있던 수공업자들은 본래 보수적이었으며, 자신의 권리뿐만 아니라 직종상의 비밀, 즉 '비법'의 보호를 갈망했다. 따라서 각국 정부는 실업을 증가시키거나 다른 방식으로 불안을 조장할 가능성이 있을 경우 기계의 확산을 막기 위해 개입했다. 예를 들어 네덜란드와 일부 독일 지역 국가들은 '악마의 발명품'이라고 부르는 기계의 사용을 금지시켰다. 이 기계는 한꺼번에 16개 또는 그 이상의 리본을 짤 수 있는 리본 직조기였다. 하지만 각국은 자국의 강력한 상업 및 금융 지원 세력의 이해관계를 보호하기 위해 간섭하기도 했다. 영국과 프랑스는 자국의 직물업자와 인도 상품 수입업자를 대신해 얼마 동안 캘리코 면직 날염 기법을 불법화했다. 중상주의 이론 또한 기술 혁신을 방해했다. 예를 들어 파리와 리옹에서는 모두 인디고 염료의 사용을 금지시켰는데, 이는 이 염료가 해외에서 제조되었기 때문이다. 하지만 경제적 기술 혁신을 향한 압력을 막아내기 어려웠다. 그 압력의 이면에는 상품에 대한 18세기의 그칠 줄 모르는 갈망이 있었기 때문이다.

상품의 세계

　18세기에 처음으로 소비재를 거래하는 대규모 시장이 유럽 특히 북서 유럽에서 등장했다. 주택은 특히 소읍에서 규모가 더 커졌으나, 놀랍게도 상대적으로 보통 사람들의 주택이 그때까지는 흔치 않았던 사치품으로 채워지기 시작했다. 그러한 사치품으로는 설탕, 담배, 차, 커피, 초콜릿, 신문, 책, 그림, 시계, 장난감, 도자기, 유리제품, 백랍, 은쟁반, 비누, 면도기, 가구(매트리스가 깔린 침대, 의자, 서랍장), 신발, 면직 의류, 여분의 옷가지 등이 있었다. 그러한 상품에 대한 수요는 항상 공급을 초과했으며, 이는 이들 품목의 가격을 18세기 내 내 식료품 가격보다 빠르게 상승하게 만들었다. 하지만 이들 상품에 대한 수요는 여전히 증 가했다. 물론 그러한 상품의 구입은 즐거움을 주기도 했지만, 이들 상품은 각 가정이 자신 의 잉여 현금을 투자할 수 있는 교환가치의 저장고이기도 했다. 왜냐하면 그들은 만약 현금 이 필요한 어려운 시기에 그것들을 전당잡힐 수 있다는 것을 알았기 때문이다.

18세기의 폭발적인 소비 경제는 모든 종류의 제조 상품에 대한 수요를 자극했다. 하지만 그것은 서비스의 공급 또한 촉진시켰다. 18세기 영국에서 서비스 부문은 농업 및 제조업 분 야를 능가해 가장 빠르게 성장하는 경제 부문이었다. 거의 모든 유럽 도시에서 18세기는 소 규모 상점주의 전성기였다. 사람들은 조리된 식품과 기성복(개인적으로 재단한 옷에 반대되는 것)을 더 많이 구입했다. 광고는 사업에서 중요한 부분이 되었다. 광고는 새로운 상품에 대 한 수요를 창출하고 변화하는 패션에 대한 대중의 기호를 형성했다. 심지어 정치적 충성조 차 사람들이 좋아하는 통치자나 단체를 기념하는 받침 접시나 유리잔을 구입하는 것도 소 비를 통해 표현될 수 있었다.

이러한 모든 발전의 결과는 유례없이 한층 더 복합적이고, 한결 더 특화되며, 좀 더 통합 된, 더욱더 상업화된 유럽 경제였다.

17세기의 식민 활동과 무역

◆ 아메리카 대륙에서 유럽인의 식민지 정착 유형은 서로 어떻게 달랐는가?

18세기 유럽의 경제를 진전시킨 설탕, 담배, 차, 커피, 초콜릿, 도자기, 면직 의류 같은 주 요 산물을 포함한 새로운 소비재 중 상당수는 아시아, 아프리카, 아메리카 대륙에 있는 유 럽의 식민지 제국에서 생산된 산물이었다. 증대되는 유럽의 부는 단순히 식민 제국을 소유 해서 이룬 것은 아니지만, 식민지 없이 이러한 번영을 상상하기란 불가능하다. 따라서 유럽 의 제국들과 18세기 세계 경제에서 그들이 행한 발전적 역할을 알아볼 필요가 있다. 이를 위해서 우선 17세기 유럽의 식민 활동 유형을 살펴보는 것이 필요하다.

에스파냐의 식민 활동

　콘키스타도르(conquistador)의 착취 이후 에스파냐는 페루와 멕시코에 식민지 정부를 세우고 이를 마드리드에서 통제했다. 에스파냐 정부는 중상주의 이론에 따라 오로지 에스파냐의 상인에게만 아메리카 식민지와의 무역을 허용했으며, 그들에게 모든 식민지의 수출품과 수입품이 정부가 관장하는 세관에 등록될 수 있는 단 하나의 에스파냐 항구(처음에는 세비야만, 나중에는 한결 항해가 용이한 카디스)를 이용할 것을 요구했다. 16세기 동안 이 체제는 적당히 잘 작동했다. 에스파냐의 식민지 경제는 광산업이 지배했다. 예컨대 동아시아에서의 수지맞는 은 시장은 마닐라에 전초기지를 설치하는 것이 에스파냐에 이로운 일이 되도록 했다. 에스파냐의 상인은 남아메리카에서 가져온 금과 은을 마닐라에서 아시아의 비단과 교환했던 것이다. 그러나 에스파냐는 중앙 및 남아메리카에서 농업과 목축업을 장려하는 단계를 밟았고 플로리다와 캘리포니아에 정착지를 세웠다.

　에스파냐가 식민지 무역을 통해 부를 축적하자 다른 나라의 상인들도 그 금과 은을 차지하고자 하는 유혹에 빠졌다. 아마도 가장 대담한 도전자는 영국인들이었고, 그중에서 주도적인 해적은 노련한 뱃사람이라고 불린 프랜시스 드레이크(1540?~1596)였다. 드레이크는 세 번이나 에스파냐령 아메리카의 동해안과 서해안을 습격했다. 1587년 그는 카디스 항에 정박해 있던 에스파냐의 함대를 공격했고, 1588년 에스파냐의 무적함대를 패배시키는 데 핵심적 역할을 했다. 그의 경력은 잉글랜드가 식민지 무역에 뛰어들기 위한 초기 노력에서 특징적으로 나타났던 해적 행위와 애국심의 혼합을 보여주고 있다. 하지만 1650년대까지 잉글랜드인은 에스파냐의 수지맞는 금과 은, 피혁, 비단, 노예무역에 단지 흠집을 낼 수 있는 정도였다.

영국의 식민 활동

　영국이 소유한 아메리카 식민지는 값진 광물 자원을 갖지 못했기 때문에 영국의 식민지인들은 북아메리카와 카리브 해 안쪽에 농업 정착지를 세움으로써 이윤을 얻고자 했다. 결국 실패로 끝났지만 최초의 항구적 식민지가 1607년 버지니아의 제임스타운에 건설되었다. 이후 40년에 걸쳐 8만 명의 영국 이주민이 신세계에 20개 이상의 자치 정착지를 세우기 위해 대서양을 건넜다. 초기 정착민 중 상당수는 종교적 동기로 이주했다. 1620년 매사추세츠의 플리머스에 상륙한 순례 시조(Pilgrim Fathers)는 종교적 통일성을 부과하려는 영국 정부에게서 벗어나 북아메리카로 이주하고자 했던 프로테스탄트와 가톨릭교도가 포함된 비국교도 집단의 하나였다. 하지만 놀랍게도 그들은 아메리카 인디언을 그리스도교로 개종시키는 데 그다지 큰 관심을 보이지 않았다. 아메리카 인디언에 대한 선교 활동은 대부분 중앙 및 남아메리카를 식민화하려는 에스파냐와 북아메리카 오지를 관통하려는 프랑스에 의해 이루어졌다.

초기 영국 정착지의 대다수는 사적으로 조직되었다. 그러나 정착지들이 번성하자 올리버 크롬웰과 찰스 2세의 정부는 정착지의 운영에 개입하기 시작했다. 1651년과 1660년에 통과되고 이후로 엄격하게 시행된 중상주의에 따른 일련의 항해법은 영국 식민지에서 모국으로 오는 모든 수출품은 영국 선박을 이용하도록 규정했고, 식민지에서 직접 생산된 일부 '특정' 상품이 식민지에서 유럽 대륙의 항구로 바로 수출되는 것을 금지했다.

식민지에서 생산된 물품 가운데 가장 값어치가 있던 것은 설탕과 담배였다. 그리스도교가 지배했던 중세 유럽에는 사실상 알려지지 않았던 설탕은 유럽인이 지중해와 아프리카의 식민지에서 생산하기 시작한 15세기 말에 인기 있는 사치품이 되었다. 하지만 오직 신세계에서만 엄청난 수요에 부응할 수 있는 양의 설탕 생산이 가능했다. 17세기 중엽 유럽의 설탕 수요는 이미 엄청난 규모에 도달했다. 18세기 영국이 서인도 제도의 자그마한 식민지인 바베이도스와 자메이카에서 수입한 설탕의 값어치는 영국이 중국과 인도에서 수입한 모든 물건의 값을 합친 것보다 많았다.

사탕수수는 지리적으로나 기후 면에서 매우 제한된 지역에서만 재배할 수 있었지만, 담배의 재배는 훨씬 더 융통성이 있었다. 에스파냐인이 유럽에 담배를 처음 들여온 것은 16세기 중반이었지만, 유럽인이 흡연 습관을 들이는 데는 반세기가 더 흘러야 했다. 처음에는 담배에 기적의 치유력이 있다고 믿어 그것을 '신성한 담배' 또는 '우리의 신성한 니코의 약초'라고 불렀다('니코틴'은 담배를 프랑스로 들여온 포르투갈 주재 프랑스 대사 장 니코의 이름에서 유래한 말이다). 영국의 탐험가들이 흡연을 대중화시켰는데, 월터 롤리(1554~1618)는 버지니아에서 인디언들과 함께 살면서 흡연을 배웠다. 이후로 흡연은 유럽 사회의 모든 계급에게 빠르게 번져갔다. 처음에 정부는 교회와 함께 흡연을 비난했으나, 17세기 말경에는 흡연으로 많은 수입을 올릴 수 있음을 알게 되자 오히려 적극적으로 담배의 생산과 소비를 장려했다.

64

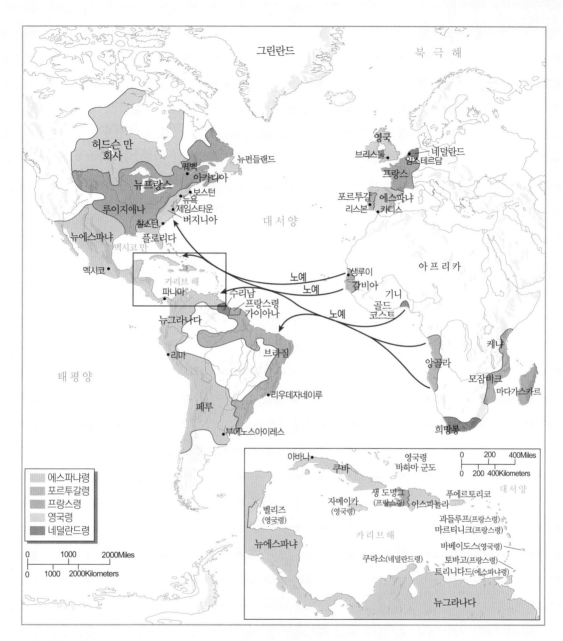

대서양 세계

유럽 정부들은 어떤 산물이 식민지에서 유럽의 항구로 이동하는 수단을 통제하는 데 왜 그토록 긴밀하게 관여했는가? 중세 말의 금융 기관들은 어떤 방법으로 그리고 어떤 이유로 번창하고 식민 강대국들의 경제 정책을 촉진했는가? 노예를 수송하는 무역로를 이 지도에서 그토록 두드러지게 표시한 이유는 무엇인가? 신세계에서 유럽인들의 경제적 위업을 위한 부자유 노동의 중요성에 관해 이 지도가 암시하는 것은 무엇인가?

프랑스의 식민 활동

프랑스의 식민 정책은 루이 14세의 재무장관이자 중상주의자였던 장 밥티스트 콜베르가 활동하던 기간에 완성되었다. 콜베르는 대외 팽창을 필수불가결한 국가 경제 정책으로 인식했다. 그는 영국과 경쟁하기 위해 서인도 제도에 설탕 생산 식민지의 개발을 권장했는데, 그 가운데 가장 큰 식민지는 생 도밍그(오늘날의 아이티)였다. 또한 프랑스는 북아메리카 대륙의 내륙 지방을 지배했다. 아카디아에서 퀘벡 그리고 루이지애나에 이르는 광대한 지역에서 프랑스 상인들은 인디언들에게 모피를 사들였고, 선교사들은 그리스도교를 전파했다. 하지만 북아메리카 식민지는 크기에 비해 재정 수입이 미약했다. 많은 양의 모피, 생선, 담배가 유럽 시장으로 수출되었지만 카리브 해의 설탕 식민지나 인도의 무역 기지로부터 나오는 이익에 비견되지는 못했다.

네덜란드의 식민 활동

1670년대까지 네덜란드는 17세기에 가장 번성하는 상업 제국을 지배했다. 오늘날 남아프리카의 희망봉에 있는 정착지를 포함해 일부 네덜란드인 정착지가 세워지긴 했지만 네덜란드의 식민 활동은 대체로 포르투갈이 아시아에서 확립한 이른바 '요새와 공장' 모델을 따랐다. 1602년에 설립한 네덜란드 동인도 회사는 동남아시아의 수마트라, 보르네오, 몰루카(향신료 군도)에 대한 지배권을 확보했다. 이 회사는 이전에 포르투갈 무역상이 지배했던 이 지역에서 그들을 몰아내고 후추, 계피, 육두구, 메이스(mace),[2] 정향 등에 대한 네덜란드의 독점권을 확립했다. 또한 네덜란드인은 일본과의 무역에서 독점권을 확보했고 중국과 인도에 군사 및 무역 전초기지를 유지했다. 하지만 서반구에서는 네덜란드의 진출이 그다지 두드러지지 않았다. 영국과 일련의 무역 전쟁을 치른 이후 1667년 네덜란드는 북아메리카의 식민지 뉴암스테르담(현재의 뉴욕)을 공식적으로 양도하고 수리남(남아메리카의 북서 해안에 위치)과 큐라소와 토바고(서인도 제도에 위치)만 보유하게 되었다. 아프리카에서 네덜란드는 17세기 동안 노예 무역을 지배했지만, 1713년 이후 그 지위마저 영국에게 빼앗겼다.

---

2) 육두구 껍질을 말린 향료.

네덜란드는 17세기 유럽 최고의 금융가로서 식민지 사업에 투자하기 위한 새로운 기법을 개척했다. 이들 기법 중 가장 중요한 것 중 하나는 네덜란드 동인도회사가 효시였던 유한회사(joint-stock company)였다. 이런 유한회사는 투자가들에게 자신의 사업에 대한 주식을 판매함으로써 현금을 모았는데, 투자가들은 회사 운영에서 어떠한 역할도 맡지 않고도 사업의 공동 소유주로 자신이 투자한 금액에 따라 이윤을 분배받을 수 있었다. 네덜란드 동인도회사는 처음에는 회사 창건 10년 후에 투자가들에게 이익을 지불할 생각이었으나, 이 회사의 이사들은 이내 이 계획이 실현 불가능하다는 것을 깨달았다. 1612년경 선박, 부두, 창고, 화물 등으로 구성된 이 회사의 자산은 지구 전체에 흩어져 있었다. 더욱이 이 회사의 상업적 전망은 계속 향상되고 있었다. 따라서 이사진은 이윤 실현을 갈망하는 투자가들에게 그들의 주식을 암스테르담의 증권거래소에서 다른 투자가에게 팔도록 설득했다. 그럼으로써 이사진은 자신들의 사업에서 지속적인 운영을 보장받았고 그 과정에서 얼마 안 가 유럽의 다른 곳에 전파될 지속적인 기업 자금 조달 방식을 확립했던 것이다.

대조적인 식민지 정착 유형

유럽 열강이 신세계 식민지들과 수립한 상업적 관계는 이들 식민지 사이의 정착 유형에서 나타나는 중요한 차이를 반영하고 있다. 중앙 및 남아메리카에서는 상대적으로 적은 수의 에스파냐인이 복합적이고 인구가 조밀한 토착 아메리카인의 사회를 정복했다. 이러한 새 영토를 통치하기 위해 에스파냐는 재빨리 토착민 엘리트를 에스파냐인 행정가와 성직자로 대체했다. 그러나 에스파냐는 대체로 기존 토착 문화를 뿌리 뽑거나 제거하려고 시도하지 않았다. 대신에 에스파냐는 국왕을 위해 식민지의 광물 자원에서 최대한의 이득을 짜내기 위해 토착민의 노동을 통제하고 착취하는 데 노력을 경주했다. 에스파냐령 아메리카의 토착민은 대부분 크고 잘 조직된 촌락과 마을에서 살았다. 에스파냐의 식민 정책은 그러한 공동체로부터 과도한 세금을 징수하고 그들을 가톨릭교로 개종시키는 것이었지만, 그들의 생활 방식을 근본적으로 붕괴시키려고 하지는 않았다.

그 결과는 에스파냐의 식민 지배자들과 토착민 사이의 상대적으로 높은 수준의 인종 간 결혼과 결합된 광범위한 문화적 동화였다. 이런 현실에서 복합적이면서도 뚜렷한 인종적·사회적 계급 제도가 등장했다. 최상층에는 순수 혈통의 에스파냐인, 중간에는 혼혈인(토착민, 에스파냐인, 아프리카인의 다양한 조합), 최하층에는 부족을 이루지 못한 인디언으로 구성된 계급 제도였다. 이론적으로 인종적 범주는 계급 구별과 일치하지만, 실제로는 인종과 계급이 항상 부합되는 것은 아니고 인종 자체도 종종 사회적 허구였다. 경제적으로 성공한 혼혈인은 엘리트(에스파냐인) 지위를 특징짓는 사회적 관행을 채택함으로써 자신의 '순수한' 에스파냐계 가계를 확립할 수 있는 길을 발견했다. 하지만 에스파냐인은 빈곤해지더라도 항상 사회적 계급 제도의 최상층에 남아 있었다.

에스파냐의 식민지처럼 프랑스 식민지도 국왕 직속의 사업으로 세워지고 관리되었다. 프랑스의 식민지는 주로 군사적 전초기지와 교역 중심지로 생각되었기 때문에 정착지에는 남성이 압도적으로 많았다. 프랑스 식민지 사회의 엘리트는 파리에서 파견된 군 장교와 행정가였으며, 그 아래에 북아메리카 프랑스 정착민의 대부분을 차지하는 어부, 모피 교역상, 소농, 병사의 광범위한 이익 공동체가 있었다. 카리브 해 지역을 제외하고 프랑스 식민지는 대개 모피 교역과 어업이 주를 이루었는데, 두 사업은 모두 토착민과의 협력 관계에 의존했다. 따라서 상호간의 경제적 의존 관계가 프랑스 식민지와 주변 지역 주민 사이에 발전했다. 인종 간 결혼은 특히 프랑스 모피 교역상과 토착민 여성 사이에 흔히 있는 일이었다. 그러나 북아메리카 대부분의 프랑스 식민지는 모국에서 보내는 임금과 보급품에 의존했으며, 이들 식민지가 자급적 경제를 일구는 것은 매우 드문 일이었다.

대서양 연안을 따라 형성된 영국의 식민지는 이와는 다른 경로를 따랐다. 영국의 식민지는 국왕의 사업으로 시작되지 않았으며, 유한회사(버지니아와 매사추세츠의 식민지) 아니면 개인적인 영주 식민지(메릴랜드와 펜실베이니아의 식민지)로 건설되었다. 영국의 식민지 개척자들은 아일랜드에서의 경험에 입각해 우선 대농장—이곳에서 식민지인들은 영국적 생활방식의 많은 측면을 가능한 한 많이 도입하고자 했다—이라고 부르는 계획된 정착지를 세웠다. 지리적 여건 또한 영국인이 집중적인 정착 유형을 보여주는 데 기여했다. 북아메리카 동부의 수많은 강과 만은 신세계에서 영국 식민지인의 첫 번째 발판이 되었으며, 대서양은 서로 떨어진 정착지들을 한데 묶는 데 도움을 주었다. 허드슨 강을 제외하면 북아메리카 동부에는 식민지인들을 내륙 깊숙이 인도해줄 큰 강이 없었기에 그들은 해안에 의존하면서 서로 연결되었다.

프랑스 식민지처럼 영국의 초기 식민지는 수출을 위한 어업과 모피 교역에 의존했다. 그러나 영국 식민지는 일차적으로 농업 공동체였다. 이 공동체는 중소 규모의 지주들로 구성되었고 그들에게는 토지의 관리가 부에 이르는 길이었다. 이런 현상은 부분적으로 그들을 신세계로 이주하도록 설득한 식민 사업의 후원자가 지닌 개인적 의도 때문에 나타난 것이었다. 그러나 이처럼 농업에 집중된 또 다른 이유는 16세기 후반 대서양 연안의 토착민에게 타격을 주었던 인구학적 대변동 때문이기도 했다. 에스파냐 군대와 뉴잉글랜드 해안의 풍족한 어장에 빈번히 출몰했던 프랑스·영국·포르투갈의 어부들이 옮겨온 유럽의 질병은 최초의 유럽 식민지 개척자들이 도착하기도 전에 북아메리카 동부의 수많은 토착민을 죽음으로 내몰았다. 17세기 초에 이르러 상당한 면적의 농토가 단순히 경작할 토착민 농부가 충분하지 않다는 이유로 방치되었고, 이는 많은 토착민 집단이 처음에 유럽에서 새로 건너온 사람들을 환영했던 한 가지 이유이기도 했다.

따라서 대서양 연안을 따라 정착한 영국 식민지인들은 에스파냐인과는 달리 대규모 토착민 노동력을 통제할 필요가 없었으며 그럴 기회도 없었다. 오히려 그들이 원한 것은 토착민의 토지에 대한 완전한 독점적 지배였다. 이를 위해 영국 식민지인들은 곧 원주민을 추방하고 학살하기 시작했다. 그러나 예외도 있었다. 펜실베이니아의 퀘이커교도 식민지에서는 식민지인과 토착민이 반세기 이상 우호적인 관계를 유지했다. 이와는 대조적으로 캐롤라이나에서는 토착민을 서인도 제도에 팔아버리거나 1690년대부터 해안을 따라 들어선 쌀 대농장에서 일을 시키기 위해 노예로 삼는 일이 널리 자행되었다. 하지만 북아메리카 토착민을 노예로 만들고자 하는 시도는 실패하고 말았다. 영국인 대농장주들이 예속 노동자들을 필요로 하게 되자 영국으로부터 계약 노동자를 고용해 오거나(그들 대부분은 일정 기간의 노동 이후 자유를 얻는다) 아프리카에서 사로잡혀 온 (대개 죽을 때까지 노예가 될) 사람들을 사들였다.

영국 식민지인과 토착민 사이의 사회적 관계 또한 신세계의 다른 곳과는 사뭇 달랐다. 에스파냐나 프랑스의 식민지와는 대조적으로 영국 식민지인과 토착민 사이의 인종 간 결혼은 드물었고, 대신에 계급과는 무관하게 모든 유럽인을 모든 토착민과 아프리카인과 구별하는 엄격한 인종적 구분이 등장했다. 토착민과 아프리카인 사이의 인종 간 결혼은 상대적으로 일상적인 일이었지만, 영국인과 그들의 지배하에 있는 식민지 원주민 사이에는 이내 메울 수 없는 간격이 생겨났다.

식민지 사이의 경쟁

식민 제국의 운은 17세기와 18세기 초를 거치면서 극적으로 변화했다. 지속적인 경기 침체의 늪에서 허우적거리면서 일련의 소모적인 전쟁과 국내 반란에 휘말린 에스파냐는 식민지 무역에 대한 독점적 지위를 지킬 수 없게 되었다. 영국은 1650년대 에스파냐와의 전쟁에서 자메이카 섬뿐만 아니라 에스파냐의 카디스 항으로 향하고 있던 보물선들을 포획했으며, 에스파냐 세관 관리들에게 상당액의 뇌물을 제공함으로써 더 많은 이득을 취했다. 18세기 후반 에스파냐 식민지에서 판매되는 수입품의 3분의 2는 네덜란드·영국·프랑스의 무역상들이 밀수한 것이었다. 1700년경 에스파냐는 여전히 식민 제국을 소유하고 있었지만, 그 제국은 훨씬 역동적인 경쟁국들에 의해 좌우되고 있었다. 18세기 중엽 한층 계몽된 지도력 아래 한동안 운이 되살아나는 듯했지만, 그 무엇도 에스파냐의 궁극적인 추락을 막아내지 못했다.

포르투갈은 자국의 식민 제국에 외국 세력이 침투하는 것을 막지 못했다. 특히 영국은 포르투갈 식민지에서 상업적 이점을 획득하기 위해 부지런히 노력했다. 1703년 영국은 포르투갈과 조약을 맺어 영국 상인이 포르투갈에 모직물을 면세로 수출하는 것을 허락받았고, 포르투갈이 와인을 영국에 면세로 수출하는 것을 허용했다. 영국과 포르투갈 간의 교역 증대는 영국에게 중요한 설탕 생산지이자 신세계 전체의 최대 아프리카 노예 시장인 포르투갈 식민지 브라질과의 교역을 가능하게 해주었다. 18세기에 영국의 상인은 브라질 교역로를 지배하게 되었다.

식민 활동과 제국

♦ 유럽의 17세기와 18세기 식민 활동은 어떤 면에서 상이한가?

1713년의 위트레흐트 조약은 식민 세력 사이의 경쟁에 새 시대를 열었다. 앞에서 언급했듯이 위트레흐트 조약의 가장 큰 패배자는 국경에 대한 안전만 보장받은 네덜란드와 에스파냐령 식민지에서 노예 시장에 대한 권리를 영국에게 넘겨주어야만 했던 에스파냐였다. 승자는 (북아메리카에서 프랑스 영토의 커다란 땅 덩어리를 획득한) 영국과 이보다는 덜하지만 북아메리카 내륙 지역인 퀘벡 지방의 케이프브레턴 아일랜드를 유지하고 인도에 교두보를 확보한 프랑스였다. 18세기는 유럽 경제를 아메리카와 아시아에 묶어주었던 상업적 팽창의 지배권에 대한 영국과 프랑스 사이의 끊임없는 투쟁으로 점철되었다.

설탕과 노예의 삼각 무역

18세기 동안 유럽의 식민지 무역은 주로 대서양 항로를 통해 이루어졌다. 대서양 항로는 서인도 제도의 수지맞는 설탕 산업과 카리브 해의 대농장에서 일하는 아프리카 출신 노예에 대한 수요에 부응해 발전했다. 이러한 '삼각(triangular)' 무역에서 영국의 막강한 해군력은 경쟁국인 프랑스·에스파냐·포르투갈·네덜란드에 비해 결정적으로 유리하게 작용했다. 영국의 선박은 일반적으로 뉴잉글랜드에서 탁송된 럼주를 싣고 이것을 화물이나 다름없는 노예와 교환하게 될 아프리카로 항해했다. 그런 다음 이 선박은 아프리카 서해안에서 남대서양을 가로질러 싣고 간 노예를 당밀과 거래하게 될 자메이카나 바베이도스의 설탕 식민지로 갔다. 이후 이 선박은 당밀을 럼주로 만드는 뉴잉글랜드로 돌아가는 막바지 항해를 하게 되는 것이다. 변형된 삼각 무역으로 저렴한 제조품이 영국에서 아프리카로 건너가 노예와 교환되는 방식도 찾아볼 수 있다. 이 노예들은 버지니아로 실려가 담배와 교환되고, 이 담배는 다시 영국으로 선적되어 거기서 유럽 전 지역에 판매되기 위해 가공된다.

신세계에서의 설탕과 담배 경작은 노예노동에 의존했다. 이들 상품에 대한 유럽의 수요 증가와 더불어 노예화된 아프리카인의 수송량도 늘어났다. 18세기 노예무역의 절정기에는 7만 5,000명에서 9만 명에 이르는 아프리카인이 매년 대서양을 건너 실려 나갔다. 노예무역으로 거래된 노예는 모두 900만 명이었는데, 그중 600만 명이 18세기에 거래되었다. 그 가운데 약 35퍼센트에 달하는 노예는 영국과 프랑스의 식민지였던 카리브 해 지역으로, 5퍼센트(약 45만 명)는 북아메리카로, 나머지는 포르투갈의 식민지인 브라질과 중남미에 있는 에스파냐 식민지로 이송되었다. 1780년대 프랑스의 최대 플랜테이션 식민지인 생 도밍그에는 50만 명 이상의 노예가 있었으며, 영국의 식민지 자메이카에는 최소한 약 20만 명의 노예가 있었다.

16세기와 17세기 초에는 여러 나라의 정부가 노예무역을 독점했지만, 18세기에는 서아프리카 해안에서 항구를 운영하던 개인 사업가에게도 개방되었다. 그들은 인도산 천, 금속 제품, 럼주, 소총 등을 아프리카 노예 상인에게 주고 대신 인간 짐짝을 건네받았다. 이 인간 화물은 수백 명 단위로 노예선에 실려 대서양을 가로지르는 무시무시한 중앙 항로(유럽에서 아프리카로, 그 다음 식민지에서 유럽으로 돌아오는 항로와 노예선의 항해를 구분하기 위해 그렇게 불렀다)를 항해했다. 위생 시설도 없이 배 안에 결박되어 있던 포획된 남녀와 어린이는 엄청난 고통을 겪었다. 그들의 사망률은 약 10∼11퍼센트 정도로 유지되었는데, 100일 혹은 그 이상 걸리는 정상적인 항해 여정에서 나타나는 평균 사망률보다 그렇게 높은 수치는 아니었다. 노예 상인은 노예 한 명당 10파운드 정도의 금액을 투자했기 때문에 이윤을 남기고 팔 수 있을 정도의 좋은 상태로 자신의 탁송 화물이 목적지에 도착할 수 있기를 염려했던 것이다.

영국과 프랑스의 통상 경쟁

노예무역에 대한 지배는 영국에게 프랑스와의 식민지 경쟁에서 결정적으로 유리하게 작용했다. 1749년 한 영국인이 기록했듯이, 노예무역은 "이 나라에 아무리 써도 고갈되지 않는 부의 재원"을 마련해주었던 것이다. 그러나 노예무역이 아니더라도 식민지 통상의 가치는 18세기에 눈부시게 증가했다. 1716년 2,500만 리브르였던 프랑스의 식민지 무역 총액은 1789년 2억 6,300만 리브르로 치솟았다. 대략 같은 기간 동안 영국의 해외 무역 총액이 1,000만 파운드에서 4,000만 파운드로 증가했는데, 4,000만 파운드라는 금액은 프랑스 무역 총액의 두 배 이상에 달하는 것이었다.

식민지 통상의 가치 증대는 정부와 대양을 횡단하는 상인의 이해관계를 매우 긴밀하게 묶어주었다. 식민지 무역에 종사하는 상인은 자신의 해외 투자를 보호하고 지키기 위해 자국 정부에 의존했고, 정부 역시 국력이 의존하고 있는 무역을 유지하고 선박을 건조하기 위해 상인과 그 재정적 지원에 의존했다. 18세기에는 전쟁을 치를 능력조차 대개 (그리고 점차) 부유한 투자가로부터 필요한 자금을 빌리고 나중에 이자를 붙여서 상환할 수 있는 정부의 능력에 달려 있었다. 영국은 통상에서와 마찬가지로 재정에서도 프랑스에 비해 엄청난 이점을 누리고 있었다. 1690년대에 창업한 잉글랜드 은행은 매우 성공적으로 영국의 국채를 관리했다. 이 은행은 투자가들에게 주식을 판매함으로써 전쟁에 필요한 자금을 마련해주었으며, 투자가들에게는 적정 수준의 이자율로 상환해주었다. 이와 대조적으로 주기적으로 정부가 빚을 지지 않으면 안 되었던 프랑스 국왕은 감당하기 힘들 정도의 높은 이자율로 돈을 빌려야 했으며, 이는 일련의 재정 위기를 불러일으켜 마침내 1789년 프랑스 군주정의 붕괴를 초래하고 말았다.

18세기의 전쟁과 제국

1713년 이후 서유럽은 거의 한 세대 동안 평화를 누렸다. 그러나 이 평화는 1740년 프로이센의 프리드리히 대왕이 오스트리아의 슐레지엔 지방을 차지하기 위해 마리아 테레지아가 오스트리아의 왕위에 즉위한 상황을 이용했을 때(이 장의 초반부에서 언급했다) 흔들리기 시작했다. 그 결과로 일어난 오스트리아 왕위 계승 전쟁에서 프랑스와 에스파냐는 위트레흐트 조약으로 상실했던 일부 지역을 수복하려는 기대를 갖고 프로이센 편에서 싸웠다. 영국과 네덜란드는 1690년대 이래로 그래왔던 것처럼 오스트리아 편을 들었다. 이전의 전쟁과 마찬가지로 이 전쟁은 빠르게 유럽의 경계를 넘어 퍼져나갔다. 인도에서 영국의 동인도회사는 프랑스에게 마드라스 해안에 대한 지배권을 빼앗겼다. 그러나 북아메리카에서 뉴잉글랜드의 영국 식민지인은 어업과 해운업에 대한 프랑스의 간섭을 중단시키고자 케이프브레턴에 있는 프랑스의 중요한 요새 루이보로를 점령했다. 1748년 마침내 전쟁이 끝났을 때 영국은 마드라스를 되찾았고 루이보로를 프랑스에게 돌려주었다.

8년 후 프로이센이 또다시 오스트리아를 공격하자 식민지를 둘러싼 갈등은 다시 점화되었다. 하지만 이번에는 프로이센이 스스로 영국과 연합했다. 오스트리아는 프랑스와 러시아 양측으로부터 지원을 받았다. 유럽에서 7년 전쟁(1756~1763)은 교착 상태에서 끝났다. 그러나 인도와 북아메리카에서 이 전쟁은 결정적인 결과를 낳았다. 인도에서 영국의 동인도회사가 고용한 용병이 프랑스 경쟁자들을 제거하기 위해 원주민 연합 세력과 제휴했다. 북아메리카에서는 영국군이 루이보로와 퀘벡 모두를 점령했고 오하이오 강 계곡과 오대호로부터 프랑스 군대를 몰아냈다(북아메리카에서 벌어진 전쟁을 프랑스-인디언 전쟁이라고 한다). 7년 전쟁의 종식을 가져온 1763년의 파리 조약으로 프랑스는 공식적으로 캐나다와 인도를 모두 영국에 양도했다. 6년 후 프랑스 동인도회사는 해체되었다.

아메리카 혁명

대서양 연안을 따라 급속하게 성장하던 영국 식민지들은 런던의 지배에 싫증을 내기 시작했다. 영국 의회는 7년 전쟁의 비용 일부를 충당하고 식민지 백성을 보호하는 데 들어가는 지속적인 비용을 지불하기 위해 아메리카 식민지들에게 새로운 세금을 부과했다. 이들

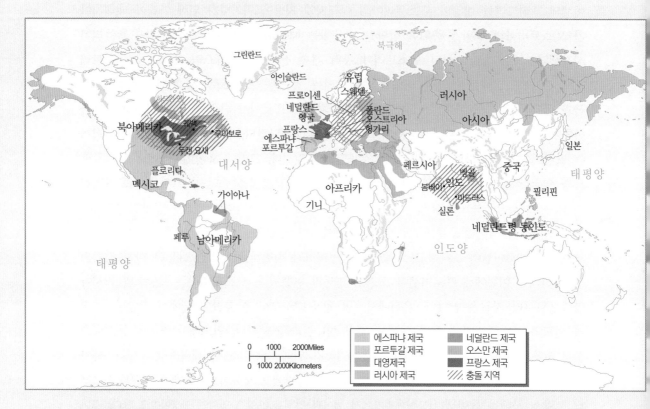

7년 전쟁, 1756~1763년

7년 전쟁은 어떤 면에서 최초의 진정한 세계적인 전쟁이었는가? 이 전쟁에서 식민지들의 역할은 무엇이었나?
이 전쟁에 연루된 식민지들의 결말은 어떠했는가? 해군력은 전쟁의 결과에 어떤 영향을 끼쳤는가?

세금은 즉각적인 불평을 불러일으켰다. 식민지인은 영국 의회에 대표를 보내지 않았기 때문에 자신의 동의 없이 과세되는 것에 대해 불만을 토로하며, 이러한 과세가 영국 신민으로서의 권리를 근본적으로 침해하는 것이라고 생각했다. 그들은 또한 식민지 무역에 대한 영국의 규제에 불만을 터트렸다. 그들은 특히 영국이 특정 상품을 대륙으로 향하는 배에 옮겨 싣기 전에 먼저 영국의 항구를 거쳐야 한다는 요구사항이 아메리카인의 생계를 옥죄고 있으며 그렇기 때문에 국왕의 적법한 세금 납부조차 불가능하게 만들고 있다고 불평했다.

1760년 이후 젊고 경험 없는 조지 3세가 이끄는 영국 정부는 이들 불만에 계획적인 우유부단함과 무력이 서투르게 혼합된 방식으로 대응했다. 다양한 세금이 부과되었지만 날선 식민지의 저항에 직면해 철회되었다. 하지만 차에 세금을 부과한 적이 있는 세관에 반대하는 반항적인 식민지인이 1773년 동인도회사의 차를 보스턴 항구에 던져버렸을 때 영국 정부는 보스턴 항을 폐쇄하고 식민지 대의기구의 활동을 축소시켰다. 이른바 '탄압법들(Coercive Acts)'은 매사추세츠를 위한 다른 아메리카 식민지들의 활기찬 지원을 불러일으켰다. 1774년 모든 아메리카 식민지에서 온 대표들이 자신들의 불만에 대해 국왕과 협상하기 위한 대륙회의를 열고자 필라델피아에 모였다. 하지만 1775년 4월 렉싱턴과 콩코드의 지방 민병대는 그들을 무장 해제시키고자 파견된 영국군 정규군과 충돌했다. 곧이어 대륙회의는 군대를 모으고 영국 정부에 대항하는 공공연한 반란을 시작했다.

1776년 7월 4일 13개 식민지는 공식적으로 대영제국으로부터의 독립을 선포했다. 독립 전쟁의 첫 2년 동안 독립은 실현될 것 같지 않았다. 하지만 1713년 이래로 확립해온 영국의 식민지 패권이 잠식되기를 열망하는 프랑스가 1778년 아메리카인 편에 서서 전쟁에 가담했고, 에스파냐는 지브롤터와 플로리다(플로리다는 1763년에 영국에게 빼앗김)를 되찾으려는 기대에서 프랑스를 지원하며 참전했다. 1780년 영국은 반란을 일으킨 식민지와 무역을 계속한다는 이유로 네덜란드 공화국에 대해 전쟁을 선포했다. 이제 식민지 경쟁국의 연합에 직면한 영국은 이 전쟁을 자국에 대해 거역하는 것으로 간주했다. 1781년 프랑스와 아메리카 연합군은 육상 및 해상 연합 작전으로 버지니아의 요크타운에서 영국군 주력 부대의 항복을 받아냈다. 패배한 영국 병사들이 무기를 내려놓자 영국군 군악대는 〈거꾸로 뒤집혀진 세계〉라는 제목의 노래를 연주했다.

평화 협상은 요크타운의 패배 직후에 시작되었지만 1783년 9월까지 결론에 도달하지 못했다. 파리 조약은 영국의 캐나다와 지브롤터에 대한 지배권을 유지하게 했다. 에스파냐는 미시시피 강 이서 지역의 영토를 보유했고 플로리다를 되찾았다. 미국은 독립을 획득했고 미시시피 강을 기준으로 서쪽 경계를 확정했으며 캐나다 동쪽 해안에 이르는 값진 어업권을 확보했다. 프랑스는 단지 식민지 경쟁국을 패배시킨 것에 만족해야 했지만, 그마저도 단기간에 그치고 말았다. 6년 후 아메리카 혁명의 지원하기 위해 사용한 대규모 채무로 말미암아 프랑스에서는 유럽 역사를 영구적으로 바꾸게 될 또 다른 매우 상이한 혁명이 일어났던 것이다.

미국 「독립선언서」

1776년 7월 4일 발표된 「독립선언서」는 미국 역사에서 가장 유명한 단일 문서일 것이다. 그러나 친숙하다고 해서 정치 철학의 견지에서 그것에 대한 흥미가 반감되지는 않는다. 이 문서의 저자들이 존 로크의 사상에 빚지고 있다는 사실은 아래의 발췌문에서 잘 드러난다. 그러나 로크는 결과적으로 15세기와 16세기 초의 공의회주의자(conciliarist)들로부터 인간 정부의 계약과 조건부적 본질에 관한 사상의 많은 것을 끌어왔다. 절대주의에 대한 호소에도 불구하고 「독립선언서」는 계약에 입각한 제한 정부라는 중세의 전통이 18세기 말에도 얼마나 강력하게 남아 있는가를 보여준다.

인류 역사의 흐름 속에서 인민이 다른 인민과 맺은 정치적 결합을 해체하고 세계 강대국 사이에서 자연법과 신의 섭리가 부여한 독립과 평등의 지위를 차지할 필요가 발생하면, 인류의 신념에 대한 합당한 존경으로 독립을 요청하는 여러 대의(大義)를 선언하지 않을 수 없게 된다.……우리는 다음과 같은 사실을 자명한 진리라고 생각한다. 모든 사람은 평등하게 태어났으며, 조물주는 양도할 수 없는 권리를 부여했는데, 그중에는 생명과 자유와 행복의 추구가 있다.……이 권리를 확보하기 위해 인민은 정부를 조직하며, 정부의 정당한 권력은 피치자(被治者)의 동의로부터 나온다.……또한 어떠한 형태의 정부라도 이 목적을 파기할 때에는, 인민은 언제든지 정부를 바꾸거나 폐지할 권리가 있으며, 가장 효과적으로 인민의 안전과 행복을 가져다줄 수 있는 원칙에 기초를 두고, 그 형태의 권력 기구를 갖춘 새로운 정부를 조직할 권리를 가진다. 심사숙고해서, 경미하고 일시적인 이유로 오랜 역사를 가진 정부를 변경하려고 해서는 안 된다. 따라서 인류의 경험을 살펴보면, 사람들은 자신들에게 친숙한 형식을 폐지함으로써 악폐를 시정하기보다는 오히려 참을 수 있을 때까지 참으려고 한다. 그러나 오랜 시간 계속된 학대와 착취가 변함없이 동일한 목적을 추구하면서 인민을 절대 전제정치에 예속시키려는 계획을 분명히 하게 되면, 이러한 정부를 타도하고 미래의 안전을 위해서 새로운 보호자를 마련하는 것이 인민의 권리이자 의무다.……이것이 지금까지 식민지가 견뎌온 고통이었기에, 이제 기존 정부 체제를 변혁하지 않으면 안 될 필요성이 바로 여기에 있다.……

> *「독립선언서」 번역문 출전: 앨런 브링클리, 황혜성 외 옮김, 『있는 그대로의 미국사』, 1~3권(휴머니스트, 2011). 각 권 말미에 있는 번역문을 참고해 일부 수정했다. 「독립선언서」 원문은 위의 번역문과 달리 말줄임표 없이 본문이 이어진다.

분석 문제

1. 「독립선언서」는 어떤 면에서 존 로크가 초안을 썼다고 할 수도 있는 문서인가? 「독립선언서」는 18세기라기보다는 17세기에 집필된 것이라고 할 수 있는가?
2. '생명·자유·행복의 추구'라는 표현이 의미하는 것은 무엇인가?

결론

아메리카 독립 전쟁은 식민지 지배권을 둘러싼 영국과 프랑스의 1세기에 걸친 투쟁 중 최후의 군사적 충돌이었다. 그러나 1783년 영국의 패배는 예상보다 훨씬 적은 효과를 낳았다. 아메리카의 독립 이후에도 대영제국은 이전의 아메리카 식민지들에 대해 가장 중요한 무역 상대국으로 남았다. 한편 세계의 다른 곳에서 영국이 이미 확립해놓은 통상 지배권은 계속 성장했다. 노예제에서 얻어지는 이윤은 확실히 18세기 영국 경제에 활력을 주었지만, 18세기 말에 이르러 영국의 무역과 제조업은 최고 수준의 생산성에 도달했고, 노예무역의 폐지(1808)와 노예제의 폐지(1833)조차 영국의 계속적인 성장을 막지 못했다.

18세기 후반 영국의 경제적 번영은 북서 유럽 전역에 걸쳐 어느 정도 반영되었다. 개선된 수송 체계, 한결 더 안정적인 식량 공급, 늘어나는 소비재의 양 등은 유럽 전체 인구가 1750

년 이후 이전에 비해 한층 더 빠르게 증가하고 있었음에도 상당수 유럽인의 생활수준을 향상시켜주었다. 인구는 특히 도시에서 빠르게 증가했다. 이들 도시에서는 새로운 도시 중간 계급이 등장해 그들의 취향이 상품 시장의 형성을 촉진하고 그들의 여론이 사상의 세계를 다시 만들어가고 있었다.

그러나 18세기 후반 유럽의 번영은 매우 불공평하게 분배되고 있었다. 도시에서는 부자와 빈자가 분리된 구역에서 분리된 삶을 살았다. 시골에서는 당대의 발전하는 상업 경제가 비껴지나간 지역들이 16세기와 17세기에 그랬던 것처럼 계속 기아와 기근에 시달렸다. 동부 유럽에서는 많은 농민층이 19세기 말까지 지속될 새로운 형태의 농노제에 처하게 됨에 따라 부자와 빈자 간의 대비는 한층 더 극단으로 치달았다. 전쟁 역시 유럽 대륙 전역뿐만 아니라 유럽의 식민 제국이 세계적으로 퍼진 또 다른 결과로 세계 도처에서 수십만 명의 사람에게 죽음과 파괴를 가져다주면서 유럽인의 생활에서 현실로 남아 있었다.

정치적 변화는 좀 더 점진적이었다. 유럽 전역에 걸쳐 정부의 권력이 꾸준히 커졌다. 행정가의 수는 늘어났고 한층 효율적이 되었으며, 그들에 대한 수요가 증가하고 있었다. 이는 부분적으로 천정부지로 치솟는 전비를 충당하기 위함이기도 했지만, 정부가 신민의 복지에 훨씬 더 넓은 범위에서 책임을 지려고 했기 때문이었다. 하지만 정부의 영역이 넓어짐에도 불구하고 정부 구조와 원리에는 상대적으로 거의 변화가 없었다. 영국과 네덜란드 공화국을 제외하면 18세기 유럽의 강대국은 여전히 루이 14세의 예에 따라 절대군주를 자처하는 통치자들이 지배했다. 하지만 1789년에 이르러 유럽인이 사는 세계는 1세기 전 태양왕이 유럽 정치를 지배했던 때와는 엄청나게 상이한 곳이었다. 그 차이점들의 상세한 내용은 이제 막 드러나기 시작했다.

제16장
17세기의 새로운 과학

핵심 문제

🔹 어떤 발전이 과학혁명의 길을 어떻게 열어주었는가?

🔹 코페르니쿠스는 전승돼오던 우주 모델의 취약점을 어떤 방식으로 교정했는가?

🔹 획기적인 발견들은 어느 정도 새로운 관찰과 이론에 의존했는가?

🔹 갈릴레이는 성공했는가? 그 이유는?

🔹 실천으로서의 과학의 발전에 어떤 사상가와 기관이 중요했는가?

🔹 뉴턴이 해결한 것은 어떤 문제들이었는가?

그대는 별들이 불이 아닐까 걱정하노라,

그대는 태양이 움직일까 걱정하노라,

진리가 거짓말쟁이가 될까 걱정하노라,

하지만 나는 사랑한다는 것을 결코 의심하지 않으리니.

—셰익스피어, 『햄릿』, 2막 2장

"그대는 별들이 불이 아닐까 걱정하노라. 태양이 움직일까 걱정하노라." 셰익스피어는 우주에 대한 예로부터의 이해를 뒤흔들어놓을지도 모를 새로운 사상을 암시하고 있는가? 『햄릿』(1600년경 출판)은 코페르니쿠스가 「천체의 회전에 관하여(On the Revolutions of the

Heavenly Spheres)』(1543)에서 태양은 움직이지 않고 지구가 태양 주위를 돈다는 사실을 암시한 지 50년 이상 후에야 집필되었다. 이 이론들이 유럽의 일부 식자층 사이에서만 회자되었더라도 셰익스피어는 아마도 그것을 알고 있었을 것이다. 오필리아를 향한 햄릿의 애절한 고백이 분명히 보여주듯이, 이 이론들은 추측이나 이상한 수학적 가설로 생각되었다. 이 이론들은 전통적인 학설과는 절대적으로 상충되었고, 아주 중요하게는 상식과 관찰에 도전했다. 유식한 철학자, 젊은 연인들, 양치기, 선원은 똑같이 태양과 별들이 매일 밤낮으로 한쪽 지평선에서 떠서 다른 쪽으로 지는 것을 볼 수 있었기에 정말 그렇게 생각했다.

하지만 여전히 소수의 사상가들은 의혹을 품었다. 셰익스피어는 갈릴레이와 같은 해인 1564년에 태어났다. 영국의 극작가와 이탈리아의 철학자가 작업을 하고 있을 무렵에 우주에 관한 지식을 수정하고 우주가 작동하는 방식을 설명하는 새로운 법칙을 발견하고자 하는 기나긴 과정이 진행 중이었다. 100년 후 17세기 말경 새로운 관점의 토대가 마련되었다. 이러한 지적 변화는 유럽 철학과 자연계 및 그 속에 살고 있는 인간의 위치에 대한 서구의 관점에 전면적인 변화를 가져왔다.

'과학'은 최소한 다음의 세 가지를 필요로 한다. 지식, 연구 방법이나 체계, 연구자들의 공동체 및 연구자와 연구를 지원하는 기관이 바로 그것이다. 17세기의 '과학혁명'(16세기 중엽에 시작되어 1687년 뉴턴의 『자연철학의 수학적 원리』에서 절정에 달한 것으로 이해된다)은 이 세 가지 영역을 모두 포괄하고 있다. 우선 지식의 내용과 관련해 과학혁명은 태양 중심적 천체관이 어떻게 지구와 나아가 인간을 우주의 중심에서 몰아내면서 대두하고 확립되었는지를 보여주었으며, 보다 근본적으로 그러한 관점을 기술하고 확인할 수 있는 새로운 수학적 물리학을 발전시켰다. 둘째, 과학혁명은 자연계를 이해하기 위한 탐구 방법을 확립했다. 구체적으로 관찰, 실험, 가설 검증을 강조했다. 셋째, '과학'이 지식의 독특한 한 분야로서 등장했다. 이 장에서 다루는 기간 동안 사람들은 물질, 운동, 광학(光學) 또는 혈액 순환 등에 관한 연구를 자연철학(보다 더 이론적인 용어), 경험철학, 의학, 나아가 점차 과학이라는 이름으로 불렀다. 우리가 현재 일반적으로 과학적 연구라고 부르는 것에 기여하는 학회와 기관들의 발전은 여기에서 다루고 있는 변화의 중심이었다. 과학은 탁월한 사상가뿐만 아니라 후원자, 국가, 연구자 공동체를 필요로 했기에 과학혁명은 그 밖의 사회적·종교적·문화적 변화에도 영향을 끼쳤다.

과학혁명은 조직적인 활동은 아니었다. 때때로 벽에 부딪친 이론들, 우연한 발견들, 망원경을 만들기 위해 렌즈를 연마하던 장인들이 분명 위대한 관념적인 사상가들만큼이나 지

식의 진보에 기여했다. 개개의 사상가가 자신의 발견을 자신의 신앙에 일치시키거나 자신의
이론(예를 들면 지구의 운동에 관한 이론)을 기존의 지혜와 조화시키고자 투쟁함으로써 낡은
세계관과 새로운 세계관이 종종 중첩되었다. 과학이 대중적으로 이해되기에는 오랜 시간이
걸렸다. 과학은 반드시 종교의 토대를 침식시키지 않았고, 확실히 그럴 의사도 없었다. 예컨
대 아이작 뉴턴은 자신의 연구가 종교적 믿음을 확실하게 해주고 독실하게 해준다고 생각
했다. 한마디로 변화는 서서히 그리고 단속적으로 일어났다. 그러나 새로운 과학적 방법이
자연의 작용에 대해 새로운 급진적인 통찰을 만들어내자 과학은 마침내 그것을 시작했던
실험가, 신학자, 철학자의 작은 집단을 넘어서 널리 수용되게 되었다.

과학혁명의 지적 기원

🔶 어떤 발전이 과학혁명의 길을 어떻게 열어주었는가?

과학혁명은 중세와 근대 세계 사이의 결정적인 분기점 중 하나이다. 하지만 그 모든 새로
움에도 불구하고 과학혁명은 이전의 발전에서 유래했다. 중세의 예술가와 지식인은 최소한
12세기 이래로 대단히 정확하게 자연계를 관찰하고 묘사했다. 중세의 조각가들은 놀라울
정도의 정확성으로 초목과 덩굴식물을 조각했고, 15세기의 화가와 조각가는 인간의 얼굴과
외관에 대해 동일한 세심한 주의력을 기울였다. 16세기에는 관찰, 실험, 발명 사이의 연관성
은 새로운 것도 아니었다. 나침반은 13세기 이래로, 화약은 14세기 초 이래로 유럽에 알려졌
다. 당대의 지적 생활에 스며들어 새로운 가능성을 열어주었던 인쇄술은 15세기 중엽 유럽
에 전해진 이후 사상을 빠르게 전파시키고 협동 작업을 더욱 용이하게 해주었으며 도서의
구입과 도서관의 건설을 촉진시켰다. 이에 대해 프랜시스 베이컨은 이렇게 쓰고 있다. "인쇄
술, 소총, 나침반 이 세 가지 기계의 발견보다 인간사에 더 큰 위력과 영향을 행사한 그 어
떤 제국이나 학파 또는 별은 없었다." 중세의 사상가에게 신적인 조명의 강력한 상징이었던
빛에 대한 매혹은 광학 연구와 나아가 새로운 렌즈 연마 기법을 촉진시켰다. 렌즈 연마사는
17세기의 망원경과 현미경 발명에 초석을 놓았으며 그 과정에서 돋보기를 만들어냈다. 점성
술사들 역시 별들이 인간의 운을 지배한다는 굳건한 믿음에서 별자리표를 만들면서 중세
후기에 적극적으로 활동했다.

자연계를 이해하려는 노력의 이면에는 신이 자연계를 창조했다는 거의 보편적인 확신이 깔려 있었다. 종교적 믿음은 과학적 연구를 자극했다. 어느 학파(신플라톤주의자)의 사상가는 자연이란 인간에게 신의 길을 드러내 보여주기 위해 창조자가 쓴 책이라고 주장했다. 신의 완전함이 자연에 반영되어야만 한다고 확신한 신플라톤주의자들은 일상 세계의 '그림자' 이면에 놓여 있는 것이 틀림없다고 믿었던 관념과 완전한 구조를 탐색했다. 수학 특히 기하학이 이러한 탐구에서 중요한 도구였다. 예를 들어 요하네스 케플러는 신플라톤주의로부터 크게 영향을 받았다.

르네상스 휴머니즘 또한 과학혁명이 기초를 놓는 데 도움을 주었다. 휴머니스트의 교육 프로그램은 자연철학을 낮게 평가하며 고전기의 고대 문화유산의 회복과 연구로 방향을 돌리면서 고대 문명의 권위를 숭배했다. 하지만 휴머니스트들은 활발하게 고전 문헌들(자연계의 개념들에 대한 원천)을 복원하고 번역하고 이해하고자 노력하면서 수많은 중요한 저작들을 처음으로 그리고 한층 더 많은 독자가 이용할 수 있게 해주었다. 이전에 유럽인들은 아랍권의 자료를 통해 고대 그리스의 학문에 다가갈 수 있었다. 아랍어로 번역된 그리스의 고전들을 중세 말 에스파냐와 시칠리아의 학자들이 다시 찾아냈기 때문이었다. 휴머니스트들이 그리스의 고전에 주목하고 새로운 문헌들이 보다 쉽게 인쇄되고 유통될 수 있는 상황은 새로운 연구와 논의를 촉진시켰다. 이슬람의 학자들은 유럽인보다 프톨레마이오스에 대해 더 많은 것을 알고 있었다. 유럽인은 휴머니스트 학자이자 인쇄공인 요하네스 레기오몬타누스(1436~1476)가 프톨레마이오스의 연구를 발굴해 새로운 요약본을 출간한 이후에야 그에 대해 알 수 있었다. 자연계는 거대한 기계처럼 기계적인 힘에 입각해 작동하며 그 힘은 수학적으로 서술할 수 있다고 주장한 그리스의 위대한 수학자 아르키메데스의 저작에 대한 휴머니스트의 재발견은 이탈리아의 과학자 갈릴레이를 포함한 16세기 말과 17세기의 중요한 사상가들에게 상당한 영향을 끼쳤고 17세기의 기계론 철학을 형성시켰다.

르네상스는 또한 수공업자와 지식인 사이의 협력을 촉진시켰다. 12세기와 13세기의 사상가들은 자연계를 관찰했지만 기계를 거의 만지지 못했거니와 실질적 이용을 위한 기계를 만드는 데 전문기술을 발전시켰던 수공업자들과는 거의 접촉이 없었다. 하지만 15세기 동안 이 두 세계는 하나로 합쳐지기 시작했다. 레오나르도 다 빈치 같은 르네상스 예술가들은 숙달된 장인이었다. 예컨대 그들은 원근법과 광학을 연구했고, 거대한 돔 양식의 건축물의 무게를 지탱하기 위한 기하학적 방법을 해결했으며, 인체를 연구하고, 새로우면서도 한결 효과적인 전쟁 무기를 고안했다. 르네상스는 연금술과 천문학의 유행을 가져왔다. 예를 들면

부유한 아마추어 천문가들은 천체 관측소
를 세우고 별의 행로를 측정했다. 이러한
사회적·지적 발전이 과학혁명의 토대를 놓
았다.

지리상의 발견을 위한 항해는 어땠을
까? 16세기의 관찰자들은 종종 지구상의
발견을 우주에 대한 새로운 지식과 연결시
켰다. 어느 갈릴레이 찬양자는 갈릴레이가

과학혁명, 1543~1687년	
코페르니쿠스, 『천체의 회전에 관해』 출간	1543년
티코 브라헤, 우라니보르그 천문대 세움	1576년
케플러, 『새로운 천문학』에서 자신의 법칙을 개진함	1609년
갈릴레이, 『별의 사자(使者)』 출간	1610년
베이컨, 『신논리학』 출간	1620년
갈릴레이, 『두 가지 주요 세계 체제에 관한 대화편』 출간	1632년
데카르트, 『방법 서설』 출간	1637년
뉴턴, 『자연철학의 수학적 원리』 출간	1687년

탐험 정신을 활발하게 해준다고 다음과 같이 썼다. "콜럼버스와 베스푸치의 기억은 하늘이
지구보다 한층 더 고귀하듯이 당신을 통해 한결 더 고결해지면서 새로워질 것입니다." 하지
만 탐험은 그다지 깔끔하게 진행되지는 않았다. 콜럼버스는 과학에 대한 흥미에서 탐험에
나선 것은 아니었다. 더욱이 유럽의 사상가들이 상이한 연구 분야에 신세계의 발견이 함축
하는 것들을 처리하는 데는 여러 세기가 걸렸으며, 탐험 항해와 과학에서의 획기적인 진전
사이의 연결은 주로 간접적인 것이었다. 지리상의 발견은 동식물에 대한 여행자의 상세한
설명으로 매우 풍부해진 자연사 분야에 가장 즉각적인 충격을 주었다. 아프리카와 아시아
에서 새로운 땅과 문화를 발견하고, 고대인에게는 알려지지 않았고 성경에서도 언급되지 않
았던 아메리카 대륙에 대한 의외의 새로운 사실의 발견 또한 유럽인이 계승해온 지식에 결
함이 있음을 드러냈다. 이 점에서 신세계의 탐험은 고대인의 권위에 타격을 가했다.

요약하면 오래전에 잃어버렸다고 생각했던 고대 문헌을 중세 말에 다시 발견한 것, 인쇄
문화와 독서의 확산, 종교개혁에 뒤이은 교회의 혼란과 치열한 전쟁 및 정치적 책략, 탐험
과 착취를 위해 대양을 가로지른 신세계의 발견 등 이 모든 것은 이전의 사고방식의 권위를
뒤흔들어놓았다. 우리가 과학혁명이라고 부르는 것은 이러한 도전을 둘러싸고 있던 지적 흥
분의 일부였으며, 돌이켜보면 과학혁명은 이러한 그 밖의 발전들의 중요성을 드높여주고 확
증해주는 것이었다.

코페르니쿠스의 혁명

♣ 코페르니쿠스는 전승돼오던 우주 모델의 취약점을 어떤 방식으로 교정했는가?

중세 우주론(중세의 우주 모델)은 고대 문헌 특히 알렉산드리아의 프톨레마이오스(100~178)가 다듬고 체계를 잡은 아리스토텔레스(기원전 384~322)의 저작에 의존했으며, 프톨레마이오스는 초기 그리스의 천문학자 사상에 의존했다(제4장 참조). 이 전승된 우주론에 따르면 하늘은 주도면밀하게 조직된 천구들의 체계로 지구를 중심으로 궤도를 그리며 돌고 있다. 지구와 천체는 근본적으로 달라 상이한 물질로 이루어졌고 서로 다른 운동의 법칙을 따른다. 태양, 달, 별, 행성은 불변하는 (그리고 완벽한) 가장 순수한 형체나 에테르(ether)로 형성되어 있으나, 이와 대조적으로 지구는 네 가지 요소(땅, 물, 불, 공기)로 구성되어 있고 각 요소들은 본래의 자리가 있어서 무거운 요소(땅과 물)는 중심으로 향하고 가벼운 것은 더 멀리 나가려는 경향이 있다. 천체 중에서 행성들과 별들이 완전한 원형을 그리며 정지해 있는 지구 주위를 돌고 있다. 이러한 천체 운동은 그리스도교인이 하나님이라고 부르는 제1운동자가 만들었다. 이 관점은 아리스토텔레스의 물리학에 적합한 것이었다. 그에 따르면 대상은 외부의 힘이 작용할 때에만 움직일 수 있는데, 그것은 우주의 근본 요소가 각각 본래의 자리를 갖고 있다는 믿음에도 잘 들어맞았다. 더욱이 이 관점은 하나님의 의도대로 창조된 우주라는 믿음에서 비롯되었고 이 믿음을 확증하는 것이기도 했다.

중세 말에 이르러 천문학자들은 '프톨레마이오스 체계'라고 불렀던 이 우주론이 많은 사람들의 관찰과 정확하게 일치하지 않는다는 것을 알았다. 궤도는 완전한 원을 그린다는 아리스토텔레스적인 이상을 따르지 않았으며, 행성들 특히 화성은 때때로 궤도의 진행을 계속하기 전에 고리 모양을 그리며 뒤로 움직였다. 프톨레마이오스는 어떻게 해서든 이러한 궤도의 불규칙성을 복잡한 수학으로 설명해야 했다. 15세기 초에 이르러 지구 중심적 우주론에 입각한 완전한 원형 모델에 관찰된 행성들의 움직임을 일치시키려는 노력은 복합적인 것들의 미로로 이루어진 천문도를 만들어냈다. 마침내 프톨레마이오스 체계는 달력의 심각한 난점들을 해결할 수 없음이 판명되었다. 이러한 위기는 코페르니쿠스의 지적 도약이 전면에 나올 수밖에 없는 상황을 재촉했다.

16세기 초 무렵의 낡은 로마식 달력은 천체 운동 배열과 상당히 달랐다. 주요 성자의 축일, 부활절, 그 밖의 신성한 날들은, 별들에 따르면 때때로 그날들이 실제로 있어야 할 날보다 몇 주씩이나 벗어나 있었다. 가톨릭 당국자들은 전 유럽의 수학자와 천문학자에게 자문을 구하며 이 문제를 바로잡으려 애썼다. 그들 중 한 사람이 바로 폴란드 교회의 직원이자 천문학자였던 니콜라우스 코페르니쿠스(1473~1543)였다. 폴란드와 북부 이탈리아에서 교육받은 코페르니쿠스는 다재다능한 인물이었다. 그는 천문학, 교회법, 의학을 공부했다. 그는 그리스어를 읽을 줄 알았으며 그리스 철학에도 정통했다. 그는 또한 꼼꼼한 수학자이자 신의 우주는 프톨레마이오스 모델에서 나타난 것만큼이나 번잡한 것이 될 수 있다는 것을 믿지 않은 독실한 가톨릭교도였다. 그가 수학적 계산에 입각해 제시한 해결책은 단순하면서도 급진적인 것이었다. 한마디로 프톨레마이오스는 틀렸다는 것이다. 즉, 지구는 정지해 있는 것도 아니며 태양계의 중심에 있지도 않았다. 또한 지구는 축을 중심으로 회전하며 다른 행성과 더불어 태양 주위의 궤도를 돈다는 것이었다. 따라서 프톨레마이오스적인 체계를 다시 정리해서 천문기하학을 단순화하고 행성의 궤도를 이해할 수 있도록 만들어야 했다.

코페르니쿠스는 여러 가지 면에서 보수적인 사상가였다. 그는 자신의 연구가 교회는 물론이고 고대 문헌의 권위와 단절하는 것이라고 생각하지 않았다. 그는 오히려 자신이 수세기에 걸쳐 잃어버린 하나님의 계획에 대한 순수한 이해를 회복시켰다고 믿었다. 그렇지만 자신의 이론이 내포하고 있는 것들이 그를 괴롭혔다. 그의 사상은 수세기에 걸쳐 내려온 천문학적 사상과 모순되었을 뿐 아니라 지구상의 관찰된 사물의 움직임과도 조화되기 힘들었다. 만약 지구가 움직인다면 그 움직임을 감지할 수 없는 이유는 무엇인가? 코페르니쿠스는 지구와 태양 간의 거리를 최소 960만 킬로미터로 계산했다. 그의 계산에 따르면 지구는 시간당 수천 킬로미터를 이동하며 머리가 핑핑 돌 정도의 속도로 태양 주위를 빠르게 돌고 있었다. 만약 그렇다면 사람과 사물이 어떻게 서 있을 수 있겠는가?(실제로 지구는 태양에서 약 1억 5,000만 킬로미터 떨어져 있고 시간당 10만 7,200킬로미터의 속도로 궤도를 돌고 있으며 자전축은 시간당 약 1,600킬로미터의 속도로 회전하고 있다!)

코페르니쿠스는 물리학자가 아니었다. 그는 전통적인 아리스토텔레스의 물리학을 뒤엎기보다는 다듬으려 했지만, 그러한 물리학과 자신의 새로운 태양 중심적 우주 모델을 조화시키려는 노력은 그가 해결할 수 없는 새로운 문제와 모순을 초래했다. 이로 인한 좌절과 혼란이 코페르니쿠스의 말년을 괴롭혔다. 그는 자신이 발견한 사실들을 출간하는 것을 망설였다. 코페르니쿠스는 죽기 직전인 1543년에야 『천체의 회전에 관해(De Revolutionibus)』를 출간하는 데 동의했다. 출판 과정에서 그의 원고를 보았던 루터교파의 학자는 악의적 비방을 피하기 위해 코페르니쿠스의 체계는 추상이고 천문학을 하기 위한 일련의 수학적 도구이며 하늘과 땅의 본질에 관한 위험한 주장이 아니라는 내용의 서문을 덧붙였다. 1543년 이후 수십 년 동안 코페르니쿠스의 사상은 바로 그러한 의미, 즉 실제적인 수학적 가설이 아니라 유용한 도구로서 받아들여졌다. 하지만 역사가인 스티븐 샤핀(1943~)이 언급했듯이 코페르니쿠스의 사상은 프톨레마이오스의 우주관에 대한 최초의 '중대하며 체계적인' 도전이었다.

브라헤의 관찰과 케플러의 법칙

♣ 획기적인 발견들은 어느 정도 새로운 관찰과 이론에 의존했는가?

그 후 50년 내에 프톨레마이오스의 우주 모델에 비판적이었던 천문학자 티코 브라헤 (1546~1601)와 요하네스 케플러(1571~1630)가 코페르니쿠스의 우주론을 부활시키고 수정했다. 두 사람은 모두 당대의 가장 위대한 천문학자로 간주되었다. 브라헤는 덴마크 귀족으로 태어났지만 천문학에 대한 열정을 추구하기 위해 가문의 군사적·정치적 유산을 포기했다. 그는 재능이 있었지만 성미가 급해서 스무 살 때 결투로 코의 일부를 잃어버리기도 했다. 그는 코페르니쿠스처럼 전통적인 천문학의 모순을 바로잡으려고 했다. 하지만 이론가였던 코페르니쿠스와 달리 브라헤는 관찰에서 탁월한 능력을 발휘했고 하늘에 관한 주도면밀한 연구가 우주의 비밀을 풀어줄 것이라고 믿었다. 그는 1572년 유난히 반짝거리는 완전히 새로운 별을 관찰하고 '초신성(nova)'이라는 이름을 붙였다. 브라헤의 연구에 감명을 받은 덴마크 국왕 프레데리크 2세(재위 1559~1588)는 그에게 조그만 섬을 주고 그곳에 특별히 천체관측소를 설치하기 위해 설계된 성을 짓도록 했다. 20년이 넘는 기간 동안 브라헤는 유럽에서 가장 정교한 천문학 자료들을 수집하며 밤하늘의 중요한 관측 대상들을 매우 세심하게 도표로 만들었다.

브라헤는 코페르니쿠스주의자가 아니었다. 그는 행성들이 태양 주위를 궤도를 그리며 돌고 있지만, 그 체계 전체가 정지해 있는 지구의 궤도를 돈다고 암시했다. 이러한 우주의 질서에 대한 그림은 서투르기는 하지만 프톨레마이오스 체계보다 관측된 증거에 더 적합한 것처럼 보였고, 코페르니쿠스 모델이 지닌 혼란스런 물리학적·신학적 뒤엉킴을 피했다. 1590년대 말 브라헤는 자신이 연구하고 수집한 방대한 자료를 프라하로 옮겼다. 그곳에서 그는 신성로마제국의 황제 루돌프 2세(재위 1576~1612)의 궁정 천문학자가 되었다. 프라하에서 그는 요하네스 케플러라는 젊은 수학자를 조수로 두었다. 케플러는 브라헤보다 코페르니쿠스 모델에 더욱 경도되어 있었기에 코페르니쿠스의 연구를 신비주의, 점성술, 수학의 종교적 힘에 대한 자신의 연구와 결합시켰다.

　케플러는 인간의 영혼에서 행성의 궤도에 이르기까지 모든 것은 수학적 법칙에 따라 창조되었다고 믿었다. 이 법칙을 이해한다면 인간은 신의 지혜를 공유하고 우주의 내적 비밀을 간파할 수 있을 것이었다. 수학은 신의 언어였다. 수학적 완벽함의 유형에 대한 탐색은 케플러에게 완벽한 음악적 조화를 이루는 행성 궤도와 수학 공식 안의 집합적인 기하학적 형상을 제공했다. 케플러는 브라헤가 사망한 후 그가 수집해놓은 관측과 계산 자료뿐만 아니라 프라하에서의 지위까지 물려받았다. 그 자료는 케플러에게 행성의 천체 운행과 관련된 코페르니쿠스의 두 가지 가정이 관측과 전혀 일치하지 않는다는 것을 보여주었다. 코페르니쿠스는 아리스토텔레스의 완전 개념에 보조를 맞추어 행성 궤도는 원형이라고 믿었다. 그러나 케플러는 행성이 태양 주위를 타원형의 궤도로 운행한다고 계산해냈고 이 발견은 그의 제1법칙이 되었다. 코페르니쿠스는 행성의 천체 운행은 일정하고 불변한다고 주장했지만, 케플러의 제2법칙은 행성의 속도는 태양과의 거리에 따라 다르다고 기술했다. 케플러는 또한 태양과 행성 사이의 자력은 행성의 궤도 운동을 유지해준다고 주장했다. 이것은 거의 80년 뒤인 17세기 말 뉴턴이 만유인력의 법칙을 공식화하는 길을 열어준 통찰력이었다.

　1596년의 『우주구조의 신비(Mysterium Cosmographicum)』에서 1609년의 『새로운 천문학(Astrmornia nova)』과 1619년의 『세계의 조화(Harmonice mundi)』를 통해 계속된 케플러의 연구는 코페르니쿠스의 이론을 수정하고 보강했다. 코페르니쿠스의 연구에 대한 케플러의 수정은 당대 최고의 관측(브라헤의 관측)과 놀라울 정도로 정확하게 일치했다. 새로운 위치에서 지구의 운동을 설명해줄 수 있는 규칙에 대한 케플러의 탐색 역시 중요한 것이었다. 케플러는 코페르니쿠스 이상으로 아리스토텔레스 물리학의 핵심이었던 하늘과 지구 사이의 구별을 무너뜨렸다.

새 하늘, 새 땅, 그리고 세속적인 정치학: 갈릴레이

♠ 갈릴레이는 성공했는가? 그 이유는?

케플러는 『우주구조의 신비』 사본을 당시 베네치아 근처의 파도바에서 수학과 천문학을 가르치는 '갈릴레오 갈릴레이(1564~1642)라는 수학자'에게 친구를 통해 전달했다. 갈릴레이는 케플러에게 감사의 답장을 보냈는데, 그 편지는 당시(1597년) 이 이탈리아인의 관점을 잘 보여주고 있다.

> 저는 단지 당신 저서의 서문만 읽은 정도지만, 이것만으로도 이 책 내용의 몇 가지 개념을 얻었습니다. 그래서 저는 진리에 대한 연구에서 진실한 동료를 갖게 된 것을 자축했답니다.……저는 수년 전에 코페르니쿠스의 가르침을 채택했고, 그의 관점은 저에게 훨씬 최근의 가설에 따르면 확실히 설명하기 힘든 것으로 남아 있는 많은 자연 현상을 설명 가능한 것으로 만들어주었습니다. 저는 그를 지지하고 그와 반대되는 관점을 논박하는 많은 논거들을 집필해왔습니다만, 아직까지는 감히 세상에 내놓지는 못하고 있습니다.……확실히 당신 같은 사람이 더 많이 존재한다면 제 의견을 감히 즉시 출간하겠지만, 그렇지 않다면 저는 그런 일을 삼갈 것입니다.

케플러는 갈릴레이에게 "앞으로 나서 보시오!"라고 촉구하는 답장을 보냈지만, 그는 답하지 않았다. 갈릴레이는 파도바에서 자신이 믿는 것을 가르칠 수 없었다. 왜냐하면 프톨레마이오스의 천문학과 아리스토텔레스의 우주론이 확정된 교과목이기 때문이었다. 다른 기회들이 열리게 됨에 따라 이 야심찬 자연철학자는 자신의 관점에 대해 그다지 조심스럽지 않아도 되었다. 갈릴레이는 생애 말년에 코페르니쿠스 모델을 지지하는 강력한 증거를 마련했고 새로운 물리학을 위한 기초를 놓았다. 그는 라틴어뿐만 아니라 자기 나라 말(이탈리아어)로 글을 썼던 재치 있고 설득력 있는 작가이기도 했다. 케플러는 '진리의 친구'였을 수 있지만 그의 연구는 난해하고 당황스러울 정도로 수학적이었다(코페르니쿠스의 연구도 그랬다). 이와 대조적으로 갈릴레이의 저작은 유럽 전역에 걸쳐 자연철학에서의 변화에 대한 자각을 불러일으키면서 폭넓게 번역되었고 광범위하게 읽혔다. 갈릴레이는 자연철학을 널리 보급한 인물이었는데, 그가 대중화한 것은 코페르니쿠스주의를 중심에 둔 과학에 대한 비(非)아리스토텔레스적 접근이었다.

갈릴레이는 자신 있고 토론을 좋아하는 인물이었으며, 그의 전기작가 중 한 사람이 지적했듯이 자신이 발견한 것들뿐만 아니라 자신의 주장으로도 유명했다. 그는 자신에게 반대하는 사람들을 참지 못했으며, 그의 성미는 그를 심각하면서도 궁극적으로는 답답한 논쟁에 빠지게 했다. 갈릴레이는 종교와 과학 사이의 새로운 관계를 강력히 주장했으며, 그 과정에서 당대의 가장 막강한 일부 성직자에게 도전했다. 그의 발견은 그를 당대의 가장 유명한 과학적 인물로 만들어주었지만, 자신의 신념에 대한 확신과 논쟁을 좋아하는 그의 취향은 아리스토텔레스의 철학 및 가톨릭교회의 권위와 충돌하게 만들었다.

갈릴레이는 망원경의 발명으로 유명해졌다. 1609년 그는 매우 멀리 있는 대상을 크게 보여줄 수 있는 작은 망원경을 만든 홀란드 출신 렌즈 연마사에 대한 이야기를 들었다. 흥분한 갈릴레이는 재빨리 자신의 망원경을 고안해냈고, 그것의 작동을 확인하기 위해 처음에는 지상의 사물을 들여다보다가 결정적으로 밤하늘을 관측하기 시작했다. 그리하여 그것은 그의 직업이 되었다. 갈릴레이는 달을 관찰하면서 산맥이나 평야 등 지구와 유사한 풍경들을 발견했다. 그의 관측은 천체가 지구와 닮았다는 것을 암시했다. 이러한 관점은 지구와는 본질적으로나 필연적으로 다른 천상의 불변하는 완벽한 천구로서의 하늘이라는 개념과는 차이가 있었다. 그는 목성 궤도를 선회하는 달을 보았는데, 이는 지구가 모든 궤도의 중심이 아니라는 증거였다. 그는 태양의 흑점을 보았다. 갈릴레이는 자신이 관측한 결과를 처음에는 『별의 사자(使者)(Sidereus nuncius)』(1610)라는 제목으로, 1613년에는 『태양 흑점에 관한 편지(Letters on Sunspots)』로 출간했다. 목성의 달에 관한 놀라운 보고를 담고 있는 『별의 사자』는 많은 사람들이 읽게 할 목적으로 분량은 적었지만 두드러진 책이었다. 이 책의 속표지는 책의 내용이 "위대하고 비범하며 놀라운 장관들을 모든 사람 특히 철학자와 천문학자의 생각에 펼쳐줄 것이다"라고 선언했다. 하지만 『별의 사자』는 갈릴레이의 코페르니쿠스주의에 대한 암시만 줄 뿐이었는데, 그는 『태양 흑점에 관한 편지』에서 그것을 공개적으로 선언했다.

17세기의 과학자들은 막강하면서도 부유한 후원자를 필요로 했다. 파도바의 수학 교수였던 갈릴레이는 (케플러에게 보내는 편지에 썼듯이) 대학 당국자들의 권력에 분노하고 있었다. 왕과 제후들의 궁정은 유혹적인 대안을 제공했다. 권력과 부의 중심이자 후원자를 자처하는 그들은 대학보다는 교회의 통제에 그다지 종속되어 있지 않았다. 토스카나의 메디치 가문은 다른 가문들처럼 많은 예술가와 지식인들로 주위를 에워쌈으로써 가문의 명성을 빛나게 했을 뿐 아니라 권세를 보강했다(15세기에 메디치 가문은 미켈란젤로의 후원자였다). 파도바의 대학보다 메디치가의 궁정에서 더 자유롭게 될 것이라고 설득당한 갈릴레이는 메디치가의 가정교사가 되어 성공적으로 그 가문을 빛내주었다. 그는 『별의 사자』를 그들에게 전해주었다. 그는 새로 발견한 목성의 달들을 '메디치가의 별들'이라고 명명했다. 갈릴레이는 이에 대한 보답으로 토스카나 대공인 코시모 데 메디치(1389~1464)의 최고 수학자이자 철학자라는 칭호를 받았다. 이제 이탈리아의 권력과 후원 네트워크에 제대로 자리 잡은 갈릴레이는 천문학에 관한 자신의 연구와 행성 체계에 관한 코페르니쿠스의 태양 중심 모델이 옳다는 신념을 추구할 수 있었다.

하지만 그러한 추구는 위험천만한 행동이었다. 왜냐하면 그의 주장이 가톨릭교회의 반감을 불러일으켰기 때문이었다. 모든 성직자가 갈릴레이의 연구에 반대한 것은 아니었다. 사실 당대의 위대한 예수회 천문학자들은 갈릴레이의 망원경을 통한 발견을 받아들였다. 하지만 그들은 그러한 발견이 브라헤의 체계와 매우 완전하게 어울리며 지구를 우주의 중심 위치에서 옮겨놓을 필요가 없다고 주장했다. 그런데 그는 정치적 상황, 지적 경쟁자들, 코페르니쿠스주의에 경도된 갈릴레이의 열정적인 친구들, 갈릴레이 자신의 논쟁에 대한 열의 등으로 인해 스스로 어려움에 처하게 되었다. 1614년 야심차고 거리낌 없이 말하기를 좋아하는 한 도미니크회 수도사는 갈릴레이의 사상이 성경의 가르침에서 벗어난 위험스러운 것이라고 비난했다. 다른 철학자와 성직자들도 갈릴레이의 후원자인 메디치 가문에 그 궁정 수학자가 이단을 가르치고 있는 것 아닌가를 묻기 시작했다.

코페르니쿠스주의에 반대하는 수군거림에 불안해진 갈릴레이는 자신을 방어하기 위한 일련의 편지를 썼다. 이 편지들은 자연철학과 종교의 관계에 역점을 둔 것이었다. 이 편지들 중 1615년 후원자인 코시모의 어머니 대(大)공녀 크리스티나에게 보낸 것이 가장 유명하다(뒤에 나오는 사료 '자연, 성서, 그리고 진리에 관한 갈릴레이의 주장' 참조). 갈릴레이는 누구나 진지한 코페르니쿠스주의자와 신실한 가톨릭교도가 될 수 있다고 주장했다. 그는 교회가 성서를 가르치고 영혼을 구원하는 신성한 일을 해왔다고 언급했다. 물리적 세계의 작동에 대한 설명은 관찰과 수학에 토대를 둔 자연철학자가 더 잘 할 수 있도록 맡겨진 일이었다. 성경은 어려운 책으로 널리 알려져 있으며 성서의 복잡다단함을 자연철학의 새로운 결론과 조화시키는 것은 교회 신학자들의 역할이었다. 하지만 자연과학에 대한 논쟁에서 교회가 어느 편을 드는 것은 불필요하기도 하고 위험부담도 크기 때문에 그렇게 하는 것은 교회의 영적 권위와 신뢰성에 누를 끼치게 될지도 모를 일이었다. 갈릴레이는 자연철학자와 신학자를 진리 탐구의 동반자이긴 하지만 매우 상이한 역할을 하는 동반자로 묘사했다. 눈부신 수사학적 기교가 발휘되어야 할 순간에 그는 자신의 주장을 지지하는 다음과 같은 바로니우스 추기경의 말을 인용했다. 성서의 목적은 "우리에게 하늘나라에 가는 방법을 가르쳐주어야지 하늘나라가 운행하는 방법을 가르쳐주는 것은 아니다."

갈릴레이의 주장에도 불구하고 교회는 코페르니쿠스주의와 갈릴레이 양측에 대해 반대하는 쪽으로 나아갔다. 1616년 종교재판소는 지구가 움직이고 태양이 움직이지 않는다는 것은 "철학적으로 어리석고 터무니없으며 공식적으로 이단적이다"라는 명제를 결정했다. 코페르니쿠스의 『천체의 회전에 관해』를 금서목록에 두는 칙령이 공포되었으며, 갈릴레이는 코페르니쿠스주의를 가르치지 말도록 경고를 받았다.

갈릴레이는 잠시 동안 경고 받은 대로 행했다. 그러나 자신의 피렌체 친구이자 숭배자인 마페오 바르베리니가 1623년 우르바누스 8세(재위 1623~1644)로 교황에 선출되자 갈릴레이는 코페르니쿠스주의를 향한 문이 (최소한 반쯤) 열렸다고 믿었다. 그는 자신의 가장 유명한 저작 중 하나이자 1632년에 출간된 『두 가지 주요 세계 체제에 관한 대화편(Dialogo dei due massimi sistemi del mondo)』의 초고를 썼다. 이 『대화편』은 그가 심플리키오(Simplicio, 숙맥 또는 바보)라고 이름 붙인 인물로 대표되는 낡은 프톨레마이오스 체계의 지지자와 새로운 천문학의 옹호자 사이의 가정적으로 설정된 논쟁을 담고 있었다. 이 논쟁을 통해 갈릴레이는 코페르니쿠스주의자를 최대한 옹호했다. 하지만 그는 논쟁의 말미에 종교재판소의 칙령을 만족시키기 위해 코페르니쿠스주의자를 심플리키오에게 항복하게 만들었다.

그러나 1633년 종교재판소는 『대화편』의 판매를 금지하고 갈릴레이에게 재판정에 설 것을 명했다. 갈릴레이의 경멸에 성나고 고단하게 이어지는 30년 전쟁에서 교회 보수주의자들의 지원이 필요했던 교황 우르바누스는 친구의 보호를 거부했다. 비밀 재판의 평결은 유럽을 깜짝 놀라게 했다. 갈릴레이는 당대의 가장 유명한 과학계 인사였고 유럽의 위대한 지적 중심인물 중 하나였던 것이다. 하지만 종교재판소는 갈릴레이에게 코페르니쿠스적 입장을 참회하도록 강요했고 연구를 계속하거나 심지어 코페르니쿠스의 사상을 논하는 것도 금지하면서 종신 가택연금에 처했다. 얼마 뒤에 회자되기 시작한 이야기에 따르면, 가택연금을 당하기 위해 법정을 떠나면서 그는 땅을 내려다보고 발로 짓밟으며 대담하게 다음과 같이 중얼거렸다고 한다. "그래도 지구는 돈다."

그러나 종교재판소는 갈릴레이의 연구를 단념시킬 수 없었다. 그는 초기에 연구했던 운동의 이론을 다듬었다. 그는 사물의 운동은 외부의 힘이 그것을 변화시킬 때까지 동일하게 유지된다는 것을 주장하는 초창기 관성 이론을 내놓았으며, 서로 다른 무게를 지닌 사물이 거의 동일한 속도와 균일한 가속도로 떨어진다는 것을 계산해냈다. 갈릴레이는 사물의 운동은 규칙적인 수학적 법칙을 따른다고 주장했다. 지구상에서 사물의 운동을 지배하는 (실험으로 관찰될 수 있는) 동일한 법칙은 하늘에서도 관찰될 수 있었다. 이것은 아리스토텔레스의 원리에 대한 직접적인 반박이자 우주의 태양 중심 모델에 입각한 물리학을 향한 중요한 단계였다. 『새로운 두 과학에 관한 수학적 증명(Discorsi e Dimostrazioni Matematiche, intorno a due nuove scienze)』(1638)이라는 제목의 이 연구는 이탈리아 밖으로 몰래 유출되어 프로테스탄트가 지배하는 홀란드에서 출간되었다.

갈릴레이는 비록 결론적이지는 않더라도 코페르니쿠스적인 우주론에 대한 강력한 증거를 마련했다. 그는 또한 천체 운행의 보편적 법칙을 제안하기 위해 발견, 관측, 실험, 수학 등을 결합시켰다. 하지만 그의 유산 가운데에는 분명히 그가 피하기를 바랐던 종교와 과학 사이의 불화가 있었다. 갈릴레이는 코페르니쿠스주의와 자연철학은 전반적으로 신학적 진리, 종교적 믿음이나 교회의 권위를 뒤엎을 필요가 없다고 믿었다. 그러나 그의 재판은 반대로 자연철학과 교회의 권위가 공존할 수 없다는 것을 보여주었다. 갈릴레이의 재판으로 남부 유럽에서 코페르니쿠스주의적 주장들은 침묵했고 교회의 지도력은 보수 반동으로 후퇴하고 말았다. 따라서 갈릴레이가 옹호한 새로운 철학은 북서 유럽에서 번성하게 되었다.

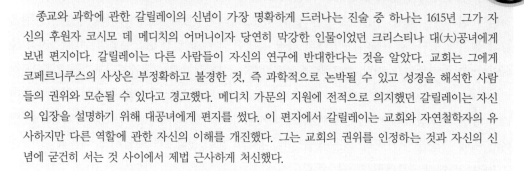

자연, 성서, 그리고 진리에 관한 갈릴레이의 주장

종교와 과학에 관한 갈릴레이의 신념이 가장 명확하게 드러나는 진술 중 하나는 1615년 그가 자신의 후원자 코시모 데 메디치의 어머니이자 당연히 막강한 인물이었던 크리스티나 대(大)공녀에게 보낸 편지이다. 갈릴레이는 다른 사람들이 자신의 연구에 반대한다는 것을 알았다. 교회는 그에게 코페르니쿠스의 사상은 부정확하고 불경한 것, 즉 과학적으로 논박될 수 있고 성경을 해석한 사람들의 권위와 모순될 수 있다고 경고했다. 메디치 가문의 지원에 전적으로 의지했던 갈릴레이는 자신의 입장을 설명하기 위해 대공녀에게 편지를 썼다. 이 편지에서 갈릴레이는 교회와 자연철학자의 유사하지만 다른 역할에 관한 자신의 이해를 개진했다. 그는 교회의 권위를 인정하는 것과 자신의 신념에 굳건히 서는 것 사이에서 제법 근사하게 처신했다.

아마도 저들이 일반적으로 생각되는 것들과는 상이한 저의 여러 주장들에 관한 잘 알려진 진리로 인해 마음이 어지럽혀졌기 때문에, 그리고 그로 말미암아 저들이 철학 분야에 스스로를 한정시키는 동안은 자신들의 방어를 의심하고 있기 때문에, 이 사람들은 종교와 성경의 권위를 가장한 외피를 뒤집어 쓴 자신들의 오류에 대한 방어막을 조작해내기로 결의했사옵니다.……

코페르니쿠스는 결코 종교나 신앙 문제를 논하지 않았을 뿐더러 자신이 잘못 해석할지도 모를 신성한 저작들의 권위에 의존한 주장들을 이용하지도 않았습니다. 그는 항상 천체 운동에 관한 물리적 결론들에 의거하고 그것들을 일차적으로 감각 경험과 매우 정확한 관찰에 입각한 천문학적이고 기하학적인 증거들로 다루고 있습니다. 그는 성경을 무시하지도 않았지만 만약 자신의 이론이 입증된다면 성경이 올바르게 이해될 때 성경과 모순될 수 없다는 것을 매우 잘 알았습니다.

저는 물리학적 문제에 관한 논의는 성경 구절의 권위가 아니라 감각-경험과 필수적인 증거들에서 시작해야 한다고 생각합니다. 왜냐하면 성경과 자연 현상은 전자는 성령의 지시로서 그리고 후자는 하나님의 명령을 철저히 준수하는 유언 집행인(executrix)으로서 똑같이 신성한 말씀(Word)에서 기인하기 때문입니다. 모든 사람의 견해에 조화되기 위해서 그리고 세상의 있는 그대로의 의미가 관련되어 있는 한에서 절대적 진리와 다른 것으로 나타나는 많은 일에 관해 이야기하기 위해서는 성경이 없어서는 안 됩니다. 그러나 이와는 반대로 자연은 무정하고 변치 않습니다. 자연은 결코 자연에게 부여된 법칙을 어기거나 자연이 작동하는 심오한 이유와 방법을 인간이 이해할 수 있는지 아닌지에 대해 조금도 개의치 않습니다. 그러한 이유로 감각-경험이 우리 눈앞에 놓여 있거나 우리에게 입증된 필수적인 증거들인 물리적인 것은 그 어느 것도 그 단어들 아래에 어떤 다른 의미들을 갖고 있을 수도 있는 성경 구절의 율법에 대해 의문을 제기하지는 (그다지 크게 비난하지는) 않습니다. 왜냐하면 성경은 모든 물리적 결과를 지배하는 것만큼이나 엄격하게 상황들에 대한 모든 표현에 속박되어 있지 않기 때문입니다. 뿐만 아니라 하나님은 성경의 신성한 기술들에 나타난 것보다도 훨씬 더 많이 자연의 활동에 두드러지게 모습을 드러내시기기 때문입니다.……

분석 문제

1. 크리스티나 데 메디치에게 보낸 편지에서 갈릴레이가 자신의 관점을 옹호할 필요가 있었던 이유는 무엇인가?

2. 갈릴레이에게 하나님, 인간, 그리고 자연 사이의 관계는 어떠했는가?

새로운 철학을 위한 방법: 베이컨과 데카르트

❧ 실천으로서의 과학의 발전에 어떤 사상가와 기관이 중요했는가?

    새로운 과학의 실천이 프로테스탄트교 북서 유럽에 집중되게 되자 새로운 사상가들은 실천과 증거의 표준을 구분하기 시작했다. 프랜시스 베이컨(1561~1626)과 르네 데카르트(1596~1650)는 특히 이러한 발전에 지대한 영향을 미쳤다. 그들은 근대 과학을 지배하게 될 방법이나 규칙을 마련했다. 베이컨은 대략 케플러와 갈릴레이 그리고 셰익스피어와 같은 시대를 살았고, 데카르트는 이들보다 약간 젊었다. 베이컨과 데카르트는 자신의 시대가 놀라운 발견의 가능성이 열려 있는 중대한 변화의 시대라고 믿었다. 두 사람은 지식이 유럽인을 고대의 권위를 넘어서 근대로 이끌 수 있을 것이라고 믿게 만들었다. 두 사람은 철학이 당대의 학문을 망라하도록 계통을 세우는 일에 착수했다.

    "아는 것이 힘이다." 베이컨의 이 말은, 17세기의 변화하는 전망과 인간 사고의 가능성에 대한 새로운 확신을 한마디로 표현한 것이었다. 베이컨은 법률가로서 훈련을 받았고 제임스 1세 치세에 잠시 동안 대법관으로서 의회에서 봉직하기도 했다. 그의 지속적인 관심은 가정·방법·실습이 자연철학과 지식의 진보를 이끌어야 한다는 것이었다. 고대인의 권위가 근대 사상가의 의욕을 상실케 하면 안 되었다. 기존 이론에 따르는 것은 혁신을 저해하거나 이해를 방해할 수 있었다. "더 나은 계획에 입각해 모든 것을 새롭게 하고 타당한 기초 위에 세워진 과학, 예술, 그리고 인간의 모든 지식의 전면적인 재건을 시작하고자 하는 데는 ……오로지 한 가지 과정만이 남았다." 지식의 추구는 추상적으로 사고하고 결론으로 비약하는 것이 아니라 관찰하고 실험하며 사상을 확인하거나 요점을 보여주는 것을 의미했다. 베이컨은 만약 사상가들이 "의구심을 품고 시작한다면 확실성에 도달하게 될 것"이라고 썼다. 따라서 베이컨은 철학적 논의로부터 과학적 조사를 점진적으로 분리시킨 인물로 간주된다.

    베이컨은 지식에 대한 일반적인 결론을 도출하기 위해 구체적 관찰로부터 증거를 수집하는 귀납적 접근을 주장했다. 베이컨의 관점에서 보면 많은 철학자들의 오류는 가설적인 최초의 원리에서 시작하는 것에 있다. 예를 들어 우주에 대한 전통적 관점은 제1운동자와 완벽한 원형 운동이라는 원리에 의존했다. 하지만 귀납적 방법은 우선 자료를 축적하고(예컨대 브라헤가 그랬듯이) 그러고 나서 세심한 재검토와 실험을 통해 적합한 결론을 도출하는 것이었다. 베이컨은 지식이란 반복될 수 있고 검증될 수 있는 실험을 수행하는 연구자들의 협동적인 노력을 통해 가장 잘 판단된다고 주장했다. 따라서 이렇게 획득된 지식은 예측 가능하고 천문학에서 선박 건조에 이르는 광범위한 노력에 기여하면서 철학자와 장인 모두에게 유용한 것이 된다.

과학과 진보에 대한 베이컨의 통찰력은 두 가지 모습으로 생생하게 나타난다. 첫 번째 이미지는 우리에게 좀 더 친숙한 것으로서 베이컨의 『대부흥(Instauratio Magna)』(1620)의 속표지에 나온다. 이것은 이전에는 서양의 한계였던 지브롤터 해협을 넘어 앞으로 다가올 미지의 위대한 일을 추구하며 항해하는 당찬 선박의 그림이다. 두 번째는 베이컨의 유토피아적 저작 『뉴아틀란티스(New Atlantis)』(1626)의 말미에 나오는 상상적인 발견의 공장, 즉 '솔로몬의 집'에 대한 그의 묘사이다. 그 공장 안에서 실험을 조사하고 감독하는 '조사관(sifter)'은 결론 도출과 실제적인 응용으로 발전시킬 역할을 맡은 선임 연구자에게 발견된 것들을 넘겨준다.

데카르트는 프랑스인이었지만 전 생애에 걸쳐 유럽 전역에서 살았다. 그는 지적으로도 활동적이어서 기하학, 우주론, 광학뿐만 아니라 잠시 동안 매일 소의 시체를 해부하면서 생리학까지 연구했다. 그는 1633년 갈릴레이의 유죄 판결에 대해 들었을 때 물리학에 관한 (코페르니쿠스적인) 책을 쓰고 있었다. 갈릴레이에 대한 판결은 그에게 '세계에 대한 판단을 표현하는 것'의 위험성을 강하게 심어주었다. 데카르트는 『방법 서설(Discours de la méthode)』(1637)로 가장 잘 알려져 있지만, 그는 이 책을 광학, 기하학, 기상학에 관한 세 편의 논문에 대한 서문으로 시작했다. 이 책은 데카르트가 자신의 전통적인 교육에서 맞닥뜨린 '이상하고 믿을 수 없는' 이론들에 대한 실망을 개인적으로 낱낱이 열거한 것이다. 그가 서술했듯이 이에 대한 그의 첫 번째 대응은 그가 이제까지 알아왔거나 가르침을 받아온 모든 것에 대해 체계적으로 의심하는 것이었다. 그는 기존의 가설에다 지식 체계를 구축하는 것보다 석판을 떼어내는 것이 더 낫다고 믿었다. 그의 제1법칙은 "명약관하게 인식되지 않는 것은 결코 그 어느 것도 진리로 받아들이지 말아야 한다"였다. 그는 자신의 출발점으로서 인간의 사고능력을 꼽았다. 이것은 그의 유명하면서도 수수께끼 같은 말, 즉 나중에 라틴어로는 "코기토 에르고 쑴(cogito ergo sum)", 영어로는 "나는 생각한다, 고로 나는 존재한다"로 번역된 프랑스어 "쥐 팡세, 동 쥐 쉬(Je pense, donc je suis)"로 요약되었다. 데카르트의 의심은 (오늘날의 기준으로) 생각하기에 개인이 존재하고 이성이 존재하며 신이 존재한다는 자신감과 진리로 이끌었다. 왜냐하면 당시 데카르트에게 의심이란 하나의 책략 또는 그가 회의주의를 극복하기 위해 지적인 서양장기 게임에서 사용했던 장기 말이었다. 의심할 바 없이 확실성 이야말로 그가 추종자들에 물려준 철학의 핵심이었다.

데카르트는 베이컨처럼 '지식을 향한 신선한 출발'이나 있는 그대로의 세계를 이해하기 위한 법칙을 탐구했다. 하지만 데카르트는 베이컨과 달리 논리적으로 한 가지 확실성에서 또 다른 확실성으로 진행하는 '연역적 추론'을 강조했다. 그는 『방법 서설』에서 다음과 같이 썼다. "우리가 그렇지 않은 것을 진리라고 받아들이는 것을 피하는 한에서 그리고 또 다른 것으로부터 한 가지 것을 연역해내는 올바른 질서를 항상 유지하는 한에서는 종내 너무 심오해서 도달하지 못하거나 너무 잘 숨어서 발견하지 못할 것은 아무것도 없다." 데카르트에게 수학적 사고는 최고 수준의 이성을 표현하는 것이었는데, 그의 연구는 과학적 추론의 모델로서 수학의 권위에 크게 기여했다.

데카르트는 각별히 베이컨과 갈릴레이가 공유한 세계관이자 17세기 과학 사상을 지배하게 된 '기계론(mechanism)'에 대해 강력한 성명을 발표했다. 기계론이라는 명칭이 암시하듯이 기계론적 철학은 자연을 하나의 기계로 생각할 것을 제안했다. 기계론은 인간의 행위와 자연의 작용을 구별하는 전통적인 아리스토텔레스의 사상과 자연이 신의 창조물로서 필연적으로 상이하면서도 한층 더 상위의 질서에 속한다는 관점을 거부했다. 17세기 초의 발견과 저작들에서 대두되고 있던 우주에 대한 새로운 그림에서 모든 질료는 동일한 물질로 만들어졌으며 모든 행성의 운동은 동일한 법칙을 따르는 것처럼 보였다. 데카르트는 인체를 포함한 모든 것을 기계론적으로 설명하고자 했다. 그가 단호하게 언급한 것처럼 "장인이 만든 기계와 자연이 홀로 조직한 다양한 물체 사이에는 아무런 차이가 없다." 자연은 규칙적이고 예측 가능한 법칙에 따라 작동하기에 인간 이성으로도 이해하기 쉬웠다. 이러한 믿음은 17세기의 많은 과학적 실험과 논쟁을 이끌었을 뿐만 아니라 영감을 주었다.

'새로운 철학'에 대한 두 가지 반응

「세계의 해부(An Anatomie of the World)」(1611)라는 시에서 영국 시인 존 던(1572~1631)은 과학에서의 새로운 발견들로 야기된 상실감과 혼란을 요약했다. '불의 원소'는 아리스토텔레스의 물리학을 참고로 하고 있다. 두 번째 인용문은 프란시스 베이컨의 『신논리학(Novum Organon)』(1620)의 발췌문이다(오르가논[Organon]은 대학 교육의 기본 교재가 된 아리스토텔레스의 논리학에 관한 저작들에 대해 중세 시대에 붙인 명칭이다). 베이컨은 대담하게 새로운 학문과 새로운 형태의 추론을 요약했다. 베이컨은 던과 같은 영국인이었지만 세계, 인간 지식, 인간의 가능성에 관한 관점은 매우 달랐다.

세계의 해부

그리고 새로운 철학이 모든 것을 의심케 하나니,

불의 원소는 완전히 꺼지고 말았노라.

태양은 사라졌고 그리고 지구도 사라져버리고 말았나니, 어떤 인간의 기지도

그것을 찾고자 하는 곳으로 그에게 길을 제대로 가리킬 수 없도다.

그리고 사람들은 자유로이 고백하노니 이 세상의 것들이 보내노라고,

행성들에서와 천계에 있을 때,

그들은 너무도 많은 새로운 것을 추구한다고. 그들은 아나니 이것이

부서져 다시 그의 티끌(원자)이 되는 것을.

그것은 모두 산산이 부서져, 모든 응집력이 사라지고 말았노라,

정말로 채우던 모든 것, 그리고 모든 관계.

예컨대 군주, 신하, 아버지, 아들, 이 모든 것은 잊혔나니,

홀로 생각하는 사람만이 자기가 되었노라고.

한 마리의 불사조가, 그리고 이번에는 될 수 없나니,

그가 존재하는 그러한 종류의 것은 아무것도, 그리고 그도.

이것이 지금 세상의 상황이나니……

『신논리학』에서 발췌한 금언(金言)

XXXI

새로운 것들을 옛 것에 첨가하고 주입함으로써 과학에서 어떠한 진전이 있으리라고 기대하는 것은 헛되다. 우리는 하찮고 비열한 진보라는 순환에서 영원히 회전하지 않으려면, 바로 그 기초에서부터 다시 시작해야만 한다.……

XXXVI

다음과 같이 단순한 한 가지 구출 방법만이 우리에게 남는다. 즉, 우리는 사람들을 특별한 것들 자체로, 그리고 그것들의 연속과 질서로 인도해야만 한다. 한편 자기편에 있는 사람들은 잠시 동안 자신들의 관념을 치워두도록 강제하고 스스로 사실들과 친숙해지기 시작하게 해야만 한다.……

XLV

인간 자신의 본성에 관한 인간의 이해는 세상이 발견한 것보다도 세상에 더 많은 질서와 규칙성이 존재한다고 가정하려는 경향이 있다. 그리고 자연에는 유일하고 필적할 수 없는 많은 것들이 있지만, 자연은 사물에 존재하지 않는 필적하는 것들과 쌍으로 결합된 것들과 상대적 존재들을 고안해준다. 그러므로 모든 천체가 완전한 원을 그리며 움직인다는 허구……그러므로 자체의 궤도를 지닌 불의 원소 역시 감각이 감지하는 다른 세 가지 원소와 정사각형을 만들기 위해 끌어들였다.……그 밖의 꿈들에 관한 것들 따위도. 그리고 이러한 환상들은 신조뿐만 아니라 단순한 관념에 영향을 미친다.……

XCV

과학을 다루어온 사람들은 실험을 하는 사람들이거나 신조에 사로잡혀 있는 사람들 중 하나였다. 실험하는 사람들은 개미와 같아서 수집하고 이용하기만 한다. 추론하는 사람들은 거미와 비슷해서 자기 자신의 본질에서 거미집(박약한 추론)을 만들어낸다. 그러나 벌은 중간 과정을 취한다. 벌은 정원과 들판의 꽃들로부터 재료를 모으지만 벌 자체의 힘으로 그것을 변화시키고 소화한다. 이와 다르지 않은 것이 철학자의 진정한 일이다. 왜냐하면 철학자는 정신의 힘에 유일하게 주로 의존하지 않고 자연사와 기계적 실험들에서 모은 질료를 취해 그것을 전부 기억에 저장하지도 않고……변화되고 소화된 이해력에다 그것을 저장해두기 때문이다. 따라서 이러한 두 가지 기능들, 즉 실험적이고 합리적인 것(아직까지 결코 만들어진 적이 없는 것과 같은) 사이의 좀 더 긴밀하고 한층 더 순수한 동맹으로부터 많은 것을 기대할 수 있다.……

분석 문제

1. 베이컨은 인간 오성(悟性)과 과학의 관계를 어떻게 보고 있는가?

방법의 힘과 호기심의 영향력: 17세기의 실험가들

　베이컨과 데카르트 이후 거의 한 세기 동안 영국의 자연철학자 대부분은 베이컨 추종자였으며 프랑스, 홀란드 및 북유럽 도처에 있는 그들 동료 대부분은 데카르트 학파(데카르트의 추종자)였다. 영국의 베이컨 추종자들은 당시에는 논쟁과 토론거리가 될 수 있는 결과들을 내놓으면서 상이한 여러 분야에서 실험을 수행하는 데 집중한 반면에 데카르트 추종자들은 수학과 논리학 쪽으로 방향을 돌렸다. 데카르트 자신은 분석기하학을 개척했다. 블레즈 파스칼(1623~1662)은 확률 이론을 연구하고 자신의 지적 재능을 신학으로 돌리기 전에 계산기를 발명했다. 홀란드 출신의 데카르트 학파 사상가인 크리스티안 하위헌스(1629~1695)는 충격과 궤도 운동의 문제를 이해하기 위해 실험과 수학을 결합시켰다. 네덜란드의 데카르트 추종자인 바뤼흐 스피노자(1632~1677)는 기하학을 윤리학에 응용했고 우주가 신과 자연이라는 단일한 실체로 구성되었다는 것을 입증함으로써 데카르트를 넘어섰다고 믿었다.

　영국인의 실험은 다른 경로를 추구했다. 그들은 연금술사의 도구, 즉 실험실을 새로운 용도로 이용하면서 실질적인 연구에서 출발했다. 그들은 또한 상이한 종류의 결론을 찾고자 했다. 예컨대 그들은 연역적 진리에 대한 절대적 진술보다는 증거에 토대를 둔 경험적 법칙이나 잠정적인 일반화를 추구했다. 그 시대 영국의 수많은 실험과학자 중에는 물리학자인 윌리엄 하비(1578~1657), 화학자인 로버트 보일(1627~1691), 발명가이자 실험가인 로버트 훅(1635~1703) 등이 있었다.

　하비의 기여는 지대했다. 그는 혈액이 동맥, 심장, 정맥을 거쳐 순환한다는 사실을 관찰하고 설명했다. 이를 위해 그는 기꺼이 살아 있는 동물을 해부하고(생체 해부) 자기 자신에 대해서도 실험하고자 했다. 보일은 실험을 수행하면서 온도가 일정할 때 가스의 양은 그것에 가해지는 압력에 비례해서 줄어든다는 법칙(보일의 법칙)을 확립했다. 훅은 실험가의 도구 상자에 현미경을 도입했다. 복합 현미경은 17세기 초 홀란드에서 발명된 적이 있었다. 그러나 훅과 여러 사람들이 1660년대 식물의 세포 구조를 연구하기 위해 현미경을 이용함으로써 그것이 지닌 잠재력을 보여주고 나서야 널리 이용되었다. 이전의 망원경처럼 현미경도 기대하지 않았던 물질 현상의 차원을 드러내 보여주었다. 아주 평범한 사물들도 현미경으로 들여다보면 매우 작은 부분들이 완벽하게 연결되어 있는 세밀한 구조를 지니고 있음을 알 수 있었다. 많은 사람들은 향상된 실험 기구가 세상의 더 많은 복잡한 사물을 밝혀줄 것이라고 믿게 되었다.

과학혁명의 주요 인물들	
니콜라우스 코페르니쿠스	1473~1543년
티코 브라헤	1546~1601년
프랜시스 베이컨	1561~1626년
갈릴레오 갈릴레이	1564~1642년
요하네스 케플러	1571~1630년
윌리엄 하비	1578~1657년
르네 데카르트	1596~1650년
블레즈 파스칼	1623~1662년
로버트 보일	1627~1691년
크리스티안 하위헌스	1629~1695년
바뤼흐 스피노자	1632~1677년
로버트 훅	1635~1703년
아이작 뉴턴	1642~1727년

현미경은 또한 많은 사람들이 신의 존재에 대한 새로운 증거라고 생각한 것을 제공해주었다. 현미경으로 보았을 때 살아 있는 유기체가 정밀한 구조를 이루고 있는 방식은 신의 존재뿐만 아니라 신의 지혜를 입증하고자 하는 목적에 부합했다. 기계론적 철학은 신을 배제하지는 않았지만 사실상 신의 현존을 확신시키기 위해 이용될 수 있었다. 만약 우주가 시계라면 결국 시계공이 있어야 했다. 훅은 우둔한 사람들만이 현미경을 통해서 본 것을 신의 창조물이 아닌 '우연의 산물'로 믿을 것이라고 선언했다.

과학, 사회, 국가

17세기의 국가 건설(제14장 참조)은 확실히 과학의 비약에 일조했다. 20년에 걸친 혁명과 내전을 거쳐 1660년 영국의 군주정은 회복되었다. 새로 즉위한 찰스 2세는 일군의 자연철학자와 수학자에게 자연에 대한 지식을 향상시키고 자연철학자들이 실험과 협동 작업에 전념할 수 있는 런던 왕립학회(Royal Society of London) 건립에 관한 국왕의 특허장을 수여했다. 특히 왕립학회의 창설자인 보일은 이 학회가 지적인 목적뿐만 아니라 정치적 목적에도 기여할 것이라고 믿었다. 왕립학회는 회원들이 일정한 양식에 따른 연구를 수행하고 결과를 기록하고 그 결과들을 다른 회원과 공유하는 집단적 연구라는 베이컨의 목적을 추구했다. 왕립학회 회원들은 번갈아가며 방법들을 연구하고 실험을 재현하고 그 결과를 평가하도록 했다. 이러한 계획은 영국의 자연철학자들에게 공통적인 목적의식과 추론된 '사실의 문제'에 대한 신사적인 동의에 이르는 체계를 제공했다. 또한 체계적인 과학적 연구를 내전에 흔적을 남겼던 정치와 종교의 위험스런 언어로부터 분리시킴으로써 왕립학회는 영국인의 지적 생활에 질서의식과 합의를 회복시키는 데 도움을 주었다.

왕립학회의 학회지인 『철학적 보고서(Philosophical Transactions)』를 유럽 전역의 전문 학자와 실험가들이 읽었고, 이와 유사한 학회들이 곳곳에서 등장했다. 프랑스 과학아카데미는 1666년에 창립되었는데, 이 학회 역시 17세기 부르봉 절대 왕정의 국가 건설과 관련되었다(제15장 참조). 왕립학회들은 집단적 사업으로서 자연철학에 전념했고, 국가(또는 군주)가 과학을 후원하는 구조와 중요하지만 불확실한 소규모 귀족의 후원이나 종교적(그리고 보수적이고 아리스토텔레스적인) 대학들에 대한 대안을 제공했다. 과학 학회들은 정당한 연구란 어떻게 이루어져야 하는가에 대해 대략적인 동의에 도달했다. 학회들은 발견한 것들에 대해서 그 결과를 최초로 출간한 사람의 공으로 돌리는 근대적인 과학적 관행을 확립했다. 데카르트 학파, 베이컨 학파, 전통적인 아리스토텔레스 학파 사이의 철학적 차이가 간격을 메우기 매우 힘들 정도로 남아 있었지만, 이들 학회는 정보와 이론이 국경을 가로질러 매우 쉽게 교환될 수 있도록 했다. 과학은 하나의 학문으로서 형성되기 시작했다.

　자연철학은 공식적으로 신사들의 연구 분야였다. 영국의 왕립학회나 프랑스의 과학아카데미 그 어느 학회에서도 여성 회원을 허용하지 않았다. 비록 여성이 정식 교육을 거의 받지 못했다 하더라도 일부 여성은 학식 있는 남성들과 교제함으로써 스스로를 교육시킬 수 있었다. 예를 들어 귀족 가문의 마가렛 캐번디시(1623~1673)는 주로 자신의 가정에서 시작해 자신에게 필요한 정보를 조금씩 수집했다. 개인 주거지에 세워진 천체 관측소는 그곳에 사는 일부 여성들에게 일을 돕는 과정에서 발전하고 있는 천문학 분야에 종사할 수 있는 기회를 제공해주었다. 실제로 1650~1710년 독일 천문학자 중 14퍼센트가 여성이었고, 그중 가장 유명한 여성은 마리아 빈켈만(1670~1720)이었다. 빈켈만은 혜성을 발견했고 베를린 과학아카데미에 제출할 역법(曆法)을 준비하기도 했지만 학회의 회원 가입은 거부되었다. 이 학회의 회장인 고트프리트 라이프니츠(1646~1716)는 그 이유를 다음과 같이 설명했다. "그녀의 남편이 살아 있는 동안에 이미 우리 학회는 그 역법이 여성이 준비한 것이라는 이유로 놀림을 당했다. 만약 그녀가 그러한 능력을 계속 보유하고 있다면 입이 떡 하니 크게 더 벌어질 것이다." 마리아 시빌라 메리안(1647~1717)은 곤충학 분야에서 관찰에 입각한 연구에 종사했다. 메리안은 두 딸과 함께 네덜란드의 식민지 수리남에서 수집한 이국적인 곤충을 팔아 생계를 유지했다. 그녀는 식민지의 무더운 기후와 말라리아와 싸우며 자신의 가장 중요한 과학 저서인 『수리남 곤충의 변태(Metamorphosis of the Insects of Surinam)』를 출간했다. 그녀는 이 책에서 60개의 세밀한 그림을 사용하며 수리남 곤충의 생애 주기를 상세하게 서술했다. 메리안의 『수리남 곤충의 변태』는 당대에 널리 읽혔으며, 러시아의 표트르 1세는 서재에 메리안의 초상화와 저작들을 자랑스레 전시하기도 했다.

"그리고 모든 것이 밝아졌도다" : 아이작 뉴턴

❖ 뉴턴이 해결한 것은 어떤 문제들이었는가?

아이작 뉴턴(1642~1727)의 연구는 과학혁명이 최고조에 달했음을 보여준다. 갈릴레이는 1600년대 초 자신의 망원경으로 자세히 들여다보면서 지구와 천체가 동일한 물질로 이루어졌다는 것을 믿게 되었다. 갈릴레이의 진자에 대한 실험은 운동의 법칙(그는 관성의 이론을 제창했다)을 발견하기 위한 것이었다. 사물의 운동 법칙을 정연하게 밝히고 우주가 작동하는 방법에 대해 이치에 맞는 통일된 전망을 제시한 인물이 뉴턴이었다. 뉴턴은 우주의 모든 물체는 그것이 지구상에 있든지 하늘에 있든지 간에 동일한 기본 법칙을 따른다고 주장했다. 수학적으로 표현될 수 있는 일련의 힘과 한 가지 유형은 행성이 타원 궤도를 도는 이유와 사과가 나무에서 떨어지는 이유(그리고 속도)를 설명해주었다. 어느 이탈리아의 수학자는 나중에 뉴턴이 "인간 중에서 가장 위대하고 가장 운 좋은 사람"이었다고 평했는데, 그 이유는 우주는 단 하나밖에 없는데 그가 바로 그 우주의 법칙을 발견했기 때문이었다.

아이작 뉴턴은 크리스마스 날 소규모 지주 가문에서 태어났다. 뉴턴의 아버지는 그가 태어나기 전에 죽었으며 그의 천재성을 발견하고 이를 고취시키는 일은 친척, 가족의 친구들, 교장 선생 순으로 맡겨졌다. 1661년 그는 케임브리지 대학의 트리니티 칼리지에 입학했고, 그곳에서 처음에는 학생으로 나중에는 수학 분야의 루카스 석좌교수로서 30년 동안이나 재직했다. 근대 과학의 화신인 된 뉴턴은 자신이 발견한 것들을 숨기고자 했던 은둔적이고 강박관념에 사로잡혀 있던 인물이었다. 광학에 대한 초기 연구 기간에 그는 자신의 눈을 갖고 실험하기도 했다. 그는 자신의 눈을 손으로 누르며 안구의 상이한 모양이 빛의 효과를 어떻게 변화시키는지 알아보고자 했으며, 자신의 안구가 실제로 돌아가게 하기 위해 매우 두툼한 바늘을 '가능한 한 눈의 후부에 가장 가까이 갈 수 있는 정도로 눈과 뼈 사이에' 찔러 넣으면서 자신이 발견한 것에 대해 흥미를 느끼기도 했다.

뉴턴의 창의성이 최초로 만개한 것은 그가 "내 인생에서 발명의 전성기"라고 말했던 1664~1666년 케임브리지에서였다. 이 시기에 뉴턴은 세 가지 분야에서 초석을 놓았다. 첫째는 광학 분야였다. 데카르트는 색은 미립자의 회전 속도로 생겨난 부차적인 성질이지만 빛 자체는 흰색이라고 믿었다. 뉴턴은 지방 시장에서 구입한 프리즘을 이용해 흰색의 빛이 상이한 색깔의 광선들로 이루어져 있음을 보여주었다. 이 시기에 뉴턴이 일궈낸 혁신적인 두 번째 연구 분야는 수학이었다. 그는 눈부신 성찰을 통해 적분과 미적분을 모두 정리해냈는데, 이는 공간에서 운동의 모형을 만들기 위한 수학적 도구를 제공해주었다. 뉴턴의 창의적 천재성이 발휘된 세 번째 분야는 중력에 관한 그의 초기 연구를 포함한다. 뉴턴은 나중에 동일한 이야기에 대해 상이한 설명을 했다. 예컨대 중력에 관한 생각은 그가 "명상에 잠겨" 있을 때 "사과가 떨어지는 것이 원인이 되어" 일어났다는 것이다. 사과는 왜 "옆으로나 위로 올라가지 않고 항상 지구의 중심을 향하는가?" "그 이유는 확실히 지구가 사과를 끌어당기기 때문이다. 물질에 끌어당기는 힘이 있음에 틀림없다." 18세기 프랑스의 평론가 볼테르는 뉴턴의 단순 명쾌함을 극적으로 표현하기 위해 이 이야기를 다른 형식으로 표현했다. 그러나 중력 이론은 수학 공식에 의존한 것이었고, 단순과는 거리가 멀었을 뿐만 아니라 20년 이상 흐른 뒤 『자연철학의 수학적 원리(Philosophiae Naturalis Principia Mathematica)』(1687)가 출간될 때까지도 완전히 풀리지 않았다.

흰 빛의 합성적 성질에 대한 뉴턴의 연구는 그를 렌즈가 아닌 곡면 거울을 이용한 반사 망원경을 만드는 길로 이끌었다. 이 망원경으로 그는 왕립학회의 회원으로 선출되었고(1672), 마침내 케임브리지의 어두컴컴한 오두막을 벗어나 세상 밖으로 나오게 되었다. 그는 왕립학회의 지원으로 광학에 관한 이론을 서술하는 논문을 썼고 이것을 『철학적 보고서』에 게재했다. 전 유럽의 천문학자와 과학자들은 그 논문에 갈채를 보냈다. 하지만 왕립학회의 실험 관장인 로버트 훅은 다른 입장을 보였다. 훅은 뉴턴의 논증 양식을 납득하지 못했다. 그는 과학이 수학적이어야 한다는 뉴턴의 주장이 독단적일 뿐만 아니라 고압적이라고 생각했다. 훅은 이 은둔적인 천재와의 일련의 날선 편지 교환에서 뉴턴이 자신의 발견 결과에 대해 아무런 물리학적 설명을 제공하지 못했다는 이유로 반대했다. 뉴턴은 훅과의 갈등으로 마음이 상하고 자신의 이론을 이해할 수 있는 자연철학자가 거의 없다는 생각에 케임브리지로 돌아가 오랫동안 자신의 연구를 공유하기를 거부했다. 뉴턴이 다시 출간을 결심하게 된 것은 오로지 친구들과 천문학자 에드먼드 핼리(1656~1742) 같은 동료 과학자들의 끈질긴 노력 덕분이었다. 그중 핼리는 남반구에서의 천문학적 관측으로 이미 잘 알려져 있었으며 혜성에 자신의 이름이 명명된 인물이기도 했다.

1687년에 출간된 뉴턴의 『자연철학의 수학적 원리』는 핼리에게 자극받은 완성된 저작이기도 했다. 뉴턴을 방문한 핼리는 그에게 왕립학회에서 한창 논의되고 있는 한 가지 문제에 대한 생각을 물었다. 그 문제는 행성의 타원 궤도에 대한 수학적 근거가 있는가였다. 핼리의 질문은 뉴턴으로 하여금 그가 일찍이 천체 역학과 지구 역학을 망라하는 이론으로 만들었던 계산법을 확장하도록 자극했다. 핼리는 뉴턴의 연구를 격려했을 뿐만 아니라 연구의 출간을 감독하고 (뉴턴보다 돈이 더 없었음에도 불구하고) 재정적 지원을 해주었다. 그리고 그는 또다시 훅과 다른 사람들의 비판적 보고서로 인해 화가 단단히 나 있던 뉴턴에게 연구를 계속하고 그가 발견한 것들을 출간하도록 설득했다.

『자연철학의 수학적 원리』는 분량이 길면서도 어려웠는데, 아마도 의도적으로 그렇게 집필되었을 것이다. 왜냐하면 뉴턴이 "수학을 조금 아는 척하는 사람들에게 지분거림을 당하고 싶지 않았다"라고 언급했기 때문이다. 이 책의 핵심 명제는 중력은 만물에 작용하는 힘이며 수학적으로 표현할 수 있다는 것이었다. 뉴턴은 관성에 관한 갈릴레이의 연구, 행성의 타원 궤도에 관한 케플러의 발견, 보일과 데카르트의 연구, 그리고 자신의 경쟁자인 훅의 중력에 관한 연구를 토대로 이 책을 집필했다. 그는 언젠가 "내가 만일 더 멀리 보았다면, 그것은 거인의 어깨 위에 서서 본 것이기 때문이다"라고 술회했다. 그러나 뉴턴의 만유인력 이론은 이전의 여러 사람들이 이루어놓은 연구에 입각한 것이었지만 전적으로 새로운 것을 공식화했다. 그는 질량과 운동에 대해 다음과 같이 단일한 서술적인 설명을 제시했다. "모든 물체에는 그것이 무엇이든지 상호 중력의 원리가 부여된다." 중력의 법칙은 관찰과 실험으로 보강된 수학 공식으로 그리고 문자 그대로 만유의 공식으로 기술되었다.

하지만 뉴턴 시대의 과학적 엘리트가 이를 모두 납득한 것은 아니었다. 많은 기계론 철학자들 특히 데카르트 학파는 텅 빈 공간을 가로질러 작용하는 힘에 대한 뉴턴의 이론이 지닌 탁월함에 반대했다. 그러한 인력은 신비주의—또는 비학(秘學)—를 연상시켰다. 왜냐하면 그것은 작동하고 있는 어떤 메커니즘도 결여하고 있는 것처럼 보였기 때문이었다. 이러한 비판에 대해 뉴턴은 『자연철학의 수학적 원리』 2판(1713)에 「일반 주해(General Scholium)」라는 논문을 추가하는 것으로 대응했다. 그는 무엇이 중력을 일으키는지 모르지만 "가설을 꾸며내지는 않았다"고 밝혔다. 그는 계속해서 "현상에서 연역되지 않은 것은 무엇이든 가설이라고 불러야 하지만 실험 철학에서는 그것이 설 자리가 없다"라고 썼다. 뉴턴에게 확실성과 객관성은 현상에 대한 엄밀한 수학적 특징화, 어느 역사가가 표현한 대로 '우주의 수학화'에 있었다. 과학은 항상 원인을 파헤칠 수도 그렇게 할 필요도 없었다. 과학은 자연 현상을 서술하고 실험으로 입증된 대상의 움직임을 정확하게 예측하면 되었다.

여러 자연철학자들은 즉시 오래된 난제를 풀어낸 뉴턴의 연구에 갈채를 보냈다. 코페르니쿠스적 우주관이 옳다고 확신했던 사상가들은 자전하는 지구의 물리학에 대한 조각 그림을 맞추지 못했다. 하지만 뉴턴이 그것을 가능하게 만들었던 것이다. 핼리는 『자연철학의 수학적 원리』의 초판에 시 한 편을 실었다. 그는 이 시에서 자신이 그토록 끈기 있게 함께 일해온 사람에 대해 "(뉴턴보다) 신들에게 좀 더 가까이 갈 수 있는 사람은 없노라"고 썼다. 핼리는 지적인 흥미뿐만 아니라 재정적 관심도 갖고 있었기에 이 책이 널리 알려지고 학술지에 서평이 실리도록 해주었다. 존 로크(그의 『인간 오성론(Essay Concerning Human Understanding)』도 거의 같은 시기인 1690년에 집필되었다)는 『자연철학의 수학적 원리』를 두 번이나 읽고 영국 해협 건너의 독자들을 위해 이 책을 프랑스어로 요약했다. 1713년경 유럽 전역에 배포하기 위해 『자연철학의 수학적 원리』의 해적판이 암스테르담에서 출판되었다. 1727년 뉴턴의 임종 무렵 그는 영국의 국가적 영웅이 되었으며 웨스트민스터 대성당에서 장례식이 거행되었다. 시인 알렉산더 포프(1688~1744)는 유명한 시의 대구(對句)에서 뉴턴이 그의 동시대인 몇몇에게 영감을 준 데 대해 다음과 같이 경외심을 표현했다.

> 자연과 자연의 법칙은 어둠에 가려져 있었으나,
> 하나님께서 말씀하시기를 "뉴턴이여 있으라!" 하시매 모든 것이 밝아졌도다.

프랑스 계몽주의의 대표자인 볼테르(다음 장에서 언급될 것이다)는 탁월한 여성 수학자였던 에밀리 뒤 샤틀레(1706~1749)의 도움으로 프랑스에서 뉴턴을 유명 인사로 만들었다. 뒤 샤틀레는 뉴턴을 프랑스 독자에게 소개하면서 볼테르와 한 권의 책을 공저했으며 『자연철학의 수학적 원리』를 번역하기도 했다. 그 일은 기를 죽일 정도의 과학적·수학적 작업이었으며 볼테르의 수학적 능력을 한참 넘어서는 일이기도 했다. 뉴턴의 프랑스인 추종자들과 선전가들은 뉴턴이 발견한 것들을 널리 보급시켰다. 그들이 보기에 뉴턴은 문화적 변화, 즉 지식의 역사에서 전환점을 대표했다.

과학과 문화적 변화

17세기 이래로 과학은 '근대적'이 의미하는 것의 핵심으로 자리 잡았다. 또한 과학은 점차 서양 문화를 구별해주는 중추로 성장했다. 즉, 과학적·기술적 권능은 서양 제국의 팽창과 다른 민족의 정복을 합리화시키는 이론 중 하나가 되었다. 이러한 이유 때문에 우주를 이해하는 데에서의 혁명은 과거와의 단절을 통해 서양 문화의 구조를 고쳐 만드는 계기가 되

실험 철학의 목적에 관한 뉴턴의 주장

뉴턴이 1713년 『자연철학의 수학적 원리』 2판에 「일반 주해」를 추가했을 당시 그는 71세로 왕립학회의 회장이었고 널리 존경받고 있었다. 그는 유럽 대륙의 비판자들에게 대응하면서 과학과 과학의 방법에 관한 자신의 전반적인 관점을 개진했다. 그는 이 대응에서 순수한 연역적 추론과 근본 원인에 관한 가설들에 의존하는 것에 반대하는 주장을 펼쳤다.

지금까지 우리는 중력의 힘으로 하늘과 우리 바다의 현상들 설명해왔지만, 아직 이 힘의 원인을 지적하지는 못했다. 중력의 힘은 그 힘이 최소한도의 감소를 겪지 않고도 태양과 행성들의 바로 그 중심으로 관통해 들어가는 하나의 원인에 기인해야 한다는 것은 확실하다. 그리고 중력의 힘은 그것이 활동하는(기계적 원인들이 활동하곤 하는 것과 같은) 미립자들의 표면의 양에 따른 것이 아니라, 그것들이 담고 있는 고체의 양과 거리의 역(逆)제곱에 따라 항상 줄어들면서 그것의 효능을 엄청난 거리로 사방에 전파하는 고체의 양에 따라 작동한다는 것 역시 확실하다. …… 이제까지 나는 현상으로부터 이러한 중력이 지닌 속성들의 원인을 발견할 수 없었고, 그래서 나는 아무런 가설도 세우지 않았다. 왜냐하면 형이상학적인 것이든 물리적인 것이든, 또는 초자연적인 성질을 띤 것이든 기계적인 것이든, 현상들로부터 연역되지 않은 것을 가설과 가설들이라고 부르든, 그 어떤 것이라도 실험 철학에서는 설자리가 없다. 이 철학에서 특별한 명제가 현상들로부터 추론되고 그 뒤에 귀납으로 일반적인 것이 된다. …… 그래서 그것은 우리에게 중력이 정말로 존재하고 우리가 설명한 법칙에 따라 작용하고, 천체와 우리 바다의 모든 운동들에 대한 설명으로 풍부히 기여한다는 것으로 족하다.

분석 문제

1. 뉴턴은 왜 "형이상학적인 것이든 물리적인 것이든, 또는 초자연적인 성질을 띤 것이든 기계적인 것이든 가설들은 실험 철학에서는 설 자리가 없다"라고 선언했는가?

었고 아직도 종종 그러한 것으로 나타난다. 그러나 어느 역사가가 쓴 것처럼 "어떠한 집도 예전의 유형과 아무런 유사성이 없는 계획에 따라 완전히 새로운 재료로 세워지지 않으며, 어떤 문화도 그 과거를 전적으로 거부하는 것이 불가능하다. 역사적 변화는 그렇게 이루어 지지 않으며, 대부분의 '혁명들'은 그 혁명이 선전하거나 선전된 것보다 그리 많은 전면적 개혁을 가져오지 않는다."

우선 지금까지 살펴보았던 변화는 엘리트의 지식과 관련된 것이다. 보통 사람들은 매우 상이한 문화 세계에 살았다. 둘째, 자연철학자의 발견들, 예를 들어 브라헤의 수학과 갈릴 레이의 관찰은 고대인의 권위를 한 방에 날려버리지 못했으며, 그렇게 하려고 하지도 않았 다. 셋째, 과학은 종교를 와해시키지 못했다. 새로운 발견으로 전통적인 개념들이 무너졌을 때조차 자연철학자들은 신이 정한 우주라는 그림을 복구하는 일을 좀처럼 포기하지 않았 다. 기계론자들은 코페르니쿠스, 케플러, 갈릴레이, 뉴턴 등의 발견으로 드러난 우주의 난 해함을 신이 직접 현존함을 보여주는 증거라고 주장했다. 로버트 보일은 과학적 방법으로 '무신론을 논박'하는 일련의 강연을 위한 기금을 마련했고, 아이작 뉴턴은 자신의 연구가 그러한 일에 기여하게 된 것을 기뻐했다. 뉴턴은 1692년 강연자 중 한 사람에게 다음과 같 은 편지를 썼다. "그러한 목적을 위해 (『자연철학의 수학적 원리』가) 유용하다는 것을 발견한 것보다 나를 더 기쁘게 만들 수 있는 것은 그 어느 것도 없습니다." "태양과 고정된 별들"의 창조와 "지금 행성들이 보여주는 운동은 어떤 자연적 동인만으로 일어날 수 있는 것이 아 니라 신적인 대행자가 힘을 가한 것이기도 합니다." 과학은 최소한 17세기에 걸쳐 신의 섭리 에 따른 설계라는 믿음과 철저하게 양립했다.

위대한 과학 사상가들은 '근대'라는 개념에 걸맞지 않는 믿음에 깊이 빠져 있었다. 이런 점에서 뉴턴은 가장 놀라운 경우이다. 20세기의 위대한 경제학자인 존 메이너드 케인스는 뉴턴의 사적인 원고들을 통독한 최초의 인물 중 한 사람인데, 뉴턴 탄생 300주년(기념식은 제2차 세계대전으로 인해 연기되었다)에 케인스는 이 위대한 과학자를 다음과 같이 재평가했다.

나는 뉴턴이 그에 대한 전통적인 모습과는 다르다고 믿는다.……

18세기와 그 이래로 뉴턴은 최초의 가장 위대한 근대 과학자이며 우리에게 냉철하 고 무결한 이성에 따라 사고하도록 가르친 합리주의자로 생각되었다.

나는 그를 그렇게 보지 않는다. 나는 부분적으로 흩어져 없어지기는 했지만 뉴턴 이 1696년 케임브리지를 떠날 때 꾸렸던 우리에게 전해오는 상자의 내용물을 자세히 살펴본 사람이라면 그를 그렇게 여길 것이라고 생각하지 않는다. 뉴턴은 이성의 시대 최초의 인물이 아니었다. 그는 마지막 마법사였고 마지막 바빌로니아인이자 수메르인이며, 1만 년 남짓 전에 우리의 지적 유산을 건설하기 시작했던 사람들과 똑같은 눈으로 지적 세계를 바라보았던 최후의 위대한 정신이었다.

이러한 시선은 세계를 하나의 텍스트, 즉 인간에 대한 신의 말씀으로 보았다. 이 텍스트에 대한 세밀한 독서와 연구는 그 신비를 풀어줄 것이다. 이와 같은 충동으로 뉴턴은 마법에 관해 읽고 연금술을 행하고 그가 세부적 내용에 정통했던 교부(敎父)들의 저술과 성경에 몰두했다. 당시 뉴턴은 옛 전통의 마지막 대표자였으며 또한 거의 의도하지 않았지만 새로운 전통의 선구자였다.

그러면 과학혁명이 변화시킨 것은 무엇인가? 17세기 자연철학자들은 물리적 세계에 관한 근본적인 질문에 대한 답을 얻었다. 천문학과 물리학에 관한 오래된 의문이 다시 제기되었고 어느 정도 (비록 어느 정도인지는 아직 불분명하지만) 해결되었다. 그 과정에서 체계적인 방식으로 정보를 축적하고 해독하고 통합하기 위한 새로운 접근 방법이 발전했다. 이 접근 방법은 시간이 흐름에 따라 자연의 작용에 대해 훨씬 더 많은 통찰이 이루어지는 데 도움을 주었다. 이 시기에 가장 혁신적인 과학적 연구는 교회와 대학의 구속적인 환경을 제거했다. 자연철학자들은 서로서로 대화를 시작했고 연구의 표준을 발전시키며 세속의 조직에서 함께 연구하기 시작했다. 영국의 왕립학회는 피렌체와 베를린 그리고 나중에는 러시아에 유사한 학회가 탄생하도록 만들었다. 프랑스 과학아카데미는 특히 프랑스 군주정 및 국가와 직접적으로 관련되어 있었다. 프랑스의 정치가는 이 아카데미에 대한 감독권을 행사했으며 학회 회원이 발견한 것에 대한 보상을 분배받고자 했다.

새로운 것은 과학의 목적과 방법에 대한 믿음이었다. 복잡한 문제를 부분들로 나누는 방식은 물리학에서 더 많은 상이한 의문에 도전할 수 있도록 해주었다. 수학은 새로운 과학에서 한층 더 중심적인 역할을 수행했다. 마침내 단순히 기존의 진리들을 확인하기보다는 미지의 것을 탐구하고 새로운 진리를 발견할 수 있는 수단을 제공하기 위해 새로운 방법이 고안되었다. 케플러가 갈릴레이에게 보내는 편지에서 썼듯이 "이론적 사색과 시각적 경험, 그리고 오세아니아(Antipodes)에 대한 프톨레마이오스의 논의와 콜럼버스의 신세계 발견 사이의 차이는 매우 컸다." 지식 자체는 재고되었다. 이전 방식에서는 알려면 읽어야 했다. 알기 위해서 논리적으로 추론하고 주장하고 고전 문헌들을 비교하고 유한한 지식의 실체를 흡수해야 했다. 하지만 보다 새로운 방식에서는 알려면 발견해야 했고 발견할 수 있는 것은 무한했다.

결론

선구적 자연철학자들은 자신의 능력에 대해 신중한 입장을 견지했다. 일부는 우주의 활동을 드러내려고 했고, 일부는 인간은 단지 자연에서 관찰된 규칙성을 분류하고 서술할 수 있다고 믿었다. 입 밖에 내지는 않았지만 상호 동의하에 제1원인(신)의 문제는 따로 남겨두었다. 새로운 과학은 '이유'는 묻지 않고 '방법'을 물었다. 뉴턴은 수학에 배열된 창조의 논리를 드러내줄 설명을 위해 연구했다. 하지만 결국 그는 관찰되고 검증될 수 있는 운동과 관련성을 설명하는 이론들을 세웠다.

18세기 뉴턴의 후계자들은 훨씬 더 대담했다. 실험 과학과 과학 학회들의 연구는 대부분 실험자의 규칙과 한계를 지켰다. 그러나 인간 과학을 연구하기 시작한 자연철학자들은 선행자들의 경고를 잊어버렸다(제17장 참조). 사회, 기술, 정부, 종교, 심지어 인간의 정신까지 기계 장치나 연구되어야 할 더 광범위한 자연의 일부로 여겨졌다. 과학혁명은 천 년 동안이나 이어져온 자연계에 대한 이해 방식을 전복시켰으며, 사상가들이 사회에서의 혁명에 더 큰 관심을 갖도록 고취했다.

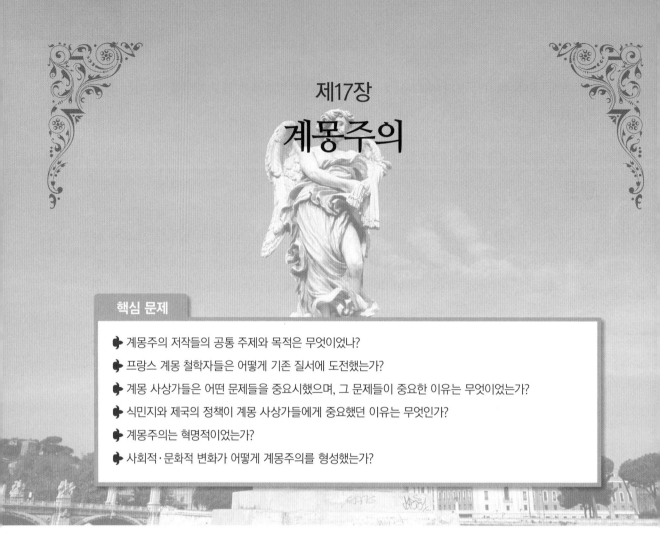

제17장
계몽주의

핵심 문제

🔥 계몽주의 저작들의 공통 주제와 목적은 무엇이었나?

🔥 프랑스 계몽 철학자들은 어떻게 기존 질서에 도전했는가?

🔥 계몽 사상가들은 어떤 문제들을 중요시했으며, 그 문제들이 중요한 이유는 무엇이었는가?

🔥 식민지와 제국의 정책이 계몽 사상가들에게 중요했던 이유는 무엇인가?

🔥 계몽주의는 혁명적이었는가?

🔥 사회적·문화적 변화가 어떻게 계몽주의를 형성했는가?

1762년 프랑스 툴루즈의 지방법원(하위 법원)은 아들을 살해한 혐의로 장 칼라스(1698~1762)를 기소했다. 칼라스는 프로테스탄트교도였고, 가톨릭교와 프로테스탄트교 사이의 긴장이 그 지역에서 고조되고 있었다. 법정에 불려온 증인들은 칼라스의 아들이 가족과 결별하고 가톨릭으로 개종하고 싶어 했다고 주장하면서 칼라스가 프로테스탄트교 신앙을 배반하려는 아들을 아예 죽인 것이라고 치안판사에게 확신시켰다. 칼라스는 두 번 고문을 당했다. 처음은 그에게 자백을 얻어내기 위해서였고, 그 다음은 확실한 사형 선고의 의례적인 절차로서 공범으로 추정되는 사람들의 이름을 불게 하기 위해서였다. 그의 팔과 다리는 서서히 잡아 당겨졌고 수십 리터의 물이 목에 들이부어졌으며, 몸통이 공개적으로 바퀴에 짓이겨졌다. 이것은 그의 팔다리가 쇠막대로 결딴나는 것을 뜻했다. 그런 다음 망나니는 그의 목을 베었다. 재판, 고문, 처형의 전 과정에서 칼라스는 결백을 주장했다. 2년 후 지방법원은 평결을 뒤집어 칼라스가 무죄임을 선언하고 가족에게 보상금의 지불을 제안했다.

볼테르라고도 알려져 있는 프랑수아 마리 아루에는 칼라스에 대한 평결과 처벌에 경악을 금치 못했다. 재판이 진행되고 있을 때 볼테르는 유럽에서 가장 유명한 계몽주의 사상가였다. 연줄이 많고 이미 여러 권의 저술을 갖고 있는 볼테르는 칼라스의 누명을 벗겨주기 위해 펜을 들었다. 그는 친구들과 접촉하고 칼라스의 가족을 위해 변호사들을 고용하고 이 사건이 대중의 주목을 받게 하기 위해 사건 적요서, 편지, 논문 등을 썼다. 칼라스 사건은 볼테르가 자신의 문화에서 반대했던 거의 모든 것을 보여주었다. 불관용, 무지, 그리고 볼테르가 전 생애에 걸쳐 종교적 '광신주의'와 '파렴치 행위'라고 부른 것 등은 모두 정의를 조롱거리로 만들어버렸다. 그는 "부탁하건대 칼라스를 위해 그리고 광신주의에 대항해 도처에서 외치시오. 왜냐하면 그들에게 불행을 가져온 것은 다름 아닌 '파렴치 행위'이기 때문입니다"라고 계몽주의 사상가인 친구 장 르 롱 달랑베르에게 편지를 썼다. 진실을 밝히기 위해 고문하는 것은 의문의 여지가 없는 수세기에 걸친 관행의 위력을 보여주었다. 비밀 심문, 비공개 재판, 즉결 재판(칼라스는 상위 법정의 재심리 없이 유죄 판결을 받은 다음 날 처형되었다), 야만적 처벌 등이 포함된 법적 절차는 이성, 도덕성, 인간의 존엄을 무시하는 것이었다. 볼테르는 어떤 범죄자든 그가 비열한 사람일지라도 "인간이며, 당신들은 그가 흘린 피에 대해 해명할 의무가 있다"라고 썼다.

칼라스 사건에 대한 볼테르의 논평은 계몽주의의 고전적 관심을 보여준다. 그것은 자의적이고 억제되지 않은 권한의 위험성, 종교적 관용의 가치, 그리고 모든 일에서 법, 이성, 인간 존엄성의 우선적 중요성에 관한 것이었다. 볼테르는 그의 주장 대부분을 앞선 시대를 살았던 몽테스키외와 1764년에 『범죄와 형벌(Dei delitti e delle pene)』을 펴낸 이탈리아의 저술가 체사레 베카리아에게서 빌려왔다. 볼테르의 명성은 철학자로서의 독창성이 아니라 작가이자 변호인으로서의 유능함과 광범위한 청중에게 다가가고자 하는 욕망과 능력에서 온 것이었다. 이 점에서 그는 계몽주의 프로젝트의 대표였다.

계몽주의의 기반

♣ 계몽주의 저작들의 공통 주제와 목적은 무엇이었나?

계몽주의는 18세기가 완전히 끝날 때까지 지속된 18세기의 현상이었다. 그러나 18세기에 살았고 활동했던 모든 사상가들이 계몽주의의 기치에 모인 것은 아니었다. 이탈리아의 역사철학자인 비코(1668~1744) 같은 사람들은 계몽주의가 지지한 거의 모든 것에 반대했고, 장 자크 루소 같은 사람은 계몽주의의 어떤 가치는 받아들였지만 다른 것은 단호하게 거부했다. 계몽주의의 유형은 나라에 따라 다르고 한 세기를 경과하면서 각 나라 내부에서도 변화하는 경향을 보였다. 그렇지만 많은 18세기의 사상가들은 새롭고 흥미로운 지적 환경—'인류의 당(黨)'이 관습적인 풍습과 전통적 사고를 압도하는 환경—속에서 살고 있다는 생각을 공통적으로 가지고 있었다.

계몽주의 저작들은 몇 가지 기본적 특성을 공유했다. 우선 그 저작들은 인간 이성의 힘에 대한 확신을 특징으로 했다. 이러한 자신감은 과학혁명의 업적에서 비롯된 것이었다. 뉴턴의 물리학에 대한 세부적 내용이 잘 이해되지 않았을 때조차도 그의 방법은 다른 현상에 대한 과학적 탐구의 본보기가 되었다. 자연은 연구·관찰·사고 등으로 파악할 수 있는 법칙에 따라 작동했다. 스코틀랜드의 비범한 저술가인 데이비드 흄(1711~1776)의 『인성론(A Treatise of Human Nature)』(1739~1740)과 『인간 오성에 관한 철학논집(Enquiries Concerning Human Understanding)』(1748)은 과학에서 계몽주의에 이르는 가장 직접적인 연결을 마련해주었다. 뉴턴은 자연 현상에 대한 적확한 서술을 주장하면서 궁극적인 원인들에 대한 가설이나 추측을 거부했다(제16장 참조). 흄은 종종 뉴턴의 언어로 과학적 법칙에 대한 유추를 끌어오면서 도덕·정신·정부 등을 뉴턴과 동일한 엄밀함과 회의주의로 연구했다. 흄은 철학적 사고의 상당 부분을 지배했던 '가설과 체계에 대한 열망'을 비판했다. 그는 경험과 세심한 관찰이 대체로 그러한 체계가 의존했던 전제들을 뒷받침하지 못한다고 주장했다. 흄이 예로 든 것 중 많은 것들은 토머스 홉스가 자신의 정부관을 보강하는 데 이용했던 인간 본성에 관한 이론이었다(제14장 참조).

인간 오성과 인간 이성의 활용은 어떤 정치적 상황을 필요로 했다. 독일의 철학자 이마누엘 칸트는 자신의 고전적인 1784년의 논문 「계몽주의란 무엇인가?」에서 동시대인들에게 "알려고 하라!"고 요구했다. 칸트에게 계몽주의란 지적 독립 선언을 의미했다(그는 계몽주의를 자각이라고 부르면서 자신을 '독단주의의 잠'에서 깨어나게 해준 것은 흄 덕분이었다고 밝혔다). 칸트는 인류의 지성사를 어린아이의 성장에 비유했다. 이러한 관점에서 계몽주의는 인간의 '자족적인 미성숙'으로부터의 탈출이자 인류가 스스로 부여한 부모와 같은 상징, 즉 가톨릭 교회와의 매우 뒤늦은 결별이었다. 성숙함이란 한 개인으로서 '누군가의 안내 없이도 사고하기 위한 결심과 용기'를 의미했다. 이성은 전통과 기존 권위로부터의 자치나 자유를 필요로 했다.

　계몽 사상가들은 과거로부터의 독립 선언에도 불구하고 직계 선배들로부터 큰 빚을 지고 있다는 것을 인식했다. 볼테르는 베이컨, 뉴턴, 존 로크를 자신의 '삼위 일체'라고 불렀다. 실제로 18세기 계몽주의의 많은 저작은 17세기의 위대한 저작들에 내포된 것들에 대한 번역·재출간·탐색 등을 통해 이루어졌다. 계몽 사상가들은 인간 오성에 대한 로크의 연구, 특히 그의 정치 철학보다 훨씬 더 영향력 있는 『인간 오성론(Essay Concerning Human Understanding)』(1690)에서 많은 것을 이끌어냈다. 인간이 지식을 획득하는 방법에 대한 로크의 이론에 따르면 교육과 환경이 인간의 성격 형성에서 결정적인 역할을 했다. 그는 모든 지식이 감각 작용에서 생겨난다고 주장했다. 태어날 때의 인간 오성은 '백지(tabula rasa)' 상태이며, 사물을 경험하기 시작할 때, 다시 말해 감각의 힘으로 외부 세계를 인식하기 시작할 때 비로소 어떤 것이 오성 속에 남게 된다는 것이다. 로크의 추종자들에게는 중심 명제가 되기도 한 그의 출발점은 인간성의 선함과 완전함이었다. 18세기 사상가들은 로크에 입각해 교육을 핵심적인 사업으로 만들었다. 왜냐하면 교육이야말로 개인의 도덕적 향상과 사회적 진보를 약속했기 때문이었다. 로크의 이론이 잠재적으로 한층 더 급진적인 의미, 즉 교육이 지위·성별·인종의 계급제도를 평준화해줄지도 모른다는 가능성을 내포하고 있었음을 지적하는 것은 의미 있는 일이다. 앞으로 보게 되겠지만 오직 소수의 계몽 사상가들만이 그러한 평등주의적 주장을 했다. 그러나 보편적인 인류의 진보에 대한 낙관주의와 믿음이 거의 모든 계몽 사상가들의 두 번째 뚜렷한 특징으로 자리 잡고 있었다.

　셋째, 계몽 사상가들은 놀라울 정도로 야심만만했고 관심 영역이 광범위했다. 그들은 적어도 모든 지식의 조직 이상의 것을 추구했다. 일반 법칙에 도달하기 위한 특정 현상의 경험적 관찰을 의미했던 '과학적 방법(scientific method)'은 모든 분야—인간사뿐만 아니라 자연에서 일어나는 일까지—에 대한 연구 방법을 제공했다. 계몽 사상가들은 국가의 흥망을 지배하는 법칙을 알기 위해 증거를 수집했고, 이상적이고 보편적으로 적용할 수 있는 정치 체제에 도달하기 위해 정부 구조들을 비교했다. 영국의 시인 알렉산더 포프가 자신의 시집

『인간론(Essay on Man)』(1733)에서 서술했듯이 "(아마도) 다른 여러 과학처럼 인간 본성의 과학은 소수의 뚜렷한 논점으로 환원되었고" 계몽 사상가들은 소수의 뚜렷한 논점이 정확하게 무엇인지를 탐구하고자 했다. 그들은 놀라울 정도로 광범위한 주제들, 즉 지식과 오성, 자연사, 경제학, 정부, 종교적 믿음, 신세계 원주민의 관습, 인간 본성, 성적(또는 오늘날 우리가 젠더라고 부르는)·인종적 차별 등을 체계적인 방식으로 연구했다.

역사가들은 실제로 지식을 적용하고 지식 전파와 자유로운 공개 토론을 촉진시키려는 계몽 사상가들의 관심을 강조하는 의미로 계몽주의를 '문화적 프로젝트'라고 불렀다. 계몽 사상가들은 드니 디드로가 썼듯이 '일상적인 사고방식을 변화시키고' '계몽주의' 운동과 인간성을 향상시키고자 했다. 그들은 선배들의 이론적 관심과 많은 것을 공유하기도 했지만, 매우 다른 방식으로 더 많은 독자들을 위해 글을 썼다. 홉스와 로크는 17세기의 소규모 집단의 식자층을 위해 논문을 출간했다. 이와는 대조적으로 볼테르는 희곡, 수필, 서간문 등을 썼으며, 루소는 작곡도 하고 『고백록(Confession)』을 출간했으며 독자들에게 감동을 주는 소설을 쓰기도 했다. 흄은 광범위한 독자층을 위해 역사를 집필했다. 영국의 어느 귀족이나 북아메리카 식민지의 한 총독은 로크의 논문을 읽을 수가 있었다. 어느 중간계급 여성은 루소의 소설을 읽었을지도 모르고, 상점주인과 수공업자들은 계몽주의를 반영한 인기 있는 팸플릿에 정통할 수 있었다. 엘리트층 사이에서 새로 형성된 '학회들'이 상금이 걸린 백일장을 후원했으며, 부유한 남녀들은 살롱에서 정세를 논했다. 바꾸어 말하면 계몽주의의 지적 업적과 목적은 18세기의 문화적 발전의 결과로 일어난 것이었다. 이들 발전은 문자해독률의 확대, 성장하는 도서 시장, 독자층의 형성, 새로운 형태의 지적 교환, 일부 역사가들이 최초의 '공적 영역'이라고 부르는 것의 대두 등을 포함했다.

요약하면, 계몽 사상가들은 낡아빠진 습관, 믿음, 권위 등을 밝게 빛나는 이성의 빛에 비추면서 자신들의 문화와 마주했다. 그것은 종종 비평과 풍자를 의미했다. 그들은 관습과 전통에 대한 불경을 인간의 완전함과 진보에 대한 믿음과 결합시켰다. 그들은 세계를 이해하고자 하는 자신의 능력을 확신했고, 자연과 문화 또는 환경, 역사와의 관계, 인간의 성격과 사회관계에 대해 열정적으로 관심을 기울였다. 계몽 사상가들의 개혁 프로그램은 즉각적인 정치적 함의를 담게 되었다. 놀라울 정도로 짧은 기간에 그것은 대서양 세계 전역에 걸쳐 정부와 사회의 명제들을 바꾸어놓았다.

계몽 철학자들의 세계

♣ 프랑스 계몽 철학자들은 어떻게 기존 질서에 도전했는가?

　계몽사상은 남부 및 동부 유럽뿐만 아니라 신세계의 유럽 식민지까지 포함하는 넓은 의미에서 유럽적인 것이었다. 영국의 사상가들이 핵심적인 아마도 대표적인 핵심 역할을 했다. 하지만 프랑스는 가장 폭넓게 읽힌 일부 계몽주의 서적들과 가장 가까이에서 목격된 투쟁을 위한 무대를 마련했다. 이런 이유로 계몽 사상가들은 그들이 어디에 살았든 간에 종종 프랑스어로 '필로소프(계몽 철학자, philosophes)'라고 불렸다. 그러나 데이비드 흄과 이마누엘 칸트를 제외하고는 어떤 계몽 사상가도 고도로 독창적인 추상적 사상가라는 의미에서의 철학자는 아니었다. 특히 프랑스에서 계몽 사상가들은 이해하기 힘들어 보일지도 모르는 표현 형식을 피했다. 대신에 그들은 자신들의 명료성과 문체에 자부심을 갖고 있었다. 프랑스에서 계몽 철학자는 단순히 '자유로운 사상가'를 의미했다. 그것은 자신의 의견이 어떤 형태의 종교나 신조의 제약에 방해받지 않는 사람을 의미했다.

볼테르

　당시 가장 유명한 계몽 철학자는 프랑수아 마리 아루에(1694~1778)라는 이름으로 태어난 볼테르였다. 2세기 전의 에라스무스(1466~1536)가 그리스도교 휴머니즘을 구체적으로 표현한 것처럼, 볼테르는 사실상 매우 다양한 문학적 형식으로 광범위한 주제에 대해 논평하면서 계몽주의의 화신이 되었다. 예수회에서 교육을 받은 볼테르는 매우 일찍부터 무척 명민하고 신랄한 작가로 떠올랐다. 남을 성나게 만드는 그의 취향으로 인해 그는 명예훼손으로 바스티유에 투옥되기도 했으며 영국으로 일시적인 추방을 당하기도 했다. 영국에 있는 3년 동안 볼테르는 영국의 정치 제도, 문화, 과학에 대한 예찬자가 되었고 무엇보다도 뉴턴, 베이컨, 로크의 사상에 완전히 경도되었다. 그의 가장 위대한 업적은 프랑스에 뉴턴의 연구를 널리 알리는 데 기여했다는 점이고, 보다 더 데카르트적인 프랑스에 영국의 경험론과 과학적 방법을 알리는 데 앞장섰다는 점이다.
　1734년의 귀국 이후 출간된 볼테르의 『철학 서간 또는 영국에 관한 편지(Lettres philoso-

phiques ou Lettres sur les anglais)』는 즉각적인 화제를 불러일으켰다. 볼테르는 종교와 정치적 자유에 관해 비교의 방법으로 글을 썼다. 영국의 문화와 정치에 대한 볼테르의 찬양은 프랑스와 유럽 대륙의 다른 절대주의 국가들에 대한 신랄한 비판이 되었다. 그는 영국인의 열린 마음과 경험주의, 예컨대 영국의 과학자에 대한 존경과 연구를 위한 지원을 칭송했다. 그는 영국 귀족정의 상대적인 취약함을 영국이 정치적으로 건전하다는 것을 보여주는 징표로 생각했다. 볼테르는 영국인이 프랑스인과는 달리 상업과 그에 종사하는 사람들을 존경한다고 썼다. 영국의 세금 체제는 합리적이며 프랑스처럼 재정을 파탄시키는 특권층에 대한 복잡한 세금 면제도 없었다고 전했다. 또한 영국의 하원은 중간계급을 대표했고, 프랑스의 절대주의와는 달리 영국 정부에 대해 균형을 이루고 있으며 전횡적인 권력을 견제했다. 볼테르는 자신의 저서 중 한층 더 선동적인 구절에서 영국에서는 폭력 혁명이 실제로 정치적 중용과 안정을 창출했다고 주장했다. "전횡적인 권력의 우상은 피의 바다에 빠져죽었다.……영국 국민은 왕들에게 저항함으로써 그들의 권력을 억제하는 데 성공한 세계에서 유일한 국민이다." 영국의 유명한 모든 미덕 가운데 종교적 관용이 가장 크게 그 거대한 모습을 드러냈다. 볼테르는 영국이 상이한 종교를 지닌 시민을 조화롭고 생산적인 문화로 결합시켰다고 주장했다. 하지만 볼테르는 영국의 상황을 지나치게 단순화시켰다. 예컨대 영국의 가톨릭교도, 비국교도, 유대인은 평등한 시민권을 갖지 못했던 것이다. 하지만 영국의 '관용' 정책은 프로테스탄트교도에 대한 루이 14세의 불관용 정책과 대비되었다. 낭트 칙령(1685)의 철회는 프랑스 프로테스탄트교도의 시민권을 박탈했고 장 칼라스와 그 밖의 사람들이 처형당하는 분위기를 창출하는 데 기여했다.

볼테르의 유명한 투쟁 구호는 "파렴치한을 분쇄하라(Écrasez l'infâme)"였는데, '파렴치한'이라는 말은 모든 형태의 억압, 광신주의, 편협함 등을 의미했다. 그는 자신의 한 적대자에게 시민적 자유의 제1원리로 종종 인용되는 다음과 같은 글을 써 보냈다. "나는 당신의 말을 한 마디도 믿지 않는다. 그러나 나는 목숨을 걸고 당신의 발언권을 옹호할 것이다." 볼테르는 온갖 종류의 불관용 중에서 종교적 편협성을 가장 혐오했고 열정적으로 종교적 협잡, 기적에 대한 믿음, 미신 등을 비난했다. "미신이 사라지면 사라질수록 광신이 사라지며, 광신이 사라지는 만큼 비참한 상태도 없어진다." 그는 종교 자체를 반대하지는 않았다. 오히려 그는 정교한 의식, 음식에 대한 율법, 상투적인 기도 등과 같은 교리와 막강한 교회 관료제로부터 자신이 신으로부터 주어진 것이라고 믿었던 도덕성을 구하고자 했다. 그는 상식과 단순함을 주장했고, 이것이 인간성에서의 선함을 발휘하게 하고 안정적인 권위를 확립시켜줄 것이라고 설득했다. "법이 단순해질수록 치안판사들은 더 많은 존경을 받게 되고, 종교가 단순해질수록 성직자들을 더 많이 존경하게 될 것이다. 종교는 단순해질 수 있다. 계몽된 사람들이 응보자이자 보복자인 유일신을 공표하게 될 때 그 누구도 웃지 않을 것이며, 모든 사람들이 따를 것이다."

볼테르는 자신을 비평가라고 밝혔는데, 이러한 입장에도 불구하고 그는 성공을 거두는 데 실패하지 않았다. 그는 정기적으로 프랑스와 다른 나라에서 추방당했으며 그의 저서들은 금서가 되거나 불태워졌다. 하지만 그의 희곡이 많은 관객을 불러 모으는 한 프랑스 국왕은 그를 관용해야 한다고 느꼈다. 볼테르는 자신을 베를린에 있는 궁정으로 초대한 프로이센의 프리드리히, 러시아에 도입했을지도 모를 개혁에 대해 서신을 교환한 예카테리나를 포함해 주목할 만한 국제적인 팬을 거느리고 있었다. 볼테르는 자신을 '금수품(禁輸品)'이라고 묘사했지만 그것은 단지 자신의 가치를 높이기 위한 것으로 보인다. 파리로 금의환향한 지 몇 달 뒤인 1778년 그가 사망했을 때 그는 아마도 유럽에서 가장 널리 알려진 작가였다.

몽테스키외

몽테스키외(1689~1755)는 계몽 사상가 중에서 매우 특이한 부류에 속하는 인물이었다. 몽테스키외는 귀족 가문에서 태어났다. 그는 아버지로부터 영지뿐만 국가 관직을 물려받았으며, 보르도 고등법원의 치안판사 자리까지 올랐다. 그는 볼테르와 같은 명문장가나 선동가는 아니었고, 상대적으로 신중한 법학자였다. 그는 (자신의 명성을 보호하기 위해) 익명으로 암스테르담에서 출간된 풍자 소설인 『페르시아인의 편지(Lettres persanes)』(1721)를 썼다. 이 소설은 파리를 방문한 두 명의 페르시아인이 보내는 편지 형식으로 되어 있다. 이 방문객들은 자신들이 목격한 기묘한 종교적 미신에 대해 상세하게 묘사하면서, 프랑스 궁정의 풍습을 터키 후궁들의 풍습과 비교하고 프랑스의 절대주의를 자신들의 전제주의나 정부 권한의 남용에 비유했다.

몽테스키외의 심도 깊은 학술적 저작인 『법의 정신(L'Esprit des Lois)』(1748)은 계몽주의 시대의 가장 영향력 있는 저술이라고 할 수 있다. 이 책은 비교역사 사회학이라고 부르게 될 학문의 초석을 놓았으며, 주도면밀한 경험론적 접근 면에서 매우 뉴턴적이었다. 몽테스키외는 법을 형성한 구조들에 대해 질문을 던졌다. 어떻게 상이한 환경, 역사, 종교적 전통이 결합해 그렇게 다양한 정부 제도들을 만들어냈는가? 상이한 정부 형태란 무엇인가? 어떤 정신이 각 정부 형태의 특징을 이루며, 그 정부들 각각의 덕목과 결점은 무엇인가? 몽테스키외는 국가를 세 가지로 분류할 것을 제안했다. 첫 번째는 다수가 지배하는 공화정이었다. 그의 관점에 따르면 그 다수가 엘리트 귀족정이든지 인민이든지는 상관없었다. 두 번째 형태는 단일한 권력이 법에 따라 통치하는 군주정이었다. 몽테스키외가 가장 중요한 부정적 사례로 든 전제정은 유일한 통치자가 부패와 변덕을 일삼으며 법이나 다른 권력의 견제를 받지 않고 통치하는 것이었다. 공화정의 혼 또는 정신은 덕(virtue)이었고, 군주정은 명예, 그리고 어떤 시민도 안전함을 느낄 수 없고 처벌만이 능사인 전제정의 혼 또는 정신은 두려움이었다. 이러한 주장이 추상적으로 여겨지지 않도록 몽테스키외는 자신의 책에서 프랑스 군주정에 대해 두 개의 장을 할애했다. 이 부분에서 그는 자신의 조국이 전제 정치를 향해 위태롭게 흘러가는 것을 본 대로 상세하게 설명했다. 몽테스키외는 다른 계몽 사상가들처럼 영국의 체제와 행정·입법·사법 간의 권력 분산과 균형에 대해 감탄했다. 이러한 영국의 체제는 그 어떤 단일한 통치 집단이나 개인의 절대 권력으로부터 자유롭다는 점에서 자유를 보장해주었다. 계몽주의 정치이론가와 지배 엘리트의 구성원들, 특히 1787년 미국 헌법을 제정한 사람들은 몽테스키외가 '견제와 균형'을 이상적으로 만든 것에 상당한 영향을 받았다.

디드로와 『백과전서』

볼테르와 몽테스키외의 저작은 프랑스 계몽주의의 주제와 양식을 대표한다. 그러나 18세기 프랑스에서 가장 주목할 만한 출판물은 집단적인 모험이었던 『백과전서(Encyclopédie)』였다. 『백과전서』는 당대의 가장 진보적인 철학, 과학, 전문지식을 망라하고 이를 유포시키고자 출간된 것이었다. 순수한 의도에서 보면 『백과전서』는 계몽 사상가들의 목적을 가장 웅장하게 천명한 것이었다. 이 책은 과학적 분석이 어떻게 사고의 거의 모든 영역에 적용될 수 있는가를 보여주었다. 이 책은 전통과 제도를 광범위하게 다시 생각해보며 인류에게 행복과 진보를 가져다주는 과업에 논거를 제시하고자 했다. 이러한 모험을 배후에서 인도했던 인물이 드니 디드로(1713~1784)였다. 디드로는 뉴턴주의적 수학자인 장 르 롱 달랑베르(1717~1783)와 볼테르와 몽테스키외를 포함한 뛰어난 문필가들의 도움을 받았다. 『백과전서』는 1751에서 1772년 사이에 나뉘어 간행되었는데, 완간될 무렵에는 모두 17권의 대형 책자와

11권의 도판으로 출간되었다. 공동의 계획 사업인 『백과전서』는 '인류의 당(黨)'이라는 계몽 사상가들의 이미지를 창출하는 데 기여했다.

『백과전서』는 '사고방식 전반을 변화'시키고자 했다. 디드로는 과학과 기술에서 이룩한 최근의 업적을 설명하는 항목들을 담당했다. 그는 이 항목들에서 기계가 작동하는 방법을 보여주고 새로운 산업의 공정을 도판으로 예증했다. 이들 항목의 요점은 일상생활에서 과학의 적용이 어떻게 진보를 촉진시키고 인간이 처해 있는 온갖 유형의 비참한 상태를 줄일 수 있는가를 보여주는 것이었다. 디드로는 종교와 정치에 관한 문제뿐만 아니라 경제학, 세금, 노예무역 등에 관한 항목을 포함하고 있는 사회 질서의 토대에 관한 문제에도 동일한 방법을 적용했다. 하지만 검열로 인해 반종교적인 항목에 대한 공개적인 집필은 힘들었다. 따라서 디드로는 완곡한 방식으로 종교를 조롱했다. 예를 들어 성체성사 항목을 찾으면 독자들은 "식인 풍습(cannibalism) 항목을 보라" 같은 간결한 앞뒤 참조만 발견할 수 있었다. 이러한 식의 조롱 때문에 처음 간행된 몇 권의 『백과전서』는 상당한 논란을 불러일으켰다. 프랑스 정부는 『백과전서』의 간행 허가를 철회했다. 프랑스 정부는 1759년 『백과전서』의 저자들이 "국교를 파괴하고 독립정신을 고취하며 도덕의 타락을 고무시키기 위해" 무신론을 의미하는 "유물론을 선동하려고 획책하고 있다"고 선언했다. 하지만 이러한 금지와 꽤 비싼 책값에도 불구하고 『백과전서』는 매우 잘 팔렸다. 이 책을 구입한 사람들은 귀족, 정부 관리, 부유한 상인, 소수의 고위 성직자 등과 같은 엘리트층에 속한 사람들이었다. 하지만 이들 엘리트층은 해외 식민지를 포함해서 유럽 전역에 걸쳐 널리 퍼져 있었다.

프랑스의 계몽 사상가들은 국가 및 교회와 다투기는 했지만 정치적 안정과 개혁을 모색했다. 몽테스키외는 그 출신과 지위를 보면 놀랄 일도 아니지만, 계몽된 귀족정이 개혁을 위한 압력을 행사하고 전제적인 국왕에 대항해 자유를 수호하기를 희망했다. 귀족이 자신의 편협한 특정 이해관계만 대표할 것이라고 확신한 볼테르는 계몽 군주가 지도력을 발휘하기를 기대했다. 그 어느 누구도 민주주의자는 아니었고, 그 어느 누구도 아래로부터의 개혁을 생각하지 않았다. 하지만 아직도 광범위하게 읽히는 그들의 저작은 체제 전복적인 것이었다. 절대주의와 좀 더 폭넓게는 전제적인 권력에 대한 그들의 풍자는 신랄했다. 1760년대 무렵 전제 정치에 대한 프랑스 계몽 사상가의 비판은 유럽 전역에 걸쳐 많은 사람들에게 기존 체제에 대한 반대를 분명하게 표현할 수 있는 언어를 마련해주었다.

계몽주의적 주제의 국제화

♣ 계몽 사상가들은 어떤 문제들을 중요시했으며, 그 문제들이 중요한 이유는 무엇이었는가?

인류의 당은 국제적이었다. 프랑스어는 많은 계몽주의 논쟁에서 공통어가 되었지만, '프랑스어로 집필된' 서적들이 종종 스위스, 독일, 러시아에서 출판되기도 했다. 앞서 본 것처럼 계몽 사상가들은 영국의 제도와 학문을 칭송했고 그것들을 평가 기준으로 이용했다. 영국은 또한 중요한 계몽 사상가로 꼽히는 역사가 에드워드 기번(1737~1794)과 스코틀랜드의 철학자들인 데이비드 흄과 애덤 스미스(1723~1790)를 배출했다. 계몽주의 철학자들은 토머스 제퍼슨(1743~1826)과 벤저민 프랭클린(1706~1790)을 자신들의 일원으로 생각했다. 종교적 권력의 완강한 저항, 엄격한 국가의 검열, 진보적 사상을 논하고 지원하는 교육받은 엘리트층의 소규모 네트워크에도 불구하고 계몽주의는 중부 및 남부 유럽 전역에서 번성했다. 프로이센의 프리드리히 2세는 볼테르가 프랑스에서 추방당했을 때 비록 이 계몽주의 철학자가 금방 자신의 환대에 싫증을 내긴 했지만 한 차례 자신의 궁전에 머물도록 해주었다. 프리드리히는 또한 소규모이지만 매우 생산적인 계몽 사상가 집단을 후원하기도 했다. 북부 이탈리아는 계몽사상의 중요한 중심지였다. 계몽 사상가들은 유럽 전역에서 유사한 주제, 예컨대 인도주의, 모든 개인의 존엄성과 가치, 종교적 관용, 자유 등의 주제를 제기했다.

계몽주의의 주제들: 인도주의와 관용

계몽주의를 통틀어 가장 영향력 있는 저술가 중에는 이탈리아 밀라노 출신의 법학자 체사레 베카리아(1738~1794)가 있었다. 베카리아의 『범죄와 형벌』(1764)은 프랑스 계몽 철학자들과 동일한 주제들, 예컨대 전제 권력, 이성, 인간의 존엄성 등에 관계된 것이었다. 이 책은 볼테르에게 칼라스 사건에서 그가 주장한 논거의 대부분을 마련해주기도 했다. 베카리아는 구체적인 법률 개혁을 제안했다. 그는 형벌이 범죄자에 대한 사회의 복수를 표현해야 한다는 당시의 일반적인 견해를 공격했다. 베카리아는 형벌이 필요한 유일한 적법한 근본적인 이유는 사회 질서를 유지하고 다른 범죄를 막기 위해서이며 범죄를 억제할 수 있는 한도 내에서 가능한 한 관대함을 베풀어야 한다고 주장했다. 왜냐하면 개인의 존엄성과 인간성에 대한 존중은 인간이 절대적으로 필요한 경우가 아닌 한 다른 사람을 처벌해서는 안 된다는 것을 명령하고 있기 때문이었다. 베카리아의 책은 무엇보다도 고문과 사형 제도를 탁월한 논변으로 반대했다. 국가 권력과 지옥에 대한 공포를 극적으로 보여주고자 했던 공개 처형의 광경은 오히려 희생자, 재판관, 구경꾼 등의 인간성을 말살하는 것이었다. 1776년 칼라스 사건이 있은 지 몇 년 뒤 또 다른 프랑스에서의 재판은 베카리아와 계몽 철학자들을 전율에 떨게 만들었다. 이 재판에서 신성모독으로 유죄 판결은 받은 당시 열아홉 살의 프랑스 귀족은 화형에 처해지기 전에 혀가 잘리고 손목이 절단되었다. 법정은 이 신성 모독자가 볼테르를 읽었다는 이유로 그의 육신과 더불어『철학사전(Dictionnaire philosophique portatif)』도 불태울 것을 명령했다. 이 재판과 같은 떠들썩한 사건은 베카리아의 저술을 유명하게 만들었으며,『범죄와 형벌』은 곧 12개 언어로 번역되었다. 그리고 무엇보다도 이 저서의 영향력에 힘입어 1800년경에는 대부분의 유럽 국가에서 고문, 낙인찍기, 태형 등과 여러 형태의 신체 절단형이 폐지되었고 중대 범죄에 대해서만 사형이 적용되었다.

인도주의와 이성은 종교적 관용을 권장했다. 계몽 사상가들은 거의 이구동성으로 종교 전쟁과 이교도 및 종교적 소수자에 대한 박해를 끝내야 할 필요성을 역설했다. 하지만 많은 계몽 사상가들이 거역했던 제도 및 교리로서의 교회와 대부분의 계몽 사상가들이 받아들였던 종교적 믿음으로서의 교회를 구별하는 것은 중요하다. 계몽 사상가 중에서도 특히 폴 앙리 돌바크(1723~1789) 같은 극소수의 사람들만 무신론자였으며, 불가지론자임을 공언했던 사람들조차 매우 적었다. 많은 사람들(예를 들면 볼테르 같은 인물)은 신을 태초에 완벽한 시계를 만들어놓고 예측 가능한 규칙으로 작동하게 내버려 둔 '신성한 시계공(divine clock-maker)'으로 보았던 종교적 관점을 보유한 이신론자(理神論者)였다. 계몽주의적 탐구는 종교에 대한 매우 상이한 입장과 조화를 이룰 수 있음이 판명되었다.

하지만 관용은 제한적이었다. 대부분의 그리스도교인은 유대인을 이교도나 그리스도 살해자로 보았다. 그리고 계몽 사상가들은 종교적 박해를 개탄했을지라도 공통적으로 유대교와 이슬람교를 미신과 반(反)계몽주의적인 의식에 미혹된 후진적인 종교로 보았다. 유대인을 동정적으로 대우하고자 한 소수의 계몽주의자 중 한 사람은 독일의 계몽 철학자 고트홀트 레싱(1729~1781)이었다. 레싱의 비범한 희곡『현자 나탄(Nathan der Weise)』(1779)은 제4차 십자군 기간 중의 예루살렘을 배경으로 유대인 상인 나탄의 부인과 아이들이 살해당하는 조직적인 학살 또는 폭력적이고 조직화된 공격으로 시작한다. 나탄은 그리스도교도로 태어난 딸을 입양해 세 가지 종교, 즉 그리스도교, 이슬람교, 유대교로 키운다. 몇몇 장면에서 당국자들은 그에게 참된 종교 하나만 고르라고 묻는다. 나탄은 참된 종교는 아무것도 존재하지 않는다는 것을 보여준다. 그에게 유일신을 섬기는 세 가지 위대한 종교는 진리의 세 가지 이형(異形)일 뿐이었다. 종교는 신자들을 덕스럽게 만드는 한에서만 믿을 만하거나 참된 것이었다.

레싱은 독학으로 랍비와 회계원이 된 (작곡가 펠릭스 멘델스존의 조부인) 친구 모제스 멘델스존(1729~1786)을 자신의 희곡 속 영웅의 모델로 삼았다. 멘델스존은 약간의 어려움은 있었지만 프리드리히 2세의 계몽주의 동아리와 베를린의 유대인 공동체 사이를 오갔다. 멘델스존은 비록 성공하지는 못했지만 종교를 주제로 선택하는 것을 피하려고 했다. 반복되는 공격과 그리스도교로 개종하라는 요구에 못 이겨 그는 마침내 유대인으로서의 정체성 문제를 다루었다. 일련의 저작들, 특히 그중에서 가장 잘 알려진 『예루살렘: 종교 권력과 유대교에 관하여(Jerusalem, oder über religiöse Macht und Judentum)』(1783)에서 그는 반유대주의적 정책에 대항해 유대인 공동체를 옹호하고 계몽주의의 비판에 대항해서는 유대인의 종교를 지지했다. 그와 동시에 그는 유대인 공동체 내에서의 개혁을 촉진시켰다. 그는 유대인 공동체가 광범위한 계몽주의 프로젝트, 예컨대 종교적 신앙은 자발적이어야 하고 국가는 관용을 증진시켜야 하며 인도주의는 모든 이에게 진보를 가져다줄 것이라는 것 등을 포용할 특별한 이유가 있다고 주장했다.

경제학, 정부 그리고 행정

계몽사상은 국가적 문제들에 관해 매우 현실적인 관심을 기울였다. 계몽 철학자들은 인도주의적인 이유에서 이성과 지식을 옹호했지만 동시에 국가를 더욱 강하고 한층 효율적이며 더 번성하게 만들 것을 약속했다. 베카리아가 제안한 법률 개혁은 이 점에서 훌륭한 사례였다. 예컨대 그는 법을 더욱 공정한 것으로서뿐만 아니라 한층 더 효과적인 것으로 만들고자 했다. 바꾸어 말하면 계몽주의는 개인뿐만 아니라 국가에도 메시지를 전달했다. 계몽 철학자들은 자유와 권리의 문제에 역점을 두었을 뿐만 아니라 행정, 세금 징수, 경제 정책 등의 문제도 다루었다.

18세기 여러 국가 및 제국이 직면한 재정 수요의 증대는 이러한 문제를 새롭게 부각시켰다. 국가에게 가장 귀중한 경제적 자원은 무엇인가? 정부는 어떤 방법으로 그것을 개발할 수 있는가? 중농주의자와 같은 계몽주의적 경제사상가들은 오랜 세월 유지되어온 중상주의 정책이 그릇되었다고 주장했다. 18세기까지 중상주의는 공산품과 귀금속에 대한 정부의 통상 규제에 대한 믿음을 공유했던 매우 광범위한 정책을 일컫는 용어가 되었다. 대다수가 프랑스인이었던 중농주의자들은 진정한 부는 토지와 농산물에서 나온다고 주장했다. 더욱 중요한 점은 그들이 과세 체계를 단순화하고 자유방임 정책을 따르는 것을 옹호했다는 것이었다. 자유방임이란 부와 상품이 정부의 간섭 없이 유통되도록 놔두는 프랑스어 표현 "자연의 순리대로 내버려두어라(laissez faire la nature)"에서 온 말이다.

하지만 오늘날의 고전적인 자유방임 경제학은 스코틀랜드의 경제학자 애덤 스미스(1723~1790), 특히 그의 획기적인 논저 『국부론(Inquiry into the Nature and Causes of the Wealth of Nations)』(1776)에서 시작되었다. 스미스는 농업의 가치에 대해 중농주의자와 견해를 달리했지만, 중상주의에 대한 반대에는 그들과 뜻을 같이했다. 스미스에게 핵심적 문제는 노동 생산성과 경제의 상이한 부문에서 노동이 어떻게 이용되는가였다. 아메리카 제국 전체에 걸쳐 식민지인들의 불만을 샀던 일 중 하나인 수입품에 대한 고율의 세금 같은 중상주의적 구속은 노동의 생산적인 전개를 저해했고 따라서 실질적인 경제적 건전성을 창출하지 못했다. 스미스가 보기에 전반적인 번영은 경제 활동을 이끌기 위해 그 유명한 '보이지 않는 손'을 허용함으로써 가장 잘 획득할 수 있었다. 바꾸어 말하면 개인은 국가로부터 허가를 받은 독점업체들과의 경쟁이나 법적 제약 없이 자기 자신의 이익을 추구해야 했다. 스미스가 초기 저작인 『도덕적 정서에 관한 이론(Theory of Moral Sentiments)』(1759)에서 언급했듯이, 이기적 개인은 "부지불식간에 의도하지 않아도 보이지 않는 손에 이끌려 사회의 이익을 진전시킬 수 있었다."

『국부론』은 경제 발전의 상이한 단계, 보이지 않는 손이 실제로 작동하는 방법, 경쟁의 유익한 측면 등에 대해 기술적으로나 역사적으로 상세하게 설명했다. 이 책의 관점은 자연과 인간 본성 모두에 대한 뉴턴과 계몽주의의 이상화에 상당히 영향을 받았다. 스미스는 자신이 고전적인 계몽주의적 용어로 "천부적 자유의 명쾌하고도 단순한 체계"라고 부른 것을 따르기를 원했다. 스미스는 스스로를 국가가 후원하는 경제적 특권과 독점에 대항한 정의의 화신이라고 생각했다. 그는 시장의 힘뿐만 아니라 인간의 감정을 꿰뚫고 있는 이론가였다. 스미스는 18세기의 새로운 경제사상가들 중에서 가장 영향력 있는 인물로 떠올랐다. 그러나 아이러니하게도 다음 세기에 그의 저서와 추종자들은 개혁가와 새로운 경제 세계에 대한 비판자들의 표적이 되었다.

제국과 계몽주의

♣ 식민지와 제국의 정책이 계몽 사상가들에게 중요했던 이유는 무엇인가?

스미스의 『국부론』은 제국의 경제학에 관한 논쟁을 불러일으켰다. 예컨대 계몽주의 철학자들과 정치가들은 이구동성으로 식민지들이 어떻게 그리고 누구를 위해 이윤을 낼 수 있는가를 물었다. 식민지 세계는 몇 가지 다른 방식으로 계몽주의적 생각에 불쑥 거대한 모습을 드러냈다. 우선 대서양 건너의 신세계는 낡은 유럽 문명의 허를 찔렀다. 바꾸어 말하면 신세계는 퇴폐적이거나 타락한 것처럼 보였던 유럽과 비교해서 종종 천부적인 인간애와 단순함이라는 이상적인 모습을 보여주었다. 둘째, 유럽의 식민 활동, 특히 18세기 무렵의 노예무역은 인도주의, 개인적 권리, 자연법 등에 관한 절박한 문제들을 제기했다. 식민주의가 유럽에 어떠한 영향을 미칠 것인가가 계몽주의의 핵심 주제였다.

스미스는 『국부론』에서 다음과 같이 썼다. "아메리카의 발견과 희망봉을 거쳐 동인도에 이르는 통로를 발견한 것은 인류 역사에서 두 가지의 가장 위대하고 가장 중요한 사건으로 기록된다. 인류에게 무엇이 이로울지 아니면 무엇이 불운할지는 이후로는 이들 위대한 사건으로부터 빚어질 것이다. 하지만 어떤 인간의 지혜도 그 결과를 예견할 수는 없다." 스미스의 말은 프랑스의 기욤 토마스 프랑수아 레날(1713~1796)의 말과 거의 일치했다. 레날의 방대한 저작이자 『백과전서』처럼 공동 집필된 『두 인도에서의 유럽인의 식민지 및 통상의 철학적·정치적 역사(Histoire philosophique et politique des établissements des Européens dans les Deux Indes)』(1770)는 계몽주의 시대에 가장 널리 읽힌 책 중의 하나였다. 이 책은 20쇄 정도를 거듭했으며, 해적판도 최소 40판이 출판되었다. 레날은 『백과전서』에서 영감을 받았으며 적어도 식민지화의 전체 역사 이상의 것을 겨냥했다. 그는 이 책에서 토착민의 관습과 문명, 자연사, 대서양 세계와 인도에서의 탐험과 통상 등을 기술했으며, 과연 식민화가 인류를 한층 더 행복하고 평화롭고 더 나아지게 만들 것인지에 등에 대해 스미스가 품었던 것과 같은 의문을 던지면서 대차대조표를 작성하려고 노력했다. 그 질문은 전적으로 계몽주의 정신에서 나온 것이었다. 레날이 믿었던 답은 산업과 통상이 향상과 진보를 가져다준다는 것이었다. 그러나 다른 계몽주의 작가들처럼 레날과 공동 저자들은 타고난 순박함을 자신들의 타락한 문화에 대한 해독제로 생각했다. 그들은 자신들이 '천성적인' 인류애의 사례로 생각했던 것들을 상당 부분 신세계에서 열심히 찾아냈고 이를 이상화했다. 예를 들어 그들은 유럽인이 야만적 생활이라고 생각했던 것은 "전제 정치로 인해 타락한 사회에나 백배 정도 합당한" 말이며 인류가 '천부의 자유'를 상실한 것을 개탄했다. 그들은 멕시코와 페루에서 에스파냐, 브라질에서 포르투갈, 그리고 북아메리카에서 영국이 구사한 전술을 규탄했다. 그들은 좋은 정부는 전횡적인 권력에 대항해 견제와 균형을 필요로 한다는 몽테스키외의 주제를 답습했다. 그들은 신세계에서 유럽인은 거만하고 잔혹하며 전제적이 될 수 있는 실질적으로 무제한한 권력을 휘두른다고 주장했다. 아메리카 혁명이 발발하고 난 이후에 출간된 나중의 판에서는 식민지 세계에서의 착취와 국내에서의 불평등을 비교하면서 한 걸음 더 나아갔다. 예컨대 이 책의 어느 저자는 다음과 같이 단정했다. "우리는 우리의 식민지에서 미친 듯이 행동하며, 우리 농민에게 비인간적이고 미친 짓을 한다." 18세기 급진주의자들은 지나치게 확장된 제국이 국내에 타락과 부패의 씨를 뿌린다고 거듭 경고했다.

노예제와 대서양 세계

유럽의 식민지와 경제에 관한 논의는 불가피하게 노예제 문제를 제기했다. 설탕이 생산되는 카리브 해의 섬들은 식민지 세계에서 가장 값진 소유지였으며 설탕 무역은 서양 경제를 주도하는 부문 중 하나였다. 대서양 노예무역은 18세기에 절정에 달했다. 유럽의 노예 상인들은 17세기 말에 최소한 100만 명 그리고 18세기에는 최소한 600만 명의 아프리카인을 신세계에 보냈다. 하지만 레날과 디드로 같은 급진적인 사상가들조차 이 문제에 관해 언급하기를 주저했으며, 그들의 망설임은 계몽사상에서의 긴장 상태를 드러내 보여주고 있었다. 계몽주의적 사고는 개인이 논리적으로 생각할 수 있으며 스스로를 다스릴 수 있다는 전제에서 시작했다. 개인의 도덕적 자유는 계몽주의가 공정하고 안정적이며 조화로운 사회가 되는 데 필수적이라고 생각한 핵심이었다. 노예제는 자연법과 천부적 자유에 도전하는 것이었다. 예를 들어 몽테스키외는 민법은 족쇄를 창조해냈지만 자연법은 항상 그것을 부술 것이라고 썼다. 거의 모든 계몽 사상가들은 노예제를 은유적인 차원에서 비난했다. "정신은 노예제의 사슬에서 벗어나기 위해 깨어 있어야 한다"라든가 "전제 정치는 국왕의 백성을 노예로 만들었다" 같은 문구는 18세기의 많은 저작을 통해 거듭되었다. 볼테르의 영웅인 캉디드 같은 18세기 소설의 주인공이 도덕 교육의 일환으로 동정심을 배우면서 노예화된 사람들을 만나고자 하는 것은 흔히 있는 일이었다. 그러나 작가들은 실제 아프리카인의 노예화와 노예노동을 지극히 조심스럽게 다루었다.

일부 계몽 사상가들은 노예제 문제를 회피했고, 일부 계몽 사상가들은 다른 방식으로 원칙과 실제를 조화시켰다. 스미스는 노예제를 비경제적인 것이라고 비난했다. 볼테르는 동시대인의 위선을 폭로하면서 만약 아프리카인이 아니라 유럽인이 노예가 된다면 이를 외면할 것인가를 물었다. 하지만 볼테르는 아프리카인이 열등한 사람이라는 자신의 믿음에 대해서는 의심을 품지 않았다. 몽테스키외(대서양 무역의 중심 항구 중 하나인 보르도 출신)는 노예제가 주인과 노예 모두를 타락시킨다고 믿었다. 그러나 그는 모든 사회가 서로 다른 필요에 따라 노동체계의 균형을 맞추며 노예노동은 그러한 체계 중 하나라고 주장했다. 몽테스키외는 많은 계몽 사상가들처럼 결국 노예 소유주의 재산을 포함한 재산권을 옹호했다.

노예무역에 관한 『백과전서』의 항목은 노예무역을 자치에 위배되는 것으로서 가능한 가장 분명한 용어로 비난했다. 1760년대에 대두한 인도주의적 노예제 반대운동도 이와 유사한 주장을 전개했다. 하지만 노예제를 개탄하는 것에서 노예의 자유를 상상하는 것에 이르는 것은 매우 먼 여정이며 거의 아무도 굳이 가려고 하지 않는 길이라는 것이 판명되었다. 결국 계몽주의의 환경결정론, 즉 환경이 성격을 형성한다는 믿음은 노예제에 관한 모든 문제를 뒤로 미루는 흔해 빠진 방식을 제공했다. 노예제는 그 제도의 희생자들을 타락시키고 그들의 타고난 덕성을 파괴하며 그들의 천부적인 자유에 대한 사랑을 분쇄했다. 이 논리에 따르면 노예화된 인간은 자유를 얻을 준비가 되어 있지 않았다. 이것이 노예무역의 폐지를 주장하면서도 노예 소유주인 토머스 제퍼슨을 조직에 가입시키기 위해 초대한 자크 피에르 브리소(1754~1793)가 이끄는 흑인우애협회(Société des amis des Noirs)의 성격이었다. 극소수의 사람만이 노예제 폐지를 옹호했고, 그들도 노예해방은 점진적이어야 한다고 주장했다. 노예제는 계몽사상 내의 상이한 흐름이 매우 다른 결론으로 나아간 영역 중 하나였다.

신세계가 계몽 사상가들에게 끼친 영향

　기욤 토마스 프랑수아 레날은 계몽사상의 핵심층에 있었던 성직자이자 지식인이었다. 상위 성직자로서 궁정에 드나든 적이 있었던 작가이자 지식인인 레날은 백과전서파 그리고 자신이 한때 속했던 가톨릭교회를 포함한 프랑스의 제도를 비판했던 여러 작가들과 함께 일했다. 아래 발췌문에서 그는 특별한 역사적 발전과 제도가 사회의 향상을 이끌 것인가에 대해 질문을 던짐으로써 아메리카 대륙의 발견으로 인한 중대한 영향과 결과에 관한 전망을 제공하고자 했다.

　신세계의 발견과 희망봉을 돌아 인도 제국(諸國)에 이르는 항로의 발견과 같은 사건만큼이나 일반적으로 인류에게, 그리고 특별하게는 유럽인에게 큰 영향을 끼친 사건은 결코 없었다. 그런 다음에 세력 균형에서의 혁명이자 각국의 관습, 산업, 정부에서의 혁명인 상업혁명이 시작되었다. 가장 먼 땅에 있는 사람들이 새로운 관계와 새로운 필요로 연결된 것도 이 사건을 통해서였다. 적도 지역의 생산물이 극지(極地)의 나라에서 소비되었다. 북쪽의 산업 생산물이 남쪽으로 수송되었고, 오리엔트의 직물이 서양인의 사치품이 되었다. 그리고 어디에서나 사람들은 서로 자신의 주장, 자신의 법, 자신의 관습, 자신의 질병, 자신의 의약, 자신의 덕과 악덕을 교환했다. 모든 것은 변했고 계속해서 변해갈 것이다. 그러나 과거의 변화와 앞으로 오게 될 변화가 인류에게 유용한 것이 될 것인가? 그러한 변화가 어느 날 인간에게 더 많은 평화, 더 많은 행복 또는 더 많은 즐거움을 가져다줄 것인가? 인간의 상황이 더 나아지거나 아니면 단순히 끊임없는 변화 중 하나가 될 것인가?

분석 문제

1. 아메리카의 발견이 18세기 유럽에 이와 같이 심오한 중요성을 지닌 이유는 무엇인가?

2. 레날은 왜 그렇게 사람들의 행위와 행복에 관심이 많았는가?

3. 레날은 역사적 발전이 사회의 향상을 이끌 것인가에 대해 왜 물어보았는가? 그리고 그의 대답은 무엇인가?

노예제와 계몽주의

백과전서파는 서양 문화의 모든 제도, 교역, 관습 등을 주석하기 위해 심사숙고하며 세심하게 연구했다. 이 프로젝트는 사회 각각의 양상을 분류하고 분석하며 개선하기 위한 노력으로 고안되었다. 막 싹트는 해상 무역과 팽창하는 해외 제국의 시대를 맞이한 백과전서파는 노예제라는 주제를 피할 수 없었고 피하기를 원치도 않았다. 다음 글은 농장 노예제, 그것을 정면에서 마주 대해야 했던 아프리카 노예들, 그리고 노예제로 인해 제기된 한층 광범위한 법과 자유의 문제에 관한 백과전서파의 사상을 보여준다.

따라서 우리가 오로지 노예로 데리고 있는 이 불행한 영혼들 중에서 자유롭다고 선언될 권리를 갖지 못한 사람은 단 한 사람도 없다. 왜냐하면 그는 자신의 자유를 결코 잃어버린 적도 없고, 그가 그것을 잃어버리는 것도 불가능하며, 그의 지배자나 그의 아버지 또는 그 누구도 그의 자유를 처분할 권리를 갖고 있지 않기 때문이다. 결과적으로 그의 신체를 판매하는 것은 그 자체로 무효이다. 이 흑인은 자기 자신을 처분하지 않았고, 정말로 어떤 조건에서도 자신의 자연권을 처분할 수도 없다. 그는 자연권을 어느 곳에서나 가지고 다니며 다른 사람에게 그러한 권리를 누리게 해달라고 요구할 권리도 가지고 있다. 따라서 노예들이 실려 가게 될 자유 국가들에 있는 판사의 입장에서 보면 법적 선언으로 즉시 자유롭게 해주지 않는 것은 분명한 반인륜의 사건이다. 왜냐하면 그는 판사와 같은 영혼을 소유한 형제이기 때문이다.

분석 문제

1. 노예제에 대해 『백과전서』의 항목이 제시한 주장은 무엇인가? 어느 누구도 자신의 자연권을 팔 수 없기 때문에 노예제가 법적으로 불가능하다는 주장에 동의하는가? 자연권이란 무엇인가?

2. 피정복민을 노예화하는 것은 세속 및 종교적 당국이 승인한 역사적으로 오래된 확립된 관습이었다. 토머스 제퍼슨 같은 계몽주의적 인물도 노예 소유주였다. 일부 계몽주의 사상가들이 노예제와 그 밖의 문제에 관련된 관습에 대항해 자유라는 보편적 사상을 어떻게 사용했는가?

탐험과 태평양 세계

태평양 세계도 계몽주의적 사고 속에 뚜렷하게 자리 잡았다. 태평양의 새로운 지역에 대해 체계적으로 지도를 그리는 것은 당대의 중대한 발전 중 하나였고, 대중의 상상력에 어마어마한 충격을 던져주는 것이기도 했다. 이러한 탐험은 과학적 지식을 확대하고자 하는 계몽주의 프로젝트의 일환으로 후원된 과학적 임무이기도 했다. 1767년 프랑스 정부는 중국으로 가는 신항로, 식민화하기에 적합한 새로운 땅, 정말이지 수지맞는 무역을 위한 새로운 향신료 등을 찾기 위해 루이 앙투안 드 부갱빌(1729~1811)을 남태평양에 파견했다. 프랑스 정부는 그가 발견한 것들을 기록하기 위해 과학자와 화가를 딸려 보냈다. 부갱빌은 자신이 찾고자 한 것은 아무것도 발견하지 못했지만, 그의 여행 기록 중 그 무엇보다도 지상 낙원인 누벨 시테르(Nouvelle Cythère)[1]라고 부른 타히티에 관한 터무니없이 관능적인 묘사는 프랑스에 있는 많은 사람들의 관심과 상상력을 사로잡았다. 부갱빌의 뒤를 이어 영국의 제임스 쿡(1728~1779) 선장은 남태평양으로 두 차례(1768~1771, 1772~1775)에 걸친 항해를 통해 감명 깊은 결과를 남겼다. 그는 뉴질랜드와 뉴홀랜드 해안의 지도를 작성하고 뉴헤브리디스와 하와이를 유럽의 지도에 추가했으며, 남극 대륙의 바깥 쪽 한계와 베링 해 및 북극해의 해안 등을 탐험했다. 쿡과 부갱빌이 데리고 간 화가와 과학자들은 유럽의 식물학, 동물학, 지질학의 범위를 크게 확장시켰다. 마오리 족에 대한 시드니 파킨슨(1745~1771)의 놀라운 초상화 같은 그림은 대중의 눈길을 끌었다. 그들이 극복한 위험과 마주친 사람들에 대한 설명도 마찬가지였다. 남태평양의 섬 주민들과 의사소통을 하고자 하는 그릇된 시도는 아마도 그들을 유럽으로 데려가고자 한 의도에서 비롯된 것이었겠지만 1779년 1월 말 하와이에서 쿡과 네 명의 영국 해병대원의 소름끼치는 죽음으로 막을 내렸다. 하지만 이 사건은 확실히 유럽의 독자들이 그의 탐험에 매료되는 데 기여하기도 했다. 유럽의 많은 사람들은 이러한 항해에 대한 여행기를 탐독했다. 쿡과 부갱빌이 태평양 섬 주민들을 유럽의 대도시에 데리고 왔을 때 그들은 엄청난 군중을 불러 모았다. 조슈아 레이놀즈(1723~1792)는 태평양 섬 주민들의 초상화를 그렸다.

---

1) 시테르는 그리스 남쪽에 있는 작은 섬으로 그 바다에서 아프로디테가 태어났다고 한다.

과학적 임무의 영향력

계몽 사상가들은 과학적 임무에 관한 보고서들을 자유롭게 이용했다. 인간 본성과 사회의 기원에 대한 이해 그리고 환경이 성격과 문화에 끼친 영향의 연구에 전념했던 계몽 사상가들에게 새로운 사람들과 문화에 대한 이야기는 즉각적인 흥미를 불러일으켰다. 부갱빌의 이야기를 탐독했던 수많은 열렬한 독자 중 한 사람인 디드로는 1772년 그 이야기들의 문화적 중요성에 대한 자신의 성찰인 『부갱빌의 항해에 대한 보충(Supplément au Voyage de Bougainville)』을 출간했다. 디드로에게 타히티인은 고유한 인간 존재이며 신세계의 주민과는 달리 유럽의 영향으로부터 사실상 벗어나 있었다. 디드로는 그들이 성욕을 억제하지도 않고 종교적 교리로부터도 자유로운 자연 상태의 인간성을 대표한다고 믿었다. 그들의 순박함은 지나치게 문명화된 유럽인이 위선과 완고함에 젖어 있음을 보여주는 것이었다. 다른 사람들은 태평양의 원주민을 고대 그리스 및 로마의 문명과 유사하다고 생각했다. 예를 들어 그들은 타히티 여성을 보면서 로마의 사랑의 여신 비너스를 연상했다. 이 모든 관점은 태평양의 원주민 문화보다 유럽과 유럽인의 유토피아에 대해 더 많은 것을 말해주었다. 계몽 사상가들은 다른 사람들을 유럽인의 원시적 모습과는 다른 그 어떤 것으로 보는 것이 불가능하다는 것을 알아챘다. 하지만 이러한 관점조차도 이전 시대의 생각으로부터의 변화를 나타냈다. 이전 시대에 유럽인은 세계를 그리스도교 세계와 이교도 세계로 나누어진 것으로 이해했다. 요약하면, 18세기 동안 서양의 정체성에 대한 종교적 이해는 한층 더 세속적인 개념에 길을 터주고 있었다.

당대의 중요한 과학 탐험가 중 한 사람은 독일의 과학자 알렉산더 폰 훔볼트(1769~1859)였다. 훔볼트는 아메리카 대륙의 문명과 자연 자원을 평가하겠다는 목적을 갖고 에스파냐령 아메리카에서 5년(1799~1804)을 지냈다. 그는 당시 유럽이 제공할 수 있었던 가장 발전된 과학 기구를 준비해갔다. 1814~1819년 훔볼트는 쿡과 부갱빌의 그림이 풍부한 보고서와 상당히 유사한 여러 권으로 된 인상적인 『여행에 대한 개인적 이야기(Personal Narratives of Travels)』를 썼다. 이 작업은 그를 파산지경에 이르게 했고, 그는 재정 지원을 얻어내고자 프로이센 궁정에 가기도 했다. 훔볼트의 탐사 보고는 계몽주의와 19세기 과학 사이에 중요한 연결부를 제공했다. 훔볼트는 우호적인 계몽주의적 풍조 속에서 기후와 물리적 환경이 어떤 특정 지역에서 어떤 형태의 삶이 살아남을 것인가를 결정한다는 것을 보여주고자 했다. 이들 탐사 보고는 19세기의 진화적 변화에 대한 논의로 이어졌다. 찰스 다윈은 훔볼트를

"현존했던 가장 위대한 과학자"라고 언급했으며, 이 독일인 과학자의 저술은 다윈이 에콰도르 연안의 갈라파고스 제도로 항해하는 데 영감을 주었다.

유럽인은 여러 가지 이유로 외부로 눈길을 돌렸고 매우 상이한 결론에 도달했다. 일부 계몽 사상가들과 통치자들에게 해외로부터의 과학 보고서는 문명과 인간 본성에 관한 광범위한 탐구에 딱 들어맞았다. 이러한 탐구는 때로는 자아비판을 불러일으켰으며 때로는 단순히 유럽인의 우월감을 강화시켜주었다. 18세기 말에 일어난 여러 혁명은 이러한 계몽주의적 논의에 종지부를 찍었다. 그러나 계몽주의적 주제는 새로운 제국들이 건설되고 세계에서 서양의 위치가 재평가되는 19세기에 다시 등장했다.

급진적 계몽주의

◈ 계몽주의는 혁명적이었는가?

계몽주의는 얼마나 혁명적이었는가? 계몽주의적 사고는 18세기 문화와 정치의 중심 교의를 약화시켰다. 계몽주의적 사고는 소규모 지식인 집단을 훨씬 넘어서는 광범위한 반향을 불러일으켰다. 하지만 계몽 사상가들은 단일한 정치적 입장을 견지하지는 않았다. 심지어 그들 중에서 가장 급진적인 사람들조차 자신의 사고가 함축하고 있는 것에 대해 동의하지 않았다. 장 자크 루소와 메리 울스턴크래프트가 그러한 급진 사상가의 훌륭한 본보기였다.

루소의 세계

장 자크 루소(1712~1778)는 다른 계몽 철학자들과 논쟁을 일삼았고 그들의 수많은 가설을 반박했던 '국외자'였다. 그는 계몽 철학자들과 더불어 지적·정치적 자유의 추구를 공유했으며 세습적인 특권을 공격했고 인간의 선함과 정의로운 사회 창조의 가능성을 믿었다. 하지만 그는 계몽주의적 사고에 다른 기풍을 소개했다. 이 기풍은 특히 도덕성과 당시에는 '감각' 또는 감정의 숭배라고 부른 것이었다. 그는 동시대의 계몽 철학자들보다 상당히 급진적이었으며, 인민 주권과 민주주의에 대해 최초로 언급한 인물 중 하나였다. 그는 확실히 최고의 유토피아 작가였다. 그가 유토피아 작가였다는 사실은 당대에 그의 작품이 인기를 끌게 만들었고 그 작품이 출간된 이래로 많은 상이한 해석을 나오게 만들었다. 18세기 말 그는 계몽 철학자 중에서 가장 영향력 있고 가장 자주 인용되었으며 계몽주의를 더 많은 청중에게 다가가게 만든 사상가였다.

루소의 획기적이면서도 난해한 정치학 논저인 『사회계약론(Du contrat social)』(1762)은 지금은 유명해진 다음과 같은 역설로 시작한다. "인간은 자유롭게 태어났지만 도처에서 사슬에 묶여 있다." 인간은 어떻게 이 사슬들을 거리낌 없이 만들어냈는가? 이러한 질문을 하려면 17세기와 18세기 사고의 기본적인 질문들을 명확하게 해야만 했다. 정부는 어디에서 유래하는 것인가? 정부의 권능은 정당한 것인가? 루소는 계속해서 의문을 품었다. 만약 그것이 정당한 것이 아니라면 정부는 어떻게 해서 그렇게 될 수 있었는가? 루소는 자연 상태에서 모든 인간은 평등했다고 주장했다(여성, 남성, 그리고 자연에 대해서는 나중에 살펴볼 것이다). 사유재산에 뿌리를 둔 사회적 불평등은 '사회계약'이나 정부 구조를 상당히 부패시켰다. 불평등한 상황에서 정부와 법은 부자와 특권층만을 대표했다. 그것들은 억압과 노예화의 도구가 되었다. 루소는 정당한 정부는 다음과 같은 상황에서 형성될 것이라고 주장했다. "문제는 한 가지 결합의 형태를 발견하는 것이다.……즉, 그 속에서 각자 모두와 자신을 연합시키면서 홀로도 따를 수 있고 전처럼 자유롭게 남아 있을 수 있는 결합의 형태 말이다." 자유란 제약이 없는 상태를 의미하는 것이 아니며 평등한 시민이 스스로 만든 법을 지키는 것을 의미했다. 루소는 어떠한 사회적 평준화도 거의 생각하지 않았으며, 그가 말한 '평등'이란 그 어느 누구도 '다른 사람을 살 수 있을 만큼 부유하거나 자기 자신을 팔아야 할 만큼 가난하지도 않게 되는 것'을 의미했다.

루소는 정당한 권한은 인민으로부터만 나온다고 믿었다. 그의 논거는 세 부분으로 이루어져 있다. 우선 주권은 (몽테스키외가 제창한 것처럼) 정부의 상이한 부문 사이에 나누어져서는 안 되고 주권은 절대로 왕이 찬탈할 수도 없는 것이다. 17세기에 로크는 폭정을 일삼는 왕에 대항해 반항하는 것이 인민의 권리임을 강조했다. 루소는 국왕은 애초부터 결코 주권자가 되어서는 안 된다고 주장하면서 인민 스스로가 입법자, 행정관, 판사로서 다 함께 활동해야 주장했다. 둘째, 주권을 행사하는 것은 국가를 변모시킨다는 것이다. 루소는 개별 시민이 '정치체(body politic)'를 형성했을 때 그것은 단지 부분들의 합 이상이 된다고 주장했다. 그는 많은 사람에게 쇄신된 한층 더 막강한 국가에 대한 매력적인 이미지를 제공했다. 그 국가에서 시민은 강압적인 법보다 상호 책무로 결속되고 특권으로 분열되고 약화되기보다 평등으로 하나가 된다. 셋째, 국가 공동체는 루소가 '일반 의지'라고 부른 것으로 결합된다. 이 용어는 어렵기로 유명하다. 루소는 이 용어를 특정 개인의 요구를 초월하는 공동의 이익을 이해하기 위한 방편으로 제시했다. 일반 의지는 평등을 선호할 것이며 따라서 평등을 일반적인 것으로 만들 것이다. 그리고 원칙적으로 평등은 최소한 전체를 대표하게 될 시민의 공통적 이해관계를 보장해준다.

루소가 일반 의지를 강조하면서 사적인 이해관계와 균형을 맞추는 데 별다른 관심을 보이지 않았기 때문에 일부 정치이론가들은 그를 권위주의적이고 위압적이며 도덕주의적인 인물로 생각하기도 했다. 다른 정치이론가들은 일반 의지를 루소가 가진 유토피아 사상의 한 가지 표현으로 해석한다. 18세기에 『사회계약론』은 루소의 저작 중에서 가장 적게 이해되었다. 하지만 이 책은 영향력 있는 급진적인 논거를 제공했으며, 더욱 중요하게는 프랑스 혁명 기간 중에 광범위하게 인용되었던 놀라울 정도로 강력한 이미지와 문구를 담고 있었다.

루소는 교육과 도덕적 덕성에 관한 저술로 더 유명했다. 널리 읽혔던 그의 소설 『에밀(Émile)』(1762)은 기존의 학교가 아닌 자연의 학교에서 덕성과 도덕적 자율을 배우는 청년에 관한 이야기를 들려준다. 루소는 다른 계몽 철학자들이 이성을 강조하는 것에 대해 동의하지 않았다. 대신에 그는 "자연으로부터 받은 첫 번째 충격이 항상 옳다"고 주장했다. 어린이는 인생에서 너무 일찍 논리적으로 생각하도록 강요되어서는 안 되었다. "우리가 모르는 것들에 관해서만 이야기하도록 가르쳐주는" 책들이 사춘기가 될 때까지 배움의 중심이 되어서는 안 되었다. 따라서 에밀의 가정교사는 자연과 자연의 단순한 가르침을 가르치고 에밀의 양심 그리고 무엇보다도 독립심을 계발시키면서 숲을 거닐게 했다. "가장 절대적인 자유 속에서 양육된다면 그가 상상할 수 있는 가장 큰 죄악은 예종이다."

그러한 교육은 남성에게 도덕적 자율성을 부여하고 그를 훌륭한 시민으로 만드는 것을 목적으로 했다. 루소는 여성은 매우 다른 교육을 받아야 한다고 주장했다. "여성의 모든 교육은 남성과 관련되어야만 한다. 여성의 교육은 남성을 즐겁게 하고, 남성에게 유용한 것이 되고, 남성이 어릴 때는 그를 양육하고 나이가 들면 그를 돌보며, 남성에게 조언을 하고, 그를 위로하며, 남성의 삶을 즐겁고 기분 좋게 만드는 것과 관련되어야 하며, 이것은 태초부터 여성의 의무였다." 여성은 어머니와 아내로서 사회적으로 쓸모 있게 되어야 했다. 루소는 『에밀』에서 에밀의 신붓감인 소피를 위해 꼭 그러한 교육만 설계했다. 루소는 때때로 여성이 다음과 같이 '천성적으로' 그러한 역할을 열심히 찾는 것으로 확신한 듯 보였다. "여성의 타고난 자연 상태는 의존이며, 소녀는 자신이 말을 잘 듣도록 만들어졌다고 생각한다." 그는 다른 때에는 소녀가 훈육을 받을 필요가 있으며 '타고난' 악습을 근절해야 할 필요가 있다고 주장했다.

여성의 본성에 대한 루소의 이러한 모순된 관점은 계몽사상의 중심적 개념인 '자연'의 의미가 변화하고 있음을 보여주는 훌륭한 사례이다. 계몽 사상가들은 자연을 사회의 결점을 측정하기 위한 것과는 상반된 척도로 이용했다. '자연적'인 것은 더 좋고 더 단순하며 타락하지 않은 것이었다. 그러면 자연이란 무엇인가? 자연은 물리적 세계에 적용시킬 수 있었다. 자연은 원시 사회에 적용시킬 수도 있었다. 자연은 종종 유용한 발명이기도 했다.

루소의 소설들은 이례적으로 특히 여성에게 잘 팔렸다. 『에밀』의 출간 직후에 출판된 『줄리(Julie)』—'신 엘로이즈(La nouvelle Héloïse)'라는 부제가 붙어 있다—는 30년간 70판을 거듭했다. 『줄리』는 한 남성과 사랑에 빠졌으나 다른 남성과 결혼하라는 아버지의 명령을 충실하게 따른 젊은 여성의 이야기이다. 소설의 구성상 많은 고생과 뜻밖의 사건들이 있은 이후에 그녀는 마지막에 가서 차가운 호수에 빠진 어린 자녀들을 구하고 죽음을 맞이한다. 이러한 죽음은 가정적이면서도 모성애적인 덕성의 완벽한 사례였다. 루소의 동료 계몽 철학자 중 한 사람은 이 이야기를 "아주 우스꽝스러우며 역겨운" 것이라고 생각했다. 하지만 대중에게 호소력을 지녔던 것은 사랑 이야기, 비극, 그리고 인간이란 머리만큼이나 가슴의 지배를 받으며 이성보다 열정이 더 중요하다는 루소의 확신이었다. 루소의 소설들은 중간계급과 귀족 사회에서 '상시빌리테(sensibilité, 느낌)'에 대한 광범위한 예찬의 대상이 되었다. 상시빌리테에 대한 예찬이란 느낌을 자연스럽게 표현하는 것을 강조하고 감정이야말로 인간성을 정확하게 표현하는 것이라는 믿음이었다. 루소의 작품이 지닌 이러한 측면은 주제 면에서 상당 부분 계몽주의의 이성 숭배와 모순되는 것이었다. 그것은 19세기 낭만주의의 관심사와 한층 더 밀접하게 관련된다.

루소의 사상은 성(性, gender)에 관한 계몽주의의 관점에 어떻게 들어맞는가? 앞서 본 대로 계몽 사상가들은 교육을 인간 진보를 위한 해결책으로 간주했다. 많은 사람들은 여성이 특히 어머니, 가정교사, 교사 등으로서 자녀의 양육과 가르침을 담당하기 때문에 여성에 대한 교육이 취약함에 대해 개탄했다. 하지만 소녀는 어떤 종류의 교육을 받아야 하는가? 여기에서 계몽 사상가들은 자연의 가르침을 따르고자 했으며 자연이나 성별의 특성을 논하면서 철학·역사·문학·의학 등의 분야에서 많은 논문과 책을 펴냈다. 남성과 여성은 서로 다른가? 그러한 차이는 태생적인 것인가 아니면 관습과 전통으로 만들어진 것인가? 훔볼트와 디드로는 성별의 본질에 관한 논문을 썼다. 그들은 논문에서 아메리카 대륙, 남태평양, 중

루소의 『사회계약론』(1762)

장 자크 루소는 가장 급진적인 계몽 사상가 중 한 사람이었다. 그는 자신의 저작들에서 인간은 자연법을 한층 더 명확하게 이해해야 할 뿐만 아니라 자연 자체에 대한 한층 더 긴밀한 관계와 사회의 철저한 재조직이 필요하다고 주장했다. 그는 후원자나 파당 없이 평등한 시민의 자유로운 결합으로 형성된 자주적인 사회가 자연법의 가장 명확한 표현이라고 믿었다. 이 사회는 시민의 진심에서 우러난 집단적 지혜로 자체의 법과 질서를 만든다. 루소는 다음과 같이 자주적인 사회의 정의와 그 사회의 권위를 설명한다.

제1권, 제6장

모두와 협력하고 있지만 자기 자신에게만 복종하고 전과 마찬가지로 자유롭게 남아 있는 각각의 사람들을 동원해 공동의 힘으로만 결합하는, 각자의 신체와 재산을 방어하고 보호해주는 어떤 형태의 연합을 발견하는 것, 이것이 사회계약이 해결책을 제공할 근본적인 문제이다.

제2권, 제4장

사실상 주권자의 행동이란 무엇인가? 그것은 우월한 사람과 열등한 사람 사이의 협정이 아니라 조직체와 그 구성원 각자 사이의 협정, 즉 합법적인 협정이다. 왜냐하면 그것은 사회계약에 입각해 있기 때문이다. 또한 그것은 형평법적인 협정인데, 왜냐하면 모든 사람에게 공통적이기 때문이다. 한편 유용한 것이기도 한데, 왜냐하면 전체의 선 이외의 다른 목적을 가질 수 없기 때문이다. 그리고 믿을 만한 것이기도 한데, 왜냐하면 공적인 힘과 최고의 권력으로 보장되기 때문이다. 국민이 이러한 종류의 협정들로 묶여 있는 한에서 그들은 자신의 의지만을 따라 행동한다. 주권자와 시민 각자의 권리가 얼마나 널리 확대되어 있는가를 묻는 것은 시민이 서로에게 어느 정도까지 헌신할 수 있는가, 즉 모든 것을 향한 하나이자 하나를 향한 모두일 수 있는가를 묻는 것이다.

분석 문제

1. 인간은 어떻게 정치적 결사에 가입할 수 있고 여전히 자유롭게 남아 있을 수 있는가?

2. 통치권이 계약이라면, 그것은 얼마나 오래 지속되는가? 누구나 그것의 수용을 거부할 수 있는가? 그렇지 않으면 그것을 무시할 수 있는가?

국 등의 원주민 가족 구조에 관한 과학적 탐사 보고서를 제시했다. 또한 스미스는 문명사를 서술하면서 역사의 여러 상이한 단계에서의 가족과 젠더의 역할에 관해 논평했다. 몽테스키외의 『법의 정신』은 정부의 상이한 단계가 여성에게 어떤 영향을 미치는가에 대한 분석을 포함했다. 루소가 그랬던 것처럼 이 주제에 대해 숙고하는 것은 계몽주의를 실행하는 과정에서 공통적인 현상이었다.

하지만 일부 계몽 사상가들은 루소의 결론에 동의하지 않았다. 많은 계몽 사상가 중에서 디드로, 볼테르, 그리고 독일 사상가 테오도르 폰 히펠(1741~1796)은 여성에 대한 법적 제약을 유감으로 생각했다. 여성의 교육에 대한 루소의 처방은 특히 날카로운 비판을 받았다. 영국인 작가이자 역사가인 캐서린 마콜리(1731~1791)는 그의 논점을 반박했다. 마르키 드 콩도르세(1743~1794)는 프랑스 혁명 전야에 진보에 대한 계몽주의의 약속은 여성이 교육을 받기 전까지는 완성될 수 없다고 주장했다. 콩도르세는 사실상 여성에게 정치적 권리가 부여되어야 한다고 역설한 유일한 인물이었다.

울스턴크래프트의 세계

루소에게 가장 신랄한 비판을 가한 사람은 영국인 작가 메리 울스턴크래프트(1759~1797)였다. 울스턴크래프트는 프랑스 혁명 동안인 1792년에 그녀의 가장 유명한 저서 『여성의 권리에 대한 옹호(A Vindication of the Rights of Woman)』를 출간했다. 하지만 그녀의 주장은 계몽주의적 논쟁에 고정되었고, 이 점을 이해할 필요가 있다. 울스턴크래프트는 루소의 정치관을 공유했고 그의 저작과 영향력을 칭송했다. 루소와 아메리카 혁명과 프랑스 혁명을 지지했던 토머스 페인(1737~1809)처럼 울스턴크래프트도 공화주의자였다. 그녀는 군주정을 "문명의 진보를 망치고 이해를 왜곡시키는 해롭기 짝이 없는 제위(帝位)"라고 언급했다. 그녀는 심지어 루소보다 더 맹렬하게 불평등과 신분, 출생 또는 부에 따른 인위적인 구분에 반대하는 말을 쏟아냈다. 그녀는 평등이야말로 덕성의 토대가 된다는 것을 믿으면서, 고전적인 계몽주의적 언어로 사회가 '인간 본성의 완벽함과 행복의 가능성'을 추구해야 한다고 주장했다. 그녀는 여느 계몽 사상가보다 더 맹렬하게 여성은 남성과 똑같이 논리적 사고와 자치를 위한 타고난 능력을 지녔고, '덕성'은 남녀 누구에게나 똑같은 것을 의미해야 하며, 남녀 관계는 평등에 입각해야 한다고 주장했다.

　울스턴크래프트는 그녀의 동시대인 중 거의 아무도 상상조차 하지 못한 일을 했다. 그녀는 군주정과 불평등에 대한 급진적 계몽주의의 비판을 가정에 적용했다. 혼인법상의 법적 불평등, 그중에서도 기혼 여성의 재산권을 박탈하는 법은 남편에게 아내에 대한 '독재적인' 권력을 주는 것이었다. 그녀는 왕이 백성의 복종을 욕구하는 것처럼 문화도 여성의 나약함을 강제한다고 주장했다. "문명화된 여성은……그릇된 우아함에 너무도 나약해져서 도덕을 중시하면서 만약 여성이 자연에 더 가까운 상태에 남아 있었더라면 가졌을 것보다 훨씬 더 열악한 상황에 처해 있다." 중간계급의 소녀는 남편감을 구하기 위해 예절, 우아함, 매력적으로 되는 일 등을 배운다. 즉, 그들은 의존적인 피조물이 되도록 훈련받는 것이다. "희망컨대 만약 여성을 자신의 '매혹적인' 우아함에 우쭐해하거나 마치 홀로 설 수 없는 영원한 어린아이의 상태에 있는 것으로 간주하지 않고 합리적인 피조물로 대한다면 나는 내가 여성이라는 사실을 용서할 수 있을 것이다. 나는 진정한 위엄과 인간의 행복이 무엇으로 이루어져 있는지에 대해 지적하기를 간절히 원한다. 나는 여성이 정신과 신체 모두에서 힘을 기르도록 노력하라고 권하고 싶다." 여성의 나약함을 조장하는 문화는 어린애 같고 약삭빠르며 가시 돋치고 상처받기 쉬운 여성을 만들어냈다. 이에 울스턴크래프트는 18세기의 공통적인 주제를 되풀이해서 주장했다. 1782년에 출간된 쇼데를로 드 라클로(1741~1803)가 쓴 소설 『위험한 관계(Les Liaisons dangereuses)』[2]에서의 교활한 귀족 여성들은 울스턴크래프트와 동일한 주제를 보여주고 있다. 여성에게 수줍음, 순결함, 얌전함 등을 가르치는 것을 포함한 루소의 여성 교육을 위한 특별한 처방에 대해 울스턴크래프트는 "그는 여성의 이성을 자신의 사슬을 뚝 끊어버리기보다는 광을 내는 데 사용하기를 원했다"고 응수했다. 울스턴크래프트에게 여성의 교육은 자유와 자립을 창출하는 것이라야 했다.

　하지만 울스턴크래프트는 시대적 한계를 지닌 여성이었다. 그녀는 남녀의 공통적인 인간성을 주장했지만 남녀는 서로 다른 본분을 갖고 있으며 여성이 지닌 가장 중요한 책임은 자녀를 양육하고 교육시키는 것이라고 믿었다. 울스턴크래프트는 타고난 노동 분업이 존재하며 그것이 사회적 조화를 보장할 것이라고 믿었다. "사회에 확고하게 자리 잡은 강압이 없고 공통적인 중력의 법칙이 널리 보급된다면, 남녀 모두 각자의 적합한 자리를 찾게 될 것이다." 그녀는 여느 사람들처럼 교육과 재산이 관심사인 중간계급 여성에 관해 글을 썼는데, 여성이 정치적 권리를 갖게 될지도 모른다고 단순히 암시만 준 것으로 인해 급진주의자

---

2) 영화 〈위험한 관계〉의 원작 소설.

계몽주의의 주요 저작들, 1734~1792년	
볼테르, 『철학 서간』	1734년
몽테스키외, 『법의 정신』	1748년
『백과전서』	1751~1772년
루소, 『사회계약론』	1762년
루소, 『에밀』	1762년
베카리아, 『범죄와 형벌』	1764년
스미스, 『국부론』	1776년
레날, 『철학적 역사』	1770년
울스턴크래프트, 『여성의 권리에 대한 옹호』	1792년

로 간주되었다.

계몽주의는 전반적으로 젠더에 대해 노예제와 견줄 만한 잡다한 유산을 남겼다. 계몽주의 작가들은 자연권에 대한 논의를 발전시켰고 이를 대중화했지만, 자연이 서로 상이한 그리고 아마도 매우 불평등한 사회적 역할을 지시해야 한다고 제창함으로써 타고난 차이를 더 높은 수준으로 고양시켰다. 메리 울스턴크래프트와 장 자크 루소는 전제정과 노예제에 대한 급진적인 반대, 타락한 사회에 대한 도덕주의자의 관점, 덕성과 공동체에 대한 관심을 공유했다. 젠더에 대한 그들의 차이는 자연과 자연의 명령에 대한 계몽주의적 불일치의 특징이기도 했고 계몽주의적 사고의 논리가 이끌 수 있었던 서로 다른 방향에 대한 훌륭한 사례였다.

계몽주의와 18세기 문화

♣ 사회적·문화적 변화가 어떻게 계몽주의를 형성했는가?

서적 거래

여러 가지 논쟁을 야기하면서도 계몽주의 사상을 받아들인 사회구조는 어떠했을까? 우선 계몽주의는 한층 광범위한 인쇄 및 인쇄 문화의 확장과 깊은 관련이 있었다. 18세기 초부터 서적 출간과 판매는 특히 영국, 프랑스, 네덜란드, 스위스 등에서 계속 번창했다. 하지만 국경은 거의 아무런 문제가 되지 않았다. 많은 서적 거래가 국제적으로 이루어졌으며 은밀하게 거래되었다. 독자들은 책을 서점에서 직접 구하거나 구독이나 해외의 서적 판매 대리점을 통한 특별 우편 주문으로 구했다. 한결 저렴해진 출판 비용과 한층 넓어진 배포망은 잡지의 수를 늘리는 데 기여했으며, 잡지 중 일부는 문학이나 과학적 주제로 전문화되었고 대부분은 일반적인 주제를 다루었다. 이러한 요인들은 일간 신문이 등장하는 데도 도움을 주었다. 최초의 일간지는 1702년 런던에서 발행되었고 이어서 모스크바, 로마 등 유럽 전역의 도시와 소도시에서 속속 발간되었다. 1780년경 영국인은 150종의 잡지를 읽을 수 있었고, 37개의 영국 소도시들은 지역 신문을 갖고 있었다. 이러한 변화를 '언론 혁명'이라고 불렀는데 계몽주의의 보다 큰 그림에서 결정적인 부분을 형성했다.

각국 정부는 이러한 혁명적 변화를 거의 억제하지 않았다. 영국 정부가 인쇄물에 대해 인지세를 부과함으로써 신문이나 서적의 가격을 올려 독자들을 실망시켰지만 언론 자체는 거의 제약을 받지 않았다. 또한 출판업자들에게 소정의 저작을 출판해 판매하기 위한 면허나 특권('개인적 권리'의 측면에서)을 사전에 신청할 것을 법으로 규정했다. 몇몇 정부는 다른 나라보다 더 많은 것을 허용해주었다. 예를 들어 프랑스 정부는 『백과전서』를 각 권이 다루고 있는 주제, 수도에서의 정치적 분위기, 경제적 고려 등에 따라 권별로 출간을 금지하기도 하고 허용하기도 했다. 실제로는 출판업자들은 빈번히 정부가 알아채지 못하기를 희망하며 벌금을 각오하고 또한 자신이 출판한 책이 금서가 되기도 하고 자신의 특권이 일시적으로 취소되는 것을 보면서도 사전 허가 없이 서적을 출판했다. 러시아, 프로이센, 오스트리아의 검열관들은 반대자에 대해 그다지 관용을 보이지 않았지만, 이들 정부는 출판을 북돋고자 했고 어느 정도는 대중적 논의를 허용했다. 빈은 요제프와 마리아 테레지아 치세 동안 출판의 중요한 보금자리였다. 러시아의 예카테리나는 소규모 출판업의 발전을 권장했으며, 그 결과 1790년 즈음에는 1년에 350종의 간행물이 발행되었다. 수많은 지방 제후들이 지배하던 독일과 이탈리아의 군소 국가들에서는 진보적인 후원자를 찾기가 훨씬 더 용이했고, 영국과 프랑스의 저작들이 이들 지역 전역에 걸쳐 폭넓게 유통되었다. 신학문에 대한 후원자이자 검열자였던 이들 정부는 절대주의와 계몽주의 시대 사이의 복잡한 관계를 보여준다.

어느 역사가가 지적한 것처럼 검열은 가난한 사람이 금서들을 구입할 수 없게 만들면서 공연히 책값만 비싸게 만들었다. 스위스와 라인란트의 프랑스 국경 인근에 있던 많은 지하 서적상들은 국경을 가로질러 수많은 책들을 밀수입해 서점, 서적 배포업자, 개인 구매자 등에게 넘겨주었다. 독자들이 원한 것은 무엇이었으며 이것은 과연 계몽주의의 수용에 대해 무엇을 말해주는가? 많은 밀거래자들은 모든 종류의 전복적인 문학을 의미했던 '철학 서적들(philosophical books)'을 전문적으로 취급했다. 예컨대 철학 서적은 감옥에서 고달픈 생활을 한 이야기, 궁정에서의 생활에 대한 잡담풍의 회상록, 포르노적인 판타지(종종 종교적이거나 정치적 인물에 관한), 범죄와 범죄자에 관한 이야기 등을 담고 있었다. 어느 서적 밀수업자는 몇 권의 『루이 14세의 사생활(Private Life of Louis XIV)』, 『어둠의 관보(The Black Gazette)』,

『백과전서』에 대한 볼테르의 주석, 그리고 자주는 아니지만 루소의 『사회계약론』 등을 거래하곤 했다. 역사가인 로버트 단턴(1939~)의 표현대로 이러한 18세기 '지하 문예'의 번성은 급진적 계몽주의의 주제 특히 귀족정의 부패, 군주정의 독재군주정으로의 변질 등을 반영한 것이었다. 하지만 레날의 『역사』, 루소의 소설들, 여행기, 전기 그리고 루이 세바스티앙 메르시에(1740~1814)의 『2440년』과 같이 미래의 세계를 그린 판타지처럼 명백히 정치적인 성향이 덜한 작품들도 인기가 있었다. 심지어 『백과전서』처럼 값비싼 책들도 놀라울 정도로 잘 팔렸는데, 이는 대중의 강한 관심을 입증하는 것이었다. 계몽주의 시대의 작품이 대중적인 형태로 유통되었다는 것과 루소의 정치이론뿐만 아니라 소설들도 잘 팔렸다는 것은 강조할 만한 가치가 있다.

루소와 그 독자들

　장 자크 루소의 저작들은 18세기 남성 독자뿐만 아니라 여성 독자에게 매우 상이한 반응을 불러일으켰다. 많은 여성 독자들은 그의 소설을 사랑했고 여성의 특징과 여성의 교육에 관한 그의 관점을 고무적이라고 생각했지만, 또 다른 여성들은 그의 결론에 격렬하게 반대했다. 루소의 소설 『에밀』에서 발췌한 다음의 인용문에서 루소는 여성의 교육에 대한 관점을 개진하고 있다. 그는 여성의 교육이 자신이 생각하는 여성의 지적 능력과 사회적 역할과 맞아야만 한다고 주장한다. 그것은 남성의 교육과 역할을 보완해야만 했다. 두 번째 글은 유명한 프랑스 작가이자 문학 비평가인 네케르―스탈 부인(Madame de Staël 또는 Germaine de Staël)이라고도 한다―의 『에밀』에 대한 경탄해마지 않는 반응을 보여준다. 그녀는 루소가 여성을 정치적 논의에 참여시키는 것을 허락하지 않으려 했다는 것을 인정하면서도, 그가 여성에게 감정과 가정생활의 문제에서 새로운 역할을 부여해주었다고 생각했다. 세 번째 인용문은 메리 울스턴크래프트의 글이다. 그녀는 루소의 철학적 원리 중 많은 것을 공유했지만 여성과 남성이 서로 다른 덕목과 가치를 가져야 한다는 그의 주장에는 날카롭게 대립했다. 그녀는 스탈 부인과 같은 여성이 루소의 사상을 잘못 받아들이고 있다고 믿었다.

루소의 『에밀』

추상적이고 사색적인 진리, 과학의 원리와 공리(公理)에 관한 연구, 한마디로 우리의 사상을 일반화하려는 경향이 있는 모든 것은 여성에게 적합한 영역이 아니다. 그들의 공부는 실천의 문제와 관련되어야 한다. 남성이 발견한 이러한 원리들을 응용하는 것이 여성에게 속한다.……의무의 문제로 향하는 즉각적인 경향을 갖지 못한 여성의 모든 사상은 남성에 관한 연구와 취미가 있는 마음에 드는 업적의 획득을 지향해야 한다. 왜냐하면 천재의 작업과 관련된 것들은 여성의 능력을 넘어서기 때문이다. 여성은 정확성을 요구하는 과학에서 성공을 거두기 위한 충분한 정밀함도 능력도 갖고 있지 못하다. 물리적 지식은 대상의 커다란 다양성을 이해하는 가장 적극적이고 탐구적인 사람들에게만 속한다.……

여성은 스스로 자신을 위해 할 수 없고, 여성을 위해 필수적이거나 마음에 드는 모든 것을 우리가 할 마음이 내키게 하는 기술을 가져야만 한다. 따라서 여성은 남성의 마음을 일반적이고 추상적으로가 아니라 자기 나라 법으로든 여론의 힘으로든 그녀가 종속되어 있는 남성의 의향을 철저하게 연구해야 한다. 여성은 남성의 대화, 행동, 외관, 몸짓 등에서 진정한 기분을 간파하는 것을 배워야 한다. 여성은 또한 그것을 의도하는 것처럼 보이지 않고도 남성에게 마음에 드는 그런 감정들과 통하기 위한 자기만의 대화를 통한 기술, 행동, 외관, 몸짓 등을 갖고 있어야 한다. 남성은 인간의 마음에 관해 좀 더 철학적으로 논하겠지만, 여성은 남성의 마음을 남성보다 더 잘 읽을 것이다.……여성은 최고의 기지를 갖고 있고, 남성은 최고의 특수한 재능을 갖고 있다. 여성은 관찰하지만 남성은 추론한다. 이 두 가지가 모두 동시에 작용하는 것에서 우리는 인간 정신이 스스로 획득할 수 있는 가장 뚜렷한 빛과 가장 완벽한 지식을 얻는다.

스탈 부인

루소는 비록 여성이 공적인 일에 간섭하는 것과 정치 무대에서 눈부신 역할을 하는 것을 막기 위해 노력해왔지만, 여성에 관해 말하는 데에서 여성을 만족시키기 위해 얼마나 많은 것을 해왔던가! 그가 여성의 이질적인 일부 권리들을 박탈하기를 원하기는 했지만, 요구할 권리가 있는 것들을 모두 여성에게 회복시켜주기 위해 얼마나 늘 노력했는가! 그리고 남성의 협의에 대한 여성의 영향력을 감소시키기 위한 시도 속에서도 그는 얼마나 헌신적으로 여성이 자신의 행복을 누리는 제국을 설립했는가! 여성을 찬탈당한 왕위에서 내려오도록 도와주면서 그는 여성을 당연히 타고난 자리에 굳건히 앉게 해주었다. 그리고 그가 비록 여성이 남성과 비슷해지려고 노력할 때 여성에 대한 분노로 가득 차긴 했지만, 여성이 지닌 '매력(charms)', '연약함(weaknesses)', '미덕(virtues)', '실수(errors)' 등에도 불구하고 자신에게 다가올 때 여성의 '신체(persons)'에 대한 그의 경외심은 거의 예찬이나 마찬가지이다.

메리 울스턴크래프트

루소는 여성이 잠시 동안이라도 결코 스스로 독립적이라고 생각하지 말아야 하고 여성이 자신의 '타고난' 교활함을 행사하고 남성이 쉬고자 할 때마다 자신을 한층 더 매혹적인 욕망의 대상, 즉 남성에 대한 애교 있는 반려자가 되기 위해 요염한 노예가 되는 두려움에 지배되어야 한다고 선언한다. 그는 자연의 징후에서 끌어온 척하는 이 주장들을 여전히 계속하면서, 모든 인간 덕성의 초석인 진리와 불굴의 정신이 어떤 제약과 함께 개발되어야 한다고 말한다. 왜냐하면 여성의 성격에서 복종이야말로 가차 없는 엄격함으로 각인되어야만 하는 커다란 교훈이기 때문이라고 에둘러 말한다.

이 얼마나 허무맹랑한 소리인가! 이런 식으로 국민에게 널리 퍼진 자만심과 호색이라는 노여움을 훅 불어버릴 정도로 충분한 정신력을 가진 위대한 남성이 과연 나타날 것인가! 만약 여성이 천성적으로 남성에 비해 열등하다면 여성의 덕성은 질적으로 똑같은 것임에 틀림없고, 만약 정도 면에서 같지 않다면 덕성이라는 것도 상대적인 사상이다. 결과적으로 여성의 행위도 동일한 원리에 입각해야 하고 동일한 목적을 지녀야 한다.

분석 문제

1. 루소는 어떻게 여성이 과학을 공부하는 데 부적합하다고 단언할 수 있었는가? 그가 만들어낸 증거는 무엇인가? 어떤 주장이 그의 동시대인 독자들을 설득시킬 수 있었는가?

2. 루소에 따르면 여성은 "남성에 관한 연구와 마음에 드는 업적의 획득"으로부터 무엇을 얻는가?

3. 메리 울스턴크래프트는 여성에 대한 루소의 관점을 허튼소리라고 생각했다. 그 이유는?

4. 두 여성이 루소를 그토록 다르게 읽은 이유는 무엇인가? 그들이 오독(誤讀)하고 있는 것인가?

고급문화, 새로운 엘리트 그리고 공적 영역

　계몽주의는 단순히 서적에서만 구현되지 않았다. 계몽주의는 독자들의 네트워크와 새로운 형태의 사교와 토론을 창출했다. 18세기에 엘리트나 '고급' 문화는 그 규모가 작았으나 세계주의적이었고 매우 학식이 높았으며 토론을 진지하게 받아들였다. 새로운 엘리트층은 귀족과 중간계급 출신의 부유한 사람들로 구성되었다. 새로운 엘리트층을 만들어낸 기관들 중에는 필라델피아의 미국철학회, 영국의 문학 및 철학 학회들, 에든버러의 명사회(Select Society) 등과 같은 학회가 있었다. 그러한 집단은 대학 밖에서의 지적 생활을 조직했고 도서관과 토론을 위한 모임 장소를 제공했을 뿐만 아니라 회원들의 논문을 발행하거나 문학과 역사에서 경제학과 윤리학에 이르는 문제들에 대한 논쟁으로 구성된 학술지를 발행했다. 엘리트들은 또한 지식의 진보를 위해 정부가 후원하는 '학회들'에서 만났다. 이러한 지식의 진보는 자연과학에 대한 연구(1660년에 창립된 런던의 왕립학회와 프랑스 과학아카데미), 국어의 촉진(아카데미 프랑세즈 또는 프랑스 문학아카데미), 예술 분야에서 전통의 보호(회화 분야의 다양한 학회들) 등을 통해 이루어질 것이었다. 베를린 왕립학회는 학문에 대한 프로이센 정부의 기여를 보여주기 위해 1701년에 창립되었는데, 거류 학자, 다른 나라의 객원 회원, 명예 준회원 등 매우 광범위한 인사들이 회원으로 참여했다. 또한 프로이센 정부는 다른 나라로부터 학자들을 초빙하는 데도 성공했다. 특히 새로운 연구의 후원에 열심이었던 프리드리히 2세 치하에서 베를린 아카데미는 계몽사상의 중심지로 떠올랐다. 베를린 아카데미의 학술지는 유럽의 독자들을 위해 매년 프랑스어로 회원들의 논문을 출간했다. 프랑스에서는 지방의 학회들이 그와 같은 역할을 상당 부분 수행했다. 루소의 『인간 불평등 기원론(Discours sur l'origine et les fondements de l'inégalité parmi les hommes)』 같은 저작은 아카데미가 후원하는 논문 경연대회에 출품되었다. 아카데미의 회원에는 정부와 군 장교, 부유한 상인, 의사, 귀족 지주, 학자 등이 포함되었다. 학술단체와 아카데미들은 모두 서로 다른 사회집단(대부분은 엘리트층)들을 한데 모았고, 이들은 함께 공통의 목적의식과 진지함을 만들어나갔다.

살롱

　살롱은 학회와 동일한 역할을 했지만 비공식적으로 운영되었다. 보통 살롱은 문벌이 좋고 학식 있는 귀족 여성이 조직했다. 여성들의 탁월한 역할은 살롱을 아카데미나 대학과 구별되게 만들었다. 살롱은 대화, 토론, 음주, 식사 등을 위해 문필가 남녀를 귀족 회원들과 엮어주었다. 루소는 이런 종류의 모임을 싫어했고 살롱을 특권적이고 지나치게 세련된 세계의 천박함과 공허함의 상징으로 보았다. 토머스 제퍼슨은 살롱에서의 여성 영향력이 프랑스를 '절망적인 상태'에 놓이게 했다고 생각했다. 일부 살롱들은 실내 게임에 빠졌다. 장차 프랑스의 개혁 장관이 될 인물의 부인인 마담 네케르(1766~1817)가 파리에서 조직한 것과 같은 살롱들은 권력에 이르는 길에 매우 근접해 있었으며 새로운 정책 사상을 위한 실험실역할을 했다. 세간에 알려진 프랑스의 또 다른 살롱 운영자인 마담 마리-테레즈 기오프린(1699~1777)은 『백과전서』의 중요한 후원자가 되었으며 아카데미에 학자들을 앉히는 데 영향력을 행사했다. 모제스 멘델스존은 베를린에서 지식인들을 위한 공개 파티를 열었다. 런던, 빈, 로마, 베를린 등지의 살롱은 똑같은 방식으로 운영되었다. 그리고 아카데미처럼 살롱은 참여자들 사이에 활동적이고 학식 있는 엘리트에 속한다는 생각을 심어주었다.

많은 유사 학회가 18세기에 등장했다. 회원들이 스스로 사회의 갱신을 맹세하는 정교한 비밀 의식을 지닌 조직인 프리메이슨 지부들은 주목할 만한 위치에 있는 귀족과 중간계급 남성을 매혹시켰다. 모차르트, 프리드리히 2세, 몽테스키외 등이 프리메이슨 회원이었다. 외부적으로는 폐쇄적이었지만 내부적으로 프리메이슨 지부는 평등주의적이었다. 그들은 합리적 사고와 자선 활동이라는 공동의 프로젝트를 행하고 적어도 회원 상호간에 종교적·사회적 차별을 몰아낼 것을 서약했다.

다른 사교적 네트워크는 그다지 배타적이지 않았다. 설탕, 커피, 차 등과 관련된 식민지무역과 더불어 늘어난 커피하우스는 사상의 유통에서 중심지를 점했다. 거래를 의논하기위해 모인 상인들은 화제를 정치로 돌릴 수 있었으며, 카페 테이블에 놓인 많은 신문들은 그들의 사소한 토론, 뉴스, 논쟁을 즉석에서 연결시켜주었다.

철학자인 이마누엘 칸트는 한층 더 날카로워진 대중 의식이 당대의 현저한 특징 중 하나로 보인다고 다음과 같이 평했다. "만약 단순히 학자와 명석한 지성인만이 아니라 사업가나 여성으로 잡다하게 이루어진 회합에서 대화에 참여한다면, 우리는 이야기를 하거나 시시덕거리는 것 이외에도 그들이 또 다른 흥밋거리, 이른바 논쟁하기를 즐긴다는 것을 알게 된다." 종교나 전통에 구애받지 않고 비판적으로 사고하고 자유롭게 말할 수 있는 능력은 단지 지식인만을 위한 것이 아니라 자부심의 문제였다. 18세기의 문화적 변화, 예컨대 확대되는 사교의 네트워크, 번창하는 서적 거래, 새로운 장르의 문학, 계몽주의 사상의 유통 등은 독서와 토론의 모임을 확장시켜주었다. 이는 일부 역사가와 정치이론가들이 공적 영역이라고 부른 것을 넓혀주는 것이었다. 그것은 이어서 정치를 변화시키기 시작했다. 비공식적인 토의, 국가를 어떻게 갱신할 것인가에 대한 논의, 시민적 덕성에 관한 토론, 합의를 이끌어 내고자 하는 노력 등은 정치를 궁정 밖으로 이끌어내는 데 결정적인 역할을 했다.

18세기는 여론이라는 개념까지 탄생시켰다. 한 프랑스인 관찰자는 이러한 변화를 다음과 같은 방식으로 묘사했다. "지난 30년간에 위대하고 중요한 혁명이 우리의 관념 속에서 일어 났다. 오늘날 여론은 유럽에서 저항할 수 없는 압도적인 힘을 가진다." 거의 아무도 '공중 (public)'이란 말이 엘리트층 이상을 포함한다고 생각하지 못했다. 하지만 18세기 동안에 유 럽의 여러 정부들은 시민정신을 지닌 집단의 존재를 인식했다. 이들 집단은 살롱에서 커피 하우스, 아카데미, 정부 내의 집단들, 그리고 어느 면에서는 정부가 대응할 필요가 있는 곳 에 이르기까지 퍼져 있었다.

중간계급 문화와 독서

계몽주의가 보여준 것 중에서 단지 일부만 18세기 중간계급의 새로운 문화적 흥미로 선 정되었다. 사회적 단계를 한층 더 내려 가보면 상점주인, 소상인, 법률가, 전문가는 더욱더 서로 다른 종류의 책을 읽었다. 손때 묻은 한 권의 성경책을 소유하고 큰 소리로 읽는 대신 에 중간계급의 가정은 어쩌다가 읽고 다른 사람에게 넘겨주거나 토론하기 위해 책을 사거 나 빌리곤 했다. 그 책들의 내용은 과학, 역사, 전기, 여행 문학, 소설 등이었다. 그중 상당 수는 18세기에 빠르게 증가하는 독자 집단 중에서도 중간계급 여성을 겨냥했다. 에티켓 서 적도 매우 잘 팔렸고 집안일을 위한 지침서도 잘 팔렸다. 매너, 도덕, 딸들에 대한 교육에 관한 책과 교육이나 정신에 대한 계몽주의 논저들의 대중판은 고급스러운 계몽주의의 지적 생활과 평범한 중간계급의 읽을거리 사이의 긴밀한 대비를 예증해준다.

중간계급, 그중 상당수가 여성인 독서 대중의 대두는 특히 영국에서 소설의 출간과 인기 가 치솟아 오른 이유를 어느 정도 설명해준다. 소설은 18세기에 가장 인기 있는 유일한 새 로운 문학 형태였다. 18세기 영국, 독일, 북아메리카의 도서관 대출에 관한 조사를 보면 대 출된 책의 70퍼센트가 소설이었음을 알 수 있다. 수세기 동안 유럽인은 원탁의 기사에 관한 이야기 같은 로망스를 읽었다. 그러나 소설은 유사 신화적인 주제들을 다루지 않았고 문장 도 그보다 화려하지 않았으며 배경과 상황도 글자 그대로 본고장에 더 가까웠다. 한결 이해하기 쉽고 귀족적이지 않은 소설의 등장인물들은 중간계급의 공통적인 경험과 훨씬 더 관련이 있는 것처럼 여겨졌다. 더욱이 감정과 내적인 느낌을 조사하는 일은 소설 쓰기를 18세기의 광범위한 개인적 특질과 인간성에 대한 관심과 연결되었다. 앞서 본 것처럼 볼테르, 괴테, 루소 같은 고전적인 계몽주의 작가들은 매우 성공적인 소설을 썼다. 그리고 새무얼 리처드슨(1689~1761)의 『파멜라(Pamela)』와 『클라리사(Clarissa)』, 대니얼 디포(1660~1731)의 『몰 플랜더스(Mall Flanders)』나 『로빈슨 크루소(Robinson Crusoe)』, 헨리 필딩(1707~1754)의 『톰 존스(Tom Jones)』 등이 뒤를 따랐다.

많은 역사가들은 소설 작가 중에서 여성이 눈에 띄게 두각을 나타냈다는 점에 주목했다. 17세기 프랑스에서 가장 널리 읽힌 로맨스 작가는 마들렌 드 스퀴데리(1607~1701)와 라파예트 백작부인(1634~1693)이었다. 나중에 영국에서 파니 버니(1752~1840), 앤 래드클리프(1764~1823), 마리아 에지워스(1767~1849) 등이 모두 대단히 인기 있는 소설을 썼다. 제인 오스틴(1775~1817)의 작품 중에서 특히 『오만과 편견(Pride and Prejudice)』과 『엠마(Emma)』는 많은 독자에게 소설가가 지닌 기법의 최고 경지를 보여주었다. 하지만 여성 작가만 소설을 쓴 유일한 작가도 아니었고 그들만 가사나 사적 영역에 세심한 주의를 기울인 것도 아니었다. 그들의 작품은 인간 본성, 도덕성, 덕성, 명성 등 18세기의 중심 주제를 당대의 많은 논픽션처럼 공적 배경만큼이나 가정적 배경에서 탐구했다.

도시와 시골의 대중문화

서적과 인쇄 문화가 보통 사람들의 삶에 얼마나 많은 영향을 주었는가? 글을 읽고 쓸 줄 아는 비율은 젠더, 사회계급, 지역에 따라 극적으로 달랐으나 일반적으로 남부 및 동부 유럽보다 북부 유럽이 더 높았다. 읽고 쓰는 능력은 도시와 소읍에서 최고조에 달했고, 사실 우리가 생각하는 것보다 더 높았다는 것도 놀랄 일이 아니다. 18세기 초 파리에서는 85퍼센트의 남성과 60퍼센트의 여성이 글을 읽을 수 있었다. 한층 더 빈곤한 파리 이웃 거주민 특히 소규모 상점주인, 가내 하인과 시종, 장인의 절반 이상도 글을 읽고 서명을 할 수 있었다. 그들은 거리와 선술집에 걸린 한 쪽짜리 신문이나 광고지를 보았으며, 그것들을 정기적으로 큰 소리로 읽는 것을 들었다. 더욱이 시각적 자료 특히 저렴한 목판화를 비롯해 판화, 그림, 풍자만화 등은 많은 대중적 읽을거리의 텍스트만큼이나 두드러지게 그림으로 보여주었다. 그 당시에는 다양한 독서 및 토론 모임들이 있어 글을 읽고 쓸 줄 아는 비율이 제시된 것보다 특히 도시에서 더 광범위했다.

확실히 가난한 가정의 서가에는 책이 거의 없었으며 있다고 해도 종교적인 텍스트, 예컨대 축약본 성경, 『천로역정(The Pilgrim's Progress)』, 특별한 경우에 구입하거나 증정 받아 반복해서 큰 소리로 읽었던 삽화가 들어 있는 기도서 등만이 있었다. 그러나 대중적인 글 읽기는 새로운 자료의 획득 가능성이 증대됨으로써 활력을 얻었다. 17세기 말부터 한 프랑스 상회는 작고 저렴한 종이 표지의 보급판 문고본인 블루 북(blue book)을 계속 출판했다. 행상인이 이 책들을 성장하는 대중 시장이 있는 도시와 시골 촌락으로 팔러 다녔다. 문고본에는 전통적인 대중 문학이 포함되어 있었다. 그것은 짧막한 교리문답, 기적에 관한 유사 종교 이야기, 성자의 삶에 관한 이야기 등이었는데, 교회가 신앙적인 가르침으로 제공하기를 희망했던 것들이었다. 또한 문고본에는 역서, 점성술에 관한 서적, 사람이나 가축을 위한 의료 처방 편람 등이 포함되었다. 18세기에 서적 행상들은 짧게 축약한 소설들을 갖고 다녔으며 여행이나 역사 같은 중간계급에게 인기 있는 주제의 책들을 팔기 시작했다. 서적은 독서를 자극했다.

영국과 프랑스 그 어느 곳에서도 교육은 지방이 알아서 되는 대로 하도록 내버려두면서 기본적인 학교 교육을 제공하지 않았다. 중부 유럽의 몇몇 정부는 국가가 지원하는 교육을 발전시키기 위해 노력했다. 러시아의 예카테리나는 초등학교 체제를 확립하기 위해 오스트리아인 고문을 초빙하기도 했지만, 18세기 말경에 4,000만 명의 인구 중 단지 2만 2,000명만이 학교라고 할 만한 곳에 다니고 있었다. 기본적인 학교 교육이 없었기 때문에 대부분의 유럽인은 독학을 했다. 행상의 수레에 실린 다양한 텍스트들—그것이 종교적이거나 정치적인 선전물이든 아니면 오락을 위한 책이든 간에—은 서적과 독서에 관한 폭넓고 빠르게 증대되는 대중의 관심을 보여주고 있다.

중간계급에서처럼 대중문화는 사교의 네트워크에 의존했다. 길드 조직은 토론과 교제를 제공했다. 지방 정치인을 조롱하는 길거리 무대와 가수들은 다양한 사회계급 출신의 사람들에게 문화를 제공했다. 대중문화가 지닌 함의를 해독하는 일은 상당히 어렵다. 대중문화에 대한 증언은 대부분 보통 사람들을 희망을 잃고 미신에 사로잡힌 무지한 사람들로 간주한 국외자로부터 온 것이다. 역사 연구는 이제야 새로운 통찰력을 보여주기 시작했다. 첫째, 대중문화는 고립된 채 존재하지 않았다는 것이 밝혀졌다. 특히 시골에서 장날과 마을 축제는 여러 사회계급을 한데 묶어주었고, 인기 있는 흥행은 많은 사회적 관객을 불러 모았다.

민담과 전통 가요는 엘리트 문화, 중간계급 문화, 대중문화 중 그 어느 것으로 분류되는 것에 영향을 받지 않는다. 왜냐하면 이것들은 그 과정에서 수정되고 재해석되면서 하나의 문화 세계에서 또 다른 문화 세계로 나아가기 때문이다. 둘째, 구전 문화와 기록 문화는 중첩된다. 바꾸어 말하면 글을 읽을 수 없는 사람들도 종종 상당한 정도로 '책 속의 지식(book knowledge)'을 습득한다. 그들은 책의 요점에 관해 진지하게 토론했으며 책이 권위를 부여해 준다고 믿었다. 예를 들어 어떤 마을 사람들은 다음과 같은 송덕문을 사망한 친구를 위해 썼다. "그는 일생 동안 책을 읽었으며 읽는 방법을 전혀 알지 못한 채 죽었노라." 대중문화의 논리와 세계관은 그 자체의 방식으로 이해될 필요가 있다.

시골, 특히 경제적으로 그다지 발전하지 않은 지역이 지독하게 가난했던 것은 사실이다. 그곳에서의 생활은 소읍에서보다 훨씬 더 소외되었다. 크게 벌어진 간격은 농민들을 고급스러운 계몽주의의 세계와 분리시켰다. 유럽 사회의 정상에 자리 잡았던 계몽 철학자들은 대중문화를 불신하고 무지한 것으로 바라보았다. 그들은 유럽의 보통 사람들을 다른 대륙의 원주민과 대동소이하게 보았다. 그들은 인도주의자였고 비판적 사상가이자 개혁가였지만 민주주의자는 아니었다. 반면에 계몽주의는 18세기 엘리트 문화에 기반을 두었지만 엘리트 사회를 충분히 뛰어넘는 변화를 포함하고 있었다.

18세기의 음악

유럽의 엘리트층은 다른 형태의 고급문화를 육성시켰다. 클럽에서 과학 논문들을 큰 소리로 읽었던 영국의 유한계급은 주말용 시골 주택을 고전 양식으로 다시 설계하기 위해 건축을 의뢰했다. 궁정들은 귀족적 취향과 미학을 고수하는 회화 아카데미들에게 비용을 대주었다. 볼테르와의 토론을 주최했던 오스트리아의 살롱들은 모차르트의 연주회를 열었다. 우리는 앞서 계몽 철학자들의 작업이 정치이론에서 소설에 이르기까지 장르를 넘나드는 것이었음을 확인한 바 있다. 루소는 논문과 소설을 썼을 뿐만 아니라 음악을 작곡하고 오페라 대본을 쓰기도 했다. 음악 문화의 번성은 18세기의 가장 중요한 특징 중 하나였다.

바흐와 헨델

18세기 초에 바로크 음악은 마지막 단계에 이르렀고 위대한 두 명의 작곡가인 요한 세바스찬 바흐(1685~1750)와 게오르크 프리드리히 헨델(1685~1759)이 출현했다. 바흐는 전 생애를 독일 지방의 벽촌에서 살았던 매우 신앙심이 깊은 인물이었다. 성년기 경력의 대부분을 라이프치히 교회 음악가로 보낸 바흐는 거의 모든 주일과 축일 예배를 위해 음악을 작곡했고 상상력과 총명함을 음악을 창작하기 위해 필요한 놀라운 자기 절제 및 능력과 결합시켰다. 그는 계몽주의의 세속주의로부터 전혀 영향을 받지 않았던 독실한 프로테스탄트교도였다. 그의 교회 음악 악보 하나하나는 세상에 대한 구원을 각 음표에 표현한 열정으로 가득차 있다. 그는 무반주 기악곡에서 독창곡, 합창곡, 오케스트라 등을 위한 웅장한 작품에 이르기까지 당대의 모든 음악 형식(오페라를 포함)을 넘나드는 작품을 작곡한 다작의 음악가였다. 그의 작품 대다수는 종교적 칸타타(현재까지 200곡 이상이 남아 있다), 종교 합창곡인 모테트(motet), 그리고 마태수난곡 등이지만, 협주곡과 오케스트라를 위한 모음곡도 만들었고 건반 악기를 위한 미묘함과 다양성을 지닌 '순수 음악'도 작곡했다.

이와 대조적으로 헨델은 대규모의 세속적 청중과 관계를 맺으며 대중을 즐겁게 해주는 세계인이었다. 그는 초년기를 이탈리아에서 바로크 양식의 작곡 기법을 익히는 데 보내고 이후에 런던에 정착했다. 그는 이탈리아 오페라를 작곡함으로써 생계를 꾸려가려 했으나, 오페라는 영국인의 귀에 외래적이고 화려하게 들렸다. 헨델은 결국 좀 더 시장성 있는 장르, 즉 오라토리오를 발견했다. 오라토리오는 영국에서 무대에 올리지 않고 음악회로 연주되는 음악극이었다. 헨델의 오라토리오는 대개 성서의 이야기를 배경으로 하고 있지만 드럼과 트럼펫이 자주 등장하고 화려한 기악으로 편성으로 된 매우 세속적인 음악이었다. 이처럼 영웅적인 성향의 작품들은 부유한 영국 청중을 런던의 연주회장으로 끌어들이는 데 성공했다. 영국 청중은 고대 히브리인의 승리를 묘사하고 있는 〈이집트의 이스라엘인(Israel in Egypt)〉, 〈마카비족 유다(Judas Maccabians)〉 같은 오라토리오를 한창 싹트고 있던 영국의 국가적 위대함에 대한 암묵적인 찬양으로 해석했다. 헨델의 가장 위대한 오라토리오인 〈메시아(Messiah)〉는 아직도 매년 크리스마스마다 영어권 세계 전역에 걸쳐 널리 연주되고 있다. 이 오라토리오의 감동적인 '할렐루야' 합창은 고전 음악 연주 목록에서 가장 인기 있는 유일한 합창곡으로 남아 있다.

하이든과 모차르트

바흐와 헨델은 바로크 음악 최후의 그리고 가장 위대한 작곡가들이었다면, 오스트리아인인 요제프 하이든(1732~1809)과 볼프강 아마데우스 모차르트(1756~1791)는 18세기 후반기에 유럽을 휩쓸었던 고전적 형식을 이끈 대표자였다. 여기에서 고전주의는 고전적 고대의 음악을 모방하는 것과는 무관하다. 고전주의는 질서, 명료함, 균형이라는 고전적 원칙을 따르려고 했다. 다시 말해, 고전주의 음악은 그리스 신전의 모양새를 음악으로 표현하려 한 것이었다. 고전주의 시대는 현악 4중주, 그리고 때때로 음악의 소설이라고 부르는 매우 감동적인 교향곡을 발달시켰다. 교향곡은 모든 고전주의 음악 형식에서 가장 다예하고 인기 있는 것임이 입증되었다. 고전주의 형식의 작곡가들은 어떤 구조적 원칙을 엄격히 고수하는 음악을 창조했다. 예컨대, 거의 모든 고전주의 교향곡은 네 개의 악장으로 구성되어 있으며 소나타 형식으로 제1악장이 시작되는데, 또한 소나타 형식은 주제, 전개, 재현부를 차례로 제시하는 것을 특징으로 한다. 모차르트의 마지막 세 교향곡(그는 모두 41개 교향곡을 작곡했다)은 우아함, 다양성, 기교적 완성도에서 타의 추종을 불허한다. 그러나 모차르트의 짧고 험난한 생애는 비범한 재능을 지닌 18세기 예술가가 직면한 문제들을 단적으로 보여주었다. 그는 네 살에 작곡을 시작했고 여섯 살에 피아노 연주의 거장으로 알려졌으며 아홉 살에 첫 교향곡을 작곡했다. 그의 아버지는 유럽 전역의 여러 궁전을 여행하면서 그를 신동으로 (매우 재능 있는 누이와 함께) 다음과 같이 널리 알렸다. "여덟 살짜리 내 아들은, 마흔 살 먹은 사람에게서나 기대할 수 있을 것만큼 많은 것을 안다. 한마디로 이 아이의 연주를 보거나 듣지 못한 사람은 어느 누구도 믿을 수 없을 것이다." 그때는 계몽주의의 절정기인 1760년대였고, 모차르트의 아버지는 회의주의와 불신의 분위기를 불평했다. "오늘날 사람들은 기적이라고 부르는 모든 것을 비웃는다. 어느 볼테르 추종자가 나에게 '나는 지금 생전 처음으로 기적을 보았는데, 정말 처음이다'라고 말하는 것을 들은 것은 커다란 즐거움이자 위대한 승리였다." 교황과 오스트리아의 여제 마리아 테레지아로부터 상과 영예를 받은 모차르트는 전 유럽에 걸쳐 주목을 끌었으며 자기 가족의 돈줄이 되었다. 그러나 일단 신동의 나이를 벗어나자 그는 거의 모든 18세기 예술가와 작가들처럼 후원에 의존해야 했다. 까다로웠던 인물이었던 모차르트는 자신이 증오했던 도시인 잘츠부르크의 심술궂은 대주교를 위해 일해야 했다. 그는 빈에서 프리랜서 작곡가이자 건반악기 연주자로서 생계를 이어가려고 애썼다. 엄청난 창작 능력과 유명한 천재성에도 불구하고 그는 계속 빚에 시달려야 했다. 그는 베네피센스 지부(Lodge of Beneficence)에 있는 동료 프리메이슨에게 돈을 빌리며 근근이 살았다. 류머티즘 열로 사망했을 때 그는 겨우 서른다섯 살에 불과했다. 그를 담당한 의사들은 18세기의 의학적 관행에 따라 그의 생애 마지막 달에 자주 피를 빼냈는데, 아마도 이러한 처치는 소독되지 않은 의료 기구들로 인해 그의 혈액에 독이 침투하면서 그의 죽음을 재촉했을 것이다. 모차르트가 극빈자 묘지에 아무도 모르게 묻혔다는 것은 사실이 아니다. 그의 장례는 그가 가난했기 때문이기도 하지만 가톨릭 의식에 반대하는 그가 속한 프리메이슨의 원칙과 계몽주의에 따라 소박하면서도 저렴한 비용으로 치러졌다. 그의 동료 작곡가인 요제프 하이든은 "우리는 우리 중 가장 위대한 인물을 잃었다"고 비통해 했다.

요제프 하이든의 생애는 모차르트와는 뚜렷한 대비를 보인다. 자기 자신을 돌보는 방법을 더 잘 알았던 하이든은 생의 대부분을 가문 소유의 오케스트라를 유지했던 엄청 부유한 오스트리아–헝가리 귀족 가문에 고용되어 보냈다. 그러나 이러한 안정적 삶은 보통 집사들처럼 에스테르하지(Esterházy) 가문의 제복을 입어야 하는 불명예를 감수한 데 따른 것이었다. 1791년 생애의 말기에 이르러서야 비로소 유명해진 하이든은 런던으로 자리를 옮김으로써 스스로 파업을 일으켰다. 런던에서 5년 동안(잠시 동안의 시간적 간격을 제외하고) 사적인 후원자 대신에 요금을 지불하는 청중을 위해 작곡함으로써 훌륭히 생계를 유지해나갔다. 18세기의 런던은 문화를 위한 상업적 시장이 존재했던 드문 곳 중 하나였다. 이 점에서 런던은 미래의 경향을 보여주었다. 왜냐하면 19세기에 유럽 전체에 걸쳐 진지한 음악은 귀족의 살롱을 떠나 도시의 연주회장으로 무대를 옮겼기 때문이다. 귀족의 영향이 뿌리 깊은 오스트리아에서 하이든은 하인의 제복을 입어야 했지만, 런던에서는 창조적 천재로서 환영받았다. 하이든은 그곳에서 천재로 간주된 최초의 작곡가 중 하나였다. 런던 연주회장에서 공연을 위해 작곡된 하이든의 교향곡이 〈기적(Miracle)〉이라는 제목으로 불리게 된 데는 사연이 있다. 이 곡이 연주되고 있는 동안 연주회장의 샹들리에가 떨어졌는데, 이 천재 지휘자를 보기 위해 청중이 무대 주위로 몰려든 바람에 샹들리에가 머리에 떨어지는 것을 가까스로 모면했다고 한다. 하이든은 교향곡을 최초로 작곡하지 않았지만, 흔히 '교향곡의 아버지'로 불린다. 100편이 넘는 교향곡 중에서 특히 그가 런던에서 작곡한 마지막 12편의 교향곡을 통해 그는 가장 지속력 있는 교향곡 작곡 기법을 만들었으며 교향곡에 잠재해 있는 창조성을 충분히 보여주었기 때문이다.

오페라

마지막으로 오페라도 18세기에 전성기를 누렸다. 오페라는 극적인 긴장감을 한층 더 높이기 위해 음악을 무대와 결합시킨 바로크 시대의 이탈리아 작곡가 클라우디오 몬테베르디(1567~1643)가 가장 크게 발전시킨 17세기의 창조물이었다. 몬테베르디가 선보인 새로운 형식의 오페라는 즉각적인 반응을 불러일으켰다. 한 세대도 지나지 않아 오페라는 이탈리아의 주요 도시에서 공연되었고 18세기에는 유럽 전역에서 주목을 끌었다. 성악가, 연주자, 극작가, 무대 미술가 등의 재능을 한데 모은 화려한 무대에서 펼치는 오페라는 웅장함, 드라마, 표현 등에 대한 바로크 예술가의 헌신을 어떤 예술 형태보다 뚜렷하게 표현했다. 고전주의 시기에 크리스토프 빌리발트 폰 글루크(1714~1787)는 오페라의 인기를 배가시켰다. 마리 앙투아네트의 젊은 시절 음악 가정교사로서 오스트리아에서 파리로 온 글루크는 오페라의 대사가 음악만큼이나 중요하게 취급되어야 한다고 주장했다. 그는 아리아를 단순화시켰고 극적인 연기를 강조했으며, 프랑스 궁정을 위해 높은 수준의 흥행을 창출했다. 하지만 고전주의 시대의 가장 위대한 오페라 작곡가는 단연 모차르트였다. 그의 〈피가로의 결혼(The Marriage of Figaro)〉, 〈돈 조반니(Don Giovanni)〉, 〈마술 피리(Magic Flute)〉는 모든 시대에 걸쳐 가장 사랑받는 오페라로 남아 있다.

18세기의 음악가들은 18세기의 작가들처럼 문화 구조들이 변화하면서 형성된 자신의 직업과 예술을 발견했다. 세속주의를 향한 경향에도 불구하고 교회는 계속해서 많은 일상적인 음악을 위한 지원을 제공했다. 매우 드문 경우에 런던에서 하이든이 그랬듯이, 작곡가들은 시장의 도움을 받을 수 있었다. 하지만 귀족 및 왕실의 후원은 음악가들을 위한 중요한 지원의 원천으로 남아 있었다. 그리고 음악가들은 계몽주의 작가들처럼 자신의 후원자 및 문화와 애증이 엇갈리는 관계를 맺고 있었다. 루소는 작곡가로서 귀족층이 당대의 오페라 제작 분위기를 정하는 방식을 매도했다. 그는 가식적인 공연과 감정에 호소하는 허식을 개탄했다. 그는 자신의 오페라에서 이와 다른 주제들, 즉 자연, 소박함, 덕성 등을 무대에 올리고자 했다. 영국의 작가 새뮤얼 존슨은 후원자들을 "거들먹거리는 비열한 놈들"이라고 불렀다. 모차르트는 일거리를 받기 위해 그리고 중요하게는 작품 공연을 보장받기 위해 오만한 잘츠부르크의 대주교에게 의지했다. 그는 자신의 처지에 대해 다음과 같이 한탄했다. "나는 내가 시종이었다는 것을 몰랐다." 모차르트의 가장 인기 있는 오페라 중 하나이자 프랑스 희곡에 기초한 〈피가로의 결혼〉은 바로 이런 주제들, 예컨대 주인과 하인의 관계, 특권의 남용, 유럽 귀족의 뻔뻔함 등의 주위를 맴돌았다.

〈피가로의 결혼〉은 실제로 대중성을 향한 18세기의 고전적인 경로를 답습했다. 그 희곡의 작가는 시계제조공의 아들인 피에르 카롱이었다. 카롱은 왕을 위한 시계제조공의 자리에 올랐고 귀족의 지위를 샀으며 결혼도 잘 했고 피에르 오귀스탱 보마르셰(1732~1799)라는 이름을 얻었으며 프랑스 귀족을 풍자하는 계몽주의적 분위기의 희극을 몇 편 썼다. 〈피가로의 결혼〉은 프랑스 검열관들에게 문제를 일으켰지만 많은 다른 금서들처럼 잘 팔렸다. 〈피가로의 결혼〉은 이탈리어어로 번역되었고 (프리메이슨이었던) 모차르트가 음악으로 만들어 파리에서 프라하에 이르기까지 안목이 높은 엘리트 청중 앞에게 공연되었다. 풍자, 자아 비판, 계급제도에 대한 비판, 낙관주의 및 사회적 유동성, 그리고 세계주의적 사고방식 등은 여러 가지 측면에서 전통적인 사회로부터 지지를 받았다. 이 모든 것들이 계몽주의뿐만 아니라 18세기 문화를 이해하는 열쇠이다.

결론

계몽주의는 과학혁명, 과학을 창조한 가능성과 권력에 대한 새로운 인식, 새로운 형태의 탐구에 대한 쇄도하는 열정 등으로부터 대두했다. 이와 더불어 계몽주의와 과학혁명은 과학을 지식의 한 형태로 만들었다. 18세기 사상가들은 놀라울 정도로 광범위한 범위의 주제들, 예컨대 인간 본성, 이성과 오성의 과정, 종교, 믿음, 법, 정부의 기원, 경제학, 사회적 실천 등을 면밀하게 파헤쳤다. 저명한 '계몽 철학자'이든 지하 언론인이든 간에 그들은 정부와 체제, 자신의 동시대인, 심지어 자신마저도 불편하게 만드는 문제들을 제기했다. 사상은 희곡 및 오페라에서 언론에 이르기까지 대중적 형태로 유통되었다. 지적 변화는 사회적·문화적 변화, 예컨대 자기 나라를 새로운 터전에 놓으려고 하는 정부의 노력, 새로운 엘리트의 등장, 공적 영역의 확대 등과 맞물렸다.

대서양을 사이에 두고 일어난 혁명들(1776년의 아메리카 혁명, 1789년의 프랑스 혁명, 1830년대의 라틴아메리카에서의 대변동)은 계몽주의의 언어에 심취했다. 이들 혁명으로 형성된 신생 국가들의 헌법은 계몽주의적 자유주의라는 기본 사상—이것은 종교나 국가 그 어느 것도 개인적 양심의 자유를 방해할 수 없으며, 정부 권력은 독단적이 될 수 없고, 평등과 자유는 천부적인 것이며, 인간은 행복, 번영, 그리고 인간 잠재력의 신장을 추구한다—을 따랐다.

이러한 주장은 일찍이 시험적으로 행해진 적이 있었다. 그러나 북아메리카의 식민지인들이 1776년 영국으로부터 독립을 선언했을 때 그들은 이들 사상을 '자명한 진리'라고 불렀다. 이 담대한 선언은 17세기 말 이래로 지나온 거리와 계몽주의의 특징인 자신감 모두를 보여주었다.

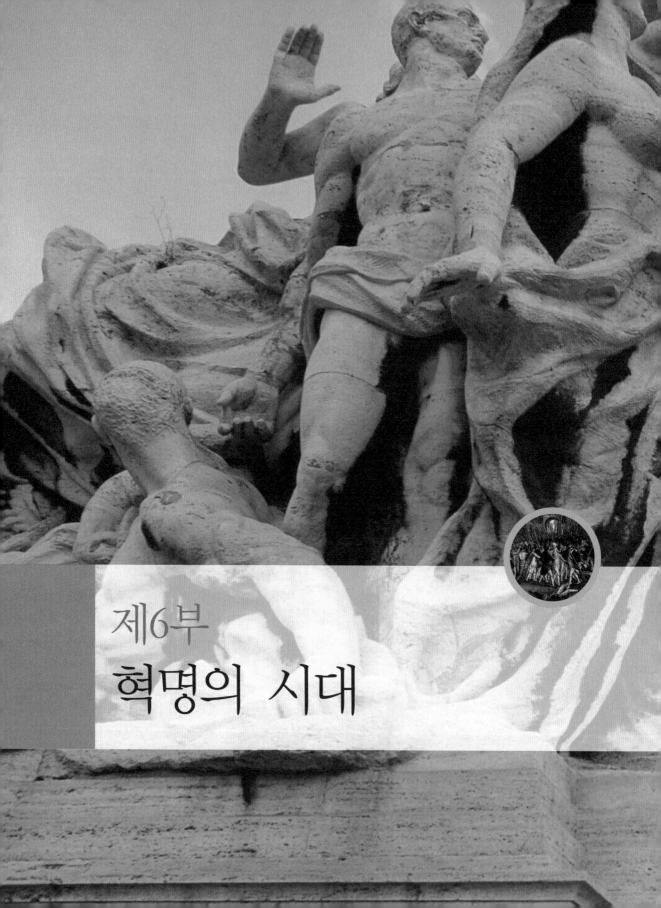

제6부
혁명의 시대

THE AGE OF REVOLUTION

　1492년 이후 몇 세기 동안 서양은 유럽이 대서양 너머로 확대되는 제국을 건설함으로써 새로운 형태를 갖추게 되었다. 이들 대서양 제국은 거대한 흔적을 남겼다. 그들은 유럽을 전 지구적 세력으로 만들었고 부, 무역, 경제 발전의 근원이 되었다. 이 제국들은 유럽인들에게 우주론, 물리학, 항해술에서 역사에 이르는 문제들과 자신들이 인류의 역사에 어떻게 어울릴 수 있는가에 대한 문제들을 성찰하도록 사상을 자극했다. 대서양 제국들은 유럽 열강들 사이의 갈등에 새로운 장을 열었다. 예를 들어, 제국 간의 경쟁과 식민지에 대한 관심은 점차 유럽의 전쟁에서 중심적인 위치를 차지했다. 마침내 18세기 말 이것들은 혁명을 위한 발판이 되었다.

　역사가들이 '혁명의 시대(age of revolution)'라고 부른 것은 1770년대부터 최소한 19세기 중반에 이르기까지 계속되었다. 혁명의 시대는 대영제국에 대항한 반란과 더불어 북아메리카의 식민지에서 시작되었다. 혁명의 시대는 18세기 유럽과 대서양 세계를 뒤흔든 위기였다. 이는 대영제국, 프랑스와 카리브 해의 프랑스 제국, 벨기에, 네덜란드, 그리고 중앙 및 남아메리카의 에스파냐 및 포르투갈 제국들에서 혁명 운동을 불러일으켰다. 유럽 강대국들에 의해 진압되거나 봉쇄된 혁명들은 1848년 유럽 전역에서 다시 발발하여 중부 유럽의 오스트리아 및 프로이센 제국들에게까지 영향을 미쳤다.

　그와 동시에 한결 더 지속적이고 더 느리지만 적지 않게 산업에서의 극적인 혁명이 서양의 경제를 재구성했다. 산업혁명은 이들 혁명과 거의 동시에 발생했으며, 비록 방법과 정도의 차이는 있었지만 많은 수의 사람들에게 영향을 미쳤다. 19세기와 20세기 초의 주요 발전들, 즉, 토지 귀족의 몰락과 새로운 사회집단의 대두, 놀랍도록 새로운 형태의 정치의 등장, 정치 및 사회사상의 변화, 산업의 팽창, 유럽 제국의 재정립 등은 모두 이 두 가지 혁명에 뿌리를 두었다. 이 혁명들은 절대주의, 중상주의, 봉건제의 잔재를 무너뜨렸다. 이 혁명들은 경제적 개인주의와 정치적 자유주의의 이론과 실천을 창출했다. 이 혁명들이 초래한 고통스러운 변화는 유럽을 몇 세대 동안 양극화시켰다.

연표: 혁명의 시대

	정치	사회와 문화	경제	국제 관계
1750		요한 볼프강 폰 괴테 (1749~1832)	영국의 수출 생산이 80퍼센트 증가함 (1750~1770)	
		윌리엄 블레이크 (1757~1827)	영국 의회 인클로저 증가시킴 (1750~1860)	
	러시아의 예카테리나 대제 치세 (1762~1796)	윌리엄 워즈워스 (1770~1850)	제니 방적기, 수력 방적기, 뮬 방적기 발명 (1764~1799)	러시아, 오스트리아, 프로이센이 폴란드를 분할함 (1772, 1793, 1795)
			제임스 와트의 특허들이 증기기관을 향상시킴 (1769)	
	아메리카 혁명 (1774~1782)		산업혁명 (1780~1880)	
	루이 14세의 명사회 소집 (1788)			
	프랑스 혁명 발발 (1789)	제레미 벤담, 『도덕과 입법의 원리 서설』 (1789)		
	프랑스 시골에서의 대공포 (1789)			
	「인간과 시민의 권리 선언」 (1789)			
	프랑스 국민의회의 봉건적 권리 및 특권의 폐지 (1789)			
1790		괴테, 『파우스트』(1790)		
		에드먼드 버크, 『프랑스 혁명에 대한 성찰』 (1790)		생 도밍그에서의 노예 반란이 영국과 에스파냐의 침공을 촉발시킴 (1791)
	생 도밍그에서의 노예 반란 (1791)	토머스 페인, 『인간의 권리』 (1791)		프랑스가 오스트리아 및 프로이센에게 선전포고함 (1792)
	프랑스 루이 16세의 퇴위와 프랑스 공화정의 선포 (1792)			혁명기 프랑스가 저지대 지방들, 라인란트, 그리고 에스파냐와 이탈리아의 일부를 점령함 (1794~1796)
	대공포(1793~1794)		일라이 휘트니의 조면기 발명 (1793)	
	프랑스 공회의 노예제 폐지와 장자상속권 폐지 (1793~1794)			
	막시밀리앙 로베스피에르의 처형 (1794)			
		독일 시인 하인리히 하이네 (1797~1856)		
		워즈워스와 콜리지, 『서정적 발라드』 (1798)		
		토머스 맬서스, 『인구론』 (1798)		
	나폴레옹 보나파르트가 임시 통령으로 선포됨 (1799)	프랑스 화가 외젠 들라크루아 (1799~1837)		
		프랑스 소설가 오노레 드 발자크 (1799~1850)		
1800	토머스 제퍼슨 대통령 (1801~1809)	낭만주의의 대두 (1800년대 초)	여성들이 영국 직물 노동력의 50퍼센트를 차지함 (1800년경)	아미앵 휴전 협정이 일시적으로 영국과 프랑스 간의 전쟁을 중단시킴 (1801)
	교황과 보나파르트의 협약 (1801)	유럽 대륙의 인구가 두 배로 늘어남 (1800~1850)		나폴레옹이 생 도밍그에서 노예제를 회복시키려는 노력이 실패로 돌아감 (1801~1803)
	보나파르트가 국민 투표로 종신 통령에 선출됨 (1802)			루이지애나 매입 (1803)
		나폴레옹 법전 (1804)		아이티 독립 (이전의 생 도밍그) (1804)
	보나파르트가 스스로 나폴레옹 황제로 즉위함 (1804)	소설가 조르주 상드 (1804~1876)		트라팔가르에서 넬슨이 거둔 승리가 프랑스 해군력을 붕괴시킴 (1805)
				나폴레옹이 아우스터리츠 전투에서 오스트리아와 러시아군을 패배시킴 (1805)
			나폴레옹이 대륙 체제를 단행함 (1806)	
			러시아에서 농노제 폐지 (1807)	
1808	러시아의 개혁 시대가 시작됨 (1808)	요한 고틀리프 피히테, 『독일 국민에게 고함』 (1808)		나폴레옹의 에스파냐 침공 (1808)

정치	사회와 문화	경제	국제 관계	
			나폴레옹이 합스부르크 왕가의 마리 루이즈와 결혼함 (1809)	1809
	그림 형제, 『그림 동화집』(1813)		나폴레옹의 러시아 출정 (1812)	
			나폴레옹의 엘바 섬 유배 (1814)	
프랑스에서 부르봉 왕조가 복위됨 (1815)			빈 회의 (1814~1815)	
			나폴레옹이 워털루에서 패배함 (1815)	
			빈 회의가 독일 연합을 창건함 (1815)	
	프랑스 화가 귀스타브 쿠르베 (1819~1877)	프로이센의 관세 동맹 창설(1818)	5국 동맹 결성 (1818)	
			그리스 독립 전쟁 (1821~1827)	
			먼로 독트린 (1823)	
러시아에서의 12월당 반란 (1825)			오스만 제국 내에서 세르비아가 부상함 (1828)	
프랑스와 벨기에에서의 혁명 (1830)		최초의 철도가 승객을 실어 나름 (1830)		
마치니가 청년 이탈리아당을 창립함 (1831)				
영국에서 선거 개혁법이 통과됨 (1832)				
영국에서 구빈법 개혁 (1834)	알렉시스 드 토크빌, 『미국의 민주주의』(1835~1840)			
빅토리아 여왕의 치세 (1837~1901)	『이코노미스트』 창간 (1838)			
영국의 차티스트 운동 (1838~1848)	예술과 문학에서 리얼리즘 등장 (1840년대)	철도 수송이 대륙 전역에 확산됨 (1840년대)		
		관세 동맹이 거의 모든 독일 영방 국가들로 확대됨 (1840년대)		
	아일랜드 대기근 (1845~1849)	흉작이 유럽 전역에 걸쳐 경제 위기를 초래함 (1845)		
		아일랜드 대기근 (1845~1849)		
중부 및 동부 유럽에서의 혁명 운동들의 진압 (1848~1850)	세니커폴스 대회 (1848)		과달루페 이달고 조약으로 미국과 멕시코 간의 전쟁이 끝남 (1848)	
		캘리포니아 골드러시 (1849)	미국이 1,500만 달러를 주고 캘리포니아를 포함한 서부 영토를 매입함 (1848)	
루이-나폴레옹 보나파르트가 제2공화정을 전복시킴 (1851)	플로렌스 나이팅게일의 의료 개혁 (1850년대)	남부 및 동부 유럽에서 농노제 폐지됨 (1850)		1850
	런던 만국 산업 노동 대(大)박람회 (1851)	런던 만국 산업 노동 대(大)박람회 (1851)		
		영국이 세계 철의 절반을 수출함 (1852)		
		면화가 영국 국내 수출의 40퍼센트를 차지함 (1852)		
	찰스 다윈, 『종의 기원』(1859)		크림 전쟁 (1854~1856)	
	존 스튜어트 밀, 『자유론』(1859)		사르디니아가 롬바르디아, 교황령 국가, 그리고 여러 공국들을 장악함 (1859)	
		농업 노동자들이 여전히 영국에서 최대의 노동력을 차지함 (1860)		
		영국과 프랑스가 자유 무역 협정에 서명함 (1860)		
카이저 빌헬름 1세의 치세 (1861~1888)		러시아에서의 농노 해방 (1861)	비토리오 에마누엘레 2세가 이탈리아의 왕위를 주장함 (1861~1878)	
미국 남북전쟁 (1861~1865)				
오토 폰 비스마르크가 독일의 수상으로 임명됨 (1862)	빅토르 위고, 『레미제라블』 (1862)	미국에서 노예제가 폐지됨 (1865)	7주 전쟁: 프로이센이 슐레스비히와 홀슈타인을 차지함 (1866)	
	표도르 도스토예프스키, 『죄와 벌』(1866)		캐나다가 독립을 획득함 (1867)	
영국에서의 1867년 개혁법 (1867)	밀, 『여성의 종속』(1869)	철도가 미시시피 계곡과 태평양 연안을 연결함 (1869)	프랑스-프로이센 전쟁 (1870~1871)	1870
			이탈리아인들이 나폴레옹 3세의 보호로부터 로마를 찾아옴 (1870)	
			독일 제국 선포 (1871)	

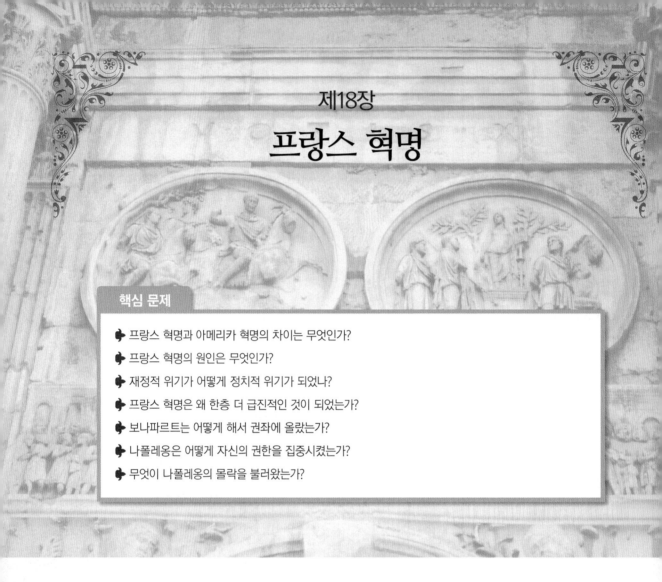

제18장

프랑스 혁명

핵심 문제

- 프랑스 혁명과 아메리카 혁명의 차이는 무엇인가?
- 프랑스 혁명의 원인은 무엇인가?
- 재정적 위기가 어떻게 정치적 위기가 되었나?
- 프랑스 혁명은 왜 한층 더 급진적인 것이 되었는가?
- 보나파르트는 어떻게 해서 권좌에 올랐는가?
- 나폴레옹은 어떻게 자신의 권한을 집중시켰는가?
- 무엇이 나폴레옹의 몰락을 불러왔는가?

    1789년에 다섯 명의 유럽인 가운데 한 명은 프랑스에 살았고, 당시의 많은 유럽인은 프랑스를 문화의 중심지로 생각했다. 따라서 프랑스에서 발생한 혁명은 즉각적으로 유럽의 주목을 받았을 뿐만 아니라 국제적인 중요성을 띠게 되었다. 그러나 프랑스 혁명은 한층 더 중요한 이유로 유럽인을 매료시키는 동시에 혼란에 빠뜨렸다. 프랑스 혁명의 철학사상과 정치 현실은 수십 년 동안 교육받은 유럽인의 마음을 사로잡았던 태도와 관심사, 그리고 갈등을 반영하고 있었다.

    혁명가들은 유럽 전역에서 공감을 불러일으켰던 문제들을 제기했다. 절대주의는 점차 사려 깊은 주장을 하는 광범위한 사람에게 커다란 해악이 되었다. 유럽과 식민지 전역에 걸쳐 귀족은 자신이 이전부터 누려온 자유에 대한 군주정의 침해에 분개했다. 상당수가 매우 성공한 사람들이었던 중간계급의 구성원은 점차 시대에 뒤떨어진 것이라고 생각하게 된 관직의 특권체제에 분노했다. 농민들은 자신들의 제한된 자원을 중앙 정부가 끊임없이 요구하는 것에 분개했다. 분노는 전적으로 절대군주에게만 초점을 맞춘 것이 아니었다. 긴장은 시골과 도시 거주민, 부자와 빈민, 특권층과 비특권층, 노예와 자유민 사이에 존재했다. 1789년의 프랑스 혁명은 이 모든 갈등의 가장 극적이고 격앙된 표현이었다.

혁명의 시대는 북아메리카의 식민지들에서 시작되었다. 1776년의 아메리카 혁명은 대영제국의 위기였다. 아메리카 혁명은 신세계의 식민지 지배를 둘러싼 영국과 프랑스 사이의 오래된 갈등에 종말을 알리는 사건 중 하나였다. 또한 아메리카 혁명은 프랑스 구체제의 첫 번째 위기 중 하나였다. 한 역사가는 다음과 같이 말했다. "신세계는 두려움과 열망이……최초로 극적으로 표현된 곳이고 보통 시민의 초법적 연합이 통치권에 도전한 곳이며 정치 철학의 추상적 이상이 보통 사람의 행동으로 구체화된 곳이었다." 신생 국가의 시민이 영국의 통치를 무너뜨리고 계몽주의 원리에 입각한 공화국을 건설하는 데 성공했다는 사실은 '계몽된' 유럽인 사이에서 엄청난 낙관론의 근거가 되었다. 많은 사람들은 변화가 있을 거라고 믿었다. 개혁은 가능했다. 그 비용은 적당했다.

아메리카 혁명이 최초로 유럽인의 열망을 극적으로 표현했다면, 프랑스 혁명은 그들의 두려움을 심화시켰다. 프랑스 혁명은 비록 그것이 반드시 그렇게 시작된 것은 아니지만 훨씬 더 급진적인 사건으로 판명되었다. 프랑스 혁명은 엄청날 정도로 더 큰 대가를 요구했다. 예컨대 프랑스 혁명은 오래 지속되었으며 복합적이었고 폭력적이었다. 그것은 한결 더 큰 희망을 품게 했지만, 결과적으로 많은 경우에 쓰라린 환멸을 안겨주었다. 프랑스 혁명은 반세기 동안에도 해결되지 못할 문제들을 제기했다.

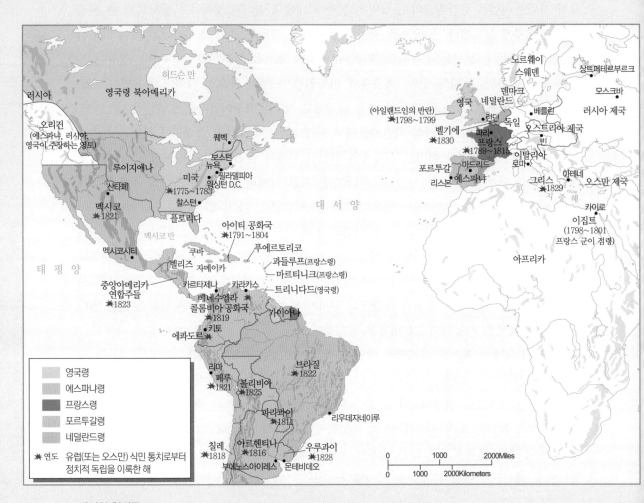

러시아

영국령 북아메리카

허드슨 만

노르웨이
스웨덴
덴마크
상트페테르부르크
모스크바

오리건
(에스파냐, 러시아,
영국이 주장하는 영토)

퀘벡

영국
네덜란드
런던
베를린
독일
오스트리아 제국
러시아 제국

(아일랜드인의 반란)
✳1798~1799

벨기에
✳1830
파리
프랑스
✳1789~1815

빈

루이지애나

보스턴
뉴욕
필라델피아
워싱턴 D.C.

미국
✳1775~1783

산타페

멕시코
1821

찰스턴

플로리다

대 서 양

포르투갈
리스본

마드리드
에스파냐

이탈리아
로마

그리스
✳1829

아테네
오스만 제국

지 중 해

카이로

멕시코 만

아이티 공화국
✳1791~1804

쿠바
자메이카

푸에르토리코
과들루프(프랑스령)
마르티니크(프랑스령)
트리니다드(영국령)

이집트
(1798~1801
프랑스 군이 점령)

멕시코시티

태 평 양

벨리즈

중앙아메리카
연합주들
✳1823

카르타제나
베네수엘라
콜롬비아 공화국
✳1819

카라카스

키토

가이아나

아프리카

에콰도르

리마
페루
✳1821

볼리비아
1825

브라질
1822

파라과이
1811

리우데자네이루

	영국령
	에스파냐령
	프랑스령
	포르투갈령
	네덜란드령

칠레
✳1818

아르헨티나
1816
부에노스아이레스

우루과이
✳1828
몬테비데오

0   1000   2000Miles
0   1000   2000Kilometers

✳연도 유럽(또는 오스만) 식민 통치로부터
정치적 독립을 이룩한 해

대서양 혁명들

대서양 혁명들은 대서양 양쪽에 있는 국가와 제국들을 뒤흔들어놓았다.

프랑스 혁명: 개관

♣ 프랑스 혁명과 아메리카 혁명의 차이는 무엇인가?

　혁명에 대한 여러 가지 대중적 이미지의 원천이었던 찰스 디킨스(1812~1870)의 『두 도시 이야기(Tale of Two Cities)』(1859)에서 프랑스의 격변은 단두대를 바라보는 피에 굶주린 군중에 대한 끔찍한 묘사로 얼룩졌다. 그 묘사는 잊지 못할 장면이긴 하지만 오해하기 쉬운 것이었다. 프랑스 혁명이라는 용어는 1789년과 1799년 사이에 일어난 복합적인 사건에 대한 간략한 표현이다(나폴레옹은 1799년에서 1814~1815년까지 통치했다). 요약하면 이 사건은 네 단계로 나눌 수 있다. 1787년에서 1792년까지 지속되었던 첫 번째 단계에서 헌정적인 문제를 둘러싼 투쟁이 있었고 상대적으로 평화로웠다. 점차 대담해진 엘리트는 국왕의 대한 자신의 불만을 분명히 표현했다. 아메리카의 혁명가들처럼 프랑스 엘리트들은 대표 없는 과세를 거부했고 전제 정치와 자의적인 권력을 공격했으며 프랑스에 활력을 불어넣기 위해 계몽주의의 영감을 받은 프로그램을 제시했다. 상당수가 놀라울 정도로 광범위했던 개혁들이 제도화되었다. 그중 일부는 국왕이 수용하거나 심지어 제시했고 일부는 국왕의 반대에도 불구하고 통과되었다. 그러나 평화로운 헌정적인 국면은 계속되지 못했다. 아메리카 혁명과는 달리 프랑스 혁명은 여러 가지 이유로 하나의 헌법이나 일군의 정치 지도자들을 중심으로 안정화되지 못했다.

　개혁은 프랑스를 분열시키면서 저항에 직면했다. 유럽에서 가장 막강한 나라 중 하나에서 일어난 극적인 변화에 대한 위협은 국제적인 긴장을 야기했다. 1792년 이러한 긴장은 전쟁으로 폭발했으며 전쟁의 위기는 부르봉 왕조의 종말과 공화정의 시작을 가져왔다. 1792년에서 1794년까지 지속된 프랑스 혁명의 두 번째 단계는 심각한 위기, 통합, 그리고 진압으로 진행되었다. 무자비하게 중앙집권화된 정부는 반역자와 구체제의 흔적을 파괴하기 위해 국내에서의 반동 혁명뿐만 아니라 외적과 싸우고자 프랑스의 모든 자원을 동원했다.

　이 정책을 일컫는 공포 정치는 공화정을 구했지만, 파당과 반발 등으로 기력이 소진되어 1794년에 붕괴되었다. 1794년부터 1799년에 이르는 프랑스 혁명의 세 번째 단계에서 정부는 표류했다. 프랑스는 유럽과 계속해서 싸웠다. 부패와 분열로 쇠약해진 프랑스는 야심에 찬 군부 지도자 나폴레옹 보나파르트의 먹잇감으로 전락했다. 놀라운 승리와 파국으로 점철된 나폴레옹의 통치는 1799년에서 1815년까지 이어졌다. 나폴레옹의 통치는 공화정으로 시

프랑스 혁명의 시기, 1789~1815년	
제1단계 프랑스 혁명	1789년 7월 ~ 1792년 8월
제2단계 프랑스 혁명	1792년 8월 ~ 1794년 7월
총재정부	1794~1799년
나폴레옹 시대	1799~1815년

작았지만 제국이 되었고, 마지막 만세의 함성 이후에 벨기에의 한 마을인 워털루 외곽의 진흙 밭에서 종말을 고했다. 나폴레옹이 최후로 패배한 이후 유럽의 군주들은 부르봉 왕조를 복위시켰다. 그러나 왕조의 복위는 단명했고, 혁명에서 반동으로 이어지는 순환은 19세기까지 계속되었다.

혁명의 도래

♣ 프랑스 혁명의 원인은 무엇인가?

프랑스에서 일어난 혁명의 장기적 원인은 무엇인가? 역사가들은 오래전에 프랑스 혁명의 원인과 결과는 계급 갈등의 관점에서 이해해야 한다고 주장했다. 이 해석에 따르면 계몽사상과 자신의 이기심에 고무된 대두하는 부르주아계급 또는 중간계급이 귀족적 질서의 잔재를 전복시킨 것이었다. 이 해석은 19세기 철학자인 카를 마르크스의 저작과 상당 부분 20세기의 사회학에 근거를 둔 것이었다.

역사가들은 이 과감한 해석을 상당히 수정해왔다. 확실히 혁명의 기원은 18세기 프랑스 사회에서 찾을 수 있다. 하지만 프랑스 사회는 단순히 부르주아계급과 귀족계급으로 나뉜 것은 아니었다. 프랑스는 귀족, 관직 보유자, 전문가 그리고 (숫자는 적지만) 상인과 사업가 등을 한데 어우르는 신엘리트 또는 사회집단이 지배하고 있었다. 프랑스 혁명을 이해하려면 이 새로운 사회집단과 루이 16세 정부에 대한 그들의 갈등을 분석할 필요가 있다.

프랑스 사회는 세 가지 신분으로 나뉘어 있었다(개인의 '신분'은 그의 지위를 나타내며 이에 따라 법적 권리, 세금 등이 결정되었다). 제1신분은 모든 성직자로 구성되었고 제2신분은 귀족으로 이루어졌다. 가장 수가 많은 제3신분은 부유한 법률가나 사업가에서 도시 노동자나 가난한 농민에 이르는 거의 모든 사람들을 포함했다. 규모는 작지만 막강한 집단인 프랑스의 정치적·사회적 엘리트 내에서 이러한 법적 차별은 종종 인위적인 것으로 여겨졌다. 우선 사회의 더 높은 상층부에 도달하는 데에서 귀족과 부유한 보통 사람의 사회적 경계는 분명치 않았다. 귀족의 작위를 주는 관직을 살 수 있는 사람은 귀족의 작위를 획득했다. 예를 들어 1700년에서 1789년 사이에 5만 명에 가까운 새로운 귀족이 출현했다. 귀족층은 자신의 활력을 제3신분의 부유한 사회집단으로부터 나오는 재능과 경제력의 끊임없는 유입에 의존했다.

혁명가인 오노레 가브리엘 리케티(1749~1791), 즉 미라보 백작의 가문은 이러한 변화를 잘 보여준다. 16세기에 살았던 미라보의 조상들은 상인이었다. 하지만 1570년 그들 중 한 사람이 미라보 영주의 특권(귀족의 작위가 수여되는 토지)을 구입했고, 다음 세기에 또 다른 조상이 후작의 작위를 사들였다. 법률가인 미라보는 자신의 할아버지가 지휘한 적이 있었던 기병대에서 장교로 근무했다. 귀족은 무관 귀족과 관복 귀족으로 구별되었는데, 무관 귀족은 군 복무를 통해 이어진 한층 더 오래된 출중한 혈통이었고 관복 귀족은 관직의 매입을 통해 행정직이나 사법직(따라서 관복 귀족이라고 부른다)을 얻은 사람들이었다. 미라보 가문의 사례가 보여주듯이 그러한 구별조차도 쉽게 혼동될 수 있었다.

부는 다양한 형태를 취했다. 대다수 귀족의 부는 소유권을 주장할 수 있는 토지, 도시 재산, 매입 관직 등에 묶여 있었다. 하지만 귀족 가문은 역사가들이 오래 생각했던 것처럼 무역이나 상업을 경멸하지 않았다. 사실 귀족은 여러 산업에 투자했으며 은행업, 선박 소유, 노예무역, 광산업, 야금업 등과 같은 사업에 많은 돈을 투자했다. 더욱이 제3신분 중에서 매우 부유한 사람들은 안전하고 특허가 있는 재산에 투자하기를 좋아했다. 그리하여 18세기를 통해 많은 부르주아의 부는 귀족적 부의 형태로 변모했으며 상당수의 부유한 부르주아는 귀족이 되었다. 부르주아계급의 부유한 사람들은 스스로를 별도의 계급으로 보지 않았다. 그들은 자신을 육체노동을 하던 보통 사람들과 다르고 종종 반대된다고 생각했지만 자신들이 빈번히 열망하던 귀족계급의 가치와 동일시했다.

그런데도 중요한 사회적 긴장들이 있었다. 그 수가 늘어나고 있었던 그다지 부유하지 못한 법률가들은 자신의 직업에서 특전이 부여된 소수의 특권적 지위를 시샘했다. 18세기에 걸쳐 관직 매매의 가격은 올라갔다. 이는 귀족계급에 진입하는 방도의 구입을 한결 어렵게 만들었으며, 제3신분의 평범한 구성원과 무역과 상업을 통해 매우 부유해진 사람들 사이에 긴장을 조성했다. 부유한 사람들은 대체로 사회적 지위의 사다리를 올라가는 것이 허용된 유일한 집단이었다. 부유하지 못한 귀족은 부유한 벼락부자의 성공에 대해 분개했다. 이들 벼락부자의 수입은 귀족이 누릴 수 없었던 엄청난 규모의 사치 생활을 누릴 수 있도록 해주었던 것이다. 요약하면 엘리트와 중간계급 속으로 몇 개의 단층선이 빠르게 퍼졌던 것이다. 그렇지만 모든 사회집단은 자신의 이해관계에 기여하고 있지 않던 정부와 경제를 공격하는 데 힘을 합칠 수 있었다.

계몽주의는 여론을 바꾸어놓았다(제17장 참조). 사상이 프랑스 혁명의 원인은 아니었지만, 사상은 불만을 명확하게 해주는 데서 결정적인 역할을 했다. 로크, 볼테르, 몽테스키외의 정치이론은 불만에 찬 귀족과 중간계급의 구성원 모두에게 호소력을 지녔다. 볼테르는 귀족의 특권을 공격했기 때문에 인기가 있었다. 로크와 몽테스키외는 사유재산권과 제한주권에 대한 옹호로 광범위한 지지를 확보했다. 몽테스키외의 사상은 프랑스의 막강한 법원, 즉 고등법원을 지배했던 귀족 법률가와 관직 보유자들에게 호소력을 지녔다. 그들은 몽테스키외의 견제와 균형의 이론을 국왕 정부의 전제정치를 견제해줄 정부기관뿐만 아니라 고등법원에 대한 옹호로 이해했다. 갈등이 일어났을 때 귀족 지도자들은 국왕과 휘하 장관들이 위협했던 국가 정치공동체의 옹호자를 자처했다.

변화를 위한 운동은 또한 경제 개혁가들로부터도 커다란 지지를 받았다. 프랑스에서 '중농주의자'로 불렸던 사람들은 정부에게 과세제도를 단순화하고 경제를 중상주의적 규제에서 자유롭게 할 것을 촉구했다. 예를 들면 그들은 정부에게 빵 값을 저렴하게 유지하기 위해 부과되어왔던 곡물 가격에 대한 통제를 없애라고 주장했다. 그들은 이런 정책이 시장의 자연스런 작동을 저해한다고 주장했다.

시골에서 농민은 영주·교회·국가에 대한 각종 의무에 시달렸다. 십일조 또는 교회에 바쳐야 하는 생산물에 부과된 세금, 방앗간이나 포도 압착기 같은 영주의 시설물 이용에 따른 요금, 영주에 대한 세금, 그리고 경작자가 바뀔 때마다 내야 하는 세금 등이 농민의 의무였다. 더욱이 정부가 부과하는 직접세와 간접세 가운데 부당한 몫을 농민이 부담해야 했다. 그중에서 가장 부담이 컸던 것은 소금세였다(소금 생산은 국가가 독점했다. 각 개인은 정부로부터 1년에 최소한 약 3.2킬로그램의 소금을 사야 했는데, 그 결과 소금은 실제 가치보다 50배 또는 60배 이상의 가격으로 판매되는 상품이 되었다). 농민의 불만을 한층 격화시킨 것은 공공 도로 유지를 위한 부역(강제노역, corvée)과 귀족의 수렵권이었다. 후자는 여러 세기 동안 오로지 귀족에게만 부여된 것으로 다른 신분과 구별해주는 상징으로 간주되었다.

혁명적 관점에서 보면 사회적·경제적 상황은 악화되었다. 18세기의 상당 기간 동안 전반적인 물가는 상승했다. 이는 투자를 위한 자본을 마련해줌으로써 프랑스 경제가 팽창하도록 해주었지만, 농민과 도시 수공업자와 노동자에게는 역경을 안겨주었다. 그들의 곤경은 1780년대 말 흉작으로 말미암아 빵 값이 급격하게 치솟아 올랐을 때 한층 더 악화되었다. 1788년 각 가정은 수입의 50퍼센트 이상을 식품의 대부분을 차지하는 빵 구입에 지출해

야 했다. 다음 해에는 그 수치가 80퍼센트로 상승
했다. 또한 흉작으로 제조 상품에 대한 수요도 감
소했고 줄어드는 시장은 연쇄적으로 실업을 야기
했다. 많은 농민이 일을 구하기 위해 농촌을 떠나
도시로 갔으나, 오히려 도시가 농촌보다 더 심각
한 실업 상태에 처해 있다는 사실을 발견할 뿐이
었다. 사료에 따르면 1787년과 1789년 사이에 대부

프랑스 혁명의 기원, 1788~1789년	
재정 개혁의 실패	1787~1788년
루이 16세의 신분회 소집	1788년 5월
유럽 전역에 걸친 빵 폭동	1789년 봄
파리에서 신분회 열림	1789년 5월
제3신분이 스스로 국민의회 선포	1789년 5월
테니스 코트의 선서	1789년 6월
바스티유 함락	1789년 7월 14일

분의 프랑스 도시 지역에서 실업률은 50퍼센트를 웃돌고 있었다.

실패와 개혁

비효율적인 세금제도는 프랑스의 재정 상태를 한층 더 약화시켰다. 세제는 사회적 신분
에 따라 달랐을 뿐만 아니라 지역에 따라서 달랐는데, 일부 지역은 다른 지역보다 더 높은
세금을 내야 했다. 특별한 사정과 세금 면제는 세금 징수관의 임무를 한층 더 어렵게 만들
었다. 루이 14세 치하에서 발생된 부채로 이미 과도한 짐을 지고 있던 프랑스의 재정은 아
메리카 혁명에 따른 지출 증가로 거의 파산 상태에 이르렀다. 1780년대에 대략 400만 리브
르의 국채를 감당하느라 국가 예산의 50퍼센트를 지출했다.

경제 문제는 프랑스 행정구조의 취약성, 궁극적으로는 프랑스의 절대군주 루이 16세(재
위 1774~1792)의 책임을 반영했다. '계몽적인' 방식으로 자국민에게 기여하기를 열망한 루이
는 빈민의 운명을 향상시키고 고문을 폐지하고 세금 부담을 좀 더 부유한 계급에게 지우기
를 바랐다. 하지만 그는 이러한 개혁을 실천에 옮길 수 있는 능력이 없었다. 개혁을 향한 선
의의 시도는 궁극적으로 자신의 권위를 손상시켰다. 그는 철학자이자 중농주의자이며 전직
지방 행정관인 안느-로베르-자크 튀르고(1727~1781)와 자크 네케르(1732~1804) 같은 개혁가들
을 재무장관으로 임명했지만, 궁정 내부의 전통주의적 파당 사이에서 반대만 불러일으켰다.
그는 오스트리아의 마리아 테레지아의 딸로서 젊지만 의지가 강한 왕비 마리 앙투아네트에
게 그녀의 친구들을 마음대로 관직에 임명할 수 있도록 허용해주었다. 그 결과 베르사유에
서는 끊임없는 음모와 빈번한 합종연횡이 일어났다.

중앙 정부와 지방 고등법원 사이의 말다툼도 개혁을 지체시켰다. 앞서 언급했듯이 고등법

원들은 루이 15세 치세 초기에 독립을 거듭 주장해왔다. 18세기 내내 고등법원들은 자신들이 '헌법적(constitutional)' 권리 또는 특권이라고 부르기 시작한 것을 고집할 정도로 크게 성장했다. 루이 16세가 비용이 많이 들었던 7년 전쟁 이후에 국민과 마찬가지로 귀족도 새로운 세금을 내야 한다고 압력을 가했을 때 고등법원들은 주요 국세를 면제받을 수 있는 귀족의 권리를 성공적으로 지켜냈다. 이 문제는 1770년대 중반 루이 16세의 재무장관 튀르고가 법정 비용을 삭감함으로써 부채를 줄이고 노동 부역을 지주에 대한 소액의 세금으로 대체하고 제조업을 자극하기 위해 특정 길드에 대한 제한을 폐지할 것을 제안했을 때 재연되었다. 파리 고등법원은 튀르고가 예로부터 내려오는 특전과 특권 그리고 자신의 예전 모습마저 짓밟아 뭉개고 있다고 주장하면서 그러한 혁신에 대해 확고부동하게 반대했다.

결국 그 계획은 루이 16세가 튀르고에 대한 지지를 철회했기 때문에 실패하고 말았다. 고등법원들이 특권을 잃지 않으려고 몹시 신경을 썼을지라도 군주의 결의가 확고했다면 그들은 그의 개혁을 무한정 막을 수는 없었을 것이다. 하지만 루이 16세는 결의가 굳은 군주가 아니었다. 1788년 나약한 군주는 혼란한 재정 상황과 심각한 사회적 긴장과 더불어 절대주의 프랑스를 정치적 재앙의 위기로 내몰았다.

구체제의 붕괴

♣ 재정적 위기가 어떻게 정치적 위기가 되었나?

재정 위기는 프랑스 혁명을 재촉했다. 1787년과 1788년 사이에 왕의 주요 장관들인 샤를 드 칼론(1734~1802)과 로메니 드 브리엔(1727~1794)이 파산을 막기 위해 일련의 개혁을 제도화하고자 했다. 그들은 엄청난 적자를 메우기 위해 새로운 조세 특히 인지세와 토지 생산물에 매년 부과되는 직접세를 신설하려 했다.

왕은 귀족을 설득해 자신의 요구를 관철시킬 수 있을 것으로 기대하면서 귀족들로 구성된 명사회(Assembly of Notables)를 소집했다. 그러나 명사회는 주요 헌정적 개혁을 시도하기 위해 재정적 비상사태를 이용했다. 가장 중요한 것은 그들이 어떠한 새로운 과세 계획은 세 신분의 대표자가 모인 전국 신분회(Estates-General)의 승인을 받아야 하고 국왕은 임의로 체포 및 구금할 법적 권한이 없다고 주장했다는 점이다. 이 점에서 그들은 1688년의 영국 귀족과 1776년의 미국 혁명가의 주장을 되풀이했다.

경제적 곤경과 재정적 혼돈 상태에 직면해 루이 16세는 (1614년 이래로 소집된 적이 없던) 전국 신분회를 1789년에 소집했다. 그의 행동은 많은 사람들에게 프랑스의 심화되는 문제들에 대한 유일한 해결책으로 여겨졌다. 오래 지속되어온 불만과 단기적인 역경은 1789년 봄 전국에 걸쳐 빵을 둘러싼 소요 사태를 불러일으켰다. 국왕이 빵을 구할 수 있는 조치를 취해야 한다는 요구와 동시에 브르타뉴, 플랑드르, 프로방스 등의 지방에서 약탈이 자행되었다. 법의 효력과 질서가 무너지고 있었으며, 보통 사람들이 스스로 문제를 해결하려고 할지도 모른다는 우려는 전국 신분회를 자극했다. 세 신분은 각각 자신의 대표를 선출했는데, 제3신분은 지방 의회를 통해 간접 선출되었다. 또한 지방 의회에는 근본적인 개혁에 대한 기대를 고조시켜주는 불만의 목록(cahiers des doléances)을 작성할 책무도 부과되었다.

비록 수공업자와 농민의 선택으로 뽑힌 지방 의회에서 선출되었지만 제3신분의 대표들은 엘리트층의 견해를 대변했다. 그들 중 13퍼센트만이 사업가들이었고, 약 25퍼센트는 법률가, 43퍼센트는 그저 그런 정부 관직을 보유한 사람들이었다.

전통에 따라 각 신분은 신분별로 모여 투표했다. 이것은 과거에는 대체로 제1신분(성직자)이 제2신분(귀족)과 단합해 제3신분을 패배시켰다는 것을 의미했다. 하지만 이제 제3신분은 그러한 처리 방식을 더 이상 용납하지 않을 것임을 분명히 했다. 제3신분의 이해관계는 급진적인 성직자였던 에마뉘엘 시에예스(1748~1836)가 기억할 만하게 가장 분명히 표현했다. 시에예스는 1789년 1월에 발표한 유명한 팸플릿에서 "제3신분이란 무엇인가"라는 질문을 던졌다. 이에 대한 그의 대답은 '모든 것'이었고, 그는 자신의 논점을 보강하기 위해 18세기의 사회적 변화를 지적했다. 1789년 초 시에예스의 관점은 대단히 급진적인 것이었다. 그러나 제3신분의 지도자들은 세 신분이 함께 모여 개인별로 투표해야 한다는 데 동의했다. 더욱 중요한 것은 제3신분이 제1·2신분의 수보다 두 배가 돼야 한다고 주장했다는 점이다.

루이 16세는 처음에는 '제3신분을 두 배로 늘리는 데' 반대했지만 나중에 입장을 바꾸었다. 그러나 왕은 투표 절차에 대해 강력한 입장을 표명하는데 주저했기 때문에 제3신분으로부터 받을 수 있었던 지지를 잃고 말았다. 1789년 5월 베르사유에서 전국 신분회가 개최된 직후 왕의 태도에 분노한 제3신분의 대표들은 전국 신분회를 벗어나 독자적으로 국민의회(National Assembly)의 성립을 선언하는 혁명적 조치를 취했다. 6월 20일 전국 신분회의 회의장이 폐쇄되자 제3신분과 그들의 주장에 공감하는 소수의 귀족 및 성직자들이 근처의 실내 테니스 코트로 자리를 옮겼다.

그곳에서 변덕스러우며 독립적인 입장을 취한 귀족 미라보와 급진적 성직자 시에예스의 지휘 아래 그들은 프랑스를 위해 헌법을 제정하기 전까지 해산할 수 없다고 엄숙하게 선서함으로써 단결했다. 1789년 6월 20일의 테니스 코트 선서야말로 프랑스 혁명의 시작이라고 할 수 있다. 이는 국민의회가 국민의 이름으로 정부를 재조직할 권한이 있음을 주장하고 루이 16세의 지배에 항거하는 데 그치지 않고 프랑스 최고의 주권기관으로서 행동할 권리까지 천명했기 때문이다. 6월 27일 왕은 모든 대표들에게 국민의회에 참여하라는 명령을 내림으로써 실질적으로 그 권리를 인정했다.

『제3신분이란 무엇인가』(1789)

에마뉘엘 시에예스 신부는 관직으로 보면 신분회의 제1신분 의원이었다. 그러나 그의 정치적 상식은 그를 샤르트르 구역의 제3신분 의원으로 선출되는 길을 택하게 했다. 시에예스는 작가이자 만만찮은 정치가였다. 나폴레옹의 집권을 도움으로써 끝나고 만 프랑스 혁명기의 그의 경력은 1789년 가장 중요한 급진적 팸플릿 중 하나로 시작되었다. 『제3신분이란 무엇인가』에서 시에예스는 인구의 대다수를 대표하고 신분회로부터 제3신분의 탈퇴를 불러오는 데 일조한 제3신분의 권리에 관한 근본적인 질문들을 제기했다.

이 문건의 계획은 매우 단순하다. 우리는 다음과 같은 세 가지 질문을 스스로에게 던져 보아야 한다.
1. 제3신분이란 무엇인가? '모든 것'이다.
2. 정치 질서에서 제3신분은 이제까지 무엇이었는가? '아무것'도 아니었다.
3. 그러면 제3신분은 과연 무엇이 되고 싶은가? '무언가'가 되고 싶다.
특권 계급이 공무에 유용할 것이란 생각은 잘못된 것이다. 특권 계급의 도움 없이도 공무에서 온갖 힘든 일을 제3신분이 수행할 수 있으며, 특권 계급 없이도 더 높은 고위직들도 무한히 더 잘 채워질 수 있고, 그것들은 인정된 능력과 복무에 대한 당연한 상금과 보상이 되어야 하며, 만약 특권 계급이 상당한 보수를 받으며 명예로운 자리를 모두 찬탈하는 데 성공한다면, 이것은 대부분의 시민을 향한 혐오스런 부정행위이자 공화국에 대한 반역 행위이다.

제3신분이 완벽한 국가를 구성하는 데 필요한 모든 것을 담당하지 못한다고 주장할 정도로 담대한 자는 누구인가? 제3신분은 여전히 한 팔이 사슬에 묶여 있는 강력하고 강건한 사람과 같다. 만약 특권 계급이 제거된다면 이 나라는 좀 더 작은 나라가 아니라 한층 더 큰 나라가 될 것이다. 그렇다면 제3신분이란 무엇인가? 모두이다. 하지만 속박당하고 압박당하는 '모두'이다. 특권 계급 없다면 어떻게 될 것인가? 모든 것이 될 것이다. 하지만 자유롭고 번성하는 모두가 될 것이다. 제3신분 없이는 아무것도 잘될 수 없을 것이다. 두 개의 다른 신분들이 없다면 모든 것은 상당히 더 좋아질 것이다.

분석 문제

1. 이 팸플릿이 정치적 논의를 얼마나 바꾸어놓았겠는가?
2. 어떤 이미지나 주장들이 설득력을 지녔는가?

프랑스 혁명의 제1단계

프랑스 혁명의 제1단계는 1789년 6월에서 1792년 8월에 이르는 기간에 해당한다. 이 단계는 온건했으며 자유주의적 귀족과 제3신분의 대표들이 주도적인 역할을 했다. 그러나 1789년 여름과 가을에 벌어진 세 가지 사건은 그들의 지도력이 도전받게 될 것이라는 것을 여실히 보여주었다.

대중의 봉기

정치적 위기가 시작될 무렵부터 대중의 관심은 높아져 있었다. 이러한 관심은 단순히 정치 개혁에 대한 관심뿐만 아니라 빵 값을 천문학적으로 높인 경제 위기로 촉발된 것이었다. 많은 사람들은 귀족과 국왕이 식량 부족과 높은 물가를 부추김으로써 제3신분을 응징하려는 음모를 꾸미고 있다고 믿었다. 1789년 6월 말에는 왕의 군대가 파리로 진군하기 위해 동원되고 있다는 소문이 파리 시내에서 나돌았다. 파리의 유권자들(제3신분에게 투표한 작업장의 장인, 수공업자, 상점주인 등)은 국왕뿐만 아니라 시가행진을 하면서 폭력으로 위협하는 파리 빈민에게서 두려움을 느꼈다. 이 보통 사람들은 곧 상퀼로트(sans-culottes)라고 불렸다. '퀼로트를 입지 않은'이라는 뜻의 이 용어는 반(反)귀족적 자부심의 상징이었다. 그들은 스타킹을 착용하고 황금 죔쇠가 달린 구두를 신은 귀족적인 짧은 바지인 퀼로트 대신에 긴 바지를 입었다. 유권자들에 의해 이끌린 그들은 임시 자치정부를 세우고 질서 유지를 위해 자원 민병대를 조직했다. 무기를 확보하기로 결심한 그들은 7월 14일 총과 탄약이 저장되어 있는 오래된 요새인 바스티유로 향했다. 중세에 세워진 바스티유는 여러 해 동안 감옥으로 쓰였으나 당시에는 더 이상 감옥으로 이용되고 있지 않았다. 그렇지만 바스티유는 증오스런 왕권을 상징했다. 바스티유에 도착한 군중이 무기를 요구하자 우물쭈물하던 사령관은 전면적인 공격을 두려워한 나머지 발포 명령을 내려 98명을 사살했다. 군중은 보복 공격에 나서 요새를 함락시키고(그곳에는 5명의 일반 형사범과 2명의 정신이상자를 포함해 7명의 죄수가 있었을 뿐이었다) 사령관의 목을 잘랐다. 프랑스 전역에서 유사한 집단들이 다른 도시들의 통제권을 장악했다. 바스티유의 함락은 혁명적 변화에서 인민의 역할을 보여주는 최초의 사례였다.

두 번째 대중 봉기는 농촌에서 일어났다. 농민 역시 왕과 귀족의 반혁명을 예상하고 이를 두려워했다. 국왕의 군대가 진격 중이며 오스트리아와 프로이센 또는 '산적들'이 침공 중이라는 소문이 나돌았다. 두려움과 불안감에 휩싸인 농민과 마을 사람들은 민병대를 조직했으며 곡식을 찾기 위해서이기도 했지만 장원의 부과금에 대한 기록을 찾거나 파괴하기 위해 영주의 저택을 공격하고 불태웠다. 역사가들이 '대공포(Great Terror)'라고 이름 붙인 이러한 사건은 농촌 지역에서의 혼란을 혼합한 것이었다. 이 소식이 파리에 당도했을 때 베르사유에 있던 제3신분의 대표들은 프랑스 농촌의 행정이 간단히 붕괴되었다는 것을 깨달았다.

세 번째 대중 봉기인 '1789년 10월 사건(October Days of 1789)'의 발단은 경제 위기였다. 파리의 시장 지역 여성들이 빵 가격 상승과 국민의회와의 협력을 끝까지 거부하는 왕의 태도에 격분하여 10월 5일 베르사유로 행진하며 요구 사항을 관철시키려 했다. 그러나 국민의회의 영접에 만족하지 못한 군중은 궁전의 문을 부수고 들어가 왕에게 베르사유에서 파리로 돌아올 것을 요구했다. 다음 날 오후 마침내 왕은 이 요구를 받아들였다. 봉기한 군중에 공감한 국민방위대는 군중을 지휘해 파리로 돌아왔는데, 그 행렬의 선두에 선 한 병사는 총검에 빵 조각을 꽂아 높이 쳐들고 있었다.

이 세 차례의 대중 봉기는 각각 베르사유에서 전개되고 있던 정치적 사건의 전개 과정에 영향을 미쳤다. 바스티유 감옥의 습격은 왕과 귀족을 설득해 국민의회의 창설에 동의하도록 만들었다. 대공포는 전체 혁명의 시대에서 가장 결정적인 변화를 끌어냈다. 8월 4일 밤 국민의회는 농촌의 무질서를 끝내기 위해 모든 형태의 특권을 폐지하기 위한 커다란 발걸음을 내딛었다. 국민의회는 교회가 거두던 십일조(tithe, 수확물에 대한 세금), 강제노역으로 알려진 노동 요구, 귀족의 사냥 특권과 광범위한 면세 및 독점 등을 폐지했다. 사실상 이들 개혁은 봉건제의 잔재를 일소하는 것이었다. 일주일 뒤에 국민의회는 관직 매매를 폐지했고, 이로써 구체제의 근본적인 제도 중 하나를 없애버렸다. 1789년 10월 사건에 따른 왕의 파리로의 복귀는 더 큰 변화에 대한 그의 저항 의지를 꺾어버렸다.

국민의회와 인간의 권리

국민의회는 1789년 9월 자유 헌장, 즉 「인간과 시민의 권리 선언(Déclaration des droits de l'Homme et du citoyen)」을 선포했다. 자유와 안전, 그리고 '압제에 대한 저항권'과 함께 재산권이 자연권으로 선언되었다. 또한 언론의 자유, 종교적 관용, 출판의 자유는 불가침의 권리로 천명되었다. 모든 시민은 법 앞에 평등하게 대접받고 누구도 적법한 절차를 거치지 않고는 투옥되거나 처벌받아서는 안 되었다. 주권은 인민에게 있으며, 정부의 관리는 그들에게 부여된 권력을 남용할 경우 관직을 박탈당할 수 있었다. 이것은 새로운 사상이 아니었다. 이 사상은 계몽주의적 논의와 혁명기의 논쟁과 협의의 산물이었다. 「인간과 시민의 권리 선언」은 국민의회가 1791년에 완성한 새 헌법의 전문(前文)이 되었다.

「인간과 시민의 권리 선언」에서 말하는 '인간과 시민'은 누구를 의미했을까? 혁명가들은 법으로 권리를 보장받는 '수동적' 시민과 일정 액수의 세금을 내고 투표를 할 수 있고 관직을 보유할 수 있는 '능동적' 시민을 구별했다. 프랑스에서 약 절반 정도의 성인 남성이 능동적 시민의 자격을 얻었다. 그러나 그들의 정치적 힘은 제한되어 있었다. 왜냐하면 그들은 '선거인단' 선출을 위한 투표만 할 수 있기 때문이었다. 선거인단의 구성은 관직을 보유할 수 있을 정도의 재산 소유자로 제한되었다. 프랑스 혁명 후기에 한층 더 급진적인 공화정은 능동적 시민과 수동적 시민 사이의 차별을 폐지했고 보수적인 정권들은 그것을 다시 원상태로 돌렸다. 어떤 사람이 정치에 참여하는 것이 믿을 수 있는가 그리고 어떤 조건으로 할 것인가는 열띤 논쟁을 불러일으킨 문제였다.

종교적 소수자의 권리에 대해서도 어느 정도 동일한 문제가 제기되었다. 프랑스 혁명은 프로테스탄트교도에게 완전한 시민적 권리를 부여해주었고(종교적 갈등으로 인해 오랫동안 분열된 지역에서는 이들 권리가 가톨릭으로부터 도전받기도 했다), 주저하면서도 유대인에게도 시민적 권리를 주었다. 하지만 이러한 조치는 프랑스 동부 지역에서 저항을 촉발시키기도 했다. 계몽주의의 중심 주제였던 종교적 관용은 박해의 종식을 의미했다. 하지만 그것은 이 체제가 종교적 차이를 수용할 준비가 되었다는 것을 의미하지는 않았다. 국민의회는 농노제를 폐지하고 프랑스 본토에서의 노예제를 금지했다. 하지만 식민지에서의 노예제에 대해서는 침묵했다. 예컨대 국민의회의 대표들은 자유 흑인의 정치적 권리에 대해 국민의회에 압력을 가하기는 했지만, 국민의회는 헌법 조항에서 식민지의 노예제 문제를 제외시켰다. 앞으로 보겠지만 나중에 카리브 해에서 일어날 사건은 이 문제를 해결하지 않으면 안 되게 만들었다.

여성의 권리와 역할은 첨예한 논쟁의 초점이 되었다. 하지만 이 논쟁은 정치에 관한 것이 아니라 일하는 여성의 길드나 노동 조직, 결혼과 이혼, 빈민 구제, 교육 등에 관한 것이었다. 영국 여성 메리 울스턴크래프트의 기념비적 저작 『여성의 권리에 대한 옹호』(제17장 참조)는 국가가 주도하는 교육에 관한 혁명적인 논쟁의 와중에 집필되었다. 소녀들은 교육을 받아야만 하는가? 어떤 목적으로? 울스턴크래프트는 교육 개혁은 독립적이고 동등한 여성이라는 새로운 개념을 주조해내는 것이 필요하다고 강하게 역설했다. 하지만 울스턴크래프트 조차 여성의 정치적 대의권이라는 생각이 '비웃음을 살' 것이라고 여겨 단지 넌지시 언급하는 것으로 그쳤다.

오직 극소수의 사상가들만이 정치와 관련해서 여성과 관련된 주제를 끄집어냈다. 그들은 귀족적인 계몽 사상가 콩도르세 후작과 푸줏간 집의 딸로서 독학으로 성공한 마리 구즈(1748~1793)였다. 구즈는 지식인이자 희곡작가로 스스로 올랭프 드 구즈로 개명했다. '보통'의 사람들처럼 구즈는 혁명적 활동의 분출 속에서 연설문과 팸플릿 집필 또는 신문 기고 등을 통해 대중에게 자신의 생각을 전달할 기회를 발견했다. 그녀는 「여성과 여성 시민의 권리 선언(Déclaration des droits de la femme et de la citoyenne)」(1791)이라는 성명서를 작성했다. 구즈는 "공공의 효용에 입각한 경우에만 사회적 구별이 허용된다"라는 명제로 시작하면서 여성은 남성과 똑같은 권리를 갖는다고 선언했다. 이러한 권리는 권위에 대한 저항, 정부에의 참여, 사생아에게 아버지의 이름을 붙여주는 것 등이며, 미혼 여성이 직면한 수치, 소외, 곤경 등을 다소나마 들여다보게 해주는 최종적인 요구 사항을 선언했다.

평등권에 대한 구즈의 요구는 매우 생소한 것이었다. 여성은 여전히 혁명의 일상적 활동, 클럽에 가입하기, 시위, 논쟁 등에 활발히 참여했다. 예컨대 여성 수공업자 조직은 자치도시의 생활에서 확고한 역할을 수행하고 있었고, 상품을 생산하고 판매하기 위한 자신의 권리를 강력하게 주장했다. 또한 시장의 여성들은 종종 뉴스의 회람과 자발적인 대중 시위에서 중심이 되는 낯익은 공적 인물이었다('10월 사건'이 훌륭한 사례이다). 국민의회는 여성 '시민'의 지지를 기렸으며, 여성 인사들은 자유, 세심함, 자연의 혜택을 보여주기 위한 인기 있는 비유였다. 하지만 그러한 비유는 추상일 뿐이었다. 진정한 여성은 점차 지지 세력으로서의 어머니, 교육자, 공적 영역에 개입하는 것이 아니라 사적 영역을 돌보는 이로서 혁명에 기여할 것이 기대되었다. 혁명이 급진화되었을 때 국민의회는 여성의 클럽을 완전히 금지시켰다.

「인간과 시민의 권리 선언」(1789)

테니스 코트의 선서(Tennis Court Oath) 이후 국민의회 가장 중요한 발표 중 하나는 「인간과 시민의 권리 선언」이었다. 이 선언의 작성자들은 미국 「독립선언서」에서 영감을 받았지만, 그 안에 담긴 내용은 프랑스 계몽주의 철학자들의 이상, 특히 루소의 이상에서 훨씬 더 많이 영향을 받았다. 다음은 「선언」의 전문(前文)과 가장 중요한 원리들 가운데 일부이다.

국민의회를 구성하는 프랑스 인민의 대표자들은 인권에 관한 무지, 망각 또는 멸시를 공공의 불행과 정부 부패의 유일한 원인으로 간주하면서, 하나의 엄숙한 선언을 통해 인간의 천부적이고 양도할 수 없는 신성한 권리를 발표하기로 결의했다. 따라서 이 선언이 의도하는 바는 사회 조직체의 모든 구성원에게 자신의 권리와 의무를 끊임없이 깨닫게 하고, 입법권과 행정권의 여러 행위가 한층 존중되도록 하며……이후로는 시민의 주장이 단순하고도 논쟁의 여지가 없는 원리에 기초해 항상 헌법의 유지와 모두의 복지에 이바지할 수 있도록 하는 것이다.

제1조 인간은 권리 면에서 자유로우며 평등하게 태어나고 생존한다. 사회적 차별은 오직 공공복리를 위해서만 있을 수 있다.
제2조 모든 정치적 결사의 목적은 천부적이고 소멸될 수 없는 인간의 권리를 보존하기 위한 것이다. 이들 권리란 자유, 재산, 안전, 압제에 대한 저항이다.
제3조 모든 주권의 근원은 본질적으로 인민에게 있다. 어떤 집단이나 개인을 막론하고 인민으로부터 직접 유래하지 않은 권한은 행사할 수 없다.
제4조 자유란 다른 사람을 해치지 않는 한 무엇이든지 할 수 있음을 의미한다. 따라서 각

개인의 자연법 행사는 사회의 다른 구성원도 동등한 권리를 누릴 수 있다는 점을 제외하고는 어떤 제한도 받지 않는다.

제5조 법은 오직 사회에 해로운 행위만을 금지할 권리를 가진다. 법으로 금지되지 않는 한 어떠한 행위도 방해받지 않으며, 어떤 사람도 법이 규정하지 않은 일을 하도록 강요 받지 않는다.

제6조 법은 일반 의지의 표현이다. 모든 시민은 직접 또는 대표자를 통해 법의 제정에 참 여할 권리를 가진다. 법은 보호를 하는 경우든 처벌을 가하는 경우든 모든 사람에 게 똑같다. 모든 시민은 법 앞에 평등하며, 그 능력에 따라서 그리고 덕성과 재능에 따른 차별 이외에는 평등하게 공적인 위계, 지위, 직업 등에 취임할 수 있다.

......

제16조 권리의 보장이 확보되지 않거나 권력 분립이 뚜렷하게 확립되지 않은 사회는 헌법 을 갖고 있는 것이 아니다.

......

분석 문제

1. 헌정 개혁에 관해 루이 16세에게 조언을 하기 위해 선출된 의원들이 어떻게 스스로 국민의회를 선포할 수 있 었는가? 국민의회의 창건이 왜 진정한 혁명적 행동이었는가?

2. 「인간과 시민의 권리 선언」이 어떤 면에서 도덕적 문서인가? 「선언」의 문체나 어조와 관련해 어떤 면에서 그 것을 특별히 18세기의 문서라고 볼 수 있는가?

국민의회와 교회

국민의회가 직면한 주요 문제 중 하나는 종교 특히 교회 조직과 관련된 것이었다. 1789년 11월 국민의회는 교회의 토지를 몰수하고 그것을 지폐로 통용되었던 이자를 지불하는 수표 인 아시냐(assignats)의 발행에 대한 담보로 이용하기로 결의했다. 나중에 헛된 것으로 판명 되었지만, 국민의회는 이 계획이 프랑스의 인플레이션 위기를 해결해줄 것이라고 기대했다. 1790년 7월 국민의회는 모든 주교와 사제가 국가의 권위에 종속되어야 한다는 내용을 담은 「성직자 시민 헌장(Constitution civile du clergé)」을 제정했다. 그들의 봉급은 공공 자금에서 지 불될 것이었고, 그들은 로마 교황청보다 프랑스를 위해 봉사할 것을 명백히 하면서 새로운 국가에 충성을 서약할 것이 요구되었다. 국민의회의 목적은 프랑스의 가톨릭교회를 사실상 국가적·시민적 제도로 만들고자 하는 것이었다.

교회를 개혁하는 일은 극심하게 분열을 일으키는 문제로 비화하여 프랑스의 거대한 구역을 양극화시켰다. 구체제에서 수도원의 방대한 토지 보유를 포함한 교회의 특권적 지위는 많은 사람들로부터 미움을 받았다. 한편 수세기에 걸친 관행은 교구 교회를 프랑스의 소읍과 마을에서 엄청난 중요성을 지닌 기관으로 만들었다. 농촌 지역에서 사제는 사람들에게 세례를 주고 결혼식을 집전하며 장례를 주관했을 뿐만 아니라 문서의 기록을 도왔다. 또한 교회는 빈민 구제와 그 밖의 봉사를 제공했다. 많은 지역에서 농민층은 성직자에 의존했고 그들을 존경했다. 따라서 「성직자 시민 헌장」에 담긴 극적인 변화는 프랑스의 일부 농촌 지역에서 거센 저항을 촉발시켰으며, 그 저항은 종교적 감성과 지방 자치에 대한 열망과 결합되어 가속되었다. 교황은 「성직자 시민 헌장」에 서명한 사제를 파문시키겠다고 위협하면서, 새로운 프랑스 국가에 대한 충성 선서에 서명하는 것은 나중에 지옥에 떨어진다는 것을 의미한다고 위협했다. 그러나 정부가 이를 고수하자 많은 사람들 특히 프랑스 서부 지역의 독실한 가톨릭 지역에 있는 농민들은 반혁명에 가담했다(그들 중에는 반항적인 사제들도 있었다).

국민의회는 지속적인 영향을 줄 수 있는 일련의 경제적·행정적 변화를 단행했다. 국민의회는 재정 수입을 확보하기 위해 교회 토지를 매각했으나 진정으로 그 토지를 원했던 사람들을 제외하고는 그것을 살 수 없었다. 국민의회는 기업의 성장을 뒷받침하기 위해 길드를 폐지했다. 지방 귀족 세력으로부터 이 나라를 구하기 위해 국민의회는 프랑스를 83개 도(道)로 균등하게 분할시키면서 지방 정부를 재조직했다. 이러한 조치는 개인의 자유를 지키고 관습적인 특권으로부터 해방시키는 것을 목적으로 했다. 그러나 이러한 조치의 주요 수혜자들은 대부분 엘리트층의 구성원이었다. 그들은 토지를 구입하거나 관직에 선출되는 것과 같은 새 체제가 제공한 기회를 이용할 능력이 있는 이전 체제 하에서 상승일로에 있던 사람들이었다. 다른 곳에서와 마찬가지로 이 영역에서도 혁명으로 인한 사회 변동은 18세기에 이미 진행되던 변화들을 확인한 것이었다.

제1단계 프랑스 혁명, 1789~1792년	
바스티유 함락	1789년 7월 14일
대공포	1789년 여름
「인간과 시민의 권리 선언」	1789년 8월
10월의 날들	1789년
국민의회가 「성직자 시민 헌장」 제정	1790년 7월
왕족의 파리 탈출 시도	1791년 6월
국민의회가 오스트리아 및 프로이센에 대해 선전포고	1792년 4월

혁명 전야의 사회적 불만들(1789)

전국 신분회를 구성하기 위한 선거 기간 동안 여러 공동체는 정부에 제출한 '불만 목록'을 작성했다. 다음은 한 농촌 공동체(Lignère la Doucelle)에서 제출된 불만 목록이다.

오늘날 주민들은 오랫동안 부담해야만 했던 과도한 여러 세금으로 신음해왔다. 이들의 교구는 드넓고 널리 퍼져 있지만 경작되지 않은 지역들이 많은 척박한 땅인 데다가 그 땅들은 거의 모두 한 뼘 땅덩어리로 나뉘어져 있다. 상당한 정도의 크기를 가진 농장은 단 하나도 없고 이러한 소규모 땅을 가난한 사람들이나 너무도 가난해 하루하루 먹고살 빵도 없는 사람들이 차지하고 있다. 이들은 일 년에 9개월분의 빵이나 곡물을 살 수 있을 뿐이다. 이 교구에는 어떠한 산업도 없으며, 이들이 불평을 하기 시작했을 때부터 아무도 이를 들으려 하지 않았다. 고통의 울부짖음이 이들의 행정관들을 아무 성과도 없이 지쳐버리게 할 때까지 관청으로 사방에 메아리쳤다. 이들은 항상 자신의 합법적인 요구가 계속해서 거부되는 것을 봐왔기에 평등이라는 행운의 순간이 자신들을 소생시켜주기를 기원한다.

***

직접적이든 아니면 자신의 대리인을 통하든 모든 영주, 시골 신사들, 그리고 그 밖의 특권 계급 사람들은 그러한 부의 본질이 무엇이든지 간에 자신의 부에서 이익을 내기를 바라고 보통 사람들과 똑같은 세금을 내기를 바란다.

***

영주의 제분소 사용을 의무화하지 말고, 누구나 자신이 원하는 곳에서 자신의 곡물을 제분할 수 있도록 허용하라.

***

귀족들과 똑같이 살고 있는 보통 사람들의 자녀도 귀족처럼 군복무를 허가하라.

국왕은 귀족의 작위를 아무개와 그들의 혈통에 따라 주지 말고, 그것을 받을 만한 자격이 있는 사람들에게만 수여하라.

귀족 계급은 군복무나 국가를 위해 행한 그 밖의 봉사 이외에 매입이나 어떠한 방식으로도 획득할 수 없도록 하라.

***

교인들은 한 가지 지위만을 이용할 수 있도록 하라. 한 가지 이상의 지위를 누리는 사람들에게는 정해진 시기 내에서 선택하도록 하라.

장차 대수도원들은 모두 국왕의 수중에 두도록 해서 폐하께서 대수도원의 우두머리들이 해왔던 것처럼 대수도원들의 수입으로부터 이익을 얻도록 하라.

동일한 수도회에 속한 몇 개의 수도원이 있는 마을들에는 단 하나만의 수도원이 있게 하고 이들 수도원의 상품과 수입은 폐지시켜서 국왕의 수익이 되도록 하라.

보통 12명의 수도사들을 보유하지 못한 수도원들은 폐지하라.

흑밀로 내는 어떠한 십일조도 교구 신부, 소(小)수도원 원장, 성직록(聖職祿)을 받는 사제들에게 지불하지 마라. 왜냐하면 이 곡물은 호밀 파종을 위한 토양을 준비하기 위해서만 사용되기 때문이다.

또한 이들에게는 삼, 양모, 또는 어린 양의 어떠한 십일조도 지불하지 마라. 시골에서 그들은 무료로 매장과 장례식을 집전하는 것이 요구된다. 회계 감사, 등기를 위한 10수(sous)와 교구를 위해 징수하는 100수를 폐지하라.

***

왕국에서 곡물은 고정된 가격에 과세하도록 하고 해외로의 수출은 저가에 판매되는 곳에서의 경우를 제외하고 금지하라.

분석 문제

1. 청원서에 따르면 마을 공동체가 직면한 가장 중요한 문제들은 무엇인가? 이 문제들은 어떻게 설명되고 있는가?
2. 왕이 제정해주기를 사람들이 기대하는 조처들은 무엇인가?
3. 혁명가들은 어떤 방식으로 이러한 불만들을 다루었는가?

새로운 단계: 대중 혁명

◆ 프랑스 혁명은 왜 한층 더 급진적인 것이 되었는가?

1792년 여름, 혁명은 제2단계로 접어들었다. 이 단계에서는 온건한 지도자들이 몰락했고 군주정을 거부하고 주권자인 인민을 대신해 통치할 것을 주장하는 공화파들이 그 자리에 대체되었다. 이러한 불충분하면서도 급격한 변화가 일어나게 된 이유는 무엇인가? 혁명은 길을 벗어나고 말았는가? 이것들은 프랑스 혁명에 관한 질문 중에서 가장 어려운 질문이다. 이에 대한 답은 (최소한) 다음과 같은 세 가지 요인, 즉 대중 정치에서의 변화, 지도력의 위기, 국제적 양극화를 설명하는 것에서 시작할 필요가 있다.

첫째, 혁명은 보통 사람 특히 도시의 보통 사람들을 정치적으로 변화시켰다. 출판에 대한 제약에서 해방된 정치적·사회적 논평으로 가득 찬 신문들이 증가했다. 1789년 이후 매우 다양한 정치적 클럽이 일상적인 정치 생활의 일부가 되었다. 그중에는 거의 정당처럼 프랑스가 직면한 문제들을 논하고 국민의회에서의 결정에 영향력을 행사하기 위해 엘리트층의 구성원들을 모으는 체계를 갖춘 클럽도 있었다. 또 다른 클럽들은 공식 정치에서 배제된 사람들에게 문호를 개방하고 신문을 큰 소리로 읽으며 헌법의 조항들에서 국왕과 휘하 장관들의 신뢰성에 이르기까지 프랑스가 직면하고 있는 선택권들을 논의했다. 이런 정치적 자각은 계속되는 물자부족과 널뛰는 물가로 고조되었다. 물가는 특히 1789년에 변화를 요구했고 그 이래로 변화를 열렬히 기다려왔던 파리 노동자를 분노하게 만들었다. 종종 여성들이 이끌었던 도시 시위대는 한층 더 저렴한 빵을 요구했고, 클럽의 정치 지도자들과 신문들은 정부가 폭등하는 인플레이션을 잡아줄 것을 요구했다. 클럽 지도자들은 헌법에 속았다고 느끼는 남녀를 대변했다.

사건의 변화를 초래한 두 번째 요인은 효과적인 국민적 지도력이 없었다는 점이다. 루이 16세는 우유부단한 군주였으며 여전히 유약한 왕이었다. 개인적으로는 원하지 않던 조치들, 특히 「성직자 시민 헌장」을 어쩔 수 없이 지지했던 그는 오빠인 오스트리아의 레오폴트 2세와 접촉을 하고 있었던 왕비의 음모에 동조했다. 마리 앙투아네트의 종용을 받은 루이 16세는 외국의 반혁명 지지 세력을 규합할 수 있으리라 기대하면서 1791년 6월 프랑스 탈출 계획에 동의했다. 왕의 가족은 가까스로 파리의 왕궁 수비대를 피해 궁전을 빠져나올 수는 있었으나 국경 부근의 바렌에서 발각되어 수도로 되돌아왔다. 1791년 헌법은 프랑스가 군주국이라고 선언했으나, 바렌 사건 이후로 루이는 국민의회의 죄수에 지나지 않았다.

반혁명

사건의 급격한 변화를 초래한 세 번째 요인은 전쟁이었다. 혁명의 시초부터 대부분의 유럽인은 프랑스에서 벌어지고 있는 사건의 강렬함에 영향을 받아 그 대결에서 어느 한쪽을 지지하지 않을 수 없는 입장에 놓였다. 1789년 직후 몇 년간 프랑스에서의 혁명은 광범위한 사상가들의 열정적인 지지를 받았다. 영국 시인 윌리엄 워즈워스는 나중에 환멸을 느끼게 되었지만 처음의 기분을 다음과 같이 회상했다. "그 새벽의 희열은 살아 있으리니." 그의 기분은 이 혁명이 종교개혁 이래로 가장 중요한 역사적 순간이라고 선언했던 독일의 요한 고트프리트 폰 헤르더(1744~1803)를 포함한 시인과 철학자들을 통해 유럽 대륙에 걸쳐 메아리쳤다. 영국의 정치 단체들은 이 혁명이 1688년 사건의 프랑스판에 지나지 않는다고 매우 부정확하게 보면서 이 새로운 혁명의 원리에 대한 자신들의 충성을 선포했다. 저지대 지방, 서부 독일, 이탈리아 등지에서 '애국파(patriot)'가 조직되었다.

처음부터 혁명에 반대한 사람들도 있었다. 독일이나 그 외의 우호적인 왕실이 제공하는 피난처를 찾아 프랑스를 떠난 망명 귀족들은 모든 노력을 기울여 반혁명적 감정을 자극하려 했다. 영국에서는 1790년 에드먼드 버크(1729~1797)의 『프랑스 혁명에 대한 성찰(Reflections on the Revolution)』의 출간으로 보수주의적 명분이 힘을 얻었다. 그는 미국 혁명에 우호적인 휘그 정치가였지만 프랑스 혁명을 사회 질서에 대한 가공할 범죄라고 공격했다.

버크의 유명한 책은 반혁명적 대의명분에 대한 공감을 자아냈다. 그러한 공감은 서서히 적극적인 반대로 바뀌었다. 혁명기 프랑스에서 일어난 사건에 대해 공개적인 관심을 표명한 최초의 유럽 국가는 오스트리아와 프로이센이었다. 1791년 이들 나라는 프랑스 군주의 권리와 질서 회복이 '유럽 모든 군주의 공동의 이해관계가 걸린 문제'라고 선언했다. 프랑스 국민의회의 지도자들은 그 선언이 국민 주권에 대한 모욕이라고 선포했다. 프랑스를 탈출한 귀족들은 정부에 반대되는 음모와 선언으로 그 나라들의 계략에 빠졌다. 기이하게도 프랑스의 대부분의 정치적 당파들은 전쟁이 자신의 대의명분에 기여할 것이라고 믿었다. 국민의회의 지도자들은 국민의 충성을 강화하고 유럽의 나머지 지역에 자유를 가져다주기 위해 공세적인 정책을 펼칠 작정이었다. 반혁명분자들은 오스트리아와 프로이센의 개입이 1789년 이래로 진행된 모든 사태를 무효화시킬 것이라고 기대했다. 귀족 출신의 지도자들과 국왕을 의심하는 급진파들은 전쟁이 혁명에 불만을 품은 배반자들을 드러내주고 국왕과 유럽의 폭군들에 동조하는 사람들을 일소할 것이라고 믿었다. 1792년 4월 20일 국민의회는 오스트리아와 프로이센에 선전 포고를 했다. 이에 따라 한 세대 동안 유럽 대륙을 싸움에 휘말려 들어가게 만든 전쟁이 시작되었다.

급진파들이 예상했던 것처럼 프랑스 군대는 크게 패했다. 1792년 8월 오스트리아와 프로이센 연합군은 국경을 넘어 파리 함락을 눈앞에 두고 있었다. 군인을 포함한 많은 사람들은 군사적 재앙을 국왕이 배신한 증거라고 믿었다. 8월 10일 급진파 지도자들이 조직한 파리 군중은 왕궁을 공격했다. 국왕은 투옥되었고 두 번째이자 훨씬 더 급진적인 혁명이 시작되었다.

프랑스 혁명에 대한 논의: 에드먼드 버크와 토머스 페인

프랑스 혁명에 관한 가장 유명한 논의는 영국의 급진주의자 토머스 페인에 대해 아일랜드 태생의 보수주의자 에드먼드 버크가 제기한 것이다. 버크는 처음부터 프랑스 혁명에 반대했다. 그의 『프랑스 혁명에 대한 성찰』은 1790년에 출간되었는데, 그때는 프랑스 왕이 아직 왕위에 온전히 있을 때였다. 버크는 프랑스 혁명의 전제에 동의하지 않았다. 그는 권리란 추상적이고 '천부적인' 것이 아니라 특별한 역사적 전통의 결과들이라고 주장했다. 과거를 고려하지 않고 프랑스 정부를 개조하고 전통과 관습에 적절한 존중을 보이지 않는 것은 그가 보기에 프랑스 문명의 구조를 파괴하는 것이었다.

토머스 페인은 버크에게 응수한 많은 사람들 중 하나였다. 『인간의 권리(The Right of Man)』(1791~1792)는 프랑스 혁명 그리고 좀 더 일반적으로 인권의 개념들을 옹호했다. 혁명전쟁의 양극화된 분위기에서 영국에서는 페인의 팸플릿을 소지하는 것만으로도 투옥될 수 있었다.

에드먼드 버크

여러분은 「마그나 카르타」에서 「인간의 권리 선언」에 이르기까지 우리 선조들이 남긴 유산으로서 우리의 자유를 요구하고 주장하는 것이 우리 헌법의 일관된 정책이었다는 것을 알 것이다.……우리는 상속할 수 있는 왕권, 상속할 수 있는 귀족의 작위, 그리고 오랜 혈통으로부터 특권, 시민권, 자유를 상속받은 하원과 국민을 갖고 있다.……

여러분은 고대 국가들의 이 모든 장점을 갖고 있었지만 마치 시민사회를 결코 형성한 적이 없고 모든 것을 새로 시작했던 것처럼 행동하기를 택했다. 여러분은 첫 단추를 잘못 끼웠는데, 왜냐하면 여러분은 여러분에게 속해 있는 모든 것을 경멸하면서 시작했기 때문이다.……만약 여러분에게 당신네 나라의 마지막 세대들이 별로 영예가 없어 보인다면, 여러분은 그들을 모른 체하고 한층 더 이른 조상의 종족으로부터 당신들의 주장을 이끌어낼 수도 있다.……여러분의 선조들을 존경해야만 여러분은 스스로를 존경하는 것을 배울 수 있을 것이다. 여러분은 1789년 해방의 해가 오기까지 프랑스인을 어제의 사람들로 그리고 프랑스를 비천하게 태어난 노예근성의 가엾은 사람들의 나라라고 생각하지 않을 수도 있다.…… 여러분은 갑자기 예속의 집에서 풀려난 서인도 제도의 탈주 노예들로 나타났으며 따라서 당신들이 익숙하지도 않고 잘 맞지도 않는 자유를 남용한 것에 대해 용서를 받는 것에 만족하지 않을 수도 있다.……

……눈길을 돌릴 수 있는 곳이면 어디서든 우리를 경악하게 만드는 최근 프랑스의 파멸은 내전으로 인한 파괴가 아니다. 그것은 중요한 평화 시기의 슬프지만 경솔하고 무지한 조언의 교훈적 기념비이다. 그것은 분별없음과 주제넘음을 보여주는 것인데, 왜냐하면 저항할 수 없고 거부할 수 없는 권위. ……

우리의 유럽 세계에서 우리의 태도, 우리의 문명 그리고 이 두 가지 원리에 의존해온 태도와 문명과 관련된 모든 선한 일보다 더 확실한 것은 없다. 그리고 이 두 가지가 모두 결합된 결과보다 더 확실한 것도 없었다. 여기에서 이 두 가지 원리는 신사의 정신과 종교의 정신을 의미한다. 귀족과 성직자는, 전자는 직업으로서 후자는 후원으로서 심지어 전쟁과 혼란의 와중에서도 계속해서 존재 양식을 배운다.……귀족계급과 성직자 계층이 받아들인 학습은 그만한 보람이 있다.…… 만약 그들이 모두 자신의 분리할 수 없는 연합과 자신의 적재적소를 계속해서 알고자 해왔다면 행복한 것이다. 만약 학습이 야심으로 인해 타락하지 않고 선생을 계속하는 것에 만족하고 교장이 되기를 갈망하지 않는다면 얼마나 행복한가! 천부적 보호자와 후견인과 함께 학습은 궁지에 빠질 것이고 돼지 같은 군중의 발굽에 짓밟힐 것이다.

토머스 페인

버크 씨는 그의 통상적인 무도함으로 「인간의 권리 선언」을 매도한다.…… 버크 씨는 인간이 어떠한 권리를 갖고 있다는 것도 부정하는가? 만약 그렇다면 그는 그 어느 곳에도 권리 같은 것들은 없고 자기 자신도 전혀 갖고 있지 않다고 말해만 한다. 하긴 인간 말고 이 세상에 누가 있는가? 그러나 만약 버크 씨가 인간이 권리를 갖고 있다고 인정한다면, 문제는 그러한 권리들이 무엇이며 인간이 본래 어떻게 그것들을 갖게 되었는가이다.

인간의 권리에 관해 먼 옛날로부터 이끌어낸 선례들에서 추론한 사람들의 오류는 그들이 먼 옛날로 충분히 파고들지 않는다는 것이다. 그들은 100년이나 1,000년의 중간 단계 어딘가에서 멈추고 당시의 것을 오늘날을 위한 법칙으로 만들어버린다. 이것은 전혀 권위가 없는 일이다.……

정부란 무엇이고 무엇이 되어야 하는가에 대한 분명한 사상을 스스로 소유하기 위해 우리는 그 기원을 추적해야 한다. 그렇게 함으로써 우리는 정부들이 인민에게서든 또는 인민에 우선해서든 나타나야 한다는 것을 쉽사리 발견할 수 있다. 버크 씨는 아무런 구별도 하지 않았다.……

이전에 혁명이라고 불렸던 것들은 인물을 바꾸거나 지방 환경을 변경하는 것에 지나지 않았다. 물론 그런 혁명은 사물처럼 일어났다 사라지고 그것을 일으킨 지점을 넘어 영향력을 행사할 수 있는 존재나 운명을 아무것도 갖고 있지 못했다. 그러나 아메리카와 프랑스의 혁명들에서 지금 우리가 보는 것은 사물의 자연 질서의 혁신, 진리와 인간의 존재만큼이나 보편적인 원리들의 체계, 도덕적 행복과 정치적 행복의 결합 및 국가적 번영이다.

분석 문제

1. 버크와 페인 사이의 가장 중요한 의견 불일치의 요점은 무엇인가?

2. 이들은 각각 프랑스에서 일어난 일이 무엇이라고 생각하는가?

3. 이들 각자가 자신의 논증을 증명하기 위해 사용한 이미지와 언어는 무엇인가? 왜 그것을 사용했을까?

프랑스 공화국

이 시점부터 프랑스의 지도력은 제3신분의 보다 더 평등주의적 지도자들의 수중으로 넘어갔다. 새로운 지도자들은 자코뱅파(Jacobins)로 알려졌는데, 그 명칭은 그들이 속한 정치 단체에서 유래했다. 그들의 본부는 파리에 있었지만, 회원은 전국에 걸쳐 있었다. 그들은 많은 전문 직업인, 정부 관리, 법률가 등을 회원으로 포함하고 있었지만, 스스로를 인민과 프랑스의 대변인이라고 선포했다. 이러한 움직임이 확대되면서 점점 더 많은 수공업자들이 자코뱅파에 가담했고 한층 더 민주적인 단체들도 규모가 확대되었다. 백인 자유인에 의해 선출된 국민공회(National Convention)는 이후 3년 동안 프랑스의 효과적인 통치 기구가 되었다. 국민공회는 적군이 진격하면서 공포감이 확산되고 있던 때인 1792년 9월에 선출되었다. 파리에 있는 죄수들이 적을 돕기 위한 음모를 꾸미고 있다는 소문이 퍼졌다. 이 죄수들은 감방에서 끌려나와 서둘러 열린 재판에 끌려가 처형되었다. 이 '9월 학살(September Massacre)'은 일주일도 채 안 되는 기간에 '혁명의 적'이라는 혐의를 받은 1,000명 이상의 사람들을 죽였다. 비슷한 유형의 학살이 리옹, 오를레앙, 그리고 그 외의 도시에서도 발생했다.

새로 선출된 국민공회는 전신인 국민의회에 비해 훨씬 급진적이었으며, 그 지도자들은 군주정을 종식시키기로 결정했다. 9월 21일 국민공회는 프랑스가 공화국임을 선포했고 12월 국왕을 재판에 회부했으며, 다음 해 1월에 근소한 표차로 사형을 선고했다. 프랑스 절대주의의 위대한 전통의 상속자는 '시민 루이 카페(Citizen Louis Capet)'로서 단두대에서 머리가 잘림으로써 용감하게 최후를 맞이했다. 보다 신속하고 좀 더 인도적인 처형 형태로 도입된 이 무시무시한 기계 사형집행인은 혁명적 열정의 상징이 되었다.

국민공회는 다른 급진적 조치들을 취했다. 국민공회는 혁명의 적들의 재산을 몰수했다. 그리고 몰수한 거대 영지를 분할해 좀 더 가난한 시민에게 판매했다. 특권 상실에 대한 보상을 귀족에게 배상해주려는 정책은 돌연 취소되었다. 국민공회는 장자 상속권을 폐지해 재산이 장자에게 독점적으로 상속되지 않고 모든 직계 상속인에게 실질적으로 균등하게 분배되도록 했다. 국민공회는 또한 프랑스 식민지에서 노예제를 폐지했다. 국민공회는 곡물과 기타 생필품의 최고 가격을 법으로 정했으며, 일상생활에서 그리스도교를 뿌리 뽑기 위한 깜짝 놀랄 만한 노력의 일환으로 새로운 달력을 채택했다. 이 달력은 공화국의 탄생일(1792년 9월 22일)로부터 시작되며, 가톨릭교의 주일을 없애는 방식으로 달들을 나누었다.

이런 계획의 대다수는 대중 운동으로 변모한 보통 사람들과 그 지도자들로부터 발생한 위기와 정치적 압력에 대처해 성급히 즉흥적으로 만들어진 것이었다. 1790년 이후 3년에 걸쳐 물가는 어마어마하게 상승했다. 밀은 27퍼센트, 쇠고기는 136퍼센트, 감자는 700퍼센트나 올랐다. 정부가 파리에서 가격 상한제를 강요하는 동안 상퀼로트를 대표하는 소규모 자경단 민병대원들은 사재기를 하는 사람들과 부당 이득자들이라고 생각되는 사람들을 공격했다.

국민공회는 또한 매우 성공적으로 군대를 재조직했다. 1793년 2월 프랑스는 영국, 네덜란드, 에스파냐, 오스트리아와 전쟁을 벌였다. 영국의 전쟁 개입은 전략적이고 경제적인 이유 때문이었다. 영국은 영국 해협을 직접적으로 마주하고 있는 저지대 지방에 프랑스가 침투하는 것과 좀 더 전반적으로는 영국의 증대되는 전 지구적 권력에 대한 프랑스의 위협을 두려워했다. 이 국가들 사이의 동맹은 단지 프랑스를 봉쇄하기 위한 욕구에서 나온 것이었지만 막강한 세력이었다. 이에 맞서 혁명 정부는 무기를 들 수 있는 모든 남성을 소집했다. 혁명 정부는 서둘러 모집된 14개의 부대를 이제 막 진급한 젊고 경험이 없는 장교들의 지휘 하에 전투에 투입했다. 프랑스 군대는 훈련과 규율에서 부족한 점들을 개선된 조직, 기동성, 유연성, 용기, 사기 등으로 충당했다(그러나 전투 기술이 커다란 비중을 차지하는 해군의 경

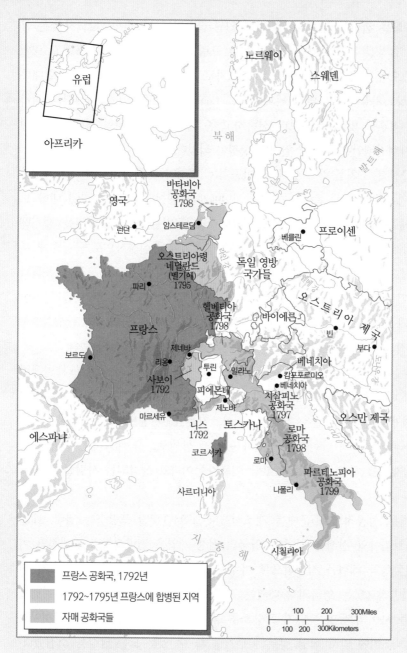

프랑스와 자매 공화국들

프랑스 혁명가들은 유럽의 보수적 군주들에 대항해 싸우면서 이탈리아의 방대한 지역들, 오스트리아령 네덜란드, 스위스를 정복하고 합병했다. 나폴레옹은 이 전쟁들을 시작하지는 않았지만, 이 전쟁들을 지속시켰으며 크게 확대시켰다.

우 프랑스 혁명군은 영국 해군을 격퇴할 수 없었다). 프랑스 군대는 1793~1794년에는 국토를 수호했고, 1794~1795년에는 저지대 지방, 라인란트, 에스파냐의 일부, 스위스, 사보이를 점령했으며, 1796년에는 이탈리아의 핵심 지역을 공격해 점령함으로써 프랑스에 맞서 형성된 동맹을 무너뜨렸다.

공포 정치

그러나 이러한 승리는 그만큼의 대가를 치러야만 했다. 1793년 프랑스는 위기에 처했고, 국민공회는 성인 남성의 보통선거에 입각한 새로운 민주주의 헌법의 초안을 마련했다. 이 헌법은 발효되지 못했고 전시 비상사태로 무기한 연기되었다. 그 대신 국민공회는 구국위원회로 알려진 12명의 지도자 집단에게 매년 임기를 연장하면서 지휘권을 위임했다. 이 위원회의 무자비함은 두 가지 목적을 갖고 있었는데, 하나는 혁명을 통제하기 위함이었고 다른 하나는 '그날의 질서에 공포를 주기 위해' 혁명의 모든 적을 기소하기 위해서였다. 공포 정치는 2년이 채 안 되는 기간 동안 지속되었지만 유혈 참극과 권위주의의 유산만을 남겼다.

급진적 혁명기의 가장 유명한 세 명의 지도자는 장 폴 마라(1743~1793), 조르주 자크 당통(1759~1794), 막시밀리앙 로베스피에르(1758~1794)였으며, 그중 당통과 로베스피에르는 구국위원회 위원이었다. 마라는 의사 교육을 받았고 1789년경에 스코틀랜드의 세인트앤드루스 대학에서 명예박사학위를 받을 정도로 의학 분야에서 명성을 얻은 인물이었다. 마라는 온건파 동료들의 주장을 거의 거부했는데, 그중에는 영국에 대한 동료들의 찬양도 포함되어 있었다. 마라는 영국이 부패했고 전제적이라고 생각했다. 결국 마라는 박해를 받고 비위생적인 하수구나 지하 감옥에 피신하게 되었지만, 대중적 신문인 《인민의 친구(L'Ami du peuple)》의 편집인 지위는 유지했다. 이런 박해로 인해 감염에 노출된 그는 잦은 목욕으로만 완화되는 만성적이고 고통스러운 피부병에 걸리고 말았다. 1793년 여름, 혁명의 위기가 고조되었을 때 그는 목욕을 하던 중에 젊은 왕당파 샤를로트 코르데(1768~1793)의 칼에 찔려 혁명의 순교자가 되었다.

당통도 마라처럼 인기 있는 정치 지도자였고 좀 더 서민적인 파리의 단체들에 잘 알려진 인물이었다. 당통은 1793년 구국위원회 위원으로 선출되어 공포 정치를 조직하는 데 큰 몫을 했다. 그러나 시간이 흐르면서 점차 당통은 잔혹함에 환멸을 느껴 타협적 경향을 보이기 시작했다. 이러한 타협적 태도는 그의 적들에게 탄압의 빌미를 주었고, 결국 당통은 1794년 4월 단두대로 끌려갔다. 단두대에 오르면서 그는 이렇게 말했다고 한다. "사람들에게 내 머리를 보여주시오. 그들에게 이런 기회가 매일 있는 것은 아니니까."

급진적인 지도자 가운데 가장 유명한 인물은 막시밀리앙 로베스피에르였다. 아일랜드계로 알려진 집안에서 태어난 로베스피에르는 법학을 공부하고 변호사로 활동을 시작해 빠르게 성공을 거두었다. 그가 지닌 설득력과 지도자들은 '인민의 의지'를 존중한다는 시종일관되면서도 무자비한 고집은 그로 하여금 자코뱅 클럽 내에서 열렬한 지지자를 확보할 수 있게 해주었다. 나중에 그는 국민공회 의장과 구국위원회 위원이 되었다. 그는 공포 정치의 기원과는 거의 관련이 없었지만, 공포 정치가 확대되는 데는 책임이 있었다. '절대 부패하지 않는 자(le incorrutuble)'라는 별명을 가진 로베스피에르는 혁명적 진보를 이루기 위해 필수적인 요소이자 덕목으로서 정당화된 무자비함을 대표했다.

2년간에 걸친 공포 정치는 독재, 중앙집권화, 거의 모든 자유의 유예, 전쟁을 불러왔다. 구국위원회는 외국의 적들뿐만 아니라 국내의 정치적 우익과 좌익의 저항에 직면해 있었다. 1793년 6월 점증하는 위기에 대응해 파리의 수공업자들과 동맹을 맺은 급진파 정당인 '산악파'의 지도자들은 국민공회에서 온건파를 몰아냈다. 국민공회와 이들의 지방 대표들은 리옹, 보르도, 마르세유 등과 같은 지방 도시들에서 발생한 반란을 무자비하게 진압했다. 정부 또한 서부 지역에서의 반혁명에 직면했다. 이 지역에서 반혁명에 적극적으로 참여한 농민과 수공업자들은 자신의 지역이 침략당하고 있다고 믿으며 지방 사제를 위해서 싸우고 혁명 징집위원회로부터의 소집에 저항해 투쟁했다. 여름이 되자 서부 지역의 세력은 국민공회에 심각한 위협이 되었다. 어떤 대가를 치르고라도 프랑스를 안정시키겠다고 결심한 구국위원회는 군대를 재배치해 반혁명분자들을 공격하면서 마을·농장·경작지 등에 불을 지르고 감히 자신들에게 반대한 모든 사람과 반대하지도 않았던 많은 사람들을 죽이는 피비린내 나는 평화 회복 전쟁을 개시했다.

가장 믿을 만한 추산에 따르면 1793년 9월에서 1794년 7월에 이르는 공포 정치 기간에 프랑스 전역에서 2만 5,000명에서 3만 명 정도가 처형되었으며, 2만 명에 약간 못 미치는 사람들이 법정에서 유죄 판결을 받았다. 1793년 3월과 1794년 8월 사이에 대략 5만 명의 사람들이 투옥되었다. 하지만 이런 수치에는 10만 명 이상의 목숨을 앗아간 서부 지역과 론 계곡 지역에 있는 도시들에서의 평화 회복 전쟁으로 인한 희생자는 포함되지 않았다. 공포 정치로 인해 희생된 귀족은 거의 없는 반면에 사재기, 반역 또는 반혁명 활동 등으로 고발된 농민과 노동자가 훨씬 더 많았다. 공화국을 위협하는 것처럼 보이는 사람은 누구나 그의 사회·경제적 지위를 불문하고 위험에 처했다. 얼마 뒤 공포 정치가 시행된 동안에 두드러지게 활동한 것이 무엇이었느냐는 질문을 받은 시에예스는 이렇게 빈정거렸다. "나는 살아남았다."

제2단계 프랑스 혁명의 유산

'제2단계 프랑스 혁명'과 관련해 몇 가지 점들을 지적할 필요가 있다. 첫째, 한동안 혁명의 열의는 놀라울 정도로 직접적인 방식으로 프랑스 남녀노소의 일상생활에 영향을 주었다. 노동자의 바지는 중간계급과 귀족층 의복의 상징이었던 짧은 바지를 대체했다. 노예제로부터의 해방을 상징하는 것으로 회자되는 빨간 모자는 대중적인 모자가 되었으며 가발은 자취를 감추었다. 남녀는 서로를 '시민' 또는 '여성 시민'으로 불렀다. 공중 생활은 구체제와의 단절을 극적으로 표현하고 새로운 형태의 우애를 기리기 위해 고안된 의식으로 두드러졌다. 혁명 초기 단계에서 이런 축제들은 새로운 방식의 생활과 생각을 위한 진심에서 우러난 대중의 열정을 획득했던 것처럼 보인다. 그러나 구국위원회 치하에서 그런 축제들은 교훈적이고 공허한 것이 되었다.

둘째, 1792~1793년의 급진적 혁명은 지방 분권화와 민주주의를 향한 경향을 극적으로 뒤집어놓았다. 국민의회는 여전히 왕당파를 옹호하고 있던 일부 지방 관리들을 '파견 의원'으로 대체했다. 파견 의원들의 임무는 군대를 징집하고 애국적 열기를 이끌어내는 일이었다. 그리고 파견 의원들이 독자적으로 행동하려는 경향이 강할 때는 다시 구국위원회에 직접 보고할 책무를 띤 '국가의 대행자'로 교체했다. 국민의회는 권위를 안착시키기 위한 또 다른 노력의 일환으로 정치적·사회적 위험 요소라는 이유를 들어 여성 정치단체들을 폐쇄했다. 얄궂게도 인민의 이름으로 통치한다고 주장했던 이들은 대중 운동이 위협적이라는 것을 알았다.

셋째, 혁명은 수세기 동안 사람들에게 공통의 유대감을 주어왔던 교회, 길드, 교구 등과 같은 전통적 제도의 세력을 크게 약화시켰다. 이제 그 자리에 하나의 국가적 대의에 충성하기를 고집하는 애국적 조직과 문화가 들어섰다. 이런 조직들은 선거 운동, 모임, 1788년의 팸플릿 전쟁 그리고 그것들이 고조시킨 관심과 더불어 처음 등장했다. 혁명의 절정기(1792~1793)에 매일 정치 훈련을 제공했던 정치단체와 지방 의회들이 이러한 조직들이었다. 공화국 군대는 최고위 국가기관이 되었다.

제2단계 프랑스 혁명, 1792~1794년	
제1공화정 수립	1792년 여름
국민공회 선출	1792년 9월
국왕의 처형	1793년 1월
영국, 홀란드, 에스파냐와 프랑스 간의 전쟁	1793년 2월
공포 정치	1793년 9월~1794년 7월
자코뱅 숙청	1794년 7월 27일
로베스피에르의 처형	1794년 7월 28일

혁명이 혁명가뿐만 아니라 반혁명분자를 동원하면서 프랑스를 갈라놓은 것은 사실이다. 그와 동시에 혁명, 전쟁, 시민 희생의 문화는 새로운 결속력을 만들어냈다. 프랑스 혁명의 가장 유명한 노래인 〈라마르세예즈(La Marseillaise)〉의 가사에 따르면 "폭정의 피 묻은 깃발"이라고 불렸던 유럽의 나머지 국가들이 이 신생 국가와 그 시민을 분쇄할 것이라는 생각은 의심의 여지없이 프랑스인의 국가적 정체성을 강화시켜주었다.

공포 정치에서 보나파르트까지: 총재정부

♦ 보나파르트는 어떻게 해서 권좌에 올랐는가?

구국위원회는 적군으로부터 프랑스를 구할 수 있었지만 스스로를 구하지 못했다. 인플레이션은 파국적인 수준이 되었다. 연이은 군사적 승리는 점차 더 많은 사람들에게 끊임없는 희생과 공포 정치의 필연성을 요구하는 구국위원회가 더 이상 정당화될 수 없다는 생각을 갖게 만들었다. 1794년 7월에 이르러 구국위원회의 지지자들 대부분이 사라졌다. 7월 27일(혁명력에 따르면 테르미도르[Thermidor], 즉 '열의 달' 9일) 국민공회의 연단에서 발언하려는 로베스피에르는 발언권을 박탈당했다. 다음 날 로베스피에르는 21명의 공모자들과 함께 단두대의 이슬로 사라졌다.

공포 정치가 끝났다고 해서 곧바로 온건한 분위기가 이어진 것은 아니었다. 왕당파 자경단은 자코뱅파를 추적해 색출했다. 가격상한제 또는 가격통제 조치의 폐지는 한 세기 최악의 겨울과 맞물려 광범위한 빈곤을 야기했다. 공포 정치 기간 중에 채택되었던 다른 조치들도 점차 폐지되었다. 1795년 국민공회는 새로우면서도 한결 보수적인 헌법을 채택했다. 이 헌법은 읽고 쓸 줄 아는 모든 성인 남성 시민에게 선거권을 부여했다. 하지만 이 헌법은 여전히 간접선거 방식을 채택했다. 이 방식은 시민이 선거인을 선출하면 선거인들이 다시 입법부 의원들을 선출하는 것이었다. 따라서 부유한 시민이 권한을 보유했다. 한 개인이 독재를 하는 것을 피하기 위해 이 헌법은 입법부에서 선출된 5명으로 구성된 총재정부(Direc-toire)에 행정권을 부여했다. 새 헌법은 권리 법안뿐만 아니라 시민의 의무도 포함시켰다.

총재정부는 앞서 있었던 혁명 기구들보다 더 오래 지속되었다. 하지만 총재정부는 여전히 급진 좌익과 보수 우익 양측의 불만에 직면했다. 총재정부는 사유재산과 의회 정부를 폐지하려는 급진주의자 '그라쿠스 바뵈프'[1]가 이끌었던 운동을 포함한 좌익의 급진주의 운동들을 진압했다. 그러나 우익으로부터의 위협을 물리치는 일은 쉽지 않았다. 1797년 공화국으로서 프랑스가 치른 최초의 자유선거에서 다수의 군주제 지지자들이 양원에 복귀했고, 이는 루이 16세의 처형을 찬성했던 사람들에게는 위기감을 주었다. 그리하여 총재정부는 군대의 도움을 받아 대부분의 선거 결과를 무효화시켰다. 계속 이어지는 봉기와 숙청의 2년이 지난 뒤에도 여전히 심각한 인플레이션을 치유할 수 없었던 총재들은 절망 상태에 빠졌다. 그러자 이들 총재들은 이번에는 젊고 유능한 장군 나폴레옹 보나파르트(1769~1821)에게 지원을 요청했다.

보나파르트는 1793년 왕당파와 영국 군대에게서 툴롱을 탈환하는 첫 번째 승리를 거둔 뒤, 24세의 나이로 대위에서 준장으로 진급했다. 그는 또한 더할 나위 없는 정치적 장군이었고 한때 자코뱅파와 연루되어 잠시 체포되기도 했다. 하지만 그는 오히려 총재정부의 감사의 표시를 받았다. 왜냐하면 1795년 10월 그는 대포로 포도탄(grapeshot)[2]을 쏘아 새 헌법을 반대하는 사람들의 공격으로부터 국민공회를 구했기 때문이다. 그는 이탈리아에서 일련의 두드러진 군사적 승리를 거두었는데, 그 결과 오스트리아는 전쟁에서 (일시적으로) 물러서고 말았다. 다음으로 그는 이집트와 근동 지역의 영국 식민지들을 공격해 영국을 패퇴시키려 했다. 프랑스는 지상전에서는 승리했지만 해상전에서는 1798년 아부키르 만에서 프랑스 함대가 호레이쇼 넬슨 제독에게 패배함으로써 곤경에 처했다. 보나파르트는 이집트에서 영국이 쳐놓은 함정에 빠졌고 이로 인해 결정적인 승리를 거둘 수 없다는 것을 알았다.

바로 이 시점에 총재정부로부터 요청이 왔다. 이집트를 몰래 빠져나와 파리에 도착한 보나파르트는 이미 유력한 총재이자 한때는 제3신분의 혁명적 지도자였던 시에예스와 함께 쿠데타를 일으키기로 합의해놓은 상태였다. 1799년 11월 9일(브뤼메르[Brumaire], 즉 '안개의 달' 18일) 보나파르트는 '임시 통령'으로 선포되었다. 그는 총재정부의 간절한 염원을 대변하

---

1) 프랑수아 노엘 바뵈프(François-Noël Babeuf, 1760~1797)는 평민의 영웅이었던 로마의 호민관 가이우스 그라쿠스(Gaius Gracchus)의 이름에서 '그라쿠스'를 따왔다.
2) 영국 역사학자 토머스 칼라일(Thomas Carlyle, 1795~1881)은 이를 'Whiff of grapeshot'라고 표현했다.

는 존재였다. 그는 왕은 아니었지만 강력한 대중적 지도자였다. 시에예스는 보나파르트가 '아래로부터의 신망, 위로부터의 권위'를 제공할 것이라고 선언했다. 이 말과 함께 시에예스는 혁명기의 종말을 공표했다.

나폴레옹과 프랑스 제국

♣ 나폴레옹은 어떻게 자신의 권한을 집중시켰는가?

서양사를 통틀어서 15년 동안 프랑스를 통치한 나폴레옹 보나파르트만큼 세계의 주목을 끈 인물도 드물 것이다. 그리고 나폴레옹만큼 프랑스뿐만 아니라 서양 전체에 걸쳐서 신화로서 계속 살아 있는 인물도 찾아보기 어려우리라. 그 이유는? 대다수 유럽 보통 사람들에게 프랑스 혁명의 기억은 유럽을 황폐화시키고 유럽 정치를 격동시켰으며 한 세대 동안이나 유럽 사람들의 마음에 충격을 주었던 나폴레옹 전쟁과 관련된 사건들로 지배되었다. 정치적 혁명이자 대중 봉기로 시작된 사건은 전쟁으로 계속되었고, 결국 새로운 종류의 유럽 제국을 창조하기 위한 노력으로 종결되었다. 많은 사람들에게 그런 드라마 전체는 한 사람의 이력에서 구현된 것처럼 보였다. 1792년 전쟁의 벽두부터 프랑스의 혁명가들은 프랑스 군대를 방어와 생존의 방향을 향해 나아가게 해왔다. 모든 사람에게 혁명의 미래는 가장 위대한 장군 나폴레옹 보나파르트의 성공과 밀접한 관계를 맺어야 하는 것이 당연한 것처럼 보였다.

보나파르트와 혁명의 관계는 단순하지 않았다. 그의 정권은 프랑스 혁명의 일부 정치적·사회적 변화들을 공고히 했지만 그 밖의 것들은 단호히 거부했다. 그는 스스로 혁명의 아들임을 자처했지만 스스로를 샤를마뉴나 로마 제국의 상속자로 변모시키면서 매우 상이한 정권들을 거리낌 없이 차용하기도 했다. 그의 정권은 혁명기 정치와 프랑스를 다시 만들었다. 이를 위해 그는 새로운 방식의 전투라는 멋진 사례를 제시했고, 한 세기 이상이나 유럽의 정치가와 시민에게 꿈이나 악몽으로 좀처럼 사라지지 않았던 전쟁의 유산과 프랑스의 영광이라는 전설을 남겼다.

권한 강화, 1799~1804년

보나파르트의 초기 경력은 혁명이 유능한 사람들의 노력에 보답했다는 주장을 보강해주었다. 코르시카 지방 귀족의 아들로 태어난 그는 파리에서 군사학교를 다녔다. 프랑스에서 혁명이 일어나지 않았더라면, 그는 연대 지휘권을 사는 데 필요한 소령 계급 이상으로 진급할 수 없었을 것이다. 하지만 프랑스 혁명은 군대 직책의 매입을 폐지했고 보나파르트는 재빨리 장군이 되었다. 그 다음에야 그는 기꺼이 프랑스의 혁명을 위해 내주었던 자기 자신의 재능으로 인해 일약 무명에서 떠오른 인물이 되었다. 더욱이 그의 성격은 계몽주의 시대에 걸맞은 것처럼 보였고, 초기 찬미자들은 그의 광범위한 재능과 역사, 법, 수학 등을 포함한 지적 관심에 주목했다. 그는 사상을 진지하게 받아들였다. 그는 끊임없이 읽고 썼는데, 이런 일은 심지어 그가 전투를 치를 때에도 계속되었다. 지도자로서의 그의 능력은 놀라운 것이었다. 그는 재정적·법적·군사적 계획을 착상하고 그것의 모든 세부사항을 철저히 파악했다. 그는 쉼 없이 일했고 잠도 거의 자지 않았다. 그는 여러 사람들, 심지어 처음에는 그에게 반대했던 사람들에게까지 영감을 주었다. 그리고 그는 자신이 프랑스의 예정된 구원자라고 믿었다. 이런 확신은 그를 카리스마적인 지도자로 만들기도 했지만 결국 그를 파멸로 이끌기도 했다.

보나파르트는 자신의 통치 기간의 첫 5년간에 재빨리 개인적 권력을 통합했다. 그는 1799년 정부를 전복시킨 뒤 '제1통령(premier consul)'의 칭호를 얻고 공화정의 이름으로 통치했다. 새 헌법은 백인 남성의 보통선거권을 확립했고 양원제 입법부를 세웠다. 하지만 선거는 간접선거였고 입법부의 권력은 상당히 억제되었다. "정부라고요?" 어느 관찰자는 이렇게 말했다. "보나파르트가 있지요." 보나파르트는 이후 권위주의자들이 흔히 사용할 장치, 즉 일반 투표로 직접 찬반을 묻는 국민투표를 제도화했다. 이것은 국가의 수장이 자신에게 반대할지도 모를 정치나 입법부를 회피하게 해주었을 뿐만 아니라 지방 관리들이 투표함을 함부로 바꿀 수 있도록 해주었다. 1802년 해외에서의 승리로 의기양양해진 그는 입법부에게 자신을 종신 통령으로 선포해줄 것을 요구했다. 상원이 그것을 거부하자 보나파르트의 행정 재판소가 개입해 그에게 종신 통령 칭호를 부여했고 국민투표로 이를 비준했다. 그의 정권은 시종일관 국민에게 자문을 구하는 외양을 띠었지만, 이 정권의 가장 중요한 특징은 권력의 집중화였다.

그러한 권력은 프랑스를 재조직하는 데에서 왔고, 이 점에서 보나파르트의 업적은 비범하면서도 지속적인 것이었다. 보나파르트 정권은 특권의 폐지를 확약했고 그럼으로써 '능력에 따른 출세'를 약속했다. 그는 행정 부서들을 중앙집권화해 몇 년간 프랑스에서 성취된 적이 없는 질서정연하고 대체로 공정한 조세제도를 만들었다. 보나파르트 정권은 군사적 모험에 자금을 충당하기 위해 자신이 정복했던 지역들의 자원에 크게 의존했지만, 좀 더 효율적인 징세와 재정 관리는 혁명 정부를 무능하게 만들었던 악성 인플레이션을 멈추는 데 도움을 주었다. 앞서 본 것처럼 이전의 혁명 정부들은 프랑스의 행정을 재조직했는데, 여기에는 예전의 봉건 영지를 그에 딸린 별개의 정부, 법전, 특권, 관습 등과 더불어 폐지하고 통일된 정부 부서 체계를 세우는 것이 포함되었다. 보나파르트는 그런 작업을 중앙집권화에 강조점을 두면서 한층 더 밀고나갔다. 그는 선출직 관리와 지방 자치정부를 파리에 있는 행정재판소에 직접 응하는 중앙에서 임명한 도지사와 부도지사로 대체했다. 도지사는 그 어떤 선출직 대표보다도 훨씬 더 많은 권력을 행사했다. 예컨대 그들은 통계를 수집하고 경제와 인구에 관해 보고하는 일에서 교육, 도로, 공공사업에 이르기까지 모든 일을 감독했다. 50년 후 나폴레옹 조카의 제2제정 치하에서 파리 도지사는 오늘날까지 나폴레옹 시대의 특징을 지니고 있는 프랑스 수도의 대규모 재건을 지휘했다. 프랑스는 직함이 아니라 (비록 엘리트층이 지배적이기는 했지만) 능력에 따라 공무원을 뽑았다. 상이한 부서들이 조정된 (그리고 위로부터 감독을 받는) 한층 더 통합된 행정과 한층 더 전문적인 관료제 그리고 (전쟁이 필요로 하는 것들이 비록 이 체제에 긴장을 자아냈지만) 합리적이고 효율적인 과세와 더불어 나폴레옹의 국가는 부르봉 절대주의에서 근대 국가로의 이행을 보여주었다.

법, 교육 그리고 새로운 엘리트

근대 국가 건설에 대한 나폴레옹의 가장 중요한 기여와 그가 정복한 지역에 전파한 것 중 하나는 1804년 새로운 법전을 공표한 것이었다. 각각의 혁명 정권은 법을 근대화하는 힘든 과업에 착수했지만, 각자에게 부여된 시간을 다 써버리고 말았다. 나폴레옹은 일이 지체되는 것을 용납하지 않았고 스스로 자신의 사상을 밀어붙이고 모임의 절반을 감독하면서 이 계획에 전념했다. '나폴레옹 법전'—새로운 민법전—은 그의 철학과 야심의 흔적을 담았다. 이 법전은 1789년 이래로 헌법상의 모든 변화를 꿰뚫는 두 가지 원칙, 즉 통일성과 개인주의를 반영했다. 나폴레옹 법전은 하나의 통일된 법을 창출하면서 예전에 프랑스의 지방들을 지배했던 서로 상이하면서도 모순적인 복잡다단한 법적 전통을 일소했다. 이 법전은 귀족과 성직자의 특권뿐만 아니라 수공업 길드, 자치도시 등의 특별한 권리를 포함한 모든 봉건적 특권을 확실히 폐지했다. 이 법전은 또한 계약 일반, 임대차 계약, 주식회사 등의 입안을 포함하는 재산권의 행사에 관한 조건을 정했다. 나폴레옹이 개인적으로 발전시킨 가족에 관한 조항은 부권(父權)의 중요성과 여성과 어린이의 종속성을 주장했다. 1793년 혁명기 중 가장 급진적 시기 동안에 남성과 여성은 '혼인관계에서 동등한' 것으로 선언된 적이 있었지만, 나폴레옹 법전은 남편의 '선천적 우위'를 지지했다. 결혼한 여성은 재산을 팔 수도 사업을 운영할 수도 없었고, 남편의 허락 없이는 직업을 가질 수도 없었다. 아버지는 자녀들의 재정적인 일을 관리하고 그들의 결혼에 동의하며, (예전부터의 징계권에 의거해) 정당한 논거를 제시하지 않고도 자녀들을 6개월까지 투옥할 수 있는 유일한 권리를 가졌다. 이혼은 합법적인 상태로 남아 있었으나 동등한 조건하에서 그런 것은 아니었다. 예컨대 남편은 간통을 근거로 이혼 소송을 제기할 수 있었으나 부인은 자신의 남편이 '첩'을 집으로 들일 때에만 소송을 제기할 수 있었다. 보통 사람들에게 가장 중요한 것은 이 법전이 사생아에 대한 친부 확인 소송을 금지했다는 것이다.

나폴레옹 법전은 상법, 민법 및 소송 절차, 범죄, 형벌 등을 다루는 7개의 법전으로 확대되었다. 민법전처럼 형법전도 시민을 법 앞에 평등하게 대하며 자의적인 체포와 구금을 금하면서 혁명의 일부 성과들을 통합했다. 하지만 이 법전은 혁명가들이 폐지했던 존속 살인자에 대한 낙인찍기와 손 절단 같은 잔인한 조처를 부활시켰다. 나폴레옹 시대의 법제도는 구체제의 법보다는 한층 평등주의적이었으나 적잖이 권위적이었다.

나폴레옹은 또한 교육제도를 개선했다. 그는 주요 도시에 공무원과 군 장교를 훈련시키기 위해 리세(lycées, 고등학교)를 설립하고 파리에 교사를 양성하기 위한 학교를 설립하도록 명령했다. 이와 더불어 나폴레옹은 군사학교와 기술학교를 국가 관리 체제 아래 두었으며 교육제도 전반을 감독할 국립대학을 창설했다. 그가 새로운 사관학교를 세운 것은 놀랄 일이 아니었다. 그는 수준 높은 고등 교육기관—(엔지니어를 위한) 폴리테크니크(polytechnique)와 (교사를 위한) 노르말(normal)—을 만들기 위해 견고한 재정 체계를 재조직하고 확립했다. 시험 성적에 따라 입학이 허용된 이들 학교에서 프랑스의 기술, 교육, 정치 분야의 엘리트들이 배출될 예정이었다. 대부분의 개혁처럼 교육 개혁 역시 혁명기에 도입된 개혁을 보강한 것이었으며, 특권을 폐지하고 '능력에 따른 출세'를 가능하게 하고자 의도했다. 나폴레옹은 또한 계몽사상으로 태동한 사회과학과 물리학을 신봉했다. 그는 미술, 과학, 인문학, 언어(유명한 아카데미 프랑세즈[Academie Française]) 네 분야의 아카데미로 나뉜 프랑스 학사원

(Institute of France)을 후원했다. 이들 아카데미는 절대주의 시대에 만들어졌지만 나폴레옹에 의해 조직화되고 새로운 토대를 갖추었다. 이들 아카데미가 오늘날까지 유지해오는 중앙집중화되고 실력 위주이며 국가에 봉사하는 특성은 나폴레옹 치하에서 만들어졌다.

누가 이러한 변화에서 혜택을 보았는가? 보나파르트의 다른 새로운 기관들처럼 이 새로운 학교는 신흥 엘리트층의 권력을 확실히 하는 데 기여했다. 신흥 엘리트층은 사업가, 은행가, 상인을 포함했지만 일차적으로는 여전히 막강한 지주들로 구성되었다. 고등학교 특별 연구비의 절반은 군 장교와 고위 공무원의 자제들에게 주어졌다. 최종적으로 보나파르트의 개혁 대부분이 그렇듯이 교육에서의 변화는 제국의 강화를 목적으로 한 것이었다. "교사 집단을 만드는 목적은 정치적·도덕적 여론을 지도하는 수단을 갖기 위한 것이다." 나폴레옹은 이렇게 솔직하게 말했다.

보나파르트의 초기 조처들은 야심찬 것이었다. 그런 조처에 대한 지지를 획득하기 위해 그는 과거 정치 경력은 불문하고 자기편을 만들었다. 그는 온갖 정치적 유형의 망명자들이 귀국하는 것을 허용했다. 그의 동료 통령 두 명 중 한 사람은 공포 정치 시대에 국왕 처형에 관여한 인물이었으며, 또 다른 한 사람은 앙시앵레짐의 관료였다. 나폴레옹의 치안장관은 극단적인 급진 공화파였고, 외무장관은 기회주의적 귀족 샤를 탈레랑이었다. 이러한 정치적 화해 작업 중 가장 놀라운 행동은 1801년 교황과 보나파르트가 맺은 정교 협약이었다. 이 협약은 프랑스와 가톨릭교회의 10년 이상에 걸친 적대감을 종식시키는 것이었다. 이러한 일은 반가톨릭적 혁명가들에게 충격을 주었지만 일관된 실용주의자 나폴레옹은 이러한 화해가 국내의 화합과 국제적 안정을 가져다줄 것이라고 믿었다. 협약에 따라 교황은 프랑스의 주교를 해임하고 프랑스의 성직자들을 징계할 권한을 얻었다. 그에 대한 보답으로 바티칸은 혁명으로 인해 몰수된 교회 재산 문제를 거론하지 않기로 했다. 따라서 그 재산은 새로운 중간계급의 농촌 및 도시 소유자들의 수중에 남게 되었다. 이 협약은 혁명으로 확립된 종교의 자유라는 원칙을 철회하지 않았지만, 이로 말미암아 나폴레옹은 미래의 프랑스가 신을 저버린 국가가 되지 않을까 염려하던 보수주의자들의 지지를 획득했다.

그러한 정치적 균형 정책은 보나파르트의 인기를 전반적으로 높여주었다. 이런 정책들은 초기의 군사적 승리(1801년 오스트리아 및 1802년 영국과의 화평)와 결합해 그의 개인적 야심에 대한 어떠한 반대도 잠재웠다. 그는 마르티니크 출신의 크리올(Creole)[3]이자 혁명기의 영향력

---

3) 신대륙 발견 후 아메리카 대륙에서 태어난 에스파냐인과 프랑스인의 자손을 일컫는 말.

있는 인사의 정부였던 조세핀 드 보아르네(1763~1814)와 결혼했다. 조세핀은 코르시카 출신의 군인 정치가에게 정통성을 주었으며 그의 경력 초기에 혁명가 엘리트층에게 접근할 수 있도록 해주었다. 하지만 보나파르트나 그의 야심찬 부인은 동등자 중에서 최고가 되는 것에 만족하지 않았다. 1804년 12월 그는 마침내 공화주의의 어떠한 흔적도 내던져버렸다. 그는 파리의 노트르담 성당에서 중세 왕권과 부르봉 절대주의의 영화를 불러일으키는 의식을 통해 스스로 나폴레옹 1세 황제의 관을 썼다. 나폴레옹은 근대 국가를 창조하기 위해 많은 것을 했지만 자신이 과거에 연결되어 있다는 것을 선포하는 것도 망설이지 않았다.

프랑스에서처럼 유럽에서도: 나폴레옹의 제국

유럽의 여러 나라들은 경외의 마음으로 또는 두려움으로 그러나 모두 놀라움으로 나폴레옹 현상을 바라보았다. 오스트리아, 프로이센, 영국이 주도하는 유럽 열강의 연합은 유럽의 안정을 유지하기를 바라면서 1792년부터 1795년까지 프랑스와 싸웠다. 첫 번째 연합은 프랑스 군대에게 패배하고 재정적 고갈로 말미암아 혼란 속에 붕괴되었다. 영국의 간절한 요청으로 두 번째 연합이 1798년에 부활했지만 첫 번째 연합보다 더 나을 것이 없었다. 이집트에서 나폴레옹의 군대가 와해되었지만 유럽에서 거둔 프랑스의 승리는 이 연합을 분열시켰다. 러시아와 오스트리아는 1801년에 이 싸움에서 물러났고 타협을 모르는 영국도 다음 해 휴전했다.

그러한 평화는 단 1년간 지속되었다. 1805년 러시아, 프로이센, 오스트리아, 스웨덴은 프랑스를 봉쇄하려는 영국의 시도에 가담했다. 하지만 그들의 노력은 아무런 성과가 없었다. 나폴레옹의 군사적 우위는 차례로 3개 대륙 동맹 국가 모두를 패배시켰다. 나폴레옹은 이동, 재편성, 그리고 자신의 유리함을 놓치지 않는 방식을 통해 전장에서 시의적절하고 훌륭하게 지휘하는 공격의 대가(大家)였다. 그는 유럽의 전쟁을 변모시킨 군대를 이끌었다. 이 군대는 애초에 혁명기 민병대로 동원되었으나, 점차로 전쟁 수행에 경제력을 쏟아 부은 국가로부터 충분하게 보급을 받는 충성스럽고 훈련된 징집 군대로 변모했으며 대개 능력에 기초해 진급한 장군들이 지휘했다. 나폴레옹의 치명적 제6감에 따라 지휘를 받는 이 신형 군대는 적들에게 결정적인 패배를 안겨주었다. 1805년 12월 아우스터리츠 전투는 오스트리아와 러시아 연합군에 대한 프랑스의 승리였고, 황제 나폴레옹에게 명백히 대적할 자가 없다는 것을 보여주는 상징이 되었다. 1807년 프리트란트에서 러시아군에 대항한 나폴레옹의 연이은 승리는 그의 명성을 드높여주었다.

이러한 승리를 통해 나폴레옹은 새로운 제국과 피지배 국가들을 창조했다. 이 제국은 남동쪽으로 로마와 교황령, 토스카나, 오스트리아의 달마티아 영토(지금의 크로아티아 해안선)를 포함했다. 동쪽으로 나폴레옹의 통치는 라인 연합이라고 알려진 독일 국가 연합과 폴란드의 일부로 확장되었다. 이들 신생 국가들은 유럽 다른 지역에 있는 애국자들에게 프랑스가 가져다준 독립이라는 선물로 보였으나, 실제로 이 나라들은 재개된 오스트리아의 팽창에 대항한 군사적 완충지 역할을 했다. 이 제국은 이탈리아, 나폴리, 에스파냐, 홀란드의 동맹 왕국들로 에워싸였고, 왕위는 나폴레옹의 형제들, 처남, 신뢰하는 장군들이 차지했다.

나폴레옹의 제국은 프랑스 혁명의 실질적 결과들, 즉 중앙집권화된 강력한 국가와 특권에 기반한 구체제의 종식을 유럽의 문 앞에 가져다주었으며, 이미 프랑스를 변화시켰던 제국의 원리들이 적용되었다. 소송 절차, 법전, 국가의 관행에 대한 철저한 조사를 의미하는 행정 근대화는 도입된 변화들 중에서 가장 강력한 특징이었다. 이 제국은 공무원과 사법부에 새로운 직위를 만들고 새로운 사람들을 모집하는 등 정부 공직(능력에 따른 출세)이라는 용어를 바꾸어놓았다. 이 제국은 귀족들이 장교단을 독점하는 것을 끝냈다. 정부의 새 부서들은 엔지니어, 지도제작자, 측량사, 법률 자문 등을 고용했다. 공공사업과 교육은 재조직되었다. 제국 외부에 있는 지사들은 프랑스에서처럼 도로, 교량, 제방(홀란드에서), 병원, 감옥 등을 건설했다. 또한 이들은 대학을 재조직하고 실험실을 지었다. 제국과 위성 왕국 일부에서 관세가 없어졌고 봉건적 부과금이 폐지되었으며, 새로운 징세 구역이 형성되어 이 신생 국가를 지탱하기 위한 많은 새로운 세금이 징수되었다.

자유와 법의 영역에서 나폴레옹의 통치는 봉건 법정과 교회 법정을 제거하고 단일한 법체계를 창조했다. 나폴레옹 법전은 종종 도입되었으나, 항상 그런 것은 아니었고 전반적으로 그런 것도 아니었다(이탈리아 남부에서 가톨릭교회에 반하는 조처들은 너무도 논쟁적인 것으로 생각되었다). 개혁은 많은 불평등과 법적 특권을 제거했다. 폴란드의 바르샤바 공작령은 농노제를 종식시켰으나 아무런 토지 개혁을 하지 않았기 때문에 이전의 농노들은 곤궁한 소작농이 되었다. 대부분의 지역에서 이 제국은 프로테스탄트교도와 유대인에게 인권을 부여해주었다. 로마에서 프랑스 정복군은 유대인 게토의 문을 열고 유대인을 징집했다. 일부 지역에서 가톨릭 수도원과 수녀원 등이 보유했던 토지가 해체되어 대부분 부유한 매입자들에게 팔렸다. 프랑스에서처럼 제국에서 그리고 혁명 기간처럼 나폴레옹 치하에서 혜택을 본 사람들은 엘리트층이었다. 이미 상승 국면에 있는 이들 엘리트층은 기회를 이용할 수 있는 자원을 지닌 사람들과 집단이었다.

정부 차원의 통치는 (남성을 위한) 법적 평등과 한층 강력해진 국가 권위의 결합을 모색했다. 프랑스와 지방 정부 당국은 새로운 선거구를 만들고 선거권을 확대했으며 헌법을 제정했지만, 새로이 선출된 대의 기구들이 협조하지 않으면 해산시켰다. 완전히 채택된 헌법은 거의 없었으며 정치적 자유도 종종 덧없는 것이었다. 나폴레옹 정권은 혁명 원리들이 정권의 적법성을 고착시켜준다고 생각했지만, 권위만 이 정권을 인도해주는 불빛으로 남았다. 정부의 모든 지시는 파리에서 내려왔으며, 따라서 이는 나폴레옹에게서 내려온 것이었다.

프랑스에서와 마찬가지로 제국에서도 나폴레옹은 마침내 자신의 특징인 열정을 보여주었다. 그가 첫 번째로 보여준 열정은 유용한 지식을 축적하고자 하는 계몽주의적 열정이었다. 그의 제국은 유례를 찾아볼 수 없을 정도로 통계를 수집했는데, 그 이유는 한 국가를 제대로 통치하려면 인구를 포함한 국가의 자원을 아는 것이 중요했기 때문이었다. 그러한 정신은 1798년 보나파르트의 범상치 않은 이집트 원정에서 분명히 나타난 적이 있었다. 그는 군대와 함께 수백 명의 학자와 예술가를 데리고 가서 카이로에 이집트학 연구소를 세운 후 이집트의 체계적인 자원 목록(이집트의 지질, 강, 광물, 고대 유물, 동물의 생활)을 만들고 상(上)이집트에 대한 고고학적 탐험을 수행하기 위해 연구자들을 파견했다. 그곳에서 그들은 피라미드의 밑그림을 그리고 나중에 로제타스톤(Rosetta stone)으로 판명된 것을 발굴했다(제20장 참조). 나폴레옹이 보여준 두 번째 열정은 자신과 과거 제국들의 영광을 연결하는 것이었다. 그는 후대에 자신의 이미지를 (글자 그대로) 공고히 하는 데 시간과 힘을 쏟아 부었다. 로마에 있는 콘스탄티누스 황제의 개선문을 모방해 설계한 개선문(Arc de Triomphe)이 가장 좋은 본보기이다. 나폴레옹은 또한 로마의 옛터들을 복원하고 마드리드의 프라도 궁전을 박물관으로 만들었으며 그라나다의 알람브라 궁전을 개수해 보존할 것을 명했다.

이런 것들이 나폴레옹의 유산과 자신에 대한 그의 비전이었다. 그러면 사람들은 그를 어떻게 보았는가? 유럽은 한 가지 반응만을 보여주지 않았다. 몇몇 나라와 사회집단은 열정적으로 협력했고, 일부는 협상했으며 일부는 저항했다. 군사적 영웅으로서의 나폴레옹의 이미지는 군사적 영예를 높이 사는 문화에서 자라난 엘리트 출신의 청년들에게 영감을 불어넣어준 반면, 이와는 대조적으로 에스파냐의 가톨릭 농민들은 애초부터 그와 싸웠다. 이전에 제후들이 통치하던 수많은 소규모 공국들, 예를 들면 독일의 잡동사니 국가들과 나폴리의 억압적인 왕국에서 한층 더 효율적이면서도 부패 정도가 덜한 행정, 실행 가능한 세금

구조, 관습적인 특권의 종식을 가져다준 개혁 등은 대다수 지방민으로부터 환영을 받았다. 하지만 나폴레옹의 존재는 여러 가지가 뒤섞인 축복이었다. 예속 국가들은 제국의 군사력 유지에 과중하게 기여했다. 프랑스는 세금을 부과하고 인력을 징집했으며 예속 국가들에게 점령군의 지원을 요구했다. 이탈리아에서는 이 정책을 '자유와 징발'이라고 불렀다. 특히 이탈리아인, 독일인, 네덜란드인은 경제적 비용과 징집된 사람들의 숫자에서 개혁을 위해 커다란 대가를 치렀다. 보통 사람의 관점에서 보면 지방 영주와 사제가 프랑스의 세금 징수원과 군 징집국으로 대체된 것이었다.

전쟁과 제국의 요구 사항들은 서서히 그리고 돌이킬 수 없을 정도로 유럽 대륙 전역에 걸쳐서 나폴레옹에 대한 혁명가들, 이전의 계몽 사상가들, 자유주의자들의 지지를 잃게 만들었다. 독일의 작곡가 루트비히 반 베토벤은 본래 자신의 제3교향곡, 즉 〈영웅(Eroica)〉을 나폴레옹에게 헌정하려고 계획했다. 유럽의 수많은 이상주의자들처럼 베토벤도 처음에는 보나파르트가 유럽 대륙 전역에 자유를 가져다줄 것으로 기대했다. 그러나 1804년 나폴레옹이 제국을 건설하고 스스로 황제의 자리에 오르자 베토벤은 신속하고 비통하게 결정을 바꾸었다. 베토벤은 보나파르트에 대한 헌정을 취소하고 다음과 같이 선언했다. "이제 그도 역시 인간의 모든 권리를 짓밟고 자신의 야망에만 빠지게 될 것이다."

하지만 베토벤의 이 말은 마지막 평결이 아니었다. 그것은 나폴레옹의 적들도 '벼락 황제'를 장차 다가올 특히 국가의 재편과 관련된 거센 물결의 상징으로 믿었다는 것을 보여준다. 프로이센과 오스트리아의 행정가들은 나폴레옹과 싸우고 있었음에도 그의 개혁과 닮은 조치들, 즉 승진과 모집 방식의 변화, 관료제의 개조, 관할 구역의 재설정, 일부 특권의 폐지 등을 제도화하기 시작했다. 나폴레옹 제국 치하에서 성인이 된 많은 사람들은 좋든 싫든 간에 그의 제국이 근대적이라고 믿었다.

재개된 전쟁과 나폴레옹의 패배: 1806~1815년

♦ 무엇이 나폴레옹의 몰락을 불러왔는가?

제국을 공고히 하기 위한 나폴레옹의 대담한 시도, 즉 영국 상품의 대륙 유입을 금지한 정책은 실패로 끝나고 말았다. 영국은 루이 16세의 죽음 이래로 프랑스에서 등장한 그 어띤 혁명 정부에 대해서도 강하게 반대했다. 영국은 후한 재정적 차관과 무역을 약속하며 나폴레옹에 대항해 유럽을 단결시키기 위해 애썼다. 1806년에 수립된 대륙 체제(Continental System)는 영국의 무역을 빈사 상태에 이르게 해 항복을 강요하고자 한 것이었다. 대륙 체제는 몇 가지 이유로 실패했다. 전쟁 기간 내내 영국은 바다를 장악하고 있었다. 따라서 1807년에 시작된 영국의 대륙 해안 봉쇄는 나폴레옹의 체제에 대한 효과적인 대응이었다. 프랑스 제국은 영국의 봉쇄망을 피해 육로로 상품과 원료를 수송하지 않을 수 없었던 반면에, 영국은 남아메리카와의 무역 관계를 활발히 성사시켜나가고 있었다. 대륙 체제가 실패한 두 번째 이유는 대륙 내의 관세 장벽이었다. 유럽은 관세 장벽으로 요새화한 경제 진영으로 나뉘고 대륙에서 생산된 것에만 의존하게 됨에 따라 서로 대립하게 되었다. 대륙 체제 붕괴의 마지막 이유는 대륙이 영국에 비해 잃은 것이 더 많았다는 사실이다. 유럽의 항구들에서는 무역이 침체되었고 제조업 중심지에서는 실업이 증대됨에 따라 순조롭게 작동하는 유럽 제국이라는 나폴레옹의 꿈에 대한 대중의 신뢰가 사라졌다.

대륙 체제는 나폴레옹이 저지른 첫 번째 중대한 실수였다. 파리에서 통치하면서 로마 제국을 본뜬 유럽 제국을 창조하고자 한 나폴레옹의 야망은 쇠퇴의 두 번째 원인이 되었다. 그림, 조각, 가구, 의복 디자인에 반영된 나폴레옹 제국의 상징들은 의도적으로 고대 로마에서 채택한 것이었다. 이것은 색다른 것이 아니었다. 예컨대 초창기 혁명가들 특히 자코뱅파는 자신의 정치적 덕목의 본보기로서 로마 공화정을 상기시켰으며, 예술에서의 심상과 정치적 수사를 로마 공화정에서 끌어왔던 것이다. 그러나 나폴레옹이 승리를 기념하기 위해 세운 전승 기념 기둥이나 아치들은 로마 황제의 과시적인 기념물을 연상시켰다. 그는 자신의 형제자매를 새로 만든 왕국의 군주로 앉혔다. 1809년 그는 황후 조세핀과 이혼하고 합스부르크 가문의 공주이자 마리 앙투아네트의 조카인 마리 루이즈와 결혼함으로써 왕가의 피를 이어받은 계승자로서의 지위를 확고히 하려 했다. 그러나 지나치게 확대된 제국은 강력한 위치에서 취약한 위치로 급락했다.

시간이 흐름에 따라 쓰라린 패배에 대한 반성이 나폴레옹의 적들에게 효과를 미치기 시작했다. 그들은 전쟁을 치르기 위한 자국의 접근 방식을 바꾸었던 것이다. 1806년 프로이센 군대가 예나에서 참패를 당하고 물러서자 프로이센 청년 장교단 세대는 잘 훈련된 용병들보다는 지휘관들을 위한 엄격하고 실질적인 훈련과 애국적인 프로이센 시민으로 구성된 진짜 국민군을 요구함으로써 자국의 군대와 국가를 개혁했다.

무적 나폴레옹이라는 신화는 프랑스의 군사력과 국운을 한층 더 큰 위험에 처하게 만들었을 뿐만 아니라 그를 곤경에 빠뜨리기도 했다. 1809년 바그람에서 수적으로 우세한 러시아군과 오스트리아의 포병은, 프랑스가 승리하는 바람에 잊히기는 했지만 프랑스군에게 끔찍한 손실을 안겨주었다. 프랑스의 동맹국과 지지자들은 1805년 트라팔가르에서 영국 제독 호레이쇼 넬슨이 거둔 승리를 나폴레옹의 야망이 일시적으로 저지된 사태에 지나지 않는 것으로 무시해버렸다. 그러나 트라팔가르 해전은 지중해에서의 프랑스 해군력을 붕괴시켰고, 동맹국으로 똑같은 패배의 고통을 겪었던 에스파냐와 프랑스 사이를 나쁘게 만들었다. 또한 나폴레옹은 카리브 해에서 점점 늘어나는 손실을 차단하지 않으면 안 되었다(209쪽 참조).

나폴레옹이 파멸한 결정적인 계기는 1808년 에스파냐를 침공한 데에서 비롯되었다. 이 침략은 궁극적으로 영국의 강력한 우방으로 남아 있던 포르투갈 정복을 겨냥한 것이었다. 나폴레옹은 에스파냐 왕을 폐위시키고 자신의 동생을 왕위에 앉힌 다음 유럽 다른 지역에서 실시했던 것과 유사한 개혁 조치들을 시행했다. 에스파냐 군주정에 대한 나폴레옹의 타격은 대서양 전역에 걸친 식민지에 대한 에스파냐의 지배권을 약화시켰고 에스파냐 왕권은 결코 그 지배권을 완전히 회복하지 못했다(제20장 참조). 그러나 에스파냐에서 나폴레옹은 자신의 사명을 궁극적으로 좌절시킬 두 가지 요인을 고려하지 못했다. 하나는 아서 웰즐리(1769~1852, 나중에 웰링턴 공이 됨) 휘하의 영국군이며, 다른 하나는 에스파냐인의 단호한 저항이었다. 에스파냐인은 특히 교회의 일에 나폴레옹이 간섭하는 것을 싫어했다. 반도 전쟁(Peninsular War)이라고도 부르는 에스파냐에서의 충돌은 장기간 격렬하게 지속되었다. 프랑스군보다 소규모인 영국군은 야전에서 프랑스군의 정밀 조준 포격에 대해 압도적인 양의 포격을 집중시키고 프랑스의 요새 도시들을 포위하는 방법을 익혔다. 에스파냐인들은 재빨리 게릴라[4] 전투를 통해 프랑스 군인, 보급품, 사기 등을 서서히 파괴하기 시작했다. 양측은 소름끼치는 잔학 행위를 저질렀다. 에스파냐 게릴라와 민간인에 대한 프랑스군의 고문과 처형은 에스파냐의 화가 프란시스코 고야(1746~1828)가 구역질날 정도로 정확하게 묘사한 판화와 회화로 불후의 명작으로 남았다. 한 곳에서는 나폴레옹이 직접 군대를 지휘했지만 일시적인 승리밖에 거둘 수 없었다. 이 에스파냐 전쟁은 나폴레옹도 패퇴할 수 있다는 것을 처음으로 보여주었으며, 이후 다른 곳에서의 저항을 고취시켰다.

나폴레옹 몰락의 두 번째이자 가장 극적인 단계는 러시아와의 관계 악화와 함께 시작되

---

4) 나폴레옹의 에스파냐 침공에 대해 인민이 저항한 것에서 '게릴라'라는 말이 생겨났다.

었다. 농업국이었던 러시아는 대륙 체제의 여파로 잉여농산물을 영국의 제조품과 교환할 수 없게 되자 심각한 경제적 위기를 겪게 되었다. 결국 러시아의 알렉산드르 1세는 영국과 무역을 다시 시작했으며 파리로부터의 항의를 무시하거나 회피해버렸다. 1811년에 이르러 나폴레옹은 대륙 체제를 향한 이 같은 무시를 더 이상 묵인할 수 없다고 판단했다. 그리하여 그는 1812년 봄 60만 명의 군대를 이끌고 러시아를 침공했다. 이 '위대한 군대(Grande Ar-mée)'의 병사들 중 단지 3분의 1이 프랑스군이었고 나머지의 대부분은 폴란드인이나 독일인 그리고 프랑스의 피보호국 출신 병사와 모험가들이었다. 그것은 전제적인 차르를 응징하기 위해 유럽 전역에 걸쳐 동원된 군대로서 나폴레옹 제국의 원정 중에서 최대 규모였다. 이 침공은 재앙으로 끝났다. 러시아 군대는 직접 맞서는 대신에 프랑스 군대를 러시아 내륙 깊숙이 유인했다. 나폴레옹이 러시아의 옛 수도 모스크바에 도달하기 직전에 러시아군은 프랑스군을 보로디노라는 마을의 협소한 거리에서 피비린내 나면서도 외관상 무의미한 전투에 끌어들였다. 그곳에서 양측 모두는 병력과 물자의 막대한 손실을 겪었지만, 본국에서 너무 멀리 와 있던 프랑스군의 손실이 더 컸다. 이 전투 이후 러시아는 나폴레옹이 모스크바를 점령하도록 그냥 내버려두었다. 그러나 나폴레옹이 모스크바에 입성한 날 밤 러시아 파르티잔이 도시에 불을 질렀다. 그 결과 프랑스 군대가 머무를 만한 곳은 검게 그을린 크렘린 궁전의 벽 외에는 거의 아무것도 남아 있지 않았다.

차르가 결국에는 항복하리라는 기대를 안고 나폴레옹은 폐허 속에서 한 달 이상을 버텼다. 하지만 그는 마침내 10월 19일 본국 귀환을 명령했다. 그런데 이 한 달 이상의 지체 기간이 치명적인 실수였다. 나폴레옹이 국경에 도착하기 한참 전에 러시아의 무시무시한 겨울이 그의 군대를 덮쳤다. 불어난 강물, 산더미처럼 쌓인 눈, 바닥을 알 수 없는 진흙탕 때문에 행군은 거의 정지 상태에 빠졌다. 살을 에는 추위와 질병, 굶주림에 더해 코사크 기병들의 기습이 기진맥진한 군대를 유린했다. 매일 아침 이 비참한 생존자들은 전날 밤 모닥불 주위에서 원을 이루며 쓰러진 시체를 두고 떠났다. 기온은 영하 33도까지로 떨어졌다. 12월 13일, 한때 자랑스러웠던 '위대한 군대'의 극히 일부인 수천 명의 부상병들이 국경을 넘어 독일로 들어왔다. 나폴레옹의 러시아 침공에서 거의 30만 명의 병사들과 그 수를 알 길 없는 수많은 러시아인이 목숨을 잃었다.

러시아에서의 퇴각 이후 반나폴레옹 세력들은 새로운 희망을 품게 되었다. 프랑스 황제를 무찌를 수 있다는 신념으로 뭉친 프로이센, 러시아, 오스트리아, 스웨덴, 영국이 공격을 재개했다. 많은 독일 제후국들의 시민은 특히 이 전쟁을 해방전쟁으로 보았고, 실제로 대부

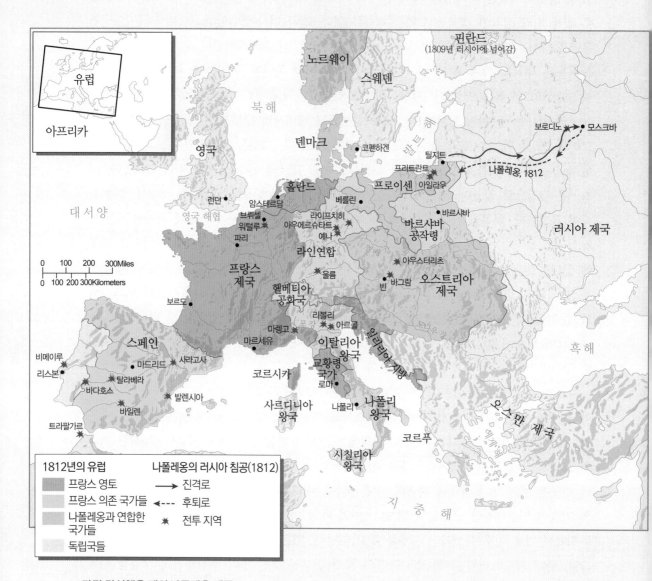

가장 강성했을 때의 나폴레옹 제국

유럽의 나머지 지역들로부터 나폴레옹이 원한 것은 무엇이었는가? 그가 성공을 거둔 곳은 어느 곳이고, 또 실패한 곳은 어느 곳인가? 그 이유는 무엇인가? 그의 통치가 가장 지속적인 영향을 남긴 곳은 어디인가? 그는 자신의 제국을 유지할 수 있었는가?

분의 전투는 독일에서 치러졌다. 이 전쟁은 1813년 10월 절정에 달했다. 이후 '연합국의 전투(Battle of Nations)'로 알려지게 될 라이프치히 근처에서 벌어진 전투에서 연합군은 프랑스에게 철저한 패배를 안겨주었으며, 저지대 지방과 이탈리아에서도 중요한 승리를 거두었다. 1814년 초 연합군이 라인 강을 건너 프랑스로 진격해 들어갔다. 전투 경험이 없는 젊은 병사들을 이끌고 악전고투하던 나폴레옹은 파리로 퇴각했으며, 대규모 침략군의 공세로 계속 수세에 몰렸지만 프랑스인들을 독려하며 저항을 멈추지 않았다. 3월 31일 러시아의 알렉산드르 1세와 프로이센의 프리드리히 빌헬름 3세는 승리를 거두고 파리에 입성했다. 나폴레옹은 무조건적으로 퇴위되었으며, 이탈리아 해안에서 멀리 떨어진 엘바 섬으로 추방되었다.

나폴레옹은 채 1년도 지나지 않아 다시 프랑스 땅에 발을 들여놓았다. 나폴레옹을 퇴위시킨 뒤 연합국은 루이 16세의 동생을 루이 18세로 즉위시킴으로써 부르봉 왕가를 복고시켰다. 루이 18세는 행정적인 면에서 능력을 발휘했음에도 불구하고 나폴레옹의 퇴위로 인한 공백을 메울 수 없었다. 이전 황제가 엘바 섬에서 탈출해 다시 무대의 전면에 섰을 때 프랑스인이 다시 그의 편에 선 것은 전혀 놀랄 일이 아니었다. 나폴레옹이 파리에 도착할 즈음 그에 대한 지지는 루이 18세가 해외로 망명해야 할 정도로 막강한 것이었다. 프랑스와 평화조약을 체결하기 위해 빈에 모인 연합국 측은 나폴레옹의 복귀 소식에 경악을 금하지 못했다. 그들은 서둘러 군대를 조직하여 저지대 지방에서 전개된 프랑스 황제 특유의 대담한 공격에 맞섰다. 1815년 6월 15일에서 18일까지 사흘간 피비린내 나게 치러진 워털루 전투에서 나폴레옹은 자신의 가장 완고한 적국 두 나라인 영국과 프로이센 군대에게 저지당했고 결국 최종적인 패배를 당하고야 말았다. 연합국은 이번에는 지체 없이 자신들의 죄수를 남대서양의 외딴 섬 세인트헬레나로 배에 실어 보냈다. 한때 막강한 황제였으나 이제는 추방객 보나파르트가 된 그는 1821년에 사망할 때까지 회고록을 쓰면서 쓸쓸히 살아갔다.

나폴레옹이 보낸 두 개의 편지

나폴레옹은 유럽 전역에 걸친 정복 영토 내에 있는 서로 다른 속국들의 왕위에 자기 형제들을 앉혔다. 첫 번째 인용문은 새로운 이탈리아 국가들 중 한 나라의 우두머리가 된 양자 외젠(Eugène)에게 보낸 편지의 발췌문이다. 이 편지에서 나폴레옹은 이탈리아의 수지맞는 비단 무역이 어떻게 영국의 상업적 이해관계를 손상시키고 프랑스 제국을 강화하는 쪽으로 돌려져야 하는가에 대해 설명하고 있다. 이 편지는 다른 나라들의 장래를 프랑스의 미래에 연결하면서 통일 유럽에 관한 나폴레옹의 비전을 어렴풋이 보여주고 있다.

1815년 3월 1일 나폴레옹은 추방된 엘바 섬에서 탈출해 프랑스 남부에 상륙했다. 복위된 부르봉 왕조의 왕은 폐위되었고, 나폴레옹은 6월 워털루 전투에서 패배할 때까지 100일 이상을 통치했다. 두 번째 인용문은 유럽의 군주들에게 보낸 황제의 귀환을 설명하는 포고문을 발췌한 것이다. 이 포고문은 나폴레옹 자신에 대한 이미지, 그의 웅변술, 그리고 자신이 역사의 힘 자체를 대표한다는 믿음을 훌륭하게 보여주고 있다.

외젠 대공에게 보내는 편지, 1810년 8월 23일

짐은 그대의 편지를 8월 14일에 받았노라. 이탈리아 왕국의 모든 생사(生絲)는 영국으로 가는데, 그 이유는 독일에는 비단 공장이 없기 때문이라오. 따라서 짐은 이 통로를 짐의 프랑스 제조업자들에게 유리하도록 돌렸으면 하는 것을 매우 당연한 일로 여긴다오. 그렇지 않으면 프랑스 상업의 주요 기반 중 하나인 짐의 비단 공장들이 상당한 손실을 겪게 될 것이라오. 짐은 그대의 관찰에 동의할 수 없소. 짐의 원리는 '프랑스 우선'이라오. 그대는 만약 영국의 상업이 공해상에서 최고라면 그것이 영국의 제해권으로 인한 것이라는 사실을 결코 잊지 말기를 바라오. 따라서 프랑스가 가장 강력한 지상 강대국으로서 대륙에서의 상업적 패권을 장악해야 할 것이오. 그것이야말로 우리의 유일한 희망이라오. 그리고 이처럼 중요한 일에서 세관들로 뒤덮이는 것보다 프랑스를 돕기 위해 오는 것이 이탈리아에게도 더 낫지 않겠소? 왜냐하면 이탈리아가 자국의 독립을 프랑스에 빚지고 있고, 그것이 프랑스인의 피와 승리로 얻겨졌으며, 그것이 오용되어서도 안 되고, 그것을 버리고 프랑스가 얻게 될 상업적 이점이 무엇인지 계산하는 것보다 더 비현실적인 일은 아무것도 없을 것임을 인식하지 못하는 것은 단견이 될 것이기 때문이라오.

피에몬테와 파르마 역시 비단을 생산한다오. 그리고 거기에서도 짐은 프랑스를 제외한 어떤 나라에도 비단 수출을 금하였다오. 이탈리아가 프랑스의 번영을 고려하지 않고 계획들을 세우는 것은 소용없는 일이라오. 이탈리아는 두 나라의 이해관계가 한데 걸려 있다는 사실을 직시해야 한다오. 더욱이 이탈리아는 프랑스에게 이탈리아를 합병할 어떤 구실도 주지 않도록 조심해야 할 것이오. 왜냐하면 만약 그 구실이 프랑스로 하여금 그것을 하도록 한다면, 누가 프랑스를 말리겠소? 따라서 '프랑스 우선'을 그대의 좌우명으로 삼으시오.

유럽 군주들에게 보내는 회람장, 1815년 4월 4일

친애하는 짐의 형제들이여.

여러분께서는 지난 달 짐이 프랑스에 다시 상륙해 파리에 입성하고 부르봉 가문을 몰아낸 것에 대해 들었을 것이오. 폐하들께서는 이제 이 사건들의 진정한 본질을 깨달아야만 하오. 그것은 거역할 수 없는 힘과 자국의 의무와 권리를 알고 있는 위대한 국가 의지의 작용이라오. 프랑스인에게 강제로 다시 떠맡겨진 왕조는 더 이상 프랑스인에게는 적합하지 않소. 부르봉 왕조는 스스로 국민적 감정이나 국가적 관습에 협력하기를 거부했소. 그래서 프랑스는 이 왕조를 버리지 않으면 안 되었다오. 인민의 목소리는 해방자를 요구했소. 짐으로 하여금 지고의 희생을 하도록 결정하게 만들었던 기대는 헛된 것이었소. 짐은 복귀했소. 그리고 해안에 첫 발을 디딘 그곳에서부터 짐은 백성의 호의로 짐의 수도 한복판으로 들어오게 되었다오.

짐의 첫 번째이자 진심에서 우러난 염원은 영예로운 평화를 유지함으로써 너무도 커다란 호의에 보답하는 것이라오. 제국의 황위를 다시 확립하는 것이 프랑스인의 행복을 위해 필수적이었소. 짐의 가장 소중한 희망은 황위가 또한 유럽 전체를 위한 평안을 지켜줄 수 있다는 것이라오. 각국의 국기는 차례차례 영광의 섬광을 발하기도 했소. 그래서 운명의 장난으로 종종 위대한 승리가 참패로 이어지기에 충분하기도 했다오.……짐은 과거에 위대한 경쟁의 프로그램을 세계에 제공한 바 있소. 경쟁이 아닌 평화의 옹호 그리고 전투가 아닌 인류에게 지고의 행복을 가져다주기 위한 십자군이라고 자인하는 것이 장차 짐을 더 기쁘게 만들 것이오. 이 고상한 이상을 솔직히 공언하는 것이 프랑스의 기쁨이라오. 자국의 독립을 선망하는 프랑스는 항상 자국의 정책을 다른 나라 사람들의 독립을 위한 절대적인 존중에 토대를 둘 것이라오.……

짐의 형제께

그대들의 선한 형제

　　나폴레옹

분석 문제

1. 나폴레옹은 자신의 제국을 어떻게 보는가?

2. 서로 다른 관점들이 조화될 수 있는가?

3. 여러분은 나폴레옹이 솔직하다고 생각하는가?

자유, 정치, 그리고 노예제: 아이티 혁명

대서양 건너의 프랑스 식민지들에서 혁명은 광범위한 결과를 남기면서 상이한 과정을 겪었다. 카리브 해의 섬들인 과들루프(Guadeloupe), 마르티니크, 생 도밍그는 설탕 무역으로 18세기 프랑스 경제에서 중심 역할을 담당했다. 이곳의 농장주 엘리트층은 파리에 막강한 영향력을 갖고 있었다. 프랑스 국민공회는 (미국 의회처럼) 식민지들에서의 노예제 문제에 대해 논의하기를 삼갔다. 국민공회는 노예 소유주의 재산권을 침해하는 것을 달가워하지 않았다. 수지맞는 설탕 섬들이 영국이나 에스파냐의 경쟁자들에 비해 손해를 보게 되면 불만을 느낀 노예소유주들이 프랑스로부터의 독립을 운운하지 않을까를 염려했기 때문이었다(카리브 해의 섬들에 대한 유럽 열강 사이의 경쟁은 격심했다. 따라서 이 섬들의 임자가 바뀔 가능성은 얼마든지 있었다). 국민공회의 프랑스인들은 상당수의 부유한 재산 (그리고 노예) 소유자들이 포함된 집단인 자유 유색인의 권리 문제도 고려해야 했다.

생 도밍그에는 상이한 사회계급으로 구성된 약 4만 명의 백인, 3만 명의 자유 유색인 그리고 대부분 서아프리카에서 수입된 50만 명의 노예가 있었다. 1790년 생 도밍그의 자유 유색인은 자신들이 자산가이며 많은 경우에 유럽인을 조상으로 둔 사람들임을 강조하면서 국민공회에 대표를 보낼 수 있는가를 물어보기 위해 파리에 대표를 파견했다. 하지만 국민공회는 이를 거부했다. 국민공회가 그들의 대표 자격을 거부한 일은 생 도밍그에서 자유 유색인의 반란을 촉발시켰다. 프랑스 식민지 당국은 이 운동을 신속하면서도 잔인하게 진압했다. 식민지 당국자들은 파리 파견 대표의 일원이자 반란 지도자 중 한 사람인 뱅상 오게 (1755~1791)를 체포해 공개적으로 처형하고 그의 동조자들을 역살(轢殺)하거나 참수했다. 로베스피에르를 포함한 파리에 있는 급진 국민공회 의원들은 이에 격분했지만 국민공회의 정책을 바꿀 수 있는 일은 거의 할 수 없었다.

1791년 8월 역사상 가장 규모가 큰 노예 반란이 생 도밍그에서 일어났다. 이 반란이 혁명기의 선동에 얼마나 많은 영향을 받았는지 불분명하지만, 당대의 많은 반란들처럼 이 반란도 자체의 근원들을 갖고 있었다. 영국과 에스파냐는 자신들이 반란을 분쇄하고 생 도밍그 섬을 차지할 것을 확신하며 침공했다. 1792년 봄 유럽과 전쟁을 치르며 붕괴 직전에 있던 프랑스 정부는 자유 유색인에게 프랑스 시민권을 부여함으로써 생 도밍그에서 자기편을 확보하고자 급히 움직였다. 몇 달 후 (1792년 8월 혁명 이후) 새로운 프랑스 공화국은 섬을 지키라는 훈련을 받은 사절단을 군대와 더불어 생 도밍그에 급파했다. 그들은 생 도밍그에서 한

패거리의 상이한 세력들, 즉 에스파냐와 영국군, 반항적인 생 도밍그 농장주들 그리고 반란 중인 노예들에 직면했다. 이런 맥락에서 생 도밍그에 파견된 사절단은 노예제에 대한 자신들의 방침을 다시 생각했다. 1793년 그들은 프랑스 편에 가담하는 노예에게는 자유를 약속했다. 1년 후 파리의 국민공회는 생 도밍그에서 본질적으로는 노예 반란을 통해 이미 달성된 것을 모든 식민지로 확대했다.

　해방과 전쟁은 새로운 지도자들을 크게 부상하게 만들었다. 그 지도자들 중 주요 인물은 노예였던 투생 브레다(1743~1803)—나중에 그는 '길을 열어준 사람'을 뜻하는 투생 루베르튀르로 이름을 바꾸었다—였다. 투생과 그의 병사들은 프랑스군과 연합하여 5년간에 걸쳐 프랑스인 농장주들, 영국인(1798년), 에스파냐인(1801년)과 싸워 승리를 거두었다. 투생은 또한 혁명의 정치가로서 흑백 혼혈의 물라토(mulatto)와 이전의 노예로 구성된 군대들에 있는 경쟁 상대인 장군들의 세력을 무너뜨렸다. 1801년 투생은 프랑스에 충성을 다짐했지만 생 도밍그 문제에 관한 프랑스의 어떤 간섭 권한도 거부하는 내용의 헌법을 제정했다. 이 헌법은 노예제를 폐지하고 군대를 재조직하고 그리스도교를 국교로 확립(이는 그리스도교와 다양한 서아프리카 및 중앙아프리카 전통들이 혼합된 부두교에 대한 거부였다)했으며 투생을 종신 통치자로 만들었다. 이것은 혁명기에서 의외의 순간이었다. 왜냐하면 권위주의적 사회를 형성시켰을 뿐만 아니라 혁명 사상의 보편적 잠재력이라는 전혀 예기치 못한 상징을 보여주었기 때문이다.

　하지만 투생의 업적은 그가 존경했고 경력이 놀라울 정도로 그와 같았던 다른 프랑스 장군, 즉 나폴레옹 보나파르트와 그를 충돌하게 만들었다. 생 도밍그는 신세계에서 확장된 제국이라는 보나파르트의 전망, 즉 구체제하에서 프랑스가 잃어버렸던 북아메리카의 영토를 되찾게 해주고 미시시피, 프랑스령 루이지애나, 카리브 해의 설탕 및 노예 식민지들의 수지맞는 결합에서 주축으로서 제국의 중심에 서 있었다. 1802년 1월 보나파르트는 그 섬을 통제하기 위해 2만 명의 군대를 급파했다. 프랑스와 의논하기 위해 도착했을 때 붙잡힌 투생은 엄중한 감시를 받으며 프랑스 동부 산맥에 있는 감옥에 투옥되었고 그곳에서 1803년에 생을 마감했다. 하지만 국민공회가 노예제를 폐지했던 곳에서 노예제를 부활시킨다는 보나파르트의 칙령으로 생 도밍그에서는 불에 기름을 부은 듯 전투가 계속되었다. 이 전쟁은 프랑스에게는 악몽으로 비화했다. 황열병이 휩쓸어 나폴레옹 휘하의 최고위 장군 중 한 사람이었던 처남을 포함해 수많은 프랑스군을 죽음에 이르게 했다. 1803년 12월경 프랑스군은 붕괴되었다. 나폴레옹은 아메리카 제국에 대한 자신의 전망을 축소하고 루이지애나 영토를

나폴레옹 치세, 1799~1815년	
나폴레옹이 제1통령이 됨	1799년
교황과의 정교 협약	1801년
나폴레옹이 종신 통령이 됨	1802년
나폴레옹이 공화정을 폐지하고 스스로 황제에 오름	1804년
나폴레옹 법전	1804년
대륙 봉쇄	1806년
나폴레옹의 에스파냐 침공	1808년
러시아 침공	1812년
나폴레옹의 퇴위	1814년
나폴레옹의 복귀와 마지막 유배	1815년

토머스 제퍼슨에게 팔았다. 그는 이에 대해 한 부관에게 이렇게 말했다. "나는 내가 포기한 것의 가치를 잘 안다.……나는 가장 크게 후회하면서 그것을 포기한다." 생 도밍그에서 이전의 노예로 구성된 군대의 장군인 장-자크 데살린(1758~1806)은 1804년에 아이티의 독립을 선언했다.

아이티 혁명은 중대한 국면에서 이례적인 것으로 남았다. 이 혁명은 역사상 유일하게 성공한 노예 혁명이자 19세기에 일어난 혁명 중에서 그 어느 것보다도 가장 급진적이었다. 이 혁명은 프랑스 혁명의 해방사상과 계몽주의가 비유럽인과 노예화된 사람들에게도 적용될 수도 있다는 것, 즉 유럽의 주민은 묵살하려고 했지만 북아메리카와 남아메리카의 농장주 엘리트층에게 치명적 타격을 주었던 동기를 보여주었다. 아이티 혁명은 나중에 영국 식민지에서 일어난 반란들과 결합되어 1838년 영국이 노예제를 종식시키기로 결정하는 데 기여했고, 미국 남부에서 브라질에 이르는 19세기 노예 사회에 그림자를 드리웠다. 결국 나폴레옹 시대에 벌어진 일련의 삽화적 사건은 대서양 전역에 걸쳐 광범위한 영향을 끼쳤는데, 그것은 북아메리카에서는 루이지애나 매입, 카리브 해에서는 아이티 혁명, 라틴아메리카에서는 에스파냐와 포르투갈 식민 제국의 약화로 나타났다.

결론

프랑스에서 일어난 떠들썩한 사건들은 18세기 말 광범위한 유형의 민주적 격변의 한 부분을 형성했다. 프랑스 혁명은 당대의 혁명 중에서 가장 폭력적이고 오래 지속되었으며 논쟁적이었다. 그러나 혁명의 역동성은 어디서나 상당히 동일했다. 프랑스 혁명에서 나타난 가장 중요한 발전 중 하나는 대중운동의 등장이었다. 대중운동에는 이전에는 정치에서 배제되었던 인민을 대표하는 정치 단체들, 보통 사람이 읽었고 그들에게 낭독되었던 신문들, 상퀼로트를 대변하는 정치 지도자들이 포함되었다. 다른 혁명들처럼 프랑스 혁명에서도 대중운동은 한층 더 급진적이고 민주적인 조치를 취하라는 압력을 가하면서 초기의 온건한 혁명 지도부에 도전을 가했다. 그리고 다른 혁명들처럼 프랑스에서의 대중운동은 패배했고 준(準)군사적 인물에 의해 권위가 다시 확립되었다. 자유, 평등, 박애라는 혁명 사상은 특별하게 프랑스적인 것은 아니었다. 그 사상의 뿌리는 18세기의 사회구조와 계몽주의적 사상과 문화에 있었다. 하지만 프랑스 군대는 문자 그대로 많은 유럽인의 문앞에 그것들을 가져다주었다.

프랑스 혁명과 나폴레옹 시대의 한층 더 광범위한 영향력은 무엇인가? 그것은 부분적으로는 자유, 평등, 국가라는 세 가지 핵심 개념으로 요약된다. 자유는 개인적 권리와 책임 그리고 좀 더 특별하게는 전횡적인 권력으로부터의 자유를 의미했다. 앞서 보았듯이 혁명가들에게 평등이란 유럽 남성 사이에서 신분의 법적 구분을 폐지하는 것을 의미했다. 그들의 평등 개념은 제한적인 것이었지만 평등은 19세기에 강력한 동원력이 되었다. 프랑스 혁명의 가장 중요한 유산은 '국민국가'라는 새로운 용어일 수도 있다. 국민국가는 정치적인 개념이었다. 한 국가는 국왕의 백성이 아니라 시민으로 형성되었다는 것이다. 예컨대 국민국가는 법으로 통치되고 시민을 법 앞에서 평등하게 대우한다. 주권은 왕조나 역사적인 봉토에 있는 것이 아니라 시민의 국가에 있다는 것이다. 이 새로운 형태의 국가는 시민 군대가 자신이 새로 획득한 자유에 대항한 공격을 물리칠 때 적법성을 획득한다. 예컨대 '무장한 시민들'의 승리는 신화와 역사 속에서 계속 살아남았고 당대의 가장 강력한 이미지를 마련해주었다. 전쟁이 계속됨에 따라 군사적 국민국가는 자신의 정치적 사촌의 빛을 잃게 만들었다. 나폴레옹 시대 동안 이런 변화는 결정적인 것이 되었다. 즉, 자유롭게 제휴한 시민의 새로운 정치기구는 중앙집권화된 국가와 그 군대, 프랑스의 황제가 된 가장 위대한 장군 그리고 전시 프랑스의 필요에 대한 개인적 헌신으로 정의되는 시민권 등에서 가장 강력하게 구체화되었다.

프랑스인은 자신의 원리를 해외에 전파하기를 주저하지 않았다. 그 원리 중 일부는 혁명적이었지만 다른 것은 제국적이었다. 독일과 이탈리아의 공국들에서 외국인 황제와 그가 보낸 환영받지 못하는 대리인들의 지배는 반대를 불러일으키고 자신의 국가적 정체성을 주조하도록 도왔다.

프랑스 혁명의 시대가 끝났을 때 자유, 평등, 국민성의 개념은 이제 더 이상 단순히 사상이 아니었다. 이 개념들은 새로운 공동체와 제도 속에서 모양을 갖추어나가고 있었다. 이 개념들은 나라들 사이에서 새로운 동맹을 창조하고 있었다. 이 개념들은 또한 19세기를 형성하게 될 논쟁, 불만, 갈등을 불러일으키면서 유럽과 세계의 상당 지역을 양극화시켰다.

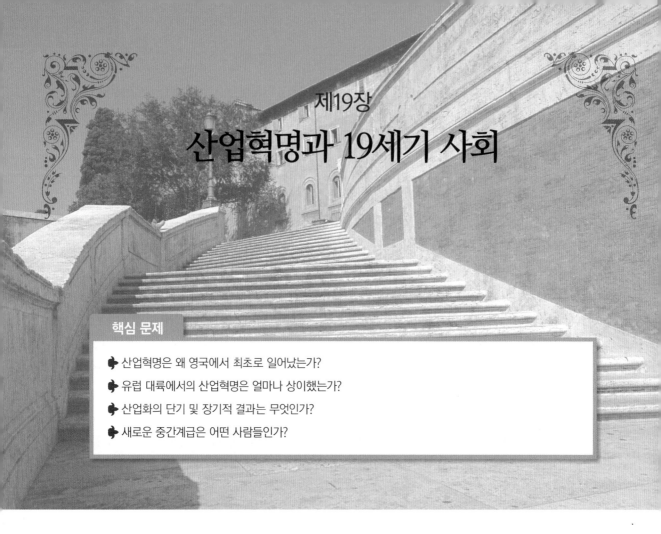

제19장

산업혁명과 19세기 사회

핵심 문제

- 산업혁명은 왜 영국에서 최초로 일어났는가?
- 유럽 대륙에서의 산업혁명은 얼마나 상이했는가?
- 산업화의 단기 및 장기적 결과는 무엇인가?
- 새로운 중간계급은 어떤 사람들인가?

프랑스 혁명은 유럽의 정치 및 외교적 풍경을 갑작스럽게 그리고 극적으로 변모시켰다. 산업의 변화는 한층 더 점진적으로 다가왔다. 하지만 1830년대 또는 1840년대 동안 작가와 사회사상가들은 점차 자신의 경제 세계에서 예기치 못한 특이한 변화들이 일어나고 있음을 알아차렸다. 그들은 정치에서 계속되고 있는 혁명에 필적하는 것처럼 보이는 '산업혁명 (industrial revolution)'을 언급했다. 산업혁명은 1780년대 이후 100년에 걸쳐 진행되었다. 산업혁명은 농업적이고 장인적이며 압도적으로 농촌적인 경제에서 대규모 제조업과 보다 자본집약적인 사업과 도시화를 특징으로 하는 것으로의 첫 번째 획기적인 약진을 묘사하는 말이었다. 산업혁명은 에너지와 동력의 새로운 원천, 한결 더 빠른 수송, 기계화, 더 높은 생산성, 인간 노동을 조직하는 새로운 방식 등을 포함했다. 산업혁명은 서양뿐만 아니라 서양과 관계된 세계에 혁명적 결과들을 수반하는 사회 변화를 일으켰다.

212

모든 변화 중에서 아마도 가장 혁명적인 것은 바로 인간 활동의 근원에서 일어났다. 즉, 새로운 형태의 에너지였다. 2~3세대 이상의 기간을 경과하면서 필요한 대부분의 에너지를 물, 바람, 나무에서 얻어왔던 사회와 경제는 증기기관과 석탄에 의존하게 되었다. 1800년에 세계는 1,000만 톤의 석탄을 생산했다. 그리고 1900년에는 10억 톤의 석탄을 생산했는데, 이는 100년 전에 비해 100배나 많은 양이었다. 산업혁명은 화석연료의 시대를 열었다. 산업혁명은 이전 시대의 한계에서 벗어나 전례 없는 경제 성장의 시대를 열었으며 인류와 환경의 균형을 되돌릴 수 없을 정도로 바꾸어놓기 시작했다. 이후 몇 세대 만인 19세기 말에 이르면 새로운 에너지 체제에 석유와 전기가 포함되었다. 역사가들은 이 시기를 제2차 산업혁명이라고 부른다.

기계들은 일부 관찰자들을 감탄하게 만들고 다른 사람들의 마음을 어지럽게 만들면서 동시대인의 상상력을 사로잡았다. 예를 들면 소설가 찰스 디킨스는 "단조롭게 위 아래로" 움직이는 증기기관의 피스톤을 "침울한 광적 상태의 코끼리 머리"에 비유했다. 기계화는 일부 부문에서 엄청난 생산성의 증가를 가능하게 했고 일부 경우에 다른 것들을 쓸모없게 만들어 완전히 새로운 생활과 산업 지역을 창출해내면서 경제의 토대를 바꾸어놓았다. 하지만 기계화에 초점을 맞추는 것은 판단을 그르치는 일이 될 수 있다. 특히 애초에 기계화는 경제의 극소수 분야에 국한되었고 과거에 이용되었던 기술들과 항상 극적인 단절을 이끈 것은 아니었다. 더욱이 기술은 인간의 활동을 필요 없게 만들지는 않았다. 역사가들은 산업혁명이 물이나 철로를 나르고 도랑을 파며 목화를 따고 손으로 바느질하거나 짐승의 가죽을 두드리는 일 같은 인간의 노동을 훨씬 쉽게 해주기보다는 강도를 더해주었다는 점을 강조한다.

어느 역사가는 우리가 '부지런한 혁명(industrious revolution)'에 관해 말한다고 넌지시 일러준다. 이 '혁명'은 기계 자체에 있는 것이 아니었고, 훨씬 더 대규모로 자본과 노동을 동원하는 데 토대를 둔 새로운 경제 체제의 빠른 성장에 있었다. 이 혁명의 광범위한 결과는 부, 영향력, 권력 등을 재분배했다는 것이다. 이 혁명은 새로운 사회계급을 창조하고 새로운 사회적 긴장을 불러일으켰다.

산업혁명은 또한 심층적인 문화적 변화를 유발했다. 영국의 문화비평가 레이몬드 윌리엄스(1921~1988)는 18세기에 '산업(industry)'은 인간의 자질과 관계된 것이었다는 점을 지적했다. 예컨대 열심히 일하는 여성은 '부지런하고(industrious)' 야심찬 점원은 '근면(industry)'을 보여주었다는 것이다. 19세기 중엽에 이르러 산업은 자체의 내적 논리에 따라 외관상 인간과는 독립적으로 작용하는 의미를 지닌 경제 체제를 의미하게 되었다. 이것이 산업이라는 용어에 대한 우리의 근대적 이해이며 이 용어는 19세기 초 동안에 탄생했다. 산업혁명이 경제의 기초를 바꾸어놓자, 그것은 사람들이 경제에 접근하는 이론과 경제에서 인간 존재의 역할이라고 생각했던 방식들을 변화시켰다. 이들 새로운 이론은 힘이 있다는 생각뿐만 아니라 무력감에 대한 우려도 길러주었다.

경제적·기술적 변화의 시대인 21세기 초를 살아가면서 우리는 예외적이고 광범위하며 잘 이해되지 않는 변화라는 1840년대의 생각을 함께할 수도 있다. 우리는 경제적·사회적 세계가 변화하고 있지만 그 결과들을 파악할 수 없고 변화는 기분을 북돋워주면서도 동시에 고정되지 않은 것이라고 생각한다. 폭포처럼 쏟아지는 신기술의 결과들, 새로운 형태의 통신, 새로운 경제적 규범은 원인과 결과를 구별하기 힘들게 만든다. 신기술이 변화의 추진력인가 아니면 다른 구조적 변화의 결과인가? 경제의 어떤 부문이 그리고 어떤 종류의 고용이 확대될 것이고 어떤 종류의 고용이 쓸모없어질 것인가? 현기증 날 정도의 생산성 향상이 노동자에게 이로울 것인가? 모든 사회집단이 경제 성장을 공유할 것인가? 오늘날 우리를 떠나지 않는 이러한 문제들은 제1차 산업혁명 기간 중에 대두했다. 우리는 오로지 되돌아보는 데에서 그에 대한 해답을 짜 맞출 수 있다.

18세기 말과 19세기 초의 극적인 변화는 앞선 시대의 발전 위에 세워졌다. 해외에서의 상업적 탐험과 개발은 유럽 무역에 새로운 영토를 열어주었다. 인도, 아프리카, 북아메리카 및 남아메리카 대륙은 유럽의 경제적 팽창의 유형에 따라 엮어졌다. 팽창하는 무역망과 금융망은 상품을 위한 시장과 원료 생산지를 창출했고 투자를 위한 자본의 동원을 한결 더 용이하게 해주었다. 이 모든 발전이 산업화의 길을 닦아주었다. 17세기와 18세기에는 중대한 '원(原)산업화(proto-industrialization)' 또는 특정한 농업 지대에서의 제조업 확산이 목격되었다(제15장 참조). 특히 영국에서 그것은 농업과 토지 보유에 광범위한 결과를 미치는 변화를 가져왔다. 18세기에 시작된 인구 증가 역시 핵심적 요인이었다. 또한 보다 더 안전한 재산권이나 새로운 형태의 사회적 이동성 같은 한층 더 파악하기 어려운 사회적·문화적 발전도 근대 산업 세계를 창조한 산업혁명에서 본질적 역할을 했다.

산업혁명은 18세기 말 동안에 잉글랜드 북부와 스코틀랜드 서부에서 시작되어 유럽 대륙 전역에 걸쳐 서서히 그리고 불균등하게 전파되어나갔다. 다양한 요인들(노동력, 자원, 자본의 공급 등)과 중요한 발전들(기술 혁신, 새로운 경제 제도의 등장, 정부 보조금, 법적 변화 등)이 상이한 순간에 서로 다른 방식으로 함께 나타났다. 그런 이유로 산업화는 유럽의 여러 지역에 걸쳐 단일한 경로를 따르지 않았을 뿐만 아니라 이전의 생산방식을 일거에 쓸어버리지도 않았다. 새로운 기계는 집약적이고 구식인 수작업과 공존했다. 제조업 지역은 동일한 국가 내에서 외견상 변화가 없는 생계형 농업이 이루어지는 방대한 지역을 따라 발전했다. 우리는 먼저 영국에서의 초기 산업화를 살펴보고 이후 다른 지역에서 나타난 한층 더 다양한 변화로 주의를 돌릴 것이다.

영국에서의 산업혁명, 1760~1850년

♣ 산업혁명은 왜 영국에서 최초로 일어났는가?

18세기 영국은 자연적·경제적·문화적 자원이 잘 결합되어 있었다. 영국은 강건한 제국과 대양에 걸쳐 결정적인 통로에 대한 통제력을 보유한 작으면서도 안전한 섬 나라였다. 영국은 풍부한 석탄, 강, 그리고 잘 발달된 운하망을 갖고 있었으며, 이 모든 것은 초기 산업화의 상이한 단계마다 중요한 것으로 판명되었다.

산업화의 뿌리는 농업에 있었다. 18세기 중엽에 이르러 영국의 농업은 다른 지역보다 훨씬 더 철저하게 상업화되었다. 영국의 농업은 새로운 농법, 새로운 작물, 그리고 재산 보유 유형의 변화 등이 결합되어 변모되고 있었다. 특히 토지 보유 유형에서의 변화는 경작지와 목초지에 '울타리 치기(enclosure)'로 나타났다. 이는 소규모 보유지와 대부분의 공유지가 개인적으로 소유하거나 상업적 지주가 개별적으로 관리하는 울타리를 친 대규모 토지로 바뀐 것을 말한다. 영국 의회는 18세기 후반에 제정된 일련의 법안으로 울타리 치기를 권장했다. 상업화된 농업은 한층 더 생산성이 높았고 증가 일로에 있었으며 점차 도시에 살게 된 인구를 위해 더 많은 식량을 생산했다. 소수의 수중에 재산이 집중되면서 소농들은 경제의 다른 부문에서 일하기 위해 토지를 떠나지 않으면 안 되었다. 결국 상업화된 농업은 토지 투자자계급에게 더 높은 이윤과 더 많은 부를 안겨주었으며, 그러한 부는 산업에 투자되었다.

산업화를 위한 핵심적 전제조건은 개인적 부와 잘 발달된 은행 및 신용 제도의 형태로 이용 가능한 자본의 공급이 영국에서 증대되고 있었다는 점이다. 런던은 국제 무역을 주도하는 중심지가 되었고 전 세계에 걸쳐 원료, 자본, 공산품 거래의 총본산이었다. 포르투갈만 해도 매주 5만 파운드에 상당하는 브라질산 금을 런던으로 보냈다. 은행업은 런던에만 국한되지 않고 지방에서도 잘 확립되어 있었다. 영국의 상인과 금융가들은 풍부하면서도 잘 조직된 자원들을 축적해왔고 상대적으로 안전한 은행업을 확립했다. 이것은 자본이 좀 더 쉽게 새로운 경제적 사업을 인수하는 것을 가능하게 해주었고 돈과 상품의 이동을 용이하게 해주었다. 예를 들어 동양으로부터의 비단이나 이집트와 북아메리카산 면화의 수입을 용이하게 해주었다.

사회적·문화적 조건 또한 기업에 대한 투자를 권장했다. 영국에서는 대륙보다 부를 추구하는 것이 인생의 값진 목적으로 여겨졌다. 유럽 귀족층은 르네상스 시대부터 신사적인 행위라는 관념에 몰두했다. 이는 부분적으로는 밑으로부터의 사회적 잠식에 대항해 현상을 유지하기 위한 것이었다. 대륙의 귀족들이 지닌 예로부터의 특권과 비교해보았을 때 좀 초라했던 영국의 귀족들은 돈 버는 재주를 지닌 보통 사람들에 대해 경의를 표시했고 그들에게 투자하는 것을 망설이지 않았다. 그들이 자신의 토지에 울타리를 두르는 일에 열을 올린 것은 상업화와 투자에 대한 강한 관심을 반영하는 것이었다. 귀족층 아래에 있는 사람들에게 농촌의 젠트리(gentry)와 상인을 구분해주는 장벽은 매우 낮았다. 실제로 산업혁명 초기에 사업가 중 다수는 소규모 젠트리나 자영농(yeoman)계급 출신이었다. 18세기 영국은 어느 의미에서건 사회적 속물근성에서 벗어나 있던 것은 아니었다. 귀족은 은행가를 멸시했으며 은행가는 수공업자를 깔보았다. 그러나 어떤 귀족은 자기 조부가 회계사 출신이었다는 사실로 은행가에 대한 경멸적 태도를 많이 누그러뜨릴 수도 있었다.

성장하고 있던 국내 및 국제 시장도 18세기 영국을 번창하게 만들었다. 영국인은 만족을 모르는 소비자였다. 궁정 엘리트층은 최신 유행품을 사들였으며 대부분의 지주 및 전문직 종사자들도 이를 따랐다. 영국의 한 사업가는 다음과 같이 선언했다. "천성은 얼마 안 되는 것에 만족할 수도 있다. 하지만 교역을 일으키는 것은 유행에 대한 욕구와 새로운 것에 대한 갈망이다." 영국은 국토가 좁은 데다가 섬이라는 사실 때문에 잘 통합된 국내 시장 발전이 촉진되었다. 유럽 대륙과는 달리 영국은 국내 통행세와 관세 제도가 없었기 때문에 상품은 가장 좋은 값을 받고 팔릴 수 있는 지역으로 자유로이 이동할 수 있었다. 이러한 자유로운 상품 이동은 지속적으로 개선되는 수송 체계의 도움을 받았다. 여기에는 우호적인 정치적 환경도 한몫했다. 의회의 많은 의원들은 기업가이기도 했고 또 다른 의원들은 투자가이기도 했다. 그리고 이 두 집단은 모두 운하를 건설하고 은행을 설립하며 공유지에 울타리 치는 입법을 권장하는 데 열을 올렸다. 18세기 말 의회는 연간 40건 정도로 유료 도로 건설에 재정 지원을 하기 위한 법과 운하를 건설하고 항구와 수송 가능한 하천을 개통하기 위

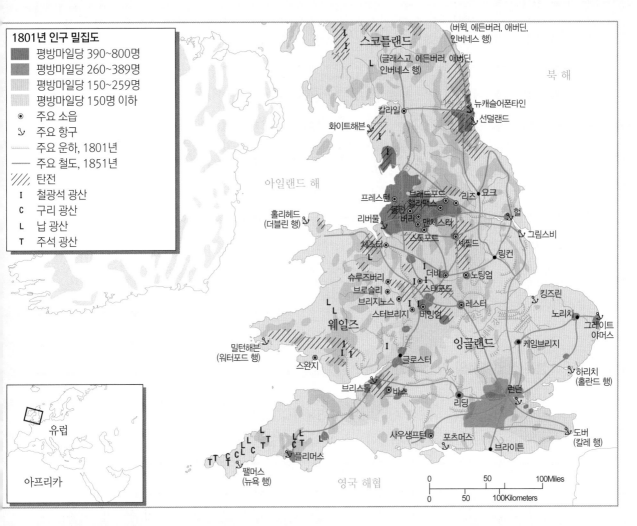

1801년 인구 밀집도

- 평방마일당 390~800명
- 평방마일당 260~389명
- 평방마일당 150~259명
- 평방마일당 150명 이하
- ⊙ 주요 소읍
- ᔰ 주요 항구
- ⋯⋯ 주요 운하, 1801년
- ── 주요 철도, 1851년
- /// 탄전
- I 철광석 광산
- C 구리 광산
- L 납 광산
- T 주석 광산

스코틀랜드 (버윅, 에든버러, 애버딘, 인버네스 행)
(글래스고, 에든버러, 애버딘, 인버네스 행)
북 해
칼라일
뉴캐슬어폰타인
선덜랜드
화이트해븐
아일랜드 해
프레스턴   브래드포드   리즈   요크
홀리헤드   봉턴   핼리팩스   헐
(더블린 행)   리버풀   버리   맨체스터
체스터   스톡포트   그림스비
셰필드
더비   링컨
슈루즈버리   스태퍼드   노팅엄
브로슬리   레스터   킹즈린
브리지노스   버밍엄
스타브리지   노리치
웨일스   그레이트 야머스
밀턴해븐   잉글랜드   케임브리지
(워터포드 행)   글로스터   하리치
스완지   (홀란드 행)
브리스틀   바스   런던
리딩
사우샘프턴   포츠머스   도버
플리머스   브라이튼   (칼레 행)
팰머스 (뉴욕 행)   영국 해협

유럽
아프리카

0 · 50 · 100Miles
0 · 50 · 100Kilometers

최초의 산업 국가

산업혁명은 영국에서 최초로 일어났다. 섬나라로서의 영국의 규모와 지위가 산업화에 얼마나 영향을 끼쳤는가? 영국은 왜 최초의 철도를 더럼과 달링턴 사이에 건설했는가? 철도 체계가 유럽 대륙에서보다 영국에서 한층 더 신속하게 확장된 이유는 무엇인가?

한 법을 통과시켰다.

해외 시장은 위험부담이 더 컸지만 국내 시장보다 훨씬 더 높은 수익률을 약속했다. 영국의 대외 정책은 자국의 상업적 필요에 부응했다. 18세기에 치러진 모든 주요 전쟁의 결과 영국은 적국의 해외 영토를 빼앗아 수중에 넣었다. 동시에 영국은 더 큰 잠재력을 가진 시장과 더 많은 자원을 찾기 위해 인도나 남아메리카 같은 아직 개척되지 않았던 영토로 침투해 들어갔다. 1759년 영국의 전체 수출 가운데 3분의 1 이상이 식민지에 대한 수출이었고, 1784년에는 신생국 미국을 포함시킨다면 그 수치는 2분의 1로 증가했다. 1750년과 1770년 사이에 수출을 위한 생산은 80퍼센트 증가했으나, 같은 기간에 국내 소비를 위한 생산은 단지 7퍼센트 증가에 그쳤다. 영국은 전 세계를 가로질러 상품을 수송할 수 있는 상선을 보유했고, 해군은 그 상선단을 보호하는 기능을 수행했다. 1780년대에 이르러 영국의 시장은 이 상선단과 세계 무역 중심지로서 확보된 지위와 더불어 자국의 사업가들에게 무역과 이윤 면에서 타의 추종을 불허하는 기회를 제공해주었다. 이런 요소들로 인해 영국은 장차 산업혁명이 될 최초의 거대한 변화를 경험할 수 있었다.

섬유 산업에서의 기술 혁신

산업혁명은 유리한 위치에 있던 몇몇 산업에서의 극적인 기술적 도약과 더불어 시작되었으며, 그중 최초의 산업은 면직물이었다. 면직물 산업은 이미 오래전부터 확립되었다. 영국산 모직물을 보호하기 위해 의회가 제정한 동인도산 면화 수입 금지 관세는 영국의 면직물 제조를 자극했다. 영국의 섬유 제조업자들은 인도와 미국 남부로부터 원료를 수입했고 인도의 방적공과 직조공으로부터 그들의 방식을 빌려왔다. 그러면 과연 무엇이 혁명적 약진이었는가?

1733년 존 케이(1704~1764)의 비사(飛梭, flying shuttle) 발명은 직조 과정의 속도를 향상시켰다. 하지만 실을 잣는 작업은 그 속도에 미치지 못했다. 일련의 비교적 간단한 기계 장치들이 방적에서 직조에 이르는 병목 현상을 제거해주었다. 가장 중요한 기계 장치는 목수이자 수작업 직조공인 제임스 하그리브스(1720~1778)가 1767년(1770년에 특허 획득) 발명한 제니 방적기(Spinning Jenny)였다. 하그리브스 부인의 이름을 따서 명명된 제니 방적기는 한 번에 16가닥의 실을 생산할 수 있는 복합 물레였다. 그러나 이 방적기가 자은 실은 면직물의 날실(세로실)로 사용되기에는 강도가 충분치 못했다. 1769년 이발사인 리처드 아크라이트(1732~1792)가 수력 방적기를 발명하고 나서야 날줄과 씨줄(가로실) 모두 대량 생산이 가능해졌다. 1799년에는 새뮤얼 크럼프턴(1753~1827)이 뮬 방적기(Spinning Mule)를 발명했는데, 이 방적기는 제니 방적기와 수력 방적기의 장점을 결합시킨 것이었다. 이 모든 중요한 기술적 변화는 18세기 말에 이루어졌다.

수력 방적기와 뮬 방적기는 물레에 비해 엄청난 이점을 지녔다. 제니 방적기는 전통적인 물레질에 비해 6~24배로 방적을 해낼 수 있었다. 18세기 말에 이르러 한 대의 뮬 방적기는 200~300배로 방적할 수 있었다. 마찬가지로 중요한 것은 새 기계들은 더 강하면서도 더 고른 더 나은 품질의 실을 만들어냈다는 점이다. 이 기계들은 섬유 산업 전반에 걸쳐 생산을 혁명적으로 바꾸어놓았다. 마지막으로 1793년 미국의 일라이 휘트니(1765~1825)가 발명한 조면기(Cotton Gin)는 면화 섬유로부터 씨를 분리해내는 과정을 기계화했고 이로 인해 면화의 생산 속도를 높이고 가격을 낮추었다. 면사 공급은 이제 면직물 제조업자들의 증대되는 수요에 보조를 맞출 수 있을 정도로 확대될 수 있었다. 이 조면기는 역설적이게도 미국에서 노예제 경제학의 변화를 포함한 많은 결과를 가져다주었다. 미국 남부의 면화 생산 노예 농장들은 한층 더 수익성이 높아졌으며, 이제 노예노동은 원면 수출 상인들과 미국 북부와 영국에서 면직물을 생산하는 제조업자에 의해 매우 활기차고 수지맞는 무역에 얽혀들었다.

최초의 직조기는 방적공들이 자기 집에서도 그 기계로 일할 수 있을 정도로 저렴했다. 그러나 기계의 규모가 커지고 복잡해지자 기계는 동력이 제공될 수 있는 수력 근처에 위치한 작업장이나 공장에 설치되었다. 그 후 증기로 움직이는 기계 설비가 더 한층 발전함에 따라 공장은 기업가들이 적합하다고 생각하는 곳이라면 어디든지 건설되었다. 이 공장들은 주로 이전의 상업 및 항해 중심지로부터 멀리 떨어진 영국 북부의 소읍과 도시—이곳들은 지역 정치가들이 섬유 제조업과 돈에 관심이 있었고 섬유 산업의 여명기에 성장을 이루었다—에 설립되었다. 1780년부터 계속해서 영국의 면직물은 세계 시장을 휩쓸었다. 다음과 같은 수치는 면직물 공업의 확대가 초래한 혁명적 변화를 설득력 있게 보여준다. 1760년과 1800년 사이에 영국의 면제품 연간 수출액은 25만 파운드에서 500만 파운드로 증가했다. 영국의 원면 수입은 1760년 1,133톤, 1787년 9,980톤, 1837년 16만 6,000톤에 달했다. 1815년에 이르면 면직물 수출은 영국이 수출한 모든 국내 상품 가치의 40퍼센트에 이르렀다. 비록 면제품 가격이 급격하게 하락했지만, 시장이 더욱 빠른 속도로 팽창했기 때문에 이윤은 계속 증가했다.

이런 통계의 이면에는 의복에서의 혁명이 있었다. 모슬린(muslin)과 캘리코(calico)[1]는 부유한 소비자들을 유혹하기에 충분했다. 면직물은 또한 가볍고 물빨래가 가능했다. 보통 사람들은 난생 처음으로 시트, 식탁보, 커튼, 속옷 등을 가질 수 있었다(모직물은 너무 까칠까칠했다). 1846년에 어느 작가가 논평했듯이 직물 혁명은 의복에서의 '눈부신 변화'를 선도했다. "여성이라면 누구나 파란색이나 검정색 옷을 10년이나 세탁도 하지 않고 입곤 했는데, 그 이유는 만약 빨래를 하면 옷이 다 헤져 없어질까 염려해서였다. 오늘날 남편은 하루 일당의 가격으로 꽃무늬 면 이불을 사서 부인에게 덮어줄 수 있다."

직물 산업의 폭발적 성장은 새로운 산업의 장점과 단점에 대한 논쟁을 촉발시켰다. 영국의 낭만주의 시인 윌리엄 블레이크는 영국 시골에 있는 직물 공장의 암울한 모습을 성서적인 관점에서 다음과 같이 유명한 글귀로 남겼다.

그래서 신의 안색이
우리의 구름 낀 언덕 위로 광채를 발했단 말인가?
그래서 이곳에 건설된 예루살렘이
이 어두운 악마의 공장들 사이에 있단 말인가?

1830년대에 이르러 영국 하원은 오전 3시에서 밤 10시에 이르는 노동시간, 매우 어린 아이들의 고용, 공장 기계로 머리카락과 손가락을 잃어버린 노동자에 관한 증언을 기록하면서 고용과 노동조건에 관한 청문회를 열었다. 이에 따르면 직물 공장 노동력의 약 3분의 2가 여성과 아동이었다. 하지만 이러한 노동을 규제하는 원칙(특히 성인 남성의 노동을 규제하는 원리)들은 단연코 논란을 일으켰다. 오로지 점진적으로 9세 이하의 어린이를 고용하는 것을 금지하고 18세 이하 노동자의 노동시간을 하루 10시간으로 제한하는 공장법이 통과되었다.

---

1) 모슬린은 씨실과 날실 모두를 가는 단사(單絲)로 치밀하게 짠 가볍고 부드러운 면직물이고, 캘리코는 가로로 짠 올이 촘촘하고 색깔이 흰색 무명천으로 염색을 해 사용했다.

공장제와 과학 그리고 도덕에 대한 두 가지 관점

　산업혁명과 공장제는 찬사에서 공포에 이르는 다양한 반응을 불러일으켰다. 스코틀랜드의 화학 교수인 앤드루 우어(1778~1857)는 계몽주의 과학의 19세기적 응용에 매혹되었다. 그는 새로운 기계와 그것의 생산물이 부와 풍요, 그리고 궁극적으로는 생산의 유용한 조직화를 통해 안정된 새로운 사회를 창조할 것이라고 믿었다.

　프리드리히 엥겔스는 우어를 근시안적이고 자기 만족적인 인물로 비판한 많은 사회주의자들 중 한 사람이었다. 엥겔스는 공장을 소유한 가문의 일원이었기에 근거리에서 신흥 산업 도시들을 조사할 수 있었다. 그는 산업화에 대한 19세기의 고전적인 분석을 보여준다. 『영국 노동계급의 상황(The Condition of the Working Class in England)』은 여성 노동을 포함한 당대의 중간계급의 실태에 관해 분노에 찬 그러나 강한 흥미를 불러일으키는 글이다.

앤드루 우어의 견해(1835)

　이 섬[브리튼]은 공장으로 인한 부의 놀라운 발전으로 문명국들 사이에서 우뚝 섰고 오랫동안 해외 열강으로부터 시기어린 감탄의 시선을 받아왔다. 하지만 바로 이 탁월함은 우리 공동체의 많은 영향력 있는 구성원들로부터 매우 상이한 시각에서 숙고되었고, 심지어 사람들에 대한 헤아릴 수 없는 죄악의 확실한 기원과 국가에 대한 혁명적 이변이라고 비난받기도 했다.……

　물리 역학적 과학이 사회에 준 축복과 그것이 여전히 인류의 운명을 개선하기 위해 축적하고 있는 수단들은 너무도 적게 강조되어왔다. 한편 그것은 부유한 자본가들에게 가난한 사람들을 괴롭히는 도구로 제공되고 더 빠른 속도로 작동을 강요하고 있다는 비난을 받아왔다. 예를 들면 증기기관은 직기 앞에서 일하는 직공에게 동일한 빠른 속도로 일하도록 재촉하기 위한 그런 빠르기를 지닌 동력 직기를 작동시킨다. 그러나 이 끊임없이 작동하는 기계에 시달리지 않는 수작업 직공은 편리한 때 자신의 북을 던지고 발판을 움직일 수 있다. 이 두 가지 경우에 다음과 같은 차이가 있다. 우선 공장에서 모든 북은 작동을 위해 너무나 조절되어서 기계의 구동력은 직공이 할 일을 거의 아무것도 남겨놓지 않아 일을 지속하기 위한 육체적 피로가 전혀 없지만, 공짜로 건강한 작업장 환경을 갖는 것 이외에도 직공을 위해 충분하면서도 확실한 임금을 산출해준다. 반면에 모든 것을 육체적 노고로 수행하는 수작업 직조공은 지루한 노동을 하고 결과적으로 별도로는 사소하지만 이를 합쳤을 때 엄청난, 헤아릴 수 없는 짧은 휴지기를 가진다. 따라서 상대적으로 낮은 임금을 받으면서도 부실한 식사와 오두막집의 습기로 인해 건강을 해친다.

프리드리히 엥겔스의 견해(1844)

우어, 베인스, 그리고 여러 사람들의 저작들과 같은 근대적 면직 산업 발전사는 기술적 혁신의 모든 면에 대해 말해준다.……질서가 잘 잡힌 사회에서 그러한 향상은 정말로 환영할 만한 일이지만, 사회적 갈등은 걷잡을 수 없이 광범위하고 이러한 향상에 따른 혜택은 소수 사람들이 무자비하게 독점했다.……기계에 의한 모든 향상은 실업을 낳고 기술적 향상이 커지면 커질수록 실업은 더욱 늘어난다. 기계에 의한 모든 향상은 상업적 위기와 똑같은 방식으로 수많은 노동자에게 영향을 미치고 결핍, 곤궁, 범죄를 불러온다.……

기계 노동이 지속적으로 수작업을 대신하는 과정을 조금 더 자세히 조사해보자. 방적기와 직조기가 설치되면 실질적으로 손으로 해야 할 일은 끊어진 실을 이어주는 것뿐이고 기계가 나머지 일을 하게 된다. 이 작업은 근력보다는 재빠른 손놀림을 요구한다. 성인 남성의 노동은 단지 불필요한 것이 아니라 실제로 부적합한 것이 된다.……육체노동이 수력이나 증기기관으로 작동하는 기계의 도입으로 대체되는 정도가 커지면 커질수록 성인 남성이 고용될 필요는 점점 더 줄어든다. 어떤 경우든 이미 관찰된 것과 같이 여성과 아동은 남성보다 더 낮은 임금으로 일하게 되고 성인 남성보다 실을 이어보태 완성하는 데 더 숙달될 것이다. 결과적으로 이 일을 하기 위해 고용되는 것은 여성과 어린이들이다.……여성이 공장에서 일할 때 가장 중요한 결과는 가족적 유대의 해체이다. 만약 여성이 공장에서 하루에 12시간 또는 13시간 일하고 그녀의 남편이 동일한 공장 아니면 일부 다른 일자리에 고용된다면, 자녀들의 운명은 어떻게 될 것인가? 그들은 부모의 돌봄이나 통제가 부족해진다.……그들이 방종하도록 방치된다는 것을 상상하기란 어렵지 않다.

분석 문제

1. 앤드루 우어에 따르면 산업화가 영국에 좋은 이유는 무엇인가? '물리 역학적 과학'의 축복이 어떻게 인류의 향상을 이끌 수 있는가?

2. 엥겔스가 산업화에 관한 우어와 그 밖의 낙관론자들에게 퍼부은 비판은 무엇인가? 엥겔스가 노동자의 상황이 더 나아지기보다는 더 악화되고 있다고 생각한 이유는 무엇인가?

3. 이들 두 작가가 기술적 변화의 결과에 관해 의견이 일치되지 않은 이유는 무엇인가?

석탄과 철

그사이 결정적인 변화가 철의 생산을 변모시키고 있었다. 섬유 산업과 마찬가지로 18세기 동안 철 생산에서 많은 중요한 변화가 일어났다. 일련의 기술 혁신(코크스 제련, 압연, 연철)은 영국이 용해된 금속을 가열해 철을 만들기 위해 (드물고 불충분했던) 목재 대신에 (영국에 풍부했던) 석탄의 이용을 가능하게 해주었다. 이 새로운 '선철(銑鐵)'은 질이 더 좋았고 기계, 엔진, 철로, 농기구, 금속 제품 등 매우 다양한 철제품을 만드는 데 이용할 수 있었다. 이런 철 생산은 글자 그대로 산업화의 기반이 되었다. 영국은 산업화되어가고 있는 세계의 여러 지역에서 급속하게 확대되는 시장에 석탄과 철 모두를 수출할 수 있다는 것을 알게 되었다. 1814년과 1852년 사이에 영국의 철 수출은 100만 톤 이상으로 증가하면서 두 배로 늘어났고, 이는 전 세계 전체 생산량의 절반을 넘는 규모였다.

더 많은 석탄이 필요해지자 석탄 광맥의 채굴은 더욱더 깊어만 갔다. 1711년 토머스 뉴커먼(1664~1729)은 광산에서 물을 퍼내기 위해 조잡하지만 매우 쓸모 있는 증기기관을 고안해 냈다. 이 증기기관은 석탄 산업에는 상당히 값진 것이었지만, 다른 산업 부문에서는 증기기관이 소비하는 연료의 양으로 말미암아 그다지 많이 사용되지 않았다. 1763년 글래스고우 대학에서 과학 기구를 만들었던 제임스 와트(1736~1819)는 뉴커먼의 증기기관을 수리해달라는 부탁을 받았다. 그는 그 일을 해나가면서 그 기계에 증기를 압축하기 위한 별도의 공간을 추가해 실린더를 냉각시키는 과정을 제거한다면 기계의 성능이 크게 향상될 것이라 확신했다. 그는 1769년 이 장치를 이용한 자신의 증기기관을 만들어 특허를 획득했다. 발명가로서 와트가 지닌 천재성은 그의 사업능력과는 조화되지 못했다. 그는 "말 많은 계산을 처리하거나 거래를 하기보다 차라리 장전된 대포 앞에 서겠다"고 말할 정도였다. 결국 그는 자신이 발명한 기계를 시장에 내놓으려다가 빚더미에 앉고 말았다. 그렇지만 그는 버밍엄의 부유한 철물 제조업자인 매튜 볼턴(1728~1809)의 도움으로 위기에서 벗어날 수 있었다. 두 사람은 볼턴이 마련한 자본으로 동업 관계를 맺었다. 1800년경 그들이 차린 회사는 공장과 광산에서 사용하는 증기기관을 289대나 팔았다. 와트와 볼턴은 자신들이 발명한 능률적인 기계로 돈을 벌었다. 그들은 증기기관을 작동시키던 광산으로부터 늘어나는 이윤에서 정기적으로 일정 비율을 받았다.

영국의 산업혁명, 1733~1825년	
비사(飛梭, fly shuttle) 발명	1733년
제니 방적기 발명	1764년
수력 방적기 발명	1769년
증기기관 발명	1769년
물 방적기 발명	1779년
조면기 발명	1793년
최초의 철도 부설	1825년

증기 동력은 여전히 에너지가 많이 들고 값비싼 것이었기에 전통적인 수력을 서서히 대체했다. 19세기에 걸쳐 일어난 일련의 개선으로 증기기관은 와트 시절의 것보다 한층 더 강력해졌다. 하지만 증기기관은 그 초기 형태에서 증기기관차로 변용되어 19세기의 세계를 결정적으로 변모시켰다. 철도는 산업, 시장, 공적 및 사적 금융, 그리고 보통 사람들의 공간과 시간 개념을 혁명적으로 바꾸어놓았다.

철도의 등장

1830년 이전에도 수송 체계가 향상되었지만 무거운 재료, 특히 석탄의 운반은 문젯거리로 남아 있었다. 1825년 영국 스톡턴의 더럼 탄전에서 해안 근처의 달링턴까지 최초의 근대적 철도가 건설되었다는 사실은 중요한 의미를 갖는다. 석탄은 전통적으로 선로나 궤도를 따라 말이 끄는 석탄 수레로 단거리에 운반되었다. 스톡턴에서 달링턴까지 부설된 철도는 계속 확장되는 산업화로 야기된 수송의 필요에 부응하기 위해 고안된 선로의 논리적 확대였다. 최초의 증기 기관차의 발명에 가장 큰 공헌을 한 인물은 17세까지도 글을 읽을 줄 몰랐으나 독학으로 기사가 된 조지 스티븐슨(1781~1848)이었다. 그의 기관차는 그 당시에 기계가 상품을 육상으로 이동시키는 데 가장 빠른 속도인 시속 24킬로미터로 스톡턴-달링턴 구간을 주파했다. 기관차는 곧 운송 과정을 변화시켰을 뿐만 아니라 사람들을 실어 날랐다.

철도 건설은 큰 규모의 사업이 되었고 투자자에게는 위험하지만 잠재적으로 이윤을 낼 수 있는 기회가 되었다. 1830년 영국 리버풀에서 맨체스터까지 승객과 상품을 함께 운송하는 철도 서비스가 최초로 개설되었고, 얼마 지나지 않아 유럽, 아메리카 대륙 및 그 밖의 지역에 철도를 확대하기 위한 계획이 수립되고 막대한 자본이 투입되었다. 1830년에 지구상의 철도는 불과 수 킬로미터에 불과했다. 1840년에 이르러 철도는 7,200킬로미터, 1850년경에는 3만 6,800킬로미터 이상으로 확대되었다. 영국의 기술자, 산업가, 투자가들은 해외에서의 철도 건설에서 전 지구적 기회를 획득할 수 있음을 재빨리 알아챘으며, 이에 따라 19세기 후반 영국의 산업적 성공은 상당 부분 다른 나라의 기반 시설 건설을 통해 이루어졌다. 예를 들어 영국의 하청업자 토머스 브래시(1805~1870)는 이탈리아, 캐나다, 아르헨티나, 인도, 오스트레일리아에 철도를 건설했다.

전 세계에 걸쳐 건설 노동자 군단이 철도를 건설했다. 영국에서 그들을 '막일꾼들(navvies)'이라고 불렀는데, 그 명칭은 18세기 영국의 운하 건설에 동원된 노동자를 가리켰던 '항해자(navigator)'라는 말에서 유래했다. 막일꾼들은 난폭하고 거친 집단으로 전국을 옮겨 다니면서 임시 막사에서 소수의 여성들과 함께 생활했다. 그들은 종종 이민 노동자들이었고 지방적 적대감에 직면하기도 했다. 1845년 스코틀랜드의 한 광산 주변 마을의 주민들이 대자보를 붙였다. 만약 아일랜드 출신의 막일꾼들이 일주일 내로 모조리 "이 땅에서 벗어나 이 나라를 떠나지" 않는다면, 그들은 "우리 군대의 무력과 예리한 곡괭이 날에 의해" 쫓겨 날 것이라고 경고했다. 18세기 후반 아프리카와 아메리카의 철도 건설에도 토착주의자(nativist, '외국인에 반대하는' 것을 의미하는 용어)의 분노의 표적이 되었던 인도 및 중국인 이민 노동자의 막사가 줄 지어 세워졌다.

막일꾼들이 이룩한 업적의 규모는 놀라운 것이었다. 19세기 중반 영국과 세계 여러 나라에 부설된 철도는 거의 전적으로 기계의 도움 없이 건설되었다. 런던에서 버밍엄에 이르는 구간의 철도 건설에 참여했던 어느 기사보는 그 철도 건설의 규모를 계산하며, 투입된 노동력이 1,910만 입방미터의 흙과 돌을 30센티미터 높이로 들어 올리는 데 드는 노동력과 같다고 측정했다. 그는 이것을 그가 약 160억 톤을 끌어 올리는 노동력이 투여되었다고 추산한 이집트의 대피라미드 건설과 비교했다. 그러나 대피라미드는 20만 명 이상의 인원이 동원되어 20년 동안 건설되었던 반면에, 런던에서 버밍엄까지의 철도 건설은 5년 이하의 기간에 2만 명의 인력으로 이룩되었던 것이다. 일인당 노동력으로 환산하면, 막일꾼 한 사람이 하루에 20톤의 흙을 퍼나른 것으로 추정되었다. 철도는 기술뿐만 아니라 땀, 공학기술뿐 아니라 인간의 노동으로 건설되었다. 이것은 일부 역사가들이 '부지런한(industrious)' 혁명이라고 부르는 이유를 잘 보여준다.

증기기관, 직조 기계, 새로운 철 제조 방식, 철도 등은 모두 서로 연관되어 있었다. 즉, 한 분야의 변화는 다른 분야의 변화를 이끌었다. 증기기관으로 작동하는 펌프는 더 깊은 탄맥의 채광을 가능하게 해주었고, 증기 동력에 의한 기관차는 석탄 수송을 가능하게 해주었다. 기계화는 기계 제작을 위한 철 생산과 증기기관을 움직이기 위한 석탄의 채굴을 가속화시켜주었다. 철도의 호황은 철제품, 예컨대 레일, 기관차, 객차, 신호기, 전철기(轉轍機) 그리고 이 모든 것을 만들기 위한 철 등의 수요를 엄청나게 증대시켰다. 철도 건설은 공학적 전문 기술, 예를 들면 산의 크기를 축척으로 그리고 교량과 터널을 설계하는 등의 기술을 요구했다. 철도 부설은 어느 한 개인의 능력을 넘어서는 자본의 투자를 요구했기에 새로운 종류의 공적 및 사적 금융을 만들어냈다. 더 많은 석탄 탐광, 더 많은 철 생산, 더 많은 자본의 이동, 더 많은 노동의 동원 등을 자극하면서 생산 규모는 확대되었고 경제 활동의 속도도 빨라졌다. 증기와 속도는 경제와 새로운 생활 방식의 기초가 되어가고 있었다.

유럽 대륙의 산업혁명

🔊 유럽 대륙에서의 산업혁명은 얼마나 상이했는가?

서로 다른 자연적·경제적·정치적 자원을 갖고 있던 유럽 대륙은 영국과는 상이한 경로를 밟았다. 18세기 프랑스, 벨기에, 독일은 원료 구입이 용이하고 시장이 가까우며 특정 수공업과 기술에 대한 전통적 애착이 강한 제조업 중심지를 갖고 있었다. 하지만 여러 가지 이유로 이들 나라에서는 1830년대까지도 영국에서 본 것과 같은 변화는 일어나지 않았다. 영국의 수송 체계는 고도로 발달했던 데 비해 프랑스와 독일의 경우에는 그렇지 못했다. 프랑스는 영국보다 국토 면적이 훨씬 넓었으나 강들은 운항하기에 수월치 못했으며 항구, 도시, 석탄 매장지 등도 멀리 떨어져 있었다. 중부 유럽 역시 자체의 통행료 및 관세 징수권을 갖는 작은 공국들로 나뉘어져 있어서 원료나 공산품의 원거리 수송이 대단히 어려웠다. 유럽 대륙은 영국보다 원료 특히 석탄의 매장량이 훨씬 적었다. 값싸고 풍부한 목재는 새로운 석탄 매장지의 발견을 가져다줄지도 모를 탐사를 방해했다. 그것은 또한 석탄으로 가동하는 에너지 소비가 많은 증기기관이 대륙에서는 상대적으로 경제적이지 못하다는 것을 의미했다. 자본 역시 조달이 쉽지 않았다. 영국의 초기 산업화는 개인의 부가 비용 부담을 떠맡았는데 다른 나라에서는 그것이 미약했다. 상이한 토지 보유 형태도 농업의 상업화를 막았다. 동유럽에서는 농노제가 노동절약적 기술 혁신을 크게 저해했다. 서유럽 특히 프랑스에서는 수많은 소농 또는 농부들이 토지에 묶여 있었다.

프랑스 혁명과 나폴레옹 전쟁은 법적 변화와 국가 권력의 통합을 촉진했지만 경제는 붕괴시켰다. 18세기 동안 인구는 증가했고 일부 핵심적 산업에서는 기계화가 시작되고 있었다. 하지만 계속되는 정치적 격변, 전쟁으로 인한 재정적 부담, 우레 같은 군대의 말발굽 등은 사실상 경제 발전에는 아무런 도움이 되지 못했다. 나폴레옹의 대륙 체제와 영국의 프랑스 상선단 파괴로 상업 역시 큰 타격을 받았다. 모직 의류에 대한 군대의 더 큰 수요가 직물 산업 분야를 활발하게 해주고 있었지만, 영국 상선에 선적된 면화의 수입 금지는 수십 년 동안 면직 산업의 성장을 가로막았다. 군대의 늘어나는 수요에 부응하기 위해 철 가공은 늘었지만 철 제조 기술은 크게 변하지 않았다. 아마도 유럽에서 산업 발달에 가장 유익한 혁명적 변화는 자본과 노동의 이동을 제한했던 규제의 철폐, 즉 수공업 길드의 폐지와 대륙 전역에 걸친 관세 장벽의 감소 같은 것들이었다.

1815년 이후 여러 요인들이 결합해 경제적 분위기를 바꾸어놓았다. 상업 및 산업적 토대를 갖춘 지역들, 예컨대 프랑스 북동부, 벨기에, 그리고 라인란트, 작센, 슐레지엔, 보헤미아 북부에 걸친 띠 모양의 지역(230쪽 지도 참조)에서는 인구 증가가 경제 발전을 한층 더 가속시켰다. 하지만 인구 증가 자체가 산업화를 야기하지는 않았다. 예를 들어 다른 필수적 요인들이 부재했던 아일랜드에서는 더 많은 사람들이 있다는 것은 식량이 더 적었다는 것을 의미했다.

수송도 향상되었다. 오스트리아 제국은 1830년과 1847년 사이에 4만 8,000킬로미터의 도로를 추가로 건설했다. 벨기에는 같은 기간에 도로망을 거의 두 배로 늘렸다. 프랑스는 도로뿐만 아니라 3,200킬로미터에 달하는 운하를 건설하기도 했다. 이러한 운송망의 향상은 1830년대와 1840년대의 철도 건설과 결합해 새로운 시장을 열어주고 새로운 제조 방법의 도입을 고무했다. 하지만 유럽 대륙의 많은 제조업 지역에서 산업가들은 숙련되었지만 저렴한 대규모 노동 요원들을 장기간 계속해서 끌어올 수 있었다. 따라서 한층 오래된 선대제 산업과 수작업이 신형 공장들에서도 지속되었다.

유럽 대륙의 산업화 모델은 그 밖의 어떤 방식에서 상이했는가? 유럽에서는 정부가 산업화에서 상당히 한층 더 직접적인 역할을 했다. 예를 들어 프랑스와 프로이센은 철도를 건설하는 개인 회사에 상당한 보조금을 제공했다. 1849년 이후 프로이센은 벨기에와 나중에 러시아가 그랬던 것처럼 국가 자체가 회사의 일을 떠맡았다. 다시 말해 정부가 원료와 전문 기술을 수입하는 일이 요구되었지만 종종 커다란 이윤을 창출하는 사업을 떠맡았던 것이다. 프로이센에서는 국가가 또한 그 나라의 대다수 광산을 운영했다. 유럽 대륙의 정부들은 산업화에 도움이 되는 유인책과 법을 마련했다. 가장 중요한 사례를 들면 유한책임법(limited-liability law)은 투자가로 하여금 회사의 부채를 지불할 책임을 지지 않고도 주식회사나 회사의 주식을 소유할 수 있도록 해주었다. 그리고 이 법은 기업들이 철도, 다른 형태의 산업, 상업 등에서 막대한 투자를 위한 자본을 한데 모으는 일을 가능하게 해주었다.

산업을 위한 자본을 동원하는 일은 19세기의 난제 중 하나였다. 영국에서는 해외 무역이 잘 조직된 금융 시장을 창출했지만 유럽 대륙에서는 자본이 분산되었고 공급도 부족했다. 새로운 유한투자은행(joint-stock investment bank)은 개인 은행과는 달리 채권을 판매하고 개인이나 소규모 회사들로부터 예금을 받을 수 있었다. 이 은행들은 야심이 있는 사업가에게 장기 저리의 상업 대부 형태로 창업 자본을 제공할 수 있었다. 벨기에의 소시에테 제네랄(Société Générale)은 1830년대에 창립되었고, 오스트리아의 크레디탄슈탈트(Creditanstalt)와 프랑스의 크레딧 모빌리에(Crédit Mobilier)는 1850년대에 창업했다. 예를 들어 부유하고 문벌이 좋은 피에르 형제가 1852년에 세운 크레딧 모빌리에는 보험회사들, 파리의 버스 체계, 6개 자치도시의 가스 회사, 대서양 횡단 해운, 기타 유럽 국가들에서의 사업 등과 국가적 후원으로 1850년대의 대규모 철도 건설에 재정 조달을 해주기에 충분한 자본을 모았다. 피에르 형제의 성공은 그들에게 벼락출세한 투기꾼이라는 명성을 안겨주었고 크레딧 모빌리에는 추문으로 붕괴되었지만 은행업에서의 혁명은 순항하고 있었다.

마지막으로 대륙의 유럽인들은 발명과 기술적 발전을 적극적으로 추진했다. 그들은 국가를 위해 그 무엇보다도 산업 기술의 발전을 도울 수 있는 잘 훈련된 엘리트를 배출하는 것이 목적인 교육제도를 기꺼이 수립하고자 했다. 요약하면 영국이 거의 우연히 창출해냈던 것을 유럽인들은 의도적으로 재창출하기 시작했던 것이다.

1850년 이후의 산업화

1850년까지도 영국은 발군의 산업 강국으로 남아 있었다. 영국의 개별 공장들은 현대의 기준은 말할 것도 없고 19세기 말의 기준으로 봐도 소규모였다. 그래도 이 공장들의 생산량은 엄청났고 국내 및 해외 시장에 판매하기 위한 그들의 능력은 타의 추종을 불허했다. 그러나 1850년과 1870년 사이에 프랑스, 독일, 벨기에 및 미국은 영국 제조업자들의 권세와 지위에 대한 도전자로 떠올랐다. 영국의 철 산업은 세계 최대 수준으로 남아 있었지만(1870년에 영국은 여전히 전 세계 선철의 절반을 생산했다), 프랑스나 독일의 철 생산에 비해 한결 더디게 성장했다. 유럽 대륙이 이런 증가를 보인 것은 대부분 지속적인 산업 성장에 중요한 것으로 인식되는 수송, 상업, 정부 정책 등에서 계속적인 변화가 이루어진 결과였다. 철도의 확산은 상품의 자유로운 이동을 촉진했다. 국제 금융 조합들이 설립되고, 도나우 강과 같은 국제적 수로에 대한 제한이 제거되었다. 업계에 진입하기 위한 길드의 장벽이 제거되고 사업을 하는 데 필요한 규제가 종식됨으로써 자유 무역은 더욱 진척되었다. 수공업자의 생산에 대한 길드의 통제는 오스트리아에서는 1859년에 폐지되었고, 독일 대다수의 지역에서는 1860년대 중반에 폐지되었다. 고리대금업을 금지하는 법률이 대부분 강제적으로 영국, 홀란드, 벨기에, 독일의 많은 지역에서 공식적으로 폐지되었다. 1850년대에 프로이센은 광산 운영에 대한 정부 규제를 포기했는데, 이로써 기업가들은 적합하다고 생각하는 자원을 자유롭게 개발할 수 있게 되었다. 화폐 공급의 증가와 1849년 캘리포니아의 금광 개발에 뒤이은 용이한 대출에 고무되어 투자은행의 설립이 계속되었다.

　어느 경제사가가 상기시켜주듯이 산업혁명의 첫 단계는 한정된 산업에 국한되었고 다음과 같이 단순하게 요약될 수 있다. "더 저렴하면서도 더 나은 의복(주로 면화로 만든), 더 값싸면서도 더 좋은 금속(선철, 단철, 강철), 그리고 더 빠른 여행(주로 철도로)." 19세기 후반에 변화가 더 먼 지역까지 널리 퍼져나갔으며 초기에 우월했던 영국의 지역들은 더 이상 결정적이지 않게 되었다. 대서양 횡단 케이블(1865년 개통)과 전화(1876년 발명)는 통신에서의 혁명을 위한 기초를 다졌다. 새로운 화학 공법, 염료, 제약 등이 등장했다. 새로운 동력원, 즉 미국과 독일 양국에서 발명과 상업적 발전을 이끌었던 전기가 등장했다. 그리고 1850년대에 정제되고 있던 석유가 1900년에 이르러 널리 사용되었다. 러시아 석유 매장지의 초기 채굴자들 중에는 스웨덴의 노벨 형제와 프랑스의 로칠드 가문이 있었다. 결국 자동차를 만들기 위해 집중된 발전은 독일과 프랑스에서 이루어졌다. 작고 효율적이며 폭넓은 다양한 상황에서 사용될 수 있는 내연기관은 1880년대 카를 벤츠(1844~1929)와 고트리브 다임러(1834~1900)가 개발했다. 1891년 에두아르 미슐랭(1859~1940)은 탈착이 가능한 공기 타이어에 대한 특허를 냈다. 그는 가족의 소규모 농기계 사업을 운영하기 위해 자신의 기술자 형제와 손잡은 화가였다. 이런 발전은 제23장에서 충분히 논의되겠지만, 이 선구자들의 친숙한 이름은 산업과 발명이 19세기 전체에 걸쳐 얼마나 다양했는가를 보여준다.

　동유럽에서는 19세기에 상이한 유형의 경제 발전이 일어났다. 증대되는 식량과 곡물에 대한 수요에 자극받은 동유럽의 드넓은 지역은 서유럽으로 식량을 수출하는 특화된 역할을 한 집약적이고 상업화된 농업 지역으로 발전했다. 그들 수많은 거대한 기업적 농업은 농노제에 입각해 있었고 점증하는 개혁의 압력에 직면하는 1850년까지도 그런 상태로 남아 있었다. 개혁을 향한 농민의 저항과 자유주의자의 요구는 자신들의 특권과 노동체제를 계속 움켜쥐려는 귀족의 결심을 단지 점진적으로 조금씩 갉아낼 뿐이었다. 농노제는 1850년에 이르러 동유럽과 남유럽의 대부분 지역에서 폐지되었고 1860년대에는 폴란드와 러시아에서도 폐지되었다.

　농업에 비해 뒤지긴 했지만 동유럽은 몇몇 중요한 제조업 지역을 갖고 있었다. 1880년대

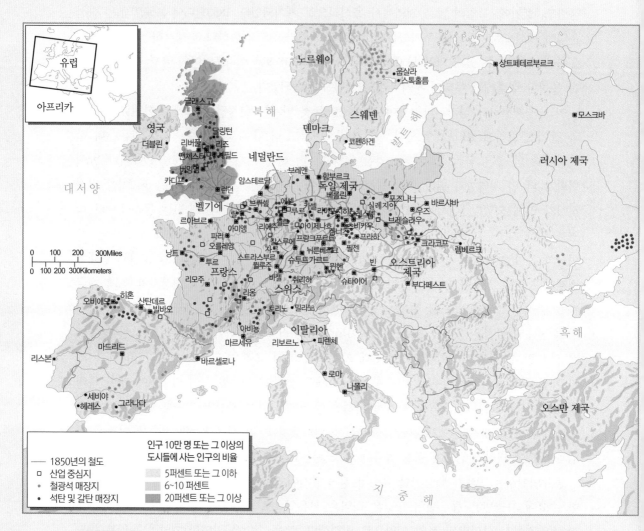

산업혁명

산업혁명의 결과들이 영국과 중북부 유럽에서 한층 더 빠르게 두드러진 이유는 무엇인가? 광범위한 철도 체계는 산업화가 가속되는 것을 어떻게 도왔는가? 산업혁명이 도시의 인구 조밀도에 끼친 영향은 무엇인가?

오스트리아 보헤미아 지방의 면직 산업에 고용된 남녀의 수는 독일의 작센 지방에 고용된 사람의 수를 능가했다. 체코 지역에서는 18세기에 발전한 섬유 산업이 계속 번창했다. 1830 년대에 이르면 기계로 작동하는 체코식 면직 공장과 제철 작업이 있었다. 러시아에서는 아마포가 주류를 이루는 조악한 직물을 생산하는 공장 산업이 모스크바 주위에서 성장하고 있었다. 19세기 중반 러시아는 자국의 공장을 기계화하기 위해 영국의 전체 기계류 수출의 24퍼센트를 구입하고 있었다. 러시아의 산업에서 일한 많은 사람들은 1860년대까지 사실상 농노로 남아 있었고 그들 중 약 40퍼센트가 광산에서 일했다. 하지만 1860년경 제조업에 종사하는 80만 명 이상의 사람 중에서 대다수는 40명 정도가 일하는 소규모 작업장에 고용되어 있었다.

1870년경 유럽의 핵심 산업 국가들은 영국, 프랑스, 독일, 이탈리아, 네덜란드, 스위스 등이었고 오스트리아는 이에 근접했다. 러시아, 스페인, 불가리아, 그리스, 헝가리, 루마니아, 세르비아는 산업 주변부를 형성했지만, 이들 국가의 일부 지역은 실질적으로 산업 발달의 손길이 미치지 않은 것처럼 보였다. 게다가 가장 충분히 산업화된 국가인 영국에서조차 농업 노동자는 1860년에도 여전히 가장 커다란 직업군을 형성했다(비록 그들이 전 인구의 단지 9 퍼센트를 차지했지만 말이다). 벨기에, 네덜란드, 스위스, 독일, 프랑스, 스칸디나비아, 아일랜드에서는 인구의 25~50퍼센트가 여전히 토지에서 일했다. 러시아에서는 그 수가 80퍼센트에 달했다. 더욱이 '산업적(industrial)'이라는 말은 장기간 소수 경제 분야에 국한되어 있었던 자동화나 기계 생산을 의미하지 않았다. 기계가 특정 작업을 수행하기 위해 일부 분야에 도입되었는데, 보통 수작업의 속도를 더해주었다. 따라서 산업화된 지역에서조차 많은 작업은 여전히 손바닥만 한 작업장이나 집에서 이루어졌다.

산업과 제국

국제적 관점에서 19세기 유럽은 세계에서 가장 산업화된 지역이었다. 유럽인 특히 영국인은 방심하지 않고 자국의 국제적 이점을 지켰다. 그들은 차입 자본의 이용 효과를 통해 국제적 이점을 지키고자 했다. 영국, 프랑스, 그리고 여러 유럽 국가들은 중국, 오스만 제국, 이집트, 브라질, 아르헨티나 및 기타 비유럽 강대국의 국채에 대한 통제권을 확보했다. 또한 유럽 국가들은 비유럽 강대국을 자국의 투자가들에게 묶어주는 막대한 대부를 이들 나라에 공여했다. 1830년대에 이집트가 자국의 면직 산업을 확립하고자 시도했던 때 그랬던 것처럼 만약 채무국들이 불만을 표시한다면 이들 채무국들은 재정적 압박과 무력시위에 직면했다. 하지만 항상 강제가 필요한 것은 아니었고 일방적이지도 않았다. 중국, 페르시아, 인도의 무굴 제국 등과 같은 제국들에서의 사회 변화는 이들 제국을 취약하게 만들었고 유럽 열강과 이들 제국 내 동업자들에게 새로운 기회를 창출해주었다. 취약해진 이들 제국의 야심찬 엘리트들은 종종 서양 정부나 영국의 동인도회사 같은 집단과 협정을 맺었다. 이런 무역 협정은 유럽인과 제휴한 지역 동업자들에게 상당한 배당을 남긴 후 유럽에 가장 큰 이윤을 보내는 약정으로 지역 경제를 변모시켰다. 협정이 맺어질 수 없는 곳에서는 무력이 판을 쳤고 유럽은 정복을 통해 영토와 무역을 차지했다.

산업화는 무역과 상호의존이라는 새로운 네트워크를 창조하면서 유럽과 세계의 나머지 국가 사이에 전 지구적 연결을 강화했다. 어떤 면에서 세계 경제는 공산품의 생산자인 유럽과 필요한 원료의 공급자이자 완제품의 구매자인 그 밖의 모든 나라로 나뉘어졌다. 미국 남부의 면화 재배업자, 카리브 해의 사탕수수 재배업자, 우크라이나의 밀 재배업자는 산업화된 서구가 제시하는 협정을 받아들였고 일반적으로 그로부터 소득을 얻었다. 하지만 이들 공급자들은 만약 논쟁이 벌어진다면 유럽이 동일한 상품을 다른 곳에서도 찾을 수 있으며 은행 원장의 폐쇄나 대포 포신으로 사업의 거래 조건을 지시할 수 있다는 것을 알았다.

1811년 영국은 자국이 소비하는 밀의 3퍼센트를 수입했으며, 1891년까지 그 비율은 79퍼센트로 껑충 뛰었다. 그 이유는? 도시 사회가 점점 증가하면서 보다 적은 수의 사람들이 토지에 의존해 생활했다. 일찍이 영국에서 시작된 농업의 상업화는 다른 곳에서 한층 더 강하게 나타났다. 즉, 오스트레일리아, 아르헨티나, 북아메리카(캐나다와 미국)가 곡물과 밀 생산의 새로운 중심지로 부상했다. 새로운 형태의 수송, 금융, 통신은 국제적 네트워크를 통해 상품과 자본의 이동을 한결 더 용이하게 해주었다. 바꾸어 말하면 이런 단순한 비율들은 19세기의 새로운 상호의존성을 극적으로 표현한다. 이 비율은 그 어떤 통계보다도 다른 나라의 보통 사람들의 삶처럼 보통 영국인의 삶이 전 지구적 경제에 얼마나 깊이 연관되어 있는지를 잘 보여준다.

산업화의 사회적 결과

♠ 산업화의 단기 및 장기적 결과는 무엇인가?

인구 증가가 산업혁명의 한 가지 요인이라는 점에 대해 언급했지만 인구 증가는 그 자체만으로 다룰 가치가 있다. 어쨌든 19세기는 유럽 인구사에서 전환점이었다. 유럽 전체 인구는 1800년에 대략 2억 500만 명으로 추정되었고 1850년까지 2억 7,400만 명으로 증가했으며 1900년까지 4억 1,400만 명이 되었고 제1차 세계대전 직전에는 4억 8,000만 명이었다(같은 기간에 세계 인구는 약 9억 명에서 16억 명으로 증가했다). 비교적 높은 생활수준을 누렸던 영국에서는 인구가 1,600만 명에서 2,700만 명으로 증가했다. 하지만 농촌 지역에서도 마찬가지로 인구가 증가했다. 러시아에서는 같은 기간 인구가 3,900만 명에서 6,000만 명으로 증가했다.

인구

역사가들은 이런 인구 폭발을 어떻게 설명하는가? 일부 역사가들은 세균의 주기적인 창궐은 어떤 치명적인 질병의 전염성을 덜하게 만든다고 추측한다. 1796년 이후로 천연두에 대한 에드워드 제너(1749~1823)의 백신 기법이 점진적으로 효능을 발휘했고 이 질병을 덜 치명적인 것으로 만들었다. 비록 19세기의 후반에서야 가시화되었지만, 위생 상태의 개선은 콜레라를 완화시키는 데 도움을 주었다. 각국 정부도 자국민의 삶을 측정하고 향상시키는 데 한층 더 유능해졌고 한결 더 결의에 찼다. 영양가가 높은 저렴한 식품─무엇보다도 특히 감자─과 철도로 식료품을 저렴하게 수송할 수 있는 능력은 많은 유럽 인구가 더 나은 영양을 섭취하게 만들어서 허약해져 병에 걸릴 확률을 줄여주었다. 그러나 사망률과 기대수명에서의 진정한 변화는 19세기 말 또는 20세기 벽두에 일어났다. 1880년 베를린 시 남성의 평균 기대수명은 30세에 지나지 않았고 인근의 농촌 지역은 43세였다. 오늘날 역사가들은 19세기의 인구 증가를 사망률의 하락보다는 오히려 출산율의 증가 탓으로 돌린다. 남성과 여성 모두 이전보다 일찍 결혼했고, 이것은 출산력(여성 일인당 생애 동안 낳는 자녀 수)과 가족 규모를 증가시켰다. 농민은 더 젊은 나이에 가정을 꾸리는 경향이 있었다. 농촌에서의 제조업 확산은 시골의 연인이 토지를 상속받기 이전이라도 결혼해서 가정을 꾸리는 것을 가능하게 해주었다. 결혼 연령이 낮아졌을 뿐만 아니라 더 많은 사람들이 결혼했다. 인구 증가는 젊고 출산 가능한 사람들의 수를 증가시키면서 그 자체의 역동성을 갖게 되었고, 이에 따라 전체 인구 대비 출산율을 상당히 증가시키고 있었다.

인구와 빈곤에 관한 토머스 맬서스의 주장

토머스 맬서스(1766~1834)의 엄청나게 영향력 있는 『인구론(Essay on the Principle of Population)』(1798)은 '사회의 완전성'에 관한 계몽주의적 낙관론으로부터의 변화와, 다수의 인구가 경제력의 징표가 된다고 생각했던 오래된 전통과의 결별을 보여주었다. 이 영국의 성직자는 번영에 대한 기대는 단순하면서도 냉혹한 자연법칙, 즉 인구는 식량 공급보다 훨씬 빠르게 증가한다는 법칙과 충돌한다고 주장했다. 기근, 질병, 빈곤, 유아 영양실조 등에 대해 맬서스는 이 모든 것이 인구에 대한 불가피한 정말로 '실제적인' 억제라고 생각했다. 그는 정부가 빈곤을 경감시키기 위해 아무것도 할 수 없고 대신에 빈민이 '도덕적 자제'로 결혼을 연기하고 더 적은 자녀를 가져야 한다고 주장했다.

나는 인구의 힘이 인간을 위해 식량을 생산하는 지구의 능력보다 무한하게 더 크다고 주장한다.

인구는 억제되지 않으면 기하학적 비율로 증가한다. 식량은 단지 산술적 비율로만 증가한다. 숫자에 대해 약간의 지식만 있어도 후자에 비해 전자의 힘이 막강하다는 것을 알 수 있을 것이다.

식량을 인간 생명에 필수적인 것으로 만드는 우리 본성의 법칙으로 인해 이 두 가지 동등하지 않은 힘의 효과들은 동등한 것으로 유지되어야 한다.

이는 식량 부족에 따른 강력하고 항상적으로 작동하는 인구 억제가 있어야 함을 함축한다. 식량 부족은 어딘가에서 덜어져야 하고 필연적으로 많은 인류가 심각하게 느껴야 한다.

동·식물의 왕국에서 자연은 가장 통이 크고 관대한 손으로 생명의 씨앗을 널리 흩뿌려 왔다. 자연에는 그것들을 기르는 데 필요한 장소와 자양물이 비교적 부족하다. 지구의 한 지점에 사는 존재의 배아들은 충분한 식량과 충분한 증식 장소를 가지고 있다면 수천 년이 경과하면서 수백만의 세계를 채울 것이다. 필연적으로 모든 곳에 널리 미치는 전제적인 자연법은 그런 배아들을 규정된 한도들 내에서 억제한다. 식물 종족과 동물 종족은 이 위대한 억제 법칙 아래서 줄어든다. 인간 종족 또한 그 어떤 이성적 노력에 의해서도 그것을 피할 수 없다. 식물과 동물에서 그것의 결과는 버려지는 종자나 알, 질병, 이른 사멸이다. 인류에게는 빈곤과 악덕이다. 빈곤은 위대한 억제 법칙이 갖는 절대적으로 필연적인 결과이다. 악덕은 아주 높은 개연성 있는 결과기에 우리는 그것이 우세하다는 것을 알지만, 그것을 절대적으로 필연적인 결과라고 불러서는 안 된다. 선행의 시련은 모든 악의 유혹에 저항할 수 있게 한다.

인구의 힘과 지구 생산의 힘이라는 두 가지 힘 사이의 이러한 자연적인 불균형과 항상 그 결과를 동등하게 유지해야 하는 자연의 위대한 법칙은, 나에게는 사회의 완전성으로 가는 길에서 극복할 수 없는 커다란 곤란으로 다가온다. 모든 다른 논증들은 이에 비하면 사소하고 부차적으로 여겨진다. 나는 모든 생명을 지닌 자연에 스며드는 이 법칙의 압박으로부터 인간이 피할 수 있는 방식을 전혀 알지 못한다. 상상할 수 있는 그 어떤 평등이나 최대한의 토지 균분 규정들도 단 1세기 동안조차도 그것이 가하는 압력을 제거할 수 없었다. 따라서 그것은 모든 구성원이 편안하고 행복하며 비교적 여가를 누리며 살고 아무도 자신과 가족의 생계수단을 제공하는 것에 관해 걱정할 필요가 없는 그런 사회가 존재할 수 있게 하는 것을 막는 데 결정적인 것으로 보인다.

결국 이러한 전제들이 정당하다면 이 논증은 인류 집단이 완전성을 갖는 것을 가로막는 데 결정적인 것이다.

분석 문제

1. 맬서스의 '자연(nature)'에 대한 개념은 계몽 사상가들과는 어떻게 다른가?
2. 1846년의 아일랜드 대기근(236쪽 참조)과 관련해 맬서스의 영향력을 추적할 수 있는가?

토지에서의 생활: 농민층

서구가 한층 더 산업적인 성장을 할 때조차도 대다수의 사람들은 계속해서 땅에 의존해서 살았다. 시골에서의 상황은 가혹했다. 유럽에서 보잘것없는 출신의 농부를 일컫는 농민은 여전히 씨뿌리기와 거두기의 대부분을 손으로 했다. 수백만 개의 손바닥만 한 농장은 기껏해야 그저 생계를 이어가는 정도였고 각 가정은 수지를 맞추기 위해 직조하고 실을 자으며 칼을 만들고 버터를 팔았다. 풍년에 전체 가족의 하루 평균 식사량은 모두 합쳐 900~1,360그램의 빵이 고작이었다(하루 총 열량이 3,000칼로리 정도). 여러 측면에서 유럽의 많은 지역 농촌 주민의 생활수준은 19세기 전반기에 악화되었고, 이는 1840년대에 상당한 정치적 중요성을 지닌다. 늘어나는 인구는 토지에 더 많은 압력을 가했다. 농민이 자기 땅에서 근근이 먹고살던 지역에서 소규모 토지 보유와 부채는 고질적인 문제였다. 시장의 불확실성은 날씨와 수확의 불가측성과 혼합되었다. 19세기에 걸쳐 약 3,700만 명의 사람들(대다수가 농민이었다)이 유럽을 떠났는데, 이는 농촌 생활의 냉혹함을 웅변적으로 보여주는 것이었다. 그들은 토지가 풍부하고 저렴한 곳에 정착했다. 그 대다수는 미국에 정착했고 다른 사람들은 남아메리카, 북아프리카, 뉴질랜드 및 오스트레일리아에서 시베리아에 이르는 지역에 정착했다. 많은 경우에 각국 정부는 과잉 인구를 해소하기 위해 이주를 권장했다.

19세기에 기근, 빈곤, 인구 등의 가장 비극적 결합은 1845~1849년의 아일랜드 대기근이었다. 신세계에서 유럽으로 건너온 감자는 근본적으로 옥수수와 곡물보다 훨씬 적은 돈으로 보다 많은 영양을 제공해주면서 유럽 농민의 음식물을 변화시켰다. 감자는 또한 매우 촘촘하게 자랐는데, 그것은 한 줌 땅뙈기로 근근이 먹고사는 농민에게는 엄청난 이점이었다. 아일랜드보다 감자가 더 중요한 곳은 아무 데도 없었다. 왜냐하면 아일랜드는 기후와 토양이 곡물을 재배하기 힘들게 만들었고 인구 과잉과 빈곤이 증가하고 있었기 때문이었다. 처음에는 1845년에 그리고 다시 1846년과 1847년에 치명적으로 균류가 감자 농사를 망쳤을 때 당장 대체할 식량이 없었다. 최소 100만 명의 아일랜드인이 굶주림, 마을과 과밀한 구빈원에 퍼진 부패한 식품으로 인한 이질 또는 열병 등으로 죽었다. 이 대기근 이전에 수십만 명의 아일랜드인—신세계로 향한 자발적인 이주의 3분의 1—이 이미 대서양을 건너 북아메리카로 갔다. 1845년 이후 10년간 150만 명이 아일랜드를 영구히 떠났다. 감자마름병은 독일, 스코틀랜드, 네덜란드에도 타격을 주었지만 아일랜드에 비하면 덜한 편이었다. 유럽은 수세기 동안 치명적인 기근을 겪어왔다. 하지만 이 비극적인 아일랜드 기근은 많은 사람들이 기아란 과거의 일이라고 생각할 때 뒤늦게 일어났으며, 19세기의 시골이 흉작과 식량 결핍에 얼마나 취약한 채로 남아 있었는가를 잘 보여주었다.

토지에서의 변화는 부분적으로 각국 정부의 성격 여하에 좌우되었다. 상업화된 농업에 좀 더 공감하는 정부는 토지의 양도와 재조직을 용이하게 해주는 입법을 통과시켰다. 그러한 정부는 소농을 정리하고 규모가 더 크고 한층 효율적인 생산 단지의 증대를 장려했다. 영국에서는 황무지를 제외한 농촌 지역의 반 이상이 1,000에이커[2]가 넘는 농지들로 구성

---

2) 1에이커는 약 1,200평 정도로 약 4,046제곱미터 정도이다.

되었다. 에스파냐에서는 대규모 상업적 농업의 운이 정치 체제의 변화에 따라 부침했는데, 1820년 자유주의 정당이 집권하면서 토지의 자유로운 양도를 장려하는 법이 제정되었다가 1832년 절대주의 체제가 들어서자 폐지되고 말았다. 러시아에서는 농토가 광대한 권역으로 나뉘어 경작되었는데, 일부 대지주들은 50만 에이커 이상을 소유했다. 1860년대의 농노 해방 이전까지 지주들은 종속적인 농민에게 일주일에 며칠 정도의 노동을 요구했다. 그러나 농노제는 지주나 농노 그 어느 누구에게도 농업이나 토지 관리기법을 향상시키기 위한 유인책을 주지 않았다.

수십만 명의 남녀 및 어린이를 수세대 동안 특정 영지에 묶어둔 유럽 농노제는 토지를 자유로이 사고팔기 힘들게 만들었고 농업의 상업화와 통합에 장애가 되었다. 그러나 그 반대 또한 사실이었다. 프랑스에서는 프랑스 혁명으로 인한 토지 판매와 시골에 남아 있던 상속법의 수혜자들이었던 농민 토지 보유자들은 소규모 농토를 계속 경작하고 있었다. 이것은 중요한 결과를 가져왔다. 프랑스는 1840년대에도 다른 유럽 국가들에 비해 농업 불황을 훨씬 덜 겪었고, 시골에서 도시로의 이주도 다른 나라들에 비해 훨씬 더뎠으며, 프랑스를 떠나 다른 나라로 향한 농민의 수도 훨씬 더 적었다.

산업화는 다양한 형태로 시골에 다가왔다. 발달된 통신망은 농촌 사람들에게 다른 곳에서 일어난 여러 사건과 기회에 대해 좀 더 예리한 인식을 갖게 해주었을 뿐만 아니라 정부가 그들의 삶에 전례 없을 정도로 개입하는 것을 가능하게 해주었다. 이제 중앙 정부의 관료제는 농민으로부터의 징세와 그 자제들을 군대로 징집하는 일을 한결 용이하게 수행했다. 일부 농촌 가내 산업들은 공장에서 생산된 상품과의 직접적인 경쟁에 직면했는데, 이는 특히 겨울을 나는 동안에 일거리가 줄어들거나 분업 비율이 더 낮아지고 가계 수입이 줄어드는 것을 의미했다. 경제의 다른 부문에서 산업은 모든 지역을 소규모 작업장과 노동자의 집에서 신발, 셔츠, 리본, 나이프 및 포크 등을 만드는 생산자로 만들면서 시골로 퍼져나갔다. 시장에서의 변화는 번영을 선도할 수 있거나 또는 전 지역을 아사 직전으로 몰고 갈 수 있었다.

취약성은 종종 정치적 폭력을 이끌었다. 농촌의 반란은 19세기 초에 일상적인 것이었다. 1820년대 말 영국 남부에서는 소농과 일용 노동자가 세력을 규합해서 새로운 농업 자본주의의 상징인 탈곡기 도입에 항거해 창고와 건초 더미에 불을 질렀다. 그들은 복면을 하거나 변장을 하고 야음을 틈타 자신들의 신비스런 지도자인 '캡틴 스윙(Captain Swing)'의 기치 아래 말을 달렸다. 그들의 습격이 있기 전에 켄트 주의 대농장주에게는 다음과 같은 익명의 협박장이 날아들었다. "탈곡기를 끌어내라. 아니면 당장 불을 질러 버리겠다. 우리는 5,000명[상당히 부풀린 숫자다]이다. 그리고 우리는 멈추지 않을 것이다." 프랑스 남서부에서는 농민들이 밤에 변장을 하고 숲에서 나무를 그러모으는 것을 금했던 지방 당국자들을 공격했다. 숲의 나무는 새로운 용광로에 필요했기 때문에 농민의 전통적인 부러진 나뭇가지 줍기 권리는 종말을 고했다. 1830년대와 1840년대에 이와 유사한 농촌의 소요사태가 유럽 전역에서 일어났다. 지주에 대항하고 교회에 대한 십일조나 세금에 저항하며 관습적인 권리를 박탈하는 법에 반대하고 둔감한 정부에 대항한 반란이 비일비재했다. 러시아에서는 계속된 흉작과 착취에 대한 반발로 농노 반란이 여러 차례 있었다.

많은 구경꾼들은 19세기의 도시를 위험한 소란의 온상이라고 생각했다. 하지만 시골에서의 상황과 빈번한 농촌 저항의 급격한 재연은 정부에게는 가장 커다란 골칫거리로 남아 있었다. 앞으로 살펴보겠지만, 1840년대에 농촌의 정치는 폭발했다. 농민은 농토의 빈민이었고 많은 채무를 졌으며 불안정하게 시장에 의존했다. 하지만 더욱 중요한 것은, 농촌의 비참함에 대처하는 정부의 무능력은 정부를 독재적이고 무관심하거나 무능한 완전한 정치적 실패작으로 보이게 만들었다는 것이다.

아일랜드 기근에 대한 해석과 반응

1846년 감자마름병이 연속해서 두 해째 발생했을 때 아일랜드에는 기근이 닥쳤다. 다음의 첫 번째 편지는 지방 사제인 시어볼드 매슈(Theobald Mathew) 신부가 아일랜드 구호를 책임진 영국 관리 찰스 에드워드 트리벨리언(Charles Edward Trevelyan)에게 보낸 것이다. 매슈 신부는 감자마름병을 '신의 섭리'로 돌리면서도 사업가들이 자유 시장에서 정부의 간섭에 반대하는 것은 아일랜드인을 굶어 죽게 만들 것이라고 염려한다.

두 번째와 세 번째 편지는 트리벨리언이 이 위기와 관련 있는 다른 영국 관리들에게 쓴 편지들이다. 트리벨리언은 자국민의 기아에 정부가 책임을 지는 것을 바라지는 않지만, 너무도 많은 자녀를 갖고 있는 가족들에서 적합한 작물을 심는 데 실패한 농부들에 이르기까지 다양한 방식으로 기근이 아일랜드의 '사회악'을 고쳐줄 것이라고 믿는다는 것을 분명히 했다. 19세기에 식량 위기에 대한 반응은 새로운 경제 이론들의 대두, 변화하는 사회적 금언들, 종교와 정부 간의 관계 변화 등으로 재형성되었다. 이 편지들은 그러한 변화를 보여주는 훌륭한 사례들이고 그것이 정부 관리들에게 어떤 영향을 미쳤는가를 보여준다.

시어볼드 매슈 신부가 트리벨리언에게

1846년 8월 7일 코크에서.

신의 섭리가 측량할 수 없는 방식으로 다시금 우리에게 분노의 비올(viol)[원문 그대로]을 퍼부으셨습니다. 아라비아 사막의 모래 폭풍보다 더 파괴적인 얼룩이 이 땅을 가로지르고 가난한 감자 경작자들의 희망이 완전히 꺾였으며 온 나라의 식량이 사라져버렸습니다. 지난 달 27일에 저는 코크에서 더블린까지 갔는데, 이 운이 다한 식물은 풍성한 수확을 약속하듯 한창 무성하게 꽃을 피웠습니다. 셋째 날 급히 돌아오는 길에 저는 썩고 있는 채소로 뒤덮인 드넓은 불모의 땅 한 곳을 슬픔에 잠겨 보았습니다. 많은 곳에서 비참한 사람들이 썩어가는 밭의 울타리에 앉아 자신들의 식량을 앗아간 파괴에 양손을 쥐어틀고 울부짖고 있었습니다.

친애하는 트리벨리언 씨, 저는 당신의 자비심 많은 동정심을 괴롭게 하자는 것이 아니라 이 비통의 이야기를 말씀드리고자 합니다. 아니, 그러나 우리의 가엾은 농민을 대신해 당신의 공감을 얻고자 합니다. 옥수수와 밀가루를 거래하는 자본가들이 정부에게 기근으로부터 사람들을 보호하지 말고 자신들이 마음대로 하도록 내버려두라고 설득하기 위해 노력하고 있다는 소문이 들립니다. 저는 이것을 잔인하고 정당화할 수 없는 훼방이라고 생각합니다.

트리벨리언이 라우스에게

1846년 2월 3일, 트레저리에서.

저는 기근으로 아일랜드의 구호를 위해 취해진 조처들로 아일랜드에는 간접적인 영구적 이익이 생길 것이라는 것에는 아무런 의심이 없습니다. 그러나 만약 우리가 실질적 기아로부터 이 사람들을 구하기 위해 즉각적으로 필요한 어떠한 예방책도 고려하지 않고 이런 부차적인 목적들을 추구한다면, 우리의 책임은 정말로 무시무시한 것이 될 것입니다. 더욱이 아일랜드에 일어날 수 있는 모든 것 중에서 가장 위대한 향상은 아무 때나 정부의 원조에 의지하는 대신에 자신들의 자원을 개발하기 위해 스스로에 의지하도록 가르치는 것입니다. 최근 몇 해 동안 이런 중요한 일을 확고한 기반에 올려놓기 위해 많은 일을 해왔습니다. 저는 만약 모든 방해물을 무너뜨리기 위해 이 위기를 이용하려는 일반적인 추세에 단호한 입장을 취하지 않는다면, 아일랜드의 진정한 영구적인 이익은 우리 시대에 돌이킬 수 없을 정도로 방치될 것이라고 확신합니다.

트리벨리언이 몬티글 경(Lord Monteagle)에게

존경하옵는 몬티글 경께

친애하는 경이시어,

저는 경께 가장 막강한 정부의 능력조차도 여기에 서술한 사회악을 다루는 데에서 극도로 제한되어 있다는 것을 상기시킬 필요는 없다고 봅니다. 식량 공급을 제공하거나 아일랜드의 생산력을 증대시키기 위한 것이 정부 기능의 일부를 형성하지는 않습니다. 사회적 일을 하는 거대한 기관으로서 상인과 농업 종사자가 각자의 직업에서 자유로이 활동하도록 하고 그러한 직업을 정부가 직접 수행하지 않도록 보호하는 것이 정부의 몫입니다. 그리고 공동체의 상황은 각각의 구성원이 자체의 사적이고 개인적인 능력을 발휘한 노력들의 결과에 달려 있습니다.……

저는 제가 지금 아일랜드에 드리워져 있는 먹구름을 통해 멀리서 밝게 빛나고 있는 빛을 보고 있다고 생각한다는 말로 제 생각을 표현해야 하겠습니다. 정치적 원인들까지 추적할 수 있는 아일랜드의 질병들 중 일부에 대한 하나의 구제책이 이미 적용되었고, 여전히 어느 정도까지 남아 있는 병적인 습관들도 점차 더 건전한 행동으로 나아가고 있습니다. 뿌리 깊고 상습적인 사회악의 근원들이 남아 있고, 저는 치유가 효과적인 것이 될 만큼 예기치 않고 생각하지 않았던 방식으로 전능하신 섭리의 직접적인 손길로 치유가 이루어져 왔으며, 이것은 인간의 능력을 완전히 넘어서는 것이라고 생각한다고 해서 불경스럽지 않게 되기를 희망합니다. 하느님은 우리가 맡은 바를 올바르게 수행하고 축복이 저주가 되지 않도록 해주셨습니다. 종교의 성직자들과 특히 아일랜드인에게 가장 커다란 영향력을 갖고 있는 로마 가톨릭교회의 사제들은 맡은 소임을 잘 해왔습니다. 그리고 비록 지주들이 지금 감자를 포기하고 곡물 경작을 위해 토지의 용도변경을 준비하기 위한 첫 단계를 취했다는 것조차 아직까지는 대중에게 알려지지 않았다는 것이 분명하지만, 저는 사회의 이 계급이 자신들에게 요구되는 위치를 여전히 선도하고 있고 그렇지 않으면 너무도 격렬해지게 될 사회 혁명을 방지하고 있는 것을 보는 것에 실망하지 않습니다.

친애하는 경에게 당신의 매우 신실한,

C. E. 트리벨리언.

트레저리, 1846년 10월 9일.

분석 문제

1. '사회악'을 다루는 것이 정부의 기능을 넘어서는 것이라는 트리벨리언의 주장에 동의하는가? 기근의 시기에 정부가 취할 수 있거나 취해야 하는 조처들은 무엇인가?
2. 새로운 경제적 신조들, 변화하는 사회적 금언들, 종교와 정부 간의 관계 변화 등이 어떤 방식으로 영국 정부 관리들에게 영향을 미쳤는가?
3. 구체적으로 이들 개인은 기근에 대처해 무엇을 제안했는가?

도시의 풍경

도시의 성장은 19세기 사회사의 가장 중요한 사실 중 하나이며 중요한 문화적 여운을 지닌 것이었다. 앞서 본 것처럼 19세기에 걸쳐 유럽의 전체 인구는 2배로 늘어났다. 도시에 사는 인구의 비율은 3배로 증가—좀 더 정확하게는 도시 인구가 6배 증가—했다. 산업화처럼 도시화는 대체로 유럽의 북서부에서 남동부로 이동했지만, 그것은 자원, 노동, 수송이라는 매우 특정한 수요를 따라갔다. 광산 및 제조업 지역에서와 새로이 건설된 철도 노선을 따라 (맨체스터, 버밍엄, 에센 같은) 도시들이 때때로 무인지경에서 불쑥 솟아난 것처럼 보였다. 산업화는 단치히(오늘날의 그단스크), 르아브르, 로테르담 같은 항구 도시들의 규모를 팽창시켰다. 동시대인에게 가장 놀라운 일은 유럽의 오래된 도시들의 매우 급속한 팽창이었다. 때때로 도시의 성장은 눈부실 정도였다. 1750년과 1850년 사이에 (유럽 최대 도시인) 런던은 67만 6,000명에서 230만 명으로 증가했다. 파리의 인구는 56만 명에서 130만 명으로 증가했는데, 1841년에서 1846년 사이에만 12만 명의 새 주민이 늘어났다. 파리와 마찬가지로 급속하게 팽창하는 철도 체계의 중심지가 된 베를린은 19세기 전반기 동안에만 규모가 약 3배 정도 증가했다. 그러한 급속한 팽창은 거의 필연적으로 무계획한 것이었고 무절제한 성장과 인구 증가의 압력이 결합되어 도시의 여명기에 새로운 사회 문제들을 초래했다.

19세기의 거의 모든 도시들은 혼잡했고 건강에 해로웠으며 대개 중세에 건설된 기반시설은 새로운 인구와 산업의 수요에 따른 부담으로 혹사당했다. 인구 증가에 비해 건축은 특히 도시의 노동계급 지구에서 훨씬 뒤처져 있었다. 오래된 도시이든 신흥 도시이든 간에 대부분의 대도시에서 노동자들은 시골에 남겨둔 가족과 떨어져 일시적인 하숙집에서 살았으며, 극빈 노동자들은 채광이나 하수도가 전혀 없는 초라한 지하실 방이나 다락방에 살았다. 영국에서 결코 최악의 경우라고는 할 수 없는 하더스필드 공장 지대의 환경을 조사했던 지역위원회는 포장 도로, 하수도, 또는 배수관이 갖추어지지 않은 광범위한 지역에 대해 다음과 같이 보고했다. "온갖 쓰레기와 오물이 길 위에 그대로 버려져 썩고 있으며, 웅덩이에 고인 물은 늘 그대로 방치되어 있다. 따라서 집들이 다닥다닥 붙어 있는 주거 환경은 열악하고 지저분할 수밖에 없으며, 질병이 발생하면 전체 주민의 건강이 위협받게 된다."

각국 정부는 대재앙을 불러올 전염병의 확산을 막겠다는 일념으로 점차 일련의 조치를 취해나갔다. 빈민가를 헐어냄으로써 도시에서 최악의 빈민가를 일소하고, 상하수도를 갖추어 위생 조건을 개선하려는 법이 제정되었다. 그러나 1850년에 이르도록 이러한 계획의 추진은 걸음마 단계에 있었다. 유럽의 그 어느 도시보다 나은 급수시설을 갖추었다는 파리만 하더라도 1인당 연간 목욕 횟수는 두 번에 미치지 못할 정도였다. 런던에서는 25만 개나 되는 가정용 분뇨 구덩이가 수거되지 못했고, 맨체스터에서는 어떤 형태로든 화장실을 갖춘 주택은 3분의 1에도 미치지 못했다.

19세기의 산업과 환경

산업혁명과 더불어 근대의 수많은 환경적 변화가 시작되었다. 신흥 도시보다 이런 변화가 더 많이 눈에 띄는 곳은 없었다. 디킨스의 『어려운 시절(Hard Times)』에 나오는 허구의 도시 '코크타운(Coketown)'의 숨 막히는 공기와 오염된 물에 대한 다음과 같은 묘사는 당연히 잘 알려져 있다.

그곳은 붉은 벽돌, 아니 만약 연기와 재가 그것을 가리지 않았더라면 붉은색이었을 벽돌로 된 도시였다.……

그곳은 기계와 높은 굴뚝의 도시였다. 그 굴뚝으로부터는 끝없이 뱀 같은 연기가 영원히 계속해서 결코 그 똬리를 풀지 않은 채 뿜어져 나왔다.

그 도시는 그 안에 검정색 운하와 더러운 냄새가 나는 염료로 자줏빛으로 흐르는 강과 하루 종일 덜커덩거리고 떨려대는 창문으로 가득 찬 많은 건물 더미가 있었다.

　나무를 때는 제조업과 가정에서의 난방은 장기간 하늘을 뒤덮는 연기를 토해냈지만, 새로운 산업 활동의 집중과 석탄으로의 변천은 공기를 더욱 나쁘게 만들었다. 가정들도 일찍 석탄으로 바꾸었던 런던에서는 특히 공장, 철도, 가정용 굴뚝 등에서 나오는 연기가 도시 전체를 무겁게 드리웠다. 19세기의 마지막 사반세기에는 이 도시의 역사에서 가장 심각한 오염이 있었다. 영국 전역에 걸쳐 공기 오염은 영국인의 사망에서 25퍼센트를 차지했던 기관지염과 결핵을 일으키면서 건강에 엄청난 희생을 불러왔다. 석탄 사용량이 많고 산업화된 북아메리카(특히 피츠버그)와 중부 유럽의 지역들은 오염이 집중된 또 다른 지역이었다. 특히 루르 지방은 19세기 말 유럽에서 공기가 가장 오염된 곳이었다.

　산업 폐기물과 인간의 배설물로 오염된 유독한 물은 도시 지역에서 두 번째로 심각한 환경적 위험 요소였다. 런던과 파리는 비록 하숫물이 템스 강과 센 강으로 흘러들기는 했지만 도시의 하수 체계를 건설했다. 콜레라·티푸스·결핵은 적합한 하수 시설이나 맑은 물이 없는 지역에서 생명을 앗아가는 자연의 방식이었다. 중부 유럽의 산업 심장부를 관통하고 루르 지방을 가로질러 흐르는 라인 강은 석탄 채굴, 제철 공정, 화학 산업에서 나오는 유기 퇴적물로 가득 찼다. 19세기 말 몇 차례의 콜레라 발병으로 자극받은 주요 도시들은 정수된 물을 상수도로 공급했다. 그러나 공기, 강, 토지의 상황은 최소한 20세기 중반까지 계속 악화되었다.

도시에서의 성(性)

　19세기의 도시에서는 매춘이 성행했다. 사실 매춘은 19세기 도시 경제의 소립자(microsome)를 제공했다. 19세기 중반 빈의 매춘부 수는 1만 5,000명으로 추정된다. 매춘이 허가받은 직종이었던 파리에서는 5만 명이었고, 런던은 8만 명에 달했다. 1850년대의 런던의 신문은 매춘부와 고객으로 이루어진 거대한 지하세계의 정교한 계급제도의 목록을 보도했다. 이 목록에는 하숙집을 운영했던 야바위꾼 짠돌이(Swindling Sal) 같은 이름의 사업가, 거리에서 매춘부의 거래를 관리하는 포주와 '기둥서방', 부유한 상류 중간계급 애인의 보호를 누리는 상대적으로 소수인 '프리마돈나'와 부유층 상대 창녀들(courtesans)이 포함되었다. 그 애인들은 그녀들을 즐겁게 해줄 뿐만 아니라 그들의 부로 한층 더 존경받는 상류 사회의 언저리로 옮겨갈 수 있게 해주었다. 알렉상드르 뒤마(1802~1870)의 소설 『춘희(La Dame aux

Camélias)』와 주세페 베르디(1813~1901)의 오페라 〈라트라비아타(La Traviata)〉의 여주인공은 이런 여성을 모델로 한 것이었다. 하지만 대다수의 매춘부는 부유층 상대 창녀가 아니라 남성 노동계급이 압도적으로 많은 도시의 항구 지구나 하숙집에서 장시간 위험하게 일하는 여성(과 일부 남성)이었다. 대부분의 매춘부는 도시에 갓 도착한 젊은 여성이거나 실업 기간 동안 어떻게든 살려고 애쓰는 일하는 여성들이었다.

사회 문제

1789년의 프랑스 혁명과 뒤이은 19세기의 혁명들(제20장 참조)을 배경으로 19세기의 새로운 '충격'인 도시들과 이 도시들의 팽창하는 대중은 절박한 문제들을 제기했다. 유럽 전역에 걸쳐 정치 지도자, 사회과학자, 공중보건 관리들은 범죄 행위, 상수도 공급, 하수도, 매춘, 결핵 및 콜레라, 알코올 중독, 보육, 임금, 실업 등에 관한 수천 종의 보고서를 발행했고, 그중 다수는 몇 권 분량에 달하는 것도 있었다. 급진주의자와 개혁가는 이 모든 문제를 '사회 문제'라는 광범위한 범위로 분류했다. 개혁가들과 도처에서 들리는 불만의 소리에 압력을 받은 각국 정부는 불만이 혁명으로 비화하기 전에 이 문제들을 중점적으로 다뤄야 한다고 느꼈다. 각국 정부는 최초의 사회공학을 통해 그렇게 했다. 이 사회공학에는 경찰력, 보건, 하수도 및 새로운 상수도 공급, 접종, 초등학교, (노동시간을 규제하는) 공장법, (구제받는 조건의 개요를 정하는) 구빈법, 새로운 도시 규제 및 도시 계획 등이 포함되었다. 이를테면 파리 중심부는 19세기에 거의 전적으로 재설계되었다. 북적대고 중세풍을 띠고 혁명이 일어날 만한 빈민 주택지구는 철저히 파괴되었고, 시장도 다시 지어졌으며, 거리도 넓어지고 조명으로 밝아졌다(제21장 참조). 1820년대부터 계속해서 사회 문제는 유럽에 먹구름처럼 드리워졌고, 이 문제는 1848년 혁명(제21장 참조)의 배경 중 일부를 형성했다. 초기 사회과학의 조사와 연구는 오노레 드 발자크(1799~1850), 찰스 디킨스(1812~1870), 빅토르 위고(1802~1885) 같은 소설가들에게 직접적인 영감을 주었다. 위고는 소설 『레미제라블(Les Misérables)』(1862)에서 파리의 하수도를 도시 생활방식의 일반 조건을 위한 중심 은유로 사용하기까지 했다. 위고와 디킨스는 모두 빈민, 청소년 비행, 아동 노동 등을 가엾이 여기며 글을 썼다. 혁명은 그들의 마음에서 결코 멀리 있지 않았다. 프랑스 작가인 발자크는 빈민을 거의 동정하지 않았지만 근대적 삶의 타락에 대해 동료 작가들과 관점을 공유했다. 그의 『인간희극(La Comédie humaine)』(1829~1855)은 『외제니 그랑데(Eugénie Grandet)』, 『고리오 영감(Le Père Goriot)』, 『사라진 환상(Illusions perdues)』, 『고귀하면서도 천한 매춘부(Splendeurs et misères des courtisanes)』 등을 포함한 95편의 소설과 이야기로 구성된 연작이었다. 발자크는 무정하고 과시적인 청년과 로맨틱한 밀애 이면에 있는 냉정한 계산에 관한 자신의 관찰을 곱씹고 있었다. 그는 자신이 당대의 개탄스러운 물질주의와 절망으로 여긴 것의 은유로서 매춘을 이용한 유일한 작가였다.

중간계급

♣ 새로운 중간계급은 어떤 사람들인가?

발자크의 많은 소설들은 19세기 초에서 중반에 이르는 중간계급 사회에 대한 포괄적인 묘사를 목적으로 했다. 이 소설들은 모든 직업의 주인공, 예컨대 언론인, 부유층 상대 창녀, 소도시 시장, 공장 소유주, 상점 점원, 학생 등으로 채워졌다. 발자크의 작품을 관통하는 주된 주장은 명확하다. 그는 프랑스 혁명의 정치적 변화와 산업화의 사회적 변화가 (발자크가 그리워한) 이전의 귀족사회를 (그가 경멸한) 물질주의적 신흥 중간계급으로 대체한 것에 지나지 않는다고 믿었다. 그는 서열, 지위, 특권 등으로 표현되었던 예전의 계급제도는 부 또는 사회계급에 입각한 계층 매기기로 무너지고 말았다고 믿었다. 카를 마르크스가 가장 좋아한 소설가가 발자크였다는 것은―발자크는 지독한 보수주의자였다―그리 놀랄 일이 아니다. 발자크의 취지는 다른 많은 작가들에게 되풀이되어 나타났다. 디킨스에게서는 중간계급 주인공이 자주 냉혹하고 엄격하며 우둔한 인물로 나타났고, 프랑스 미술가 오노레 도미에(1808~1879)가 그린 19세기 초 법률가들의 유명한 풍자화는 권력과 거만함을 묘사한 진정한 초상이었으며, 영국의 소설가 윌리엄 새커리(1811~1863)에게는 파노라마적인 작품『허영의 시장(Vanity Fair)』으로 나타났다. 새커리의 주인공 중 한 사람은 이렇게 통렬하게 관찰하고 있다. "우리 사회는 현금(ready-money) 사회이다. 우리는 은행가와 도시의 높은 양반들 사이에서 살고 있으며……그가 당신에게 말한 것처럼 모든 사람은 자기 호주머니에 21실링짜리 금화를 짤랑거리고 있다." 문학 작품들은 조심스럽게 접근할 필요가 있는데, 작품 속 주인공이 작가의 관점을 표현하기 때문이다. 그러나 문학과 예술은 여전히 놀라운 사회사적 세부 묘사와 통찰력의 원천을 제공한다. 한층 두드러진 중간계급의 모습과 그들의 새로운 정치적·사회적 권력—이는 일부 작가들이 한탄한 점이기도 하지만 다른 작가들이 환호한 것이기도 하다—이 19세기 사회의 기본적인 사실이었다.

어떤 사람들이 중간계급이었는가(이 사회집단에 대한 또 다른 용어인 '부르주아지[bourgeoisie]'는 본래 '도시[bourg] 거주자'를 의미했다). 중간계급은 직업이나 소득에서 동질적인 단일체는 아니었다. 중간계급 서열 내에서의 이동은 종종 한 세대 또는 두 세대를 거치는 과정에서 가능했다. 하지만 노동계급에서 중간계급으로의 이동은 거의 드물었다. 중간계급의 성공 사례는 대부분 중간계급 내부에서 비롯된 것으로 농장주, 숙련 수공업자, 전문 직업인의 자제들에 해당된다. 지위 상승은 교육을 받지 않고는 거의 불가능했다. 노동자의 자녀에게 교육은 절대 불가능한 것은 아니라 하더라도 엄청난 비용이 드는 사치였다. 프랑스 혁명의 업적인 재능 있는 사람들에게 열린 출세의 길이 주로 의미했던 것은 시험에 합격할 수 있는 중간계급 청년들을 위해 개방된 직업이었다. 시험 제도는 정부 관료 사회에서 중요한 승진 경로였다.

중간계급에서 토지 귀족사회로의 진입도 마찬가지로 어려웠다. 영국에서는 이들 계급 간의 유동성이 유럽 대륙에서보다 좀 더 용이했다. 부유한 상층 중간계급의 자제가 종종 그랬듯이 엘리트 학교 및 대학에 입학할 경우 그리고 정계 입문을 위해 상업 및 산업계를 떠날 경우 실제로 상향 이동할 수도 있었다. 리버풀 상인의 아들인 윌리엄 글래드스턴(1809~1898)은 이튼(Eaton) 기숙 사립학교와 옥스퍼드 대학이라는 최상급의 학교를 다녔으며 그렌빌(Grenville)이라는 귀족 가문의 친척과 결혼했고, 결국 영국 수상의 자리에까지 올랐다. 그러나 글래드스턴은 영국에서조차 규범상 하나의 예외였고 대부분 상향 이동은 그리 극적인 것은 아니었다.

그렇지만 유럽 중간계급은 지성과 박력과 일에 대한 진지한 헌신으로 출세할 수 있다는 신념으로 버텨나갔다. 영국인 새뮤얼 스마일스(1812~1904)는 대단한 성공을 거둔 『자조론(Self-Help)』(1859)이라는 출세 입문서를 통해 중간계급에게 소중한 복음을 전파했다. 스마일스는 다음과 같이 썼다. "자조 정신은 개인의 진정한 성장의 뿌리이다. 많은 사람들의 삶에서 볼 수 있듯이 그것은 국민적 활력과 힘의 진정한 원천을 이룬다." 또한 스마일스가 암시했듯이, 성공한 사람은 중간계급의 체면을 따르지 않으면 안 되었다. 정치권력과 문화적 영향력에 대한 중간계급의 요구는 자신들이 이전의 귀족계급과 상당히 다르지만 보통 사람들에 비해서는 우월한 새로운 공적이 있는 사회적 엘리트층과 국가의 미래에 대한 정당한 관리인을 구성한다는 주장에 의존했다. 따라서 중간계급의 체면은 규약처럼 많은 가치를 뜻했다. 그것은 가족을 책임지고 부양하고 도박과 채무를 피하는 재정적 독립을 의미했다. 그것은 귀족적 특권에 반대되는 것으로서의 장점과 특징 그리고 귀족의 재산으로 살아가는 것이 아니라 열심히 일하는 것을 암시했다. 존경받는 중간계급 신사들은 부유할 수도 있지만 눈에 띄는 소비, 사치스런 의복, 여성화되는 것, 그리고 귀족계급과 관련된 멋쟁이 행태 등을 피하면서 수수하고 소박하게 살아야 했다. 우리는 이것이 사회적 실제가 아니라 포부와 규약이었다고 강조할 필요가 있다. 그럼에도 그것은 중간계급의 자아의식과 세계관을 이해하는 열쇠이다.

사생활과 중간계급의 정체성

가족과 가정은 중간계급의 정체성을 형성하는 데 중심 역할을 했다. 19세기 소설에서 결혼으로 또는 결혼을 통해 신분 이동과 지위를 추구하는 남녀보다 더 일상적인 주제는 거의 없었다. 가족은 일사분란하게 실제적인 목적에 기여했다. 예컨대 아들, 조카, 사촌들은 자신들의 차례가 되었을 때 가족이 경영하는 회사에서 책임을 떠맡아야 했다. 부인들은 회계를 관리했고, 장인(丈人)들은 사업적 연계, 신용, 상속 등을 마련해주었다. 하지만 중간계급의 사고에서 가족의 역할은 이런 실제적인 고려에서만 나온 것은 아니었다. 가족은 한층 더 넓은 세계관의 일부였다. 반듯한 가족은 사업과 세상의 혼란과는 대조적인 요소를 제공해주었고 급격한 변화의 시대에 연속성과 전통을 마련해주었다.

젠더와 가정의례

중간계급 가족이나 가정의 획일적인 형태는 없다. 하지만 많은 사람들은 훌륭한 가정이 어떻게 운영되어야 하는지와 그런 가정 내에서 널리 보급되어야 하는 의례, 계급제도, 높은 기품 등에 관해 강한 확신을 갖고 있었다. 조언 편람, 시, 중간계급 잡지 등에 따르면 아내와 어머니는 자신의 배우자에게 복종하는 삶을 살았던 생활의 '분리된 영역'을 차지했다. 1847년 영국의 시인 알프레드 로드 테니슨(1809~1892)은 다음과 같이 썼다. "남성에게는 밭과 여성에게는 화로를, 남성에게는 검과 여성에게는 바늘을……그렇지 않으면 혼란뿐일세."
이런 규범은 청소년에게도 적용되었다. 남자애들은 고등학교에서 교육을 받았고, 여자애들
은 집에서 교육을 받았다. 분리된 영역이라는 19세기 관념은 법에 성문화된 훨씬 오래 지속
된 가장의 권위라는 전통과 연관해서 이해될 필요가 있다. 유럽 전역에 걸쳐 법은 여성을
남편의 권위에 종속시켰다. 1815년 이후 다른 나라들의 본보기가 된 나폴레옹 법전은 여성,
어린이, 정신병자를 한데 묶어 법적으로 무능력자로 분류했다. 영국에서 여성은 결혼과 동
시에 자신의 모든 재산권을 남편에게 양도했다. 프랑스와 오스트리아에서 미혼 여성은 어
느 정도의 법적 독립을 누렸지만 법은 보통 이들에게 부친을 '봉양'하도록 했다. 19세기의
젠더 관계는 이런 법적 불평등에 기초했다. 하지만 분리된 영역이라는 사상이나 신조는 남
녀의 영역이 서로 보완적 관계라는 것을 강조하기 위함이었다. 따라서 중간계급의 글들은
남성과 여성 사이의 영적 평등에 대한 언급으로 채워져 있었고 중간계급의 사람들은 부인
이 '동반자'와 '내조자'인 결혼 생활에 대해 자랑스럽게 기술했다.

수많은 중간계급의 사람들이 한편으로는 귀족적 관습과 다른 한편으로는 보통 사람들의
삶에 반대되는 자신들의 가치를 분명히 말하고 있다는 것을 기억하는 것이 도움이 된다. 그
들은 중간계급의 혼인이 귀족계급의 명가(名家)를 세우고자 목적한 것도 아니고 권력과 특
권을 축적하기 위해 맺어진 것도 아니라고 주장했다. 그들의 혼인은 상호 존경과 책임 분할
에 입각한 것이었다. 훌륭한 중간계급 여성은 보통 여성의 운명이었던 끊임없는 노역에서 벗
어났다. 빅토리아 시대 영국에서 '집안의 천사(angel in the house)'라고 불렀던 중간계급 여성
은 자녀의 도덕 교육에 책임이 있었다. 훌륭한 아내이자 어머니가 되는 것은 고상한 인품
이 요구되는 벅찬 일이었다. 때때로 '가정의례(cult of domesticity)'라고 불렀던 이런 믿음은 여
성에 대한 빅토리아 시대 중간계급의 사고에서 중심적인 것이었다. 가정생활은 그 속에서
의 여성 역할 확대와 더불어 새로운 의미가 주입되었다. 어느 젊은 여성은 여성 교육에 관
한 대중 서적을 읽고 다음과 같이 말했다. "여성이 채우고 있는 영역은 얼마나 중요한가! 여
성은 그 영역을 위해 얼마나 철저하게 준비되어야만 하는가! 이 점에서 나는 여성의 영역이
남성의 것보다 훨씬 더 영예로운 일이라고 생각한다." 요약하면 19세기 초는 여성성에 대한
전반적인 재평가를 불러왔다. 이러한 재평가의 근원에는 19세기 초의 종교와 사회를 교화하
려는 노력이 놓여 있었다. 이것은 주로 프랑스 혁명 및 산업혁명으로 인한 무질서에 대항해
사회를 지키고자 한 것이었다.

중간계급의 여성은 주부로서 집안을 부드럽고 조화롭게 돌아가도록 하는 임무를 지니고

있었다. 그녀는 계산서들을 관리하고 하인들의 활동을 감독했다. 최소한 한 명의 하인을 두는 것이 중간계급의 지위를 보여주는 표시였다. 그리고 좀 더 부유한 가정에서는 여자 가정교사와 유모가 아이들을 돌보았지만, 그럼에도 불구하고 모성애의 관점을 이상화했다. 하지만 중간계급은 한 명의 여자 가정교사와 다섯 명의 하인을 둔 좋은 집에 사는 은행가에서 한 명의 하인만을 둔 마을의 목사에 이르기까지 부에 따른 많은 등급을 포함했다. 더욱이 집안을 운영하고 유지하는 것은 엄청난 일이었다. 아마포와 의복은 만들어 입거나 수선해야 했다. 부자만 수돗물의 호사를 누렸고 그 밖의 사람들은 요리, 세탁, 청소 등을 하기 위해 물을 길어다 데워야 했다. 석탄으로 난방을 하고 등유로 조명을 하는 일에는 청소하는 시간과 여러 가지 것들이 필요했다. '집안의 천사'가 문화적 이상이었다면, 그것은 부분적으로는 여성이 실질적인 경제적 가치를 갖고 있기 때문이었다.

여성은 집 밖에서 생활비를 벌 별다른 선택권이 거의 없었다. 미혼 여성은 말동무나 가정교사로 활동할 수 있었다. 영국의 소설가 샬롯 브론테(1816~1855)의 여주인공 제인 에어가 그랬고, 그들은 까다로운 고용주와의 결혼으로 '구출될' 때까지 대체로 비참한 삶을 살았다. 그러나 여성의 도덕적 본성에 관한 19세기의 확신은 정치적 지도력에 대한 중간계급의 갈망과 결합되어 중간계급 부인들에게 자발적으로 자선사업이나 사회개혁을 위한 운동을 수행하도록 권장했다. 영국과 미국에서 여성은 대영제국 내에서 노예무역과 노예제를 폐지하기 위한 투쟁에서 중요한 역할을 했다. 이들 운동 중 다수는 사회악의 박멸과 도덕 향상에 헌신한 종교 조직 특히 프로테스탄트교에 활력을 주었다. 유럽 전역에 걸쳐 학교와 병원에서 빈민의 상태를 개선하고 금주에 찬성하며 매춘에 반대하고 공장 노동시간 입법을 위한 광범위한 운동은 종종 여성이 주도했다. 1850년대 러시아의 크림 반도에서 싸우는 영국 군인들을 간호하기 위해 갔던 플로렌스 나이팅게일(1820~1910)은 그런 여성 중 가장 유명한 여성으로 남아 있다. 사회적 잘못을 바로잡으려는 그녀의 결심은 여성에게 여성 '고유의' 영역이라는 관습적인 개념에 도전하게 했다. 마찬가지로 당대에 유명한, 다른 측면에서 악명 높은 인물은 본명이 아망딘 오로르 뒤펭 뒤드방이었던 프랑스 여성 소설가 조르주 상드(1804~1876)였다. 상드는 남성처럼 옷을 입고 시가를 피웠으며, 그녀의 소설은 종종 관습과 불행한 결혼으로 인해 좌절된 독립적 여성의 이야기를 그렸다.

1837년 영국 왕위에 오른 빅토리아 여왕(재위 1837~1901)은 도덕적인 정직함과 가사에 충실한 동시대 여성의 덕목을 반영하는 근엄한 공적 이미지를 심으려고 노력했다. 그녀의 궁정은 분에 넘치지 않게 아주 적당해서, 그녀의 숙부로서 기사도 방식으로 한 세대 전에 상류층 생활양식을 규정했던 조지 4세(재위 1820~1830)의 궁정과 대조를 이루었다. 빅토리아 여왕은 오만한 성품을 지니고 있었지만, 각료들과 애국적이고 덕망이 매우 높은 남편 색스-코버그(Saxe-Coburg) 출신의 앨버트 공을 위해 이를 자제했다. 그녀는 성공적으로 통치한 여왕이었다. 왜냐하면 그녀는 중간계급에게 가장 친숙한 특성을 구현했기 때문이다. 그녀는 중간계급의 승리를 상징하는 것처럼 보였으며, 이 때문에 우리는 그러한 기질을 빅토리아적(Victorian)이라고 부르게 되었다. 젠더에 대한 19세기의 생각들은 여성성뿐만 아니라 남성성에도 충격을 주었다. 프랑스 혁명과 나폴레옹 시대 이후 곧바로 남성은 수수하고 실용적인 옷을 입기 시작했고 이전에는 귀족적 남성성의 자부심이었던 가발, 주름 장식이 달린 옷깃, 착 달라붙는 짧은 바지를 사내답지 못하거나 멋 부리는 것으로 보기 시작했다.

'열정 없음': 젠더와 성욕

성욕에 관한 빅토리아 시대의 생각은 19세기 문화의 여러 특색 중에서 가장 주목할 만하다. 그것은 사실상 걱정거리, 내숭, 무지와 동의어가 되어왔다. 영국의 한 어머니는 딸에게 신혼 초야에 관해 조언을 하면서 다음과 같이 말했다고 한다. "뒤돌아 누워서 대영제국을 생각하려무나." 피아노의 다리를 덮어 가리는 에티켓도 분명히 필요했다. 하지만 이런 걱정거리와 금지사항 중 많은 것은 희화화된 것이었다. 좀 더 최근에 역사가들은 에티켓 책과 결혼 지침서에 나타난 가르침과 규범 중에서 남성과 여성의 실제 믿음이 어떠했는가를 풀어보려고 노력해왔다. 중요한 것은 역사가들이 각각의 책을 그 자체의 견지에서 이해하고자 해왔다는 것이다. 성욕에 관한 믿음은 앞서 서술한 것처럼 분리된 영역과 관련된 신념을 따랐다. 실제로 남성과 여성에 관한 19세기 생각의 뚜렷한 측면 중 하나는 그들이 자연에 관한 과학적 논의에 얼마나 의존했는가 하는 것이다. 확실히 남녀 각각의 성에 고유한 특정한 성격이 있다는 것을 강화하기 위해 도덕규범과 과학적 방법이 결합되었다. 남성과 여성은 상이한 사회적 역할이 있으며, 이러한 차이는 그들의 신체에 근거해 있었다. 프랑스의 사회사상가 오귀스트 콩트(1798~1857)는 다음과 같이 훌륭한 사례를 제시한다. "생물학적 철학은 우리에게 동물계 전체를 통해 특정한 형태가 유지된다면 신체적이고 도덕적인 급격한 차이들은 성별을 구별해준다고 가르친다." 콩트는 또한 생물학적 차이에 내포된 의미를 다음과 같이 구분했다. "너무나 많이 회자되는 성별의 평등은 모든 사회적 존재와 공존할 수 없다.……인간 가족의 경제는 우리의 대뇌 유기체의 완전한 변화 없이는 뒤집어질 수 없다."
여성은 고등교육에 적합하지 않은데, 그 이유는 그들의 뇌가 더 작거나 신체가 허약하기 때
문이었다. "28일 중 15일이나 20일(거의 항상이라고 할 수 있다) 여성은 환자일 뿐만 아니라 부
상당한 사람이기도 하다. 그녀는 사랑의 영원한 상처로 끊임없이 고통을 겪는다." 유명한
프랑스 작가 쥘 미슐레(1798~1874)는 여성의 생리에 대해 이렇게 썼다.

　과학자와 의사들은 여성의 도덕적 우월성이 글자 그대로 성적 감정의 부재나 '열정 없음'
이 구체적으로 표현된 것이라고 생각했다. 과학자와 의사들은 남성의 성욕을 칭찬할 만한
일은 아니지만 자연적인 것으로서 해소되어야만 하는 제어하기 어려움 힘이라고 간주했다.
많은 정부들은 매춘을 합법화하고 규제했는데, 엄밀하게 말해서 그 이유는 매춘이 남성의
성욕을 위한 배출구를 제공해주었기 때문이다. 매춘에 대한 규제에는 매춘 여성에 대한 강
제적인 성병 검사도 포함되었다. 의사들은 여성의 성욕에 대해서는 의견의 일치를 보이지
않았지만 영국인 의사 윌리엄 액턴(1813~1875)은 여성이 남성과 상이하게 기능한다고 주장하
는 의사들과 다음과 같이 뜻을 같이했다.

　　나는 이 주제에 관해 풍부한 증거를 확보하고 비교하기 위해 노력해왔고, 내가 탐
　구한 결과를 다음과 같이 간략하게 요약할 수 있다. 나는 여성 대다수가 (사회를 위해
　서는 행복하게도) 어떤 종류의 성적 감정으로 인해 그리 크게 고통 받지 않는다고 감
　히 말할 수 있다. 남성이 습관적으로 느끼는 것을 여성은 단지 예외적으로만 느낀다.

　19세기의 다른 남녀들처럼 액턴 또한 성욕에 관한 한층 개방적인 표현은 남우세스러우며
노동계급의 여성은 덜 '여성답다'고 믿었다.

　이와 같은 믿음은 빅토리아 시대의 과학과 의학에 관해 상당히 많은 것을 보여주지만, 그
렇다고 해서 그 믿음이 사람들의 사사로운 생활을 필연적으로 지배하지는 않았다. 성욕이
관련된 한에서 사회학자나 의사들의 주장보다 사람들의 경험과 생각에 더 큰 문제는 믿을
만한 피임법이 없었다는 사실이었다. 금욕과 체외사정이 임신을 방지하는 유일한 공통적 기
법이었다. 이런 방법의 효능도 제한적이었는데, 1880년대까지도 의사들은 계속해서 여성이
생리기간 동안과 전후로 한 시기에 가장 임신하기 쉽다고 믿었기 때문이었다. 산파와 매춘
부들은 다른 방식의 피임과 인공 임신중절(이 방법은 모두 위험하고 가장 비효과적이었다)에 대
해 알았고, 일부 중간계급의 여성들도 확실히 똑같이 했지만, 그런 정보는 존경받을 만한

중간계급이 이용할 만한 것은 아니었다. 그렇다면 실제적으로 성교는 빈번한 임신이라는 매우 현실적인 위험과 직접 연관되었다. 영국에서 100건의 출산 중 1건은 산모의 죽음으로 끝났다. 여성 한 명이 일생 동안 여덟 번에서 열 번 임신할 수도 있던 시대에 이것은 정신이 번쩍 드는 수치였다. 그런 위험은 사회계급에 따라 다양하게 나타났지만, 부유하고 더 나은 보살핌을 받는 여성들 사이에서도 그것은 엄연한 현실이었다. 중간계급 여성의 일기와 편지들이 기쁘면서도 걱정스러운 출산에 대한 기대로 가득 차 있다는 것은 놀랄 일이 아니다. 아홉 명의 자녀를 출산한 빅토리아 여왕도 출산은 결혼의 '어두운 측면'이라고 선언했다. 그리고 그녀는 마취법을 이용한 선구자이기도 했다나!

결혼, 섹슈얼리티, 그리고 성적 지식

19세기에 섹슈얼리티는 대개 남녀의 역할, 도덕성, 사회적 체면 등과 같은 다른 문제들을 제기했기 때문에 상당히 염려스러운 논의 주제였다. 의사들은 사람들의 건강(성생활을 포함)에 관한 전문가적 의견들을 제시하면서 이 논쟁에 뛰어들었다. 하지만 의사들은 사람들의 사생활을 지시하지는 않았다. 19세기의 남녀는 전문가의 조언 이상으로 성적 지식으로써 자신들이 경험한 것에 반응했다. 첫 번째 문서는 1870년의 의학 지식과 의견의 사례를 보여준다. 두 번째 문서는 1830년 일상적인 가정생활의 실재를 흘끗 보여준다.

피임을 비난하는 한 프랑스 의사

자연이 인간의 가슴에 심어준 가장 강력한 본능의 하나는 인류의 영속이라는 목적을 갖게 해준 것이다. 그러나 한쪽 성이 다른 쪽 성의 마음을 끄는 이러한 본능, 즉 이러한 성향은 너무도 적극적이어서 자연이 계획한 길을 벗어나는 쪽으로 악용되기 쉽다. 이것으로부터 개인과 가족 그리고 사회에 비참한 영향력을 행사하는 수많은 치명적 탈선이 일어난다.……

우리는 결혼이 그다지 다산을 가져오지 않으며 인구의 증가는 이전의 비율을 따르지 않는다는 말을 끊임없이 듣는다. 나는 이것이 주로 유전학적 협잡에 기인한다고 믿는다. 이러한 가증스런 이기주의적 타산과 수치스런 방탕을 세련되게 만드는 것들은 거의 전적으로 대도시들과 사치스런 계급들 사이에서 찾아볼 수 있다고 당연히 생각할 수 있다. 한편 작은 마을과 시골들은 아직도 '가장'이 자신의 수많은 후손들을 보여주는 것을 자랑스러위하는 원시적 사회에 기인하는 소박한 예절을 유지하고 있다고 당연히 생각할 수 있다. 하지만 그러한 것은 사실이 아니고, 그래서 나는 가부장적 관습에 무제한한 신뢰를 갖고 있는 사람들이 크게 잘못되었다는 것을 보여줄 것이다. 오늘날 모든 계급들이 협잡을 자행한다.……

노동계급은 일반적으로 수음(手淫, onan)[삭제]의 관행에 만족한다.……그들은 콘돔(Condom) 박사가 발명하고 그의 이름을 딴 콘돔에 그다지 익숙하지 않다. 반면에 부유한 사람들 사이에서 이 예방법의 사용은 일반적으로 알려져 있다. 그것은 부유층들에게 한결 더용이하다고 묘사함으로써 협잡을 촉진하지만, 완전한 안전을 제공해주지는 않는다.……

열 번째 사례. 이 부부는 존경받는 포도주 양조장 주인의 두 가문에 속한다. 이 부부는 모두 창백하고 여위었으며 풀이 죽었고 병약하다.……

이 부부는 결혼한 지 10년 되었다. 그들은 처음 연년생으로 두 명의 자녀를 두었지만, 가족이 늘어나는 것을 피하기 위해 부부간의 협잡에 의존해왔다. 부부 모두 색을 밝히게 되면서 그들은 이러한 관행이 자신들의 성향을 만족시키는 데 매우 편리하다는 것을 발견했다. 그들은 24시간 내에 습관적으로 두세 번의 관계를 가져 자신들의 건강이 쇠약해지기 시작할 때인 몇 달 전까지도 그것을 그런 정도로 사용했다.

다음은 이 부인의 상황이다. 그녀는 복부 아래 부위와 신장에 계속적인 통증이 있다고 불평한다. 이 통증은 위의 기능을 저해하고 그녀를 신경질적으로 만든다.……촉진(觸診)으로 우리는 매우 심한 열, 압력에 극히 민감함, 그리고 만성 자궁염의 모든 징후를 찾아볼 수 있다. 이 환자는 절대적으로 자신의 현재 상태를 남편의 너무 빈번한 접근 탓으로 돌린다.

남편은 자신 또한 극도의 고통 상태에 있기 때문에 자신의 결백을 증명하려고 시도하지 않는다. 하지만 우리가 그의 질환을 찾아낸 것은 생식기에서가 아니라 전체적으로는 일반적인 신경체계에서였다. 그의 병력은 일반적인 장애와 관련이 있는 이 일의 일부에서 그 위치를 찾을 수 있을 것이다.……

출산 시 사망(1830)

내 아내 앤 B. 페티그루는 1830년 6월 30일 저녁 7시에 정원에서 산보를 하고 돌아온 이후에 분만에 들어갔다. 11시 40분에 아내는 딸을 낳았다. 잠시 뒤에 나는 태반이 제거되지 않았다는 이야기를 들었고 12시 10분에 방으로 들어오라는 말을 들었다. 나는 내 사랑하는 아내 곁에 다가가 키스를 하고 어떠냐고 물었으며 그녀는 매우 안 좋다고 대답했다. 나는 방 밖으로 나가 워런 박사를 불러달라고 사람을 보냈다.

그 다음에 나는 다시 방으로 돌아가 많은 출혈이 있었느냐고 물었고 그렇다는 대답을 들었다. 그런 다음에 나는 조산원(브릭하우스 부인)에게 태반을 제거하기 위해 손으로 작업했느냐고 물어보았다. 그녀는 자신이 50번 이상이나 했다고 대답했다. 그때 나는 빈혈의 결과를 걱정하면서 브릭하우스 부인이 태반을 제거하는 것을 허락해달라고 내 사랑하는 아내에게 말했다. 그녀의 동의로……두 번에 걸친 시도가 실패로 돌아간 후에 나는 조산원이 그만두기를 바랐다. 이 두 번의 노력에서 나의 사랑하는 낸시는 극도로 고통을 겪으며 자주 외쳤다. "악! 브릭하우스 부인이 저를 죽이려 하네요." 그리고 나에게는 "악! 저는 죽을 거예요. 의사를 불러주세요." 그 말에는 나는 "이미 불렀다오"라고 대답했다.

이 일이 있은 후에 내 마음은 너무 괴로워 방에서 나와 누워버리거나 넘어졌다. 그 직후에 조산원이 내게 와 무릎을 꿇고 하느님에게 가장 열심히 기도를 하고 나서 나에게 자신이 할 수 없는 것을 해버리고 말았다고 말하는 자신을 용서해달라고 빌었다.……

태반은 밖으로 나오지 않았고 출혈은 오전 5시가 되도록 멈추지 않고 심하게 계속되었으며, 의사가 도착할 때까지 이 사랑스런 여인은 마지막 20분간의 숨을 내쉬었다.

1시부터 이어진 그 장면이 너무도 고통스러워 나는 할 말이 아무것도 없었다. 오, 하느님 맙소사! 제게 자비를 베푸소서. 저는 영원히 파멸했나이다.……

분석 문제

1. 이 프랑스 의사는 인구 증가가 건강한 국가의 징표라고 믿었다. 그는 출산을 위한 결혼이라는 범주 내에서만 섹스가 합법적이고 인위적인 산아제한은 자연에 간섭하는 것이라고 주장했다. 그는 어떻게 그리고 왜 산아제한 방법을 '부부간의 협잡'이라고 묘사했는가?

2. 산아제한을 실시한 '매우 색을 밝히는' 부부에게 어떤 일이 일어났는가? 이 프랑스 의사는 왜 과도한 성적 탐닉이 신체적이고 정신적인 타락을 가져왔다고 생각하는가?

3. 이 프랑스 의사와 관련된 문제 또는 문제들은 무엇인가? 그 이유는?

4. 두 번째 문서에서 서술된 상황의 결과로 어떤 것들이 있을 수 있는가?

중간계급의 공적 생활

중간계급의 공적 생활은 글자 그대로 19세기의 풍경을 바꾸어놓았다. 중간계급의 주택과 가구는 물질적 안정의 강력한 상징이었다. 견고하게 세워지고 온갖 장식을 갖춘 주택은 그 안에 거주하는 사람들의 재력과 사회적 명망을 과시하는 것이었다. 지방 도시에서 그들의 주택은 흔히 독립 구조로 세워진 빌라들이었다. 런던, 파리, 베를린 또는 빈에서 주택들은 줄지어 늘어선 5층 내지 6층짜리 타운하우스나 대규모 아파트였다. 주택들은 그 형태가 어떠하든 오랜 세월 동안 버틸 수 있도록 지어졌다. 방에는 가구, 예술품, 융단, 벽걸이 등이 가득 들어차 있었다. 방들의 크기, 가구의 우아함, 하인들의 숫자 등은 모두 당사자의 수입 규모에 달려 있었다. 은행원이 은행 간부만큼 우아하게 산 것은 아니었다. 그러나 그들은 많은 기준과 열망을 공유했다. 그리고 이런 공통의 가치들이 물질적 생활방식의 차이에도 불구하고 그들을 동일한 계급으로 묶어주는 데 기여했다.

도시가 성장하면서 그들은 점차 분리되었다. 중간계급은 산업화로 인한 불쾌한 광경과 악취로부터 멀리 떨어져 살았다. 통상 도시의 서쪽에 자리 잡고 있었던 그들의 거주지는 바람의 주된 진행 방향에서 벗어나 있었기 때문에 산업공해로부터 벗어날 수 있었다. 이곳은 주로 자신들이 야기한 혼잡으로부터의 피난처였던 것이다. 상당수가 19세기 동안에 건축된 도시 중심의 공공건물들은 발전과 번영의 상징으로 찬양받았다. 귀족계급의 구성원이 특히 중부 유럽에서 상당한 권력을 갖고 있었지만, 중간계급은 점차 도시의 일을 관장하기 시작했다. 그리고 신흥 산업 도시들에 시청, 증권거래소, 박물관, 오페라 공연장, 야외 음악당, 백화점 등의 기념비적 건축물을 세운 것도 신흥 중간계급의 도시 지도자들이었다. 어느 역사가는 이 건물들을 산업 시대의 새로운 대성당들이라고 불렀다. 이 건물들은 공동체의 가치와 공공의 문화를 나타내고자 의도한 것이었으며 사회적 변화의 기념물이었다.

교외도 마찬가지로 변화했다. 철도의 발달은 음악회, 공원, 온천 등으로의 소풍을 인기있는 것으로 만들었다. 철도는 가족들로 하여금 상대적으로 적당한 비용으로 산이나 바닷가로 일주일에서 2주일이 걸리는 장기간의 여행을 가능하게 해주었다. 경마장, 광천수 온천, 해수욕장 방갈로 등을 제공하는 새로운 리조트가 문을 열었다. 대중 관광은 20세기까지도 실현되지 않았다. 그러나 이제는 친숙해진 1870년대와 1880년대의 인상파 그림들은 19세기에 극적으로 새로웠던 무언가, 즉 중간계급의 여가라는 새로운 영역을 증언해준다.

노동계급의 생활

중간계급과 마찬가지로 노동계급도 역시 다양한 하위 집단과 범주로 나뉘어졌다. 이 경우에 기준이 되는 것은 기술 숙련도, 임금, 젠더, 작업 장소 등이었다. 노동자들이 어디에서 일하고, 어디에 살며, 무엇보다도 얼마나 버느냐 하는 것에 따라 그들의 경험이란 것도 천차만별이었다. 숙련 섬유 노동자는 단순 육체노동자와는 판이한 삶을 누렸는데, 다시 말해 단순 육체노동자들이 근근이 먹고살았던 것에 비해 이들은 버젓한 삶을 누리며 필요한 의식주를 구비할 여유가 있었다.

미숙련 노동자층으로부터 숙련 노동자층으로의 사회적 이동은, 미숙련 노동자들이나 그 자녀들이 초보적인 교육만 받는다 하더라도 가능한 일이었다. 그러나 무엇보다도 아이들도 어릴 때부터 가족의 변변치 않은 수입에 보탬이 되도록 일을 해야 했기 때문에 많은 부모들은 교육을 사치로 여기고 있었다. 숙련 노동자에서 미숙련 노동자로의 변동도 일어났는데, 예를 들면 동력 직조기의 도입 같은 기술상의 변화로 말미암아 높은 임금을 받던 노동자들이 미숙련 노동자 및 영세민 계층으로 전락했다.

노동계급의 주택은 비위생적이었고 제대로 정비되지도 않았다. 오래된 도시에서는 이전에 한 가구가 살던 단독 주택이 자주 가구당 방 하나씩 돌아가는 아파트로 개조되었다. 새로운 공장제 수공업 중심지에는 매연을 내뿜는 공장 옆에 자그마한 주택들이 늘어섰는데, 서로 등을 대고 다닥다닥 맞붙어 지어져서 뒤뜰 공간은 아예 없을뿐더러 통풍도 되지 않았다. 북적대는 것은 흔해 빠진 일이었다. 1840년대를 기술한 한 신문 기사에 따르면, 영국의 북부 섬유 산업 중심지인 리즈에서는 보통 노동자의 주택이 14제곱미터(5평)에도 못 미쳤으며 "대부분의 경우 집들은 밤낮으로 사람들로 꽉 들어차서 거의 질식할 정도였다."

중간계급도 해야 했던 일이긴 했지만 가정에서의 일상적인 일은 빈민에게는 힘든 일이었다. 빈민 가족은 모든 사람이 결정적인 역할을 하는 생존 네트워크로 남아 있었다. 주부는 임금을 받기 위해 일하는 것에 더해 가족의 다른 구성원들이 버는 매우 적은 돈으로 가족을 재우고 먹이며 입혀야 했다. 훌륭한 아내는 힘든 시기에도 수지를 맞춰가며 살 능력이 있어야 했다. 노동하는 여성의 일상생활은 방 한 개 내지 두 개가 있는 북적대고 환기가 되지 않고 조명도 흐릿한 아파트에서 물을 길어와 끓이고 요리하며 세탁하는 일을 계속해서 반복하는 것을 포함했다. 가족들은 식품 조달을 돕기 위해 자기 집 마당에 의존할 수도 없었다. 대신에 그들은 시장에 가서 상했거나 거의 다 썩었거나 또는 위험한 이물질이 배합된 값싼 것들로 음식을 장만했다. 우유가 상하는 것을 막기 위해 포름알데히드가 첨가되었다. 설탕에는 쌀가루가 혼합되었다. 코코아에는 고운 갈색 흙이 섞였다.

산업혁명 시대의 여성 노동자

19세기에 노동하는 여성보다 더 큰 대중의 걱정과 강렬한 항의를 불러일으킨 사람들도 거의 없었다. 동시대인은 북적거리고 눅눅한 작업장에서의 '무차별적인 남녀의 뒤섞임'에 대해 크게 염려했다. 19세기 작가들은 영국과 프랑스에서 시작해 그들이 여성 노동의 경제적·도덕적 잔혹함이라고 생각한 것들을 기록했다. 예컨대 거리를 뛰어다니도록 방치된 어린이들, 공장이나 광산에서 사고를 당한 나이 어린 아이들, 석탄을 운반하는 임신부나 작업장에서 남성과 나란히 노동하는 여성 등이 잔혹함으로 기록되었다.

여성 노동은 새로운 것이 아니었다. 산업화는 그것을 한층 더 두드러지게 만들었다. 여성과 어린이는 섬유 산업과 같은 대다수 근대적 산업의 일부 분야에서 노동력의 거의 절반을 차지했다. 여성 노동자들은 임금을 덜 받았고 문제를 덜 일으킬 것으로 생각되었다. 따라서 제조업자들은 여성에게 문호가 개방된 다른 일자리와 비교해서 나은 임금을 지불하면서 이웃 마을에서 여성 공장 일손을 고용하고자 했다. 어떤 경우에 그들은 공장을 위해 '가난하면서도 적합한 가족들'을 찾기 위해 구빈법 시행 관리들에게 부탁하기도 했다. 대부분의 여성 노동자들은 10~11세에 일하기 시작했다. 그리고 그들이 일단 자녀를 갖게 되면 그들은 자녀들을 유모에게 맡기거나, 공장으로 데리고 오거나 아니면 집에서 삯일(시간이 아니라 품삯으로 수당을 받는)을 하면서 계속 임금을 벌었다. 이 시대 동안에 노동 저항이 일어나게 된 공통적 원인 중 하나는 남성의 일이라고 생각되었던 일자리에 여성 노동자가 도입된 것 때문이었다.

하지만 대부분의 여성은 여전히 공장에서 일하지 않았으며 젠더에 따른 노동 분화도 눈에 띄게 바뀌지 않은 채 있었다. 대부분의 여성은 집이나 '고한(苦汗) 작업장(sweatshop)'이라고 부르는 작은 작업장에서 비참할 정도로 형편없이 낮은 임금을 받기 위해 노동했다. 그 임금은 작업시간이 아니라 작업량에 근거한 것으로서, 얼마나 많은 셔츠를 바느질하고 성냥갑을 풀칠하느냐에 달려 있었다. 그리고 눈에 잘 띄지는 않았지만 상대적으로 대다수의 젊은 미혼 여성은 낮은 임금을 받는 가정의 하녀로 일했는데, 많은 여성의 증언에 따르면 남자 주인이나 그 아들과의 강압적인 성관계가 이루어지기도 했다. 그러나 하녀는 숙식을 제공받았다. 미혼 여성이 단순히 자신의 임금만으로 살아갈 수 없던 시기에 도시에 막 도착한 젊은 여성에게는 선택의 여지가 거의 없었다. 그 선택에는 곧바로 일어날 것 같지 않았던 결혼, 많은 경우 종종 매춘의 중심지였던 하숙집에서 방 한 칸 임대하기, 하녀로 일하기나 누군가와 동거하기 등이었다. 여성이 집안일을 위해 필요한 돈과 시간을 어떻게 균형을 맞추는가는 자녀들의 수와 연령에 따라 달랐다. 어머니는 자녀들이 매우 어릴 때 실제로 십중팔구 일을 더 많이 했는데, 먹여야 할 입이 더 많았고 자녀들이 돈을 벌기에는 아직 어렸기 때문이었다.

노동계급 여성의 빈곤, 사생활의 부재, 그리고 특별한 취약성 등은 이들의 성생활을 중간계급 여성의 성생활과 매우 다르게 만들었다. 사생아의 출산은 1750년과 1850년 사이에 극적으로 증가했다. 독일의 프랑크푸르트에서 1700년대 초에 2퍼센트이던 사생아 출산율이 1850년에는 25퍼센트에 달했다. 1840년 프랑스의 보르도에서는 출생 신고된 영아의 3분의 1이 사생아였다. 이러한 사생아 출산율의 증가 이유는 가늠하기 힘들지만, 가족의 유대를 더욱 약화시키는 한층 더 큰 이동성과 도시화, 젊은 남녀에게 부여된 더 많은 기회 그리고 경제적 취약성 등을 들 수 있다. 혼전 성교는 전(前)산업 시대 촌락에서 용인된 관행이었지만, 촌락 생활을 지배하는 사회적 통제 때문에 거의 언제나 결혼을 전제로 한 것이었다. 훨씬 더 익명성이 보장되는 공장 마을이나 상업적 도시의 환경에서는 이러한 통제가 훨씬 약했다. 초기 산업 시대의 경제적 불확실성은 취직 가능성에 기반을 둔 청년 노동자의 결혼 약속이 이행되기 어려우리라는 것을 의미했다. 경제적 취약성은 많은 미혼 여성들을 출산으로 이어지는 일시적인 관계와 계속되는 빈곤과 자포자기의 악순환으로 몰아갔다. 하지만 역사가들은 시골에서와 마찬가지로 도시에서도 이런 일시적인 관계 중 상당수가 지속적인 관계로 이어졌다는 것, 즉 사생아의 부모들이 나중에 결혼했음을 보여주었다. 19세기의 작가들은 도시에서 평판이 안 좋은 '위험한 계급들'의 성생활이라고 생각한 것들을 극화했다. 그들 중 몇몇은 사생아, 매춘 등을 노동계급의 도덕적 나약함 탓으로 돌렸고, 다른 작가들은 산업화로 야기된 체계적 변화 탓으로 돌렸다. 하지만 양쪽 모두 가족의 붕괴와 전통적인 도덕의 파괴를 과장해서 서술했다. 노동계급의 가족은 다음과 같은 젠더 역할과 성적 태도를 전파했다. 즉, 소녀는 당연히 일을 해야 했고, 딸은 돈 버는 일뿐만 아니라 자기보다 나이 어린 형제를 돌볼 책임이 있으며, 성생활은 생식(生殖)의 실태이고, 산파는 절망적인 소녀 산모를 도울 수 있으며, 결혼은 존경할 만함에 이르는 길이라는 것 등이었다. 이런 기대와 규약을 중간계급 여성이 지닌 그것들과 구별하는 깊이 갈라진 틈은 19세기 계급 정체성의 발전에서 가장 중요한 요인들 중 하나였다.

별개의 삶: '계급'의식

공장 생활의 새로운 요구 사항은 공통적 경험과 난관을 만들어냈다. 공장제는 개별적이
라기보다는 표준적인 작업 형태를 강조함으로써 숙련 노동자들에게는 왕년에 누리던 기술
에 대한 긍지를 인정해주지 않았다. 많은 노동자는 선배들을 특정한 직종이나 장소에 결속
시켜주었던 길드와 정식 도제 생활이라는 든든한 보호막이 자신들에게서 떨어져 나갔음을
깨달았다. 그러한 제도는 19세기 전반기에 프랑스, 독일, 영국에서 불법화되거나 각종 입법
으로 상당히 위축되었다. 공장의 작업시간은 길었다. 1850년 이전에는 보통 하루 12~14시간
이었다. 직물 공장은 통풍이 되지 않은 상태였기 때문에 자재의 미세한 분진이 노동자의 폐
속으로 들어갔다. 기계에는 안전시설이 설치되지 않기 때문에 특히 민첩하리라는 이유에
서 동력 부분의 아래와 주위에서 청소하게끔 고용된 아동 노동자들은 더더욱 위험에 처해
있었다. 1840년대 영국 의사들은 조사를 통해 특히 젊은 노동자들 사이에서 장시간의 공장
노동과 가혹한 작업 여건으로 발병한 희생자들을 분류해놓았다. 척추가 굽어지는 증상과
기타 골격상의 기형이 기계 앞에서 부자연스러운 자세로 장시간 서 있는 데서 야기되었다.
그리고 이러한 일은 공장에서와 마찬가지로 광산에서도 일어났다. 1841년 영국의 광산에는
5만 명 이상의 아이들과 젊은이들이 고용되어 있었다. 아이들은 지하 갱차나 수갱(竪坑)으
로 석탄을 운반하는 일에 동원되었다. 가장 어린 아이들은 주로 12시간 내내 광산의 통풍
조절용 문짝을 작동시키는 일에 배치되었다. 이 아이들이 장시간 작업으로 잠에 곯아떨어
져 전체 작업 인부들을 위태롭게 만들기도 했다.

공장들은 또한 새로운 일상적 일과 규율을 부과했다. 이전 시대의 숙련공은 극히 적은
보수로 매우 장시간 일했다. 그러나 그들은 최소한 스스로 자신의 시간을 배정하고 작업 과
정을 계획하면서, 그리고 자택에 있는 작업장에 있다가 자그마한 뒷마당으로 갔다가 마음
대로 작업장을 들락거리는 등 어느 정도 자유로운 상태에서 노동을 했다. 그런데 공장에서
는 모든 '일손'이 호루라기 소리에 따라 움직이는 규율을 익혀야 했다. 공장은 효율적 가동
을 위해 모든 고용인이 동시에 일을 시작하고 끝낼 것을 요구했다. 대부분의 노동자는 시계
를 볼 줄 몰랐을뿐더러 시계를 갖고 있는 사람도 매우 적었다. 아무도 기계의 냉혹한 작동

속도에 익숙해지지 못했다. 생산 증대를 위해 공장제는 제조 공정을 각각 일정한 시간이 할당된 분업 단계들로 편성하는 것을 권장했다. 그것은 자신의 속도에 따라 작업을 완수하는 데 익숙해진 노동자들을 당혹스럽게 만든 기술 혁신이었다. 노동자들은 기계 자체를 자신들의 삶을 뒤바꿔놓고 자신을 산업 노예로 묶어놓은 폭군으로 간주하기 시작했다. 1840년대 영국에서 만들어진 급진적 노동계급의 노래는 그 감정을 다음과 같이 표현하고 있다.

> 왕이 있네, 그것도 무자비한 왕이
> 시인이 꿈꾸는 왕은 아니라네
> 폭군이 망했네, 백인 노예들은 잘 알지
> 그 잔혹한 왕은 증기(蒸氣)라네

노동계급 삶의 뚜렷한 특징은 실업, 질병, 위험한 직업에서의 사고, 가정 문제, 식품 가격의 폭등 등에 취약하다는 것이었다. 거의 모든 직종에서 높은 비율을 보였던 주기적인 실업은 규칙적인 임금을 받는 것을 불가능하게 만들었다. 공산품 시장은 소규모였고 불안정해서 주기적인 경제 불황을 야기했다. 그래서 경제 불황이 다가오면 수많은 노동자들은 자신을 부양하기 위한 아무런 실업 보험제도 없이 해고되곤 했다. 산업화 초기 몇 십 년간은 몇 차례의 심각한 농업 불황과 경제 위기로 점철되었다. 1840년대 위기가 있던 몇 년 동안 영국 산업 도시 노동인구의 절반이 실업자였다. 1840년 파리에서는 8만 5,000명이 구호(救護)로 살아갔다. 각 가정은 푼돈 벌이 일자리에서 일하거나, 소유물을 전당잡히거나, 동네 와인 상점과 식료 잡화점에서 외상을 지는 방식으로 살아갔다. 만성적으로 불안정한 노동계급의 삶은 노동자의 자조협회, 우애협회, 초기 사회주의 조직 등이 우후죽순으로 창설되는 데 일조했다. 그것은 또한 경제 위기가 폭발적인 결과를 가져다줄 수 있다는 것을 의미했다(제20장 참조).

19세기 중반에 이르러 다양한 경험들이 노동하는 사람들에게 스스로가 중간계급과 상이하고 반대된다는 것을 의식하게 만들기 시작했다. 작업장에서의 변화는 그것이 기계 및 공장 노동의 도입, 능률 촉진, 저임금 노동과의 도급 계약, 또는 길드 보호의 상실이든 아니든 큰 그림의 일부였다. 급속하게 팽창하는 19세기 도시들에서의 사회적 분리 또한 노동계급이 별개의 삶을 살고 있다고 느끼게 만들었다. 계급적 차이는 매우 광범위한 일상의 경험과 믿음, 즉 일, 사생활, 자녀에 대한 기대, 남녀의 역할, 존경받을 만함의 정의 등에서 깊이 새겨진 것처럼 보인다. 19세기 전체에 걸쳐 이 모든 상이한 경험은 '계급(class)'이라는 단어에 구체적이고도 특정한 의미를 주었다.

결론

1800년과 1900년 사이에 유럽 인구는 두 배로 늘어났고, 유럽의 국민총생산도 두 배 이상으로 증가했다. 하지만 성장에 관한 놀라운 통계수치조차도 유럽의 경제, 정치, 문화가 얼마나 크게 변모했는가를 암시해주는 수준일 뿐이다. 산업혁명은 세계사에서 전환점 중 하나였다. 그것은 하룻밤에 일어난 것도 아니었고 균일하게 일어난 것도 아니었다. 1900년에도 농업은 여전히 가장 많은 사람들이 종사하는 분야였다. 광대하게 뻗어 있는 유럽의 마을과 농장은 실질적으로 산업의 손길이 닿지 않은 것처럼 보일 수 있었다. 지주들은 여전히 자신이 신흥 엘리트층과 권력을 공유해야만 했을 때조차도 엄청난 정치적·사회적 영향력을 행사했다. 하지만 변화는 어떤 면으로든 엄청난 것이었다. 그 변화는 지구 곳곳에 미쳤으며 보통사람들의 사생활에 스며들었다. 가족구조도 변했다. 산업은 유럽의 풍경을 바꾸어놓았으며 심지어 한층 더 근본적인 것으로서 환경에 대한 인류의 관계도 변화시켰다. 뒤의 다른 장들에서 보겠지만 통신·수송·경제에서의 혁명적 변화는 국민국가와 관료제의 팽창에 많은 영향을 끼쳤다. 유럽의 경제적 부상 또한 점차 산업화되는 서구를 향해 저울추를 기울게 하면서 전 지구적 세력 균형을 결정적으로 바꾸어놓았다. 경제 발전은 새로운 가치의 척도가 되었고 기술은 진보의 척도가 되었다. 서구는 점차 선진 산업 경제를 이룩한 국가들로 연상되거나 규정되었다.

산업화는 새로운 종류의 빈곤과 더불어 새로운 형태의 부를 창출했다. 산업화는 또한 사회집단 사이의 불균형에 대해 예리한 깨달음을 갖도록 해주었다. 그러한 불균형은 18세기에는 출생, 서열 또는 특권의 관점에서 서술되었으나, 19세기에는 점차 계급의 관점에서 보게 되었다. 새로운 질서의 숭배자와 비판자는 이구동성으로 '계급사회'를 말하고, 새로운 계급적 정체성은 당대의 또 다른 핵심적 특징이었다. 그 정체성은 인구가 늘어나면서 과밀해진 신흥 도시의 노동계급 지역, 일상의 노동 경험, 체면이라는 새로운 개념, 그리고 중간계급의 가정에서 구체화되었다. 이 새로운 정체성은 다음 장에서 다루게 될 정치적 사건들에서 또렷해질 것이다.

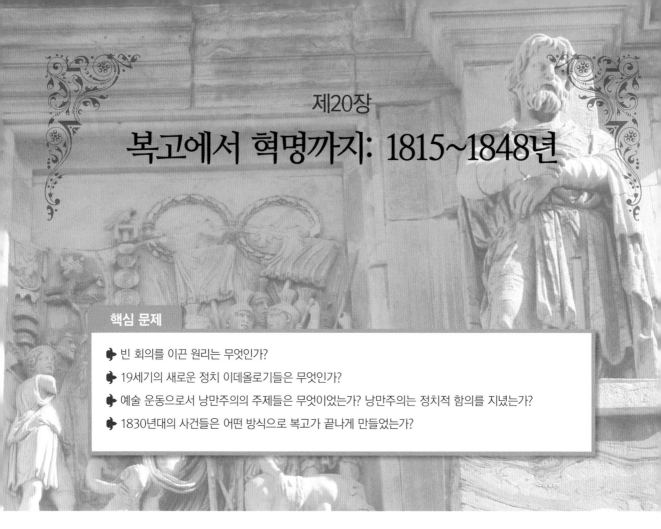

제20장
복고에서 혁명까지: 1815~1848년

핵심 문제

♣ 빈 회의를 이끈 원리는 무엇인가?

♣ 19세기의 새로운 정치 이데올로기들은 무엇인가?

♣ 예술 운동으로서 낭만주의의 주제들은 무엇이었는가? 낭만주의는 정치적 함의를 지녔는가?

♣ 1830년대의 사건들은 어떤 방식으로 복고가 끝나게 만들었는가?

나폴레옹이 1815년 6월 18일 워털루 전투의 전장을 떠나 엘리제궁으로 되돌아가고 마침내 남대서양 세인트헬레나 섬의 바위투성이 해안으로 유배를 떠났을 때 나폴레옹에게 승리한 반대자들은 혁명의 시대가 끝나기를 기대했다. 아마도 19세기 초의 가장 영향력 있는 보수주의자 외교관인 오스트리아의 외무장관 클레멘스 폰 메테르니히는 혁명을 '질병', '역병', '암'이라고 불렀고, 동맹국들과 더불어 더 이상 발병하지 않도록 유럽에 예방 접종을 개시했다. 메테르니히 등이 보았던 것처럼 혁명은 전쟁을 야기했다. 따라서 평화는 정치적 혼란을 피하고 유럽의 모든 나라에서 국내 문제에 단호한 지배력을 유지하는 것에 달려 있었다.

하지만 메테르니히가 살아 있는 동안에 혁명의 물결은 1820년대, 1830년대, 그리고 다시 1848년에 전 유럽을 휩쓸었다. 구질서를 회복하려는 보수주의자의 노력은 부분적으로만 성공을 거두었다. 그 이유는? 첫째로 18세기에 이룩된 발전들은 되돌리기 불가능한 것이었다. 계몽주의로까지 소급되는 발전, 즉 계몽된 대중의 확산은 계속되었다. '시민(citizen)'이라는 용어(그리고 그 속에 내포된 정치적 권리)는 프랑스 혁명 직후의 소란스러움 속에서 논란을 불러일으키기는 했지만, 서구의 단어집에서 이 용어를 없애버리기는 힘들었다. 한층 더 많은 사람들이 정치에 대해 생각하고 참여했다. 새로운 정치적 이데올로기와 새로운 정치집단과 충성이 19세기 초를 보수주의자들이 부활시키려고 했던 세계와는 매우 다르게 만들었다. 둘째, 앞에서 살펴보았던 산업화와 광범위한 변화들은 보수적 질서의 기초를 침식했다. 증기 인쇄기는 인쇄술을 변화시켰고 철도는 신문이 배포되는 속도를 바꾸어놓았다. 도시는 정치 활동의 중심지가 되었다. 무엇보다도 사회적 변화는 새로운 대립과 갈등을 낳았다.

이것은 혁명가들이 승리했다는 것을 말하고자 하는 것은 아니다. 많은 혁명들은 실패하거나 진압되었다. 또한 비록 구질서는 회복되지 않았지만 보수주의는 갱신되고 적응되어 새로운 발판을 확보했다. 이 시대는 혁명가들과 보수주의자들에게 똑같이 급작스런 변화, 분에 넘치는 희망, 부분적 성공, 의도하지 않은 결과, 정치적 적응 등에서 매력적인 사례 연구를 제공해준다.

정치에서와 마찬가지로 문화에서도 상상력과 가능성에 대한 생각이 19세기 전반기의 뚜렷한 특징 중 하나였다. 낭만주의는 많은 예술가들이 냉철한 고전주의와 18세기 예술의 형식성이라고 생각한 것과 결별했다. 계몽주의는 이성을 옹호해왔지만, 낭만주의자들은 주관성, 느낌, 자연스러움을 높이 평가했다. 18세기의 관습에 대한 낭만주의자들의 반란은 문학과 회화를 훨씬 넘어서는 결과를 남겼다. 예컨대 그들 중 일부는 열렬한 혁명가였고 또 다른 일부는 과거와 영감을 위해 종교나 역사에 의지하는 열렬한 전통주의자였다. 하지만 그들의 감각은 정치와 문화에 주입되었다. 그리고 새로운 표현 수단을 향한 그들의 집단적 모색은 19세기 예술을 새로운 방향으로 내몰았다.

미래로 돌아가기: 질서의 회복, 1815~1830년

❧ 빈 회의를 이끈 원리는 무엇인가?

1814년 승리한 유럽 열강은 빈 회의(Congress of Wien)로 모였다. 이 평화 협정은 강대국의 영토적 야심을 만족시키고 국제적 평온 상태의 보장을 모색하고자 하는 대망을 품었다. 빈

회의는 장기간에 걸친 업무가 되었고 두 개의 평화 조약을 낳았는데, 하나는 1814년에 맺어진 것이었고 다른 하나는 나폴레옹이 놀랍게도 유배지에서 탈출해 워털루에서 패배한 이후 1815년에 맺어진 것이었다. 따라서 보수주의자들은 몇 달에 걸쳐 벼락출세한 혁명가 황제의 패배를 축하했다. 그 기간 중 각국의 고관들과 이제는 안도하게 된 유럽의 왕족과 귀족의 구성원들은 협상 테이블에서 유리한 입장에 서려고 획책하며 세련된 귀족적 에티켓을 갖추고 값비싼 연회를 열었다.

빈 회의와 복고

빈 회의에서 중심 배역은 알렉산드르 1세(재위 1801~1825)와 오스트리아의 외교관 클레멘스 폰 메테르니히(1773~1859)가 주도적 역할을 한 주요 강대국들이었다. 나폴레옹의 몰락 이후 러시아는 막강한 유럽 대륙의 국가로 떠올랐다. 예카테리나 대제의 궁정에서 자라난 러시아 차르 알렉산드르는 프랑스인 가정교사로부터 계몽주의 신조를 그리고 전제 군주인 아버지 파벨 1세(재위 1796~1801)로부터 절대주의 권력 개념을 배웠다. 그는 1801년 암살당한 아버지를 계승해 차르가 되었고, 나폴레옹 전쟁 기간 동안 스스로를 유럽의 '해방자'로 자처했다. 많은 사람들은 그가 전능한 프랑스 대신에 전능한 러시아로 바꾸어놓을까봐 두려워했다. 프랑스의 제1인자 샤를 모리스 드 탈레랑(1754~1838)은 자신이 패전국을 대표한다고 생각하면서 놀랍게도 강력한 지원 역할을 했다. 탈레랑은 주교이자 혁명가였고, 미국에 망명함으로써 대공포에서 살아남았으며 귀국한 뒤에는 나폴레옹이 황제로 즉위하기 전에 이미 그리고 나중에 복위된 루이 18세의 외무장관이 되기 전에도 나폴레옹의 외무장관으로 봉직했다. 그가 빈에 나타났다는 것 자체가 그의 외교적 수완 또는 기회주의를 입증해주었다.

강화 조약의 설계자인 메테르니히는 소규모 독일 영방 국가들의 불안정한 잡동사니 국가에서 오스트리아 외교관의 아들로 자라났다. 청년 메테르니히는 스트라스부르 대학생 시절에 프랑스 혁명의 발발과 관련된 대중의 폭력을 목격했으며, 평생에 걸친 정치적 변화에 대한 자신의 혐오감을 이 사건과 결부시켰다. 그는 나폴레옹과 알렉산드르 1세가 1807년 동맹을 맺은 뒤 오스트리아의 이익을 위해 둘 사이를 갈라놓고자 애를 썼고, 나폴레옹과 오스트리아의 대공녀 마리 루이즈의 결혼을 성사시키는 데에도 어느 정도 역할을 수행했다. 메테르니히는 자신이 거미 숭배자라고 실토하면서 이렇게 말한 적이 있다. "거미는 세상에서 가장 말쑥하게 자기 집을 짓기 위해 언제나 바삐 움직인다." 빈 회의에서 메테르니히는 그와 같은 말쑥함으로 국제 관계를 정리하면서 그것이 자신의 외교적 계획에 맞아떨어지도록 하기 위해 동분서주했다. 거의 강박에 가까웠던 그의 기본적 관심사는 러시아의 팽창주의를 견제하고 정치적·사회적 변화를 막는 것이었다. 그는 유럽에서 러시아가 주도권을 잡기 위해 알렉산드르가 혁명을 선동할지도 모른다고 두려워했다. 그 때문에 그는 패배한 프랑스에 대해 온건하게 대하는 것을 선호했다. 실제로 그는 한때 합스부르크 왕국의 보호와 후견 아래에서 나폴레옹을 프랑스 황제로 복귀시킬 생각을 하기도 했다. 메테르니히는 비밀경찰과 스파이 행위를 포함한 가혹한 억압 전술에 기꺼이 의지했던 초보수주의자(archconservative)였다. 하지만 그가 정교하게 만들어낸 평화는 대단히 중요했고 1914년까지 유럽에서 주요 전쟁이 일어나는 것을 방지하는 데 도움이 되었다.

빈 회의는 질서와 '적법한' 권위의 회복을 모색했다. 빈 회의는 루이 18세를 프랑스의 적법한 군주로 인정하고 에스파냐와 두 시칠리아 왕국에 부르봉 군주들의 복귀가 유효함을 확인했다. 유럽의 다른 군주들은 프랑스의 왕정복고를 약화시키는 데 아무런 관심이 없었다. 왜냐하면 루이 18세는 혁명에 반대하는 자신들의 보루였기 때문이다. 그러나 프랑스인이 전임 황제가 유배지에서 돌아온 것을 환영한 것처럼 보였던 1815년 나폴레옹의 백일천하 이후에 이에 맞서 싸운 동맹국들은 한층 강경해졌다. 따라서 프랑스는 7억 프랑에 달하는 배상금을 지불하고 5년 동안 연합군의 점령을 지원하지 않으면 안 되었다. 프랑스 국경은 혁명기의 '대'프랑스보다 훨씬 줄어들었지만 본질적으로는 1789년과 동일한 상태로 유지되었다. 그리고 그 국경은 프랑스인이 생각했던 것만큼이나 그렇게 징벌적이지는 않았다.

이 강화 조약은 프랑스가 일으킬지도 모를 그 어떤 팽창 기도에 대항해 강력한 장벽을 형성했다. 여기에서의 지도 원리는 어떤 나라도 국제관계를 불안정하게 만들 만큼 강력해서는 안 된다는 세력 균형(balance of power)이었다. 1795년에 프랑스가 정복했던 네덜란드 공화국은 네덜란드 왕국으로 복원되었고 이전의 오스트리아령 네덜란드였던 벨기에는 네덜란드 왕국에 포함되었다. 이제 이 견실한 강대국은 프랑스가 국경을 넘는 것을 막아줄 것으로 기대되었다. 같은 이유에서 동맹국은 라인 강 좌안의 독일 지역을 프로이센에 양도했다. 오스트리아는 나폴레옹에게 빼앗겼던 영토를 회복하면서 제국을 북부 이탈리아로 팽창했다.

1815년의 강화 조약은 독일과 폴란드에 특히 중요한 결과를 가져다주었다. 나폴레옹은 독일의 영방 국가들을 라인 연합(Confederation of the Rhine)으로 재조직했었다. 빈에서 열강들은 독일의 영방 국가와 공국의 수를 300개에서 39개로 줄였고 이들을 프로이센과 더불어 오스트리아의 명예 통령하에서 느슨한 독일 연합으로 연결시켰다. 이 연합은 나중에 독일 통일의 토대가 되었지만, 이는 강화 조약 체결국들이 의도한 것은 아니었다. 있을지도 모를 러시아의 침략을 견제하기 위해 유럽의 여러 나라들은 독일 연합을 지지했고 바이에른, 뷔르템베르크, 작센 왕국의 독립을 유지시켰다. 1790년대에 러시아, 오스트리아, 프로이센 사이에서 분할되어 사실상 사라진 폴란드는 논쟁의 핵심이자 강대국의 영토 확장 야심의 대상이 되었다. 마침내 강대국들은 타협에 도달했다. 강대국들은 명목상 독립된 폴란드 왕국을 만들었지만 이 나라에 대한 통제권은 알렉산드르에게 넘겨주었고, 폴란드의 일부 지역은 프로이센과 오스트리아에게 넘어갔다. 영국도 전쟁에 승리한 다른 열강들처럼 장기간에 걸친 전쟁에 대한 보상을 요구했고, 실론 섬뿐만 아니라 남아프리카와 남아메리카에서 프랑스의 지배하에 있던 영토들을 받았다. 나폴레옹 전쟁에서 영국의 군사적 승리는 영국이 팽창하고 있는 상업 제국을 굳게 지키는 데 도움이 되었다(제19장 참조).

빈 회의는 또한 평화를 보장하고 항구적 안정을 창출하기 위해 범유럽적 공조 체제를 필요로 했다. 영국, 오스트리아, 프로이센, 러시아는 4국 동맹을 결성했다(1818년 프랑스가 가맹하면서 5국 동맹으로 명칭이 바뀌었다). 가맹국들은 정통성 있는 정부를 타도하려 하거나 국경선을 변경하려는 모든 소요 사태를 진압하는 데 협력하기 위해 정기적으로 만나기로 서약했다. 알렉산드르 1세는 동맹국들에게 정의, 그리스도교적 자비, 평화를 확립하기 위해 헌신하는 신성 동맹(Holy Alliance)의 선포에 동참해달라고 설득했다. 그러나 신성 동맹은 유럽의 지도자들에게 알렉산드르의 의도가 무엇인지 헷갈리게 만들었을 뿐이었다. 빈에 모인 많은 귀족적 경세가들은 계몽주의적 가치에 경도되어 있었고 신성 동맹을 경계했다. 많은 사람들은 신성 동맹이 "터무니없는 신비주의와 허튼짓의 일부"라는 영국 외무장관의 믿음을 공유했을지도 모른다. 어쨌든 그들은 정통성에 중심을 둔 상이한 권위의 개념을 주조해 내려고 시도했다. 통치자를 '정통성 있게' 만들고 권력을 다시 강화시켜주는 것은 신성한 권리가 아니라 국제 조약, 지지 그리고 일련의 보장들이었다.

동맹국들이 왕위에 오르게 해준 벨기에의 레오폴드 왕은 전쟁이 이제 '원리의 충돌', 즉 혁명 사상으로 촉발되어 '백성'을 황제에 반대하도록 하는 갈등이 될 것 같다고 관측했다. 그는 계속해서 다음과 같이 말했다. "내가 유럽에 관해 아는 한에서 그러한 갈등은 유럽의 외관과 전체 구조를 전복시킬 것이다." 메테르니히와 많은 그의 동료 외교관들은 그러한 갈등이 결코 일어나지 않도록 하기 위해 빈에서 자신들의 여생을 바쳤다.

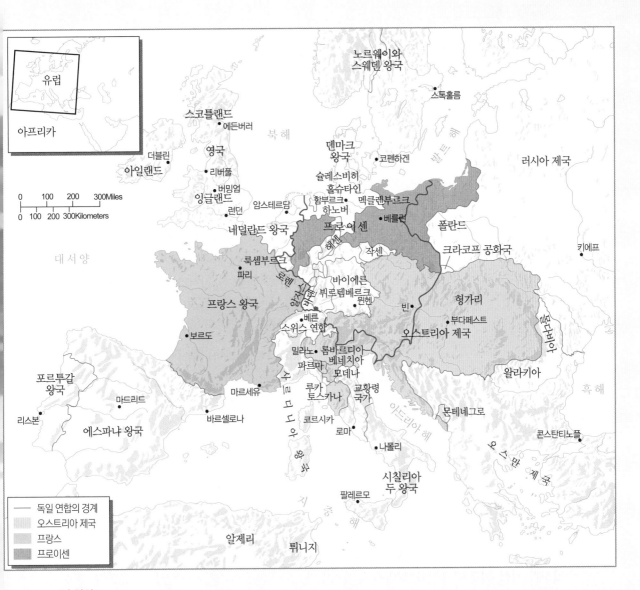

노르웨이와 스웨덴 왕국

스톡홀름

스코틀랜드
에든버러

북 해

덴마크 왕국
코펜하겐

러시아 제국

유럽

아프리카

더블린
아일랜드

영국
리버풀
잉글랜드
버밍엄
런던

0   100   200   300Miles
0 100 200 300Kilometers

슐레스비히
홀슈타인
함부르크
하노버

멕클렌부르크

베를린

폴란드

키에프

암스테르담

네덜란드 왕국

프로이센

헤센
작센

크라코프 공화국

대 서 양

룩셈부르크
파리

로렌

알자스

바이에른
뷔르템베르크
뮌헨

빈

헝가리
부다페스트

몰다비아

프랑스 왕국

베른
스위스 연합

밀라노
파르마

롬바르디아
베네치아
모데나

오스트리아 제국

왈라키아

보르도

포르투갈 왕국

마드리드

마르세유

루카
토스카나

교황령
국가

몬테네그로

흑해

리스본

에스파냐 왕국

바르셀로나

코르시카

로마

아드리아 해

콘스탄티노플

나폴리

오스만 제국

시칠리아
두 왕국

팔레르모

지중해

— 독일 연합의 경계
　오스트리아 제국
　프랑스
　프로이센

알제리

튀니지

빈 회의

나폴레옹의 최종적 패배 이후에 유럽 국가들의 국경이 어떻게 확립되었는지를 주목하라. 나폴레옹의 정복이 유럽의 지정학을 어떻게 바꾸어놓았는가? 빈 회의의 대표들은 자신만의 제국을 조직하기 위한 나폴레옹의 사상 일부를 기초로 일을 추진했는가? 빈에서 체결된 협정은 성공적이었는가? 외교관들의 주요 사회적·정치적 관심은 무엇이었고, 그들은 그 관심을 어떤 방법으로 역점을 두어 다루려고 했는가?

복고에 대한 반란

복고는 애초부터 반대에 직면했다. 초기의 상당수 저항은 억압적 전술로 인해 지하에서 활동하는 비밀 조직에 중심을 둔 것이었다. 예를 들어 메테르니히의 세력 범위에서 이탈리아의 카르보나리(Carbonari, 구성원이 숯으로 얼굴을 검게 칠한 데서 명칭이 유래한 집단)는 세력이 이탈리아 반도에까지 미쳤던 빈에 있는 정부와 보수주의적 동맹국들에 대해 반대하기로 서약했다. 카르보나리의 영향력은 1820년대 동안 남유럽과 프랑스 전역에 걸쳐 확산되었다. 이 조직의 회원은 세상에 알려지지 않은 의식으로 서로를 확인했고 남의 눈을 피해 만났다. 그들의 정치적 관점은 분명치 않았다. 일부 카르보나리는 헌법, 정치적 대의제, 자유주의적 개혁을 요구했고, 다른 카르보나리는 보나파르트를 칭송하는 노래를 불렀다. 실제로 이 왕년의 황제 나폴레옹은 전쟁으로 피폐해진 자신의 통치 기간 동안보다 복위된 부르봉 왕조에 대한 대안으로 신화화되었던 유배 기간 동안에 한층 더 인기가 있었다. 나폴레옹 군대의 퇴역 군인들은 나폴레옹의 전설이라고 부르게 된 것을 만들어내는 데 일조했고 그의 군 장교들은 카르보나리 회원 사이에서 두각을 나타냈다.

이탈리아 반도에 있는 나폴리와 피에몬테 그리고 특히 에스파냐와 에스파냐 제국에서 복고에 대한 반대는 반란으로 비화했다. 두 경우 모두 헌정적인 개혁을 존중하겠다고 서약한 복위된 군주들은 선거를 억누르고 특권을 복권하려고 시도하면서 자신들의 약속을 저버렸다. 오스트리아가 이탈리아 반도를 지배하려는 것에 대한 위협에 대응해 국제적인 지지를 확보하기로 결심한 메테르니히는 오스트리아, 프로이센, 러시아의 대표들을 소집했다. 그들은 혁명을 진압하는 데 상호 지원할 것을 선언한 트로파우 각서(Troppau memorandum, 1820)를 발표했다. 그러나 프랑스와 영국은 이 각서에 서명하는 것을 거부했다. 그들은 어떤 혁명도 국제적 안정을 위협한다는 데는 동의했지만, 국제 조약에 묶여 행동의 자유를 잃고 싶지 않았던 것이다. 메테르니히는 반도들을 투옥하거나 추방시키면서 이탈리아에서의 반란을 진압하기 위한 외교적 승낙을 받았다고 생각했다. 프랑스는 에스파냐 혁명을 떠맡았다. 프랑스는 1823년 20만 대군을 이베리아 반도에 파병했다. 프랑스 군대는 에스파냐의 혁명가들을 제압하고 사면초가에 처한 페르난도 왕(재위 1808~1833)의 통치권을 회복시켜주었다. 페르난도는 수백 명의 반도들을 고문하고 공개적으로 처형했다.

라틴아메리카에서의 혁명

하지만 라틴아메리카에서 페르난도 왕의 제국은 회복되지 못했다. 나폴레옹의 에스파냐 정복(1807년)은 한때 거대했던 에스파냐 식민지 통치의 근간을 뒤흔들어놓았다. 에스파냐 식민지의 엘리트층은 제국의 통치로 인해 오랫동안 노심초사해왔다. 그들은 세금, 제약이 많은 무역 정책, '반도인(에스파냐에서 태어난 사람)'에게 부여된 특권에 대해 분개했다. 페르난도 왕이 프랑스 군의 호위를 받으며 가택 연금 상태에 처하자 그들은 자치의 기회를 모색했다. 이것은 프랑스가 축출되고 난 다음에 페르난도의 통치권이 회복되면 받아들여지지 않을 것 같은 절호의 기회였다. 1810년 이후로 계속해서 독립 운동은 힘을 얻었다. 그 선두에서는 1816년 독립을 선언한 리오 데 라플라타(Río de la Plata, 오늘날의 아르헨티나)가 있었다. 리오 데 라플라타 군대의 장군 호세 데 산 마르틴(1778~1850)은 왕당파 군대에 맞서 칠레와 페루를 해방시키기 위해 안데스 산맥을 넘는 놀라운 행군을 이끌었다. 남아메리카 혁명의 또 다른 핵심적인 군사 및 정치적 인물은 시몬 볼리바르(1783~1830)였다. 그는 베네수엘라를 가로질러 볼리비아에 이르는 일련의 봉기를 이끌었고 마침내 산 마르틴의 군대와 합류했다. 하지만 두 사람은 혁명 이후의 정부에 대해 매우 상이한 전망을 갖고 있었다. 산 마르틴은 군주제주의자였다. 하지만 볼리바르는 에스파냐의 통치에 대항해 싸우기 위해 인디오뿐만 아니라 자유 유색인과 노예(에스파냐와 싸우는 사람들의 거의 4분의 1을 차지했다)를 기꺼이 동원하고자 했던 공화주의자였다. 그는 미국이나 자신이 존경했던 프랑스의 나폴레옹의 노선에 따라 남아메리카 대륙에 거대한 범아메리카 공화국을 세우는 것을 목표로 했다. 하지만 산 마르틴이나 볼리바르 그 누구도 자신의 야망을 이루지 못했다. 정치적 반란은 갈등을 낳았고 많은 경우에 폭력적인 내전으로 비화했다. 왜냐하면 한편에는 에스파냐로부터 자신의 해방만을 목표로 삼았던 엘리트층이 있었고, 다른 한편에는 토지 개혁, 노예제 종식 또는 사회적·인종적 계급 제도의 폐지를 원했던 한층 더 급진적인 집단이 있었기 때문이다. 결국 급진 운동은 진압되었고 새로 독립한 국가들은 보수적인 지주 및 군대 장교단 동맹의 지배를 받았다.

메테르니히와 그의 보수주의 동맹국들은 라틴아메리카에서의 혁명을 저지하고자 했다. 그러나 그들은 영국과 야심찬 신생국 미국이라는 두 세력과 마주쳤다. 1823년 미국 대통령 제임스 먼로(재임 1817~1825)는 유럽 열강이 신세계 문제에 개입하고자 하는 어떠한 시도도 비우호적 행위로 간주할 것이라고 경고하는 '먼로 독트린'을 발표했다. 하지만 이 신생 미

라틴아메리카의 신생국들

아이티가 서반구에서 두 번째 독립국이 된 이후에, 중앙 및 남아메리카의 많은 지역들 역시 식민 통치에서 벗어났다. 북아메리카의 식민지인들이 힘차고 막강한 제국에 대항해 반란을 일으킨 반면에 라틴아메리카의 많은 혁명가들은 나폴레옹 전쟁으로 야기된 무질서에 편승했다. 나폴레옹의 에스파냐와 포르투갈 왕위 찬탈이 어떻게 남아메리카의 독립 운동을 도왔는가? 이러한 혁명들은 18세기 말에 확립된 대서양 혁명들의 유형에 어떻게 들어맞는가?

국의 선언은 영국의 지원이 없었다면 사문화되고 말았을 것이다. 영국은 새로운 교역 동반자를 확보하기 위해 남아메리카 공화국들의 독립을 승인할 준비가 되어 있었고 에스파냐가 간섭하는 것을 막기 위해 해군력을 이용했다. 이리하여 1820년대 중반에 이르러 한때 신세계에서 거대했던 에스파냐 제국은 사라지고 말았다. 또한 1822년 브라질이 독립함으로써 라틴아메리카에서 포르투갈 식민 지배의 발판도 사라지고 말았다. 라틴아메리카 대륙 전체에 광범위한 변화를 가져다준 혁명은 1492년에 시작된 시대의 종언을 고했다. 이들 혁명은 또한 유럽의 핵심 국가들을 훨씬 넘어서 영향을 미쳤고 대서양 세계와 아메리카 대륙의 상당 지역에 여러 나라들을 새로 만들었던 프랑스 혁명의 전 지구적 중요성을 극적으로 보여주었다.

러시아: 12월당원

보수주의 동맹의 심장부인 러시아에서도 반란이 일어났다. 1825년 알렉산드르가 죽자 그의 후계자를 둘러싼 불확실성이 군 장교들의 봉기를 촉발시켰다. 그들은 '12월당원(Dekabrist)'[1]이라고 불렸는데, 그들 중 다수는 귀족 가문 출신으로 군의 엘리트 연대에 속한 장교들이었으며, 나폴레옹을 프랑스로 몰아냈던 차르의 군대에서 복무했고 평화가 정착되고 있던 기간 동안에 프랑스에 주둔했던 적이 있었다. 젊고 이상주의적이었던 그들은 러시아가 유럽의 해방자라는 알렉산드르의 주장을 진지하게 받아들었다. 러시아가 해방자로서의 '도덕적 위대함'을 취하려면 개혁이 필요했다. 농노제는 해방의 약속과 모순되는 일이었고 마찬가지로 전제적인 차르의 정치권력 독점도 이에 반대되는 것이었다. 이들은 러시아의 농민층이 노예상태에 있을 뿐만 아니라 러시아의 귀족도 '차르의 노예'라고 주장했다.

12월당원은 단일한 정치 프로그램을 가진 것은 아니었다. 그들은 입헌군주제주의자에서 자코뱅 공화주의자에 이르기까지 다양했다. 그들은 알렉산드르의 동생이자 자유주의적 사고를 지닌 콘스탄틴(1779~1831)이 제위에 올라 헌법이 유지되길 바랐다. 그러나 그들의 시도는 실패했다. 콘스탄틴은 자신의 동생이지만 정당한 계승자인 니콜라이로부터 권력을 찬탈하려고 하지 않았다. 장교들도 하사관급 농민층 병사로부터 지지를 끌어들이는 데 실패했

---

1) 데카브리스트(12월당원)는 러시아력에서 12월을 데카브리(Dekabri)라고 부르는 데서 연유한다.

고 그러한 지지가 없이는 실패할 운명이기도 했다. 하지만 이것은 진압이 용이했다는 것을 의미하지는 않는다. 새로운 차르인 니콜라이 1세(재위 1825~1855)는 반란을 일으킨 수백 명의 군인을 무자비하게 심문했고, 그들 중 많은 사람에게 중노동과 유형을 선고했다. 사형을 선고받은 다섯 명의 지도자들은 한층 더 다루기 힘들었다. 엘리트층의 젊은 구성원인 그들은 순교를 위해서는 최상의 사람들이었고 매력적인 지원자들이었다. 차르는 그들의 장례식이나 매장지가 소요 사태의 원인을 제공할 수 없도록 그들을 상트페테르부르크에 있는 페트로파블로프스크 요새의 안에서 새벽에 교수형에 처하고 사람 눈에 안 띄는 곳에 묻을 것을 명했다.

니콜라이는 계속해서 전임 차르들의 방식으로 통치했다. 그의 가장 전제적인 활동으로는 국내에서의 혼란을 예방하기 위해 비밀경찰인 제3국(Third Section)을 설치한 것을 들 수 있다. 수많은 보수주의적 열강의 비밀경찰처럼 이 제3국은 지나치게 확장되어 인원이 부족했지만, 그것의 존재만으로도 공포와 의심의 문화를 창출하기에 충분했다. 니콜라이는 유럽에서 가장 비타협적인 보수주의자가 되었다.

그럼에도 러시아는 변화의 조짐을 보였다. 관료제는 점점 더 중앙집권화되고 더 능률적으로 되었고 정치적 지지와 일상적 활동을 위해서는 귀족층에 덜 의존하게 되었다. 1832년 정부는 법들을 체계적인 법전으로 만들었다. 러시아의 곡물을 필요로 하는 유럽의 수요에 자극받아 대지주들은 자신의 영지를 좀 더 효과적인 생산을 위해 재조직했고, 국가는 곡물을 서방 시장으로 운송하기 위한 철도를 건설했다. 12월당원을 칭송해 마지않던 알렉산드르 헤르첸(1812~1870) 같은 러시아 정부의 반대자들은 12월당원이 해결하지 못한 정치적 유산을 이어가게 된다.

남동 유럽: 그리스와 세르비아

보수적인 유럽 열강들은 반란이 경쟁 제국을 향할 때 반란에 한층 더 취약했다. 그러한 일은 그리스와 세르비아에서 일어났다. 한때 마구 뻗어갔던 막강한 오스만 제국의 발칸 지역에 있던 그리스와 세르비아에서 일어난 운동들은 독립을 요구하며 유럽인들에게 자신의 투쟁을 후원해달라고 요청했다. 1821년 그리스에서 일어난 최초의 봉기는 알렉산드로스 입실란티스(1792~1828)가 이끌었다. 그는 알렉산드르와 친밀한 관계를 누렸던 전직 러시아군 장교였지만, 알렉산드르는 개입을 거부했다. 그러나 두 번째 봉기는 영국 정부뿐만 아니라 유럽에서 수백 명의 지원병들을 이끌어냈다.

　19세기 초의 모든 반란 중에서 그리스의 독립 전쟁(1821~1827)보다 더 큰 주목과 동정을 받은 사건은 없을 것이다. 이 전쟁이 중요한 이유는 무엇인가? 그 답은 발칸 반도에서의 현실과는 거의 아무런 관계가 없고, 유럽의 정체성이라는 개념에 답이 있다. 유럽의 그리스도교인은 그 반란을 그리스도교와 이슬람 사이의 계속된 투쟁의 일부로 생각했다. 세속적인 관점에서 보면 그리스인의 전투는 자유를 위한 십자군이며 그들의 투쟁은 그 땅의 고전고대의 유산을 유지하기 위한 것으로 해석될 수 있었다. 유럽인들은 점차 그리스를 서양의 탄생지라고 말했다. 낭만주의자 시인 퍼시 셸리는 다음과 같이 썼다. "우리는 모두 그리스인이다. 우리의 법, 우리의 문학, 우리의 종교, 우리의 예술은 그리스에 뿌리를 두고 있다. 그리스가 없었다면……우리는 여전히 야만인이자 우상숭배자로 남아 있을지도 모른다." 또 다른 낭만주의자 시인 조지 고든─바이런으로 더 잘 알려져 있다─은 그리스에서 싸웠다. 프랑스의 낭만주의자 화가 외젠 들라크루아는 〈키오스 섬의 학살(Scène des massacres de Scio)〉에서 그리스인의 투쟁을 기념했다. 유럽 전역의 여러 도시들에서 '친그리스' 위원회는 돈을 모으고 지원병을 보냈다. 파리의 남녀들은 그리스인의 대의(大義)에 공감한다는 것을 보여주기 위해 파란색과 흰색으로 된 리본을 달았다. 그리스인을 기리는 사람들이 터키인을 악마화하고 계몽주의의 두드러진 특징이었던 '터키식 전제주의(Turkish despotism)'라는 주제를 되살리면서 손을 맞잡고 행진했다. 영국의 한 관리는 터키에 대해 다음과 같이 말했다. "유럽 쪽에 걸쳐 있는 터키는 거의 전반적으로 무정부, 반란, 야만이라는 끔찍한 모습을 보여주고 있다." 상이한 정치적 신조를 갖고 있는 유럽인들은 동방적 또는 이슬람교적인 폭군의 이미지와는 반대되는 그리스의 유산과 자신을 동일시하고자 했다. 한마디로 유럽인은 그리스인의 투쟁을 자신만의 렌즈를 통해 보았다.

　대결 중인 그리스에서 양측은 무자비했다. 몇몇 경우에 그리스 군은 터키인 마을을 포위하고 주민을 죽였다. 1822년 3월 그리스인은 오스만 제국에 충성하는 터키인과 그리스인이 거주하던 키오스 섬을 침공해 독립을 선포했다. 오스만 제국의 군대가 그 섬을 되찾기 위해 도착했을 때 그리스의 침략자들은 자신들이 붙잡고 있던 터키인 포로들을 죽이고 도망쳤다. 터키인들은 수천 명의 그리스인을 살육하고 4만 명 이상을 노예로 팔아버리는 것으로 복수했다. 들라크루아의 〈키오스 섬의 학살〉은 터키인의 잔학 행위만을 특징적으로 묘사했다.

　그리스의 독립은 궁극적으로 강대국의 정치에 의존했다. 영국, 프랑스, 그리고 러시아 군대가 터키에 맞서 가담했다(알렉산드르의 후계자인 니콜라이는 개입을 지지했다). 1829년과 1830

년에 작성된 두 개의 런던 의정서(London Protocol)는 비록 1년 뒤에 동맹국들이 바이에른 왕의 아들을 그리스 왕위에 앉히기는 했지만, 오스만 제국으로부터 그리스의 독립을 확립했다.

이와 유사하게 유럽 열강과 오스만 제국의 투쟁은 1828년 세르비아 독립국의 창건을 도왔다. 러시아의 격려와 지원으로 세르비아는 준독립국이 되었다. 다시 말하면 세르비아는 오스만 제국의 지배하에서 그리스 정교의 공국(상당히 소수의 인구를 보유)이 되었다. 세르비아는 계속해서 그 지역의 또 다른 강대국, 즉 오스트리아 제국이 차지하고 있던 영토를 요구하면서 더 많은 영토를 확보하기 위해 압박을 가했다. 이 투쟁은 19세기 말에 단계적으로 확대되었다.

요약하면 독립 운동의 지도자들이 강대국 사이의 갈등에 편승할 수 있거나 그리스와 세르비아처럼 독립 운동이 오스만 제국에 대한 유럽의 계속되는 투쟁과 조화를 이룰 때, 이들 운동은 성공할 가능성이 더 높았다. 하지만 이들 신생국은 둘 다 크기가 작았고 허약했다. 신생 그리스에는 실제로 단지 80만 명만이 살았고, 세르비아는 1856년까지도 강대국의 보호를 받았다. 더욱이 이들 신생국 중 어느 나라도 오스만 제국과의 긴밀한 관계를 단절하지 않았다. 그리스와 세르비아의 해외 무역 상인, 은행가, 행정가들은 여전히 오스만 제국의 틀 내에서 안주했다. 그리고 그 지역은 서양의 경계지 중 하나로 남았다. 그곳은 유럽과 오스만 제국 사이의 다인종적이고 다종교적인 교차점이었고, 주민들이 관용적인 공존과 쓰라린 갈등 사이를 번갈아 오갔던 곳이었다.

유럽 협조 체제, 1815~1830년	
빈 회의	1814~1815년
5국 동맹	1818년
프랑스가 에스파냐에 페르난도 왕의 통치권을 회복시킴	1823년
남아메리카의 혁명들	1810~1825년
러시아에서 12월당원의 봉기	1825년
그리스 독립 전쟁	1821~1827년
세르비아의 독립	1828년

편들기: 새로운 정치적 이데올로기들

♣ 19세기의 새로운 정치 이데올로기들은 무엇인가?

이들 반란은 프랑스 혁명이 제기한 문제들이 상당히 많이 남아 있다는 것을 분명하게 보여준다. 19세기 초의 정치는 오늘날과 같은 정당들을 갖고 있지 않았다. 그러나 이 시기 동안에 한층 뚜렷하게 정의된 집단들과 경쟁하는 신조 또는 이데올로기들이 형성되었다. 이데올로기는 사회적·정치적 질서에 관한 시종일관된 사고체계, 즉 세계가 어떤 것인가 또는 어떻게 되어야 하는가에 대해 서로 다른 관점이 의식적으로 경쟁하는 것이라고 정의내릴 수 있다. 근대의 주요 정치적 이데올로기, 예컨대 보수주의, 자유주의, 사회주의, 내셔널리즘은 이 시대에 처음 명확히 표현되었다. 이 사상들은 훨씬 더 이른 시기에 뿌리를 두고 있지만 계속되는 정치적 투쟁으로 전면에 나타나게 되었다. 그리하여 정치적·사회적 사고에 엄청난 자극을 준 것으로 판명된 산업혁명(제19장 참조)과 사회적 변화들은 그것에 수반되어 일어났다. 산업의 발달이 진보를 가져다줄 것인가 아니면 비참함을 불러올 것인가? '인간의 권리'란 무엇이며 누가 그 권리를 누릴 것인가? 평등은 반드시 자유와 손을 맞잡고 갔는가? 이렇게 예외적으로 상상력이 풍부한 시대는 이런 질문에 대해 몇 가지 상이한 대답을 토해냈다. 정치적 지평에 대한 간략한 개관이 18세기 이래로 대안들이 어떻게 형성되고 있었는가를 보여주고 그 입장이 어떻게 변화해왔는가를 극적으로 보여줄 것이다.

보수주의 원리

일반적으로 빈 회의와 복고 시대에 가장 중요한 지배적 개념은 정통성(legitimacy)이었다. 정통성은 혁명에 반대하는 일반적인 정책으로서 광범위한 호소력을 지녔다. 그것은 새로운 정치적 질서에 관한 최적의 완곡 어구로서 이해되었다. 보수주의자들은 군주정의 권위와 계급 제도적 사회질서 모두를 정통성 있게 만들고 따라서 그것을 굳건하게 만들려고 노력했다. 당대의 가장 사려 깊은 보수주의자들은 구질서가 완벽하게 본래의 모습으로 살아남거나 그런 시대로 되돌아갈 수 있다고 믿지 않았다. 이들이 그렇게 믿은 것은 1820년대 이후에 복고가 도전받을 수 있다는 것이 분명해졌기 때문이었다. 하지만 그들은 군주정이 정치적 안정을 보장하고 귀족이 국가의 정당한 지도자이기에 양자가 공적 생활에서 적극적이면서도 효과적인 역할을 하는 것이 필요하다고 믿었다. 그들은 귀족과 국왕이 과거의 의견 불일치에도 불구하고 전략적으로 공동의 관심을 공유한다고 주장했다. 보수주의자들은 변화는 서서히 증진되어야 하고 권위의 구조는 강화되어야 한다고 믿었다. 과거를 보수하고 전통을 장려하는 것은 질서정연한 미래를 보장해주는 것이었다.

에드먼드 버크의 저작들은 19세기를 위한 평가 기준이 되었다. 그의 『프랑스 혁명에 대한 성찰』은 처음 출간되었던 1790년대보다 이와 같은 새로운 시대적 맥락에서 더 영향력이 있었다. 버크는 모든 변화에 반대하지는 않았다. 그는 영국은 북아메리카 식민지들이 독립하도록 내버려두어야 한다고 주장했지만 위험한 추상 개념이라고 생각했던 자연권에 대한 논의에는 반대했다. 그는 헌법에 대한 열광은 오도된 것이고 '이성을 따르게 하는 힘'에 대한 계몽주의적 강조는 위험한 것이라고 믿었다. 대신에 버크는 경험, 전통, 역사에 따를 것을 권했다. 조제프 드 메스트르(1753~1821)와 루이 가브리엘 암브로와즈 보날(1754~1840) 같은 보수주의자들은 절대군주정과 그것을 떠받치는 주요 기둥인 가톨릭교회를 위해 조심스레 공들인 옹호론을 썼다. 메스트르는 계몽주의가 프랑스 혁명을 위해 가톨릭교회를 비판한 것을 비난했고 계몽주의적 개인주의가 사회를 한데 묶어주는 것이라고 믿었던 유대감과 집단적인 제도(예를 들면 교회나 가족)를 무시한다고 공격했다. 보수주의자들이 본 것처럼 군주정, 귀족정, 교회는 사회적·정치적 질서의 대들보였다. 이들 제도는 새로운 세기의 도전에 직면해 함께 고수할 필요가 있었다.

보수주의는 단순히 지식인의 영역만은 아니었다. 19세기 초 한층 더 폭넓게 토대를 둔 종교의 부흥 역시 혁명에 대한 대중적 반동과 질서·규율·전통에 대한 강조를 표현했다. 더욱이 보수주의 사상가들은 자신들의 인근 집단을 훨씬 넘어서는 영향력을 행사했다. 역사와 역사가 전개되는 어수선하고 예측 불가능한 방식에 대한 그들의 강조 그리고 과거에 대한 그들의 자각은 점차 19세기 전반기의 사회사상과 예술적 상상력의 중심이 되었다.

자유주의

자유주의의 핵심은 개인적 자유나 권리에 대한 헌신이었다. 자유주의자들은 정부의 가장 중요한 기능은 자유를 보호하는 것이며, 그렇게 하는 것이 정의·지식·진보·번영을 촉진시키면서 모든 사람에게 이로울 것이라고 믿었다. 자유주의는 우선 전통적인 특권의 종식 그리고 높은 지위의 권력과 세습적인 권한의 제한을 의미했던 법 앞의 평등을 요구했다. 둘째, 자유주의는 정부가 피치자의 정치적 권리와 동의에 입각할 필요가 있다고 주장했다. 셋째, 경제학적 측면에서 자유주의는 자유로운 경제 활동이나 경제적 개인주의가 이롭다는 믿음을 의미했다.

법적·정치적 자유주의는 17세기 말 존 로크의 저작에 뿌리를 두고 있었다. 로크는 절대주의에 대항한 영국 의회의 반란과 영국인의 '양도할 수 없는(inalienable)' 권리를 옹호했다(제15장 참조). 자유주의는 18세기의 계몽주의 작가들 그리고 특히 아메리카 혁명과 프랑스 혁명의 선언서들(미국 「독립선언서」와 프랑스 「인권 선언」)과 더불어 발전해왔다. 전횡적인 권능, 투옥, 검열로부터의 자유, 언론의 자유, 회의를 소집하고 심의할 권리 등과 같은 모든 원리는 19세기 자유주의의 출발점이었다. 자유주의자들은 개인의 권리들을 믿었으며, 이러한 권리는 양도할 수 없는 것이고 성문화된 헌법으로 보장되어야만 한다고 믿었다(앞서 본 것처럼 보수주의자들은 헌법이란 추상적이고 위험한 것이라고 생각했다). 대부분의 자유주의자들은 세습 군주제에 반대되는 것으로서 입헌적인 것을 요구했다. 따라서 모든 자유주의자는 권력을 남용하는 군주는 합법적으로 폐위시킬 수 있다는 데 동의했다.

　자유주의자들은 정부에 직접 선출한 대표—최소한 재산을 소유하고 권력의 책임을 다할 것으로 기대되는 공적 지위에 있는 사람들—를 둘 것을 주장했다. 자유주의는 결코 민주주의를 요구하지 않았다. 그와 반대로 어떤 사람이 투표권을 가져야 하는가가 뜨겁게 논의된 문제였다. 1789년의 프랑스 혁명에 대해 생생한 기억을 갖고 있던 19세기의 자유주의자들은 권리에 대한 자신들의 믿음과 정치적 혼란에 대한 두려움을 놓고 분열되었다. 그들은 재산과 교육이 정치 참여의 필수적인 필요조건이라고 생각했다. 부유한 자유주의자는 투표권을 보통 사람에게 확대하는 것을 반대했다. 남성의 보통선거권을 요구하는 것은 정말로 급진적인 것이었고 여성이나 유색인에게 선거권을 주자고 말하는 것은 그보다 훨씬 더 급진적인 것이었다. 노예제와 관련해서 19세기의 자유주의는 계몽주의의 모순을 물려받았다. 개인적 자유에 대한 믿음은 기존의 경제적 이해관계, 질서와 재산을 유지하고자 하는 결심, 그리고 더욱더 '과학적인' 급진적 불평등 이론과 충돌했다(제19장 참조).

　경제적 자유주의는 좀 더 새로운 것이었다. 경제적 자유주의를 창건한 문서는 애덤 스미스의 『국부론』(1776)이었다. 이 책은 자유 시장의 이름으로 중상주의(세입을 늘리기 위해 제조업과 무역을 규제하는 정부 정책)를 공격했다. 경제는 '천부적 자유의 체계(system of natural liberty)'에 토대를 두어야 한다는 스미스의 주장은 제2세대 경제학자들에 의해 보강되었고 1838년에 창간된 『경제학자(Economist)』라는 학술지에서 대중화되었다. 경제학자들(또는 당대에 그렇게 불렀듯이 정치경제학자들)은 기본적인 경제 법칙, 예컨대 수요와 공급의 법칙, 무역 균형, 수확 체감의 법칙 등을 확인하고자 했다. 그들은 경제 정책이 이런 법칙들을 인정하는 것으로 시작되어야 한다고 주장했다. 영국의 데이비드 리카도(1772~1823)는 임금과 지대가 각각 장기간 오르내린 결과를 결정하려고 노력하면서 임금과 지대의 법칙을 상세히 설명했다. 정치경제학자들은 경제 활동은 규제되어서는 안 된다고 믿었다. 노동은 길드나 노동조합의 방해를 받지 않고 자유로운 계약으로 이루어져야 했다. 재산은 봉건적 제약으로 방해를 받아서도 안 되었다. 상품은 자유롭게 유통되어야 했다. 이는 구체적으로 정부가 허가한 독점뿐만 아니라 특히 곡물, 밀가루 또는 옥수수 같은 중요한 상품들에 대한 전통적인 시장 규제 관행의 종식을 의미했다. 아일랜드 대기근 시기에 그들의 저작은 정부 간섭이나 구제에 대한 반대를 강화하는 역할을 했다(제19장 참조). 국가의 기능은 최소한으로 유지되어야 했다. 정부의 역할은 질서를 유지하고 재산을 보호하는 것이어야지 경제력의 자연적 활동, 즉 대략 "일이 자기 힘으로 굴러가게 내버려두어라"라고 번역되는 자유방임주의(laissez-faire)의 신조를 간섭해서는 안 되었다. 정부 간섭에 대한 이런 준엄한 반대는 19세기의 자유주의를 오늘날 우리가 알고 있는 자유주의와는 상당히 다르게 만든다.

자유(liberty)와 해방(freedom)은 여러 나라에서 서로 다른 것을 의미했다. 강대국들에게 점령당한 나라에서는 자유당이 외국의 지배로부터의 해방을 요구했다. 라틴아메리카의 식민지들은 에스파냐로부터의 자유를 요구했고, 이와 유사한 투쟁이 오스만튀르크에 대항한 그리스와 세르비아, 오스트리아에 대항한 북부 이탈리아, 러시아의 지배에 대항한 폴란드 등에서 일어났다. 중부 및 남동 유럽에서는 자유란 봉건적 특권의 폐지와 최소한 교육받은 엘리트가 정치권력을 잡을 수 있게 해주고 지방 의회에 더 많은 권리를 주며 대의제적 국가 정치 제도를 창조하는 것을 의미했다. 일부는 영국의 정부 체제를, 또 다른 일부는 프랑스 「인권 선언」을 본보기로 열거했다. 대부분은 프랑스 혁명의 급진주의로부터 한 걸음 뒤로 물러섰다. 문제는 입헌적이고 대의제적인 정부였다. 러시아, 프로이센, 그리고 복위된 부르봉 군주정하의 프랑스 같은 나라들에서 자유란 투표하고 회합하며 검열을 받지 않고 정치적 주장을 출판할 권리 같은 정치적 자유를 의미했다.

정치적 자유가 상대적으로 잘 확립되어 있던 영국에서 자유주의자들은 시민권의 확대, 자유방임 경제와 자유 무역, 제한적이고 효율적인 정부의 창출을 목표로 한 개혁에 초점을 맞추었다. 이 점에서 가장 영향력 있는 영국의 자유주의자는 제러미 벤담(1748~1832)이었다. 벤담의 주요 저작인 『도덕과 입법의 원리 서설(Introduction to the Principles of Morals and Legislation)』은 19세기의 자유주의가 어떻게 계몽주의의 유산을 지속시켰고 또한 어떻게 변형시켰는가를 보여준다. 벤담은 스미스와는 달리 인간의 이해관계가 자연적으로 조화롭다거나 한정적인 사회질서가 일군의 이기적인 개인들로부터 자연적으로 등장할 수 있다는 것을 믿지 않았다. 대신에 그는 사회가 공리주의(功利主義)라는 조직 원리를 채택할 것을 제안했다. 사회 제도와 법(선거 제도나 관세 등)은 그것의 사회적 유용성, 즉 그것이 '최대 다수의 최대 행복'을 창출할 수 있을지에 따라 평가되어야 한다. 어떤 법이 이 기준을 통과한다면 그것은 성문화될 수 있고, 만약 그렇지 못하다면 그것은 버려야 한다. 공리주의자들은 개인의 중요성을 인정했다. 각각의 개인은 자신의 이해관계를 가장 잘 이해하기에 가능하다면 자신이 적합하다고 보는 그런 이해관계를 자유로이 추구하도록 내버려두는 것이 최선이며, 최대 다수의 이해관계, 즉 행복과 충돌할 때에만 개인의 자유가 박탈된다. 매우 실용적인 공리주의 정신은 개혁을 향한 신조로서 자체의 영향력을 고양시켰다.

급진주의, 공화주의, 그리고 초기 사회주의

자유주의자의 왼쪽에는 두 개의 급진적 집단, 즉 공화주의자와 사회주의자가 포진해 있었다. 자유주의자가 입헌군주제(안정과 재산을 가진 사람들의 수중에 권력을 유지한다는 명목으로)를 옹호한 데 반해, 공화주의자는 그 명칭이 함축하고 있는 것처럼 인민에 의한 정부, 투표권의 확대, 민주적 정치 참여 등을 요구하면서 더 큰 압박을 가했다. 자유주의자가 개인주의와 자유방임을 요구했던 곳에서 사회주의자는 평등을 더 강조했다. 당시에 사용되었던 용어로 말하면, 사회주의자는 '사회 문제'를 제기했다. 증대되는 사회적 불평등과 노동자의 비참함을 어떻게 치유할 수 있는가? 그들은 이 사회적 문제가 절박한 정치적 문제라고 주장했다. 사회주의자는 이 문제에 대해 다양한 대답과 경제적·사회적 권력을 재분배하는 여러 가지 방법을 제시했다. 이들 해결책은 협동과 일상생활을 조직하는 새로운 방법에서 생산수단의 집단적 소유에 이르기까지 광범위했으며, 일부는 순전히 이론적이었지만 다른 것들은 매우 구체적이었다.

사회주의는 19세기의 사고체계였고 대부분 산업화로 인해 두드러진 문제들에 대한 응답이었다. 이런 문제들은 노동강도의 심화, 산업 도시들에서 노동계급 지역의 빈곤, 계급과 특권에 입각한 계급 제도가 사회계급에 입각한 제도로 대체되어왔다는 널리 퍼진 인식 등이었다. 사회주의자에게 산업 사회의 문제는 우연히 발생한 것이 아니고 경쟁, 개인주의, 사유재산이라는 핵심 원리에서 나타난 것이었다. 사회주의자는 산업과 경제 발전에 반대하지 않았다. 그와는 반대로 그들이 계몽주의로부터 받아들인 것은 이성과 인간의 진보에 대한 헌신이었다. 그들은 사회가 산업적인 동시에 인도적인 것이 될 수 있다고 믿었다.

이러한 급진적 사상가들은 종종 명백한 유토피아적 개혁론자였다. 개혁가로 전향한 부유한 산업가인 로버트 오언(1771~1858)은 스코틀랜드의 뉴래너크에 커다란 면방직 공장을 구입해 이윤의 원리가 아니라 협동의 원리에 따라 공장과 주변 마을을 조직해나갔다. 뉴래너크는 훌륭한 주택과 위생, 양질의 노동조건, 보육, 무상 교육, 공장 노동자를 위한 사회보장 제도 등을 조직했다. 오언은 협동과 상호 존중에 입각한 사회의 전반적인 재조직을 주장했고 다른 제조업자들에게 자신의 대의가 정당함을 설득하고자 노력했다. 프랑스인 샤를 푸리에(1772~1837) 역시 임금제 폐지, 사람들의 타고난 성향에 따른 노동 분업, 완전한 성적(性的) 평등, 집단적으로 조직된 보육과 가사노동 등에 입각한 유토피아 공동체를 조직하고자 노력했다. 카리스마적인 사회주의자인 플로라 트리스탄(1803~1844)은 노동자에게 협동과 남녀평등의 원리를 설파하면서 프랑스를 여행했다. 수많은 남녀가 한마음이 된 지도자들을 따라 실험적 공동체에 들어갔다. 그렇게 많은 사람들이 유토피아적 상상력을 진지하게 받아들였다는 것은 초기 산업화로 인한 사람들의 불행과 사회가 급진적으로 서로 다른 노선을 따라 조직될 수 있다는 그들의 신념을 보여주는 척도이다.

그 밖의 사회주의자들은 한결 단순하면서도 실용적인 개혁을 제시했다. 프랑스의 정치가이자 언론인인 루이 블랑(1811~1882)은 노동계급의 남성에게 국가 지배권을 주는 것을 목표로 성인 남성의 보통선거권 획득을 위한 운동을 전개했다. 이 변화된 국가는 사유재산과 공장주계급을 보호하는 대신에 신용을 필요로 하는 사람들에게 신용을 확대해주고 모든 사람을 위한 일자리와 안전을 보장해줄 노동자가 지배하는 작업장들인 '생산협동조합'을 설립할 수 있게 해주는 '빈민을 위한 은행'이 될 것이다. 그러한 작업장들은 1848년의 프랑스 혁명 기간 동안에 잠시 설립된 적이 있다. 그리고 여성의 권리를 촉진하는 클럽들이 잠시 설립되기도 했다. 피에르 조제프 프루동(1809~1865)은 노동자들이 구입할 수 있는 가격으로 상품을 파는 생산자 협동조합과 노동계급의 신용조합 등을 제안했다. "소유란 무엇인가"라는 질문에 대한 프루동의 유명한 답인 "소유는 도둑질이다"가 실린 팸플릿은 숙련공, 노동자, 그리고 카를 마르크스를 포함한 중간계급 지식인들에게 가장 널리 읽힌 친숙한 사회주의 팸플릿 중 하나가 되었다. 앞으로 보겠지만, 1840년대의 경제 불황과 심화되는 광범위한 비참함은 한층 더 많은 노동계급이 사회주의자를 따르게 만들었다.

카를 마르크스의 사회주의

근대 사회주의의 아버지인 카를 마르크스(1818~1883)는 19세기 초에는 거의 알려지지 않은 인물로, 그의 명성은 1848년 이후에 높아졌다. 그때 밀려온 혁명의 물결과 폭력적인 대결 양상은 그의 눈에 띄는 역사 이론이 옳음을 증명해주는 것처럼 보였고, 실험적 공동체들을 세움으로써 협동을 강조하는 초기 사회주의자의 강조와 산업 사회의 평화적인 재조직을 순진한 것처럼 보이게 만들었다.

마르크스는 독일 서부 지역의 트리어에서 성장했는데, 그 지역과 그의 가족은 혁명 시대의 정치적 논쟁과 운동에 큰 관심을 갖고 있었다. 그는 유대인 가정 출신이었지만 그의 부친은 법률가로 일하기 위해 프로테스탄트교도로 개종했다. 마르크스는 철학 특히 게오르크 빌헬름 프리드리히 헤겔(1770~1831)의 사상으로 전향하기 전에 베를린 대학에서 잠시 법을 공부했다. 대단히 보수적인 프로이센 대학 체제의 편협한 사고방식에 약이 오른 일군의 반항적인 학생들인 청년 헤겔파(Young Hegelian)와 더불어 마르크스는 자신의 급진적 정치학을 위해 헤겔의 개념들을 전유했다. 그의 급진주의(그리고 그의 무신론. 그는 어떠한 종교적 소속도 거부했다)는 그가 대학에서 자리 잡는 것을 불가능하게 만들었다. 그는 언론인이 되어 농민들이 공유지에서는 일상적이었던 숲에서 나무를 '훔치는 일'에 관한 유명한 기사를 쓰기도 했으며, 1842년부터 1843년까지 《라인 신문(Rheinische Zeitung)》을 편집했다. 법적 특권과 정치적 억압에 관한 이 신문의 비평은 프로이센 정부와 충돌을 빚었으며 결국 이 신문이 폐간되어 마르크스로 하여금 처음에는 파리, 그 다음에는 브뤼셀, 그리고 마침내 런던으로 망명하게 만들었다.

파리에 있는 동안 마르크스는 초기 사회주의 이론, 경제학, 프랑스 혁명의 역사 등을 연구했다. 그는 또한 프리드리히 엥겔스(1820~1895)와 일생에 걸친 지적·정치적 동반자 관계를 맺기 시작했다. 엥겔스는 독일 라인란트 출신의 섬유 제조업자의 아들로 영국 산업혁명(제19장 참조)의 심장부 중 하나인 맨체스터의 한 상회에서 사업을 배우기도 했다. 하지만 엥겔스는 부친의 발자취를 따르기보다는 맨체스터의 비참한 노동 및 생활 수준과 자신이 자본주의의 체계적인 불평등이라고 본 것을 비난하기 위해 펜을 들었다(『영국 노동계급의 상태(The Condition of the Working Class in England)』, 1844). 마르크스와 엥겔스는 정의 동맹(League of Just)—1847년에 공산주의 동맹(Communist League)으로 명칭을 바꾸었다—이라는 급진적 숙련공들의 소규모 국제 집단에 가입했다. 이 동맹은 마르크스에게 이 동맹의 원리에 관한 성명서—1848년에 「공산당 선언(Communist Manifesto)」으로 출간되었다—의 초안 작성을 요청했다.

「공산당 선언」은 간단한 형태로 마르크스의 역사 이론을 정확히 배열해놓았다. 세계사는 세 가지 주요 단계를 거쳐 왔는데, 각각의 단계는 다음과 같은 사회집단, 즉 고대 노예제에서는 주인과 노예, 봉건제에서는 영주와 농노, 자본주의에서는 부르주아와 프롤레타리아 사이의 갈등이라는 특징을 지녔다. 마르크스의 이론에 따르면, 봉건적 또는 귀족적 재산관계는 부르주아 정치권력과 산업 자본주의의 도래를 알리면서 프랑스 혁명이 구질서를 전복시킨 때인 1789년에 끝나고 말았다. 「공산당 선언」에서 마르크스와 엥겔스는 부르주아계급이 "이전 세대가 한 것을 모두 합친 것보다 한결 인상적이고 한층 더 거대한 생산력을 창출"했다고 말하면서 자본주의의 혁명적 업적을 칭송했다. 그러나 그들은 자본주의의 혁명적 성격은 부르주아의 경제 질서를 서서히 해칠 것이라고 주장했다. 자본이 소수의 수중에 한층 더 집중되면서 점증하는 임금노동자의 큰 무리는 점차 자신의 경제적·정치적 권리 박탈을 깨닫게 될 것이었다. 따라서 이들 계급 간의 투쟁은 산업 자본주의의 중심이었다. 「공산당 선언」은 결국에는 새로운 시장에 대한 자본주의의 끝없는 필요성과 과잉생산으로 인한 주기적인 불안정으로 되풀이되어 일어나는 경제 위기들이 자본주의를 붕괴시킬 것이라고 예언했다. 그렇게 되면 노동자들은 국가를 장악하고 생산수단을 재조직하며 사유재산을 폐지하고 마침내 공산주의 사회를 창조할 것이다.

마르크스식의 사회주의에서 독특한 것은 무엇일까? 그것은 체계적이고 학문적인 방식으로 공공연한 진보의 선포와 노동자의 일상적 경험들 사이의 불일치를 다루었다는 점이다. 마르크스는 놀라울 정도로 광범위한 영역에 걸친 지칠 줄 모르는 독서가이자 사상가였다. 그는 영국의 경제학, 프랑스의 역사, 독일의 철학에서 통찰력을 얻었다. 그는 노동이 가치의 근원이고 재산은 빼앗은 것이라는 다른 사람들의 사상을 19세기 자유주의에 대한 철저한 비판이었던 새로운 역사 이론으로 엮어넣었다.

마르크스는 헤겔로부터 인간의 자유를 향해 움직이며 내적 논리를 지닌 역동적 과정으로서의 역사라는 관점을 받아들였다(이것은 보수적인 역사적 사고로부터 더 큰 영향을 받았음을 보여주는 훌륭한 사례이다). 헤겔의 관점에서 보면 역사적 과정은 단순하고 예측할 수 있는 방식으로 전개되지 않으며, 역사는 '변증법적으로' 또는 갈등을 통해 나아간다. 헤겔은 이 갈등을 사상들 사이의 갈등으로 보았다. 다시 말해 하나의 '명제'는 '반(反)명제'를 낳고, 이 두 명제 사이의 충돌은 독특하고 새로운 '종합'을 창출한다는 것이었다. 마르크스는 헤겔의 관념을 역사의 특성에 적용했다. 그는 헤겔이 한 것처럼 사상에서 출발하지 않고 자신이 역사를 움직이는 것이라고 믿었던 물질적 (사회적 그리고 경제적) 힘에서 출발했다. 그 이후로 '변증법적 유물론(dialectic materialism)'이라는 용어는 마르크스의 사상을 서술하는 데 사용되고 있다.

　마르크스는 1840년대 유럽인의 사고와 정치의 상반되는 국제적인 경향을 종합했다. 경제학과 정치학의 관계에 관한 그의 관심은 당대의 특징이었다. 다른 급진주의자들과는 달리 그는 자유를 향한 자유주의자의 요구 사항과 사회적 평등에 대한 자유주의자의 침묵 사이의 간격을 중점적으로 다루었다. 그러나 그는 수많은 사회주의자들 중 단지 한 사람이었고 1848년 혁명 이전에는 가장 적게 알려진 사회주의자 중 하나였다. 1848년의 혁명들은 「공산당 선언」이 출간되던 해에 일어났지만 그 이전에도 어떤 영향력을 갖고 있었다. 하지만 19세기 후반에서야 마르크스주의는 주도적인 사회주의 신조가 되었다.

시민권과 공동체: 내셔널리즘

　19세기 초의 온갖 정치 이데올로기 중에서 내셔널리즘은 가장 파악하기 힘들다. 내셔널리즘의 전제들은 알기 어렵다. 국가를 정확하게 뭐라고 설명할까? 누가 국가를 요구하고 그들의 요구가 의미하는 것은 무엇일까? 19세기 초 내셔널리즘은 일반적으로 자유주의와 같은 태도를 취했다. 하지만 19세기를 거치면서 내셔널리즘이 어떤 신조에도 들어맞도록 주조될 수 있다는 것이 점차 분명해졌다.

　'국가(nation)'의 의미는 시대에 따라 변화했다. 이 용어는 '태어나다'를 의미하는 라틴어 동사 '나스키(nasci)'에서 왔으며 '공통적 탄생(common birth)'을 시사한다. 16세기 영국에서 국가는 귀족이나 귀족의 생득권(生得權)을 공유하는 사람들을 가리켰다. 프랑스 귀족층 역시 자신들을 국가에 적용시켰다. 이런 초기의 친숙하지 않은 용례들은 중요하다. 이 용례들은 18세기 말과 19세기 초의 다음과 같은 가장 중요한 발전을 눈에 띄게 해준다. 즉, 프랑스 혁명은 국가를 인민 또는 주권을 지닌 인민을 의미하는 것으로 다시 규정지었다. 1789년의 혁명가들은 대담하게 더 이상 왕이 아닌 국가가 주권이라고 주장했다. 정부 포고문에서 혁명기 축제, 판화, 중요 기사 등에 이르기까지 도처에서 발견되는 문구인 "비브 라 나시옹(Vive la Nation, 우리나라[프랑스] 만세)"은 영토나 민족성이 아니라 새로운 정치적 공동체를 기념했다.

철학적으로 장 자크 루소로부터 자신의 관점을 발전시킨 프랑스 혁명가들과 그 밖의 사람들에게 구성원의 평등(그러한 평등의 제한에 관해서는 제18장 참조)에 입각해 다시 탄생한 국가라는 주장은 한결 더 정당한 것이었을뿐더러 한층 더 강력한 것이었다. 좀 더 구체적인 수준에서 혁명가들은 국민국가, 군대, 법체계 등을 건설했다. 그리고 이것들의 관할권은 귀족계급이 지녔던 이전의 지역적 특권, 국가적 법체계, 국가 군대 등을 능가했다. 1789년의 프랑스 혁명 직후에 국가는 어느 역사가가 "근대적 시민의 집합적 이미지"라고 부른 것이 되었다.

19세기 초에 '국가'는 법적 평등, 입헌 정부, 통일성 또는 봉건적 특권과 분할의 종식을 상징적으로 보여주었다. 보수주의자들은 국가라는 용어를 싫어했다. 국가적 통일과 국가적 정치 제도의 창설은 귀족적 엘리트의 지방 권력을 축소하도록 위협했다. 신생 국가들은 보수주의자들이 위험한 추상 개념이라고 생각했던 헌법에 의존했다. 내셔널리즘은 그것이 엄밀하게 정치 변화와 관련되어 있었기 때문에 19세기 초 유럽 전역에서 자유주의자에게 중요한 슬로건이 되었다. 내셔널리즘은 보통 사람의 업적과 정치적 각성을 세상에 알렸다.

내셔널리즘은 또한 경제적 근대성을 향해 자유주의자가 내건 요구 사항들과 서로 협조했다. 영향력 있는 독일인인 프리드리히 리스트(1789~1846) 같은 경제학자들은 국가 경제와 국가적 기반을 발전시키고자 했다. 예컨대 그들은 더 크고, 더 강하며, 더 잘 통합되고, 한층 더 효율적인 은행, 무역, 운송, 생산, 분배 체계를 발전시키고자 했다. 리스트는 독일 영방 국가들의 영토적 분열 종식과 제조업의 발전을 '문화, 번영, 자유'에 연계시켰다.

하지만 내셔널리즘은 다른 자유주의적 가치들을 쉽사리 해칠 수 있었다. 자유주의자가 개인적 자유의 가치와 중요성을 주장할 때, 국가 건설에 헌신했던 사람들은 자신의 지극히 중요한 임무가 시민 각자의 자유를 어느 정도 희생하는 것을 요구할지도 모른다고 대답했다. 특히 국가라는 집단의 강력한 상징이었던 나폴레옹의 군대는 시민의 군대를 원했던 자유주의자에게뿐만 아니라 군사력과 권능을 지지하는 보수주의자에게도 매력적이었다.

19세기 내셔널리스트들은 마치 국민적 감정이 역사의 움직임에 새겨진 당연한 것인 양 기록했다. 그들은 '독일인', '이탈리아인', '프랑스인', '영국인'이라는 집단의식 내에 잠자고 있는 감정들을 갑작스레 깨우는 것에 관한 시를 지었다. 이것은 사람들을 호도한다. 국가적 정체성은 (종교적, 젠더적 또는 소수민족적 정체성들처럼) 역사적으로 발전하고 변화했다. 그것은 19세기의 특정한 정치적·경제적 발전, 읽고 쓰는 능력의 증대, 학교나 군대 같은 국가적 제도의 창설, 그리고 투표하는 일에서 휴일과 마을 축제에 이르기까지 국가적 의식에 대한 새로

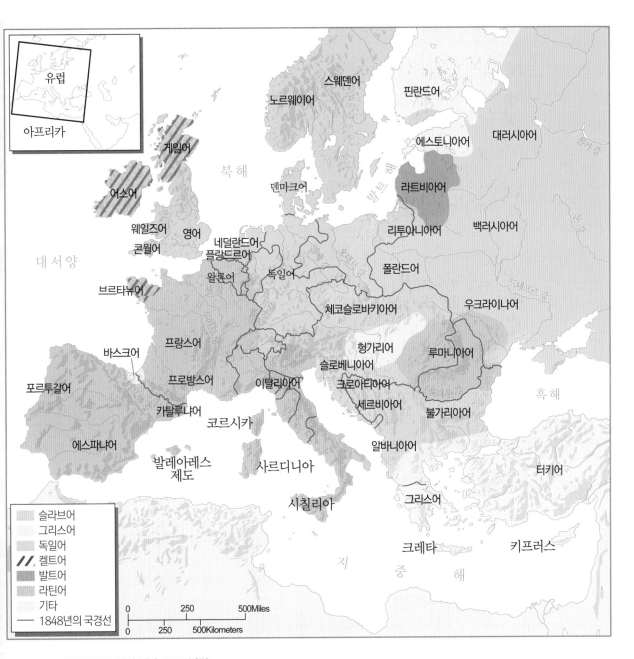

유럽의 주요 언어 집단, 1850년경

유럽 전역에 걸친 언어 집단의 분포를 조사해보라. 언어와 민족주의와의 관계는 어떠한가? 각 나라는 어떤
방식으로 민족 정체성의 발전을 고취시켰는가? 언어 집단들 사이의 구분이 유럽 제국들에게 문제를 불러일
으킨 이유는 무엇인가?

운 중요성 등에 의존했다. 19세기 정부들은 국민감정을 발전시키고 자국인을 한층 더 긴밀하게 국가에 연결시키고자 했다. 국가가 지원하는 교육 체계는 전통적인 방언의 원심력과 싸우면서 '국어'를 가르쳤다. 이탈리아어는 전 인구의 단지 2.5퍼센트만이 이탈리아어를 말한다는 사실에도 불구하고 이탈리아의 공식 언어가 되었다. 바꾸어 말하면 소수민족조차도 국가적 문화를 규정할 수 있었다. 교과서와 의식적으로 민족주의적인 작품을 상연하는 극장, 시, 회화 등은 국가적 유산을 정성들여 만들고 때때로 '조작하는' 것을 도왔다.

정치 지도자들은 특정한 대의와 국가를 결합시켰다. 그러나 아침에 일간 신문을 읽는 것과 같은 일상적인 활동도 사람들이 자신의 동료 시민을 생각하고 동일시하도록 도왔다. 어느 영향력 있는 역사가는 다음과 같이 말했다. "면대면 접촉이 이루어지는 원초적인 촌락(아마도 이 공동체들조차도)보다 더 큰 모든 공동체들은 다음과 같이 상상된다." 국가는 "제한되고, 주권을 지닌 것"으로 상상되고 "마침내 하나의 공동체로서 상상된다. 왜냐하면 횡행할 수도 있는 실제적인 불평등과 착취에 관계없이……국가는 항상 심대하면서도 수평적인 동지애라고 생각되기 때문이다." 국민성(nationhood)의 서로 다른 의미, 그것이 불러일으킨 다양한 정치적 믿음, 그리고 그것이 개발한 강력한 정서는 내셔널리즘을 유난히 예측 불가능한 것으로 만들었다.

이것들이 19세기 초의 주요 정치 이데올로기였다. 이들 이데올로기는 18세기에 뿌리를 두고 있지만 19세기 초의 정치적 혼란으로 인해 전면에 등장했다. 19세기의 일부 이데올로기들은 프랑스 혁명의 트리오, 즉 (전제적인 권위로부터의) 자유, 평등(또는 법적 특권의 종식), 그리고 박애(새로운 시민 공동체의 창설)의 연속이었다. 또 다른 이데올로기들은 보수주의처럼 프랑스 혁명에 대한 반동이었다. 모든 이데올로기는 재해석될 수 있다. 모든 이데올로기는 19세기 동안 점차 공통적인 평가의 기준이 되었다.

문화적 반란: 낭만주의

♣ 예술 운동으로서 낭만주의의 주제들은 무엇이었는가? 낭만주의는 정치적 함의를 지녔는가?

19세기 초의 가장 중요한 문화 운동인 낭만주의는 계몽주의와 혁명이 양극화되어 나타난 결과의 형식을 취했다. 예외적으로 다양한 지적 운동이었던 낭만주의는 모든 예술에 영향을 주었고 마찬가지로 정치에도 스며들었다. 가장 간단히 말하면 낭만주의는 18세기의 고전주의에 대한 반동과 계몽주의의 많은 가치에 대한 반동이었다. 18세기의 고전주의 예술은 이성, 규율, 조화를 열망했다. 낭만주의는 이와 대조적으로 감정, 자유, 상상력을 강조했다. 낭만주의 예술가들은 개인, 개성, 주관적 경험을 높이 평가했다. 그들 중 다수는 스스로 반항적이었고 열정적인 경험을 추구했다. 계몽주의 사상가들과는 대조적으로 이들은 직관, 감정, 느낌이 이성과 논리보다 진리와 인간의 행복으로 더 잘 인도한다고 생각했다.

영국의 낭만주의 시

낭만주의는 계몽주의와 프랑스 고전주의에 대한 반동의 일부로서 나타났던 곳인 영국과 독일에서 가장 일찍부터 발전했고 프랑스에서는 뒤늦게 나타났다. 다른 지적 또는 예술 운동처럼 낭만주의는 앞서 있었던 것들과 완전히 단절되지는 않았다. 실제로 초기 낭만주의자는 자신과 의견을 달리하는 계몽주의의 인물, 특히 장 자크 루소(제17장 참조)가 처음 제기한 주제들을 발전시켰다. 루소의 핵심 주제인 자연, 단순성, 느낌은 윌리엄 워즈워스(1770~1850)의 매우 영향력 있는 『서정적 발라드(Lyrical Ballads)』(1798)와 새뮤얼 테일러 콜리지(1772~1834)를 통해 전해졌다. 워즈워스는 감정이나 영혼을 인간성의 핵심이라고 생각했다. 그에게 시란 "강력한 감동의 무의식적인 분출"이었다. 워즈워스는 루소처럼 사회계급에 상관없이 모든 인류를 묶어주는 동정심과 감정의 매듭을 강조했다. 그는 다음과 같이 썼다. "우리는 모두가 인간의 심장 하나만 갖고 있나니, 좋은 옷을 입지 못한 사람들도 심원하게 느낄 수 있으리니." 워즈워스도 루소처럼 자연을 인류의 가장 신뢰할 만한 스승으로 간주했고 자연의 경험을 진정한 감동의 근원이라고 생각했다. 시적 통찰력은 풍경에 영감을 받고 풍경이 불러일으키는 기억으로도 영감을 받을 수 있었다. 워즈워스에게 영국 레이크 지방의 황량한 언덕과 다 무너져가는 오두막이 그런 풍경이었다. 워즈워스는 「무너져 내린 오두막(The Ruined Cottage)」이란 시의 처음에 스코틀랜드 낭만주의자 시인 로버트 번스(1759~1796)의 다음과 같은 시를 인용했다.

내게 대자연의 불이 일으킨 불꽃을 주오,
그것이야말로 내가 바라는 최상의 배움이러니……

나의 뮤즈여, 그대 비록 수수한 옷차림이라도,

마음을 움직이려니.

호반 시인들(Lake Poets)[2]—워즈워스와 콜리지도 때때로 그렇게 불렸다—은 19세기 낭만주의의 한 가지 핵심 주제, 즉 18세기 사상의 추상적 기계론을 거부한 자연관을 제공했다. 자연은 그 작동을 비판적인 눈으로 관찰해야 하는 체계가 아니었다. 반면에 인간성은 자연에 깊이 빠져 있으며 인간 정신은 자연의 웅대한 (글자 그대로 놀라움과 경외심을 불러일으키는) 힘을 순순히 받아들일 필요가 있었다.

워즈워스와 마찬가지로 시인 윌리엄 블레이크(1757~1827)는 개인적 상상력과 시적 통찰력을 옹호했고 이 두 가지 모두를 협소한 물질적 세계의 한계를 초월하는 것으로 보았다. 블레이크는 산업 사회와 그것의 일상적인 타락, 영국의 풍경을 황폐화시키는 공장들(그는 "악마 같은 음흉한 공장들"이라고 표현했다), 그리고 모든 것을 팔려고 내놓은 시장 문화의 가치에 대한 통렬하고 명철한 비판자였다. 블레이크에게 상상력이 꼭 시작(詩作)으로만 이어진 것은 아니었다. 상상력은 인간의 감수성을 일깨우고 인간성의 '마음이 만들어낸 속박'이나 동시대 세계의 압박을 쳐부수는 서로 다른 가치들에 대한 믿음을 유지할 수 있게 해주었다. 이 점에서 블레이크의 시는 더 나은 세계를 꿈꾼 초기 사회주의자의 노력에 필적했다. 그리고 많은 낭만주의자들처럼 블레이크는 한층 더 유기적이고 통일적이며 인간적인 사회라고 생각한 과거를 뒤돌아보았다.

영국의 낭만주의는 차세대 영국의 낭만주의 시인들, 즉 바이런(1788~1824), 퍼시 셸리(1792~1822), 존 키츠(1795~1821) 등과 더불어 최고조에 달했다. 이들 시인의 삶과 사랑은 그들의 작품만큼이나 커다란 매력을 지녔는데, 이는 그들의 모험이 시적 주제를 몸소 체현했기 때문이었다. 바이런은 낭만주의의 창조성, 상상력, 자발성에 대한 강조를 새로운 수준으로 끌어올렸다. 그는 시란 "상상력의 용암으로서 그것의 분출이 지진을 막아준다"고 썼다. 바이런은 부유하고 잘생겼으며 19세기 영국의 관습에 도전한 것으로 잘 알려진 귀족이었다. 그의 끊임없는 연애 사건은 낭만주의와 순응 및 억제에 대항한 반란의 결합이 창조되는 것을 도왔다. 이 사건들은 거의 아무런 걱정 없이 순탄하게 진행된 것은 아니었다. 바이런은 자신이 박정하게 대했고 1년 뒤에 내쫓아버린 여성과 불행한 결혼을 시작했다. 그의 시에 나

---

2) 19세기 초 레이크 지방(Lake District)에 거주하며 시를 지은 시인들을 지칭한다.

타난 강력한 이미지는 자신의 몹시 고통스러운 정신적 혼란의 일면을 보여준다. 바이런은 정치적 관습에 대해서도 반항했다. 그의 낭만주의는 자유주의적 정치와 불가분의 것이었다. 그는 영국의 정치 지도자들이 부패하고 편협하며 억압적이라고 비난했고, 자유의 이름으로 노동계급의 운동을 옹호했으며, 오스만튀르크로부터 독립하려는 그리스인의 운동에 참여하기 위해 배를 타고 떠났다. 그가 그리스에서 (전투에서가 아닌 결핵으로) 죽었을 때 그는 자유주의적 낭만주의의 전형적인 영웅이 된 것처럼 보였다. 바이런의 친한 친구 퍼시 셸리는 낭만주의적 시와 정치를 새로운 경지에 올려놓았다. 셸리의 『사슬에서 풀린 프로메테우스(Prometheus Unbound)』(1820)의 주제는 낭만주의적 영웅주의와 개인적 대담무쌍함에 대한 예찬이 무엇인지를 잘 보여준다. 제우스에 도전한 프로메테우스는 인간을 위해 불을 훔치고 그에 대한 벌로 독수리가 자신의 심장을 쪼아 먹는 동안 바위에 사슬로 묶여 있는 자신의 모습을 발견한다.

여성 작가, 젠더, 그리고 낭만주의

아마도 가장 널리 알려진 낭만주의 소설은 메리 고드윈 셸리(1797~1851)의 『프랑켄슈타인(Frankenstein: The Modern Prometheus)』(1818)이다. 메리는 두 명의 급진적인 문학계 '명사'인 철학자 윌리엄 고드윈(1756~1836)과 딸을 출산하면서 죽은 페미니스트 메리 울스턴크래프트(제17장 참조)의 딸이었다. 메리 고드윈은 16세 때 퍼시 셸리를 만났는데, 결혼도 하기 전에 그와 세 명의 자녀를 두었고 스무 살 때 『프랑켄슈타인』을 출간했다. 이 소설은 계몽주의적 이성에 대한 낭만주의의 비판과 과학에 관한 19세기 초의 반대 감정 병존을 특히 잘 포착했다. 셸리 자신은 전기에서 최면술에 이르는 당대의 과학적 발전과 그것이 제시하는 약속뿐만 아니라 위험에도 매혹되었다. 이 책은 인간 삶의 비밀을 찾아내고자 결심한 무모할 정도로 야심차고 괴상한 스위스의 과학자를 파헤친다. 이야기가 진행되면서 그는 시신이 매장되기 전에 안치되는 납골당들을 기웃거리며, 그곳에서 시체들, 시신의 신체 부위들, 부패 단계 등을 연구한다(셸리는 어떻게 어린 소녀가 "그렇게 아주 무시무시한 생각을 하게 되었고 또 상세히 설명하게 되었는지"에 대해 자주 질문을 받았다고 말했다). 프랑켄슈타인 박사는 마침내 괴상하게 생긴 괴물의 모습을 한 생명체를 만들어낸다. 이 괴물은 인공적으로 만든 것이었지만 인간의 감정을 가졌기에 자신이 이 어이없는 자신의 창조자에게 멸시당하는 것을 알게 된다. 이후 그는 모두를 파멸시키면서 외로움, 갈망, 무시무시한 자기혐오에 빠지게 된다. 셸리는 왜곡된 창조 신화, 그릇된 길을 간 독특한 천재의 이야기, 고통스럽게 강력한 느낌을 추구하는 것에 관한 연구로서 낭만주의풍의 특징이 잘 나타나도록 이 소설을 주조해냈다. 이 모든 이유로 이 소설은 서양 문화의 판단 기준이 되었다. 프랑켄슈타인 박사는 자신이 "변치 않는 사악함의 창시자가 되고 말았음"을 인정하지 않으면 안 되었고, 이성의 한계와 자연을 통제하는 것이 불가능하다는 것을 보여주는 가장 기억할 만한 성격 묘사 중 하나가 되었다.

우선, 낭만주의는 이성의 한계와 감정의 힘을 강조했다. 둘째, 낭만주의는 개인적 경험의 독특성과 주관성을 주장했다. 정신은 인간의 감각이 지식을 새겨 넣는 백지 상태—존 로크가 표현한 이미지이자 대다수 계몽주의 철학의 중심—가 아니었다. 낭만주의자들은 정신을 상상력과 창조성의 근원으로 간주했다. 개성과 창조성에 대한 낭만주의자의 믿음은 몇 가지 방향으로 나타났다. 그것은 예술적 천재성에 대한 숭배, 즉 다른 사람들이 볼 수 없는 것을 볼 수 있는 능력을 지닌 불가해하고 독특하고 창조적인 개인에 대한 숭배였다. 그것은 예술가와 보통 사람에게서 열렬한 감정을 이끌어내고 상상력과 창조성의 도약을 북돋워줄 경험을 추구하도록 이끌었다. 그러한 경험들은 이국적인 나라로 여행하는 것에서 아편을 피우는 것에까지 미칠 수 있었다. 낭만주의 양식은 바이런, 셸리 부부, 또는 프랑스의 여성 작가인 제르멘 드 스탈(또는 마담 드 스탈, 1766~1817)과 조르주 상드(1804~1876) 등이 했던 것처럼 인습에 과감히 도전할 것을 권장했다. 상드는 바이런과 같은 외적 인격(persona)을 지녔다. 그녀에게 그것은 여성 작가로서 생업을 유지하면서 자신이 좋아하는 연인을 사귀고 남장을 하는 것을 의미했다. 이 모든 것은 중간계급의 도덕규범에 대한 반항이었다.

여성은 낭만주의 문학에서 중요한 역할을 했고, 낭만주의는 젠더와 예술적 창조성에 관한 새로운 생각을 자극했다. 18세기와 19세기에 남성은 합리적이고 여성은 감정적이거나 직관적이라고 단정하는 것이 보통이었다. 그러나 낭만주의는 감정적이고 직관적인 것을 창조적인 것이라고 평가했다. 혁명기에 프랑스에서 독일로 이주한 마담 드 스탈은 『독일론(De l'Allemagne)』(1810)을 통해 독일 낭만주의를 프랑스에서 대중화하는 데 핵심 역할을 했고 역사에 관한 많은 책을 썼다. 낭만주의의 언어는 마담 드 스탈이 자기 자신을 천재라고 묘사하도록 도왔다. 예술적 천재의 역할을 주장하는 것은 일부 여성에게 사회적 규범을 뒤엎는 방편이 되었다. 낭만주의는 또한 남성도 감정적이 될 수 있고 남성과 여성이 공통적인 인간 본성을 공유한다는 것을 시사했다. 마지막으로 그리고 아마도 교양 있는 중간계급의 사람들에게 가장 중요한 것은 개성의 탐색을 강조하고 관능뿐만 아니라 감정과 영혼을 높게 평가함으로써 낭만주의자들은 사랑에 관해 쓰고 실제로 생각하는 새로운 방식을 만들어냈다는 것이다. 일부 역사가들은 낭만주의를 '문화적 양식(cultural style)'이라고 불렀고, 그러한 것으로서의 낭만주의는 예술가의 소규모 동아리를 훨씬 넘어서 남성과 여성의 일상적 글쓰기와 사고에 스며들었다.

낭만주의 회화

19세기 초의 화가들은 주관성과 상상력에 대한 낭만주의의 관심을 화폭에 담았다. 영국에서는 존 컨스터블(1776~1837)과 터너(1775~1851)가 낭만주의 회화를 가장 잘 표현했다. 두 사람은 자연에 대해 한층 더 감정적이고 시적인 접근 방법을 발전시키고자 했다. 컨스터블은 워즈워스에 화답해 다음과 같이 썼다. "보는 것은 영혼이다." 컨스터블은 빛의 속성을 연구하면서 아이작 뉴턴의 프리즘을 열심히 연구했지만 무지개가 보여주는 '시심(詩心)'을 눈으로 포착하고자 했다. 그의 눈에 비친 풍경은 예술가의 개인적 기법과 보는 방식을 강조했다. 터너의 지극히 주관적이고 개인적이며 상상력이 풍부한 그림은 한층 더 관습에서 벗어났다. 터너는 당대의 가장 주목할 만한 그림 중 일부를 그리기 위해 붓질과 색채로 실험했다. 비평가들은 그 그림들이 너무 추상적이고 이해하기 힘들다고 평하면서 비판을 가했다. 이에 대해 터너는 다음과 같이 응수했다. "나는 이해받기 위해 그림을 그리지 않았다." 터너의 관심사는 자신과 동시대인의 관심사, 즉 상상력, 예술가의 창의성, 자연의 힘 등이었다. 하지만 그의 기법은 낭만주의 회화를 새로운 수준으로 끌어올렸다.

프랑스의 주도적인 낭만주의 화가는 테오도르 제리코(1791~1824)와 외젠 들라크루아(1799~1863)였다. 들라크루아의 그림은 터너의 그림과는 매우 달랐다. 그러나 들라크루아가 상세하게 기록한 일기에서 개진한 주관성과 창조적 과정에 관한 그의 사상은 터너의 사상과 많이 닮았다. 프랑스 낭만주의의 마지막 단계를 대표하는 시인 샤를 보들레르는 들라크루아가 자신에게 새롭게 보는 방법을 보여주었다고 다음과 같이 그에게 공을 돌렸다. "눈에 보이는 우주 전체는 이미지와 징후의 저장소일 뿐이다.……인간 정신의 모든 기능은 상상력에 종속되어야만 한다." 낭만주의는 세계를 시각화하는 새로운 길을 열어주었고 19세기 말에 모더니즘을 출범시켰던 실험들을 향한 방향을 가리켜주었다.

낭만주의의 정치: 자유, 역사, 그리고 국가

낭만주의는 여러 차원에 걸쳐 있었으며 낭만주의 예술가들은 상반되는 주장을 옹호했다. 그래서 시, 희곡, 그리고 엄청나게 영향력 있는 역사 소설들을 보통 사람들의 경험에 공감하는 쪽으로 초점을 맞추었던 빅토르 위고(1802~1885)는 다음과 같이 썼다. "너무도 자주 잘못 정의되는 낭만주의는 단지……문학에서는 자유주의, 예술에서는 자유, 사회에서도 자유 등과 같이 지성을 조롱하는 두 가지 뜻으로 해석되는 주장들을 보여준다." 그의 역사 소설로는 『노트르담 드 파리(Notre Dame de Paris)』(1831)와 『레미제라블(Les Misérables)』(1862)이 가장 유명하다. 들라크루아의 〈민중을 이끄는 자유의 여신(La Liberté guidant le peuple)〉은 혁명기의 낭만주의를 대표했다. 셸리와 바이런의 시도 마찬가지였다.

하지만 낭만주의자는 열렬한 보수주의자가 될 수도 있었다. 프랑스의 보수주의자 프랑수아 샤토브리앙(1768~1848)의 『그리스도교의 정수(Génie du christianisme)』(1802)는 국가적 과거의 종교적 경험들이 교직(交織)되어 현재를 이루기에 문화의 조직을 파괴하지 않고는 이미 엉클어진 것을 풀어낼 수 없다고 주장했다. 샤토브리앙은 특히 낭만주의의 견지에서 종교적 감성, 느낌, 주관성 등을 강조했다. 예술적이고 문학적인 관심은 종교에서 훨씬 더 광범위한 반향을 불러일으켰고 당대에 광범위하고 대중적인 종교적 부흥으로 나타났다. 그것은 또한 중세의 문학, 예술, 건축에 대한 관심을 부활시켰다. 낭만주의는 보수주의자와 자유주의자 모두에게 그들이 마음에 그리는 상을 제공해주면서 정치적 노선을 초월했다.

19세기 초의 내셔널리즘은 낭만주의의 심상(心象)으로 가득 차 있었다. 낭만주의의 개성에 대한 강조는 문화의 독특성에 대한 주장으로 쉽게 변형되었다. 가장 영향력 있는 내셔널리스트 사상가 중에 독일의 요한 폰 헤르더가 있었다. 그는 프로테스탄트 목사이자 신학자였으며 『인류 역사의 철학적 고찰(Ideen zur Philosophie der Geschichte der Menschheit)』의 저자였다. 헤르더에게 문명이란 학식 있고 교양 있는 국제적인 엘리트의 산물이 아니었다. 이처럼 낭만주의 사상가들은 계몽주의의 '철학자'들과 거리를 두었다. 헤르더는 문명이란 보통 사람, 독일어로는 '민족(Volk)'의 문화로부터 솟아난 것이라고 주장했다. 각각의 문화는 자체의 독특한 문화적 특성 또는 '민족정신(Volksgeist)'을 표현했다. 몇몇 낭만주의자들이 개인의 특수한 재능을 찬양한 데 반해 헤르더는 민족의 특별한 재능을 칭송했고 각 국가는 자국의 특별한 유산, 독일의 경우에는 자국의 문화와 언어에 충실해야 한다고 주장했다.

역사 발전과 운명에 관한 낭만주의자의 강한 관심은 내셔널리즘 전통에서 자신의 위치를 확인했다. 유명한 동화 모음집(1812~1815)의 편집자인 그림(Grimm) 형제는 토착 방언을 연구하고 민담을 수집·출판해서 민족적 유산으로 남기기 위해 독일 전역을 돌아다녔다. 시인 프리드리히 실러(1759~1805)는 독일의 민족의식을 일깨우기 위해 스위스 영웅을 드라마로 재구성해 『빌헬름 텔(Wilhelm Tell)』(1804)를 출간했다. 하지만 아이러니하게도 이탈리아의 작곡가 조아치노 로시니(1792~1868)는 실러의 시를 이탈리아의 내셔널리즘을 촉진시키기 위한 오페라로 만들었다. 영국에서는 월터 스코트(1771~1832)가 자신의 여러 소설 속에서 스코틀랜드의 민중사를 다시 재현했으며, 윌리엄 워즈워스는 『서정적 발라드』에서 의식적으로 영국인의 소박함과 덕행을 보여주려고 했다. 폴란드인 아담 미키에비치(1798~1855)는 상실된 삶의 방식에 대한 묘사로서 국민적 서사시 「영주 타데우슈(Pan Tadeusz)」를 썼다.

오리엔탈리즘

동일한 문화적 경향—즉, 거대 문화 이론, 문화의 뚜렷한 특징들, 문화의 역사적 발전에 대한 열망—은 '오리엔트(Orient)'에 대한 관심의 고조를 불러일으켰다. 1798년 나폴레옹의 이집트 침공은 영국에 대항한 군사적 우위를 점하고자 한 것이었을 뿐만 아니라 아마도 장기적으로 가장 중요하게 지식, 문화적 위업, 제국의 영광을 찾고자 함이었다. 나폴레옹은 자신의 독특한 문체로 다음과 같이 기록했다. "우리가 살고 있는 이 유럽은 두더지가 파놓은 조그만 흙무더기에 불과하다. 6억 명의 인간이 사는 곳인 동양에서만 대제국을 세우고 위대한 혁명을 이룩하는 것이 가능하다." 나폴레옹의 오리엔트 원정군과 동행한 수많은 학자들은 이집트의 자연사, 문화, 산업에 관한 사실들을 체계적으로 수집하는 것을 책임지는 이집트 연구소(Egyptian Institute)를 세웠다. 같은 시기 동안에 여러 가지 발견들은 새로운 지식 세계를 열었다. 프랑스가 이집트에서 가져온 많은 문화 유물 중에서 곧 유명해지게 된 로제타스톤(Rosetta stone)이 있었다. 학자들은 그것이 세 가지 상이한 언어와 문자, 즉 상형문자(그림 문자), 보통 사람들의 문자(초기 알파벳의 한 형태), 그리고 그리스어로 된 동일한 문서의 서로 다른 판본이라는 것을 알아냈다. 그리스어는 익숙한 것이었기 때문에 학자들은 다른 두 가지의 문자를 해독하기 시작하는 것이 가능했다. 그리하여 해독 가능한 상형문자로 되어 있는 이집트의 오벨리스크들은 고대 이집트에 관해 더 많은 실마리를 제공했다. 1809년과 1828년 사이에 프랑스에서 출간된 23권으로 이루어진 삽화가 많이 들어간 『이집트에 관한 서술(Description de l'Égypte)』은 동방 언어와 역사에 관한 관심을 들끓어 오르게 만들면서 유럽에서 하나의 지적 사건이 되었다. 이에 대해 빅토르 위고는 1829년에 다음과 같이 썼다. "우리는 이제 모두 동양학자들이다." 이집트에서 벌어지는 열강의 각축, 영국의 인도 침략, 그리스 내전, 1830년 프랑스의 알제리 침공 등은 모두 이들 지역에 대한 유럽인의 관심을 고조시켰고 '오리엔탈 르네상스'에 대한 정치적 부수물이었다.

19세기 유럽인은 오리엔트에 특정한 정치적·문화적 역할을 투사했다. 어느 학자의 말에 따르면 "오리엔트는 유럽을 그것에 대비되는 이미지, 사상, 인물, 경험 등을 지닌 것으로 규정하도록 도왔다." 우리는 앞에서 1820년대 오스만튀르크에 대항한 그리스인의 반란이 유럽인을 그리스의 유산과 동일시하고 '오리엔탈' 또는 이슬람교적 잔인함과 전제주의라고 주장한 것에 대항하는 존재로 여기게 했음을 보았다. 고전주의, 사회적 관습, 계몽주의적 합리주의의 지배에 대항한 19세기의 반란으로 유럽의 예술가와 지식인은 민족지학(ethnography)에 매혹되고 새로운 지역의 탐험에 열광했을 뿐만 아니라 동양을 뚜렷한 색채, 관능성, 신비, 비합리성 등으로 재빨리 분류했다. 들라크루아와 나중에 르누아르가 그린 알제리 여성의 그림들이 이런 관점의 훌륭한 사례이다. 이 시대의 종교적 부흥도 이와 유사한 영향을 미쳤다. 그리스도교의 뿌리를 찾고자 하는 학자와 예술가는 스스로 '동방의 변치 않는 습관들'이라고 생각한 것에서 그 뿌리의 발견을 기대했다. 중세 역사와 종교에 관한 매혹 역시 중세 십자군의 이미지를 자극했고, 이는 스코트와 샤토브리앙 같은 낭만주의자에게 중요한 주제이기도 했다. '오리엔탈' 르네상스는 19세기 서양의 회화, 문학, 학문 등에 풍부한 심상을 공급했다. 그것은 또한 확고부동한 마음의 습관이 될 것을 창조하는 데 일조했다. 유럽인은 서양과 '오리엔트'의 차이점에 대해 지나치게 단순화된 이미지를 구축했다.

괴테와 베토벤

19세기로의 전환기에 활동했던 많은 예술가들은 분류하기 힘들다. 요한 볼프강 폰 괴테(1749~1832)는 프랑스식 문체를 버리고 자신만의 언어와 목소리를 발전시키고자 노력함으로써 낭만주의 운동과 독일 작가들에게 지대한 영향을 끼쳤다. 한 청년의 열망과 잠 못 이루는 사랑에 관한 이야기인 그의 초기 소설 『젊은 베르테르의 슬픔(Die Leiden des jungen Werthers)』(1774)은 전 유럽의 독자를 사로잡았다. 하지만 괴테는 자신이 낭만주의의 과도함이라고 생각한 것에서 물러섰다. 그 과도함이란 괴테가 방종하면서도 '불건전한' 것이라고 생각한, 자제와 질서를 넘어선 감정에 대한 숭배였다. 1790년 괴테는 자신이 죽기 1년 전인 1832년에 완성한 운문으로 된 한 편의 희곡이자 자신의 걸작인 『파우스트(Faust)』의 제1부를 출간했다. 이 희곡은 영원한 젊음과 보편적 지식을 얻는 대가로 악마에게 자신의 영혼을 팔았던 사람에 관한 독일의 전설을 재구성한 것이었다. 이 작품은 낭만주의 시대의 다른 작품들보다 분위기 면에서 좀 더 고전주의적이었지만, 영적인 자유와 인간성의 대담무쌍함에 대한 낭만주의의 관심을 반영했다.

작곡가 루트비히 반 베토벤(1770~1827)은 스스로를 고전주의자로 생각했고 18세기의 원리들에 깊이 빠졌다. 그러나 자연 예찬과 낭만주의적 개성은 그의 작품을 통해 청아하게 울려 퍼졌고, 기악(성악 반주가 없는)이 한층 더 시적이고 감정을 더 잘 표현할 수 있다는 그의 주장은 그를 후기 낭만주의 작곡가의 중심인물로 만들어주었다. 그는 다음과 같이 말했다. "음악은 온갖 지혜와 모든 철학보다 한층 더 숭고한 계시이며, 새로운 창조에 영감을 주고 그것을 인도해주는 와인이다." 그의 음악적 업적은 실제로 음악의 지위를 예술의 한 형식으로 끌어올렸고 음악을 낭만주의 운동의 중심에 자리 잡게 만들었다. 베토벤의 생애와 정치는 또한 그의 유산 중 일부가 되었다. 수많은 동시대인처럼 그는 1789년의 프랑스 혁명을 향한 열정의 분출에 사로잡혔다. 베토벤이 혁명가로서 찬양해 마지않았고 그를 위해 교향곡에 〈영웅(Eroica)〉이라고 이름 붙였던 나폴레옹이 스스로 황제 자리에 올라 자신의 원리를 거부했을 때 그는 이에 환멸을 느꼈다. 베토벤의 실망은 나폴레옹 전쟁 기간 내내 계속되었다. 그와 동시에 베토벤은 32세 무렵에 자신이 청력을 상실하고 있음을 알게 되었다. 그는 그것이 치유될 수 있기를 기대했으나, 피아노 대가로서의 그의 경력은 서서히 끝나고 있었다. 1819년 그는 완전히 귀머거리가 되었다. 자신의 상태가 악화되었지만 음악에 대한 각성이 심오해지면서 그는 강력한 소외와 비범한 창조성의 상징인 자신의 고독을 표현하는 작곡에 빠져들었다.

베토벤과 괴테는 18세기와 19세기 사이의 과도기적 인물이었다. 또한 그들은 낭만주의에 대해 표현하기 어려운 정의를 간명하게 잘 보여주었다. 낭만주의 운동은 때때로 서로서로 엇갈리는 상이한 사조들로 구성되었다. 그러한 사조로는 18세기 고전주의에 대한 비판, 자연에 대한 유사 신비주의적 관점뿐만 아니라 역사로의 회귀, 개인적 영웅주의, 도전과 창조성 등에 대한 숭배, 새로운 통찰 방법의 탐색 등이 있었다. 낭만주의의 핵심에는 예술이 감정과 느낌을 표현하는 새로운 방법을 발견하는 것이 필요하다는 주장이 깔려 있었다. 그것은 19세기 예술을 새로운 방향으로 나아가게 만들었던 탐색이었다.

개혁과 혁명

👉 1830년대의 사건들은 어떤 방식으로 복고가 끝나게 만들었는가?

1820년대에 보수주의적 복고는 산발적인 반대에 직면했다. 복고에 대한 가장 결정적인 타격은 1830년 프랑스에서 일어났다. 빈 회의는 프랑스에서 부르봉 왕가의 군주를 왕위에 되돌려놓았다. 루이 18세는 처형당한 루이 16세의 살아남은 형제 중 가장 나이가 많았다. 루이 18세는 절대 권력을 요구했지만, 화해의 명분으로 '헌장'을 허용하고 몇 가지 중요한 권리들, 즉 법적 평등, 능력 위주의 출세, 양원제 의회 정부를 인정했다. 대부분의 시민은 정부로부터 투표권을 박탈당했다. 군사적 패배의 쓰라림, 영광스런 나폴레옹 시대라는 과거에 대한 향수, 그리고 일부 사람들에게는 혁명에 대한 기억 등이 결합되어 이처럼 기반이 약한 통치는 프랑스에서 복고를 약화시켰다.

프랑스의 1830년 혁명

1824년 그다지 유화적이지 않은 루이의 동생 샤를 10세(재위 1824~1830)가 왕위를 계승했다. 샤를 10세는 혁명기와 나폴레옹 시대의 유산을 뒤집어엎기로 결심했다. 샤를의 명령에 따라 프랑스 의회는 혁명 기간 중에 토지가 몰수되고 매각되었던 귀족들에게 배상해줄 것을 의결했다. 그것은 극우파라고 불렸던 극단적 왕당파를 달래주었지만, 혁명으로 혜택을 본 재산 소유자들의 반감을 샀다. 샤를 정권은 또한 전통적으로 가톨릭교회에 부여된 학교 교육에 대한 권리를 회복시켜주었다. 이러한 정책들은 광범위한 불만, 군주에 대한 몇 차례의 불신임 투표, 정부에 대한 자유주의적 반대자들이 프랑스 하원에 선출되게 만든 일련의 선거 등을 불러왔다. 그러나 밀려오는 자유주의적 여론의 조류를 경제적 역경의 시기가 삼켜버리고 말았다. 파리와 지방에서 올라오는 근심어린 경찰 보고서들은 실업, 기아, 분노의 정도가 심상치 않음을 알렸다. 샤를과 그의 장관들은 정권의 평판이 나쁘다는 것을 경고하는 증거에 직면해 새로운 선거를 요구했지만, 그것이 여의치 않자 국왕은 근본적으로 의회제 정부를 전복시키고자 했다. 1830년 7월 칙령은 새로이 선출된 의회를 개원도 하기 전에 해산시키고, 언론에 대한 엄격한 검열을 부과하며, 나아가 귀족이 아닌 어느 누구도 거의 완전히 배제하기 위해 선거권을 제한하고, 새로운 선거를 요구하는 등의 내용을 담고 있었다.

이러한 조치의 대가로 샤를이 얻은 것은 혁명이었다. 파리 사람들, 특히 노동자, 수공업자, 학생, 문인 등이 거리에 나섰다. 급조한 바리케이드 뒤에서 3일간 치열하게 벌어진 시가전에서 혁명가들은 군대와 경찰에 도전했다. 하지만 군대와 경찰 그 어느 쪽도 군중에게 발포할 생각이 없었다. 샤를은 더 이상의 저항이 쓸모없음을 깨닫고 퇴위했다. 바리케이드를 메웠던 혁명가들은 공화정을 원했다. 그러나 이 운동의 다른 지도자들은 1789년의 혁명에서 있었던 것과 같은 국내 및 국제적 혼란이 다시 일어나는 것을 원치 않았다. 그들은 오를레앙 공작을 국민에게 책임지는 입헌군주로서 프랑스의 왕이 아니라 프랑스인의 왕 루이 필리프(재위 1830~1848)로 추대했다. 7월 왕정이라고 부르는 새로운 정부는 피선거권이 있는 유권자의 수를 두 배로 늘렸다. 그러나 선거권은 여전히 엄격한 요구 조건을 갖춘 재산소유권에 기반을 둔 권리가 아닌 특권이었다. 혁명의 주요 수혜자들은 재산을 소유한 계급들이었다. 1830년의 혁명은 1789년 혁명의 기억을 떠올리게 하면서 보통 사람들을 여전히 정치에서 후퇴하게 만들었고 다른 곳에서의 운동들을 자극했다.

1830년은 유럽 전역에 걸쳐 복고의 반대자들에게 엄청난 중요성을 지닌 해였다. 그것은 역사가 새로운 방향으로 움직이고 있으며 정치적 전망은 새로운 가능성을 열어주면서 변화해왔다는 것을 암시했다.

1830년의 벨기에와 폴란드

1815년 빈 회의는 벨기에(당시에는 오스트리아령 네덜란드라고 불렀다)를 프랑스에 대한 완충국으로서 하나의 거대한 국가를 형성시키면서 홀란드에 편입시키는 데 동의했다. 하지만 이 연합은 벨기에에서 인기가 있은 적이 결코 없었고, 프랑스에서의 7월 혁명 소식은 벨기에인의 반대를 촉진시켰다. 브뤼셀 시는 반란을 일으켰고 네덜란드 국왕은 군대를 보냈지만 바리케이드와 거리 전투에 직면해 군대를 철수시켰다. 다른 문제들에 열중했고 열강 중 한 나라가 개입하는 것을 허용하지 않고자 했던 강대국들은 벨기에의 중립을 보장하는 데 동의

1828년 파리에서의 대중적 불안

유럽 전역에 걸쳐 경찰은 정기적으로 보통 사람들의 분위기를 보고했다. 1828년 파리에서 작성된 이 경찰 보고서는 수도에서 시민의 분노가 치솟고 있음을 포착하고 있다. 그 전 해에 있었던 곡물 흉작은 물가를 치솟게 했다. 파리의 노동계급 구역에서 경제 위기는 정권에 대한 비판을 가속시켰다. 이 보고서는 또한 질서를 유지하라고 독촉 받지 않은 경찰의 우려를 반영하고 있다.

켕즈-뱅(Quinze-Vingts) 지구의 생-니콜라 가의 모퉁이에는 다음과 같이 손으로 쓴 플래 카드가 걸려 있다. "나폴레옹 만세! 우리를 굶겨 죽이고 있는 샤를 10세와 사제들에 대항 해 결사 항전을!" 몇몇 노동자들은 다음과 같이 말하며 환호했다. "그들에게는 할 일이 없 기 때문에, 자신들이 죽어야 할지라도 그것을 끝장낼 것이다.……" 이와 유사한 전단지들 이 파리 근교의 생-마르소와 생-마르탱에 있는 샤랑통 가와 샤론느 가에 뿌려졌다.……사 람들은 포도주 상점과 작업장에서 사람들이 모여서 일자리와 빵을 요구하기 위해 튈르리 로 행진해야 하고 자신들 중 많은 사람들이 이겨보았기 때문에 군대를 두려워하지 않는다 고 말하고 있다. 노동자들의 이러한 격분은 최근 물가 상승 이래로 늘 주목되었고 전문적 선동가들(파리 교외 지역에 상당히 많이 있다)은 노동자들이 과도하게 제멋대로 하도록 부 추기기 위해 물가 상승을 이용하고자 하고 있다. 환경은 우호적이다. 상당히 많은 노동자 는 오랫동안 고통을 겪어왔으며 빵 가격은 그들을 극도의 실망으로 몰아가고 있다.……나 는 경찰국장에게 약간의 거처와 그들이 최소한의 수입을 벌 수 있는 수준에서 시작하는 유사한 일자리를 얻을 수 있도록 간청했다.

분석 문제

1. 이 보고서는 불만의 원인이 무엇이라고 말해주는가?
2. 이 보고서는 그것을 작성한 사람들, 즉 경찰에 관해 무엇을 말해주는가?

했다. 그리고 이 중립은 1914년까지 유효한 상태로 있었다.

반란은 러시아 제국이라는 훨씬 더 막강한 세력을 접하고 있던 폴란드로까지 확산되었다. 폴란드는 독립국이 아니었다. 폴란드는 빈 회의의 조항에 따라 러시아의 지배하에 있었다. 하지만 폴란드는 자체의 의회(또는 국회[diet]), 상대적으로 광범위한 선거권, 헌법 등을 갖고 있었고 기본적인 언론 및 출판의 자유가 보장되어 있었다. 러시아가 앉혀놓은 국가의 수장인 차르의 동생 콘스탄틴은 이 보장들을 점차 무시했다. 벨기에에서와 마찬가지로 폴란드에서도 1830년의 프랑스 혁명 소식은 이 나라를 반란으로 기울게 했다. 자신들의 자치권을 지키고자 하는 폴란드 귀족 및 학생, 군 장교, 정치 개혁을 요구하는 중간계급의 사람들로 잘 조직된 연합이었던 혁명가들은 콘스탄틴을 몰아냈다. 하지만 일 년도 채 되지 않아 러시아 군대는 바르샤바를 재탈환했다. 지독하게 보수적인 니콜라이 1세는 자신이 국내에서 12월당원에게 자행했던 것과 똑같은 비정한 방식으로 폴란드인의 반란을 분쇄했고 폴란드를 군정하에 두었다.

영국에서의 개혁

영국에서 혁명이 일어나지 않았던 이유가 무엇일까? 이에 대한 한 가지 답은 영국에서도 거의 혁명이 일어날 뻔했다는 것이다. 유럽 대륙에 필적하는 정치적 보수주의 시대 이후에 영국 정치는 상이한 방향으로 나아갔고 영국은 유럽에서 가장 자유주의적인 국가 중 하나가 되었다.

나폴레옹 전쟁이 끝남과 더불어 영국에는 전면적인 농업 불황이 다가왔고 여기에 저임금, 실업, 흉작 등이 결합되어 일상적인 사회 불안을 야기했다. 경제 상황이 특히 나빴던 북부의 신흥 산업 도시들에서 급진적인 중간계급 사람들은 의회에 더 많은 의원 선출권을 요구하기 위해 노동자들과 제휴했다. 1819년 6만 명의 군중이 정치 개혁을 향한 시위를 벌이기 위해 맨체스터의 성 베드로 광장(St. Peter's Field)에 모였다. 민병대와 일부 기마 군인은 군중을 공격해 11명의 사망자와 113명의 여성을 포함한 400명의 부상자를 발생시켰다. 영국의 급진주의자들은 영국군이 자국의 시민에 거역한 이 사건을 워털루 전투를 빗대어 국내에서 일어난 '피털루(Peterloo)'라고 부르며 비난했다. 의회는 신속하게 육법(Six Acts, 1819)을 통과시켰다. 이 법들은 '선동적이고 불경스런' 문학을 불법화하고 신문에 대한 인지세를 인상하며 무기 색출을 위한 가택 수색을 허용하고 대중 집회의 권리를 제한하는 내용을 담고 있었다.

밑으로부터의 압력에 자극받은 영국의 정치 지도자들은 개혁에 대한 반대를 거둬들였다. 아이러니하게도 개혁은 보수적인 토리당 하에서 시작되었다. 영국의 대외 정책에서 보수적 성격이 약화되었고 가톨릭과 영국 국교에 반대하는 프로테스탄트(침례교인, 회중교인, 감리교인 등과 같은 영국 국교도가 아닌 사람들)도 공적인 정치 생활에 참여하는 것이 허용되었다. 하지만 토리당은 하원에서 정치적 대표성의 개혁을 거부했다. 수세기 동안 의회는 재산소유 계급의 이해관계를 대표해왔다. 하원 의원의 약 3분 2는 영국에서 작위가 있는 가장 부유한 지주들의 후원으로 직접 지명되거나 간접적으로 당선을 신세진 경우에 해당되었다. 하원에 의원을 보냈던 의회 선거구나 하원 의원 선거구 도시들(boroughs)은 자신의 이해관계에 동조하는 후보를 의회에 보내기 위해 권력을 행사한 지주들이 지배했다. 이들 선거구는 '부패한' 또는 '쌈지(pocket)' 하원 의원 선거구 도시라고 불렸는데, 그 이유는 이들 하원 의원이 자신을 통제하는 사람들의 호주머니 안에 있다고 회자되었기 때문이었다. 이 체제의 옹호자들은 자신이 토지 재산의 이해관계와 맞아떨어진다고 이해했던 영국의 이해관계를 폭넓게 돌보고 있다고 주장했다.

야당인 휘그당 내 자유주의자, 신흥 산업 중간계급, 급진적 수공업자는 열렬히 개혁을 주장했다. 하지만 자유주의자가 특별히 민주주의의 옹호자는 아니었다. 그들은 책임을 다할 수 있는 시민에게만 선거권을 주기를 원했다. 하지만 그들은 잘 조직된 중간 및 노동계급 급진주의자와 더불어 개혁을 향한 추진력을 강화시키는 것을 공통의 대의로 만들었다. 토머스 애트우드(1783~1856)라는 버밍엄의 은행가는 하층 및 중간계급 민중 정치연합(Political Union of the Lower and Middle Classes of the People)을 조직했다. 1830년 7월에 이르러 몇몇 지방 도시들에서 이와 유사한 조직들이 태동했고, 그중 일부는 군대 및 경찰과 유혈 충돌도 기꺼이 불사하려고 했다. 중간계급 상점 주인들은 세금을 납부하지 않을 것이며 필요하다면 방위군을 조직하겠다고 공표했다. 또한 영국에 콜레라가 창궐하자 당장 혁명이 일어나는 것은 아니라도 심각한 총체적 무질서 상태 직전에 이르렀다. 휘그당 당수인 찰스 그레이(2nd Earl Grey, 1764~1845)는 개혁을 통해 언론을 장악할 기회를 잡았다.

1832년의 개혁법은 의회에서 부패한 하원 의원 선거구를 제거했다. 이 개혁법은 농업 지역인 남부에서 산업 지역인 북부에 이르는 143개의 의회 의석을 재배정했다. 그러나 이 개혁법은 선거권을 확대했지만 재산 자격 조항으로 인해 6명의 남성 중 1명만 투표할 수 있었다. 거의 혁명적인 상황으로 인해 탄생한 이 법은 상대적으로 온건한 법으로 종말을 고했다. 이 법은 토지 귀족의 이해관계에 의한 정치력을 축소시켰지만 파괴한 것은 아니었다. 이 법은 일부 산업 중간계급을 포함한 영국의 자유주의자들이 수세기 동안 영국을 지배해왔고 최소 한 세대 이상 더 영국을 지배하게 될 토지 엘리트층과의 소규모 협력을 가능케 해주었다.

새 정권이 가져온 변화는 어떤 것들이었을까? 새로운 정권은 영국 식민지들에서 노예제를 폐지했고, 그것은 1838년에 발효되었다(이것은 다음 장에서 좀 더 광범위한 맥락에서 논의된다). 중간계급의 힘을 보여주는 가장 두드러진 사례는 1846년의 곡물법(Corn Laws) 철폐였다. 곡물법(wheat을 영국식 용례로는 corn이라고 한다)은 외국과의 경쟁으로부터 영국의 지주와 곡물 생산 농부를 보호했다. 이 법은 1820년대에 수정된 적이 있지만 빵 가격을 계속 인위적으로 유지시켰다. 더욱 중요한 것은 산업 중간계급은 점차 이 법을 귀족계급을 위한 특별한 보호 조치로 보았다는 것이다. 곡물법 철폐 추진 운동은 치밀하게 조직되었으며 집요했다. 원칙적으로 개혁과 자유 무역을 신봉하는 사람들과 새로운 체제에서 직접적인 경제적 이해관계를 갖고 있던 사람들이 이 철폐 운동에 합류했다. 놀라울 정도로 폭넓은 지지를 이끌었던 반(反)곡물법 동맹은 영국 북부 전역에서 대규모 집회를 개최하고 의원에게 로비 활동도 전개했다. 이 동맹은 결국 수상 로버트 필(1788~1850)에게 곡물법의 철폐가 영국의 경제적 건전성과 전 지구적 권세 모두에 불가피하고 필수적인 것이라고 납득시키면서 결정적인 승리를 거두었다. 1846년부터 자유 무역 정책이 개시되었고 1920년대까지 지속되었다.

영국의 급진주의와 차티스트 운동

1832년의 개혁에서 커다란 성과를 거두지 못한 데 대한 실망은 '인민 헌장(People's Charter)'[3]이라는 형태로 훨씬 더 광범위한 정치적 변화에 주목했다. 이 문서는 차티스트로 구성된 위원회가 앞장서서 전국적으로 회람시켜 수백만 명의 서명을 받은 것으로서 다음과 같은 6개 항의 요구 사항을 담고 있었다. 그것은 성인 남성의 보통선거, 비밀 투표 실시, 하원 의원의 재산 자격 폐지, 의원 선거의 매년 실시, 하원 의원에 대한 세비 지급, 평등한 선

---

3) 차티즘(Chartism)이란 용어는 여기에서 유래한다.

1842년 반(反)곡물법 동맹에서의 여성들

곡물법 철폐를 위한 운동은 많은 중간계급 여성을 그 대열에 합류시켰다. 많은 중간계급 여성에게 반곡물법 운동은 여성 참정권과 같은 운동을 이끌었다. 개혁 운동에 적대적인 다음 글은 이 운동에 여성이 참여한 것을 개탄하고 있다.

우리는 맨체스터 반곡물법협회의 평의회가 1841년 5월 20일에 열리는 '반곡물법 다과회(anti-Corn Law tea-party)'에 신사 표는 2실링, 숙녀 표는 1실링 6페니에 주민을 초대했다는 것을 안다.……숙녀들은 이 모임의 '여성 집사들(stewardesses)'로 광고되었다. 그래서 이제는 약 300명의 숙녀 이름이 건방지게 '전국 바자(National Bazaar)'의 '여성 후원자'와 '위원'으로 광고되었다. 우리는 이 협회의 회원과……그리고 여전히 더 많은 사람들이 정치적 선동가들의 신분에 자신의 부인과 딸을 드러내기로 선택했다는 사실에 엄청나게 놀라고 유감으로 생각한다. 그리고 우리는 가정의 범위 내에서 의심의 여지없이 정숙하고 훌륭하며 상냥한 사람들이라고 할 수 있는 그토록 많은 숙녀가 그런 일에 자신의 이름을 게시하는 것을 허용하도록 설득되었다는 점을 가장 유감스럽게 생각한다. 왜냐하면 이 바자와 '다과회'들은 심지어 어떠한 자선의 목적을 띤 척도 하지 않고 전적으로 '정치적 선동'의 목적을 위한 것이라는 점을 기억해야 한다.……

우리는 서기인 울리(Woolley) 여사가 한 노동자 집단에게 보낸 편지를 갖고 있다.……그녀는 "그들에게 사람들의 식량에 관한 모든 제한이 신성하지도 않고 부당하며 잔인한 것이므로 저항하고 비난하라고 호소한다." 그녀는 "숙녀들이 '이기심'과 그것의 '치명적' 결과들로 인해 역사상 그 유례를 찾아볼 수 없는 '독점을 파괴하기 위해' 그녀들의 전력을 다하기로 결의했다고 알려주었다." 그녀는 이렇게 덧붙였다. "따라서 우리는 여러분에게 기여를 부탁한다.……" 이제 확실히……'더 빈곤한 계급들'은 그러한 비이성적인 유혹으로부터 벗어나야 할 뿐만 아니라 더 부유한 신분들로부터 얻을 수도 있는 기부금이 얼마가 되든지 간에 영국 전역을 통해 정치적 선동이 아니라 가정에서의 자선적인 구제를 위해 사용되어야 한다.

분석 문제
1. 우리는 여성의 정치 참여에 대해 과연 빅토리아 시대답게 반대한 것에 관해 무엇을 배우는가?
2. 이 문서는 개혁가의 주장과 전술에 관해 무엇을 말해주는가?

거구 등이었다.

1840년대에 경제 상황이 악화되면서 차티즘(Chartism)은 확산되었다. 이 운동은 또한 노동자의 자조(自助)라는 지역적 전통과 조직을 이용했다. 차티스트는 전술과 목표에 관해서는 서로 의견을 달리했다. 영국 내의 아일랜드계 가톨릭 이민자를 이 운동에 포함시켜야 하는가 아니면 부족한 일자리에 대한 위험한 경쟁자로서 배척해야 하는가? 사회의 책임 있고 관심 있는 구성원으로서 자기 가족을 대표하는 일하는 남성에게만 선거권을 확대해야 하는가, 아니면 마찬가지로 여성에게도 확대해야 하는가? 다음과 같은 세 가지 사례가 차티스트가 처한 입장의 범주를 잘 보여준다. 가구공인 차티스트 윌리엄 로벳(1800~1877)은 중간계급에 속한 그 어떤 사람 못지않게 자기 발전이라는 신념을 열렬히 신봉한 사람이었다. 그는 국가의 늘어나는 산업 장려금을 떳떳하게 받아내기 위해서는 교육받은 노동자의 조합을 결성해야 한다고 주장했다. 소수자인 영국계 아일랜드인 지주 가문의 일원이지만 정치적 급진주의자인 차티스트 퍼거스 오코너(1794~1855)는 한층 더 빈곤하고 절망적인 노동자계급에게 호소했다. 그는 산업화를 공격하고 분배된 농경지에 빈민을 재정착시킬 것을 촉구했다. 또다른 차티스트 브런테어 오브라이언(1805~1864)은 로베스피에르를 공개적으로 칭송하고 '뱃살이 나오고 머리에는 든 것 없는 멍텅구리 귀족계급'을 공격함으로써 대중을 놀라게 했다. 차티즘은 서로 다른 것을 역설하는 수많은 소규모 운동으로 이루어졌지만 그것의 목표는 사회 정의를 위한 수단으로서의 정치적 민주주의였다.

1840년대에 민주주의는 매우 급진적인 요구 사항이었다. 차티스트가 격렬한 반대에 직면한 것도 놀랄 일이 아니다. 하지만 그들은 살아남았다. 위원회는 1839년과 1842년 의회에 인민 헌장을 위해 수많은 사람들이 서명한 청원서들을 제출했다. 하지만 두 경우 모두 즉석에서 거부되었다. 영국 북부에서 정치적 요구 사항은 파업의 배경, 노조 시위, 그리고 저임금과 장시간의 노동조건을 부과하거나 노조를 괴롭히는 공장이나 제조업자에 대한 공격으로 나타났다. 정치적 급진주의와 사회적 급진주의의 연합은 정부를 흔들어놓지 못했다. 보수주의자는 그것을 무정부 상태라고 보았고 자유주의자는 혁명에 아무런 관심도 보이지 않았다. 1848년 4월 차티스트 운동은 절정에 달했다. 부분적으로는 유럽 대륙에서 일어난 혁명에 영감을 받아 차티스트 지도자들은 런던에서 시위와 힘의 과시를 계획했다. 2만 5,000명의 노동자 행렬이 운집해 6개 항목을 요구하는 600만 명의 서명이 들어 있는 청원서를 의회로 가지고 갔다. 또다시 공개적인 계급 대립이라는 유령과 마주친 워털루 전투의 영웅인 노쇠한 웰링턴은 이러한 위협적인 시위를 격퇴하기 위해 특수 경찰대와 정규군 파견대를 동원했다. 결국 지도자들 중 소수의 대표단만이 의회에 청원서를 제출했다. 비가 내리고 대열도 엉성했으며 대부분의 사람이 완전무장한 경찰대와 싸우려고 하지 않았기 때문에 차티스트 운동은 별 효과 없이 무력하게 끝나고 말았다. 이것을 보고 안도한 자유주의자 해리엇 마티노(1802~1876)는 다음과 같이 기술했다. "그날부터 영국이 혁명으로부터 안전하다는 것은 당연한 일이었다."

굶주린 40년대

영국에서 불안의 씨를 뿌린 경제적·정치적 상황은 유럽 대륙에서는 혁명을 야기했다. 흉작은 1840년대에 시작되었다. 1845~1846년 위기는 심각해졌다. 2년 동안 연속적으로 곡물 수확은 완전히 실패했다. 감자마름병은 아일랜드에는 기아(238쪽 참조)를 그리고 독일에는 굶주림을 가져다주면서 또 다른 감자 재배 지역을 휩쓸었다. 1846~1847년에 식량 가격은 평균적으로 두 배 올랐다. 유럽 전역에 걸쳐 빵 폭동이 발생했다. 도시와 마을의 주민은 곡물을 싣고 가는 수레들을 공격했다. 그들은 상인들이 곡물을 다른 시장으로 가져가는 것을 막거나 단순히 곡물을 탈취하고 그것을 자신들이 공정하다고 생각하는 가격으로 팔았다. 문제를 더욱 복잡하게 만든 것은 수많은 노동자를 실업에 빠뜨렸던 유럽 전역에 걸친 산업의 주기적인 경기 후퇴였다. 굶주린 농민과 실직 노동자는 공공 구제 조직으로 밀물처럼 몰려들었다. 1846년과 1847년은 "결핍과 인간의 고통이라는 관점에서 아마도 모든 세기 중에서 최악이었다." 그리고 1840년대는 '굶주린 40년대'라는 오명을 뒤집어썼다.

배고픔 자체는 혁명을 야기하지 않는다. 하지만 굶주림은 정부의 능력과 정통성을 시험한다. 프랑스에서 불충분한 공공 구제 체제가 실패했을 때, 베를린에서 군대가 감자 폭동을 진압하기 위해 이동했을 때, 각국 정부가 빈민에 대항해 스스로를 보호하도록 중간계급 시민을 무장시켰을 때, 정부는 권위주의적이면서도 무능한 것으로 보였다. 이런 상황에서 각국은 프랑스에서 처음 시작되어 유럽 전역을 휩쓸었던 혁명의 물결이 밀려오면서 자국 지지자의 신뢰를 상실했다.

영국의 개혁, 1832~1867년	
선거법 개혁	1832년
영국령 서인도 제도에서의 노예제 폐지	1838년
차티스트 운동	1840년대
곡물법 철폐	1846년
대(大)개혁법	1867년
여성 참정권 운동의 성장	1860년대

프랑스의 1848년 혁명

1830년의 7월 혁명 이후 수립된 프랑스 군주정은 이전의 군주정과 별반 다를 것이 없어 보였다. 새로운 왕 루이 필리프는 주위에 은행과 산업 엘리트의 대표들을 불러 모았다. 이 정권은 종종 스스로 만족하고 있다는 인상을 주었다. 중간계급에게 더 많은 선거권을 부여하라는 요구에 직면했을 때 수상은 누구나 자유롭게 부유층의 위치로 올라갈 수 있다고 빈정대면서 다음과 같이 조언했다. "스스로 부자가 되라." 건축 사업과 철도 체계의 확장은 부정 이득을 취하기 위한 풍부한 기회를 제공했다. 이 정권은 처음에 정권이 고취시켜주었던 드높은 희망을 저버렸다. 노동자와 수공업자 협회들이 오랫동안 정치적 전통을 유지하고 있던 파리와 리옹 같은 도시에서는 특히 공화주의 협회들이 번창했다. 1834년 정부는 급진적인 정치 조직을 불법이라고 선언했다. 리옹과 파리에서 반란이 일어났고 이틀에 걸쳐 진압, 사망자, 체포 등이 발생했다. 정부의 권위주의적 이미지와 선거권 확대 거부는 온건파마저 반대로 돌아서게 만들었다. 1847년에 이르러 이러한 반대 세력은 프랑스 전역에 걸친 선거 개혁을 위한 운동으로 조직되었다. 정치적 집회가 금지되었기 때문에 반대 세력은 정치적 '연회'를 조직했다. 이 연회에서 정부의 반대자들은 즉각적인 혁명은 아니지만 개혁을 위해 건배했다. 국왕의 위협에도 불구하고 반대 세력은 1848년 2월 22일 마지막 대규모 연회를 소집했고, 정부가 그 회합을 금지하자 혁명이 발발했다. 놀라울 정도로 짧은 시간에 루이 필리프는 폐위되었다.

새로운 공화국의 임시정부는 자유주의자, 공화주의자, 그리고 처음으로 사회주의자의 연합으로 구성된 놀랄 만한 집단이었다. 이 임시정부는 성인 남성 보통선거권에 입각한 선거와 더불어 새 헌법의 제정에 착수했다. 하지만 루이 필리프에 대한 반대라는 명분으로 잠시 동안 해소되었던 중간계급 공화주의자와 사회주의자 사이의 긴장이 대두했다. 노동하는 남성과 여성 사이에서 가장 폭넓게 지지를 받은 요구 사항은 스스로 생계를 이어갈 수 있도록 임금을 받을 수 있는 능력을 의미하는 '일할 권리'였다. 임시정부는 이 요구 사항을 조심스럽게 지지했다. 그 일환으로 임시정부는 파리 시내와 주변 지역에서의 공공 근로 프로그램으로서 국립 작업장(Ateliers nationaux)을 설립했다. 처음에 이 계획에 필요한 고용 인원은 1만 명에서 1만 2,000명 정도에 불과했다. 그러나 건설업에서 65퍼센트 그리고 섬유 및 의류 산업에서 51퍼센트까지 치솟는 실업 사태와 더불어 노동자는 정부가 만든 작업장으로 물밀듯이 몰려들기 시작해 그 수가 1848년 4월까지 6만 6,000명 그리고 6월까지는 12만 명에 이르렀다.

1848년에는 대중 정치가 만연했다. 임시정부는 언론 자유와 정치 활동에 대한 제한을 거둬들였다. 몇 주 내에 약 170종의 새 정기 간행물이 창간되고 200개 이상의 클럽이 결성되었다. 차티스트, 헝가리인, 폴란드인 등 유럽 각국의 피억압자를 대변하는 대표들이 주위의 시선을 끌며 파리 시를 활보하고 다녔다. 여성 클럽과 《여성의 목소리(The Voice of Women)》와 《여성의 주장(The Opinion of Women)》 같은 제목의 신문들이 등장했고 진정한 보통선거에서 최저 생활 임금에 이르는 요구 사항들도 제기되었다. 그럼에도 대중 정치의 부활은 그 수가 늘어나고 있는 중간계급 방관자들에게 준엄한 조치들이 필요하다는 것을 확신시켜주었다. 선거는 질서에 대한 관심을 강화시켜주었다. 남성 보통선거권은 급진적인 승리를 보장해주지 않았고 혁명적인 파리의 상황을 염려한 농촌 유권자들은 온건한 공화주의자와 군주정 지지자를 선출했다.

1848년 말에 이르러 프랑스 의회의 대다수 의원은 작업장 체제가 재정 낭비였고, 심하게는 사회 질서에 대한 심각한 위협이 되었다고 믿었다. 5월 말 정부는 파리에서 6개월 미만 거주한 사람들의 회원자격을 박탈하고 신규 입대를 위해 작업장을 폐쇄하고 18~25세의 모든 구성원을 군대에 보냈다. 6월 21일 정부는 사회 문제에 대한 어떠한 책임도 질 일이 없음을 천명하면서 작업장 프로그램을 간단히 끝맺었다. 그에 대한 반응은 당대의 몇 가지 가장 유혈적인 충돌을 불러왔다. 노동자, 품팔이 직인, 실업자, 전통적인 육체노동자, 사회주의자 그리고 일부 공화주의 지도자들은 또다시 파리 전역에 바리케이드를 쌓았다. 6월 23~26일에 이르는 나흘간 그들은 징집된 무장 군대에 맞서서 자신을 방어했으나, 결국 희망 없는 전투로 끝나고 말았다. 더구나 이 무장 군대의 도시 노동자 탄압에는 열성적인 일부 시골 사람들까지 가세할 정도였으며, 진압 자체는 많은 평자들을 놀라게 할 정도로 잔인했다. 약 3,000명이 살해되었고 1만 2,000명 이상이 체포되었으며 그중 다수가 알제리의 노동수용소로 추방되었다.

6월 봉기 이후 프랑스 정부는 질서 회복을 위해 신속히 움직였다. 의회 의원들은 반대자를 길들일 강력한 지도자를 바랐다. 공화국의 대통령 선거에는 네 사람이 입후보했다. 온건 공화파인 알퐁스 드 라마르틴(1790~1869), 6월 봉기에서 군부대를 지휘했던 루이 외젠 카베냐크(1802~1857) 장군, 사회주의자인 알렉상드르 오귀스트 르드뤼-롤랭(1807~1874), 그리고 나폴레옹 황제의 조카로 나머지 세 후보의 득표 총합보다 두 배 이상의 표를 얻은 루이 나폴레옹 보나파르트(1808~1873)였다.

"세계사에서 커다란 중요성을 지닌 모든 사건과 인물은 두 번 나타나는데……그 첫 번째는 비극으로 나타났고 두 번째는 어릿광대 극으로 나타났다." 이것은 카를 마르크스(나폴레옹 1세의 찬양자는 전혀 아니었다)가 루이 나폴레옹과 그의 숙부의 관계를 어떻게 요약했는지를 잘 보여준다. 여타 비방자들 사이에서 사생아라는 소문이 돌았던 이 벼락출세한 인물은 생애의 대부분을 망명 생활로 보냈다. 그의 이름은 광범위하면서도 적당히 애매한 호소력을 주었다. 보수주의자는 그가 재산과 질서를 지켜줄 것이라고 믿었다. 일부 좌파 사람들은 그의 저서 『빈곤의 일소(The Extinction of Pauperism)』나 중요한 사회주의자들과의 서신 교환에 관해 들은 적이 있었다. '나폴레옹'이라는 이름은 영광과 위대함을 환기시켜주었다. 어느 역사가가 말했듯이 그의 출신이 무엇이든지 간에 "그는 매우 엄밀하게 나폴레옹 신화의 아들이었다." '모든 목적에 부합하는 저명인사'라는 그의 이미지는 선거에서 승리를 거두는 데 도움이 되었다. 어느 한 늙은 농부는 이렇게 표현했다. "모스크바 전투에서 코가 얼어버릴 정도의 혹한을 견디며 싸웠던 내가 어떻게 이 신사에게 표를 던지지 않을 수 있겠소?"

루이 나폴레옹이 권력을 공고히 하기 위해 자신의 입장을 이용한 것은 놀랄 일이 아니다. 그는 교육 분야에 가톨릭교회의 역할을 회복시켜주고 혁명가들로부터 교황을 구출하기 위해 1849년에 로마에 원정대를 파병함으로써 가톨릭교도의 지지를 얻었다(이탈리아의 혁명들에 관해서는 다음 장에서 논의된다). 이 정권은 집회와 노동자의 협회 등을 금지하면서 전국에 걸쳐 급진주의자의 해산을 서둘렀다. 1851년 그는 자신에게 새로운 헌법을 제정할 권한을 부여해달라고 국민에게 호소했다. 이후 바로 실시된 국민 투표는 그의 행동을 정당하다고 인정했다. 1년 후 루이 나폴레옹 보나파르트는 또 다른 국민 투표를 실시해 투표자의 95퍼센트 이상의 찬성으로 제2제정을 세우고 프랑스 황제 나폴레옹 3세(재위 1852~1870)의 칭호를 갖게 되었다.

1848년 프랑스 혁명이 중요한 이유는 무엇일까? 첫째, 이 혁명의 역동성은 다른 곳에서도 반복된다는 점이다. 중간계급은 중추적인 정치적 역할을 했다. 루이 필리프의 정권은 의기양양할 정도로 부르주아적이었지만 다수의 지지자들을 소외시키면서 종말을 고했다. 직접적인 정치적 목소리를 거부당한 중간계급의 핵심 집단은 혼자서는 정권을 결코 무너뜨리지 못할 급진주의자와 제휴하면서 반대쪽으로 방향을 바꾸었다. 하지만 개혁을 향한 요구는 곧 무질서에 대한 두려움과 강력한 국가를 향한 바람과 충돌했다. 이런 친숙한 역동성이 공화정의 붕괴와 루이 나폴레옹 보나파르트의 지배를 이끌었다. 둘째, 많은 동시대인은 6월 혁명을 단순히 적나라한 계급투쟁으로 보았다는 점이다. 6월 혁명에서의 폭력은 이전 시대의 수많은 자유주의자이 지녔던 열망을 뒤흔들어놓았다. 들라크루아의 〈민중을 이끄는 자유의 여신〉에서 포착된 혁명적 통합의 낭만적 이미지는 이제 순진한 것으로 여겨졌다. 1848년 이후에 중간 및 노동계급의 이해관계와 정치는 한결 더 눈에 띄게 달라졌고 한층 더 직접적으로 충돌했다.

1848년 프랑스에서의 6월의 날들에 관한 두 가지 관점

다음 두 글은 흥미로운 비교를 보여준다. 사회주의자 카를 마르크스는 독일 신문의 언론인으로서 프랑스에서의 1848년 사건에 대해 보도했다. 마르크스에게 6월의 날들(June Days)에 벌어진 유혈 사태는 국왕이 폐위되고 임시정부가 수립된 1848년 2월의 '형제애의 환상(fraternal illusions)'을 뒤흔들어놓았다. 이러한 유혈 사태는 또한 역사에서의 새로운 단계, 즉 격심한 계급투쟁의 한 단계를 상징적으로 보여주었다.

프랑스의 자유주의적 정치가 알렉시스 드 토크빌(1805~1859) 또한 이 혁명에 관한 자신의 인상을 기록했다(하지만 토크빌의 설명은 회고적인데, 그 이유는 그가 회고록을 1848년이 지난 후 한참 뒤에 썼기 때문이다). 사회주의자인 관찰자 마르크스에게 6월의 날들은 "노동계급이 역사의 문을 두드리고 있다"고 언급한 전환점을 보여주었지만, 정부의 구성원이었던 토크빌에게 군중의 행동은 두려움과 보수적인 반동을 불러일으켰다.

카를 마르크스의 신문 기사

2월 혁명의 마지막 공식적 잔존물인 집행위원회는 사건의 심각성에 직면해 유령처럼 녹아 없어졌다. 라마르틴[프랑스의 낭만주의 시인이자 임시정부의 구성원]의 불꽃놀이는 카베냐크[노동자들의 반란을 진압할 책임을 진 프랑스 장군]의 전쟁 로켓으로 변했다. '우애(fraternité)', 즉 한 계급이 다른 계급을 착취하는 적대적인 계급들의 우애이자 모든 감옥과 병영에서 2월에 선포된 이 '우애'의 진정하고 순수한 살풍경한 표현은 내전, 즉 가장 두려운 형태의 내전인 노동과 자본의 전쟁이다. 이 우애는 프롤레타리아의 파리가 불타고 피를 흘리며 신음하는 동안 부르주아지의 파리가 영광을 더하던 때인 6월 25일 저녁 파리의 모든 창문 앞에서 불타올랐다.……2월 혁명은 아름다운 혁명, 즉 보편적으로 동조하는 혁명이었다. 왜냐하면 군주에 반대해 불타올랐던 적대감들은 발전하지 않고 정지해 나란히 평화적으로 활동을 멈추었기 때문이고, 그것의 배경을 형성했던 사회적 투쟁은 단지 말의 성찬, 즉 빈말의 존재만 획득했기 때문이다. 6월 혁명은 추한 혁명, 즉 불쾌한 혁명이다.

왜냐하면 일들은 빈말이 되고 말았기 때문이고, 공화국을 보호하고 숨겨주었던 국왕을 베어버림으로써 공화국이 괴물 자체의 머리를 드러내고 말았기 때문이다. 질서는 귀조[루이 필리프 정부의 대신]의 함성이었다.……질서는 프랑스 국민의회와 부르주아지 공화주의자의 잔인한 메아리인 카베냐크를 외친다. 질서는 프롤레타리아의 몸체를 강타하는 포도탄을 발사했다. 1789년 이래로 프랑스 부르주아지가 일으킨 수많은 혁명들 중 그 어떤 것도 질서에 대한 공격이 아니었다. 왜냐하면 이 혁명들은 부르주아계급의 지배를 허용했고, 노동자의 노예제를 용인했으며, 종종 이런 지배와 노예제의 정치적 형태가 아무리 변했다 하더라도 부르주아의 질서가 지속되는 것을 허용했기 때문이다. 6월은 이 질서에 공격을 가했다. 그놈의 6월에 화가 있으라!

알렉시스 드 토크빌이 회상한 6월의 날들(1893)

이제 마침내 나는 우리나라 역사에서 또는 아마도 어떤 다른 나라의 역사에서 일어난 것 중에 가장 거대하고 가장 이상한 6월의 반란을 언급하게 되었다. 가장 거대하다고 말한 이유는 4일 동안 10만 명 이상의 사람들이 이 반란에 참여했고 5명의 장군들이 죽었기 때문이다. 그리고 가장 이상하다고 말한 이유는 반도들이 전쟁터에서의 함성, 지도자 또는 깃발도 없이 싸웠지만 그래도 이들이 가장 경험 많은 장교들도 놀라게 한 놀라운 협력과 군사적 전문 기술을 보여주었기 때문이다.

지난 60년 동안 동일한 유형의 다른 사건들과 이 사건을 구별해주는 또 다른 요점은 그것의 목적이 정부 형태를 바꾸는 것이 아니라 사회 조직을 변화시키고자 했다는 점이다. 실제로 그것은 정치적 투쟁('정치적'이라는 단어를 우리가 이제까지 사용해온 의미에서)이 아니라 계급투쟁, 즉 '노예의 전쟁(Servile War)'이었다.……그것을 단지 야만적이고 맹목적인 것이 아니라 노동자들이 자신의 절박한 상황에서 탈출하려는 강력한 노력으로 보아야 한다. 노동자의 절박한 상황이란 이들에게 불법적인 내리누름으로 묘사되어왔고 자신에게서 먼 하나의 권리로 제시된 바 있던 상상적인 복지를 향한 길을 검(劍)으로 내야 하는 것이었다. 이러한 탐욕스런 욕망과 그릇된 이론이 혼합되어 반란을 일으켰고 그것을 그토록 만만찮게 만들었던 것이다. 이들 가난한 사람들은 부자의 재산이 어떤 면에서 자신에게 자행된 도둑질의 결과라고 확신했다. 이들은 부의 불평등은 자연에 대한 것만큼이나 도덕성과 사회의 이해관계에 대단히 반대되는 것이라고 확신했다. 이러한 불확실하고 잘못된 권리 개념은 야만적인 세력과 결합해 그 자체만으로는 결코 가질 수 없는 활력, 고집, 힘 등을 반란에 불어넣어주었다.

분석 문제

1. 토크빌은 6월 혁명가들에게 동조했는가?
2. 토크빌은 이 사건들이 역사적으로 중요하다고 생각했는가?
3. 토크빌은 어떤 면에서 마르크스와 일치하고 또 일치하지 않는가?

결론

1789년 프랑스 혁명은 유럽을 양극화시켰다. 그 여파로 새로운 정치적 정체성이 형성되었고 새로운 정치적 이데올로기들이 명확히 설명되었다. 빈 회의 또는 1815년의 평화는 새로운 국제 체제의 수립과 혁명에 반대하는 사상을 유럽에 주입하는 것을 목표로 했다. 그것은 첫 번째 목적을 달성하는 데는 성공했지만 두 번째 목적은 단지 부분적으로만 달성했다. 산업화와 새로운 정치의 결합 그리고 급격한 사회적 변화는 보수주의적 질서를 약화시켰다. 1820년대에서 1840년대를 통해 사회적 불만과 정치적 실망은 처음에는 라틴아메리카와 발칸 반도에서 그 다음에는 서유럽과 영국에서 변화를 향한 강력한 운동을 창출했다.

1848년의 프랑스 혁명(나폴레옹의 패배 이후 두 번째)은 한층 더 거대한 드라마의 서막이었다. 다음 장에서 보게 될 남부 및 중부 유럽에서 문제들은 상이한 양상으로 나타났다. 프랑스에서 혁명의 역동성은 여전히 다른 나라들에서 일어난 사건들의 전조가 되었다. 혁명의 상쾌한 성공은 혁명 동맹들의 해체와 새로운 형태의 보수주의 정부의 등장으로 이어졌다. 서양 전역에 걸쳐 세기 중반인 1848년의 위기는 전환점이 되었다. 그 여파로 혁명을 불러왔던 광범위한 혁명 동맹들은 계급 정치와 마르크스주의에 길을 열어주었던 유토피아적 사회주의에 정복되었다. 정치에서와 마찬가지로 문화에서도 낭만주의는 빛을 바랬고 낭만주의가 지닌 가능성에 대한 넓디넓은 감각은 한층 더 날카로운 사실주의의 관점으로 대체되었다. 경제와 국가도 바뀌었다. 보수주의, 자유주의, 사회주의는 새로운 정치적 상황에 적응했다. 어떻게 이런 일이 일어났는가 그리고 그 과정에서 내셔널리즘의 폭발적인 역할이 어땠는지에 관한 것이 다음 장의 주제들이다.

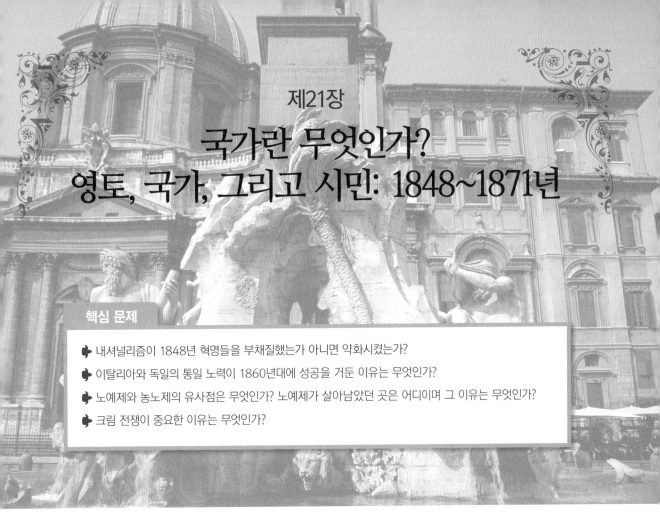

제21장
국가란 무엇인가?
영토, 국가, 그리고 시민: 1848~1871년

핵심 문제

♣ 내셔널리즘이 1848년 혁명들을 부채질했는가 아니면 약화시켰는가?

♣ 이탈리아와 독일의 통일 노력이 1860년대에 성공을 거둔 이유는 무엇인가?

♣ 노예제와 농노제의 유사점은 무엇인가? 노예제가 살아남았던 곳은 어디이며 그 이유는 무엇인가?

♣ 크림 전쟁이 중요한 이유는 무엇인가?

1848년은 소란스러운 해였다. 베를린에서 부다페스트를 거쳐 로마에 이르기까지 반란자들은 서둘러 바리케이드를 쌓기 위해 몰려들었으며, 왕과 소국의 군주들은 비록 일시적인 것이긴 했지만 황급히 퇴각했다. 대서양 너머에서 과달루페 이달고 조약(Treaty of Guadalupe Hidalgo)은 방대한 영토 거래와 더불어 멕시코와 미국의 전쟁을 종결지었다. 미국은 1,500만 달러를 주고 캘리포니아를 포함한 214만 제곱킬로미터의 서부 영토를 획득했다. 이 교환은 미국의 팽창을 거의 완성시켜주었지만 남북전쟁을 이끌었던 갈등을 선도했다. 1848년 7월 세니커폴스(Seneca Falls) 총회는 유럽에 필적하는 미국에서의 여성 참정권을 위한 조직적 운동의 도래를 알렸다. 뉴욕《헤럴드(Herald)》는 그해의 사건 중에서 불온한 공모관계를 탐지해 다음과 같이 신경질적으로 논평했다. "세계의 어느 지역에서건 주목하는 것은 정치적·사회적 구조가 무너지고 있다는 것이다.……혁명의 과업은 더 이상 구세계나 남성적 젠더에 국한되는 것은 아니다." 광부들이 캘리포니아에서 황금을 발견한 것도 1848년이었다. 이 것은 대서양 건너까지 반향을 불러일으킨 골드러시의 시작을 알렸다. 격렬한 사회적 갈등의 여름이 지난 1848년 가을에 캘리포니아의 황금 소식이 파리에 도착했을 때 카를 마르크스 는 다음과 같이 신랄하게 말했다. "황금을 향한 꿈이 사회주의를 향한 파리 노동자들의 꿈 을 앗아가려고 하고 있다."

영토 팽창, 정권 교체, 경제 발전, 어떤 사람이 시민권을 받을 만한가에 관한 토론 등이 모두 1848년의 문제들이었고 내셔널리즘과 국가 건설 과정의 일부였다. 1848년의 격변들은 혁명 시대의 정점을 나타냈고, 그것의 실패는 그 시대의 종말을 알렸다. 하지만 국민국가의 시대는 완전한 형태로 도래하고 있었다. 제20장에서 정의내린 것처럼 '내셔널리즘(national-ism)'은 역사적·지리적·문화적·정치적 전통을 공유하는 하나의 공동체에 속해 있다는 생각 이다. 역사가들이 지적했듯이, 이 생각은 강력하기도 하고 산만하기도 해서 지식인, 혁명가, 정부가 서로 다른 목적을 위해 권장할 수 있고 또 장려되기도 한다. 내셔널리즘은 자유주 의적 또는 보수주의적 정치와 목적에 기여할 수 있다. 19세기 전반기 동안 내셔널리즘은 대 체로 자유주의적 목적에 연계되었다. 하지만 19세기 말에 이르러 내셔널리즘은 보수주의적 의미를 부여받게 되었다. 1848년은 한층 더 거대한 변모에서 중요한 순간이었다. 미국의 국 경선을 극적으로 바꾸어놓은 과달루페 이달고 조약 같은 영토 변화는 중요했다. 그러나 정 부가 작동하는 방법, 정부가 자국의 시민과 어떻게 관련되어 있는가를 변화시킨 정치 개혁 과 새로운 국가 구조 역시 중요했다. 미국의 남북전쟁, 이탈리아의 통일, 통일 독일의 창건 등은 영토뿐만 아니라 왜곡된 정치적 변화를 포함했다. 이 세 가지 사건은 모두 국제 질서 에 광범위한 결과를 남겼다. 프랑스, 영국, 러시아, 오스트리아가 이 시기 동안에 재건되었 다. 즉, 이 나라들의 관료제는 철저한 검증을 받았고 선거권은 확대되었으며 소수민족 집단 사이의 관계도 재조직되었다. 미국의 노예제와 마찬가지로 러시아의 농노제도 폐지되었다. 국가와 국가가 통치하는 사람들 사이에 변화하는 관계는 국가 건설의 중심에 있었다. 그리 고 이러한 변화들은 1848년의 혁명적 대변동에 대항한 반동으로 촉진되었다.

내셔널리즘과 1848년 혁명

✦ 내셔널리즘이 1848년 혁명들을 부채질했는가 아니면 약화시켰는가?

　중부 및 동부 유럽에서 1848년 봄에 혁명과 이에 대한 진압이 연달아 일어나는 어지러운 사태가 발생했다. 혁명의 근원에는 사회적 적대관계, 경제 위기, 정치적 불만 등이 있었다. 그러나 이들 혁명은 또한 결정적으로 내셔널리즘으로 인해 형성되었다. 개혁가와 혁명가는 확실히 대의제 정부, 특권 폐지, 경제 발전 등과 같은 자유주의적 목표를 갖고 있었으며, 어떤 형태의 국가적 통일을 모색했다. 실제로 독일, 이탈리아, 폴란드, 오스트리아 제국의 개혁가들은 자신의 자유주의적 목표가 오로지 강건한 '근대적' 국민국가에서만 실현될지도 모른다고 믿었다. 이들 지역에서 1848년 혁명의 운명은 정권의 반대자들을 동원하기 위한 내셔널리즘의 힘뿐만 아니라 혁명 동맹을 산산조각내고 그 밖의 동맹과 가치를 완전히 짓밟을 수 있는 내셔널리즘의 잠재력을 보여주었다.

누가 하나의 국가를 만드는가? 1848년의 독일

　1815년에는 '독일'이란 나라가 없었다. 빈 회의는 오스트리아와 프로이센이 포함되는 그러나 폴란드와 헝가리의 비게르만계 영토들은 포함하지 않는 38개국의 느슨한 조직인 독일 연합(German Confederation)을 창건했다. 이 연합은 오로지 공동의 방어를 도모하고자 한 것이었다. 이 연합은 실질적인 집행권을 갖지 못했다. 사실상 프로이센이 오스트리아와 더불어 그 지역에서 강대국이었기에 독일 정치에서 중심 역할을 했다.

　1806년 프로이센은 나폴레옹 휘하의 프랑스에게 패배했다. 많은 프로이센인은 그 패배를 프리드리히 대왕(재위 1740~1786)의 통치 이래로 프로이센이 빠진 무력증에 대한 고발이라고 생각했다. 프로이센인은 '애국심과 국가적 명예 그리고 독립'의 부활을 겨냥해 위로부터 부과된 일련의 적극적인 개혁을 통과시켰다. 프로이센 개혁가들은 나폴레옹의 사례를 따라 군대를 재조직했다. 장교들은 비록 대다수가 융커(Junker)라는 귀족계급에서 계속 배출되었지만 출생보다는 능력에 근거해 모집되고 승진했다. 그 밖에도 베를린에 있는 왕립 사관학교의 훈련을 근대화했고 중간계급이 공무원직에서 좀 더 적극적인 역할을 하도록 고쳐시켰

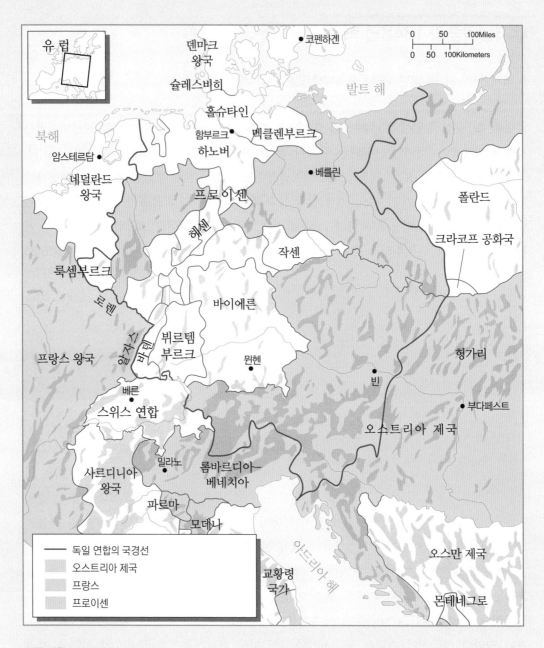

독일 연합, 1815년

이 지도를 342쪽에 있는 지도와 비교해보라. 다양한 독일 연합의 국가들을 결합시켜준 것은 무엇이었나? 이 국가들과 독일어를 사용하는 프로이센과의 관계는 어땠는가? 이 시기에 공식적으로 한층 더 통합된 독일 국가의 형성을 막은 요인은 무엇이었나?

다. 1807년에는 농노제와 장원제가 폐지되었다. 1년 뒤에는 중간계급에게 시민으로서 스스로 독일인이라는 의식을 증대시키기 위한 의식적인 시도로 도시와 소읍들은 자체의 시의회 의원을 선출하고 독립적으로 재정을 관리하도록 허용되었다(사법과 치안은 베를린에 있는 중앙 정부가 계속 관리했다). 프로이센의 개혁가들은 초등 및 중등 교육기관의 수를 늘렸고 몇몇 열렬한 내셔널리스트 교수진으로 채워진 베를린 대학을 개교했다.

프로이센은 자국을 주도적인 독일 국가이자 그 지역에서 오스트리아 세력에 대항하는 국가로 만들고자 했다. 이 점에서 프로이센의 가장 중요한 승리는 1834년의 관세 동맹(Zollver-ein) 또는 관세 연합이었다. 이것은 독일 국가들 사이에서 자유 무역을 실시하고 세계의 나머지 국가들에 대항해 통일된 관세를 확립하는 것이었다. 이는 경제학자 프리드리히 리스트가 옹호한 공개적인 보호주의 정책이었다. 1840년대에 관세 동맹은 독일계 오스트리아를 제외한 거의 모든 독일 국가들을 포함했고 제조업자에게 거의 3,400만 명에 달하는 시장을 제공했다. 1835년 이후 철도의 확산은 이 확대된 국제 시장 내에서의 교환을 가속시켰다.

1840년대 동안 프로이센과 좀 더 소규모의 독일 국가들에서 학생들의 정치 클럽과 급진주의자들이 대의제 정부와 개혁을 향한 새로운 요구 사항에 압박을 가하기 위해 법률가, 의사, 사업가 등의 중간계급 집단과 제휴했다. 검열에 저항하는 신문의 수가 늘어났다. 자유주의적 개혁가들은 독일 연합에 대한 프로이센의 지배와 오스트리아 제국을 지배하는 합스부르크 왕가의 보수주의 양쪽에 모두 분개했다. 그들은 프로이센과 오스트리아에서 정치적 삶을 옥죄는 전제정치와 관료적 권위의 결합을 공격했다. 그들은 독일의 국민적 자주성이 오스트리아나 프로이센의 지배에서 벗어나게 해주고 개혁을 그토록 어렵게 만드는 지역적 파편화를 종식시켜줄 것이라고 판단했다.

1840년 프리드리히 빌헬름 4세(재위 1840~1861)가 프로이센 왕위를 계승했을 때 희망은 드높았다. 이 새로운 카이저는 자유주의적 개혁에 동조하는 자세를 취했다. 하지만 1840년대에 경제적 문제들이 다가오자 카이저의 정권은 권위주의로 되돌아갔다. 프리드리히 빌헬름은 영국산 수입품과 좀 더 전반적으로는 실업, 임금 인하, 굶주림 등에 저항하는 슐레지엔 직조공의 봉기를 가차 없이 분쇄하기 위해 군대를 보냈다. 정부의 무자비한 대응은 많은 사람을 경악하게 했다. 카이저는 또한 입헌주의뿐만 아니라 입법 및 예산 문제에 어떠한 대표가 참여하는 것에도 반대했다.

프랑스에서처럼 프로이센과 독일 영방 국가들의 자유주의자와 급진주의자는 개혁 운동을 계속했다. 그리고 1848년 봄 프랑스에서 혁명이 일어났을 때 라인 강 전역에 걸쳐 불만이 확산되었다. 소규모 독일 영방 국가들에서 왕과 소국의 군주들은 놀라울 정도로 신속하게 혁명 운동에 굴복했다. 이들 정부는 언론의 자유, 선거, 선거권의 확대, 배심제 재판, 그리고 여러 자유주의적 개혁을 약속했다. 프로이센에서 프리드리히 빌헬름은 시골에서의 사회 불안으로 동요되었고 베를린에서 250명이 사망한 군대와 혁명가들 사이의 대결에 충격을 받아 마침내 항복했다.

프랑크푸르트 국민의회와 독일 국민

혁명의 두 번째이자 가장 이상주의적 단계는 프랑크푸르트에서 열리는 전 독일 국민의회 (Nationalversammlung)에 보낼 대표를 선출하는 것으로 시작되었다. 프로이센, 오스트리아, 그리고 소규모 독일 영방 국가들에서 온 대표들이 통일된 독일 국가 창건을 논의하기 위해 모였다. 대표단의 대부분은 법률가, 교수, 행정관 등 전문직 계층 출신이었으며, 대부분은 온건한 자유주의자였다. 그들 중 다수는 프랑스인의 의회와 마찬가지로 프랑크푸르트 의회가 자유주의적이고 통일된 독일을 위한 헌법을 기초할 것이라고 추측했다. 하지만 그러한 비교는 오산이었다. 1789년 프랑스에는 프랑스 의회가 개혁하고 치유할 프랑스 국민국가와 중앙집권화된 최고권이 이미 존재했다. 이와는 대조적으로 프랑크푸르트 의회는 아무런 수단도, 차지할 아무런 최고권도, 단일한 법전도 갖고 있지 못했다. 국민의회는 심지어 마땅한 회합 장소도 갖고 있지 못했다. 국민의회 대표들은 11개월 동안 소리도 잘 들리지 않는 낡은 교회의 하나뿐인 라운지에서 일했기에 입법을 위해 토의하고 결정할 장소가 없었다. 국민의회는 대표들의 열의·이상주의·헌신이 넘쳐나기는 했지만, 엄청난 장애에 직면했고 때때로 대혼란 직전의 상태에서 동요했다.

국민의회에서 국민 문제가 논란의 초점이 되었고 이는 파괴적이기도 하다는 것이 판명되었다. 새 국가에서 누가 독일인이 될 것인가? 의회 대표 대다수는 독일인이란 언어, 문화 또는 지리적으로 스스로를 통일 과업에 연결되어 있다고 생각하는 모든 사람이라고 주장했다. 그들은 독일 국가는 가능한 한 많은 독일인을 포함시켜야 한다고 믿었다. 이 입장은 합스부르크 제국이 해체되는 비참한 광경으로 말미암아 고취되었다. 이것이 '대(大)독일주의' 입장이었다. 이 입장은 '소(小)독일'을 요구하는 소수민족의 반대에 직면했다. 소독일의 입장은 독일계 오스트리아를 포함한 합스부르크 제국의 모든 영토를 배제하자는 것이었다. 대

독일주의자는 대다수를 차지했지만 그들의 영역에 포함되기를 꺼려하는 다른 민족들로 인해 난처한 입장에 처했다. 예를 들어 보헤미아의 체코인은 대독일의 어떠한 일부도 되고 싶어 하지 않았다. 장기간에 걸친 힘든 논의 이후에 그리고 오스트리아 황제가 지지를 철회했을 때 국민의회는 소독일 해결책을 취하는 것으로 한 발 물러섰고 1849년 4월 프리드리히 빌헬름 4세에게 새로운 독일 국가의 왕관을 제안했다.

하지만 프리드리히 빌헬름은 그 제안을 거부했다. 그는 국민의회가 제안한 헌법이 너무 자유주의적이고 자신의 왕권을 의회에 신세지는 것은 품위를 떨어뜨리는 일이 될 것이라고 주장했다. 이 프로이센 군주는 왕관과 한층 더 큰 독일 국가 모두를 원했지만 자신의 방식대로 하기를 원했다. 단기간의 저항이 있었지만 군대에 의해 즉석에서 진압된 이후 대표들은 자신들의 경험에 환멸을 느꼈으며 자유주의적이고 민족주의적인 목표들이 양립할 수 없음을 깨닫고 집으로 갔다. 일부 대표들은 미국으로 이주함으로써 억압을 피했다. 다른 대표들은 외견상 현실주의적인 국민이라는 목표를 위해 자유주의적 관점을 희생시켜야 한다고 스스로를 납득시켰다. 프로이센에서는 군대가 혁명 세력의 잔당을 처치했다.

하지만 다른 곳에서는 대중 혁명이 나름대로의 과정을 겪고 있었다. 농민은 징세사무소를 약탈하고 가축을 불태웠다. 노동자는 기계를 박살냈다. 마을과 도시에서 시민군이 조직되었다. 새로운 일간 신문들이 늘어났다. 또한 정치 클럽도 그 수가 크게 늘어났다. 이 클럽 중 다수는 처음으로 여성의 가입을 허용했고(비록 여성에게 발언권은 주지 않았지만), 새로이 결성된 여성 클럽은 정치적 권리를 요구했다. 이런 대중적 불만의 분출은 온건 개혁파를 불편하게 만들었다. 왜냐하면 그들은 성인 전체(universal manhood)에게 선거권을 부여하는 것은 너무도 급진적이라고 생각했기 때문이다. 농민과 노동자의 저항이 왕으로 하여금 1848년 초 봄에 양보하지 않으면 안 되게 만들었지만, 온건 개혁파는 그러한 저항이 위협적이라는 것을 알아챘다.

이들 온건파에게 민족 통일은 점차 질서를 유지하기 위한 방법으로서 호소력을 지녔다. 프랑크푸르트 국민의회를 위한 선거 운동 기간 동안에 한 후보는 이렇게 주장했다. "자유와 평등이라는 우리의 사상을 실현하기 위해서 우리는 그 무엇보다도 강대하고 막강한 정부를

독일의 국가 건설, 1800~1850년	
나폴레옹이 프로이센을 패배시킴	1806년
농노제를 폐지하는 칙령	1807년
1808년의 조례	1808년
관세 동맹 창설	1834년
자유주의자의 저항들	1820년대~1840년대
1848년의 혁명	1848년
프랑크푸르트 의회 모임	1848년
프리드리히 빌헬름이 프로이센 헌법을 승인함	1850년

원한다." 그는 계속해서 다음과 같이 말했다. "세습적인 군주의 권한으로 강화된 국민 주권은 어떠한 무질서와 어떠한 위법 행위도 철권(鐵拳)으로 진압하는 것이 가능할 것이다." 이런 맥락에서 국민은 새로운 헌법과 정치공동체뿐만 아니라 준엄하게 집행되는 법의 지배를 대표했다.

왕위를 거부한 프리드리히 빌헬름 4세

1849년 3월 수개월에 걸친 협의와 헌법 제정 이후에 프랑크푸르트 의회는 발의된 독일 국가의 왕위를 프로이센의 군주 프리드리히 빌헬름 4세에게 제의했으나, 그는 이를 신속히 거절했다. 그는 이미 이 문제에 관해 곰곰이 생각했다. 1848년 12월 자신의 조언자 중 한 사람인 외교관 크리스티안 폰 분젠(Christian von Bunsen)에게 보낸 편지에서 그는 자신의 생각을 다음과 같이 개진했다.

짐은 이 선출이나 이 왕위 그 어느 쪽에 대한 대공들의 승인을 원치 않노라. 경들은 여기에서 강조된 말들을 이해하는가? 짐은 경들에게 이것에 관해 가능한 간단하면서도 명쾌하게 설명하기를 바라노라. 첫째, 이 왕위는 왕위가 아니다. 호엔촐레른[프로이센의 왕가]이 받아들일 수 있는 왕위는 만약 상황이 허락된다면 도로용 조약돌로 만든 루이 필리프의 왕관 같은 혁명이라는 씨앗으로부터 싹튼 회의가 만든 것이 아니라, 그리고 심지어 이 의회가 대공들의 재가를 받아 세워졌다 하더라도……하느님의 날인을 받은 왕위, 즉 [그 왕관]을 받은 [그 개인]이 기름부음을 받은 이후에 '왕권을 신으로부터 수여받은' 군주로 만드는 왕위이다. 그것은 마치 34명 이상의 대공들을 신권(神權)으로 독일인의 왕위에 즉위시켜왔고 이들 중 마지막 사람을 그의 선조들에게 접합시키는 것과 같다. 오스만 왕조, 슈타우펜 왕조[초기 독일 왕가], 합스부르크 왕조가 썼던 왕관을 한 호엔촐레른 왕이 쓸 수 있다. 그것은 천 년의 영광과 더불어 그를 엄청나게 영예롭게 만들어준다. 그러나 경들이 유감스럽게도 위탁한 이 왕위는 가장 어리석고 가장 바보스러우며 최악이지만, 정말 다행스럽게도! 금세기에 가장 사악한 것이 아니라 1848년 혁명의 화약 냄새로 [이 왕관을 쓴 사람을] 엄청나게 불명예스럽게 만든다. 진흙과 알파벳 문자로 구워낸 그러한 상상적인 머리띠가 합법적인 왕권신수의 왕에게 환영받으리라고 생각되는가? 좀 더 엄밀하게 말하면 가장 오래된 것은 아닐 수도 있지만 결코 찬탈된 적이 없는 모든 것 중에서 가장 고귀할 수 있는 왕관으로 축복을 받은 프로이센의 왕에게 환영받으리라고 생각하는가?……짐은 경들에게 솔직하게 말하노니, 만약 독일 국가의 1,000년 된 왕관이……다시 수여되어야 한다면, 그것을 수여할 사람은 짐과 짐의 동등자일 것이다. 그리고 자격이 없는 자들이 [권력을] 자기 것으로 만든 자들에게 화있을진저.

분석 문제

1. 프리드리히 빌헬름은 어떤 근거에서 왕위를 거부했는가?
2. 그가 쓴 '도로용 조약돌로 만든 왕관'은 무엇을 의미하는가?

제국에 대항한 인민들: 합스부르크 제국의 영토들

불규칙하게 뻗어 있는 합스부르크 (오스트리아) 제국에서 내셔널리즘은 독일과는 상이하게 지방 분권적인 역할을 했다. 합스부르크 제국은 이전의 영광을 뒤로하고 있었다. 16세기에 카를 5세 치하에서 이 제국은 에스파냐, 부르고뉴의 일부 그리고 네덜란드 등을 포함했다. 19세기에도 합스부르크 제국은 여전히 광범위한 소수민족 및 언어집단을 지배했다. 가장 눈에 띄는 민족만 열거하더라도 독일인, 체코인, 헝가리인, 폴란드인, 슬로바키아인, 세르비아인 등이 이에 포함되었다. 이 제국의 일부 지역에서 이들 집단은 비교적 따로 떨어져 소외된 채로 살았다고, 다른 곳에서는 항상 조화롭게 산 것은 아니었지만 공존했다. 이들 집단의 다양한 민족적 요구가 1815년 이후에 고조되면서 합스부르크 제국은 제국을 하나로 유지하는 것이 갈수록 힘들다는 것을 깨달았다.

합스부르크 제국의 폴란드 영토에서 민족주의 감정은 귀족계급 사이에서 가장 강하게 나타났다. 그들은 특히 폴란드인 국가의 지도자로서 자신의 역사적 역할을 뚜렷이 의식하고 있었다. 여기에서 합스부르크 제국은 사회적 불만이 소수민족 내셔널리즘의 기를 꺾는다고 확신하면서 폴란드 영주와 농노 사이를 틀어지게 하는 데 성공했다. 헝가리 지역에서도 민족적 요구는 상대적으로 소수인 헝가리 귀족계급에 의해 제기되었다(헝가리인은 정치적 용어이고 자주 사용되는 마자르[Magyar]는 슬라브어를 사용하지 않는 헝가리인을 지칭한다). 하지만 그들은 유능하고 영향력 있는 라요스 코슈트(1802~1894)의 지도력 아래 지지를 받았다. 하위 귀족 출신인 코슈트는 법률가, 정치평론가, 신문 편집인, 정치 지도자의 길을 차례로 밟았다. 합스부르크 제국의 무늬만 대의제인 의회의 폐쇄적 정책에 저항하기 위해 코슈트는 의사록 사본들을 출간해 대중에게 폭넓게 배포했다. 그는 독립과 분리된 헝가리인의 의회를 위해 운동했을 뿐만 아니라 (그리고 한층 더 영향력 있게) 정치를 인민에게 가져다주었다. 코슈트는 프랑스에서 내셔널리스트들이 그랬던 것처럼 정치적 '연회'를 연출했다. 이 연회에서 지방 및 전국적 명사들이 건배의 형태로 연설을 하고 관심 있는 시민이 먹고 마시고 정치에 참여할 수 있었다. 이 헝가리의 정치 지도자는 귀족적 스타일을 민중 선동적 정치와 결합시켰다. 이는 미묘하게 균형 잡힌 행동이지만 제대로만 되면 그를 합스부르크 정치의 중심에 자리 잡게 할 행동이기도 했다. 그는 프레스부르크와 부다페스트뿐만 아니라 합스부르크 제국의 수도 빈에도 널리 알려졌다.

합스부르크 제국을 괴롭힌 다른 주요 민족주의 운동은 범슬라브주의였다. 슬라브인에는 러시아인, 폴란드인, 우크라이나인, 체코인, 슬로바키아인, 슬로베니아인, 크로아티아인, 세르비아인, 마케도니아인, 불가리아인 등이 포함되었다. 1848년 이전의 범슬라브주의는 보통 친슬라브적 감정으로 뭉친 문화 운동이었다. 하지만 서로 다른 슬라브어와 전통에 대한 요구들이 경쟁하면서 내부적으로 분열되었다. 범슬라브주의는 체코의 역사가이자 정치 지도자이며 『보헤미아인의 역사(Geschichte von Böhmen)』의 저자인 프란티세크 팔라츠키(1798~1876)와 슬로바키아인 얀 콜라르(1793~1852)의 작품에 영감을 주었다. 콜라르의 『슬라브인의 딸(Salvy Dcera)』은 독일계 세상에서 슬라브인의 정체성이 상실되는 것을 한탄했다. 이 운동은 또한 폴란드의 낭만주의 시인 아담 미키에비치에게도 영향을 주었다. 그는 외세의 탄압에 대항해 폴란드인의 국민성을 다시 북돋우고자 했다.

동유럽에서 러시아와 오스트리아가 서로 적수였다는 사실은 두 나라가 세력과 영향력을 확보하기 위해 서로 다투었던 동유럽의 여러 지역에서 범슬라브주의를 폭발하기 쉽고 예측하기 힘든 정치력으로 만들었다. 러시아의 니콜라이는 1825년 이후에 '슬라브적' 독특성을 자신의 '전제정치, 정통성, 민족감정' 이데올로기의 일부라고 주장하면서 범슬라브주의를 유리하게 이용하려고 했다. 하지만 차르의 러시아가 후원하는 범슬라브주의는 러시아의 야망에 분개하는 서구 지향적 슬라브인들을 소외시켰다. 여기에서도 다른 곳에서처럼 내셔널리즘은 동맹과 적대감이 서로 난마처럼 뒤얽힌 상황을 만들어냈다.

1848년 오스트리아와 헝가리: 인민의 봄과 제국의 가을

합스부르크 제국에서 정치적·사회적·민족적 긴장 상태가 동시에 고조되면서 1848년에는 폭발 지경에 이르렀다. 합스부르크 제국은 동쪽, 남쪽 그리고 내부로부터 제국의 권위에 대한 다방면의 도전에 직면했다. 일제 사격의 개시는 헝가리인들로부터 왔다. 프랑스와 독일에서의 봉기에 용기를 얻은 코슈트는 개혁 운동에 박차를 가했다. 이를 위해 그는 합스부르크 제국의 전제정치와 통치 방식인 '메테르니히 체제'를 웃음거리로 만들고 제국 전체에 걸친 대의제와 헝가리 마자르인 국가의 자치권을 요구했다. 헝가리 의회는 자체의 헌법 초안 작성을 준비했다. 합스부르크 제국의 본거지인 빈에서 정치 및 사회 개혁을 요구하는 학생과 수공업자의 대중 운동은 바리케이드를 세우고 제국의 궁전을 공격했다. 이에 대해 중간계급의 민병대나 국민방위군이 그랬던 것처럼 즉각적으로 질서를 유지하고 개혁의 요구를 억누르기로 결정한 시민중앙위원회가 결성되었다. 합스부르크 정부는 대학의 문을 닫음으로써 개혁 운동을 가라앉히고자 했지만 대중의 더 큰 분노만 불러일으켰을 뿐이었다. 제국은 오로지 물러서는 길밖에 없다는 것을 깨달았다. 메테르니히는 자신의 정치 체제가 너무나 커다란 파란을 일으켰기에 빈에 페르디난트 1세 황제를 남겨둔 채 변장을 하고 영국으로 도망쳤다. 그가 변장하고 도망칠 수밖에 없었다는 사실은 정치적 혼란이 얼마나 컸는가를 잘 보여준다. 합스부르크 정부는 남성 선거권과 단원제 의회를 요구하는 급진적 주장에 굴복했고, 빈에서 군대를 철수시키고 강제노동과 농노제를 폐지하기로 합의했다. 이 정부는 또한 보헤미아에서 자체의 헌법을 보유한 왕국을 허용해달라는 체코인의 요구에도 굴복했다. 남쪽에서 이탈리아의 자유주의자와 민족주의자는 합스부르크 제국의 영토인 나폴리와 베네치아를 공격했다. 밀라노에서 피에몬테의 카를로 알베르토 왕의 군대는 오스트리아인을 참패시키면서 승리에 대한 기대를 높였다. '인민의 봄(springtime of peoples)'이라고 부르게 될 사건이 전개되면서 제국 내 각양각색의 속국들에 대한 합스부르크 제국의 통제는 무너지고 있는 것처럼 보였다.

하지만 합스부르크 제국을 뒤흔든 민족감정의 폭발은 결국 이 제국의 국운을 되찾게 해주었다. 중부 유럽에서 내셔널리즘이 지니고 있는 역설은 어떤 문화적 또는 민족적 다수 집단이 동일한 지역에 살고 있는 다른 소수민족 집단의 반란을 불러일으키지 않고는 어떤 특정 지역에서 독립을 선언할 수 없다는 사실이었다. 체코인과 독일인이 나란히 살았던 보헤미아에서 그들은 봉건제를 무효화시키는 개혁들을 통과시키기 위해 함께 협력했다. 하지만 그로부터 한 달 내에 내셔널리즘은 그들의 동맹에 금이 가게 만들었다. 독일계 보헤미아인은 자신에게 극히 중요한 프랑크푸르트 국민의회에 참가했지만, 다수 민족인 체코인은 대표의 파견을 거부하고 프라하에서 슬라브인 연합회의를 개최함으로써 독일계 보헤미아인에게 사실상의 반격을 가했다. 이 슬라브인 연합회의에서 대표들이 원했던 것은 무엇일까? 일부 대표들은 러시아의 아나키스트 미하일 바쿠닌(1814~1876)이 "괴물 같은 오스트리아 제국"이라고 부르는 것에 반감을 가졌다. 그러나 대표의 대다수는 독일인이나 러시아인 그 어느 쪽으로부터 지배당하기보다는 (약간의 자치권이 주어진다면) 합스부르크 제국의 통치를 받는 것을 선호했다.

이렇게 맺힌 원한들이 있었기에 오스트리아인은 그들을 분할시키고 정복할 수 있었다. 1848년 5월 슬라브인 연합회의 기간 동안 학생과 노동자가 주도한 봉기가 프라하에서 일어났다. 새로이 취임한 자유주의 정부의 명령으로 오스트리아 군대는 질서를 회복하기 위해 프라하에 진입해 슬라브인 연합회의를 해산시키고 보헤미아에서 지배권을 되찾았다. 새 정부는 정치적 이유뿐만 아니라 경제적 이유로도 제국을 본래대로 두기로 결심했다. 이 정부는 또한 이탈리아의 롬바르디아와 베네치아 지방에서의 지배권을 되찾기 위해 군대를 파병했고 이탈리아인 사이의 다툼은 오스트리아인이 승리하는 데 도움이 되었다.

헝가리에서의 내셔널리즘과 이에 대한 반동은 극적인 장면의 대단원을 장식했다. 헝가리 의회는 헝가리와 오스트리아 연합을 위한 새로운 조항을 포함한 일련의 법을 통과시켰다. 1848년의 열기 속에 페르디난트 1세는 이 법들을 받아들이는 것 이외에 선택의 여지가 거의 없었다. 헝가리 의회는 농노제를 폐지하고 농민 반란을 방지하기 위해 귀족의 특권을 종식시켰다. 헝가리 의회는 또한 언론과 종교의 자유를 확립하고 선거권 자격에 변화를 주어 소규모 재산소유자에게 선거권을 부여했다. 헝가리 농민, 유대인 공동체, 자유주의자는 이 법(3월 법이라고 불렀다)의 많은 조항을 환영했다. 그러나 일부 조항들 특히 마자르인의 지배권을 확대하는 조항은 헝가리 내 크로아티아인, 세르비아인, 루마니아인의 반대를 불러일으켰다. 오스트리아 정부는 이런 분열에 편승했다. 오스트리아 정부는 이탈한 크로아티아 지방의 총독에 반헝가리 인사인 요십 옐라치치(1801~1859)를 임명했다. 오스트리아 정부의 조치에 고무된 옐라치치는 우선 헝가리와의 관계를 단절하고 공격을 감행했다. 이에 대한 대응으로 코슈트는 헝가리군을 소집해 전세를 역전시켰다. 1848년 4월 14일 코슈트는 재빨리 병력을 증강시켜 헝가리와 오스트리아는 완전한 호각세를 이루었다. 이에 새로 즉위한 오스트리아 황제 프란츠 요제프는 마지막 카드를 뽑아들었다. 그는 러시아의 니콜라이 1세에

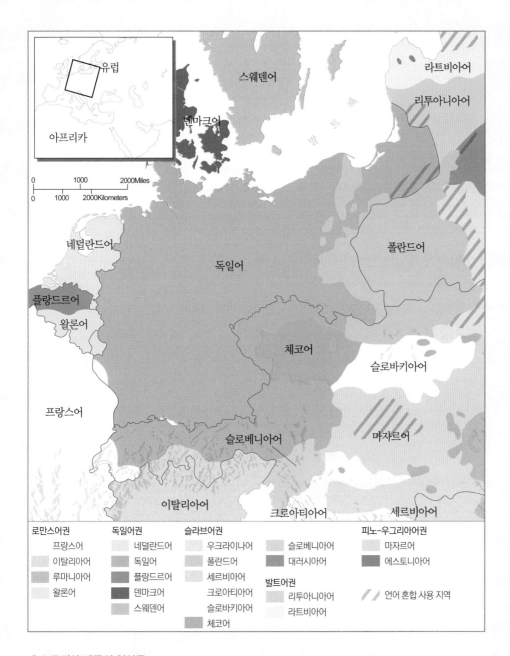

스웨덴어

라트비아어

리투아니아어

덴마크어

유럽

아프리카

0 　1000　2000Miles
0 　1000　2000Kilometers

네덜란드어

폴란드어

독일어

플랑드르어

왈론어

체코어

슬로바키아어

프랑스어

슬로베니아어

마자르어

이탈리아어

크로아티아어

세르비아어

로만스어권	독일어권	슬라브어권		피노-우그리아어권
프랑스어	네덜란드어	우크라이나어	슬로베니아어	마자르어
이탈리아어	독일어	폴란드어	대러시아어	에스토니아어
루마니아어	플랑드르어	세르비아어		
왈론어	덴마크어	크로아티아어	발트어권	
	스웨덴어	슬로바키아어	리투아니아어	언어 혼합 사용 지역
		체코어	라트비아어	

오스트리아 제국의 언어들

독일 연합과 오스트리아 제국 전역의 언어 분포를 주목하라. 언어 집단의 유형을 정치적 국경과 비교해보라. 이러한 불일치가 중부 및 남동 유럽에서 내셔널리즘을 고취시켰는가 아니면 억제했는가? 언어에 입각한 정체성의 대두가 어떤 방식으로 유럽의 지도를 다시 그리는 데 일조했는가?

게 군사적 지원을 요청했다. 합스부르크 제국은 자국의 '아나키에 대항한 신성한 투쟁(holy struggle against anarchy)'에서 승리할 수 없었지만 30만 명이 넘는 러시아 군대에게는 아주 쉬운 일이었다. 1849년 8월 중순 헝가리인의 반란은 분쇄되었다.

빈에서는 혁명 운동이 터전을 상실하고 말았다. 경제 위기와 실업이 두 번째 대중 봉기가 일어나게 만들었을 때 황제의 군대는 러시아의 지원을 받아 수도를 급습했다. 10월 31일 자유주의 정부는 항복했다. 정부는 검열을 재개했고 국민방위군과 학생 조직을 해체했으며 25명의 혁명 지도자를 총살형에 처했다. 코슈트는 몸을 숨겼고 망명객으로 여생을 살았다.

1848년 이탈리아 통일의 초기 단계

이탈리아 반도는 로마 제국 이래로 통일된 적이 없었다. 19세기 초 이탈리아는 잡동사니 군소 국가들의 조각 모음이었다. 오스트리아는 이탈리아 반도 최북단 국가이면서 가장 도시화되고 산업화된 지역이기도 했던 롬바르디아와 베네치아를 차지하고 있었다. 합스부르크 제국의 예속 국가들 또한 오스트리아의 영향력을 반도 이북까지 확대하면서 토스카나, 파르마, 모데나를 지배했다. 이탈리아의 독립 국가들로는 부르봉 왕가가 통치하는 두 개의 시칠리아 남부 왕국, 교황 그레고리우스 16세(재위 1831~1846)가 통치하는 교황령 국가, 가장 중요하게는 사보이 가문의 개혁 지향적 군주 카를로 알베르토(재위 1831~1849)가 지배하는 피에몬테-사르디니아가 있었다. 카를로 알베르토는 이탈리아의 국민국가를 창설하는 데 아무런 특별한 헌신을 하지 않았지만, 피에몬테-사르디니아의 경제, 지리적 위치, 합스부르크 제국에 대한 장기간에 걸친 반대 등의 전통 덕에 카를로 알베르토의 나라는 민족주의적인 반오스트리아 정치에서 중심 역할을 했다.

이 시대의 주도적인 이탈리아 민족주의자이면서 카를로 알베르토가 싫어했던 공화주의 정치를 주창했던 인물은 피에몬테의 제노바 시 출신의 주세페 마치니(1805~1872)였다. 마치니는 카르보나리(제20장 참조) 당원으로서 정치적 경력을 시작했다. 카르보나리당은 이탈리아에 대한 오스트리아의 지배권에 저항하고 입헌 통치의 확립을 서약한 지하 조직이었다. 1831년 마치니는 청년 이탈리아당(Giovine Italia)을 창건했다. 이 당은 오스트리아에 반대하고 헌법 개혁에 찬성했을 뿐만 아니라 이탈리아 통일에도 헌신했다. 카리스마 있으면서도 설득력이 풍부했던 마치니는 당대에 가장 유명한 민족주의자 중 한 사람이었다. 그는 이탈리아인의 각성과 세계에 공화주의를 전파하기 위한 보통 사람의 사명에 관해 로맨틱한 분위기로 역설했다. 그의 지도력 아래 청년 이탈리아당은 세력이 확대되었다. 하지만 반란과 무장 폭동을 꾀하는 것을 선호하는 이 조직의 전술은 비효율적인 것으로 드러났다. 1834년 마치니는 사르디니아 왕국에 대한 침공을 개시했지만 그 공격은 충분한 지원을 받지 못한 채 실패로 돌아갔고 결국 마치니는 영국으로 망명길을 떠나야 했다.

통일된 이탈리아가 공화정이 되어야 한다는 마치니의 생각은 그의 잠재적 동맹자의 목적과 충돌했다. 많은 자유주의자는 단일한 이탈리아 국가를 세우고자 하는 그의 방침과 뜻을 같이했지만, 인민과 대중 운동을 향한 그의 열정을 공유하지는 않았다. 대신에 그들은 기존의 정부를 입헌군주정의 형태나 소수의 경우지만 교황 휘하의 정부로 통합하기를 희망했다. 사회적·정치적 변화에 전념하는 민주공화국을 세우자는 마치니의 주장은 실용주의적 자유주의자에게는 유토피아적인 것으로 그리고 중간계급의 유복한 사람들에게는 위험한 것으로 비쳤다.

1848년에 유럽 전역을 휩쓸었던 소란은 정치 및 사회 변화에 대한 기대를 높여주었고 이탈리아의 통일이라는 과업이 진행되게 만들었다. 민중 반란은 이탈리아 반도의 보수적인 독립 왕국들로 하여금 시민적 자유와 의회제 정부를 허용하도록 만들었다. 반도의 북부에서 베네치아와 롬바르디아는 오스트리아의 점령에 대항해 반란을 일으켰고 피에몬테-사르디니아의 카를로 알베르토는 그들에게 군사적 지원을 제공했다. 비록 많은 사람이 그가 자신의 세력을 팽창시키는 데 일차적으로 관심이 있다고 비난했지만 이탈리아 민족주의의 기치를 높이 들었다. 로마에서는 민중 봉기가 교황의 권능에 도전했고 마치니를 우두머리로 하는 공화국을 수립했다. 이 운동들은 통합된 것도 아니었고 궁극적으로 성공을 거두지도 못했다. 오스트리아는 1년 내에 북부에서 다시 승리를 거두었다. 루이 나폴레옹 휘하의 프랑스 군대는 교황령 국가에 개입했다. 프랑스 군은 주세페 가리발디(조금 뒤에 논의된다)가 가세한 로마 공화주의자들로부터 격렬한 저항에 부딪쳤지만, 교황의 권세를 회복시켜주었다. 1848년에 일어난 대부분의 급진 운동처럼 이 봉기들은 실패로 돌아갔다. 하지만 이 봉기들은 이탈리아를 로마 시대와 르네상스 기간 동안의 영광스러운 지위로 복귀시키고자 리소르지멘토(risorgimento, 이탈리아의 부활)를 외치는 민족주의자들의 희망을 되살렸다.

국민국가의 건설

♣ 이탈리아와 독일의 통일 노력이 1860년대에 성공을 거둔 이유는 무엇인가?

1848년의 혁명으로 새로운 국민국가들이 건설되었다. 이들 국민국가는 아이러니하게도 종종 이전에 내셔널리즘을 비판했던 사람들에 의해 건설되기도 했다. 1789년의 프랑스 혁명 이래로 보수주의 정치가들은 국민국가를 자유주의, 예컨대 헌법, 개혁, 새로운 정치적 공동체 등과 결부시켜왔다. 내셔널리즘은 권위주의적 정부와 충돌했던 민중 운동의 기억을 환기시켰다. 하지만 19세기 후반 동안 정치적 입장은 극적으로 변했다. 나라와 정부들은 국민이라는 주체를 선점했다. 그들은 혁명적 격동에 놀라 경제 발전을 촉진시키고 사회 및 정치적 개혁을 추진하며 지지 기반을 강화하고자 했다. 정치가들은 밑으로부터 치고 올라오는 민중적 민족주의 운동을 허용하기보다는 정부의 권력을 강화하고 위로부터의 국가를 건설했다.

나폴레옹 3세 치하의 프랑스

나폴레옹 3세는 자신의 삼촌처럼 직접적인 통치와 중앙집권적 국가의 발전을 믿었다. 프랑스 제1제정의 헌법을 모델로 한 그의 헌법은 재정, 군대, 대외관계 등에 관한 권한을 전적으로 황제에게 부여했다. 남성 인구의 보통선거로 선출된 의회는 거의 아무런 실권을 갖지 못했고 행정부가 황제의 명에 따라 작성한 법안을 승인하는 일만 할 수 있었다. 그의 정부는 관료제의 확대를 통해 전통적 엘리트층을 약화시키고 인민과 새로운 관계를 설정하면서 농촌을 근대 국가의 정치적·행정적 지배하에 두고자 했다. 이 정부의 한 의원은 다음과 같이 말했다. "우리의 거친 농민의 신뢰는 활기찬 권위로 얻을 수 있다."

나폴레옹 3세와 그의 정부는 번영, 정치적 지지, 국가적 영광 등을 가져다줄 산업 팽창의 능력에 대해 거의 유토피아적 믿음을 갖고 경제 발전을 위한 조치를 취했다. 황제의 한 조언자는 다음과 같이 그것을 표현했다. "저는 산업, 기계, 신용에서 인류의 도덕적이고 물질적인 진보의 절대 필요한 보조물을 봅니다." 정부는 신용과 다른 새로운 형태의 재정을 포함한 다양한 진보적 경제 발전을 장려했다. 정부는 성장을 촉진시키기 위해 새로운 유한책임법을 통과시켰고 1860년 영국과의 자유 무역 협정에 서명했다. 또한 정부는 철도, 보험 및 가스 회사, 석탄 및 건축 산업, 수에즈 운하의 건설(제22장 참조) 등과 같은 사업들에 공적으로 주식을 판매하고 재정 조달을 할 수 있는 투자은행인 크레디 모빌리에(Credit Mobilier)의 설립을 지원했다. 이와는 다른 맥락에서 나폴레옹 3세는 노동조합의 존재와 파업의 합법화를 마지못해 허용했다. 그는 노동자와 중간계급 모두에게 호소함으로써 자국이 주도적인 세계의 강대국으로서 재등장하는 것을 상징적으로 보여주고자 했다.

아마도 제2제정의 정책을 가장 잘 보여주는 것은 프랑스 수도의 변모였다. 19세기의 다른 도시들처럼 중세에 세운 파리의 기간 시설은 산업 발전으로 인한 압박으로 뒤틀리고 있었다. 콜레라의 대유행은 1832년에는 2만 명, 1849년에는 1만 9,000명의 인명을 앗아갔다. 1850년에는 다섯 가구당 한 가구만이 수돗물 공급을 받았다. 재건축을 위한 경제적 동기와 보건의 필요성은 '건강에 해로운 환경'이 질병뿐만 아니라 범죄와 혁명을 낳는다는 정치적 관심으로 인해 증대되었다. 크레디 모빌리에가 자금을 조달한 대규모 재건축으로 중세 파리의 중심지 상당 부분은 완전히 헐렸고 최초의 엘리베이터를 갖춘 우아한 신축 호텔을 포함한 3만 4,000개의 새로운 건물이 들어섰다. 또한 새로운 거리에는 200킬로미터에 이르는 수도관과 하수도 관로(1867년 국제박람회에서 인기를 끈 구경거리)가 설치되었고, 개선문 주위의 교통 흐름이 (별로 성공적이지 못했지만) 개선되었다. 폭이 넓은 새로운 가로수 길―많은 거리명을 나폴레옹 1세 휘하의 유명한 장군들의 이름에서 따왔다―이 개선문에서 방사선 모양으로 밖으로 뻗어나갔다. 이런 전반적인 혁신의 혜택이 모든 사람에게 돌아가지는 않았다. 정부가 노동자 시범 거주지를 짓긴 했지만, 기존 주택의 파괴와 치솟는 임대료는 노동자들을 점차로 도시 중심지를 벗어나 외떨어진 교외로 떠나게 만들었다. 이 계획을 주관한 파리 지사인 오스만(1809~1891)은 신도시를 '청결함과 질서'의 기념비라고 생각했지만, 다른 사람들은 그를 '파괴의 예술가'라고 불렀다. 수세기 동안 군주들이 대규모 건축 사업을 해왔지만, 이것은 달랐다. 이 사업은 동시대인이 근대 도시 생활의 '역학' 또는 '시스템'이라고 생각한 것을 변화시키기 위한 국가의 전례 없는 의식적인 노력이었다.

나폴레옹 3세는 위풍당당함에 준하는 의도로 시작했지만 파국적 결과를 가져온 공격적인 대외 정책을 추구했다. 그는 처음에는 크림에서 러시아에 대항해 잡다한 결과를 얻었고, 다음에는 이탈리아에서 오스트리아인에 대항해 성공을 거두었으며, 그 다음에는 멕시코에 모험적인 원정을 감행했다. 멕시코에서 또 다른 제국을 건설하는 것을 돕고자 한 그의 시도는 값비싼 실패로 끝나고 말았다. 마지막이자 가장 비참한 나폴레옹의 대외 정책은 1870년 자기 정권의 붕괴를 초래한 프로이센과의 전쟁에 돌입한 것이었다.

빅토리아 시대의 영국과 제2차 개혁법(1867)

1848년 혁명의 물결에도 그다지 큰 소란을 겪지 않은 영국은 한층 더 기꺼이 중요한 사회적·정치적 개혁 과정을 입안할 능력이 있었다. 그것은 1832년 제1차 개혁법과 더불어 시작되었던 과정을 계속 해나가는 것이었다. 정부는 중간계급 이외의 사람들에게도 선거권을 확대하자는 증대되는 요구에 직면했다. 산업 팽창은 고도로 숙련되고 상대적으로 높은 임금을 받는 노동자(거의 전적으로 남성)계층의 증대를 가져왔다. 대부분 건축·토목·섬유 산업에 집중되었던 이들 노동자는 '굶주린 40년대'의 특징이었던 호전적인 급진주의 전통을 외면했다. 대신에 그들은 노령과 실업에 대처하기 위한 보험 기금을 축적하는 것이 주요 역할이었던 협동적 단체나 노동조합을 통한 집단적인 자조(自助)를 지지했다. 그들은 교육을 진보를 향한 도구로 보았고, 자신들이나 자신들을 대신해 설립된 기계공들의 학교와 유사한 기관들을 후원했다. 이들 성공한 노동자는 선거 개혁을 위한 진정한 압력을 행사했다.

일부 사람들은 민주주의의 이름으로 투표권에 찬성한다고 주장했다. 다른 사람들은 선거 개혁을 위한 초기 중간계급의 운동에서 논거를 빌려왔다. 그들은 다름 아닌 독실한 종교적 신념과 애국심을 지닌 사회에서 존경할 만하고 고결한 구성원인 신뢰할 수 있는 노동자들이었다. 그들은 의심의 여지없이 국가에 충성하면서 중간계급과 마찬가지로 투표권과 피선거권을 받을 만했다. 이들 노동자의 운동에는 자유당의 수많은 중간계급 비국교도 개혁가들이 가담했다. 이 개혁가들의 종교적 믿음(영국 국교회에 반대하는 사람들처럼)은 그들을 개혁을 향한 노동자들의 운동에 연계시켰다. 비국교도들은 오랫동안 차별을 받아왔다. 그들은 자유주의자가 재능에 따라 개방되어야 한다고 생각했던 공무원과 군대의 직위를 거부당했고, 자신의 신앙을 비난하고 영국 국교회의 신조에 찬동하지 않을 경우 수세기 동안 영국 최고의 대학인 옥스퍼드와 케임브리지에도 들어갈 수 없었다. 더욱이 그들은 주로 젠트리의 자제들이 근무하고 지주 사회의 이해관계에 따라 운영되는 영국 국교회를 지탱하기 위한 세금을 내는 데 분개했다. 비국교도 공동체가 계급 구분을 넘었다는 사실은 자유당 정치와 투표권 개혁을 위한 운동에 지극히 중요한 것이었다.

노동계급의 지도자들과 중간계급의 비국교도들은 새로운 개혁법과 자신들의 이해관계에 부응하는 하원을 위한 전국적인 운동에서 제휴했다. 그들은 벤저민 디즈레일리(1804~1881) 같은 일부 약삭빠른 보수주의자들의 지지를 받았다. 디즈레일리는 정치적 삶은 '노동 귀족(aristocrats of labor)'을 포함시킴으로써 붕괴되는 것이 아니라 개선될 것이라고 주장했다. 사실 디즈레일리는 새로이 투표권을 갖게 된 사람들이 보수당에 투표할 것이라는 데 큰 기대를 걸고 있었다. 그리고 1867년 그는 자신의 정적들이 제안한 그 어떠한 것보다도 훨씬 더 포괄적인 법안을 의회에 밀어붙였다. 1867년 개혁법은 도시에서 연간 10파운드 또는 그 이상의 구빈세(救貧稅)나 집세를 내는 모든 남성(일반적으로 숙련 노동자를 의미한다)과 시골에서 12파운드 또는 그 이상의 지대를 지불하는 차지인(借地人)에게 투표권을 확대함으로써 유권자 수를 배가하는 것이었다. 1832년의 경우처럼 이 법은 남부의 농촌 지역을 희생시켜 북부의 대도시들이 의원 선출권을 장악하게 함으로써 의석을 재분배했다. 책임 있는 노동계급은 이제 국사(國事)에 참여할 자격을 갖게 되었다.

이 개혁법은 여성에 관해서는 침묵했다. 그러나 유력한 소수파는 자유주의는 여성의 투표권을 포함시켜야 한다고 주장했다. 이러한 주장은 초기 개혁 운동 특히 반곡물법 동맹과 노예제 폐지 운동에 여성이 대거 참여했던 것을 경험 삼아 여성 참정권 운동을 촉발시켰다. 이들의 운동은 영국에서 개인의 자유에 대해 가장 탁월하고 헌신적이며 영향력 있는 옹호자인 존 스튜어트 밀(1806~1873)에게서 열렬한 지지를 받았다. 밀의 부친은 공리주의 철학자 제러미 벤담과 긴밀한 관계였고 젊은 시절의 밀은 자신이 확고한 공리주의자인 적도 있었다(제20장 참조). 하지만 그는 계속해서 인간의 자유에 관한 한층 더 폭넓은 개념을 발전시켰다. 1859년 밀은 많은 사람들이 국가와 '다수의 폭정'에 직면한 개인의 자유에 대한 고전적인 옹호론이라고 생각한 『자유론(On Liberty)』을 저술했다. 같은 기간 동안 그는 자신의 연인이면서 나중에 부인이 되는 해리엇 테일러(1807~1858)와 함께 여성의 정치적 권리, 혼인법, 이혼 등에 관한 논문을 공동 저술했다. 테일러는 당시 불행한 결혼 생활의 덫에 걸려 있었고 이혼을 하기 위해서는 의회에서 법이 통과되어야 했다. 따라서 밀과 테일러의 관계는 그들의 정치관에 개인적 추문을 일정 부분 추가시켰던 것으로 동시대인들은 그것을 상당히 명예롭지 못한 일이라고 생각했다. 해리엇이 사망하고 난 뒤에 출간된 밀의 『여성의 종속(The Subjection of Women)』(1869)은 거의 아무도 예측조차 할 수 없는 것을 주장했다. 그것은 여성이 남성과 같은 반열에 있는 개인으로 간주되어야 하고 여성의 자유는 일정 부분 사회적 진보라는 것이었다. 『여성의 종속』은 국제적인 성공을 거두었고 『자유론』과 더불어 서구 자유주의의 명확한 전거 중 하나가 되었다. 하지만 밀의 주장은 승리하지 못했다. 오로지 호전적인 여성 참정권 운동과 제1차 세계대전의 위기가 여성에게 투표권을 가져다주었다.

1867년의 개혁법이 통과된 1860년대와 이어진 시대는 영국 자유주의의 절정기를 나타낸다. 정치 참여에의 문을 열어줌으로써 자유주의는 정치 제도와 사회생활의 평화적 재구성을 이룩했다. 하지만 자유주의는 밑으로부터 상당한 압력을 받기도 했다. 그리고 다른 곳에서와 마찬가지로 영국에서도 자유주의 지도자들은 이 문들이 의문의 여지없이 모든 사람에게 개방되지 않는다는 것을 분명히 했다. 여성 참정권에 대한 자유주의 지도자의 반대는 남성과 여성의 본성에 대한 관점을 잘 드러내 보여준다는 점에서 흥미롭다. 그들은 여성의 개인성(투표, 교육, 또는 임금 벌이 등으로 표현되는)이 가정생활을 불안정하게 만들 것이라고 주장했다. 여성의 참정권에 대한 그들의 반대는 또한 투표에 대한 생각을 반영했다. 즉, 투표를 한다는 것은 특정 사회집단이 행한 기여에 대한 보답과 사회에 대해 관심을 보이는 특정 사회집단에게만 부여되는 소정의 특권이었다. 재산이 있는 남성은 법의 지배와 대의제 정부를 옹호할 수 있었겠지만, 진정한 민주적 정치의 전망을 저해했고 고압적인 법과 질서의 정치를 피하지 않았다. 투표권의 확대는 새로운 야망을 가진 새로운 유권자들을 창출했고 19세기 마지막 사반세기에 사회주의와 노동 정치에의 길을 열어주었다. 자유주의 내의 긴장은 여전히 남아 있었고 장차 갈등이 있을 것임을 예고했다.

이탈리아의 통일: 카보우르와 가리발디

1848년 이탈리아 통일의 노력이 실패함으로써 국가로서의 이탈리아 지위에 대해 두 가지 서로 다른 상상도가 남게 되었다. 첫 번째는 앞서 본 것처럼 인민이 세운 공화국 이탈리아를 믿는 마치니와 가장 밀접한 관련이 있었다. 마치니의 대의는 다채로운 인물인 주세페 가리발디(1807~1882)의 후원을 받았다. 가리발디는 정치이론가는 아니었고 두 번이나 망명을 했던 게릴라 전사였다. 첫 번째 망명지는 라틴아메리카였는데, 그곳에서 그는 독립 운동가들과 함께 싸웠고 두 번째는 미국에서 망명 생활을 했다. 가리발디는 마치니처럼 민중운동을 통해 국가적 통일을 달성하는 데 전념했다.

좀 더 온건한 민족주의자들은 이와는 분명히 다른 통일을 향한 길, 즉 입헌군주정을 지지했다. 그들은 경제적·정치적 개혁을 추구했지만 민주주의와 민주주의가 분출시킬지도 모를 힘을 피하고자 했다. 온건파들은 민중운동을 분기시키기보다는 자신들의 희망을 카를로 알베르토 왕이 1848년에 반오스트리아 운동을 시작했던 피에몬테-사르디니아 왕국에 걸었다. 카를로 알베르토는 패배해 망명 중에 사망했지만, 그의 아들 비토리오 에마누엘레 2세(재위 1849~1861)는 보수주의적 국가 건설의 전망을 구현해줄 인물, 즉 약삭빠른 사르디니아 귀족인 카밀로 벤조 디 카보우르(1810~1861)를 자신의 정부로 데려왔다. 카보우르는 다음과 같이 선언했다. "이탈리아에서 민주적 운동은 성공의 가능성이 거의 없다." 대신에 그는 국가가 인도하는 야심차지만 실용적인 개혁을 추구했다. 처음에는 통상 및 농업 장관으로서 그 다음에는 수상으로서 그는 경제 팽창을 추진하고 근대적 운송 기간 시설의 건설을 장려하며 통화를 개혁하고 국제 관계에서 피에몬테-사르디니아의 위상을 높이고자 했다. 따라서 가리발디와 카보우르는 이탈리아 통일을 향한 두 가지 서로 다른 길을 대표했다. 가리발디는 아래로부터의 통일을 지지했고 카보우르는 위에서 인도하는 통일을 지지했다.

카보우르의 계획은 외교에 의존했다. 피에몬테-사르디니아가 이탈리아 북부에 있는 오스트리아인에 맞설 군사적 능력을 갖지 못했기 때문에 카보우르는 노련하게 오스트리아의 전통적 경쟁국 중 하나인 나폴레옹 3세 치하의 프랑스와 동맹을 추구했다. 1858년 카보우르는 만약 피에몬테가 사보이와 니스를 프랑스에 양도한다면 오스트리아인을 이탈리아에서 몰아내는 데 협조하기로 동의한 나폴레옹 3세와 비밀 회동을 했다. 1859년 오스트리아와의 전쟁이 지체 없이 벌어졌고 잠시 동안 프랑스-이탈리아 동맹에게 모든 것이 잘 돌아갔다. 하지만 롬바르디아 정복 이후 나폴레옹 3세는 갑자기 철수했다. 왜냐하면 그는 자신이 전투에서 패하거나 교황에 대한 카보우르의 적개심으로 인해 소외되었던 프랑스 가톨릭교도의 반감을 살지도 모른다고 생각했기 때문이었다. 프랑스인으로부터 버림받은 피에몬테는 오스트리아인을 베네치아에서 몰아낼 수 없었다. 하지만 이 전투는 여러 가지 측면에서 이득을 가져다주었다. 피에몬테-사르디니아가 롬바르디아를 병합했던 것이다. 토스카나, 파르마, 모데나 공국들은 국민투표로 이 새로운 국가에 가입하는 데 동의했다. 1860년 이러한 과정이 끝날 무렵에 피에몬테-사르디니아는 본래 크기의 두 배 이상으로 커졌으며 이탈리아에서 단연 최강국이 되었다.

카보우르가 북부 및 중부 국가들을 통합하자 남부 국가들에서 일어난 사건들은 그곳도 마찬가지로 손쉽게 손에 넣게 만들 것처럼 보였다. 시칠리아 연합왕국의 인기 없는 부르봉 가문의 왕 프란시스코 2세(재위 1859~1860)는 일찍이 1820년대와 1840년대의 반란이 품었던 희망을 다시 밝혀주었던 빠르게 확산되는 농민 반란에 직면했다. 그 반란은 1860년 5월 시칠리아에 상륙한 가리발디에게 무척 필요로 했던 후원을 받았다. 스스로 '천인 원정대(Thousand)'라고 불렀던 가리발디의 자원병들은 이탈리아 통일을 위해 모인 다양한 사람들이었다. 그들은 남부뿐만 아니라 북부에서도 왔고 노동자와 수공업자뿐만 아니라 중간계급 출신들도 있었다. 가리발디의 군대는 비토리오 에마누엘레의 이름으로 시칠리아를 장악했고(가리발디는 시칠리아가 자치권을 유지할 것이라고 말했다), 계속해서 본토로 진격했다. 1860년 11월에 이르러 가리발디의 군대는 지방의 반군들과 함께 나폴리를 장악하고 프란시스코 2세의 왕국을 무너뜨렸다. 성공으로 고무된 가리발디는 프랑스 군대가 교황을 지키고 있는 로마로 눈을 돌렸다.

가리발디의 인기가 치솟아 오르면서 그는 카보우르와 충돌하게 되었다. 카보우르 수상은 남부에서 일어난 과정들을 심사숙고하면서 한 친구에게 다음과 같은 편지를 보냈다. "이제 무슨 일이 일어날 것인가? 예측하기 힘들구려." 그는 가리발디의 군대가 프랑스나 오스트리아의 간섭을 불러와 알 수 없는 결과를 가져올까봐 염려했다. 그는 가리발디의 '더 말할 나위 없이 당연한' 명성을 두려워했다. 카보우르는 무엇보다도 국내의 혼란이나 성가신 일, 다시 말하면 여러 이탈리아 국가들과의 예측할 수 없는 협상 없이 피에몬테-사르디니아의 주도하에 이탈리아의 통일이 이루어지는 길을 택했다. 카보우르는 다음과 같이 썼다. "그[가리발디]가 자신의 깃발에 충실한 한에서는 그와 함께 행군해야만 한다. 이것은 혁명이……그 없이도 달성되는 것이 분명히 바람직하게 될 것이라는 사실을 바꾸어놓지는 않는다." 카보우르는 주도권을 되찾기로 결심하고 비토리오 에마누엘레와 그의 군대를 로마로 급파했다. 성공으로 의기양양해진 왕은 가리발디에게 군권(軍權)을 자신에게 넘길 것을 명했고 가리발디는 이에 복종했다. 이탈리아 반도의 대부분은 단일한 국왕 휘하에 통일되었고, 비토리오 에마누엘레는 이탈리아 국왕의 칭호(1861~1878)를 갖게 되었다. 통일 국가 이탈리아를 바라본 카보우르의 선견지명은 이렇게 이루어졌다.

이탈리아의 영토적 국가 건설의 최종 단계는 간접적으로 이루어졌다. 베네치아는 1866년까지 오스트리아의 수중에 있었다. 그해에 오스트리아는 프로이센에게 패해 이탈리아에 있는 마지막 보루인 베네치아를 이탈리아에게 양도해야 했다. 로마는 크게는 나폴레옹 3세가 교황에게 제공해준 군사적 보호를 기화로 정복에 저항했다. 그러나 1870년 프랑스-프로이센 전쟁의 발발로 나폴레옹은 군대를 철수시켜야만 했다. 그해 9월 이탈리아 병사들이 로마를 점령했고, 1871년 7월 로마는 통일 이탈리아 왕국의 수도가 되었다.

교황의 권위는 어떻게 되었는가? 이탈리아 의회는 교황의 지위를 규정하고 제한하기 위해 보증법(Legge delle Guarentigie)[1]을 통과시켰다. 이 법은 무례한 세속 정부와는 어떤 관계도 맺기를 거부했던 당시 교황 비오 9세(재위 1846~1878)에게 즉각적인 도전을 받았다. 그의

---

1) 교회 활동의 자유를 보장하는 법.

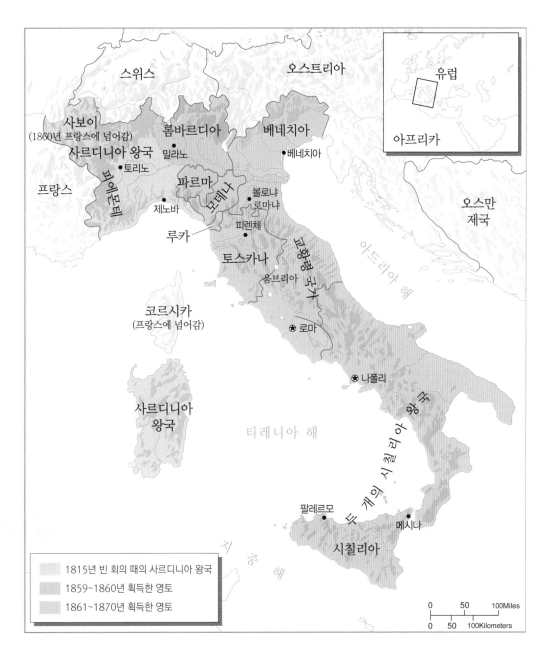

스위스

오스트리아

유럽

아프리카

사보이
(1860년 프랑스에 넘어감)

롬바르디아

베네치아

사르디니아 왕국

• 밀라노

• 베네치아

프랑스

피에몬테

• 토리노

파르마

모데나

• 볼로냐
로마냐

오스만
제국

• 제노바

• 피렌체

아드리아 해

루카

토스카나

움브리아

교황령 국가

코르시카
(프랑스에 넘어감)

✪ 로마

✪ 나폴리

사르디니아
왕국

티레니아 해

양시칠리아 왕국

팔레르모 •

• 메시나

지중해

시칠리아

	1815년 빈 회의 때의 사르디니아 왕국
	1859~1860년 획득한 영토
	1861~1870년 획득한 영토

0   50   100Miles

0   50   100Kilometers

이탈리아의 통일

오스트리아의 메테르니히는 왜 이탈리아를 19세기 중엽의 '지리적 표현'에 지나지 않는다고 불렀는가? 카보우르가 프랑스의 지원과 동조를 이탈리아의 통일이라는 대의에 결정적인 것으로 본 이유는 무엇인가? 통일운동의 지도력이 피에몬테로 넘어간 이유는 무엇인가? 교황령 국가는 왜 이탈리아의 통일에 반대했는가?

이탈리아의 통일, 1848~1870년	
1848년의 혁명	1848년
이탈리아와 오스트리아 간의 전쟁	1859년
두 개의 시칠리아 왕국 정복	1860년
오스트리아가 베네치아를 양도함	1866년
로마 점령	1870년
교황 보증법 제정	1870년

후임 교황들은 이탈리아 정부와 비오 11세(재위 1922~1939) 사이의 일련의 협정으로 이 논쟁이 일단락된 때인 1929년까지 계속 스스로를 바티칸에 은둔시켰다.

1871년 이탈리아는 하나의 나라였지만 국가 건설은 거의 끝나지 않았다. '이탈리아' 인구 중 소수만이 이탈리아어를 구사했다. 나머지 사람들은 지방 및 지역의 방언을 사용했는데, 이것이 너무도 다양해서 로마에서 시칠리아로 파견된 교사는 외국인으로 오인될 정도였다. 어느 정치가는 다음과 같이 말했다. "우리는 이탈리아를 만들었지만, 이제 이탈리아인을 만들어내야 한다." 하지만 그 과업은 쉬운 일이 아니었다. 점점 산업화되어가는 북부와 가난하고 농촌적인 남부 사이의 간격은 벌어진 채 있었다. 카보우르와 뒤를 이어 수상이 된 사람들은 이런 경제적·사회적 불평등, 농촌 지역에서 지주와 농업 노동자들 사이에 증대되는 긴장, 북부 지향의 중앙집권적 국가에 대한 좀처럼 사라질 줄 모르는 분노 등과 싸워야만 했다. 예전의 시칠리아 연합왕국 영토에서 일어난 산적 행위는 중앙 행정부로 하여금 심각한 봉기를 진압하기 위해 군대를 급파해야만 하도록 만들었다. 이 진압으로 인해 통일 전쟁에서보다 더 많은 사람들이 죽었다. 그런 다음에도 지역적 차이와 사회적 긴장이 이탈리아 국가 건설을 진행 과정으로 만들었다.

이탈리아인의 국가 건설: 세 가지 관점들

카리스마적 혁명가 주세페 마치니는 50권 이상의 회고록과 저작을 남겼다. 아래의 첫 번째 인용문에서 그는 이탈리아 국가와 세 개의 로마, 즉 고대 로마, 교황의 로마, 그리고 유럽인을 해방시킬 (미래의) 인민의 로마 '부흥'에 관한 비전을 개진했다. 이탈리아 민족주의에 관한 마치니의 개념은 이탈리아의 독특한 역사와 운명에 대한 해석이라는 점에서 낭만적이었고 정치가들에 관해서라기보다는 이탈리아인에 관해 강조하고 있다는 점에서 혁명적이었다.

국민협회(National Society)는 이탈리아의 통일을 지지하기 위해 1857년에 형성되었다. 1860년대에 이르러 이 협회는 5,000명 이상의 회원을 보유했다. 이 협회는 협회가 결성된 피에몬테와 이탈리아 중부에서 특히 강했다. 주세페 라 파리나(1815~1863)는 불굴의 조직가였다. 그는 이 협회의 정치적 강령을 기초하고 그것을 출판해 이탈리아 전역에 판매했다.

이탈리아의 통일은 카보우르의 콧대 높은 외교가 통일을 위한 중간계급의 운동에게 한 것만큼이나 많이 그의 강경 외교의 덕을 보았다. 1862년 카보우르의 동시대인 중 한 사람은 그에 대한 평가와 그가 어떻게 '까다로운 유럽 정치의 구조의 개막'을 발견하게 되었는가를 세 번째 인용문에서 보여주었다.

마치니와 낭만적 민족주의

나는 이탈리아가 진보와 우애라는 종교의 주창자가 되면서 단숨에 재생하는 것을 보았다.……

로마 숭배는 내 존재의 일부였다. 위대한 통일성, 세계가 하나 된 삶은 로마의 성벽 안에서 두 번이나 정성들여 만들어졌다. 자신의 짧은 사명을 다한 여러 사람들은 영원히 사라졌다. 로마를 제외하고 그 어떤 나라에게도 세계를 인도하고 지도할 사명이 두 번이나 주어진 적이 없었다.……거기에서, 이탈리아에 자리 잡고 있었던 그리스인에 앞선 문명 시대의 흔적에……카이사르가 종결지은 공화정 로마는 이전 세계를 잊어버리게 하기 위해 등장했고 자유의 근원인 정의의 사상을 잉태하면서 알려진 세상에 로마의 독수리들을 낳았다.

후일……로마는 이전보다 더 위대하게 다시 떠오를 것이고, 일반에게 인정된 새로운 통일성의 중심이 교황들을 통해 즉시 스스로를 구성하게 될 것이다.……

세 번째이자 여전히 더 광대한 통일을 창출해 내기 위해, 하늘과 땅, 정당한 [법]과 의무를 한데 연결해 조화시키기 위해, 그리고 개인이 아니라 인민을 위해, 이 아래에 인간이 자유롭고 자신의 사명이 평등하다는 것을 알리기 위한 협회(Association)라는 위대한 단어를 공표하기 위해……새로운 로마, 즉 이탈리아인의 로마가 소생하지 않으면 왜 안 되는가?

국민협회 정강, 1858년 2월

이탈리아의 독립은 영혼과 지성을 지닌 모든 사람의 목적이 되어야 한다. 이탈리아에서 우리의 교육제도나 상업 및 산업 그 어느 것도 오스트리아가 우리의 목덜미를 죄고 있는 한 결코 번성하거나 완전히 근대화될 수 없다.……세계에서 가장 비옥하고 아름다운 나라에서 태어나고, 아드리아 해와 지중해 양쪽에 있는 훌륭한 항구들이 있는 동양과 서양 사이의 중간에 위치하며, 제노아인, 피사인, 아말피, 시칠리아, 베네치아 사람들의 후손이 된다는 것이 얼마나 좋은 일인가? 나침반을 발명했고 신세계를 발견했으며 두 문명의 창시자였다는 것이 얼마나 유용한가?……

정치적 자유를 얻기 위해 우리는 우리를 노예화한 오스트리아인을 몰아내야 한다. 양심의 자유를 획득하기 위해 우리는 우리를 교황의 노예로 만든 오스트리아인을 쫓아내야 한다. 민족 문학을 창조하기 위해 우리는 우리를 무식하게 내버려둔 오스트리아인을 몰아내야 한다.……

이탈리아는 독립해야 할 뿐만 아니라 정치적으로 통일되어야 한다. 정치적 통일만이 다양한 이해관계와 법들을 조화시킬 수 있고 신용을 동원하고 통신의 속도를 높이기 위한 집단적인 활력을 발휘할 수 있다. 오로지 이것만으로 우리는 대규모 산업을 위한 충분한 자본을 마련할 것이다. 오로지 이것만으로 새로운 시장을 창출하고 통상의 자유로운 흐름에 대한 내적 장애물을 제거하며 멀리 떨어진 나라들과의 무역에 필요한 힘과 명성을 얻을 것이다.……

모든 것은 불가항력적으로 정치적 통일을 가리킨다. 과학, 산업, 상업, 예술 등은 모두 정치적 통일을 필요로 한다. 우리가 우선 우리 위대한 국가의 모든 기술, 지식, 자본, 노동 등을 하나로 합치지 않는다면 어떤 위대한 사업도 더 이상 가능하지 않다. 이 시대의 정신은 집중을 향해 나아가고 있나니, 이를 방해하는 어떤 나라에게도 재앙이 있으라!

지도자로서의 카보우르 백작

카보우르 백작은 당연히 유럽의 정치가들 중에서 파머스턴 경[영국 수상]과 나폴레옹 황제 다음으로 세 번째 자리를 차지한다.……카보우르 백작의 힘은 그의 원리들에 있지 않다. 왜냐하면 그는 전체적으로 완고한 것을 전혀 갖고 있지 않기 때문이다. 그러나 그는 분명하고 적확한 목적을 갖고 있는데, 그것은 이미 10년 전에 그 어떤 사람도 현기증이 나게 할 위대함을 지닌 목적, 즉 통일되고 독립한 이탈리아의 창건이었다. 그에게는 인력, 수단, 환경 등이 그다지 관심 없는 문제였고 여전히 그렇다. 그는 항상 군건하게 종종 혼자서 자신의 친구들과 자신의 동정심 때때로 자신의 마음 그리고 종종 자신의 양심을 희생시키면서 곧장 앞으로 걸어간다. 그에게는 너무 어려운 것이 전혀 없다.……

카보우르 백작은……항상 상황과 그것을 이용할 가능성을 판단하는 재능을 갖고 있다. 그리고 이 놀라운 재능이 오늘의 이탈리아를 형성하는 데 기여했다. 4위의 권력을 지닌 장관으로서 그는 나폴레옹 3세와 같은 상황을 만들어낼 수도 파머스턴과 같은 거대한 국가의 지원도 소유할 수 없었다.

카보우르 백작은 유럽 정치의 복잡한 구조 속에서 돌파구를 찾아내야만 했다. 그는 꿈틀거리고 나아가 자신을 숨기고 지뢰를 매설하고 폭발을 일으켜야 했다. 그리고 이러한 방법들로 그는 오스트리아를 패배시키고 프랑스와 영국의 도움을 얻었다. 다른 정치가들이 물러섰던 곳에서 카보우르는 위기를 감지하고 일어날 수 있는 손익을 계산하자마자 앞뒤 가리지 않고 돌진했다. 크림 원정군……니스 할양, 지난 가을 [1860년] 교황령 국가의 침공 등은 모두 그의 활력 넘치는 정신력의 결과였다.

요컨대 거기에서 여러분은 대외 문제의 걸출한 인물을 보게 된다. 그는 강하다. 그는 상황에 어울리는 사람이고 당대나 정말로 어느 시대의 정치가들에게도 호적수이다.

분석 문제

1. 마치니의 비전은 어떤 면에서 낭만적인가?
2. 국민협회의 실질적인 민족주의는 마치니의 낭만적 비전과 어떻게 달랐는가?
3. 카보우르의 전략은 무엇이었나?

독일의 통일: 현실 정치

1853년에 혁명가였던 아우구스트 루드비히 폰 로차우(1810~1873)는 『독일의 상황에 적용한 현실 정치 원리(Grundregeln von Realpolitik, angewendet an den politischen Zuständen von Deutschland)』라는 긴 제목을 단 얇은 책을 저술했다. 로차우는 청년 시절에 이상주의와 혁명적 열기를 멀리했다. 이에 대해 그는 다음과 같이 썼다. "누가 통치를 해야만 하는가의 문제는……철학적 사색의 영역에 속한다. 실제 정치는 권력만이 통치할 수 있다는 단순한 사실과 관계 있다." 로차우의 관점에 따르면 권력은 '정당한' 대의를 지닌 사람들, 즉 헌법과 계몽주의의 권력 개념을 지지하는 사람들에게 저절로 생기는 것이 아니었다. 권력은 경제 및 사회 제도의 확대 같은 다양한 형태를 통해 간접적으로 나타났다. 몇 가지 중대한 방식으로 로차우의 관점은 독일 중간계급의 광범위한 분파들의 변화하는 사고방식을 사로잡았다. '현실 정치(Realpolitik)'는 1850년대와 1860년대의 표어가 되었고 상당히 보수적이고 실용적인 오토 폰 비스마르크(1815~1898)와 가장 밀접하게 연관되었다. 그의 노련한 외교 및 권력정치(power politics)는 독일 통일에서 중요한 역할을 했다. 하지만 독일 국가는 정치가 한 사람의 노력으로 이룩된 것은 아니었다. 독일 통일은 국민감정의 성장, 중간계급 이해관계의 재검토, 외교, 전쟁, 그리고 정부와 그 반대자들 간의 투쟁 등의 산물이었다.

독일 자유주의는 1848년에 결정적인 패배를 맞이했지만 상당한 곤란에도 아랑곳하지 않고 10년 내에 부활했다. 철두철미한 혁명 반대자인 프리드리히 빌헬름 왕은 성인 남성의 보통선거로 선출된 하원을 둔 양원제 의회를 수립하는 프로이센 헌법을 재가했다. 하지만 그는 일련의 칙령들을 통해 부와 권력의 계급 제도를 보강하기 위해 선거 제도를 수정했다. 새로운 조항들은 유권자를 그들이 납부하는 세금의 총액에 입각해 세 계급으로 나누었고 이에 따라 유권자의 투표수가 할당되었다(이 새로운 체제는 1789년 프랑스에서 폐지된 신분에 따라 의원을 선출하는 전통적인 관행을 개선한 것으로 간주되었다). 따라서 모두 합쳐 이 나라 세금의 3분의 1을 납부하는 상대적으로 극소수인 부유한 유권자들이 입법자들의 3분의 1을 선출했고, 대지주나 산업가들이 보통 노동자들보다 거의 100배에 달하는 투표권을 행사한다는 것을 의미했다. 1848년 청년 시절에 혁명가들에 대항해 군대를 이끌었던 빌헬름 1세는 1858년에 프로이센의 섭정 왕자가 되었다(빌헬름은 1861년에 왕이 되어 1888년까지 통치했다). 프로이센은 보수주의 국가로 악명이 높았지만 정치 및 사회적으로 완전한 통일체는 아니었다. 산업 성장이 있었던 10년 동안에 중간계급의 규모와 자신감은 확대되었다. 1850년대 말 프로이센은 적극적인 자유주의 지식인, 사려 깊고 활동적인 언론, 정치적·경제적 근대화에 헌신하는 자유주의적 공무원 등을 보유했다. 이러한 변화는 하원 의원 선거에서 다수를 획득해 국왕에게 자신 있게 맞설 수 있는 자유주의 정치 운동을 형성하는 데 기여했다.

자유주의자들과 국왕 사이에 특별한 분쟁의 씨(비록 유일한 문제는 아니지만)는 군사비 지출이었다. 빌헬름은 상비군을 확대하고 예비군(구성원 중 중간계급이 더 많았다)의 역할을 축소하면서 무엇보다도 군사적 문제는 의회의 통제권에 속하지 않음을 확실히 하고자 했다. 의회 내의 국왕 반대자들은 왕이 군대를 사병화하거나 국가 내의 국가를 만들려고 한다고 의심했다. 1859년과 1862년 사이에 그들의 관계는 악화되었고, 자유주의자의 저항에 대해 아무런 응답이 없자 그들은 정례적인 예산의 승인을 거부했다. 이러한 위기에 직면해 빌헬름은 1862년에 오토 폰 비스마르크를 프로이센의 재상으로 임명했다(수상은 의회에 책임을 지지만 비스마르크는 그러지 않았다). 프로이센 국내 정치의 이 결정적 순간은 독일 통일 과업에서 결정적인 전환점이 되었다.

보수적인 토지 소유 귀족층인 융커 계급으로 태어난 비스마르크는 1848~1849년의 혁명기 동안 군주정을 지지했을 뿐만 아니라 자유주의 운동에 격렬하게 반대했다. 그는 내셔널리스트는 아니었다. 그는 무엇보다도 프로이센 사람이었다. 그는 자신이 특정 집단의 권리를 찬성했기 때문에 국내 개혁을 제도화한 것이 아니라 그런 정책이 프로이센을 통일시키고 강화해줄 것이라고 생각했기 때문에 실시했다. 다른 독일 국가들을 프로이센의 지배하에 두려고 획책했을 때 그는 거대한 독일을 설계하기 위해 그렇게 한 것이 아니라 어떤 형태의 통일이 불가피하고 프로이센이 주도권을 장악해야 한다고 믿었기 때문이었다. 비스마르크는 자신이 권력에 감복하고 스스로 위대해질 운명이라고 생각했다는 점을 기꺼이 인정했다. 어느 순간 그는 귀족계급 출신이라면 누구나 공통적으로 선택하는 군대에서의 경력을 생각한 적도 있었고 나중에 자신이 전선이 아니라 책상물림으로 조국을 위해 기여해야만 한다는 것에 후회했다. 그는 지위가 무엇이든지 간에 기회들을 마음대로 활용하고 자신에게 유리하게 돌리고자 했다. 그는 다음과 같이 선언했다. "나는 장단을 내게 유리하게 맞추든지 그렇지 않으면 전혀 그렇지 않게 맞추고 싶다." 그는 냉소주의, 거만함, 그리고 자신의 관점을 표현하는 데에서 지나칠 정도로 솔직한 것으로 유명했다. 하지만 그가 즐겨 인용했던 다음과 같은 라틴어 구절은 정치뿐만 아니라 노련한 개인과 역사 사이의 관계에 대한 그의 한층 더 주의 깊은 평가를 보여준다. "인간은 시간의 흐름을 창조하거나 관리할 수 없고 단지 동일한 방향으로 흘러가게 하고 그리로 흘러가게 하려고 노력할 수 있을 뿐이다."

프로이센에서 비스마르크는 의회의 반대를 무시했다. 다수당을 이루는 자유주의자들이 세금 부과를 거부하자 그는 의회를 해산하고 헌법은 그 목적이 무엇이든지 간에 국가를 전복시키고자 마련된 것이 아니라고 주장하면서 어쨌거나 세금을 거둬들였다. 하지만 그의 가장 결정적인 행동은 대외 정책에 있었다. 비스마르크는 일단 내셔널리즘에 반대하면서 노련하게 국내의 자유주의적 반대자들에게 선제공격을 가하고 독일의 국가 건설을 프로이센 당국의 업적이자 신장으로 만들기 위해 민족이라는 카드를 활용했다.

또 다른 '독일' 세력은 독일 연합 내에서 특히 주로 남부의 가톨릭 지역에 대해 상당한 영향력을 행사했던 오스트리아였다. 비스마르크는 오스트리아와 프로이센의 이해관계 사이에 매우 큰 차이가 있다고 보았으며 독일 연합이 그 유용성을 상실했다고 믿고 노련하게 오스트리아의 불리한 경제적 사정과 합스부르크 제국의 내부적 소수민족 투쟁을 이용했다. 그는 슐레스비히와 홀슈타인을 둘러싼 덴마크와의 장기간 끓어오르던 논쟁에 불을 붙였다. 두 지방은 독일인과 덴마크인이 거주하고 있었고, 독일 연합과 덴마크 양측은 서로 자국 영토라고 주장해왔다. 이 두 지방에 대한 자유주의적 민족감정은 독일 연합에서 격앙되었고 슐레스비히-홀슈타인의 정당한 상속자라고 주장하는 독일의 자유주의적 귀족은 소수의 공공연한 영웅이 되었다. 1864년 덴마크 왕은 이 두 지방을 합병해 독일 민족주의자의 강렬한 항의를 촉발시켰다. 비스마르크는 그 갈등을 프로이센의 문제라고 생각하고 오스트리아에게 덴마크에 대항한 전쟁에 가담하라고 설득했다. 그 전쟁은 단기전이었고 덴마크의 통치자가 이 두 지방을 오스트리아와 프로이센에게 양도하게 만들었다. 비스마르크가 기대했듯이 이 승전국들의 동맹은 즉시 해체되었다. 그는 1866년 프로이센을 좀 더 광범위한 독일 이해관계의 옹호자 역할을 맡게 하면서 오스트리아에 선전포고를 했다. 7주 전쟁(Seven Week's War)이라고 알려진 이 전쟁은 프로이센의 승리로 끝났다. 오스트리아는 슐레스비히와 홀슈타인에 대한 모든 주장을 포기하고 베네치아를 이탈리아인에게 넘겨주었으며 독일 연합의 해체에 동의했다. 비스마르크는 그 자리에 북독일 연합(North German Confederation)을 창건했다. 그것은 마인 강 이북의 모든 독일 국가들의 연합이었다.

비스마르크는 '여론을 눈여겨보는 권력 정치를 했다.' 앞선 두 전쟁은 모두 국민의 강력한 지지를 받았고 프로이센의 승리는 국왕과 그의 재산에 대한 자유주의자의 반대를 약화시켰다. 오스트리아가 패배한 결과 프로이센의 자유주의자들은 예산, 군대, 헌법 조항에 대한 투쟁을 포기했다. 비스마르크는 또한 다른 수단들을 동원해 반대자들을 무력화시켰다. 그는 자신의 정권을 강화하기 위해 국민투표를 이용한 나폴레옹 3세에 감탄했고, 그처럼 대중 사이에서 지지를 얻고자 했다. 그는 독일인이 사업가 엘리트층, 자신이 속한 소규모 국가들의 관료제, 또는 오스트리아-헝가리 제국 등을 반드시 지지하지 않는다는 것을 알았다. 북독일 연합의 헌법은 양원제 입법부, 출판의 자유, 하원에서의 성인 남성 보통선거권 등을 지닌 한결 더 자유주의적 정체의 출현을 가능하게 했다. 하지만 이 헌법의 구조는 프로이센과 보수적 황제에게 그리고 북독일 연합과 곧 제국으로 확장될 프로이센에게 결정적으로 이롭게 작용했다.

독일 통일을 완성하기 위한 최종적 단계는 1870~1871년 프랑스-프로이센 전쟁이었다. 비스마르크는 프랑스와의 대립을 통해 바이에른과 뷔르템베르크, 그리고 아직도 연방에 가입하지 않고 프로이센에 대한 역사적 경계심을 풀지 않은 남부 국가들에서 독일 내셔널리즘 정신이 촉발되기를 희망했다. 에스파냐 왕위를 차지하기 위한 호엔촐레른(프로이센의 통치 가문)의 권리를 둘러싼 외교적 소동은 프랑스와 독일 사이에 오해가 생길 기회를 제공했다. 빌헬름 국왕은 에스파냐 왕위 계승 문제를 논의하기 위해 프로이센의 엠스 온천 휴양지에서 프랑스 대사와 만나기로 했다. 빌헬름은 처음에 프랑스의 요구 사항들을 묵묵히 들어주었지만, 프랑스 대사가 에스파냐 왕위 계승에서 호엔촐레른 가문을 '영원히 배제'할 것을 부탁하는 서툰 짓을 하자 비스마르크는 이 기회를 놓치지 않고 활용했다. 그는 카이저가 보낸 전문을 편집해 그 일부를 빌헬름 국왕이 프랑스 대사의 부탁을 퇴짜 놓은 것처럼 보이게 만들어 언론에 유포시켰다. 편집된 보도가 프랑스에서 유포되자 프랑스는 전쟁을 불사하겠다는 태도로 대응했다. 그것은 프로이센에서도 메아리쳤고, 비스마르크는 프랑스가 라인란트에 눈독을 들이고 있다고 주장하며 그 증거를 공개했다.

　전쟁이 선포되자마자 남부 독일 국가들은 프로이센 편에 모였다. 그 전쟁은 신속하게 끝났다. 유럽의 그 어떤 강대국도 프랑스를 도울 수 없었다. 가장 유력한 협력자였던 오스트리아는 얼마 전에 있었던 프로이센과의 전쟁으로 이미 약화된 상태였다. 헝가리인은 강력해진 프로이센을 환영했다. 왜냐하면 독일의 힘이 커지면서 오스트리아가 약화되면 될수록 제국 내에서 권력을 공유하자는 마자르인의 요구가 더 커질 것이기 때문이었다. 전쟁터에서 프랑스는 전문적으로 훈련되고 뛰어난 장비를 갖춘 프로이센 군대에 대적할 수 없었다. 이 전쟁은 7월에 시작해 프랑스의 스당에서 나폴레옹 3세가 포로로 잡히면서 9월에 프랑스의 패배로 끝났다. 파리의 저항 세력들은 1870~1871년 겨울에 계속 독일에 맞서 싸웠지만 프랑스 제국 정부는 붕괴했다.

　1871년 1월 18일 프랑스 절대주의의 막강했던 과거의 상징인 베르사유 궁전 거울의 방에서 독일 제국이 선포되었다. 오스트리아를 제외하고 아직 프로이센에 흡수되지 않았던 모든 나라가 황제(카이저)가 된 빌헬름 1세에게 충성을 서약했다. 넉 달 후 프랑크푸르트에서 체결된 프랑스와 독일 사이의 조약에 따라 접경지대인 알자스 지방은 신생 제국에 양도되었고, 프랑스인은 50억 프랑의 배상금을 내야 했다. 프로이센은 신생 국가의 영토와 인구의 60퍼센트를 손에 쥐었다. 프로이센의 카이저, 재상, 군대, 관료제 대부분은 온전히 남았고, 독일 국민국가로 재탄생했다. 하지만 이것은 프로이센의 자유주의자들이 기대했던 신생국가는 아니었다. 그것은 아래로부터가 아닌 '위로부터의 혁명'이었다. 하지만 좀 더 낙관적인 사람들은 독일 제국이 상이한 정치적 방향으로 발전할 것이고 자신들이 궁극적으로 '통일을 통해 자유를 확대'할 수 있을 것으로 믿었다.

독일의 통일, 1854~1871년	
크림 전쟁	1854~1856년
비스마르크가 수상이 됨	1862년
덴마크 전쟁	1864년
7주 전쟁	1866년
프랑스-프로이센 전쟁	1870~1871년

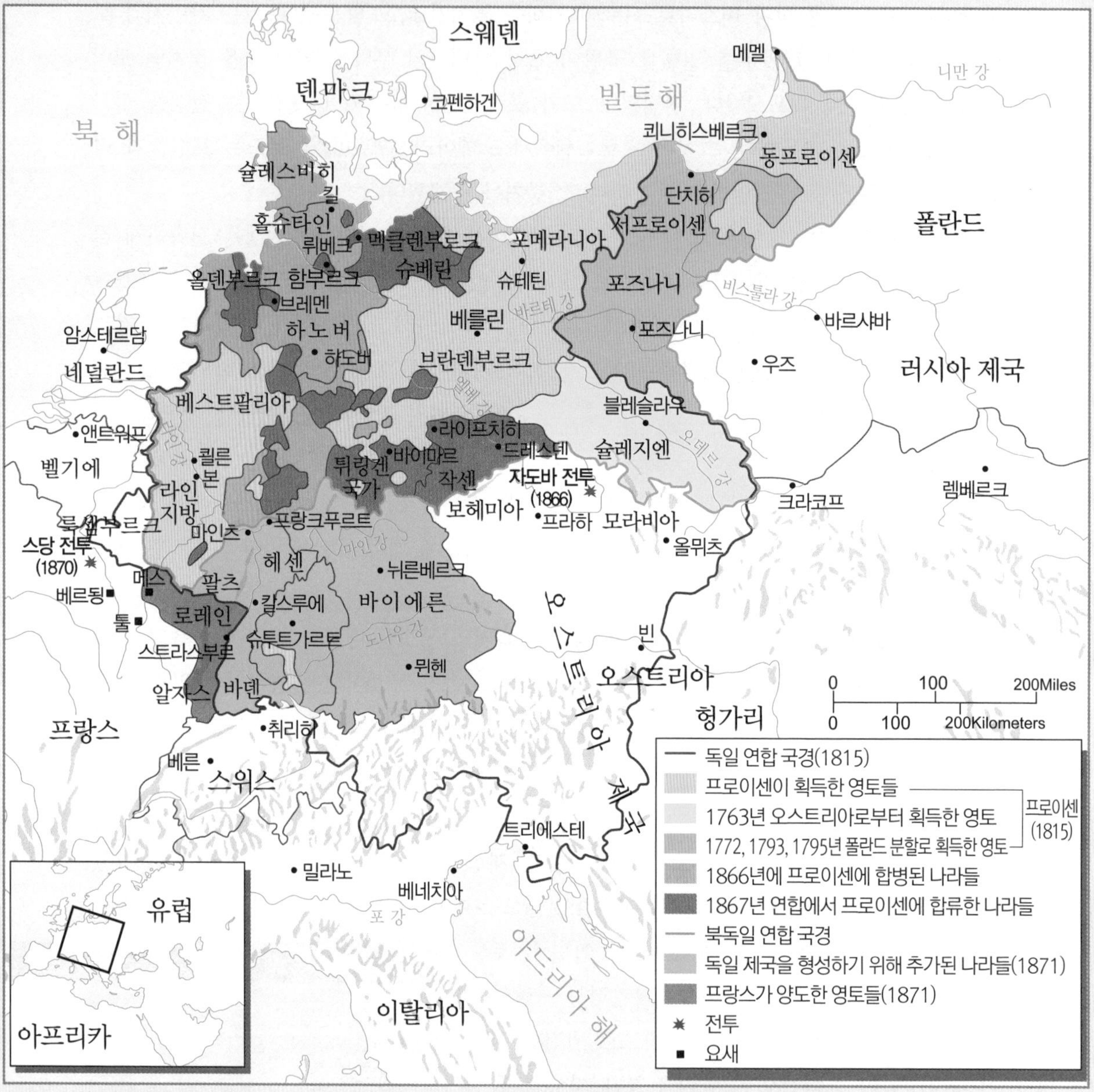
스웨덴
메멜
니만 강
덴마크
코펜하겐
발트해
북 해
쾨니히스베르크
동프로이센
슐레스비히
킬
단치히
홀슈타인
서프로이센
폴란드
뤼베크
멕클렌부르크
슈베린
포메라니아
올덴부르크
함부르크
슈테틴
포즈나니
브레멘
비스툴라 강
베를린
바르테 강
포즈나니
바르샤바
암스테르담
하노버
하노버
브란덴부르크
우즈
네덜란드
러시아 제국
베스트팔리아
엘베 강
블레슬라우
라인 강
앤트워프
라이프치히
드레스덴
슐레지엔
오데르 강
쾰른
바이마르
벨기에
본
튀링겐 국가
라인 지방
작센
자도바 전투 (1866)
렘베르크
크라코프
보헤미아
프라하
모라비아
마인츠
프랑크푸르트
스당 전투 (1870)
마인 강
올뮈츠
헤센
뉘른베르크
메스
베르됭
팔츠
칼스루에
바이에른
로레인
툴
슈투트가르트
도나우 강
빈
스트라스부르
오스트리아 제국
뮌헨
알자스
바덴
오스트리아
헝가리
0 100 200Miles
0 100 200Kilometers
프랑스
취리히
베른
스위스
트리에스테
밀라노
베네치아
유럽
포 강
아드리아 해
이탈리아
아프리카
독일 연합 국경(1815)
프로이센이 획득한 영토들
1763년 오스트리아로부터 획득한 영토
1772, 1793, 1795년 폴란드 분할로 획득한 영토
프로이센 (1815)
1866년에 프로이센에 합병된 나라들
1867년 연합에서 프로이센에 합류한 나라들
북독일 연합 국경
독일 제국을 형성하기 위해 추가된 나라들(1871)
프랑스가 양도한 영토들(1871)
전투
요새

독일의 통일을 향하여

독일의 국가적 통일을 이끄는 단계들에 주목하라. 독일의 프로이센 국가는 폴란드와 오스트리아 제국을 어떻게 희생시키며 팽창했는가? 이 지역의 파편화된 국가들을 면밀히 조사해보라. 비스마르크가 독일 통일 과정에서 직면한 도전들은 무엇인가? 그가 자신에게 유리하게 이용할 수 있었던 문화적·역사적 요인들은 무엇인가?

국가와 국민성: 오스트리아 제국에서의 지방 분권 세력들

독일은 1860년대부터 한층 더 강력한 통일 국가로 부상했다. 하지만 합스부르크 제국은 상이한 자원들로 이루어진 매우 상이한 상황에 직면했고 오스트리아-헝가리라고도 부르는 약화되고 아슬아슬하게 균형을 이룬 다민족 이원(二元) 군주정으로 나타났다.

앞서 본 것처럼 소수민족의 내셔널리즘은 1848년 합스부르크 군주정에서 막강한 세력이었다. 하지만 군대를 앞세운 억압과 적들을 분리시키는 전술을 결합한 합스부르크 국가는 그보다 더 막강했다. 이 제국은 농노제를 폐지했지만 그 밖에는 반대자들에게 거의 양보를 하지 않았다. 1848년 봄 간신히 독립을 획득한 헝가리인은 본질적으로 재정복되었다. 상원으로 발전한 제국 회의는 명목상으로만 제국 내 여러 나라들의 대표들을 수용했다. 그 밖의 발전들도 합스부르크 국가를 강화시키고자 의도한 것이었다. 행정 개혁은 새로우면서도 한층 더 통일된 법체계를 창출했고 세제를 합리화했으며 독일어에 편향된 단일 언어 정책을 부과했다. 하지만 소수민족 관계를 관리하는 문제는 한층 더 어려워졌다. 1850년대와 1860년대를 통해 자신들이 종종 그렇게 불렸던 종속된 민족들은 지방 의회(Diet)의 무력함, 군대의 진압, 문화적 특권 박탈, 그리고 자신들의 의원 선출권을 축소시킨 선거구 등에 대해 격렬하게 저항했다. 예를 들어 보헤미아의 체코인은 그 지방의 독일인 소수민족을 편애하는 정책으로 인해 점차 소외당했고 점점 슬라브인으로서의 정체성을 주장했다. 이 운동은 기꺼이 광범위한 범슬라브주의의 후원자가 되기에 충분한 러시아로부터 환영받았다. 가장 막강한 종속된 민족인 헝가리인 또는 마자르인은 1848년에 얼핏 맛본 자치권을 다시 주장하고자 했다.

이런 맥락에서 1859년에 피에몬테-사르디니아와 1866년에 프로이센의 손에 오스트리아가 치명적인 패배를 했다는 사실은 특히 중요했다. 특히 1866년 전쟁은 프란츠 요제프 황제로 하여금 제국의 구조를 재협상하지 않으면 안 되게 만들었다. 헝가리인이 일으킨 혁명을 모면하기 위해 프란츠 요제프는 이원 군주정의 형태로 새로운 연방 구조를 세우는 데 동의했다 오스트리아-헝가리는 공통의 세금 제도와 공통의 군대를 보유하고 대외 및 군사 정책을 함께하기로 했다. 프란츠 요제프는 오스트리아의 황제이자 헝가리 왕이었다. 그러나 국내 및 헌법적 문제들은 분리되었다. 타협 또는 협정은 헝가리인에게 그들의 헌법, 그들의 입법부, 부다 시와 페스트 시를 합친 그들의 수도를 세우는 것을 허용했다.

다른 민족들에게 이것은 무엇을 의미했을까? 이원 군주정의 공식 정책은 그들이 서로 차별받지 않을 것이고 자신의 언어를 사용할 수 있을 것이라고 천명했다. 하지만 공식 정책은 단지 느슨하게 집행되었다. 좀 더 중요한 것은 헝가리인의 기분을 고조시켜주고 그들에게만 정치적 독립국의 지위라는 혜택을 베푸는 것은 다른 집단과의 관계를 악화시킬 수 있었다. 이원 군주정 중 오스트리아 쪽에서 폴란드인, 체코인, 슬로베니아인 같은 소수민족은 자신이 이류에 해당하는 지위를 갖는 것에 분개했다. 헝가리 쪽에서 이원 군주정은 국가, 공무원직, 학교 등을 한층 더 철저하게 헝가리인의 것으로 만들려고 시도하는 마자르화(Magyarization) 계획에 착수했다. 하지만 이러한 시도는 세르비아인 및 크로아티아인과는 어울리지 않았다.

합스부르크 영토 내에서 민족 통일을 이야기하는 것은 불가능했다. 오스트리아 황제는 내셔널리즘이 자신의 왕국을 파괴할 지방 분권 세력이라고 정당하게 생각하면서 그것에 강력하게 반대했다. 프랑스, 영국, 이탈리아, 독일 정부들과는 달리 합스부르크 정부는 공통적인 문화적 정체성에 입각한 국민국가를 건설하려 하지 않았다. 대신에 합스부르크 정부는 서로 다른 소수민족이 서로를 업신여기게 하고 필요할 때에만 자치권을 용인하면서 조각난 민족들이 계속해서 딴 것을 파생시키기에 충분한 나라와 행정 구조를 건설하려고 애썼다. 19세기가 전개되면서 종속된 민족들은 다른 강대국들인 세르비아, 러시아, 오스만 제국 등에 호소하게 되었고 이러한 갈등 조정은 한층 더 어려워졌다.

러시아, 미국, 캐나다에서의 국가 및 국가 건설

◆ 노예제와 농노제의 유사점은 무엇인가? 노예제가 살아남았던 곳은 어디이며 그 이유는 무엇인가?

내셔널리즘과 국가 건설이라는 도전은 러시아, 미국, 캐나다에도 다가왔다. 세 나라 모두에서 국가 건설은 영토 및 경제적 팽창, 새로운 사람들의 편입, 그리고 러시아와 미국에서는 노예제와 농노제라는 엄청난 문제들과 씨름해야 하는 일을 수반했다.

영토, 국가 그리고 농노제: 러시아

1649년에 법적으로 공식화된 러시아에서의 농노제는 예카테리나 2세(재위 1762~1796) 치하에서 인텔리겐치아로부터 커다란 저항을 받기 시작했다. 1789년 이후 그리고 특히 1848년 이후 유럽의 다른 나라에서 농노제가 폐지되자 이 문제는 한층 더 절실해졌다. 농노제의 폐지는 러시아를 근대 국가로 건설하려는 좀 더 거대한 프로젝트의 일부가 되었다. 어떻게 해야 하는가는 많은 논의의 주제였다. 이와 관련해 두 가지 사상 학파가 등장했다. '친슬라브주의자' 또는 낭만적 내셔널리스트는 러시아의 뚜렷한 특징을 보존하고자 했다. 그들은 서구의 세속주의, 도시적 상업주의, 부르주아 문화 등을 거부하면서 전통적인 러시아 문화와 농민공동체를 이상화했다. 이와는 대조적으로 '서구화론자'는 러시아가 유럽의 과학, 기술, 교육 분야에서의 발전을 채택하는 것을 보고 싶어 했다. 그들은 이러한 발전이 서구 자유주의와 개인적 자유를 보호하는 토대가 되었다고 믿었다. 두 집단은 모두 농노제 폐지에 동의했다. 하지만 러시아 귀족은 농노 해방에 완강하게 반대했다. 영주들에게 '자신의' 농노에 대한 손실을 어떻게 보상해줄 것인가와 해방된 농노가 전면적인 토지 재분배 없이 어떻게 생존할 수 있을까라는 난마처럼 뒤얽힌 논쟁 역시 문제의 진전을 막았다. 크림 전쟁(조금 뒤에서 논의할 것이다)은 이러한 난국을 해결했다. 크림 전쟁으로 알렉산드르 2세(재위 1855~1881)는 농노 해방 문제를 밀어붙였다. 농노제의 지속이 국력을 서서히 약화시키고 크림 전쟁에서 패배를 가져다줄지도 모른다는 우려가 팽배한 가운데 농노제가 폭력적인 갈등을 계속 촉발시킬 것이라고 설득당한 알렉산드르 2세는 1861년 칙령으로 농노제를 종식시켰다.

1861년의 농노 해방 칙령은 당찬 개혁이었다. 그러나 역설적이게도 이 칙령으로 인한 변화는 제한적이었다. 이 칙령은 약 2,200만 명의 농노에게 법적 권리를 부여하고 그들이 일했던 토지 일부에 대한 소유권을 인정해주었다. 그것은 또한 국가가 지주들에게 그들이 양도한 재산에 대해 보상할 것을 요구했다. 하지만 대규모 지주들은 자신의 보상금 지급 청구를 엄청나게 부풀렸고, 자신을 위해 가장 수익성 좋은 토지의 상당 부분을 존속시키고자 했다. 따라서 농민에게 부여된 토지는 종종 토질이 좋지 않았고 자신뿐만 아니라 가족을 먹여 살리기에도 충분하지 못했다. 더욱이 새로이 해방된 농노는 자신의 토지에 대한 할부금을 납부해야 했다. 이 토지는 사실 농민에게 개별적으로 부여된 것이 아니라 할부금을 징수했던 마을 공동체에게 부여된 것이었다. 그 결과 러시아에서의 농촌 생활의 유형은 크게 변화하지 않았다. 토지 할부금 체제는 농민을 독립 자영농이 아니라 이전 주인들의 농업 노동자로서 마을에 묶어두었다.

러시아는 개혁을 실시하는 한편 영토도 확장했다. 19세기 중엽 이후 러시아는 동부와 남부에 압박을 가했다. 러시아는 이전의 실크로드를 따라 독립한 몇몇 이슬람 왕국들을 침공해 정복했고 자연 자원을 찾기 위해 시베리아로 팽창했다. 러시아 외교는 중국으로부터 여러 가지 상업적 양보를 억지로 받아냈다. 이것은 결국 러시아가 1860년 시베리아에 블라디보스토크 시를 세울 수 있게 해주었다. 러시아의 인종적·민족적·종교적 차이들은 통치 행위를 위축시켰다. 대부분의 경우 러시아는 새로 획득한 영토 사람들을 동화시키려고 노력하지 않았다. 민족적 특수성을 받아들이는 일은 그렇게 이질적인 사람들을 통치하는 데 따른 어려움을 극복하는 실용적인 대응인데도 말이다. 국가가 러시아 문화를 강요하려고 시도했을 때 그 결과는 참담했다. 19세기의 차르 혹은 나중에 소련이 휘두른 권력이든지 아니든지 간에 강력한 지방 분권 세력은 완전한 통일에 반대되는 방향으로 나아갔다. 러시아는 지리적으로 한 덩어리인 방대한 제국이 되었지만 결코 하나의 국가를 창조한 것은 아니었다.

러시아에서의 농노제 폐지

농노제 폐지는 크림 전쟁 이후 알렉산드르 2세의 근대화 및 개혁 프로그램의 핵심이었다. 해방된 농노는 이제 수세기에 걸친 예속을 끝내고 자신의 땅을 갖는 것이 허용되었다. 하지만 농노 해방 칙령은 농민의 권리가 아니라 차르의 자비심과 귀족의 관대함을 강조한 것이었다. 정부는 농노 해방이 시골에 혁명을 가져오기를 바라지 않았다. 정부는 국가의 권위, 지주의 권력, 농민의 책임을 보강하고자 했다. 농노 해방에 관한 상세한 조항들을 상세히 설명한 뒤에, 이 칙령은 다음에 발췌한 것과 같은 단락들을 추가했다.

농노 해방은 러시아 시골의 문제들을 해결하지 못했다. 반대로 그것은 개혁을 위한 시도들을 귀족들이 약화시킨다는 농민의 불만을 포함한 저항의 물결을 분출시켰다. 아래 청원들은 두 마을에서 농노 해방의 결과로 나타난 투쟁을 상술한다.

1861년 농노를 해방시키는 알렉산드르 2세의 칙령
그리고 우리는 우리 백성의 훌륭한 분별력에 우리의 희망을 건다.

농노의 신분[농노제]에 관한 법을 폐지하기 위한 정부의 계획에 관한 소식이 그것에 준비가 되지 않은 농민에게 도달했을 때 부분적인 오해가 발생했다. 일부 [농민은] 자유에 관해 생각했고 의무에 관해서는 잊어버렸다. 그러나 [백성의] 일반적인 훌륭한 분별력은 "모든 영혼은 지배하고 있는 당국에 종속되어야 한다는 것"에 따라 천부적 이성과 그리스도교 율법 둘 다로 [유지되는 확신인] 확실한 의무를 이행하기 위한 공익에 상응하게 신세를 지고 있는 사회의 선을 누구나 자유로이 누리고 있다는 신념을 저해하지는 않았다.……지주들이 법적으로 획득한 권리들은 일정 수준의 보답이나 [그들의] 자발적인 양보 없이는 그들로부터 박탈할 수 없고 지주의 토지를 이에 상응하는 책임 없이 사용하게 만드는 것은 모든 정의에 반하는 것이 될 것이다.

그리고 이제 우리는 바라건대 속박된 사람들은 새로운 미래가 그들 앞에 열림으로써 삶의 향상을 위해 태생이 좋은 귀족들이 제공한 중요한 희생을 감사히 이해하고 받아들이기를 기대한다.

농노 해방: 아래로부터의 관점

(보로네시 지방) 포도시노브카 농민들이 1863년 5월 알렉산드르 2세에게 보낸 청원

출간된 규칙들과 더불어 1861년 2월 19일 황제 폐하께서 공표한 가장 자비로운 선언은 축복받은 러시아 백성의 노예화에 제한을 가하는 것이었습니다. 그러나 농민의 생활을 개선하는 것이 아니라 그들을 억압하고 파멸시키기를 원하는 일부 전(前) 농노 소유자들은 자신을 위해 모든 밭 중에서 가장 좋은 토지를 선택하고 불쌍한 농민들에게……가장 나쁘면서 최소한의 용도만 있는 토지를 주는 등 법과는 반대로 토지를 배분하고 있습니다.

이 지주 집단에게 우리의 것을 인정받아야 합니다. 아나 미카일로브나 라에프스카이아(Anna Mikhailovna Raevskaia)…… 우리의 밭과 자원 중에서, 우리의 좁고 긴 땅 중에서 그녀는 가장 좋은 곳을 선택했고 난로의 열판처럼 자신을 위해 300데시어티네*를 분할받았습니다.……그러나 우리 공동체는 그렇게 황폐한 할당된 농지를 받아들이기를 거부하고 우리에게 지방 법령과 일치하는 할당된 토지를 줄 것을 요청했습니다.……평화 중재자와…… 경찰 우두머리는……우리가 폭동을 일으키고 있으며 자신들이 우리 마을에 들어오는 것이 불가능하다고 주장하면서 주지사 앞에서 우리를 비방했습니다.

주지사는 이 거짓말을 믿고 형사상의 명령을 받은 1,200명의 군인을 우리 마을에 파견

---

* dessiatine. 토지 면적 단위로 2.7에이커, 약 11제곱킬로미터에 상당한다.

했습니다.……아무런 이유 없이 우리 마을의 사제 페테르 신부는 죄 없이 피를 흘리는 것을 멈추기 위해 사제적인 권유를 앙양하기보다 당국의 만장일치의 권유를 받아 비열한 인간들에 합류했습니다. 그들은 9개 마을 우두머리들과 여러 마을로부터 측근을 소집했습니다.……그 자리에서 주지사는 아무런 조사도 없이 그리고 단 한 사람도 심문하지 않고 자작나무 회초리를 가져와 잔인하고 무자비하게 자행된 처벌을 개시할 것을 명했습니다. 그들은 200명에 달하는 남자와 여자를 처벌했습니다. 80명의 사람들이 네 단계(500대, 400대, 300대, 200대)의 처벌을 받았습니다. 일부는 그보다 덜한 처벌을 받았고……그리고 죄 없는 사람들에 대한 비인간적인 처벌이 끝났을 때 주지사는 다음과 같이 말했습니다. "만약 너희가 그 토지를 적합하지 않다고 여긴다면, 나는 너희가 내키는 곳 어디라도 청원서를 제출하는 것을 금하지 않는다." 그런 다음에……떠났습니다.……

우리는 감히 정교회의 황제이자 우리의 자비로운 아버지인 당신에게 아녀자들이 포함된 600명의 영혼이 사는 공동체의 청원을 거부하지 않기를 애원합니다. 밭과 목초지 중 가장 좋은 부분을 선택하지 않고 공명정대한 노선으로 지시되는 법으로서 황제 폐하의 말씀으로 우리의 공동체의 토지가 분배되도록 명령을 내려주옵소서.……엘란 강을 따라 목초지와 건초지가 아무런 제한 없이 우리 공동체에 넘겨지도록 [명령을 내려주옵소서]. 이러한 명령들은 우리에게 우리의 존재에 필수적인 우리의 가축과 그보다 작은 가축을 키우는 것을 가능하게 해줄 것입니다.

발라쇼프 지역의 농민들이 1862년 1월 25일 콘스탄틴 니콜라예비치 대공에게 보낸 청원서

황제 폐하! 가장 자비로우신 폐하! 콘스탄틴 니콜라예비치 대공 폐하!……

1861년 농노제로부터 농민들을 해방시키는 것에 관한 제국의 선언에 대해 고지를 받은 이후에…… 우리는 이 [소식을] 환호하며 받아들였습니다.……그러나 이 순간부터 우리의 지주는 마을 전체가 토지를 보유하는 것에서 벗어난다고 명령했습니다. 그러나 이것은 우리가 절대로 참을 수 없는 것입니다. 그것은 우리가 이익을 거두는 것을 거부할 뿐만 아니라 우리를 파멸적 장래로 몰아가겠다고 위협하는 것입니다. 그는 계속해서 회합을 열고 우리에게 상기 토지 분할을 받아들이는 데 동의하는 서명을 강요하기 위해 [애쓰기] 시작했습니다. 그러나 그렇게 예기치 않은 변화를 보고 은혜로운 선언문을 마음속에 간직하며 우리는 거부했습니다.……마을 전체를 모이게 한 이후에 그들은 우리에게 토지 분리를 받아들이는 불법적인 서명을 강요하고자 했습니다. 그러나 이들이 이 일에 성공하지 않았다는 것을 알게 되었을 때 그들은 일개 중대의 군인을 파견했습니다.……그때 글로베 [대령]

이 그들 가운데에서 나와 우리에게 시베리아로 유배를 보내겠다고 위협했고, 병사들에게 농민들의 옷을 벗기고 가장 비인간적인 방법으로 7명의 사람들에게 채찍질을 가하는 처벌을 하도록 명령했습니다. 그들은 아직도 의식을 회복하지 못했습니다.

분석 문제

1. 알렉산드르 2세의 경고는 무엇이고, 어떤 사람들에게 향한 것이었나?

2. 농민의 관점에서 가장 중요한 문제는 무엇이었는가?

3. 이 놀라운 문서들은 농노 해방 이후의 사건들에 관해 무엇을 보여주고 있는가?

영토와 국가: 미국

아메리카 혁명은 미국에게 부분적으로 영토 확장에 함께 전념한 노예제를 실시하는 주(노예주)와 실시하지 않는 주(자유주)들의 느슨한 연합을 남겨주었다. 이른바 제퍼슨 시대의 혁명은 미국의 국경을 팽창시키기 위한 추진력을 민주적 열망과 결합시켰다. 민주공화파(Democratic-Republican) 출신의 대통령 토머스 제퍼슨(재임 1801~1809) 휘하에 있던 이 운동의 지도자들은 미국 헌법에 「권리장전」을 포함시키기 위해 노력했고 그것이 성공을 거두는 데 거의 전적으로 기여했다. 그들은 원칙적으로 권력의 분립을 지지했지만, 국민 대표자의 최고권을 믿었고 행정부와 사법부가 권력을 증대시키고자 하는 시도를 경계의 눈으로 보았다. 그들은 개인적 자유에 대한 존중이 지배적 원리가 되는 '덕과 재능(virtue and talent)'의 귀족 정치에 입각한 정치 체제를 지지했다. 이 지도자들은 국교의 확립에 반대했고 출신이나 부에 따른 특권에 반대했다. 하지만 제퍼슨주의자의 공화국에 대한 비전은 자영농의 독립과 새로운 토지의 획득 가능성에 기댄 농부의 독립과 번영에 의존했다. 1803년의 루이지애나 매입에서 예증되듯이, 이것은 제퍼슨파의 미국에게 핵심적이었던 영토 팽창을 가능하게 해주었다. 영토 팽창은 예상외로 곤란한 사정을 초래했다. 영토 팽창은 남부와 북부의 많은 자영농에게 토지를 마련해주었지만, 면화를 주로 재배하는 수백만 에이커의 토지를 추가해줌으로써 노예제의 제국을 확장시켰다. 뉴올리언스 항구의 매입은 남부에 있는 토지들을 개발하기 좋게 만들어주었지만 토착 미국인들(아메리카 인디언)을 옛 남부(Old South)에서 미

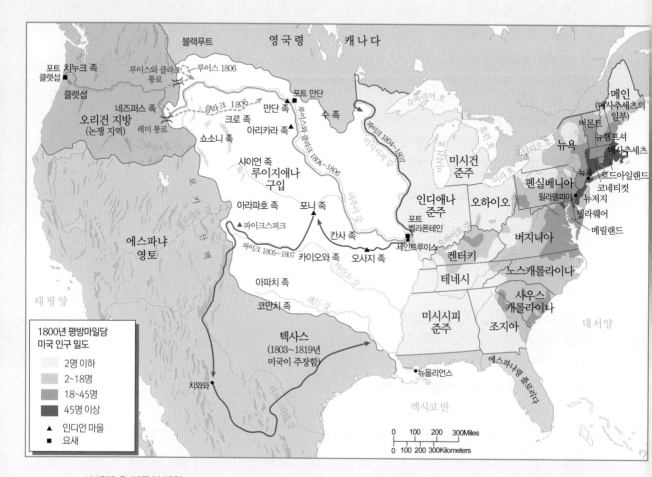

19세기 초 미국의 팽창

루이지애나 매입으로 방대한 면적의 토지가 나폴레옹 1세 치하의 프랑스에서 미국으로 양도된 때인 1803년에 미국의 서부로의 팽창에서 결정적인 전환점이 다가왔다. 나폴레옹은 생 도밍그를 재정복하고 그곳에서 노예제를 회복하는 데 실패했기에, 그는 유럽에서의 전쟁을 위해 자신의 군대를 재편성할 절박한 필요성이 있었다. 이 두 가지 요인이 나폴레옹으로 하여금 북아메리카 제국 건설이라는 비전을 포기하도록 만들었다. 주요 식민 강대국의 철수가 서부 프런티어에 대한 미국의 태도를 어떻게 다시 형성하게끔 했는가? 루이지애나 매입이 제기한 더 많은 문제들은 무엇인가?

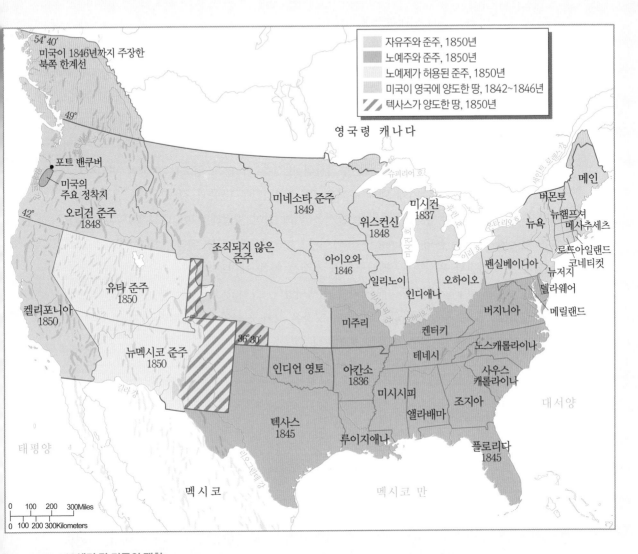

범례:
- 자유주와 준주, 1850년
- 노예주와 준주, 1850년
- 노예제가 허용된 준주, 1850년
- 미국이 영국에 양도한 땅, 1842~1846년
- 텍사스가 양도한 땅, 1850년

54° 40'
미국이 1846년까지 주장한
북쪽 한계선

49°

영국령 캐나다

포트 밴쿠버

미국의
주요 정착지

42°

오리건 준주
1848

미네소타 준주
1849

미시건
1837

슈피리어 호

위스컨신
1848

메인

버몬트
뉴햄프셔
뉴욕   메사추세츠

펜실베이니아   로드아일랜드
코네티컷
뉴저지

조직되지 않은
준주

아이오와
1846

유타 준주
1850

캘리포니아
1850

일리노이
인디애나   오하이오

델라웨어

메릴랜드

버지니아

미주리

켄터키

노스캐롤라이나

뉴멕시코 준주
1850

36° 30'

인디언 영토

아칸소
1836

테네시

사우스
캐롤라이나

미시시피

조지아

대서양

태평양

멕시코

텍사스
1845

루이지애나

앨라배마

플로리다
1845

멕시코 만

0 100 200 300Miles
0 100 200 300Kilometers

19세기 말 미국의 팽창

미국인의 정착이 북아메리카 대륙을 가로질러 전진하고 미국 정부가 새로이 획득한 영토를 조직한 단계들에
주목하라. 미국의 팽창은 유럽의 식민주의와 어떻게 달랐는가? 서부와 남서부가 이전에 이미 자유주로 간주
되어왔음에도 불구하고 유타와 뉴멕시코 영토에 노예제가 허용된 이유는 무엇인가? 그러한 고려들 중에서
캘리포니아가 주(州)로 승격하는 데 한 역할은 무엇인가?

시시피 강 이서 지역으로 강제로 몰아냈다. 이러한 팽창 및 몰수의 과정은 제퍼슨 행정부로부터 잭슨 시대 또는 1840년대까지 뻗어나갔다.

앤드루 잭슨(재임 1829~1837) 대통령하에서 민주당원(민주공화파 중 일부를 이렇게 불렀다)은 제퍼슨주의자의 제한적인 자유주의를 변모시켰다. 그들은 선거권을 모든 백인 남성에게 확대시키기 위한 운동을 벌였다. 민주당원은 모든 공직자가 임명이 아니라 선출되어야 한다고 주장했고 정치적 권력이 있는 자리에 있는 사람들을 자주 순환시킬 방법을 모색했다. 이것은 전국적인 정당을 건설하기 위해 정치가들이 정실주의를 이용하는 것을 허용해주는 방법이었다. 민주주의와 국가에 대한 잭슨주의자의 비전은 더 많은 영토를 미국에 편입시키기 위한 운동에까지 미쳤다. 이에 대해 뉴욕의 어느 편집인은 다음과 같이 썼다. "우리나라의 매년 증가하는 수백만 명의 자유로운 발전을 위해 신이 지정해준 이 대륙을 온통 뒤덮는 일은 미국의 '명백한 운명(Manifest Destiny)'이다." 이 '대륙을 온통 뒤덮는 일'은 영국과의 타협을 통해 오리건과 워싱턴을, 멕시코와의 전쟁을 통해 애리조나, 텍사스, 뉴멕시코, 유타, 네바다, 캘리포니아를 미국에 편입시키며 진행되었다. 그리고 이 모든 일은 토착 미국인의 땅을 일괄적으로 수용하게 만들었다. 영토 팽창은 국가 건설의 열쇠였지만 그것은 노예제를 둘러싼 더욱더 참을 수 없는 충돌을 불러왔다.

서구에서의 노예제 정치

1770년대 혁명의 시대가 열렸을 때 노예제는 아메리카 대륙 어디에서나 합법적이었다. 우리가 이제 막 도달한 혁명의 시대가 끝날 무렵에 노예제는 미국 남부, 브라질, 쿠바에서만 합법적으로 남아 있었다(노예제는 아프리카의 대부분 지역 그리고 인도와 이슬람 세계의 일부 지역에서도 지속되었다). 왜 그랬을까? 이 문제에 대한 접근 방법에는 두 가지가 있다. 첫째는 노예제가 왜 이들 지역에서 그렇게 오래 지속되었는가를 묻는 것이다. 두 번째는 아마도 좀 더 적절한 것으로서 마틴 루서 킹 2세의 말을 빌리면 역사의 도덕적 흐름이 자유를 향해 흘러간다는 가정을 무시하도록 요구한다. 수세기에 걸쳐 경제와 문화 속에 깊이 새겨져온 노예제가 서구의 다른 곳에서는 어떻게 그리고 왜 폐지되었을까?

18세기의 혁명들은 결코 그 결과로서 노예해방을 가져오지 않았다. 18세기 계몽주의 사상가들은 많은 유럽인에게 노예제는 자연법과 천부적 자유와 모순된다고 설득했다(제17장 참조). 어느 역사가는 노예제에 대해 다음과 같이 통렬하게 비판했다. "노예제는 노예제라는 제도 자체를 제외하고 나쁜 모든 것을 지칭하는 은유가 되었다." 아메리카 혁명을 이끄는 데 기여했던 버지니아의 농장주들은 대농장 노예제를 옹호하면서도 영국 왕의 '노예'가 되는 것을 격렬히 거부했다. 영국 왕으로부터 벗어나는 데 성공한 농장주들은 자신의 권력을 확대하고 노예제를 강화했다. 마찬가지로 프랑스의 혁명가들은 자신을 '노예로 만들지도 모를' 왕의 폭정을 비난했지만 마르티니크, 과들루프, 생 도밍그 등의 돈 되는 식민지들에 있는 농장주들을 소외시킬 것을 두려워한 나머지 자유 유색인이 혁명 의회에 들어오는 것을 거부했다. 1791년 생 도밍그에서의 노예 반란은 마침내 프랑스 혁명가들을 혁명 정책의 모순과 다투게 만들었다. 나폴레옹이 이 반란을 진압하는 데 실패함으로써 1804년에 아이티가 탄생했다. 아이티 혁명은 아메리카 대륙 전체에 걸쳐 충격적인 파문을 일으켜 노예소유주들에게는 경계심을 품게 만들고 노예와 이전 노예들에게는 희망을 주었다. 필라델피아에 있던 한 자유 흑인 돛 제조공의 말을 빌리면 아이티는 흑인이 "현재 예속 상태에 항상 갇혀 있을 수 없다"는 신호를 보내주었다. 하지만 아이티 혁명은 여러 가지 모순적 결과를 낳았다. 이전의 생 도밍그에서 노예제에 입각한 설탕 생산의 '손실'은 미국 남부에서 그리고 설탕, 금, 커피 생산에서 노예제가 확대되었던 브라질 같은 지역에서 노예제가 더욱 확대되는 기회를 제공했다. 결국 노예제는 1815년 빈 회의의 지원을 받아 카리브 해의 프랑스, 영국, 에스파냐의 식민지 섬들에 그대로 존속했다.

　영국에서는 노예제 폐지 운동이 등장했다. 바다를 제패했던 영국은 '전 세계에서 주도적인 아프리카 노예의 구매자이자 수송자'였는데, 노예제 폐지 운동은 이러한 무역을 폐지하고자 했다. 1780년대부터 계속해서 팸플릿과 책자—가장 잘 알려진 것으로는 『올라우다 에퀴아노의 삶에 관한 재미있는 이야기(The Interesting Narrative of the Life of Olaudah Equiano)』(1789)이다—들은 노예 무역선의 전율할 만한 일들을 동정적인 독자들에게 더욱더 상세하게 묘사했다. 윌리엄 윌버포스(1759~1833) 같은 노예제 폐지 운동 지도자들은 노예무역은 비도덕적이라고 믿었고, 비록 대부분의 노예제폐지론자들처럼 윌버포스도 반란을 선동하기를 원치 않았지만 노예제를 금지하는 것이 노예의 상황을 개선시켜줄 것이라고 기대했다. 1807년 개혁 운동은 의회로 하여금 "아프리카 노예무역은 정의, 박애, 건전한 정책의 원리와 상반된다"고 선언하고 영국 선박들이 노예무역에 참여하는 것을 금지하며 1808년에 발효되는 법을 통과시키게끔 했다. 미국은 이 협정에 가입했고, 10년 후 포르투갈도 적도 이북의 노예무역을 제한적으로 금지하는 데 동의했다. 더 많은 조약들이 뒤를 이어 노예무역을 완화시키기는 했지만 중지시키지는 않았다.

노예제 폐지론이 제창된 원인은 무엇일까? 일부 역사가들은 노예제가 수익성이 떨어지고 있었고 노예제의 쇠퇴가 인도주의적 관심을 한층 더 받아들이기 쉽게 만들었다고 주장한다. 또 다른 역사가들은 오히려 노예제가 확대되고 있었다고 주장한다. 무엇보다도 노예무역이 폐지되고 난 '이후'에도 40년 동안 선박들은 250만 명의 노예를 아메리카 대륙의 시장으로 실어 날랐다는 것이다. 일부 역사가들은 경제적 요인이 노예제를 약화시켰다고 믿는다. 애덤 스미스와 그 추종자들은 자유 무역처럼 자유노동이 한층 더 효율적이라고 주장했다. 이런 주장이 이 경우에 꼭 들어맞는 것은 아니지만, 여전히 효력을 지닌다. 비판자들은 노예제가 잔인할 뿐만 아니라 소모적이라고 주장했다. 하지만 노예무역과 노예제 자체가 영국의 부유한 노예무역상들, 이들의 농장주 동맹자들, 그리고 전반적으로 영국 엘리트층의 오만과 무정함을 나타낸다는 믿음이 경제적 이해타산보다 노예제 폐지 운동을 더 활성화시켜주었다. 높은 문자해독률과 실천주의의 정치적 전통 속에서 '영국의 자유'를 향한 외침은 많은 사람을 움직였다. 영국에서 그리고 특히 미국에서 종교부흥 운동은 노예제 폐지 운동을 위해 커다란 활력을 불어넣어주었다. 이전의 노예무역 상인에서 목사로 전향한 존 뉴턴(1725~1807)이 작사한 찬송가 〈주 은혜 놀라워라(Amazing Grace)〉는 자신의 회심 경험과 구원을 묘사하기 위한 것이었다. 이 투쟁이 지닌 도덕적이고 종교적인 차원은 반노예제에서 반곡물법 동맹으로 그리고 나중에는 여성 참정권으로 나아가게 되는 여성들에게 이 운동을 기꺼이 받아들일 수 있게 해주었다. 마지막으로 이 문제는 앞 장에서 언급했듯이 때때로 모진 노동조건과 크게 제한된 정치적 권리를 지닌 노동계급에게도 전달되었다. 노예제에 대한 반대와 노동이 위엄 있고 명예로우며 최소나마 자유로워야 한다는 주장은 '노예근성이 있는 사람들'로 대우받는 데 익숙한 사회계급 내에서 폭넓게 울려 퍼졌다. 그런 다음에 이 문제는 물질적 이해관계와 계급 정치를 초월했고 반노예제 청원들은 1820년대와 1830년대에 수백만 명의 서명을 받았다.

노예 반란과 반란 음모들도 여론을 뒤흔들었다. 1800년 버지니아에서 노예 반란이 일어났고, 1811년에는 루이지애나에서 봉기가, 1822년에는 사우스캐롤라이나에서 반란 음모로 추정되는 사건이 일어났다. 영국의 식민지 중에서 바베이도스(1816)와 베네수엘라 바로 동쪽에 있는 데메라라(1823)에서 중대한 반란이 일어났으며, 가장 중요하게는 자메이카(1823)에서 한 달여의 폭동이 있었다. 이 모든 폭동은 잔인하게 진압되었다. 노예 반란들은 실제로 성공할 수 있는 기회가 전혀 없었고, 체제 내에서 약간의 틈이 벌어졌을 때, 예컨대 백인 엘리트층의 분열이나 동조적인 국외자의 존재가 있을 때(감지된 경우)에만 분출되었다. 그렇지만 아이티 혁명이 일어난 배경과 노예제 폐지론이 대두한 배경과는 반대로 이들 반란은 중요한 결과를 초래했다. 이 반란들은 노예소유주들의 취약성과 고립감을 증대시켜주었다. 이 반란들은 논쟁을 양극단으로 치닫게 했다. 국외자들(잉글랜드나 뉴잉글랜드에 있는)은 종종 노예 반란에 대한 야만적인 진압에 주춤했다. 노예소유주들은 러시아의 농노 주인들이 자신에 대한 비판자들에게 대응했던 것보다 더 크게 반노예제 정서에 대응했다. 그들은 노예제가 자신의 생존에 절대로 필요하며 열등한 사람들의 해방은 대혼란을 초래할 것이고 노예제 폐지론자들이 위험하게도 불장난을 하고 있다고 주장했다.

영국에서 노예제 폐지 운동 세력은 노예제 옹호론을 서서히 파괴했다. 1832년 위대한 개혁법의 결과 영국은 자국의 식민지에 있는 80만 명의 노예를 해방시켰다. 이 법은 노예가 4년간의 '견습공 생활(apprenticeship)'을 마친 이후인 1838년에 발효되었다. 프랑스에서 공화주의자들은 가장 강력한 반노예제 입장을 취했는데, 1848년 혁명으로 그들이 단기간이지만 권좌에 오르자 프랑스 식민지들에서 노예해방이 실현되었다.

라틴아메리카에서 노예제의 운명은 에스파냐와 포르투갈 제국들로부터 독립했을 때의 인구, 경제, 정치 등에 따라 결정되었다. 대부분의 에스파냐령 아메리카 본토(즉, 쿠바나 브라질이 아닌 지역)에서 노예제는 상대적으로 탈출이 쉽고 이를 대체할 수 있는 노동력이 있는 관계로 부차적인 중요성을 지니고 있었다. 독립을 향한 투쟁이 고조되면서 민족주의 지도자들은 노예해방으로 보답할 것을 약속하면서 에스파냐에 대항한 전투에 노예들과 자유 유색인들을 모집했다. 베네수엘라를 해방시키기 위한 시몬 볼리바르의 1817년 전투는 부분적으로 노예, 전(前)노예, 그리고 아이티에서 온 6,000명의 군대가 치렀다. 에스파냐령 아메리카의 신생 국가들은 단계별로 노예해방 법령을 통과시켰지만 19세기 중엽에 이르러서야 노예제를 없애버렸다.

쿠바는 완전히 달랐다. 왜냐하면 인구의 40퍼센트가 노예화되어 있던 이 에스파냐의 섬 식민지는 에스파냐령 아메리카 본토의 모든 노예를 합친 것

신세계에서의 노예 저항과 노예제 폐지, 1791~1888년	
생 도밍그에서의 노예 반란이 아이티 혁명으로 비화	1791~1804년
영국과 미국에서 노예무역이 금지됨	1808년
미주리 타협	1818~1821년
자메이카에서 주요 노예 반란	1831년
영국이 80만 명의 노예를 해방시킴(1838년부터 유효)	1833년
미국이 노예주로서 텍사스를 합병	1845년
프랑스와 덴마크가 노예제를 폐지함	1848년
과달루페 이달고 조약	1848년
드레드 스콧 판결	1857년
미국의 남북전쟁	1861~1865년
에스파냐가 점진적 노예 해방 개시	1870년
브라질 노예 해방	1871~1888년

만큼이나 많은 노예를 갖고 있었다. 쿠바 독립 운동은 노예 혁명을 작렬시킬 수도 있었다. 따라서 그러한 사실은 쿠바가 에스파냐 국왕 치하에 남아 있게 만드는 강력한 유인책을 제공했다. 에스파냐는 자국을 위해 엄청난 이윤을 내는 설탕 산업이 필요했고 노예제의 종식을 압박받는 쿠바의 농장주들은 소외를 원치 않았다. 쿠바에서의 노예 반란과 에스파냐에서의 자유주의 혁명만이 1870년대에 시작된 노예제 폐지를 가져다주었다. 쿠바처럼 인구의 40퍼센트가 노예였던 브라질에도 상당수의 자유 유색인 인구가 있었다. 쿠바와는 달리 브라질은 비교적 용이하게 포르투갈로부터 벗어나면서 국가적 독립을 획득했다(1822년). 미국 남부처럼 점차 확대되고 있는 노예제를 유지한 채 혁명을 통해 독립을 달성한 브라질에서 노예제는 1888년까지 지속되었다.

미국의 남북전쟁, 1861~1865년

노예제 정치학은 결코 미국에만 독특한 것은 아니었지만 미국에서는 증대되는 노예제 폐지 운동, 북부의 경제력을 두려워하는 노예소유주계급, 영토 팽창 등이 결합되어 교착 상태와 위기를 만들어냈다. 미국이 서부로 팽창하면서 북부와 남부는 새로운 주들이 '자유주'가 될 것인지 아니면 '노예주'가 될 것인지에 관한 오래 지속된 치열한 다툼에 휘말렸다. 북부에서는 영토 팽창이 자유노동에 대한 요구를 고조시켰고, 남부에서는 대농장 노예제에 입각한 경제와 사회에 대한 백인의 참여를 심화시켰다. 궁극적으로 이런 변화들은 남부 정치지도자에게 분리를 추진하게 만들었다. 일련의 공들인 타협이 실패로 돌아가자 1861년에 남북전쟁(Civil War)이 발발하고 말았다.

오래 지속되고 값비싼 대가를 치른 남북전쟁은 근대적 전쟁의 참혹함을 최초로 경험하게 해주었고 제1차 세계대전의 모습을 미리 예시해주었다. 남북전쟁은 또한 미국을 결정적으로 변모시켰다. 첫째, 남북전쟁은 노예제를 폐지시켰다. 둘째, 주의 권리에 앞서 중앙 정부가 우선함을 확립했다. 수정헌법 제14조는 모든 미국인이 미합중국의 시민이고 개별 주나 영토의 시민이 아님을 특별히 천명했다. 적법한 절차를 거치지 않고서는 어떤 시민의 생명, 자유, 또는 재산을 박탈하지 않는다고 선언하면서 수정헌법 제14조는 '적법한 절차'가 주 정부나 준주 정부가 아닌 중앙 정부의 규정임을 확립했다. 셋째, 남북전쟁의 결과 미국 경제는 눈부신 속도로 팽창했다. 1865년 미국에는 5만 6,325킬로미터의 철로가 있었고 1900년에 이르러 그 길이는 거의 32만 킬로미터에 달했다. 산업과 농업 생산은 미국을 영국과 경쟁적인 위치에 올려놓을 정도로 상승했다. 나중에 보겠지만 미국의 산업가, 은행가, 소매상인은 유럽의 맞상대들을 놀라게 만들고 미국을 세계 정치에서 신흥 강대국으로 만들어준 일관작업공정(assembly-line) 제조, 주식회사 조직, 광고 등에서 기술 혁신을 도입했다. 이 발전들은 모두 국가 건설 과정의 부분이었다. 하지만 이 발전들은 심각한 인종적·지역적 또는 계급적 구분을 극복하지 못했다. 남북전쟁은 남부를 연방으로 되돌려놓기는 했지만 북부 자본주의의 흥기는 북부 자본가들이 부를 빼내가는 미개발 농업 지역으로서 남부의 후진성을 심화시켰다. 국가 기반시설을 이어 맞춘 철도 주식회사들은 노동과 농업 개혁가들의 고전적인 적이 되었다. 이런 방식으로 남북전쟁은 미국이 근대적인 국민국가로 발전하는 토대를 놓았다.

'동방의 문제': 국제 관계와 오스만 제국의 쇠퇴

◆ 크림 전쟁이 중요한 이유는 무엇인가?

19세기 동안 국가적 정체성과 국제 권력의 문제는 영토를 둘러싼 경쟁과 뒤엉켜 있었다. 전쟁과 외교는 유럽 여러 나라들로 하여금 지속 가능한 세력 균형을 모색하면서 국경선을 획정하고 또다시 획정하게 만들었다. 신흥 강대국의 등장, 주로 독일 제국의 등장은 유럽 대륙의 질서에 도전으로 여겨졌으며 더 오래된 정부들의 쇠약해지는 권세는 또 다른 도전을 제기했다. 1854~1856년간 계속된 크림 전쟁은 그런 심각한 붕괴에 대처하기 위한 특히 섬뜩한 시도였다. 오스만 제국이 남동 유럽에서 자국의 속주들에 대한 지배력을 상실하자 오스만 제국의 약화로 누가 혜택을 볼 것인가라는 '동방의 문제(Eastern Question)'는 유럽을 전쟁에 휘말리게 했다. 문제가 되는 것은 영토 획득뿐만 아니라 유럽의 전략적 이해관계, 동맹, 세력 균형 등이었다. 크림 전쟁은 독일과 이탈리아의 통일 이전에 일어났지만, 이 전쟁은 제1차 세계대전에 이르기까지 (그리고 실제로 제1차 세계대전을 향해) 유럽을 이끌었던 강대국(Great Power) 정치 체제를 구축했다.

크림 전쟁, 1854~1856년

크림 전쟁의 근본 원인은 동방의 문제와 오스만 제국의 쇠퇴에 있었다. 하지만 전쟁을 초래한 위기에는 종교가 포함되어 있었다. 다시 말하면 프랑스와 러시아는 무슬림 국가인 오스만 제국 내에 있는 종교적 소수자와 예루살렘 성지의 보호를 주장했던 것이다. 1853년 (로마 가톨릭교를 대신한) 프랑스, (동방 정교회를 대표하는) 러시아, 그리고 터키 사이의 3자간 다툼은 러시아에게 터키의 술탄과의 대결을 모색하도록 만들었다. 러시아는 터키가 저항할 수 없을 것이라고 확신하고 다른 강대국들이 터키의 나약함에 편승할지도 모를 것이라고 여기면서 자국이 영국의 지원을 받고 있다고 (그릇되게) 믿고 오스만 제국이 지배하는 영토인 몰다비아와 왈라키아를 침공했다(이 영토들은 도나우 강과 흑해가 만나는 지점의 북쪽과 서쪽에 있었다). 1853년 10월 터키 역시 자신이 영국의 지원을 받을 것이라고 믿고 러시아에 선전포고를 했다. 이 전쟁은 11월에 시노프(Sinope) 전투에서 함대를 잃은 터키에게 재앙이 되고 말았다. 그러나 러시아의 승리는 러시아의 팽창이 발칸 반도와 지중해 동부에서(프랑스), 그리고 인도로 가는 통로에서(영국) 자국의 이해관계에 위협이 된다고 생각한 영국과 프랑스에게 경계심을 안겨주었다. 그러한 팽창을 견제하기로 결정한 프랑스와 영국은 각각 1854년 3월 러시아에 대해 선전포고를 했고, 9월 러시아의 크림 반도에 상륙해서 세바스토폴에 있는 러시아의 해군 기지로 진격해 이를 포위했다. 1855년에는 작지만 야심찬 이탈리아의 피에몬테-사르디니아가 프랑스, 영국, 오스만 제국의 편에 가담했고, 이들 모두는 러시아에 대항해 싸웠다. 이것은 1815년 이래 유럽이 전면전에 가장 가까이 도달했던 사건이었다.

이 전쟁은 비교적 단기간에 끝났으나, 전쟁의 양상은 파괴적이었다. 크림 반도의 상황은 비참했고 영국과 프랑스 측에게 재앙을 초래한 잘못된 보급 및 위생 상태 관리는 병사들 사이에 전염병이 돌게 만들었다. 최소한 전투에서만큼이나 많은 병사가 티푸스와 콜레라로 사망했다. 영국 기병대가 러시아의 포병 집중 공격으로 도륙당한 영국의 '경기병 여단(Light Brigade)의 공격' 같은 악명 높은 어리석은 전략을 특징으로 했던 전투의 결과는 비참했다. 수만 명의 영국군과 프랑스군은 러시아군 진영에 대항해 대규모 전투를 벌였고, 각각의 전투는 종종 육박전으로 끝났다. 영국군과 프랑스군의 잘 훈련된 강인함에도 불구하고 그리고 크림 반도 주변에 대한 이들 국가의 제해권에도 불구하고, 러시아는 만만한 상대는 아니었다. 근 1년 가까이 포위 상태에 있던 세바스토폴은 1855년 9월까지 함락되지 않았다. 모질고 불만족스런 이 전쟁은 1856년의 조약으로 끝났다.

프랑스와 사르디니아 병사들의 용맹함은 그들 국가에서 긍정적인 국민감정을 북돋웠다. 하지만 서툴게 전쟁을 운영한 영국과 러시아에서는 격렬한 비판의 물결을 일으켰다. 국제 관계가 관련된 한에서 평화 협정은 러시아에게 타격이었고 발칸 반도에서 러시아의 영향력은 급격하게 줄어들었다. 몰다비아와 왈라키아 지방은 루마니아로 통일되어 독립 국가가 되었다. 러시아의 지원 요청을 오스트리아가 거부한 것은 오스트리아에게 이전의 막강한 동맹국의 지지를 잃어버리게 하는 결과를 가져왔다. 크림 전쟁은 앞서 보았듯이 1860년대에 비스마르크에게 이점을 제공해주면서 프랑스를 곤경에 빠뜨렸고 러시아와 오스트리아를 상당히 약화시켰다.

크림 전쟁은 다른 방면에서도 중요했다. 이 전쟁은 40년 전의 나폴레옹 전쟁에서 사용되었던 것과 동일한 방법과 정신 상태로 치러졌지만 현대식 전쟁의 방향을 가늠케 해주는 기술 혁신을 가져왔다. 이 전쟁에서는 최초로 철도와 전신이 전술적으로 이용되었을 뿐만 아니라 총신 내부에 강선이 새겨진 머스킷 라이플(musket rifle), 기뢰, 참호전 등이 처음으로 중요한 역할을 했다.

또한 크림 전쟁을 현대적 의미의 전쟁 특파원과 사진기자들이 처음으로 취재함으로써 당대에 이르기까지 가장 공개적인 전쟁으로 만들었다. 전쟁터에서의 보도는 객관적이고 진지한 세부 사실을 담고 전신으로 영국과 프랑스에 '실시간으로' 전파되었다. 예를 들면 (런던) 《타임스(Times)》의 기자 윌리엄 하워드 러셀(1820~1907)은 영국 병사들이 겪는 비참한 상황을 보도함으로써 정부에 대한 비판이 빗발치게 만들었다. 군대에 대한 열악한 간호와 보급은 대중적 언론에서 국가적인 추문이 되었다. 이는 결국 군사 정책과 군수 체계에서 극적인 변화를 자극했고 의사들과 플로렌스 나이팅게일 같은 간호사들을 영웅으로 만들었다. 영국 정부와 상업 출판사들은 모두 전쟁의 과정을 기록하고 아마도 군대가 보급이 충분치 못하고 영양 부족 상태라는 비판을 반박하기 위해 사진작가들을 파견했다. 이들 전쟁 사진작가들 중 가장 탁월하고 가장 많은 사진을 찍었던 로저 펜턴(1819~1869)은 군대 생활의 소름끼치는 현실을 포착하기 위해 이 새로운 매체를 채택했다. 기술적 한계와 정치적 고려가 전쟁터의 한층 더 끔찍한 주검을 촬영하지 못하도록 했지만, 펜턴의 사진들은 대중의 전쟁 개념에 새로운 수준의 사실주의와 직접성을 도입했다.

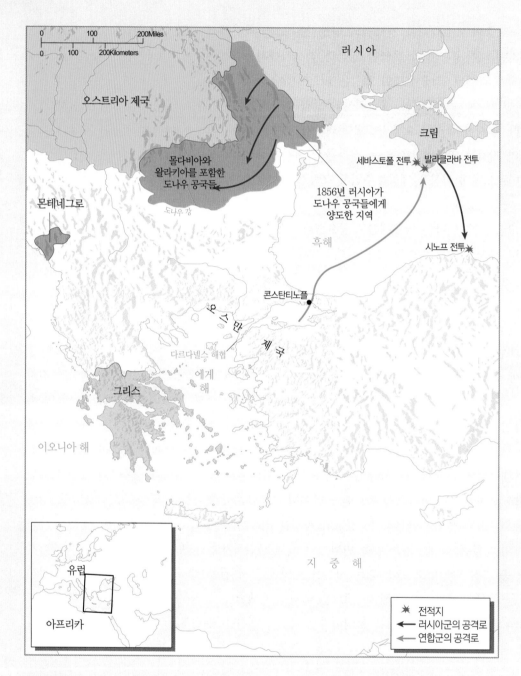

러 시 아

오스트리아 제국

몰다비아와
왈라키아를 포함한
도나우 공국들

도나우 강

몬테네그로

1856년 러시아가
도나우 공국들에게
양도한 지역

크림

세바스토폴 전투   발라클라바 전투

흑해

시노프 전투

콘스탄티노플

오 스 만

다르다넬스 해협

에게
해

제 국

그리스

이오니아 해

지 중 해

유럽

아프리카

전적지
러시아군의 공격로
연합군의 공격로

크림 전쟁

크림 전쟁의 전투 지역과 주요 공격로에 주목하라. 크림 전쟁이 발발한 원인은 무엇인가? 누가 누구와 싸웠고, 왜 싸웠는가? 연합국은 자신들의 목적을 달성했는가? 어떤 면에서 크림 전쟁이 최초의 현대전이었는가?

사실주의: '예술에서의 민주주의'

크림 전쟁에 대한 언론 보도는 19세기 독자들에게 친숙했던 영웅적이고 과장된 언어를 피했다는 점에서 주목할 만했다. 이런 방식의 보도는 19세기 중반 사실주의라고 알려진 예술 운동의 대두라는 주도적인 문화적 경향을 반영했다. 회화와 문학 분야 양쪽에서 사실주의는 예술가들이 세계에 대해 좀 더 솔직하고 객관적이며 정확한 표현이라고 본 것을 지지하면서 예술적 관습과 진부한 공식에 완강히 거부하는 조짐을 보였다. 낭만주의가 감정과 상상력을 강조하면서 더욱 고결한 진리를 추구했다면, 사실주의는 경험적 사실을 주시하는 훈련을 했다. 이에 대해 프랑스의 화가 귀스타브 쿠르베(1819~1877)는 다음과 같이 말했다. "그림이라는 예술은 화가의 눈에 보이고 만져서 알 수 있는 대상들에 대한 표현으로만 이루어진다."

사실주의가 물질세계에 초점을 맞춘 것은 경험적 사실을 추구하는 데서 전통적인 도덕적·철학적 관심을 극복한 것처럼 보이는 19세기 과학의 이상에서 크게 기인했다. 오노레 드 발자크와 귀스타브 플로베르(1821~1880)와 더불어 가장 탁월한 사실주의 작가로 꼽히는 프랑스 소설가 에밀 졸라(1840~1902)는 사회에 대한 정확하고 과학적인 표현을 목적으로 했다. 그는 다윈의 『진화론』을 읽고 종종 자기 작품의 주인공들을 유전과 사회 환경의 희생자들로서 냉철하게 묘사했다. 많은 사실주의자들처럼 졸라 역시 보통 사람에 대한 강한 동정과 사회 정의를 향한 욕구에 자극받았다. 그의 소설들은 인도주의 정신으로 도시의 비참함을 생생하게 묘사한 찰스 디킨스의 유명한 작품들이 그랬던 것처럼 알코올 중독, 가난, 굶주림, 파업 등과 같은 노동계급의 산업 생활로 인한 수많은 사회 문제에 맞섰다. 사실주의 화가들도 보통 사람에 대한 동정심을 공유했고 거지, 광부, 여성 세탁부, 철도 노동자, 매춘부, 농민 등을 작품 주제로 만듦으로써 세련된 감각을 지닌 사람들에게 충격을 주었다.

빈민과 소외된 사람에 대한 사실주의자의 공감은 동시대 사회에 대한 날카로운 비판을 의미했다. 예술가와 작가들은 쿠르베의 말을 빌려 정치와 사회에 대한 민주화 요구에 필적하는 '예술에서의 민주주의'를 요구했다. 1848년 혁명의 결과로 탄생한 사실주의는 종종 혁명 정신의 직접적인 표현으로 간주되었고, 실제로 사실주의 찬성자들의 상당수는 자의식이 강한 정치적 급진주의자였다. 비판자들은 "정치에서 쫓겨난 시시한 다수가 회화에서 다시 나타나고 있다"고 조롱조로 말했다. 하지만 사실주의는 또한 혁명 이후 시대 보수 반동의 특징이었던 환멸을 보여주었다. 이 운동의 정치학은 상반되는 태도를 보였다. 사실주의자들을 묶어주었던 것은 하층 계급이 문학적이고 예술적인 표현을 할 권리가 있다는 것과 이것은 주인공들과 그들의 환경에 대한 엄밀한 관찰을 요구한다는 믿음이었다.

러시아에서 작가들은 이와 유사하게 빈곤, 범죄, 젠더 역할과 같은 사회적·정치적 문제들을 떠맡아야 한다고 생각했지만, 그들은 이 주제들을 좀 더 광범위한 철학적 주제와 결합시키면서 사실주의와 낭만주의의 뚜렷한 혼합물을 만들어냈다. 생애의 상당 부분을 프랑스에서 보낸 이반 투르게네프(1818~1883)는 서유럽에 널리 알려진 최초의 러시아 소설가였다. 그의 음울한 소설『아버지와 아들(Fathers and Sons)』(1861)은 기존의 사회 질서를 비난하고 지위·부·여가에 대한 부모들의 강조를 포기하고 대신에 '인민'을 위해 봉사함으로써 사회를 개혁하고자 한 일군의 젊은 러시아 지식인들에게 영감을 주었다. 자신의 비참한 개인적 삶을 소설을 통해 반영했던 표도르 도스토예프스키(1821~1911)는 동정심과 병적인 집중력으로 번민하는 마음의 심리학을 탐구했다. 19세기 말 걸출한 소설가 레오 톨스토이(1828~1910)는 『전쟁과 평화(War and Peace)』(1862~1869) 같은 서사적 소설에서 러시아 사회를 검토했다. 그는 이 소설에서 역사의 강력한 움직임에 사로잡힌 개인들의 운명에 초점을 맞추었다.

결론

1850년과 1870년 사이의 20년은 서구 세계에 열띤 국가 건설을 가져왔다. 독일과 이탈리아의 통일은 세력 균형이라는 중요한 결과와 더불어 유럽의 지도를 바꾸어놓았다. 미국이 주요 강대국으로 등장한 것 역시 국제적인 결과들을 가져왔다. 신생 국민국가뿐만 아니라 기존의 국민국가에서 종종 대규모로 일어난 경제 발전과 정치적 변화는 국가의 권력을 증대시키고 보장해주는 중요한 수단이었다. 하지만 좀 더 대의제적인 정부, 특권의 폐지, 토지개혁 등에 대한 요구를 노예제와 농노제 체제들이 그랬던 것처럼 고려해야 했다. 국가 건설의 기치를 추적하는 것은 소수와 다수, 부자와 빈자, 강자와 약자의 권력과 이해관계를 어떻게 균형을 맞출 것인가에 관한 일련의 폭발적인 질문들이었다. 국가 건설은 국가를 변화시켰을 뿐만 아니라 국가와 시민 사이의 관계도 변형시켰다.

이런 변형들은 결코 예측 가능한 것이 아니었다. 내셔널리즘은 19세기 중반에 그 자체가 폭발적이고 변덕스러우며 순응성이 있는 세력임을 보여주었다. 내셔널리즘은 1848년 혁명 운동을 위해 상당한 연료를 제공해주었지만, 혁명으로 얻어진 것들을 약화시키면서 혁명 운동들을 분열시키는 데도 기여했다. 자신의 민주적 목표를 신생 국민국가의 대두에 연계시켰던 사람들은 몹시 실망했다. 혁명이 실패로 돌아간 후 대부분의 국가 건설은 보수적 정책을 취했다. 내셔널리즘은 '인민의 각성'을 추구하지 않았고 인민 주권을 크게 유보시켰던 정치가와 관료의 필요에 기여하게 되었다. 그들에게 국가란 단지 현대적이고 조직적이며 한층 더 강한 나라를 의미했다.

이런 국가 건설 이야기의 결말은 유럽 대륙에서 전례 없는 자본주의 및 제국주의적 팽창의 시대를 선도한 놀라운 안정의 시대였다. 하지만 독일의 통일과 오스만 제국의 쇠망으로 촉발된 적대감은 제1차 세계대전을 촉진시킨 강대국 정치에서 다시 등장하게 된다.

제7부
세계의 중심에 선 서양

1870~1945년은 '유럽의 시대(European era)'라고 일컬어져왔다. 이 시대에 세 가지 발전이 이룩된다. 첫째는 유럽 제국의 급속하면서도 극적인 팽창이다. 서유럽과 미국의 산업 발전은 이들 나라에게 전례 없는 전 지구적 권력을 가져다주었다. 이 새로이 발견된 권력은 확신뿐만 아니라 위기를 야기했다. 서구 국가들의 경제적 힘이 이들 나라로 하여금 지구상의 덜 개발된 지역들을 지배할 수 있도록 해주었지만, 그것은 또한 이들 국가 사이에 새로우면서도 위험한 경쟁을 가져다주기도 했다. 한결 느리고 한층 더 균등하지는 못하지만 두 번째 발전은 '대중(mass)' 정치와 문화의 등장이었다. 그것에는 선거권과 자유주의적이며 의회제적 민주주의의 확대, 시민을 동원하는 (또는 조종하는) 새로운 기법, 일반 대중을 대상으로 한 신문과 광고에서 라디오 및 영화에 이르는 현대적인 문화 형태 등이 포함된다. 생각해보아야 할 세 번째 발전은 전쟁이 가져다준 왜곡된 변화들을 포함한다. 이 시대에 두 번이나, 즉 1914년과 1939년에 국제 및 국내적 압력들은 깨지기 쉬운 평화를 파멸시켰다. 이 시대에 일어난 두 번의 전쟁은 시민, 군인, 또는 정치 지도자들이 예상했던 것과는 경악스러울 정도로 다르다는 것이 판명되었다. 그리고 이 시기 동안에 두 번, 즉 1918년과 1945년에 유럽인은 자신이 거의 인지하지 못했던 세계에서 깨어나게 되었다. 두 차례의 세계대전은 한층 광범위한 결과들을 가져왔는데, 그중에는 유럽 제국들의 분쇄와 세계에서의 유럽 지위 변화가 있었다.

연표: 세계의 중심에 선 서양

	정치	사회와 문화	경제	국제 관계
			영국이 중국에서 아편 무역을 독점함 (1830년대)	영국이 인도에서 발판을 확대함 (1797~1818)
		카를 마르크스와 프리드리히 엥겔스, 『공산당 선언』(1848)		아편 전쟁 (1839~1842)
		귀스타브 플로베르, 『보바리 부인』(1856)	강철 합금의 생산이 획기적으로 변함 (1850~1870년대)	난징 조약 (1842)
	알렉산드르 2세의 치세 (1855~1881)			
	인도의 세포이 반란 (1857~1858)	다윈, 『종의 기원』(1859)		
1860	미국의 남북전쟁 (1861~1865)			
	러시아에서의 농노 해방 (1861)	레오 톨스토이, 『전쟁과 평화』(1862~1869)		
	오토 폰 비스마르크, 독일을 통일함 (1862~1871)	표도르 도스토예프스키, 『죄와 벌』(1866)		
	영국의 1867년 개혁법 (1867)			
	교황 비오 9세의 교황 무오류론 선포 (1869)		유한책임법이 투자 전략을 바꾸어 놓음 (1870)	프랑스–프로이센 전쟁 (1870~1871)
	비스마르크의 문화 투쟁 (1871~1878)	클로드 모네와 그 밖의 사람들의 첫 번째 인상주의 미술 전람회 (1874)	수직적 독점과 수평적 독점의 탄생 (1870)	유럽의 아프리카 쟁탈전 (1870~1900)
	파리 코뮌 진압 (1871)			베를린 회의가 발칸 반도 국가들의 국경을 다시 그음 (1878)
	프랑스 제3공화정 (1875)			
1880	미국 혁신주의 운동 (1880~1914)		전기 수요가 증가함(1880년대)	
	알렉산드르 3세와 반동적 개혁 (1881~1894)		록펠러의 스탠더드 석유 회사가 미국 석유의 90퍼센트를 지배함 (1880년대)	영국의 이집트 점령이 시작됨 (1882)
	비스마르크의 보건 및 사회보장 입법 (1883~1884)	프리드리히 니체, 『차라투스트라는 이렇게 말했다』(1883)	러시아가 산업화 프로그램을 출범시킴 (1880~1890년대)	프랑스가 베트남, 라오스, 캄보디아로 이동함 (1883~1893)
	영국의 개혁법이 남성 선거권을 확대함 (1884)	에밀 졸라, 『제르미날』(1885)		베를린 서아프리카 회담 (1884~1885)
	카이저 빌헬름 2세 즉위함 (1888)	에펠탑 완공 (1889)		청일 전쟁 (1894~1905)
	비스마르크 사임 (1890)	파리에서 반(反)유대 동맹 창건 (1889)		이탈리아군이 에티오피아인에게 패함 (1896)
	드레퓌스 사건 (1894~1899)	빈센트 반 고흐, 〈별이 빛나는 밤에〉(1889)	미국의 셔먼 트러스트 금지법 (1890)	파쇼다 위기 (1898)
		지그문트 프로이트, 『꿈의 해석』(1899)	백화점의 탄생 (1890년대)	보어 전쟁 (1898~1901)
				미국–스페인 전쟁 (1898)
				미국이 푸에르토리코를 합병하고 쿠바를 보호령으로 만듦 (1898)
1900	중국 의화단 운동 (1900)		러시아, 보르네오, 페르시아, 텍사스에서 유전 발견 (1900)	런던의 범아프리카 회의 (1900)
	아일랜드에서 신 페인당 결성 (1900)			
	프랑스 법들이 교회와 국가를 분리시킴 (1901~1905)			미국의 파나마 점령 (1903)
	영국 노동당 창당 (1901)			제1차 및 제2차 발칸 전쟁 (1912~1913)
	블라디미르 레닌, 『무엇을 할 것인가?』(1902)			제1차 세계대전 (1914~1918)
	러시아 마르크스주의자들이 볼셰비키와 멘셰비키로 분열함 (1903)			마른 전투 (1914)
	영국 상원 거부권 상실 (1911)			독일 U–보트가 '루시타니아'호 침몰시킴 (1915)
	러시아의 2월 혁명과 10월 혁명 (1917)	알베르트 아인슈타인, 일반 상대성 이론 제시 (1915)	영국에서 전시 물자 부족으로 인한 빵 폭동과 파업이 일어남 (1917)	베르됭과 솜 전투 (1916)
				미국의 제1차 세계대전 참전 (1917)

정치	사회와 문화	경제	국제 관계	
		블라디미르 레닌, 『제국주의: 자본주의의 최고 단계』(1917)	브레스트리토프스크 조약 (1918)	1917
러시아 내전 (1918~1920)				
영국이 30세 이상의 남성과 여성에게 선거권을 확대함 (1918)				
독일 (바이마르) 공화국 선포 (1918)				
미국 수정헌법 제19조로 여성에게 투표권 부여 (1919)			베르사유 조약 (1919~1920)	
북부 및 남부 아일랜드에 별도의 의회가 세워짐 (1920)	다다이즘과 초현실주의 미술 운동의 번성 (1920~1940)	바이마르 공화국에서의 초(超)인플레이션 (1920~1924)		
무솔리니의 파시스트들이 로마로 행진함 (1922)	런던에서 마리 스톱스가 산아제한 진료소 개소 (1921)	소련에서 신경제 정책 개시 (1921)		
스탈린의 위로부터의 혁명 (1927~1928)	T. S. 엘리엇, 『황무지』(1922)	러시아 경제를 근대화하기 위한 스탈린의 5개년 계획 (1928~1932)	켈로그–브리앙 조약 (1928)	
	히틀러, 감옥에서 『나의 투쟁』 집필 (1924)	미국 주식 시장의 붕괴 (1929)		
		대공황 (1929~1933)	일본의 만주 침공 (1931)	1930
	제임스 채드윅의 중성자 발견 (1932)	영국 금본위제 포기 (1931)		
히틀러가 수상으로 임명되어 제3제국 선포함 (1933)	독일의 법들이 유대인을 공직에서 축출함 (1933)	미국 금본위제 포기 (1933)		
정치범들을 수용하기 위한 강제 수용소가 다하우에 개설됨 (1933)		미국 노동자의 3분의 1이 실업 (1933)		
		프랭클린 루스벨트 대통령 뉴딜 공표 (1933)		
	레니 리펜슈탈, 〈의지의 승리〉 (1934)		이탈리아의 에티오피아 정복 (1935~1936)	
			독일과 이탈리아가 추축국 형성 (1935)	
레옹 블룸의 인민전선 정부 형성 (1936)			독일의 오스트리아 합병 (1938)	
에스파냐 내전 (1936~1939)	오토 한과 프리츠 슈트라스만이 원자를 분열시킴 (1939)		히틀러의 체코슬로바키아 침공 (1939)	
스탈린의 대공포 (1937~1938)			소련이 독일과 불가침 조약에 서명함 (1939)	
			소련과 독일의 폴란드 침공 (1939)	
나치가 점령국에 있는 유대인들을 게토로 강제 이송 개시 (1939)			영국과 프랑스가 독일에 선전포고함 (1939)	
윈스턴 처칠이 영국 수상이 됨 (1940)	찰리 채플린, 〈위대한 독재자〉 (1940)	윈스턴 처칠이 프랭클린 루스벨트와 무기대여법을 중개함 (1940)	프랑스가 독일에 항복함 (1940)	1940
			영국 전투 (1940~1941)	
			독일의 소련 침공 (1941)	
			일본의 진주만 공격, 미국의 제2차 세계대전 참전 (1941)	
			일본의 필리핀 침공 (1941)	
	엔리코 페르미가 최초로 제어된 핵연쇄 반응을 해냄 (1942)		태평양에서 미군의 섬 건너뛰기 작전 (1942)	
			롬멜과 아프리카 군단이 튀니지에서 패배 (1942)	
			바르샤바 게토 반란 (1943)	
			연합군의 노르망디 상륙 (1944)	
			독일의 항복 (1945)	1945
			히로시마와 나가사키에 원폭 투하 (1945)	
			포츠담 회담, 얄타 회담 (1945)	
			뉘른베르크 재판 (1945)	
			국제연합 탄생 (1945)	

제22장

제국주의와 식민주의, 1870~1914년

핵심 문제

- 신제국주의가 대두한 원인은 무엇인가?
- 영국은 어떤 방법으로 인도에서의 지배를 재조직했는가?
- 유럽과 중국의 무역 관계는 어떻게 바뀌었는가?
- '문명화 사명'이란 무엇인가?
- 어떤 사건들이 '아프리카 쟁탈전'을 일으켰는가?
- 제국주의는 어떻게 유럽의 문화 속으로 들어갔는가?
- 어떤 나라들이 세기의 전환기에 충돌했고, 그 이유는 무엇인가?

1869년 수에즈 운하가 성대한 기념식과 더불어 개통되었다. 11월 17일 프랑스의 왕비 위제니가 탑승한 제국의 요트 '이글'호가 운하에 진입했고 그 뒤를 따라 오스트리아 왕, 프로이센의 왕자, 러시아의 대공을 비롯해 다수의 고관들을 태운 68척의 증기선이 꼬리를 물고 이어졌다. 샴페인이 무료로 제공되었고 화려한 연설이 거리낌 없이 넘쳐났다. 축하 의식에는 130만 파운드라는 어마어마한 비용이 들었다. 그럼에도 축하연의 규모는 운하 앞에서는 무색했다. 그런 종류로는 최대의 프로젝트이자 토목 공학의 훌륭한 위업인 수에즈 운하는 지중해와 홍해를 연결하기 위해 이집트 사막을 160킬로미터나 잘라냈고, 런던에서 봄베이까지의 여정을 절반으로 단축시켰다. 이 운하는 동양으로 가는 빠르고 저렴하며 효율적인 통로로서 곧바로 전략적 중요성을 지니게 되었다. 더욱이 이 운하는 지구를 변화시킬 수 있는 서양의 권력과 기술이 지닌 능력을 극적으로 보여주었고 많은 유럽인에게는 그것을 정당화 시켜주었다.

　운하의 건설은 반세기 동안 점차로 증대된 이집트에 대한 프랑스와 영국의 상업적·재정 적·정치적 개입의 결과였다. 나폴레옹 1세 휘하의 프랑스 군대가 운하 건설의 길을 선도 했지만, 영국의 은행가들이 곧 뒤를 이었다. 유럽의 금융적 이해관계는 오스만 제국 내에 서 준독립국가로서 이집트를 통치했던 사람들과 긴밀한 관계를 발전시켰다. 1875년 운하는 영국의 통제권 아래 들어오게 되었다. 그 무렵 영국은 파산 위기에 처했던 이집트의 총독 (khedive)[1]으로부터 운하의 주식 44퍼센트를 매입했다. 1870년대 말 이런 경제적·정치적 관계 들은 이집트에 채무와 불안정을 야기했고 대부금을 되돌려 받기를 원했던 유럽의 투자가들 사이에서 불안감을 증폭시켰다. 외국의 간섭으로부터 자유롭고 유럽의 모델과 크게 다르 지 않은 독립 국가 이집트 그리고 하나의 이집트, 이 두 가지 모두를 창출하기 위해 우라비 (1841~1911) 파샤(pasha)[2]가 이끄는 이집트군 장교 집단은 1882년 이집트 정부의 통제권을 장 악했다.

　많은 논란 끝에 영국 정부는 개입을 결정했다. 영국은 수에즈 운하가 위기에 처했다고 믿 지 않았지만, 자신이 예산을 관리하고 부채 해결을 강제 집행함으로써 자국의 투자를 보호 하기로 결심했다. 영국 해군은 운하를 따라 설치된 요새에 포격을 가해 잿더미로 만들었다. 영국의 가장 성공적인 식민지 장군 가넷 울슬리(1833~1913)가 이끄는 특수 부대는 우라비 파 샤의 중심 기지 근처 해안에 상륙했다. 울슬리는 공격을 극도로 치밀하게 계획했기에 이 기 동작전 명령은 마치 기차 시각표와 상당히 유사하게 보일 정도였다. 이 공격은 여명이 트기 직전에 육박전에 이르러 이집트의 전열을 무너뜨렸다. 이 놀라운 승리는 즉각적으로 국내에 서 대중의 지지를 불러일으켰지만 정치적 결과들은 한층 더 심각했고 그것은 70년 이상이 나 지속되었다. 영국은 이집트 지방에 대한 효율적인 통제권을 양도받았다. 에블린 베어링 (1841~1917, 영국의 반식민주의자들로부터 즉시 '과도한[Over] 베어링'이라는 별명을 얻었다)은 명목 상 이집트인 당국자들과 권력을 분담하는 식민지 총독에 취임했다. 그러나 모든 실제 권력 은 영국의 총독에게 있었다. 영국은 이전의 이집트 정부가 지고 있던 차관의 변제 조건을

---

1) 오스만튀르크 정부가 1867~1914년간 이집트에 파견했던 총독.
2) 터키에서 장군·총독·사령관 등 신분이 높은 사람에게 주던 영예의 칭호.

정하고 영국의 섬유 공장들에 대한 공급을 원활히 해주도록 이집트 면화 무역을 규제했다. 가장 중요한 것은 이러한 간섭이 인도로 가는 길과 동양의 시장을 보장해주었다는 것이다.

수에즈 운하와 관련된 기술·자본·정치의 집중은 19세기 유럽의 경제와 제국의 상호작용의 축도였다. 1870년에서 1914년까지 서양 전체에 걸쳐 급속한 산업화뿐만 아니라 서구 세력의 놀라울 정도로 빠른 해외 팽창이 이루어졌다. 이러한 19세기 말의 '신제국주의(new imperialism)'는 범위, 강도, 장기적 결과 등에서 두드러졌다. 그것은 문화, 경제, 국가들을 변화시켰다. 수에즈 운하 같은 프로젝트들은 문자 그대로 세계의 풍경과 지도를 바꾸어놓았다. 이 프로젝트들은 새로이 마련된 자본과 권력을 향한 새로운 욕구뿐만 아니라 하나의 이데올로기, 즉 기술과 서양의 우월함에 대한 믿음을 나타냈다. 수에즈 운하의 개통은 물리적으로나 상상력으로도 '오리엔트'가 서양과 분리되어 있다는 개념을 약화시켰다. 제국주의자들이 생각하기에 지리적 장애물의 제거는 전 세계의 땅과 사람들이 서양의 경영권에 문호를 개방한 것이었다.

하지만 신제국주의는 일방통행이 아니었고 서양이 단순히 거대한 영토를 정복하고 세계의 나머지 지역들을 자신이 정한 조건대로 통치한 것은 아니었다. 식민지 및 의존적 국가들과 '식민지 본국(식민 강대국)' 사이의 새로운 정치적·경제적 관계는 양대 집단에 변화를 가져다주면서 양방향으로 나아갔다. 국가들 간의 치열한 경쟁은 세력 균형을 망쳐버렸다. 신제국주의는 유럽의 힘을 보여주는 것이었지만 상당히 불안정한 것이기도 했다.

제국주의

♣ 신제국주의가 대두한 원인은 무엇인가?

'제국주의(Imperialism)'는 한 국가의 통제권을 다른 국가로 확장하는 과정이고, 그 과정은 여러 가지 형태를 띤다. 역사가들은 공식 제국주의와 비공식 제국주의를 구별함으로써 논의를 시작한다. '공식 제국주의(formal imperialism)' 또는 식민주의(colonialism)는 때때로 직접적인 통치 방식으로 행사된다. 즉, 식민 국가들은 영토를 직접 병합하고 다른 나라들과 국민을 예속시키고 관리하기 위해 새로운 정부를 세운다. 식민주의는 때때로 간접 통치를 통해 작동한다. 이것은 유럽의 정복자들이 원주민 지도자들과 협정을 맺고 그들을 통치하는 방식이다. 식민지 관리에는 아무런 단일한 기법이 없다. 앞으로 보겠지만, 식민지인의 저항은 식민 세력으로 하여금 빈번히 전략을 바꾸게 만든다.

'비공식 제국주의(informal imperialism)'는 한결 더 교활하고 눈에 덜 띄게 권력을 행사한다. 이는 좀 더 강한 나라가 좀 더 약한 나라에게 그 나라의 주권을 축소시키면서 독립을 유지하도록 하는 방식이다. 비공식 제국주의는 다른 나라 영토 내에 조약 항구(treaty port) 같은 유럽의 주권과 특권이 따로 설정된 지대의 형태를 취한다. 그것은 유리한 조약이나 무역 조건을 얻기 위해 유럽의 경제적·정치적·문화적 권력을 이용하는 것을 의미하기도 한다. 비공식 제국주의는 쉽게 볼 수 있는 전략일 뿐만 아니라 전 지구적 권력관계의 형성에서 한층 더 근본적인 역할을 하기도 한다.

공식 및 비공식 제국주의는 모두 19세기에 극적으로 확대되었다. '아프리카 쟁탈전'은 공식 제국주의의 가장 급작스러우면서도 놀라운 사례였다. 1875년부터 1902년까지 유럽인은 아프리카 대륙의 90퍼센트를 장악했다. 전반적인 그림은 확실히 놀라왔다. 예컨대 1870년에서 1900년 사이에 소규모 집단의 서양 국가들(프랑스, 영국, 독일, 네덜란드, 러시아 그리고 미국)은 전 세계의 육지 표면적의 4분의 1을 식민지로 만들었다. 이런 활동과 더불어 서양 국가들은 중국과 터키의 일부 지역에서 남아시아와 동아시아를 거쳐 중앙 및 남아메리카로까지 비공식 제국을 확장했다. 이런 유럽의 권력과 주권 팽창이 너무도 놀라웠기에 19세기 말에 이르러 동시대인들은 '신제국주의'에 관해 이야기하고 있었다.

제국주의는 새로운 것이 아니었다. 유럽의 제국 건설의 새로운 단계로서 19세기의 발전들을 생각하는 것이 좀 더 도움이 된다. '두 번째 유럽 제국들(second European empires)'은 첫 번째 제국들이 특히 신세계에서 전반적으로 붕괴되고 난 이후에 확립되었다. 북아메리카에서 대영제국은 아메리카 혁명으로 1776년에 파괴되었다. 대서양 건너에서 프랑스의 제국주의적 야심은 나폴레옹과 더불어 와해되었다. 중앙 및 남아메리카에 대한 에스파냐와 포르투갈의 지배는 19세기 초 라틴아메리카 혁명과 더불어 끝났다. 두 번째 19세기 유럽 제국들은 어떻게 서로 달랐을까?

19세기 제국들은 앞의 장들에서 고려했던 발전들, 예컨대 산업화, 자유주의 혁명, 국민국가의 등장 등을 배경으로 나타났다. 이 발전들은 유럽을 변화시켰고 유럽의 제국주의도 변화시켰다. 첫째, 산업화는 원료에 대한 새로운 경제적 필요성을 창출했다. 둘째, 산업화, 자유주의, 그리고 과학은 세계, 역사, 그리고 미래에 대한 새로운 관점을 가능하게 했다. 19세기 제국주의의 뚜렷한 특징은 경제 발전과 기술의 진보가 세계의 나머지 지역에 필연적으로 진보를 가져다줄 것이라는 유럽인의 확신에 기반한다는 점이다. 셋째, 특히 영국과 프랑스 같은 19세기 제국주의 열강들은 원칙적으로 정부의 권위가 동의와 대다수 시민의 평등에 의존하던 민주주의 국가들이었다는 점이다. 이러한 사실은 정복과 예속을 정당화하기 몹시 힘들게 만들었고 식민지인의 지위에 관해 점점 곤란한 질문을 제기했다. 19세기 제국주의자들은 초기 정복의 역사들로부터 스스로 거리를 두고자 했다. 그들은 교회를 위한 영혼 구제나 국왕을 위한 신민에 관해 언급하지 않고 철도와 항만 건설, 사회 개혁 권장, 세계에 문명을 전파하는 유럽의 세속적 사명의 완수 등에 관해 이야기했다.

하지만 19세기 제국주의의 '새로운' 측면은 유럽 외부에서 일어난 변화와 사건들의 결과이기도 했다. 저항, 반란, 식민 사업의 실패에 대한 인식 등은 유럽인에게 어쩔 수 없이 새로운 통치 전략을 발전시키게 만들었다. 19세기 초 노예 반란들의 반향인 1804년의 아이티 혁명은 영국과 프랑스로 하여금 비록 새로운 강제노동 체제가 그 자리를 대신해 자라나게 만들었지만 1830년대와 1840년대에 자국의 식민지에서 노예무역과 노예제를 서서히 종식시키게끔 했다. 아메리카 혁명은 영국에게 캐나다(1867), 오스트레일리아(1901), 뉴질랜드(1912) 등 백인 거주자 국가들에게 자치 정부를 허용하도록 권장했다. 앞으로 보겠지만, 인도에서 영국은 동인도회사로부터 그 지역에 대한 권한을 박탈해 국왕의 통제하에 두고 공무원에게 더 많은 훈련을 하도록 요구하며 원주민에게 한층 더 주의 깊은 단속을 가함으로써 반란에 대응했다. 거의 모든 곳에서 19세기의 제국들은 유럽인과 서로 다른 원주민 집단들 간의 관계를 조직하기 위해 세심하게 성문화한 인종적 계급제도를 확립했다(남아프리카의 아파르트헤이트[Apartheid], 즉 인종차별 정책은 단지 한 가지 사례일 뿐이다). 19세기 제국주의에서는 일반적으로 상인과 무역업자(동인도회사 같은)의 독립적 사업 활동은 그다지 많이 개입되지 않았고 '정착과 규율'이 더 많이 포함되었다. 이것은 제국이 다수의 행정가, 교사, 엔지니어 등이 포함된 거대한 프로젝트가 되었다는 것을 의미했다. 이렇게 19세기 제국주의는 새로운 동기들로부터 발생했던 것이다. 19세기의 제국주의는 식민지들에서 새로운 형태의 정부와 지배를 만들어냈으며, 유럽인과 원주민 간의 새로운 종류의 상호작용을 창출했다.

신제국주의와 그 발생원인

모든 역사적 사건은 많은 원인을 갖고 있다. 신제국주의의 범위, 강도, 장기간에 걸친 중요성 등과 더불어 그것이 발전하게 된 원인은 열띤 논쟁을 불러일으켰다. 가장 영향력 있고 오래 지속된 해석은 제국주의의 경제적 역동성을 지적한다. 1902년 초 영국 작가 J. A. 홉슨(1858~1940)은 자신이 '아프리카 쟁탈전'이라고 이름 붙인 것은 부유한 금융가 소집단의 이해관계에 따라 추진되어온 것이라고 주장했다. 영국의 납세자들은 정복 및 점령 군대에 보조금을 지불했고 언론인들은 대중의 '맹목적 애국주의의 방관자적 욕망'을 자극했지만, 홉슨은 제국주의 이면에 있는 핵심적 이해관계는 국제적 자본가들의 욕망이라고 믿었다. 그는 격렬한 경제적 경쟁이 보호주의와 독점을 야기하고 있던 시기에 서유럽이 산업이 필요로 하는 시장을 제공하지 못할 때 투자가들은 해외, 즉 식민지들에서 투자 기회를 확보하려 했다고 주장했다. 홉슨은 투자가들과 국제 은행가들이 중심 역할을 하는 사람들이라고 보면서 다음과 같이 말했다. "이 나라에서는 어떤 수지맞는 투자도 할 수 없는 상당한 저축이 이루어진다. 이 저축들은 다른 곳에서 사용될 곳을 찾아야만 한다." 하지만 투자가들은 혼자가 아니었다. 그들의 이해관계는 식민지 무역, 군대, 무기 산업 등과 관련된 제조업자들의 이해관계와 맞아떨어졌다. 홉슨은 개혁가이자 사회비평가였다. 그의 요점은 국제 금융 및 기업이 영국의 진정한 국가적 이해관계에 대해 왜곡된 개념을 갖고 있다는 것이었다. 그는 진정한 민주주의가 영국의 제국주의적 경향에 대한 대항 수단이 되기를 희망했다.

여전히 널리 읽히는 홉슨의 분석은 러시아의 사회주의자이자 혁명 지도자인 블라디미르 일리치 레닌(1870~1924)에서 기원한 제국주의에 대한 가장 영향력 있는 비판에 영감을 주었다. 홉슨처럼 레닌은 제국주의의 경제학을 강조했다. 하지만 그는 홉슨과는 달리 제국주의가 19세기 말 자본주의의 필수적인 부분이 될 것이라고 생각했다. 제국주의가 창출한 경쟁과 독점은 국내의 이윤율을 낮추어왔다. 레닌은 자본주의자들이 이윤을 더욱 낮추는 결과를 가져다주는 일이기는 하지만 노동자의 임금을 인상함으로써 국내 시장을 확대할 수 있을 것이라고 주장했다. 따라서 자본주의의 '내부적 모순'이 자본가들로 하여금 해외에서 새로운 시장을 모색하고 투자하도록 강제함으로써 제국주의를 낳았다는 것이다. 만약 그런 경우라면 민주적 개혁을 향한 홉슨의 희망은 부적절한 것이 된다. 그렇다면 자본주의 자체를 전복시키는 것만이 제국주의적 팽창, 갈등, 폭력 등을 견제할 수 있을 것이다. 레닌은 많은 사람들이 제국주의 전쟁이라고 생각한 제1차 세계대전의 절정기에 『제국주의: 자본주의의 최고 단계(Imperialism: The Highest Stage of Capitalism)』(1916)를 출간했다. 혁명만이 자본주의, 제국주의, 그리고 세계를 재난 직전의 상태로 몰아넣은 세력들을 무너뜨릴 수 있다는 그의 주장에 비추어보면 이 책의 출간은 정말로 시의적절했다.

오늘날 역사가들은 경제적 압력들이 비록 유일한 것은 아니지만 제국주의의 한 가지 중요한 원인이라는 데 동의할 것이다. 영국의 경우 대략 총 40억 파운드의 해외 투자액 중 절반이 제국 내에 투자되었다. 홉슨, 레닌, 그리고 그들의 동시대인들이 정확하게 기술했듯이 19세기 말의 런던은 빠르게 세계의 은행가가 되고 있었다. 모든 서유럽 국가에서 원료에 대한 수요는 식민지를 필수적인 투자처로 보이게 만들었고, 점점 더 제국주의는 해볼 가치가 있는 정책으로 여겨졌다. 식민지에서 생산된 고무, 주석, 광물 등은 유럽의 산업에 공급되었고 식량, 커피, 설탕, 차, 양모, 곡물 등은 유럽의 소비자에게 공급되었다.

하지만 경제적 설명에는 한계가 있다. 식민지 시장들은 유럽 제조업자들의 필요에 부응하기에는 전반적으로 너무나 빈약했다. 유럽인이 미친 듯이 쟁탈전을 벌였던 아프리카에서 투자가들은 가장 빈약한 최소한의 이윤만을 얻을 수 있었다. 해외 투자와 관련해 1914년 이전에 독일 자본의 극히 일부만 독일의 식민지들에 투자되었고, 프랑스 자본의 단지 5분의 1만 식민지에 투자되었다. 그뿐만 아니라 프랑스는 독일에 대항해 동맹국인 러시아를 안정시킬 것이라는 기대에서 자국의 모든 식민지보다 더 많은 자본을 러시아에 투자하고 있었다. 하지만 이런 계산법은 일부의 경우에만 명확하다. 유럽인은 식민지가 이윤을 창출할 것으로 기대했다. 예컨대 프랑스 신문들은 콩고가 '엄청난 양'의 금, 구리, 상아, 고무를 보유한 "풍요롭고 활발하며 비옥한 처녀지"라고 보도했다. 이러한 희망은 제국이 거둔 이윤이 유럽인의 기대에 미치지 못했을지라도 확실히 팽창주의에 기여했다.

제국주의에 대한 두 번째 해석은 경제적 이해관계보다 전략적이고 내셔널리즘적인 동기를 한층 더 강조한다. 국제적 경쟁관계는 지극히 중요한 국가적 이해관계가 걸려 있다는 믿음을 강화시켰고, 유럽 열강들로 하여금 저개발 국가들 및 속령들의 정부와 경제 양쪽을 통제하기 위해 더욱 결의에 차게 만들었다. 프랑스 정치가들은 1870~1871년 프로이센에게 수치스런 패배를 당하면서 상실한 위신과 명예를 되찾기 위한 수단으로서 제국주의를 지지했다. 반면에 영국은 독일과 프랑스가 산업화의 속도를 가속시키는 것을 경계의 눈으로 보았고 자국이 이미 갖고 있거나 가질 가능성이 있는 세계 시장을 상실할 것을 염려했다. 뒤늦게 근대 국가로 통일된 독일은 해외 제국을 국가적 생득권(生得權)이자 강대국 클럽에 진입하는 방편으로 보았다.

두 번째의 비경제적 해석은 제국주의와 19세기 국가 및 국가 건설 사이의 새로운 연관성을 강조한다. 국가들이 제국이 되어야 한다는 것은 항상 자명한 것은 아니었다. 독일 통일의 건설자인 오토 폰 비스마르크는 해외에서의 식민주의는 유럽 대륙의 한층 더 심각한 문

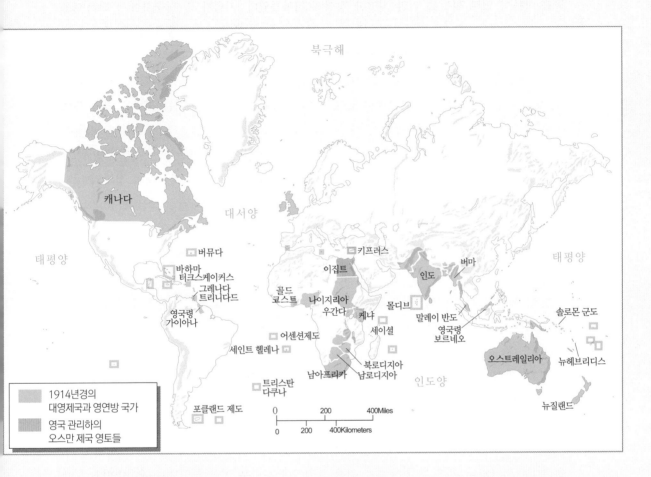

북극해

대서양

태평양

캐나다

버뮤다
바하마
터크스케이커스
그레나다
트리니다드
영국령
가이아나

키프러스

이집트

골드
코스트
나이지리아
우간다

케냐

세이셜

북로디지아
남로디지아

인도

버마

몰디브

말레이 반도
영국령
보르네오

솔로몬 군도

뉴헤브리디스

오스트레일리아

인도양

어센션제도

세인트 헬레나

트리스탄
다쿠나

포클랜드 제도

남아프리카

뉴질랜드

1914년경의 대영제국과 영연방 국가	
영국 관리하의 오스만 제국 영토들	

0   200   400Miles

0   200   400Kilometers

1914년의 대영제국

무엇이 인도를 대영제국의 중심으로 만들었는가? 대영제국이 1882년에 이집트의 정치에 간섭하고 이 나라를 장악한 이유는 무엇인가? 대영제국이 제국을 확대하고자 한 정치적 동기들은 무엇인가? 홉슨에 따르면 산업화와 자본주의는 19세기의 제국주의를 어떤 방법으로 추진했는가? 제국주의를 위한 문화적 정당화는 어떤 것들이었는가?

제들로 인해 발생한 소동이라고 오랫동안 생각했다. 하지만 1890년대에 독일은 프랑스와 영국과 더불어 영토 획득을 위한 치열한 경쟁에 뛰어들었다. 기업가 및 탐험가에서 작가(예를 들어 러디어드 키플링) 및 정치이론가에 이르기까지 식민주의의 옹호자들은 신생 국가에 제국주의가 왜 중요한가를 상세히 설명했다. 제국주의 국가들에게 식민지는 군사력을 과시하는 것 이상을 의미했다. 예컨대 식민지는 한 국가의 경제적 활력, 확신의 강도, 시민의 의지, 법의 위력, 문화의 힘 등을 보여주었다. 하나의 강력한 국가 공동체는 새로운 땅과 새로운 사람들에게 진보를 가져다주면서 다른 나라들을 동화시킬 수 있었다. 독일의 한 팽창주의 지지자는 식민주의를 '독일 통일 욕구의 국가적 연장선'이라고 표현했다. 독일 식민협회, 프랑스 식민당, 영국 왕립식민학회 같은 로비 집단은 선풍적 인기를 끄는 해외 정복의 이야기가 지닌 매력을 인식했던 신문들과 유사한 말투로 제국에 찬성하는 주장을 펼쳤다. 국가 건설의 한 방식으로 나타난 제국주의는 특정한 이해관계나 세속적 비용편익 분석을 초월해 대두한 것처럼 보인다. 문화, 법, 종교, 산업 등은 없어서는 안 되는 국가적 산물이었고, 그것의 가치는 해외로 수출되고 방어됨으로써 상승했다.

셋째, 제국주의는 중요한 문화적 차원을 갖고 있었다. 한 프랑스 외교관은 영국의 제국주의 모험가 세실 로즈(1853~1902)를 '사상으로 주조된 군대'라고 묘사했다. 제국주의 자체에 대해서도 똑같은 말을 할 수 있을 것이다. 사상으로서의 제국주의는 스코틀랜드의 선교사 데이비드 리빙스턴(1813~1873) 같은 탐험가의 생각을 사로잡았다. 그는 영국의 아프리카 정복이 동아프리카의 노예무역을 종식시키고 '흑인 가족에게 공동 국가 체제를 도입하게' 할 것이라고 믿었다. 영국의 시인이자 소설가인 러디어드 키플링(1865~1936)은 「백인의 짐(The White Man's Burden)」(409쪽 참조)이라는 시를 썼는데, 지구상의 '야만적'이고 '이교도적'인 지역이라고 생각하는 곳을 '문명화'하기 위한 유럽인의 사명을 언급한 악명 높은 시였다. 노예무역, 전염병, 무질서, 문맹 등에 대항해 무기를 드는 것은 많은 유럽인에게 아프리카 및 아시아를 침략하기 위한 이유일 뿐만 아니라 어쨌든 우월한 문명의 의무이자 증거처럼 보였다. 이런 신념이 제국주의를 가져온 것은 아니었지만, 그것은 제국 건설이 어떻게 서양이 지닌 자기 이미지의 중심이 되었는지를 잘 보여준다.

한마디로 제국주의의 경제적·정치적·전략적 원인을 밝혀내기가 쉽지 않다. 제국주의의 동기들이 어떻게 중첩되는가를 이해하는 것이 더 중요하다. 전략적 이해관계는 종종 정책 입안자에게 경제적 문제가 걸려 있다고 믿게 만든다. 군대, 국제 금융가, 선교사, 국내의 식민지 로비 집단 등과 같은 서로 다른 제국주의의 후원자들은 제국주의의 목적과 이득에 대해 상이하면서도 상충되는 비전을 가졌다. 제국주의 정책은 장기적인 계획의 문제라기보다는 특별한 상황에 대한 즉흥적인 일련의 신속한 대응이었다. 국제적 경쟁관계는 정책 입안자들로 하여금 자신의 야망을 분명하게 하도록 이끈다. 그래서 이제까지 알려지지 않은 영토에 대한 권리 주장을 확립한 탐험가, 사업가, 정착민 집단은 본국 정부가 이를 인정하고 방어하지 않으면 안 되도록 생각하게 만들었다. 마지막으

제국의 주요 충돌들, 1839~1905년	
제1차 아편 전쟁, 중국	1839~1842년
대반란, 인도	1857~1858년
하르툼 포위, 수단	1884~1885년
이탈리아의 에티오피아 침공	1896년
파쇼다 위기, 수단	1898년
미국-에스파냐 전쟁	1898년
보어 전쟁, 남아프리카	1899~1902년
의화단 운동, 중국	1900년
러일 전쟁	1904~1905년

로 유럽인은 이 무대에서 유일한 주역은 아니었다. 그들의 목적과 수완은 자신이 관련된 나라들에서의 사회 변화들로 인해 형성되었다. 다시 말하면 그것들은 식민지인의 독립적 이해관계와 자주 그런 것은 아니지만 그들 스스로가 이해할 수 없고 멈추기에는 무력하다는 것을 발견한 저항 등으로 형성되었다.

19세기의 제국주의를 '새로운' 것이라고 부를 이유가 있는가? 경제 통합이나 유럽인에게 유리한 투자 및 무역 노선의 발전은 새로운 것이 아니었다. 라틴아메리카, 중국, 오스만 제국에서 실시되었던 비공식적이면서도 암암리에 진행된 유럽의 권력 행사는 좀 더 장기적인 과정이었다. 이런 종류의 권력은 근대 시대를 통해 계속 팽창했다. 그러나 19세기 제국주의는 유럽 내에서의 발전과 유럽인에 대한 원주민의 저항으로 나타난 새로운 측면이나 특정한 특색을 지녔다.

남아시아에서의 제국주의

♣ 영국은 어떤 방법으로 인도에서의 지배를 재조직했는가?

인도는 대영제국의 중심이자 영국 국왕의 보석이었다. 또한 인도는 신제국주의의 시대 훨씬 이전에 확보된 18세기 제국 건설의 유산으로, 인도 정복의 대부분은 1750년대에 시작되었고 혁명의 시대에 가속되었다. 인도 정복은 북아메리카에서의 '상실'을 벌충해주었다. 요크타운에서 패배한 콘월리스(1738~1805) 장군은 인도에서 눈부신 경력을 쌓았다. 19세기 중엽 인도는 남아프리카에서 남아시아를 거쳐 오스트레일리아에 이르는 영국이 새로이 확장한

전 지구적 세력의 초점이 되었다. 이 지역을 지키는 일에는 전술 및 통치 형태의 변화가 포함되었다.

19세기 중반까지 인도에 있는 영국의 영토는 동인도회사의 관할하에 있었다. 이 회사는 유럽인과 (한층 더 거대한) 인도인 사단들로 구성된 자체의 군대를 보유하고 있었다. 동인도회사는 인도 농민으로부터 토지에 대한 세금을 징수할 권리를 보유했다. 19세기 초까지 이 회사는 인디고, 섬유, 소금, 광물, 그리고 가장 돈이 되는 아편을 포함한 모든 상품의 무역에 대한 합법적인 독점권을 갖고 있었다. 영국 정부는 북아메리카 식민지들에서도 무역 독점을 허용했었다. 하지만 북아메리카와 달리 인도는 결코 영국인이 정착한 나라가 되지 않았다. 1830년대 1억 5,000만 명의 인도 인구 중에서 유럽인은 4만 5,000명밖에 되지 않는 한 줌의 소수자였다. 동인도회사의 통치는 억압적이었고 군대가 이를 강행했다. 군인이 세금을 징수했고 공무원은 군복을 입었다. 영국군은 뻔뻔스럽게도 자신의 목적을 위해 농민의 황소와 수레를 징발했다. 그렇지만 동인도회사는 회사의 규칙을 획일적으로 강행할 수는 없었다. 이 회사는 일부 지역을 직접 통치했고, 다른 지역은 지방 지도자들과의 제휴를 통해 통치했으며, 또 다른 지역은 상품과 돈을 통제함으로써 지배했다. 인도에서의 간접 통치란 다른 제국들에서처럼 원주민 협조자들을 찾아내고 그들과 선린관계를 유지하는 것을 의미했다. 이에 따라 영국은 예전 정부들에서 행정가들을 배출했던 집단을 발굴했다. 예컨대 영국인은 특히 북인도의 라지푸트 족과 부미하르(Bhumihar)[3]를 효율적인 군인이나 캘커타 같은 대도시의 상인으로 생각했다. 영국은 다른 나라들에 대항해 영국과의 동맹에 동의하는 이들 집단이나 나라에 경제적 특권, 국가 관직, 또는 군대의 지위 등을 제공했다.

영국의 정책은 양극단—한 집단은 인도의 '서구화'를 바랐고, 또 다른 집단은 지방 문화에 따르는 것이 더 안전하고 한층 더 실제적이라고 믿었다—사이를 오갔다. 점령지가 확대되면서 그 수가 늘어났던 그리스도교 선교사들은 '그리스도교의 광명과 진리의 친절한 영향력'으로 '맹목적 미신'을 대체하기로 결심했다. 아동 결혼과 사티(sati, 죽은 남편을 화장할 때 부인을 산 채로 희생으로 바치는 순장 의식) 같은 관행에 분개한 선교사들은 힌두 문화에 대한 광범위한 공격을 가하기 위해 영국에서 지지를 구했다. 상당수가 자유주의자들이었던 세속적 개혁가들은 '힌두교도'와 '마호메트교인'을 가정이나 국가에서 전제주의적일 것이라고 생각했다. 그들은 자신의 개혁 열정을 법적·정치적 변화로 전환했다. 그러나 또 다른 집

---

3) 인도의 상류층 공동체.

단과 영국의 행정가들은 자국민에게 인도의 제도와 관습에 간섭하지 말 것을 경고했다. 한 영국인 행정가는 다음과 같이 말했다. "영국인은 종교에서의 마호메트교인들만큼이나 정치에서 대단한 광신자들이다. 그들은 어떤 나라도 영국의 제도 없이는 구원받을 수 없다고 생각한다." 그들은 간접 통치가 지방 권력관의 협조 속에서만 작동할 것이라고 주장했다. 이런 갈등은 영국이 어떠한 단일한 문화 정책에 결코 동의하지 않았다는 것을 의미했다.

폭동에서 반란으로

동인도회사의 통치는 종종 저항과 항의에 부닥쳤다. 동인도회사는 1857~1858년에 발생한 '세포이 [군인들의] 반란(Sepoy Rebellion)'—오늘날 인도에서는 1857년의 대폭동(Great Mutiny)이라고 부른다—으로 인해 심하게 흔들렸다. 이 봉기는 소총 탄약통에 기름칠하는 데 돼지 비계를 사용하라는 것—힌두교도나 이슬람교도 중 어느 한쪽이 받아들일 수 없는 일이었다—을 거부한 데 대해 군대가 세포이(sepoy, 영국에 고용된 인도 군인을 칭하는 전통적 용어)의 연대를 징벌했을 때 델리 인근에서 시작되었다. 그렇지만 영국 수상 디즈레일리는 나중에 다음과 같이 말했다고 한다. "제국의 쇠망은 기름칠한 탄약통의 문제가 아니다." 이 폭동의 원인은 훨씬 더 심오한 것으로 사회적·경제적·정치적 불만이 포함된 것이었다. 인도의 농민은 부채와 부패에 항의하면서 법원을 공격해 세금 명부를 불태웠다. 최근에 합병된 아우드(Oudh) 같은 지역에서 반란자들은 영국이 즉결 추방한 적이 있는 전통적인 지도자들을 옹호했다. 특권 계급 출신의 군 장교들은 영국에게 전횡적인 대우를 받는 것에 분개했다. 그들은 처음에 충성스런 동맹자로서 진급하기도 했지만, 자신들이 생각했던 직함이나 명예를 얻지 못하고 복무할 것을 강요당했다. 폭동은 북서 인도의 광범위한 지역에 걸쳐 확산되었다. 무장한 반란자들에 비해 수적으로 5분의 1도 채 되지 않았던 유럽 군대는 통제력을 상실했음을 깨달았다. 힌두교와 이슬람교의 종교 지도자들은 영국이 파견한 그리스도교 선교사들과 지방 전통 및 관행에 대한 그들의 공격을 비난할 기회를 포착했다.

처음에 영국인들은 자국의 통제하에 있는 지역들이 서로 고립되고 친영국 편 도시들이 포위되면서 절망적 상황에 직면했다. 영국에 충성하는 인도 군대가 국경 지방으로부터 남부로 이동했고, 크림 전쟁에서 막 귀국한 영국군은 반란을 진압하기 위해 영국에서 배를 타고 이동했다. 전투는 일 년 이상이나 지속되었고 영국인은 체계적인 진압 전투로 반란자들이 보인 초기의 학살과 만행에 필적하는 행위를 했다. 모든 반란군 부대는 항복이 허용되지 않고 죽임을 당하거나 즉결 재판을 받고 처형되었다. 반란자들을 도운 소읍과 마을은 반란자들이 유럽인의 집과 전진기지를 불태웠던 것과 똑같이 불살라졌다. 하지만 반란의 참패는 영국 대중의 상상력을 사로잡았다. 그것은 크림 전쟁의 피비린내 나면서도 승패가 판가름 나지 않은 혼란 이후에 들려온 충격적인 소식—영국령 인도에 대한 간담이 서늘한 위협, 영국군에 의한 유럽인 인질과 영국 영토의 영웅적 구출 등—이었다. 포위된 백인 여성과 어린이를 해방시키는 스코틀랜드 고원 연대의 그림(인도의 찌는 듯이 더운 열기 속에서 모직 킬트를 입고 있는)은 영국 전역의 각 가정에 전파되었다. 정치적 차원에서 영국의 지도자들은 이 반란이 자신들을 재앙에 가까운 상황까지 몰고 갔다는 사실에 깜짝 놀라 똑같은 실수를 결코 되풀이하지 않겠다고 결심했다.

세포이 폭동 이후에 영국은 새로운 통치 전략으로 인도 제국을 재조직해야만 했다. 동인도회사에 부여된 특허장은 폐기되었고 인도는 국왕이 직접 관할하게 되었다. 영국의 라지(raj, 통치)는 비록 영국인이 협력자들과 협력적인 이익집단을 모색하긴 했어도 직접적인 방식으로 이루어졌다. 인도의 기존 공국에 해당하는 지역은 영국인 고문관에 복종하는 원주민 군주들이 통치하게 되었다. 영국은 또한 군대를 재조직하고 군인들 사이의 관계를 변화시키고자 애썼다. 원주민 군대는 파괴적인 것으로 판명된 전우애 같은 것을 피하기 위해 서로 분리되었다. 이에 대해 한 영국인 관리는 다음과 같이 말했다. "만약 한 연대가 반란을 일으킨다면 나는 그 다음 연대를 서로 이간시켜 반란을 일으킨 연대를 향해 발포하게 만들고 싶다." 영국은 이전보다 훨씬 더 인도인 상류계급에 반대하기보다 그들을 통해 통치하고자 했다. 인도의 왕인 빅토리아 여왕은 다음과 같이 간접 통치의 원리를 확립했다. "우리는 우리 자신만큼이나 토착 군주들의 권리·위엄·명예를 존중할 것이고, 그들이 우리 자신의 신민과 마찬가지로 번영과 내부적 평화와 훌륭한 정부에 의해서만 보장될 수 있는 사회적 진보를 향유하기를 바란다." 공무원 개혁은 인도인 상류계급의 구성원에게 새로운 지위를 열어주었다. 영국은 인도 문화에 대한 자신들의 관계를 재고해야만 했다. 선교 활동은 억제되었고 개혁 추진의 방향을 경제 발전, 철도, 도로, 관개 등의 좀 더 세속적 사업들로 돌렸다. 하지만 효과적인 식민지 전략들에 대한 합의에는 도달하지 못했다. 일부 행정가들은 더 많은 개혁과 변화를 권했고 또 다른 사람들은 토착 군주들을 더 많이 지원하고자 했다. 영국은 1947년 식민지 통치가 종식될 때까지 이따금 생각난 듯이 이 두 가지를 모두 수행하고자 했다.

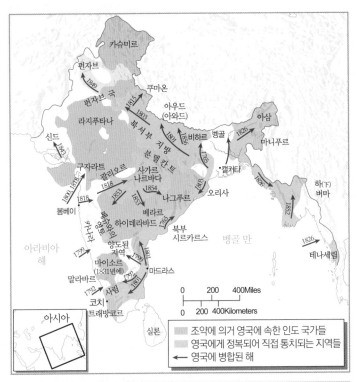

범례:
- 조약에 의거 영국에 속한 인도 국가들
- 영국에게 정복되어 직접 통치되는 지역들
- 영국에 병합된 해

범례:
- 토착민 국가와 영토
- 영국령 인도
- 국경선
- 지방 경계선

인도: 정치적 구획과 반란

영국은 어떻게 그리고 왜 인도에 연루되었고 인도는 어떤 이유로 곧 대영제국의 대외 정책과 경제적 이해관계의 중심이 되었는가? 영국은 왜 인도의 여러 지역들을 직접 병합하기로 결정했고, 어떤 정치적 상황들이 영국 지배의 진척을 한결 용이하게 만들었는가? 총독의 임명과 더불어 이루어진 공식적이고 직접적인 영국의 지배는 왜 단지 1861년에만 이루어졌는가?

인도에서 신제국주의의 가장 걸출한 대표는 두드러진 보수주의자이자 1898년에서 1905년까지 인도 총독을 역임한 커즌 경이었다. 커즌은 이 지역에 대한 영국의 참여를 심화시켰다. 영국의 세계적 지위에 관심을 가진 그는 러시아에 대항해 인도의 국경을 요새화할 필요성에 대해 강조했고 계속적인 경제적 투자를 촉구했다. 커즌은 영국이 자국의 통치에 대한 저항으로 말미암아 서서히 파괴되고 인도 문화를 변화시키는 데에서 눈에 띄는 무능력에 직면하게 된다면, 영국인은 냉소적이 되고 "혼수상태에 빠져 국내 문제만 생각하게" 될 것이라고 크게 염려했다. 키플링이 영국인과 미국인에게 "백인의 짐을 질 것"을 촉구한 것과 똑같은 방식으로, 커즌은 자국민에게 인도가 영국의 위대함에 얼마나 중요한지 보라고 간청했다.

인도는 대영제국에게 무엇을 주었을까? 제1차 세계대전 직전에 인도는 영국 최대의 수출시장이었다. 대영제국 전체 무역의 10분의 1이 인도의 항구 도시인 마드라스, 봄베이, 캘커타를 통해 지나갔다. 인도는 영국의 국제수지에 엄청나게 중요했다. 인도에서 벌어들인 잉여금은 유럽과 미국과의 교역으로 인한 적자를 상쇄했다. 또한 영국에게 인도의 인적 자원은 매우 중요했다. 인도의 노동자들은 버마 인근의 아삼 지방에 있는 차 대농장에서 일했고, 남부 아프리카와 이집트에서 철도와 댐을 건설했다. 영국의 통치는 제국 전역에 걸쳐 인도 노동자들의 엄청난 이산(離散)을 가져왔다. 100만 명 이상의 인도 계약 노동자들이 19세기 후반에 조국을 떠났다. 인도는 또한 대영제국에게 고도로 훈련된 엔지니어, 토지 측량사, 점원, 관료, 교사, 상인 등을 제공했다. 예를 들면 민족주의 지도자인 모한다스 간디(1869~1948)는 인도인 변호사 회사가 있던 남아프리카의 프리토리아에서 젊은 변호사로서 처음 대중의 눈에 띄었다. 영국은 제국 전역에 걸쳐 인도인 군대를 배치했다(나중에 영국은 제1차 세계대전에서 약 120만 명의 인도인을 소집한다). 이 모든 이유로 인해 커즌과 같은 사람들은 인도 없는 대영제국 또는 심지어 영국 자체를 상상하는 것이 불가능하다는 것을 알았다.

영국의 통치는 인도 사회를 어떻게 형성했는가? 영국의 간접 통치 관행은 영국의 이익을 위해 봉사할 인도인 엘리트를 창조해냈다. 그들은 한 영국 작가가 다음과 같이 말한 것과 같은 집단이었다. 그 집단은 "우리와 우리가 지배하는 수백만 명의 사람들 사이에서 통역을 할 수 있는 집단, 즉 피부색과 피는 인도인이지만 취향, 주장, 도덕, 지성 면에서 영국인인 사람들이다." 결국 그러한 관행은 영국식으로 교육된 인도인 공무원과 사업가의 대규모 사회집단—정부를 위해 잘 훈련되었지만 그들이 인도에 진보를 가져왔다는 영국의 주장에는 회의적인 집단—을 만들어냈다. 이 집단은 인도에서의 영국 통치에 도전한 민족주의 운동에 지도부를 제공했다. 그와 동시에 이 집단은 점차 인도의 나머지 집단과 거리를 두게되었다. 인도의 압도적인 다수는 사라져가는 한 줌의 토지와 많은 경우에 영국인 지주에게 빚을 진 채로 살아가려고 투쟁하는 절망적으로 가난한 농민과 값싼 영국제 상품의 수입으로 붕괴된 직물 업종에서 일하는 사람이었다.

대영제국에 대한 인도와 인도인의 중요성에 관한 커즌의 주장

조지 너대니얼 커즌(1859~1925)은 1898년부터 1905년까지 인도 총독으로, 그리고 1919년부터 1924년까지 외무장관으로 봉직했다. 그는 인도에서 명성을 얻었고 탁월한 토리(Tory) 정치가로서 가장 열렬한 신제국주의의 옹호자가 되었다. 다음 연설에서 커즌은 제국의 이익을 강조하고 인도에 대한 영국의 의존을 강조했다.

만약 여러분이 가공할 적의 침략으로부터 나탈(Natal) 식민지를 구하기 원한다면, 여러분은 인도에 도움을 요청해야 하고 인도는 도움을 제공할 것입니다. 만약 여러분이 베이징에서의 학살에서 백인 공사관 직원들을 구하기를 바라고 그 필요성이 절박하다면, 여러분은 인도 정부에게 원정군 파견을 부탁해야 하고 그러면 인도 정부는 원정군을 파병할 것입니다. 만약 여러분이 소말리아에서 미친 물라(Mad Mullah)*와 싸우고 있다면, 여러분은 곧 인도 군대와 인도 장군들이 그 일에 가장 적합하다는 것을 알게 될 것이고 여러분은 인도 정부에게 그들을 보내달라고 부탁할 수 있습니다. 만약 여러분이 아덴, 모리셔스, 싱가포르, 홍콩, 심지어 톈진이나 산하이관(山海關) 등에 있는 대영제국의 어떠한 말단 전초기지나 석탄 공급소를 지키기를 원한다면, 여러분이 이용해야 할 것은 인도군이어야 합니다. 만약 여러분이 우간다로 가는 철도나 수단에 철도를 부설하기를 원한다면, 여러분은 인도인 노동력을 이용할 수 있습니다. 작고한 로즈 씨가 여러분이 최근에 획득한 로디지아를 개발하는 데 종사했을 때 그는 도움을 요청하기 위해 저에게 왔습니다. 여러분은 인도인 쿨리 노동자들로 데메라라(Demerara)와 나탈의 대농장들을 동등하게 개발할 수 있습니

---

* 영국, 이탈리아, 에티오피아에 대항해 반제국주의적 전쟁을 이끈 소말리아의 종교 지도자. 본명은 사이드 무하마드 아브드 알라 알-하산(Sayyīd Muhammad Abd Allāh al-Hasan)이다.

다. 여러분은 훈련된 인도인 관리에게 나일 강을 관개하고 댐을 세우게 할 수 있습니다. 여러분은 인도인 산림 관리들을 시켜 중앙아프리카와 샴(Siam)의 자원들을 개발할 수 있습니다. 여러분은 인도인 측량사들에게 지구상의 모든 감춰진 곳들을 탐험하게 할 수 있습니다.……[더욱이] 인도는 이제까지 그래왔던 것보다 장차 자본 투자를 위한 한층 큰 좋은 기회와 산업 및 상업적 개발이라는 위대한 일을 위해 우리 앞에 놓인 나라입니다.

> **분석 문제**
>
> 1. 커즌은 인도 총독과 외무장관으로 봉직했을 뿐만 아니라 아프가니스탄과 페르시아에 대해 광범위한 지식을 갖고 있었다. 그는 자신의 전문 지식에 의거해 대영제국을 위한 인도의 최대 가치가 무엇이라고 생각했는가?
> 2. 영국의 모험가와 상인들은 오늘날 가난한 나라로 간주되는 인도에서 어떤 방법으로 부를 얻을 수 있었는가? 커즌 시대에 인도는 부유했는가 아니면 가난했는가?

중국에서의 제국주의

♣ 유럽과 중국의 무역 관계는 어떻게 바뀌었는가?

유럽의 제국주의는 중국에서도 신제국주의의 시대가 도래하기 훨씬 이전에 단계적으로 확대되었다. 하지만 중국에서 제국주의는 상이한 형태로 나타났다. 유럽인은 중국 전체를 정복하거나 병합하지 않았다. 대신에 그들은 총을 들이대며 유리한 무역 협정을 강요했고, 자신들의 사법관할권 아래 있는 조약 항구들을 세웠으며 유럽 선교회 활동의 전진기지를 설립했다. 이 모든 것은 중국인이 자기 나라를 '수박 자르듯이' 했다고 말한 것처럼 매우 신속하게 진행되었다.

17세기 이래로 유럽과 중국의 무역—비단, 도자기, 예술품, 차 등과 같은 몹시 선망하는 사치품들에 대한 무역—은 외국 무역상들 더 나아가 전반적인 외국의 영향력을 저지하기로 결심한 중국 정부의 저항에도 불구하고 증가해왔다. 19세기 초에 이르면 영국의 전 지구적 야심과 떠오르는 권세는 대치를 위한 무대를 마련하고 있었다. 나폴레옹과 싸우는 일에서 벗어난 영국은 중국 무역의 조건을 개선하고 부동항에 정박하며 특별한 무역 특권을 가질 권리를 요구하는 쪽으로 눈을 돌렸다. 부단한 마찰의 다른 원인에는 범죄로 유죄 판결을 받은 몇몇 영국인의 즉결 처형을 포함한 중국 법정에서 영국인들에게 가한 가혹한 대우가 포함되었다. 그리고 1830년대에 이런 외교적 갈등은 아편 무역으로 인해 격화되었다.

아편 무역

아편은 영국, 영국령 인도, 중국 사이에 직접적인 연결로를 제공했다. 16세기 이래로 아편은 인도에서 생산되어 네덜란드 무역상에 의해, 나중에는 영국 무역상에 의해 운반되었다. 사실 (양귀비에서 추출된) 아편은 유럽인이 중국에서 팔 수 있는 극소수의 상품 중 하나였고, 그런 이유로 동서 무역의 균형에 결정적인 것이 되었다. 영국인이 인도 북동부를 정복했을 때 그들은 가장 풍부한 아편 재배지 중 하나를 병합했고 아편 무역에 깊이 연루되었다. 그 정도가 얼마나 심했으면 역사가들은 주저하지 않고 동인도회사의 지배를 '마약에 취한 군사 제국'이라고 주장했다. 영국의 대리점들은 특정 양귀비 재배 지역을 설정하고 이 작물을 재배하는 인도 농민들에게 현금을 선불로 주었다. 아편 생산은 노동집약적 과정이었다. 농민 경작자들은 양귀비 씨에서 액즙을 모았고, 다른 사람들은 이 액즙을 깨끗하게 정제한 다음 무게를 달아 선적하기 전에 건조시킨 아편 덩어리로 만들었다. 캘커타 북서부에 있는 아편 생산 '공장들'은 아편을 만들고 건조시키는 1,000명에 달하는 인도 노동자들과 4일마다 아편을 덩어리로 만드는 어린 소년들을 고용했다.

동인도회사는 인도에서 아편을 '지방 상인들', 즉 아편을 동남아시아와 중국으로 수송했던 영국, 네덜란드, 중국 화주들의 소규모 선단에 팔았다. 아편 대금으로 지불된 은은 동인도회사로 회수되었고, 그것은 유럽 시장에 팔기 위한 중국 상품의 구매에 사용되었다. 이 아편 무역은 수지가 맞을 뿐만 아니라 유럽-인도-중국의 삼각 경제 관계에서 핵을 이루었다. 아편 생산과 수출은 19세기 초에 극적으로 증가했다. 영국과 중국의 대결 구도가 형성되고 있던 1830년대에 이르러 아편은 영국령 인도에게 토지에 대한 세금을 제외하고 그 어떤 수입보다도 더 많은 세입을 가져다주었다.

전 세계의 사람들은 쾌락뿐만 아니라 의학적 이유로도 아편을 소비했다. 중국 시장은 특히 돈이 되는 시장이었다. 18세기 중국에서는 아편 피우는 방법을 배울 수 있는 담배 흡연이 대유행했다. 상인과 정부 관리로 이루어진 거대하고 부유한 중국 엘리트층은 아편 판매

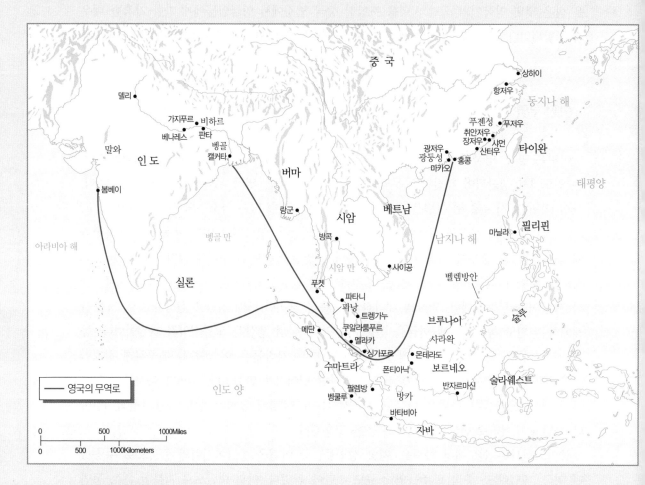

영국의 아편 무역로

아시아의 아편 선적에서 영국이 이용한 주요 무역로에 주목하라. 아편은 어떻게 해서 그렇게 중요한 역할을 하게 되었는가? 아편 무역의 강화가 세계의 이 지역에서 어떤 방식으로 영국의 지위에 영향을 끼쳤는가? 아편 무역이 초래한 사회적·정치적 문제들은 무엇인가?

시장의 상당 부분을 차지했지만, 아편 흡연은 군인, 학생, 노동자들 사이에서 유행했다. 19세기에 아편 수입은 동남아시아와 샌프란시스코에 이르기까지 전 세계의 중국인 노동자들을 따라갔다. 이 문제를 관리하기 위한 노력으로 중국 정부는 아편의 수입과 국내 생산을 금지하고 아편 흡연을 법률로 금지했으며, 1830년대에는 중국에서 이 마약을 몰아내기 위한 전면적인 운동을 시작했다. 이 운동은 중국 황제를 영국의 아편 무역상들과 충돌하게 만들었다. 중국의 마약 감독관 린저쉬(1785~1850)는 무역상들과 한 차례의 대결 국면에서 영국으로부터 136만 킬로그램의 생아편을 몰수해 바다로 흘려보냈다. 또 다른 곳에서 중국 당국자들은 영국의 선박들을 항구에 봉쇄했고 지방민들은 영국인 거주지 앞에서 시위를 벌였다.

아편 전쟁

1839년 부글부글 끓어오르는 갈등들은 제1차 아편 전쟁이라고 부르는 사건으로 비화했다. 아편이 문제의 핵심은 아니었다. 아편은 주권과 경제적 지위라는 한층 더 큰 문제들을 눈에 띄게 만들었을 뿐이었다. 그것은 유럽인이 중국의 독점권을 무시하면서 자신이 좋아하는 그 어떤 대상들과도 무역하고, 중국의 주권을 무시하고 유럽인의 거주 지역을 세우며 개종시키기 위한 학교를 개교하는 유럽인의 '권리들'이었다. 19세기에 걸쳐 몇 차례 전쟁이 발발했다. 영국의 증기선과 대포들이 중국 함대를 제압한 1839~1842년의 첫 번째 전쟁 이후에 맺어진 난징 조약(Treaty of Nanking, 1842)은 중국으로 하여금 영국에게 무역 특혜, 5개 도시에 거주할 권리, 홍콩 항을 '영구히' 차지할 권리 등을 부여하도록 강요했다. 두 번째 전쟁 이후 영국은 선교회들을 파송할 권리를 강요했고 한층 더 많은 조약 항구들을 확보했다. 중국과 영국 사이의 조약으로 다른 나라들도 이와 유사한 권리와 경제적 기회를 요구했다. 19세기 말까지, 즉 신제국주의 시대 동안 프랑스·독일·러시아는 광산 개발권과 철도 부설권, 값싼 중국인 노동으로 제조업을 시작할 수 있는 허가, 중국 도시들에서 유럽인의 공동체들을 무장하고 치안을 유지하기 위한 허가 등을 요구했다. 예를 들어 상하이에서는 1만 7,000명의 외국인이 자체의 법정, 학교, 교회, 공익사업 등을 보유하고 살았다. 이에 소외당하기 싫었던 미국은 문호개방정책을 요구했다. 일본은 태평양에서 적극적인 제국주의 강대국이 되었고 중일 전쟁은 이 지역의 역사에서 결정적인 순간이었다. 일본의 승리는 중국으로 하여금 무역 특권, 조선의 독립, 만주의 랴오둥 반도 등을 양여하도록 강요했다. 그것은 영향력의 범위뿐만 아니라 광산 및 철도 이권들을 향한 쟁탈전을 열어주었다. 배상금

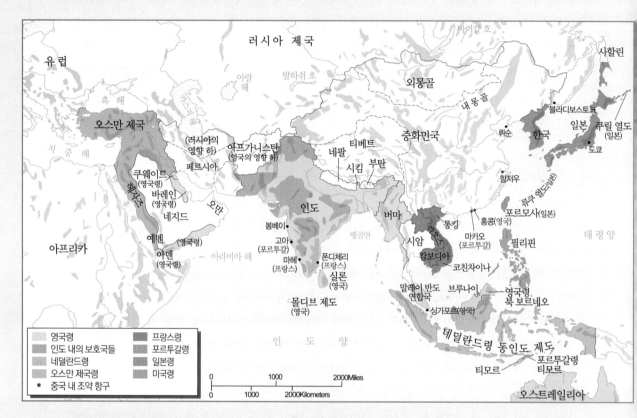

남아시아 및 동아시아, 1914년경

유럽 열강들(그리고 어떤 면에서는 미국)이 중국에 조약 항구들과 세력권을 확립하기를 갈망한 이유는 무엇인가? 중국 시장에 대한 지배가 특히 영국의 경제적 이해관계에 결정적이었던 이유는 무엇인가? 식민 강대국들, 자본주의 투자가들, 그리고 중국 정부 사이의 관계는 어떠했는가? 의화단 운동과 문호 개방 정책의 결과들은 어떤 방식으로 동남아시아의 다른 지역에서 한층 더 강화된 착취를 조장했는가?

요구는 중국 정부로 하여금 더 많은 세금을 부과하지 않으면 안 되게 만들었다. 이 모든 조치는 분노를 고조시켰고 중국 정부를 불안정하게 만들었다.

　유럽인과 일본인에게 특권을 양도한 것은 중국 내에서 청나라 황제의 권위를 심각하게 약화시켰고 외국 침입자들에 대한 대중의 적개심을 고조시켰다. 청나라 중심부의 권위는 1900년에 이르러 한 세기 이상 침식되어왔고, 아편 전쟁과 대규모 태평천국의 난(1852~1864)으로 인해 그 침식이 앞당겨졌다. 중국 남중부에서 급진적인 그리스도교 반란자들이 황제의 권위에 도전했던 태평천국의 난은 거대하고 호되며 맹렬한 투쟁이었다. 반도들에 대한 방어 조치로 청 왕조는 자국 군대의 지휘를 위해 영국 사령관 찰스 고든(1833~1885)을 포함한 외국의 장군들을 고용했다. 이 전쟁은 중국의 농업 심장부를 황폐화시켰고 결코 확인된 것은 아니지만 사망자 수는 2,000만 명에 이를 수도 있었다. 파멸적인 무질서와 황제의 무능력—질서 유지, 무역의 안정화와 외국의 대출금 상환에 필수적인 세금 징수에서의 무능력—은 유럽 여러 나라들로 하여금 중국 무역과 관련해 자신에게 유리한 쪽으로 더욱더 직접적인 통제권을 행사하도록 이끌었다.

의화단 운동

　서양의 관점에서 부패한 외국 통치에 대항한 19세기의 가장 중요한 반란은 1900년의 의화단 운동(Boxer Rebellion)이었다. 의화단은 중국식 무술을 연마하고 영적인 능력을 갖고 있다고 믿었던 청년들의 비밀 조직이었다. 외세에 반대하고 서양 선교회에도 반대했던 그들은 중국 북부에서 느슨하게 조직되었지만 광범위한 봉기를 촉발시킬 준비를 했다. 의화단 무리들은 외국인 기술자들을 공격하고 철로를 뜯어내며 1900년 봄에는 베이징으로 행진했다. 의화단원들은 수천 명의 서양 외교관과 상인들 그리고 그들의 가족들이 거주하는 베이징에 있는 외국 공사관들을 포위했다. 공사관의 소규모 요새는 고작 소총, 총검, 급조된 대포 등으로 벽으로 둘러싸인 공사관 구내를 방어했다. 그러나 그들은 대규모 구원 부대가 도착할 때까지 55일간이나 포위를 견뎌냈다. 이 반란, 특히 베이징에서의 포위는 전 지구적 대응을 불러왔다. 세계의 다른 곳에서는 서로 경쟁하던 유럽의 강대국들은 이 위기에 함께 대응해 중국을 갈기갈기 찢어놓기로 했다. 영국, 프랑스, 미국, 독일, 이탈리아, 일본, 러시아 군대가 결합된 2만 명에 달하는 원정군은 의화단 운동을 잔인하게 진압했다. 그 다음 외부 세력들은 중국 정부에게 배상금, 새로운 무역 조차지, 재보증 등을 요구했다.

의화단 운동은 19세기 말에 일어난 반제국주의 운동 중 하나였다. 이 반란은 유럽 제국주의 강대국의 취약성을 보여주었다. 의화단 운동은 유럽인이 광범위한 영향력을 유지하기 위해서 몰두해야 할 자원들이 무엇인지를 극적으로 보여주었다. 이 사건의 진압 과정에서 유럽인은 자신의 조약과 이익을 보호하기 위해 부패하고 무너지기 쉬운 정부들을 떠받치는 데 몰두하게 되었고, 지방의 불평등과 외국의 지배에 대항한 대중 봉기들을 진압하는 데 말려들었다.

중국에서 신제국주의 시대는 한 세기에 걸친 대립과 팽창을 매듭지었다. 1900년까지 아시아 전역은 실질적으로 유럽 열강들 사이에서 분할되고 있었다. 자력으로 적극적인 제국주의 강대국이 된 일본은 자국의 독립을 유지했다. 영국의 통치는 인도에서 버마, 말레이 반도, 오스트레일리아, 뉴질랜드에 이르기까지 확장되었다. 영국의 오랜 무역 경쟁국인 네덜란드는 인도네시아를 확보했다. 태국은 독립 국가로 남았다. 1880년대 동안에 프랑스는 인도차이나로 이동했다. 제국주의적 경쟁 관계들(영국와 프랑스와 러시아, 중국과 일본, 러시아와 일본)은 아시아에서 영향력과 경제적 이익을 위한 투쟁을 불러왔으며, 곧이어 민족주의 감정을 격화시켰다. 유럽 세력의 표현인 제국주의적 팽창은 그에 따른 불안정한 결과들을 보여주고 있었다.

러시아의 제국주의

러시아는 19세기 동안 지속된 제국주의 강대국이었다. 러시아의 통치자들은 기존의 러시아에 국경을 면한 나라들을 정복이나 조약 또는 두 가지 방법 모두를 동원해서 병합하는 정책을 옹호했다. 페르시아와의 전쟁 이후 그루지야를 획득한 1801년부터 차르들은 계속해서 팽창주의적 꿈을 추구했다. 베사라비아와 (터키로부터 빼앗은) 투르크스탄과 (페르시아로부터 빼앗은) 아르메니아는 러시아 제국의 규모를 크게 증대시켜주었다. 이러한 남쪽으로의 식민화는 러시아를 두 차례에 걸쳐 영국과의 전쟁 직전 상태에 이르게 했다. 첫 번째는 1881년 러시아군이 카스피 해 건너편 지역에 있는 영토들을 점령했을 때였고, 두 번째는 1884~1887년 차르의 군대가 아프가니스탄의 변경으로 진군했을 때였다. 두 경우에서 모두 영국은 중동에서 자국의 영향력 범위 내에 있다고 생각한 지역으로의 침입을 염려했고, 인

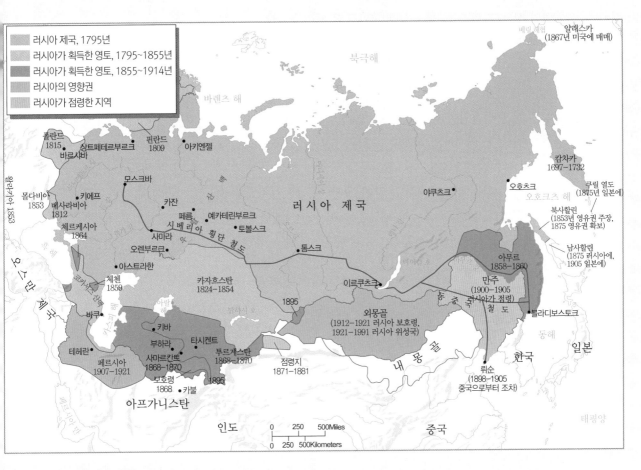

러시아 제국, 1795년
러시아가 획득한 영토, 1795~1855년
러시아가 획득한 영토, 1855~1914년
러시아의 영향권
러시아가 점령한 지역

러시아 제국의 건설

러시아를 팽창의 길로 몰고 간 것은 무엇인가? 어떤 지역이 가장 논쟁적이었고 그 이유는 무엇인가?

도에 대한 있을지 모르는 위협에 관심을 기울였다. '거대한 게임(Great Game)'이라고 알려진 러시아와 영국이 행한 책략, 첩보 활동, 우호적인 괴뢰 정부에 대한 지원 등은 20세기에 이 지역의 석유 자원을 둘러싼 서양 국가들의 책략을 미리 보여주었다.

러시아의 팽창은 동쪽으로도 이동했다. 1875년 일본과 러시아는 이전에 러시아의 쿠릴 열도였던 곳을 사할린 섬 남부의 절반과 서로 교환했다. 차르의 동방 진출은 1904년에 마침 내 멈추고 말았다. 몽골과 만주에서 러시아의 팽창은 일본의 팽창과 맞물리게 되었고, 두 열강은 전쟁에 돌입했다. 러시아의 거대한 제국 군대는 야만적이고 피비린내 나는 전투에서 강적을 만났다. 러시아의 해군은 포위된 러시아 군대를 보강하기 위해 세계의 절반을 돌아 파견되었으나 잘 훈련되고 더 나은 무기를 갖춘 일본 함대의 매복에 걸려 침몰하고 말았다. 이 국가적 수치는 러시아에서 반란이 일어나는 데 일조했고 1905년 미국이 주선한 평화 조 약을 이끌었다(제23장 참조). 이 패전은 이미 불안정했던 차르 정부를 뒤흔들었고 유럽 국가 들이 제국주의적 게임을 성공적으로 수행할 수 있는 유일한 국가가 아니라는 것을 보여주 었다.

프랑스 제국과 문명화 사명

◆ '문명화 사명'이란 무엇인가?

영국이 인도로 팽창한 것처럼 북아프리카에서의 프랑스 식민주의는 19세기 말의 신제국 주의 이전에 시작되었다. 1830년대에 이르러 프랑스는 지중해 해안을 따라 중요한 도시들이 있는 알제리의 자국 보유지에 일반 정부를 세웠다. 알제리 정복은 초기부터 다른 식민지 획 득 모험들과는 상이했다. 알제리는 남아프리카를 제외한 극소수의 유럽 정착민 국가가 되었 다. 초기 정착민 중 일부는 이상적 공동체를 세우기 위해 해외로 나간 유토피아적 사회주의 자들이었다. 또한 일부는 프랑스 정부가 1848년 혁명 이후 농부로 전환시켜 안전하게 '재정 착시키기' 위해 추방한 노동자들이었고, 다른 일부는 국내에서 곤충의 출몰로 인해 포도나 무들이 황폐화된 포도주 생산자들이었다. 정착민은 모두 프랑스인이 아니었다. 그들 중에는 적당한 재산이 있는 이탈리아인, 에스파냐인, 몰타인 상인과 상점주인들, 노동자, 농민이 있 었다. 1870년대까지 이 연안 도시들 중 몇몇 곳에서 이와 같은 새로운 크레올(creole) 공동체는 원주민인 알제리인의 수를 능가했고 그 공동체 내에서는 다른 유럽인들이 프랑스인의 수를 넘어섰다. 프랑스 군대의 도움으로 정착민들은 토지를 착복했고 프랑스 기업들은 코르크 숲을 빼앗았으며 구리, 납, 철 등의 광산을 세웠다. 경제 활동은 유럽인의 이익을 위한 것이었다. 예를 들면 최초의 철도는 승객을 태우지도 않았다. 이 철도는 철광석을 프랑스로 수출하기 위해 해안으로 실어 날랐으며, 이 철광석은 프랑스에서 제련되어 팔려 나갔다.

정착민들과 프랑스 정부는 항상 공동의 목적을 추구하지는 않았다. 1870년대에 새로 탄생했지만 여전히 취약한 제3공화정(나폴레옹 3세가 1870년에 패배한 이후에 세웠다. 제21장 참조)은 정착민의 충성을 확보하기 위한 노력으로 이 식민지를 프랑스의 현(縣)으로 만들었다. 이것은 프랑스 정착민에게 완전한 공화국 시민의 권리를 주는 것이었고, 그들에게 그들의 특권과 공동체를 통합하고(예컨대 모든 유럽인을 귀화시키면서) 나아가 투표권을 전혀 갖지 못했던 원주민의 선거권을 빼앗는 법들을 알제리에서 통과시킬 권리를 주는 것이었다. 파리에 있는 프랑스 정치가들은 이따금 원주민에 대한 정착민의 모욕적인 대우에 반대했다. 그들은 그러한 대우가 토착민을 '정신적으로 고양시키는' 프로젝트를 뒤엎는다고 주장했다. 알제리의 프랑스 정착민들은 그러한 프로젝트에 거의 아무런 관심이 없었다. 비록 입 발린 소리로 공화주의의 이상을 말했지만 그들은 프랑스인이 되는 것에 따른 자신의 이점만을 원했다. 식민지 행정가들과 사회과학자들은 프랑스 사회로 데려올 수 있는 '좋은' 산악 거주민 베르베르인과 그들의 종교가 필경 그들을 동화되지 못하게 만드는 '나쁜' 아랍인을 구별했다. 당시 알제리에서 식민주의는 적어도 세 방향으로 전개되었는데, 이는 식민주의를 대체로 모순적인 사업으로 만들었다.

1870년대 이전까지 식민 활동들은 국내의 프랑스인 사이에서 상대적으로 별다른 관심을 불러일으키지 못했다. 그러나 프랑스-프로이센 전쟁(1870~1871)에서의 수치스런 패배와 제3공화정 수립 이후에 식민지 로비 집단들과 정부는 점진적으로 식민주의의 이득을 강경하게 주장했다. 그런 이득은 단순히 경제적인 것만은 아니었다. '문명화 사명(civilizing mission)'을 취하는 것은 프랑스 공화국의 목적과 프랑스인의 위신을 강화해줄 것이었다. '문명화 작업에 기여하는 것'이 프랑스의 임무였다. 공화주의 정치 지도자인 쥘 페리(1832~1893)는 인도차이나에서 프랑스인의 존재를 확대하는 것에 대해 다음과 같이 훌륭하게 주장했다. "황송하게도 신이 우리를 지상의 주인으로 만들어줌으로써 우리에게 하나의 사명을 베풀어주신다면, 이 사명은 인종들의 불가능한 융합을 시도하는 것으로 이루어진 것이 아니라 단순히 우리가 보호자라는 우수한 개념들을 다른 인종 사이에 확산시키거나 각성시키는 것으로 이루어진다." 이런 '우수한 개념들(superior notions)'에는 경제적·기술적 진보, 그리고 노예제, 정치적 압제, 빈곤, 질병 등으로부터의 해방에 대한 헌신이 포함된다. 페리는 아이러니하게도 동시대인들이 지닌 인종주의에 대한 공격이라고 생각한 글에서 다음과 같이 주장했다. "우수한 인종들은 열등한 인종들과 비교할 권리가 있고……우수한 인종들은 열등한 인종들을 문명화할 권리가 있다."

　페리 휘하에서 프랑스는 튀니지(1881), 북부 및 중부 베트남(통킹과 안남, 1883), 라오스 및 캄보디아를 획득했다. 프랑스인은 이 문명화 사명을 서아프리카의 자국 식민지들에도 전파했다. 유럽 및 대서양과 아프리카 서부 해안의 노예, 황금, 상아 등의 무역은 수세기 동안 잘 확립되어 있었다. 19세기 말 무역은 공식 행정기관에 길을 양보했다. 1895년에는 기니, 세네갈, 아이보리코스트[4]를 포함한 프랑스의 9배에 달하는 지역을 통치하기 위해 느슨하게 조직된 행정기관인 프랑스 서아프리카 연합(Afrique occidentale française)이 설립되었다. 1902년의 개혁과 중앙집권화에도 불구하고 프랑스의 통제력은 한결 같지 않았고, 분쟁 해결을 위한 군사 행동에도 불구하고 저항은 남아 있었다. 따라서 프랑스인들은 부족의 지도자들을 지극히 조심스럽게 다루었다. 이를 위해 프랑스인은 때로는 그들의 권위에 따르기도 하고 때때로 그들의 권력을 파괴하려 하기도 했다. 프랑스인들은 도시들에서만 프랑스 법정과 법을 확립했고, 그 밖의 지역들에는 이슬람교나 부족의 법정들이 운영되도록 내버려두었다. 프랑스 서아프리카 연합은 이 지역의 경제적 착취를 합리화하고 한층 더 주의 깊은 관리와 자원 개발로 '약탈 자본주의(booty capitalism)'를 대체하는 것을 목표로 했다. 프랑스인은 이것을 근대 공화국의 문명화 사명의 일부로서 이 지역의 "가치를 고양시키는 것"이라고 불렀다. 이 연합은 야심찬 공공사업 계획에 착수했다. 토목 기사들은 수출 증대에 편의를 제공하기 위해 이 해안에서 가장 중요한 다카르에 거대한 항만을 재건했다. 그들은 유토피아적 열정으로 오래된 도시들을 다시 설계했고 위생과 보건, 수도 체계 등을 개선하고자 노력했다. 프랑스 공화국은 1888년 프랑스에서 문을 연 박테리아 연구를 위한 파스퇴르 연구소(Institut Pasteur)를 상당히 자랑스러워했다. 해외 연구소들은 식민지 사업의 일부가 되었다. 한 가지 계획은 이 지역을 꿰뚫어 짜 맞추기 위한 대규모 서아프리카 철도망을 필요로 했다. 공립학교 프로그램은 마을에 선교회의 통제를 받지 않는 무료 학교들을 건설했다. 하지만 교육은 의무적인 것이 아니었고 보통 남자아이들을 위한 것이었다.

---

4) 오늘날의 코트디부아르.

그런 프로그램들은 대개 프랑스의 이해관계에 기여했다. 식민 사업에 반대했던 한 프랑스인은 다음과 같이 말했다. "공식적으로 이를 문명화 과정이라고 부르지만, 그 일이 우리 문명의 번영 수준을 증대시켜주는 데 기여하기 때문에 결국 이 용어는 적절하다." 이런 조치 중 그 어떤 것도 원주민에게 정치적 권리를 줄 작정은 아니었다. 한 역사가는 이에 대해 다음과 같이 말했다. "프랑스 일반 정부는 시민을 만드는 것이 아니라 그 신민을 문명화하는 사업을 했다." 하지만 부언하면 프랑스의 프로젝트는 성공적이지 못했다. 프랑스 정부는 사람들이 생각했던 것보다도 한층 더 많은 비용이 들고 복잡하다고 판명된 이 계획들을 수행할 재원을 갖지 못했다. 수송비는 매우 높았다. 노동은 가장 큰 문제들을 제기했다. 다른 곳에서처럼 그곳에서도 유럽인은 아프리카 농민의 엄청난 저항에 직면했다. 유럽인은 이 농민들이 철도 건설에서 광산 노동과 고무 추출에 이르기까지 온갖 일을 하기를 원했던 것이다. 유럽인은 노동자들을 모으기 위해 지방 부족 지도자들과 협정을 맺으면서 강제노동에 의존했고, 내륙에서 계속되는 노예노동의 사용을 묵인했다. 이 모든 이유로 인해 식민 프로젝트는 일부 사람들이 기대했던 이윤을 창출하지 못했다. 하지만 중요한 측면에서 식민주의에 대한 프랑스의 투자는 문화적인 것이었다. 철도, 학교, 그리고 다카르 항만 같은 프로젝트는 에펠탑(1889)처럼 프랑스의 근대성, 권세, 세계적 지도력의 상징들이었다.

'아프리카 쟁탈전'과 콩고

◆ 어떤 사건들이 '아프리카 쟁탈전'을 일으켰는가?

프랑스의 서아프리카로의 팽창은 아프리카 대륙에 대한 유럽의 탐욕을 보여준 단지 하나의 사례에 지나지 않는다. 주요 유럽 강대국들이 정복하고 식민화한 범위와 속도는 공식적 통제력이 놀랍다는 것을 보여준다. 그 결과들은 대단한 것이었다. 1875년 아프리카 대륙의 11퍼센트가 유럽의 수중에 있었다. 1902년에 이르러 이 수치는 90퍼센트에 달했다. 유럽의 강대국들은 수송과 통신의 논리적 문제에 숙달했고 질병을 저지하는 방법을 익혔으며 신무기를 갖고 있었다. 1889년 영국군이 채택하고 영국 식민지 군대가 최초로 사용한 맥심 기관총(Maxim gun)은 분당 500발에 달하는 탄알을 난사했다. 이 기관총은 원주민 군대와의 교전을 대학살로 변질시켰고 무장 저항을 실질적으로 불가능하게 만들었다.

콩고 자유국

1870년대 영국은 아프리카 북부와 서부에 그리고 남부 및 동부 해안을 따라 새로운 제국주의적 관계를 형성했다. 유럽 개입의 새로운 단계는 곧바로 아프리카 대륙의 심장부를 강타했다. 19세기 후반까지 이 영토는 유럽인들의 영역 밖에 있었다. 콩고와 잠베지 같은 전략적 강들의 급류는 내륙으로 이동하는 것을 힘들게 만들었고 유럽인에게 저항력이 거의 없거나 전혀 없는 열대성 질병은 대부분의 탐험가들에게 치명적이었다. 그러나 1870년대에 중앙아프리카에 불어 닥친 새로운 경향은 모종의 결과들을 산출했다. 그 대상은 콩고 강 주변의 비옥한 계곡들이었고 유럽의 식민주의자들은 레오폴드 2세에게 고용된 벨기에인 집단에게 사적으로 재정 지원을 했다. 그들은 헨리 모턴 스탠리(1841~1904)의 발자취를 뒤따랐다. 스탠리는 나중에 영국 국민이 되어 기사 작위를 수여받은 미국의 신문기자이자 탐험가였다. 스탠리는 그 어떤 유럽인도 이전에 발을 디딘 적이 없는 울창한 정글로 뒤덮인 영토를 자신의 칼로 길을 내며 나아갔다. 그의 '과학적' 여정은 브뤼셀에 아프리카 문화 연구자들과 학생들의 협회를 창설하게 하는 데 영감을 주었다. 이 협회는 실제로는 레오폴드가 세운 상업적 회사를 위한 전위 조직이었다. 야심찬 명칭을 단 콩고 탐험과 문명을 위한 국제협회(International Association for the Exploration and Civilization of the Congo)는 1876년에 설립되었고 곧이어 콩고 강 분지 전역을 상업적 탐험에 개방했던 지방 엘리트들과 조약을 맺었다. 야자유와 천연 고무 등의 방대한 자원들과 광물(다이아몬드를 포함)에 대한 기대는 이제 유럽인의 손길이 미치는 범위 안에 있었다.

레오폴드의 회사가 직면한 가장 강력한 저항은 다른 식민 강대국, 특히 새로운 점령 추세에 반대했던 포르투갈로부터 왔다. 1884년 콩고 강 분지에 대한 지배권 문제를 해결하기 위해 베를린에서 회합이 소집되었다. 이 회합은 유럽 강대국 정치의 대가인 오토 폰 비스마르크가 의장을 맡아보았고 미국뿐만 아니라 모든 주도적인 식민 국가들이 참석했다. 이 회합은 유럽의 경제적·정치적 팽창의 새로운 국면을 위한 기본 원리를 확립했다. 유럽의 양대 해외 제국인 영국과 프랑스, 그리고 유럽 내에서 떠오르고 있는 가장 강력한 제국인 독일은 세력을 규합해 콩고 문제를 해결했다. 이들 열강의 명령은 19세기 자유주의와 완벽하게 조화하는 것처럼 보였다. 콩고 계곡은 자유 무역과 통상에 문호를 개방하게 되었다. 이 지역에서 일부 이슬람교 왕국들이 여전히 실시하고 있는 노예무역은 자유노동을 옹호하게 되면서 억압되었다. 그리고 콩고 자유국이 세워졌다. 이와 더불어 이 지역에 대한 유럽의 여하한 단일 국가의 공식 지배권도 거부되었다.

　콩고 자유국은 실제로는 레오폴드의 개인 회사가 운영했고 이 지역은 유럽 대기업의 무제한적 착취에 노출되어 있었다. 이전의 노예무역은 억제되었지만 유럽의 회사들은 베를린에서 보장된 아프리카인의 '자유' 노동을 취하며 노동자들을 열악한 상황에 두었다. 유럽 모든 나라를 합친 것보다 훨씬 더 큰 방대한 면적의 토지는 다이아몬드 광산과 야자유, 고무, 코코아 등을 추출하기 위한 대농장이 되었다. 아프리카인 노동자들은 소름끼치는 상황에서 일을 했는데, 그들에게는 정말로 의약품이나 위생이 전혀 없었고 너무도 적은 음식이 제공되었으며 유럽 공장 노동자들의 생산 시간표를 오히려 약과로 만들 정도로 강도 높은 시간표에 따라 일해야 했다. 수십만 명의 아프리카인 노동자들이 질병과 과로로 사망했다. 유럽인 경영자들은 중앙아프리카의 서로 다른 계절주기를 무시했기 때문에 연중 내내 있었던 수확들이 사라져버리면서 기근이 다가왔다. 건기의 더위에서 일하는 노동자들은 종종 유럽의 공장에서 중기(重機)가 처리했음직한 분량의 짐을 등에 지고 날랐다. 수많은 아프리카인은 유럽이 원하는 상품들을 수확하는 일을 강요당했다. 그들은 콩고 자유국의 법을 만든 대농장 회사들에 대해 수십 개 항목의 사소한 위반들을 저질렀다는 이유로 구타와 절단의 위협을 받으며 임금을 거의 받지 못하거나 전혀 받지 못한 채 일을 했다. 결국 콩고의 추문은 문제를 제기하지 않고 지나가기에는 너무도 심각했다. 세대를 초월한 작가와 언론인들은 독단적 야만 행위와 엄청난 규모의 고통을 널리 알렸다. 그중 가장 유명한 것은 조지프 콘래드(1857~1924)의 『어둠의 심장(The Heart of Darkness)』이었다. 1908년 벨기에는 콩고를 벨기에의 식민지로 만들면서 콩고를 직접 관리해야만 했다. 노예제나 다름없는 제도를 시행함으로써 유럽 산업에 거대한 신흥 원료 공급지로 기여한 거대한 대농장 회사의 활동에 기껏해야 소수의 제한들만이 가해졌다.

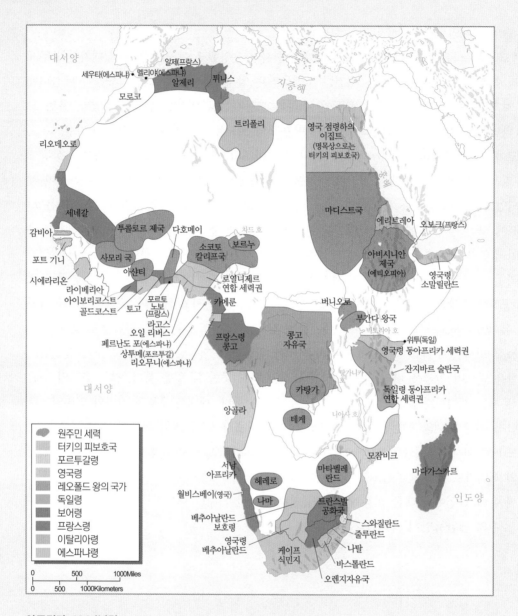

아프리카, 1886년경

제1차 세계대전 이전에 아프리카 쟁탈전에서의 승자와 패자는 어떤 사람들이었는가? 프랑스가 주장하는 지역이 가장 컸음에도, 대영제국이 획득한 지역이 가장 인상적으로 보이는 이유는 무엇인가? 독일이 뒤늦게 통일된 국가이자 식민 열강이 되었음에도, 식민지 확보 경쟁에서 독일은 어떤 대우를 받았는가? 아프리카에 대한 유리한 지리적 관계에도 불구하고 이탈리아가 아프리카 제국을 분할하는 과정에서 그렇게 불리한 대우

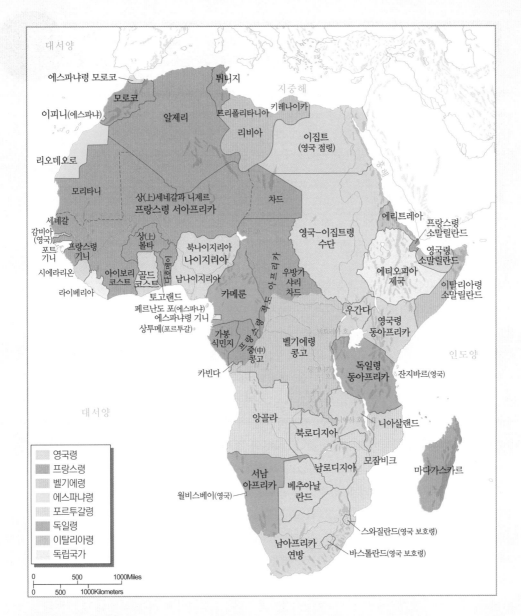

아프리카, 1914년경

를 받은 이유는 무엇인가? 아프리카 쟁탈전의 결과가 유럽 열강들이 서로에 대해 어떻게 생각했는가에 관해 시사해주는 것은 무엇이고 이들이 경제적·물질적 자원들을 유지하는 것이 그토록 중요하다고 생각한 이유는 무엇인가?

콩고에서의 잔학 행위

아프리카계 미국인으로 목사, 언론인, 역사가인 조지 워싱턴 윌리엄스(1849~1891)는 1890년대 콩고에서 그곳의 상황들을 조사하고 보고한 소수의 국제 감시자의 일원이었다. 그는 몇 개의 보고서를 썼는데, 그중 하나는 미국 정부를 위한 것이었고 또 다른 것은 국제 반노예제 회의에 제출한 것, 몇몇 신문 칼럼, 그리고 아래에 발췌한 레오폴드 국왕에게 보내는 공개서한 등이었다.

훌륭하고 위대한 친구에게

저는 폐하께서 아프리카 대륙에 세우신 개인적 정부의 성격과 이 나라에 대한 주의 깊은 연구와 조사에 입각해 콩고 독립국에 관한 약간의 성찰을 폐하께 제출하게 되어 영광입니다.……

저는 폐하의 사업을 그토록 오랫동안 무자비한 행위의 식민지들이었던 검은 대륙을 위한 떠오르는 희망의 별로 간주했습니다.……제가 콩고에 도착했을 때 저는 당연히 '돌봄 촉진(fostering care)' 및 '자선사업'과 토착민의 지식을 증대시키고 "이들의 복지를 확고히 하기 위한"……"정직하고 실질적인 노력"이라는 탁월한 프로그램의 결과들을 찾아보았습니다.

저는 견디기 어려운 실망이라는 판단을 내렸습니다. 콩고 토착민들이 폐하 정부의 "돌봄 촉진을 채택하는" 대신에 이들은 어디에서나 자신들의 토지가 무력으로 탈취 당했고 폐하의 정부가 잔인하고 자의적이라고 불평하면서 자신들이 폐하의 정부와 그 국기를 사랑하지도 존경하지도 않는다고 선언합니다. 폐하의 정부는 그들의 토지를 몰수하고, 그들의 마을에 방화하며, 재산을 훔치고, 이들의 여성과 어린이들을 노예로 삼으며, 상세히 언급하기에는 너무도 많은 그 밖의 범죄들을 저질렀습니다. 그들이 어디에서나 폐하의 정부가 그토록 열렬히 그들에게 제공한 '돌봄 촉진'을 겁냅니다.

저의 절대적인 지식으로는 "그들의 지식을 증대시키고 그들의 복지를 확고히 하기 위한 정직하고 실질적인 노력"은 없었습니다. 폐하의 정부는 교육적 목적들을 위해 단 1프랑도 지출하지 않았을 뿐 아니라 어떠한 실질적인 산업주의 체제도 제도화하지 않았습니다. 거의 모든 측면에서 토착민들에게 반대되는 실제로 가장 실질적이지 않은 조처들이 채택되었습니다. 그리고 보마(Boma)에 있는 폐하 정부의 수도에서는 단 한 사람의 토착민도 채용되지 않았습니다. 노동 체제는 철저하게 실제적이지 못했습니다.……신병들은 유럽 국가들에서의 가축보다도 더 참혹한 환경에서 수송됩니다. 그들은 하루에 두 번 자신들의 손가락을 이용해 쌀을 먹습니다. 그들은 종종 건기에 목말라 합니다. 그들은 무더위와 비에

노출되어 있고 축축하고 더러운 선박의 갑판 위에서 종종 너무도 복작거려 인간 배설물이 있는 곳에 누워 잠을 잡니다. 그리고 물론 많은 사람이 죽습니다.……

　콩고에서 자행된 모든 범죄들은 '당신의' 이름으로 행해져왔고, '당신은' 1884~1885년 8월의 베를린 회의가 생명과 재산을 당신에게 위임한 사람들에게 행한 악정(惡政)에 대한 여론이 있다면 그 법정에서 대답해야만 합니다.……

분석 문제
1. 윌리엄스의 관심사는 무엇이고 다른 사람들은 어느 정도로 그것들을 공유했는가?

아프리카의 분할

　콩고의 점령과 그로 인한 거대한 물질적 부의 약속은 식민 강대국들로 하여금 자국의 소유지를 확장하도록 압력을 가했다. 1880년대까지 '아프리카 쟁탈전'은 순조롭게 진행되었고, 중앙 및 남부 아프리카의 다른 지역들에서 고무나무 숲이나 다이아몬드 광산들에 관한 이야기들로 더욱 촉진되었다. 1884년 베를린 회의에서 합의된 보장들은 유럽인을 더 이상의 단계로 나아가게 해주었다. 프랑스와 포르투갈은 자국의 소유지들을 증대시켰다. 이탈리아는 영국이 소유한 토지와 에티오피아 독립 왕국 옆에 있는 홍해를 따라 있는 영토들로 이동했다.

　독일은 상대적으로 뒤늦게 해외 제국의 길로 들어섰다. 비스마르크는 경제적 또는 정치적 이익을 거의 가져다주지 않을 것이라고 믿었던 사업에 관련되는 것을 꺼렸다. 하지만 그는 영국이나 프랑스 그 어느 쪽이 아프리카를 지배하기를 바라지 않았기에 독일은 전략적 위치에 있는 식민지들을 장악했다. 카메룬과 오늘날의 탄자니아의 대부분에 해당하는 독일의 식민지들은 더 오래되고 한층 더 확고한 강대국들의 영토를 갈라놓았다. 독일인은 가장 열정적인 식민주의자들은 아니었지만, 제국주의적 모험에 매력을 느꼈고 다른 강대국들의 영토를 선망의 눈길로 바라보았다. 1900년 초 독일령 서남아프리카(오늘날의 남비아)의 헤레로인이 반란을 일으켰을 때 독일인은 마을을 불태웠을 뿐만 아니라 헤레로인을 거의 절멸시킨 인종 학살이라는 사악한 군사 행동으로 대응했다.

영국과 프랑스는 자신들만의 야망을 갖고 있었다. 프랑스는 대륙을 서에서 동으로 가로질러 이동하기로 마음먹었다. (나중에 언급하겠지만) 이것은 1898년 프랑스가 수단에 있는 파쇼다로 원정을 떠난 중요한 이유였다. 주로 남부 및 동부 아프리카에서 있었던 '아프리카 쟁탈전'에서 영국의 역할은 다이아몬드계의 거물이자 식민지 정치인이면서 제국주의 공상가인 세실 로즈의 꿈과 경력으로 요약된다. 1870년대와 1880년대에 남아프리카의 다이아몬드 광산에서 돈을 벌었고 다이아몬드 광산 회사인 드비어스(DeBeers)를 세운 로즈는 1890년 영국의 케이프 식민지의 수상이 되었다(그는 재산의 일부를 미래의 제국 지도자들을 교육하기 위한 로즈 장학금의 설립을 위해 옥스퍼드 대학에 남겼다). 독립 공화국을 보유한 보어 정착민들과의 불편한 동맹 그리고 런던으로부터의 다양한 수준의 지원에 힘입어 로즈는 두 가지 원대한 개인적이면서도 제국주의적인 목적을 추구했다. 개인적 목적은 다이아몬드 위에 남부 아프리카 제국을 건설하는 것이었다. '로디지아'는 자랑스레 유니언잭을 휘날리겠지만 이윤은 로즈의 개인 회사로 가게 될 것이다. 뇌물, 이중 거래, 영국과 보어 정착민의 세심한 연합 정치, 전쟁, 명백한 절도 등을 통해 로즈는 그 대부분이 남부 아프리카의 사바나에 있는 오늘날의 잠비아, 짐바브웨, 말라위, 보츠와나와 같은 국가들이 차지하고 있는 영토를 분할하는 데 일조했다. 로즈는 한층 더 광범위한 제국주의적 비전을 갖고 있었다. 이것은 그가 1890년대 말의 영국 식민장관인 조지프 체임벌린(1836~1914)과 공유했던 비전이었다. 이러한 비전의 첫 번째 부분은 케이프타운에서 카이로에 이르는 철도 건설이라는 목표로 상징적으로 나타났던 동부 아프리카 전역을 따라 영국이 주둔하는 것이었다. 두 번째는 이 제국이 영국을 자급자족적으로 만들어주어야 한다는 것이었다. 이것은 영국의 산업이 자국의 식민지들로부터 실어온 상품과 원료를 관리하고, 그런 다음에 많은 완제품들을 이들 식민지로 다시 수출함으로써 가능했다. 일단 잠비아와 로디지아의 영토를 장악하자 로즈는 자신이 이 지역 유럽 정착민의 반발을 불러일으키고 있다는 것을 알았다. 이것은 1899년에 즉각적인 전쟁을 불러왔던 충돌이었다(조금 뒤에서 논의된다).

'아프리카 쟁탈전', 1870~1908년	
유럽의 중앙아프리카 진출	1870년대
프랑스의 튀니지 획득	1881년
베를린 회의	1884년
독일의 카메룬 및 탄자니아 식민지화	1884년
프랑스의 서아프리카 연합	1895년
콩고가 벨기에의 식민지가 됨	1908년

전략적 이점, 다이아몬드, 유럽의 자부심 등을 둘러싼 이 투쟁은 아프리카 쟁탈전을 상징하는 것이었다. 유럽 열강들은 독일 황제 빌헬름 2세의 유명한 말처럼 '양지(陽地)'를 추구하면서 아프리카를 더욱더 직접적인 식민지 통치하에 두었다. 그것은 이 대륙의 자원들을 빼앗기 위한 회사들이 계획되고 운영되면서

완전히 새로운 규모의 약탈이 자행되게 만들었다. 아프리카인은 유럽의 이해관계에 우호적인 지방 엘리트들로 하여금 저항하는 사람들에게 문자 그대로 군림하는 것을 허용해주었던 유럽의 직접적인 통제와 간접적인 지배가 결합된 형태의 통치에 직면했다. 아프리카의 분할은 국제 및 국내적 반향을 불러일으킨 신제국주의의 가장 두드러진 사례였다.

제국주의 문화

♣ 제국주의는 어떻게 유럽의 문화 속으로 들어갔는가?

　본국과 식민지 사이의 관계는 밀접했고, 제국주의는 19세기 말 서양 문화에 철저하게 뿌리를 내렸다. 제국의 이미지들은 본국 어디에나 있었다. 이 이미지들은 식민지 팽창의 옹호자들이 배포한 선전 문학에만 있는 것이 아니라 댄스홀에서 재봉틀에 이르기까지 온갖 것을 선전하는 포스터 이면에 숨겨진 주제들로서뿐 아니라 주석 찻잔과 코코아 상자에도 있었다. 박물관과 세계 박람회는 제국의 산물을 전시했고 유럽식 교육으로 혜택을 받은 '이국적 사람들'을 관람객들에게 소개했다. 음악당들에는 제국주의 노랫소리가 울려 퍼졌다. 제국은 당대의 소설들에 거의 항상 등장했고, 때때로 판타지, 모험, 또는 자기 발견의 이야기들을 위한 멀리 떨어진 배경으로 나타났다. 때때로 제국의 주제들과 사람들은 국내에서 미묘하게 위협적인 모습으로 나타났다. 런던이 배경이었고 명백히 제국주의적인 것은 아니었지만 셜록 홈스의 이야기들에서도 제국의 비품들은 즉각적으로 인지할 수 있는 부유함과 타락의 징표를 제공했다. 『네 사람의 서명(Signs of Four)』에서 홈스는 다음과 같이 묘사된 사치스러운 아파트에 있는 한 신사를 방문한다. "카펫에 비스듬히 가로질러 깔려 있는 두 개의 커다란 호랑이 가죽은 구석에 있는 깔개에 세워져 있는 거대한 물담뱃대가 보여주는 것처럼 동양의 사치스러움에 대한 생각을 키워주었다." 『입술이 비뚤어진 사나이(The Man with the Twisted Lip)』에서 주인공 왓슨은 런던의 이스트엔드에 있는 아편굴로 추정되는 곳 중 하나를 돌아다니고 "창백한 말레이인 안내원"의 안내를 받는다. 이 아편굴 자체는 대부분 허구였다. 왜냐하면 당대의 경찰 기록은 런던에 마약을 공급하는 장소가 극히 적었다는 것을 보여주기 때문이다. 판타지 영역으로서 해외 제국들과 '이국적' 문화는 그 시대 성적(性的) 문화의 일부가 되었다. 북아프리카의 후궁들과 베일을 벗은 아랍 여성들의 사진과 우편엽서는 저자들의 성적 모험을 연대기 순으로 기록한 식민지 회고록들만큼이나 유럽의 포르노그래피에서 흔히 볼 수 있는 것이었다.

하지만 제국은 단순히 배경이 아니었다. 제국은 유럽인의 정체성을 확립하는 데에서 중요한 역할을 했다. 프랑스의 '문명화 사명'은 프랑스 시민에게 자국의 웅대함을 과시했다. 철도 건설과 '다른 나라들에 진보를 가져다주는 일'은 프랑스 공화국의 힘을 보여주었다. 많은 영국 작가들도 이와 유사한 분위기 속에서 글을 썼다. 어떤 작가는 대영제국을 "세계에 알려진 선행을 위한 가장 위대한 세속적 기관"이라고 불렀다. 또 다른 작가는 한층 더 종교적인 언어를 구사하며 다음과 같이 주장했다. "영국 인종은 사명을 지닌 인종이라고 불러도 상관없다. 만국에 가서 가르치라는 명령은 옳든 그르든 특별히 그들에게 부여된 것으로 간주되는 영국인이 갖고 있는 한 가지 사명이다." 드높은 도덕적 목적의식은 남성 작가들이나 권위 있는 인물들에게만 국한된 것은 아니었다. 영국, 미국, 독일, 프랑스에서 여성의 개혁 운동에 관한 연설과 프로젝트들은 제국과 문명화 사명에 관한 언급으로 가득 차 있었다. 예를 들어 영국의 여성 참정권 운동은 영국 정부에 대해 맹렬하게 비판적이었지만 종종 민족주의적이고 제국주의적 입장을 취했다. 여성을 영국 정치에 끌어들여달라고 부탁하는 것은 그들에게 시민의 의무뿐만 아니라 제국주의적 책무도 져야 한다고 요청하는 것을 포함했다. 영국의 여성 개혁가들은 아동 결혼과 사티로 인한 인도 여성의 억압에 관해 썼고, 자신들이 개혁이라는 '백인 여성의 짐'을 지고 있다고 생각했다. 프랑스의 여성 참정권 운동가인 위베르틴 오클레르(1848~1914)는 『알제리의 아랍 여성들(Arab Women in Algeria)』(1900)이라는 제목의 책을 썼는데, 그녀는 이 책에서 프랑스 식민지 행정가들이 자신들의 세력 범위에 있는 여성의 상황에 대해 무관심하다는 사실과 국내에서 여성의 주장에 대해 프랑스 공화국이 무시하고 있다는 사실에 화를 내며 이를 고발했다. 그녀의 주장들은 엄밀하게 톡 쏘는 것이었는데, 그 이유는 그 주장들이 유럽의 문화가 계몽되어야 한다는 가정에 의거했기 때문이었다. 오클레르는 아랍 여성들이 '이슬람교도의 방탕함의 희생자들'이며 일부다처제는 '지적 퇴보'를 이끈다고 썼다. 식민지들에서 괴로워하는 여성의 이미지는 개혁에 대한 필요성을 극적으로 보여주는 것만이 아니었고, 그것은 유럽 여성들로 하여금 자신의 조국에서 스스로를 진보의 사자(使者)로 보이게 만들어주었다. 자유주의 작가이자 정치이론가인 존 스튜어트 밀(제20장 참조)은 식민지 세계를 일종의 포장지로서 정기적으로 이용했다. 언론의 자유나 종교의 자유에 관한 취지를 납득시키고자 할 때 그는 인도를 하나의 반증으로 지적했다. 그러면서 그는 힌두교나 이슬람교의 '반계몽주의'에 관한 고정관념을 제시하고 자신의 것은 우월한 문명이라는 영국인의 신념에 호소했다. 식민지의 후진성이나 도덕적 타락과 유럽의 예의바름과 안정 사이의 현저한 차이가 서양 문화와 정치적 토론을 형성시켰다.

　제국주의 문화는 또한 인종 이론을 새롭게 부각시켰다. 1850년대 아르튀르 드 고비노(1816~1882)는 방대한 학술서인 『인종 불평등론(Essai sur l'inégalité des races humaines)』을 썼지만, 이 책은 영어로 번역되어 폭넓게 논의된 때인 신제국주의 시대까지도 별다른 관심을 불러일으키지 못했다. 고비노에게 인종은 근대 세계의 문제들을 이해하기 위한 '만능열쇠'를 제공했다. 그는 다음과 같이 주장했다. "인종 문제는 역사의 다른 모든 문제보다 중요하고 ……한 민족의 융합으로 형성된 인종의 불평등은 그 민족이 지닌 운명의 전 과정을 설명하기에 충분하다." 고비노 사상의 일부는 서로 다른 문화들과 정부들을 비교하고 조사하는 초기 계몽주의 프로젝트의 뒤를 이었다. 하지만 고비노는 계몽주의 선구자들과는 달리 환경이 정치, 문화 또는 도덕에 어떠한 영향을 미친다고 믿지 않았다. 인종이 전부였다. 그는 한 민족이 더 이상 "혈관 속에 동일한 피를 갖지 못하고, 그 피의 질에 점진적으로 영향을 미치는 계속적인 혼합"이 있을 때 쇠퇴한다고 주장했다. 계몽주의 사상가들은 종종 노예제가 그 희생자들로 하여금 자유를 이해할 수 없게 만든다고 주장했다. 고비노는 이와 대조적으로 노예제야말로 그 희생자들의 인종적 열등성을 입증해준다고 단언했다.

　영국 제독의 아들인 휴스턴 스튜어트 체임벌린(1855~1927)은 고비노의 이론을 발전시켜 그것을 한층 더 과학적인 것으로 만들려고 애썼다. 이것은 인종 이론들을 찰스 다윈의 자연과학과 허버트 스펜서의 사회 진화 이론에 관한 새로운 과학적 저작 등에 결합시키려는 것을 의미했다(다윈과 스펜서에 관해서는 제23장 참조). 인종과 관련된 다른 유럽 사상가들처럼 체임벌린은 인종이 시대에 따라 변화한다는 것을 보여주기 위해 진화적 변화의 개념을 이용했다. 체임벌린의 책들은 영국과 독일에서 수만 부가 팔릴 정도로 매우 인기가 있었다. 진화를 연구한 영국의 과학자인 프랜시스 골턴(1822~1911)은 이와 유사하게 획득 형질이 어떻게 세대에서 세대로 이어지는지에 대해 탐구했다. 1883년에 골턴은 최초로 '우생학(eugenics)'이라는 용어를 '우수한 형질'이 선택적 품종 개량을 통해 인류의 '인종적 특성'을 향상시킨다는 과학에 적용했다. 통계학의 활용에서 선구적 연구를 한 카를 피어슨(1857~1936)은 오직 인종 관리의 새로운 정책들이 유럽의 임박한 쇠퇴를 저지할 것이라는 골턴의 우려를 공유하면서 자신의 체계적 분석을 지성과 천성에 대한 연구로 돌렸다. 이 이론들은 그 자체로 제국주의적 사고방식을 만들어내지는 않았지만, 유럽 문화의 발전들 특히 사회계급에 대해 재개된 반감과 새로운 유럽 반유대주의의 물결(제23장 참조)과 긴밀하게 연결되었다. 하지만

19세기 말 유럽의 증대되는 과학적 인종주의는 많은 사람들에게 진보의 수사학, 개인적 자유, 문명화 사명 등을 다른 민족들에 대한 경멸과 일치시키는 것을 한층 더 용이하게 해주었다. 그것은 또한 제국주의적 정복의 근거를 제공하고, 제국주의가 아프리카에서 일으킨 유혈 참사를 정당화시켜주었다.

그러나 유럽인은 이런 문제에 관해 서로 의견을 달리했다. 제국주의를 옹호하거나 제국주의를 위한 인종적 정당화를 제공했던 정치가와 작가들은 반대에 직면했다. 홉슨과 레닌 같은 사상가들은 제국주의적 사업 전체를 탐욕과 반민주적 오만 행위라고 비난했다. 동시대인의 인종주의를 상당히 공유한 콘래드 같은 작가들은 그럼에도 제국주의가 유럽 문화에 깊이 뿌리내린 병리학의 전조가 된다고 믿었다. 한마디로 제국주의의 한 가지 결과는 인종주의의 결과와 원인에 대한 진지한 논의였다. 반제국주의자 중 다수는 자신의 문제를 본국으로 가져온 식민지에서 온 남녀들이었다. 인도 국회 대영 위원회(British Committee of the Indian National Congress)는 인도 사람들과 자원의 착취에 관해 영국 여론을 환기시키기로 결정한 런던의 인도인 공동체의 많은 구성원을 한데 모았다. 이 작업은 연설 여행, 시위, 그리고 잠재적으로 동조적인 영국의 급진주의자들과 사회주의자들과의 회합을 포함했다.

아마도 모든 반제국주의 행동 중에서 가장 대담했던 것은 '아프리카 쟁탈전'이 절정에 달하고 보어 전쟁(잠시 뒤에 논의) 기간인 1900년 런던에서 열렸던 범아프리카 회의(Pan-African conference)였다. 이 회의는 아프리카계 미국인, 영국인, 그리고 미국의 반노예제 운동의 국제적 전통과 아프리카 협회 같은 집단들로부터 발전한 것이었다. 아프리카 협회는 유럽 제국주의의 전술에 압박을 가하기 위해 일찍이 노예제를 폐지하는 데 사용되었던 수사(修辭)를 사용했다. 그들은 남아프리카 광산의 울타리로 에워싼 원주민 노무자 주택 지구에서의 강제노동을 노예제와 유사한 것이라고 항의했고, 토착 아프리카인을 위한 얼마간의 자치와 의원 선출권을 매우 부드러운 어조로 부탁했다. 1900년의 범아프리카 회의는 소규모였지만 카리브 해, 서아프리카, 북아메리카 등에서 온 대표들이 참석했다. 그중에는 당시 32세의 하버드 대학 박사이자 주도적인 아프리카계 미국인 지식인 두 보이스(1868~1963)도 있었다. 이 회의는 두 보이스가 쓴 다음과 같은 유명한 서문이 포함된 「세계 각국에 고함(To the Nations of World)」이라는 선언문을 발표했다. "20세기의 문제는 피부색에 따른 구분의 문제이다.…… 19세기가 끝나가는 올해에 현대 세계의 대도시에서 인류 중에서 더 검은 인종의 현재 상황과 전망을 진지하게 협의하기 위해 아프리카 혈통의 남녀들의 회의로 모였다." 영국 정부는 이 회의를 완전히 무시했다. 하지만 범아프리카주의는 인도 민족주의처럼 제1차 세계대전 이후에 갑작스런 (그리고 제국주의자들에게는 불온한) 도약을 통해 성장했다.

최근에 역사가들은 점차 식민지 문화나 전 세계에 걸친 제국주의적 만남의 결과에 대해 흥미를 갖게 되었다. 봄베이, 캘커타, 상하이 같은 도시들은 이 시기에 크기가 세 배 이상 커지는 호황을 누렸다. 유럽의 상업과 문화의 전초기지로 운영된 홍콩과 여러 조약 항구들은 유럽인이 은행, 해운업, 학교, 사관학교 등을 건설하고 선교 활동에 종사하면서 변모되었다. 다양한 국가적 경험은 일반화를 매우 어렵게 만들지만, 몇 가지 요점들을 강조할 수 있다. 첫째, 식민주의는 새로운 혼성 문화를 창조했다. 유럽 및 원주민의 제도와 관행, 특히 종교는 서로간의 접촉으로 변화했다. 둘째, 유럽인은 종종 합병한 지역들을 잘 훈련되고 질서 잡힌 사회들을 창조하기 위한 '실험실'로 간주했지만, 유럽인이 가져온 사회 변화들은 그런 계획들을 좌절시켰다. 서부 및 남부 아프리카에서 노동에 대한 유럽인의 수요는 가족을 뒤에 남겨둔 채 남성들을 마을에서 나오게 해 수많은 사람들이 마구 뻗어나가는 신도시들에 접한 판자촌으로 몰려들어와 북적이게 만들었다. 진취적인 지방 사람들은 일시적인 남성 노동자들의 필요에 응하고, 그 과정에서 유럽의 당국자들을 당황케 만드는 온갖 종류의 불법 사업을 벌였다. 유럽의 통치가 잘 훈련된 노동력과 순찰이 잘 이루어지는 도시들을 창조할 것이라는 희망은 빠르게 좌절되었다.

셋째, 식민지에서 조우한 양측의 당국자들은 부득이 혼성적이고 계속 변화하는 식민지 문화에 직면해 민족적 전통과 정체성을 보존하는 것에 대해 크게 염려했다. 특히 중국과 인도에서 교육이 서구화되어야 하는가 아니면 전통적인 노선이 계속되어야 하는 것인가에 관한 논의는 격렬한 논쟁을 불러일으켰다. 전족(纏足)과 축첩(蓄妾) 같은 관습으로 이미 분열되어 있는 중국의 엘리트들은 제국주의가 한층 더 강력한 세력이 되면서 자신의 딜레마가 고조되는 것을 발견했다. 그러한 관행이 거부되어야 하는지 아니면 옹호되어야 하는지가 불확실한 이들은 자신의 문화가 식민주의의 부패로 인해 변화해온 방식에 대해 심히 괴로워하면서 씨름했다. 중국이나 인도에서 개혁과 변화의 지지자들은 근대 서구 문화, 식민지 개척자들의 문화, 그리고 전통적 대중문화를 향한 행동을 자신의 자세를 통해 바로잡아야 했다. 영국, 프랑스, 네덜란드의 식민지 당국자들은 식민지인과 식민지 개척자 사이의 너무도 많은 유사성이 유럽의 전통들을 약화시키고 유럽의 권세를 침식시킬 것이라고 초조해했다. 프랑스 시민이 도시의 나머지 구역과 해자로 분리된 주택 지구에 살았던 캄보디아(당시에는 프랑스령 인도차이나의 일부)의 프놈펜에서 식민지 당국자들은 그럼에도 '적절하게 옷을 입고 토착민들과는 거리를 유지하는 것'이 요구되었다. 이 도시의 프랑스인 사이에서는 예법이 없다는 생각에 분개한 한 프랑스 언론인은 단 한 명의 프랑스 여성도 공공 시장에서 결코 눈에 띄어서는 안 된다고 주장하면서 다음과 같이 말했다. "아시아인은 그러한 타락을 이해할 수 없다." 유럽 여성은 유럽의 표준과 위신을 지켜야만 했다.

성관계가 가장 큰 걱정과 가장 모순적인 반응을 불러일으킨 것은 놀랄 일이 아니었다. 알제리의 한 프랑스 행정가는 다음과 같이 썼다. "이 뜨거운 날씨에서 열정은 한층 더 높아진다. 프랑스 군인들은 아랍 여성들의 야릇함과 새로움으로 인해 이 여성들과 교제를 바란다." 상하이에 주재했던 한 영국 남성은 다음과 같이 보고했다. "중국에 거주하는 미혼 영국 남성이 중국 소녀와 교제하는 것은 일상적 관행이었고, 나도 다른 사람들처럼 교제를 했다." 그러나 그는 관습에 따라 영국 여성과 결혼했을 때 거북스러움을 피하기 위해 자신의 중국인 정부와 세 자녀를 영국으로 보냈다. 유럽인 행정가들은 변덕스럽게 유럽 남성과 원주민 여성 사이의 간통을 '타락한' 그리고 '거의 항상 비참한' 사건이라는 명칭을 붙이면서 금지시키려고 노력했다. 그들은 점차 그러한 혼인으로 생긴 아이들에 대해 적대적이 되었다. 그러나 그런 금지는 식민지 통치의 공적 외관과 식민지 생활의 사적 현실 사이의 차이를 증대시키면서 이런 성적 관계들을 지하로 숨어들게 만들었다. 이 영역과 그 밖의 영역에서 식민지 문화는 '수용할 수 있을 만함'에 관한 일련의 타협을 강제했고 때때로 미묘하게 변화하는 소수민족의 계급제도를 창조했다. 그리고 그러한 지방 및 개인적 드라마들은 영토를 둘러싼 강대국의 충돌과 마찬가지로 복합적이었다.

러디어드 키플링과 그의 비판자들

러디어드 키플링(1865~1936)은 제국에 대한 가장 유명한 선동가 중 한 사람이다. 인도에서의 대영제국의 경험들에 관한 그의 소설, 단편 소설, 시들은 그가 믿었던 대의를 위한 결정적인 전거들이었다. 키플링의 시는 광범위하게 읽히고 분석되었으며 공격받았고 칭송되었으며 이러한 현상은 오늘날에도 계속되고 있다. 그의 당면한 목적은 미국-에스파냐 전쟁 기간 동안 미국의 여론에 영향을 미치기 위한 것이었지만, 그는 전반적으로 유럽 제국주의의 도덕 및 종교적 가치들을 기리기를 원했다. 이어지는 인용문은 영국의 하원 의원이었던 알프레드 웹(Alfred Webb)이 《국가(The Nation)》에 기고한 글이다.

백인의 짐(1899)

백인의 짐을 져라
그대의 출중한 자녀들을 보내어
그들을 역경의 길을 걷게 하라
원주민들의 욕구에 봉사하기 위해
어려운 역경 속에서
허둥대고 지친 자들을 보살피기 위해
그대들이 지금 잡은 음울한 종족들은
반은 악마 같고 반은 어린이 같구나

백인의 짐을 져라
참을성 있게 기다리고
두려움과 공포를 감추며
오만함을 내비치지 말며
열리고 순박한 말로
수백 배 가다듬은 쉬운 말로
타인의 이익을 추구하고
타인의 이득을 위해 일하라

백인의 짐을 져라
평화를 위한 잔인한 전쟁을 통해서
굶주린 자들을 먹이며
병든 자를 살펴라
(타인을 위해 추구했던)
그 목표가 눈앞에 이르렀을 때
나태와 이교도의 어리석음이
당신의 모든 희망을 수포로 돌릴 것을 경계하라

백인의 짐을 져라

왕의 번지르르한 지배는 없지만
노예와 소작인들의 노고와
일상의 일들의 이야기가 있다
당신이 들어서지 못할 항구들과
당신이 갈 수 없을 길들
살아서 그것들을 만들고
죽어서 그것들에 흔적을 남기라

백인의 짐을 져라
그리고 오랜 결심을 거두어 들여라
당신이 개선시킨 자들의 비난을
당신이 보호해준 자들의 증오를
당신이 웃음을 보냈던 자들의 외침을
(아, 천천히!) 빛을 향하면서
"왜 당신은 우리를 속박에서부터, 우리의 사랑하는
이집트의 밤에서 꺼냈습니까?"라는 외침을

백인의 짐을 져라
하찮은 것에 비굴하게 굴지 말고
너무 소리 높여 자유를 부르짖지도 말라
당신의 노고를 감추기 위해서이다
당신이 소리치고 속삭이는 모든 것으로
당신이 팽개치거나 행하는 모든 것으로
말없는 음울한 종족들은
당신의 신들과 당신을 평가할 것이다

백인의 짐을 져라!
어린 시절은 다했나니
살짝 내민 월계관은
손쉽고 아깝지 않은 칭찬이려니

410

이제 오라, 당신의 남자다움을 찾기 위해
모든 배은망덕의 시절을 통해
냉철하고, 값비싼 대가로 얻어진 지혜로 날을 세운
당신 동료들의 판단이려니

《국가》 편집인에게(1899)

　해외 전보는 귀측에 "키플링의 감동적인 시 「미국에 고함(Call to America)」이 뜻깊은 인상을······심어주었다"고 우리에게 알려주고 있습니다. 그 인상이 무엇인지에 대해 우리는 단지 추측할 수 있을 뿐입니다. 다른 사람들의 이익을 위해 짐을 떠맡는다는 이 '제국주의적' 이야기에는 거의 구역질나게 하는 무언가가 있습니다. 그들은 결코 물질적 이익이나 명예나 영광에 이바지하는 것을 찾을 수 없는 곳을 취하거나 소유하지 않습니다. 제국(저는 영국에 관해 말하고 있습니다)이 확대되고 백인에게 적합한 기후가 있는 곳이라면 어디든지 백인은 백인의 이익을 위해 원주민을 제거하거나 자신의 이익을 위해 퇴화하도록 놔둡니다.······

　하나의 시험 수단으로 인도를 택해보면, 그 누구도 정부 비용으로 봉급과 연금이 충분히 지불되지 않는 정부에서는 한 발자국도 움직이지 않습니다. 그 어떤 관직도 인도에서 근무하는 것보다 한층 더 열렬히 경쟁하지 않습니다. 청년은 자신이 한 자리를 차지한다면 종신직으로 삼습니다. 그러한 근무의 분위기는 결코 "역경의 길을 걷고", "원주민들의 욕구에······봉사하기 위해", "어려운 역경 속에서 기다리기 위해" 또는 키플링 씨의 과장된 시구에 표현된 것과 같은 그런 정도의 것은 아니었습니다. "하인을 때리지 말아 주십시오"는 인도의 호텔들에서 낯설지 않은 경고문입니다.······훌륭한 보수가 관련되어 있는 곳에서 우리는 인도인이 향유하고 있는 무거운 짐을 진 인도인을 구하기를 너무도 갈망하고, 한편에서는 우리의 아들들이 인도 관직을 위해 국내에서 공부해 시험에 통과할 수 있고, 인도의 아들들은 영국에서 공부해 통과해야 하며 심지어 인도 자체에서도 원주민에게 닫힌 기회들이 백인에게는 제공됩니다.······

　아편 무역과 그로 말미암아 얻어지는 세입보다 인류에게 더 비참한 결과를 가져다주는 위탁 거래와 세입은 결코 없었습니다. 소금에 대한 세금보다 더 압제적이고 쇠약하게 만드는 세금도 결코 없었습니다.······

> **분석 문제**
>
> 1. 키플링은 제국주의가 가져다준 혜택들이 무엇이라고 생각했고 또 누구에게 혜택을 주었다고 생각했는가?
>
> 2. 정확하게 '짐(burden)'이란 무엇인가?
>
> 3. 키플링에 반대하는 웹의 주장은 무엇인가? 그는 왜 제국주의적 이야기가 '거의 구역질이 나올 지경'이라고 생각했는가? 유럽인은 정말로 자신의 식민지 전초 기지들에서 고통을 겪었는가? 잘 확립된 공무원제가 있는 영국령 인도에서는 웹은 그렇지 않다고 생각했다. 그는 왜 아편 무역과 소금세를 언급했는가?

20세기로의 전환기에 나타난 제국의 위기

♣ 어떤 나라들이 세기의 전환기에 충돌했고, 그 이유는 무엇인가?

20세기로의 전환은 서양 제국들에게 일련의 위기를 가져왔다. 이런 위기들은 유럽의 통치를 끝내지는 않았다. 하지만 이 위기들은 서양 국가들 사이에 날카로운 긴장을 조성했다. 이 위기들은 또한 제국주의 국가들로 하여금 해외 영토에서 자국의 경제적·군사적 참여를 확대하도록 만들었다. 그것들은 서양의 자신감을 흔들어 놓았다. 온갖 방식으로 이 위기들은 제1차 세계대전이 일어나기 몇 년간 서양 문화의 중심이 되었다.

파쇼다

1898년 가을에 일어난 첫 번째 위기는 이집트령 수단에 있는 파쇼다에서 영국과 프랑스가 서로 맞붙은 것이었다. 수에즈 운하에서의 대치는 몇 가지 중요한 결과를 남겼다. 그것은 로즈의 '케이프타운에서 카이로까지'라는 생각에 고양되면서 동아프리카에서 영국의 전략을 바꾸어놓았다. 그것은 또한 영국의 모험가와 학자들, 명민한 역사학도들과 자기 과시적 편집자들에게 이집트의 과거가 남긴 고고학적·문화적 보물들에 대한 접근의 길을 열어주었다. 이 가장 오래된 문명은 이제 가장 성공적인 근대 국가와 연결되는 것처럼 보였고,

영국의 탐험가들은 영국의 깃발 아래에서 통치되는 수로를 거슬러 여행하면서 나일 강의 발원지를 추적할 수 있었다.

나일 강 상류로 더 멀리 모험을 떠난 탐험가들은 영국인뿐만이 아니었다. 친영국적 신임 통치자를 보호한다는 명분으로 영국은 수단에서 이슬람교도의 봉기에 개입했다. 영국-이집트 군대가 수단의 수도 하르툼에 파견되었다. 이 군대는 중국에서 태평천국의 난을 진압하는 과정에서 수행한 역할로 잘 알려진 가장 현란하고 아마도 양식이란 거의 없는 영국의 식민지 장군 찰스 '중국인(Chinese)' 고든이 이끌었다. 마흐디(Mahdi, 예언자 무함마드의 후계자라고 주장하는 종교 지도자)가 이끈 수단 반란군은 고든을 포위 공격했다. 영국군은 나일 강 남쪽으로 이동하기에는 병력면으로 준비되어 있지 않았다. 결국 고든은 반란군들이 하르툼으로 쇄도하자 '영웅적 죽음'을 택하면서 생을 마감했다. 고든의 원수를 갚아야 한다는 생각이 이집트에 있는 관리들의 마음을 사로잡았고 이에 대한 영국 대중의 상상력도 10년 이상이나 지속되었다. 1898년 두 번째 대규모 반란이 복수의 기회를 제공했다. 조직적이고 야심찬 엔지니어인 호레이쇼 키치너(1850~1916) 장군이 지휘한 영국-이집트 군대는 나일 강 남쪽으로 항해해 하르툼을 공격했다. 최신식 소총, 야포, 기관총을 사용하면서 그들은 옴두르만 마을에서 마흐디의 군대를 학살하고 하르툼을 탈환했다. 고든의 시신은 발굴되어 영국 대중이 유명하고 손쉬운 승리를 기념하는 가운데 위풍당당하게 다시 매장되었다.

하지만 이 승리는 말썽을 불러일으켰다. 수단에 바로 이웃한 중앙아프리카에 영토를 보유한 프랑스는 아프리카 동쪽 측면을 따라 영국이 주둔하는 것을 아프리카 대륙 전체에 대한 영국 지배의 서막이라고 보았다. 프랑스 원정군이 수단 영토의 최남단에 대한 영국의 권리에 도전하기 위해 수단의 파쇼다(오늘날의 코독[Kodok]) 읍에 파견되었다. 프랑스 원정군은 키치너 군대가 파견한 부대와 대결했다. 1898년 9월 몇 주 동안 상황은 전쟁 직전의 상태를 오갔다. 하지만 이 문제는 영국이 프랑스의 허세를 비난하면서 새로운 영국-이집트령 수단의 국경—수에즈 운하와 더불어 시작된 정치적 통제력이 훨씬 더 크게 확장된 것이었다—을 굳건히 함으로써 더 이상 팽창을 하지 않겠다는 보장을 하자 해결되었다.

에티오피아

전통적인 제국주의적 통치 방법과 유럽이 군사적으로나 도덕적으로 우월하다는 관념은

20세기로의 전환기에 여러 도전에 직면했다. 중국의 의화단 운동은 서양의 제국주의적 방법과 그 결과에 대항한 수많은 원주민 반란 중 하나였다. 러일 전쟁은 전 세계의 모든 사람에게 유럽이 우월하다는 타고난 관념에 도전을 가한 제국주의 두 열강 사이의 위험천만한 대규모 충돌이었다.

유럽 열강에게 다른 말썽거리들도 발생했다. 1880년대와 1890년대 동안 이탈리아는 홍해 연안을 따라 자국만의 소규모 제국을 발전시키고 있었다. 이탈리아는 에리트레아와 소말리아의 일부를 병합했고 하르툼에서 고든이 사망한 직후 마흐디 군대가 자국의 새로운 식민지들에 대해 침략을 감행하자 이를 무찔렀다. 이들 식민지에서 거둔 최초의 성공들은 여전히 근대적 산업 국가들 건설하기 위해 애쓰고 있던 이탈리아 정치가들에게 한층 더 야심 찬 제국주의 프로젝트를 시작하도록 고무했다. 1896년 에티오피아를 정복하기 위해 원정군이 파견되었다. 에티오피아는 산이 많은 내륙 제국이자 아프리카 최후의 주요 독립 왕국이었다. 에티오피아의 메넬리크 2세(1844~1913)는 경험 있고 박식한 정치가이자 빈틈없는 군사령관이었다. 그의 백성은 대부분 그리스도교인이었고 이 제국의 무역은 메넬리크에게 방대한 영토를 지키기 위해 유럽의 최신형 야포들을 구입하는 것을 가능하게 해주었다. 천여 명에 불과한 이탈리아의 직업 군인들과 훨씬 더 많은 소말리아 징집병으로 구성된 원정군은 에티오피아의 산악 통로들로 행군해 들어갔다. 메넬리크는 그 통로들을 지키면 이탈리아 사령관들이 군대를 나누어 진격할 것이라는 것을 예상하고 그들이 들어오게 놔두었다. 그리고 메넬리크가 직접 이끄는 대규모 군대는 산맥을 넘어 이동했다. 1896년 3월 아도와(Adowa) 마을 인근에서 지리멸렬한 이탈리아 사령관이 부대를 재조직하려고 하자 에티오피아 군대는 분리된 대열들을 공격해 6,000명을 죽이면서 그들을 철저하게 괴멸시켰다. 아도와는 20세기 초 동안에 이탈리아에게는 국가적 수치였고 아프리카의 정치적 급진주의자와 개혁가들에게는 중요한 상징이었다. 메넬리크의 번창하는 왕국은 일반적으로 아프리카 문화에 대한 유럽인의 판단에서 곤혹스럽고 아마도 위험천만한 예외로 생각되었다.

남아프리카: 보어 전쟁

아프리카의 다른 곳에서 분에 넘치는 야심은 한층 더 난처한 충돌, 즉 유럽인이 유럽인 정착민과 싸우게 된 사건을 일으켰다. 보어인(Boer, 네덜란드어로 '농부'를 뜻한다)이라고도 부르는 아프리카너(Afrikaner)들은 네덜란드와 스위스에서 온 정착민이었다. 그들은 1800년대 초 네덜란드 동인도회사와 함께 남아프리카에 도착했고 영국과 장기간에 걸쳐 난처한 관계를 맺고 있었다. 19세기에 아프리카너들은 케이프타운에서 내륙으로 이주해 영국의 영향력으로부터 벗어난 곳에 두 개의 독립 공화국인 트란스발(Transvaal)과 오렌지 자유국(Orange Free State)을 세웠다. 1880년대 중반에 트란스발에서 금 매장지들이 발견되었다. 세실 로즈는 영국의 다이아몬드 왕이자 제국주의자로서 아프리카너들의 풍부한 다이아몬드 광산과 목초지를 자신의 영토인 로디지아에 추가하고자 하는 희망을 갖고 실제로 영국인과 보어인 사이에 전쟁을 촉발시키기 위해 노력했다. 1899년 일련의 논쟁을 거쳐 영국은 아프리카너들과 전쟁에 돌입했다. 근래에 수단에서 거둔 승리에도 불구하고 영국군은 변변치 못하게도 이 전쟁에 대한 준비가 되어 있지 않았다. 남아프리카에서 영국군을 위한 보급품, 통신, 의약품 등은 그야말로 엉망진창이었다. 이 초기의 문제들에 이어 영국군 종대 대형이 지형을 잘 아는 아프리카너 군대에 의해 산산조각 나면서 몇 차례의 수치스런 패배가 이어졌다. 레이디스미스와 마페킹 마을에 있는 영국의 요새들이 포위되었다. 이러한 초기의 실패에 화가 나고 당황한 영국 정부 특히 식민장관 조지프 체임벌린은 어떤 타협도 거부했다. 신임 영국 사령관 로버트 로버츠는 우월한 영국의 자원과 다이아몬드 광산에 이용하기 위해 건설된 철도들을 유리한 쪽으로 이용했다. 영국군은 보어인들을 압도하고 포위된 영국의 요새들을 구해내며 아프리카너의 수도 프리토리아를 장악했다. 런던에서는 축하연이 열렸고 이제 전쟁이 끝났다는 희망이 넘쳐났다.

하지만 아프리카너들은 결코 항복하지 않겠다고 결심했다. 다른 유럽 국가들 특히 독일과 네덜란드의 지원을 받은 아프리카너들은 특공대(commando, 소규모 기습 특공 부대)를 조직해 황야로 나아가 3년 동안 끈질기게 게릴라 전투를 치렀다. 특공대와 질병으로 인한 영국의 손실은 영국군 장군들로 하여금 나중에 서양 군대들이 게릴라 전투에 직면해 빈번하게 의존했던 광범위하면서도 잔인무도한 방법들을 대폭 취하게 했다. 전략적 위치들을 지키기 위해 철근 콘크리트로 지은 토치카가 설치되어 움직이는 모든 것을 향해 사격을 가했다. 종종 모국인 영국을 위해 싸우는 아일랜드인이나 오스트레일리아인 기수들로 구성된 특수 기병대가 자신들 방식대로 게릴라들과 싸우기 위해 파견되었다. 이들 전투에서 양측은 나름대로의 잔학 행위를 저질렀다. 양측으로부터 멸시당한 흑인 아프리카인들은 이 전쟁이 소중한 농토를 파괴하자 기근과 질병에 시달렸다. 영국은 또한 강제수용소(concentration camps, 이 용어가 처음 사용되었다)를 설치했다. 이 강제수용소에서 아프리카너 민간인들은 포위되어 끔찍한 상황에서 살아야 했다. 영국은 그들이 게릴라에게 지원을 제공하지 못하도록 만들었던 것이다. 거의 2만 명에 달하는 민간인들이 2년이 지나는 동안 질병과 빈약한 위생으로 말미암아 사망했다. 이런 조처는 국제적인 반발을 불러일으켰다. 유럽 및 미국의 신문들은 영국을 제국주의 골목대장이라고 힐난했다. 강제수용소는 영국 내에서도 반대를 불러왔다. 영국에서 보수 언론으로부터 '친보어인'이라고 불린 항의자들은 이 충돌에서 토착 아프리카인의 운명에 관해서는 거의 아무런 말도 하지 않으면서 백인 유럽인의 권리 침해에 대항한 운동을 벌였다. 결국 아프리카너들은 순응했다. 아프리카너 정치가들은 정치권력의 한 몫을 떼어준 신생 영국령 남아프리카 연방(British Union of South Africa)에게 자신들의 옛 공화국을 넘겨주는 협정에 서명했다. 이 협정은 영국 정착민과 아프리카너 사이에 불편한 제휴를 창출했다. 양대 파벌의 정치가들은 저렴한 아프리카인의 노동에 의존해 높은 생활수준과 아파르트헤이트라고 알려진 인종 분리 체제를 유지했다.

미국의 제국주의

마침내 제국주의는 에스파냐와 미국을 1898년의 미국-에스파냐 전쟁의 광풍 속으로 몰아넣었다. 미국의 제국주의는 최소한 50년 전으로 소급되었고 국가 건설, 즉 새로운 영토의 정복, 국가 권력의 팽창, 북아메리카 인디언의 패배(제21장 참조) 등과 밀접한 관련이 있었다. 미국은 1840년대 멕시코와 싸우기 시작했다. 부채로 약화된 멕시코는 텍사스와 캘리포니아를 포함한 넓지만 인구가 희박하고 멀리 떨어진 영토들에 대한 권한을 점점 행사할 수 없게 되었다. 따라서 이 땅들은 미국 정부와 토지를 갈망하는 백인 북아메리카인을 유혹했다. 1845년 캘리포니아에 있는 대략 7,000명의 멕시코인이 1,000명의 백인 미국인에게 합류했다. 미국 대통령은 성공하지는 못했지만 캘리포니아를 매입하기 위해 노력했고 곧 멕시코를 자극해 전쟁에 끌어들였다. 멕시코의 패배와 1848년의 과달루페 이달고 조약은 미국으로 하여금 남서부 지방을 획득할 수 있게 해주었다. 이것은 방대한 영토의 획득이기도 했지만 노예제 문제를 더욱 심각하게 만든 일이기도 했다.

19세기 말 미국과 에스파냐의 충돌은 유사한 유형으로 이어졌다. 에스파냐 제국은 너덜너덜해지고 있었다. 1880년대와 1890년대 에스파냐는 카리브 해와 태평양의 식민지에서 일상적인 반란에 직면했다. 미국의 대중 언론은 반란자들의 대의(大義)에 흥미를 갖게 만들었다. 미국은 쿠바에 상당한 투자를 해놓은 경제적 이해관계 때문에 염려했고, 쿠바의 아바나 항에서 미국의 전함이 우연히 폭발했을 때 제국의 옹호자들과 다수의 언론은 복수를 소리 높이 외쳤다. 미국의 여론은 이구동성의 한 목소리는 아니었다. 윌리엄 매킨리(재임 1897~1901) 대통령은 전쟁에 휘말리는 것을 극도로 경계했지만, 전쟁의 정치적 필요성도 이해했다. 미국은 경제적 이해관계를 보호하고 미국과 태평양 해상 무역로의 안전을 보장하며 새로이 건조된 미 해군의 힘을 과시하기 위해 개입했다. 미국은 1898년 에스파냐에 대해 선전포고를 했고 신속하게 승리를 거머쥐었다.

에스파냐에서 미국-에스파냐 전쟁은 모든 세대의 작가, 정치가, 지식인을 자극해 국가적 영혼 탐색을 하도록 만들었다. 이 전쟁은 또한 장기적인 결과들을 초래했다. 에스파냐의 패배는 에스파냐 군주정을 약화시켜 1912년에 몰락하게 했다. 하지만 군주정을 무너뜨린 정치적 긴장은 사라지지 않았다. 이 긴장은 결국 제2차 세계대전의 기원에서 중요한 에피소드인 1930년대의 에스파냐 내전의 폭력 속에서 표면으로 다시 떠올랐다.

미국에서 에스파냐에 대항한 이 '찬란한 작은 전쟁(splendid little war)'은 푸에르토리코의 합병, 쿠바에 대한 보호국, 에스파냐의 식민주의 못지않게 미국인을 좋아하지 않았던 필리핀 반군에 대한 짧지만 잔인한 전쟁으로 이어졌다. 아메리카 대륙에서 미국은 간섭 활동을 계속했다. 1903년 콜롬비아의 파나마 지방이 반란을 일으키자 미국은 재빨리 반군을 지원하고 파나마를 공화국으로 인정하면서 이 신생 정부로부터 빌린 토지에 파나마 운하를 건설하는 동안 이 공화국에게 보호를 제공했다. 영국의 수에즈 운하처럼 파나마 운하(1914년 공식적으로 개통)는 서반구와 동태평양에서 미국의 바다에 대한 지배를 굳건하게 해주었다. 하와이와 나중에 생 도밍그에 대한 간섭은 미국 제국주의의 권능을 보여주는 더 많은 증거였다.

영국에서처럼 미국에서도 19세기의 마지막 10년은 문명화 사명이나 그러한 활동이 후진적인 나라들에게 문화, 번영, 진보를 가져다준다는 신념에 자극받은 선교 활동이 쇄도하게 만들었다. 중국은 특히 미국 선교협회들의 상상력을 사로잡았다. 몇몇 경우에 미국인들은 자의식적으로 대영제국과 제국주의 정신을 모방했다. 그러나 대부분의 경우에 미국인들은 식민주의를 공식적으로 채택하는 것을 피했다. 필리핀 합병은 논쟁을 불러일으켰고, 의회에서의 매우 근소한 표차로 이어졌다. 영국 작가 키플링은 빠르게 떠오르는 미국이 제국의 짐을 질 것을 요구했지만 그의 호출은 분열된 반응으로 나타났다.

결론

1875년에 서양 국가들과 세계의 나머지 나라들 사이의 오랜 관계는 새로운 단계에 진입했다. 이 단계에서는 까무러칠 정도로 빠른 공식적인 서양 통제력의 확대와 새로운 유형의 규율과 정착이 눈에 띈다. 그것은 산업적인 서양의 증대되는 경제적 필요성, 영토를 둘러싼 충돌, 19세기 말에 이르러 국가를 제국으로 연결시킨 내셔널리즘 등에 의해 추진되었다. 그것의 즉각적인 결과들 중 하나로 서양에서 자의식적 제국주의 문화가 창조되었다. 하지만 그와 동시에 그것은 명백히 불안을 불러일으켰고 19세기 말 서양을 휩쓴 위기의식에 크게 기여했다.

서양의 팽창은 그 세력에도 불구하고 결코 도전받지 않은 것은 아니었다. 제국주의는 저항을 불러일으켰고 끊임없이 변화하는 통치 전략을 필요로 했다. 제1차 세계대전 동안 제국의 자원을 동원하는 일은 승리에 결정적인 것이었다. 따라서 19세기 말의 조건들을 다시 부과하는 것은 거의 불가능해졌다. 그리고 이 시대에 확립된 정치 구조, 경제 발전, 인종 관계의 유형 등은 20세기 동안 내내 장기간에 걸쳐 의문시되었다.

제23장

현대 산업과 대중 정치, 1870~1914년

핵심 문제

🐝 어떤 발전들이 제2차 산업혁명을 촉발시켰는가?

🐝 노동계급의 운동이 이 시기 동안 극적으로 성장한 이유는 무엇인가?

🐝 여성이 요구한 권리는 어떤 것들이고 그것들은 왜 그렇게 논쟁적이었는가?

🐝 '대중 정치'란 무엇이고, 국민국가들은 그것에 어떻게 대응했는가?

🐝 새로운 과학 이론들이 문화에 끼친 영향은 무엇인가?

1909년 이탈리아의 시인이자 문학 편집자인 마리네티(1876~1944)는 다음과 같이 공포했다. "우리는 시대들의 극단적인 곳(promontory) 위에 있다." 파리에서 발간된 한 신문의 제1면에 실린 자칭 '선동적인 선언'이자 과장된 선언에서 마리네티는 유럽에 '미래파'라는 공격적인 예술 운동을 소개했다. 마리네티는 이탈리아 문화의 진부하고 무기력한 보수주의라고 생각한 것에 대해 반기를 들면서 '용기, 담대함, 반란'을 통한 문명의 급진적 재생을 요구했다. 현대식 기계의 거친 동력과 도시 생활의 역동적인 혼잡에 매혹된 그는 '새로운 형태의 아름다움, 즉 속도의 아름다움'을 떠벌렸다. 마리네티는 가장 명료하게 전쟁의 영웅적 폭력을 세상에 알리고 19세기 자유주의의 기반을 형성한 도덕적·문화적 전통들을 헐뜯었다.

제1차 세계대전이 발발하기 5년 전 마리네티가 선언문을 발표했을 때 유럽 전역의 사람들은 실제로 자신이 철저히 새로운 세계에 살고 있다고 느꼈다. 1870년 이래 발생한 일련의 폭발적인 발전이 이러한 변화를 설명해준다. 제2차 산업혁명은 산업의 범위와 규모에서 엄청난 성장을 자극했고 보통 사람의 삶을 변화시켰다. 대중 정치는 삶의 현실이 되었다. 새로운 유권자 집단은 정계에 새로운 요구 사항을 제시했고 중앙 정부는 질서와 정당성을 유지하고자 투쟁했다. 사회주의자는 그 수가 늘어나고 있는 산업노동자를 동원했고, 한편에서는 여성 참정권 운동가들이 여성을 위한 투표권을 요구했다. 예술과 과학 분야에서 새로운 이론이 자연, 사회, 진리, 아름다움에 대한 예로부터의 관념에 도전했다. 하지만 이 도전들이 항상 환영받은 것은 아니었다. 미래파의 위축되지 않는 방종에 찬성하며 현대 시대를 맞이한 유럽인은 거의 없었다.

신기술과 전 지구적 변화

◆ 어떤 발전들이 제2차 산업혁명을 촉발시켰는가?

1875년경 신기술은 새로운 수준의 경제 성장과 산업, 노동, 중앙 정부 사이의 복잡한 재편성을 이끌면서 유럽에서 제조업의 운명을 바꾸어놓았다. 18세기 말에 시작되었고 석탄, 증기, 철에 집중되었던 유럽의 제1차 산업혁명처럼 제2차 산업혁명은 세 가지 핵심 분야, 즉 강철, 전기, 화학에서의 기술 혁신에 의존했다.

철보다 더 단단하고 한결 강하고 한층 더 전성(展性)이 좋은 강철은 오랫동안 건축 자재로 각광을 받아왔다. 그러나 19세기 중반에 이르기까지 강철을 저렴하면서도 대량으로 생산하는 일은 불가능했다. 그러한 상황은 1850년대와 1870년대 야금 산업을 혁명적으로 바꾸어놓은 강철 합금을 정련하고 대량 생산하는 세 가지 서로 다른 과정으로 인해 변화했다. 한 가지는 영국의 헨리 베서머(1813~1898)가 개발한 과정이었고, 다른 두 가지는 독일의 지멘스(Siemens) 형제와 프랑스의 엔지니어 피에르 마르탱(1824~1915)이 협력해 만들어낸 방식이었다. 철은 하루아침에 사라지지 않으나, 급증하는 강철 생산으로 인해 곧 사그라졌다. 영국의 조선업자들은 신속하면서도 수지타산이 맞는 강철 구조로의 전환을 꾀했고 그들은 조선 산업에서 선두를 유지했다. 하지만 독일과 미국은 조선 산업 이외의 분야에서 강철 산업을 지배했다. 1901년 독일은 다시금 영국의 절반만큼이나 되는 강철을 생산하고 있었고, 이는 독일이 국가 및 산업의 기반 시설을 대량으로 건설하는 것을 가능하게 해주었다.

강철의 연간 생산량				(단위: 100만 톤)
연도	영국	독일	프랑스	러시아
1875~1879	0.90	–	0.26	0.08
1880~1884	1.82	0.99	0.46	0.25
1885~1889	2.86	1.65	0.54	0.23
1890~1894	3.19	2.89	0.77	0.54
1895~1899	4.33	5.08	1.26	1.32
1900~1904	5.04	7.71	1.70	2.35
1905~1909	6.09	11.30	2.65	2.63
1910~1913	6.93	16.24	4.09	4.20

강철처럼 전기도 일찍 발견되었고 그 장점도 잘 알려져 있었다. 열, 빛, 그리고 다른 형태의 에너지로 바꾸기 위해 장거리를 쉽게 전송할 수 있는 전기는 일련의 또 다른 19세기의 기술 혁신으로 상업 및 가정에서의 이용이 가능해졌다. 1800년 이탈리아의 알레산드로 볼타(1745~1827)는 화학 축전지를 발명했다. 1831년 영국의 과학자 마이클 패러데이(1791~1867)는 최초의 전자석 발전기의 개발(1861)을 이끌었던 전자 유도를 발견했다. 1880년대에 이르러 엔지니어와 기술자들은 고압 교류 전기를 생산하는 것을 가능하게 해준 교류 발전기와 변압기를 개발했다. 19세기 말에 저렴한 수력을 사용하는 거대한 발전소들은 전류를 상당히 먼 거리로 보낼 수 있었다. 1879년 토머스 에디슨(1847~1931)과 그의 조수들은 백열 필라멘트 전구를 발명해 전기를 빛으로 바꾸었다. 전기에 대한 수요는 천정부지로 치솟아 올랐고 이내 전 대도시 지역에 전기가 들어가게 되었다. 새로운 경제의 주도적 부문으로서 전력화는 지하철, 전차, 그리고 마침내 장거리 철도에 전력을 공급했다. 전기는 화학 및 야금 산업에서 새로운 기술의 발전을 가능케 했으며 점차 일반 가정에서의 생활습관을 극적으로 바꾸어놓았다.

화학 산업은 중요한 신기술의 세 번째 부문이었다. 알칼리와 황산의 효율적인 생산은 종이, 비누, 섬유, 비료 등과 같은 소비재 상품의 제조를 변화시켰다. 영국과 특히 독일은 이 분야의 선구자가 되었다. 영국은 세수 비누와 가정용 세제 생산을 선도했다. 가정 위생과 대규모 시장에서의 신기술에 대한 높아진 관심은 영국의 사업가 해럴드 레버가 비누와 세제들을 전 세계에 판매하는 것을 가능하게 해주었다. 한편 독일의 생산은 합성 염색과 석유 정제 방법의 개발 같은 산업적 사용에 초점을 맞추었고 전 세계 화학 시장의 약 90퍼센트를 지배했다.

그 밖의 기술 혁신도 제2차 산업혁명에 기여했다. 효율적인 동력에 대한 수요 증대는 액체 연료 내연기관의 발명을 자극했다. 개량된 증기 터빈은 엔진들을 기록적인 속도로 작동시켰지만, 내연기관은 두 가지 주요한 이점을 제공했다. 즉, 엔진들은 한층 더 효율적이었고 증기기관처럼 불을 지필 필요가 없었다. 1914년까지 대다수 국가들의 해군은 자국의 증기선 회사들처럼 연료를 석탄에서 기름으로 바꾸었다. 원유와 정유된 휘발유에 의존하는 신형 엔진은 처음에 널리 사용될 수 있을까를 걱정했지만 러시아, 보르네오, 페르시아, 텍사스 등지에서 유전이 발견되어 이런 걱정이 완화되었다. 따라서 석유 매장지를 보호하는 것이 나라의 생사가 걸린 특권이 되었다. 석유를 동력으로 한 기계의 채택은 또 다른 결과를 가져왔다. 예컨대 이전에는 동력을 얻기 위해 인근의 강이나 석탄 광산에 의존했던 산업가들은 이제 천연 자원이 없는 지역에서도 사업을 자유롭게 벌일 수 있었다. 전 세계적 산업화를 위한 잠재력이 적소에 있었다. 내연기관은 장차 20세기의 운송에 한층 더 급진적인 변화를 가져다주겠지만, 자동차와 비행기는 모두 1914년 이전에는 여전히 초기 상태에 있었다.

범위와 규모의 변화

이런 기술적 변화들은 한층 더 광범위한 과정, 즉 산업의 범위와 규모에서의 인상적인 증대의 일부였다. 기술은 좀 더 크고, 훨씬 더 빠르며, 한층 더 저렴하고, 좀 더 효율적인 세계를 향한 경쟁의 원인이자 결과였다. 19세기 말에는 크기가 중요했다. 중공업과 대량 판매의 등장은 손을 맞잡고 공장과 도시들을 성장시키고 있었고, 매체와 유동성의 발전은 전국적인 대중문화의 발생을 자극했다. 보통 사람은 처음으로 전국적이면서도 전 지구적 차원의 뉴스를 들을 수 있었다. 그들은 유럽 강대국들이 전문적인 토목공학적 지식의 놀라운 위업, 예컨대 기념비적 비율로 성장한 철도, 댐, 운하, 항만 등으로 자신의 제국을 확장하면서 지구를 분할하는 것을 지켜보았다. 그러한 프로젝트들은 현대 유럽 산업의 이상을 구현했다. 그것들은 또한 건설업자, 투자가, 은행가, 사업가, 그리고 강철 및 콘크리트의 생산자에게 엄청난 수입을 가져다주었다. 중부 유럽의 운하들, 안데스 산맥의 철도들, 대양의 해저에 뻗어 있는 전신 케이블 등, 어느 역사가가 명명했듯이 '제국의 촉수(tentacles of empire)'는

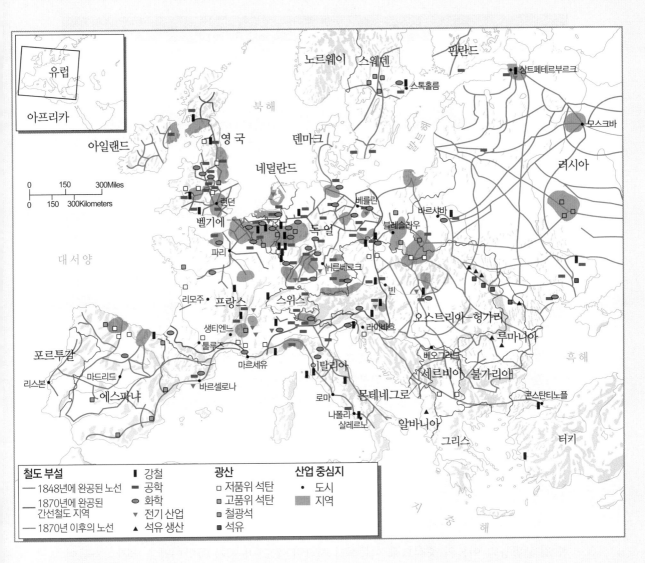

유럽의 산업 지역

이 지도는 광물 자원, 철도 노선, 산업 활동 등의 분포를 보여주고 있다. 어떤 나라들이 산업 발전에서 이점을 누렸는가? 또 그 이유는 무엇인가? 19세기 후반 산업 성장에서 가장 중요한 자원은 무엇이었나?

지구 전체로 뻗어나갔다.

주요 국가의 인구 성장			(단위: 100만 명, %)
	1871년경	1911년경	증가율
독일	41.1	64.9	57.8
프랑스	36.1	39.6	9.7
오스트리아–헝가리 제국*	35.8	49.5	38.3
영국	31.8	45.4	42.8
이탈리아	26.8	34.7	29.5
에스파냐	16.0	19.2	20.0

주: *보스니아–헤르체고비나는 제외.

산업화는 또한 그다지 경이롭지는 않더라도 유럽에 지대한 변화를 초래했다. 인구는 특히 중부 및 동부 유럽에서 꾸준히 증가했다. 러시아의 인구는 거의 4분의 1 정도, 그리고 독일은 한 세대 만에 거의 절반가량 증가했다. 영국의 인구 역시 1881년과 1911년 사이에 약 3분의 1 정도 늘어났다. 작물 생산뿐만 아니라 운송에서의 개선에 힘입어 식량 부족은 줄어들었다. 이는 전체 인구가 질병과 높은 유아사망률에 비교적 덜 영향받게 되었다는 것을 의미했다. 의약, 영양, 개인위생의 진전은 콜레라와 티푸스 같은 위험한 전염병의 만연을 사라지게 했고, 개선된 주택 및 공중위생 수준은 도시 환경을 변모시켰다.

신용과 소비주의

범위와 규모에서의 변화들은 생산뿐만 아니라 소비를 바꾸어놓았다. 실제로 소비가 서서히 경제 활동과 이론의 중심으로 이동하기 시작한 것도 이 시기 동안이었다. 경제학자들이 소비자 신용에 대해 염려하고 전문가들이 대중의 구매 습관을 체계적으로 추적할 수 있는 시기는 20세기 중반까지도 시작되지 않았지만, 당대에 일어난 발전들은 그러한 지평을 향한 것이었다. 중간계급에게 실용적인 것과 사치스런 상품 모두를 제공하고 있던 백화점은 당대의 도시화, 경제적 팽창, 판매 촉진에 대한 새로운 인식과 중요성을 보여주는 징표였다. 마찬가지로 광고도 각광을 받았다. 음악회, 비누, 자전거, 재봉틀 등을 선전하는 19세기 말의 그림이 많이 들어간 포스터들은 근원적인 경제적 변화의 단지 한 가지 징표일 뿐이었다. 한층 더 중요한 것은 1880년대에 이르러 새로운 상점들이 외상 판매라는 극히 중요한 기술 혁신을 도입함으로써 노동계급을 소비에 끌어들이고자 했다는 점이다. 노동계급 가정은 예전에는 돈을 빌리기 위해 시계, 매트리스 또는 가구를 전당잡혔다. 하지만 이제 그들은 외상으로 구입할 수 있게 되었고, 이것은 가정뿐만 아니라 국가 경제에 지각변동적인 결과를 가져다주는 변화였다.

하지만 새로운 19세기 말의 소비 유형은 주로 도시적인 것이었다. 시골에서 농민은 계속해서 침대 밑에 돈을 모아두고, 여러 세대에 걸쳐 가구를 물려주며, 자신의 옷과 내의류를 만들고 세탁하며 수선하고, 관대한 가정의 선물로서 설탕 1킬로그램을 제공했다. 이런 전통적 관습으로 소매상인들만 서서히 조금씩 줄어들었다. 여전히 크게 계층화된 사회에서 대량 소비는 상상하기 힘든 것으로 남아 있었다.

소비문화의 위험들

1880년 세계 최초의 백화점인 파리의 봉 마르셰(Bon Marché)는 매년 8,000만 프랑이라는 천문학적인 액수의 매상을 올리고 있었고 대중 소비문화의 새로운 리듬과 속도를 구현했다. 엄청난 규모의 판매는 가족 운영 상점의 쇠퇴, 상품 구경하기와 윈도쇼핑이라는 기분전환, 그리고 무엇보다도 여성의 상품에 대한 무한한 욕망이라는 '도덕적 재앙'에 관한 논쟁을 촉발시켰다. 에밀 졸라는 『여인들의 천국(Au bonheur des dames)』이라는 소설을 쓰면서 자신이 '근대적 활동의 시를 쓰기' 원했다고 기술했다. 아래 발췌문은 아저씨의 직물 가게에서 일하는 점원 드니스가 '숙녀의 천국'이라는 가상의 백화점에 매혹당한 것을 포착하고 있다.

그러나 드니스를 매혹시킨 것은 거리 건너편에 있는 '숙녀의 천국'이었는데, 왜냐하면 그녀는 열려진 문을 통해 이 백화점의 쇼윈도를 볼 수 있기 때문이었다. 하늘은 여전히 구름으로 뒤덮였지만, 비개인 뒤의 화창함이 계절답지 않게 공기를 데워주고 있었다. 그리고 햇살이 눈부시게 흩뿌리는 화창한 날씨에 이 거대한 상점은 활기를 띠었고 거래가 한창 진행되었다.

드니스는 자신이 기계가 고압으로 작동하는 것을 보고 있다고 생각했다. 그것의 역동성은 쇼윈도에까지 도달하는 것처럼 보였다. 그것은 더 이상 자신이 아침에 보았던 차가운 유리창들이 아니었다. 그것은 이제 쇼윈도 안의 활동으로 데워지고 진동하는 것처럼 보였다. 군중은 그것을 바라보고 있었고, 여러 무리의 여성은 서로서로 탐욕에 물들어 사나워진 진짜 폭도가 되어 그 앞으로 쇄도하고 있었다. 그리고 이러한 거리의 열정은 물건들에 생기를 불어넣었다. 예컨대 레이스들은 펄럭이다 그 다음에는 다시 수그러지며 흥취를 자극하는 신비스런 공기로 이 백화점의 심오함을 감추고 있었다. 두꺼운 직사각형 모양의 의복의 길이도 고혹적인 향기를 발산하며 숨 쉬고 있었고, 한편에서는 외투들이 영혼을 필요로 하고 있는 장식 인형들에 여전히 더 많이 어깨를 의존시키고 있었으며, 나긋나긋하고 도발적인 커다란 벨벳 상의는 부풀은 가슴과 흔들리는 엉덩이와 더불어 마치 어깨에 피와 살이 있는 것처럼 부풀어 올랐다. 그러나 이 백화점을 불타오르게 한 용광로 같은 열기는 무엇보다도 판매와 벽 뒤에서도 느낄 수 있는 계산대에서의 혼잡으로부터 왔다. 작동하는 기계, 상품에 현혹되어 백화점으로 몰려들어온 다음에 계산대를 향해 날아갈 듯 달려가는 고객의 계속적인 고함소리가 있었다. 그리고 그것은 모두 기계의 냉혹함으로 조절되고 조직된 것이었다. 왜냐하면 여성의 엄청난 대집단은 마치 피할 수 없는 힘의 바퀴에 사로잡힌 것 같았기 때문이었다.……

분석 문제

1. 졸라가 대규모 상업에서 중요하다고 생각한 것은 무엇인가?

2. 제1차 산업혁명은 생산이라는 도전에 직면했다. 소비는 어떤 면에서 19세기 말의 도전이었는가? 상인들이 사람들을 소비하도록 조장하고 있을 때 직면한 장애물은 무엇이었나?

주식회사의 대두

경제 성장과 대량 소비에 대한 수요는 자본주의 제도들의 재조직, 통합, 규제를 자극했다. 자본주의적 사업들은 최소한 16세기 이래로 공동 자본의 원리를 통해 개별 투자가들로부터 자금을 조달해왔지만, 현대적 주식회사가 그 모습을 드러낸 것은 19세기 말이었다. 대규모 사업을 위해 막대한 자금을 동원하려는 사업가들은 투자가의 돈에 대해 더 나은 보장을 제공할 필요가 있었다. 그러한 보호를 마련하기 위해 대부분의 유럽 국가들은 유한책임법을 제정하거나 개선했다. 유한책임법이란 주주들이 파산할 경우에 자신의 주식 가치만 잃어버리면 된다는 것을 보장하는 것이었다. 이런 방식으로 보장을 받게 된 수많은 중간계급의 남녀는 이제 주식회사에 대한 투자를 유망한 모험으로 생각했다. 1870년 이후 주식시장은 일차적으로 국채(國債)와 철도 사채(社債)를 위한 어음교환소의 역할을 멈추고 대신에 새로운 상업 및 산업적 투기의 대상물들을 끌어들였다.

유한책임은 좀 더 광범위한 법인 설립 경향의 일부였다. 대부분의 상사들이 소규모이거나 중간 규모였지만, 회사들은 이제 생존을 위해 필수적인 규모를 갖추기 위해 법인화되었다. 그렇게 함으로써 이 회사들은 회사 창립자와 지방 이사들의 관리에서 멀리 떨어진 곳에 있는 은행가와 금융가의 관리로 이동하는 경향이 있었다. 금융기관이 일차적 관심이 순이익에 있는 투자가들의 이해관계를 대표했기 때문에 산업 성장에 관한 은행의 통제는 비인격적인 금융자본의 기풍을 조장했다.

또한 제2차 산업혁명은 가족 관리라는 전통적 형식을 약화시키고 기술 전문가에 대한 커다란 수요를 창출했다. 대학에서의 공학 및 화학 학위들은 현장 실습을 위주로 한 도제 제도보다 한층 더 가치 있는 것이 되었다. 화이트칼라 계급(소유주도 노동자도 아닌 중간 수준의 급료를 받는 관리자들)의 등장은 노동 생활과 사회의 발전하는 계급구조에 중대한 변화가 일어났음을 보여주었다.

규모가 더 큰 사업을 향한 추진력은 이윤 증대를 향한 욕망에 자극받았다. 그것은 또한 통합이 호황과 불황을 넘나드는 경제적 등락의 위험과 고삐가 풀린 '파멸적인' 경제의 낭비적 비효율성으로부터 사회를 보호해준다는 믿음으로 고무되었다. 일부 산업은 수직적으로 결합해 원료의 획득에서 완제품의 배포에 이르기까지 생산의 모든 단계를 통제하고자 했다. 피츠버그에 있는 앤드루 카네기(1835~1919)의 철강 회사는 철광석을 제철소로 운반하는 증기선 선단과 철도를 획득함과 동시에 강철 생산에 필수적인 철 광산과 석탄 광산마저 소유함으로써 비용을 절감했다. 주식회사의 두 번째 자기 보호방식은 수평적 연대였다. 동일한 산업에 종사하는 회사들은 카르텔(cartel)로 조직화되면서 가격을 고정하고 경쟁을 완전히 제거할 수 없다면 그것을 통제하기 위해 연대했다. 석탄, 석유, 강철 회사들이 카르텔로 조직되기에 특히 적합했는데, 그 이유는 단지 소수의 주요 회사만이 광산, 정유공장, 용광로를 건설하고 설비하며 운영하는 데 필요한 막대한 비용을 제공할 수 있었기 때문이다. 1894년 독일의 기업가들은 라인-베스트팔렌 석탄 신디케이트(Rheinish-Westphalian Coal Syndicate)를 조직해 이 신디케이트에 가담하거나 아니면 파멸에 직면하게 될 소규모 경쟁자들에 대해 무자비한 전술을 사용함으로써 독일 석탄 시장의 98퍼센트를 장악했다. 이와 유사한 전술을 통해 합법이건 불법이건 가리지 않고 존 록펠러(1839~1937)의 스탠더드 석유 회사는 미국의 정유 시장을 장악해 1880년대에 미국 석유의 90퍼센트 이상을 생산하고 있었다. 이 독점은 스탠더드 석유 트러스트(Standard Oil Trust)를 통해 유지되었고, 이는 록펠러로 하여금 이 트러스트를 통해 제휴한 회사들의 자산을 통제하고 관리하는 것을 가능케 해준 합법적인 기술 혁신이었다. 카르텔은 특히 독일과 미국에서는 막강했지만 영국과 프랑스에서는 비교적 덜했다. 왜냐하면 영국에서는 일관되게 취한 자유 무역 정책으로 인해 고정가격을 유지하는 것이 힘들었고, 프랑스에서는 가족 회사들과 노동자들이 모두 카르텔에 반대했고 또한 중공업도 그다지 발전하지 않았기 때문이었다.

각국 정부들은 때때로 급격히 성장하는 카르텔 세력의 줄기를 자르려고 노력했지만(미국에서는 '트러스트 파괴자'로 알려진 시어도어 루스벨트 대통령이 초기의 트러스트 금지법들의 효력을 높이기도 했다), 이 시기의 지배적 경향은 정부와 산업 간의 협력 강화였다. 초기 자본주의의 자유방임적 정신구조와는 반대로 주식회사들은 서양 국가들과 긴밀한 관계를 발전시켰다. 이는 특히 철도, 항만, 해양을 운항하는 증기선의 건설 같은 식민지 산업 프로젝트들—너무 비용이 많이 들거나 거의 이익이 나지 않아서 사기업만으로는 그런 프로젝트들을 수행할 수 없었다—에서 두드러지게 나타났다. 그러나 이런 프로젝트들이 한층 더 거대한 정치적·전략적 이해관계에 기여했기 때문에 각국 정부는 이들 프로젝트에 기꺼이 자금을 대주었다. 그러한 상호의존성은 기업가와 금융가가 국가 관리로 등용됨으로써 강화되었다. 독일의 은행가 베른하르트 데른부르크(1865~1937)는 독일의 식민지 담당 장관이었다. 영국의 제조업자이자 산업 도시인 버밍엄의 시장이었던 조지프 체임벌린은 식민장관으로 근무했다. 프랑스에서는 수에즈 운하 회사와 생테티엔(Saint-Étienne) 철강 회사의 사장인 샤를 조나르(1857~1927)는 나중에 알제리 총독을 역임했다. 제국적 이해관계와 맞물려 현대 주식회사들의 대두는 전 지구에 영향을 끼쳤다.

전 지구적 경제

1870년대 이후 산업화의 급속한 확산은 계속해서 국가들 사이의 경쟁을 고조시켰다. 시장, 상품, 영향력을 향한 추구는 제국주의적 팽창을 가속화했고 결과적으로 나라들을 종종 서로 사이가 좋지 않게 만들었다. 국내 시장을 보호하기 위해 무역 장벽이 다시 세워졌다. 영국을 제외한 모든 나라는 국민국가가 필요로 하는 것은 자유방임 원리를 능가한다고 주장하면서 관세를 올렸다. 하지만 국제 경제에서의 변화는 국제적 연동 관계와 제조업, 무역, 금융 등의 전 세계적 체제의 계속적인 성장을 가속시켰다. 예컨대 화폐 교환에서 거의 전 세계적 금본위제 채택은 세계 무역을 한결 용이하게 해주었다. 특히 영국의 막강한 파운드화에 대항해 통화의 가치를 안정시키는 것은 화폐가 쉽사리 교환될 수 있다는 것을 의미했다. 공통의 본위제는 각국으로 하여금 산업화되고 있는 서양의 공통적 문제인 무역 불균형을 경감하기 위해 무역과 화폐 교환을 중재하도록 제3국을 이용하는 것을 허용해주었다. 자국의 산업생산율을 유지하기 위해 방대한 원료 공급에 의존하는 거의 모든 유럽 국가는 자국이 수출한 것보다 더 많은 것을 수입했다. 그렇지 않을 경우 이런 관행이 초래하게 될 늘어나는 적자를 피하기 위해 유럽 경제는 '보이지 않는' 수출, 즉 해운, 보험, 은행업 등에 의존했다. 이 분야에서 영국의 수출액은 다른 어떤 나라들보다 훨씬 많았다. 런던은 세계의 자금 시장이었고, 돈을 빌리려는 나라나 사람들은 다른 곳에 알아보기 전에 런던의 지원을 기대했다. 1914년 영국의 해외 투자는 프랑스가 87억 달러, 독일이 60억 달러인 데 비해 200억 달러에 달했다. 영국은 또한 자국의 보이지 않는 무역을 식량 생산국들과의 관계를 공고히 하기 위해 이용했다. 이로써 영국은 미국과 캐나다의 밀, 아르헨티나의 쇠고기, 오스트레일리아의 양고기 등의 주요 해외 구매자가 되고 있었다. 냉장 설비를 갖춘 선박으로 저렴하게 해외로 운송된 이들 상품은 노동계급 가정의 식품 가격을 인하해주었고 임금 인상에 대한 요구를 수그러지게 만들었다.

이 시기 동안 유럽의 제조업 국가들과 식민지들이건 아니건 해외의 원료 생산국들 사이의 관계는 변화했다. 이런 변화들은 차례차례 제국주의 국가와 그렇지 않은 나라 양측의 경제와 문화를 다시 형성시켰다. 유럽인은 자신의 식탁에 어떤 식품들을 기대하게 되었고, 아프리카, 라틴아메리카, 아시아의 전 지역은 유럽 시장을 위한 생산을 지향했다. 이런 대량 제조와 상품 생산을 향한 국제적 압박은 소비와 생산의 뿌리 깊은 유형에서 일어난 변화들도 포함했다. 그것은 영국뿐만 아니라 인도의 풍경과 습관을 바꾸어놓았다. 그것은 독일의 의류 공장에서 일하는 여성들, 세네갈에서 철도를 부설하기 위해 물자를 나르는 짐꾼들, 다카르 항구를 준설하는 노동자들에게 새로운 삶의 리듬을 가져다주었다.

노동 정치와 대중 운동

♣ 노동계급의 운동이 이 시기 동안 극적으로 성장한 이유는 무엇인가?

19세기 말 급속한 산업 팽창은 유럽 노동계급의 규모, 응집력, 행동주의 등에서 그에 필적하는 성장을 가져왔다. 임금노동자로 일하는 남성과 여성은 기업의 권세에 분개했다. 이러한 분개는 일터에서 자신들이 경험한 착취와 불평등뿐만 아니라 유럽의 팽창하는 도시들에서 '동떨어진 삶'을 살아가는 것(제19장 참조)으로 인해 촉진되었다. 기업은 자신의 이익을 보호하고 촉진하는 새로운 방법을 고안해냈고, 노동자도 똑같이 했다. 전통적으로 소규모 사업에서 숙련 남성 노동자들로 한정되었던 노동조합은 19세기 말 동안에 대중적·중앙집권적·전국적 조직으로 성장했다. '새로운 노조주의'는 전체 산업을 아우르는 조직을 강조했고 최초로 미숙련 노동자를 노조원으로 받아들임으로써 임금과 노동조건의 협상력을 증대시켰다. 하지만 한층 더 중요한 것은 전국적 노조의 창건이 새로운 형태의 정치 운동, 즉 사회주의 대중정당을 위한 하부구조를 마련해주었다는 점이다.

1870년 이후 유럽에서 사회주의가 발전하게 된 이유는 무엇인가? 국가적 정치구조의 변화가 그에 대한 대답의 일부를 제공해준다. 입헌 의회제 정부들은 사회주의자들을 포함한 새로운 참여자들에게 정치적 과정을 개방했다. 이제 입법 과정의 일부가 된 의회 내의 사회주의자들은 1860년대와 1870년대에 투표권을 확대하기 위한 노력을 이끌었다. 그들의 성공은 노동계급 남성으로 이루어진 새로운 유권자들을 창출해냈다. 그와 동시에 노동과 경영진 사이의 전통적인 투쟁은 국가적 차원으로 상향 이동했다. 정부는 사업가의 이해관계와 같은 태도를 취했고 입법자들은 반(反)노동법과 반(反)사회주의 법으로 노동계급의 선동에 맞섰다. 급진적 지도자들에게 전국적인 대중 정치 운동 조직은 산업가들의 정치적 역량에 맞서는 유일한 효과적인 방법으로 여겨졌다. 따라서 이 시기 동안에 사회주의 운동은 유럽의 의회제 내에서 합법적이고 공적인 경쟁에 찬성하며 초기의 혁명 전통들(바리케이드를 친 거리에 대한 로맨틱한 이미지로 대표된다)을 포기했다.

인기 있는 대중 정치로의 전환과 이에 수반된 노동 운동의 성공은 사회적 변화만큼이나 사상에 기인한다. 가장 영향력 있는 급진 사상가는 카를 마르크스(제20장 참조)였다. 1840년대 이래로 마르크스와 그의 협력자 프리드리히 엥겔스는 팸플릿을 쓰고 초보적 사회주의 운동 조직에 참여한 지식인이자 활동가였다. 1867년 마르크스는 세 권짜리 『자본론』의 첫권을 출간했다. 이것은 그가 인간 해방을 위한 투쟁에 대한 자신의 가장 큰 기여라고 믿었던 작품이었다. 그것은 역사적 유물론에 이론적 토대를 마련해주었고, 경제학의 전쟁터에서 자본주의를 공격했다. 19세기의 과학 정신 속에서 마르크스는 자본주의가 어떻게 생산수단의 소유자들이 부와 권력 모두를 축적하는 것을 가능하게 하면서 노동자들로 하여금 생계 임금을 위해 자신의 노동을 교환하지 않으면 안 되는가에 관한 체계적 분석을 제공한다고 주장했다. 경제학에 관한 학문적 연구를 혁명적 정치에 대한 요구와 함께 겹쳐 이으면서 이 책은 자본주의에 대한 탁월한 사회주의적 비판이 되었다.

　여러 가지 이유로 마르크스주의의 폭발적인 사고와 행동의 종합은 서양 전역에서 노동자와 지식인에게 호소력을 지녔다. 우선 마르크스주의는 민주주의와 정치적 포섭에 관한 당대의 가장 급진적이고 뚜렷한 주장을 제기했다. 유럽 전체에 걸쳐 특히 서방 국가에 국한되긴 했지만 사회주의는 민주적 대중 정치 건설을 위한 결정적 토대를 제공해주었다. 시민적 자유를 보장하고 시민권의 개념을 확대하거나 복지국가를 건설하기 위해 그렇게 강력하게 밀고나간 집단은 거의 없었다. 실제에서는 여성 참정권이 계급 정치 뒷전으로 밀리기는 했지만 마르크스주의는 이론적으로 젠더의 평등에 대한 강력한 주장을 내세웠다. 마르크스주의의 유토피아주의 역시 결정적인 요소였다. 왜냐하면 노동자들을 위한 더 나은 획득 가능한 미래에 대한 마르크스주의의 당찬 약속은 수많은 노동자들로 하여금 그것의 대의(大義)에 모이게 했기 때문이다.

　하지만 모든 노동계급의 운동이 마르크스주의적이었던 것은 아니었다. 다양한 정치 및 노동 조직이 마르크스주의 사상을 채택할 때에도 다양한 좌익 집단들의 철학, 목적, 방법의 차이는 컸다. 그러한 차이들은 산업, 직업, 지역, 국가 전역에서 확대되었다. 따라서 동질적인 노동자 운동이란 존재하지 않았다. 가장 불화를 일으키는 문제들은 폭력의 역할, 사회주의자가 자유주의자나 부르주아 정부와 협력해야 하는가의 문제, 그리고 만약 그렇다면 어느 정도로 해야 하는가의 문제였다. 특히 영국에서는 한층 더 급진적인 사회주의자들이 자본주의의 전복을 재촉하기 위한 방법으로 의회의 권력을 모색하는 동안에 일부 '점진주의자'는 점진적 개혁을 위해 자유주의자들과 기꺼이 일하고자 했다. 아나키스트와 생디칼리스트는 이구동성으로 의회 정치를 거부했다. 이 문제를 둘러싼 최초의 중추적 논쟁은 유럽 전역에 걸쳐 통합된 노동 운동을 촉진시키기 위해 1864년에 창설된 국제노동자협회(International Working Men's Association) 또는 제1인터내셔널(First International)에서 발생했다. 마르크스와 그의 지지자들은 정치적 대중운동을 열렬히 지지하는 주장을 했고, 미하일 바쿠닌 같은 아나키스트는 어떤 종류(국민국가이든 사회주의 정당이든)의 중앙집권적인 조직을 거부하고 대신에 테러와 폭력을 부르짖었다.

사회주의 정당들과 대안의 확산

마르크스주의는 1875년과 1905년 사이에 독일, 벨기에, 프랑스, 오스트리아, 러시아에서 창설된 수많은 사회주의 및 사회민주주의 정당들을 통해 확산되었다. 이 정당들은 혁명적 변화를 위해 국가에 대한 통제권을 장악하는 것을 목적으로 훈련되고 정치화된 노동자의 조직이었다. 이 정당들 중 본보기는 SPD, 즉 독일사회민주당(Sozialdemokratische Partei Deutschlands)이었다. 1875년에 결성된 SPD는 처음에 독일 의회 정치 체제 내의 정치적 변화를 목적으로 했다. 그러나 억압적인 반사회주의 법들의 시대 이후에 SPD는 노골적으로 마르크스주의 강령을 채택했다. 그것은 임박한 자본주의의 붕괴를 위해 정치적으로 의식화된 프롤레타리아를 준비하는 것이었다. 제1차 세계대전이 발발할 무렵에 사회민주당들은 세계에서 가장 크고 잘 조직된 노동자들의 정당이었다. 독일이 특히 사회민주주의를 수용하게 된 데에는 몇 가지 결정적 요인들이 있었다. 그것은 급속하고 광범위한 산업화, 대규모 도시 노동계급, 새로운 의회제 헌법, 조직 노동에 적대적인 중앙 정부, 자유주의적 개혁 전통의 부재 등이었다.

마지막 요인의 중요성은 세계 최초의 그리고 가장 산업화된 나라였지만 다른 유럽 국가들에 비해 한층 더 소규모이고 더 온건한 사회주의가 현존한 영국을 생각하면 가장 뚜렷이 드러난다. 19세기 말 동안 줄곧 독립적 사회주의 정당의 성장을 앞질러 방해한 영국의 급진적 자유주의자들은 많은 사회주의적 의제를 진척시켰다. 심지어 1901년 별도의 노동당이 결성되었을 때에도 급진 자유주의자들은 눈에 띄게 온건파로 남아 있었고 완벽한 정비라기보다는 자본주의 체제 개혁과 공공 주택, 복지 수당, 향상된 임금 등과 같은 조치에 전념했다. 노동당에 속해 있는 정치 활동가들의 활동 범위를 위해 그리고 영국의 많은 노동조합들을 위해 의회는 혁명적 마르크스주의가 지닌 매력을 제한하면서 효과적인 사회 변화의 적법한 수단으로 남았다.

의회 주도의 개혁은 마르크스주의 프로그램에 대한 한 가지 인기 있는 대안을 마련했고, 아나키즘은 또 다른 대안을 제시했다. 아나키스트는 중앙집권적으로 조직된 경제와 정치에 반대했고 나아가 국가 권위의 존재 자체에 반대했으며 개인 주권과 소규모의 지방분권적 민주주의를 옹호했다. 아나키스트들은 마르크스주의자들과 중요한 가치들을 공유했지만 그것들을 어떻게 발전시킬 것인가에 대해서는 상당히 달랐다. 아나키스트들은 정당, 노조, 그리고 어떤 형태의 현대적 대중 조직도 비난하면서 마르크스가 그토록 강력하게 반대했던 음모론에 입각한 폭력의 전통에 의존했다. 결과적으로 아나키즘의 뚜렷한 특징 중 하나는 테러리즘에 의존하거나 이탈리아의 어느 아나키스트가 말한 "본때를 보여주는 선전 활동"이었다. 모든 아나키스트가 그런 방법을 채택한 것은 아니지만 그들은 1881년 알렉산드르 2세와 다음 해 5명의 다른 국가 우두머리들을 암살함으로써 악명을 떨쳤다. 표트르 크로포트킨(1842~1921)과 미하일 바쿠닌 같은 영향력 있는 아나키스트들은 '본보기로 보여주는 테러'가 민중 봉기를 촉발시킬 것이라고 믿었다. 그들은 막강한 정치 지도자들의 취약성을 드러내 보여줌으로써 혼돈을 불러오고 민중에게 용기를 줄 것이라고 생각했다. 아나키즘은 (아마도 본질적으로) 운동으로서 아무런 실질적 이득을 얻지 못했지만 의회 정치를 강조하는 마르크스주의에 대한 급진적이고 폭력적인 대안을 존속시켰다.

생디칼리즘으로 알려진 또 다른 형태의 사회주의 운동은 20세기로의 전환기에 특히 프랑스, 이탈리아, 에스파냐 농업노동자 사이에서 인기를 끌었다. 생디칼리즘은 사회주의 원리를 따르면서 노동자들이 생산수단의 소유와 통제를 공유하고 자본주의 국가를 전복시켜 노동자들의 생디카(syndicate, 직종별 조합)로 대체할 것을 요구했다. 생디칼리즘은 종종 아나키즘을 생략하지만 (아나코–생디칼리즘이라는 용어에서 알 수 있듯이) 테러는 아니지만 파업과 태업을 포함한 직접적인 행동을 요구한 또 다른 신조였다. 가장 널리 읽힌 생디칼리즘 이론가인 프랑스 지식인 조르주 소렐(1847~1922)은 모든 산업노동자의 총파업이 선거 정치보다도 국가를 전복시키는 데 더 많은 역할을 할 것이라고 주장했다. 나중에 소렐이 극우로 돌아섰을 때 한층 더 대중적이고 실질적인 지도자들이 프랑스에서 등장했는데, 1895년 그들은 다른 프랑스 노조 지도자들과 제휴해 노동총동맹(Confédération Générale du Travail: CGT)을 결성했다. 노동총동맹과 그 밖의 생디칼리스트 조직은 합법적으로 구성된 프랑스 정치의 체제 밖에서 활동하는 데 주력하면서 특히 1905년 러시아에서 미수로 끝난 혁명 이후 사회주의자들 사이에 급진주의를 자극하는 데 도움을 주었지만 유럽 정치에서 지속적인 모습을 드러내지는 못했다.

성공의 한계

20세기로의 전환기에 대중적 사회주의 운동들은 유럽 전역에 걸쳐 인상적인 성공을 거두었다. 1895년에 7개의 사회주의 정당들이 각국에서 4분의 1에서 3분의 1 사이의 표를 얻었다. 그러나 사회주의자들이 전국적 정치에서 영구적인 발판을 확보하자마자 그들은 애초부터 자신들의 정당에 장애물이 되어왔던 한계와 내부적 갈등으로 삐걱거렸다. 사실 노동계급의 운동들은 어떤 곳에서도 거의 완전하게 노동자의 지지를 결코 확보한 적이 없었다. 일부 노동자들은 예전의 자유주의적 전통이나 종교적 정당에 충성을 다하고 있었지만, 많은 노동자들은 어떤 사람들이 노동계급을 구성하는가, 즉 오로지 남성 산업노동자만이 노동계급이라는 협소한 정의로 말미암아 사회주의 정치로부터 배제되어 있었다. 사회주의 정당들은 최소한 선거와 관련해서 자신들이 스스로 쌓아놓은 벽에 부딪치고 있었다.

그와 동시에 혁명가와 개혁가 간에, 그리고 표를 던지는 사람들과 돌을 던지는 사람들 사이의 지속적인 갈등은 1900년 이후에 새로워진 강도로 분출하고 말았다. 한편에서는 헌신적인 사회주의자들이 노동자의 빈곤화와 부르주아 질서의 붕괴가 불가피할 것이라는 마르크스의 핵심적 가설에 대해 의문을 제기했다. 에두아르트 베른슈타인(1850~1932)이 이끈 독일의 수정주의 집단은 마르크스주의 신조에 도전해 온건한 개혁으로의 전환을 요구했다. 베른슈타인의 파당은 국내에서건 국제적으로건 어떤 회의에서도 다수표를 얻는 데 실패했지만, 그의 실용주의는 유럽 대륙 전역에 걸쳐 사회주의자들과 노동자들에게 매력적인 것이었다. 하지만 다른 극단에 있는 사회주의자들은 급진주의와 직접 행동의 확대를 옹호했다. 1905년 러시아에서 예기치 않은 (그리고 실패로 끝난) 혁명적 봉기에 영감을 받아 로자 룩셈부르크(1871~1919) 같은 독일 마르크스주의자들은 그 순간을 포착해 광범위한 프롤레타리아 혁명에 불을 붙이기를 소망하면서 대규모 파업을 요구했다.

온건파, 개혁파, 정통 마르크스주의자들이 국제적 갈등의 위협에 어떻게 대처할 것인가를 논의하면서 전략을 둘러싼 갈등은 제1차 세계대전 바로 직전에 절정에 달했다. 하지만 이런 분열은 세기 전환기의 사회주의가 지닌 힘과 매력을 사라지게 하지는 않았다. 실제로 제1차 세계대전 직전에 각국 정부들은 일반 조합원 노동자들이 징집되어 싸울 용의가 있는지에 관해 노동 지도자들에게 신중하게 자문을 구했다. 1870년대 이래로 인상적인 조직 역량과 정치력을 키우면서 노동계급 정당들은 이제 국민국가의 전쟁 수행 능력에 영향을 끼쳤다. 한마디로 그들 정당은 성년이 되었던 것이다.

평등에 대한 요구: 참정권과 여성운동

❖ 여성이 요구한 권리는 어떤 것들이고 그것들은 왜 그렇게 논쟁적이었는가?

1860년대 이래로 노동계급의 행동주의와 자유주의적 입헌주의의 결합은 유럽 전역에 걸쳐 남성 참정권을 확대시켜왔다. 1884년까지 독일, 프랑스, 영국은 대부분의 남성에게 선거권을 부여했다. 그러나 여성은 어느 곳에서도 투표할 권리를 갖지 못했다. 19세기의 정치 이데올로기는 여성을 이류 시민의 지위에 속하게 했고, 심지어 평등주의적 정신을 지닌 사회주의자들조차 이런 계급제도를 거의 의심하지 않았다. 의회 및 대중 정당 정치 활동에서 배제된 여성은 독자적 조직과 직접 행동의 방식을 통해 자신의 이해관계를 관철했다. 새로운 여성운동은 이 시기 동안에 약간의 결정적인 법적 개혁들을 획득했고 20세기로의 전환기 이후에는 참정권을 위한 여성운동의 호전적인 투쟁은 가장 주목할 만하게는 영국에서 정치적 위기감을 증대시키는 데 기여했다.

전독일여성협회(Allgemeiner Deutscher Frauenverein: ADF) 같은 여성 조직들은 최초로 교육 및 법적 개혁을 추진했다. 영국에서는 여성들이 자신들만의 재산을 관리할 권리를 획득한 것(이전에는 여성들은 임금을 포함한 자신들의 재산을 남편에게 양도했다)과 동시에 여자대학들이 설립되었다. 1884년과 1910년에 제정된 법들은 프랑스 여성에게 남편들과 동일한 권리와 이혼할 수 있는 자격을 주었다.

여성의 지위에 이런 중요한 변화들이 있은 이후에 참정권은 그에 버금가는 논리적 목적으로 구체화되었다. 실제로 투표는 완전한 개성을 획득하기 위한 여성의 능력을 보여주는 대표적인 상징이 되었다. 참정권 운동가들이 보았던 것처럼 투표권은 정치적 진보일 뿐 아니라 경제적·영적·도덕적 진전을 의미했다. 1875년에 이르러 서유럽 전역에 걸쳐 중간계급 여성들은 클럽을 창설하고 잡지를 출간하며 청원을 조직하고 회의를 후원하며 투표권을 추진하기 위해 여러 가지 공적 활동을 시작했다. 중간계급 여성 협회들의 수는 빠르게 늘어났고, 1902년에 창설된 독일여성투표권협회((Deutschen Verein für Frauenstimmrecht) 같은 일부 조직은 오로지 투표권을 옹호하기 위해 창건되었다. 좌파 중간계급 운동들에는 페미니스트 사회주의자들의 조직들이 있었다. 클라라 체트킨(1857~1933)과 릴리 브라운(1865~1916) 같은 여성들은 사회주의 혁명만이 여성을 정치적 착취뿐만 아니라 경제적 착취로부터 자유롭게 해줄 것이라고 믿었다.

영국에서는 여성 참정권 운동이 폭력으로 비화했다. 정치권력 기구와 관련이 있는 저명한 중간계급 여성인 밀리센트 포셋(1847~1929)은 16개의 상이한 조직들을 평화적인 헌정 개혁에 전념하는 전국여성참정권협회연합(National Union of Women's Suffrage Societies)으로 통합했다. 그러나 이 운동은 남성이 지배하는 입법부를 흔들어놓을 정치적 또는 경제적 영향력을 갖지 못했다. 여성들은 점차 자유당이나 보수당 그 어느 쪽도 이기지 못하는 자신의 무능력에 격앙되었다. 이 정당들은 각각 여성 참정권이 상대 정당을 이롭게 할까봐 이를 염려했던 것이다. 이런 이유로 에멀린 팽크허스트(1858~1928)는 1903년 호전성과 시민불복종을 전술로 채택한 여성사회정치연합(Women's Social and Political Union: WSPU)을 창설했다. WSPU는 하원의 방문객 복도에서 자신들을 사슬로 묶거나, 박물관의 그림에 칼질을 하고, 골프장의 그린 위에 초산으로 "여성에게 투표권을(Votes for Women)"이라는 글을 새긴다든가, 정치적 집회를 훼방 놓거나, 정치인의 집에 불을 지른다든가, 백화점 진열장의 유리를 깨기도 했다. 이에 정부는 폭력적 진압으로 대응했다. 체포된 여성들이 감옥에서 단식 투쟁에 돌입하면 교도관들은 그들을 묶고서 나무나 금속 집게로 입을 벌려 튜브를 목구멍에 밀어 넣어 강제로 음식을 먹게 했다. 1910년 참정권 운동가들은 하원에 진입을 시도해 경찰 및 구경꾼들과 함께 6시간의 소동을 벌였고, 이는 여성들이 그런 류의 폭력을 행사하리라고 꿈에도 생각하지 않았던 이 나라를 충격에 빠뜨리고 격분시켰다. 참정권 운동가들의 도덕적 요구가 얼마나 컸는가는 1913년 에밀리 데이비슨(1872~1913)의 순교가 극적으로 보여주었다. 그녀는 "여성에게 투표권을"이라는 글이 새겨진 띠를 매고 더비 경마일(Derby Day)에 국왕의 말 앞에 스스로 몸을 던져 밟혀 죽었다.

여자다움의 재정의

여성 참정권 운동은 아마도 빅토리아 시대의 전통적인 젠더 역할을 재정의하게 만든 한층 광범위한 문화적 변화의 가장 두드러진 선동적 측면이었다. 1875년 경제적·정치적·사회적 변화들은 남성과 여성이 분명히 서로 다른 영역을 점해야 한다는 관점을 약화시키고 있었다. 점차 더 많은 수의 여성이 한층 더 다양한 일자리를 갖게 되면서 작업장에서 여성의 활동이 두드러졌다. 일부 노동계급의 남성들이 안정적 가정은 여성이 집에 있는 것을 필요로 한다고 주장함에도 불구하고 일부 노동계급 여성들은 집안의 빈곤을 덜어보고자 하는 노력에서 새로운 공장과 작업장에 취업했다. 더욱이 정부와 기업 관료제의 확대는 산업 성장으로 인한 남성 노동자의 부족과 맞물려 중간계급 여성을 사회복지사와 사무원으로서 노동인구로 끌어들였다. 병원 인력 필요성의 증가와 국가적 의무교육의 출현은 더 많은 간호사와 교사를 필요로 했다. 남성 노동력의 부족과 가능한 저렴하게 그토록 많은 새로운 일자리를 채워야 할 필요성은 다시 여성을 필연적으로 선택하게 만들었다. 따라서 교육기회 획득을 위해 열심히 운동을 해왔던 여성들은 문호가 열리는 것을 보기 시작했다. 스위스의 대학들과 의과대학들은 1860년대에 여성에게 입학을 허가하기 시작했다. 1870년대와 1880년대에 영국 여성들은 케임브리지와 옥스퍼드에 여자대학을 세웠다. 전문직 세계의 일부가 극적으로 달라지기 시작했다. 예컨대 1896년에 프로이센에서는 1만 4,600명의 전임 여성 교사들이 학교 교사로 일하고 있었다. 여성 고용에서의 이런 변화들은 여성이 가사에만 전념해야 한다는 신화를 깎아내리기 시작했다.

　여성들은 이전에는 금단의 영역이었던 정치 분야에서 한층 더 적극적이 되었다. 이것은 여성의 정치 활동이 전례 없던 일이었다고 말하는 것은 아니다. 중요한 방식으로 여성의 새로운 정치 참여의 토대는 일찍이 19세기에 놓였다. 19세기 초의 개혁 운동은 여성에 의존했고 공적 영역에서 여성의 지위를 높여주었다. 우선 종교 단체들에서의 자선활동과 나중에 수백 개의 세속적 단체들에서 여성들은 유럽 도처에서 빈민 구제, 감옥 개혁, 주일 학교, 금주, 노예제와 매춘의 종식, 여성을 위한 교육기회의 확대 등에 힘을 쏟았다. 개혁 집단들은 여성에게 자유로이 생각하는 동등자로서 자신의 마음을 이야기하고 정치적 목표들—자신들이 개별적 여성이 아니라고 주장할 수 있는 권리—을 추구할 것을 권장하면서 여성들을 가정 밖으로 불러냈다. 그리고 개혁 집단의 일부 여성들이 정치적 해방을 지지하는 동안, 그 밖의 많은 여성들은 자신들이 특별한 도덕적 사명을 갖고 있다는 믿음에 호소하면서 개혁 정치에 다가섰다. 이들은 자신들의 공적 활동을 단지 여성의 가사 임무의 연장으로 보았다. 그럼에도 19세기의 개혁 운동들은 특히 중간계급에게 가정 이외의 세계를 열어주었고 나중 세대들을 위한 가능성의 범위를 넓혀주었다.

　여성의 역할에서 이런 변화들은 '신여성(new woman)'이라고 부르는 새로운 사회 형태의 등장에 비견된다. 신여성은 교육과 일자리를 요구했다. 신여성은 외출할 때 보호자의 동반을 거부했다. 신여성은 19세기 중반에 유행했던 꽉 조이는 코르셋의 착용을 거부했다. 바꾸어 말하면 신여성은 육체적으로나 지적으로 적극적인 생활을 할 권리를 요구했고 19세기 여성성이 규정한 기준에 순응하기를 거부했다. 신여성은 하나의 이미지였다. 이런 이미지는 부분적으로는 여성용 반바지(짧은 치마와 함께 입는 풍성한 바지)를 입고 자전거를 타는 여성, 담배를 피우고 카페, 댄스홀, 토닉워터, 비누 등 소비의 상징 등을 즐기는 여성의 그림으로 채워진 신문과 잡지 그리고 광고 입간판을 꽉 메운 예술가와 언론인의 창작물이었다. 실제로는 극소수의 여성만 그런 이미지에 걸맞았다. 그 무엇보다도 대부분의 여성은 너무도 가난했다. 중간 및 노동계급 여성은 여전히 더 많은 사회적 자유를 요구했고 그 과정에서 젠더의 기준을 재규정했다. 일부 사람들이 보기에 새로운 현상인 여성의 독립은 가정적 책임을 회피하는 것이나 매한가지였다. 그래서 그들은 관습에 도전하는 여성을 결혼하기에 부적합하고 할 수도 없는 추한 '반쯤 남자(half-men)'라고 공격했다. 하지만 지지자들에게 신여성은 환영할 만한 사회 해방의 시대를 상징했다.

이런 변화에 대한 반대는 격렬했고 때로는 폭력적이기도 했으며, 남성들만 전적으로 반대했던 것도 아니었다. 남성은 대학, 클럽, 공직 등에서 자신의 엘리트 영역을 위협하는 여성을 비웃었다. 또한 광범위하게 포진한 여성 참정권 반대론자들은 이 운동을 비난했다. 험프리 워드(1851~1920) 같은 보수주의자들은 여성이 정계에 들어오는 것은 대영제국의 사내다움을 약화시킬 것이라고 주장했다. 유명한 사회복지사인 옥타비아 힐(1838~1912)은 여성은 정치를 그만두어야 하고 그럼으로써 "지위와 권력을 향한 이 거친 투쟁을 진정시켜야 한다"고 천명했다. 그리스도교 해설자들은 참정권 운동가들이 이기적인 개인주의를 통해 도덕적 타락을 초래한다고 비판했다. 그 밖의 사람들도 여전히 페미니즘이 가정을 해체할 것이라고 믿었다. 이것은 커져만 가는 문화적 위기의식의 한가운데에서 서구의 몰락에 관한 한층 더 광범위한 논의를 부채질한 주제이기도 했다. 실제로 여성의 권리를 위한 투쟁은 노동, 정치, 젠더, 생물학 등을 둘러싼 유럽인의 근심에 불을 지폈다. 이 모든 것은 중간계급 사회가 그토록 열렬히 바라는 질서정연한 정치적 합의가 눈앞에서 사라지고 있다는 것을 암시했다.

자유주의와 자유주의의 불만: 세기 전환기의 국가 정치

♣ '대중 정치'란 무엇이고, 국민국가들은 그것에 어떻게 대응했는가?

19세기 내내 개인적 권리라는 신조를 옹호해온 중간계급의 자유주의자들은 1870년대 이후에 수세적 위치에 있음을 발견했다. 이전에는 정치권력은 중간계급의 이해관계와 전통적 엘리트들 사이의 균형에 의존해왔다. 토지 귀족은 산업계의 거물과 권력을 공유했다. 군주의 통치는 헌법적 자유와 공존했다. 19세기 후반 동안에 대중 정치의 등장은 이런 균형을 뒤집어엎었다. 선거권의 확대와 커져가는 기대는 신인들을 정치 무대로 불러들였다. 앞서 본 것처럼 노동조합, 사회주의자, 페미니스트는 모두 모든 사람에게 정치 참여를 개방할 것을 요구하면서 유럽의 지배계급에 도전했다. 각국 정부는 유화책과 억압 조치를 번갈아 섞어가며 대응했다. 20세기가 다가오면서 정치적 투쟁은 점차 격렬해졌고, 제1차 세계대전에 이르러 전통적 의회 정치의 토대는 무너지고 있었다. 좌파와 우파 양측을 위해, 그리고 내부자와 국외자 양측을 위해 익숙하지 않은 영역을 협상하는 일은 새로우면서도 분명히 현대적인 형태의 대중 정치의 탄생을 필요로 했다.

프랑스: 제3공화정과 파리 코뮌

승전국 독일의 통일을 완성시킨 1870년의 프랑스-프로이센 전쟁은 프랑스에게는 뼈아픈 패배였다. 제2제정 정부는 망하고 말았다. 그 결과 프랑스인은 애초부터 정통성이 의문시되는 공화정을 선포했다. 영속성이 있는 공화주의 체제를 정교하게 만드는 것은 어려운 일로 판명되었다. 1875년에 마침내 제정된 제3공화정의 새 헌법은 민주적이고 의회제적인 원리의 승리를 알렸다. 하지만 민주주의를 확립하는 것은 덧없는 과정이었고, 제3공화정은 계급 갈등, 추문, 그리고 앞으로 수십 년 동안 정치를 망쳐놓을 새로운 형태의 우파 정치의 대두에 직면했다.

제2제정 정부가 항복하자마자 그 계승자들은 급진적 파리 시와 맞붙는 위기에 직면했다. 프랑스-프로이센 전쟁 기간 동안 파리 시는 자치 정부인 코뮌(commune)을 세웠다. 파리 시는 독일에 대한 항복을 거부했을 뿐만 아니라 자신이 프랑스의 진정한 정부라고 선포했다. 파리 시는 4개월 동안 독일군에 포위된 적이 있었다. 그때 탈출할 수 있었던 대부분의 사람들은 탈출했고, 남은 사람들은 굶주림에 과격해진 나머지 베르사유에 앉아 독일과 정전 조건을 협상하고 있는 프랑스 정부에 도전했다. 정전에 서명한 프랑스 정부는 파리 시로 눈길을 돌렸다. 지루하고 성과 없는 협상들이 이어진 끝에 1871년 3월 정부는 수도 파리를 무장 해제시키기 위해 군대를 파견했다. 코뮌의 가장 강력한 지지자가 파리의 노동자들이었기에 이 충돌은 계급 전쟁이 되었다. 일주일 동안 '파리 코뮌 가담자들'은 침공자들을 저지하기 위해 바리케이드를 쌓고 인질을 붙잡아 총살하고 파리 시 북쪽에 있는 노동계급 주거 지역으로 매우 천천히 후퇴하면서 정부군에 대항해 전투를 벌였다. 프랑스 정부의 진압은 잔인무도했다. 최소한 2만 5,000명의 파리 시민이 처형되거나 사망했거나 아니면 파리 시 도처에서 발생한 화재로 불에 타 숨졌으며, 수천 명의 사람들이 남태평양의 뉴칼레도니아 유형지로 추방되었다. 파리 코뮌은 단기간에 걸친 에피소드였으나, 이 사건은 긴 그림자를 드리우며 오래된 정치적 상처를 재발시켰다. 코뮌에 관해 글을 쓴 마르크스와 다른 사회주의자들에게 파리 코뮌은 좌파의 해묵은 반란 전통이 무익하고 좀 더 대중에 기초한 민주적 정치가 필요하다는 것을 보여주었다.

드레퓌스 사건과 술책으로서의 반유대주의

프랑스의 정치적 스펙트럼 한편에서는 다른 곳에서도 발전하게 될 새로운 형태의 급진 우익 정치가 등장했다. 예로부터 보수주의 정치의 토대인 가톨릭교회와 토지 귀족이 쇠퇴하면서 한층 더 급진적인 우익 정치가 형성되었다. 1870년의 패배로 쓰라린 고통을 겪었고 공화정과 그 전제에 비판적인 신우파는 민족주의적이었고 의회제에 반대하며 자유주의(개인적 자유에 헌신한다는 의미에서)에도 반대했다. 모리스 바레스(1862~1923)는 의회제 정부가 '무능과 부패'를 퍼뜨려왔고 프랑스를 지키기에는 너무도 허약하다고 선언했다. 19세기 전반기에 민족주의는 좌파와 결합한 적이 있었다(제20장 참조). 하지만 이제 민족주의는 우파가 한층 더 자주 호소하는 수단이 되었고 전반적으로는 외국인혐오증(xenophobia)과 특별하게는 반유대주의와 연결되었다.

에두아르 드뤼몽(1844~1917)의 경력은 적절한 사례였다. 드뤼몽은 이례적으로 성공한 반유대주의 언론인이었다. 그는 19세기 후반 프랑스의 모든 문제를 유대인의 국제적 음모에 따른 악영향 탓으로 돌렸고 모든 우익의 적들을 '유대계(Jewish)'라고 칭했다. 드뤼몽은 반유대주의의 세 가지 요소—유대인을 그리스도 살해자로 매도하는 그리스도교인의 오래된 반유대주의, 부유한 은행가 로스차일드 가(家)를 모든 유대인의 대표라고 주장하는 경제적 반유대주의, 아리아인이 (열등한) 셈족에 반대한다는 19세기 말의 급진적 사고—에 몰입했다. 드뤼몽은 이 주제들을 강력한 증오의 이데올로기로 채워 넣었다. 군부의 유대인이 국익을 전복하고, 금융 추문은 국제적 음모의 소산이며, 대중문화, 여성 운동, 댄스홀, 그리고 프랑스 문화를 타락시키고 있는 온갖 발전은 단지 '세계 공통적이고 국제적인 유대인의 이해관계'의 힘을 보여주며, '부유한 유대인 은행가들'과 '탐욕스런 유대인 사회주의자들과 노조원들'이 프랑스의 농민과 소상인을 먹이로 삼는다고 주장했다. 드뤼몽은 1892년에 창간한 자신의 신문 《자유 언론(La Libre Parole)》과 반유대인 동맹을 통해 그리고 출간 첫 두 달 만에 10만 부가 팔린 500쪽짜리 베스트셀러 『유대인의 프랑스(La France Juive)』(1886)에서 이 주제들에 대해 맹공을 가했다.

이처럼 정치적 사건으로 비화된 반유대주의는 프랑스 공화정 기간 중에서 중추적인 정치적 순간인 드레퓌스 사건(Dreyfus Affair)으로 폭발했다. 1894년 프랑스 군대 내의 왕당파 장교 집단이 프랑스 총참모부에서 근무하는 유대인 대위인 알프레드 드레퓌스(1859~1935)가 독일에 군사 비밀을 팔아넘겼다고 고발했다. 드레퓌스는 군사재판에 회부되어 유죄 선고를 받고 계급을 박탈당한 채 대서양에 있는 무시무시한 감옥인 악마의 섬에 종신 유배되었다. 1896년 새로 부임한 정보 참모부장인 조르주 피카르(1854~1914) 대령은 배심원의 평결에 의문을 제기하고 면밀한 조사 끝에 유죄의 증거가 된 문서가 위작이라고 발표했다.

전쟁성이 드레퓌스에 대한 재심을 거부하자 이 '사건'은 프랑스를 양극화시키는 '문제'가 되었다. 공화주의자, 사회주의자, 자유주의자, 에밀 졸라 같은 인물이 드레퓌스를 지지했다. 드레퓌스 지지자들은 반동과 편견에 반대해 진보와 정의의 편에 섰고 위기에 처한 공화정을 살리고자 했다. 졸라는 「나는 고발한다!(J'accuse!)」라는 도발적인 제목의 신문 논설에서 프랑스 주류파를 맹공격했다. 이 논설에서 그는 문서를 위조하고 반역죄를 은폐하고 뻔뻔스럽게도 정의의 근본 문제들을 무시하는 정부, 법원, 군부를 고발했다. 한편 그 반대편에는 이 사건이 한층 더 중요한 경제적 문제들을 감추려는 소동이라고 의심하는 일부 사회주의자를 비롯해 왕당파, 군국주의자, 그리고 일부 성직자 등이 있었다. 한 가톨릭계 신문은 문제의 본질이 드레퓌스가 유죄냐 무죄냐가 아니라 유대인과 불신자들이 '프랑스의 숨은 주인'이냐 아니냐에 있다고 주장했다.

6년간에 걸친 열띤 논쟁 끝에 1899년의 행정 명령으로 드레퓌스는 석방되었고, 1906년 대법원은 무죄를 선고했다. 그는 군에 복귀해 소령으로 진급했고 레지옹 도뇌르 훈장을 받았다. 드레퓌스 사건으로 인한 결과 중 하나는 프랑스에서의 교회와 국가의 분리였다. 공화주의자들은 교회와 군대가 공화국에 적대적이라고 확신했다. 1901~1905년에 통과된 법들은 프랑스에서 국가가 인정하지 않은 종교 단체들을 금지했고 학교에서 성직자가 가르치는 것을 금했으며, 마침내 가톨릭교회와 국가 사이의 연합을 해체했다.

제3공화정은 20세기의 첫 10년에 훨씬 더 강해졌다. 동시에 급진 우파와 반유대주의는 명백히 유럽 전역에 걸친 정치 세력이었다. 1897년 빈의 시장은 반유대주의 강령을 내걸고 당선되었다. 러시아 비밀경찰은 세계를 지배하려는 한 유대인의 음모를 상상하는 『시온 원로의정서(The Protocols of the Learned Elders of Zion)』(1903, 1905)라는 책을 꾸며서 출간했다. 러시아 정부는 또한 멘델 바이리스라는 우크라이나 출신 유대인 점원의 죄를 날조하는 데 일조했다. 바이리스는 1911년에 체포되어 살인죄 판결을 받고 석방되기까지 2년 동안 감옥에 있었다. 드뤼몽이 이론화하고 여러 사람들이 전 유럽에 걸쳐 실천한 정치적 반유대주의는 사회적·정치적 문제를 인종적 문제로 끈질기게 비화시킨 19세기 말의 내셔널리즘과 밀접하게 연결되었다.

시온주의

드레퓌스 사건의 전개를 경계의 눈초리로 바라본 많은 사람 중에는 파리에서 일하던 헝가리 태생의 언론인 테오도르 헤르츨(1860~1904)이 있었다. 프랑스 혁명의 나라에서 악의에 찬 반유대주의가 대두했다는 사실은 헤르츨을 크게 실망시켰다. 그는 드레퓌스 사건을 "한층 더 근본적인 도덕적·사회적 퇴락에 대한 막연한 불안의 극적인 표현일 뿐"이라고 생각했다. 헤르츨은 해방이나 시민권의 부여에도 불구하고 유대인이 서구 문화에 결코 동화되지 못할지도 모르고 수용과 관용에 유대인 공동체의 희망을 거는 것은 위험스런 어리석은 행위라고 믿었다. 헤르츨은 시오니즘이라는 상이한 전략을 지지했다. 이것은 유럽 밖에 (꼭 팔레스타인이 아니라도) 별도의 유대인 조국을 건설하자는 것이었다. 주로 러시아 출신의 난민으로 구성된 유대인 정착민의 소규모 운동은 이미 유럽 밖에다 정착지를 세우기 시작하고 있었다. 헤르츨은 이런 목표들을 최초로 외친 인물은 아니지만 정치적 시온주의의 가장 효과적인 옹호자였다. 그는 시온주의가 다른 나라들과 협상할 능력이 있는 현대적 민족주의 운동으로 인식되어야 한다고 주장했다. 1896년 헤르츨은 『유대인 국가(Der Judenstaat)』를 출간했고, 1년 뒤 스위스에서 첫 번째 시온주의자 회의(Zionist Congress)를 열었다. 그는 영국과 오스만 제국의 국가 수장들과 회합을 가지며 항상 상위 정치(high politics)에 주력했다. 유대인 조국에 대한 헤르츨의 비전은 유토피아적인 요소가 있었다. 왜냐하면 그는 새로운 국가 건설이 불평등을 제거하고 권리를 확립하는 새로우면서도 변화된 사회에 입각해야 한다고 믿었기 때문이다. 헤르첼의 저작들은 커다란 회의주의에 직면했지만, 반유대주의가 특히 폭력적인 양상으로 나타났던 동유럽 지역에서 열광적인 환영을 받았다. 제1차 세계대전의 혼란 동안에 특별한 전시 상황에 따른 필요성은 시온주의를 국제 외교에 말려들게 하면서 영국을 이 문제에 휩쓸리게 만들었다(제24장 참조).

19세기 말 프랑스에서의 반유대주의

　19세기가 지나면서 유럽(러시아에서는 아니었지만)의 유대인은 서서히 더 많은 법적·정치적 권리를 얻었다. 그들은 이전까지 금지되어왔던 직업, 투표권과 정치적 관직 보유, 유대인이 아닌 사람과 결혼할 수 있는 권리 등을 가질 수 있었다. 1789년 혁명의 나라인 프랑스는 많은 유럽의 유대인에게 자유의 횃불로 등장했다. 그러나 19세기 말 프랑스는 새로운 형태의 반유대주의의 발생지로 판명되었다. 에두아르 드뤼몽의 베스트셀러 『유대인의 프랑스(La France juive)』(1885)에서 발췌한 아래의 글은 그러한 이데올로기의 일부 주제들, 즉 경제적 불만을 대체하기 위한 노력, 공화국과 의회제 정부에 대한 보수주의자의 증오, 1789년의 유산, 보수적 민족주의 등을 보여준다.

　[1789년의] 혁명으로부터 혜택을 받은 유일한 사람은 유대인이다. 모든 것은 유대인으로부터 와서 유대인에게로 돌아간다. 우리는 여기에서 색슨족이 윌리엄 정복왕의 6만 노르만족에 의해 강제로 농노의 신분이 되었던 것과 똑같이 진정한 정복, 즉 전국이 하찮지만 단결된 소수자에 의해 농노의 신분으로 되돌아갔다.
　방법은 서로 다르지만 결과는 똑같다. 사람들은 정복의 모든 특징을 알아볼 수 있다. 그것은 전체 인구가 재정적 착취라는 거대한 체제를 통해 다른 사람의 모든 이윤을 착복하는 또 다른 인구를 위해 일하는 것이다. 유대인의 엄청난 재산과 성채들, 도시 저택들은 어떠한 실질적 노동과 생산의 열매가 아니다. 그것은 지배적 인종이 노예가 된 인종으로부터 빼앗은 약탈품이다.
　예를 들면 프랑스의 분가(分家)만 해도 30억[프랑]이라고 선포된 재산을 소유하고 있는 로스차일드(Rothchild) 가문은 이 분가가 프랑스에 도착했을 때 그 돈을 갖고 있지 않았다. 이 분가는 아무것도 발명하지 않았고, 어떤 광산도 발견하지 않았으며, 한 뼘의 땅도 경작하지 않았다. 따라서 이 분가는 프랑스인에게 아무런 대가도 주지 않고 30억 프랑을 착복

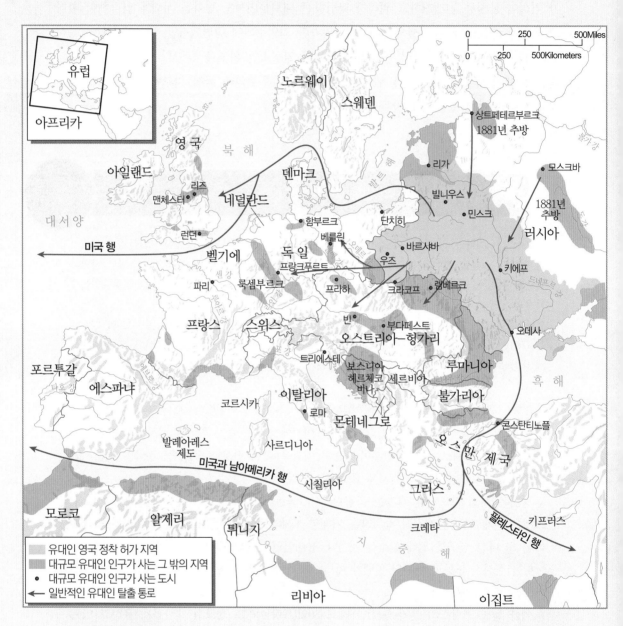

유럽

아프리카

노르웨이

스웨덴

상트페테르부르크
1881년 추방

리가

모스크바

영국

아일랜드

북해

덴마크

빌니우스

민스크

1881년
추방

러시아

맨체스터

리즈

네덜란드

함부르크

단치히

키에프

러시아

대서양

런던

미국 행

벨기에

독일
프랑크푸르트

베를린

우즈

바르샤바

파리

룩셈부르크

프라하

크라코프

렘베르크

오데사

센강

프랑스

스위스

빈

부다페스트

오스트리아-헝가리

흑해

포르투갈

에스파냐

트리에스테

보스니아
헤르체코 세르비아
비나

루마니아

불가리아

타호강

코르시카

이탈리아

로마

몬테네그로

콘스탄티노플

발레아레스
제도

사르디니아

오스만 제국

미국과 남아메리카 행

시칠리아

그리스

키프로스

모로코

알제리

튀니지

크레타

팔레스타인 행

유대인 영국 정착 허가 지역
대규모 유대인 인구가 사는 그 밖의 지역
● 대규모 유대인 인구가 사는 도시
← 일반적인 유대인 탈출 통로

리비아

지중해

이집트

19세기 말 유대인 이주

19세기 말 동유럽에서 유대인이 탈출하게 만든 요인은 무엇인가? 어떤 도시들이 그 밖의 도시들보다 유대인
인구가 더 많아졌는가? 유대인들은 어떤 지역으로 이주했고 그 이유는 무엇인가?

해왔다.……

'89년 원리들에 대한 유대인의 야비한 착취 덕분에 프랑스는 해체되어 붕괴되고 있었다. 유대인은 모든 공공의 부를 독점해왔고 군대를 제외하고 모든 것에 침입했다. 귀족이든 부르주아든 오래된 [프랑스] 가문들의 대표는……쾌락을 위해 자기 자신을 포기했고 자신이 정부(情婦)로 취했던 유대인 매춘부들로 인해 타락하거나 이 매춘부들을 도운 유대인들인 말 판매자들과 대금업자들로 인해 파멸했다.……

우리가 애착을 갖고 사용하는 조국이란 단어는 셈족에게는 아무런 의미가 없다. 유대인은……'냉혹한 보편주의(inexorable universalism)'라는 특징을 갖고 있다.

나는 이런 방식으로 생각하기에 유대인을 비난하는 것에 대해 아무런 변명거리를 발견할 수 없다. '조국'이라는 단어는 무엇을 의미하는가? 조상들의 나라를 의미한다. 조국에 대한 사람들의 느낌은 나무에 새겨진 어떤 이름이 해가 감에 따라 나무껍질에 더 깊이 새겨져 나무와 이름이 궁극적으로 하나가 되는 것과 똑같은 방식으로 사람들의 가슴에 새겨진다. 여러분은 즉흥적인 행위를 통해 애국자가 될 수 없다. 여러분은 여러분의 혈통과 골수로서 애국자인 것이다.

분석 문제

1. 유럽의 유대인 공동체들이 19세기가 경과하면서 획득한 법적·정치적 권리는 무엇인가? 어떤 이유로?
2. 드뤼몽은 몇 가지 염려를 유도해내고자 한다. 그가 독자들에게 염려해야 한다고 말한 것은 무엇이고, 그 이유는 무엇인가? 그가 '냉혹한 보편주의'라는 말로 의미하고자 한 것은 무엇인가?
3. 반유대주의는 어떤 면에서 이데올로기였는가?

독일의 제국 통합 모색

능란한 대외 정책, 세 차례에 걸친 단기전, 민족주의 감정의 고조 등을 통해 오토 폰 비스마르크는 1864~1871년 동안에 프로이센 보수주의의 기치 아래 독일을 통일시켰다. 연방 정치 체제를 건설하는 데에서 비스마르크는 프로이센의 주도적 역할을 포함해 독일의 전통적 엘리트들의 특권을 보장하면서 현대 국민국가의 중앙집권적 제도들을 만들어내고자 했다. 비스마르크의 헌법은 행정·교육·사법의 역할을 지방 국가 정부에 할당하고 독일의 국익을 감독하기 위해 양원제 의회를 설립했다. 상원(연방의회, Bundesrat)의 임명직 대표들은 성인 남성의 보통선거를 통해 선출된 한층 더 민주적인 하원(제국의회, Reichstag)에 대한 보수적인 대항세력으로서 역할을 했다. 행정부에서 권력은 대외 및 군사 문제에 관해 완전한 통제권을 행사한 프로이센의 왕이자 독일 카이저인 빌헬름 1세에 전적으로 달려 있었다. 프랑스나 영국과는 달리 독일의 내각 각료들은 의회에 아무런 책임이 없었고 오로지 황제에게만 책임을 졌다.

정말로 연방적이거나 민주적이지도 않은 정부하에서 공통의 목적의식을 지닌 국가를 건설하는 것은 쉬운 일이 아니었다. 독일 정부는 은행업, 주화 발행, 연방법원, 철도 등을 위한 제국의 대행 기관들을 성공적으로 창설해냈고, 이 모든 것은 행정 및 경제 통합을 촉진했다. 그러나 정치적 통합의 문제는 여전히 남아 있었다. 많은 영방 국가들은 1866년에 오스트리아 편을 들었고 프랑스의 정복 위협에 처해 독일 통일을 잠자코 받아들였을 뿐이었다. 독일의 정치적 전망에서 세 가지 잘못된 경향, 즉 가톨릭교와 프로테스탄트교 사이의 분열, 세력이 커져가는 사회민주당, 농업과 산업의 잠재적으로 분열적인 경제적 이해관계가 특히 국가적 뼈대의 균열을 위협했다.

1866~1876년 사이에 비스마르크는 자유 무역과 경제 성장의 촉진에 관심이 있는 자유주의 당파와 더불어 통치했다. 자유주의 연합과의 연결을 강화하기 위해 비스마르크는 프로이센에서 반(反)가톨릭 운동을 전개했다. 이른바 '문명을 위한 투쟁(Kulturkampf, 또는 문화투쟁)'에서 비스마르크는 세속적 공교육과 종교 의식에 따르지 않은 민법상 결혼 같은 문제들을 둘러싼 해묵은 종파적 갈등뿐만 아니라 소문에 따르면 국가와 교황 사이의 충성에서 괴로워한다는 가톨릭교도들의 염려에 호소했다. 그는 다수를 차지하는 프로테스탄트 자유주의자들의 지지를 받아 정치적 설교를 하는 성직자들을 투옥시키고, 프로이센에서 예수회 활동을 금지시켰으며, 교육과 결혼에 대한 가톨릭교회의 통제를 구속하는 법들을 통과시켰다. 하지만 이 운동은 역풍을 맞았고 박해받는 성직자에 대한 대중의 동정심은 1874년 가톨릭을 지지하는 중앙당(Zentrumspartei)이 제국의회에서 4분의 1의 의석을 차지하는 데 도움이 되었다. 새로운 경제 입법을 위해 가톨릭의 지지가 필요하다는 것을 인식한 비스마르크는 1878년 중앙당과 정략적인 동맹을 협상했다.

1870년대 말의 경기 침체는 자유 무역 정책에 대한 지지를 약화시켰다. 이에 비스마르크는 사회적으로 보수적인 가톨릭뿐만 아니라 농업 및 산업 이해관계를 포함한 새로운 연합을 형성했다. 이 새로운 연합은 자유방임적 자유주의자들과 SPD(독일사회민주당)로 대표되는 독일 노동계급이 찬성하지 않는 보호주의적 입법(곡물 관세, 철과 강철에 부과한 관세)을 통과시켰다. 비스마르크는 자신이 이전에 구축한 연합을 공고히 하기 위해 반가톨릭 감정을 이용했던 것과 마찬가지로 제국의 새로운 적인 사회민주주의자에 대해 반감을 품고 '그리스도교적 도덕적 질서'를 옹호하는 견지에서 보호주의적이고 반(反)사회주의적인 입법에 안주했다. 1878년 황제의 목숨을 노린 두 차례의 시도가 있은 후 비스마르크는 사회민주주의자가 집회를 갖거나 문헌을 배포하는 것을 금지하는 반사회주의 법을 밀어붙이기 위해 국가 위기를 선언했다. 나아가 그는 추가로 법을 제정해 사회주의자들을 주요 도시에서 쫓아냈다. 결과적으로 이 법들로 인해 사회민주당은 어쩔 수 없이 비밀 조직이 되었고 노동자들은 점차 사회주의를 자신의 정치적 필요에 대한 유일한 해결책으로 보는 하위문화를 형성했다.

조직된 노동의 정치에 채찍을 휘두른 뒤 비스마르크는 일련의 사회 개혁으로 독일 노동자에게 당근을 제공했다. 노동자에게 질병 및 사고 보험, 엄격한 공장 검사, 여성 및 아동의 노동시간 제한, 남성을 위한 최대 노동일, 공공 취업 대행 기관, 노령 연금 등이 보장되었다. 1890년까지 실업 보험을 제외하고 다가 올 수십 년에 대다수의 서양 국가들에게 본보기가 되는 다수의 사회보장 입법을 완성했다. 하지만 이 법들이 노동자의 충성심 확보라는 비스마르크의 단기적인 정치적 목적을 달성하는 데 실패했다는 사실이 중요하다. 온갖 법적 장애물에도 불구하고 SPD의 지지표는 1881년과 비스마르크가 물러난 1890년 사이에 4배 이상으로 늘어났다.

비스마르크의 국내 정치로 야기된 한층 더 악화된 환경은 새 황제 빌헬름 2세를 새로운 방향으로 나아가게 만들었다. 그는 1890년에 SPD를 합법화시키면서 반사회주의 입법을 극적으로 중지시켰다. 1912년 사회민주주의자들은 전체 투표수의 3분의 1을 얻었고 제국의회에서 가장 큰 단일 의원단을 선출했지만, 황제는 강력하게 결속한 엘리트 집단 이외에는 어떤 의미 있는 정치 참여를 허용하지 않았다. 그사이 상업, 산업, 농업 등의 이해관계들은 관세를 둘러싸고 막다른 골목에 다다랐다. 이 폭발 직전의 교착 상태는 제1차 세계대전의 발발로 그 어떤 해결책을 찾을 수 있었다.

독일의 정치적 통일 추구, 1871~1890년	
비스마르크의 문화 투쟁	1871~1878년
바티칸과의 화해	1878년
비스마르크의 반사회주의 입법	1878~1884년
비스마르크의 사회 입법 출범	1883~1890년
비스마르크 사임	1890년

영국: 온건에서 호전으로

1914년 이전의 반세기 동안 영국인은 자신의 정부야말로 질서정연하고 원활하게 기능하는 체제라는 자부심을 갖고 있었다. 1867년 제2차 선거법의 통과로 성인 남성의 3분의 1 이상에게 선거권이 확대되었다. 이와 더불어 양대 정당인 자유당과 보수당은 늘어난 유권자의 지지를 획득하기 위해 서로 경쟁했다. 의회는 노조의 합법성을 인정하고, 대도시 지역의 재개발을 시행하며, 모든 어린이에게 초등 교육을 실시하고, 영국 국교도가 아닌 남성에게도 엘리트 대학인 옥스퍼드와 케임브리지에 입학하는 것을 허용하는 법들로 새로운 유권자들의 관심에 부응했다. 1884년 선거권은 확대되어 성인 남성의 4분 3 이상이 투표권을 갖게 되었다.

두 명의 중심 인물, 즉 보수당의 벤저민 디즈레일리와 자유당의 윌리엄 글래드스턴이 새로운 의회 정치를 주도했다. 개종한 유대인이자 베스트셀러 소설가인 디즈레일리는 두드러지게 실용주의적이었던 반면, 독실한 영국 국교도이자 도덕 개혁가인 글래드스턴은 정치를 '도덕을 확대한 것'이라고 보았다. 서로 반대되는 감성과 의회에서의 격렬한 충돌에도 불구하고 두 사람은 매우 유사한 전망을 공유한 것처럼 보이는 정당들을 이끌었다. 상층 중간계급과 지주계급 출신의 내각 각료들이 관장한 자유당과 보수당은 모두 확대되는 선거구민에게 호소력을 지닌 온건한 프로그램을 제시했다. 내각 각료들은 입법을 준비했지만 불신임 표결로 재임 중인 내각을 물러나게 할 수 있는 하원의 궁극적 권한을 인정했다. 중도적 해결책을 약속한 유사한 교육 및 전망을 지닌 인물들이 운영했기 때문에 영국의 정치 제제는 안정되고 '합리적'이었다.

영국의 노동계급 운동도 1901년 새로운 노조와 중간계급 사회주의자들이 독립적인 노동당을 창당하기 위해 연합한 세기 전환기에 이를 때까지도 놀라울 정도로 온건했다. 1906년에 집권한 자유당 내각은 좌파로부터의 압력으로 노조에 대한 다른 양보들과 더불어 질병, 사고, 노령, 실업 보험법 등을 통과시켰다. 새로운 복지 프로그램들과 독일의 건함(建艦)에 맞서 한층 더 강한 해군력을 위한 예산을 위해 재무장관인 데이비드 로이드 조지(1863~1945)는 1909년에 부자가 더 높은 비율의 세금을 내도록 고안된 누진 소득세와 상속세가 포함된 폭발적인 논쟁을 불러일으킨 예산을 제안했다. 이 법안은 상원과 악의에 찬 대결을 불러왔다. 상원은 결국 이 예산안을 통과시켜야 했을 뿐만 아니라 하원이 통과시킨 입법에 대해 거부권을 행사하는 권한을 영구적으로 포기해야 했다. 이 논쟁에 따른 적대감은 점차 영국 정치를 호전적인 방향으로 나아가게 했고, 이것은 많은 사람들에게 대혼란을 향한 것처럼 보였다.

실제로 1860년대 이래로 대중 사회의 증대되는 요구 사항을 그토록 성공적으로 이끌어왔던 영국의 자유주의적 의회 체제는 1900년 이후에 급진적 행동에 찬성하는 집단들이 입법 활동을 거부하면서 뒤틀리기 시작했다. 산업계의 호전론자들은 대규모 노동 저항을 전개했는데, 여기에는 석탄 및 철도 노동자들의 전국적인 파업과 런던과 더블린에서의 도시 전체적 운송 파업이 포함되었다. 여성 참정권론자들은 (앞서 논의한) 폭력적인 형태의 직접 행동을 채택했다. 그사이 아일랜드에서는 급진 민족주의자들이 아일랜드 자치 또는 자치 정부의 세부 사항을 둘러싼 의회에서의 논쟁에 대한 가장 단순한 해결책으로 무장 혁명에 찬성했다.

아일랜드는 1800년에 영국 의회의 직접 통치하에 놓였고 19세기 전체에 걸쳐 아일랜드의 주권을 되찾으려는 다양한 정치적·군사적 노력은 실패로 돌아갔다. 1880년대에 이르러 현대적 민족주의 정당이 입법 과정을 통해 상당한 정치적 승리를 거두기 시작했지만 (여성 참정권처럼) 개혁 지향적 집단과 마찬가지로 그들의 의제는 세기 전환기로 나아가면서 한층 더 급진적인 조직자들로 말미암아 점차 약화되었다. 이들 '신민족주의(new nationalism)'의 옹호자들은 구민족주의 당 대표자들을 무능하고 정세에 어둡다고 경멸했다. 새로운 집단은 아일랜드 역사와 문화에 대한 관심을 부활시키고 신 페인(Sinn Féin)과 아일랜드 공화주의 형제단(Irish Republican Brotherhood) 같은 호전적인 정치 조직들이 했던 것처럼 급진 운동에 대한 조직적 지원을 제공했다. 1913년 자치를 부여하기 위한 자유당의 계획이 다시 논의되면서 (가톨릭의 지배를 두려워하는 북아일랜드의 프로테스탄트교도가 다수를 점하는 몇 개의 군들인 얼스터[Ulster] 지방을 경악케 하면서) 아일랜드 민족주의자들은 수많은 사설 민병대 집단들에게 전투를 요청했다. 이미 국내의 위기들로 넘쳐나는 영국은 내란 직전의 상태에 이른 것처럼 보였고, 이것은 제1차 세계대전의 발발로만 지체될 전망이었다.

러시아: 혁명으로 가는 길

유럽을 휩쓸었던 산업적·사회적 변화들은 특히 러시아에서 안착되지 않은 것으로 입증되었다. 전제적 정치 체제는 근대 사회의 갈등과 압력을 다루는 데 부족했다. 서구의 산업화는 러시아의 군사력에 도전했고, 서양의 정치 이론인 자유주의, 민주주의, 사회주의 등은 러시아 내부의 정치적 안정을 위협했다. 다른 나라들처럼 차르 지배의 러시아는 억압과 개혁을 결합해가며 이들 도전과 협상했다.

1880년대와 1890년대에 러시아는 이 나라를 20세기 초 세계에서 다섯 번째로 큰 경제로 이끈 산업화 프로그램을 시작했다. 국가가 주로 산업 발전을 지휘했는데, 왜냐하면 1861년 농노 해방 이후에 기동성이 있는 노동력이 창출되었음에도 불구하고 자본을 모으고 산업 기업들을 돌볼 능력이 있는 독립적인 중간계급이 등장하지 못했기 때문이었다. 사실 19세기 동안 러시아에서는 국가가 유럽의 어떤 주요 정부보다도 더 많이 국내 산업 발전에 자금을 조달했다.

급속한 산업화는 사회적 긴장을 고조시켰다. 시골에서 도시 생활로의 전환은 급작스러우면서도 가혹했다. 남성과 여성은 촌락 생활과 농촌 문화의 구조에 긴장을 초래하면서 공장 노동을 위해 농업을 떠났다. 산업 지역에서 노동자들은 거대한 막사에 살았고 노동조건이 유럽에서 가장 열악했던 공장들로 군대식으로 행진하며 오갔다. 그들은 자신의 촌락을 단지 일시적으로 떠났다가 파종이나 수확을 위해 농장으로 되돌아감으로써 그럭저럭 살아나갔다. 사회적 변화는 노동조합이나 고용주의 협회들을 인정하지 않았던 러시아의 법체계를 옥죄었다. 귀족, 농민, 성직자, 도시 거주자 사이에서 여전히 차별적으로 적용되었던 법의 범주는 산업화되어가는 사회와는 상관이 없었다. 시대에 뒤진 은행 및 금융 관련법들은 현대 경제의 필요에 부응하는 데 실패했다.

하지만 진정한 법 개혁은 정권의 안정을 위협하게 된다. '해방자 차르'(농노의 해방자) 알렉산드르 2세(재위 1855~1881)는 변화에 신중한 태도를 보였다. 그는 제한을 풀기보다 오히려 강화했다. 이 정권은 1864년에 모든 사회계급(비록 귀족이 지배했지만)이 선출하는 지방 및 군의 젬스트보(zemstvos, 평의회) 체제를 확립했다. 하지만 이 평의회는 모든 사회계급의 권리와 정치를 논의하기 위한 능력을 축소하기 위해 세워진 것이었다. 이 정권은 언론과 학교에 대한 검열을 확대했다. 알렉산드르 2세가 1881년 한 급진주의 암살자에게 살해당하자 후계자인 알렉산드르 3세(재위 1881~1894)는 러시아를 급격하게 우파 쪽으로 몰아갔다. 알렉산드르 3세는 러시아가 서유럽과 공통점이 전혀 없다고 주장했다. 그는 자신의 백성이 수세기 동안 신비적인 충성심으로 양육되어왔기에 강력한 전제적 체제 없이는 완전히 사라지게 될 것이라고 주장했다. 이런 원리는 무자비한 압제를 가져왔다. 이 정권은 젬스트보의 모든 권능을 박탈하고 비밀경찰의 권한을 증대시키며 촌락을 국가가 임명한 귀족의 통치 권한에 종속시켰다.

니콜라이 2세(재위 1894~1917)는 반동 개혁을 계속 이어나갔다. 자신의 부친처럼 그는 러시아화 또는 제국의 비러시아계 신민에게 대(大)러시아의 언어, 종교, 문화를 확대하고자 하는 정부 프로그램들을 열렬히 옹호했다. 러시아화는 강제, 몰수, 물리적 억압이나 매한가지였다. 핀란드인은 자신의 헌법을 상실했고, 폴란드인은 자국어 문학을 러시아어 번역으로 공부했으며, 유대인은 학살(pogrom)로 죽어갔다('포그롬'은 러시아어로 19세기 말 주로 유대인 공동체를 겨냥한 민간인에 대한 폭력적인 공격을 말한다). 러시아 정부는 포그롬을 조직하지는 않았지만 공공연히 반유대주의적이었고 마을 사람들이 유대인을 학살하고 그들의 가정, 사업, 회당 등을 파괴할 때 이를 외면했다. 국가로부터 억압을 받았던 그루지야인, 아르메니아인, 그리고 코카서스 산맥의 아제르바이잔인은 오래 지속된 반러시아 민족주의의 저류를 이끌었다.

19세기 말 러시아에서 가장 중요한 급진적 정치 집단은 스스로를 나로드니키(Narodniki)[1]라고 부른 대규모로 느슨하게 연결된 남녀 집단이었다. 나로드니키는 러시아가 서양의 방식이 아니라 자기 방식으로 현대화할 필요가 있다고 믿었다. 그들은 마을 공동체(mir)의 오래된 제도에 입각한 평등주의적 러시아를 마음속으로 구상했다. 나로드니키의 옹호자들은 일차적으로 중간계급 출신으로, 옹호자들의 상당수는 청년 학생과 약 15퍼센트를 차지했던 여성이었다. 당대에 이러한 여성의 비율은 상당히 높은 것이었다. 그들은 무정부 상태와 봉기를 통해 차르 체제의 전복을 꾀하는 비밀 단체를 결성했다. 그들은 민중의 의지를 이해하고 표현하기 위해 노동자들 사이에서 사는 것이 가능한 곳이라면 어느 곳에서라도 살고자 하면서 자신의 목숨을 '인민'에게 바쳤다. 인민주의의 역사적 중요성은 (그것이 달성한 것이라고는 거의 없지만) 무언가 달성한 것이 아니라 미래를 위해 약속한 것에 있었다. 인민주의는 러시아에서 머지않아 혁명을 일으키게 될 조직적인 선동의 온상으로 작용했다. 나로드니키는 마르크스의 『자본론』을 읽었고 그의 사상을 러시아에 적합한 이론으로 만들기 위해 개조했다. 농민 사회주의에 대한 나로드니키의 강조는 1901년에 결성된 사회혁명당(Sotsialisty Revolyutsionery)에 영향을 끼쳤다. 사회혁명당은 농민의 정치력 증대와 미르의 농민 지방 자치주의에 입각한 사회주의 사회 건설에 집중했다.

산업 자본주의와 새로우면서도 절망적으로 빈곤한 노동계급의 등장은 러시아 마르크스

---

1) '인민주의자'라는 뜻의 러시아어.

주의를 창조해냈다. 사회민주당으로 조직된 러시아 마르크스주의자들은 도시 노동자를 대표해 자신의 역량을 집중했고 스스로를 국제 노동계급 운동의 일부라고 보았다. 그들은 제1차 세계대전 이전에는 농민이 다수인 러시아에서 거의 아무런 진전이 없었지만, 불만을 품은 도시 공장 노동자들과 지식인들에게 똑같이 차르 정권 전복의 필요성과 더 나은 미래의 불가피성을 강조하는 강력한 이데올로기를 제공했다. 전제 정치는 자본주의에 길을 양보할 것이고 자본주의는 평등주의적 계급 없는 사회에 길을 양보하게 된다는 것이다. 러시아 마르크스주의는 급진적이고 행동주의적인 대립물을 역사에 대한 합리적이고 과학적인 접근과 혼합하여 혁명가들에게 20세기 초의 격변들을 이해할 수 있게 해주는 개념들을 제공해주었다.

1903년 사회민주당의 지도부는 혁명 전략을 둘러싼 심각한 의견 불일치로 분열되었다. 일시적으로 다수파였고 스스로를 볼셰비키(Bolsheviks, 다수 집단)라고 칭한 집단은 러시아의 상황이 적극적인 혁명가들로 구성된 강력한 중앙집권적 정당을 요구한다고 주장했다. 또한 볼셰비키는 러시아의 급속한 산업화는 서양에 근거한 마르크스의 모델을 따르지 말아야 한다는 것을 의미한다고 주장했다. 따라서 러시아 혁명가들은 자유주의적 자본주의 개혁을 위해 일하는 대신에 한 단계를 건너뛰어 즉시 사회주의 국가 건설을 시작할 수 있었다. 멘셰비키(Mensheviks, 소수 집단)는 완만한 변화를 추구하고 정통 마르크스주의로부터의 결별을 꺼려하는 한층 더 조심스런 '점진주의자'였다. 멘셰비키가 사회민주당의 주도권을 되찾았을 때 볼셰비키는 1900~1917년간 서유럽에서 정치적 망명 생활을 한 젊고 헌신적인 혁명가 블라디미르 일리치 울라노프(1870~1924)의 지도력 아래 분파 정당을 결성했다. 그는 자신이 유형 생활을 했던 시베리아의 레나 강에서 따온 '레닌(Lenin)'이라는 필명으로 글을 썼다.

레닌의 이론적 능력과 조직 역량은 그가 해외에 살고 있는 동안에도 볼셰비키의 지도자로 남아 있게 만들 정도로 존경을 불러일으켰다. 레닌은 망명 중에도 가차 없는 계급투쟁, 유럽 전역에 걸친 통합된 혁명적 사회주의 운동의 필요성, 가장 중요하게는 러시아가 혁명을 무르익게 만드는 경제 단계로 진입하고 있다는 믿음 등을 설파했다. 노동자들을 대신해 혁명적인 정당을 조직하는 것은 볼셰비키의 책무였다. 왜냐하면 당의 훈육 없이는 노동자들은 변화를 완수할 수 없을 것이기 때문이었다. 레닌의 『무엇을 할 것인가?(What Is to Be Done?)』(1902)는 러시아의 특별한 운명에 관한 비전을 제시하면서 온건 정당들과 협력을 촉구했던 멘셰비키를 비난했다. 레닌은 혁명이 러시아의 문제에 대한 유일한 해답이라고 생각했고, 노동계급의 이름으로 활동하는 당의 전위 대리자들은 혁명을 위한 조직 활동을 곧바로 행할 필요가 있다고 주장했다.

혁명적 정당에 관한 레닌의 관점

세기 전환기에 러시아 혁명가들은 정치적 전략을 논의했다. 러시아 전제 정치를 어떻게 무너뜨릴수 있는가? 혁명가들은 서구 혁명가들의 프로그램을 따라야만 하는가? 러시아의 상황은 상이한 전술을 필요로 하는가? 『무엇을 할 것인가?』에서 레닌은 러시아의 사회주의자들에게는 정치적으로 의식 있는 거대한 노동계급이 혁명을 이룩한다는 이론에 따른 전통적인 마르크스주의 관점을 수정할필요가 있다고 주장했다. 레닌은 러시아에서 혁명은 노동계급을 이끌기 위한 소규모이지만 헌신적인혁명가 집단이 요구된다고 주장했다. 레닌의 전망은 중요한데, 1917년과 그 이후 볼셰비키의 전술과전략을 형성했기 때문이다.

러시아 사회민주주의의 국가적 과업은 세계 그 어떤 사회주의 정당이 결코 마주친 적이없는 그런 것이다. 우리는 우리에게 부과된 전제 정치의 멍에로부터 전 인민을 해방시키는과업인 정치적이고 조직적인 책무를 다하기 위해 매진할 것이다. 이런 점에서 우리는 '전위적 전사들의 역할이 가장 진보된 이론으로 무장한 당에 의해서만 완수될 수 있다는 것'만진술하고자 한다.……

나는 다음과 같이 단언한다. (1) 어떠한 혁명 운동도 연속성을 유지하는 지도자들의 안정적인 조직 없이는 존속할 수 없다. (2) 혁명 운동의 토대를 형성하고 그것에 참여하는 투쟁에 자발적으로 모여드는 인민 대중이 광범위하면 할수록 이 조직은 더욱더 견고해질 것임에 틀림없다(왜냐하면 온갖 종류의 선동 정치가들에게는 대중의 한층 더 후진적인 분파를곁길로 빠지게 하는 것이 훨씬 더 쉽기 때문이다). (3) 그러한 조직은 주로 혁명 활동에 전문적으로 참여하는 사람들로 구성되어야 한다. (4) 전제 정치 국가에서 우리가 그러한 조직의 구성원을 혁명 활동에 전문적으로 참여하고 비밀경찰과 싸우는 기술을 전문적으로 훈련받은 적이 있는 사람들로 한정하면 할수록 그 조직을 적발해내기는 점점 더 어려워질것이다. (5) 노동계급과 이 운동에 가담해 활동적인 일을 수행할 능력이 있게 될 그 밖의사회계급 출신의 사람들의 수가 더욱더 많아지게 될 것이다.……

사회민주주의는 더 나은 조건으로 노동력을 팔기 위해서뿐만 아니라 무산자가 부자에게 스스로를 팔도록 강요하는 사회 체제의 폐지를 위해서도 노동계급의 투쟁을 선도한다.사회민주주의는 소정의 고용주들 집단과의 관계에서뿐만 아니라 근대 사회의 모든 계급과 조직된 정치 세력으로서의 국가에 대한 관계에서도 노동계급을 대표한다. 그러므로 사회민주주의자들은 스스로를 전적으로 경제적 투쟁에만 한정시키지 말아야 한다는 사실이 뒤따른다.……우리는 노동계급의 정치 교육과 그들의 정치의식 발전도 적극적으로 후원해야 한다.

분석 문제

1. 레닌 사상의 핵심적인 특징은 무엇인가?

2. 여기에서 레닌은 혁명적 전위를 위한 규칙들을 세우고 있다. 그의 사상을 형성한 역사적 경험들과 정치 이론들은 무엇인가? 러시아의 경험은 어떤 면에서 독특했는가?

첫 번째 러시아 혁명

1905년에 일어난 혁명은 갑작스럽게 급진 운동의 모든 것을 취했다. 예기치 않게 혁명이 발발한 것은 1904~1905년의 러일 전쟁에서 러시아가 철저히 패배한 결과였다. 급속한 산업화는 러시아를 불균등하게 변모시켜왔다. 예컨대 어떤 지역은 크게 산업화되었던 반면에 다른 지역은 시장 경제로의 통합이 크게 지체되기도 했다. 1880년대와 1890년대의 경제 호황은 상품에 대한 수요가 줄어들고, 물가가 폭등하고, 미성숙한 노동계급이 높은 수준의 실업에 시달리면서 1900년대 초 불황에 빠지고 말았다. 그와 동시에 낮은 곡물 가격은 농민 봉기를 불러일으켰고, 여기에 지나치게 정치적이 된 학생들의 열정적인 급진적 조직화까지 결합되었다.

차르의 육해군이 패배했다는 특파원들의 보도가 잇따르자 러시아 인민은 무능력한 전제 정치의 실상을 절감했다. 이제까지 정치와 거리를 두고 있던 중간계급도 변화를 향한 목소리를 높였고, 급진 노동자들은 파업을 조직하고 모든 주요 도시에서 시위를 벌였다. 차르의 자비심에 대한 신뢰는 1905년 1월 22일 이른바 '피의 일요일(Krovavoe voskresené)' 사건으로 크게 흔들렸다. 그날 가폰(Gapon) 신부의 인도로 약 20만 명의 노동자와 그 가족들은 불만을 표시하기 위해 상트페테르부르크에 있는 차르의 동궁(冬宮)으로 몰려갔다. 근위대가 130명의 시위자들을 사살하고 수백 명을 부상시켰을 때 차르의 정부는 무능할 뿐만 아니라 전제적이고 잔인한 것으로 여겨졌다.

1905년 내내 전반적인 저항이 일어났다. 상인들은 상점 문을 닫았고, 공장주들은 공장 가동을 중지했으며, 변호사들은 법정에서의 변론을 거부했다. 지방 당국자들이 쫓겨나고 종종 분노한 농민들에게 살해당하면서 전제 정치는 농촌 마을과 지역 전체에 대한 통제력을 상실했다. 이에 굴복하지 않을 수 없었던 니콜라이 2세는 개인의 자유, 두마 선거를 위한 온건한 자유주의적 선거권 부여, 두마에게 완전한 입법상의 거부권 등을 서약하는 「10월 선언(Oktyabrsky Manifest)」을 발표했다. 1905년

러시아 혁명에 이르는 길, 1861~1905년	
농노 해방	1861년
국가 주도의 산업화 개시	1880년대~1890년대
알렉산드르 2세의 암살	1881년
알렉산드르 3세의 반동 개혁 실시	1881~1894년
니콜라이 2세가 러시아화 정책을 계속함	1894~1905년
러일 전쟁	1904~1905년
제1차 러시아 혁명: 피의 일요일과 10월 선언	1905년

의 혁명은 차르 체제가 붕괴 직전의 위태로운 상태에 이르게 했지만, 차르에게 근본적인 정치적 변화가 필요하다는 것을 납득시키는 데는 실패했다. 1905년과 1907년 사이에 니콜라이는 「10월 선언」에서 언급한 대부분의 약속을 무효로 했다. 더욱이 그는 두마의 권한 중 많은 부분을 박탈했고 계급에 바탕을 둔 다수의 선거인단에 의한 간접선거를 선포했다. 이후 입법부는 차르를 충실히 따르는 다수의 추종자들로 채워졌다.

그러나 1905년의 반란은 차르의 통찰력 있는 조언자들에게 개혁이 절실하다는 점을 확인시켜주었다. 러시아의 총리 표트르 스톨리핀(1862~1911)이 후원한 농업 프로그램은 특히 중요했다. 1906~1911년간 스톨리핀의 개혁은 500만 에이커[2]의 왕령지를 농민에게 양도하고, 농민이 미르에서 탈퇴해 독립 자영농이 되는 것을 허용하며, 농민의 채무를 취소해주었다. 또한 노조를 합법화하고, 노동시간을 단축시키며(대부분의 경우 10시간이 넘지 않도록), 질병 및 사고 보험을 확립하는 칙령이 발표되었다. 이에 따라 자유주의자들은 러시아가 서구적 모델에 따라 진보적인 국가로 나아가는 도상에 있다는 희망을 가질 수 있었지만, 차르는 여전히 완강하게 전제적이었다. 러시아의 농업은 떠오르는 자본주의 체제와 전통적인 농민 코뮌 사이에서 정체된 상태로 남아 있었다. 러시아의 산업은 러시아가 세계적 강대국으로서 지위를 유지하도록 할 만큼 막강했지만 제1차 세계대전 동안 러시아가 직면하게 될 엄청난 부담을 잘 견딜 만한 근대적인 산업 사회를 창출하기는 거의 불가능했다.

---

2) 2만 234제곱킬로미터 또는 약 200만 헥타르.

내셔널리즘과 제국주의 정치: 발칸 반도

남동 유럽에서 태동하고 있는 내셔널리즘은 와해되고 있던 오스만 제국을 계속해서 분열시켰다. 1829년 이전에 에게 해, 흑해, 아드리아 해에 면해 있는 발칸 반도 전역은 터키인이 지배했다. 그러나 이후 85년 동안 터키 제국은 제국 내의 그리스도교 신민이 일으킨 민족주의적 반란들을 겪었을 뿐만 아니라 경쟁국인 유럽 열강 특히 러시아와 오스트리아에게 영토를 양도했다. 한때 막강한 세계적 강대국이었던 오스만 제국은 이제 '유럽의 병자(sick man of Europe)'로 불렸다. 1829년 러시아와의 전쟁으로 술탄 압둘 하미드 2세(재위 1876~1909)는 그리스의 독립을 인정하고 세르비아와 나중에 루마니아가 된 지방에 자치를 허용했다. 시간이 지남에 따라 오스만 제국의 통치에 대한 반감이 다른 발칸 지역으로 널리 확산되었다. 1875~1876년 보스니아, 헤르체고비나, 불가리아에서 반란이 일어났으나, 술탄은 이를 잔인하게 진압했다. 터키의 그리스도교인에 대한 만행이 보도되자 이는 러시아에게 오랜 숙원인 발칸 반도 지배를 위한 기나긴 투쟁을 재개할 구실을 제공했다. 이 러시아-터키 전쟁(1877~1878)에서 차르의 군대는 대승을 거두었다. 이 전쟁을 종식시킨 산스테파노 조약(Treaty of San Stefano)으로 술탄은 콘스탄티노플 주변의 일부 영토를 제외한 유럽 내 거의 모든 영토를 내놓아야 했다. 그러나 열강들이 이러한 상황에 개입했다. 오스트리아와 영국은 특히 근동의 상당한 지역을 러시아 관할권으로 넘기려 하는 것에 반대했다. 1878년 베를린에서 열린 열강의 회합은 베사라비아를 러시아에, 테살리아를 그리스에 양도하고, 보스니아와 헤르체고비나를 오스트리아의 통제에 두기로 결정했다. 몬테네그로, 세르비아, 루마니아는 독립 국가가 되었고, 이에 따라 근대적인 발칸 민족주의의 시대가 열렸다. 7년 후 베를린 회의에서 자치권을 허용 받은 불가리아인은 터키로부터 동(東)루멜리아 지방을 차지했고, 1908년 독립된 불가리아 왕국을 건설했다. 1908년 오스트리아는 1878년 이래로 자국이 관리해오던 보스니아와 헤르체고비나 지방을 병합했고, 1911~1912년 이탈리아는 터키와 전쟁에 돌입했다. 오리엔트에서의 권력의 진공 상태는 유럽 제국주의의 세력 균형에 심대한 긴장을 초래했다.

터키에서도 민족주의 운동이 대두했다. 계몽된 터키인은 점차로 술탄의 나약함과 정부의 무능력에 대해 불신을 증대시켜왔다. 그들 중 유럽의 대학에서 공부한 사람들은 서구의 과학과 민주적 개혁의 도입을 통한 국가적 원기 회복을 옹호했다. 이들 개혁가들은 서구 민족주의의 자유주의적 변형을 호소하면서 스스로를 '청년 투르크당(Young Turks)'이라고 부르

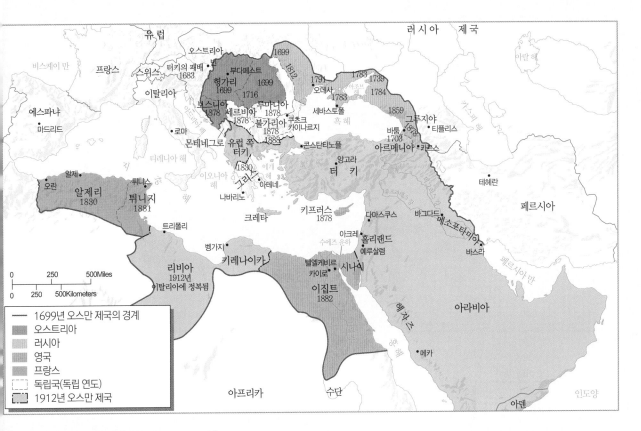

오스만 제국의 쇠퇴, 1699~1912년

유럽과 떠오르는 전 지구적 경제와 관련해 오스만 제국이 서서히 쇠퇴한 것을 어떻게 설명하겠는가? 오스만 제국인들이 지배하는 지역들에서 유럽의 이해관계는 어떠했는가? 유럽은 그러한 이해관계를 어떻게 진척시켰는가? 오스만 권세의 쇠락은 유럽 국가들 사이의 관계에 엄청난 중요성을 지니고 있었다. 그 이유는?

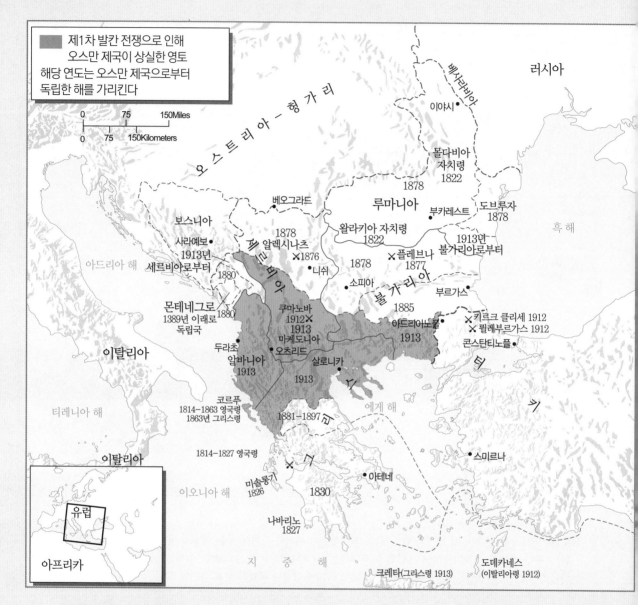

제1차 발칸 전쟁으로 인해 오스만 제국이 상실한 영토 해당 연도는 오스만 제국으로부터 독립한 해를 가리킨다

러시아

베사라비아

이야시

오스트리아 - 헝가리

몰다비아 자치령 1822

베오그라드

루마니아

부카레스트

도브루자 1878

보스니아

1878

사라예보

알렉시나츠

1913년

1876

세르비아로부터

니쉬

1880

왈라키아 자치령 1822

1913년 불가리아로부터

흑 해

플레브나 1877

아드리아 해

세르비아

소피아

불가리아

몬테네그로

1880

1389년 이래로 독립국

쿠마노바 1912

1913

마케도니아

1885

부르가스

아드리아노플 1913

키르크 클리세 1912

이탈리아

두라초

알바니아 1913

오츠리드

1913

살로니카

1913

룰레부르가스 1912

콘스탄티노플

티레니아 해

코르푸 1814-1863 영국령 1863년 그리스령

1881-1897

에게 해

스미르나

이탈리아

1814-1827 영국령

이오니아 해

미솔롱기 1826

1830

아테네

나바리노 1827

지 중 해

크레타(그리스령 1913)

도데카네스 (이탈리아령 1912)

유럽

아프리카

발칸 반도의 신생국들

이 나라들이 자국의 독립을 획득하거나 부여받은 연도들을 생각해보라. 이 나라들은 어떻게 주권 국가가 되었는가? 어떤 더 큰 강대국들이 이 나라들의 생존에 관심을 갖고 있었는가? 이 신생국들의 출현으로 어떤 문제들이 해결되었는가? 그로 인해 불거진 새로운 문제들은 무엇인가?

고 1908년에 술탄에게 입헌 정부를 세우도록 하는 데 성공했다. 다음 해 반동적인 운동에 직면해 그들은 압둘 하미드 2세를 퇴위시키고 그의 동생 무하마드 5세(재위 1909~1918)를 권좌에 앉혔다. 정부의 실질적 권력은 이제 선거로 구성된 의회를 책임져야 할 대신과 장관들에게 부여되었다. 하지만 새로운 대의제 정부는 제국의 비터키계 주민에게 자유를 확대하지는 않았다. 도리어 청년 투르크당은 그리스도교와 무슬림 공동체들을 모두 한층 중앙집권화된 통제 아래 두고 터키 문화를 확산시키고자 하면서 제국의 모든 신민을 '오스만화'하기 위한 정열적인 노력을 개시했다. 그러나 유럽에서의 영토 상실을 벌충하기 위해 계획한 이 노력은 새로운 개혁주의 정권의 인기만 깎아 내렸다.

근대 과학 및 정신

♣ 새로운 과학 이론들이 문화에 끼친 영향은 무엇인가?

19세기 자유주의자들은 개인주의, 진보, 과학을 믿었다. 과학은 기술적·물질적 보상을 가져다주었을 뿐만 아니라 자연 법칙을 밝혀내고 지배하기 위한 인간 이성의 능력에 대한 자유주의자의 신념을 확인시켜주었다. 하지만 19세기 말이 되자 과학적 발전은 이러한 기대를 허용하지 않았다. 다윈의 진화론, 심리학, 사회과학 등은 모두 전통적인 지혜와 크게 상충되는 인류에 대한 비전을 소개했다. 그와 동시에 예술가와 지식인은 19세기의 관습에 대항해 반란을 시작했다. 도덕, 태도, 제도, 전통 등 모든 기존의 가치와 가정은 한 세대의 자의식적인 전위예술가들이 과거와의 급격한 단절을 요구하면서 의문시되었다. 이러한 사상 세계에서의 대변동은 개인성, 문화, 의식 등에 대한 이전의 개념을 뒤흔들어놓았다. 근대적인 개인은 더 이상 계몽주의적 사고의 자유롭고 합리적인 대행자가 아니라 오히려 비합리적인 내적 추진력과 통제할 수 없는 외적 환경의 산물로 여겨졌다. 현대 사회학의 창시자 중 한 사람인 게오르그 짐멜(1858~1918)은 1902년에 다음과 같이 썼다. "근대적 생활의 가장 심각한 문제는 압도적인 사회 세력, 역사적 유산, 외부의 문화, 삶의 기술 등에 직면해 자기 존재의 자치권과 개인성을 보존하고자 하는 개인의 요구로부터 온다."

다윈의 혁명적 이론

마르크스가 사회의 개념을 바꾸어놓았다면, 찰스 다윈(1809~1882)은 그보다 한 가지 더 나았는데, 그의 자연선택에 따른 생물 진화의 이론은 자연 자체의 개념을 변화시켰기 때문이다. 다윈의 진화론은 정치적·사회적 변화에 대한 과학적 설명과 상상적인 은유를 모두 포함하는 것으로서 인간의 생물학, 행동, 사회에 관해 불안하게 만드는 새로운 그림을 소개했다. 마르크스주의와 더불어 진화론의 핵심 개념은 어떤 사람에게는 수용되었고 다른 사람에게는 거부되었으며 19세기 말과 20세기 초에 형성된 여러 가지 예기치 못한 종종 갈등을 일으키는 방식으로 해석되고 전개되었다.

진화의 이론은 다윈에게서 기원한 것은 아니지만 이전의 이론들 중 그 어느 것도 광범위한 과학적 또는 대중적 평판을 얻지는 못했다. 19세기의 지질학자들과 여러 과학자들은 세상이 수백만 년에 걸친 자연적 과정을 통해 형성되었다는 증거를 갖고 성경의 창조설에 도전해왔다. 하지만 이러한 과정의 본질, 특히 서로 다른 종이 어떻게 나타나게 되었는가에 대한 질문은 밝혀지지 않은 채 남아 있었다. 이에 대해 해답을 찾으려는 중요한 시도 중 하나는 19세기 초 프랑스의 생물학자 장 라마르크(1744~1829)에 의해 제시되었다. 그는 행동의 변화들이 한 세대 내에 동물의 신체적 특징을 바꾸어놓을 수 있고, 이러한 새로운 형질들은 후손에게 전달된다고 주장했다(유명한 사례에서 라마르크는 기린의 긴 목이 한결 더 높이 달린 잎사귀에 도달하려는 수세대에 걸친 기린들의 행동의 결과였다고 믿었다). 라마르크는 획득 형질의 계승이 시간이 흐르면서 동물의 새로운 종을 창조한다고 시사했다. 라마르크의 가설은 광범위한 공격을 받았지만 지지자들을 확보했고 유전적 상속에 대한 이해가 없었음에도 20세기에 이르기까지 대중적인 진화의 개념으로 존속했다.

1859년 영국의 박물학자 찰스 다윈이 『종의 기원(Origin of Species)』을 출간하면서 생물의 진화에 관한 한층 더 설득력 있는 가설이 나왔다. 작은 마을에서 의사의 아들로 태어난 다윈은 1830년대의 5년(1831~1836)을 영국 군함 '비글'호에 무보수로 승선하는 자연사가로 보냈다. 이 배는 세계 일주를 하면서 과학적 탐험을 하기 위한 특허장을 부여받았다. 이 항해는 다윈에게 동물 생활의 여러 가지 변이에 대해 관찰할 절호의 기회를 가져다주었다. 그는 섬에 서식하는 종(種)들과 인근 대륙에 사는 관련된 동물 사이의 차이에 주목했고 동일한 지역에서 살아 있는 동물과 소멸된 종의 화석 사이의 유사성을 관찰했다. 친숙했던 비둘기 사육(빅토리아 시대의 인기 있는 취미생활)에서 다윈은 특정 형질이 제어된 짝짓기를 통해 인위적으로 선택될 수 있다는 것을 알았다. 이와 유사한 '선택' 과정이 자연에서도 작동하는가?

다윈의 혁명적 대답은 '그렇다'였다. 그는 한 개체군 내에서의 변이(더 긴 부리나 보호색 같은)가 어떤 개체를 생존에 더 적합하게 만들어 번식 기회를 높여주고 이에 따라 유리한 형질을 다음 세대로 전달해준다는 것을 이론화했다. 다윈은 이러한 결론에 도달하기 위해 경제학자이자 인구학자인 토머스 맬서스의 사상에 의존했다. 맬서스는 일찍이 자연에서 생존할 수 있는 것보다 훨씬 더 많은 개체가 태어나며 결국에는 먹이를 둘러싼 투쟁에서 더 약한 개체가 사라져야 한다고 주장했다. 다윈의 설명에서 이러한 맬서스적인 경쟁은 적응을 유도하고 적응에 성공하게 된다면 살아남게 된다. 그는 환경은 가장 잘 살아남고 번식할 수 있는 후손 중에서 변이를 '선택'하는 한편 생물학적 형질이 덜 '적합한' 변이는 도태시킨다고 주장했다.

다윈은 이와 같은 변이와 자연선택의 이론으로써 새로운 종의 기원을 설명했다. 그는 유리한 형질을 지닌 개개의 식물과 동물이 수세대에 걸쳐 후손에게 자신의 유전된 성질을 전달할 것이고 적합하지 않은 개체는 계속 도태됨으로써 종국에는 새로운 종이 나타날 것이라고 믿었다. 다윈은 자신의 진화 개념을 식물 및 동물의 종뿐만 아니라 인간에게까지 적용했다. 그의 관점에 따르면 인류는 이미 오래전에 소멸했지만 현존하는 유인원과 인간의 공통 선조인 유인원 조상으로부터 진화해왔다. 다윈은 이 불편한 사상을 자신의 두 번째 위대한 작품 『인간의 유래(The Descent of Man)』(1871)에서 소개했다. 과학은 뉴턴 이래로 최소한 자연계를 이해하고 지배하기 위한 인간의 능력에 대한 믿음에 영감을 불어넣어왔다. 하지만 다윈의 혁명은 그러한 믿음을 위태롭게 만드는 것처럼 보였다.

다윈과 그의 독자들

찰스 다윈의 『종의 기원』(1859)과 그의 자연선택 이론은 자연사에 대한 서양의 지식을 바꾸어놓았다. 하지만 다윈 저작의 영향은 과학계의 범주를 훨씬 넘어선다. 그것은 심지어 다윈의 학문적 기여를 훨씬 능가하는 문화적 중요성을 갖는다. 다윈주의가 얼마나 대중화되었는가는 복잡한 질문인데, 왜냐하면 작가와 독자들은 다윈의 사상을 다양한 정치적·문화적 목적에 맞도록 주조할 수 있었기 때문이다. 첫 번째 발췌문은 『종의 기원』의 결론에서 따온 것으로 다윈이 생각한 자연계를 지배하는 서로 다른 법칙들을 상세히 설명한다. 두 번째 발췌문은 서부 독일 출신의 점토 광부인 니콜라스 오스터로트(1875~1933)의 자서전에서 따온 것이다. 오스터로트는 야심 많은 독학한 사람이었다. 그의 글은 다윈에 관해서 들은 것에 대한 그의 반응과 19세기 말 과학에 대한 그의 열의를 보여준다.

『종의 기원』

자연 분류는 계통학적 배열이다. 우리는 그 속에서 비록 생명 유지와 관련해서는 사소해 보이더라도 가장 영속적인 형질이 어떻게 내려오는가를 발견해야 한다.

인간의 손, 박쥐의 날개, 돌고래의 지느러미, 말의 다리에서 동일함을 보이는 뼈의 구성, 기린과 코끼리의 목을 형성하는 동일한 수의 척추, 그리고 헤아릴 수 없이 많은 이러한 사실들은 즉시 느리면서도 사소한 연속적인 변형을 지닌 유전 이론에 관해 스스로 설명해준다. 게의 집는 부분과 다리, 꽃의 꽃잎·수술·암술처럼 서로 다른 목적을 위해 사용되지만, 박쥐의 날개와 다리 유형의 유사성은 각 강(綱)의 초기 원종(原種)에서 서로 같았던 부분이나 기관들의 점진적 변형에 대한 관찰을 통해 이해할 수 있다.……

많은 종류의 식물들, 덤불에서 노래하는 새들, 훨훨 나는 다양한 곤충들, 축축한 땅을 기어가는 벌레들로 뒤덮인 혼란스런 둑을 관찰하고, 서로서로 너무도 다르고 서로서로 너무도 복잡한 방식으로 의존하는 정교하게 구성된 형태들이 모두 우리 주위에서 작동하는 법칙들로 생산되었다는 것을 숙고하는 것은 흥미롭다. 이 법칙들은 가장 광범위한 의미로 생각해보면 생식(生殖)을 수반하는 성장, 거의 생식에 내포되어 있는 유전, 생명의 외적 조건들의 간접적이고 직접적인 활동에 따른 그리고 용불용(用不用)에 따른 변이성, 생존 경쟁을 이끌고 자연선택의 결과로서 형질 분기(Divergence of Character)와 덜 발달한 형태들의 소멸을 가져오는 너무 높은 증가율 등이다. 따라서 자연의 전쟁에서 또한 기근과 죽음에서 우리가 생각할 수 있는 최고의 대상, 즉 고등 동물의 산출이 머지않아 뒤따른다. 본래 소수의 형태나 또는 하나의 형태로 숨이 불어넣어진 생명의 관점에는 그것이 지닌 몇 가지 능력과 더불어 숭고함이 있다. 그리고 이 행성이 확고한 중력의 법칙에 따라 회전하며 지나가는 동안 그렇게 단순한 출발로부터 가장 아름답고 가장 놀라운 무한한 형태들이 진화해왔고 진화하고 있는 중이다.

니콜라스 오스터로트: 어느 광부의 반응

그 책은 '모세 혹은 다윈?(Moses or Darwin?)'이라고 불렸다.……매우 대중적인 문체로 집필된 이 책은 창조에 관한 모세의 이야기를 자연 진화의 역사와 비교하고 성서 이야기의 모순들을 해명하며 유기체 및 무기물의 자연의 진화를 풍부한 놀라운 증거들로 뒤섞어 간결하게 서술했다.

나에게 특히 인상적이었던 것은 이제 내게 분명해진 사실이다. 즉, 진화적 자연의 역사는 고등교육 기관들이 독점했다는 것, 뉴턴·라플라스·칸트·다윈·헤켈 등은 계몽주의를 단지 상류 사회계급들에게만 가져다주었다는 것, 문법학교의 보통 사람들에게는 늙은 모세가 엿새에 걸쳐 세계를 창조했다는 것이 여전히 권위 있는 세계관이라는 것 등이다. 상류 계급들에게는 진화가 있었고 우리에게는 창조가 있었다. 그들에게는 자유롭게 하는 생산적인 지식이 있었고 우리에게는 완고한 신앙이 있었다. 운명이 좋아하는 자들에게는 빵을 주고 진리에 굶주린 자들에게는 돌을 던지는구나!

사람들은 왜 과학을 필요로 하는가? 그들은 왜 세계관(Weltanschauung)을 필요로 하는가? 사람들은 늘 모세를 간직해야 하고 종교를 유지해야 한다. 왜냐하면 종교는 가난한 사람의 철학이기 때문이다. 만약 모든 광부와 농부가 천문학, 지질학, 생물학, 해부학 등에 쓸데없이 참견할 기회를 갖는다면 우리는 어떤 처지에 처하게 될 것인가? 소유하고 특권을 지닌 계급들의 신적인 세계 질서를 위한 그 어떤 목적이라도 노동자들에게 프톨레마이오스의 천공(天空)에 관한 이론이 오래전에 붕괴되었고, 우주 밖에는 영원한 창조와 파괴의 과정이 있으며, 일반적으로 우주에서 우리의 작은 지구에서처럼 모든 것이 영원한 진화에 속박되어 있고, 이러한 진화는 늙은 모세의 여호와의 전능함조차도 도전하는 불변의 자연법에 따라 일어난다고 알려주기 위해 기여하는가?……왜 우둔한 사람들에게 코페르니쿠스와 그의 추종자들이 늙은 모세의 창조자를 타도하고 다윈과 현대 과학이 창조자의 결정적인 약점으로부터 바로 그 근거를 파냈다는 것을 알려주겠는가?

그것은 자살행위가 되겠지! 그래, 오래된 종교는 지배계급의 신적인 세계 질서를 위해 너무나 편리하니까! 노동자가 신실하게 내세를 희망하는 한에서 그는 이 세상에서 활짝 핀 장미를 꺾을 생각을 하지 않을 것이다.……

모든 문명 국가에서 소유하고 있는 계급들은 자신을 신과 같은 존재로 만들어줄 하인들을 필요로 한다. 그래서 그들은 하인이 지식의 나무에서 열매를 따 먹는 것을 허용할 수 없다.

분석 문제

1. 진화론은 혁명적이었나? 만약 그렇다면, 어떤 면에서 그러한가? 뉴턴이 17세기와 18세기를 위해 한 것을 다윈이 19세기를 위해 했다고 말하는 것이 공정할까?

2. 사람들은 왜 자연계가 법칙에 의해 지배된다고 생각했는가? 이러한 생각은 종교적 믿음이나 과학적 사실이었나?

3. 다윈의 어떤 측면이 오스터로트를 매혹시켰고 그 이유는 무엇인가?

다윈의 이론과 종교

다윈의 저작들이 함축하고 있는 내용은 진화론 과학의 영역을 훨씬 넘어선 것이었다. 가장 주목할 만한 것은 다윈의 저작들이 독실하게 유지된 종교적 믿음에 도전을 가하면서 신의 존재와 인식 가능성에 대한 대중의 논의를 촉발시켰다는 점이다. 대중의 비판은 다윈이 성경에 대한 글자 그대로의 해석과 모순된다고 비난했지만, 그러한 모순은 신앙심이 깊은 중간계급의 독자들을 불편하게 만들었던 것은 아니었다. 다비드 프리드리히 슈트라우스(1808~1874) 같은 탁월한 신학자의 저작은 이미 그리스도교인들에게 성경의 부정확성과 일관성 없음에 자신의 신앙을 적응시키도록 도움을 주었다. 그들은 다윈이 세상과 세상의 생명체들이 엿새가 아니라 수많은 세월에 걸쳐 발전해왔다는 (아니면 주장했다는) 이유로 단순히 종교나 신앙 그 어느 것도 포기할 필요는 없었다. 19세기의 신앙심 깊은 독자가 받아들이기 힘들다고 생각한 것은 자애로운 하나님과 도덕적으로 인도되는 우주라는 믿음에 대한 다윈의 도전이었다. 다윈의 설명에 따르면 세상은 질서, 조화, 신의 의지에 지배되는 것이 아니라 임의의 우연과 부단하면서도 방향이 정해지지 않은 투쟁에 지배되는 것이었다. 더욱이 다윈적 세계관은 선악의 개념을 단지 생존능력의 관점에서 정의하기 때문에 인류에게서 비판적인 도덕적 확실성을 빼앗아가는 것처럼 여겨졌다. 다윈은 하나님에 대한 믿음과 자신의 이론을 조화시킬 수 있었지만, 다른 사람들은 그의 저작을 그리스도교 정통성에 대한 맹렬한 공격으로 이해했다. 철학자인 토머스 헨리 헉슬리(1825~1895)도 그런 인물 중 하나였다. 그는 다윈의 이론이 함축하고 있는 것을 받아들이려고 하지 않는 그리스도교인들을 통렬히 비난했기 때문에 '다윈의 불독'이라는 별명을 얻었다. 헉슬리는 스스로를 불가지론자(不可知論者)라고 불렀다. 불가지론자는 하나님의 존재나 본질 그 어느 것도 알 수 없기 때문에 "신학자들의 하나님과 같은 그런 존재가 존재한다는 증거는 없다"고 주장했다. 헉슬리는 모든 형태의 도그마에 반대하면서 생각하는 사람은 이성이 '데려다주는 데까지' 단순히 따라가야 하고 우주의 궁극적 성격은 인간의 이해력 너머에 있다고 주장했다.

사회진화론

자연선택 이론은 19세기 말에 발전하고 있던 사회과학에도 영향을 미쳤다. 사회학, 심리학, 인류학, 경제학 등과 같은 새로운 학문은 사회에 대한 분석에 과학적 방법을 적용시키고자 했고 인간 경험을 계량화하고 측정하며 해석하는 새로운 방식을 도입했다. '과학'이라는 권위 있는 기치 아래 이들 학문은 종종 유럽 남녀의 건강과 복지를 향상시키기 위해 사회에 막강한 영향을 행사했다. 그러나 사회진화론의 영향에서 보게 될 것처럼 사회과학은 여러 형태의 경제적·제국주의적·인종적 지배를 위한 정당화를 제공해줄 수도 있었다.

영국의 철학자 허버트 스펜서(1820~1903)가 가장 유명한 옹호자로 꼽히는 사회진화론은 다윈의 개체 간 경쟁과 생존 개념을 계급·인종·국가 사이의 관계에 적용시킴으로써 다윈을 경악시키는 방식으로 그의 사상을 개작했다. '적자생존'이라는 문구를 만들어낸 스펜서는 진화론을 자유 경쟁의 미덕을 서술하고 국가 복지 프로그램을 공격하기 위해 이용했다. 개인주의의 옹호자인 스펜서는 모든 형태의 집산주의를 원시적이고 비생산적인 사회진화 초기 단계의 유물이라고 비난했다. 경제 및 사회적 곤경을 경감시키거나 대기업에 제약을 가하고자 하는 정부의 시도는 스펜서의 관점에서 보면 개인적 적응과 경쟁을 통해서만 일어날 수 있는 역동적인 문명의 진보에 대한 방해물이었다. 그러한 주장은 특히 미국에서 의심할 바 없이 적자(適者)로 여겨지는 것을 반기는 일부 부유한 산업가들로부터 커다란 갈채를 받았다.

생물학적 진화 과학과는 달리 대중화한 사회진화론은 이해하기 쉬웠고 (적자생존에 집중된) 개념들은 곧 당대의 정치적 어휘로 통합되었다. 자유방임적 자본주의의 옹호자들과 사회주의의 반대자들은 다윈주의의 수사학을 시장 경쟁과 빈부의 '자연적 질서'를 정당화하기 위해 사용했다. 민족주의자들도 제국주의적 팽창과 전쟁을 합리화하기 위해 사회진화론을 포용했다. 스펜서의 학설 또한 인종적 계급제도와 백인이 진화적 발전의 절정에 도달했기에 다른 인종을 지배하고 통치할 권리를 획득했다고 주장하는 백인 우월이론과 긴밀하게 연결되었다(제25장 참조). 아이러니하게도 일부 진보적 중간계급 개혁가들도 이와 유사한 인종적 가설에 의존했다. 예컨대 사회의 보건과 복지를 향상시키기 위한 그들의 운동은 유럽이 비록 지배적이기는 하지만 진화의 사다리를 끌어내릴 수도 있다는 두려움에 영향을 끼치기도 했다. 진화론은 그것이 지닌 불안정한 잠재력에도 불구하고 정치적 목적의 범위를 발전시키고 뿌리 깊은 편견들을 강화하기 위해 이용되었다.

초기 심리학: 파블로프와 프로이트

새로운 사회과학자들이 의식적으로 합리적이고 과학적인 원리의 이용에 의존했지만, 그들의 발견은 종종 그 반대의 것, 예컨대 인간 경험의 비합리적이고 심지어 동물적인 본성을 강조하기도 했다. 다윈은 이미 인류가 근본적으로 다른 동물의 왕국에 비해 우월하다는 관념에 의문을 제기했고 이와 유사하게 새로운 심리학 분야에서 도출된 결론들을 당혹스럽게 만들고 있었다. 육체와 정신 사이의 관계를 확립할 수 있었던 심리학적 실험들은 인간의 정신적 기질을 이해하기 위한 완전히 새로운 방법을 약속했다. 러시아 의사 이반 파블로프 (1849~1936)의 연구는 임의의 자극이 (때때로 의도하지 않은) 신체적인 반사 반응을 일으킬 수 있다는 '고전적 조건 형성'이라고 부르는 행동의 한 형태를 설명했다. 파블로프의 유명한 실험은 만약 개에게 종을 치면서 동시에 먹이를 갖다 주면, 나중에는 종소리만 듣고도 마치 음식 냄새가 나거나 눈앞에 있는 것처럼 반응해 타액을 분비하게 된다는 것을 보여주었다. 더욱이 파블로프는 그러한 조건 형성이 인간 행동의 중요한 부분을 구성한다고 주장했다. '행동주의(behaviorism)'라고 알려진 이러한 생리학적 심리학은 정신과 의식 같은 애매한 개념을 피하고 대신에 근육, 신경, 선(腺), 장기(臟器) 등의 반응에 집중했다. 행동주의자들은 인간 행위는 이성에 지배되기보다는 환경의 자극으로 생겨난 생리적인 반응이라고 해석했다.

심리학의 두 번째 주요 학파 역시 행동주의처럼 인간 행위는 주로 무의식적이고 비합리적인 정신력으로 움직인다고 시사했다. 오스트리아의 의사 지그문트 프로이트(1856~1939)가 창시한 정신분석학은 정신에 관한 새롭고 역동적이며 불안정한 이론을 주창했다. 이 이론은 다양한 무의식적 충동과 욕구가 합리적이고 도덕적인 의식과 충돌한다고 보았다. 수년에 걸쳐 신경병 환자들을 치료하는 과정에서 발전한 정신에 관한 프로이트의 모델은 다음과 같은 세 가지 요소를 포함했다. 첫째, 무의식(id, 원초아) 또는 쾌락, 성적 만족, 공격성 등에 대한 무절제한 욕구. 둘째, 초자아(superego) 또는 의식으로서 이것은 도덕과 문화가 금지하는 것들을 기억한다. 셋째, 자아(ego)로서 무의식과 초자아 사이의 충돌이 해결되는 영역이다. 프로이트는 대부분의 정신질환은 본능적 충동과 문화적 제약 사이의 화해할 수 없는 긴장에서 비롯된다고 믿었다. 프로이트는 꿈과 무심코 입 밖에 내는 말뿐만 아니라 그러한 질환들을 연구함으로써 과학자들이 잠재된 의식의 영역을 일별할 수 있고 따라서 외관상 비합리적인 행동을 이해할 수 있다고 믿었다. 실제로 모두를 아우르는 정신 이론을 향한 프로이트의 탐색은 19세기 과학의 교의에 철저히 의거한 것이었다. 하지만 프로이트의 이론은 비합리성을 강조함으로써 인간 이성의 가치와 한계에 관해 더 많은 우려를 자아냈다. 또한 그의 이론은 서양 문명의 도덕적이고 사회적인 규약이 부과한 제약들에 대한 강력한 비판을 제기했다.

전통에 대한 니체의 공격

서구의 가치들에 대해 독일의 철학자 프리드리히 니체(1844~1900)보다 더 광범위하고 한층 더 영향력 있게 공격한 사람은 없었다. 니체는 19세기의 도덕적 확실성을 꼬챙이에 꿰었다. 니체는 프로이트처럼 중간계급의 문화를 관찰한 뒤 그것이 환상과 자기 기만에 지배된다고 믿었고 그것을 폭로하고자 했다. 니체는 에두른 암시적인 산문체로 합리적 논법을 거부한 저작들에서 서양 문화를 비판했다. 그는 본질적으로 과학, 진보, 민주주의, 종교 등과 같은 개념에 대한 부르주아의 믿음이 무익하고 따라서 비난할 만한 안전과 진리에 대한 모색을 나타낸다고 주장했다. 니체는 진리나 실체를 알 수 있는 가능성을 단호히 거부했다. 왜냐하면 모든 지식은 언어적, 과학적 또는 예술적인 표현 체계를 통해 여과되어 나오기 때문이었다. 그는 유대-그리스도교적 도덕성이 문명의 생명력을 고갈시키는 억압적인 순응주의를 주입시킨다는 이유로 이를 비웃은 것으로 유명했다. 니체의 철학은 어떤 구체적인 정치적 또는 사회적 목적을 제공하지 않았지만, 개인적 자유 특히 자유를 억누르는 역사와 전통으로부터의 자유라는 주제를 울려 퍼지게 했다. 니체의 이상적 개인 또는 '초인'은 문화적 순응주의라는 짐을 벗어던지고 예술적 비전과 인격의 힘에 기초한 독립적인 가치들을 창조하는 사람이었다. 니체는 혼돈에 빠진 우주에 대항한 개인적 투쟁을 통해서만 서양 문명이 구원될 것이라고 예상했다. 『차라투스트라는 이렇게 말했다(Also sprach Zarathustra)』(1883), 『선악을 넘어서(Jenseits von Gut und Böse)』(1886), 『도덕의 계보(Zur Genealogie der Moral)』(1887)를 포함한 그의 저작들은 근대화의 긴장이 유럽 사회의 토대를 부수기 시작하는 1890년대부터 광범위한 명성을 얻었다.

종교와 그 비판자들

다양한 과학적·철학적 도전에 직면해 전통적 신앙을 고수하고 있는 기관들은 자신이 수세적 입장에 있다는 것을 발견했다. 로마 가톨릭 교회는 자체의 교리에 호소하고 전통을 공경함으로써 세속 사회의 침입에 대응했다. 1864년 교황 비오 9세는 「근대적 오류에 대한 교서 요목(Syllabus errorum modernorum)」을 발표해 자신이 당대의 주요 종교적·철학적 오류라고 생각한 것들을 비난했다. 그 오류 중에는 물질주의, 자유사상, 무관심주의(한 종교는 또 다른 종교만큼이나 좋은 것이라는 사상) 등이 포함되었다. 비오 9세는 또한 가톨릭 종교개혁 이래 처음으로 공의회를 소집해 1871년 교황 무오류론의 교리를 선포했다. 교황 무오류론이란 교황은 '모든 그리스도교인의 목자이자 의사'의 자격으로 신앙 및 도덕의 문제에 관한 한 오류가 있을 수 없다는 것을 의미했다. 이 교황의 무오류론은 독실한 가톨릭 신자에게는 전반적으로 수용되었지만 많은 집단들의 강력한 저항을 불러일으켰고, 프랑스, 에스파냐, 이탈리아를 포함한 일부 가톨릭 국가의 정부들도 이를 비난했다. 하지만 1878년 비오 9세의 죽음과 교황 레오 13세(재위 1878~1903)의 즉위는 교회에 한결 융통성 있는 분위기를 가져다주었다. 새 교황은 근대 문명에는 선한 것과 마찬가지로 악한 것도 있다는 것을 인정했다. 그는 바티칸에 과학적 소양을 갖춘 참모를 보강했고 문서보관소와 전망대를 개방했다. 그러나 그는 정치적 영역에서 자유주의를 더 이상 용인하지 않았다.

프로테스탄트교도들도 근대화되어가는 세계에 대응하지 않으면 안 되었다. 이들은 단지 성경과 자발적인 의식 정도의 도움으로 하나님을 이해해야 한다고 배웠기 때문에 프로테스탄트교도들은 가톨릭교도와는 달리 자신들의 신앙을 방어하기 위한 신조라는 방식으로 스스로를 도울 길은 거의 없었다. 일부 근본주의자들은 과학 및 철학적 탐구가 함축하고 있는 것을 모두 무시하고 성경의 글자 그대로의 진리를 계속 믿기로 했다. 그 밖의 프로테스탄트들은 실용주의자로 알려진 미국의 철학 학파—찰스 퍼스(1839~1914)와 윌리엄 제임스(1842~1910) 등—로부터 근거를 찾았다. 이 학파의 논리에 따르면 만약 하나님에 대한 믿음이 정신적 평화와 영적인 만족을 가져다준다면 그 믿음은 진리임에 틀림없다고 가르쳤다. 실용주의자에게 진리란 무언가 유용하고 또 실제적인 결과를 마련해주는 것이었다. 다른 프로테스탄트 분파는 선교회를 설립하고 가난한 사람들 속에서 노동과 선행을 하면서 종교적 회의에 대한 위안을 찾으려 했다. 이러한 사회 복음을 지지했던 많은 사람들은 기적과 원죄에 대한 믿음을 버리고 그리스도교의 윤리적 가르침을 받아들였던 모더니스트들이었다.

새로운 독자층과 대중적 언론

다양한 과학 및 철학적 도전이 19세기 말에 살았던 사람들에게 어떤 영향을 주었는지 정확하게 측정할 수 없다. 진화론이 함축하고 있는 것들과는 별 상관없이 열심히 자기 할 일을 했던 수많은 사람들은 의심할 바 없이 그들이 이전에 믿어왔던 것을 기꺼이 믿었다. 확실히 대부분의 중간계급 구성원에게 사회주의의 도전은 아마도 과학 및 철학의 도전이 하지 못했던 '현실적인' 방식으로 이해되었다. 사회주의는 과학적 흥미를 능가했다. 다윈과 프로이트의 이론이 널리 퍼지고 파란을 일으켰지만 사회주의 정도의 문제가 되지는 않았다. 사람들은 자신의 기원이나 궁극적 운명에 대한 생각을 접어둘 수 있었고, 더욱이 수많은 독실한 사람들은 신앙과 종교를 새로운 과학과 조화시킬 수 있었다. 하지만 지금까지 살펴본 변화들은 마침내 커다란 충격을 가하고 말았다. 다윈의 이론은 대중화되기에는 너무 복잡했다. 만약 교육 받은 사람들이 『종의 기원』을 읽을 시간이 없거나 생각이 없다면, 그들은 그 책이 함축하고 있는 것을 요약한 잡지와 신문(항상 정확한 것은 아니지만)을 읽었다. 그들은 정치적 연설에서 소설과 범죄 보고서에 이르는 다양한 분야에서 그 책의 일부 중심 개념들과 마주쳤다.

새로운 사상들은 읽고 쓰는 능력 비율의 증가와 새로운 형태의 대중 출판문화의 성장으로 더욱 확산되었다. 1750년과 1870년 사이에 독자층은 귀족계급에서 중간계급 동아리를 포함할 정도로 확대되었고 이후로 점차 읽고 쓸 줄 아는 일반 민중으로까지 확대되었다. 1850

년 유럽 인구의 대략 절반 정도가 읽고 쓸 줄 알았다. 이후 몇 십 년 사이에 나라들마다 사회적 향상의 기회를 제공하고 기술 및 과학적 지식을 전파하며 시민 및 국민적 자부심을 고취시키기 위해 국가가 재정을 뒷받침하는 초등 및 중등교육이 도입되었다. 영국은 1870년, 스위스는 1874년, 이탈리아는 1877년에 초등교육을 실시했다. 프랑스는 1878년과 1881년 사이에 기존 체제를 확대했다. 독일은 1871년 이후 프로이센을 모델로 국가 교육 제도를 제정했다. 1900년에 이르면 영국, 프랑스, 벨기에, 네덜란드, 스칸디나비아, 독일 인구의 대략 85퍼센트가 글을 읽을 수 있었다. 대중 독자의 시대가 열린 것이다. 그러나 다른 지역에서 그 비율이 30~60퍼센트 정도로 훨씬 낮았다.

읽고 쓸 줄 아는 비율이 가장 높았던 나라들에서 영국의 알프레드 함스워스(1865~1922)와 미국의 윌리엄 랜돌프 허스트(1863~1951) 같은 상업적 출판인들은 새로이 등장한 독자층을 겨냥했다. 중간계급 독자들은 자신의 흥미와 관점에 맞는 신문들을 한동안 잘 받아보았다. 런던의 《타임스》는 1850년경 5만 명을 훨씬 넘는 독자를, 프랑스의 《프레스(Presse)》와 《시에클(Siécle)》은 7만 명의 독자를 보유했다. 하지만 1900년에 이르러 다른 신문들이 나타나 선정적인 저널리즘과 자극적이고 읽기 쉬운 연재물을 실어 새로이 글을 깨우친 사람들을 파고들었다. 광고는 대량 시장 신문들의 단가를 엄청나게 낮추어 심지어 노동자들조차도 하루에 신문 한 부 내지 두 부를 구독할 수 있었다. 싸구려 언론사들의 황색 저널리즘은 신문의 구독률을 증가시키고 이로써 한층 더 수지맞는 광고 판매를 보장할 요량으로 뉴스에 연예와 선정성을 가미했다. 하지만 출판인과 마케팅 담당자들만이 이 떠오르는 대중 시장에 눈독을 들인 것은 아니었다. 20세기가 진행되면서 예술가, 활동가, 정치가, 그리고 무엇보다도 정부도 자신의 메시지를 대중에게 전달하는 데 점점 열중하게 되었다.

초기의 모더니스트: 예술에서의 혁신

19세기 말 유럽의 모진 시련 속에서도 과학적·기술적·사회적 변화들로 벅차오르고 있는 유럽 대륙 전역의 예술가들은 근대 세계에서의 예술의 본질을 비판적이고 체계적으로 재조사하기 시작했다. 신세대의 화가, 시인, 작가, 작곡가들은 자유주의적 중간계급 사회의 도덕 및 문화적 가치들에 대해 의문을 제기하기 시작했다. 그중 일부는 진지하게 망설이며 의문을 제기했고, 또 다른 일부는 부주의하게 닥치는 대로 그렇게 했다. 일련의 아찔한 실험, 혁신, 단명한 예술 운동, 폭발적인 선언문 속에서 나중에 '모더니즘(modernism)'으로 칭하게 되는 것의 개척자들은 20세기의 상당 기간을 지배하게 되는 예술 형식과 미학적 가치들을 발전시켰다.

그런 용어들이 모두 그렇듯이 '모더니즘'은 정의내리기 힘들다. 모더니즘은 회화, 조각, 문학, 건축에서 연극, 무용, 음악 작곡에 이르기까지 문화 창작의 전 영역에 미치는 다양하면서도 종종 모순적인 이론과 실천을 망라했다. 하지만 그러한 다양성에도 모더니즘 운동은 확실한 핵심적 특징을 공유했다. 첫째, 세계는 급격하게 변화해왔고 변화는 포용되어야 한다는 생각(과학과 기술에 대한 모더니스트들의 관심), 둘째, 전통적 가치와 가설은 시대에 뒤떨어진 것이라는 믿음, 셋째, 예술이 할 수 있는 것에 대한 새로운 개념, 즉 단순한 묘사에 비해 표현을 강조하고 실험과 자유를 강조하는 새로운 개념 등을 공유했다.

이러한 경향에 더해 초기 모더니즘은 예술과 사회 사이의 관계에 대한 새로운 이해로 구별된다. 일부 예술가와 작가들은 순수하게 미학적 질문에 대한 탐구를 향해 내부로 향했지만, 많은 사람들은 예술이 심대한 사회 및 영적 변화를 가져다줄 수 있다는 개념을 포용했다. 예를 들면 (세기 전환기에 특히 인기 있던) 불가사의한 신비주의에 심취했던 추상화가 바실리 칸딘스키(1866~1944)는 몽상적인 예술가들이 사회를 '19세기의 영혼이 없는 물질주의 생활'에서 '20세기의 영혼의 영적인 생활'을 향해 나아가게 할 것이라고 믿었다. 동시대의 사회가 물질주의적이고 도덕적으로 파멸했다는 개념은 유럽 문화에 대한 모더니스트의 비판에서 두드러지게 나타난다. 칸딘스키 같은 예술가들이 유토피아적 미래에서의 구원을 강조하는 동안 다른 예술가들은 도시 산업 사회에서의 심리학적이고 사회적인 병리학을 면밀히 조사하면서 굴하지 않고 현재를 조사하기 위해 자신의 예술을 이용했다. 정치적 영역에서 관습적인 가치들에 대한 모더니스트의 적대감은 때때로 정치의 주변부에서 좌익에서는 급진적 아나키즘으로 그리고 우익에서는 원초적 파시즘의 형태로 자유주의에 반대하는 운동을 지지하는 것으로 나타났다. 이러한 이데올로기적 극단을 향한 움직임은 모더니스트들의 미학적 경향을 반영했다. 이에 대해 한 학자는 다음과 같이 말했다. "19세기 이후에 예술가와 관객이 머무를 수 있는 놀랍도록 안전하고 친숙한 중심지가 확립되었다면, 모더니즘 시대는 예술이 야릇한 영역에 도달하고 말았다."

화폭 위의 반란

대부분의 미술 운동들처럼 모더니즘은 스스로를 예전 원리들에 대한 반대로 규정했다. 특히 화가들에게 이것은 박물관 관람객의 고상하고 도덕적인 견해를 확인해주는 격식을 중시하는 주류 예술과 물질적인 실재를 표현하는 데에서 엄밀하면서도 심지어 과학적인 정확성을 추구하는 사회적인 것을 의식하는 사실주의 전통 양자에 대한 반대를 의미했다(제20장 참조). 하지만 근대 미술가들의 반란은 수세기 묵은 표현 전통이나 프랑스 화가 폴 고갱(1848~1903)이 말한 '정말 같음(verisimilitude)의 족쇄'를 모두 벗어버림으로써 훨씬 더 멀리 나아갔다. 르네상스 이래로 서양의 미술은 3차원의 시각적 실체를 정확하게 묘사하고자 해왔다. 회화는 세상을 비추는 '거울'이나 '창문'으로 간주되었다. 그러나 19세기 동안 미술가들은 시각적 세계에 등을 돌리고 대신에 주관적이고 심리학적인 것을 지향하는 자기 표현의 심도 있는 감정적 형식에 초점을 맞추었다. 이에 대해 노르웨이의 화가 에드바르트 뭉크(1863~1944)는 다음과 같이 주장했다. "미술은 자연의 반대이다. 미술 작품은 오로지 인간의 내면으로부터 나온다."

표현적 미술의 전통에 대한 도전들이 19세기 초에 일어났지만, 최초의 중요한 단절은 1870년대에 소장 미술가들로서 두각을 나타낸 프랑스의 인상파와 더불어 등장했다. 인상파는 엄격하게 말하면 사실주의자들이었다. 감각의 지각 작용에 대한 과학적 이론에 몰두한 그들은 자연 현상을 객관적으로 기록하려고 시도했다. 그들은 대상 자체를 그리는 대신에 표면에 비추는 일시적인 빛의 작용을 포착해 자신들의 작품에 사실주의 미술과는 크게 다른 스케치풍의 뚜렷한 성질을 부여했다. 이후의 미술가들이 이러한 과학적 접근이 지닌 빈약한 객관성이라고 생각되는 것에 대해 반감을 품었지만, 인상파 화가 중에서 클로드 모네(1840~1926)와 피에르-오귀스트 르누아르(1840~1919)는 유럽 전위파(아방가르드[avant-garde])에 중요한 두 가지 유산을 남겼다. 첫째, 인상파는 과거의 유파들을 참고하지 않고 새로운 기법을 발전시킴으로써 한결 젊은 미술가들이 좀 더 자유롭게 실험할 수 있는 길을 열어주었다. 둘째, 인상파는 공식 미술 전람회장이 자신들의 작품을 거부했기 때문에 1874년에서 1886년까지 자체의 독립적인 전시회를 조직했다. 이들 전시회는 미술 전시와 미학적 기준에 대한 프랑스 아카데미의 수세기 묵은 독점을 효과적으로 약화시켰고 모더니즘의 역사에서 두드러진 특징으로 나타나는 자율적인 국외자 전시회의 전통을 확립했다.

인상파에 이어 19세기 말에 활동한 소수의 혁신적 미술가들은 1900년 이후에 폭발적인 창조적 실험의 초석을 놓았다. 그들 중 주요 인물은 프랑스의 폴 세잔(1839~1906)이었다. '인상주의를 견고하면서도 지속적인 무언가로 만들고자 한' 그의 노력은 자연적 형상의 기하학적 등가물로의 환원, 전통적 원근법의 거부, 그리고 (가장 중요한) 색과 형태의 주관적 배열에 대한 강조 등으로 이어졌다. 아마도 그 누구보다도 세잔은 묘사적 미술이라는 유리창을 박살내는 데 크게 기여했다. 회화는 세상을

19세기 말의 과학, 철학, 예술	
다윈, 『종의 기원』	1859년
톨스토이, 『전쟁과 평화』	1862~1869년
비오 9세, 「근대적 오류에 대한 교서 요목」 발표	1864년
도스토예프스키, 『죄와 벌』	1866년
다윈, 『인간의 유래』	1871년
비오 9세, 교황 무오류론 공표	1871년
입센, 『인형의 집』	1879년
졸라, 『제르미날』	1885년
니체, 『선악을 넘어서』	1886년
니체, 『도덕의 계보』	1887년
반 고흐, 〈별이 빛나는 밤에〉	1889년

반영하는 것이 되는 대신에 미술가의 자기 표현 도구가 되었다. 네덜란드인 빈센트 반 고흐(1853~1890) 역시 한층 더 큰 감성과 주관성으로 미술의 표현 가능성을 탐색했다. 반 고흐에게 그림은 자신의 격렬한 열정을 표출하는 길로서 신념의 행위였다. 1891년 태평양의 섬으로 달아난 폴 고갱에게 미술은 유럽의 부패로부터 유토피아적인 피난처를 약속했다. 고갱은 특히 세기 전환기의 상징주의 운동으로부터 영향을 받았다. 상징주의자들은 물질적 실체를 크게 의심하고 상상력, 개인적 느낌, 심리적인 지각 등을 통해 초월적 진실을 탐구한 예술가와 작가들이었다.

전위파 미술가들은 특히 독일에서 근대 사회에 대한 고통스런 환멸을 표현했다. 에밀 놀데(1867~1956)는 유럽 제국들이 "항상 최선의 의도라는 위선적 맥락에서 민족과 인종을 절멸시킨 무책임한 탐욕스러움"을 저주했다. 놀데와 동시대인인 제임스 앙소르(1860~1949)는 이에 필적하는 미술 문화의 부패를 강조하면서 "미술의 모든 규칙과 규범은 전쟁터의 찡그린 구릿빛 얼굴의 형제들처럼 죽음을 토해낸다"라고 썼다. 표현주의(expressionism)라고 불리게 되는 화가 집단은 자극적인 색채, 형상의 극단적 왜곡, 그리고 중간계급 관람자들을 경악시킨 성애에 대한 노골적인 묘사에 눈을 돌렸다. 에드바르크 뭉크는 자신의 동포 헨리크 입센(1828~1906)의 심리극에 영감을 받아 인간 정신의 내면적 의식을 표현하고자 했다. 오스트리아의 에곤 실레(1890~1918)는 불온하게 생생한 그래픽 형상으로 성행위와 신체를 탐구했다.

세기 전환기 이후에 다양한 전위파 운동이 유럽 전역에 걸쳐 만개했다. 자유분방한 파리에서 프랑스인 앙리 마티스(1869~1954)와 에스파냐의 카탈루냐 출신 파블로 피카소(1881~1973)는 상대적인 침묵 속에서 선구자적인 미학적 실험들을 추구했다. 다른 한편에서

는 근대 생활의 활기 넘치는 역동성을 마음껏 즐기는 예술가 집단이 주목해줄 것을 극성스럽게 요구하고 있었다. 파리의 입체파(cubisme), 영국의 소용돌이파(vorticism), 이탈리아의 미래파(futurismo)는 모두 기계 시대의 단단하고 모난 미학을 채택했다. 다른 모더니스트들이 원시적 문화들을 뒤돌아봄으로써 세기말의 막연한 불안에 대한 교정 수단을 추구했다면 이들 새로운 운동은 온갖 불확실성 속에서 종종 나중에 파시즘의 특징으로 나타난 공격적이고 과도한 남성적 언어로 미래를 맞이했다. 마리네티는 「미래파 선언(Manifesto futurista)」에서 다음과 같이 말했다. "우리는 세상의 유일하면서도 진정한 예방 수단인 전쟁, 군국주의, 애국주의, 아나키스트의 파괴적 제스처, 죽이기라는 아름다운 사상 등을 찬미할 것이다." 그사이 러시아와 홀란드에서는 매우 이상주의적인 소수의 화가들이 아마도 초기 모더니즘의 가장 혁명적인 미학적 도약—완전히 추상적인 또는 '대상이 없는' 회화—을 준비하고 있었다.

현대 미술의 전체 효과와 다양성은 단순한 범주와 설명에 도전한다. 시각 미술을 휩쓴 중대한 변화들은 문화적 스펙트럼을 가로질러 병행되어 있다(제28장에서 논의될 것이다). 이것들은 비록 1914년 이전에 소규모 집단의 예술가와 지식인의 영역으로 남아 있었지만, 이러한 예술적 가치들의 급진적 수정은 제1차 세계대전 이후에 곧 문화적 주류에 편입되었다.

결론

1870년에서 1914년에 이르는 시기에 성장했지만 제1차 세계대전의 역경을 거치며 살았던 많은 유럽인들은 전전(戰前) 시기를 유럽 문명의 황금기로 되돌아보았다. 한 가지 점에서 이러한 회고적 관점은 적절하다. 유럽 대륙의 열강들은 주요 전쟁들을 피하는 데 성공하면서 대중 사회의 늘어나는 인구를 위해 더 나은 생활수준을 제공하기 위한 산업화의 두 번째 단계를 가능하게 만들었다. 전반적인 확신의 정신과 목적은 세계의 멀리 떨어진 지역에서 정치적·경제적·문화적 지배를 행사하고자 하는 유럽이 인식하는 사명을 촉진시켰다. 하지만 유럽인의 정치와 문화 또한 강력하면서도 불안정하게 만드는 변화의 요인들이 현존함을 보여주었다. 산업 팽창, 상대적인 풍요, 읽고 쓸 줄 아는 능력의 향상 등은 기대치의 상승이라는 정치적 분위기를 만들어냈다. 대중 정치의 시대가 도래하면서 민주주의자, 사회주의자, 페미니스트는 폭력, 파업, 혁명을 위협하면서 정치 생활에 대한 접근을 극성스럽게 요구했다. 마르크스주의 사회주의자들은 특히 다음 세기를 위한 논쟁의 조건을 규정하면서 급진적 정치를 변화시켰다. 서양의 과학, 문학, 그리고 예술은 19세기 자유주의자들이 마음에 품었던 믿음들을 어느 정도 약화시키면서 개인에 대한 새로운 전망을 탐구했다. 다윈의 진화론에서 중추를 이루는 경쟁과 폭력, 프로이트가 인간 행동에서 발견한 잠재의식적 충동, 미술에서의 묘사에 대항한 반란 등 이 모든 것은 새롭고 이해할 수 없는 방향을 가리켰다. 이러한 실험, 가설, 만성적인 문제들이 유럽을 1914년의 대전(Great War)으로 데리고 갔다. 그것들은 그 전쟁으로 인한 참화에 대한 유럽인의 대처를 형성하는 데 도움을 줄 것이다. 전쟁 이후에 1870년에서 1914년에 이르는 시기의 정치적 변화와 문화적 불안은 20세기를 규정하게 될 대중 운동과 예술 발전의 형태로 다시 등장한다.

제24장

제1차 세계대전

핵심 문제

- 제1차 세계대전의 원인은 무엇인가?
- 독일의 전쟁 계획이 실패한 이유는 무엇인가?
- 전쟁이 교착 상태에 빠지게 된 이유는 무엇인가?
- 연합국이 공격 전략을 계속한 이유는 무엇인가?
- 제1차 세계대전에서 제국의 역할은 무엇이었나?
- 전쟁이 가져다준 사회 변화들은 무엇인가?
- 러시아 혁명을 불러온 원인은 무엇이며 제1차 세계대전이 혁명의 발발에 어떤 역할을 했는가?
- 연합국은 어떤 방법으로 그리고 어떤 이유로 전쟁에서 승리했는가?

20세기는 몇 가지 결정적 측면에서 19세기의 수많은 이상과 제도에 치명적 타격을 가한 4년간의 충돌인 제1차 세계대전이 발발한 1914년 8월에 시작되었다. 군인은 제국의 성공으로 고무된 확신과 야망을 갖고 전투에 뛰어들었다. 유럽의 주도적 국가들은 권세의 절정기에 있었다. 유럽은 세계 경제의 중심이었고 널리 퍼져 있는 제국들을 호령했다. 수많은 유럽인은 번영, 평화, 진보 등 '문명'의 온갖 장점을 약속하는 미래를 믿게 하는 근대성(modernity)에 대한 신념을 갖고 전쟁에 뛰어들었다.

이러한 기대에도 불구하고 많은 사람들은 미래에 대해 두려운 마음을 품었다. 이 전쟁은 그러한 침묵의 공포가 정당함을 보여주었다. '대전(Great War)'은 산업 전쟁의 추악한 얼굴과 근대 세계의 무자비한 능력을 보여주었다. 제1차 세계대전은 군사적으로뿐만 아니라 경제적으로나 정치적으로 준비가 되지 않은 유럽인을 불시에 습격했다. 낡은 정신 상태와 새로운 기술들이 파멸적으로 결합되면서 이 전쟁은 결과적으로 900만 명의 전사자를 남겼다. 군인들만이 유일한 사상자는 아니었다. 제1차 세계대전은 전체 국가에서 치러졌고 유럽인에게 심대한 경제적·정치적 결과를 남겼다. 4년간의 전투는 군주정 및 제국에서 유럽의 경제적 패권에 이르기까지 이전 세기의 수많은 제도와 가설을 파괴했다. 이 전쟁은 계급과 세대 사이의 관계에 긴장을 조성했다. 이 전쟁은 수많은 사람들 심지어 승전국의 시민마저 환멸을 느끼게 만들었다. 영국 작가 버지니아 울프(1882~1941)가 말했듯이 "포탄의 불빛 속에서 우리 통치자의 얼굴들을 보는 것은 충격이었다." 이 전쟁은 19세기 경제의 기초를 무너뜨렸고 사회적 대변동을 폭발시켰다. 이 전쟁은 낡은 권위주의 형태를 몰아내고 20세기가 도래했음을 뚜렷이 보여주는 새로운 것들을 선도했다. 또한 이 전쟁은 전쟁 직후의 시기에만 격화되는 전투에서 비롯된, 궁극적으로 제2차 세계대전을 불러오게 되는 적대감을 해결하는 것이 거의 불가능하다는 것이 입증되었다. 전후 유럽은 평화가 처리할 수 있는 것보다 더 많은 문제에 직면했다.

7월 위기

🔹 제1차 세계대전의 원인은 무엇인가?

1914년 이전의 몇 십 년간 유럽은 겉으로는 안정적인 평화를 건설해놓고 있었다. 강대국들의 복잡한 지정학적 협상을 통해 유럽은 두 개의 동맹 체제, 즉 독일·오스트리아–헝가리·이탈리아의 3국 동맹(Triple Alliance)—나중에 동맹국(Central Powers)이 된다—과 이에 경합하는 영국·프랑스·러시아의 3국 협상(Triple Entente)—나중에 연합국(Allied Powers)이 된다—을 결성했다. 이러한 세력 균형 내에서 유럽 각국은 서로 경제적·군사적·제국주의적 우위를 놓고 다투었다. 해외에서의 식민지 쟁탈전은 국내에서 치열한 군비 경쟁을 수반했다. 국내에서 군사 지도자들은 우월한 기술과 대규모의 군대가 유럽의 전쟁에서 신속한 승리를 가져다줄 것이라고 단언했다. 실제로 팽배하고 있는 국제적 의심의 분위기는 유럽의

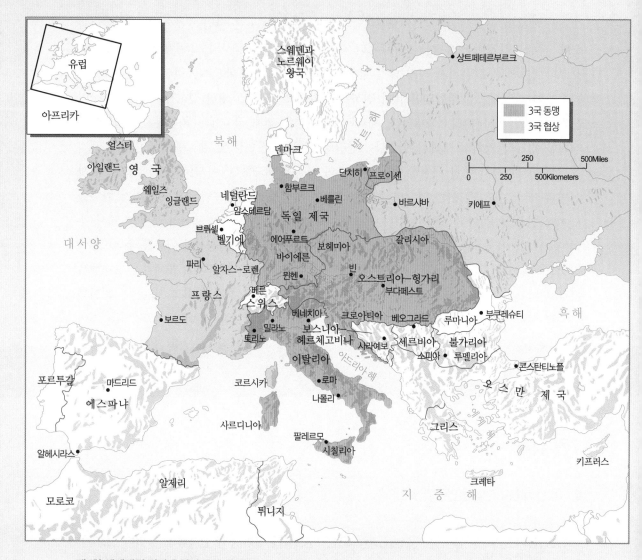

제1차 세계대전 직전 유럽의 동맹 관계

독일, 오스트리아-헝가리, 이탈리아 사이의 3국 동맹은 1882년까지 소급된다. 이 동맹에 대한 이탈리아의 결속력은 약했고, 이탈리아는 프랑스와 비밀 협정을 맺은 바 있었다. 1915년 이탈리아는 영국과 프랑스 편에서 제1차 세계대전에 참전했다. 프랑스, 영국, 러시아 사이의 3국 협상(또는 협약)은 좀 더 최근의 일이었다. 프랑스와 러시아 간의 경제적 유대는 이들 강대국이 1892년에 동맹을 맺는 것을 도왔다. 독일과 영국 사이의 고조되는 해군 군비 경쟁은 영국으로 하여금 1904년에 이전에 아프리카에서 치열한 경쟁국이었던 프랑스와의 식민지 분쟁들을 해결하도록 강요했다. 1907년의 영국-러시아 협정은 3방향 협약을 완성시켰다. 3국 협상은 또한 독일을 '에워쌀' 징후를 보였다. 이에 대해 독일은 어떤 반응을 보였는가? 동맹 체제는 1914년 여름 동안에 각국의 행동과 전략적 계산을 어떻게 형성시켰는가?

많은 정치 및 군사 엘리트에게 그러한 전쟁이 일어날 것처럼 보이게 만들었다. 하지만 유럽의 어떤 외교관, 스파이, 군사 계획자, 내각 장관뿐만 아니라 이들의 비판자들조차 자신이 궁극적으로 직면하게 될 전쟁을 예측하지 못했다. 더욱이 많은 사람들은 1914년 7월의 발칸 위기가 전 유럽을 단지 한 달 남짓한 기간에 전쟁에 휘말리게 만든 발단이 되리라고는 예상하지 못했다.

강대국들은 오랫동안 남동 유럽의 문제에 개입해왔다. 발칸 반도는 오래 지속되어왔지만 점차 취약해져가는 두 개의 제국인 오스트리아-헝가리 제국과 오스만 제국 사이에 위치해 있었다. 이 지역은 또한 야심찬 민족주의 운동, 범슬라브주의 소수민족 운동, 지방 실력자들의 지배하에 새로이 형성된 국가들의 본고장이었다. 발칸 반도의 정치는 유럽 문제에 관한 러시아의 간섭에서 그리고 독일 및 영국 외교에서 전통적 초점이었다. 이러한 분규에도 불구하고 강대국들은 직접적인 개입을 피하고자 애쓰면서 신생 발칸 국가들을 난마와 같은 동맹의 망으로 엮어넣고자 했다. 1912년 독립 국가들인 세르비아, 그리스, 불가리아, 몬테네그로는 오스만 제국에 대항해 제1차 발칸 전쟁을 벌였다. 1913년에는 제1차 발칸 전쟁의 전리품을 놓고 제2차 발칸 전쟁을 치렀다. 강대국들은 무리 없는 외교를 통해 이 분규를 해소했고 전쟁은 국지전으로 남았다. 궁극적으로 1914년 여름에 그랬던 것처럼 외교가 실패했다면 강대국들의 동맹 체제는 실제로 훨씬 더 광범위한 전쟁 발발을 촉진했을 것이다.

발칸에서의 충돌과 대륙적인 전쟁 사이의 연결부는 점증하는 민족주의 야망의 와중에서 생존을 위해 투쟁하고 있던 오스트리아-헝가리 제국일 것이었다. 1867년의 개혁 이후에 이름 붙여진 '이중 제국(dual monarchy)'은 협정에서 배제된 많은 소수민족 집단을 좌절시켰다. 체코와 슬로베니아인은 이 제국의 절반을 차지하는 독일계 속에서 자신들이 이류 국민의 지위에 있는 것에 대해 저항했다. 폴란드인, 크로아티아인, 소수민족인 루마니아인은 헝가리인의 지배에 분노했다. 세르비아인, 크로아티아인, 보스니아계 무슬림, 그 밖의 소수민족 집단의 본고장이자 이전에 오스만 제국의 일부인 보스니아 지방은 특히 폭발 직전의 상태에 있었다. 1878년 오스트리아-헝가리 제국은 보스니아를 점령·합병하면서 대부분의 보스니아 소수민족 집단으로부터 증오와 저항의 대상이 되었다. 보스니아의 세르비아인은 특히 보스니아로부터 분리해 세르비아 독립 왕국과 합치기를 희망해왔다. 그러나 오스트리아인은 그들의 계획을 방해했다. 그래서 세르비아의 지원으로 보스니아의 세르비아인은 자신의 목적을 달성하기 위해 제국에 대항해 지하 전쟁을 시작했다. 보스니아는 호된 시련을 겪게 되는 유럽인의 대결장이 되었다.

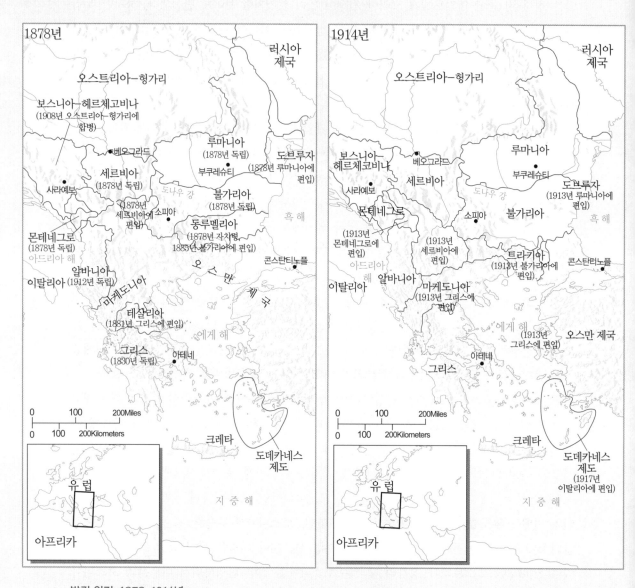

발칸 위기, 1878~1914년

배경 지식을 위해 오스만 세력의 쇠퇴와 그 결과들에 관한 457쪽과 458쪽의 지도를 재고해보라. 내셔널리즘은 이 지역에서 어떤 문제들을 불러일으켰는가? 세르비아의 목적은 무엇이었나? 보스니아-헤르체고비나가 특히 폭발 직전의 상태에 있던 이유는 무엇인가? 오스트리아-헝가리 제국이 이 지역에 관심을 가진 이유는 무엇인가? 그 밖의 어떤 유럽 열강들이 관심을 가졌고, 그 이유는 무엇인가?

1914년 6월 28일 오스트리아의 대공이자 오스트리아-헝가리 제국의 후계자인 프란츠 페르디난트(1863~1914)는 보스니아의 수도 사라예보를 통과해 행진했다. 사라예보는 세르비아인 저항의 온상으로서 증오스런 제국의 우두머리가 공개적으로 행진하기에는 틀림없이 위험한 곳이었다. 대공은 그날 일찍 폭탄이 그의 자동차를 가까스로 비껴지나가면서 암살 시도에서 벗어났었다. 그날 오후 대공의 차가 길을 잘못 들어 후진하기 위해 멈추었을 때 19세의 가브릴로 프린치프(1894~1918)라는 보스니아 학생이 페르디난트와 부인을 사정거리 정면에서 총으로 저격했다. 프린치프는 세르비아와 긴밀한 연관이 있는 민족 해방 집단인 청년보스니아협회(Young Bosnian Society)의 회원이었다. 그는 이 암살을 자기 민족의 독립을 위한 투쟁의 일부라고 생각했다. 하지만 이 암살은 제1차 세계대전의 시작이 되었다.

오스트리아는 페르디난트의 죽음에 충격을 받아 이 암살을 세르비아 정부로부터의 직접적인 공격으로 취급했다. 오스트리아는 보복에 불타올라 3주 후 세르비아에게 최후통첩을 보내면서 세르비아 정부가 보스니아에 있는 세르비아인의 목적과 활동을 비난할 것, 더 이상의 선동과 전복 활동을 금할 것, 그리고 아마도 가장 자극적이게도 오스트리아-헝가리 제국의 관리가 오스트리아인들이 암살에 관련되었다고 믿는 세르비아 관리들을 기소하고 처벌하는 것을 허용해줄 것 등을 요구했다. 이 요구 사항들은 일부러 비현실적으로 제시되었다. 오스트리아는 보스니아에서 질서를 회복하고 세르비아를 분쇄하기 위한 징벌적인 전쟁을 원했던 것이다. 세르비아인은 그러한 도발이 담고 있는 의도를 알아챘고 회답을 보내기 세 시간 전에 자국 군대를 동원했다. 그럼에도 불구하고 세르비아의 회답은 가장 중요한 오스트리아의 요구 사항을 제외한 모든 것에 동의한다는 내용이었다. 오스트리아는 군대의 동원으로 응수했고 3일 후인 1914년 7월 28일 전쟁을 선포했다.

잠시 동안 확전을 피하는 것이 가능해 보였다. 처음에 외교관과 정치가들은 발칸 반도에서의 또 다른 위기라고 치부하고 이 대결을 없었던 일로 하기 바랐다. 그러나 점차로 확대되는 오스트리아의 분노는 러시아의 세르비아에 대한 전통적 유대와 맞물려 궁극적으로 그러한 해결을 불가능하게 만들었다(많은 역사가들은 동맹국인 오스트리아를 고비에서 달래는 데 실패했다는 이유로 독일을 비난한다). 오스트리아에게 이 충돌은 국위와 무력 외교의 문제, 즉 제국 신민의 점증하는 민족주의에 직면해 퇴색해가는 제국의 권위를 재천명하기 위한 기회였다. 러시아에게도 역시 가시화되고 있는 충돌은 '슬라브인 형제들'의 권리를 지지해줌으로써 차르의 권위를 회복시킬 기회였다. 러시아는 본래 오스트리아의 위협을 부분적 동원으로 대응하려고 계획했으나, 7월 30일 러시아는 총동원령을 내렸고 러시아군은 오스트리아 및 독일 양국과 언제든 싸울 채비를 갖추었다.

위기는 확산되었고 독일인도 준비가 되었다. 가장 불안한 지리적 위치에 자리 잡은 독일은 당연히 가장 세밀한 전쟁 계획을 갖고 있었다. 독일의 군사 계획자들은 전쟁이 불가피하고 유럽 대륙에서 독일의 장래를 결정하기 위한 기회라고 생각하는 사람들에 둘러싸여 있었다. 러시아가 군대를 동원하기 시작하자 빌헬름 2세(재위 1888~1918)는 상트페테르부르크에 최후통첩을 보내 러시아가 12시간 내에 동원을 중지할 것을 요구했다. 하지만 러시아는 이를 거부했다. 그사이 독일의 각료들은 프랑스의 의도를 알고 싶어 했다. 프랑스 수상 르네 비비아니(재임 1914~1915)는 독일에 대한 즉각적인 총동원령을 의미하는 "자국의 이해관계에 따라" 행동할 것이라고 응답했다. 마침내 오랫동안 예기되어왔던 이중의 위험에 직면하게 된 독일은 8월 1일 총동원령을 내려 러시아에 대해 선전포고를 하고 이틀 뒤에는 프랑스에 대해서도 전쟁을 선포했다. 다음 날 독일군은 파리를 점령하기 위한 길목에 있는 벨기에를 침공했다.

중립국 벨기에에 대한 침공은 영국이 유럽 대륙의 초기 충돌에 가담하기를 원하는 영국의 장군들과 외교관들에게 하나의 슬로건을 제공했다. 프랑스와 영국의 비밀 조약에도 불구하고 그리고 벨기에의 중립에 대한 이 조약의 공공연한 보장에도 불구하고 영국의 제1차 세계대전 참전은 정해진 결론이 아니었다. 자유당 정부는 참전에 반대했고 일차적으로 실각의 두려움으로 말미암아 묵묵히 대세를 따르고자 했다. 최근에 한 역사가는 독일의 전쟁 목적과 제국주의적 야망은 대영제국에 실질적인 위협이 되지 못했고 영국의 최대 이익은 1914년에 중립으로 남아 있는 것이었다는 (오히려 논의의 여지가 있는) 주장을 했다. 하지만 전쟁 옹호자들은 영국 대외 정책의 반박할 수 없는 교의, 즉 세력 균형을 유지하기 위해서는 어느 한 나라가 유럽 대륙을 지배하는 것을 허용해서는 안 된다는 교의에 의지할 수 있었다. 결국 8월 4일 영국은 독일에 대항한 전쟁에 돌입했다.

그 밖의 나라들도 빠르게 싸움에 말려들었다. 8월 7일 몬테네그로인은 오스트리아와의 전쟁에서 동족인 세르비아인 편에 가담했다. 2주일 후 일본이 독일에 선전 포고를 했는데, 이는 주로 극동에서 독일의 속령을 공격하기 위해서였다. 8월 1일 터키는 독일과 동맹을 맺었고 10월에는 흑해의 러시아 항구들에 대한 포격을 개시했다. 이탈리아는 전쟁 이전에는 독일과 오스트리아와 동맹을 맺고 있었지만 교전이 발발하자 자신의 의무에 대한 엄격한 해석—이탈리아는 독일이 중립국 벨기에를 침공했기 때문에 독일을 보호할 의무가 없다고 주장했다—을 인용하면서 중립을 선언했다.

사라예보의 암살에 뒤이은 5주간의 외교적 책략은 '오판이 빚어낸 비극'으로 특징지어졌다. 외교관의 수완은 군사 지도자들이 정한 전략적 사고와 엄격한 시간표에 묶이고 말았다. 장군들은 속도를 가장 중요하게 생각했다. 그들에게 일단 전쟁이 확실한 것으로 여겨지면 외교에 들이는 시간은 전장에서의 때를 놓치는 것이었다. 몇 가지 다른 요인들이 전쟁이 다가왔을 때 전쟁의 발발에 기여했다. 예컨대 오스트리아가 3주간 최후통첩에 관해 협상하고 있을 때 그 지체된 기간 동안 러시아와 독일 양국은 무력시위를 하지 않으면 안 된다고 생각했다. 문제에 관한 사리에 맞는 논의는 결코 있지 않았다. 이 위기 동안에 각국의 정부 관리들은 서로 거의 접촉하지 않았고 심지어 다른 나라들의 외교관 및 대사들과의 접촉조차 드물었다. 독일 황제와 프랑스 대통령을 포함한 몇몇 나라의 수장들은 자국의 많은 각료들과 함께 7월의 대부분을 휴가로 보냈고, 그들이 돌아왔을 때 자국의 장군들이 총동원 명령서를 들고 서명을 기다리고 있는 것을 발견했다. 이 위기에 대한 오스트리아의 실수와 군대를 동원하지 않고도 개입할 길을 찾지 못한 러시아의 무능력은 소용돌이 모양으로 상승하는 대결 국면에 크게 기여했다. 하지만 막강한 독일의 관리들이 전쟁이 불가피하다고 주장하고 있던 것은 분명하다. 그들은 러시아가 1905년에 일본에게 패배한 것을 만회하기 전에, 프랑스 군대가 더 많은 남성을 군에 보내게 될 새로운 3년 징병법의 이점을 획득하기 전에 싸워야 한다고 주장했다. 이와 동일한 절박감이 모든 교전국의 전략들을 특징지었다. 적국들에 대한 대담하고 성공적인 타격에 대한 유혹과 우세를 상실하는 위험에 너무도 많은 것이 걸려 있다는 걱정이 유럽을 전투로 몰고 간 밀물처럼 밀려오는 군사적 총동원을 불러왔다.

제1차 세계대전의 시작	
오스트리아의 프란츠 페르디난트 대공 암살	1914년 6월 28일
오스트리아와 러시아가 전쟁을 위한 동원 개시	1914년 7월 28일
독일이 러시아와 프랑스에 선전포고함	1914년 8월 1~3일
영국이 독일에 대항해 참전함	1914년 8월 4일

제1차 세계대전을 향하여: 1914년 여름의 외교

1914년 6월 28일 사라예보에서 프란츠 페르디난트의 암살은 점점 절망적인 연이은 외교적 협상들을 출범시켰다. 아래에서 교환된 논쟁이 보여주듯이, 양측의 외교관과 정치 지도자들은 전쟁을 일으키려고 애쓰는 것에서 전쟁을 막거나 최소한 억제하려고 시도하는 것에 이르기까지 흔들렸다. 첫 번째 발췌문에서 제위 계승자인 자신의 조카가 암살된 지 일주일 뒤에 프란츠 요제프는 세르비아와 그보다 한층 더 큰 연루 국가들과의 오래된 갈등에 관한 자신의 해석을 상세히 설명했다.

두 번째 발췌문은 1914년 7월 7일에 열린 오스트리아–헝가리 제국 장관협의회의 회합에 관한 보고서에서 인용한 것이다. 장관들은 외교 전략과 어떤 방법으로 중대한 결정을 내려야 하는가에 관해 날카롭게 대립했다.

영국 외무장관 에드워드 그레이 경(1862~1933)은 오스트리아의 요구 조건들, 특히 오스트리아의 관리들이 세르비아의 사법 절차에 참여할 것이라는 주장에 충격을 받았다. 세르비아 정부의 대응은 대부분의 외교관들이 예상했던 것보다는 좀 더 유화적인 것이었지만 전쟁을 막기 위한 외교적 노력은 여전히 실패로 돌아갔다. 세르비아에 대한 오스트리아의 최후통첩은 아래의 마지막 발췌문에 적시된 요구 사항들을 포함했다.

오스트리아–헝가리 제국의 프란츠 요제프가 독일의 빌헬름 2세에게 1914년 7월 5일 보낸 서한

짐의 불쌍한 조카에 대한 음모는 러시아 및 세르비아의 범슬라브주의자들이 자행한 선동의 직접적인 결과였소. 그리고 이 선동의 유일한 목적은 3국 동맹의 약화와 짐의 제국의 파괴였다오.

이제까지 모든 조사 결과로 보아 사라예보의 살인은 한 개인이 범한 것이 아니라 그 실마리가 베오그라드까지 추적할 수 있는 잘 조직된 음모에서 나온 것이라는 것이 밝혀졌다오. 아마도 세르비아 정부의 공모를 입증하는 것이 불가능할지라도 세르비아의 기치하에 모든 남부 슬라브인의 통일을 늘 겨냥하고 있는 세르비아 정부의 정책은 그러한 범죄들을 조장하고 짐의 왕조와 짐의 나라들에 대해 영속적인 위협을 가하는 그러한 상황들의 연속을 장려하고 있다오.……

이것은 오로지 만약 현재 범슬라브 정책의 추축(樞軸)인 세르비아가 발칸 반도에서의 정치권력의 한 요인으로서의 활동을 멈춘다면 가능할 것이오.

귀하 역시 최근에 보스니아에서 일어난 소름끼치는 사건 이후에 우리와 세르비아 사이의 적대감에 대한 화해를 숙고하는 것이 더 이상 가능하지 않다는 것과 만약 베오그라드에서의 범죄 활동의 온상이 응징되지 않고 남아 있게 된다면 평화를 유지하는 정책들을 추구하기 위한 모든 유럽 군주의 [노력들]이 위협받게 될 것이라는 것을 [확실히] 납득할 것이오.

전략을 둘러싼 오스트리아-헝가리인의 불일치

[오스트리아-헝가리 외무장관 레오폴트 베르흐톨트 백작]……빌헬름 황제와 [재상] 베트만 홀베크는 모두 세르비아와 군사적 분규가 발생할 경우에 독일의 무조건적인 지지를 우리에게 단호하게 보장해주었다.……그에게는 세르비아와의 군사적 충돌은 러시아와의 전쟁을 불러일으킬지도 모른다는 것이 분명했다.……

[헝가리 수상 이슈트반 티사]……우리는 세르비아에 대한 우리의 요구 사항들이 무엇이 될 것인지를 결정해야만 하고, 만약 세르비아가 그 요구 사항들을 거부한다면 최후통첩을 보내야만 할 것이다. 이 요구 사항들은 강경한 것임에는 틀림없지만 그렇다고 해서 그들이 승낙할 수 없는 것은 아니다. 만약 세르비아가 그것을 받아들인다면, 우리는 괄목할 만한 외교적 성공을 기록할 수 있고 발칸 반도에서 우리의 명성은 고양될 것이다. 만약 세르비아가 우리의 요구 조건들을 거부한다면, 그 다음에 그 역시 군사적 행동을 지지할 것이다. 그러나 그는 이미 이제 우리가 세르비아를 축소하는 것을 작정할 수는 있지만 완전히 절멸시키는 것을 목적으로 할 수 없을 것이라는 언질을 줄 것이다. 왜냐하면 우선 이것은 러시아로 하여금 결사적으로 싸우게 만들 것이고 둘째로는 그는 헝가리의 수상으로서 헝가리 왕국이 세르비아의 일부를 병합하는 것에 결코 동의할 수 없기 때문이다. 우리가 세르비아와 전쟁을 벌여야 하는지 아닌지는 독일이 결정할 문제는 아니었다.……

[베르흐톨트 백작은] 과거 몇 년간의 역사가 세르비아에 대한 외교적 성공이 이 왕국의 명성을 일시적으로 고양시켰지만, 실제로는 세르비아와 우리의 관계에서 긴장만이 증대되었다는 것을 보여주었다고 말했다.

[오스트리아 수상 칼 슈튀르크는]……헝가리 수상과 독일 정부가 아닌 우리가 전쟁이 필요한지 아닌지를 결정해야 한다는 것에 동의했고……[그러나] 티사 백작은 주저하는 나약한 정책을 추구하면서 우리가 독일의 무조건적인 지지를 그렇게 확신하지 않는 위험을 무릅쓸 것을 고려해야 한다는 데 동의했다.……

[오스트리아-헝가리 제국의 재무 장관 레오 폰 빌린스키]……세르비아인은 오로지 무력에만 정통하다. 따라서 외교적 성공은 보스니아에서는 전혀 아무런 인상을 남기지 않을 것이고 이롭기보다는 해롭게 될 것이다.……

세르비아에 대한 오스트리아-헝가리 제국의 최후통첩

세르비아 정부는 7월 13일자 『관보(Journal)』 26호의 첫 쪽에 다음과 같은 선언문을 실어라.

"세르비아 정부는 오스트리아-헝가리를 향한 선동을 비난하고 이들 범죄적 야망들의 끔찍한 결과에 대해 진심으로 유감으로 생각한다.

세르비아 정부는 세르비아인 장교와 관리들이 앞서 언급한 선동에 참여해 그럼으로써 우호적이고 선린적인 관계를 위태롭게 한 것을 유감으로 생각한다.

세르비아 정부는……장교, 관리, 그리고 정말로 [세르비아] 왕국의 모든 주민에게 장차 유사한 행위로 죄를 범하게 될 그러한 사람들에 대해 엄청난 가혹한 처사를 가할 것이라고 경고하는 것이 책무라고 생각한다."

세르비아 정부는 또한 다음과 같은 사항을 서약하라.

1. 군주국(오스트리아-헝가리 제국)에 대한 증오심과 모욕을 조장할 것 같은 모든 출판을 금한다.

2. 나로드나 오드브라나(Narodna Odbrana)*라고 부르는 단체의 즉각 해체를 시작한다. 이 단체의 모든 선동 수단을 몰수하고 오스트리아-헝가리에 반대하는 선전 활동으로 분주한 세르비아 내의 모든 단체와 협회들에 대해서도 동일한 방식으로 행동한다.

3. 교사들이나 서적들과 관련해 모든 것이 오스트리아-헝가리에 반대하는 선전 활동에 기여하거나 기여할지도 모를 모든 것을 공교육에서 지체 없이 삭제한다.

4. 오스트리아-헝가리에 반대하는 선전 활동에 참여한 죄로 이들의 이름과 죄의 증거를 I.와 R.정부[제국(Imperial)과 왕국(Royal), 즉 오스트리아-헝가리 제국]가 세르비아 정부에게 통지하게 될 모든 장교와 관리들을 군복무와 행정부에서 제거한다.

5. 군주국의 영토 보전에 반대하는 것을 지향한 전복적인 운동을 억압하는 데에서 세르비아에 있는 I.와 R.의 관리에게 협조하는 데 동의한다.

6. 6월 28일의 음모에 가담한 모든 사람을 만약 세르비아 영토에서 찾아야만 한다면 이들에 대한 검찰을 개설한다. I.와 R.정부는 이것들과 관련된 조사에서 적극적 역할을 하게 될 관리들을 대표한다.

---

* 나로드나 오드브라나('국방'이라는 뜻)는 친세르비아적이고 반오스트리아적이었지만 비폭력적인 단체였다. 프란츠 페르디난트의 암살에 관계된 크르나루카(Crna Ruka, '검은 손'이라는 뜻)는 나로드나 오드브라나 역시 온건하다고 생각했다.

I.와 R.정부는 세르비아 정부의 응답이 25일 토요일 오후 6시보다 늦지 않게 도착하기를 기대한다.……

분석 문제

1. 빌헬름 2세에게 보낸 프란츠 요제프의 편지는 프란츠 페르디난트의 암살에 관한 오스트리아의 조사에 관한 것을 말해주고 있다. 프란츠는 자신의 동맹국 독일로부터 무엇을 얻으려고 애쓰고 있는가? "만약 세르비아가 ……발칸 반도에서의 정치권력의 한 요인으로서의 활동을 멈춘다면"이라는 문구로 황제들이 이해한 것은 무엇인가? 독일이 세르비아가 후원한 테러리즘에 대항한 전쟁을 지지할지도 모를 이유는 무엇인가?

2. 세르비아인이 자국의 철저한 체면 손상과 독립의 희생 없이 오스트리아의 최후통첩을 받아들일 수 있었는 가? 영국과 러시아의 외무장관들은 세르비아에 대한 요구 조건들로 충격을 받았다. 그 밖의 사람들은 오스트리아인이 정당하고 영국이 만약 테러리즘의 위협을 받는다면 이와 유사하게 행동할 것이라고 생각했다. 레오 폰 빌린스키가 말한 것처럼 만약 "세르비아인은 오로지 무력에만 정통하다"면 오스트리아가 최후통첩 없이 전쟁을 선포하지 않은 이유는 무엇인가?

마른 전투와 그 결과들

🔹 독일의 전쟁 계획이 실패한 이유는 무엇인가?

선전포고는 공적인 허세와 사적인 이해관계의 혼합에 직면했다. 무모한 군국주의적 낭만 주의자들은 전쟁을 국가적 영광이자 영적 재생으로 상상했지만, 수많은 유럽인은 대륙의 전쟁이 수십 년에 걸친 진보와 번영을 위험에 처하게 한다는 것을 알았다. 증대된 전시 생산이나 포획된 식민지 시장들로부터 이득을 취하는 것을 기대했을지도 모를 은행가와 금융 가들은 이 전쟁에 가장 크게 반대한 사람들 중 하나였다. 그들은 대부분의 전쟁이 금융상 의 대혼란을 초래할 것이라고 정확하게 내다봤다. 하지만 수많은 청년은 열광하며 입대했 다. 유럽 대륙에서 지원병들이 징병된 병력에 힘을 더했고, 영국(1916년까지 징병이 도입되지 않았다)에서는 첫 8주 동안에만 70만 명 이상의 남성이 군에 입대했다. 수많은 전쟁광처럼 이 남성들도 크리스마스 무렵에는 전쟁이 끝날 것이라고 예상했다.

그들보다는 그다지 이상주의적이지는 않았지만 그들을 지휘하고 있는 정치가와 장군들의 기대 역시 곧 허망한 것임이 판명되었다. 군사 계획가들은 보통 외교가 실패했을 때 사용되는 수단인 단기간의 제한된 결전을 예견했다. 그들은 근대 경제가 단순히 지속된 전쟁 수행 노력의 와중에서 기능할 수 없을 것이며 근대적 무기는 지구전을 불가능하게 만들 것이라고 생각했다. 그들은 최선의 방책을 규모와 속도에 두었다. 예컨대 그들은 규모가 더 큰 군대, 한층 더 강력한 무기, 그리도 더 신속한 공격이 전쟁에서 승리하게 만들 것이라고 믿었다. 그러나 이 모든 계획에도 불구하고 그들은 전장의 불확실성과 혼란에 대응할 수 없었다.

독일은 공격의 토대를 1890~1905년간 독일군 총참모총장을 지낸 알프레트 폰 슐리펜(1833~1913)의 이름을 딴 슐리펜 계획에 두었다. 슐리펜과 그의 후계자 헬무트 폰 몰트케(1848~1916)는 효율적이고 장비를 잘 갖추었지만 점차 수적으로 우세해지는 독일 군대에 적합하게 하기 위해 몇 차례에 걸쳐 계획을 수정했다. 그들은 신속한 승리를 담보하기 위해 프랑스를 먼저 공격할 것을 요구했는데, 그렇게 되면 서부 전선이 중립화되고 동부 전선에서 러시아와 싸우는 독일군이 한숨 돌릴 수 있을 것으로 예상했다. 독일은 프랑스가 알자스-로렌을 통해 공격할 것으로 예상하면서 벨기에를 통해 침공해 파리 근처에서 결정적인 전투를 치르기 위해 프랑스 북서부를 휩쓸어버리고자 했다. 독일군은 한 달이 넘는 기간 동안 신속하게 진격했다. 하지만 몰트케의 삼촌인 유명한 독일 장군은 언젠가 어떤 계획도 적과의 첫 번째 접전에서 살아남지 못한다고 말했다. 더욱이 이 계획은 독일군의 신체적·병참학적 능력을 과대평가했다. 하루에 32~40킬로미터를 전진하는 작전의 속도는 병사들과 보급선이 보조를 맞추기에는 너무도 과한 것이었다. 독일군은 또한 무기는 빈약했지만 결의에 찬 벨기에 군대의 저항과 진군하는 독일군에게 엄청난 손실을 가져다준 소규모이지만 잘 훈련된 저격수를 보유하고 고도로 전문화된 영국 야전군의 간섭으로 지체되었다. 계획들은 변경되었다. 우선 러시아가 예상보다 더 빠르게 이동할 것을 우려한 독일 지휘관들은 프랑스를 공격하기 위해 전군을 다 보내는 대신에 동부에 일부 군대를 파견하는 것으로 공격 계획을 바꾸었다. 그리고 그들은 남서쪽을 향해 에워싸는 대신에 북동쪽에서 파리를 공격하기로 결정했다.

독일의 계획은 8월 동안에는 작동하고 있는 것처럼 보였다. 알자스-로렌에 대한 프랑스의 반격은 실패로 돌아갔고 프랑스 전선이 파리 쪽으로 물러나면서 사상자도 늘어났다. 하지만 독일은 성공에서 멀어지기 시작했다. 벨기에와 영국의 방어는 독일의 전선을 파리를 향한 단일한 공격 대열로 붕괴시켰다. 압박을 받으면서도 대단히 침착하며 사상자들에 대해

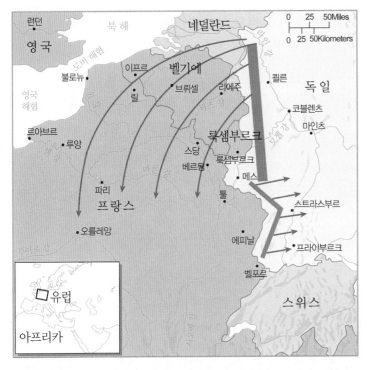

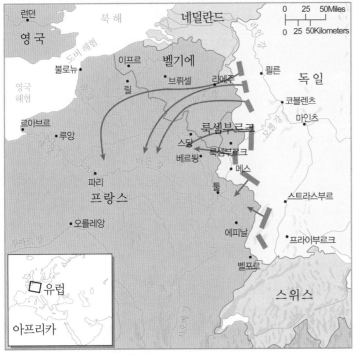

슐리펜 계획과 독일의 공세
위에 있는 지도는 독일군 총참모총장인 알프레트 폰 슐리펜과 1890년 이후 10년간 그의 후임자인 헬무트 폰 몰트케가 개발한(그리고 몇 차례 수정된) 공세 전략을 상세히 보여준다. 이들이 제안한 전략은 무엇이고, 그 이유는 무엇인가? 아래 지도는 독일군의 공세를 보여준다. 이 계획은 어떻게 수정되었고, 그 이유는 무엇인가? 그리고 그 결과는 어땠는가?

거의 무관심한 프랑스 사령관 죌 조프르(1852~1931)는 자신의 군대를 재조직해 독일군을 서서히 함정으로 몰아넣었다. 9월 독일군이 정확히 파리 외곽 48킬로미터 지점에 이르렀을 때 영국과 프랑스는 마른에서 반격을 개시해 성공을 거두었다. 독일 전선은 엔(Aisne) 강 쪽으로 후퇴했고 슐리펜 계획은 실패하고 말았다.

마른 전투 이후에 진격이 불가능해진 양측 군대는 북쪽으로 바다를 향해 나아가면서 서로 적의 허를 찌르고자 했다. 탁 트인 땅을 가로지르며 4개월에 걸친 신속한 이동 이후 독일군은 연합국이 돌파할 수 없는 요새화된 방어 진지를 구축했다. 스위스 북쪽 국경에서 영국 해협에 이르는 644킬로미터에 펼쳐진 옴짝달싹 못하는 전선을 따라 강대국들은 지구전을 위해 참호를 팠다. 크리스마스 무렵에 참호전이 시작되었고 전쟁은 이제 막 시작된 셈이었다.

마른 전투는 전체 전쟁에서 전략적으로 가장 중요한 전쟁으로 판명되었다. 이 한 번의 전투가 전쟁에 대한 유럽의 기대를 뒤집어놓았고 전쟁이 금방 끝나리라는 희망을 꺾어버렸다. 기동 전쟁은 전쟁의 진로에서 꿈쩍 않고 멈추었고, 그 멈춤은 4년 동안이나 지속되었다. 이 전쟁은 장기간에 걸친 값비싼 대가를 치르는 치명적인 것이었음이 밝혀진다. 정치가와 장군들은 새로운 동맹국, 새로운 전쟁의 무대, 신무기 등을 추구하면서 교착 상태를 깨뜨리고 이 전쟁을 참호 밖으로 빼내기 위한 방법을 끊임없이 모색했다. 그러나 그들은 서부 전선에서 여전히 공세 전술에 몰두해 있었다. 무지, 완고함, 무정함, 또는 절망감 탓인지 아닌지는 몰라도 군사 지도자들은 계속해서 병사들에게 '참호에서 나와 공격으로' 전환할 것을 명령했다.

연합국이 마른에서 성공을 거둔 데에는 부분적으로는 동프로이센에서 있었던 예기치 않은 러시아의 강력한 공격 덕분이었다. 이로 인해 일부 독일 부대는 서부 전선에 대한 공격에서 동프로이센에 대한 방어를 위해 물러나야 했다. 그러나 러시아의 초기 승리는 8월 26~30일에 걸친 타넨베르크 전투에서 말짱 헛일이 되고 말았다. 러시아군은 여러 문제들로 곤경에 처해 녹초가 되었고 반기아상태에 빠졌다. 독일군은 러시아군을 유린해 10만 명을 포로로 사로잡고 러시아 제2군을 실질적으로 붕괴시켰다. 러시아 장군은 전장에서 자살했다. 2주일 후 독일은 마수리안 호수 전투에서 또다시 결정적 승리를 거두어 러시아군을 독일 영토에서 퇴각하게 만들었다. 이 사건에도 불구하고 러시아군은 남쪽에서 오스트리아의 공격을 막아내면서 엄청난 손실을 가해 독일군이 러시아에 더 많은 군대를 보내야만 하도록 만들었다. 1915년과 1916년 내내 동부 전선은 그 어느 쪽도 자국의 이익을 이용하지 못한 채 피비린내 나면서도 결말이 나지 않은 상태로 남았다.

교착 상태, 1915년

❧ 전쟁이 교착 상태에 빠지게 된 이유는 무엇인가?

연합국과 동맹국 양측은 새로운 공격 지점을 모색하는 과정에서 새로운 동반자들을 추가했다. 오스만 제국(터키)은 1914년 말 독일과 오스트리아 편에 가담했다. 1915년 5월 이탈리아 시민의 대중적 지지에 설득당하고 영토와 돈의 유혹에 넘어간 이탈리아는 연합국 측에 가담했다. 1915년 4월의 런던 조약은 연합국이 전쟁에 승리했을 때 (그리고 만약 승리한다면) 이탈리아에게 재정적 보상, 오스트리아 영토의 일부, 그리고 아프리카에 있는 독일 식민지의 일부를 약속했다. 불가리아 역시 발칸 반도에 있는 영토 획득을 기대하며 몇 달 후 동맹국 편에 서서 전쟁에 가담했다. 새로운 교전국들의 참전은 전쟁의 지리적 범위를 확대하고 다른 전선들에 공세를 가함으로써 서부에서의 교착 상태를 깨뜨릴 가능성을 열어주었다.

갈리폴리와 해전

터키의 개입은 특히 전쟁의 역학을 바꾸어놓았는데, 그 이유는 터키가 러시아의 보급로을 위협하고 수에즈 운하에 대한 영국의 통제권을 위험에 처하게 만들었기 때문이다. 터키를 신속히 패배시키기 위해 그리고 서부 전선을 우회하고자 하는 희망에서 영국의 해군장관 윈스턴 처칠(재임1911~1915)은 유럽과 소아시아를 갈라놓는 좁은 해협인 다르다넬스에서 해군의 공격을 감행할 것을 주장했다. 하지만 특히 무능한 지도력하에서 영국 해군은 적절한 계획, 보급로, 성공적인 전투에 임하기 위한 지도 등을 결여하고 있었다. 연합국의 공격은 비효율적인 함포 사격과 기뢰 제거로 시작되었지만 6척의 연합군 함선이 침몰하거나 피해를 입는 결과를 초래했다. 그 뒤 연합국은 1915년 4월부터 갈리폴리 반도에 대한 육상 침공을 시도했다. 프랑스, 영국, 오스트레일리아, 뉴질랜드 혼성군은 거의 전진하지 못했다. 터키군은 요새화된 절벽 위의 고지대에서 좁은 해안을 방어했고 해안은 거의 난공불락의 철조망으로 뒤덮여 있었다. 이 비참한 상륙 작전에 대해 한 영국군 장교는 다음과 같이 회고했다. "뒤에 있는 바다는 정말로 피로 물들었고, 소총 사격의 덜걱거리는 소리를 뚫고 울려 퍼지는 신음소리를 들을 수 있었다." 전투는 갈리폴리 해변에 참호를 파고 몸을 숨기는 형태가 되었고 연합국 사령관이 패배를 인정하고 12월에 철수를 명할 때까지 7개월 동안 사상자는 계속 늘어났다. 역사상 최초의 대규모 수륙양면 공격인 갈리폴리 전투는 연합국으로서는 대패였다. 이 전투는 런던의 주택지구와 영국 북부의 산업 도시들에 죽음을 가져다주었고, '영연방 백인 자치령들'에서 사람들을 망연자실하게 만들었다. 특히 오스트레일리아, 뉴질랜드, 캐나다의 모든 소읍과 작은 마을은 청년들을 잃었고, 때때로 한 가족이 모든 아들을 잃는 비극을 겪기도 했다. 이 전투로 연합국은 20만 명의 희생을 치렀지만, 교착 상태에 빠진 서부 전선으로부터 전쟁의 초점을 바꾸어놓는 데에는 별다른 효과가 없었다. 사실 '우회하기'의 실패는 참호에서의 싸움 논리를 강화하기만 했다.

1915년에 이르러 양측은 그렇게 오래 끌고 희생이 큰 '근대식(modern)' 전쟁을 치르는 것이 자국의 자원을 총동원하는 것을 요구한다는 것을 깨달았다. 한 대위는 집으로 보낸 편지에서 이에 대해 다음과 같이 언급했다. "그것은 여기에서 일전에 누군가가 말했듯이 단연코 확실히 '소모'전이다. 우리는 적들보다도 더 오래 그것을 해내왔고 그들이 외침을 멈출 때까지 계속해서 사람, 돈, 물자를 공급할 것이다. 내가 알 수 있는 한에서는 그것이 전부이다."

연합국은 경제 전선에서 전쟁을 치르기 시작했다. 독일은 공급의 최소한 3분의 1을 수입해야 할 만큼 식량이 취약하고 의존적이었다. 모든 동맹국에 대한 연합국의 해상 봉쇄는 적대국들의 식량과 원료를 서서히 고갈시키는 것을 겨냥했다. 독일은 잠수함 봉쇄로 응수하며 영국 주변 해역에 있는 어떠한 선박도 공격하겠다고 위협했다. 1915년 5월 7일 독일 잠수함 'U-20'은 사전 경고도 없이 비밀리에 전쟁 물자를 수송하고 있던 여객선 '루시타니아'호에 어뢰를 발사했다. 이 공격으로 128명의 미국인을 포함한 1,198명이 죽었다. 이 공격은 미국의 증오를 불러일으켜 독일은 더 이상 사전 경고 없이 발포하지 않겠다고 약속하지 않으면 안 되었다(이 약속은 단지 일시적인 것으로 판명되었다. 1917년 독일은 다시 무제한 잠수함 작전을 선포했으며, 이로 인해 미국을 전쟁에 끌어들이게 되었다). 영국에 대한 독일의 봉쇄가 한층 더 많은 선박들을 파괴했지만, 독일에 대한 봉쇄는 장기적으로 계속되는 전쟁 수행 노력이 국가 경제에 대한 증대되는 수요를 불러오면서 독일을 한층 더 황폐화시키고 있었다.

참호전

전쟁이 경제적·정치적으로 확대되는 동안 어느 병사가 "긁어 판 더러운 구멍들(lousy scratch holes)"이라고 부른 참호에서의 생활은 거의 변하지 않았다. 비좁고 비참한 참호에서의 판에 박힌 일상과 계속되는 살인이라는 생활방식이 이어지고 있었다. 서부 전선을 따라 구불구불 펼쳐진 약 4만 233킬로미터의 참호에서 보통 세 개의 전선은 양측에게 '무인지대' 였다. 최전선은 적으로부터 45~1,600미터에 이르는 곳 어디에나 있는 공격 참호였다. 최전선 뒤에는 참호와 전선들을 연결해주는 미로가 있었다. 다음은 탁월한 역사가가 참호전에 관해 적군을 마주대하고 있는 최전선 뒤의 광경을 묘사한 것이다.

> 통로를 따라 바닥을 훑으면서조차 참호를 계속 사수하는 것은 참모들이 사단의 탄약 임시 보관소, 급수장, 전화 교환소, 군수품 철도 수송 종점, 탄약고, 군수품 저장소에 대한 후방 연결이라고 부르는 조밀하게 엮인 연락망이었다. 이것의 기능은 원심적이라기보다는 구심적인 자체의 기지를 향해 후방으로 군대를 끌어들이도록 함으로써 군대의 작전 구역을 확대하기 위한 것이었다. 이 연결들은 이론적으로는 융통성이 있지만, 여단과 군단 기지들, 야전 군수품 저장소, 사령부, 마초와 포탄 저장소, 병원들이 설치되어 있는 지점들을 실질적으로 이동시킬 수 없는 한에서 진격의 부담이 이 연결들에 지워질 때마다 놀라울 정도로 경직된 것으로 판명되었다. 밑바닥 흙에서 그들을 느슨하게 풀어주기 위해서는 1918~1919년의 평화로운 시기가 필요할 것이다.

산업 시대의 중심적 상징인 철도가 전쟁을 훨씬 더 기동성 있게 만든다는 일반적 주장은 오해이다. 열차는 사람들을 전선에 데려다줄 수 있지만, 기동성은 거기에서 끝났다. 기관총과 철조망은 그렇게 도착한 병사들에게 최악의 악몽을 제공했다. 그리고 위의 인용문에서 보았듯이 병참 업무 역시 기동전을 회복시키려는 장군들의 노력을 좌절시켰다.

영국군과 프랑스군의 참호는 습하고 추우며 더러웠다. 비가 오면 먼지투성이의 참호 속은 더러운 진흙 구덩이로 변했고 허리 높이까지 물이 차올랐다. 어느 프랑스 병사의 편지는 소름끼치는 광경을 다음과 같이 묘사했다. "포탄이 작렬한다고 해서 지옥이 아니다. 진흙 구덩이야말로 진정한 지옥이다." 병사들은 이(蟲)와 커다란 검은 쥐와 함께 살았고, 이것들은 죽은 병사와 말들을 뜯어먹으며 사방으로 퍼져나갔다. 시체들은 몇 달 동안이나 매장되지 못했고 종종 참호 벽에 마구 끼워 넣기도 했다. 병사들이 단지 3일에서 7일간 근무한 이후 전선에서 벗어나 교대되었던 것은 그다지 놀랄 일이 아니었다. 그것은 어느 병사가 "이 현재, 항상 존재하는, 영원히 현존하는 비참한 신세, 이 악취가 풍기는 끈적끈적한 세계, 좁고 긴 위협적인 하늘로 천장을 이루는 물이 뚝뚝 떨어지는 땅"이라고 부르는 곳으로부터 벗어나는 길이었다. 실제로 적군 포격의 위협은 끊이지 않았다. 예컨대 하루에 7,000명의 영국군이 죽거나 부상당했다. 실제로 그러한 '소모'는 서부 전선에서의 검열, 교대, 세속적인 삶의 의무 등과 더불어 판에 박힌 일의 일부였다. 그런 위험에도 불구하고 참호는 특히 공격을 감행할 때의 사상자 비율과 비교하면 상대적으로 믿음직한 보호 수단이었다.

전쟁이 진행되면서 일상의 전투에 따라붙기 마련인 무서운 일에 신무기가 추가되었다. 야포, 기관총, 철조망 이외에도 전쟁 도구들에 산탄(散彈), 화염방사기, 독가스 등이 포함되었다. 특히 가스는 제일선에 눈에 보이는 변화를 가져다주었다. 1915년 4월 제2차 이프르 전투에서 독일군이 처음 효과적으로 사용한 독가스는 특히 그 후기 형태에서 신체적으로 치명적일 뿐만 아니라 심리적인 교란 효과도 컸다. 가스마스크가 신속히 출현해 독가스의 효과를 줄여주기는 했어도 치명적인 연기가 빈번히 참호 위를 뒤덮었다. 다른 신무기들처럼 독가스는 전선을 견고하게 했고 더 많은 인명을 앗아갔지만 교착 상태를 종식시킬 수는 없었다. 전쟁은 그 다음 해 내내 피비린내 나면서도 정체된 채 질질 끌었다. 병사들은 자신의 지도자들이 교착 상태를 끝내기 위한 방안을 모색하는 동안 이에 적응해갔다.

참호에서의 대량살상: 대전투들, 1916~1917년

◆ 연합국이 공격 전략을 계속한 이유는 무엇인가?

제1차 세계대전을 요약해서 보여주는 전투 중에서 가장 유혈적인 전투들은 1916~1917년에 일어났다. 소모전에서의 대규모 군사 행동인 이들 공격은 수십 만 명의 사상자를 발생시켰음에도 오로지 한 뼘의 땅만 차지할 수 있었다. 이 전투들은 전쟁의 군사적 비극, 예컨대 군복 입은 병사들을 기관총을 향해 돌진시키는 전략으로 요약된다. 물론 그 결과는 대량 학살이었다. 어마어마한 손실에 대한 일반적인 대응은 책임을 맡은 장군을 교체하는 것이었다. 그러나 지휘관이 바뀌어도 명령은 바뀌지 않았다. 군사 계획자들은 계속해서 본래의 전략이 옳았고 단순히 불운과 독일의 결의로 인해 좌절된 것이라고 믿었다. '공격 숭배자의 무리'는 충분한 병력과 무기로 돌파가 가능하다고 고집했다.

그러나 필요한 병력은 효율적으로 이동시키나 적절하게 보호될 수 없었다. 소총, 수류탄, 총검으로 무장한 무방비의 병사들은 기관총과 깊이 파놓은 참호에 대적할 수 없었다. 군사 전략의 또 다른 문제와 계속되는 대량 살상에 대한 또 다른 설명은 최전방과 총사령부 사이의 효과적인 통신 결여였다. 전방에서 무언가 잘못되었더라도—그런 일은 빈번히 일어났다—지휘관들이 의미 있는 수정을 하기 위해 제 시간에 그것을 알기란 불가능했다. 제1차 세계대전의 대전투들이 보여주듯이 화력은 기동성을 능가했지만 연합국 장군들은 이에 대응하는 방법을 몰랐다.

베르됭

이러한 전투 중 최초의 전투는 1916년 2월 프랑스 동부 국경 인근의 베르됭(Verdun) 요새에 대한 독일의 공격으로 시작되었다. 베르됭은 전략적 중요성은 거의 없었으나 프랑스 저항의 상징으로 어떤 희생을 치르고라도 방어해야 하는 곳이었다. 독일의 목표는 반드시 그곳을 점령하자는 것이 아니라 오히려 결정적으로 약해진 순간에 프랑스인의 사기, 이른바 프랑스의 '놀라운 헌신'을 꺾어놓자는 것이었다. 독일 장군 에리히 폰 팔켄하인(재임 1914~1916)이 말한 것처럼 이 공격은 "프랑스가 자국이 갖고 있는 모든 사람을 투입하게 만들 것이다. 만약 그렇게 한다면 프랑스군은 피를 흘리며 죽을 것이다." 전투 첫날 100만 발의 포탄이 퍼부어졌다. 이것은 엄청난 희생을 치르고도 아무런 성과도 거두지 못한 10개월에 걸친 매우 잔인한 공격과 반격으로 진퇴를 거듭하는 전투의 시작이었다. 앙리 페탱(재임 1914~1918) 장군이 이끄는 프랑스군은 야포로 독일군에게 맹포격을 가했고 맹폭격으로 반격을 받았다. 독일군은 포격으로 구덩이가 패인 진흙투성이의 지대에서 대포를 끌기 위해 단 하루 동안 7,000마리가 죽어나간 말이 끄는 거대한 마차에 의존했다. 프랑스군은 보급품과 병력을 베르됭으로 계속 이동시켰다. 대략 1만 2,000대의 수송 트럭이 이 일에 동원되었다. 프랑스군 330개 연대 중 259개 연대가 이런 방식으로 이동했다. 단 한 달 만에 최전방에 있는 작은 마을의 주인이 13차례나 바뀔 정도로 그 어느 쪽도 진정한 우세를 점할 수는 없었지만 양측은 엄청난 인명 피해를 입었다. 6월 말까지 40만 명이 넘는 프랑스군과 독일군 병사가 전사했다. 이에 대해 한 역사가는 다음과 같이 쓰고 있다. "베르됭은 승리를 가져다줄 수 없는 테러와 죽음의 장소가 되었다." 결국 자신들이 겪었던 것만큼이나 심하게 독일군이 피를 흘리게 하면서 살아남은 프랑스 쪽으로 승기가 기울었다.

솜

그사이 1916년 6월 24일 영국은 독일에 대한 공세를 훨씬 서쪽의 솜(Somme)에서 개시했다. 5일간에 걸친 맹렬한 포격으로 연합국의 공격이 시작되었고 엄청난 양의 포탄이 독일군 전선에서 작렬했다. 1,400대 이상의 대포가 거의 300만 발의 포탄을 퍼부었다. 폭발음은 영국 해협을 가로질러 사방에서 들렸다. 영국은 이 예비 공격이 그물처럼 깔린 독일 철조망을 끊어놓고 독일군 참호를 파괴하며 연합군이 앞으로 진격할 길을 열어줄 것이라고 생각했다. 하지만 비극적이게도 그들은 잘못 생각했다. 영국군이 사용한 포탄은 지상 전투를 위한 것이었지 독일이 파놓은 깊고 보강된 참호들을 관통시키기 위해 설계된 것은 아니었다. 철조망과 참호들은 포격에도 건재했다. 영국군 병사들이 적진을 향해 참호에서 나올 것을 명령받았을 때 그들은 자신들이 철조망에 갇혀 집중 사격 준비가 된 독일군 기관총을 마주대하고 있음을 발견했다. 각각의 병사들은 독일군 참호에서 예상되는 전투 동안에 사용될 약 27킬로그램의 보급품을 짊어지고 있었다. 명령에 불복해 포격이 끝나기 전에 휘하의 병사들을 전진시킨 소수의 영국군 사령관들은 독일군 전선을 돌파했다. 다른 곳에서는 그 상황을 전투라고 말하기 힘들었다. 솔직히 영국군 사단들 전체가 궤멸되었다. 적군 참호를 돌파한 병사들은 권총, 수류탄, 대검, 총검, 그리고 맨손으로 격렬한 육박전을 치렀다. 전투 첫날에만 너무나 충격적일 정도로 많은 수인 2만 명의 영국군 병사들이 전사했고 4만 명이 부상당했다. 대량 살상은 7월부터 11월 중순까지 계속되어 양측에 엄청난 사상자를 발생시켜 독일군은 50만 명, 영국군은 40만 명, 프랑스군은 20만 명에 달했다. 그로 인한 손실은 상상하기 힘들 정도였고 그 결과 역시 헤아리기 힘들었다. 그러나 이 모든 희생에도 불구하고 그 어느 쪽도 그 어떤 소득을 거두지 못했다. 솜 전투의 첫 번째 교훈에 대해서 나중에 한 참전 용사는 다음과 같이 말했다. "그 어느 쪽도 이 전쟁에서 승리를 거두지 못했고 거둘 수도 없었다. 이 전쟁이 거둔 승리라면 이기기 위해 계속될 것이라는 점이었다." 공세적인 전쟁이 쓸데없는 짓이라는 것을 병사들도 모르지는 않았지만 그들의 사기는 놀라울 정도로 높았다. 비록 양측에서 모두 반란과 탈영이 일어나기는 했지만 드문 편이었다. 그리고 항복도 전쟁 막바지 몇 달 정도에서만 중요한 요인이 되었다.

군 사령관들은 사기충천한 군대와 새로운 신병들로 자신의 전략을 유지하며 1917년에 다시 서부 전선에서 승리를 거두기 위해 이를 밀어붙였다. 프랑스 장군 로베르 니벨(재임 1914~1917)은 엄청난 병력으로 독일군 전선 돌파를 약속했지만 '니벨 공세'(1917년 4~5월)는 첫날의 솜에서와 같은 사상자를 발생시키며 즉각 실패로 돌아갔다. 영국 역시 제3차 이프르 전투(1917년 7~10월)에서 솜 전투를 재현해 50만 명의 사상자를 발생시키고도 그다지 중요하지 않은 소득만 거두었고 전선을 돌파하지도 못했다. 이러한 교착 상태를 깨뜨릴 가능성이 있는 한 가지 무기인 탱크가 1916년에 마침내 전투에 도입되었지만 전통에 사로잡힌 지휘관들이 탱크 사용을 꺼려하며 마지못해 투입함으로써 거의 아무런 차이를 보이지 못했다. 그 밖의 혁신들도 마찬가지로 결정적이지 못했다. 독일과 연합군 조종사들 사이에 비행기를 타고 이따금 '공중전'이 벌어지기도 했지만 비행기는 거의 전적으로 정찰을 위해 사용되었다. 독일은 런던을 공습하기 위해 비행선을 날려 보내기도 했지만 그다지 커다란 손상을 입히지는 못했다.

서부 전선 이외의 지역에서도 전투의 양상은 계속 교착 상태로 나아갔다. 오스트리아는 러시아가 동부 전선에서 오스트리아군에 대한 성공적인 공세를 개시하는 동안 계속 이탈리아와 마케도니아에서 공격을 막아냈다. 러시아군의 초기 성공은 루마니아를 러시아 쪽에 끌어들였지만, 동맹국은 재빨리 보복을 가해 몇 달 내에 루마니아를 이 전쟁에서 패배시켰다.

그 어느 쪽도 어마어마하게 값비싼 전함들을 잃고 싶지 않았기 때문에 바다에서의 전쟁도 지지부진했다. 영국과 독일의 해군은 1916년 초 오직 단 한 차례의 해전을 치렀지만 결과는 교착 상태에 이르고 말았다. 이후로 양측은 자국의 함대를 일차적으로 봉쇄를 위한 경제 전쟁에 사용했다.

1916년은 엄청난 유혈 사태와 증대되는 환멸의 해로서 훌륭하게 조직된 독일군조차도 서부의 지상전에서 이기기 위한 기동성이나 신속한 통신망을 갖지 못했음을 보여주었다. 전쟁은 점차 후방과 유럽 제국의 멀리 떨어진 곳에 있는 민간인을 포함한 모든 나라에 대한 전쟁으로 비화되었다.

제국들의 전쟁

🔸 제1차 세계대전에서 제국의 역할은 무엇이었나?

유럽 제국주의의 절정기에 다가온 제1차 세계대전은 신속히 광범위한 반향을 불러온 제국들의 전쟁이 되었다. 유럽의 식민지들은 전쟁에 대한 수요가 증가하면서 병사와 물적 지원을 제공했다. 영국은 특히 캐나다, 오스트레일리아, 뉴질랜드, 인도로부터 병사들을 데려오면서 방대한 식민지 자치령과 독립국들의 네트워크의 혜택을 받았다. 거의 150만 명의 인도인이 영국군으로 복무했는데, 그중 일부는 서부 전선에서 그리고 그보다 더 많은 수는 중동에서 터키에 대항해 메소포타미아 및 페르시아 지역에서 싸웠다. 프랑스 제국은 특히 북아프리카 및 서아프리카에서 연합군의 일원으로 싸우기 위해 60만 7,000명을 파병했고, 그중 3만 1,000명이 유럽에서 전사했다. 또한 식민지 출신의 징용자들은 산업에 고용되었다. 프랑스에서 일부 프랑스인 징병자들이 공장에서 일하기 위해 투입되었지만, 중국, 베트남, 이집트, 인도, 서인도 제도, 남아프리카 출신을 포함한 외국인 노동자가 25만 명을 넘었다.

유럽에서의 전쟁이 교착 상태에 빠지면서 식민지 지역들이 교전을 위한 전략적으로 중요한 전쟁 무대가 되었다. 터키에 대항한 전투는 갈리폴리에서 영국군의 패배로 처참하게 시작되었지만, 1916년부터 연합군은 일련의 전투에서 승리를 거두며 터키를 이집트에서 몰아내고 바그다드, 예루살렘, 베이루트, 그리고 중동의 여러 도시들을 장악했다. 이집트 및 팔레스타인 지역의 영국군 사령관은 터키에 대항한 다국적군을 이끌었던 에드먼드 알렌비(재임 1919~1925)였다. 알렌비는 빈틈없는 장군이자 사막의 상황에서 인력과 보급품을 잘 다루는 탁월한 관리자였지만, 그가 치르는 전투에서 터키로부터 독립을 추구하는 서로 다른 아랍인들의 지지가 결정적이었다. 알렌비는 오스만 제국을 분열시킨 성공적인 베두인(아랍어를 하는 유목민) 반란 세력과 손을 잡았다. 이때 영국군 장교 로렌스(재임 1914~1918)는 아랍의 게릴라 전투를 유명하게 만들었다. 1917년 베두인의 귀족 원로인 압둘라(Abdullah) 족장이 전략적 항구인 아카바를 장악했을 때 로렌스는 공을 세우고 '아라비아의 로렌스(Lawrence of Arabia)'로서 대중적 신화의 반열에 등극했다.

영국은 자신의 전략적 목적을 위해 아랍 민족주의를 부추기면서 아랍의 정치적 열망에 대한 조건부 인정을 제시했다. 그와 동시에 이와 유사하지만 갈등의 소지가 있는 전략적 이유로 인해 영국은 '팔레스타인에 유대인을 위한 민족적 조국의 수립'을 지지한다고 선언하고, 영국의 외무장관 아서 밸푸어(1848~1930)는 이를 서약했다. 유대인의 조국을 찾고 있던 유럽의 시온주의자들은 밸푸어 선언을 매우 진지하게 받아들였다. 갈등의 소지를 안고 있는 이 서약은 베두인 지도자들과 시온주의자들에게 장차 있을 아랍-이스라엘 충돌의 씨앗을 뿌렸다. 처음에는 전쟁이 그리고 다음에는 석유에 대한 보증이 유럽을 중동으로 한층 더 깊이 끌어들였고, 갈등을 일으키는 의존과 공약들이 수많은 전후 문제들을 발생시켰다.

아일랜드인의 반란

오스만 제국은 취약했지만 영국도 마찬가지로 취약했다. 전쟁으로 인한 필요 사항은 불확실한 유대 관계를 옥쥐어 한계에 이르게 했다. 전쟁 이전에 이미 아일랜드계 가톨릭교도와 프로테스탄트 영국 정부 사이에 장기간에 걸친 긴장은 그 열기가 최고조에 달해 내전이 일어날 것 같았다. 1900년 아일랜드의 독립을 목표로 하는 신 페인(Sinn Féin, 아일랜드어로 '우리들만으로'라는 뜻)당이 결성되었고, 1912년 아일랜드 자치법이 영국 의회를 통과했다. 그러나 1914년 제1차 세계대전의 발발로 국익이 국내 정치에 우선하게 됨에 따라 '아일랜드 문제'는 무기한 연기되었고 20만 명의 아일랜드인이 영국군에 자원입대했다. 하지만 아일랜드 문제는 곪아터져 1916년 부활절에 일군의 민족주의자들이 더블린에서 반란을 일으켰다. 독일에서 무기를 밀수하려던 반군의 계획은 실패로 돌아갔고 그들은 승리하리라는 생각을 가질 수도 없었다. 영국군은 대포와 기관총으로 무장하고 도착해 더블린의 일부 지역에 포격을 가해 일주일 내에 봉기를 분쇄했다.

이 반란은 군사적 재앙이긴 했지만 정치적으로는 놀라운 성공을 거두었다. 영국은 반란의 지도자들을 처형함으로써 아일랜드 대중을 경악시켰다. 영국 수상 데이비드 로이드 조지(재임 1916~1922)조차 이러한 처형을 더블린에 있는 군정 총독의 월권으로 생각했다. '부활절 봉기자들(Easter Rebels)'의 순교는 영국과 아일랜드계 가톨릭교도의 관계를 크게 손상시켰다. 그들의 죽음은 아일랜드 민족주의의 대의에 활기를 북돋아주었고 여러 해 동안 아일랜드를 혼란에 빠뜨린 게릴라식 폭력을 출범시키는 계기가 되었다. 마침내 1920년 새로운 아일랜드 자치법이 제정되어 아일랜드 남부의 가톨릭교도와 주민 대다수가 프로테스탄트교도인 북동부 군들로 구성된 얼스터 지방을 위한 별도의 의회가 세워졌다. 1918년 아일랜드 공화국을 선포하고 영국으로부터 불법화되었던 아일랜드 의회(Dáli Éireann)의 지도자들은

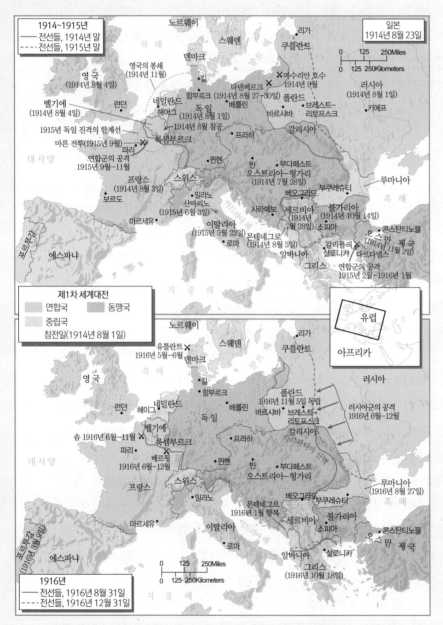

A. 제1차 세계대전, 1914~1916년
이 시기 동안의 가장 중요한 발전은 무엇이었나? 어떤 지점에서 서부 전선은 교착상태에 이르렀고, 그 결과는 무엇이었나? 동부 전선에서는 어떤 일이 일어났는가?

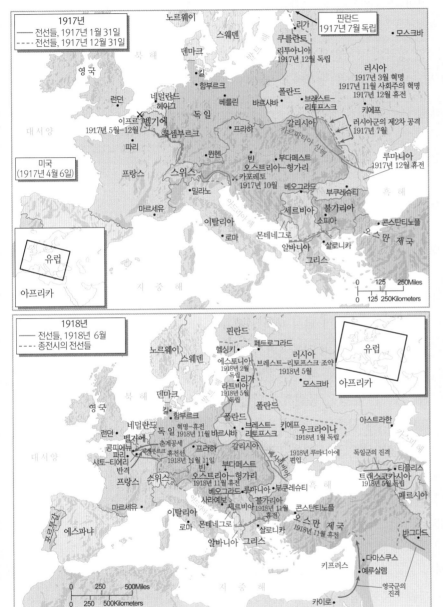

1917년
— 전선들, 1917년 1월 31일
--- 전선들, 1917년 12월 31일

노르웨이
스웨덴
덴마크
리가
핀란드
1917년 7월 독립
쿠를란트
모스크바
리투아니아
1917년 12월 독립
영국
러시아
1917년 3월 혁명
1917년 11월 사회주의 혁명
1917년 12월 휴전
런던
네덜란드
헤이그
킬
함부르크
베를린
폴란드
바르샤바
브레스트-
리토프스크
키에프
이프르
벨기에
1917년 5월~12월
독 일
룩셈부르크
프라하
갈리시아
카르파티아 산맥
러시아군의 제2차 공격
1917년 7월
대서양
파리
뮌헨
빈
오스트리아-헝가리
부다페스트
루마니아
1917년 12월 휴전
미국
(1917년 4월 6일)
프랑스
스위스
카포레토
1917년 10월
베오그라드
부쿠레슈티
흑해
밀라노
세르비아
불가리아
소피아
콘스탄티노플
마르세유
아드리아 해
이탈리아
로마
몬테네그로
알바니아
살로니카
오스 만 제 국
유럽
아프리카
그리스
지 중 해
0 125 250Miles
0 125 250Kilometers

1918년
— 전선들, 1918년 6월
--- 종전시의 전선들

핀란드
헬싱키
페트로그라드
러시아
유럽
아프리카
노르웨이
스웨덴
에스토니아
1918년 2월 독립
리가
브레스트-리토프스크 조약
1918년 5월
모스크바
라트비아
1918년 5월 독립
덴마크
킬
함부르크
폴란드
브레스트-
리토프스크
키에프
우크라이나
1918년 1월 독립
아스트라한
영 국
네덜란드
벨기에
독 일 혁명·휴전
1918년 11월 바르샤바
런던
콩피에뉴
파리
샤토-티에리
반격
춘계공세
룩셈부르크 휴전선
1918년 11월 11일
프라하
갈리시아
1918년 루마니아에 편입
독일군의 진격
트랜스코카시아
1918년 5월 독립
티플리스
대서양
프랑스
스위스
빈
오스트리아-헝가리
1918년 11월 휴전
부다페스트
루마니아
부쿠레슈티
페르시아
마르세유
이탈리아
사라예보
세르비아 1918년 11월
베오그라드
불가리아 1918년 11월
콘스탄티노플
1918년 11월 휴전
에스파냐
로마
몬테네그로
알바니아
살로니카
그리스
오스 만 제 국
바그다드
지 중 해
키프러스
다마스쿠스
예루살렘
영국군의
진격
카이로
0 250 500Miles
0 250 500Kilometers

B. 제1차 세계대전, 1917~1918년
1917년의 핵심적 사건들은 무엇이고, 그것들은 전쟁의 과정을 어떻게 바꾸어놓았는가? 1918년의 지도에 주목하라. 많은 독일인들이 어떤 이유로 자신들이 이 전쟁에서 거의 승리를 거두었다고 믿었을까? 중동에서의 발전들이 전쟁 직후의 시기에 중요했던 이유는 무엇인가?

501

이 법안을 거부했지만 1921년 가톨릭계 아일랜드에 자치령의 지위를 부여한 조약은 받아들였다. 자치령의 선포는 거의 즉각적으로 이 조약을 따르는 사람들과 얼스터를 흡수하기 원하는 사람들 사이의 내전으로 이어졌으나 이 충돌은 불안한 타협으로 끝나고 말았다. 아일랜드 자유국이 수립되었고 영국의 통치권은 1937년에 부분적으로 폐지되었다. 공화국으로서의 완전한 지위는 1945년, 미국이 압력을 행사하고 영국의 냉담함이 사라지면서 다가왔다.

후방

♣ 전쟁이 가져다준 사회 변화들은 무엇인가?

1915년 소모전이 시작되었을 때 교전국 정부들은 지속적인 전쟁을 부담할 준비가 되어 있지 않았다. 전쟁 비용은 돈과 인력 면에서 모두 어마어마했다. 1914년 독일의 전쟁 비용은 하루에 3,600만 마르크(1870년 전쟁 비용의 5배)였고, 1918년에 이르러 하루에 1억 4,600만 마르크로 치솟았다. 영국은 이 전쟁에 10만 명의 병사가 필요할 것이라고 추산했지만 300만 명을 동원해야 했다. 군대를 먹이고 입히며 무장시키는 엄청난 일은 적의 전선을 돌파하는 것만큼이나 힘든 난제였다. 민간인은 점차 이러한 전쟁 수행 노력을 지탱할 것을 요구받거나 강요당했다. 관료와 산업가들은 후방을 동원하기 위한 노력을 이끌어 사회의 모든 부문을 군사적 승리라는 유일한 목적에 집중시켰다. 이러한 일사 분란한 사회적 총동원을 묘사하기 위해 총력전(total war)이라는 용어가 도입되었다. 정부의 선동가들은 민간인도 군인만큼이나 전쟁 수행 노력에서 중요하고 여러 방면에서 그래야 한다고 주장했다. 민간인은 노동자, 납세자, 소비자로서 전시 경제에 없어서는 안 될 부분이었다. 그들은 군수품을 생산하고 전쟁 채권을 구입하며 세금 인상, 인플레이션, 물질적 궁핍의 부담을 짊어졌다.

산업 전쟁의 요구 사항은 우선 일반적인 산업 제조에서 군수품 생산으로의 이행을 이끌었고 그 다음으로 생산과 분배의 모든 측면에서 국가 통제권의 증대를 이끌었다. 영국과 프랑스 정부는 자국에서 생활수준의 심각한 손상 없이 정치적으로 어떻게든 해서든 경제를 관리하고자 했다. 반면에 독일은 자국의 경제를 군대와 산업의 수중에 쥐어주었다. 독일군 제국 참모부의 우두머리인 파울 폰 힌덴부르크(재임 1916~1919)의 이름을 딴 힌덴부르크 계획하에서 가격 책정과 이윤율은 개별 산업가들이 정했다.

일반적으로 독일 경제가 전후에 즉각 붕괴했기 때문에 역사가들은 독일의 전시 경제를 무질서한, 궁극적으로 개인적 이익에 지배된 손해가 큰 체제였다고 규정해왔다. 하지만 새로운 연구는 그렇지 않았다는 것을 시사한다. 예컨대 독일의 금융 및 상품 분배 체제가 결함이 있긴 했지만 영국이나 프랑스에 비해 결정적으로 나쁘지 않았다는 것이다.

전시의 여성들

유럽의 성인 남성이 군인이 되기 위해 농장과 공장을 떠나면서 노동력 구성이 바뀌었다. 수많은 여성이 이전에는 그들을 배제해왔던 분야에 고용되었다. 청년, 외국인, 미숙련 노동자도 새로이 중요해진 일들에 투입되었다. 식민지 노동자들의 경우 그들의 경험도 동등하게 중대한 반향을 불러일으켰다. 그러나 여성의 활동이 한층 더 두드러졌기 때문에 제1차 세계대전이 가져다준 많은 변화 중에서 상징적인 것이 된 것은 여성이었다. 독일에서 전쟁이 끝날 무렵 중공업에 종사하는 노동력의 3분의 1은 여성이었고, 프랑스에서는 군수산업 분야에서만 68만 4,000명의 여성이 일했다. 영국에서 '군수산업 여공들(munitionettes)'이라고 불렸던 여성의 숫자는 거의 100만 명에 달했다. 여성은 사무직과 서비스업 분야에도 진출했다. 프랑스, 영국, 독일의 마을들에서 여성은 시장, 교장, 우편배달부 등이 되었다. 수십만 명의 여성은 간호사와 앰뷸런스 운전사로 군대에서 일했고, 이는 그들을 최전선에 매우 근접하게 만드는 직업이기도 했다. 최소한의 보급품과 누추한 조건에서 그들은 목숨을 구하거나 신체에 붕대를 감는 일을 했다.

몇몇 경우에 전쟁은 새로운 기회들을 제공했다. 중간계급 여성은 종종 전쟁이 자신의 삶에 가했던 제약들을 없애주었다고 말했다. 간호사로 일한 여성은 운전을 배우거나 가장 기초적인 의학 지식을 획득했다. 여성은 이제 마음 편히 기차를 타고 길거리를 걷거나 나이든 여성을 보호자로 동반하지 않고도 저녁식사를 하기 위해 외출할 수 있었다. 젠더 역할의 측면에서 엄청난 간격이 때때로 19세기 빅토리아 사회와 전시 세계를 갈라놓는 것처럼 보였다. 전쟁과 관련된 가장 유명한 자서전 중 하나인 『청춘의 증언(Testament of Youth)』에서 베라 브리튼(1896~1970)은 그녀와 다른 사람들이 전시의 급격한 변화 기간 동안에 만들어낸 극적인 새로운 사회규범에 대해 다음과 같이 기록했다. "한 세대의 여성으로서 우리는 이제 1914년의 로맨틱한 무지와 비교했을 때 혁명적일 정도로 세파에 물들었다. 언젠가 '어떤 상황'이나 '어떤 언명'에 관해 예절 바른 얼버무림으로 말하던 곳에서 우리는 이제 부끄러워하지도 않고 '임신'과 '매춘'이란 단어를 사용했다." 하지만 이러한 변화들을 찬양한 베라 브리튼에게 언론인, 소설가, 그리고 그 밖의 관찰자들은 여성이 흡연을 하고 빅토리아풍의 의복에 모래시계 모양을 부여한 코르셋의 착용을 거부하거나 머리카락을 새로운 유행의 단발머리로 자르고 있다고 투덜댔다. 이 '신여성'은 중대하면서도 당황스런 문화적 변화의 상징이 되었다.

이러한 변화들이 얼마나 오래 지속되었을까? 전쟁 직후에 정부와 고용주들은 부분적으로는 퇴역군인들에게 일자리를 주기 위해 또 부분적으로는 여성이 자신의 임금을 삭감하고 있다는 남성 노동자들을 다루기 위해 여성을 가정으로 돌려보내려고 갈팡질팡했다. 여성을 가정으로 돌려보내기 위한 노력들은 현실적 장애물에 봉착했다. 수많은 여성 봉급생활자는 과부가 되거나 친척을 돌볼 책임을 지거나 또는 인플레이션과 치솟는 물가 등으로 인해 이전보다 훨씬 더 벌이를 필요로 했다. 중공업 분야에서 상대적으로 높은 임금을 받는데 익숙해진 여성 노동자들에게 얄팍한 임금을 받는 전통적인 고용 분야인 섬유 및 의복 산업과 하녀일 등으로 되돌아가라고 설득하는 것은 힘들었다. 바꿔 말하면 전후 여성의 동원 해제는 그들을 동원할 때만큼이나 많은 딜레마를 낳았다. 각국 정부는 여성에게 가정으로 돌아가 결혼하고 가장 중요하게는 자녀를 갖도록 권장하는 '산아 증가' 정책을 통과시켰다. 이 정책들은 여성이 최초로 이용할 수 있는 휴식 시간, 의료 급여, 빈민을 위한 약간의 수당 등이 포함된 모성 급부금 제도를 만들었다. 그럼에도 20세기 초 유럽 전역에 걸쳐 출산율이 떨어지고 있었고 전쟁이 끝난 이후에도 이런 현상은 계속되었다. 전쟁의 한 가지 결과는 산아 제한의 유용성이 증대되었다는 것이다. 마리 스톱스(1880~1958)는 1921년 런던에서 산아제한 진료소를 개원했고, 경제적 곤경, 지식의 증대, 자유에 대한 요구 등과 결합해 남녀 모두는 산아 제한의 유용성을 느끼게 되었다. 보통선거, 즉 모든 성인 남녀에게 투표권을 부여하는 것 특히 여성에게 투표권을 주는 것은 전쟁 이전에 유럽 정치에서 가장 논쟁적인 문제 중 하나였다. 전쟁 막바지에 보통선거를 위한 입법 요구가 쇄도했다. 우선 영국이 1918년에 국민대표법(Representation of the People Act)으로 30세 이상의 모든 남녀에게 투표권을 부여하면서 시작되었다. 미국도 다음 해 수정헌법 제19조를 통해 여성에게 투표권을 주었다. 독일의 신생 공화국과 소련도 똑같이 여성에게 투표권을 부여했다. 프랑스는 여성 참정권 부여(1945)에 훨씬 늦었지만 국가적 운동을 위한 보상과 유인책을 마련했다.

어느 여성의 전쟁

베라 브리튼은 재능 있고, 야심차고 특권을 지닌 여성이었다. 그녀는 제1차 세계대전 발발 전년도에 옥스퍼드 대학에 입학한 소수의 여성 중 한 명이었다. 전쟁이 발발했을 때 그녀의 약혼자는 영국군에 입대했다. 브리튼은 나중에 구급간호봉사대(Voluntary Aid Detachment)에 참여해 유럽과 지중해에서 간호사로 복무했다. 그녀의 회고록 『청춘의 증언(Testament of Youth)』(1933)에서 발췌한 아래 글에서 브리튼은 후방의 사기에 대해 걱정하며 1917년 프랑스에서 자신의 가족에게 집으로 편지를 쓴다. 그녀는 또한 여성의 상이하고 종종 상충하는 임무와 유복한 가정 출신의 온실에서 자라난 소녀로서 자신에게 전쟁이 의미했던 것에 관해 성찰한다.

"상황은……매우 나빠 보여요." 나는 [1917년] 1월 10일 내 가족에게 이렇게 써 보냈다.……그리고 나는 다음과 같이 애원했다. "그러나 할 수 있다면 여러분은 너무 의기소침해 하지 말고 끈기 있게 견디도록 노력하고 다른 사람들도 똑같이 하도록 해주세요.……왜냐하면 변방에서 군대와 군의 모든 부속물에서의 커다란 두려움은 그 자체를 포기하는 것에서가 아니라 고국에 있는 민간인이 가장 결정적인 시기에 용기뿐만 아니라 사기도 물론 잃음으로써 우리를 약해지게 할 것이기 때문입니다.……"

고국에서의 이러한 의기소침은 확실히 프랑스에 있는 우리 중 많은 사람들을 매우 불안하게 만들고 있다. 왜냐하면 우리는 우리의 일이 바로 절정에 도달하고 있는 이때 우리의 가족이 생계를 위해 우리의 젊음과 활력을 필요로 할 것이라는 것을 끊임없이 걱정하는 여성이기 때문이다. 숙모의 딸인 내 사촌 하나는 이미 불로뉴에 있는 군용 수통 공장에서 집으로 불려왔다. 그녀는 그런 일을 당한 많은 사람 중 하나일 뿐이었다. 왜냐하면 전쟁이 계속되면서 몸과 마음이 지치게 되자 자신의 아들들을 되부를 수 없이 양보한 중년 세대가 딸들에게 더 크게 의존하기 시작했기 때문이다.……

전시에 여성을 고갈시키는 것은 그들에게 부여된 격렬하고 익숙하지 않은 일이나 심지어 남편이나 연인이나 형제나 아들의 죽음에 대한 시시각각 다가오는 공포가 아니라 여성의 활력을 소모하고 기운을 꺾어버리는 개인적 요구와 국가적 요구 사이의 끊임없는 갈등이다.……

내가 소녀였을 때……나는 인생이 개인적인 자기만의 일이고 바깥세상에서 일어나는 사건들은 나름대로 중요하기에 충분하겠지만 개인적으로는 아주 상관없는 일이라고 생각했다. 지금은 내 세대의 다른 사람들처럼 나는 훨씬 더 큰 인류의 숙명들로 인해 개인적 우선 관심사가 침해당하는 것에 관해……배우고 또 배워야 하고, 결국 정말로 사적이거나 고립되거나 자급적인 삶은 없다는 것을 인식해야 했다. 세상이 거대해 보이고 오고가는 모든 것이 느리고 유유해 보일 때……아마도 사람들의 인생은 완전히 자기 자신의 것이었다. 그러나 이제는 더 이상 그리고 결코 다시는 그런 일이 없을 것이다. 왜냐하면 인간의 발명들이 거리와 시간을 그토록 상당히 단축시켜왔고, 싫든 좋든 우리는 이제 우리 각자가 거대한 경제적·정치적 운동들의 격랑에 휩싸여 있고, 개인들로서나 국가들로서 우리가 무엇을 하든지 모든 사람에게 커다란 영향을 미친다.

분석 문제

1. 후방에서 사기를 유지하는 것은 전쟁 중에 있는 나라들에게는 심각한 문제였다. 군복무 중인 남성을 대신하고 사상자를 돌보기 위한 유능한 노동자의 필요성 이외에도 영국은 노동쟁의와 아일랜드에서의 봉기를 다루어야 했다. 프랑스는 인플레이션과 비밀로 유지되었던 군인들의 반란에 직면했다. 독일과 러시아는 탄약, 보급품, 식량 등의 심각한 부족을 겪었다. 하지만 이러한 문제들은 여성에게 봉사할 기회를 제공했다. 이에 따라 결과적으로 나타난 사회적·정치적 효과들은 무엇이었나?

2. 브리튼은 전쟁 기간 동안에 상충하는 개인적 요구와 국가적 요구들에 대한 여성의 대응을 어떻게 설명했는가? 전방에 있는 남성들뿐만 아니라 후방에 있는 여성들 사이에서도 '순수성의 상실'이 있었는가?

자원 동원

전시 정부들은 노동 전선을 동원하는 것에 더해 인력과 자금을 동원해야 했다. 모든 교전국은 영국을 제외하고 전쟁 이전에 징병법을 갖고 있었다. 군복무는 선택이 아니라 의무로 여겨졌다. 전쟁에 대한 광범위한 대중적 지지에 힘입어 이러한 믿음은 수백만 명의 유럽 젊은이들로 하여금 1914년에 신병 모집사무소로 몰려들게 했다. 프랑스는 약 450만 명의 훈련된 병사들로 전쟁을 시작했지만 전쟁에 돌입한 지 4개월 만인 1914년 말에 이르러 30만 명이 전사하고 60만 명이 부상당했다. 시민을 징병하고 식민지 군대를 소집하는 것은 점차 중요한 일이 되었다. 프랑스는 결국 18세에서 40세에 이르는 프랑스 남성의 약 3분의 2인 800만 명의 시민을 소집했다. 1916년 영국은 마침내 시민의 사기에 심각한 타격을 가하면서 징병제를 도입했다. 1918년 여름에 이르러 영국군의 절반이 19세 이하였다.

군인과 민간인의 사기를 진작시키기 위한 광범위한 노력의 일환인 정부의 선전은 신병 모집 노력에 중요했다. 전쟁은 애초부터 전쟁 양측의 사람들에게 도덕적이고 정당한 성전(聖

戰)으로 선전되어왔다. 1914년 프랑스 대통령 레이몽 푸앵카레(재임 1913~1920)는 자국민에게 프랑스는 '전 인류 앞에서 자유, 정의, 이성'을 지키는 것 말고는 다른 목적은 없다고 보장했다. 독일인은 연합국의 사악한 포위 정책에 대항해 자신의 우월한 문화를 수호하는 임무가 부여되었다. 특히 "하나님이시여 영국을 벌주소서!"가 1914년 독일인의 인사말이었다. 전쟁 중반에 이르러 엄청난 선전전이 진행되고 있었다. 영화, 포스터, 우편엽서, 신문 등 이 모든 형태의 매체는 대의(大義)의 위력, 적의 사악함, 완전한 승리의 절대적 필요성 등을 선포했다. 이러한 선전 활동의 성공 여부는 말하기 힘들지만, 그것들이 최소한 한 가지 고통스런 결과를 가져다주었다는 점은 분명하다. 즉, 이러한 선전 활동은 어떤 나라도 공정하고 징벌이 뒤따르지 않는 평화 협정을 받아들이기 한층 어렵게 만들었다는 점이다.

전쟁에 자금을 조달하는 일은 또 다른 커다란 장애물이었다. 1914년 이전에 군사비 지출은 교전국들에서 정부 지출의 3~5퍼센트를 차지했으나 전쟁 기간 중에는 각국 예산의 절반 정도로 치솟았다. 각국 정부들은 돈을 빌리거나 더 많은 돈을 찍어내야 했다. 연합국은 영국으로부터 많은 돈을 빌렸고, 영국은 미국으로부터 그보다 훨씬 더 많은 돈을 빌렸다. 미국의 자본은 미국이 참전하기 오래전에 대서양을 건너 흘러들었다. 그리고 미국으로부터의 경제 지원이 연합국 승리의 결정적인 요인이긴 했지만, 영국에게는 42억 달러의 부채를 안겨주었고, 이는 전후에 금융 강국으로서의 영국을 곤경에 빠뜨렸다. 자금과 상품의 철저한 봉쇄에 직면했던 독일은 사정이 훨씬 더 나빴다. 이러한 곤경을 헤쳐 나가기 위한 노력의 일환으로 그리고 외부로부터 현금의 유입이 결여된 상태에서 독일 정부는 화폐 공급을 늘림으로써 전쟁 수행을 위한 자금을 조달했다. 전쟁 기간 동안에 통용된 지폐의 총액은 1,000퍼센트 이상으로 증가했고, 이는 인플레이션의 극적인 증가를 초래했다. 전쟁 기간 중 독일의 물가는 약 400퍼센트 정도 올랐고, 이는 영국과 프랑스에서의 인플레이션의 두 배였다. 연금이나 고정 수입으로 살아가는 중간계급 사람들에게 이러한 물가 인상은 빈곤으로 전락하는 것을 의미했다.

전쟁으로 인한 중압, 1917년

총력전의 필요 요건들은 전쟁이 1917년에 이르도록 질질 끌게 되면서 악화되었다. 최전선에서 전쟁에 지친 병사들이 자국 사령관들의 전략이 무익하다는 것을 알기 시작하면서 사기도 떨어졌다. 니벨 공세의 패배 이후 프랑스군은 전 사단의 3분의 2에서 반란 행위가 있었고 유사한 저항이 1917년에는 거의 모든 주요 부대에서 일어났다. 군사 지도자들은 반란을 위험한 평화주의 운동의 일부라고 묘사했지만 대부분의 반란은 비정치적인 것이었다. 이에 대해 어느 병사는 다음과 같이 말했다. "오로지 우리가 바라는 것은 정부가 우리에게 주의를 기울여서 우리가 도살장에 끌려가는 짐승이 아니라 인간이라는 것을 알아주는 것이다." 독일군 내에서의 저항은 결코 조직적이거나 광범위한 것은 아니었지만 한결 미묘한 형태로 존재했다. 일부 병사들은 자해를 함으로써 참호의 공포에서 벗어났고 더 많은 수의 병사는 여러 가지 정서 장애로 인해 제대했다. 60만 건 이상의 '전쟁 신경증(war neuroses)'이 독일군 사이에서 보고되었다. 이는 의도적인 불복종이 아니라면 반란의 원인인 심각한 신체적·심리적 외상이 있었음을 보여주는 것이었다.

민간인에게도 전쟁의 대가는 혹독한 것이었다. 그들은 종종 전방에 있는 병사들이 겪었던 것과 똑같은 생필품 공급의 부족을 겪었다. 1916~1917년 중부 유럽에는 의복, 식량, 연료 부족에 더해 예년 같지 않게 춥고 습한 날씨가 엄습했다. 각국 정부는 경제에 대한 한층 더 엄격한 통제를 통해 문제를 해결하고자 했지만, 이러한 정책은 종종 민간인의 훨씬 더 큰 저항을 불러왔다. 한 독일 관리는 1917년에 다음과 같이 보고했다. "국민은 당국이 행한 약속에 대한 신뢰를 모두 잃어버렸다. 그들은 특히 식량관리청에서 행한 약속들에 대한 이전의 경험들을 통해 신뢰를 상실했다."

영양 부족이 가장 심각했던 도시 지역에서 사람들은 가장 기본적인 필요량에도 턱없이 못 미치는 식량과 연료 배급을 받기 위해 여러 시간 동안 줄지어 서 있었다. 여전히 노동계급 식사에서 중심적 위치를 차지하는 빵과 감자 가격은 급등했다. 물가는 도시에서 등장해 호황을 누리는 암시장에서 훨씬 더 비쌌다. 소비자들은 투기꾼이 식량을 사재기하고 인위적인 물자 부족을 초래하며 결함 있는 상품을 판매하고 다른 사람의 불행으로부터 이득을 취한다고 크게 염려했다. 그들은 정부가 가정에 대해 '개의치 않는 무관심'을 보인다고 공공연히 비난했다. 하지만 각국 정부는 전쟁 수행 노력에 집중했고 누가 보급품을 가장 필요로 하는지, 예컨대 전방의 군인인지, 군수품 산업에서 일하는 노동자인지 아니면 춥고 굶주린 가정인지에 관한 힘든 결정에 직면했다.

독일도 다른 나라들처럼 1915년에 배급 카드를 발행해 통제를 감독하면서 시민에게 권장하는 차원에서 제약을 가하는 쪽으로 나아갔다. 그러면서 독일은 시민에게 다음과 같이 주장했다. "음식물을 실컷 먹는 사람들, 자기 배를 사방으로 내미는 사람들은 조국에 대한 반역자들이다." 영국은 독일의 잠수함들이 매달 평균 63만 톤을 침몰시키고 영국의 식량 비축량이 기아선상에 달하기까지 2주일분 이내에 머물게 된 때인 1917년에 빵에 대해서만 배급제를 실시하면서 통제를 제도화한 최후의 국가였다. 그러나 배급은 단지 무엇이 허용되는지만 보여주었지 무엇이 획득 가능한지는 보여주지 못했다. 집단적인 관료적 통제에도 불구하고 굶주림은 계속되었다. 각국 정부는 식량뿐만 아니라 노동시간과 임금도 규제했다. 그리고 불행한 노동자들은 노동쟁의와 가정 필수품에 대한 정치적 요구와 더불어 국가에 대해 분노를 표출했다. 빵 배급을 받기 위한 긴 줄—주로 여성들이 서 있었다—은 정치적 이의, 대단찮은 폭력, 심지어 대규모 폭동 등이 일어나는 일촉즉발의 위기가 감도는 장소였다. 전쟁 이전 유럽의 계급 갈등은 전쟁 발발과 애국적 경향에 따른 동원으로 잠시 잠잠해졌지만, 전쟁이 진행되면서 정치적 긴장은 새로운 강도를 띠고 다시 등장했다. 좌절한 수백만 명의 노동자들이 참여한 수많은 파업이 유럽 전역에서 분출했다. 1917년 4월 베를린에서는 30만 명이 배급 삭감에 저항하며 파업에 돌입했다. 5월 파리의 여자 재봉사들의 파업에 화이트칼라 피고용자와 군수공장 노동자까지 참여해 대규모 작업 중단의 발단이 되었다. 글래스고의 조선공들과 철강노동자들도 파업에 돌입했고 영국 정부는 '적색 글래스고(Red Glasgow)'에 장갑차를 보내는 것으로 응수했다. 경기 침체는 교전 양측에 위기를 불러왔다. 총력전의 중압과 이에 따른 사회적 격변은 전 유럽의 정권들을 위협했다. 차르의 폐위와 볼셰비즘의 대두를 초래한 러시아 혁명은 이와 같은 광범위한 사회적 문제들에 대한 유일하면서도 가장 극적인 대응이었다.

1917년의 러시아 혁명

🔹 러시아 혁명을 불러온 원인은 무엇이며 제1차 세계대전이 혁명의 발발에 어떤 역할을 했는가?

총력전의 중압으로 파멸하게 된 최초의 나라는 차르 지배의 러시아였다. 제1차 세계대전의 발발은 공통의 적에 대항해 러시아 사회를 일시적으로 연합시켰지만 러시아의 군사적 노력은 금방 졸렬한 것으로 드러났다. 러시아 사회의 모든 구성원은 지도력을 보여주는 것이 불가능했음에도 정부를 지도력을 발휘할 수 있는 사람들에게 개방할 의사가 없는 니콜라이 2세에게 환멸을 느꼈다. 전쟁으로 인한 정치적·사회적 긴장은 1917년 두 차례의 혁명을 불러왔다. 2월에 일어난 첫 번째 혁명은 차르를 폐위시키고 임시정부를 수립했다. 10월에 일어난 두 번째 혁명은 소련의 등장을 가져온 공산주의 혁명이었다.

제1차 세계대전과 2월 혁명

제1차 세계대전의 다른 참전국들처럼 러시아는 이 전쟁이 금방 끝날 것이라는 가정하에 참전했다. 1914년 이전의 국내적 난국(제25장 참조)으로 재앙을 겪은 독재적인 러시아는 확대된 전쟁으로 인한 정치적 압박을 견뎌낼 수 없었다. 전쟁을 치르는 모든 나라에서 전쟁의 성패 여부는 지도자의 지휘 능력뿐만 아니라 사회적·정치적 협조를 유지할 수 있는 능력에 달려 있었다. 니콜라이 2세의 정치적 권위는 여러 해 동안 흔들려왔으며, 1905년 10월 혁명에 뒤이은 그의 인기 없는 조치들과 그가 마지못해 러시아의 의회인 두마에 부여했던 최소한의 정치적 권한마저도 축소하려는 그의 노력으로 인해 약화되었다. 나아가 왕실의 부패도 차르의 이미지에 먹칠을 했다. 니콜라이의 가장 강력한 지지자들도 그에 대해 말할 수 있는 것은 그가 도덕적으로 정직하고 자기 가족에게 헌신한다는 정도였다. 전쟁이 발발하자 차르는 왕실, 특히 부인 알렉산드라와 그녀의 괴짜 영적 스승이자 신앙 치유자인 그리고리 라스푸틴(1872?~1916)의 손에 정부를 맡기고 몸소 러시아 군대를 지휘하겠다고 고집했다. 라스푸틴은 혈우병에 걸린 왕비의 아들을 치료하면서 그녀의 환심을 산 다음 이를 통해 부패를 일삼고 스스로 권세를 확대하는 음모를 꾸미기 위해 영향력을 행사했다. 그의 출현은 단지 왕실이 타락의 수렁에 빠져 있고 전쟁에 직면해 무능하다는 이미지만 더해주었다.

1914년 러시아는 남쪽에서 오스트리아에 대항해 갈리시아로 진군했지만, 1914년과 1915년 동안 러시아는 처참한 패배를 당했다. 폴란드 전체와 발트 해의 상당수 영토가 100만 명의 러시아군 사상자가 발생하는 희생을 치르고도 독일에 넘어갔다. 러시아군은 유럽에서 최대 규모였지만, 개전 초에 훈련이 잘 되어 있지 않았고 보급도 제대로 되지 않았으며 장비도 부실했다. 1914년 최초의 전투들에서 장군들은 병사들에게 소총이나 신발도 지급하지 않은 채 전사한 동료들의 보급품을 재활용하라고 지시하면서 최전방으로 내몰았다. 1915년에 이르러 러시아는 놀랍게도 충분한 식량, 의복, 무기를 생산하고 있었지만 정치적 문제들이 원활한 보급 수행을 막았다. 차르의 정부는 일반 국민의 솔선수범을 불신하고 모든 공급 자체를 감독하고자 했다. 차르의 관리들은 어떠한 자문도 받지 않고 보급품의 할당에 관한 중대한 결정을 하겠다고 고집했다. 1916년 여름, 또 다른 주요 공격이 성공에 대한 희망을 가져다주었지만 수치스런 후퇴로 돌변했다. 러시아 군대의 급조된 농민군은 사기가 꺾인 데에다 보급마저 빈약하자 싸우고자 하는 의지가 빠르게 사라져가는 것을 알았다. 정부가 도시를 먹여 살리기 위해 시골에서 곡물을 징발하고 있다는 소식이 들리자 농민은 집단적으로 탈영해 가족의 소유물을 지키기 위해 자신의 농장으로 돌아갔다. 1916년 말 정치적 부조리와 군사적 패배가 결합해 러시아는 붕괴 직전의 상태에 이르렀다.

러시아의 전쟁 수행 노력을 방해한 문제들 또한 국내의 불만과 저항을 짓밟으려는 차르의 능력을 무력하게 만들었다. 전쟁이 질질 끌면서 정부는 두마에서의 자유주의자들의 반대, 싸울 의지가 없는 병사들, 점차 호전적으로 되어가는 노동 운동과 반항적인 도시민들에 직면했다. 도시 거주자들은 인플레이션과 식량 및 연료 부족을 참을 수 없었다. 1917년 2월 이들 세력은 페트로그라드(오늘날의 상트페테르부르크)에 모였다. 반란은 2월 23일 국제 여성의 날에 시작되었다. 이 행사는 식량, 연료, 정치 개혁을 요구하는 느슨하게 조직된 여성노동자, 어머니, 미망인, 소비자 등으로 구성된 여성의 행진이었다. 이 행진은 겨울의 몇 달 동안 전국을 휩쓸고 있던 시위와 파업의 물결 중에서 가장 최근에 일어난 것이었다. 이러한 사회 불안은 며칠 내에 30만 명이 참여한 대규모 파업으로 비화했다. 니콜라이 2세는 무질서를 진압하기 위해 경찰과 군대를 파견했다. 페트로그라드에서 거의 6만 명의 군인들이 폭동을 일으켜 반란에 가담하자 차르에게 남아 있던 권력은 사라지고 말았다. 니콜라이 2세는 3월 2일 퇴위했다. 이 갑작스러운 결정으로 러시아의 독재정치에 대항한 한 세기를 끌어온 투쟁이 한순간 종말을 고했다.

군주정이 붕괴하고 난 후 같은 목적을 지닌 두 개의 권력 중심이 등장했다. 각각의 권력 중심은 각자의 목적과 정책을 갖고 있었다. 첫 번째 중심은 두마의 지도자들로 조직되고 주로 중간계급 자유주의자들로 구성된 임시정부였다. 이 신정부는 헌법적인 규정하에서 민주적 체제를 수립하기를 희망했다. 이 정부의 주요 임무는 헌법 제정의 권능이 있는 회의를 위한 총선거를 실시하는 것으로, 시민의 자유를 부여하고 보장하며 정치범들을 석방하고 권력을 지방 관리들의 수중에 넘겨주기 위한 활동을 했다. 다른 권력 중심은 러시아어로 노동자와 병사들이 선출한 지방 평의회를 의미하는 소비에트(soviets)에 있었다. 1905년 이래로 사회주의자들은 진정한 민주주의적 인민의 대표들이라고 공언한 소비에트를 적극적으로 조직해왔다. 1905년 혁명 동안에 조직되었고 잘 알려진 사회주의자 레온 트로츠키(1879~1940)가 이끄는 소비에트는 1917년 2월 이후에 다시 등장해 러시아에서 합법적인 정치권력이 될 권리가 있다고 주장했다. 점점 강력해진 소비에트들은 사회 개혁, 토지 재분배, 독일과 오스트리아와의 화해 협상 등을 강요했다. 하지만 임시정부는 군사적 패배를 인정하지 않았다. 전쟁 수행 노력을 계속하는 것은 국내 개혁을 불가능하게 만들었고 값진 대중의 지지를 희생하는 것이었다. 1917년 동안에 치러진 더 많은 전투는 이전만큼이나 비참했고 이번에는 임시정부가 그 대가를 치렀다. 가을에 이르러 군대에서 탈영이 만연했고 나라를 관리하는 것은 거의 불가능했으며 러시아 정치는 대혼란 직전의 상태에서 동요했다.

볼셰비키와 10월 혁명

러시아 사회민주주의 운동의 한 분파인 볼셰비키는 1917년 2월의 사건과는 별다른 관련이 없었다. 하지만 7개월이 지나는 과정에서 그들은 임시정부를 무너뜨릴 충분한 세력으로 성장했다. 10월 혁명을 이끈 사건들은 볼셰비키 자신을 포함해 대부분의 동시대인을 놀라게 했다. 마르크스주의는 1880년대와 1890년대 동안 소규모이지만 빠르게 세력을 넓혀가고 있었다 하더라도 19세기 말 러시아에서는 매우 약한 상태에 있었다. 1903년 러시아 사회민주주의자 지도부는 혁명 전략과 사회주의에 이르는 단계를 둘러싸고 분열했다. 볼셰비키는 적극적인 혁명가들의 중앙집권적인 당을 지지했다. 그들은 혁명만이 직접 사회주의 정권으로 인도할 것이라고 믿었다. 멘셰비키는 대부분의 유럽 사회주의자들처럼 단기간의 부르주아 또는 자유주의 혁명을 지지하면서 점진적으로 사회주의를 향해 나아가기를 원했다. 멘셰비키는 또한 인구의 80~85퍼센트가 농민으로 구성되어 있기 때문에 프롤레타리아 혁명은 시기상조이며 러시아는 자본주의적 발전을 먼저 완수할 필요가 있다고 판단했다. 멘셰비키는 당의 통제권을 다시 장악했지만 당에서 떨어져 나온 볼셰비키는 '레닌'이라는 익명을 사용한 젊고 헌신적인 혁명가 블라디미르 일리치 울리야노프의 지도력 아래 살아남았다.

레닌은 중간계급 출신이었다. 그의 아버지는 장학관을 역임했으며 소규모 정치 집단에서 활동하기도 했다. 레닌은 자신의 형이 알렉산드르 3세의 암살 음모에 참여한 이유로 처형당하고 난 이후 급진적 활동에 관여한 탓에 대학에서 퇴학당했고, 시베리아에서 정치범으로 3년을 보냈다. 그 후 1900년에서 1917년에 이르기까지 그는 서유럽에서 망명자로서 생활하며 글을 썼다.

레닌은 러시아에서 자본주의의 발전이 사회주의 혁명을 가능하게 해줄 것이라고 믿었다.

그는 혁명을 일으키기 위해 볼셰비키가 새로운 산업노동자계급을 대신해 조직할 필요가 있다고 주장했다. 러시아의 공장 노동자들은 당의 훈련된 지도부 없이는 필요한 규모의 변화를 성취할 수 없었다. 레닌의 볼셰비키는 1917년까지만 해도 사회민주주의자 사이에서 소수파로 남아 있었고 산업노동자도 전 인구에서 소규모였다. 그러나 혁명이라는 단일한 목적을 향한 볼셰비키의 헌신과 결속력은 거의 공모하는 듯한 이 조직에게 훨씬 더 크고 한결 느슨하게 조직된 반대당들에 비해 전술적 이점을 제공해주었다. 볼셰비키는 특히 혁명적 열정이라는 러시아의 전통과 서구의 마르크스주의를 융합해 그것에 자신의 목적이 즉각 달성될 수 있다는 의식을 부여했다. 레닌과 그의 지지자들은 차르가 무대를 떠났을 때 역사가 제시한 순간을 포착할 능력이 있는 당을 창조했다.

1917년 내내 볼셰비키는 끊임없이 전쟁의 종식, 노동자들을 위한 노동조건 및 생활수준의 향상, 지주들의 토지를 농민에게 재분배할 것 등을 요구했다. 임시정부에 대한 대중의 불만은 독일에 대한 임시정부의 참담한 군사적 공격이 있은 이후에 급증했다. 임시정부는 군사력으로 페트로그라드에 질서를 유지하기 위해 보수적인 군사 지도자 라브르 코르닐로프(1870~1918) 장군의 도움을 얻고자 애썼다. 임시정부가 러시아의 전쟁 수행 노력을 협력적으로 지속하기 위해 투쟁하는 동안에 레닌은 '부르주아' 정부와의 어떠한 협력도 피하고 정부의 제국주의적 전쟁 정책을 비난하면서 볼셰비키를 한층 대담한 길로 이끌었다. 심지어 대부분의 볼셰비키조차도 레닌의 접근이 너무 과격하다고 생각했다. 하지만 러시아의 상황이 악화됨에 따라 "지금 당장 평화, 토지, 빵"을 그리고 "소비에트에게 모든 권력"을 향한 그의 비타협적인 요구는 노동자, 병사, 농민으로부터 볼셰비키에 대한 지지를 획득했다. 많은 보통 사람들이 알게 되었듯이 다른 정당들은 통치할 수도, 전쟁에 승리할 수도, 명예로운 평화를 이룩할 수도 없었다. 실업률이 계속 상승하고 기아와 대혼란이 도시에 엄습하는 동안 볼셰비키의 권력과 신뢰도는 빠르게 상승하고 있었다.

1917년 10월 레닌은 자신의 당에게 행동에 옮길 것을 납득시켰다. 그는 노동자 사이에서 더 잘 알려진 트로츠키에게 1917년 10월 24~25일에 임시정부에 대한 볼셰비키의 공격을 조직하라고 선동했다. 10월 25일 레닌은 소비에트의 대표자들의 깜짝 회합에서 "모든 권력은 소비에트로 넘어왔다"고 공표하기 위해 은신처에서 모습을 드러냈다. 임시정부의 우두머리는 최전선에서 지지를 다시 모으기 위해 달아났고 볼셰비키는 임시정부가 자리한 동궁(冬宮)을 장악했다. 혁명의 초기 단계는 신속하면서도 상대적으로 유혈적이지 않았다. 사실 많은 관찰자들은 한순간에 반전될지도 모르는 쿠데타에 지나지 않는 것을 보고 있다고 믿었다. 페트로그라드에서의 생활은 전과 다름없이 계속되었다.

볼셰비키는 자신의 입장을 재빨리 강화할 기회를 잡았다. 우선 그들은 소비에트들부터 시작해 모든 정치적 경쟁에 대항해 움직였다. 볼셰비키는 자신의 행동에 동의하지 않는 정당들을 즉각 쫓아내고 전적으로 볼셰비키로 구성된 소비에트 내에 새 정부를 만들었다. 불법적인 권력 장악이라며 이에 저항하기 위해 퇴장한 온건 사회주의자들을 비웃으며 트로츠키는 다음과 같이 말했다. "그대들은 단지 한 줌의 가엾은 파산자이다. 그대들의 역할은 끝났고 그대들은 그대들이 속한 곳, 즉 역사의 쓰레기 더미로 가도 된다." 볼셰비키는 제헌회의를 선출하겠다는 임시정부의 약속을 속행했다. 그러나 선거에서 다수표를 획득하지 못하자 그들은 제헌회의가 다시 열리는 것을 막았다. 바로 그때부터 레닌의 볼셰비키는 일당독재로 나중에 소련이 된 사회주의 러시아를 지배했다.

시골에서 신생 볼셰비키 정권은 1917년 여름 이래로 계속되어온 혁명을 비준하는 것에 지나지 않았다. 농민 병사들이 전방에서 혁명이 일어났다는 소식을 들었을 때 그들은 자신이 수세대 동안 일해 왔고 정당하게 자신의 것이라고 믿어온 땅을 차지하기 위해 집으로 몰려들었다. 임시정부는 토지의 재분배를 둘러싼 법적 문제들을 방법론적으로 다루기 위한 위원회를 세운 적이 있었다. 이 문제는 1861년 농노해방만큼이나 복잡한 것이 될 위험이 있는 절차이기도 했다. 볼셰비키는 단지 전 소유주에 대한 보상 없이 귀족의 토지를 농민에게 임의로 재분배하는 것을 승인했다. 볼셰비키는 은행을 국유화하고 노동자에게 공장에 대한 통제권을 주었다.

가장 중요한 것은 볼셰비키 정부가 러시아를 전쟁에서 벗어나게 하고자 했다는 점이다. 그것은 결국 독일과의 별개의 조약 협상으로 이어졌고, 이 조약은 1918년 브레스트리토프스크에서 서명되었다. 볼셰비키는 방대한 러시아 영토, 예컨대 우크라이나의 풍부한 농업 지역, 그루지야, 핀란드, 폴란드 영토, 발트 해 국가 등을 포기했다. 수치스러운 일이기는 했지만 이 조약은 러시아로 하여금 전쟁에서 손을 떼게 해주었고, 거의 확실한 군사적 패배로부터 이제 막 태어난 공산주의 정권을 독일의 손아귀에서 구해주었다. 이 조약은 레닌의 정적 즉 온건파와, 여전히 고려하지 않으면 안 되고 혁명을 받아들이기보다는 내전을 치를 준비가 되어 있는 반동 세력 모두를 분격시켰다. 유럽의 전쟁으로부터 물러나는 것은 오로지 이 나라를 격렬한 내란으로 몰아넣는 일이었다(제28장 참조).

러시아의 전제 정치는 한 세기의 상당 기간 동안 반대를 빗겨 지나왔다. 장기간의 투쟁 이후에 전쟁으로 약화된 이 정권은 별다른 저항 없이 붕괴되고 말았다. 1917년 중반에 이르러 러시아는 정부의 위기가 아니라 오히려 정부의 부재라는 위기에 처해 있었다. 6월에 열린 제1차 전 러시아 소비에트 회의에서 한 저명한 멘셰비키는 다음과 같이 선언했다. "현재 이 순간에 러시아에는 '권력을 우리에게 넘기고 물러나시오, 그러면 우리가 당신들의 자리를 차지할 것이오'라고 말할 정당이 없다. 그러한 정당은 러시아에 존재하지 않는다." 레닌은 청중석에서 다음과 같이 소리쳤다. "그 정당은 존재한다!" 실제로 볼셰비키에게 권력을 잡는 것은 쉬운 일이었지만 새로운 국가를 건설하는 것은 훨씬 더 힘든 일로 판명되었다.

러시아 혁명을 취재하고 있던 존 리드(1887~1920)는 10월의 사건들을 '세계를 뒤흔든 열흘(ten days that shook the world)'이라고 불렀다. 무엇이 뒤흔들렸는가? 우선 연합국이었다. 왜냐하면 이 혁명은 독일로 하여금 동부 전선에서 승리를 거둘 수 있게 해주었기 때문이다. 둘째, 각국의 보수적 정부들이다. 그들은 전쟁 직후에 혁명의 물결이 다른 정부들을 휩쓸어버리지 않을까 염려했던 것이다. 셋째, 많은 사회주의자들의 기대가 무너졌다. 그들은 많은 사람들이 후진국이라고 생각했던 곳에서 사회주의 정권이 수립되어 권력을 장악하는 것을 보고 놀랐다. 결국에는 19세기에 프랑스 혁명이 있었다면 20세기에는 1917년이 있었다고 말할 수 있다. 그것은 정치적 변모였고 미래의 혁명적 투쟁을 위한 의제를 설정해주었고, 이어질 세기를 위한 우파 및 좌파의 마음 상태를 창조해냈다.

10월 혁명을 향하여: 레닌이 볼셰비키에게

1917년 가을 레닌은 실질적으로 봉기가 즉각적으로 일어나야 한다고 믿은 유일한 볼셰비키 지도자였다. 임시정부가 휘청거리자 그는 동료 볼셰비키에게 혁명의 시기가 도래했다고 확신시키려 시도했다.

볼셰비키는 당장 권력을 잡아야 한다

양대 수도의 노동자 및 병사 대의원의 소비에트들에서 다수표를 얻었기에 볼셰비키는 자신의 수중에 권력을 잡을 수 있고 잡아야 한다.

그들은 양대 수도 인민의 혁명적 성분들의 적극적 다수가 대중을 사로잡고 적의 저항을 극복하며 적을 무찌르고 권력을 잡고 그것을 유지하기에 충분하기 때문에 그렇게 할 수 있다. 왜냐하면 즉각적으로 민주적 평화를 제공하는 데에서, 즉각적으로 농민들에게 토지를 주는 데에서, 케렌스키[임시정부의 지도자]에 의해 결딴나고 짓밟힌 민주적 제도와 자유를 다시 확립하는 데에서, 볼셰비키는 그 누구도 무너뜨리지 못할 정부를 형성할 것이기 때문이다.……

인민의 대다수는 우리와 함께 있다.……수도들의 소비에트에서 대다수는 인민이 우리 편으로 전진한 결과이다. 사회주의 혁명당원들과 멘셰비키들의 동요는……동일한 것의 증거이다. 제헌회의를 위해 '기다리는' 것은 잘못된 일이 될 것이다.……권력을 떠맡은 우리의 당만이 제헌회의의 소집을 보장할 수 있다. 그리고 권력을 떠맡은 이후에 우리 당은 제헌회의를 지체시킨 다른 당들을 비난할 수 있고 죄과를 입증할 수 있다.……

볼셰비키들 편에 서는 '공식적' 다수를 기다리는 것은 순진한 일이 될 것이다. 어떤 혁명도 이것을 기다린 적이 없다.……역사는 만약 우리가 지금 권력을 떠맡지 않는다면 우리를 용서하지 않을 것이다.

조직이 없다고? 하나의 조직, 즉 소비에트와 민주적 조직이 있다. 영국인과 독일인 사이에 별도의 평화가 있기 직전인 바로 지금의 국제적 상황은 우리 편이다. 바로 지금이 승리할 뜻을 품을 사람들에게 평화를 제공할 때이다.

모스크바와 페트로그라드에서 즉시 권력을 취하라……우리는 절대적으로 그리고 의심할 바 없이 승리할 것이다.

분석 문제

1. 레닌은 1917년 2월 혁명으로 차르 정부가 갑자기 붕괴한 것에 놀랐다. 그는 왜 볼셰비키가 권력을 잡을 수 있다고 생각했는가? 필수적인 대중의 지지를 획득하기 위한 그의 전략에서 핵심 요인은 무엇인가?

2. 자신이 옳다는 것을 확신한 레닌은 변장을 하고 페트로그라드로 돌아와 무력 탈취를 위한 자신의 주장을 볼셰비키 중앙위원회에 개인적으로 제출했다. 그가 "볼셰비키들 편에 서는 '공식적' 다수를 기다리는 것은 순진한 일이 될 것이다. 어떤 혁명도 이것을 기다린 적이 없다"고 말한 것은 무엇을 의미하는가?

독일의 패배를 향한 길, 1918년

♣ 연합국은 어떤 방법으로 그리고 어떤 이유로 전쟁에서 승리했는가?

　　러시아의 철군은 연합국 측에 즉각적인 전략적·심리적 타격을 가했다. 독일은 동부 전선에서의 승리를 주장함으로써 국내 불만을 달랠 수 있었고 서부 전선에 모든 군사력을 집중할 수 있었다. 연합국은 독일이 1917년 4월에 이 전쟁에 뛰어든 미국이 영향을 미치기 전에 전쟁에서 승리할지 모른다고 염려했다. 거의 그런 일이 일어났다. 독일은 융통성 있는 지휘를 받으며 작전을 전개하는 소규모 집단들을 침투시키는 것으로 공세 전략을 바꾸어 놀라운 성과를 거두었다. 3월 21일 독일은 서부 전선에 주요 공격을 개시했고 재빨리 연합군의 전선을 돌파했다. 영국군이 가장 큰 타격을 받았다. 포위된 일부 부대는 총검과 수류탄으로 사투를 벌였지만 대부분은 자신이 궁지에 빠졌다는 것을 깨닫고 항복해 수만 명의 포로들이 독일군 수중에 떨어지고 말았다. 영국군은 어디에서나 후퇴했고, 사령관인 더글러스 헤이그(1861~1928)는 "이제 배수진을 치고 싸운다(now fight our backs to the wall)"는 유명한 명령을 내렸다. 독일군은 4월 초에 파리에서 80킬로미터 이내의 거리로 진군했다. 하지만 영국군과 특히 해외 제국에서 온 군대는 명령받은 대로만 행동해 이를 저지했다. 독일군이 남동쪽으로 방향을 바꾸자 참호 밖으로 나와 어리석은 공격에 참여하는 것을 거부해온 프랑스군은 더위, 진흙, 사상자들 속에서 막다른 길에 다다른 방어를 위해 불굴의 용기를 보여주었다. 이 공세는 잘 조직된 독일군이 행한 최후의 대공세가 되고 말았다. 기력을 소진한 독일군은 이제 연합군이 공격하기를 기다렸다.

　　7월과 8월이 되었을 때 연합군의 반격은 압도적인 것이었고 재빨리 전열을 가다듬었다. 새로운 공격 기술이 마침내 실현되었다. 연합군은 탱크 이용과 더불어 보병이 목표물을 압도하기 위해 포탄이 작렬하는 탄막 뒤에서 가까이 진군하는 '잠행 탄막(潛行彈幕)'을 향상시켰다. 이 전쟁의 또 다른 아이러니인 이 새로운 전술은 오스트레일리아, 캐나다, 인도 출신의 부대로 보강된 솜 전투 참전 군대의 생존자들에 의존하면서 7월에 궤멸적인 반격을 개시한 보수적인 영국군이 개척한 것이었다. 프랑스군은 이제 막 그 수가 늘어나는 미군을 이용했다. 미군 장군들은 1914년에 있었던 것과 똑같이 사상자들에 대해 비참한 무관심을 보이면서 독일군을 공격했다. 미군은 경험 부족에도 불구하고 강인하고 사기충천했다. 한층 더 경험이 많은 프랑스군 및 오스트레일리아군과 연합해 미군은 10월에 알자스와 로렌의

'빼앗긴 지방들'을 가로지르며 독일군 전선에 몇 차례의 대규모 타격을 가했다. 11월 초 파죽지세의 영국군 공격은 소규모 벨기에군과 합류해 브뤼셀을 향해 압박해 들어가고 있었다.

연합군은 1918년 봄에 심각한 고통을 겪고 있던 독일군에게 물량적 이점을 충분히 활용했다. 이것은 연합국의 계속된 봉쇄의 결과 때문만이 아니라 전쟁 목적에 대한 증대되는 국내의 갈등에 기인한 것이기도 했다. 전방의 독일군은 쇠잔해졌다. 정신이 혼란스런 장군들의 지휘를 따르면서 독일군의 사기는 땅에 떨어졌고 많은 부대들이 항복했다. 독일군은 파괴적인 타격에 직면해 차례차례 벨기에 깊숙이 밀려났다. 대중의 불만은 고조되었고 군부의 수중에 있던 정부는 전쟁에 승리한다거나 기본적인 가정의 생필품조차 공급할 능력이 없는 것처럼 보였다.

독일 동맹국들의 네트워크 역시 와해되고 있었다. 9월 말 동맹국들은 패전을 향해 나아갔다. 중동에서 베두인족 게릴라, 인도의 세포이들, 스코틀랜드 북부 고원 지대 출신 군인들, 오스트레일리아 경기병 등과 연합한 알렌비의 군대는 시리아와 이라크에서 오스만 제국의 군대를 결정적으로 패배시켰다. 발칸 반도에서 프랑스의 유능한 야전 사령관 루이 프랑세 데스프리(재임 1914~1921)는 연합국의 전쟁 수행 노력을 완벽하게 재조직했다. 그는 그리스를 전쟁에 끌어들인 동조적인 그리스 정치가들의 도움을 받아 그리스에 파견되어 있던 연합국 원정군을 변모시켰다. 그 결과는 놀라웠다. 9월에 그리스와 연합군이 감행한 3주간의 공세는 불가리아를 패배시켰다. 수많은 망명 세르비아인들이 포함된 프랑세 데스프리의 군대는 오스트리아군과 쇠잔해진 독일군 몇 개 사단을 궤멸시키기 위해 밀어붙였다. 오스트리아-헝가리 제국은 발칸 반도에서와 마찬가지로 이탈리아에서도 붕괴되면서 사면초가에 직면했다. 오스트리아 정부 내에 있는 체코 및 폴란드인 대표들은 자치를 향한 압력을 가하기 시작했다. 크로아티아인과 세르비아인 정치가들은 '남슬라브인의 왕국'(곧 유고슬라비아로 알려진다)을 제안했다. 헝가리가 독립을 향한 합창에 동참하자 카를 1세는 현실을 받아들이고 화평을 청했다. 전쟁을 시작했던 이 제국은 1918년 11월 3일 항복했고 곧바로 해체되었다.

독일은 이제 이 전쟁을 홀로 치러야 하는 불가능한 임무를 떠안았다. 1918년 가을에 이르러 독일은 기아선상에 있었고 내전 직전의 상태에 있었다. 벨기에의 독일군은 브뤼셀이 머지않은 거리에서 영국의 공격을 저지했으나 여전히 남쪽에서 프랑스군과 미군의 공격에 비틀거리고 있었다. 영국과 미국의 연합 해군을 공격하기 위해 독일 해군 함대를 이용하려는 계획은 11월 초 독일군 수병 사이에서의 반란을 야기했다. 혁명의 전율이 부풀어올라 지축을 흔들었다. 11월 8일 바이에른에서 공화국이 선포되었고 다음 날 독일의 거의 모든 지역이 혁명의 산고(産苦)를 겪게 되었다. 11월 9일 베를린에서 카이저의 폐위가 공표되었고, 다음 날 아침 일찍 그는 홀란드로 달아났다. 독일 정부의 통제권은 제국의회의 사회주의 지도자인 프리드리히 에베르트(재임 1912~1923)가 수장이 된 임시평의회로 넘어갔다. 에베르트와 그의 동료들은 즉각 휴전 협상을 위한 단계를 밟았다. 독일은 연합국의 조건을 받아들이는 것 이외에 아무것도 할 수 없었다. 따라서 11월 11일 오전 5시에 두 명의 독일 대표가 콩피에뉴 숲에서 연합군 사령관을 만나 공식적으로 전쟁을 끝내는 문서에 서명했다. 6시간 뒤에 사격 중지 명령이 서부 전선 전역에 걸쳐 하달되었다. 그날 밤 수많은 사람들이 4년 전과는 다른 광희(狂喜), 즉 지친 가운데에도 즐거운 안도감의 분출에 둘러싸여 런던, 파리, 로마의 거리에서 춤을 추었다.

세계 강국으로서의 미국

제1차 세계대전의 최종적 전환점은 1917년 4월 미국의 참전이었다. 미국은 전쟁 기간 내내 연합국을 재정적으로 지원했지만 미국의 공식 개입은 확실히 국면을 변화시켰다. 미국은 1917년 5월 징병을 제도화하면서 신속하면서도 효율적인 전시 관료제를 창출했다. 약 1,000만 명의 남성이 징병 등록을 했고 다음 해에 이르러 한 달에 30만 명의 병사들이 배에 실려 '거기로' 가고 있었다. 막대한 양의 식량과 보급품 또한 미국 해군의 무장 엄호를 받으면서 대서양을 건넜다. 이 호위 체계는 연합국 상선에 대한 독일 잠수함들의 위협을 효과적으로 무력화시켜 침몰된 선박의 숫자를 25퍼센트에서 4퍼센트로 줄였다. 미국의 참전은 즉각적으로 결정적이지는 않았지만 독일의 사기를 심각하게 약화시키면서 영국 및 프랑스의 사기를 빠르고 어마어마하게 고조시켰다.

미국이 전쟁에 참전하게 된 직접적인 원인은 독일의 U-보트였다. 독일은 무제한 잠수함 작전이 영국의 보급선을 차단해 전쟁에 승리할 것이라고 도박을 걸었다. 그러나 중립국의 비무장 선박들을 공격함으로써 독일은 싸움을 참을 여유가 있을 수 없는 상대국을 자극할 뿐이었다. 독일은 영국이 미국의 여객선으로부터 은밀히 보급품을 받고 있다고 제대로 의심했다. 그리고 1917년 2월 1일 카이저의 각료들은 자신들의 눈에 띄는 모든 선박을 경고 없이 침몰시킬 것이라고 공표했다. 미국 대중은 독일이 만약 미국이 참전한다면 미국 영토를 점령하려는 멕시코의 시도를 지지할 것임을 천명한 독일 외무장관 아르투르 치머만(재임

1916~1917)의 전보를 가로챔으로써 더욱더 분개했다. 미국은 베를린과 외교관계를 단절했고 4월 6일 우드로 윌슨(재임 1913~1921) 대통령은 의회에 선전포고를 요청해 이를 얻어냈다.

윌슨은 미국이 "세계의 민주주의를 지키기 위해", 독재 정치와 군국주의를 몰아내기 위해, 이전의 외교적 조작을 대신해 국가들의 동맹이나 사회를 수립하기 위해 싸울 것이라고 언명했다. 미국의 일차적인 이해관계는 국제적인 세력 균형의 유지였다. 여러 해 동안 미국의 외교관과 군사 지도자들은 미국의 안보는 유럽에서의 힘의 균형에 의존한다고 믿었다. 영국이 유럽 대륙에서 어느 한 국가가 지배권을 확립하는 것을 막을 수 있는 한에서 미국은 안전했다. 그러나 이제 독일은 미국 안보의 방패라고 여겨져왔던 영국 해군뿐만 아니라 국제적 힘의 균형을 위협했다. 미국의 개입은 1918년에 그러한 위협을 저지했지만 평화를 확립한다는 기념비적 과업은 여전히 앞에 가로놓여 있었다.

총력전

평화의 모색은 이 전쟁의 잔학함이 가져다준 충격으로 인해 가속되었다. 1915년 초 동시대인은 '대전(Great War)'에 대해 이야기하고 있었다. 그로 인한 변모는 모든 사람이 알 수 있는 것이었다. 전쟁 기술의 변화는 전략적 계산들을 바꾸어놓았다. 신형 대포는 더 먼 사정거리와 한층 더 많은 치명적 결과를 가져다주면서 한층 더 규모가 커졌다. '빅 버사(Big Bertha)' 같은 독일의 이동식 곡사포는 약 14.5킬로미터와 그보다 훨씬 더 먼 거리에 454킬로그램 이상의 포탄을 발사할 수 있었다(포탄 하나는 약 120킬로미터 떨어진 곳에서부터 파리에 떨어졌다). 하지만 대부분의 기술 혁신은 방어에 치중되었다. 공격은 점점 힘들어졌고 참호 밖으로 병사들을 보내는 일은 그로 인해 얻을 수 있는 영토보다 더 많은 인명 손실을 가져왔다. 통신은 화력에 뒤처졌다. 참호에서 통신은 상대적으로 잘되었지만, 병사들이 진격하자마자 통신선이 가장 잘 깔린 (대부분의 경우 그렇지 않다) 곳에서조차 혼란에 빠졌고 무인지대에서는 통신이 잘 안 되었다. 1918년 무선 통신이 효과를 발휘했지만 그때까지 군대는 전령에 의지했다. 이것이 최초로 미국 남북전쟁에서 얼핏 목격되었지만 한층 더 발전하고 한결 더 대규모로 진행된 근대적인 산업화된 전쟁이었다. 이 전쟁은 여전히 새로운 파괴적인 무기들에 대항해 속 터지게 무방비 상태인 제복만 걸친 군인들을 전개시켰다. 그리고 이 전쟁은 여전히 대규모로 인적 정보, 속도, 맹목적인 군대 또는 용기를 필요로 했다. 이 전쟁과 관련된 통계와 그것이 내포한 것은 여전히 상상력을 자극한다. 예컨대 양측에서 동원된 7,400만 명의 병사들 중 1,500일 이상의 기간 동안 하루에 6,000명이 죽어나갔다.

서로 싸우는 국가들, 즉 유럽의 새로운 산업 발전소들 또한 제국들이었다. 그래서 '세계' 대전이었다. 역사가 제이 윈터(1945~)는 이 전쟁을 거대하고 치명적인 회오리바람이라고 묘사했다. 그에 따르면 이 전쟁이 서부 전선에서 오도가도 못하고 막다른 골목에 다다랐을 때 "더 많은 인적·물적 자원이 무정한 소용돌이 속으로 빨려들었다." 이러한 자원은 지구 전역에서 왔다. 동원은 민간인 사회에 한층 더 깊이 스며들었다. 경제는 군사적 우선권에 굴복했다. 선전은 구원(舊怨)을 부추기고 새로운 원한을 창조해냈다. 전쟁의 결과로서 민간인에 대한 잔학 행위가 있었다. 유럽은 이전에도 민간인에 대한 잔인한 전쟁들과 나폴레옹 시대 동안의 게릴라 전쟁을 경험했지만, 제1차 세계대전은 폭력을 엄청나게 확대했고 피난민의 물결을 배가시켰다. 무너지고 있는 러시아, 오스트리아-헝가리, 오스만 제국 등에 살았던 소수민족들이 특히 공격받기 쉬웠다. 러시아의 유대인은 1914년 이전에 유대인 학살의 두려움에 떨며 살아왔다. 하지만 이제 그들은 적을 원조한다고 비난하는 러시아 군인들로부터 공격을 받았다. 마찬가지로 오스트리아-헝가리도 러시아 동조자라고 의심되는 소수민족들을 즉결 처형했다. 최악의 잔학 행위는 터키의 아르메니아 공동체에 대해 행해졌다. 갈리폴리(앞서 본 대로 1915년의 연합군 상륙이 연합군의 대실패로 끝났지만)에서 연합군의 공격을 받았고 북쪽에서 러시아와 전쟁을 치렀던 터키 정부는 자국의 아르메니아인을 안보상 위험이 있다고 분류하며 갑자기 공격했다. '강제 격리 수용'을 위한 명령이 하달되었고, 강제 격리 수용은 계획적 대량 학살이 되었다. 아르메니아 지도자들은 체포되었고 아르메니아 남성은 총살되었으며 모든 아르메니아 마을 사람들은 남쪽으로 강제로 행진하도록 했는데, 그들은 길을 가는 동안 도둑질을 당하고 죽도록 두들겨 맞았다. 전쟁 기간 동안 100만 명의 아르메니아인이 죽었다.

군사적·경제적·심리적 동원, 한 나라의 국력과 경제력을 시험한 전쟁, 민간인에 대한 폭력 등으로 나타난 이러한 발전은 전부 총력전의 구성 요소들이었고 1939년에 촉발되는

제1차 세계대전과 그 직후 시기의 주요 사건들, 1914~1920년	
마른 전투	1914년 9월
갈리폴리 회전(會戰)	1915년 4~6월
'루시타니아'호의 침몰	1915년 5월
베르됭 전투	1916년 2~7월
솜 전투	1916년 7~11월
러시아 혁명들	
차르 니콜라이 2세 폐위	1917년 2월
공산주의 혁명	1917년 10월
브레스트리토프스크 조약	1918년 3월
러시아 내전	1918~1920년
미국의 참전	1917년 4월
마지막 공세	1918년 3~11월
독일의 항복	1918년 11월 11일
파리 협상들	1919~1920년

충돌의 전조였다.

변질: 평화 정착

1919년 1월에 열린 파리 평화 회담은 특별한 순간으로서 제1차 세계대전과 그에 앞선 몇십 년의 세월로 인해 세계가 얼마나 많이 변모했는가를 극적으로 보여주었다. 러시아, 오스트리아-헝가리, 독일 제국은 사라졌다. 미국 대통령 우드로 윌슨이 그렇게 두드러진 역할을 했다는 것은 미국이 세계 강대국으로 대두했다는 것을 의미했다. 미국의 새로운 지위는 19세기 동안의 제2차 산업혁명으로 인한 경제 발전에 기인했다. 대량 생산과 기술 혁신에서 미국은 전쟁 이전에 유럽 최대 강대국들(영국과 독일)과 경쟁했다. 전쟁 기간 동안 미국의 개입(비록 뒤늦게 이루어지기는 했지만)은 군사적·경제적 교착 상태를 결정적으로 무너뜨렸다. 그리고 이 전쟁의 결과 미국의 산업 문화, 공학, 금융 네트워크는 유럽 대륙에 매우 거대한 모습을 불쑥 드러냈다. 윌슨과 수행원들은 파리에서 몇 달을 머물렀다. 이것은 현직에 있는 미국 대통령으로서는 최초의 일이었고 유럽의 지도자들에게도 미국 국가수반과 처음 있는 확대된 만남이었다.

미국의 두드러짐은 전 지구적 변화의 유일한 징후와는 거리가 멀었다. 약 30개국이 이 평화 회담에 대표를 보냈고, 이는 다음과 같은 세 가지 요인, 즉 전쟁의 규모, 고조된 민족 감정과 열망, 그리고 19세기 후반의 국제적 통신 및 경제적 유대 강화를 반영한 것이었다. 1900년의 세계는 50년 전에 비해 한층 더 크게 지구화되었다. 더 많은 나라들이 전쟁과 화해에 정치적·경제적·인적 투자를 했다. 평화가 보장될 것이고 주권 국가들의 자유로운 국민이 평화를 지킨다는 믿음은 19세기 자유주의적 민족주의의 만개를 나타냈다. 대표들은 아일랜드 자치, 팔레스타인의 유대인 국가, 폴란드, 우크라이나, 유고슬라비아 등의 국가를 위해 일했다. 전쟁 수행 노력에 해결의 열쇠가 되어왔고 점점 자신의 지위를 참지 못하게 된 유럽의 식민지들은 민족 자결을 협상하기 위해 대표를 보냈다. 하지만 앞으로 보겠지만 민족 자결의 원리에 대한 서유럽 지도자들의 헌신은 그들의 제국주의 이론들로 인해 운신의 폭이 좁아졌다. 국가의 대표가 아닌 활동가들, 바꾸어 말하면 여성 참정권, 인권, 최저임금 또는 최대 노동시간 등을 요구하는 국제적 집단들도 이런 문제들을 국제적인 문제로 여겼기 때문에 파리 평화 회담에 왔다. 그리고 전 세계에서 온 기자들은 파리에서 뉴스를 전송했다. 이는 크게 향상된 통신, 대서양 횡단 해저 케이블, 대중 언론의 확산 등을 보여주는 것이었다.

평화를 이룩한다고 말하는 것은 행동하는 것보다 쉬웠다. 서로 충돌하는 야망과 이해관계는 그 과정을 복잡하게 만들었다. 많은 사람이 참석했지만 회담은 주로 이른바 4거두, 즉 미국 대통령 우드로 윌슨, 영국 수상 데이비드 로이드 조지, 프랑스 수상 조르주 클레망소(재임 1917~1920), 이탈리아 수상 비토리오 오를란도(재임 1917~1919)가 지배했다. 패전국인 독일, 오스트리아, 헝가리, 터키, 불가리아와 각각 맺은 5개의 별개 조약들이 서명되었다. 독일과의 화해는 이 조약이 서명된 도시의 이름을 따서 베르사유 조약(Traty of Versailles)이라고 불렀다.

윌슨이 널리 공표한 14개 조항은 이상주의 정신을 대표했다. 윌슨은 항구적 평화의 토대로서 전쟁이 끝나기 전에 14개 조항을 제안했었다. '공개적으로 도달한 공개적인 평화 계약'의 원리에 입각해 이 조항들은 비밀 외교의 폐지, 공해상에서의 자유, 국제적 관세의 제거, 군비를 '안전을 보장하는 최저 수준으로' 감축할 것 등을 요구했다. 이 조항들은 또한 '민족 자결'과 국제적 갈등을 해결하기 위해 국제연맹(League of Nations)의 창설을 요구했다. 연합국 비행기들은 연합국이 공정하고 지속적인 평화를 추구하고 있다고 군인과 민간인 모두에게 납득시키기 위한 시도로 독일군 참호와 전선 후방에 14개 조항을 담은 수많은 사본들을 흩뿌렸었다. 이 조항들은 독일인을 평화 회담으로 데려올 것이라는 기대를 형성했다. 이에 대해 윌슨은 다음과 같이 말했다. "정복과 세력 증강의 시대는 사라지고 말았다. 그리고 또한 비밀 계약이 특정 정부들의 관심이 되던 날도 사라져버렸다. 세계의 정의와 평화와 일치하는 목적을 지닌 모든 국가가 지금 또는 그 어떤 때 목전의 목적을 공언하게 하는 것을 가능하게 해주는 것이……행복한 사실이다."

하지만 이상주의는 불가피한 것들로 인해 약화되었다. 전쟁 기간 내내 연합국의 선전은 병사와 민간인으로 하여금 전쟁 수행 노력을 위한 자신의 희생이 적으로부터 짜낸 배상금으로 보상받을 것이라고 믿게 만들었다. 총력전은 완전한 승리를 요구했다. 로이드 조지는 영국의 1918년 선거 기간 동안 "카이저를 교수대로!"라는 구호로 선거 운동을 했었다. 클레망소는 자신의 긴 생애에서 두 번이나 프랑스가 침략당하고 국운이 위기에 처한 것을 목격했다. 상황이 반전되자 그는 프랑스가 독일을 엄격한 통제 아래 둘 수 있는 기회를 최대한 이용해야 한다고 믿었다. 전쟁으로 인한 참화와 독일이 그 참화의 비용을 지불하게 만들 수 있다는 가정은 타협을 불가능하게 만들었다. 독일과의 화해는 이러한 응징의 욕구를 반영했다.

베르사유 조약은 독일이 알자스와 로렌의 '잃어버린 지방들'을 프랑스에 양도하고 북부의 영토들을 덴마크에 그리고 프로이센의 상당 부분을 신생국 폴란드에 줄 것을 요구했다. 이 조약은 자르(Saar) 분지에 있는 독일의 탄광들을 독일 정부가 그것들을 되살 수 있도록 하는 조건에서 15년간 프랑스에 주도록 했다. 독일의 동프로이센 지방은 영토의 나머지 부분과 단절되었다. 인구의 대다수가 독일인이었던 단치히 항은 국제연맹의 행정적 관리와 폴란드의 경제적 지배 아래 놓였다. 이 조약은 독일을 무장 해제시키며 공군을 금하고 해군을 10만 명의 지원병을 상회하는 육군에 필적할 정도의 명목상 군사력으로 감축했다. 프랑스와 벨기에를 보호하기 위해 모든 독일 군인과 요새가 라인 계곡에서 제거되어야 했다.

베르사유 조약의 가장 중요한 부분이자 윌슨의 본래 계획과 차이를 보이는 것 중 하나는 231조의 '전쟁 범죄(war-guilt)' 조항이었다. 베르사유 조약은 독일과 동맹국이 "독일과 그 동맹국들의 침략으로 연합국 정부와 그 시민에게 부과된 전쟁의 결과로서" 그들이 겪은 손실과 피해에 책임이 있다고 규정했다. 독일은 엄청난 배상금을 지불해야만 했다. 정확한 액수는 1921년 총 330억 달러로 정한 배상금 위원회에 맡겨졌다. 독일인은 가혹한 요구 사항에 크게 분개했지만, 다른 나라들에서도 징벌적 배상금의 위험에 대한 경고가 나왔다. 영국의 유명한 경제학자 존 메이너드 케인스(1883~1946)는 『평화의 경제적 결과들(The Economic Consequences of the Peace)』에서 배상금은 유럽의 가장 중요한 과업, 즉 세계 경제의 회복을 저해할 것이라고 주장했다.

그 밖의 파리 평화 회담 조약들은 부분적으로는 연합국의 전략적 이해관계와 부분적으로는 민족 자결의 원리에 입각했다. 지도자들은 전쟁 이전 시기의 경험들로 인해 자신이 그곳에 살아야 하는 사람들의 소수민족적·언어적·역사적 전통에 따라 각국의 국경선을 그어야 한다는 것을 알았다. 자유와 동등한 대표성에 관한 윌슨의 이상주의는 이러한 목적을 확인했다. 따라서 유고슬라비아의 대표들은 하나의 국가를 부여받았다. 체코슬로바키아가 창건되었고, 폴란드는 다시 수립되었으며, 헝가리는 오스트리아로부터 분리되었고, 발트 해 국가들은 독립을 얻었다. 이들 국경선은 소수민족적 구분을 따르지 않았고, 실제로는 대부분의 경우 따를 수도 없었다. 국경선은 소련 공산주의자의 위협으로부터 서유럽을 격리시키는 것과 같은 땅에 관한 사실들, 성급하게 이루어진 타협들, 정치적 지령들에 따라 창조되었다. 평화 조약 조인자들은 이전의 다인종 제국들, 특히 취약성으로 인해 전쟁을 촉발시키는 데 기여했고 그 구조가 결국 전쟁으로 인해 붕괴된 오스트리아-헝가리 제국으로부터 신생 국가들을 창건해냈다. 하지만 국가들을 창건하는 일은 거의 항상 이들 국가 내에 새로운 소수자를 만들어내는 일이었다. 간단하게 말하면 새로운 유럽의 건설은 소수자 문제와 씨름하는 것이었지만 그 문제를 해결하는 것은 아니었다. 이 문제는 다시 불거지고 1930년대에 유럽의 안정을 해친다.

오스만 제국도 두 가지 결과, 즉 근대 터키인 국가의 창건과 영국 및 프랑스의 식민지 지배를 위한 새로운 구조의 창출로 종말을 고했다. 오스만 제국으로부터 빼앗은 영토들로 형성된 그리스는 그중 일부를 무력으로 장악하기로 선택했다. 그러한 노력은 처음에는 성공적이었지만, 터키인은 반격을 가해 1923년 그리스군을 몰아내고 무스타파 케말 아타튀르크(재임 1923~1938)의 카리스마적인 지도력하에 근대 국가 터키를 창건했다. 프랑스 및 영국의 통제 아래 놓인 오스만 제국의 영토들은 중동, 아프리카, 태평양에 있는 영토에 대한 유럽의 지배를 합법화해주는 식민지적 '위임통치령 체제'의 일부가 되었다. 영토들은 위치와 '발전 수준' 또는 유럽인의 눈에 그 영토들이 자치를 획득하기 위해 얼마나 멀리 나아갈 수 있는가에 기초해 집단들로 나뉘었다. 선택된 영토의 일부는 원칙적으로 국제연맹이 정한 위임통치령이 되었지만 영국(트랜스요르단, 이라크, 팔레스타인)과 프랑스(레바논과 시리아)가 관리했다. 영국 및 프랑스 제국들은 비록 이 영토들이 앞으로 문제를 일으키기도 했지만 전후에 팽창했다. 예컨대 영국은 이라크에서 반란에 직면하고 시온주의자 정착민에게 한 약속과 원주민 아랍 공동체의 요구를 절묘하게 다루고자 애쓴 팔레스타인에서의 고조되는 긴장에 부딪혔다. 아랍 지도자들은 자신들의 옹호자인 로렌스와 함께 베르사유 회담에 참석해 독립을 향한 희망이 엄격하게 제한되는 것을 들었다.

연합국의 기존 식민지인들은 그다지 운이 좋지 않았다. 파리의 한 대학에 다니고 있던 인도차이나 출신의 학생 호치민(1890~1969)은 식민지의 상황에 저항하고 국가의 권리는 자신의 조국에 확대되어야 한다고 요청하기 위해 이 회담에 참석한 수많은 식민지 활동가들 중 한 사람이었다. 프랑스령 서아프리카와 대영제국을 위해 싸운 수백만 명의 인도 병사의 전시 노력에 대한 보답으로 자치령의 지위에 찬성한 인도 의회당에서 온 잘 조직된 대표단들도 역시 냉대를 받았다. 민주주의와 자결에 대한 평화 조약 조인자들의 믿음은 19세기부터 물려받은 서양의 우월성에 관한 자신의 기준선이 되는 가설, 즉 제국주의적 지배를 정당화해준 가설과 충돌했다. 유럽 강대국들이 식민주의를 개혁하는 것에 관해 언급했다고 하더라도 이루어진 것은 거의 없었다. 온건한 입법적 변화를 지지해온 식민지의 많은 민족주의자들은 적극적인 투쟁이 식민주의의 부당함에 대한 유일한 대답이 될지도 모른다고 결정했다.

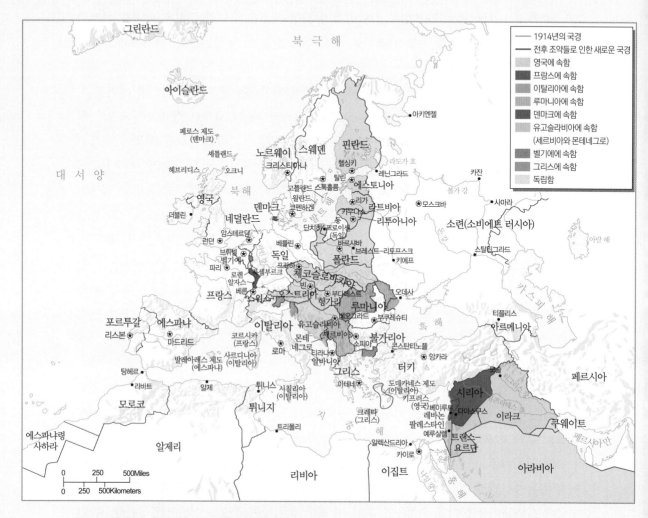

제1차 세계대전 이후의 유럽과 근동의 영토 변화

제1차 세계대전의 결과로 나타난 지리의 변화에 주목하라. 유럽 내에서 변화로 인해 어떤 지역들이 가장 큰 영향을 받았는가, 그리고 그 이유는? 유럽의 지도가 다시 그려짐으로써 야기된 어떤 뚜렷한 난점들을 볼 수 있는가? 어떤 역사적 상황들 그리고/또는 새로운 위협들이 승전국들로 하여금 이러한 지정학적으로 예외적인 일들을 벌이게 만들었는가?

5개 평화 조약들은 각각 국제연맹의 규약에 통합되었다. 국제연맹은 세계 평화의 중재자로 기대된 조직이지만 창시자들의 이상주의적 목적들을 결코 달성하지 못했다. 국제연맹은 본래의 계획에 수많은 변경이 가해져 애초부터 불리한 입장에 있었다. 군비 축소 요구의 효력은 약화되었고 이를 집행하기 위한 국제연맹의 권능은 거의 존재하지 않는 것처럼 보였다. 일본은 자국이 중국에 있는 독일의 이전 조차지들을 차지하는 것이 허용되지 않는다면 가입하지 않을 것이었다. 프랑스는 독일과 러시아 양국을 국제연맹에서 배제할 것을 요구했다. 이것은 윌슨의 목적에 반하는 것이었지만 소련이나 패전 동맹국들 그 어느 나라도 회담에 참여하는 것이 허용되지 않았던 파리에서는 이미 정당화되었다. 국제연맹은 미국 의회가 오래 지속되어온 고립에 대한 국가적 선호를 인용하면서 미국의 국제연맹 가입 승인을 거부했을 때 훨씬 더 큰 치명적인 타격을 받았다. 처음부터 곤경에 처한 이 국제 조직은 충돌을 막을 잠재력을 거의 갖지 못했다.

국제연맹은 전 지구적 갈등에 대한 유토피아적 대응으로 시작되었고 세계 관리를 재조직해야 하는 절박함을 나타냈다. 하지만 국제연맹의 역사는 전후에 대두한 권력 정치라는 한층 더 큰 문제들을 반영했다.

결론

유럽은 가능한 모든 전선, 즉 군사적·정치적·사회적·경제적 전선에서 제1차 세계대전을 치렀다. 결과적으로 전쟁의 결과는 서부 전선의 황폐화된 풍경을 훨씬 넘어서 확대되었다. 통계학은 단지 엄청난 인명 손실을 암시할 수 있을 뿐이다. 동원된 7,000만 명의 남성 가운데 약 900만 명이 죽었다. 러시아, 독일, 헝가리가 최대의 사망자 수를 기록했지만, 남동 유럽의 그보다 작은 나라들은 전사한 병사들의 수가 최고 비율을 기록했다. 세르비아 병사 중 거의 40퍼센트가 전사했다. 전쟁과 관련된 죽음에 더해 궁핍과 질병으로 인해 세르비아는 전 인구의 15퍼센트를 잃었다. 이와 비교해 영국, 프랑스, 독일은 자국 인구의 단지 2~3퍼센트를 잃었다. 그러나 이 비율은 만약 우리가 전쟁 세대의 청년들에 초점을 맞춘다면 훨씬 더 많은 것을 말해준다. 독일은 1914년 19~22세에 이르는 남성의 3분의 1을 잃었다. 프랑스와 영국도 청년의 사망률이 정상 비율보다 8~10배에 이르면서 이와 유사한 손실을 입었다. 이것은 '잃어버린 세대(lost generation)'였다.

　제1차 세계대전은 전 지구 여기저기에 정치적·사회적 불만의 씨를 뿌렸다. 러시아와 서유럽은 불쾌하고 의심스런 관계가 되었다. 연합국은 전쟁 기간 동안에 볼셰비키 정권을 무너뜨리고자 시도했으며 그들을 이후의 협상에서 배제시켰다. 이러한 행동은 소련에 수세대동안 지속된 서방에 대한 불신을 낳았다. 연합국은 러시아가 유럽 대륙에 '붉은 다리(Red Bridge)'를 건설하면서 동유럽의 신생 국가들을 지배하는 것을 두려워했다. 다른 곳에서는 서로 상충하는 식민주의와 민족주의의 요구 사항들이 모든 나라에서 다시 그려진 지도들에 따라 소수민족적·언어적 소수자를 남겨놓으면서 단지 일시적 균형에 타격을 가했다. 베르사유 조약이 터무니없이 부당하다고 공공연히 비난을 받았던 독일에서 불만의 열기가 가장 격렬하게 불타올랐다. 거의 모든 정부는 이 조약이 궁극적으로 개정되어야 한다는 데 동의했다. 전쟁과 평화 그 어느 것도 제1차 세계대전을 일으킨 경쟁관계를 종식시키지는 못했다.

　이 전쟁은 강력하면서도 영속적인 경제적 결과들을 초래했다. 인플레이션, 부채, 산업 재건이라는 힘든 과업에 에워싸인 유럽은 세계 경제의 중심지에서 밀려난 자신의 모습을 발견했다. 전쟁은 돈과 시장의 집중 배제를 가속시켜왔다. 아시아, 아프리카, 남아메리카의 많은 국가들은 자신의 경제가 유럽에 덜 의존하게 되면서 재정적으로 혜택을 보았다. 이 나라들은 자국의 천연자원에 대한 유럽의 필요로부터 더 많은 이익을 보는 것이 가능해졌다. 미국과 일본은 가장 큰 이득을 거두었고 새로운 세계 경제의 지도자로 떠올랐다.

　이 전쟁의 가장 커다란 문화적 유산은 환멸이었다. 한 세대의 남성이 아무런 뚜렷한 목적도 없이 희생되었다. 다수가 신체적으로나 심리적으로 모두 영구적인 상처를 입은 살아남은 병사들은 이러한 헛된 살육행위에 자신이 참여한 것으로 인해 몸서리쳤다. 그들은 베르사유에서 정치가들이 탐욕스레 원리들을 포기한 것을 혐오했다. 전후 시대에 많은 청춘 남녀는 세계를 전쟁으로 몰고 간 '나이든 남성들'을 불신했다. 이러한 상실감과 소외감은 전쟁 문학이라는 크게 인기 있는 장르, 즉 최전선에서 겪은 병사들의 경험을 기념하는 회고록과 소설로 나타났다. 독일의 작가이자 퇴역 군인인 에리히 마리아 레마르크(1898~1970)는 『서부 전선 이상 없다(Im Westen nichts Neues)』에서 한 세대의 환멸을 다음과 같이 잘 포착했다. "여러 해 내내 우리의 직무는 살인이었다. 그것은 인생에서 우리의 첫 번째 천직이었다. 인생에 대한 우리의 지식은 죽음에 관한 것에 국한된다. 이후에 무슨 일이 생길 것인가? 그리고 우리에게 어떤 일이 벌어질 것인가?"

　이것이 전후 유럽이 직면한 중요한 문제였다. 독일 소설가 토마스 만(1875~1955)은 1918년이 "한 시대의 종언, 혁명 그리고 새로운 시대의 시작"을 가져왔고, 자신과 동포 독일인이

"새로우면서도 익숙하지 않은 세계에 살고 있다"는 것을 인식했다. 이 새로운 세계를 규정하기 위한 투쟁은 점차 유럽의 장래를 위해 다투는 서로 경쟁적인 이데올로기인 민주주의, 공산주의, 파시즘의 관점에서 이해되었다. 동유럽의 독재 정치들은 전쟁과 더불어 몰락했지만 자유민주주의도 마찬가지로 곧 쇠퇴했다. 군국주의와 민족주의는 여전히 강하게 남아 있었지만, 사회 개혁을 향한 요구도 전 세계적인 공황 기간 동안에 힘을 얻었다. 전쟁 기간 동안 전체 인구가 동원되었지만, 그들은 이후에도 대중 정치의 시대에 적극적 참여 등으로 그러한 상태로 남아 있게 된다. 유럽은 이제 막 자체의 사회적·정치적 제도들을 거부하면서 재창조하는 소란스러운 20년을 출범시키려고 하고 있었다. 새로이 형성된 체코슬로바키아의 초대 대통령 토마스 마사리크(재임 1918~1935)는 전후 유럽은 '묘지 꼭대기에 있는 실험실(a laboratory atop a graveyard)'이라고 묘사했다.

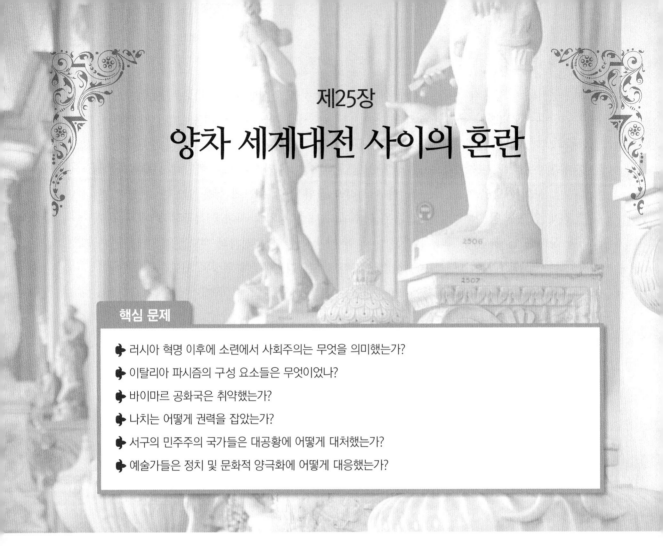

제25장
양차 세계대전 사이의 혼란

핵심 문제

🍀 러시아 혁명 이후에 소련에서 사회주의는 무엇을 의미했는가?

🍀 이탈리아 파시즘의 구성 요소들은 무엇이었나?

🍀 바이마르 공화국은 취약했는가?

🍀 나치는 어떻게 권력을 잡았는가?

🍀 서구의 민주주의 국가들은 대공황에 어떻게 대처했는가?

🍀 예술가들은 정치 및 문화적 양극화에 어떻게 대응했는가?

제1차 세계대전으로 4개의 제국이 무너지고 900만 명의 사람들이 죽었다. 죽음의 그림자는 국경, 이데올로기, 계급, 세대에 관계없이 드리워졌다. 전쟁은 유럽 및 해외 영토 전역에서 고대의 저택들, 산업 도시, 마을, 농장을 덮쳤다. 전쟁은 생명과 미래를 파괴하고 평소의 기준과 안정의 대들보를 뒤흔들어놓았으며 지울 수 없는 야만성을 폭로하고 말았다. 전쟁으로 인한 이루 헤아릴 수 없는 손실과 타협하는 일은 전쟁 이전의 '정상 상태'로 되돌아가려는 끈질긴 노력에서 과거의 부정, 문화적 실험, 새로운 국가를 건설하려는 이상주의적 시도 등에 이르기까지 광범위한 반동을 불러왔다. 양차 세계대전 사이의 시대 동안에 일어난 가장 놀라운 발전은 붕괴 직전의 민주주의를 들 수 있다. 1930년대 말 서구 민주주의는 거의 남아 있지 않았다. 가장 두드러지게는 영국, 프랑스, 미국과 같이 민주주의 국가였던 곳에서조차 다른 나라들에서 민주 정부를 완전히 파멸로 이끌었던 것과 똑같은 압력과 긴장으로 말미암아 시련을 겪었다.

민주주의의 쇠퇴 요인은 각국의 특수한 환경에 따라 다르지만 몇 가지 일반적인 요인을 꼽을 수 있다. 가장 주요한 요인은 지속적인 세계 경제의 붕괴였다. 이러한 붕괴는 제1차 세계대전의 결과이기도 했지만 나중에는 1929~1933년의 대공황으로 인해 일어났다. 두 번째 위기의 원인은 사회적 갈등의 증대였다. 서구 전역에 걸쳐 전쟁으로 인한 중압은 오래 지속된 사회적 불화를 심화시켰고 전후 시대의 실망은 정치를 양극화시켰다. 많은 사람은 평화가 변화를 가져다주리라고 기대했다. 전쟁 기간 동안 희생을 치른 뒤 대부분의 시민은 참정권이라는 보답을 받았다. 하지만 그들의 투표수가 중요성이 있었는지는 분명치 않았고, 경제를 지배하고 정치적 지배권을 갖고 있는 것으로 여겨진 전통적인 엘리트들이 그들이 지닌 그 어떤 권력을 잃어버렸는지도 분명치 않았다. 광범위한 부류의 유권자들 중 다수는 국가와 문화를 변화시키겠다고 약속한 극단주의자 정당에 매력을 느꼈다. 마지막으로 전쟁으로 심화된 민족주의는 전쟁 직후의 시기에 불만의 핵심적 근원으로 판명되었다. 이탈리아와 독일에서 좌절된 민족주의 감정은 정부에 대해 반감을 품었다. 체코슬로바키아 같은 신생 국가들에서 그리고 동부 및 남부 유럽 전역에 걸쳐 소수민족들 사이에서의 알력은 상대적으로 취약한 민주 정부에게 엄청난 문제들을 안겨주었다.

민주주의의 쇠퇴를 보여주는 가장 극적인 사례는 특히 소련, 이탈리아, 독일에서 새로운 권위주의적 독재의 대두와 더불어 나타났다. 앞으로 보겠지만, 이 세 나라의 경험은 다양한 역사적 환경과 인물들로 인해 매우 달랐다. 하지만 각각의 경우에 많은 시민은 스스로 과감한 조처들만이 혼돈에서 질서를 가져다줄 것이라고 회유되었다. 의회제 정부의 제거, 정치적 자유에 대한 엄격한 제한, 국가의 '적들'에 대한 점점 악의에 찬 억압 등을 포함한 이들 조처는 폭력, 협박, 선동이 결합된 행위로 이행되었다. 많은 시민이 자신의 자유를 기꺼이 희생시키게 만든 것은 소외, 성급함 또는 절망이었다.

레닌과 스탈린 치하의 소련

🔊 러시아 혁명 이후에 소련에서 사회주의는 무엇을 의미했는가?

러시아 내전

볼셰비키는 1917년 10월에 권력을 장악했고, 1918년 3월 독일과 별도의 평화 조약(브레스트리토프스크 조약)에 서명하고 국내에서의 입장 강화에 주력했다. 하지만 10월 혁명과 전쟁으로부터의 철수는 러시아 사회를 분열시켜 독일과의 전쟁보다도 훨씬 더 많은 대가를 치르게 된 전쟁을 촉발시켰다. 브레스트리토프스크 조약의 조건에 대한 격노는 볼셰비키의 적들, 특히 구(舊)제국의 주변부에서 새로운 정부를 공격하기 시작한 추방된 차르 정권과 관련된 사람들을 동원시켰다. 집단적으로는 '백군(Whites)'이라고 알려진 볼셰비키의 반대자들은 오로지 권좌에서 '적군(Reds)'을 몰아내고자 하는 공통의 목적으로 느슨하게 결속한 다양한 무리의 사람들이었다. 이들의 군사력은 주로 이전 정권의 지지자들—차르 군대의 장교들, 반동적인 군주주의자들, 전 귀족들, 불만을 품은 자유주의 군주정 지지자들—로 이루어졌다. 또한 백군에는 임시정부에 대한 자유주의 지지자들, 멘셰비키, 사회혁명당원들, 모든 중앙집권적 국가 권력에 반대하는 '녹색당(Greens)'이라고 알려진 아나키스트 농민 무리 등과 같이 다양한 집단들이 가담했다. 볼셰비키는 이전 러시아 제국의 일부 지역들, 예컨대 우크라이나, 그루지야, 코카서스 북부 지역 등에서 일어난 강력한 민족주의 운동들의 봉기에도 직면했다. 마지막으로 미국, 영국, 일본 등을 포함한 몇몇 외국 강대국들도 구제국의 주위에서 소규모이지만 위협적인 간섭을 개시했다. 백군을 위한 외부의 지원은 볼셰비키에게는 그다지 중요한 위협이 되지 않은 것으로 판명되었지만 선전 도구로서 이용되기에 충분했다. 즉, 볼셰비키는 백군이 러시아를 침공하기를 원하는 외국 세력과 음모를 꾸미고 있다고 주장했던 것이다. 이러한 간섭은 또한 마르크스주의적 관점에서 자본주의 세계가 당연히 세계 최초의 '사회주의' 국가의 존재에 반대할 것이라는 볼셰비키의 오해를 고조시켰다. 볼셰비키는 인구의 대다수로부터 훨씬 더 큰 지지 또는 최소한 암묵적 수용을 얻어내고 그들이 전쟁 수행 노력 자체를 위해 더 잘 조직되었기 때문에 내전에서 궁극적으로 승리했다. 내전이 시작되면서 볼셰비키는 신속하게 동원되어 강력한 관료적 구조 및 군사적 구조를 지지하며 평등주의와 정치적 자결에 관한 자신의 수많은 급진적 관심사를 보류시켰다.

1905년과 1917년 혁명의 영웅인 레온 트로츠키는 신임 전쟁인민위원(국방장관)이 되어 1920년 대에 이르러 약 500만 명으로 성장하는 잘 훈련된 군대 조직을 창설했다. 트로츠키의 적군은 비록 1922년까지 계속 전투를 치렀지만 1920년 말에 이르러 백군에 대해 승리를 거두었다. 볼셰비키는 또한 폴란드를 침공해 격퇴되기 전까지 거의 바르샤바까지 도달하기도 했다.

내전이 끝났을 때 소련은 약 100만 명의 전투 사상자, 전쟁으로 인한 기아와 질병에 따른 수백만 명의 사망자, 적군 및 백군이 자행한 테러로 인한 10만 명에서 30만 명에 이르는 비전투원의 처형 등을 겪었다. 이 내전의 야만성은 떠오르는 소비에트 국가 내에 특히 소수민족 집단들 사이에 지속적인 증오심을 불러일으켰고 새로운 볼셰비키 정권하에서 모습을 드러낸 갓 태어난 사회를 야만적으로 만들었다.

내전은 또한 사회주의 경제적 측면에 대한 볼셰비키의 접근 방식을 형성시켰다. 레닌은 1917년에 권력을 장악하면서 유럽의 성공적인 전시 경제와 유사한 국가 자본주의 체제를 최소한도의 단기간에 창출하기를 기대했다. 이 새 정부는 농업을 포함한 소규모 사적 경제 활동이 계속되는 것을 허용하면서도 대규모 산업, 은행업, 그리고 그 밖의 모든 주요 자본주의적 사업들을 장악했다. 내전은 새 정부를 '전시 공산주의'라고 알려진 한층 더 급진적인 경제적 입장을 취하게 만들었다. 볼셰비키는 농민으로부터 곡물을 징발하기 시작하고 소비재의 사적 거래를 '투기'라고 불법화시키고 생산 설비를 군용으로 만들며 화폐를 폐지했다. 대부분의 혁신은 정부의 통제를 넘어서 악화되고 있는 경제 상황에 대한 즉흥적인 대응이었다. 하지만 전시 공산주의 사상은 급진 볼셰비키들에게는 매력적인 것이었다. 실제로 많은 볼셰비키는 전시 공산주의가 1917년에 붕괴된 자본주의 체제를 대체할 것이라고 믿었다.

그러한 희망은 대체로 헛된 것이었다. 전시 공산주의는 볼셰비키의 전쟁 수행 노력을 지속시켜주었지만, 이미 전쟁으로 황폐화된 경제를 한층 더 붕괴시켰다. 내전은 러시아 산업을 황폐시키고 주요 도시들을 텅 비게 만들었다. 모스크바 인구는 1917년에서 1920년 사이에 50퍼센트나 줄어들었다. 키에프의 인구도 25퍼센트 정도 감소했다. 볼셰비키 혁명을 강력히 지지했던 도시 노동자 집단은 해체되어 시골로 돌아갔다. 예컨대 1917년 주요 산업에 고용되었던 350만 명의 노동자 중 150만 명만이 1920년대 말까지 일터에 남아 있었다. 산업 생산은 1920~1921년 무렵에 전전 수준의 단지 20퍼센트로 감소했다. 전시 공산주의가 가장 파괴적인 결과를 가져다준 분야는 농업이었다. 내전은 한편으로 농민에게 혜택이 가는 방향으로 '토지 문제'를 해결했다. 농민은 임의로 귀족의 토지를 몰수해 재분배했다. 1919년 농

지도 범례:
- 1919년 : 볼셰비키(적군) 관할하의 러시아 지역
- 1919년 : 반(反) 볼셰비키(백군) 관할하의 러시아 지역
- 1914~1921년 러시아에게 빼앗긴 지역
- ← 러시아 백군의 공격로
- ← 비(非) 러시아 군대의 공격로
- ← 연합국의 이동로
- ※ S.S.R. : 소비에트 사회주의 공화국

소련, 1918~1945년

1917~1920년의 내전이 새로운 소비에트 국가에 어떤 영향을 주었는가? 모스크바와 레닌그라드(상트페테르부르크)의 장악이 어떻게 볼셰비키들이 백군에 대해 승리를 거둘 수 있도록 도왔는가? 스탈린의 독재가 소련의 방대하고 다양한 풍경을 현대화하고 통합시키는 데 얼마나 도움이 되었는가?

민은 대체로 20에이커[1]에 못 미치는 소규모 구획 토지의 거의 97퍼센트를 보유했다. 그러나 농업 체계는 내전, 전시 공산주의의 곡물 징발, 모든 곡물의 사적 거래 불법화 등으로 심각하게 붕괴되었다. 1921년 대규모 흉작으로 약 500만 명의 인명이 희생되었다.

내전이 막바지에 이르면서 도시 노동자와 병사들은 사회주의와 노동자의 통제권을 약속했음에도 군사 독재에 한층 유사한 것을 실시해온 볼셰비키 정권을 점점 참을 수 없게 되었다. 1920년 말 대규모 파업과 저항이 일어났지만 볼셰비키는 '민중 봉기'를 진압하기 위해 신속하면서도 효과적으로 움직였다. 반대자를 분쇄하는 데에서 내전을 통해 대두한 볼셰비키 정권은 내부적 경쟁은 용납되지 않을 것이라고 분명히 천명했다.

신경제 정책 시기

이러한 정치적·경제적 곤경에 대한 대응으로 볼셰비키는 전시 공산주의를 포기하고 1921년 3월 신경제 정책(Novaya Ekonomicheskaya Politika: NEP)을 시작했다. 신경제 정책은 혁명 직후에 시도되었던 국가 자본주의로 되돌아가는 것이었다. 국가는 계속해서 모든 주요 산업과 금융 기관들(레닌이 경제 체제의 '위풍당당한 고위층'이라고 불렀던)을 소유하는 한편, 개인에게는 사유재산을 소유하고 일정 한도 내에서 자유로이 거래하며 가장 중요하게는 자신만의 이익을 위해 토지를 경작하는 것을 허용해주었다. 농민에 대한 고정된 세금이 곡물 징발을 대체했고, 세금 납부금을 초과해 생산한 것은 농민이 보기에 적당할 정도로 농민에게 돌아갔다. 신경제 정책과 가장 밀접한 연관이 있는 볼셰비키는 니콜라이 부하린(1888~1938)이었다. 그는 볼셰비키가 농민의 사적인 경제 활동에 세금을 부과함으로써 소련을 산업화시킬 수 있다고 주장한 젊고 명석한 마르크스주의 이론가였다. 그는 농민을 '스스로 부자가 되도록' 권장한다면 그들의 세금이 도시 산업화와 노동계급을 지탱할 수 있을 것이라고 주장했다. 레닌은 신경제 정책을 "이보 전진을 위한 일보 후퇴"라고 묘사했다.

신경제 정책이 소련 농업을 내전으로부터 성공적으로 회복시켜주었다는 사실은 부정하기 힘들다. 1924년에 이르러 농업 수확은 전쟁 이전의 수준으로 회복되었다. 그것은 어느 역사가가 "러시아 농민층의 황금기"라고 묘사한 것처럼 농민에게는 번영의 시기였다. 농민은 대

---

1) 0.08제곱킬로미터 또는 약 8헥타르.

개 자신이 하고 싶은 대로 할 수 있게 되었으며, 부자와 빈자 사이의 부의 불일치를 평준화하기 위해 자신들끼리 귀족의 토지를 재분배했고 시골에서—특히 농민 코뮌에서—전통적인 사회 구조를 다시 강화했다. 비록 농민이 계속해서 매우 원시적인 농업 방법을 사용하긴 했지만 그들은 나라를 먹여 살리기에 충분한 곡물을 생산하는 것으로 부응했다. 하지만 신경제 정책은 도시 지역에 혜택이 돌아가도록 농민이 시장에 참여하는 것을 독려하는 데에는 그다지 성공적이지 못했다. 볼셰비키는 1920년대 동안 농민이 자신의 곡물을 제조 상품과 거래하기에 충분할 정도로 저렴하게 제조 상품을 생산하는 것이 힘들다는 것을 알았다. 농민은 단순히 시장에 내다파는 것을 삼가고, 잉여 곡물과 가축을 계속 보유하거나 자신을 위해 불법적인 밀주를 제조하는 것으로 이러한 어려움에 대처했다. 그 결과 도시로 곡물을 보내는 일에 차질이 빚어지게 되었고, 이는 많은 볼셰비키들이 전시 공산주의라는 급진적인 경제 관행들의 부활을 요구하는 상황을 촉발시켰다. 하지만 이러한 급진적 제안들의 운명은 모든 사람의 기대와는 반대로 소비에트 연방공화국의 지도자로서 레닌을 대신하고 역사상 가장 악명 높은 독재자 중 한 사람이 될 이오시프 스탈린(1879~1953)의 운명과 관련되었다.

스탈린과 '위로부터의 혁명'

스탈린의 등장은 순식간에 일어난 그리고 전혀 예측되지 않은 일이었다. 그의 정치적 성공은 1920년대의 당 내부 갈등에 뿌리를 두었지만 1920년대 말 신경제 정책의 갑작스러운 종식과 대규모 사회·경제적 근대화 프로그램의 출범과도 긴밀하게 연결되어 있었다. 많은 사람들이 일컫듯이 이 '위로부터의 혁명'은 근대사에서 그 어떤 나라가 겪었던 것보다 가장 급속한 사회·경제적 변화였다. 하지만 그것은 유례를 찾아볼 수 없을 정도의 인적 손실을 겪으며 수행되었다.

스탈린은 코카서스 산맥 인근의 그루지야 출신의 볼셰비키였다. 그의 본명은 이오시프 쥬가슈빌리(Iosep Jughashvili)였다. 가난한 구두 제조공의 아들인 스탈린은 어머니의 고집으로 성직자가 되기 위해 러시아 정교회 신학교에서 공부했다. 그는 성직을 거부하고 코카서스에서 혁명 활동에 참여했으며 혁명 이전에 여러 해를 시베리아 유형으로 보냈다. 그는 러시아혁명 이전과 혁명 기간 동안에 볼셰비키당의 중요한 당원이었다. 하지만 스탈린은 초기 볼셰비키당의 중심 인물도 아니었고 당 지도부의 선두 주자도 아니었다. 1922년 이후 레닌의 건강 악화와 1924년 그의 죽음과 더불어 레닌의 후계자 문제가 불거졌지만, 내전의 영웅인 레온 트로츠키가 레닌의 지위를 이을 가장 유망한 후보자로 널리 받아들여졌다. 하지만 다른 명망 있는 볼셰비키들 역시 지도자의 역할을 갈망했다.

스탈린은 트로츠키 같은 걸출한 연설가나 부하린 같은 존경받는 마르크스주의 이론가도 아니었지만 뛰어난 정치 전략가였고 레닌의 죽음 이후 거의 결점 없이 당내 정치 게임을 주물렀다. 스탈린은 볼셰비키당 내의 반대자들—최상위 지도부 내의 집단 지도체제라는 레닌주의 원리를 지지한 반대자들—각자를 성공적으로 고립시키고 축출함으로써 이들을 물리쳤다. 트로츠키는 스탈린 제휴파와 아이러니하게도 당을 당악하려는 트로츠키의 욕망을 두려워한 사람들에 의해 축출된 최초의 인물이었다. 그 다음에 스탈린은 동맹자들에게 눈길을 돌려 그들을 차례로 제거했는데, 이는 1928~1929년 정치국에서 부하린을 제거하면서 정점에 달했다.

부하린에 대한 스탈린의 반대 운동은 꼭 정치적인 것만은 아니었다. 그것은 신경제 정책을 폐기하고 전면적인 산업화 추진을 개시하려는 스탈린의 욕망과 관련이 있었다. 1920년대 말에 이르러 스탈린은 소련이 소농 농업에서 거둬들이는 세금에 의존해서는 산업화를 기대할 수 없다고 주장해온 신경제 정책의 비판자들에게 동의하기 시작했다. 스탈린은 서방에 뒤처지고 있다는 우려와 또 다른 세계대전의 위협을 감지한 것에 자극받아 1927년 초 산업화의 속도를 가속시킬 것을 강하게 주장했다. 거의 모든 고위급 볼셰비키 지도자들은 산업화의 속도를 높이려는 스탈린의 계획을 지지했다. 그러나 거의 아무도 그 다음에 일어난 일, 즉 강제적인 산업화와 농업의 집단화를 향한 갑작스러운 전환을 지지하지 않았다.

1927년 흉작이 곡물 수집 체계에 여전히 또 다른 위기를 불러일으켰다. 저가의 농산물과 부족한 고가의 산업 상품은 농민들로 하여금 곡물을 몰래 저장하게 만들었고, 그 결과 도시에서는 식량 부족과 농민으로부터의 세금 징수에 어려움을 초래했다. 1928년 초 스탈린은 풍작을 거두었지만 세금을 미납했다고 근거 없이 주장된 멀리 떨어진 우랄과 시베리아 지역에 있는 지방 관리들에게 곡물 징발을 개시하도록 명령했다. 그는 곧 이러한 전시 공산주의의 부활을 전국에 적용했다. 1929년 당의 상층부는 갑작스럽게 신경제 정책으로 편성된 방침을 번

초기의 소련, 1917~1929년	
볼셰비키의 권력 장악	1917년 10월
브레스트리토프스크 조약	1918년 3월
러시아 내전	1918~1920년
볼셰비키의 민족주의적 반란 진압	1920~1921년
NEP 시작	1921년
레닌 사망	1924년
스탈린, 트로츠키, 부하린의 권력 다툼	1924~1928년
스탈린이 권력을 완전히 장악함	1928~1929년

복하고 주요 곡물 재배 지역에서 시작된 완전한 농업 집단화를 개시했다. 그곳에 있는 농민들은 필요하다면 강제로 사유 농장들을 포기해야 한다는 것을 깨달아야 했다. 이들은 자원을 모으고 수확물의 일정 비율을 국가에 바치는 집단 농장에 가입하거나 노동자로서 임금을 받는 국영 농장에서 일하게 되었다.

집단화

집단화는 본래 점진적인 과정으로 추진되리라 생각되었으나 1929년 말 스탈린은 농업 집단화를 강제로 착수했다. 몇 달 내에 정치국(Politburo, political bureau의 줄임말)은 집단화에 저항하는 농민에 대해 무력을 사용하라는 명령을 내렸으나, 이러한 명령은 처음에는 비밀로 유지되었다. 이어진 집단화 과정은 잔인하고 혼란스러웠다. 지방 당과 경찰 관리들은 농민에게 사유지, 농기구, 가축 등을 포기하고 집단 농장에 가담할 것을 강요했다. 농민은 종종 격렬하게 저항했다. 1929년과 1933년 사이에 소련에서는 약 1,600차례의 대규모 반란이 있었다. 일부 반란에는 수천 명의 사람이 가담했고, 그들의 진압에는 대포의 사용을 포함한 군사적 간섭이 필요했다. 농민들은 집단 농장에 자신의 가축을 넘겨주기보다는 도살함으로써 집단화에 저항했다. 이는 이어진 여러 해 동안 농업 생산을 저해하는 손실이었다. 위기를 초래할지도 모른다고 느낀 스탈린은 1930년 초 집단화 과정을 일시적으로 중단시켰지만, 이후 곧 좀 더 점진적으로 진행시킬 것을 명령했고 1935년까지 농업 집단화는 소련 대부분의 지역에서 완성되었다.

집단화를 용이하게 하기 위해 스탈린은 쿨라크(kulaks, '꽉 움켜진 사람들'이라는 뜻으로 부유한 농부들에 대한 경멸적인 용어)에 대한 전면적인 공격을 개시했다. 하지만 대부분의 쿨라크는 이웃보다 살림살이가 나을 것이 없는 사람들이었기에 쿨라크라는 말은 집단화에 적대적인 농민을 가리키는 용어 중 하나가 되었다. 1929~1933년 약 150만 명의 농민이 정든 땅에서 쫓겨나 재산을 박탈당하고 소련 동부와 북부의 황량한 지역이나 자신의 고장에 좀 더 가까이 있는 척박한 농장 중 어느 한 곳에 재정착했다. 이들 불행한 농민의 토지와 소유물은 집단 농장에 분배되거나 자주 그랬듯이 청산 과정에 참여한 지방 관리와 농민에게 분배되었다. 한 계급으로서의 쿨라크 제거는 농업 집단화의 파괴적인 결과들을 증폭시켰고, 이 두 가지 사건은 함께 근대 유럽사에서 가장 파괴적인 기근 중 하나를 야기했다. 집단 농장에 강제로 들어가게 된 농민은 여분의 식량을 생산할 유인이 거의 없었고 가장 생산적인 농민의 다수가 추방됨으로써 농업 체계가 약화된 것은 놀랄 일이 아니었다. 1932~1933년 소련 남부 지역 전역에 기근이 확산되었다. 이 지역은 소련에서 가장 생산력이 높은 농업 지역이었기에 기근이 그 지역을 강타했다는 사실은 정말로 어이없는 일이었다. 1933년의 기근은 약 300~500만 명에 이르는 인명을 앗아갔다. 이 기근 동안 볼셰비키는 이 나라의 다른 지역에 최소한 수십만 명의 목숨을 구하기에 충분한 상당량의 곡물 비축량을 유지했지만, 기근에 처한 지역에 곡물을 보내기를 거부하고 대신에 기근 지역을 봉쇄하고 차라리 사람들로 하여금 굶어죽게 방치하는 쪽을 택했다. 곡물 비축량은 경화(硬貨)를 마련하기 위해 해외에 팔거나 전쟁에 대비해 비축해두었던 것이다. 1935년 이후 농촌에서는 소비에트의 권력에 대한 어떠한 대규모 저항도 결코 다시 일어날 수 없었다. 그러나 소규모의 저항은 국가로 하여금 농민 가족에게 작은 구획의 사유지를 양도하도록 강제했다. 그리고 한 뼘밖에 안 되는 그 땅에서 국가 생산량의 50퍼센트가 산출되었다.

5개년 계획

스탈린의 관점에서 집단화는 자신이 구상한 위로부터의 혁명의 또 다른 주요 측면인 강제적인 신속한 산업화 운동을 위한 자원을 마련해주었다. 이러한 산업화 과정을 위한 지침은 스탈린과 그의 지지자가 1927년에 고안하고 목표를 상향 조정하기 위해 계속 수정된 일련의 야심찬 목적, 즉 제1차 5개년 계획(1928~1932)이었다. 이 계획은 정말로 초인적인 산업화 노력을 요구했고, 그 결과는 근대 세계가 목격한 가장 놀라운 경제 성장의 중 하나로 기록되었다. 소련의 산업 생산은 5년 이내에 50퍼센트 증가했다. 제1차 5개년 계획 기간 동안의 연간 성장률은 15~22퍼센트에 이르렀다. 이러한 성장률은 1920년대 말과 1930년대 초 서구 경제의 기초를 흔들어놓고 있던 경제 공황의 맥락에서 보면 한층 더 인상적인 것이었다. 볼셰비키는 완전히 새로운 도시들에 완전히 새로운 산업들을 건설했다. 예컨대 마그니토고르스크의 공장 도시는 1929년에 사람이 살지 않는 완전히 불모지인 스텝 지역에서 1932년에 약 25만 명의 주민이 사는 제철 공장 도시로 탈바꿈했다. 이 공장 도시는 최소한 규모 면에서 서구가 건설한 그 어떤 도시에도 뒤지지 않았다. 산업화 추진은 소련의 풍경과 인구를 변화시켰다. 모스크바와 레닌그라드 같은 도시들은 1930년대 초에 크기가 두 배로 늘어났으며, 새로운 도시들이 전국에 우후죽순처럼 생겨났다. 1926년에는 전 인구의 5분의 1만이 도시에 살았으나, 15년 뒤인 1939년에는 약 3분의 1의 인구가 도시에 살았다. 도시 인구는 15년 이내에 2,600만 명에서 5,600만 명으로 늘어났다. 소련은 충분히 도시적이고 산업화된 사회가 되어가는 도상에 있었다.

하지만 이러한 급속한 산업화는 엄청난 인명 손실을 치르며 이룩되었다. 많은 대규모 프로젝트들, 특히 벌목과 광산업 분야의 프로젝트는 죄수 노동으로 수행되었다. 굴라그(gulag, 강제노동수용소)라고 알려진 노동 수용소 체제는 스탈린주의 경제 체제의 중심이 되었다. 사람들은 외국인과 접촉했다는 사소한 범죄 행위에서 부르주아나 쿨라크 부모를 두었다는 불운에 이르기까지 온갖 어리둥절한 죄명으로 체포되어 수용소로 보내졌다. 이 수용소 체제는 1930년대에 소비에트 연방공화국 전역에 걸쳐 확산되었다. 1930년대 말까지 정부는 약 360만 명의 사람들을 투옥했다. 이 죄수 무리는 모스크바-백해(White Sea) 운하 건설 같은 힘들고 위험한 산업화 과업을 완수하기 위해 이용되었다. 비용을 절약하기 위해 모스크바에서 북쪽의 항구들을 잇는 이 운하는 어떠한 기계도 사용하지 않고 건설되었다. 그것은 글자 그대로 손으로 파헤쳐졌고, 컨베이어벨트에서 항타기(pile driver)에 이르기까지 모든 기계의 동력을 인간 노동이 대신했다. 수만 명의 사람들이 건설 기간 동안에 목숨을 잃었다. 스탈린이 심혈을 기울였던 프로젝트 중 하나였던 이 운하는 너무 얕고 겨울에는 얼어붙어 결코 완전히 기능하지 못했다. 이 운하는 제2차 세계대전 초에 폭격 당했다.

위로부터의 혁명 기간 동안에 창출된 경제 체제는 소련의 전체 역사를 통해 이 나라를 괴롭히게 될 구조적 문제들을 안고 있었다. 매 해의 생산 수준을 모스크바에서 전적으로 사전에 계획하는 계획 경제는 결코 합리적인 방식으로 작동하지 않았다. 중공업은 항상 경공업에 우선되었고 양에 대한 강조는 질을 실질적으로 무의미하게 만들었다. 예컨대 일정 수량의 신발을 생산할 책임을 진 공장은 오로지 한 가지 스타일과 사이즈를 생산함으로써 단가를 낮출 수 있었다. 소비자에게는 쓸모없는 상품만 남게 되겠지만 생산자는 계획을 달성하는 식이었다. 스탈린의 산업화 추진은 채 몇 년도 되지 않아 소련을 농업 국가에서 세계적 산업 강국으로 변화시켰지만, 장기적으로 이 체제는 경제적 재앙이 되고 만다.

또한 스탈린 혁명은 근본적인 문화적·경제적 변화를 야기했다. 위로부터의 혁명은 소련 도시들의 면모와 그곳에 거주하는 노동계급을 바꾸어놓았다. 신도시들은 주로 자신의 농촌 전통을 도시로 가지고 온 제1세대 농민들로 이루어졌고, 그들은 1920년대 동안 존재해왔던 허약한 도시 문화를 변화시켰다. 여성 역시 1930년대에 도시 노동력으로 진입해 그 수가 늘어나고 있었다. 여성 노동력은 1930년대에만 20퍼센트에서 거의 40퍼센트로 늘어났고 1940

년에 이르러 경공업 분야에서 노동력의 3분의 2를 차지했다.

그와 동시에 스탈린은 문화 및 사회의 모든 분야에서 매우 보수적인 전환을 추진했다. 예술 분야에서 1920년대의 급진적 모더니즘은 사회주의 리얼리즘에 압도되어 미학적인 측면이 약화되었고 사회주의를 향한 추진력을 찬양할 뿐 실험을 위한 여지를 남겨놓지 않았다. 가족 정책과 젠더 역할도 이와 유사한 반전을 겪었다. 초기 볼셰비키 활동가들은 혁명 이전 사회의 기본적 구조 중 하나인 가족을 재건하고 새로운 프롤레타리아 사회 구조를 창건하기 위한 유토피아적 시도를 장려했다. 1920년대의 볼셰비키는 이혼을 합법화하고 결혼식에서 정교회를 내쫓았으며 낙태를 합법화했다. 스탈린은 전통적인 가족 유대를 강화하기 위한 노력을 지지해 이러한 공산주의적 가족 관계 사상을 포기했다. 따라서 이혼은 한층 더 어려워졌고, 낙태는 산모의 생명을 위협하는 경우를 제외하고는 1936년에 불법화되었으며, 동성애는 형사 범죄로 선포되었다. 당대로서는 진보적이었던 어머니들을 위한 국가의 보조금과 지원으로는 소련 여성이 점차 스탈린식의 소련 사회를 지탱하기 위해 가사 및 임금 노동이라는 이중의 부담을 짊어져야만 한다는 현실을 바꿀 수 없었다. 소련의 문화 및 사회 정책의 전 분야는 이와 유사한 반전을 겪었다.

스탈린의 소련 산업화

소련 사람들은 어떤 방식으로 스탈린의 산업화 추진을 경험했을까? 기록보관소들에 있던 새로운 자료들은 역사가들로 하여금 보통 사람들이 어떻게 버텨냈고 어떤 방식으로 대응했는가를 흘끗 들여다보는 것을 도와주었다. 두 번째 인용한 편지들은 노동자와 농민이 자신의 경험을 자세히 얘기하고 의견을 개진하면서 소련 신문과 당국에 보낸 몇 백통의 편지들에서 발췌한 것이다. 여기에 인용한 두 통의 편지는 모두 소련 신문 《프라우다(Pravda)》에 수신된 것이다.

첫 번째 발췌문은 스탈린이 1931년 사회주의 산업관리자회의에서 행한 연설이다. 스탈린은 평상시 어투로 소련의 후진성과 러시아의 민족주의를 자극하면서 모든 사람에게 산업 생산의 과업을 완수할 것을 권하고 있다.

사업 간부들의 과업

때때로 운동이 제대로 진행되고 있는지 확인하기 위해 속도를 어느 정도 늦추는 것이 가능하지 않은지 어떤지를 묻습니다. 그렇습니다. 동무들, 가능하지 않습니다! 속도는 줄여서는 안 됩니다! 반대로 우리는 속도를 우리의 능력과 가능성이 닿는 한 최고로 높여야만 합니다. 이것이 소비에트 사회주의 연방공화국(USSR)의 노동자와 농민에 대한 우리의 책무가 우리에게 명령한 것입니다. 이것은 전 세계의 노동계급에 대한 우리의 책무가 우리에게 명령한 것입니다.

속도를 늦추는 것은 뒤처진다는 것을 의미하게 될 것입니다. 그리고 뒤처진 사람들은 패배하게 됩니다. 그러나 우리는 패배를 원치 않습니다. 그렇습니다, 우리는 패배를 거부합니다. 옛 러시아 역사의 한 가지 특색은 러시아의 후진성 때문에 이 나라가 겪었던 계속적인 패배였습니다. 러시아는 몽골의 칸에게 패했습니다. 러시아는 터키의 지방 장관들에게 패했습니다.⋯⋯러시아는 영국과 프랑스의 자본주의자들에게 패했습니다. 러시아는 일본의 남작들에게 패했습니다. 모두가 러시아가 후진적이었기 때문에, 군사적 후진성 때문에, 문화적 후진성 때문에, 정치적 후진성 때문에, 산업적 후진성 때문에, 농업적 후진성 때문에 러시아가 패한 것입니다.⋯⋯

우리는 선진국에 비해 50년 내지 100년 뒤처졌습니다. 우리는 이 간격을 10년 안에 따라잡아야 합니다. 우리가 그것을 해내지 않으면 짓밟히고 말 것입니다.⋯⋯

최소한 10년 안에 우리는 선진 자본주의 국가들과 우리를 갈라놓는 거리를 따라잡아야만 합니다. 우리는 이것을 위한 모든 '객관적' 가능성을 가지고 있습니다. 결여하고 있는 유일한 것은 이러한 가능성을 적절히 활용할 능력입니다. 그리고 그것은 우리에게 달려 있습니다. 오로지 우리에게!⋯⋯생산에 간섭하지 말아야 한다는 낡은 정책을 끝내야 할 때입니다. 새로운 정책, 오늘에 적합한 정책, 다시 말하면 모든 것에 간섭하는 정책을 적용할 때입니다. 만약 여러분이 공장 관리자라면 공장의 모든 일에 간섭해 모든 것을 살펴보고 아무것도 놓치지 말고 배우고 또 배우십시오. 볼셰비키는 기술을 숙지해야만 합니다. 볼셰비키 스스로 전문가가 되어야 할 때입니다.⋯⋯

볼셰비키가 공략할 수 없는 요새는 없습니다. 우리는 권력을 잡았습니다. 우리는 거대한 사회주의 산업을 건설했습니다. 우리는 중산층 농민을 사회주의의 길로 바꾸어놓았습니다.⋯⋯기술을 배우고 과학을 숙지하기 위해 남아 있는 일은 그다지 많지 않습니다. 그리고 그것을 완수했을 때 우리는 현재 우리가 꿈도 꾸지 못했던 속도로 발전할 것입니다.

스탈린의 산업 개발: 아래로부터의 관점

수천만 명의 노동자가 사회주의 건설에 참여하고 있다는 것을 잊어서는 안 됩니다. 말 한 마리는 75푸드*를 끌 수 있지만 말 주인은 100푸드의 짐을 실으면서도 말을 제대로 먹이지도 않습니다. 말 주인이 얼마나 많은 채찍질을 가하든지 간에 수레를 제대로 움직일 수 없을 것입니다.

이것은 노동계급에게도 해당됩니다. 그들은 노동계급에게 사회주의적 경쟁, 돌격 노동(shock work), 산업 및 재정 계획을 목표 이상으로 달성하기 등의 짐을 지웠습니다. 노동자는 자리를 결코 뜨지 않고 7시간 애써 일하지만, 이것이 그가 하는 일의 전부가 아닙니다. 일이 끝난 후 그는 한 시간 반 또는 두 시간 동안 숙련도를 높이기 위해 모임에 앉아 있거나 학습에 출석하고, 만약 그가 이런 일들을 하지 않는다면 이 일들을 집에서 하게 됩니다. 그런데 그는 무엇을 먹고 사는지 아십니까? 150그램의 소금에 절인 양고기로 그는 어떠한 식품 첨가물, 즉 홍당무, 근대, 밀가루, 소금에 절인 돼지고기도 없이 수프를 만들 것입니다. 여러분은 이것으로 어떤 수프를 얻겠습니까? 단지 '개숫물'일 뿐입니다.

— B. N. 크니아체프(Kniazev), 툴라, 1930년 9월

편집장 동무, 제발 저에게 답을 주시기 바랍니다. 지방 당국자들이 산업 및 사무직 노동자의 유일한 암소를 강제로 빼앗아갈 권리가 있습니까? 기막힌 것은 그들이 이 암소를 자발적으로 넘겨준 것이라는 것을 보여주는 영수증을 요구하고 만약 영수증을 주지 않는다면 육류 조달을 완수하는 데 실패했다는 이유로 감옥에 처넣겠다고 위협한 것입니다. 협동조합이 오로지 검은 빵만을 배급하고 시장에서 상품들이 1919년과 1920년의 가격을 유지할 때 당신들은 어떻게 살 수 있습니까? 이가 우리를 죽음에 이르기까지 뜯어먹는데, 비누는 오로지 철도 노동자에게만 배급됩니다. 굶주림과 더러움으로 우리에게는 뇌척수막염이 엄청나게 돌고 있습니다.

— 카자흐스탄의 아크티빈스크에서 발송자 불명

---

* 푸드(pood)는 러시아 무게 단위로 1푸드는 16.38킬로그램이다.

분석 문제

1. 스탈린의 우선 사항들은 무엇인가?

2. 스탈린은 청중의 주목을 끌기 위해 어떤 이미지들을 사용하는가?

3. 소련 사람들은 스탈린의 산업화 추진을 어떤 방식으로 경험했는가?

대공포 시대

스탈린주의의 억압은 1937~1938년의 '대공포 시대(Great Terror)'에 극에 달했다. 이 시기에 거의 100만 명의 사람들이 죽었고 150만 명이 족히 넘는 사람들이 노동수용소에 갇혔다. 전국에 대한 개인적 독재권을 공고히 하면서 스탈린은 자신이 새로운 소비에트 사회에 불필요하다고 생각한 개인과 집단과 적들—진정한 것이든 상상한 것이든—을 제거했다. 앞서 본것처럼 억압은 1930년대 초부터 스탈린주의 체제의 중심이었지만, 1937~1938년은 양적·질적 변화, 즉 규모 면에서 전례가 없는 대량 억압의 회오리바람을 몰고 왔다.

대공포는 소비에트 사회의 최상층부에서 최하층부에 이르기까지 다양한 범주의 내부 '적'을 겨냥했다. 이전이든 지금이든 활동하고 있는 정치 엘리트들이 아마도 가장 눈에 띄는 희생자들이었다. 볼셰비키 당의 최고 수준에 있는 사람들은 거의 완전히 숙청되었다. 약 10만 명의 당원이 제거되었고, 그들 대부분은 투옥되거나 처형되었다. 부하린을 포함한 많은 상위 당 관리들은 용의주도하게 연출된 겉치레 재판에서 유죄 판결을 받은 다음에 총살되었다. 대숙청은 또한 광포하게 당원이 아닌 엘리트, 산업 관리자, 지식인 등에게도 불어 닥쳤다. 1937~1938년 사이에 스탈린은 자신이 보기에 잠재적 위협이라고 여겨진 군부 인사들을 숙청하면서 약 4만 명을 체포하고 최소한 1만 명을 총살시켰다. 이러한 숙청은 정부와 경제를 붕괴시켰지만, 스탈린은 그 자리에 새로운 소장 관리 간부단—그들은 스탈린 이전 시대에는 아무런 경험이 없었고 스탈린은 목숨은 아니더라도 그들의 개인적 경력을 손수 좌우했다—을 기용했다. 모든 소수민족 집단—스탈린이 국가 안보에 위협이 된다고 생각하는 폴란드인, 우크라이나인, 리투아니아인, 라트비아인, 고려인, 그리고 국경을 넘나드는 유대를 가지고 있다고 짐작되는 다양한 사람들—은 의심의 눈초리를 받았다. 하층민 중에서는 약 20~30만 명에 이르는 '쿨라크의 지위를 박탈당한' 농민들, 사소한 범죄자들, 그리고 사회적 부적합자들이 체포되어 다수가 처형되었다.

　대공포 시대는 독재 권력에 이르는 스탈린의 길 중에서 가장 당혹스러운 측면 중 하나로 남아 있다. 대공포는 왜곡된 논리로 소련의 사회 및 정치 생활의 모든 측면에 대한 스탈린의 개인적 통제를 굳건히 하는 데 성공했지만, 소련 사회의 가장 재능 있는 요소들을 파괴함으로써 이루어졌다. 대공포는 어느 정도 스탈린의 개인적 편집증의 결과였지만, 그것은 또한 신경제 정책의 종식과 더불어 1927~1928년에 시작된 '스탈린 혁명'의 시의적절한 종언이었다.

　스탈린 혁명의 결과는 심원했다. 서유럽 역사상 그 어떤 정권도 국가의 정치, 경제, 사회를 완전히 재조직하려고 시도한 적이 없었다. 하지만 소련은 10년 만에 그 일을 해냈다. 1939년에 이르러 사적 제조업과 거래는 거의 완전히 폐지되었고 공장, 광산, 철도, 공공시설들은 전적으로 국가가 소유했다. 상점들은 정부 사업이거나 소비자들이 배당 몫을 소유하는 협동조합이었다. 농업은 거의 완전하게 사회주의화되었다. 하지만 1930년대는 전적으로 냉혹하지만은 않았다. 특히 사회 개혁의 분야에서 진전이 있었다. 문맹률은 약 50퍼센트에서 20퍼센트 정도로 줄어들었고 많은 수의 사람이 점차 고등 교육을 받는 것이 가능해졌다. 일하는 어머니에 대한 정부 보조와 무상 입원은 전국적으로 건강 수준을 향상시키는 데 크게 기여했다. 이 끔찍한 10년 기간에서 등장한 사회는 농촌적이라기보다는 한층 더 도시적이며 전통적이라기보다는 한결 더 근대적인 산업 사회였다. 그러나 그것은 그 과정에서 심각하게 상처 입은 사회였다. 즉, 가장 생산적인 농민들, 재능 있는 지식인들, 그리고 경험 많은 경제적·사회적 엘리트들의 다수가 총체적 독재 권력의 이름으로 숙청된 사회였다. 이 혼란스런 시대에 등장한 소비에트 사회주의 연방공화국은 대공포의 종식 이후에 채 3년도 되지 않아 독일이 공격했을 때 소련에 닥친 엄청난 중압을 가까스로 감당할 수 있을 정도였다.

스탈린주의 혁명, 1927~1938년	
집단화 착수	1927년
제1차 5개년 계획 착수	1928년
스탈린이 NEP 중단시킴	1929년
스탈린이 집단화 잠시 멈춤	1930년
쿨라크의 제거	1929~1933년
대공포 시대	1937~1938년

이탈리아 파시즘의 등장

♣ 이탈리아 파시즘의 구성 요소들은 무엇이었나?

많은 유럽 국가들처럼 이탈리아도 제1차 세계대전으로 인해 민주주의가 곤란에 처한 국가였다. 이탈리아는 승전국 편에 있었고 전후 평화 협정을 함께 체결한 4거두 국가였다. 하지만 제1차 세계대전은 이탈리아에 거의 70만 명의 인명과 150억 달러 이상의 손실을 끼쳤다. 이러한 희생은 프랑스나 영국보다는 크지 않았지만 그들보다 훨씬 더 가난한 국가에게는 감당하기 힘든 것이었다. 더욱이 이탈리아는 전쟁 기간 동안에 특정 영토를 획득하게 해 주겠다는 비밀 약속을 얻어내기도 했지만, 민족 자결의 원리와 충돌하게 되었을 때 약속이 철회되는 것을 지켜보아야만 했다. 예를 들어 아드리아 해 서부 해안에 대한 이탈리아의 요구는 격렬한 논쟁에 휩싸였고 결국 유고슬라비아로 인해 좌절되었다. 이탈리아는 요구했던 오스트리아 영토의 대부분을 획득했지만, 많은 이탈리아인은 희생에 비하면 보잘것없는 보상이라고 주장했다. 호전적인 민족주의자 집단들은 아드리아 해에 있는 항구 도시 피우메를 점령하고 이탈리아 군대가 해산시킬 때까지 1년 동안 장악했다. 민족주의자들은 처음에는 윌슨 대통령을 향해 '불완전한 승리'를 비난했으나, 얼마 지나지 않아 자신들의 통치자와 의회 민주주의의 나약함이라고 생각한 것으로 화살을 돌렸다.

이탈리아는 전쟁으로 더욱 악화된 오래된 문제들을 갖고 있었다. 통일 이후에 이탈리아는 유해한 경제적 분할, 즉 부유한 산업화된 북부와 가난한 농업적 남부로 분열되어 있었다. 토지, 임금, 지방 권력을 둘러싼 사회적 갈등은 도시 중심지뿐만 아니라 시골에서도 마찰을 불러일으켰다. 정부는 종종 부패하고 우유부단하며 패배주의적으로 보였다. 이것이 이탈리아가 전후에 직면한 한층 더 즉각적인 문제들의 배경이었다.

전쟁의 가장 파괴적인 결과는 인플레이션과 실업이었다. 인플레이션은 고물가, 투기, 폭리 행위 등을 낳았다. 비록 명목임금은 인상되었지만 전후 노동 시장은 전쟁터에서 돌아온 병사들로 인해 공급 과다 상태였다. 더욱이 기업 엘리트들은 점점 커지고 빈번해지는 파업과 해외 시장의 폐쇄로 인해 흔들렸다. 전후에 세워진 의회제 정부가 이와 같은 긴박한 상황을 완화시키는 데 실패하자 이탈리아인은 급진적 개혁을 요구했다. 노동계급에게 그것은 사회주의를 의미했다. 1919년 사회주의자들이 이탈리아 하원 의석의 약 3분의 1을 차지하게 되자 사회주의 운동은 점점 과격해졌다. 1920년 사회주의자와 아나키스트 노동자들은 대부분이 야금 부문에 속하는 다수의 공장을 장악하고 이 공장들을 노동자의 이익을 위해 운영하고자 했다. 농촌에서 대부분의 농민은 수익성이 낮은 땅을 가져 가난했고 많은 농민은 그마저 전혀 갖지 못했기에, 대토지에서 농업노동자로서 임금을 받고 일했다. 토지 개혁 요구는 한층 더 호전적이 되었다. 일부 농촌 지역에서 적색 동맹은 대토지를 해체하고 지주들로 하여금 지대를 낮추도록 강제하고자 했다. 그때 러시아 혁명은 대단히 애매하게 이해되었음에도 불구하고 지방에서 급진주의의 발전을 자극했다. 상당수의 유권자들은 빈약하게 조직된 중도 및 온건 좌파 정당들을 포기했다. 그들은 한층 더 급진적인 두 개의 집단, 즉 특히 시골에서 보통 사람에게 호소했던 사회주의자당(Socialists)과 가톨릭인민당(Catholic People's Party, 교황의 축복으로 새로 결성되었다)을 지지했다. 그들 중 어느 정당도 혁명을 설파하지 않았으나 이 두 정당은 모두 광범위한 사회적·경제적 개혁을 촉구했다.

흥기하는 급진적 경향, 특히 볼셰비키 혁명의 영향으로 여겨지는 이러한 경향은 여러 사회집단들을 난처하게 만들었다. 산업가들과 지주들은 자신의 재산을 염려했다. 노동계급의 운동이 자신의 이해관계를 지지한다고 생각하지 않는 소상인과 화이트칼라 노동자들은 한편으로는 기업 엘리트들로부터 다른 한편으로는 혁명적 급진주의자들로부터 소외당하고 있다는 것을 알았다. 좌익으로부터의 위협은 우익으로의 강한 쇄도를 불러일으켰다. 파시즘은 파업을 분쇄하며 거리에서 노동자들과 싸우거나 적색 동맹들을 시골에서 차지하고 있는 토지에서 내쫓는 자경단의 형태로 등장했다.

무솔리니의 대두

베니토 무솔리니(1883~1945)는 "나는 파시즘이다"라고 말했는데, 실제로 이탈리아 파시즘 운동의 성공은 그의 지도력에 크게 의존했다. 무솔리니는 사회주의자 대장장이의 아들이었다. 그의 어머니는 교사였으며, 그는 결국 어머니의 뜻을 따라 교사가 되었다. 그러나 그는 교사를 하기에는 침착하지도 않았고 불만도 많아서 스위스에서 공부를 더 하기 위해 이탈리아를 떠났다. 그곳에서 그는 많은 시간을 독서에 할애했고 나머지 시간에는 사회주의 신문에 논설을 기고했다. 파업을 주도한 혐의로 스위스에서 추방된 그는 이탈리아로 돌아와 언론인으로 일했고 나중에는 선두적인 사회주의 일간지인 《전진(Avanti)》의 편집장으로 일했다.

무솔리니는 특정한 주의 주장을 믿지 않았다. 뚜렷한 철학을 지닌 사람이라면 그렇게 자주 앞서 한 말을 취소할 수 없을 것이다. 1914년 8월 제1차 세계대전이 발발하자 무솔리니는 이탈리아가 중립을 지켜야 한다고 주장했다. 그러나 그는 곧 입장을 바꿔 이탈리아가 연합국 측에 참전해야 한다고 촉구했다. 그는 이러한 입장 때문에《전진》편집장 자리에서 쫓겨나 새로운 신문인《이탈리아 인민(Il Popolo d'Italia)》을 창간해 참전의 열기를 고무하기 위한 칼럼을 열심히 게재했다. 그는 다음 해 봄 정부가 연합국 측으로 참전할 것을 결정하자 이를 개인적 승리로 자축했다.

1914년 10월 초 무솔리니는 참전을 지지하는 선동을 돕기 위해 파시(fasci)라는 집단들을 조직했다. 파시의 구성원은 젊은 이상주의자, 광신적 민족주의자들이었다. 전후에 이들 집단은 무솔리니의 파시스트 운동의 토대를 형성했다(파시즘[fascism]이라는 말은 막대기 다발 속에 도끼를 끼운 로마 제국의 권위를 나타내는 표식을 뜻하는 라틴어 파스케스[fasces]에서 유래했다. 이탈리아 말로 파쇼[fascio]는 '집단'이나 '무리'를 뜻한다). 1919년 무솔리니는 파시스트당 최초 강령의 초안을 작성했다. 그것은 (여성을 포함한) 보통선거, 하루 8시간 노동, 상속세 등 몇 가지 놀라울 정도의 요소들을 담고 있었다. 1920년에 채택된 새 강령은 경제 개혁에 관한 모든 언급을 버렸다. 어떠한 강령도 파시스트에게 정치적 성공을 가져다주지는 않았다.

정치적 지지를 얻지 못하자 파시스트들은 공격적인 결의로 이를 보충했다. 파시스트들은 중간계급과 지주들의 존경을 받았고 산업 노동자와 농민의 급진 운동을 효과적으로 진압함으로써 많은 사람들을 위협했다. 그들은 종종 물리적으로 사회주의자들을 공격했고 일부 지방 정부를 장악하는 데 성공했다. 중앙 정부가 약화되자 무솔리니의 강압 정치는 그를 지도력 부재에 대한 해결책처럼 보이게 만들었다. 1922년 9월 그는 다른 정당들 및 국왕과 정부에 파시스트가 참여하는 문제를 놓고 협상을 개시했다. 10월 28일 검은 셔츠 군복을 입은 약 5만 명의 파시스트 민병대는 로마로 행진해 들어가 수도를 점령했다. 수상은 사임했고, 다음 날 국왕 비토리오 에마누엘레 3세(재위 1900~1946)는 마지못해 무솔리니를 수상에 임명했다. 이리하여 검은 셔츠단(Camicia Nera)은 무혈로 이탈리아 정권을 장악했다. 이는 파시즘의 세력이 강했기 때문이라기보다는 전쟁으로 인한 이탈리아인의 실망과 구지배계급의 나약함에 기인한 것이었다.

의회 체제는 압력을 받아 무너지고 말았다. 그리고 '합법적으로' 권력을 부여받은 무솔리니는 즉각적으로 일당독재를 확립하기 시작했다. 이탈리아 파시즘의 이론은 다음과 같은 세 가지 구성 요소를 갖고 있었다. 첫 번째는 국가주의였다. 국가는 국민의 모든 이해관계와 충성심을 통합하는 것으로 선언되었다. "국가를 초월하는 것은 아무것도 없고, 국가 밖

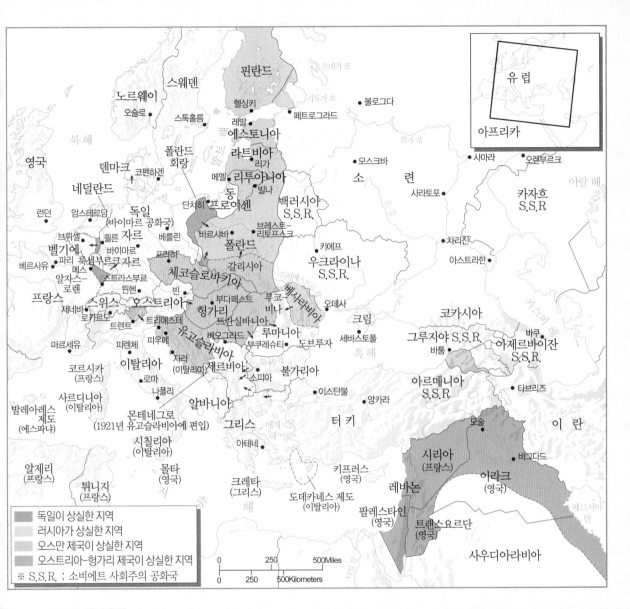

1923년의 유럽

어떤 나라들이 제1차 세계대전 이후에 영토를 잃었고, 그 결과들은 어떠했는가? 러시아 혁명은 유럽의 정치를 어떻게 변화시켰는가? 제1차 세계대전 이후에 탄생한 중부 및 동부 유럽 국가들에서 발생한 문제들은 무엇인가?

에 존재하는 것은 아무것도 없으며, 국가에 대항하는 것은 아무것도 없었다." 두 번째는 민족주의였다. 민족 공동체가 최고의 사회 형태였다. 민족은 개인의 인생이나 영혼과는 별개로 그 자체의 삶과 영혼을 지니고 있는 것이었다. 세 번째는 군국주의였다. 팽창하지 못하는 나라들은 결국 쇠퇴하고 사멸할 것이었다. 파시스트들은 전쟁만이 인간을 고상하게 만들어주고 게으르고 타락한 인민을 재생시켜줄 것이라고 믿었다.

무솔리니는 이러한 원리들에 따라 이탈리아를 재건하기 시작했다. 그 첫 번째 단계는 선거법을 바꾸어 자신의 정당에 의회 다수 의석을 공고히 해주고 반대파를 위협할 수 있도록 하는 것이었다. 그런 다음에 그는 의회제 정부와 다른 정당들을 완전히 폐쇄하는 쪽으로 나아갔다. 그는 내각제를 폐지하고 의회의 권력을 무력하게 만들었다. 그는 파시스트당을 이탈리아 헌법의 완전한 일부로 만들었다. 무솔리니는 수상과 당 지도자를 겸임하고 폭력적인 방법으로 정적들을 제거하기 위해 당의 민병대를 이용했다. 또한 무솔리니의 정부는 경찰을 통제하고 언론에 재갈을 물리며 학문 활동을 검열했다.

그사이 무솔리니는 계급 갈등을 종식시키고 국가적 통합으로 그것을 대체한다고 설파했다. 그는 경제와 노동을 재조직하기 시작해 이탈리아 노동 운동의 세력을 제거했다. 이탈리아 경제는 22개 조합의 관리하에 놓이게 되었고 각각의 조합은 주요 산업 부문을 담당했다. 각 조합에는 파시스트당에서 조직한 노조, 고용주, 정부의 대표들이 있었다. 이들 조합은 그 구성원들이 함께 노동조건, 임금, 가격 등을 결정했다. 하지만 정부가 이들 조합의 결정을 면밀히 감독했고 관리자의 입장을 지지했다는 사실은 놀랄 일이 아니다. 실제로 정부는 재빨리 대기업과 제휴했고 혁명 경제보다 훨씬 부패한 관료제를 창출해냈다.

무솔리니는 대규모 공공사업, 도서관 건설, 노동자들을 위한 유급 휴가, 사회보장제 등을 포함한 국가 후원의 프로그램으로 일부 노동계급의 동의를 확보했다. 1929년 그는 로마가톨릭교회와 60년간 끌어온 갈등을 해결했다. 그는 바티칸 시 교황 거류지의 독립을 인정하고 이탈리아 통일 기간 동안에 발생한 몰수에 대한 배상을 약속하는 조약에 서명했다. 이 조약은 또한 로마 가톨릭교회를 이탈리아의 공식 종교로 확립하고, 학교에서 종교 교육을 보장하며, 종교 의식에 따른 결혼식을 의무적인 것으로 만들었다. 교회와의 협약은 안정을 유지하기 위해 군대, 산업, 교회, 군주정 등 이탈리아의 여러 기구와의 관계를 '정상화'하려는 무솔리니가 펼친 운동의 일환이었다.

무솔리니 정권은 사실상 현상 유지를 지속시키기 위해 많은 일을 했다. 당 관리들은 관료들에 대해 일부 정치적 감독권을 행사했지만, 관료제에 상당수의 당 관리들을 침투시키지는 못했다. 더욱이 무솔리니는 자신의 권좌 등극을 도와준 엘리트들과 친밀한 관계를 유지했다. 그가 파시즘과 자본주의 사이의 구별에 관해 선포한 것이 무엇이었는지는 몰라도, 이탈리아의 경제는 사기업에 의존한 채로 있었다.

이 이탈리아의 독재자는 파시즘이 나라를 경제적 대혼란으로부터 구해냈다고 허풍을 떨었다. 여타 유럽의 경제처럼 이탈리아의 경제는 1920년대 말에 향상되었다. 이 정권은 외관상 효율성을 창출했고, 무솔리니의 지지자들은 그가 드디어 "기차를 정시에 움직이도록 했다"라는 잘 알려진 주장을 폈다. 하지만 파시즘은 1930년대의 세계적인 공황기에 이탈리아의 곤경을 경감시키는 데 별다른 기여를 하지 못했다.

나중의 나치즘처럼 파시즘도 모순적인 요소들을 갖고 있었다. 파시즘은 전통적인 권위를 회복시키고 그와 동시에 불가피하게 예전의 권위들을 약화시키는 과정인 경제적·국가주의적 목적을 위해 이탈리아 사회의 모든 것을 동원하고자 했다. 파시즘은 이와 같은 목적들을 위해 새로운 권위주의적 조직과 활동들을 만들어냈다. 그것은 청년들을 단련시키고 동원할 수 있도록 만드는 훈련 프로그램, 청소년 캠프, 대가족 어머니에 대한 시상, 정치 집회, 시골의 작은 마을들에서의 퍼레이드 등이었다. 이와 같은 활동은 사람들에게 자신이 더 이상 정치적 권리를 누리지 못할지라도 정치에 참여하고 있다는 느낌을 제공해주었다. 이와 같이 동원된 본질적으로는 수동적인 시민권이 파시즘의 특징이었다.

바이마르 독일

♠ 바이마르 공화국은 취약했는가?

제1차 세계대전이 끝나기 이틀 전인 1918년 11월 9일 수만 명의 독일인이 베를린 거리에 몰려들어 제국 정부를 거의 무혈로 무너뜨렸다. 대규모이면서도 거의 예기치 못했던 봉기였다. 시위대는 독일사회민주당(Sozialdemokratische Partei Deutschlands: SPD)의 한 당원이 새로운 독일 공화국의 탄생을 발표한 시 중심의 제국의회로 몰려들었다. 카이저는 단 몇 시간 전에 퇴위하고 정부는 사회민주당의 지도자인 프리드리히 에베르트에게 넘어갔다. 혁명은 신속히 전쟁으로 황폐화된 나라 전역으로 확산되었다. 노동자와 병사 평의회가 며칠 내에 대부분의 주요 도시를 장악했고 11월 말에는 수백 개의 도시를 장악했다. 이 '11월 혁명

(November Revolution)'은 신속하면서도 널리 미치기는 했지만, 많은 중간계급 및 상류 계급 보수주의자들이 염려했던 것만큼 혁명적이지는 않았다. 대다수의 사회주의자들이 조심스레 민주적 과정을 이끌었다. 그들은 개혁을 원했지만 기존의 제국주의적 관료제의 상당 부분을 기꺼이 그대로 두고자 했다. 그들은 무엇보다도 새로운 공화국을 위한 헌법을 작성하기 위해 대중적으로 선출된 국회를 원했다.

하지만 선거가 실시되기까지는 두 달이 걸렸고 그 기간 동안 위기는 내전 직전의 상태에 이르렀다. 일단 통제력을 행사하게 된 사회민주당 지도부는 질서를 최우선적 과제로 삼았다. 사회민주당을 권좌에 올려놓았던 혁명 운동이 이제는 이 당을 위협했다. 독립사회민주당과 이제 막 등장하고 있는 공산당[2]은 급진적 개혁을 원했다. 1918년 12월과 1919년 1월에 이들은 베를린 거리에서 무장 봉기를 계획했다. 볼셰비키식의 혁명에 두려움을 느낀 사회민주당 정부는 이전의 자기편들에게 등을 돌리고 봉기를 분쇄하기 위해 노동자와 지원병으로 구성된 호전적 무리들을 파견했다. 이 충돌 기간에 정부의 투사들은 로자 룩셈부르크와 카를 리프크네히트(1871~1919)를 살해했다. 이 두 지도자는 즉시 독일 공산주의 순교자가 되었다. 폭력 사태는 1920년까지 계속되면서 좌익 집단들 사이에 지속적인 고통을 선사했다.

더욱 중요하게는 제1차 세계대전의 혁명적 여파가 호전적인 반혁명가의 무리를 등장하게 만들었다는 점이다. 퇴역 군인들과 젊은 민족주의자들은 자유 군단(Freikorps)에 가담했다. 이들 집단은 전국에 걸쳐 발호하면서 수십만 명에 달하는 회원들을 끌어모으고 있었다. 이러한 민병대를 이끄는 전직 군 장교들은 볼셰비키, 폴란드인, 공산주의자에 대항해 싸우면서 자신의 전쟁 경험을 다시 발휘했다. 자유 군단의 정치는 극우를 지향했다. 반마르크스주의적이고 반유대주의적이며 반자유주의적인 그들은 공개적으로 새로운 독일 공화국과 의회민주주의에 반대했다. 다수의 초기 나치 지도자들은 제1차 세계대전에서 싸운 경험이 있었고 자유 군단에 참여했었다.

헌법이 기초된 도시의 이름에서 유래한 바이마르 공화국(Weimar Republik)으로 알려진 독일의 새 정부는 사회주의자들, 가톨릭 중앙당원들, 자유주의적 민주주의자들의 연합에 의존했다. 이는 1919년 1월의 선거에서 그 어떤 정당도 다수표를 얻지 못했기 때문에 발생한

---

2) 독일 독립사회민주당(Unabhängige Sozialdemokratische Partei Deutschlands: USPD)은 1914년 독일 사회민주당이 전시 국공채 발행에 찬성표를 던지자 이에 반발해 사민당을 탈당한 사람들이 만든 정당이다. 독일 공산당은 독립사회민주당 내에서도 소수파였던 스파르타쿠스단(로자 룩셈부르크와 카를 리프크네히트가 주도했다)을 기반으로 발전했다.

필연적인 타협이기도 했다. 바이마르 헌법은 의회 자유주의의 가치에 입각했고 독일의 민주주의를 위한 공개적이고 다원론적인 체제를 확립했다. 일련의 타협을 통해 바이마르 헌법은 보통선거제(여성과 남성 모두)와 시민적 자유뿐만 아니라 어느 정도의 사회적 권리들을 보장해주는 권리장전을 확립했다. 혁명 운동은 최소한 서류상으로는 성공을 거두고 있었다.

하지만 바이마르 정부는 단지 10년 정도만 존속했다. 1930년 바이마르 정부는 위기에 처했고 1933년에 붕괴되었다. 무슨 일이 일어나서였을까? 독일 민주주의의 실패는 기왕의 결론이 아니었다. 그것은 따로따로 관리하기 쉬웠지만 집단적으로는 파멸적인 사회적·정치적·경제적 위기들이 결합된 결과였다.

바이마르 공화국의 많은 문제는 파괴적이었을 뿐만 아니라 수치스럽기도 했던 제1차 세계대전의 패배에서 배태된 것이었다. 연합국에 대한 굴욕적인 패배는 수많은 독일인을 경악하게 만들었다. 그들은 곧 독일군이 전투에서 실제로 패한 것이 아니라 독일 정부 내의 사회주의자와 유대인에 의해 등 뒤에서 칼에 찔렸다는 소문에 집착했다. 군 장교들은 이런 이야기를 전쟁이 끝나기도 전에 퍼뜨렸다. 그리고 비록 이것은 사실이 아니었지만 독일 애국자들의 상처받은 자존심을 달래주는 데 도움이 되었다. 그 다음 10년에 희생양을 찾고자 한 사람들은 자신들이 1920년대 베를린의 근대적 타락이라고 생각한 것의 축도인 외관상 해이한 공화주의 정부를 비난했다. 많은 비판자들은 독일에게 필요한 것은 독일을 인도하고 세계의 존경을 회복하기 위한 권위주의적 지도력이라고 주장했다.

베르사유 조약은 독일인의 수치심을 증폭시켰다. 독일은 자국 영토의 10분의 1을 양도하고 전쟁 책임을 받아들이며 군대를 10만 명 규모로 감축하지 않으면 안 되었다. 이는 정치적으로 막강한 군 장교단을 화나게 하는 처벌이었다. 가장 중요한 것은 이 조약이 독일에게 징벌적 배상금을 부과한 것이었다. 330억 달러로 협상된 배상금은 이에 개입된 모든 정부에게 문제를 야기했고, 독일 대중에게는 분노를 불러일으켰으며, 전 지구적 경제에서 배상금을 갚아야 하는 나라들뿐만 아니라 이를 수령하는 국가들에게도 의도하지 않은 결과를 초래했다. 배상금 지불에 반대하는 일부 인사들은 엄청난 액수가 머지않은 장래에 독일의 경제를 파산시킬 것이라고 주장하면서 지불을 거부하는 배상 반대 정책을 촉구했다. 실제로 어느 추산에 따르면 이 배상금은 1987년까지도 갚을 수 없는 액수였다. 1924년 독일은 미국 금융가 찰스 도스(1865~1951)가 수장으로 있는 국제위원회가 고안한 새로운 배상금 계획을 받아들였고 독일 수상 구스타프 슈트레제만(1878~1929)은 1920년대 내내 지속된 협조와 화해의 대외 정책을 향해 나아갔다. 하지만 많은 독일인은 배상금, 베르사유, 그리고 이 조약의 이행 거부를 받아들이지 않는 정부에 대해 계속 분개했다.

주요 경제 위기들 또한 바이마르 공화국의 붕괴에서 중심 역할을 했다. 긴급 사태의 첫 시기는 1920년대 초에 발생했다. 여전히 전시 인플레이션으로 휘청거리고 있던 정부는 세입을 위해 압박을 가하기 힘들었다. 전후 동원 해제 프로그램, 사회보장, 배상금 등에 재원을 조달하기 위해 정부는 계속 돈을 찍어내지 않으면 안 되었다. 인플레이션은 거의 멈출 수 없는 지경이 되었다. 한 역사가가 썼듯이 1923년에 이르러 경제 상황은 "거의 초현실주의적 특성을 획득했다." 1파운드의 감자는 1월에 약 9마르크였으나 10월에는 4,000만 마르크가 되었다. 쇠고기는 파운드당 거의 2조 마르크에 달했다. 정부는 마침내 1924년 통화를 안정시키기 위해 과감한 조처를 취했으나 수백만 명의 독일인은 이미 파멸하고 말았다. 연금 수혜자와 주식 소유자 같은 고정 수입에 의존해 사는 사람들은 저축과 유가증권이 사라지는 것을 뜬눈으로 목격해야 했다. 중간계급 피고용인, 농부, 노동자는 모두 경제 위기로 커다란 타격을 받았고 그들 중 다수는 저항의 몸부림으로 전통적인 정당들을 포기했다. 그들이 보기에 중간계급을 대표한다고 주장하는 이 정당들은 문제를 야기하기만 하고 해결할 능력이 없는 것으로 판명되었다.

1925년부터 독일의 경제와 정부가 회복되고 있는 것처럼 보였다. 독일은 돈을 빌림으로써 규모가 축소된 배상금을 지불하고 저렴한 수출품을 판매함으로써 돈을 버는 것이 가능했다. 대도시들에서는 사회주의 자치 정부들이 학교, 병원, 저렴한 노동자 주택 등을 포함한 건설 프로젝트들을 후원했다. 그러나 그러한 경제적·정치적 안정은 논란의 여지가 있었다. 경제는 배상금을 조정하기 위한 노력의 일환으로 도스가 마련한 미국으로부터의 방대한 자본 유입에 의존하고 있었다. 그러한 의존은 독일 경제를 특히 미국의 경제 변동에 취약한 것으로 만들었다. 1929년 미국 주식시장이 붕괴되고 대공황(이 장의 후반부에서 논의된다)이 시작되었을 때 독일로의 자본 유입은 실질적으로 중단되었다.

대공황은 바이마르 공화국의 정치 체제를 한계점에 이르게 했다. 1929년 200만 명이었던 실업자가 1932년에는 600만 명에 달했고, 이 3년 동안 생산은 44퍼센트나 감소했다. 장인과 소상인은 지위와 소득 모두를 잃었다. 1920대 초의 위기에서 결코 회복되지 못했던 농부의 처지는 한층 악화되었다. 농민은 공황이 밀어닥치기 전에도 정부의 농업 정책에 대항해 대규모 시위를 벌였다. 화이트칼라와 공무원들에게도 공황은 줄어든 봉급, 열악한 노동 조건, 끊임없는 실업의 위협을 의미했다. 정부는 사면초가의 반대에 직면해 정부 자체가 위기를 향해 표류했다. 빠르게 줄어드는 조세 수입과 그 수가 급격히 늘어나는 구호를 필요로 하는 독일인을 짊어진 정부는 반복해서 복지 혜택을 줄였고, 이는 선거구민의 사기를 저하시켰다. 마침내 위기는 바이마르 공화국의 반대자들에게 기회를 제공했다. 많은 주도적 산업가들은 권위주의적 정부로의 복귀를 지지했고 보수적인 지주들과 연합했다. 그들은 국산품과 식료품의 판매를 자극하기 위한 보호주의적 경제 정책을 향한 욕구로 결합할 수 있었다. 이들 보수주의 세력은 독일에서 정부의 통제를 넘어서는 상당한 권력을 행사했다. 공화국의 반대자들로 채워져 있던 군대와 공무원 역시 똑같은 권력을 행사했다. 그들은 바이마르 공화국이 대표했던 의회 민주주의의 원리와 국제적 협조를 거부한 사람들이었다.

히틀러와 국가사회주의

♣ 나치는 어떻게 권력을 잡았는가?

아돌프 히틀러(1899~1945)는 1889년 독일이 아닌 오스트리아에서 태어났다. 오스트리아 하급 공무원인 세관원의 아들로 태어난 히틀러는 학교를 중퇴하고 화가가 되기 위해 1909년 빈으로 갔지만, 그러한 계획은 실패하고 말았다. 그는 빈에서 미술학교에 낙방하고 허드렛일과 값싼 수채화를 그리는 일로 근근이 비참한 생활을 꾸려나갔다. 그사이 그는 폭력적인 정치적 편견을 갖게 되었고, 이는 나중에 나치 정권의 지도 원리가 되었다. 그는 반유대주의, 반마르크스주의, 범게르만주의를 설파하는 오스트리아 정치가들을 열렬히 찬양했다. 1914년 전쟁이 발발하자 히틀러는 뮌헨 거리에서 이에 환호하는 군중 사이에 있었다. 그는 오스트리아 시민이었지만 독일군에 입대해 그곳에서 마침내 인생의 의미를 발견했다고 주장했다. 전쟁이 끝난 후 그는 새로이 결성된 독일노동자당(Deutsche Arbeiterpartei)에 가입했다. 이 당은 1920년 국가사회주의독일노동자당(Nationalsozialistische Deutsche Arbeiterpartei, 보통 줄여서 나치[Nazi]라고 부른다)으로 당명을 바꾸었다. 나치는 인종적 민족주의와 바이마르 공화국의 전복에 헌신하는 불만을 품은 독일인의 수많은 소규모 호전적 집단 중 단지 하나였다. 나치는 패전이나 11월 혁명을 받아들이기를 거부하고 사회주의자와 유대인을 비난하는 정치적 분위기 속에서 성장했다.

야심만만하면서도 거리낌 없는 히틀러는 재빨리 재능 있는 민중 선동가로서 단기간에 당지도부로 올라갔다. 1921년에 이르러 그는 바이에른에 있는 지지자들에게는 총통(Führer, 지도자)이었다. 더 광범위한 대중은, 만약 그를 유심히 보았다면 '저속한 선동가' 정도로 여겼다. 1923년 11월 최악의 인플레이션 위기 동안 나치는 바이에른 주 정부를 전복시키고자 했으나 실패로 돌아갔다(뮌헨에서의 맥주홀 반란). 히틀러는 이후 7개월간 감옥에 있으면서 1924년 자서전이자 정치 선언문인 『나의 투쟁(Mein Kampf)』을 집필했다. 이 책은 반유대주의를 공산주의와 결합시키면서 독일은 적들로부터 배신을 당해왔으며 국제적 명성을 되찾기 위해 강력한 지도력을 필요로 한다는 대중적 이론을 장황하게 나열했다. 1923년의 실패한 반란은 히틀러에게는 눈이 휘둥그레질 만한 경험이었다는 것이 판명되었다. 그는 나치가 권력을 잡기 원한다면 정치를 해야 한다고 생각했다. 1924년 감옥에서 풀려난 히틀러는 당의 지도권을 되찾았다. 그 다음 5년간 그는 수가 늘어나고 있는 당내의 열렬한 지지자들에 대해 권력을 공고히 했다. 히틀러는 나치 운동이 (유대계) 마르크스주의자와 자본주의에 대항한 성전이라는 이미지를 적극적으로 심어주면서 스스로를 독일 국민의 영웅적 구세주로 묘사했다.

히틀러의 집권에서 중요한 요인은 나치의 야심차면서도 전례 없는 선거 운동 프로그램이었다. 1924년의 '인플레이션 선거'에서 나치는 급진적 과격파 그룹에 속한 반항적인 당으로서 6.6퍼센트의 표를 획득했다. 1920년대 중반의 경제적 안정과 더불어 그들의 득표율은 3퍼센트 이하로 떨어졌다. 그러나 외관상의 쇠퇴 시기 동안 나치는 나중에 나치당의 의석 확보를 위한 초석을 놓은 데 도움이 되었던 광범위한 정당 활동가 조직을 구축하고 있었다.

1928년의 선거는 두 가지 이유로 바이마르 공화국과 나치 모두에게 중요한 순간이었다. 첫째, 이 시점부터 계속 정치는 우익과 좌익으로 양극화되어 바이마르 민주주의가 계속되는 것을 지탱해줄 연합을 실질적으로 불가능하게 만들었다. 둘째, 소외된 유권자들, 특히 농민은 자신의 전통적인 정당들을 버리고 자신의 불만을 대변하고 요구 사항을 밀어붙여줄 이해집단 조직들에 투표하고 있다는 것이 분명했다. 나치는 재빨리 이러한 선거구민의 분열에서 이득을 볼 방법을 배웠다. 나치는 별다른 성공을 거두지 못했지만 그전에도 거대한 독일 노동계급의 표를 좌익으로부터 떼어내 승리하고자 노력해왔다. 나치의 주요 선동가인 요제프 괴벨스(1897~1945)의 인도로 나치는 이제 도시 및 농촌 중간계급 구성원을 유인하기 위한 노력을 촉진했다. 선전, 연설, 집회 등을 통해 주입시킨 일관된 메시지는 나치가 바이마르 공화국에 관한 모든 것, 즉 정치 체제, 경제 조직, 좌익과 노동 운동, 한층 더 자유주의적인 도덕률, '타락한' 신여성 패션, 〈서부 전선 이상 없다〉와 같은 '세계주의적' 영화[3] 등을

---

3) 1930년 미국의 루이스 마일스톤(Lewis Milestone)은 레마르크의 소설을 영화로 만들었다.

반대한다는 것이었다(나치 깡패들은 베를린에서 이 영화가 처음 상영되는 극장 밖에서 거리 폭동을 시작했다. 괴벨스는 이 극장에 악취 폭탄을 투척하고 쥐들을 풀어놓아 이후의 상영을 못하게 만들었다). 나치는 독일의 문제들에 대한 해답은 오로지 바이마르 공화국과의 단절에서만 찾을 수 있다고 주장했다. 나치는 스스로 젊고 역동적이라는 것을 보여주면서 중간계급 보수주의자들의 정당들에 대한 대안으로서 전국적인 당의 이미지를 구축했다. 1930년 경제 위기로 힘을 얻은 나치는 이전보다 더 많은 자금을 조성하고 더 잘 조직되어 18.3퍼센트의 표를 획득했다.

어떤 사람들이 나치에게 투표했을까? 선거 결과 및 선거 운동 자료에 대한 최근의 분석은 서로 다른 집단이 다양한 시기와 다양한 이유로 나치를 지지했음을 보여준다. 나치는 대공황 이전에 소규모 재산 소유자와 농촌의 중간계급으로부터 높은 득표율을 기록했다. 나치는 이들 유권자에게 경제적 보호와 갱신된 사회적 지위를 제공했다. 그 밖의 중간계급 집단들, 특히 연금 수혜자, 노인, 전쟁미망인은 경제 위기 기간에 나치를 지지했다. 그때 이들은 보험이나 연금 혜택이 줄어들 것을 염려했고 더 오래된 보수주의 정당들은 이들의 요구를 충족시키는 데 실패했다. 나치는 또한 전통적인 엘리트 공무원의 환심을 샀다. 그리고 나치는 산업노동자로부터 표를 얻는 데는 실패했지만, 수공업과 소규모 제조업에 종사하는 노동자로부터 가장 강력한 지지를 받았다.

1930년 나치는 제국의회의 의석 577석 중 107석을 얻었으며, 이는 143석을 차지한 사회민주당에 이어 두 번째로 많은 의석이었다. 어떤 당도 과반수 의석을 차지하지 못했다. 따라서 나치의 지원 없이는 그 어떤 연립 정부도 불가능했다. 그리고 나치는 히틀러가 우두머리가 되지 않는 어떤 내각에도 가담하기를 거부했다. 수상인 가톨릭 중앙당의 하인리히 브뤼닝(1885~1970)이 긴급 명령에 따라 계속 통치했지만 그의 통화 수축 경제 정책은 처참한 것이었다. 산업 생산은 계속 붕괴했고 실업은 계속 늘어났다. 1932년 히틀러는 대통령에 출마해 비행기를 타고 엿새 동안 21개 도시를 방문하는 전례 없는 선거 운동을 벌였지만 근소한 차이로 패하고 말았다. 1932년 7월 또 다른 의회 선거에서 나치는 37.4퍼센트의 표를 얻어 다수당이 되지는 못했지만 중대한 다수 의석을 차지했다. 나치는 자신이 계급적·지리적·세대 간의 구분을 아우르는 지지를 이끌어낼 수 있는 정당이라고 주장했다. 그들은 인기 없는 의회 연합에 연루되어 더럽혀지지 않은 방관자적 입장으로 인해 득을 보았다. 실제로 전통적인 정당들의 실패는 나치가 성공할 수 있었던 열쇠였다.

1932년 선거에서의 성공에도 불구하고 나치당은 다수당이 되지는 못했고 히틀러는 권력

나치즘의 대두, 1920~1934년	
국가사회주의독일노동자당 창당	1920년
뮌헨에서의 맥주홀 반란	1923년
히틀러가 감옥에서 『나의 투쟁』 집필	1924년
히틀러의 권력 강화	1924~1929년
히틀러가 대통령 선거에서 패함	1932년
히틀러가 독일 수상으로 임명됨	1933년
나치당이 독일을 지배함	1933년
장검의 밤	1934년

을 잡지 못했다. 대신에 힌덴부르크 대통령은 1933년 1월 히틀러를 수상으로 임명했다. 힌덴부르크는 나치가 비교적 덜 급진적인 정당들과 협력해 보수적인 연립 정부를 창출하기 기대했다. 힌덴부르크와 정부 내의 다른 사람들은 나치의 권세와 인기를 과소평가하고 있었다. 합법적으로 관직에 오른 히틀러는 즉시 최고의 권세와 인기를 만들어냈다. 2월 27일 밤 공산당과 연결된 네덜란드인 아나키스트가 제국의회에 불을 지르자 히틀러는 그 기회를 잡아 '공산주의자의 폭력 행위에 대항한 방어 조처로서' 인권을 일시 정지시켰다. 그는 힌덴부르크에게 제국의회를 해산하고 1933년 3월 5일에 새로운 선거를 실시할 것을 종용했다. 히틀러가 지배하는 새로운 의회는 그에게 다음 4년간의 무제한한 권력을 합법적으로 부여했다. 히틀러는 자신의 새 정부를 제3제국(Drittes Reich)으로 선포했다(최초의 제국은 중세의 독일 제국이었고, 두 번째 제국은 카이저들의 제국이었다).

나치 독일

1933년 가을에 독일은 일당 국가가 되었다. 새로운 정권은 사회주의 및 공산주의 좌익을 분쇄했다. 거의 모든 비나치 조직은 폐지되거나 나치 체제의 일부가 되는 길 중 하나를 택하지 않으면 안 되었다. 나치의 지도자들은 다양한 정부 부서를 장악했다. 당 지구 지도자(Gauleiter) 또는 지역 감독은 전국에 걸쳐 행정 책임을 담당했다. 당의 선전은 시민에게 정권의 '한 덩어리로 뭉친 효율성'을 각인시키려고 했다. 그러나 사실 나치 정부는 기관뿐만 아니라 개인이 히틀러의 환심을 사기 위해 격렬하게 경쟁하는 얽히고설킨 관료적 미궁이었다.

아이러니하게도 나치가 권력을 잡은 첫해 말에 히틀러에 대한 가장 심각한 도전이 당내에서 왔다. 히틀러의 준군사 조직인 나치 돌격대(Sturmabteilung: SA)는 당내 규율을 유지하고 사회에 질서를 부여하기 위해 조직되어 있었다. 돌격대의 대원은 1933년 이후에 급증했고 다수의 돌격대 대원은 히틀러의 임명을 완전한 나치 혁명의 시작이라고 칭송했다. 그러한 급진주의는 히틀러를 수상으로 만드는 데 일조한 한층 전통적인 보수주의 집단들에게는 걱정스러운 일이었다. 히틀러는 이제 권력을 유지하려면 돌격대를 길들일 필요가 있었다. 1934년 6월 30일 밤 히틀러의 가장 오래된 동료들을 포함한 1,000명 이상의 돌격대 고위 장교들이 장검의 밤(Nacht der langen Messer)이라고 알려진 피비린내 나는 숙청에서 처형되었다. 이 숙청은 또 다른 준군사 조직인 친위대(Schutzstaffel: SS)의 창설을 위한 길을 열어주었다. 광신적인 하인리히 힘러(1900~1945)가 우두머리로 있던 SS는 나치 테러의 가장 무시무시한 무기가 되었다. 힘러가 보여주었듯이 SS의 사명은 정권에 대한 정치적·인종적 적들과 싸우는 것이었고, 여기에는 강제수용소 체계의 건설도 포함되었다. 첫 번째 강제수용소는 1933년 다하우에 세워졌다. 게슈타포(Gestapo)라고 알려진 비밀 국가 경찰은 수만 명에 달하는 독일인의 체포, 강제수용소 억류, 살해에 책임이 있었다. 그러나 어느 역사가가 게슈타포는 "전지하고 전능하며 동시에 어디든지 있는" 것은 아니었다고 지적했듯이 경찰력은 대체로 인원이 부족했고 홍수처럼 밀려오는 서류 작업에 빠져 있었다. 사실 체포된 사람의 대다수는 보통 시민이 서로에 대해 사소한 개인적 공격으로서 이루어진 자발적인 고발에 입각한 것이었다. 이러한 고발들이 게슈타포 자체만으로는 결코 달성할 수 없는 일정 수준의 통제권을 가져다줄 것이라는 사실을 게슈타포 지도부가 놓치지 않았던 것이다.

반대자를 진압하려는 이러한 시도에 불구하고, 아니 아마도 이러한 시도로 인해 히틀러와 나치는 상당한 정도의 대중적 지지를 향유했다. 많은 독일인은 좌익에 대한 히틀러의 폭력 사용을 용인했다. 나치는 공산주의에 대한 뿌리 깊은 두려움을 이용할 수 있었고 광범위한 호소력을 지녀왔던 열정적인 국가적 자부심과 통일을 떠벌렸다. 많은 독일인은 히틀러를 다시 부흥한 강력한 독일의 상징으로 보았다. 선동가들은 국민을 무릎 꿇게 만드는 매력 있는 활력을 지닌 카리스마적 지도자로서 히틀러를 묘사하면서 총통 숭배 의식을 조장했다. 히틀러의 호소력은 독일인에게 그들이 원하는 것, 즉 노동자를 위한 일자리, 혁명의 파도를 두려워하는 사람들에게 공산주의에 대항한 방파제 등을 제공하는 능력에 의존했다. 그의 매력은 그가 옹호한 많은 부분 잘못 고안되거나 모순적인 프로그램들이 아니라 독일에서 실행되었던 정치에 대항한 그의 반란에 의해 만들어졌다. 결국 그는 독일을 위대한 국가로 되돌리고 베르사유 조약을 '전복'시키겠다고 약속했으며 1930년대에 그는 무혈의 외교적 승리를 거두며 그렇게 하는 것처럼 보였다.

국가의 회복을 위한 히틀러의 계획은 본격적인 재무장과 경제적 자급자족을 요구했다. 나치는 다른 서구 국가들과 유사한 정책으로 대규모 공적 투자를 단행했고, 인플레이션을 잡고 통화를 안정시키기 위해 엄격한 시장 통제를 실시했으며, 세계 경제로부터 독일을 봉쇄했다. 나치 정권은 국가가 재정을 조달하는 건축 프로젝트—고속도로, 공공 주택, 산림녹화 등—를 시작했다. 1930년대 말 나치가 전 독일의 군산 복합체를 재건하면서 실업은 600만 명 이상에서 20만 명 이하로 떨어졌다. 독일 경제는 유럽의 그 어떤 나라보다도 더 나은 것처럼 보였다. 히틀러는 이것을 자신이 이룬 '경제 기적'이라고 주장했다. 그러한 향상은 특히 계속되는 전쟁의 혼란, 인플레이션, 정치적 불안정, 경제 위기 등을 겪으며 살아온 독일인에게는 중요한 것이었다.

히틀러는 무솔리니처럼 노동계급의 기관들로부터 그들의 권력을 박탈함으로써 계급 갈등을 파괴하는 조치를 강구했다. 그는 노동조합과 파업을 불법화했고 임금을 동결했으며 노동자와 고용주를 독일 노동전선(Deutsche Arbeitsfrontt)으로 조직했다. 그와 동시에 나치는 대체로 다른 서구 국가들처럼 노동자의 복지 혜택을 증대시켰다. 계급 구별은 사회 전체에 새로운 국가적 '영혼'을 주입시키기 위한 정부의 시도로 인해 어느 정도 희미해졌다. 대중 조직은 특히 청소년 사이에서 계급 구분을 초월했다. 보이스카우트를 모델로 한 클럽인 히틀러 유겐트(Hitler-Jugend)는 히틀러 제국의 가치를 어린이에게 가르치는 데 매우 성공적이었다. 제국 노동국은 학생들을 선발해 일정 기간 동안 국가가 후원하는 건축이나 개간 프로젝트에서 일하도록 했다. 정부는 정책적으로 여성에게 노동인구에서 빠지도록 권장했다. 이는 실업을 완화하고 여성 고유의 역할이라는 나치의 관념을 따르게 하기 위해서였다. 어느 선동가는 다음과 같이 물었다. "여성이 자신의 아늑한 집에서 남편과 함께 앉아 모성애의 씨실과 날실을 짜내는 시간의 베틀에 내밀히 귀를 기울이는 것보다도 더 아름다운 그 어떤 것이 있다고 마음에 그릴 수 있는가?"

나치의 선전 활동

나치는 많은 사람에게 많은 것을 약속했다. 괴벨스의 말처럼 반유대주의는 나치에게 자신의 인종적 민족주의, 애매하게 정의된 (그리고 반마르크스주의적인) 사회주의, 독일 문화와 정치 상태에 대한 혐오 등을 혼합하게 해주었다. 나치의 초기 당원 중 한 명인 요제프 괴벨스는 1928년 나치를 위한 선전 활동의 감독이 되었다. 히틀러는 나중에 그를 국민 계몽 및 선전부의 우두머리로 임명했다. 아래의 두 번째 발췌문에 인용된 나치 선거 운동 팸플릿에서 드러나듯이 나치는 농촌 표를 얻기 위한 노력을 기울였다. 나치는 농부의 경제적 불만, 한편으로는 사회주의에 대한 두려움과 다른 한편으로는 거대 기업에 대한 두려움, 그리고 도시 생활과 문화에 대한 한층 더 전반적인 적개심 등에 호소하고자 했다.

요제프 괴벨스, 「우리는 왜 유대인의 적인가?」

우리는 '국가주의자들'이다. 왜냐하면 우리는 '국가'에서 우리 존재의 보호와 증진의 유일한 가능성을 보기 때문이다.

'국가'는 국민을 보호하고 방어하기 위한 국민의 유기적 유대이다. 이것을 '언행일치'로 알고 있는 국가는 국가적으로 마음을 쓴다.……

기운찬 국가주의는 무조건적인 요구 사항들을 갖고 있는데, '국가에 대한 믿음'은 상류 사회의 개인들, 어떤 계급이나 산업 파벌을 위한 것이 아니라 모든 국민의 문제이다. 영원한 것은 동시대의 사람들과 분리되어야 한다. 부패한 산업 체제의 유지는 국가주의와 아무런 관계가 없다. 나는 독일을 사랑하고 자본주의를 증오할 수 있다. 나는 그것을 '할 수 있을' 뿐 아니라 그것을 '해야만' 한다. 우리 국민의 재생의 근원은 '오로지 국민의 건전한 능력을 약탈하는 체제의 파괴에 있다.'

'우리는 국가주의자들이다. 왜냐하면 우리는 독일인으로서 독일을 사랑하기 때문이다.' 그리고 우리가 독일을 사랑하기 때문에 우리는 독일의 국가적 정신을 보호할 것을 요구하고 그래서 우리는 그것의 파괴자들에 대항해 싸운다.

'우리는 왜 사회주의자들인가?'

우리는 '사회주의자들'인데, 왜냐하면 우리가 '사회주의'에서 우리의 인종적 존재를 유지하기 위한 유일한 가능성과 그것을 통해서 우리의 정치적 자유의 탈환과 독일 국가의 재생을 보기 때문이다. '사회주의'는 무엇보다도 새로이 각성된 국가주의라는 진취적 에너지로 무장한 동지애를 통한 독특한 형태를 갖고 있다. 국가주의가 없다면 아무것도 아니고 환영이며 이론이고 헛된 환상이며 책일 뿐이다. 국가주의와 함께라면 모든 것이고 '미래'이며 '자유'이고 '조국'이도다!……

'우리는 왜 유대인에 반대하는가?'

우리는 '유대인의 적'이다. 왜냐하면 우리는 독일 국민의 자유를 위한 전사들이기 때문이다. '유대인은 우리가 비참하게 된 원인이자 수혜자이다.' 유대인은 우리 국민 사이에서 우익과 좌익 사이의 사악한 분열을 심화시키기 위해 우리 국민의 광범위한 일반 대중의 사회적 곤경을 이용해왔다. 유대인은 독일을 두 동강 내왔다. 유대인이야말로 우리가 제1차 세계대전에서 패하게 만든 진정한 원인이다.

유대인은 독일의 결정적인 문제들의 해결에는 아무런 관심이 없다. 유대인은 아무런 관심을 가질 수도 '없다.' '왜냐하면 유대인은 해결책이 있은 적이 없다는 사실에 의지해 살기 때문이다.' 만약 우리가 독일 국민을 통일된 공동체로 만들고 그들에게 세계 앞에서 자유를 준다면, 유대인은 우리 사이에서 아무런 자리를 차지할 수 없다. 유대인은 국민이 정신적으로나 외면적으로 노예제로 살아갈 때 그들의 수중에 최고의 패를 갖는다. '유대인은 우리가 비참하게 된 데에 책임이 있으며 유대인은 그것에 의지해 살아간다.'

이것이 우리가 '국가주의자'로서 그리고 '사회주의자'로서 유대인에 반대하는 이유이다. '유대인은 우리 인종을 타락시키고 우리의 도덕을 더럽히며 우리의 관습을 약화시키고 우리의 권능을 파괴해왔다.'

국가사회주의 선거 운동 팸플릿, 1932년

독일 농부들이여, 그대들은 히틀러에게 속해 있노라! 그 이유는?

오늘날 독일 농부는 다음과 같은 두 가지 커다란 위험에 처해 있다.

한 가지 위험은 미국의 경제 체제, 즉 거대 자본주의이다!

그것은 '세계의 경제 위기'를 의미한다.

그것은 '영원한 이권인 노예제'를 의미한다.……

그것은 세계가 뉴욕에 있는 월스트리트와 파리의 유대인 금융을 위한 약탈품 가방에 지나지 않는다는 것을 의미한다.

그것은 진보, 기술, 합리화, 표준화 등의 슬로건 아래 인간을 노예로 만든다.

그것은 오로지 이윤과 배당금만을 알 뿐이다.

그것은 세계를 거대한 트러스트로 만들기를 원한다.

그것은 인간보다 기계를 우위에 둔다.

그것은 토지에 뿌리내린 독립적인 농부들을 절멸시키고 그것의 최종 목적은 유대민족의 세계 독재 정치이다.

……

그것은 의회와 민주주의라는 협잡을 통해 정치 영역에서 이것을 달성한다. 경제 영역에서는 신용의 지배, 토지 저당잡기, 증권거래와 시장 원리를 통해 이것을 달성한다.

……

농부들의 동맹들, 즉 바이에른 농부들의 동맹(Bayerischer Bauernbund)은 모두 이 체제에 경의를 표한다.

다른 위험은 볼셰비즘의 마르크스주의적 경제 체제이다.

그것은 오로지 국가 경제만 안다.

그것은 오로지 하나의 계급, 즉 프롤레타리아만 안다.

그것은 통제 경제를 가져온다.

그것은 자급자족적인 농부를 경제적으로만 절멸시키는 것이 아니라 발본색원해버린다.

……

그것은 트랙터의 규칙을 가져온다.

그것은 토지를 국유화하고 거대한 공장식 농장을 창조한다.

그것은 인간의 영혼을 뿌리 뽑고 파괴해 인간을 공산주의 사상의 무기력한 도구로 만들거나 죽여버린다.

그것은 가족, 믿음, 관습 등을 파괴한다.

……

그것은 반그리스도교적이고 그것은 교회를 모독한다.

……

그것의 최종 목적은 궁극적으로는 유대민족의 세계 독재 정치를 의미하는 프롤레타리아의 세계 독재 정치이다. 왜냐하면 유대인은 무기력한 프롤레타리아를 조종해 자신의 음흉한 계획들을 위해 이용하기 때문이다.

거대 자본주의와 볼셰비즘은 서로 협력해 일한다. 그것들은 유대인의 사상에서 탄생했고 유대민족의 세상이라는 기본 계획에 기여한다.

어떤 사람만이 이러한 위험에서 농부를 구해낼 수 있는가?

국가사회주의다!

분석 문제

1. 괴벨스는 병과 건강, 성장과 쇠퇴의 은유를 어떻게 사용했는가? 이 은유는 나치가 만약 권력을 잡는다면 독일의 재난들을 어떻게 치료하려고 애쓸 것이라고 암시하는가?

2. 괴벨스의 반유대주의와 443쪽에 제시된 19세기 프랑스의 반유대주의와 어떻게 다른가?

3. 1932년 나치의 선거 운동 팸플릿은 독일 농부들을 목표로 삼았다. 이 팸플릿은 미국의 거대 기업에 의한 시장 조작과 볼셰비키의 집단 농장화와 사유지의 장악 요구에 대한 자신들의 두려움을 어떻게 이용했는가? 나치는 그리스도교와 전통적 가치를 어떻게 자신들과 동일시했는가, 그것은 진정으로 그런 것인가 아니었는가?

4. 나치는 특별히 어떻게 '오늘날의 두 가지 커다란 위험들'에 대처하겠다고 제안했는가?

나치 인종주의

특별히 악의를 품은 인종주의가 나치 이데올로기의 핵심이었다. 이러한 인종주의의 상당 부분은 새로운 것이 아니었다. 히틀러와 나치는 19세기 사회적 다원주의—이에 따르면 국가와 인간은 생존을 위해 투쟁하며 그 과정에서 우월한 인간은 스스로를 강화시킨다—를 특히 폭력적인 형태로 다시 끌어냈다. 20세기 초 사회과학의 대두는 19세기의 편견들과 인종적 사고를 새로운 영역으로 이끌었다. 의학이 신체적 질병을 치료해온 것과 마찬가지로 의사, 범죄학자, 사회사업가는 사회적 질병을 치료할 방법을 탐구했다. 서구 전역에 걸쳐 과학자들과 지식인들은 정치적 통일체를 정화하고 인종을 개량하며 '부적합자'를 제거하고자 노력했다. 심지어 진보적 생각을 지닌 개인들도 때때로 개인적 적응도든 공적 적응도든 그 어느 하나를 향상시키기 위한 인종 공학 프로그램인 우생학에 찬동했다. 제3제국에서의 우생학적 정책들은 '헤아릴 수 없이 열등하고 유전적으로 오점이 있는' 사람들을 강제로 단종시키기 위한 1933년의 법과 더불어 시작되었다. 이러한 '사회위생학적 인종주의(social-hygienic racism)'는 나중에 정신적으로나 신체적으로 병든 환자에 대한 체계적인 살인이 되었다. 사회 정책은 인종적 유토피아를 창설할 목적으로 '가치'를 지닌 사람들과 그렇지 못한 사람들 사이의 기본적 구분에 따라 지배되었다.

　나치 인종주의의 중심부에는 반유대주의가 있었다. 몇 백 년 된 이 현상은 중세로부터 이어져온 그리스도교 사회의 일부였다. 19세기에 이르러 전통적인 그리스도교 반유대주의는 민족주의적 반유대인 이론의 흐름과 결합되었다. 대다수 유럽 민족주의 이론가들은 유대인이 스스로 유대인의 정체성을 거부하는 한에서만 동화될 수 있고 시민이 될 수 있는 영구적인 국외자들이라고 보았다. 19세기 말 프랑스에서 드레퓌스 사건(제23장 참조)이 벌어지는 동안 프랑스와 유럽의 반유대주의자들은 유대인에 반대하는 선전물을 쏟아내기 시작했다. 따라서 다수의 서적, 팸플릿, 잡지들이 사회주의에서 국제 금융과 대중문화에 이르기까지 근대성의 모든 문제를 유대인 탓이라고 비난했다. 19세기 말에는 유대인 공동체에 대한 폭력적인 공격을 의미하는 유대인 학살의 물결이 특히 러시아에서 밀어닥쳤다. 인종적 반유대주의는 잘못된 생물학을 근거로 유대인과 비유대인을 구별했다. 전통적인 그리스도교 반유대주의자들이 권장했던 종교적 개종도, 세속적인 민족주의 사상가들이 권했던 동화(同化)도 생물학적 편견을 변화시키지 못했다.

　일반화를 하지 않는 것이 중요하지만, 상이한 형태의 반유대주의는 서구의 대부분에서 잘 확립된 공개적인 정치 세력이었다. 유대인을 공격하면서 반유대주의자들은 사회주의자 정당 및 대중 언론에서 국제 금융에 이르는 근대적 제도들을 전통적인 권위와 국민성을 약화시키려는 '국제적인 유대인 음모'의 일부로서 공격했다. 보수당 지도자들은 소상인과 노동자에게 소규모 사업의 소멸, 대규모 백화점의 등장, 생계를 위협하는 불안정한 경제적 변동의 책임이 '유대인 자본가들'에게 있다고 말했다. 빈에서 중간계급 유권자들은 공공연히 반유대주의 그리스도교 민주당을 지지했다. 독일에서는 1893년 스스로 반유대주의자라고 밝힌 16명이 제국의회 의원으로 선출되었고, 보수당은 반유대주의를 당의 공식 프로그램으로 만들었다. 히틀러는 이러한 반유대주의에 전쟁의 교훈과 사회위생학적 인종주의를 연결함으로써 사람을 죽일 만한 왜곡을 심었다.

　나치의 악의에 찬 반유대주의는 어느 정도 공유되었을까? 1920년대 초반 '유대인 문제'는 분명 히틀러에게 중요한 강박관념이었지만, 나치 운동이 주류 정치에 진입하면서 마르크스주의와 바이마르 민주주의에 대한 공격으로 전환했기에 그는 이 주제를 선거 운동에서 그다지 중심적인 것으로 만들지 않았다. 더욱이 반유대주의적 믿음은 정치적 우익에 있는 그 어느 정당으로부터도 나치를 구별 짓지는 않을 것이기에 나치에 대한 국민 여론에서 단지 부차적인 중요성을 띨 것 같았다. 하지만 히틀러가 권좌에 오른 직후 독일계 유대인은 차별, 시민으로서의 권리 박탈, 폭력 등에 직면했다. 인종주의적 법들은 1933년 4월에 유대인을 공직에서 몰아냈다. 나치는 유대인 상인에 대한 불매운동을 권장했고, 한편에서는 SA가 끊임없이 무차별적인 폭력으로 위협했다. 1935년 뉘른베르크 포고령(Nürnberger Gesetze)은 혈통에 따라 규정된 유대인에게서 독일 시민권을 박탈하고 유대인과 독일인의 결혼을 금지시켰다. 폭력은 급증했다. 1938년 11월 SA는 '수정의 밤(Kristallnacht)'[4]이라고 알려진 테러 활동을 자행해 약 7,500곳의 유대인 상점을 공격하고 200여 곳의 유대인 회당을 불태우고 91명의 유대인을 살해하고 수천 명 이상을 구타했다. 이와 같은 폭력 행위는 일반 독일인들에게 어느 정도 반감을 불러일으켰다. 하지만 법적 박해는 단지 묵인될 뿐이었다. 그리고 '수정의 밤' 사건은 독일에 있는 유대인에게는 안전한 장소가 없다는 것을 분명히 해주었다. 불행히도 전쟁 발발까지 1년밖에 남지 않았다는 사실이 유대인들의 탈출을 불가능하게 만들었다.

국가사회주의와 파시즘의 공통점은 무엇일까? 이 둘은 모두 제1차 세계대전과 러시아 혁명에 대한 반작용으로 등장했다. 양자는 볼셰비즘의 위협으로부터 자국을 '구출'하기로 결정한 몹시 난폭한 반사회주의적이고 반공산주의적인 것이었다. 양자는 극도로 민족주의적이었다. 그들은 민족적 연대가 다른 모든 충성심에 우선하고 그 밖의 모든 권리를 대신한다고 믿었다. 양자는 의회제 정부와 민주주의가 귀찮고 분열을 일으킨다는 이유로 반대했다. 양자는 자신의 권력을 대중에 기초한 권위주의적 정치에서 찾았다. 이와 유사한 운동들이 서구의 모든 나라에 존재했지만, 단지 소수의 경우에서만 실제로 정권을 잡았다. 하지만 나치즘은 인종적으로 순수한 국가를 비전의 중심으로 삼음으로써 스스로를 두드러지게 만들었다. 이 비전은 결국 전 지구적 투쟁과 대량 살상을 불러오게 된다.

민주주의 국가들에서의 대공황

◆ 서구의 민주주의 국가들은 대공황에 어떻게 대처했는가?

세 개의 주요 서구 민주주의 국가들—영국, 프랑스, 미국—의 역사는 제1차 세계대전과 그 이후에 대체로 유사한 과정을 밟았다. 이들 3개국 정부는 모두 대공황으로 주요한 사회

---

4) 당시 깨진 유대인 상점의 진열대 유리창 파편들이 반짝거리며 거리를 가득 메웠다고 해서 '수정의 밤'이라는 명칭이 생겼다.

적·경제적 개혁들—이 개혁들은 현대 복지국가의 초석이 되었다—을 놓게 될 것을 단행하지 않으면 안 될 때까지 전쟁 이전의 정책과 가설들을 신뢰했다. 이들 국가는 양차 대전 사이 기간의 격변을 뚫고 나아갔지만, 그렇게 쉽게 이룩된 것은 아니었다.

프랑스는 여전히 독일을 두려워했고 독일을 가능한 한 약화된 채로 두기 위해 온갖 조치를 취했다. 1920년대 동안 온건한 보수주의자 레이몽 푸앵카레의 영도로 프랑스는 임금 인상을 억제함으로써 공산품 가격을 유지하고자 애썼다. 이 디플레이션 정책은 기업가를 기분 좋게 했으나 노동계급에게는 어려움만 던져 주었다. 1920년대 중반에 2년 동안 수상으로 재임한 에두아르 에리오(1872~1957)는 푸앵카레의 정책을 중단시켰다. 급진사회당원인 에리오는 소기업가, 농민, 하층 중간계급의 대변자였다. 에리오는 사회 개혁을 지지한다고 말했으나 비용 마련을 위한 세금 인상은 거부했다. 그사이 계급 갈등이 전면에 부상했다. 고용주들은 산업이 번창함에도 불구하고 노조의 단체교섭 요구를 거부했다. 전쟁 직후 빈발했던 주요 파업의 시대는 노조 활동의 뚜렷한 쇠퇴로 이어졌다. 노동자들은 정부가 1930년 질병, 노령, 사망에 대한 수정된 새로운 형태의 사회보장 계획을 통과시킨 이후에도 계속 불만을 품고 있었다.

영국에서도 사회적 갈등이 분출했다. 세계의 주요 산업 및 금융 국가로서의 지위를 되찾기를 갈망했던 영국은 프랑스처럼 디플레이션 정책을 추구했다. 이 정책은 공산품의 가격을 낮춤으로써 세계 시장에서 자국의 상품이 더 잘 팔릴 수 있도록 하자는 것이었다. 그 결과 임금은 삭감되었고 결국 이것은 수많은 영국 노동자의 생활수준을 떨어뜨렸다. 그들의 분노는 1924년에 최초로 그리고 1929년에 두 번째로 노동당 정부가 선출되는 데 일조했다. 하지만 노동당 정부는 의회에서 소수 당의 지위에 있었기 때문에 할 수 있는 것이 거의 없었다. 더욱이 노동당의 지도자인 램지 맥도널드(1866~1937) 수상은 소심한 사회주의자였다. 보수당 정부는 1925년 스탠리 볼드윈(1867~1947)하에서 재집권했고 임금을 계속 삭감시키는 디플레이션 정책의 포기를 거부했다. 영국의 노조들은 이에 대한 대응으로 점차 호전적이 되었고, 1926년 전국적인 총파업을 벌였다. 이 파업의 유일한 눈에 띄는 결과는 노동자에 대한 중간계급의 적대감을 고조시킨 것이었다.

미국은 민주주의 국가 중에서 보수주의의 보루였다. 1920년대에 선출된 대통령들—워런 하딩(재임 1921~1923), 캘빈 쿨리지(재임 1923~1929), 허버트 후버(재임 1929~1933)—은 19세기에 형성된 대기업가들의 사회철학을 지지했다. 대법원은 주정부와 때로는 연방 의회가 제정한 혁신주의 입법을 무효화하기 위해 위헌법률 심사권을 사용했다.

전쟁 이전의 보수적인 경제·사회 정책은 1929년의 대공황으로 치명타를 입었다. 1929~1933년 전 세계적 공황은 절정에 달했지만 그 결과들은 10년간 지속되었다. 대공황을 겪은 사람들에게 대공황은 아마도 삶의 형성에서 중요한 경험이었고 양차 대전 사이의 기간에서 결정적인 위기였다. 대공황은 나치즘이 대두하게 되는 중요한 요인이었다. 그러나 대공황은 모든 나라에게 영향을 미쳐 새로운 경제 정책을 세우고 유례없는 경제적 혼란에 대처하지 않으면 안 되게 만들었다.

대공황의 기원

대공황의 원인은 무엇이었을까? 대공황의 가장 심원한 원인은 각국 통화의 불안정성과 국가 경제의 상호 의존성에 있었다. 1920년대 내내 유럽인은 부진한 성장률을 보아왔다. 세계 농산물 가격의 폭락은 남부 및 동부 유럽 국가를 강타했다. 이들 나라에서 농업은 규모는 작았고 비용 부담은 높았다. 국제 시장에서 이윤을 내기 불가능한 이들 농업 국가는 북유럽의 한층 더 산업적인 지역으로부터 공산품 수입을 줄였고, 이는 결국 산업 생산성의 광범위한 하락을 야기했다. 자유 무역에 대한 제약들은 경제를 한층 더 무기력하게 만들었다. 채무국들은 자국 상품을 팔기 위해 개방된 시장을 필요로 했지만, 대부분의 국가는 외국의 경쟁으로부터 국내 제조업자들을 보호하기 위해 무역 장벽을 높이고 있었다.

1929년 10월 뉴욕 증권거래소의 주가가 폭락했다. 10월 24일 '암흑의 목요일(Black Thursday)'에 전례 없는 대혼란의 와중에서 1,200만 주가 거래되었다. 한층 더 놀라운 것은 주식 시장이 계속 하락하고 있었다는 것이다. 암흑의 목요일은 암흑의 월요일로 그리고 암흑의 화요일로 이어졌다. 엄청나게 많은 수의 주식 거래와 결합해 떨어지는 주가는 그때까지 주식 거래의 역사에서 최악의 날을 만들고 말았다. 제1차 세계대전 동안 미국이 국제적인 채권국으로서 부상한 것은 그러한 붕괴가 유럽에 즉각적이면서 파멸적인 결과를 가져다주었다는 것을 의미했다. 주식 가치가 하락하자 은행들은 자본이 부족하다는 것을 알게 되었고 그 다음에 정부로부터 구제를 받지 못한다면 문 닫아야 한다는 것을 깨달았다. 국제 투자가들은 채권을 회수했다. 은행들이 잇따라 문을 닫았고, 그중에는 오스트리아 최대 은행이자 오스트리아 산업의 3분 2에 중대한 이해관계를 맺고 있는 크레디트 안슈탈트(Credit Anstalt)도 있었다. 노동자들은 일자리를 잃었다. 그뿐 아니라 제조업자들은 실질적으로 전체 노동력을

568

일시 해고했다. 1930년 400만 명의 미국인이 직장이 없었지만 1933년에는 노동력의 거의 3분의 1인 1,300만 명에 이르렀다. 그 무렵 미국의 일인당 소득은 48퍼센트 감소했다. 독일에서도 하강 속도는 가차 없었다. 1929년 200만 명이 실업자였지만 1932년에는 600만 명으로 늘어났다. 생산은 독일에서는 44퍼센트가 감소했고 미국에서는 47퍼센트가 줄어들었다. 주식시장의 붕괴는 광범위한 은행 파산을 초래했고 경제를 실질적으로 정지 상태에 이르게 했다.

서방 정부들은 처음에 통화 정책으로 공황에 대응했다. 1931년 영국은 금본위제를 포기했고, 1933년 미국도 영국의 선례를 따랐다. 금 가격에 자국의 통화를 더 이상 안정시키지 못하게 되자 이들 나라는 돈의 가치를 낮추어 경제 복구 프로그램에 좀 더 전념할 수 있기를 희망했다. 이러한 조처는 경제적 민족주의라는 정책의 중요한 요소가 된 광범위한 통화 관리 프로그램의 전조였다. 또 다른 중요한 움직임으로 영국은 보호 관세를 100퍼센트나 인상하면서 1932년 유서 깊은 자유 무역 정책을 포기했다. 그러나 통화 정책만으로는 일반 가정들의 곤경을 끝낼 수 없었다. 각국 정부는 점차 광범위한 사회 개혁으로 자국의 관심을 돌리지 않으면 안 되었다.

영국은 구제 노력에 가장 신중했다. 1931년 보수당, 자유당, 노동당으로 구성된 거국 내각이 정권을 잡았다. 효과적인 공공 부조 프로그램의 비용 부담을 떠맡기 위해 이 정부는 마지못한 일이긴 했지만 세입을 초과해 지출해야만 했다. 이와 반대로 프랑스는 공황의 결과들에 대처하기 위해 가장 진전된 정책들을 채택했다. 1936년 공화국을 전복시키고자 하는 극단적 보수주의자의 위협에 대응해 급진당, 급진사회당, 공산당에 의해 사회주의자인 레옹 블룸(1872~1950)이 이끄는 인민전선(Front populaire) 정부가 구성되어 2년 동안 지속되었다. 인민전선 정부는 군수 산업을 국유화하고 은행 예금에 대한 최대 주주들의 독점적인 통제권을 박탈하기 위해 프랑스 은행(Banque de France)을 재조직했다. 정부는 또한 모든 도시 노동자를 위해 노동시간을 주당 40시간으로 정하고 공공사업 프로그램을 시작했다. 농민에게 혜택을 주기 위해 정부는 곡물 가격을 안정시키고 분배를 규제하기 위한 밀 관리국을 설립했다. 인민전선 정부는 우파의 위협을 잠시 동안 진정시키는 데 성공했지만, 보수주의자들은 대체로 프랑스 노동계급의 상황을 개선시키기 위한 정부의 노력에 비협조적이었고 공감하지도 않았다. 사회주의자이자 유대인이었던 블룸은 프랑스에서 격렬한 반유대주의에 직면했다. 블룸이 프랑스의 레닌이 될 것을 두려워한 보수주의자들은 "블룸보다 히틀러가 더 낫다"고 말하기까지 했다. 그들은 1930년대가 끝나기 전에 이러한 바람이 이루어지는 것을 볼 수 있었다.

대공황에 가장 극적인 대응을 한 곳은 미국이었다. 그 이유는 두 가지로 나누어 볼 수 있다. 첫째, 미국은 가장 오랫동안 19세기의 경제 철학에 매달려왔다. 대공황 이전에 사업가 계급은 계약의 자유라는 이론을 굳건하게 고수했다. 산업가들은 독점을 형성할 권리를 주장하고 노동자 및 소비자 모두의 요구 사항을 분쇄하기 위한 도구로서 정부를 이용했다. 둘째, 대공황은 유럽의 민주주의 국가들보다 미국에서 훨씬 더 심각했다. 미국은 제1차 세계 대전에서 아무런 해를 입지 않고 살아남았고 실제로는 엄청나게 혜택을 보았지만, 대공황으로 미국의 경제는 유럽의 경제보다 훨씬 더 황폐해졌다. 1933년 프랭클린 루스벨트(재임 1933~1945)는 허버트 후버 대통령을 계승해 미국을 구하기 위한 개혁 및 재건 계획인 뉴딜(New Deal)을 발표했다.

뉴딜은 자본주의 체제를 파괴하지 않고 미국의 경제를 회복시키는 것을 목적으로 했다. 정부는 경제를 관리하고 구제 계획을 후원하며 대중의 구매력을 증대시키기 위해 공공사업 프로젝트에 자금을 조달하게 된다. 이러한 정책은 1919년 파리 조약 회담 기간 동안에 이미 영향력이 있는 것으로 판명된 영국의 경제학자 존 메이너드 케인스의 이론으로 형성되었다. 케인스는 만약 정부가 자본주의의 관리에서 역할을 한다면 자본주의가 공정하고 능률적인 사회를 창출할 수 있을 것이라고 주장했다. 우선 케인스는 균형 예산이라는 신성불가침의 영역을 포기했다. 계속적인 적자 재정이 아니더라도 그는 정부가 사적 투자가 충분하지 않을 때마다 고의적으로 적자 예산을 편성할 수 있으리라고 보았다. 케인스는 또한 고위험도이기는 하지만 높은 보상을 해주는 투자를 위한 상당액의 벤처캐피탈(venture capital)의 창조를 선호했다. 그는 이것을 사회적으로 생산적인 유일한 자본의 형태라고 보았다. 마지막으로 그는 번영과 완전 고용을 창출하기 위해 통화를 조절할 것을 권장했다.

사회 보장 및 그 밖의 프로그램과 더불어 미국은 경제적 필요성에 따라 달러 가치를 규제하는 케인스의 '통화 관리' 프로그램을 채택했다. 뉴딜은 개인과 미국 모두의 회복에 도움이 되었지만 실업이라는 결정적인 문제를 해결하지 못했다. 뉴딜이 시행된 지 6년 뒤인 1939년 미국에는 여전히 900만 명의 실업자가 있었다. 이는 미국을 제외한 전 세계의 실업자를 합친 수보다도 많은 것이었다. 수백만 명의 병사와 무기 공장 노동자를 필요로 했던 새로운 세계대전의 발발만이 뉴딜이 해결하지 못한 완전한 회복에 도달하게 해주었다.

양차 대전 사이의 문화: 예술가와 지식인

👉 예술가들은 정치 및 문화적 양극화에 어떻게 대응했는가?

지금까지 각국 정부와 시민이 사회적·정치적·경제적 위기에 어떻게 대응했는가를 살펴보았다. 양차 대전 사이의 기간에는 예술과 과학에서도 똑같이 극적인 대변동이 일어났다. 20세기로의 전환기에 개척된 혁명적 예술 형식들은 가장자리에서 주류로 이동했다. 예술가, 작가, 건축가, 작곡가는 전통적인 미학적 가치들을 거부하고 새로운 형태의 표현을 실험했다. 과학자와 심리학자는 우주와 인간 본성에 관해 뿌리 깊이 유지된 믿음에 도전했다. 그리고 대중문화는 라디오, 영화, 광고의 형태로 수많은 열망을 또렷하게 해주었고 현대 사회의 약속과 위험을 보여주는 적나라한 본보기로 자리 잡았다.

양차 대전 사이의 지식인들

많은 사람들처럼 소설가, 시인, 극작가는 세계대전의 냉혹한 사실들과 전쟁이 약속한 것들을 달성하는 데 실패했다는 것에서 환멸을 느꼈다. 양차 대전 사이 기간의 문학은 좌절, 냉소주의, 각성 등의 주제를 반영했다. 그러나 많은 작가들은 또한 인간 정신의 숨겨진 비밀을 찾아내려는 정신분석학을 포함한 과학에서의 혁명적 발전에 매혹되었다. 몇몇 작가들의 작품은 그 시대의 분위기를 표현했다. 미국의 어니스트 헤밍웨이(1899~1961)의 초기 소설, 영미계의 T. S. 엘리엇(1888~1965)의 시, 독일의 베르톨트 브레히트(1898~1956)의 희곡 등이 그것이다. 『태양은 다시 떠오른다(The Sun Also Rises)』(1926)에서 대중에게 잃어버린 세대에 대해 설득력 있게 묘사한 헤밍웨이는 미국의 스콧 피츠제럴드(1896~1940) 같은 작가들이 모범으로 삼았던 하나의 유형을 만들었다. 엘리엇은 자신의 기념비적 시 『황무지(The Waste Land)』(1922)에서 절망에 가까운 철학을 표현했다. 이 시에서 인생이란 권태와 좌절로 점철된 살아 있는 죽음이었다. 엘리엇의 주제는 아일랜드 민족주의 시인인 예이츠(1865~1939)에게도 되풀이되었다. 그는 근대 생활의 천박함을 개탄했다. 브레히트는 극장의 노동계급 관객을 위해 쓴 희곡에서 국가의 타락과 전쟁의 무의미함을 공공연히 비난했다. 많은 예술가처럼 그는 고급문화와 부르주아 가치에 반항했지만 동시대인의 과장된 엘리트주의에 대해서도 저항했다.

많은 작가들이 새로운 형식의 산문을 실험하면서 의식과 정신적인 삶에 초점을 맞췄다. 아일랜드 작가 제임스 조이스(1882~1941)는 언어와 문자 해독의 형식, 특히 『율리시즈(Ulysses)』(1922)에서 완성한 기법인 '의식의 흐름'에 대한 실험들로 상당한 명성을 얻었다. 조이스보다는 덜했지만 프랑스의 마르셀 프루스트(1871~1922)와 영국의 버지니아 울프(1882~1941)의 소설도 난해하기는 마찬가지였다. 『댈러웨이 부인(Mrs. Dalloway)』(1925), 『등대로(To the Lighthouse)』(1927), 『자기만의 방(A Room of One's Own)』(1929) 같은 울프의 수필과 소설은 여성을 따로 소외시키는 대학이나 재정이 부족한 대학에서 중간계급 가족과 관계의 질식할 것 같은 예법에 이르는 영국 엘리트적 제도에 대해 설득력 있게 신랄한 비판을 가했다.

1930년대의 대공황은 많은 작가에게 작품의 양식과 목적을 재조명하지 않으면 안 되게 만들었다. 경기 침체, 전체주의, 전쟁 등의 위협 속에서 문학은 점차 정치화되었다. 작가들은 불의와 잔인함을 고발하고 한결 더 나은 사회에 이르는 길을 제시해야 한다고 느꼈다. 더욱이 그들은 더 이상 동료 지식인만이 아니라 보통 사람들을 지향하는 작품을 써야 한다고 생각했다. 예컨대 미국의 작가 존 스타인벡(1902~1968)은 『분노의 포도(The Grapes of Wrath)』(1939)에서 가난한 농부들의 역경을 묘사했다. 이 농부들은 오클라호마의 건조 지대를 벗어나 캘리포니아로 갔지만 모든 토지가 노동자들을 착취하는 회사들에 의해 독점되고 있다는 사실만 발견했을 뿐이었다. 위스턴 오든(1907~1973), 스티븐 스펜더(1909~1995), 크리스토퍼 이셔우드(1904~1986) 같은 젊은 영국 작가들은 혁명을 위해 자신의 예술을 정치화할 책임이 있다고 믿은 공산주의 동조자들이었다. 그들은 대의를 위한 낙관주의적 참여를 지지하며 문학계 선배들의 비관주의를 거부했다.

양차 대전 사이의 미술가들

시각 예술에서의 경향은 문학에서의 경향과 유사했다. 전쟁 이전 전위파의 혁신은 전후 시대에도 번창했고, 사실상 20세기 상당 기간 내내 미술을 계속 지배했다. 미술가들은 주관적 경험, 의미의 다양성, 개인적 표현 등에 초점을 맞추었다. 다양한 유파들이 등장했지만, 이 모든 것은 전통적인 형식과 가치들을 거부했다는 점에서 현대적인 특징을 지녔다. 시각 미술은 20세기의 급격한 변화, 즉 새로운 기술, 과학적 발견, 전통적인 믿음의 포기,

비서구적 문화의 영향 등이 가져온 변화들에 부응했다. 당대의 작가들처럼 시각 예술가들은 평균적인 사람들의 관습적인 취향에서 멀리 벗어난 미학의 경계들을 추구했다.

　파블로 피카소는 특별한 천재성을 발휘해 입체파적 변형과 발명들을 더욱 발전시켰다. '표현주의'로 알려진 집단은 색과 선은 그 자체로 고유한 심리적 특질을 표현하기 때문에 회화는 대표적인 주제를 전혀 가질 필요가 없다고 주장했다. 러시아의 바실리 칸딘스키는 제목을 붙이지 않은 자신의 '즉흥 그림들'은 아무것도 의미하지 않는다고 주장함으로써 표현주의의 논리적 귀결이 무엇인지를 보여주었다. 표현주의의 두 번째 유파는 인간의 마음 상태에 대한 있는 그대로의 평가, 즉 '객관성'을 위한 지적인 실험들을 거부했다. 그들은 전후 유럽의 탐욕과 퇴폐를 빈번히 공격했다. 이 유파의 대표적 인물은 독일의 게오르게 그로스(1893~1959)였다. 그의 무자비하고 풍자적인 선은 '종기를 절개하는 면도칼'에 비유되었다. 그의 통렬한 만화 같은 이미지들은 경멸적인 바이마르 정부에 대한 가장 인기 있는 초상화들이 되었다.

　또 다른 유파는 미학적 원리라는 바로 그 생각에 저항했다. 그들은 미학적 원리가 이성에 근거해 있고 세계는 죽을 때까지 싸우기 때문에 의심의 여지없이 이성이 존재하지 않음을 입증해왔다고 주장했다. 스스로를 다다이스트(dadaist, 소문에 의하면 사전에서 임의로 골라내 붙인 이름이라고 한다)이라고 명명한 이 유파는 프랑스의 마르셀 뒤샹(1887~1968), 독일의 막스 에른스트(1891~1976), 알자스인 장 아르프(1887~1966)가 이끌었다. 다다이스트는 모든 형식적인 예술적 관습을 거부하며 나무, 유리, 금속 등을 떼어내거나 병렬시켜 되는 대로의 '날조물들(fabrications)'을 조합해 괴상한 이름, 예컨대 〈심지어, 구혼자들에 의해 발가벗겨진 신부(The Bride Stripped Bare by Her Bachelors, Even)〉(1915~1923)라고 붙이곤 했다. 이 예술가들은 자신의 작품이 의미 없고 우스꽝스러운 것이라고 주장했지만, 비평가들은 이와 달리 이 작품들이 잠재의식을 표현한 것이라고 생각했다. 다다이즘은 이탈리아의 조르조 데 키리코(1888~1978)와 스페인의 살바도르 달리(1904~1989) 같은 초현실주의 미술가들에게 영향을 끼쳤다. 그들은 정신의 내면세계를 탐구해 비합리적이고 환상적이며 전반적으로 음침한 이미지를 창출했다. 다다이즘은 특히 독일에서 아나키즘에 접해 있는 허무주의적 사회 비판을 제공함으로써 정치적 저류를 제공했다. 합리주의에 대한 공격을 무대와 출판으로까지 확대하면서 이들 미술가는 바로 민족 문화의 토대에 도전을 가했다.

　일부 미술가들은 작가들만큼이나 국제적인 위기의식에 부응했다. 1930년대에 그들의 그림은 대중에게 고통과 분노를 직접 표현했다. 이 새로운 운동의 가장 중요한 구성원은 멕시코의 벽화가 디에고 리베라(1886~1957), 호세 클레멘테 오로스코(1883~1949) 그리고 미국의 토머스 하트 벤턴(1889~1974), 레지널드 마시(1898~1954)였다. 그들은 보통 사람의 희망과 투쟁을 사실적(寫實的)으로 세밀하게 묘사하면서 근대 세계의 사회 상황을 묘사하고자 했다. 그들은 과거의 관습과 단절했지만, 그들의 작품에서 이해하기 어려운 것은 전혀 없었다. 그들의 작품은 모든 사람이 이해할 수 있는 미술을 지향했다. 그것들 중 상당수는 통렬한 사회적 풍자를 담고 있었다. 특히 오로스코는 교회의 위선과 금권 정치가 및 약탈자의 탐욕과 잔인성을 웃음거리로 풍자하는 일을 즐겼다.

건축가들도 감상성과 전통을 거부했다. 1880~1890년 유럽과 미국의 건축가들은 당시의 건축 양식이 근대 문명의 필요성과 조화를 이루지 못했다고 선언했다. 근대 건축가들은 '기능주의(functionalism)' 양식을 개척했다. 오스트리아의 오토 바그너(1841~1918), 프랑스의 샤를 에두아르 장느레(1887~1965. 나중에 르 코르뷔지에[Le Corbusier]로 이름을 바꿈), 미국의 루이스 설리번(1856~1924)과 프랭크 로이드 라이트(1869~1959) 등이었다. 기능주의의 근본 원리는 건축 외양이 실제 이용과 목적을 분명히 나타내야 한다는 것이었다. "형식은 항상 기능을 따른다"가 설리번의 좌우명이었다. 장식은 과학과 기계 시대를 반영하기 위해 고안된 것이었다. 유럽 기능주의 건축가의 대표적 인물은 독일의 발터 그로피우스(1883~1969)였다. 그는 1919년 데사우에서 현대 건축 이론과 실천의 본산이 된 바우하우스(Bauhaus) 학교를 세웠다. 그로피우스와 그의 추종자들은 '국제적'이라고 평가받은 설계 스타일에 대해 단지 새로운 재료, 즉 크롬, 유리, 강철, 콘크리트 등을 있는 그대로 사용한 것뿐이라고 선언했다.

양차 대전 사이의 과학적 발전

당대의 예술가와 지식인에게 강력한 영향을 끼친 것 중 하나는 사회적인 것도 정치적인 것도 아닌 과학적인 것이었다. 독일의 물리학자 알베르트 아인슈타인(1879~1955)의 선구적 연구는 물리학의 전체 구조에 대변혁을 일으켰을 뿐만 아니라 우주에 관해 보통 사람들이 가지고 있었던 대부분의 기본적 믿음에 도전했다. 역사상 가장 위대한 지식인 중 한 사람으로 인정된 아인슈타인은 20세기 초에 전통적인 물리학의 근본에 대해 질문을 던지기 시작했다. 1915년 그는 공간, 물질, 시간, 중력에 대해 완전히 새로운 방식의 생각을 제시했다. 그의 가장 유명한 이론인 상대성 원리는 공간과 운동은 절대적인 것이라기보다는 서로에

574

대해 상대적인 것이라고 주장한다. 우리가 익히 알고 있는 3차원에 대해서 아인슈타인은 4차원인 시간을 추가했고, 이 네 가지 차원은 모두 시공간 연속체로 통합되어 있음을 보여주었다. 이것은 질량이 운동에 종속되어 있어서 (특히 매우 빠른 속도로) 운동 중인 물체는 정지해 있는 물체와는 다른 모양과 질량을 갖게 된다는 것을 의미했다.

　아인슈타인의 이론은 물리학에서의 또 다른 혁명적 발전, 즉 원자의 분열을 위한 길을 열어주었다. 1905년 초 아인슈타인은 질량과 에너지는 등가라는 사실을 확신하게 되었으며 질량을 에너지로 전환시키는 공식을 세웠다. $E=mc^2$으로 표현된 방정식은 원자에 담긴 에너지의 양은 빛 속도의 제곱 곱하기 질량의 값과 같다는 것이다. 이 공식은 여러 해 동안 현실에 적용되지 못했다. 1939년 영국의 제임스 채드윅(1891~1974)이 전기적 전하를 띠지 않는 중성자를 발견했을 때 과학자들은 원자에 충격을 가하기 위한, 즉 원자를 분열시킬 수 있는 방법을 위한 이상적인 무기를 갖게 되었다. 1939년 두 명의 독일 물리학자 오토 한(1879~1968)과 프리츠 슈트라스만(1902~1980)은 중성자로 원자에 충격을 가해 우라늄 원자를 분열시키는 데 성공했다. 최초의 반응은 연쇄 반응을 낳았는데, 이는 분열된 각각의 원자가 한층 더 많은 원자를 분열시키는 더 많은 중성자를 쏘아대는 것을 의미했다. 독일, 영국, 미국의 과학자들은 제2차 세계대전 기간에 이러한 발견을 무기로 이용하기를 열망한 정부의 적극적인 지원을 받았다. 미국의 과학자들은 곧 이제까지 만들어진 무기 중에서 가장 파괴적인 원자 폭탄을 준비했다. 이러한 유산은 아인슈타인에게는 아이러니였다. 왜냐하면 그는 생의 상당 기간을 평화주의, 자유주의, 사회 정의 등을 촉진시키기 위해 헌신했기 때문이었다.

　대중문화에 재빨리 진입한 물리학에 대한 또 다른 중요한 기여는 독일의 물리학자 베르너 하이젠베르크(1901~1976)가 1927년에 가정한 '불확정성의 원리'였다. 아인슈타인의 영향을 강하게 받은 하이젠베르크는 물체의 위치와 속도를 동시에 측정하는 것은 이론으로조차도 불가능하다는 것을 보여주었다. 이 이론은 아주 작은 규모의 파동과 입자의 상호 연관된 특질로 인해 원자나 아(亞)원자 입자를 다룰 때에만 중요했다. 대중은 이 획기적인 과학적 개념에 대해 전혀 이해하지 못했지만, 상대성에 대한 은유적인 주문(呪文)과 불확정성 원리는 현대 세계의 애매모호함에 들어맞았다. 많은 사람에게 확실한 것은 아무것도 없고 모든 것은 변화하고 있었다. 이에 과학은 그것을 입증하고 있는 것처럼 보였다.

대중문화와 그것의 가능성

하지만 문화적 변화는 예술 및 지적 엘리트의 동아리를 훨씬 넘어 확대되었다. 양차 대전 사이의 시기에 대중 매체의 폭발적 성장은 대중문화와 보통 사람의 삶을 변화시켰다. 새로운 대중 매체, 특히 라디오와 영화는 전례 없는 규모의 청중에게 도달했다. 이러한 새로운 매체들에 혼합된 정치적 삶은 점차 '대중(masses)'이라고 불리게 된 보통 사람들이 선동가와 선전으로 조작될 수 있다는 걱정거리들을 유발시켰다. 1918년 대중 정치는 급속하게 피할 수 없는 인생의 현실이 되고 있었다. 그것은 보통선거(나라마다 다양했다), 유권자들에게 다가가는 잘 조직된 정당들, 전반적으로 정치적 삶에의 더 많은 참여 등을 의미했다. 대중 정치는 대중문화의 등장과 더불어 대두했다. 서적, 신문, 영화, 패션 등은 비교적 저렴하고 보다 더 구입하기 쉽게 표준화된 체제로 대량 생산되었고 더 많은 사람과 더 다양한 사람들에게 호소력을 지니게 되었다. 예전의 대중문화 형식은 지방적이었고 특정 계급에 속한 것이었다. 하지만 대중문화는 최소한 원칙적으로 계급과 소수민족성 심지어 국민성의 구분을 넘어섰다. 그러나 대중문화라는 용어는 오해를 불러올 소지가 있다. 문화의 세계는 갑자기 동질적인 것이 되지 않았다. 인구의 절반 이상이 신문을 정기적으로 읽지 않았다. 모든 사람이 라디오를 청취한 것도 아니었고, 라디오를 들은 사람들도 확실히 자신이 청취한 모든 것을 믿지 않았다. 하지만 문화적 변화의 속도는 눈에 띄게 빨라졌다. 그리고 양차 대전 사이의 기간에 대중문화는 민주주의적 가능성과 권위주의적 가능성을 모두 가지고 있음을 보여주었다.

대중문화의 팽창은 기존 기술의 광범위한 적용에 의존했다. 무선 통신은 20세기가 되기 전에 발명되었고 제1차 세계대전에서 제한적으로 사용되는 것을 볼 수 있었다. 하지만 1920년대의 주요한 재정 투자와 더불어 라디오 산업이 호황을 누렸다. 1930년대 말 영국에서 4가구 중 3가구가 라디오를 보유했고, 독일에서는 그 비율이 훨씬 더 높았다. 모든 유럽 나라에서 방송 권리는 국가가 통제했다. 하지만 미국에서는 주식회사들이 라디오 회사를 경영했다. 라디오 방송은 곧 정치가들을 위한 전국적인 가두 연설대가 되었고, 라디오 방송은 새로운 정치 언어를 창출하는 데 적지 않은 역할을 했다. 프랭클린 루스벨트 대통령의 마음 든든한 '노변정담(爐邊情談)'은 라디오가 정치의 공적 세계를 가정의 사적 세계와 이어주는 방식에 편승했다. 히틀러는 이와는 다른 라디오의 특성을 계발해 라디오를 통해 거친 독설을 큰 소리로 외쳐댔다. 그는 1933년에만 라디오를 통해 약 50차례의 연설을 했다. 독일에서 나치 선동가들은 자신의 메시지를 각 가정으로 송출하거나 마을 광장에 설치된 확성기를 통해 끊임없이 반복적으로 울려 퍼지게 했다. 방송은 새로운 정치적 삶의 의식과 새로운 통신 및 설득의 수단을 창조했다.

광고 역시 마찬가지였다. 광고가 새로운 것은 아니었지만 새롭게 눈에 띄었다. 기업들은 이전보다 훨씬 더 많은 돈을 광고에 엄청나게 소비했다. 강력한 시각적 이미지들이 단지 생산품, 가격, 상표명을 알리는 이전의 광고를 대신했다. 많은 관찰자들은 광고가 가장 '근대화된' 예술 형태라고 생각했다. 왜 그랬을까? 광고는 모든 사람에게 호소력을 지니는 간결하고 표준화된 효율적인 통신이었기 때문이다. 광고는 근대적 심리학을 이용했기 때문에 과학적이었다. 광고 대행사들은 사람들에게 판매하는 과학을 갖고 있다고 주장했다. 대중 정치로 다시 만들어진 세계에서 그리고 보통 사람의 구매력이 증가하기 시작하는 순간에 많은 사람에게 서서히 광고에 큰 이권이 걸려 있다는 것이 분명해 보였다.

가장 극적인 변화들은 영화 스크린에서 일어났다. 활동사진의 기술들은 좀 더 일찍 발전했다. 1890년대는 5센트 극장(nickelodeon)과 단편 활동사진의 시대였다. 그리고 그 시대에 프랑스와 이탈리아는 막강한 영화 산업을 보유했다. 전쟁 기간 동안 단편 뉴스 영화들로 좀 더 대중화된 영화는 전쟁 직후의 시대에 호황을 누렸다. 1927년 영화에 음향이 추가되었을 때, 영화 제작 비용은 치솟았고 경쟁은 확대되었으며 관객이 빠르게 늘어났다. 1930년대에 영국 성인의 약 40퍼센트가 일주일에 한 번 영화를 보러 갔으며, 이는 실로 놀라울 정도로 높은 수치였다. 많은 사람은 그보다 더 자주 영화관에 갔다. 미국의 영화 산업은 국내 시장의 규모, 장비와 영화 배급에 대한 막대한 투자, 공격적인 마케팅, 어떤 면에서 영화의 성공을 보장하고 영화 제작을 표준화해주는 유명 배우들과의 장기 계약으로 이루어진 할리우드의 스타 시스템 등으로 유럽에서의 경쟁에서 우위를 점했다.

독일은 특별히 재능 있는 감독, 작가, 배우 등의 집단과 유럽에서 가장 크고 최고의 시설을 갖춘 스튜디오를 운영한 영화 제작사인 UFA(Universum Film AG)의 본거지였다. UFA의 역사는 독일의 역사에 비견된다. UFA는 제1차 세계대전 기간 동안 정부가 운영했고 1920년대 초의 경제 위기로 황폐화되었으며 1920년대 말에는 부유한 독일 민족주의자들이 구해냈고 마지막으로는 나치가 장악했다. 바이마르 시절에 UFA는 당대의 가장 주목할 만한 영화들을 제작했다. 그중에는 독일 표현주의의 두 거장의 작품들도 있었다. 한 사람은 전 세계적으로 갈채를 받은 〈마지막 사람(Der letzte mann)〉(1924)(영어로는 '마지막 웃음[The Last Laugh]으로 출시)을 감독한 프리드리히 무르나우(1889~1931)였다. 다른 거장은 공상과학 영화인 〈메트로폴리스(Metropolis)〉(1926) 같은 걸작과 그의 가장 유명한 독일 영화인 〈M〉(1931)을 감독한 프리츠 랑(1890~1976)이었다. 히틀러가 권력을 잡은 뒤에 나치는 UFA를 장악하고 이 영화사를 요제프 괴벨스와 선전성의 통제하에 두었다. 이 영화사는 제3제국 시기 동안 영화 제작을 줄이지 않고 계속 이어나갔으나 영화 산업의 가장 재능 있는 구성원 중 다수는 억압적인 정권으로부터 탈출함으로써 독일 영화의 황금기는 끝나고 말았다.

많은 사람은 새로운 대중문화가 충격적임을 발견했다. 그들이 감지했듯이 그 위협은 전후에 문화 수출로 유럽을 범람시킨 미국에서 곧바로 건너온 것이었다. 1920년대에 점점 대중화된 할리우드 서부 영화, 값싼 10센트짜리 소설, 재즈 등은 유럽에 새로운 생활방식을 소개했다. 광고, 코미디, 연애 소설 등은 여성성에 대해 새로우면서도 당황스런 이미지들을 유포했다. 단발머리를 하고 짧은 드레스를 입은 '신여성'은 단호하고 새롱거리며 변덕스럽고 물질주의적인 것으로 여겨졌다. 서부 영화 장르는 십대 소년들에게는 인기 있었지만 서부 영화를 부적절한 하층계급의 오락 형태라고 보았던 부모와 교사들에게는 상당히 실망스런 것이었다. 유럽에서 미국 대중문화의 계급을 초월한 호소력은 오래 지속되어온 사회적 계급 제도를 뭉개놓았다. 보수적 비판자들은 "목사 부인이 일요일 낮 영화관에서 자기 하녀와 가까이 앉아 할리우드 스타들에 정신이 팔려 응시하고 있는" 사실을 혐오했다. 미국의 비평가들도 동일한 관심을 많이 표현했다. 하지만 미국은 유럽보다 더 많은 사회적·정치적 안정을 누렸다. 전쟁과 혁명은 유럽의 경제와 문화를 뒤흔들어놓았고, 그런 맥락에서 '미국화(Americanization)'는 문화적 변화와 마찬가지로 경제적 변화에 대한 간편한 약칭으로 여겨졌다. 한 비평가는 저속한 영향을 다음과 같이 표현했다. "미국은 모든 사람에게 똑같은[원문 그대로], 피부에는 똑같은 작업복, 손에는 똑같은 책, 손가락 사이에는 똑같은 펜, 입술에는 똑같은 언어, 발 대신에 똑같은 자동차를 주는 끔찍한 획일성의 물결이 밀어닥치는 원천이다."

권위주의 정부들은 특히 이러한 발전을 민족 문화에 대한 퇴폐적 위협이라고 공공연히 비난했다. 파시스트, 공산주의, 나치 정부들은 똑같이 대중문화뿐만 아니라 독재자들이 고안한 노선에서 전형적으로 벗어나는 고급문화와 모더니즘을 통제하고자 애썼다. 스탈린은 소비에트 전위파보다는 사회주의 리얼리즘을 좋아했다. 무솔리니는 근대 예술의 퇴폐성을 경멸한 히틀러보다 근대 예술을 더 많이 받아들이고 있었지만 저속한 고전 작품을 좋아하는 경향을 갖고 있었다. 나치즘은 자체의 문화적 미학을 갖고 있었으며 '아리아인의' 예술과 건축을 장려하고 근대적이고 국제적인 양식을 '국제적인 유대인의 음모'와 관련 있다는 이유로 거부했다. 모더니즘, 기능주의, 무조주의(atonality) 등은 금지되었다. 따라서 바이마르 독일의 문화적 탁월성을 보여주는 특징은 국가가 후원하는 진위가 의심스러운 신비적이고 영웅적인 과거의 부활로 대체되었다. 예컨대 모더니스트 건축에서 발터 그로피우스의 갈채를 받은 실험들은 나치가 증오하는 모든 것을 보여주는 기념물이라는 시련을 겪었다. 바우하우스 학교는 1933년에 폐쇄되었고, 히틀러는 알베르트 스피어(1905~1981)를 자신의 개인 건축가로 고용해 베를린 시 전체를 재건축하는 낭비적인 계획을 포함해 웅장한 신고전주의 건물들을 설계하도록 했다.

나치는 다른 권위주의 정부들처럼 효율적인 사상 주입과 통제의 수단으로 대중 매체를 이용했다. 영화는 나치가 '장엄한 정치(spectacular politics)'를 위해 선구적으로 이용한 수단이 되었다. 미디어 선거 운동, 대중 집회, 행진, 축하 의식 등은 모두 제3제국의 위용과 영광을 보여주며 구경꾼을 감동시키고 위협하기 위해 고안된 것이었다. 1934년 히틀러는 영화 제작자인 레니 리펜슈탈(1902~2003)에게 의뢰해 그녀와 스피어가 뉘른베르크에서 연출한 정치적 집회를 영화로 기록하도록 했다. 〈의지의 승리(Triumph des Willens)〉(1934)라는 제목의 이 영화는 북유럽 인종과 나치 정권을 위한 시각적 찬가였다. 이 영화에서 모든 것은 거대한 규모로 표현되었다. 사람들의 집단은 행진 대형으로 서 있었고, 깃발들은 일제히 위아래로 휘날렸다. 이 영화는 관객으로 하여금 웅장한 의식과 상징주의의 힘에 굴복하도록 만들었다. 이에 대해 희극 배우 찰리 채플린(1889~1977)은 자신의 유명한 풍자 영화 〈위대한 독재자(The Great Dictator)〉(1940)에서 나치의 건방짐을 엄청나게 성공적으로 흉내 냄으로써 재치 있게 반격을 가했다.

나치는 1933년 이전에도 생물학 및 문화적 퇴보의 본보기라고 비난해왔던 미국 대중문화의 영향력을 제거하려고 애썼다. 비평가들은 미국의 댄스와 재즈(독일 도시들에서 점점 인기를 끌었다)를 나치가 '인종적으로 열등한' 것으로 생각한 흑인과 유대인에 관련지었다. 하지만 나치는 문화로 당의 선전과 대중적 흥행 사이의 수지타산을 비교해볼 수밖에 없었다. 나치 정권은 한편으로는 의식적으로 미국 영화, 음악, 패션, 심지어 댄스에 대한 독일식 대안을 장려하면서도 할리우드 영화를 포함한 많은 문화가 수입되는 것을 계속 허용했다. 대부분의 영화 제작을 관리했던 선전상인 요제프 괴벨스는 경제적 생존능력에 높은 가치를 두었다. 제3제국 시기 동안에 독일 영화 산업은 코미디, 도피주의적 판타지, 감상적인 애정 영화 등을 만들어냈다. 독일 영화 산업은 자체의 스타 시스템을 발전시켰고 관객을 행복하게 만들려고 노력했다. 그사이 독일 영화 산업은 국제적으로 주요 경쟁자가 되었다. 그들은 국내 관객을 위해 〈영원한 유대인(Der Ewige Jude)〉(1940)과 18세기에 뷔르템베르크 시를 파멸에 이르게 한 한 유대인 고리대금업자의 허구적 이야기인 〈유대인 쥐스(Jud Süß)〉(1940) 같은 악의적인 반유대주의 영화를 제작했다. 이 영화의 마지막 장면에서 이 도시는 '후세는 이 법에 경의를 표하기를' 바라면서 전 유대인 공동체를 추방한다. 괴벨스는 제국 내각 구성원 전체가 이 영화를 보았고 '엄청난 성공'이라고 생각한다고 보고했다.

영화: 1926년 독일 장편 극영화의 미래에 관한 프리츠 랑의 견해

제1차 세계대전 이후 오스트리아에서 베를린으로 온 프리츠 랑은 영화 〈메트로폴리스〉와 〈M〉으로 잘 알려진 독일 바이마르 공화국의 가장 탁월한 영화감독 중 한 사람이었다. 아래 글에서 랑은 영화의 기술적·예술적·인간적 가능성을 성찰한다. 유럽의 많은 영화 제작자들처럼 그는 미국 영화에 매료되었다. 1932년 요제프 괴벨스는 랑의 작품에 감탄해 그에게 나치를 위한 영화를 제작해달라고 부탁했다. 랑은 즉시 독일을 떠나 파리를 거쳐 영화 제작을 계속할 수 있는 할리우드로 갔다.

새로운 형태의 표현을 모색하는 데에서 아마도 이전에는 결코 우리 시대만큼 결의가 굳은 시대도 없었다. 회화, 조각, 건축, 음악 등에서의 근본적인 혁명은 오늘날의 사람들이 자신의 감정에 예술적 형식을 더하는 자기만의 수단을 모색하고 발견하고 있다는 사실을 웅변적으로 말해준다.……

지난 5년간 영화가 발전한 속도는 영화가 위험한 것으로 나타나는 것에 관한 완벽한 예측을 가능하게 해준다. 왜냐하면 영화는 아마도 순조롭게 각각의 영화를 능가할 것이기 때문이다. 어제 발명된 것은 오늘 이미 쓸모없는 것이 되었다. 새로운 표현 양식을 향한 이 중단 없는 추진력, 즉 이 지적인 실험은 독일인이 특징적으로 과잉노력으로 이해한 환희와 더불어 나에게는 예술로서의 영화가 독일에서 처음 그 형식을 발견할 것이라는 내 주장을 강화해주는 것으로 보인다.……

독일은 미국의 영화 산업이 가진 재량껏 쓸 수 있는 거대한 인적·재정적 비축 자원을 결코 가진 적도 없었고 결코 가질 수 없을 것이다. 독일의 행운에 비해서 말이다. 왜냐하면 그것이야말로 정확하게 우리로 하여금 지적 우월성을 통해 단순히 물질적인 불균형을 보충하도록 강제하는 것이기 때문이다.……

우리가 영화에게 감사해야 하는 첫 번째 중요한 선물은 어떤 의미에서 '인간 얼굴의 재발견'이다. 영화는 축복받은 표현으로서뿐만 아니라 위협적인 표현으로 그로테스크한 것뿐만 아니라 비극적인 것으로서 전례 없이 명확하게 인간 얼굴을 우리에게 드러내주었다.

두 번째 선물은 시각적 감정 이입, 예컨대 가장 순수한 의미에서 사고과정들의 표현주의적 묘사이다. 우리는 더 이상 영화 속 인물들의 영혼 활동에 단순히 외부적으로 참여하지 않을 것이다. 우리는 더 이상 느낌들의 결과를 보는 것에 스스로를 제한하지 않을 것이고 그것들이 시작하는 순간부터 즉 어떤 생각이 처음 번뜩이는 것에서부터 그 사상의 최종적인 논리적 귀결에 이르기까지 우리 자신의 영혼 속에서 그것들을 경험할 것이다.

영화적 언어의 국제주의는 그렇지 않으면 너무도 많은 언어 속에서 서로를 이해하는 데 대단한 어려움을 갖는 사람들의 상호 이해를 위해 이용 가능한 가장 강력한 도구가 될 것이다. 영화에 사상과 영혼이라는 이중의 선물을 주는 것이 우리 앞에 놓인 과제이다.……

분석 문제

1. 랑은 어떤 이유로 자기 시대가 '새로운 표현 형식'을 모색한다고 생각했는가? 예술가들은 항상 새로운 형식을 추구하는가 아니면 이것이 특별히 20세기적인 현상인가?

2. '인간 얼굴의 재발견' 과 '시각적 감정 이입'을 영화의 선물이라고 부름으로써 랑이 의미한 것은 무엇인가? 텔레비전, 비디오, 전자 매체 등은 우리가 세상과 그 속에 있는 다른 존재들을 보는 방법에 대해 영화와 비교되는 결과들을 보였는가?

3. 랑은 영화가 지닌 기술적·예술적·인간적 잠재력을 어떻게 보았는가?

결론

제1차 세계대전으로 말미암은 긴장은 그 어느 누구도 알지 못했던 혁명, 대중 동원, 손실로 변화된 세계를 만들어냈다. 되돌아보면 실패의 연속으로 이어진 시대를 찾기란 그리 어렵지 않다. 자본주의는 대공황으로 무너졌고 민주주의는 권위주의에 직면해 붕괴했으며 베르사유 조약은 속 빈 강정으로 드러났다. 그러나 만약 양차 대전 사이 시대의 실패들을 필연적인 것으로 다루지 않는다면 보통 사람의 경험과 견해를 더 잘 이해할 수 있을 것이다. 1920년대 말에 이르러 많은 사람들은 제1차 세계대전의 유산을 극복할 수 있고 문제들도 해결되고 있다고 조심스레 낙관했다. 대공황은 이러한 희망에 찬물을 끼얹고 경제적 대혼란과 정치적 마비를 가져왔다. 마비와 대혼란은 권위주의적 해결책을 제시하고 더 많은 유권자들을 자신의 정당으로 이끄는 정치 지도자들을 위해 새로운 관중들을 만들어냈다. 결국 경제적 문제와 정치적 혼란은 앞으로 보게 되는 떠오르는 국제적인 긴장들과 싸우는 일을 한층 더 힘들게 만들었다. 1930년대에 이르러 국제 관계에 관한 조심스런 낙관주의조차 우려와 공포로 인해 무너지고 말았다.

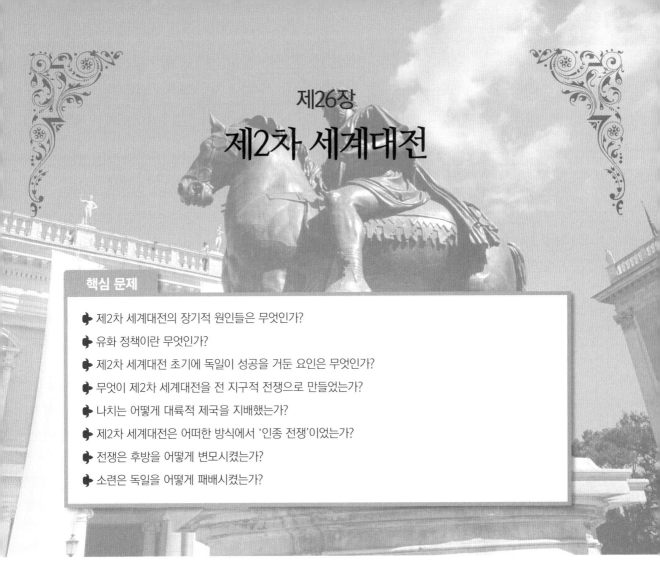

제26장
제2차 세계대전

핵심 문제

- 제2차 세계대전의 장기적 원인들은 무엇인가?
- 유화 정책이란 무엇인가?
- 제2차 세계대전 초기에 독일이 성공을 거둔 요인은 무엇인가?
- 무엇이 제2차 세계대전을 전 지구적 전쟁으로 만들었는가?
- 나치는 어떻게 대륙적 제국을 지배했는가?
- 제2차 세계대전은 어떠한 방식에서 '인종 전쟁'이었는가?
- 전쟁은 후방을 어떻게 변모시켰는가?
- 소련은 독일을 어떻게 패배시켰는가?

1939년 9월 유럽은 다시 세계대전에 휩싸였다. 제2차 세계대전은 단순히 제1차 세계대전의 연속은 아니었다. 두 대전은 모두 유럽의 세력 균형에 대한 위협으로 인해 촉발되었지만, 제2차 세계대전은 제1차 세계대전보다 훨씬 더 많은 국가들, 모든 사람들, 매우 적대적인 이상들 사이의 갈등이었다. 제2차 세계대전의 교전 방법은 제1차 세계대전의 것과는 거의 아무런 공통점이 없었다. 1914년에는 군사적 화력이 기동력을 능가해 4년에 걸친 정적인 진흙투성이의 살육을 초래했다. 1939년에는 대규모 화력에 기동력이 결합되었다. 그 결과는 끔찍했다. 고속 장갑전(전격전, Blitzkrieg), 수평선 아래로 바닷속 깊이 선박들을 침몰시키는 항공모함, 선박 수송로를 지배하기 위해 엄청난 수의 잠수함 등이 동원되어 전투의 양상과 속도를 바꾸어놓았다. 이것은 참호와 철조망의 전쟁이 아니라 이동, 극적인 정복, 그리고 가공할 파괴력의 전쟁이었다. 1914~1918년의 파괴는 이 새로운 전 지구적 전쟁에 비하면 새발의 피였다.

그 밖의 커다란 변화는 전술이 아니라 목표물과 관련되었다. 이제 이용 가능한 전례 없는 살상력을 가진 많은 무기들이 직접 민간인을 겨냥했다. 도시는 대포와 공중 폭격으로 황폐화되었다. 도시와 마을이 체계적으로 경계선을 치고 총을 겨누는 동안 모든 지역은 화염에 휩싸였다. 마찬가지로 모든 사람은 계속해서 소름끼치는 방식으로 목표물이 되었다. 유대인을 완전히 멸절시키기 위한 노력과 더불어 집시, 동성애자, 그리고 '정상이 아닌 사람들(deviant)'에 대한 나치 정권의 체계적인 살해는 제2차 세계대전을 어이없게도 독특한 사건으로 만들었다. 미국은 그것의 존재만으로도 그 다음 50년 동안 정치와 사회를 지배하게 될 무기인 원자 폭탄의 사용으로 이 전쟁을 독특한 사건으로 만들었다. 제2차 세계대전에는 제1차 세계대전 발발을 특징지었던 순진한 열정은 애초부터 없었다. 제1차 세계대전의 끔찍한 기억들은 좀처럼 없어지지 않았다. 하지만 추축국(Axis Powers)과 그들을 위해 전쟁에 참여했던 많은 나라들에 대항해 싸웠던 나라들은 싸워 이기려는 결의가 전쟁이 계속되면서 커져가는 것을 발견했다. 제1차 세계대전의 외견상 의미 없는 살육과는 달리 제2차 세계대전은 절대적인 것들, 선과 악, 국가적 생존 및 전 지구적 생존 등의 전쟁으로 생각되었다. 그럼에도 파괴의 규모는 전쟁에 심한 피로감을 가져다주었다. 제2차 세계대전은 서양 '문명'의 가치와 서양 문명과 나머지 세계가 장차 평화롭게 살 수 있을지도 모를 조건들에 관해 심층적인 질문을 던졌다.

제2차 세계대전의 원인: 해결되지 않은 싸움의 구실, 경제적 부산물, 민족주의

♣ 제2차 세계대전의 장기적 원인들은 무엇인가?

제2차 세계대전의 원인들은 1919~1920년 사이에 체결된 평화 조약에서 유래했다. 평화 조약은 문제를 해결한 만큼이나 많은 문제를 발생시켰다. 연로한 연합국의 국가수반들은 독일 영토의 합병과 동유럽 제국들로부터 떼어낸 위성 국가들을 창건하는 것을 포함한 요구들에 굴복했다. 그렇게 함으로써 평화 조약 조인자들은 새로운 비탄과 갈등을 만들어냈다.

우드로 윌슨 대통령과 같은 베르사유 조약과 이 조약의 옹호자들은 동부 및 남부 유럽의 국민들을 위한 민족자결의 원리를 선포했다. 하지만 이 조약으로 건국한 신생 국가들은 소수민족의 경계를 넘었고 새로운 소수민족들을 만들어내면서 그들을 보호하지도 않았고 정치적 타협에 말려들었으며 그들이 제기해왔던 많은 기대를 좌절시켰다. 불안정한 새로운 국경들은 1930년대에 강제로 다시 그어지게 된다. 연합국은 또한 전투가 끝난 뒤에도 독일에 대한 해상 봉쇄를 유지했다. 이것은 새로운 독일 정부로 하여금 유럽에서 독일의 정치적 힘을 박탈당하고 독일 경제에 '전쟁 책임' 조항에서 갈등의 소지가 있는 청구서를 부과하는 가혹한 조건들을 받아들이지 않으면 안 되게 만들었다. 봉쇄와 그것의 결과는 수많은 수치스러움에 성난 독일인들이 정당하다고 생각한 불만을 불러왔다.

권력정치는 평화 회담 이후에도 지속되었다. 우드로 윌슨과 그 밖의 국제연맹 후원자들은 이 연맹이 권력 투쟁을 제거하기 위한 수단이라고 환호했지만 국제연맹은 그러한 일을 전혀 하지 못했다. 승전국들이 자국의 패권을 유지하기 위해 신생 중부 유럽 국가들과 중동에서 영국 및 프랑스 제국의 위임통치령에 간섭하면서 새로운 동맹을 만들어나가기 시작했을 때에도 평화 조약들의 서명은 채 마르지도 않았다. 심지어 국제연맹 자체도 근본적으로는 패전국에 대항한 승전국의 동맹이었다. 정치가들이 이러한 세력의 불균형으로 인해 국제 관계가 약화될 것이라고 염려한 것은 놀랄 일이 아니었다.

제2차 세계대전의 두 번째 원인은 평화와 안전을 위한 지속적이고 구속력 있는 표준을 만드는 데 실패했다는 점이었다. 외교관들은 그러한 표준을 복구하기 위해 노력하며 베르사유 이후 10년을 보냈다. 일부 외교관들은 국제연맹의 법적·도덕적 권위에 기대를 걸었고 일부 외교관들은 군비 축소가 평화를 보장하는 가장 믿음직한 수단이라고 보았다. 1920년대 내내 중요한 유럽 정치가들, 예컨대 독일과 프랑스의 외무장관 구스타프 슈트레제만과 아리스티드 브리앙(1862~1932) 그리고 영국의 수상 스탠리 볼드윈과 램지 맥도널드는 평화를 정착시키고 재무장을 방지할 일련의 협정에 도달하기 위해 애썼다. 1925년 베르사유에서 확립된 라인 국경을 보장하기 위한 노력이 진행되었다. 1928년 켈로그-브리앙 조약(Kellogg-Briand Pact)은 전쟁을 국제적 범죄로 규정하려고 시도했다. 많은 정치가들이 관련된 신의성실에도 불구하고 이들 조약의 그 어떤 것도 진정한 영향력을 발휘하지 못했다. 각국은 '사활이 걸린 이해관계'에 대해 특별한 조항과 예외 조건을 포함시키고자 했기에 이러한 노력들은 애초부터 이 조약들을 손상시켰다. 만약 국제연맹이 더 잘 조직되었더라면 일부 긴장이 완화되었거나 최소한 국가 간의 충돌을 방지할 수 있었을지도 모른다. 그러나 국제연맹은 결코 모든 국가의 연맹이 아니었다. 필수적인 회원국들이 빠졌는데, 왜냐하면 독일과 소련은 양차 세계대전 사이의 상당 기간 동안 국제연맹에서 제외되어 있었고 미국은 결코 가입하지 않았기 때문이다.

다시 새로워진 갈등의 세 번째 중요한 원인은 경제 상황이었다. 독일에 부과된 막대한 배상금과 프랑스가 독일 산업 중심부의 상당 부분을 점령한 사실은 독일의 경제 회복을 지체시켰다. 상환 속도에 관한 독일과 프랑스의 완고함이 결합되어 1920년대 초 독일에 극심한 인플레이션을 불러왔다. 악성 인플레이션은 독일 화폐를 거의 무용지물로 만들어 신생 독일 공화국의 안정과 신용도를 거의 회복 불가능한 지경으로 손상시켰다.

1930년대의 공황은 몇 가지 방식으로 전쟁의 발발에 기여했다. 대공황은 경제적 민족주의를 격화시켰다. 실업과 기업 침체의 문제로 좌절한 각국 정부는 자국의 생산자들을 위해 국내 시장을 보존하려는 노력으로 고율의 관세를 부과했다. 미국은 투자의 붕괴와 끔찍한 국내 실업으로 인해 세계 문제에서 한층 더 멀리 물러났다. 프랑스는 몇몇 다른 나라들보다는 비교적 고통을 덜 겪었지만 공황은 여전히 경영과 노동 사이의 긴장의 강도를 높였다. 이 갈등은 좌익과 우익 사이의 정치적 투쟁을 격화시켜 그 어느 쪽도 프랑스를 지배하기 힘들게 만들었다. 영국은 자신의 제국에 눈을 돌려 최초로 관세를 올리고 재정 투자를 몹시 마음을 쓰며 보호했다.

대공황은 독일에서 바이마르 공화국에 대한 최후의 일격이었다. 1933년 국가적 부활에 관한 총체적 프로그램을 약속한 나치에게 권력이 넘어갔다. 파시스트 국가들(그리고 예외적으로 미국)에서 하나 혹은 다른 종류의 공공사업 프로젝트들이 대량 실업에 대한 해답으로 처방되었다. 이 프로젝트는 고속도로, 교량, 철도 등을 만들었고 새로운 군비 경쟁을 야기했다.

영국과 프랑스 정부 내에 있는 많은 사람들의 염려에도 불구하고 독일은 평화 조약과 재무장에 관한 조건들을 무시해도 되는 것이 허용되었다. 대규모 군비 확대는 1935년 독일에서 처음 시작되었고, 그 결과 실업이 줄어들고 대공황의 여파들도 완화되었다. 다른 나라들도 독일의 사례를 따랐는데, 이는 단순히 자국의 경제를 부양시키기 위한 방법으로서가 아니라 증강되는 나치의 군사력에 대응하기 위한 것이었다. 태평양에서 일본의 수출 감소는 이 나라가 해외에서 필수불가결한 원료의 비용을 지불하기 위해 충분한 외국 화폐를 갖지 못한다는 것을 의미했다. 이것은 일본의 군사 정권에게 이롭게 작용했다. 일본인의 국가적 야심과 중국인에 비해 정치적으로나 문화적으로 열등하다는 일본 지도자들의 인식은 일본으로 하여금 동아시아에서 경제적 안정을 확립한다는 미명하에 새로운 제국주의적 모험을 감행하게 만들었다. 그러한 모험은 1931년 만주 침략으로 시작되어 다른 영토들을 일본의 식민지로 점령하는 것을 포함한 '대동아공영권'의 창조로 나아갔다. 그런 다음 일본은 자국의 화폐로 원료를 구입할 수 있게 되었고 아시아의 더 많은 나라들이 일본 제국의 필요에 기여하게 되었다. 제국의 성공은 경제적 방법이 실패했을 때 위안이 될 수 있었다. 파시스트 이탈리아에서 대공황이 오래 지속되자 무솔리니는 1935년 에티오피아를 침공해 정점에 달한 해외로의 거국적 정복으로 대중의 관심을 돌리려 했다.

　요컨대 공황으로 인한 엄청난 경제적 역경, 논란의 소지가 큰 평화 조약, 정치적 취약성 등이 국제적 안정을 약화시켰다. 그러나 1930년대 위기들의 결정적 요인과 또 다른 세계대전의 계기는 극단적인 내셔널리즘과 국가와 민족의 운명을 미화하는 근대 이데올로기의 혼합에 있었다. 특히 파시즘과 군국주의 형태로 나타난 이러한 혼합은 전 세계적에 걸쳐 많은 나라들에서 나타났다. 1930년대 중엽에 이르러 공통의 이해관계에 도달한 파시스트 이탈리아와 나치 독일은 국가적 영광과 국제적 권력이라는 자신들의 목적을 묶어주는 동맹으로서 추축국을 형성했다. 일본의 군사 정권도 나중에 이에 가담했다. 에스파냐에서는 에스파냐 공화국을 무너뜨리고자 했던 극렬 민족주의 세력이 에스파냐 내전(나중에 논의된다)을 일으키면서 에스파냐의 안정, 권위, 도덕성을 회복시키고자 한다고 주장했다. 파시스트 또는 준파시스트 정권이 동유럽의 유고슬라비아, 헝가리, 루마니아에 확산되었다. 권위주의를 향한 매우 진지한 경향의 한 가지 예외는 체코슬로바키아였다. 체코슬로바키아는 인종적으로 다수를 점하는 민족이 없다는 것이 자랑이었다. 체코인은 소수민족의 자치라는 계몽적인 정책을 실천하고 그들의 정부도 놀라울 정도로 안정되었지만, 민족성 문제는 잠재적인 마찰의 근원으로 남아 있었다. 이러한 문제들은 1930년대 말 국제적 긴장이 고조되면서 핵심적 요인이 되었다.

1930년대: 평화에 대한 도전, 유화 정책, 그리고 '부정직한 10년'

✦ 유화 정책이란 무엇인가?

　1930년대는 1919~1920년 사이에 체결된 조약으로 야기된 긴장과 실패가 전 지구적 위기를 창출하며 절정에 달했다. 파시스트와 민족주의 정부들은 새로운 정복과 국가적 팽창을 위한 노력을 개시함으로써 국제연맹을 비웃었다. 1914~1918년의 기억이 여전히 생생했기 때문에 이러한 새로운 위기는 두려움과 불안을 심화시키는 분위기를 창출했다. 새로운 갈등은 각각 또 다른 갈등, 즉 어쨌든 이 위기를 막을 수 없다면 훨씬 더 광범위한 전쟁이 이어질 것이라고 경고하는 것처럼 보였다. 특히 영국, 프랑스, 미국의 보통 사람들은 분열되었다. 일부는 침략자의 행동을 문명에 대한 위기로 여기고 필요하다면 무력으로라도 대처해야 한다고 보았다. 다른 사람들은 너무 때 이른 또는 불필요한 갈등을 피하기를 희망했다. 그들의 정부는 몇 가지 점에서 파시스트와 협상해 희박하나마 평화를 유지하고자 노력했다. 좌익 작가들, 지식인들, 정치가들은 이러한 노력을 비방했다. 많은 사람은 이 시대가 되풀이되는 전쟁을 막을 일련의 기회를 놓쳤다고 보았다. 1939년 제2차 세계대전 개전 첫날 영국의 시인이자 좌익인 위스턴 오든은 1930년대를 '저속하고 부정직한 10년(low dishonest decade)'이라고 칭하면서 서구 정부들의 행동을 비난했다.

오든이 독설을 가한 대상은 독일, 이탈리아, 일본의 침략에 직면해 서구 정부들이 추구한 '유화' 정책이었다. 유화는 단순한 권력 정치도 순수한 비겁함도 아니었다. 그것은 다음과 같은 세 가지 뿌리 깊은 가정에 기초한 것이었다. 첫 번째는 또 다른 전쟁을 일으킬 어떠한 일을 한다는 것은 생각할 수 없는 일이었다. 1914~1918년 사이에 일어난 살육의 기억이 생생했기 때문에 서구의 많은 사람들은 평화주의를 신봉했고 아니면 최소한 타협할 줄 모르는 파시스트 정부들 특히 나치 독일에 직면해 자신을 지켜내려는 태도를 채택했다. 두 번째는, 영국과 미국의 많은 사람은 베르사유 조약으로 인해 독일이 가혹한 대우를 받았으며 그 때문에 독일이 불만을 갖고 이의를 제기하는 것은 당연한 일이라고 주장했다는 것이다. 세 번째는 유화 정책을 지지하는 사람들은 대부분 완고한 반공주의자였다는 점이다. 그들은 독일과 이탈리아의 파시스트 국가들이 소련 공산주의의 서진(西進) 정책을 봉쇄할 필수적인 장벽이고, 주요 유럽 국가들 사이의 분열은 단지 소련에 이익이 되도록 행동하는 것이라고 믿었다. 하지만 이 마지막 가정은 유화 정책 지지자들을 분열시켰다. 모든 사람은 유럽의 세력 균형에 관심이 있었다. 하지만 한 집단은 소련이 더 큰 위협을 제기하기 때문에 히틀러와 화해하는 것이 공동의 적에 대항한 공동의 이익을 가져다줄지도 모른다고 믿었다. 다른 집단은 나치 독일이 유럽의 안정에 진정한 위협을 가져온다고 믿었다. 그럼에도 그들은 영국과 프랑스가 재무장을 완료할 때까지 히틀러를 달래야만 한다고 믿었다. 그들은 그때 가서야 더 우세한 군사력이 히틀러나 무솔리니가 유럽에서 전면전을 일으킬 위험을 막아줄 것이라고 기대했다. 유화 정책 지지자들 사이에서의 논쟁이 막바지에 이르기까지 1930

년대의 대부분이 흘렀다. 그사이 국제연맹은 한층 더 즉각적이고 절박한 도전에 직면했다.

1930년대는 국제연맹에게 세 가지 중대한 시련, 즉 중국, 에티오피아, 에스파냐에서의 위기를 가져왔다. 1931년 일본의 만주 침공은 중국 전역에 대한 침략으로 이어졌다. 중국군은 일본의 진격에 앞서 패주했고, 일본은 중국인의 항전 의지를 꺾기 위해 일부러 민간인을 목표물로 삼았다. 1937년 일본은 전략적인 도시인 난징을 포위했다. 이 도시에 대해 내려진 일본의 명령은 간결했다. "모든 것을 죽이고, 모든 것에 불을 지르며, 모든 것을 파괴하라." 20만 명 이상의 중국 시민이 '난징 대학살'로 살육되었다. 국제연맹은 경악을 금치 못하고 비난을 퍼부었지만 아무것도 하지 못했다. 1935년 무솔리니는 1896년의 패배에 대한 복수를 하기 위해 에티오피아로 돌아감으로써 지중해에 이탈리아 제국을 만들기 위한 노력을 개시했다. 이탈리아는 이번에는 탱크, 폭격기, 독가스를 가지고 갔다. 에티오피아인들은 절망적인 가운데에도 용감하게 싸웠고 이러한 제국주의적 학살은 세계 여론을 분기시켰다. 국제연맹은 이탈리아에 대해 제재를 가하고 일본을 비난하고자 했다. 그러나 다음과 같은 두 가지 이유로 아무것도 집행되지 않았다. 첫 번째 이유는 영국과 프랑스가 공산주의를 두려워한 나머지 이탈리아와 일본이 소련에 대한 대항 세력으로 행동해주기를 기대했다는 점이다. 두 번째 이유는 현실적인 것이었다. 제재를 가하면 일본의 막강한 도전적인 함대나 무솔리니가 새로 건조한 전함들을 개입시킬 수도 있었기 때문이다. 영국과 프랑스는 그러한 목적을 위해 자국의 해군을 사용할 의사도 없었거니와 위험하게도 그것이 불가능하다는 합의에 도달했다.

에스파냐 내전

세 번째 도전은 영국과 프랑스에서 좀 더 가까운 곳으로부터 다가왔다. 1936년 에스파냐에서 내전이 발발했다. 대규모 사회 개혁에 전념했던 나약한 공화주의 정부들은 그러한 조처들에 대한 반대와 정치적 양극화를 극복할 수 없었다. 극단적인 우익 군 장교들이 반란을 일으키면서 전쟁이 발발했다. 히틀러와 무솔리니는 서구 강대국들과 불간섭 협정을 맺었음에도 불구하고 군대와 무기를 보내 반란군 사령관 프란시스코 프랑코(재임 1939~1975)를 지원했다. 소련은 에스파냐 공화국의 깃발 아래 모인 공산주의자 군대를 지원하는 것으로 맞받아쳤다. 그때에도 영국과 프랑스는 결정적인 행동을 취하는 데 실패했다. 많은 노동계급 사회주의자와 조지 오웰과 어니스트 헤밍웨이 같은 작가들을 포함한 영국, 프랑스, 미국에서 온 수많은 자원병은 공화주의 정부를 위해 사병(私兵)으로서 무기를 들었다. 그들은 이 전쟁을 파시즘과 군사 독재에 저항하기 위한 서구의 결단을 시험하는 장이라고 보았다. 그들의 정부는 한층 더 머뭇거렸다. 영국에게 프랑코는 무솔리니와 일본인과 마찬가지로 최소한 반공주의자였다. 투철한 반파시스트주의자인 프랑스 수상 레옹 블룸은 사회주의자·공산주의자·공화주의자 연합인 인민전선의 선두에 서 있었다. 인민전선은 사회 개혁 프로그램과 해외의 히틀러와 국내의 파시즘에 대한 반대로 선출되었다. 하지만 블룸의 지지 세력은 제한적이었다. 그는 에스파냐에 대한 개입이 프랑스를 더욱더 양극화시키고 자신의 정부를 무너뜨려 이 내전에 대한 어떠한 헌신도 끝까지 해내는 것을 불가능하게 만들지 않을까를 우려했다. 에스파냐에서는 몇몇 영웅적인 전투에도 불구하고 공화주의자, 사회주의자, 공산주의자, 아나키스트 등 서로 경쟁하는 파당 간의 벌집을 쑤신 것 같은 큰 소동으로 공화주의자 진영은 퇴화하고 말았다.

에스파냐 내전은 잔인무도했다. 독일과 소련의 '고문관'들은 모두 에스파냐를 곧이어 다가올 두 강대국 사이의 전쟁을 위한 '총연습'으로 보았다. 그들은 각자 자국의 최신무기를 가져와 공중에서 민간의 목표물을 파괴하는 기술을 연마했다. 1937년 4월 독일의 급강하 폭격기들은 공화파의 보급선을 끊고 민간인을 공포에 떨게 만들려는 시도에서 북부 에스파냐의 게르니카 마을을 철저하게 파괴했다. 그 공격은 여론을 경악케 만들었고 파블로 피카소는 20세기의 가장 유명한 그림 중 하나를 통해 그것을 기렸다. 에스파냐 내전은 3년간 지속되었고 1939년 프랑코의 완벽한 승리로 끝을 맺었다. 내전 직후에 영국과 프랑스는 프랑코 정권의 반발에도 불구하고 에스파냐의 공화주의자들을 망명자로 받아들였다. 프랑코는 100만 명의 공화주의자들을 감옥이나 강제수용소로 보냈다.

히틀러는 에스파냐로부터 두 가지 교훈을 얻었다. 첫 번째는 만약 영국, 프랑스, 소련이 파시즘을 봉쇄하려고 노력한다면 그들은 자신들의 노력을 조정하는 데 힘든 시기를 갖게 될 것이라는 점이었다. 두 번째는 영국과 프랑스가 또 다른 유럽 전쟁을 치르는 것을 매우 싫어한다는 사실이었다. 이것은 나치가 자신의 목적을 달성하기 위해 전쟁 이외의 모든 수단을 사용할 수 있다는 것을 의미했다.

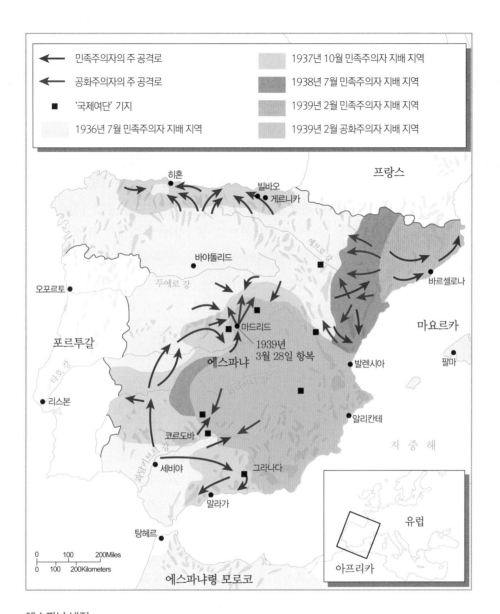

에스파냐 내전

수많은 외국의 전사들이 이 전쟁에 가담한 이유는 무엇인가? 이 전쟁에서 사용된 전략과 무기들은 어떤 방식으로 제2차 세계대전에서 사용된 무기들에 앞섰는가? 프랑코가 거둔 승리의 결과는 무엇인가?

독일의 재무장과 유화 정치

히틀러는 국제적인 관용과 전쟁 피로감이 결합된 상황을 자신의 야망을 진척시키기 위해 이용했다. 독일이 재무장하게 되자 히틀러는 독일인의 수치심과 배신감을 이용해 세계에서 예전 권력을 되찾을 권리가 있다고 선포했다. 1933년 그는 독일이 1926년에 마침내 가입이 허용되었던 국제연맹으로부터 탈퇴했다. 1935년 그는 베르사유 조약의 재무장 조항을 무시하고 징병과 광범위한 군사 훈련을 부활시켰다. 히틀러가 천명한 목적은 유럽 내에서 독일의 권세 및 위엄을 회복하고 제3제국 내에 있는 모든 독일계 소수민족을 통일시킨다는 것이었다. 그 과정의 첫 단계로서 독일은 1936년 라인란트를 재점령했다. 그것은 한층 더 막강한 프랑스군과의 전쟁을 운에 맡기는 모험적인 움직임이었다. 그러나 프랑스와 영국은 군사적 대응을 개시하지 않았다. 되돌아보면 그것은 세력 균형이 독일 편으로 기우는 중대한 전환점이었다. 라인란트가 비무장화된 채로 남아 있고 루르 계곡에서의 독일 산업이 무방비 상태로 남아 있는 한 프랑스는 유리한 고지를 점했다. 하지만 1936년 이후에는 더 이상 그렇게 되지 않았다.

1938년 3월 히틀러는 오스트리아를 병합하고 모든 독일인을 자신의 제국에 포함시키겠다는 의도를 분명히 했다. 이번에도 서방으로부터 아무런 공식적인 대응이 없었다. 나치의 다음 번 목표는 독일계 소수민족이 많이 살고 있는 체코슬로바키아의 주데텐란트였다. 오스트리아까지 독일의 일부가 되자 체코슬로바키아는 적대적인 인접국에 거의 완전히 포위되었다. 히틀러는 주데텐란트를 본래 제3제국의 일부라고 선언하고 그 지역을 점령하기로 했다. 그러나 체코인은 포기하기를 원치 않았다. 히틀러의 장군들은 이러한 도박에 신중했다. 체코슬로바키아는 강하고 잘 무장된 군대와 국경을 따라 요새화된 전선을 보유하고 있었다. 프랑스와 폴란드 정부의 많은 사람은 기꺼이 체코를 도울 생각이었다. 한층 더 광범위한 전쟁을 위해 이미 마련된 계획들에 따르면 독일은 향후 3~4년을 위한 준비가 되어 있지 않았다. 그러나 히틀러는 도박을 감행했고 영국 수상 네빌 체임벌린(1869~1940)은 히틀러의 소원을 들어주었다. 체임벌린은 주데텐란트에 대한 국제 회담을 맡기로 결정하고 히틀러의 조건에 동의했다. 체임벌린의 논리는 이 논의가 유럽에서의 세력 균형에 관한 것이라는 것이었다. 체임벌린은 만약 히틀러에게 모든 독일인을 하나의 국가로 통일시키는 것을 허용한다면 그때 독일의 야심이 충족될 것이라고 추론했다. 체임벌린은 또한 영국이 계속되는 전쟁을 감당할 수 없을 것이라고 믿었다. 마지막으로 독일에 대항해 동유럽의 국경을 방어하는 것은 최소한 서유럽에서의 자유 무역을 보장하고 대영제국의 전략적 중심지들을 보호하는 것과 비교해 영국의 우선권 목록에서 하위를 차지했다.

1938년 9월 29일 히틀러는 뮌헨에서 열린 4개국 열강 회담에서 체임벌린, 프랑스의 에두아르 달라디에(재임 1938~1940), 무솔리니와 만났다. 회담 결과는 프랑스와 영국의 항복이었다. 네 명의 협상자들은 체코슬로바키아에게는 사활이 걸린 주요 지역을 독일에 떼어주기로 결정했다. 한편 체코슬로바키아 대표는 자기 나라의 운명을 남들이 결정하고 있는 상황에서도 회담장 밖에서 무력하게 기다릴 수밖에 없었다. 체임벌린은 '평화의 도래'를 선포하며 런던으로 돌아왔다. 히틀러는 곧 이 어리석은 자랑이 거짓임을 증명해주었다. 1939년 3월 독일은 체코슬로바키아의 나머지 지역까지 침공하고 수도인 프라하에 괴뢰 정권을 세우기에 이르렀다. 비독일계 영토에 대한 독일의 첫 번째 정복인 체코슬로바키아 침공은 전 유럽을 경악하게 만들었다. 그것은 독일 밖에서 유화 정책이 헛된 것이었다는 여론과 정치적 주장을 강화시켜주었다. 체임벌린은 자신의 정책을 완전히 바꾸지 않으면 안 되었다. 영국과 프랑스의 재무장은 극적으로 가속되었다. 영국은 프랑스와 함께 이제 히틀러의 진로에 놓인 두 나라, 즉 폴란드와 루마니아의 주권을 보장하기로 약속했다.

그사이 유화 정책은 서방 민주주의 국가들이 소련을 희생시켜 독일과 거래해 나치의 팽창을 동쪽으로 돌리게 할지도 모른다는 스탈린의 두려움을 더 크게 해주었다. 소련은 뮌헨 회담에 초대받은 적도 없고 영국과 프랑스를 믿을 수 없는 동맹국이라고 의심했기 때문에 스탈린은 안보를 위해서 어떤 방법이든 취하지 않으면 안 되겠다고 생각하게 되었다. 이후 폴란드 영토에 대한 소련의 전통적인 욕구에 끌린 스탈린은 히틀러의 대표자들로부터

폴란드 일부, 핀란드, 발트 해 국가들과 베사라비아를 떼어주겠다는 약속을 받았다. 반나치 선언에 대한 냉소적 파기로 많은 사람을 깜짝 놀라게 만든 소련은 1939년 8월 나치와 불가침 조약에 서명했다. 영국과 프랑스가 뮌헨 회담을 통해 자신들만 챙기는 데 급급했기 때문에 소련도 이제 스스로 살 길을 찾아야 했던 것이다.

제2차 세계대전에 이르는 길, 1931~1940년	
일본의 만주 침공	1931년
독일의 국제연맹 탈퇴	1933년
독일의 재무장 개시	1935년 3월
독일의 라인란트 재점령	1936년 3월
에스파냐 내전	1936년 4월~1939년 4월
독일의 오스트리아 합병	1938년 3월
뮌헨 회담	1938년 9월
나치-소련 불가침 조약	1939년 8월
독일의 폴란드 침공	1939년 9월
독일의 저지대 지방 및 프랑스 침공	1940년 5월

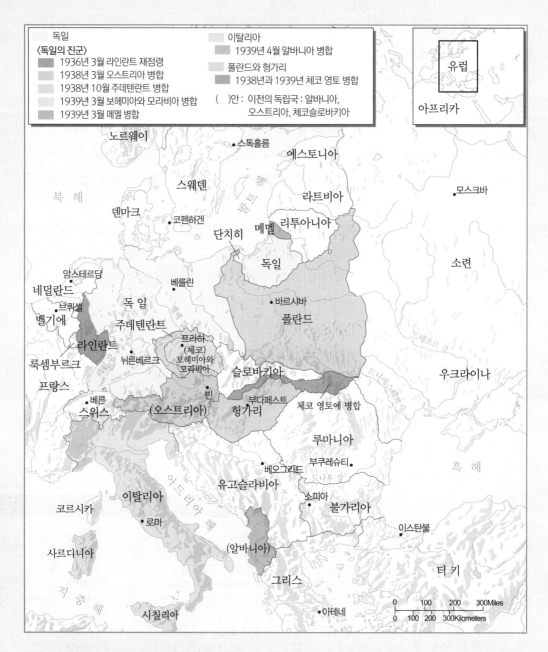

독일과 이탈리아의 팽창, 1936~1939년

유럽에 있는 모든 독일계 소수민족을 통합하기 위한 히틀러의 첫 번째 단계는 무엇이었나? 그는 체코인들로부터 영토를 병합하기 위해 이러한 초기의 이득을 어떻게 이용했는가? 영국, 프랑스, 그리고 소련의 공식적 반응은 어떤 것들이었는가? 체코슬로바키아에서 승리를 거둔 이후에 히틀러는 왜 폴란드를 침공하기로 결정했는가? 독일인들은 어떻게 그렇게 빨리 폴란드와 프랑스를 정복할 수 있었는가?

전쟁의 발발과 프랑스 함락

❧ 제2차 세계대전 초기에 독일이 성공을 거둔 요인은 무엇인가?

체코슬로바키아에서 성공을 거둔 이후 히틀러는 폴란드 회랑(回廊)을 돌려달라고 요구했다.[1] 폴란드 회랑은 폴란드와 발트 해를 연결해주는 좁은 띠 모양의 영토였다. 이 회랑은 또한 독일의 나머지 지역과 동프로이센을 분리시켰기에 대규모 독일인을 제3제국으로부터 갈라놓고 있었다. 히틀러는 영국과 프랑스의 과거 행동으로 보아 폴란드에 대한 그들의 선언은 무의미한 것이라고 믿었다. 그는 소련이 이제 자기 진영에 있기 때문에 폴란드는 이에 동의할 것이며 서구 열강들은 다시 물러설 것이라고 생각했다. 그러나 예상과 다르게 폴란드가 강경한 입장을 취하자 히틀러는 공격을 감행했다. 1939년 9월 1일 독일군은 폴란드 국경을 넘었다. 영국과 프랑스는 독일에게 철수하라는 공동 경고를 보냈다. 그러나 이에 대한 회답이 없었다. 9월 3일 영국과 프랑스는 독일에 대해 선전 포고를 했다.

폴란드에 대한 정복은 놀라울 정도로 빠르게 이루어졌다. 그것은 엄청난 자원을 필요로 했다. 독일은 실제로 침공을 위해 거의 모든 전투 부대와 비행기를 투입했고 그 결과는 놀라운 것이었다. 파괴적인 공군력의 지원을 받은 독일의 전차(탱크)와 장갑차로 잘 조화된 공격은 규모는 컸지만 굼뜬 폴란드 군대를 산산조각 냈다. 독일 보병은 여전히 도보나 말이 끄는 수송 수단으로 이동했지만, 그들의 잘 훈련된 진격에 이어 전차 부대의 파괴적인 공격이 뒤따랐다. 폴란드인은 끈질기게 싸웠으나 너무도 간담이 서늘해지고 질서가 문란해져 효과적인 방어를 할 엄두를 내지 못했다. 그토록 오랫동안 독일군 장교단이 훈련시켜 온 '전격전(Blitzkrieg)'은 완벽한 성공을 거두었다. 독일군은 3주 내에 바르샤바를 포위했다. 공중에서 바르샤바의 심장부를 파괴하고 시민이 항복하도록 위협을 가하는 독일의 가공할 만한 폭격은 성공적이었다. 대규모 군대를 보유한 대국인 폴란드는 4주 만에 해체되었다.

소련은 나치 독일과의 협정에 따라 동쪽에서 폴란드를 침공해 폴란드 영토에서 자국 몫을 점령하고 적을 다루는 스탈린의 전매특허라고 할 수 있는 방법들, 즉 수백만 명을 체포해 추방, 투옥, 처형하는 방법을 사용했다. 소련은 또한 독일의 공격이 자신에게 향하게 될

---

1) 폴란드 회랑은 원래는 폴란드의 영토였으나 폴란드가 분할될 때 프로이센에 속했다가 제1차 세계대전 이후 베르사유 조약에 의해 폴란드의 영토가 된 곳이다.

것을 경계해 북쪽의 러시아-핀란드 국경에서 자국의 입지를 강화하기 위해 서둘렀다. 최소한 1938년 이래로 소련은 핀란드에게 레닌그라드를 보호하기 위한 다양한 협정들과 영토를 직접 양도받기 위해 핀란드 내의 전략적 위치에 대한 접근과 요새들을 건설할 수 있는 허가 등을 요구해왔다. 소련의 모든 요구에 대해 핀란드는 계속 거부해왔다. 그러자 소련은 폴란드 침공 직후 핀란드를 공격했다. 수적인 면뿐만 아니라 물량 면에서의 압도적인 우세에 있는 소련의 침공에 핀란드인은 완강하게 저항했다. 또한 소련은 매우 힘든 반대 운동, 즉 소련 군부에 스탈린이 가한 공포 정치가 가져다준 해로운 결과들을 보여주는 걱정스러운 시위에 직면했다. 소련이 1940년 4월 선전포고 없는 4개월간의 겨울 전쟁을 불안한 승리로 종결지었음에도 불구하고, 히틀러와 다른 나라들은 스탈린의 약점을 기억해두었다.

폴란드의 함락 이후 전쟁은 때때로 그렇게 불린 것처럼 불길한 '전투 없는 전쟁(phony war)' 또는 '교착전(sitzkrieg)'이 되었다. 폴란드에서의 전투는 해군의 소규모 충돌이 신문 표제를 장식할 뿐 아무런 움직임 없이 불안한 겨울로 이어졌다. 1940년 봄 정적은 격렬한 폭풍으로 깨졌다. 독일은 먼저 스칸디나비아를 공격해 덴마크를 하루 만에 점령하고 노르웨이를 침공했다. 영국과 프랑스는 노르웨이의 방어를 돕기 위해 애쓰면서 다수의 독일 선박을 격침시켰지만 연합국의 원정은 실패로 돌아갔다. 그때 진정한 타격이 가해졌다. 5월 10일 독일군은 벨기에와 네덜란드를 통해 프랑스로 향해 대거 이동했다. 벨기에와 네덜란드는 단숨에 정복되었다. 네덜란드인이 주요 도시를 보호하는 운하들을 파괴해 물이 넘치게 하는 데 성공하고 불굴의 해병대원들이 전선을 지키자 히틀러는 휘하의 공군에게 로테르담 시를 폭격할 것을 명령했다. 800명 이상의 네덜란드 시민이 사망했고, 네덜란드는 다음 날 항복했다. 벨기에의 완강하고 효과적인 방어는 네덜란드에서와 같은 유사한 파괴를 우려한 알베르트(재위 1909~1934) 국왕이 2주간의 전투 끝에 갑자기 항복하면서 끝났다. 나치를 위한 허수아비로 계속 남게 된 알베르트는 독일에 대한 전투를 계속하기 위해 다른 길을 찾았던 벨기에인들로부터 욕을 먹었다.

대규모 프랑스군은 전격전으로 인해 분할되었다. 프랑스군의 사단들은 고립되어 허를 찔렸고 독일 공군과 정확한 계획에 따라 움직이는 기갑 부대의 진격에 압도되었다. 프랑스군의 단위 부대들은 절망적으로 포위될 때까지 치열한 전투를 치르던지 아니면 간단하게 붕괴되었다. 독일군에 비해 군비 면에서는 앞섰던 프랑스 육군과 포병은 조직 면에서는 허술해 독일의 신속한 기동작전에 직면해 속수무책이었다. 패배는 빠르게 참패로 돌변했다. 각자 몇 가지 값나가는 소유물을 수레에 실은 수십만 명의 민간인은 남쪽으로 탈출했다. 그들은 무기도 없는 수만 명의 연합군과 합류했고 이러한 피난민의 행렬은 끊임없이 독일 급강하 폭격기의 공습을 받았다. 지리멸렬해진 영국군은 영국 해협에 있는 됭케르크 항구로 필사적인 후퇴를 감행했다. 그곳에서 영국 정예 부대의 많은 병력이 독일군 탱크를 저지하느라 희생되었다. 1940년 6월 초 독일의 엄청난 공습에도 불구하고 영국 해군은 다수의 상선과 유람선을 징발해 30만 명 이상의 영국군과 프랑스군을 후퇴시킬 수 있었다.

됭케르크 이후에 전쟁은 가차 없었고 결과는 피할 수 없었다. 프랑스 예비군들은 사령관들의 명령에 따라 수많은 독일군을 죽이며 '마지막 탄창까지' 쏟아 부었다. 하지만 적절한 조직과 더 많은 화력 없이는 이러한 용기가 소용없었다. 독일군은 프랑스의 북서부와 심장부를 휩쓸었고 1940년 6월 중순 파리에 도달했다. 프랑스 정부의 정치적 의지는 군대와 더불어 붕괴했다. 프랑스는 영국이나 북아프리카의 프랑스 식민지로 철수하는 길을 택하는 대신에 6월 22일 항복하고 말았다. 이 휴전은 프랑스를 둘로 나누었다. 독일은 파리와 영국 해협의 항구들을 포함한 프랑스 북부의 모든 지역을 점령했다. 남부와 북아프리카의 프랑스 영토들은 제1차 세계대전의 영웅이자 고령의 앙리 페탱 원수의 지도하에 온천 마을인 비시에 형성된 매우 보수적인 정부의 관할 아래 놓았다. 프랑스는 함락되고 말았다. 독일의 역사적 적국 중 하나이자 이전 전쟁에서의 승전국이며 제국주의 열강이자 거의 6,000만 명의 인구를 가진 국가가 40일 만에 대혼란과 적국의 점령이라는 상황에 처했다.

프랑스에게 밀어닥친 재앙은 패배로 끝나지 않았다. 프랑스 내의 자유주의자들과 런던에서 신속하게 수립된 자유 프랑스 운동 참가자들의 대부분은 곧 자신들이 싸워야 하는 두 적들, 즉 독일과 페탱의 정부가 있다고 생각했다. 비시 정부는 한 줌의 주권을 보유하는 대가로 독일에 협력할 것을 제안했거나 그렇게 했다고 여겨졌다. 비시 정부는 파시즘과 매우 비슷한 민족 혁명(Révolution nationale)이라는 이념을 내세웠다. 비시 정부는 공화정을 거부하면서 그것이 프랑스의 국력을 약화시키고 있다고 비난했다. 비시 정부는 프랑스인의 생활과 정치 제도를 재조직하는 과정을 밟으며 가톨릭교회와 가족의 권위를 강화했고 독일인이 저항을 분쇄하는 것을 도왔다. '노동, 가족, 조국'이 비시 정부의 개국 선언이었다.

혼자가 아니다: 영국의 전투와 전 지구적 전쟁의 시작

◆ 무엇이 제2차 세계대전을 전 지구적 전쟁으로 만들었는가?

나치는 영국 해협을 건너 침공을 개시하기 전에 공중에서의 우월권을 확립하고자 시도했다. 1940년 7월에서 1941년 6월까지 영국 전투에서 수천 대의 독일 항공기들이 처음에는 영국의 항공기와 비행장에 그리고 영국의 전쟁 의지를 꺾는 것으로 초점이 바뀌면서 런던 같은 민간의 목표물들에 수백만 톤의 폭탄을 투하했다. 4만 명 이상의 영국 민간인이 살상되었다. 하지만 영국은 굳건히 버텼다. 이것은 부분적으로는 독일의 오해로 인해 가능했다. 영국이 대담무쌍하게도 베를린에 기습 폭격을 가한 후 히틀러는 화가 나서 휘하 장군들에게 민간인 목표물에 집중하라고 말했다. 이것은 공군 기지들이 끊임없이 황폐화될 지경에 처해 있던 영국 공군이 숨을 돌릴 수 있는 기회를 제공했다. 계속해서 싸울 기회를 갖게 된 영국 공군은 공중에서의 희생으로 교착 상태를 지속할 수 있었다. 히틀러는 영국 침공 계획을 폐기하고 동쪽으로 러시아를 향해 관심을 돌렸다. 영국이 결연히 저항할 수 있었던 또 다른 중요한 이유는 정치적 지도력의 변화였다. 1940년 5월 체임벌린의 잇따른 실패는 그의 경력에 종지부를 찍었다. 그는 거국적 통합을 위해 보수당, 자유당, 노동당의 정치가들을 한데 묶은 연립 정부로 인해 실각했다. 이 연립 정부는 체임벌린을 대체하기 위해 제시된 선택 중에서 가장 가능성 없는 인물이었던 윈스턴 처칠(재임 1940~1945, 1951~1955)이 이끌었다. 처칠은 당을 한 번 이상 바꾸었던 정치적 독불장군이었다. 그는 지극히 재능이 많았지만 거만하기도 했다. 그는 성마른 기질을 갖고 있었고 때때로 불안정해 보였으며, 1939년 이전에는 그의 정치적 경력은 끝난 것으로 판단되기도 했다. 그는 수상으로서 행정가적인 수완을 그다지 보여주지 못했고 끊임없이 섣부른 계획들을 제시하기도 했지만, 두 가지 천재적인 재능을 갖고 있었다. 첫 번째 재능은 언어였다. 처칠은 영국 대중이 듣기를 바라고 들을 필요가 있을 바로 그때에 용기와 도전에 관한 놀라운 말들을 했다. 그는 이 전쟁에서 승리하기 위해 절대적으로 헌신했다.

처칠은 1940년 5월 영국 전투가 시작되기 전 수상으로서의 첫 번째 연설에서 다음과 같이 말했다. "여러분은 우리의 정책이 무엇이냐고 묻습니다. 저는 이렇게 말할 것입니다. 우리의 정책은 우리의 전력을 기울여서 하나님이 우리에게 주신 모든 능력을 다해 전쟁을 치르는 것이며, 인간 범죄의 음침하고 통탄할 목록에 지나지 않는 괴물 같은 폭정에 대항해

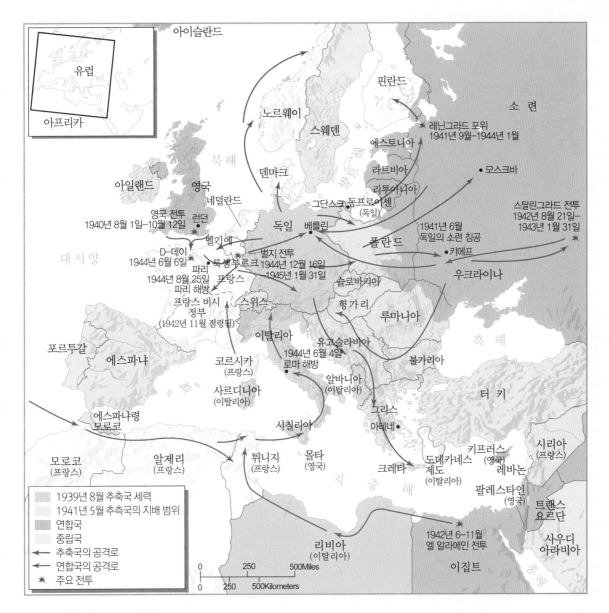

유럽에서의 제2차 세계대전

제2차 세계대전 중 유럽 전선의 동맹 체제들과 주요 공격로에 주목하라. 1941년 5월까지 추축국의 지배가 빠르게 팽창한 것은 무엇을 분명하게 하고 있는가? 지리는 어떤 방식으로 유럽을 정복하기 위한 추축국의 노력을 돕기도 하고 잠재적으로 방해하기도 하는가? 히틀러는 어떻게 전쟁 초기에 소련이나 영국 중 한 나라가 중립을 지키게 할 수 있을 것이라고 기대했는가? 레닌그라드와 스탈린그라드의 포위가 어떻게 연합국의 전쟁 수행 노력을 지속시키는 데에서 유효한 것으로 판명되었는가?

싸우는 것이라고 말입니다."

처칠의 두 번째 재능은 개인적 외교 역량이었다. 그는 연합국을 지지했던 미국 대통령 프랭클린 루스벨트(재임 1933~1945)에게 미국이 중립을 파기하고 무기 대여법(Lend-Lease)이라고 부르는 프로그램을 통해 영국에게 무상으로 엄청난 양의 원조와 무기를 보내주도록 설득했다. 처칠은 새 연립 정부가 최대의 효과를 내도록 했다. 유능한 보수당 장관들도 남아 있었지만 노동당 정치가들에게도 완전한 권력을 행사하는 자리를 차지할 수 있도록 해주었다. 대부분의 노동당 하원 의원들은 탁월한 행정가들로 판명되었고, 그들은 이제 전쟁 수행 노력에 완전히 포함되었다고 생각한 영국의 거대한 노동계급과 직접 접촉했다.

영국이 살아남으면서 전쟁은 다른 전쟁 지역, 즉 대서양(해상 수송로와 보급품을 둘러싼 전투), 북아프리카(수에즈 운하와 석유 공급을 위해 전략적으로 중요한 곳), 태평양(일본과의 전쟁), 그리고 소련(스탈린을 제압하고자 하는 히틀러의 결의가 유럽의 유대인에 대한 흉악한 군사 행동과 합쳐진 곳)으로 이동했다.

대서양과 북아프리카

영국에 대한 보급을 차단하기 위한 잠수함 작전으로 시작된 대서양 전투는 연합국에게는 긴박한 위협이었다. 독일은 제1차 세계대전에서 배운 대로 영국으로 향하는 주요 해상 수송로에 몰래 접근하기 위해 '이리 떼'라고 부르는 수백 척의 잠수함(U-보트)을 보냈다. 독일 잠수함들은 멀리 브라질과 플로리다 해안까지 이르면서 수백만 톤의 상선을 침몰시켰다. 영국의 무기, 원료, 식량 공급은 풍전등화에 놓였다. 영국은 자국의 선단을 호송하기 위해 거대한 해군의 지원과 대규모 기술적 자원을 투입했다. 영국은 근대적인 수중 음파 탐지기와 새로운 공중 정찰 체계를 개발하고 잠수함 전단과의 통신을 위한 독일의 암호를 해독했다. 이러한 노력으로 보급이 계속 유지될 수 있었다. 1941년 12월 미국이 참전했을 때(다음 절 참조) 영국은 이러한 경험과 기술을 전수했고 미국은 더 많은 U-보트를 격침시키기 위해 필요한 인력과 화력을 제공했다. 1942년 말 잠수함의 위협은 줄어들었다.

북아프리카에서의 전쟁은 영국이 수에즈 운하를 지켜야 했기 때문에 시작되었다. 하지만 영국은 곧 훨씬 더 큰 전쟁에 말려들었다. 영국을 위해 싸우는 인도, 남아프리카, 서아프리카 군대가 1941년 에티오피아에서 이탈리아를 몰아냈다. 소련과 영국은 이란의 샤(shah,

통치자)가 독일과 석유를 거래하는 것을 저지하기 위해 이란을 침공해 1946년까지 그 나라를 점령했다. 이집트에서 소규모이지만 잘 통제된 영국군은 훨씬 더 큰 규모의 이탈리아 침공군을 굴복시켰다. 영국은 이탈리아의 식민지인 리비아를 거의 손에 넣었고, 이는 독일로 하여금 개입하지 않으면 안 되게 만들었다. 독일의 가장 용감한 탱크 사령관 에르빈 롬멜(1891~1944)이 이끄는 최정예 기갑 부대인 아프리카 군단(Deutsches Afrikakorps: DAK)은 1941년 봄 영국을 몰아내고 사막에서 적의에 찬 2년간의 전쟁을 시작했다. 영국은 영국군만큼이나 많은 오스트레일리아군, 인도군, 뉴질랜드군을 포함한 국제적 군대를 전투에 참전시켜 독일군 및 이탈리아군과 싸웠다. 전투는 18개월 동안 진퇴양난을 거듭했고, 영국은 그중에 최악의 상황에 직면하기도 했다. 그때 전세가 바뀌었다. 독일 전투기와 잠수함으로 인한 막대한 손실에도 불구하고 영국군은 이탈리아 해군을 패배시키고 지중해를 장악했다. 영국군은 또한 사막에 대한 제공권을 확보했다. 롬멜이 이집트를 침공하려고 했을 때 그의 군대는 1942년 가을 엘 알라메인 마을 근처에서 저지당해 크게 패하고 튀니지로 퇴각했다. 처칠은 영국이 엘 알라메인에서 승리를 거둔 뒤 자신의 독특한 스타일로 이렇게 말했다. "이것은 끝이 아니다. 그것은 종말의 시작조차도 아니다. 그러나 그것은 아마도 시작의 끝이다."

1942년 11월 미국은 전쟁에 개입하며 알제리와 모로코의 프랑스 영토에 상륙했다. 모로코의 카사블랑카에서 연합국들은 장래의 전쟁 과정과 북아프리카의 프랑스 영토의 운명을 논의하기 위한 회담을 열었다. 비시 정부를 지지해왔던 알제리와 모로코의 프랑스 행정가들은 최소한 공공연히 평화적으로 항복하거나 연합국에 가담했다. 롬멜은 여전히 4개월 동안이나 연합국에 대항해 튀니지를 방어했지만, 1943년 3월 연합군의 합동 공세는 독일군 전선을 돌파하며 전투를 종식시켰다.

태평양에서의 연합국과 일본

1941년 12월 7일 아침 일본이 진주만의 미 해군 기지를 공격했을 때 전쟁은 정말로 전 지구적인 것이 되었다. 일본은 1930년대 이래로 중국과 커다란 희생이 따르는 전쟁을 치르고 있었다. 일본은 아시아 전역에 걸쳐 승리한 후 일본 제국을 세우기 위해 미국의 태평양 함대를 파괴하고 영국, 네덜란드, 프랑스 제국의 식민지들을 장악하려고 했다. 일본은 독일처럼 전격전으로 시작했다. 진주만 공격은 미군 함대를 파괴하고 미국 대중을 경악시킨 눈부신 기습 행위였다. 하지만 그것은 일본이 바란 성공은 아니었다. 8척의 전함이 침몰하고 2,000명 이상의 인명이 살상되었지만 항공모함, 잠수함, 수많은 소형 선박을 포함한 미군 함대의 대부분은 기습 당일에 안전하게 바다에 있었다. 정당한 이유 없는 공격은 유럽에서의 전쟁과는 다른 방식으로 미국인의 여론에 충격을 주었다. 마찬가지로 독일이 경솔하게도 미국에 선전포고를 했을 때 미국은 모든 도전자를 받아들일 준비가 되어 있다고 선언하고 연합국에 가담했다.

진주만에서의 희비가 엇갈린 결과에도 불구하고 일본은 놀라운 성공을 향유했다. 유럽의 식민지 열강에게 일본의 참전은 대재앙이었다. 일본군은 몇 주 만에 영국의 말레이 반도 보호령을 휩쓸고 순식간의 공격으로 영국과 네덜란드 양국 해군의 태평양 전대를 격침시켰다. 영국의 태평양 방어의 핵심인 요새화된 섬 싱가포르 항구는 1941년 12월 말에 함락되었다. 처칠 정부는 싱가포르 상실의 충격을 거의 믿을 수 없는 일로 여겼다. 수천 명의 영국군과 오스트레일리아 군인이 포로로 잡혀 일본군 포로수용소에서 4년간에 걸친 고문, 강제노동, 기아에 시달렸다. 일본은 12월에 필리핀을 침공했다. 그리고 얼마 동안 코레지도 섬에서 마지막까지 저항하던 미군 병사와 해병대 역시 항복하고 말았다. 일부는 게릴라로 싸우기 위해 종적을 감추었으나 나머지 병사들은 일본군 강제노동수용소로 죽음의 행진을 하지 않으면 안 되었다. 그 다음에 네덜란드령 동인도도 함락되었고, 일본이 오스트레일리아에 도달할 때까지 일본군 군함과 군인을 저지할 것은 아무것도 없는 듯 보였다.

일본의 급습으로 크게 동요되었지만 연합국은 1942년 동안에 재편성되었다. 일본군은 싱가포르를 장악한 후 버마를 맹렬히 공격했다. 몇몇 유명한 영국 장군들은 버마를 방어하려고 애썼지만 막대한 인명 및 물자 손실만 남긴 채 실패하고 말았다. 그 뒤에 무명의 인도군 장교 윌리엄 슬림(1891~1970)이 지휘를 맡게 되었다. 영국군 장교들이 보기에 슬림은 매우 천한 출신이었다. 하지만 그는 노련한 군인이었고, 제1차 세계대전의 잘 알려지지 않은 영웅이기도 했으며 아마도 영국군 내에서 최고의 전략가였다. 한층 더 중요한 것은 그의 지휘를 받는 인도와 아프리카 출신의 수백만 명에 달하는 비백인 제국 병사들은 그를 정직하고 편견이 없는 인물로 좋아하고 존경했다. 그는 제국의 방어선을 재편성했고 영국과 인도 연합군은 1942년 말 일본의 인도 침공 시도를 국경에서 물리쳤다. 이 승리 이후에 전 세계에서 차출한 군대와 함께 슬림은 일본을 퇴각시키기 시작했다. 뉴기니에서는 북아프리카에서 도착한 오스트레일리아 군대가 지상에서 격렬한 육박전으로 일본군을 패배시키고 고산 정글을 누비며 반격을 가한 최초의 부대가 되었다. 해상에서 미국 해군은 수적인 면에서 일본

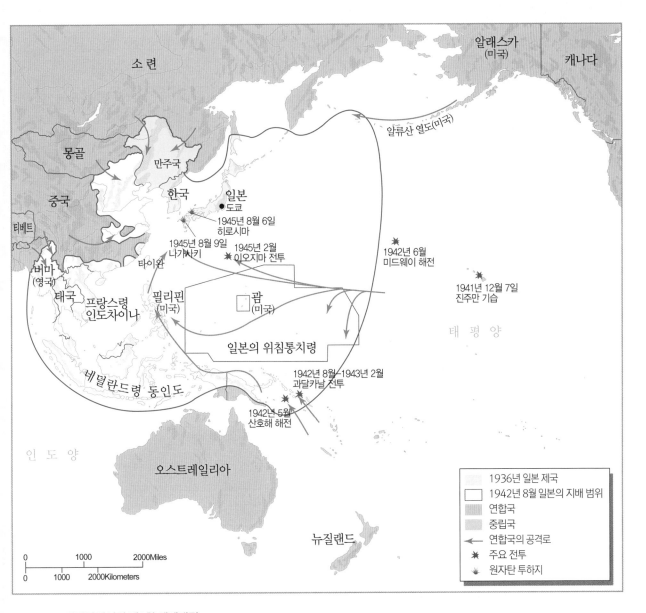

태평양에서의 제2차 세계대전

제2차 세계대전 기간 중 태평양 전선의 주요 작전들과 중요한 지리적 특징들에 주목하라. 일본이 필리핀, 네
덜란드령 동인도 제도, 동남아시아를 공격할 때 일본의 전략이 미국의 태평양 함대를 파괴하는 것에 의존한
이유는 무엇인가? 미국의 항공모함들이 진주만에 있지 않았다는 사실이 다음 번 태평양에서의 주요 전투들,
예컨대 산호해와 미드웨이 전투에 어떤 영향을 끼쳤는가? 어떤 요인들이 미국인들로 하여금 히로시마와 나
가사키에 원자폭탄을 투하하는 것이 전쟁을 끝내기 위한 가장 신속한 방법이라고 결정하도록 이끌었는가?

을 능가하는 새로운 함선과 항공기들을 만들어낸 빠르게 증대된 생산 시간표와 일본을 무찌른 두 명의 유능한 장군들인 체스터 니미츠(1884~1966)와 윌리엄 홀시(1882~1959)의 덕을 보았다. 1942년 미국은 코럴 해와 미드웨이에서 치러진 해전에서 결정적인 승리를 거두었다. 이 해전은 양측의 항공모함에서 날아온 전투기가 승패를 갈랐다. 미 해병대는 1942년 초 과달카날 섬에 상륙해 수개월에 걸쳐 격렬한 전투를 치른 후 그곳에 있는 일본의 전략적 기지를 점령했다. 이러한 성공으로 미 해병대는 태평양 전역에 걸쳐 있는 일본이 장악한 일련의 섬에 있는 기지들을 파괴하는 섬 건너뛰기(island hopping) 작전을 개시했다. 이것은 때로는 수류탄과 총검으로 마무리되는 잔인한 전쟁이었다. 양측은 각자 상대방이 인종적으로 열등하다고 생각했다. 일본군은 종종 항복을 거부했다. 따라서 미국과 오스트레일리아 군대는 포로를 거의 사로잡지 못했다. 1943년에 이르러 일본의 승승장구는 멈추었고 일본 해군은 대부분의 주력 함대를 상실했으며 연합군은 싱가포르와 필리핀을 향해 서서히 진격을 개시했다.

국가들의 흥망: 독일의 동부 전선과 유럽의 점령

✦ 나치는 어떻게 대륙적 제국을 지배했는가?

대서양과 북아프리카 사막에서의 전투가 일진일퇴를 거듭하는 동안 독일은 남동부로 이동해 발칸 반도로 진입했다. 1941년 독일은 단 한 차례의 전투도 없이 유고슬라비아를 점령했다. 독일은 크로아티아인의 괴뢰 국가를 세우고 크로아티아인에게 나치가 직접 통치하는 이웃 세르비아인과 맞붙게 함으로써 유고슬라비아의 조각보 모음과도 같은 소수민족을 이간시켰다. 루마니아, 헝가리, 불가리아도 나치의 동맹국으로 가담했다. 이탈리아의 침공에 대해 결정적인 패배를 안겨주었던 그리스는 자국을 침략한 엄청난 독일군과 마주쳤다. 그리스는 항복을 완강하게 거부했다. 급작스럽게 구성된 그리스, 영국, 뉴질랜드군 연합 부대는 1941년 6월 크레타 섬을 점령하기 위해 파병된 독일군 공수부대를 거의 패배시켰다. 많은 그리스인은 게릴라로 싸우기 위해 산악 지대로 들어갔지만 그리스는 결국 함락되고 말았다. 1941년 여름까지 스웨덴과 스위스를 제외한 전 유럽 대륙은 나치와 동맹을 맺거나 그 지배를 받게 되었다. 이러한 승리 그리고 강제노동과 다른 나라들의 돈으로 독일을 부유하게 만든 약탈 경제는 히틀러로 하여금 국내에서 상당한 인기를 누리게 만들었다. 그러나 이것은 한층 더 거대한 계획의 단지 첫 단계일 뿐이었다.

히틀러의 궁극적 목적과 독일의 국가적 운명은 동쪽에 있었다. 히틀러는 소련과의 불가침 협정을 독일이 최후의 전쟁이 준비될 때까지만 지속되는 편의상 행동으로 여겨왔다. 1941년 여름에 이르러 독일은 준비된 것처럼 보였다. 1941년 6월 22일 히틀러는 소련 침공의 암호명인 바르바로사 작전(Unternehmen Barbarossa)을 시작했다. 독일군 최정예 부대가 선봉에 서서 러시아가 그들 앞에 내세울 수 있는 모든 군대를 패배시켰다. 1930년대에 자행된 스탈린의 숙청은 수많은 유능한 군 장교들을 유형 보내거나 처형했고 그 결과는 독일군 탱크 부대에 맞서 러시아의 지리멸렬과 민심 이탈로 나타났다. 독일군이 백러시아(Byelorussia, 오늘날의 벨로루시), 발트 해 국가들, 우크라이나로 깊숙이 공격해 들어가면서 수십만 명이 포로로 잡혔다. 독일도 나폴레옹처럼 다국적군을 이끌었다. 다국적군에는 이탈리아인, 헝가리인, 루마니아군의 대부분, 스탈린의 권위주의 정권에 대해 불만을 품은 발트 해와 우크라이나에서 온 용병 등이 포함되었다. 1941년 가을 동안 나치는 적군 전력의 상당 부분을 파괴했고 공산주의의 파괴와 인종적 정화라는 두 가지 목적을 활기차게 추구했다.

소련에 대한 전쟁은 이데올로기와 인종적 증오의 전쟁이었다. 전진하는 나치 군대는 그들이 지나간 자리에 불타버린 밭과 마을을 남겼고 '바람직하지 않은 요소들'을 제거해 방법론적으로 점령한 영토들을 일소해버렸다. 러시아 게릴라들이 저격과 파괴 활동으로 반격을 가하자 독일군은 수백 명의 죄 없는 인질들에게 고문을 가한 다음에 앙갚음으로 그들을 총살하거나 교수형에 처했다. 러시아 게릴라들은 재빨리 포로가 된 독일군에게 똑같은 응징을 가하기로 결정했다. 1941년 말에 이르러 동부에서의 전쟁은 파멸적인 전쟁이고 양측이 단지 한쪽만 살아남게 될 것이라고 믿고 있다는 것이 분명했다. 1941년 승자는 독일이 될 것처럼 보였다. 독일군은 모스크바를 향해 진격하고 있었다. 하지만 베를린으로부터의 명령에 따라 모스크바로 몰려가던 독일군은 겨울이 닥치기 전에 소련의 저항 능력을 꺾기 위한 노력의 일환으로 러시아의 산업 심장부를 공격하려고 남쪽으로 방향을 돌렸다. 이것은 소련의 수도가 공격당하는 것을 면하게 해주었고, 러시아인과 지도자들 그리고 러시아군은 더욱더 결의에 찬 저항을 조직하기 시작했다.

히틀러는 전 유럽 대륙에 걸쳐 뻗어 있는 제국을 그럭저럭 이어 맞췄다. 그의 정부는 다음과 같이 발표했다. "우리는 새로운 질서와 새로운 정의의 사자(使者)로서 왔다." 히틀러는 특히 자신의 통치를 '새로운 인도 제국(New Indian Empire)'에 비교했고 영국의 제국주의 기

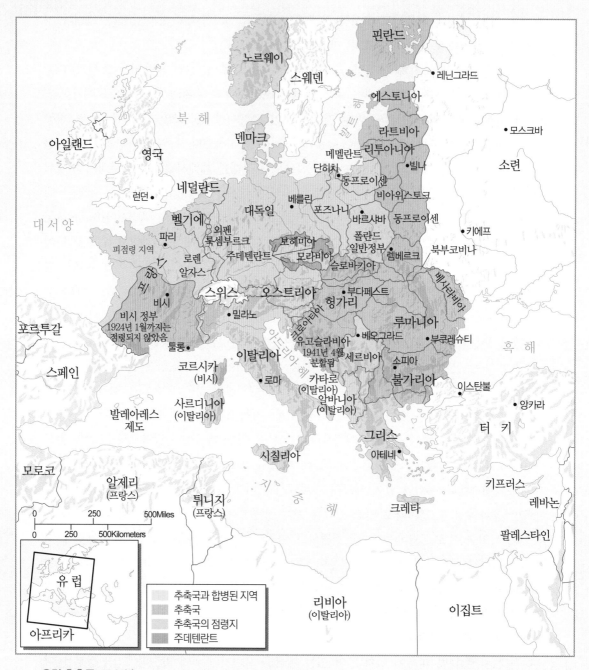

유럽 추축국, 1941년

히틀러와 무솔리니는 어떻게 독일의 소련 침공 직전 무렵에 대부분의 유럽 본토를 지배했는가? 히틀러가 어떤 영토들은 독일에 합병하기로 결정했으면서도 그 밖의 영토들은 점령하기로 정한 이유는 무엇인가?

법을 연구했노라고 주장했다. 새로운 질서의 상당 부분은 즉흥적인 것이었고, 폴란드와 우크라이나의 군사 정부, 프랑스의 부역자들, 헝가리의 파시스트 동맹자 등과 같은 임시정부들의 조각보 모음에 의존했다. 가장 분명한 원리는 독일의 패권이었다. 이에 대해 당시에 이탈리아의 한 외교관은 다음과 같이 말했다. "독일이 꼭대기에 있는 피라미드처럼 유럽을 계급 제도적으로 조직하고자 하는 독일의 단호한 결정은 모든 사람이 알고 있다." 이러한 제국은 독일 시민을 먹여 살리고 전쟁에 대한 사기와 지지를 유지해 1914~1918년 사이에 독일의 승리를 방해했다고 히틀러가 믿었던 '등 뒤에서 칼에 찔리는 일'을 막아주는 것을 의미했다. 점령된 나라들은 세금, 식량, 산업 생산, 인력 등으로 폭등한 '점령 비용'을 지불했다. 1942~1943년간 200만 명 이상의 외국인 노동자들이 프랑스, 벨기에, 네덜란드, 소련 등으로부터 독일로 끌려왔다. 나치는 노동자들을 징용하면서 공산주의의 '적색 위협'으로부터 유럽을 구하기 위해 유럽을 통합하고 있다고 말했다. 이러한 선전은 거의 아무런 효과도 없는 것처럼 보였다. 이와는 반대로 최소한 독일로 노동하기 위해 프랑스로부터 강제 이송된 시민은 개인을 지하 저항 운동으로 이끄는 데 그 어떤 정책보다도 더 많은 것을 했다.

적 치하의 요구 사항들과 부역 및 지하 저항 운동에 관한 정치적·도덕적 문제들이 점령된 유럽 전역에 걸친 문제였다. 나치는 다수의 점령한 영토들에 괴뢰 정부를 세웠다. 노르웨이와 네덜란드 양국은 점령으로 인해 심하게 분열되었다. 이들 나라에서 각각 상대적으로 소규모이지만 헌신적인 나치당이 독일인이라는 미명하에 통치한 반면에 그와 동시에 잘 조직되고 결의에 찬 레지스탕스 운동이 연합국을 위해 정보를 모으고 파괴 활동을 수행했다. 덴마크에서는 독일 점령군에 대항해 덴마크인이 한층 더 단합해 독일 행정가들을 분노하게 만든 정기적인 수동적 저항 활동에 참여했다. 또한 평범한 시민들은 자국의 유대인 대부분을 안전하게 중립국 스웨덴으로 밀입국시키기 위해 함께 단결했다.

다른 곳에서 부역, 저항, 이기적인 무관심 사이의 관계는 좀 더 복잡했다. 프랑스에서 부역은 점령당한 상황에서의 단순한 생존 전술에서부터 나치의 이상과 목적을 위한 적극적 지지에 이르기까지 다양했다. 그 최악의 본보기는 비시 정권의 적극적인 반유대주의와 프랑스 당국이 프랑스의 유대인을 고립시켜 범죄자로 만들어 강제노동수용소로 이송시킨 일이었다. 독일 정복자들과 함께 생활하는 것은 프랑스의 시민에게 (그리고 다른 곳의 시민에게) 선택을 해야만 하도록 만들었다. 많은 사람은 다른 사람들의 이해관계, 특히 '바람직스럽지 못한' 유대인과 공산주의자를 희생시킴으로써 자신의 이해관계를 지키는 길을 선택했다. 그와 동시에 공산주의 활동가들, 군부의 일부 구성원들, 밀수와 정부에 대한 저항의 오랜 전통을 갖고 있던 프랑스의 중앙 산악지대 사람들과 같은 보통 사람은 적극적인 게릴라와 파괴 공작원이 되었다. 그들은 카리스마적이고 콧대가 센 샤를 드골(1890~1970)이 이끄는 자유 프랑스(Forces françaises libres)와 제휴해 중요한 정보를 연합국에 제공했다. 동유럽에서의 지하 저항 운동은 각국의 파시스트에 대한 공개적인 전투와 내전을 불러일으켰다. 유고슬라비아에서 독일의 점령 체제는 파시스트 크로아티아인이 대부분의 세르비아인과 싸우게 만들었다. 크로아티아 파시스트 호위대인 우스타샤(Ustaša)는 수십만 명의 세르비아인 동방 정교회 교도를 학살했다. 아이러니하게도 크로아티아인인 요시프 브로즈 티토(1892~1980)는 군사적으로는 제2차 세계대전에서 가장 중요한 저항이었던 강력한 유고슬라비아 지하 저항 운동의 지도자로 부상했다. 티토의 부대는 공산주의자였고 게릴라 군대를 형성하기에 충분할 정도로 강했다. 그들은 독일군, 이탈리아군, 크로아티아 파시스트들과 싸웠고, 연합국으로부터 지원과 보급품을 받았다.

유럽의 피점령국 시민이 직면한 아마도 가장 중요한 도덕적 문제는 국가적 충성심이 아니라 오히려 나치의 절대 용서 못할 적, 즉 유대인, 공산주의자, 집시, 동성애자, 정치적으로 '바람직스럽지 못한 자들' 등에 대한 개인적 태도였다. 리비에라 해안을 끼고 살았던 일부 프랑스계 유대인은 그 지역을 점령한 이탈리아인 가톨릭교도 장교들이 동료 프랑스인보다 그들을 강제 이송에서 구해주려는 의지가 더 강한 것을 알았다. 강제 이송자를 돕기 위해 가족, 친구, 경력 등이 위험해질 것인가 아니면 단순히 이를 외면하고 대량 살상을 허용할 것인가라는 심원한 문제는 이 전쟁에서 가장 강력한 딜레마 중 하나였다.

인종 전쟁, 인종 청소, 홀로코스트

♣ 제2차 세계대전은 어떠한 방식에서 '인종 전쟁'이었는가?

나치는 애초부터 이 전쟁을 인종 전쟁으로 보고 있었다. 히틀러는 『나의 투쟁』에서 인간 이하의 것들(Untermenschen, 또는 '열등 인간')인 유대인, 집시, 슬라브인 등에 대한 전쟁이 당연하고 필수적인 것이라는 관점을 이미 드러냈다. 그것은 독일인을 정화시켜줄 뿐만 아니라 국가의 팽창을 위해 영토를 정복하는 것이었다. 따라서 전쟁이 발발하자마자 나치는 제3제국의 인종 지도를 다시 그리려는 또는 오늘날 인종 청소라고 부르는 야심찬 계획들을 이행하기 시작했다. 1939년 가을 폴란드를 정복하자 하인리히 힘러는 대량의 인구 이동을 위해 친위대를 지휘했다. 독일계 소수민족은 다른 곳에서 제국의 국경 안으로 이동시키고, 폴란드인과 유대인을 동쪽에 있는 특별히 지정된 지역으로 강제 이송시켰다. 발트 해 국가들에서 온 20만 명 이상의 독일계 소수민족이 서프로이센에 재정착했다. 이들 독일계 소수민족에 대한 환영은 폴란드인 특히 폴란드계 유대인에 대한 잔인무도한 테러 운동과 더불어 행해졌다. 나치는 잠재적인 저항의 모든 근원을 뿌리 뽑고자 했다. 위험한 지식인들로 간주된 크라쿠프 대학의 교수들은 강제노동수용소로 이송되어 그곳에서 죽었다. 나치 친위대는 정신병원의 병동을 점령하게 하기 위해 폴란드 정신병원의 수용자들과 같은 '바람직스럽지 못한 자들'을 사살하기도 했다. 폴란드인은 강제노동수용소로 이송되었고, 수만 명의 유대인은 바르샤바 남부에 있는 루블린 지역으로 수송되었다. 죽음의 군단(death squad)은 거리와 유대교 회당 앞에서 유대인을 사살하기 시작했다. 이러한 폴란드 출정으로 1940년 10만 명의 유대인이 목숨을 잃었다.

유럽 유대민족의 제거는 나치의 민족 투쟁(Rassenkampf) 또는 '인종 투쟁'의 중심에 있었다. 우리는 앞서 히틀러가 권좌에 등극하고 '수정의 밤'(제25장 참조)을 비롯해 1930년대 독일에서 유대인 공동체에 대한 테러 운동을 고조시키는 반유대주의의 역할을 살펴보았다. 제2차 세계대전은 그러한 운동을 과격하게 만들었다. 역사가들은 나치가 유럽의 유대인 몰살을 위한 청사진을 갖고 있었는지 아닌지에 대해 의견이 일치하지 않는다. 오늘날 대부분의 역사가들은 나치의 우선권이 전쟁의 리듬과 사납게 변하는 히틀러의 기분에 따라 변했다는 것을 강조한다. 1938년과 1941년 사이에 나치의 계획들은 단일한 초점이 없었다. 계획들은 독일계 유대인을 이주시키는 것에서 아프리카 남부 해안에 있는 이전의 프랑스 식민지인 마다가스카르로 모든 유럽의 유대인을 강제 이송하는 것에까지 이르렀다. 이 모든 계획표는 특히 폴란드에서의 일상적 테러와 빈번한 학살의 전력(前歷)과는 반대로 고안되었다. 하지만 1941년 6월 소련 침공은 홀로코스트(Holocaust)에 이르는 죽음의 길에서 전환점이었다. 바르바로사 작전은 다음과 같은 몇 가지 변화를 가져왔다. 첫째, 홀로코스트는 슬라브인, 유대인, 마르크스주의자 등을 겨냥한 나치의 격심한 이데올로기적이고 인종적인 증오로 활기를 띠게 되었다. 예컨대 괴벨스는 러시아인을 "인간이 아니라 동물들의 덩어리"라고 표현했다. 폴란드 침공은 사악한 것이었다. 하지만 소련 침공은 솔직하게 '몰살의 전쟁(war of extermination)'이었다. 둘째, 독일군의 침공은 기대했던 것보다 훨씬 신속하게 성공했다. 엄청난 성공은 나치 지배층에 도취감을 안겨주었다. 히틀러는 동부 제국 건설이라는 꿈을 실현하는 데 매우 가까이 다가간 것처럼 보였다. 그러나 성공은 또한 수백만 명의 소련군 포로, 소련 민간인, 그리고 이제는 나치 수중에 들어오게 된 소련 유대인들을 어떻게 통제할 것인가에 대한 두려움과 염려를 낳았다. 의기양양과 걱정이 결합하는 것은 치명적인 일이었다. 그것은 재빨리 체계적인 잔인무도함에서 잔학 행위로 바뀌었고 그 다음에는 그 어느 누구도 상상할 수 없었던 규모의 학살로 이어졌다.

나치 군대가 1941년 소련을 휩쓸면서 사로잡힌 공산주의자 관리들, 정치적 선동가들, 그리고 적대적인 민간인들은 모두 투옥되어 고문당하거나 사살되었다. 약 550만 명의 전쟁 포로들이 사로잡혀 수용소로 행진했다. 그중 절반 이상이 굶어죽거나 처형되었다. 소련 지배하에 있던 지역의 폴란드인, 유대인, 러시아인은 독일 공장들에서 노예노동을 하기 위해 독일로 강제 이송되었다. 군대의 뒤를 바싹 따라서 아인자츠그루펜(Einsatzgruppen, 이동 학살 부대) 또는 '죽음의 군단'이 들어왔다. 그들은 1만 1,000명의 친위대 부대들과 연합해 신원 확인이 '어려운' 러시아인이나 폴란드인이 사는 유대인 마을과 소읍들을 습격했다. 마을의 남성 모두는 사살되었고 여성과 어린이는 강제노동수용소로 이송되거나 남성들과 더불어 학살되었다. 1941년 9월에 이르러 아인자츠그루펜은 비(非)성역화[2] 활동으로 대부분이 유대인인 8만 5,000명을 죽였다고 보고했다. 1942년 4월까지 그 수는 50만 명에 달했다. 이러한 살육은 가스실이 작동하기 이전에 시작되었고 동부 전선에서의 군사 행동 기간 내내 계속되었다. 1943년 당시 죽음의 부대는 대략 220만 명의 유대인을 살해했다.

바르바로사 작전이 진행되면서 점령 지역의 독일 행정 기관들은 일부 유대인 공동체들이 수세기 동안 점유해온 게토들로 지방의 유대인을 한층 더 엄하게 몰아넣었다. 그러한 게토 중 가장 큰 것은 폴란드의 바르샤바와 우즈(Lodz)에 있었다. 그곳에서 나치 행정관들은 게토에 있는 유대인이 보급품을 몰래 저장하고 있다고 비난하면서 식량이 반입되는 것을 막았다. 게토들은 기아와 질병의 중심지가 되었다. 게토를 떠난 사람들은 되돌려 보내지는 것이 아니라 사살 당했다. 한 독일인 의사는 이러한 방식으로 살육을 하는 것에 관한 나치 정권의 논리를 다음과 같이 요약했다. "나는 매우 솔직하게 말할 수 있다. 이것만은 분명하다. 그곳에는 단 두 가지 방법이 있다. 게토에 있는 유대인에게 굶어죽는 형을 선고하거나 사살한다. 결과는 동일할지라도 후자가 한층 더 위협적이다." 요컨대 요점은 단순히 죽음이 아니라 공포였다는 말이다.

---

2) 게릴라 활동의 근거지가 될 수 있는 마을이나 식량 공급원 등을 파괴하는 전술.

홀로코스트: 우크라이나에서의 학살들

우크라이나에서의 대량 학살에 관한 다음의 설명은 1946년 뉘른베르크 재판에서 어느 독일인 토목기사가 한 증언에서 발췌한 것이다. 이러한 사건들이 너무도 자주 발생해서 그의 증언은 수많은 묘사들 중 하나일 뿐이다. 친위대가 그에게 이 사건을 목격하도록 허용한 것에 주목하라.

1941년 9월에서 1944년 1월까지 저는 본사가 우크라이나의 스돌부나우(Sdolbunow)에 있는 졸링겐 요제프 융이라고 하는 건설 회사 한 지점의 관리자 겸 수석 토목기사였습니다. 이런 자격으로 저는 회사의 건설 현장을 방문해야 했습니다. 회사는 우크라이나의 두브노 근처에 있는 예전의 비행장에 곡물 사일로를 건설하기 위해 육군 건축 사무소와 계약을 맺었습니다.

제가 1942년 10월 5일 현장을 방문했을 때 저의 감독인 함부르크-하르부르크 시 아우센 윌렌베크 가 21번지에 사는 후베르트 뫼니케스(Hubert Moennikes)가 저에게 두브노 출신의 유대인들이 길이 약 30미터에 깊이 3미터 되는 세 개의 커다란 구덩이가 있는 곳 근처에서 사살되었다고 말해주었습니다. 대략 하루에 1,500명의 사람들이 죽임을 당했습니다. 그 일이 있기까지 두브노에 살고 있었던 약 5,000명의 유대인 모두가 죽임을 당할 예정이었습니다. 그의 면전에서 일어난 사살 사건 이래로 그는 여전히 매우 충격을 받은 상태입니다.

그래서 저는 뫼니케스를 따라 건축 현장에 갔고 그 근처에서 30미터 길이에 2미터 높이의 흙으로 덮인 커다란 언덕을 보았습니다. 몇 대의 화물 자동차가 그 언덕 앞에 주차되어 있었고, 그곳에서 사람들이 친위대 사람들의 감독 하에 무장한 우크라이나 민병대에 의해 몰려가고 있었습니다. 민병대는 화물 자동차들에 감시병들을 붙여주었고 그들을 구덩이 여기저기로 내몰았습니다. 그 사람들은 모두 옷의 앞뒤에 규정된 노란색 헝겊조각을 붙이고 있어서 유대인임을 확인할 수 있었습니다.

뫼니케스와 저는 곧장 그 구덩이들로 갔습니다. 우리는 그렇게 해도 제지를 받지 않았습니다. 저는 이제 언덕 뒤에서 들려오는 일련의 소총 사격 소리를 들을 수 있었습니다. 모든 연령대의 남녀와 어린이로 구성된 화물 자동차에서 내린 사람들은 손에 말 채찍이나 개 채찍을 들고 있는 친위대 사람들의 명령에 따라 옷을 벗어야만 했습니다. 그들은 의복을 신발, 옷과 속옷을 위한 별도의 더미에 두어야 했습니다. 저는 대략 800~1,000켤레의 신발이 쌓인 더미와 엄청나게 쌓아올린 속옷과 의복을 보았습니다.

그 사람들은 울거나 울부짖지 않고 옷을 벗은 채 가족 집단으로 함께 서서 역시 채찍을 손에 들고 구덩이 가장자리에 서 있는 또 다른 친위대 사람의 신호를 기다리면서 서로 껴안고 작별인사를 나누고 있었습니다. 제가 그 구덩이 근처에 서 있던 15분 동안 저는 단한 마디의 불평이나 자비를 구하는 말을 듣지 못했습니다.……

저는 언덕을 우회해 거대한 무덤 앞에 섰습니다. 시체들은 너무나 빽빽하게 한데 채워져 누워 있어서 거의 모든 사람의 피가 그들의 어깨 위로 흘러내린 머리만 보일 뿐이었습니다. 몇몇 사람은 아직도 움직이고 있었습니다. 다른 사람들은 자신이 아직 살아 있다는 것을 보여주기 위해 손을 들고 머리를 돌렸습니다. 그 구덩이는 이미 4분의 3이 채워졌습니다. 저는 그 구덩이가 이미 약 1,000구의 시체로 채워졌다고 추산했습니다. 저는 사격을 가하고 있는 사람을 향해 눈을 돌렸습니다. 그는 친위대 사람이었습니다. 그는 구덩이 가장자리에 앉아 다리를 흔들거리고 있었습니다. 그는 자기 무릎 위에 자동 소총을 놓고 담배를 피우고 있었습니다. 완전히 발가벗겨진 사람들은 구덩이의 진흙 벽을 파내 만든 계단을 타고 내려가 거기에 누워 있는 사람들의 머리 위로 넘겨졌고 친위대 사람이 지시하는 지점에 멈췄습니다. 그들은 죽거나 부상당한 사람들 꼭대기에 누웠습니다. 그들 중 몇몇은 아직도 살아 있는 사람들을 달래며 그들에게 조용히 말했습니다. 그 다음에 저는 이어지는 소총의 총성을 들었습니다. 저는 구덩이 속을 바라보았고 뒤틀리고 있는 시신들이나 아래에 있는 시체들 위로 가라앉는 이미 생기가 없는 머리들을 보았습니다. 그들의 목덜미에서는 피가 흘러나왔습니다. 저는 물러나라는 명령을 받지 않은 것에 놀랐지만 군복을 입은 세 명의 우편집배원들이 인근에 서 있는 것을 알아챘습니다. 그 후 다음 차례에 해당하는 한 떼의 유대인들이 끌려와 구덩이로 내려가 이전 희생자들 위에 스스로 몸을 누이고 사살되었습니다.

돌아오는 길에 그 언덕을 한 바퀴 돌면서 저는 이제 막 도착한 또 다른 화물 자동차에 실린 사람들을 보았습니다. 그 차에는 환자와 허약한 사람들이 타고 있었습니다. 이미 발가벗겨진 다른 여성들은 기괴해 보일 정도로 가느다란 다리를 지닌 늙고 매우 여윈 여성의 옷을 벗기고 있었습니다. 그녀는 두 사람이 부축하고 있었고 마비된 것처럼 보였습니다. 발가벗겨진 사람은 언덕을 우회해 이 여성을 데리고 갔습니다. 저는 뫼니케스와 함께 그곳을 떠나 자동차로 두브노로 돌아갔습니다.

저는 상기 진술을 1945년 11월 10일 독일 비스바덴에서 작성하고 있습니다. 저는 그것이 완전한 진실이라고 하나님께 맹세합니다.

분석 문제

1. 그래베는 어떤 인물이고 어떻게 해서 이 사건들을 증언하게 되었는가?

2. 이 문서는 희생자들, 가해자들, 구경꾼들에 관해 정보를 제공해준다는 점에서 색다르다. 우리는 그 각각에 관해 무엇을 배우는가?

3. 그래베가 다른 사람들이 침묵을 지킬 때 자신이 두브노에서 본 것에 관해 증언한 이유는 무엇인가?

1941년 여름과 가을 내내 나치 관리들은 죽음의 수용소에서 대량 살상을 위한 계획들을 논의하고 종합했다. 게토들은 이미 봉쇄되었다. 어떠한 유대인도 점령 지역을 떠나서는 안 된다는 명령이 하달되었다. 그해 여름 나치는 한 번에 30~50명을 죽일 수 있는 독가스를 장착한 대형 화물 자동차를 실험했다. 이러한 실험들과 가스실들은 독일에서 이미 8만 명의 인종적으로, 정신적으로 또는 신체적으로 '부적합한' 개인을 죽인 T-4 안락사 프로그램을 진행한 과학자들의 도움으로 고안되었다. 1941년 10월에 이르러 친위대는 가스실을 갖춘 수용소를 건설하고 있었고 그곳으로 사람들을 강제 이송시키고 있었다. 폴란드인 죄수들을 가두기 위해 건설되었던 아우슈비츠-비르케나우(Auschwitz-Birkenau)는 수용소 중에서 최대 규모로 개조되었다. 아우슈비츠는 서로 다른 형태의 죄수들, 즉 여호와의 증인과 동성애자 같은 '바람직스럽지 못한 자들', 폴란드인, 러시아인, 그리고 심지어는 일부 영국군 전쟁 포로들을 수용했지만, 유대인과 집시들만 그곳에서 체계적으로 절멸된 사람들이었다. 1942년 봄과 1944년 가을 사이에 100만 명 이상의 사람들이 아우슈비츠-비르케나우 수용소 한 곳에서만 살해되었다. 죽음의 수용소 개장은 1942년에서 1943년에 이르는 가장 거대한 대량 학살의 물결을 일으켰다. 화물차들은 처음에는 폴란드의 게토들에서 그 다음에는 프랑스, 홀란드, 벨기에, 오스트리아, 발칸 반도의 국가들, 그리고 나중에는 헝가리와 그리스에서 유대인을 실어 날랐다. 시신은 죄수들이 파놓은 구덩이에 묻거나 소각로에서 태웠다.

죽음의 수용소는 근대적인 대량 학살 체계로서 나치즘의 잔혹 행위를 상징하게 되었다. 하지만 상당수 학살이 익명성을 띠거나 산업화되거나 정례적인 것이 아니었고 수용소 밖에서의 직접적인 우연한 마주침으로 일어났다는 사실이 중요하다. 유대인과 그 밖의 희생자들은 단순히 살해되기만 한 것은 아니었다. 그들은 고문당하고 두들겨 맞으며 공공연히 처형되었고, 한편에서는 군인들과 구경꾼들이 카메라로 처형 장면을 찍어 사진들을 가족에게 보냈다. 전쟁의 마지막 국면 동안에 여전히 강제수용소에 있던 수용자들은 유일한 목적이 고통을 겪으며 죽은 것이었던 죽음의 행진에 처해졌다. 살인은 특별히 사상을 주입받은 친위대와 아인자츠그루펜만 자행한 것은 아니었다. 나치 정권은 101 예비 경찰 대대(Reserve Police Battalion 101) 같은 징집병의 집단을 그들의 주둔 도시인 함부르크에서의 임무에서 불러내 점령 영토들에 파견했다. 그곳에서 중년층으로 구성된 경찰 부대는 어느 마을에서 하루에 1,500명의 유대인 남성, 여성, 어린이를 죽이라는 명령을 받고 이를 수행했다. 사령관은 이러한 임무를 수행할 수 있다고 생각하지 않는 사람들에게 이를 면제할 기회를 주었는데, 단지 소수의 사람들만이 다른 임무를 요청했다. 처음에는 소련에 점령당했다가 그 다음에 나치가 다시 장악한 어느 폴란드 마을의 폴란드인 주민들은 독일군으로부터 최소한의 지침이나 도움 없이 스스로 유대인 이웃들을 갑자기 공격해 수백 명을 단 하루 만에 죽였다.

얼마나 많은 사람들이 홀로코스트의 범위를 알고 있을까? 대량 학살의 규모를 측정하는 일은 다음과 같은 많은 사람들의 도움이나 정보 없이는 불가능하다. 나치의 지배층, 수용소 건설을 도운 건축가들, 가스실과 소각로를 설계한 기술자들, 사람들을 강제 이송시킨 도시들의 시정 관리들, 기차 기관사들, 시신이 타는 냄새를 맡았다고 보고한 수용소 인근 마을의 주민들 등이다. 최악의 상황을 의심한 대부분의 사람들이 겁에 질려 무력했다는 것은 놀랄 일이 아니다. 많은 사람이 알기를 원치 않았고 증거를 무시하고 자신의 삶을 계속하기 위해 최선을 다했다는 것 또한 놀랄 일이 아니다. 나치를 계속해서 지지했던 많은 사람들은 다른 이유들, 즉 개인적 기회주의나 공산주의에 반대하고 질서 회복을 원했기 때문에 그렇게 했다. 하지만 단순한 대중적 무관심은 나치가 그토록 많은 사람을 학살할 수 있었던 능력에 대한 만족스러운 설명을 제공하지 못한다. 많은 유럽인들, 즉 독일인, 프랑스인, 네덜란드인, 폴란드인, 스위스인, 러시아인 등은 '해결되어야' 하는 '유대인 문제'가 있다고 믿게 되었다. 나치는 죽음의 수용소를 숨기려고 애썼다. 하지만 그들은 유대인들에게 특별히 신원 확인을 요구하고 결혼과 재산 소유에 제한을 두는 등의 차별에 대한 소리 높은 지지에 의존할 수 있다는 것을 알았다. 그리스도교의 전통적인 반유대주의와 과격한 근대 민족주의와 모두 관련이 있는 이유들로 인해 많은 유럽인은 유대계 유럽인을 더 이상 자신의 민족적 공동체에 있지 않은 '외국인'으로 보게 되었다.

여러 나라 정부들은 어떠했는가? 나치의 계획에 대한 그들의 협조 수준은 다양했다. 프랑스의 비시 정부는 자발적으로 유대인에게 유대인임을 확인시켜주는 별을 달도록 하고 그들의 이동과 활동을 엄격히 제한하는 법을 통과시켰다. 독일 정부가 유대인의 일제 검거와

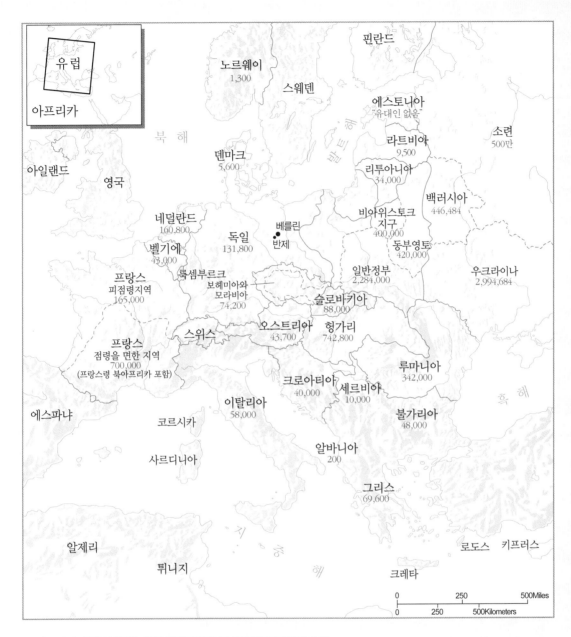

핀란드

노르웨이
1,300

스웨덴

에스토니아
"유대인 없음"

소련
500만

라트비아
9,500

덴마크
5,600

리투아니아
34,000

백러시아
446,484

북 해

비아위스토크
지구
400,000

동부영토
420,000

아일랜드

영국

네덜란드
160,800

베를린
반제

벨기에
43,000

독일
131,800

일반정부
2,284,000

우크라이나
2,994,684

룩셈부르크

프랑스
피점령지역
165,000

보헤미아와
모라비아
74,200

슬로바키아
88,000

스위스

오스트리아
43,700

헝가리
742,800

프랑스
점령을 면한 지역
700,000
(프랑스령 북아프리카 포함)

크로아티아
40,000

세르비아
10,000

루마니아
342,000

에스파냐

이탈리아
58,000

코르시카

불가리아
48,000

흑 해

사르디니아

알바니아
200

알제리

그리스
69,600

로도스 키프러스

튀니지

크레타

지 중 해

0   250   500Miles
0   250   500Kilometers

유럽

아프리카

히틀러의 '최종적 해결': 각국에서 죽임을 당하게 될 유대인의 숫자

1942년 1월 20일 독일 관리들이 유대인 문제에 대한 '최종적 해결'을 논의하기 위해 베를린 바로 외곽에 있는 반제(Wannsee)에서 만났다. 그들은 또한 자신들이 지배하거나 곧 지배할 것으로 기대하는 영토들에 남아 있는 유대인의 숫자라고 믿었던 것을 논의했다. 이러한 숫자를 면밀히 검토하라. 나치는 수백만 명의 죄 없는 사람들을 대량 학살할 작정이었는가?

강제 이송을 요구했을 때 비시 정부는 이에 협조했다. 한편 이탈리아는 파시스트 국가임에도 그다지 적극적으로 참여하지 않았다. 1943년 독일이 이탈리아 북부를 점령하기 전까지는 과감한 반유대주의 조처가 이행되지는 않았다. 역시 파시스트이자 나치와 동맹을 맺은 헝가리 정부는 유대인을 박해했지만 강제 이송과 관련해서는 일부러 꾸물거렸다. 따라서 헝가리의 유대인 공동체는 헝가리의 협력자들에게 넌더리가 난 독일이 1944년 3월 직접적인 통제권을 장악하고 즉각 대량 강제 이송을 시작할 때까지 존속했다. '최종적 해결'을 실행에 옮기기로 결정한 나치는 1944년 5월 아우슈비츠에서 하루에 1만 2,000명의 헝가리계 유대인을 죽였고, 결국 60만 명에 이르는 사람들을 학살했다.

이러한 나치의 결의에 직면해 저항은 거의 불가능했다. 강제수용소는 수용자들의 감각을 마비시켜 무기력하게 만들도록 고안되었기에 즉시 살해되지 않는다 할지라도 자신의 죽음이 서서히 다가오고 있다는 것을 묵묵히 따르도록 만들었다. 강제수용소의 생존자인 프리모 레비(1919~1987)는 자신의 유명한 수용소 생활에 대해 다음과 같이 설명했다. "우리의 언어는 이러한 범죄, 즉 한 인간의 파괴를 표현할 단어를 갖고 있지 못하다.……이것보다 더 비천하게 몰락하는 것은 불가능하다. 어떤 인간의 상황도 이보다 더 비참하지 않을 뿐만 아니라 아마도 그렇게 될 수도 없다. 우리에게는 더 이상 아무것도 속하지 않는다. 그들은 우리의 옷, 우리의 신발, 심지어 우리의 머리카락까지도 빼앗아갔다. 만약 우리가 말을 한다면 그들은 귀를 기울이지 않을 것이고, 만약 그들이 귀를 기울인다고 하더라도 그들은 이해하지 못할 것이다." 아우슈비츠와 트레블린카에서 있었던 소수의 반란들은 야만적인 방식으로 진압되었다. 폴란드, 우크라이나, 그리고 그 밖의 다른 마을들에서 강제 이송되거나 사살되기 위해 체포된 사람들은 탈출하기 위해 순간적인 결정을 해야 했다. 자신을 보존한다는 것은 거의 항상 자기 자식이나 부모를 버려야 한다는 것을 의미했고, 이는 사실상 극소수의 사람들만이 할 수 있거나 할 일이었다. 시골은 아무런 은신처를 제공해주지 못했다. 지방민들은 대개 그들에게 적대적이거나 도와주기에는 너무도 겁에 질려 있었다. 보복은 모든 사람을 공포에 질리게 만들었다. 유대인과 집시의 가족들은 자신들을 던져 쓰러뜨리는 이러한 종류의 폭력에 준비를 할 수 없었던 보통 사람들이었다.

유대인의 최대 저항은 1943년 봄 바르샤바 게토에서 일어났다. 그 전 해 여름 나치는 이 게토 거주자들의 80퍼센트를 수용소로 강제 이송했다. 이는 남아 있는 사람들에게 살아남을 가능성이 거의 없다는 것을 분명하게 해준 사건이었다. 강제 이송이 다시 시작되었을 때 게토에 있는 사람들은 실질적으로 아무런 자원이 없었지만, 7만 명이 사는 공동체에서

1,000명의 투사들로 구성된 소규모 유대인 지하 운동 조직은 가솔린 폭탄, 권총, 10정의 소총으로 이루어진 보잘것없는 무기로 나치에 덤벼들었다. 나치는 게토를 완전히 불태우고 남아 있는 거의 모든 사람을 처형하고 강제수용소로 이송하는 것으로 응수했다. 이 사건으로 약 5만 6,000명의 유대인이 죽었다. 친위대 사령관은 마침내 다음과 같이 보고했다. "바르샤바 게토는 더 이상 존재하지 않는다." 봉기의 소문이 퍼져나갔으나, 이러한 진압은 나치의 절멸 목표물들이 단지 거리에서 죽느냐 아니면 수용소에서 죽느냐 둘 중 하나만을 선택할 수 있다는 것을 분명히 해주었다. 어느 누군가가 말했듯이 지속적인 저항은 '승리할 것이라는 전망'을 필요로 했을 것이다.

홀로코스트는 410만 명에서 570만 명 사이의 유대인 목숨을 앗아갔다. 그러한 숫자들조차 일부 문화들의 거의 완전한 파괴를 보여주지는 않는다. 발트 해 국가들(라트비아와 리투아니아), 독일, 체코슬로바키아, 유고슬라비아, 폴란드 등에서 80퍼센트 이상이 족히 넘는 오래 지속되어온 유대인 공동체가 절멸되었다. 다른 곳에서는 그 수치가 50퍼센트에 육박했다. 홀로코스트는 독특한 사건이었다. 그것은 인종 전쟁의 일부였고 소수민족적 요인이 동기가 된 한층 더 오래된 대량 학살의 일부였다. 양차 세계대전과 이후의 시대에 내내 소수민족적이며 종교적인 집단들, 예컨대 아르메니아인, 폴란드인, 세르비아인 그리스 정교도, 독일계 소수민족들은 추적당해 학살당하며 합법적으로 집단적인 강제 이송을 당했다. 히틀러 정부는 독일계 소수민족과 자신의 동맹국들을 구해내고 공산주의에 대항해 굳게 지키기 위해 모든 문화의 묘지 위에 '새로운 유럽' 건설을 계획했던 것이다.

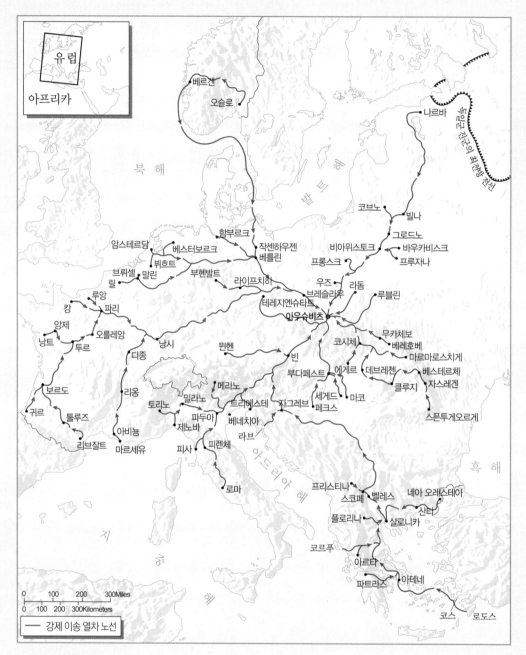

강제 이송 철도

1942년 3월에서 1944년 11월 사이에 유대인들은 수많은 다른 곳에서뿐 아니라 이 지도에 있는 모든 장소로부터 대부분의 사람들이 죽임을 당한 아우슈비츠로 강제 이송당한 것으로 알려져 있다. 동부 및 서부 전선에서의 전쟁 절정기에 제3제국의 변경으로부터 유대인들을 수송하기 위해 나치가 행한 노력에 주목하라. 이것이 특히 나치 정권과 나치에 기꺼이 협력하고자 한 다른 나라들에 관해 무엇을 말하고 있는지 생각해보라.

홀로코스트: 친위대의 두 가지 시각

죽음의 수용소들을 사열할 책임을 진 한 친위대 장교는 러시아 국경 근처의 점령지 폴란드에 있는 베우제츠(Belzec) 수용소를 방문하고 다음의 첫 번째 발췌문을 썼다. 그는 나치 정권에 반대했다. 이 글을 남긴 직후인 1945년 그는 자살했다.

나치당 창설 요원 중 한 사람이자 친위대 우두머리인 하인리히 힘러는 나치 정부의 가장 막강한 구성원 중 한 명이었다. 그는 1934년 반항적인 돌격대를 숙청하고 친위대를 확장했으며 죽음의 수용소 네트워크를 감독했다. 그는 다음에 발췌한 연설을 행한 1943년에 이르러 제3제국 행정부의 내무장관이 되었다. 나치 지도자들의 특징이었던 야망, 이데올로기, 무자비함의 결합을 이보다 더 잘 보여주는 것은 거의 없다. 힘러는 1945년 연합군에 생포되었을 때 자살했다.

죽음의 수용소들

다음 날 아침 2시가 되기 직전에 나는 다음과 같은 말을 들었다. "10분 내로 첫 번째 수송 열차가 도착할 것이다." 그리고 실제로 몇 분 뒤 첫 번째 열차가 렘베르크(Lemberg) 방향에서 도착했다. 45량의 죄수 호송차에 6,500명을 싣고 왔는데, 그중 1,450명은 도착 당시에 이미 죽어 있었다. 빗장을 질러 잠근 출입문 뒤에는 끔찍할 정도로 창백하고 겁에 질린 어린이의 얼굴들이 빤히 보였는데, 그들의 눈에는 죽음의 공포가 가득했다. 거기에 있는 남녀 모두 역시······

방들은 가득 채워졌다. "그들을 꽉 채워 넣어라." 그것이 비르트(Wirth) 대위의 명령이었다. 사람들은 서로의 발끝을 짓밟고 있었다. 25제곱미터의 45입방미터 공간에 700~800명의 사람들을 채우다니! 친위대는 그들을 가능한 한 많이 밀어 넣었다. 문들이 닫혔다. 그 사이 다른 사람들은 밖에 있는 공터에서 벌거벗은 채 기다리고 있었다. 나는 다음과 같은 말을 들었다. "겨울에도 똑같아." 그래서 나는 말했다. "하지만 저들이 얼어 죽을 수도 있을 텐데요." 그러자 한 친위대 사람이 친위대식 어투로 이렇게 대답했다. "그러나 저들을 저기에 저렇게 두는 것이 당연하지." 나는 이제 드디어 모든 장치를 헥켄홀트 재단(Heck-enholt Foundation)이라고 부르는 이유를 알았다. 이 장치를 만든 왜소한 기술자인 헥켄홀트는 디젤 엔진의 운전사이다. 사람들은 이 디젤의 배기가스로 죽임을 당하려고 한다. 하지만 이 디젤 엔진이 작동하지 않았다! 비르트 대위가 도착했다. 그는 분명히 내가 도착한 바로 그날에 이 일이 일어난 것에 대해 난처해했다. 정말로 나는 모든 것을 볼 수 있었다. 그리고 나는 기다렸다. 내 스톱워치가 시간을 모두 충실하게 재고 있었다. 50분 70초 [원문 그대로!]. 여전히 이 디젤은 시동이 걸리지 않았다. 사람들은 가스실에서 기다렸다.

헛되이. 그들이 울부짖고 흐느껴 우는 소리를 들을 수 있었다.……비르트 대위는 이 디젤 엔진의 작동에서 헥켄홀트 하사를 도울 책임이 있는 우크라이나인의 얼굴을 채찍으로 12번 내지 13번 가격했다. 2시간 49분 뒤에 (스톱워치는 시간을 모두 쟀다) 엔진의 시동이 걸렸다. 이 순간에 이를 때까지 사람들은 네 개의 가스실, 즉 750명의 네 배에 달하는 사람들이 45입방미터의 네 배에 달하는 공간에서 산 채로 있었다. 그 다음에 25분이 지나갔다. 그렇다, 이제 많은 사람들이 죽었다. 사람들은 전구가 가스실을 잠시 비출 때 작은 구멍을 통해 들여다볼 수 있었다. 28분 후에는 단지 소수의 사람들만 여전히 살아 있었다. 마침내 32분 후에는 그들은 모두 죽었다.……

친위대에 보내는 힘러의 지령들

나 또한 여러분에게 매우 중대한 문제에 관해 매우 솔직하게 이야기하고 싶다. 우리끼리는 그것을 매우 솔직하게 이야기할 수 있지만 그것을 결코 공개적으로 말하지 않을 것이다. 1934년 6월 30일에 우리가 명령받은 임무를 행하는 데 그리고 곤란한 상황 속에서 벽에 부딪혀 그들을 쏘는 데 실수한 동지들을 지지하는 데 주저하지 않았던 것과 마찬가지로 우리는 그것에 관해 결코 말한 적이 없고 그것에 관해 앞으로도 결코 말하지 않을 것이다. 그것은 모든 사람을 소스라쳐 놀라게 했지만 다음에 그런 명령이 내려지고 필요하다면 그것을 실행할 것임을 확신한다.

나는 유대인 소개 프로그램, 즉 유대인 절멸에 관해 언급하고 있다. 그것은 말하기 쉬운 일들 중 하나이다. 모든 당원 동지들은 다음과 같이 말한다. "유대인은 절멸될 것이다. 그것은 분명하고, 그것은 우리 프로그램에 있다. 유대인의 제거, 유대인의 절멸, 우리가 그 일을 할 것이다." 그런 연후에 소중한 800만 명의 독일인이 와서 이들 각자가 쓸 만한 유대인을 만들어낼 것이다. 다른 사람들은 인간돼지임이 분명하지만 이렇게 만들어낸 것은 괜찮은 유대인이다. 그렇게 말하는 사람 중 어느 누구도 그것이 일어난 것을 본 적이 없고 그들 중 어느 누구도 그것을 통과한 적이 없다. 여러분은 100구의 시체들이 나란히 누워 있거나 500구나 1,000구의 시체가 거기에 누워 있을 때 그것이 무엇을 의미하는지 알 것이다. 인간의 나약함으로 인한 소수의 예외는 별개로 하더라도 그것을 끝까지 해치우고 품위 있게 남아 있는 것, 그것이야말로 우리를 강인하게 만드는 것이다. 이것은 우리 역사에서 영광스러운 페이지이지만 결코 기록된 적도 없고 결코 기록될 수도 없다. 왜냐하면 공습 폭격과 전쟁으로 인한 부담 및 궁핍의 절정기에 만약 우리가 여전히 오늘날 모든 마을에서 비밀 파괴 활동가, 선동가, 말썽꾸러기들로서의 유대인들을 데리고 있다면 우리 스스로 그것을 이룩하는 것이 얼마나 힘든 일인지 잘 알기 때문이다. 우리는 아마도 유대인이 여전히 독일 국가 조직체의 일부였던 때인 1916~17년의 단계에 도달하게 될지도 모른다.

우리는 유대인들로부터 그들이 가지고 있는 부를 탈취해왔다. 나는 친위대 대장 폴 (Pohl)이 수행해온 엄중한 명령, 즉 이러한 부가 물론 무조건적으로 제3제국에 양도되어야 한다는 명령을 하달했다. 우리는 우리 자신을 위해서는 그러한 부를 아무것도 취하지 않았다.……대체로 말하면 우리는 우리 국민을 사랑하는 마음으로 이러한 가장 어려운 임무를 완수했다고 말할 수 있다. 그리고 우리의 정신, 우리의 영혼, 우리의 인품은 그것으로 인해 상처받지 않았다.……

분석 문제

1. 힘러는 "이것은 우리 역사에서 영광스러운 페이지이다"라고 말하지만 "결코 작성될 수 없는" 페이지라고 말한다. 그는 어떤 방법으로 그러한 모순을 조화시키는가? 무엇이 영광스러웠는가? 나치는 자신들이 저지르고 있는 것을 어느 정도로 감추려고 노력했는가?

2. 나치즘의 심리학에 관해 그리고 친위대 구성원들이 살인자들이 되도록 설득당한 방식에 관해 힘러의 연설이 암시하는 것은 무엇인가?

총력전: 후방, 생산 전쟁, 폭격, 그리고 원자 폭탄

♠ 전쟁은 후방을 어떻게 변모시켰는가?

제2차 세계대전은 '총력전'이었다. 이 전쟁에는 제1차 세계대전보다 훨씬 더 많이 전 인구의 결합된 노력이 포함되어 있다. 한층 대규모의 군대가 영토를 가로질러 훨씬 더 빠르게 이동했고 비슷한 정도로 잘 무장된 상대방들과 끊임없는 전투로 한곳에 고착되기도 했다. 이러한 전쟁은 교전국들의 모든 경제 활동을 끌어들이는 대규모 자원과 산업에 대한 국가적 투입을 요구했다. 전 세계적으로 생활수준은 변화했다. 연합국에 방대한 양의 원료를 공급한 라틴아메리카의 중립국들에서 전시 이윤은 '백만장자들의 댄스(dance of the millions)'라고 알려진 번영의 물결을 이끌었다. 독일이나 일본에 점령된 나라들에서 강제 추출

경제는 각 지역에서 자원, 노동자, 심지어 식량까지 약탈해갔다. 동아시아에서 이러한 탈취는 처음에는 오래된 식민 열강들의 통치를 끝내준 해방자로 여겨졌던 일본에 대한 증대되는 분노를 자아냈다. 미국에서 디트로이트는 1940년과 1945년 사이에 새로운 모델의 승용차나 트럭을 전혀 생산하지 못했다. 작업 시간표는 노동자들을 녹초로 만들었다. 임금 노동으로 되밀려오거나 처음으로 일하게 된 여성과 초로(初老)의 사람들은 요리하고 청소하며 가족을 돌보기 위해 귀가하기 전에 장시간 교대 근무에 투입되었고—영국과 러시아에서 교대 근무 시간은 때때로 12시간이 넘었다—이웃들 또한 적의 폭격과 전시 물자 부족의 영향을 받았다. 음식물도 바뀌었다. 독일은 몇 년 동안 유럽의 경작지로 편히 살았고 미국은 자국의 거대한 농업적 기반에 의지할 수 있었지만 식량, 휘발유, 기초 생필품들은 여전히 배급제로 공급되었다. 점령당한 유럽과 소련에서 식량은 단지 기아 수준을 상회하는 정도였고 전투가 벌어지는 지역 인근에서는 때때로 기아 수준 아래로 떨어졌다. 자체의 제국과 해외에 식량 및 원료 공급을 의존하는 영국은 생산을 유지하는 포괄적인 식량 배급 체제를 운영하면서 소량이지만 꾸준히 식료품을 확보해주었다.

상대편보다 더 많은 탱크, 텐트, 비행기, 폭탄, 군복 등을 대량 생산하기 위한 산업적 능력을 의미하는 생산은 전쟁 승리에 필수적이었다. 영국, 소련, 미국은 각각 전례 없는 규모로 전쟁 장비의 생산을 독려하는 광범위하면서도 잘 고안된 선전 운동을 개시했다. 전쟁에서 이기기 위해 애국심, 공동체적인 이해관계, 공통의 이해에 대한 호소는 심금을 울렸다. 연합국 사회는 기꺼이 스스로를 규제하고 전쟁 수행 노력에 헌신할 의지가 있음을 보여주었다. 파업과 정부 관리들과의 논쟁에도 불구하고 연합국은 역사상 그 어느 나라들보다도 자국의 경제를 전시 생산을 위해 한결 효율적으로 관리했다. 연합국은 앞선 독일과 일본의 설계와 경쟁할 능력이 있는 탱크, 함선, 항공기들을 제작했을 뿐만 아니라 그것을 수만 대씩 생산하며 부단한 보강과 우월한 화력으로 적국을 궁지에 몰아넣었다. 일본은 이와 비교될 만한 생산 수준에 도달했으나 연합국이 육지로 진격하고 미국의 잠수함들이 사활이 걸린 해외 보급품의 원천을 끊어놓으면서 서서히 생산이 줄어들었다. 독일은 명성이 자자한 효율성과 막대한 노예노동 공급의 획득성에도 불구하고 연합국들에 비해 노동력과 물자의 사용에 그다지 효율적이지 못했다. 압도적으로 성공적인 무기들을 생산할 수 있는 독일의 능력은 오히려 해로운 부작용을 낳았다. 즉, 막대한 돈과 시간이 나치 고위 관리들이 특히 좋아하는 프로젝트를 개발하고 성공적이지 못한 설계 작업에 소비되었다. 연합국은 완벽을 추구하는 데 시간과 자원을 낭비하기보다는 일의 추진에 필요한 표준적 설계를 개발하고 압도적인 수량으로 그것들을 생산해냈다.

전쟁에서 승리하기 위해서는 산업이 필수적이었기 때문에 산업 중심지는 사활이 걸린 군사적 목표물이 되었다. 연합국은 독일이 전쟁을 시작하자마자 독일의 항구와 공장들에 폭격을 가하기 시작했다. 시간이 지나면서 미국과 영국의 정책입안자들은 광범위한 범위에서 무자비해졌다. 연합국은 점령당한 유럽의 상공에 밤낮 상관없이 수천 대의 폭격기 투입을 가능하게 해준 신형 항공기와 기술을 개발해 주요 전략 폭격을 감행했다. 전쟁이 지속되고 독일이 전투를 계속하자 연합국은 전쟁 지역을 확대했다. 연합국은 독일의 군사 및 산업에 대한 정밀 조준 폭격에서 한 걸음 더 나아가 점령당한 유럽의 모든 지역에서 목표물들을 타격하고 독일의 민간인에 대한 본격적인 폭격으로 방향을 바꾸었다. 폭격의 도덕성에 관한 여론의 논란에도 불구하고 영국에게 이러한 폭격은 보복 전쟁이었다. 미국인에게 이 폭격은 너무 많은 연합국 사람들의 생명을 희생시키지 않고도 독일인을 괴롭히기 위한 노력이었다. 연합국이 베를린, 함부르크 같은 항구 도시들, 루르 지방의 산업 도시들에 폭격을 가해 수만 명의 독일 민간인을 죽였지만 독일의 전시 생산은 지속되었다. 그와 동시에 독일의 전투기들은 수백 대의 연합국 폭격기들을 격추시켜 막대한 손실을 야기했다. 연합국이 유럽을 침공한 이후에 폭격은 군사적 가치가 있는 목표물들을 훨씬 넘어서 확대되었다. 중공업 시설이 없는 문화 및 교육의 중심지인 독일의 드레스덴 시는 소이탄 폭격을 당해 끔찍한 인명 피해를 가져왔다. 이 사건은 연합국의 장군과 정치가들이 잠시 동안의 폭격 중단을 명하도록 만들었지만 전략 폭격은 계속되었다. 독일의 산업은 서서히 붕괴되었지만 싸움을 계속하고자 하는 독일의 의지는 영국이나 소련의 의지처럼 그대로 남아 있었다.

원자 폭탄을 개발하기 위한 경쟁

연합국이 독일과 일본에 대한 폭격을 감행하는 동안 미국에 있는 연합국 과학자들은 일찍이 고안된 적이 없는 가장 강력한 폭탄을 연구하고 있었다. 그것은 확실치 않은 과학 분야, 즉 원자물리학에서 암시를 얻은 있을 것 같지 않은 무기였다. 독일 과학자들과 더불어 이 분야를 이끈 영국의 물리학자들은 원자의 구조를 분열시키는 것이 가능할지도 모른다고 믿었다. 핵분열이라고 부른 이 과정은 원자보다 작은 입자들이 엄청난 에너지의 폭발을 일으키며 따로따로 분열하는 것이었다. 영국의 과학자들은 재원이 주어진다면 자신들이 연쇄 반응을 일으켜 마치 우주 구조에서 실을 풀어내듯이 원자 하나의 핵분열이 다른 원자들의 분열을 일으키게 할 수 있다고 믿었다. 이것은 엄청난 범위와 힘을 지닌 폭발을 일으킬 수 있었다. 영국의 과학자들은 이러한 아이디어로 연구를 시작했으나 제어된 연쇄 반응을 수행할 재원과 충분한 방사능 물질을 갖고 있지 못했다. 미국은 그러한 재원을 갖고 있었다. 그리고 미국이 제2차 세계대전에 참전하면서 영국은 자국이 갖고 있는 이론과 기술적 정보를 미국의 과학자들에게 넘겨주었다. 일부 미국 태생의 과학자들과 유럽의 파시스트 정권에서 탈출한 다수의 망명자들로 구성된 물리학자들은 연쇄 반응을 일으키는 연구에 착수했다. 이탈리아의 물리학자이자 헌신적인 반파시스트인 엔리코 페르미(1901~1954)는 시카고 대학 캠퍼스에 건설된 세계 최초의 원자로를 설계하는 책임을 맡았다. 1942년 12월 페르미는 그곳에서 최초로 제어된 연쇄 반응을 해냈다.

그사이 미국뿐만 아니라 독일 정부는 핵분열의 군사적 응용을 위한 노력하고 있었다. 그러나 독일은 애초부터 어려움에 봉착했다. 독일 최고의 전문가들 중 다수는 이제 미국을 위해 일하고 있는 유대인이거나 반나치 망명자들이었다. 독일은 또한 세밀한 부분의 결정적인 기술적 정보를 갖고 있지 못했고 재원도 훨씬 적었다. 특별히 훈련받은 노르웨이의 특공대가 노르웨이의 텔레마크에 있는 독일의 중수로 시설(원자 폭탄을 만들기 위해 필요한 우라늄을 분리시키기 위해 사용되었다)을 파괴했을 때 독일의 프로젝트는 그와 더불어 사라지고 말았다. 하지만 미국의 관리들은 그것이 파괴되지 않았을지도 모른다고 염려했고 그들 역시 이 신무기의 엄청난 파괴력을 감지했다. 암호명 '맨해튼(Manhattan) 프로젝트'는 이미 미국의 원자 폭탄을 제조하기 위한 철저한 노력을 관리하기 위해 작동하고 있었다. 이 프로젝트는 전시에 가장 철저한 보안 속에서 진행되었다. 루스벨트 대통령의 각료 대부분과 미국 연방 의회는 맨해튼 프로젝트의 진정한 목적을 알지 못했다.

1943년 뉴멕시코 주의 로스앨러모스에 한 연구소가 설립되어 어떤 폭탄의 기본적인 설계를 찾아내기 위해 시민이건 이민자이건 나이가 많건 적건 간에 미국에서 가장 유능한 핵물리학자들을 한데 불러 모았다. 물리학자 로버트 오펜하이머(1904~1967)가 미국 육군 항공대의 감독관과 더불어 이 프로젝트의 책임을 맡았다. 거의 2년 후 그들은 원래의 형태가 비행기로 투하되어 최대의 효과를 내기 위해 목표물 상공의 중간에서 폭발하는 기본적인 설계를 찾아냈다. 이 핵폭발 장치의 첫 실험은 1945년 7월 16일 로스앨러모스 인근에서 행해졌다. 열파(熱波)와 폭발음은 이루 형언할 수 없을 정도였다. 실험을 위해 준비한 탑은 열기에 사라져버리고 말았다. 상공에 버섯 모양으로 솟아오른 화염 덩어리는 다이너마이트 2만 톤에 필적하는 폭약의 물리학적 표현이었다. 맨해튼 프로젝트는 성공했다. 미국은 이제 발명된 적이 없는 가장 파괴적인 무기를 갖게 되었다. 폭발을 지켜본 후에 오펜하이머는 자신이 행한 일에 관한 쓰라린 논평으로 오래된 힌두교 경전에서 인용한 다음과 같은 한 구절을 암송하고 싶은 생각이 들었다. "나는 죽음이 되었고, 세계의 파괴자가 되었나니."

연합국의 반격과 원자 폭탄의 투하

🔷 소련은 독일을 어떻게 패배시켰는가?

히틀러는 1941년 6월 소련을 침공했다. 동부에서의 이 전쟁은 2년 이내에 히틀러가 파멸하는 원인이 되었고, 4년 내로 그의 파멸을 초래했다. 독일이 주도한 침공의 초기 성공은 커다란 타격을 주고 있었다. 소련 탱크의 거의 90퍼센트, 대부분의 항공기, 그리고 거대한 보급품 저장소 등이 파괴되거나 빼앗겼다. 나치 군대는 유럽 쪽 러시아로 깊숙이 침입했다. 소련은 이에 개의치 않고 싸웠다. 1941년 말 독일군과 핀란드군은 레닌그라드(상트페테르부르크)를 고립시키고 포위했다. 하지만 이 도시는 대규모 구원군이 포위망을 깨부술 때까지 세 차례의 겨울, 대포와 항공기로 인한 대량 파괴, 굶주림 등을 겪으며 844일 동안 버텼다. 러시아의 파르티잔들은 매복과 테러 행위를 통해 군사 행동을 감행했고 우크라이나와 다른 곳에 있는 독일의 이전 동맹국 중 다수는 나치의 비성역화 노력에 대한 반작용으로 독일에 반항했다.

동부 전선

가장 중요한 것은 동부 전선에서 전쟁의 성격이 바뀌었다는 점이었다. 나치 침략자와 스탈린 정권 사이의 투쟁으로 시작된 전쟁은 러시아인이 자신의 집과 가족을 위해 싸우면서 '로디나(rodina, 조국)'를 구하기 위한 전쟁이 되었다. 약삭빠른 정치인인 스탈린은 이 점을 잘 알고 있었다. 따라서 소련의 선전 문구는 조국 러시아를 찬양하는 상당량의 메시지를 포함하는 것으로 바뀌었다. 1941~1942년 사이의 겨울을 거치면서 살아남은 러시아 대중은 자신이 이 전쟁에서 정말로 살아남을 수 있다고 확신하게 되었고 어떠한 희생을 치르고라도 자신의 조국에서 독일군을 몰아내고자 전념했다. 이 전쟁에서 일어난 두 번째 변화는 스탈린이 '동장군(General Winter)'이라고 부른 혹독한 겨울로 인한 러시아의 승리였다. 무더운 진흙투성이의 여름에 이어진 잇따른 겨울들은 독일군의 사기를 앗아가면서 나치의 인명과 보급품에 꾸준한 손실을 발생시켰다. 세 번째 변화는 소련 산업의 놀라운 회복이었다. 소련은 북극 항로를 통해 상당한 위험을 감수하면서 미국과 영국의 원조를 받았지만, 그들이 이룩한 것의 대부분은 자력에 의한 것이었다. 모든 산업은 우랄 산맥 너머의 안전한 곳에 재건되었고 도시의 모든 사람은 그곳에서 일하기 위해 옮겨져 탱크, 전투기, 기관총, 탄약 등을 만들어냈다. 러시아가 일단 영국 상공에서 있었던 것과 똑같은 공중에서의 교착 상태를 만들어내자 그들의 무한한 예비 노동력은 헤아릴 수 없는 병기 비축을 뒷받침했다. 이 전쟁에서의 네 번째 변화는 자체의 성공으로 인해 희생자가 된 독일군과 관련이 있었다. 눈부실 정도로 독창적인 독일의 전투 방식인 전격전은 점검표에 따라 운영되는 예측 가능한 일련의 기동작전이었다. 러시아인은 그러한 판에 박힌 방식을 배우려고 열망했다. 그들은 전격전 과정의 각 단계를 잘 숙지했고 그것의 약점을 파악했다. 그리고 그들은 예기치 못한 각도에서 독일군을 압도하기 전에 독일군을 속여 그들이 성공했다는 그릇된 생각을 갖게 만드는 데 특히 유효하게 적용했다.

러시아 전선에서 1943년은 결정적인 한 해가 되었다. 그때 소련 산업의 중추를 파괴하려는 독일의 노력은 역사상 있었던 최대 규모의 가장 파괴적인 전투를 초래했다. 첫 번째 전투는 1942년 볼가 강 계곡에서 스탈린그라드 시를 겨냥한 독일군 주도의 대규모 공세와 더불어 시작되었다. 독일군은 소련군을 분열시키고 소중한 공장들을 파괴하기를 기대했다. 그러나 일단 독일군, 루마니아군, 이탈리아군이 스탈린그라드 교외에 진입하자 그들은 러시아 방어자들과 치열한 시가전에 돌입했다. 수적으로 우세한 소련군은 필요할 때는 돌덩이와 식칼을 사용하면서 실탄이 다할 때까지 싸웠다. 독일군 기갑 부대는 비좁은 거리에서 수류탄과 화염병에 무용지물이 되었다. 이 도시는 건물의 잔해로 뒤덮여 때때로 러시아군에게 독일과 루마니아군 부대들을 기습하기 위한 엄폐물을 제공했다. 러시아군은 겨울이 다가오면서 볼가 강 쪽으로 후퇴했으나, 나치의 보급품도 떨어지기 시작했다. 1942년 11월 대규모 러시아 군대가 이 도시 안에 있는 독일군을 포위했다. 공격자들은 이제 포위된 채 모진 겨울 내내 계속된 전투를 치렀다.

격노한 히틀러는 휘하 사령관들에게 한창 전투 중에 있는 부대들을 구출해낼 것을 명령했다. 포위망을 돌파하기 위한 모든 시도는 실패로 돌아갔고 1943년 1월 스탈린그라드에 있던 독일군 사령관은 명령을 무시하고 휘하 군대의 초췌한 생존자들과 더불어 항복했다. 25만 명 이상의 독일군, 루마니아군, 이탈리아군의 무리가 이 파괴된 도시에서 질질 끌려 나왔다. 이는 전투의 전 과정에서 죽은 독일군 숫자의 2배였다. 러시아인은 10만 명의 민간인을 포함한 100만 명의 사상자가 발생하는 고통을 겪었다. 제1차 세계대전에서의 베르됭이나 중국과 일본의 전투를 왜소하게 만든 엄청난 사상자에도 불구하고 러시아는 결정적인 승리를 거두었다. 스탈린그라드 이후에 히틀러는 점점 더 대중에게 모습을 드러내는 일이 드물어졌고, 러시아 전선이 자신의 꿈을 거역하자 그의 우울증과 편집증적 경향은 최악의 상태로 치달았다.

스탈린그라드 이후에 소련군은 일련의 공세를 단행해 독일군을 러시아의 심장부로부터 퇴각시켰다. 1943년 여름 독일군 탱크 부대 사령관은 최전선의 중심지에 있는 쿠르스크 시 인근에서 대규모 반격을 개시했다. 독일군이 거둔 초기의 승리들은 미끼가 달린 덫이 되어 돌아왔다. 왜냐하면 몇 개의 러시아 군이 기갑 부대를 파괴하기 위해 특별히 고안된 엄청난 수의 최신형 러시아제 탱크와 병력을 갖추고 기다리고 있었기 때문이다. 그 결과 아마도 이제까지 치러진 것 중에서 최대의 전투가 6주간 지속되었다. 이 전투에 양측에서 6,000대 이상의 탱크와 200만 명 이상의 병력이 동원되었다. 저격병과 지뢰 사이에서 막다른 길에 다다르고 러시아군 대포와 로켓 발사기로 초토화되어 거의 100만 명에 달하는 막강한 독일군 집단이 분쇄되었다. 스탈린그라드에서의 러시아군 지휘관이자 전격전에 가장 격렬하게 반대했던 게오르기 주코프(1896~1974)가 이끄는 러시아군은 그때 우크라이나로 주요 공세를 개시했다. 1944년 봄에 이르러 우크라이나는 소련의 수중으로 되돌아왔다. 레닌그라드의 해방과 폴란드 국경에 이르는 백러시아로의 공격으로 러시아군은 전세를 역전시켰다. 루마니아는 1944년에 전쟁에서 패했고 소련군은 발칸 반도로 밀고 들어가 결국 유고슬라비아에서 티토의 의기양양한 파르티잔과 만났다. 대부분의 소련군에 대한 지휘를 맡고 있던 주코프는 1944년의 겨울 동안에 폴란드에서 독일군의 저항을 분쇄했다. 몇 개의 독일 군이 붕괴되었고 동유럽 국가들에서 온 공산주의 파르티잔과 연합한 소련군은 체코슬로바키아의 대부분을 탈환했다. 이탈리아와 유고슬라비아에서의 전투와 더불어 이러한 전투들은 독일 군대를 무너뜨렸다. 히틀러의

동부 전선	
독일의 소련 침공	1941년 6월
레닌그라드 포위	1941년 9월~1942년 1월
스탈린그라드 전투	1942년 9월~1943년 1월
쿠르스크 전투	1943년 7월
소련군의 베를린 입성	1945년 4월
독일의 항복	1945년 5월

가장 야심찬 목적은 나치 정권의 붕괴와 한 세대에 달하는 독일 군인의 죽음을 초래하고 말았다.

서부 전선

동부에서 전투가 치러지는 동안에 스탈린은 계속 서부에서 제2전선을 열어달라고 연합국 측에게 압력을 가했다. 미국이 주도한 이탈리아에 대한 공격은 이러한 압력에 대한 반응이었다. 연합군은 처음에는 시칠리아를 그 다음에는 이탈리아 본토를 침공했다. 이탈리아 정부는 무솔리니를 권좌에서 몰아내고 1943년 여름에 항복했다. 그리고 내전이 이어졌다. 왜냐하면 대부분의 이탈리아인, 특히 공산주의 파르티잔들이 연합국 편을 들었고, 헌신적인 파시스트들은 계속 자신의 추방된 지도자를 위해 싸웠기 때문이다. 이탈리아는 연합군과 이 나라를 점령한 12개 이상의 독일군 정예 사단 양측으로부터 침공을 당했다. 그 결과 이탈리아의 진흙투성이 언덕 사면, 고산 지대와 공습으로 잿더미가 된 마을들에서 양측은 엄청난 자원과 수만 명의 인명 손실을 내면서 치열한 전투를 18개월이나 치렀다. 그럼에도 이탈리아에서의 전투는 연합군보다 독일군에게 훨씬 더 큰 피해를 입혔고, 연합군은 이탈리아의 주요 도시들을 해방시키고 1945년 봄에 이르러 오스트리아로 진입했다.

가장 중요한 '제2전선'은 노르망디에서 연합군의 대규모 상륙이 있었던 1944년 6월 6일에 개설되었다. 비록 장소 선정에서 치명적이었을지라도 이 상륙 작전은 입안과 기만이라는 면에서 걸작이었다. 독일군은 노르망디의 빽빽한 산울타리를 맹렬히 방어했지만 연합군은 제공권과 엄청나게 증강된 병력과 물자를 동원해 이를 돌파했다. 8월 미군의 리비에라 연안 상륙은 프랑스 레지스탕스의 도움을 받아 한층 더 즉각적인 성공을 거두었다. 7월 말과 8월에 연합군은 프랑스를 파죽지세로 휩쓸어 8월 14일 파리를 해방시키고 벨기에로 밀고 들어갔다. 그 이후로 그것은 험난한 전진이었다. 서방의 연합국 사령관들은 유능한 조직자들이었지만 전략가로서의 기능은 들쭉날쭉 혼잡했다. 네덜란드에 대한 영국 공중 침투와 라인란트 숲을 향한 미국의 돌격은 피비린내 나는 실패로 끝났다. 독일은 1944년 12월 겨울 모진 눈보라의 엄호하에 벌어진 벌지 전투(Battle of Bulge)에서 파괴적인 공격을 감행했다. 그것은 독일이 최정예 군인과 병기를 투입한 최후의 노력이었다. 독일군은 수천 명의 포로를 사로잡으며 연합군의 전선을 거의 돌파하기도 했다. 그럼에도 미군의 몇몇 정예 부대들은 눈이 개일 때까지 중요 지점에서 한층 규모가 큰 독일군을 무찌르고 연합군은 파죽지세의 반격을 개시했다. 겨울이 지나면서 연합군은 라인란트와 홀란드의 독일군을 궤멸시켰다. 1945년 4월 연합군은 라인 강을 건넜다. 이때 프랑스 부대가 최초로 라인 강을 건넜는데, 이것은 이 전쟁의 아이러니 중 하나였다. 독일군은 와해되었다. 미군 탱크들은 남쪽을 휩

서부 전선	
독일의 저지대 지방 침공	1940년 5월
프랑스의 항복	1940년 6월
영국 전투	1940년 7월~1941년 6월
D-데이 침공	1944년 6월
파리 해방	1944년 8월
벌지 전투	1944년 12월
연합군의 독일 침공	1945년 4월
독일의 항복	1945년 5월

쓸었고 영국과 캐나다군은 북쪽에서 독일군을 소탕했다. 연합군은 공격의 표적이 된 쪽에서 전격전의 전술들을 배웠지만, 미군은 이제 저항의 의지를 꺾기 위해 이 전술들을 구사했다. 이러한 완전한 군사적 성공은 대부분의 독일군이 동쪽에서 러시아군과 대면하기보다는 미군이나 영국군에게 항복하기를 선호했다는 사실로 드러났다.

 그와 동시에 소련군도 독일 쪽으로 빠르게 접근하고 있었다. 4월 말에 이르러 주코프의 군대는 베를린 교외로 진입하는 진로에 맹렬히 포격을 가했다. 이후 열흘 동안 처참한 전투가 폐허와 건물 잔해 더미 사이에서 치러졌다. 10만 명 이상의 러시아군과 독일군이 전사했다. 아돌프 히틀러는 4월 30일 수상 집무실 지하에 있는 방공호에서 자살했다. 5월 2일 베를린의 심장부는 점령되었고 소련의 적기가 브란덴부르크 문 위에서 나부꼈다. 5월 7일 독일 최고 사령부는 무조건적인 항복 문서에 서명했다. 다음 날 유럽에서의 전쟁은 끝났다.

태평양 전쟁

 태평양 전쟁은 4개월 뒤에 끝났다. 일본은 모든 전선에서 퇴각했다. 버마 주둔 슬림의 국제군은 일본군을 몰아내기 위해 치밀한 군사 행동을 벌였다. 영국군, 인도군, 네팔군은 버마의 수도 랭군을 해방시켰다. 그와 동시에 독일은 서구에서 항복했다. 같은 해 봄 오스트레일리아 군대는 네덜란드령 동인도 제도를 탈환했고, 싱가포르에 대한 영국-오스트레일리아 합동 공격은 가을로 예정되었다. 미 해군은 이전 해 가을 최대의 승리를 거두었다. 그때 윌리엄 홀시의 기동 함대는 필리핀 제도의 만(灣)들에서 남아 있는 일본의 군함 대부분을 궤멸시켰다. 미군은 필리핀에 상륙해 몇 주 동안 피비린내 나는 시가전을 벌이며 필리핀

의 수도 마닐라를 함락시켰다. 일본 본토를 향해 줄지어 있는 일련의 섬들에 대한 수륙 양면 공격으로 이루어진 남아 있는 전투들은 아주 잔인했다. 수적 열세에 놓인 절망적인 일본군 조종사들은 공중에서 미군 군함들에 대해 자살 공격을 감행했고, 그사이 미 해병대와 일본군은 태평양 한가운데에 있는 포탄이 작렬하는 한 뼘의 바위들을 둘러싸고 전투를 벌였다. 1945년 6월 일본의 오키나와 섬이 82일간에 걸친 처절한 전투 끝에 미군에 함락되었다. 미군은 이렇게 해서 일본 본토의 섬들로부터 약 800킬로미터도 채 안 되는 곳에 교두보를 확보했다. 국민당 군과 공산주의자 양측이 홍콩에서 일본군을 물리치기 위해 중국군으로 결합했다. 소련은 이 싸움에 참전하기 위해 그 순간을 택했다. 소련군은 신속하게 만주를 거쳐 일본의 식민지인 조선으로 진격했다. 도쿄의 일본 정부는 침공을 기다리며 자국 시민에게 위기에 맞서 최고의 노력을 다할 것을 요구했다.

7월 26일 미국, 영국, 중국 정부의 수뇌들은 일본에게 항복하지 않으면 괴멸할 것이라는 공동 선언을 발표했다. 미국은 이미 최신예 폭격기인 B-29를 이용해 이러한 파괴의 과정을 보여주었다. B-29는 이 폭격기를 격추시킬 수 있는 일본의 대공포 사정거리 위를 날아 일본 도시들에 대해 체계적인 폭격을 단행했다. 일본 도시들의 수많은 목조 가옥들이 소이탄의 폭격으로 화염에 휩싸였고 수십만 명의 민간인이 사망했다. 하지만 일본은 항복을 거부했다. 미국은 일본이 항복을 하지 않자 파괴의 속도를 증강하기로 계획했다. 미국은 원자 폭탄의 사용을 결정했던 것이다.

많은 군대 및 해군 선임 장교들은 일본이 이미 기진맥진했다는 가정에서 원자 폭탄의 사용이 필요하지 않다고 주장했다. 나치에 맞서려는 희망에서 원자 폭탄 개발에 참여해온 일부 과학자들도 정치적 목적을 위해 이 폭탄을 사용하는 것이 치명적인 선례를 가져다줄 것이라고 믿었다. 그러나 1945년 4월 루스벨트의 사망 이후 그를 계승한 해리 트루먼은 이와는 달리 결정했다. 8월 6일 한 발의 원자 폭탄이 히로시마에 투하되어 이 도시의 약 60퍼센트를 흔적도 없이 날려버렸다. 사흘 뒤 두 번째 원폭이 나가사키에 투하되었다. 트루먼 대통령은 미국이 일본을 굴복시키기 위해 필요한 만큼 많은 원자 폭탄을 사용할 것이라고 경고했다. 8월 14일 일본은 무조건 항복했다.

원폭 투하 결정과 그 결과는 엄청난 것이었다. 그것은 미국이 일본을 파괴하기 위한 범위나 계획을 크게 바꾸어놓지는 않았다. 두 차례의 원폭 투하보다 이전의 소이탄으로 인해 훨씬 더 많은 일본인이 죽었다. 하지만 원자 폭탄은 이전에 시도된 적이 없는 기술로 만들어진 완전히 새로운 무기였다. 원폭 설계자 중 일부는 시험 폭발이 우주에 있는 '모든' 원자를 분열시킬지도 모른다고 걱정했다. 그것은 과학과 정치력 사이의 새로운 관계에서 가장 예사롭지 않은 결과들 중 하나였다. 마찬가지로 원폭의 특징도 중요했다. 여러 해 동안 좀처럼 없어지지 않고 수십 년 뒤에도 희생자들을 발생시키는 암을 유발하는 방사능과 더불어 폭발로 인한 순간적인 완전한 파괴는 끔찍하게 새로

태평양에서의 전쟁	
일본의 진주만 폭격	1941년 12월
일본의 싱가포르 함락	1941년 12월
미드웨이, 산호해, 과달카날 전투	1942년
필리핀 상륙	1944년 가을
오키나와 전투	1945년 6월
소련의 만주 및 조선 침공	1945년 6~7월
히로시마와 나가사키에 원자 폭탄 투하	1945년 8월 6일과 9일
일본의 항복	1945년 8월 14일

운 것이었다. 세계는 이제 단지 도시와 사람들뿐만 아니라 인류 자체를 파괴할 수 있는 무기를 갖게 되었다.

원자 폭탄과 그 영향

1945년 7월 맨해튼 프로젝트에 관련된 과학자들은 원자 폭탄을 어떻게 전개시킬 것인가에 관한 논쟁에 말려들었다. 전쟁부 장관의 임시자문위원회의 과학 분과 전문 위원단의 구성원들은 폭탄이 군사적으로 사용될 수 있다는 데는 동의했지만 그것이 사전 경고나 위력 과시 없이 사용될 수 있을 것인지에 관해서는 의견을 달리했다. 다른 과학자 집단들은 비밀리에 자신의 관점을 개진하는 아래에 발췌한 것과 같은 청원서들을 회람시켰다. 이 청원서들은 대통령에게 결코 도달하지는 못했지만 전후 시대에 등장했던 문제들을 제기했다.

그 다음에 발췌한 회고록의 일부에서 해리 트루먼 대통령은 전쟁부 장관의 자문위원회에 관한 과학자들의 여러 관점들을 상세히 설명한다. 그는 히로시마(1945년 8월 6일)와 나가사키(1945년 8월 9일)에 대한 원자 폭탄 사용 결정에 담긴 논리와 원폭 사용이 가져다준 사건들에 대해 설명하고 있다.

미국 대통령에게 보내는 청원서
1945년 7월 17일

아래에 서명한 과학자들인 우리는 원자력 분야에서 일한 적이 있습니다. 최근까지 우리는 이 전쟁 기간 동안 미국이 원자 폭탄으로 공격을 받을지도 모르고 미국의 유일한 방어는 동일한 수단으로 반격을 가하는 데 있을지도 모른다는 염려를 해야 했습니다. 오늘날

독일의 패배와 더불어 이러한 위험은 피했고 저희는 다음과 같은 사실들을 말하지 않으면 안 된다고 생각합니다.

전쟁이 신속하게 성공적인 결론에 도달해야 하며 원자 폭탄에 의한 공격은 매우 효과적인 전쟁의 방법이 될 수도 있습니다. 하지만 저희는 일본에 대한 그러한 공격들이 최소한 전후에 일본에게 부과될 조건들이 세부적으로 공개되고 일본에게 항복할 기회가 주어지지 않는 한에서는 정당화될 수 없다고 생각합니다.……

만약 일본이 여전히 항복을 거부한다면 우리나라는 특정한 환경에서 원자 폭탄의 사용에 의존해야 하는 상황을 발견할지도 모릅니다. 하지만 그러한 조치는 그것에 포함되어 있는 도덕적 책임들을 진지하게 고려하지 않고는 어느 때라도 행해져서는 안 됩니다.

원자력의 개발은 미국에 새로운 파괴 수단을 마련해줄 것입니다. 우리 마음대로 쓸 수 있는 원자 폭탄들은 단지 이 방향에서 첫 번째 단계를 나타낼 뿐이고 장차 원자 폭탄들의 개발 과정에서 이용 가능하게 될 파괴력에는 거의 아무런 제한이 없습니다. 따라서 이와 같이 새롭고 속박에서 벗어난 자연의 힘을 파괴의 목적으로 사용하는 선례를 세우는 국가는 상상할 수 없는 규모를 지닌 파괴의 시대를 향한 문을 연다는 책임을 감당해야 합니다.

만약 이 전쟁 이후에 경쟁적인 강대국들이 새로운 파괴 수단을 아무런 통제 없이 소유할 수 있도록 허용하는 세계에서 어떤 상황이 그 발전을 받아들인다면 다른 나라들의 도시뿐만 아니라 미국의 도시들도 계속되는 갑작스런 절멸의 위험에 처하게 될 것입니다.

[원자력의 분야에서] 미국에게 부여되고 있는 이것을 이끈 추가적인 물질적 힘은 미국에게 제한의 책무를 가져다주고 있고 만약 우리가 이 책무를 위반한다면 세계적인 견지에서도 우리 자신의 견지에서도 우리의 도덕적 입장은 약화될 것입니다. 그러면 느슨해진 파괴력을 관리해야 할 우리의 책임을 실천하는 일이 한층 더 힘들어질 것입니다.

전술한 것과 같은 관점에서 아래에 서명한 우리는 다음과 같이 정중하게 청원합니다. 첫째, 당신은 미국을 통치하는 최고사령관으로서의 권력을, 만약 일본에게 부과될 조건들이 세부적으로 공개되고 이 조건들을 알고 있는 일본이 항복을 거부하지 않는다면 이 전쟁에서 원자 폭탄의 사용에 의존해서는 안 될 것입니다. 둘째, 당신은 관련되어 있는 도덕적 책임들뿐만 아니라 이 청원에서 제시된 고려들에 비추어 원자 폭탄을 사용할 것인지 아닌지의 문제를 결정해야 합니다.

트루먼 대통령의 회고록
나는 물론 원자 폭탄의 폭발이 상상을 초월하는 피해와 사상자를 발생시킬 것이라는 것을 알고 있었다. 한편에서는 위원회의 과학 자문단원들이 다음과 같이 보고했다. "우리는 이 전쟁을 끝낼 것 같은 아무런 기술적 무력시위를 꾀할 수 없습니다. 우리는 직접적인 군사적 이용에 대한 어떠한 수용 가능한 대안을 모릅니다." 버림받은 섬과 같은 곳 말고는 그들이 제안한 어떠한 기술적 무력시위도 전쟁을 끝내버릴 수 있을 것 같지 않다는 것이 그들의 결론이었다. 그것은 적의 목표물에 대해 사용되어야 했다.

언제 그리고 어디서 이 원자 폭탄을 사용할 것인지에 대한 최종 결정은 나에게 달려 있었다. 그것에 관해 오해가 없도록 하자. 나는 그 폭탄이 군사적 무기라고 생각했고 그것이 사용되어야 한다는 데 대해서 아무런 의심이 없었다. 대통령을 위한 최고 군사 자문단들은 그것의 사용을 추천했고 내가 처칠에게 그것에 대해 말했을 때 그는 주저하지 않고 원자 폭탄이 전쟁을 끝내는 데 도움이 될 수 있다면 그것을 사용하는 데 찬성한다고 말했다.

이 폭탄의 사용을 결정할 때 나는 그것이 전시 국제법에 규정된 방식으로 전쟁 무기로서 사용될 것을 확실히 하기를 원했다. 그것은 내가 그 폭탄이 군사적 목표물에 투하되기를 원했다는 것을 의미했다. 나는 스팀슨에게 그 폭탄이 최우선적인 군사적 중요성을 지닌 전쟁 생산 중심지에 가능한 한 가까이 투하되어야 한다고 말했다.

스팀슨의 참모는 목표물이 될 수 있는 일본의 도시들 목록을 준비해왔다. 교토는 비록 아놀드 장군이 군사적 활동의 중심지라고 찬성했지만 스팀슨 장관이 일본인의 문화 및 종교적 성지라고 지적했을 때 제외되었다.

최종적으로 네 개의 도시들, 즉 히로시마, 고구라, 니가타, 나가사키가 목표물로 추천되었다. 이 도시들은 최초로 공격할 목표물들로서 목록에 올랐다. 선택 순서는 이들 도시의 군사적 중요성에 따랐지만, 폭탄 투하 승인은 폭격시의 날씨 상황에 따르게 될 것이었다. 선택된 목표물들이 군사적 목적에 적합한 것으로 승인되기 전에 나는 개인적으로 그 목표물들을 세부적으로 스팀슨, 마셜, 아놀드와 함께 검토했고 우리는 시기 문제와 첫 번째 목표물의 최종적 선택에 관해 논의했다.

8월 6일 포츠담 여행에서 돌아온 나흘 뒤 세계를 뒤흔든 역사적 소식이 들려왔다. 나는 백악관 상황실 당직 사관인 프랭크 그레이엄(Frank Graham) 대위가 다음과 같은 메시지를 전해주었을 때 '오거스타'호의 승무원들과 점심을 먹고 있었다.

수신: 대통령 각하
발신: 전쟁부 장관

거대한 폭탄이 워싱턴 시각으로 8월 5일 오후 7시 15분 히로시마에 투하되었습니다. 최초의 보고는 이전의 실험보다 한층 더 눈에 띄는 완벽한 성공을 보여줍니다.

나는 대단히 감동했다. 나는 이 소식을 전하기 위해 승선하고 있는 번즈(Byrnes)에게 전화했고 그런 다음에 내 주위에 있는 수병 집단에게 다음과 같이 말했다. "이것은 역사상 가장 위대한 일입니다. 이제 우리가 집에 갈 시간입니다."

분석 문제

1. 원자 폭탄의 사용에 관한 자신들의 두려움을 표현하기 위해 과학자들은 청원서를 돌렸다. 과학자들이 제안한 것의 결과들을 보라. 어떤 것이 차후의 사건들에 가장 가까워졌는가? 가장 신중한 것은 어떤 것인가? 또 가장 정직한 것은 어떤 것인가?

2. 과학자들이 새로운 무기가 사용되어야 하는 방법에 대해 제안한 것이 적절한가? 그들이 대외 문제와 군사 전략에 대해 조언을 주려고 노력한 것이 대단히 중요한가? 아니면 그들은 도덕적인 양심의 가책을 말로 나타낼 의무가 있는가?

결론

제1차 세계대전 후에 많은 유럽인은 자신들이 더 이상 인지하지 못하는 세계를 발견했다는 것을 자각했다. 1945년 피난처에서 나오거나 집으로 돌아가는 머나먼 여정을 시작한 많은 유럽인은 완전히 다른 세계에 직면했다. 탱크, 잠수함, 전략 폭격 등과 같은 산업의 산물들은 공장, 항구, 철도 등과 같은 산업 사회의 구조들을 파괴해버렸다. 파시스트와 공산주의자의 호소, 라디오와 영화를 매개로 해 찬양되는 애국심, 대규모 군대와 산업의 동원 등과 같은 대중문화의 도구들은 최대한 이용되었다. 전쟁으로 유럽의 상당 지역은 파괴된 채로 남아 있었고, 앞으로 보겠지만 전후 초강대국이 된 미국 및 소련과의 경쟁에서 취약한 상태에 있었다.

양차 세계대전은 서구 제국들에게 커다란 영향을 끼쳤다. 19세기의 제국주의는 20세기의 전쟁을 전 지구적 일로 만들었다. 양차 세계대전에서 교전국들은 제국의 자원을 최대한 사용했다. 북아프리카, 버마, 에티오피아, 태평양 등지에서의 중요한 군사 행동들은 식민지 영토에서 그리고 식민지 영토를 둘러싸고 치러졌다. 인도와 네팔의 세포이와 구르카(Gurkha), 영국의 왕립 아프리카 소총 부대, 알제리와 서아프리카 출신의 프랑스인 등과 같은 수십만 명의 식민지 군인들이 이 전쟁의 양측에서 군복무를 했다. 두 차례의 대규모 동원 이후에 많은 반식민주의 지도자들은 자국민의 용기와 풍부한 자원에 새로이 확신을 갖게 되었고 독립을 압박하기 위해 유럽이 약해진 기회를 포착했다. 중국의 여러 지역을 비롯해 한국, 인도차이나, 인도네시아, 팔레스타인에 이르기까지 유럽이나 일본의 제국주의 지배하에 있었던 많은 지역에서 제2차 세계대전의 종전은 또 다른 새로운 충돌을 준비하고 있었다. 이번에는 제국의 통치가 언제 누군가에 의해 끝나느냐의 문제였다.

제2차 세계대전은 대량 살상이라는 제1차 세계대전의 유산을 이어받았다. 역사가들은 거의 5,000만 명의 사람들이 죽었다고 추산한다. 최대 희생자가 발생한 동부 전선의 이른바 죽음의 벌판은 소련인 2,500만 명—850만 명은 군인이었고 나머지는 민간인들이었다—의 목숨을 앗아갔다. 폴란드 인구의 20퍼센트와 폴란드 유대인 공동체 사람들의 약 90퍼센트, 모든 민병대를 포함한 100만 명의 유고슬라비아인, 400만 명의 독일 군인과 50만 명의 독일 민간인이 목숨을 잃었다. 여기에는 전쟁 기간 내내 자행된 많은 인종 청소 행위 중 하나로서 전쟁 말기에 서쪽으로 강제 이송되는 동안에 죽은 수십만 명의 독일계 소수민족은 포함되지 않았다. 두 개의 거대한 대양으로 인해 총력전의 끔찍한 공포로부터 보호되었던 미국조차도 29만 2,000명의 군인이 전투에서 죽었고 더 많은 수의 사람이 사고나 질병으로 사망했다.

이 전쟁이 그토록 살육적이었던 이유는 무엇인가? 현대적인 산업 전쟁의 향상된 기술과 나치의 공공연한 인종 근절 야망이 일부 해답을 제공해준다. 이 전쟁의 범위가 전 지구적이었다는 것도 또 다른 해답이다. 마지막으로 제2차 세계대전은 규모는 작지만 매우 치열한 충돌들—그리스 내전, 유고슬라비아에서의 그리스 정교회 교도, 가톨릭교도, 무슬림 사이의 충돌들, 프랑스 레지스탕스의 통제권을 위한 정치적 투쟁들—과 부분적으로 겹쳐졌고 궁극적으로는 이를 계승했다. 이러한 투쟁들은 적은 인명을 앗아갔을 때조차도 심한 정치적 상흔을 남겼다. 그것은 전쟁의 기억들로 남았다. 히틀러의 제국은 많은 사람들의 적극적인 협조나 수동적인 묵종 없이는 그렇게 오래 지속될 수 없었다. 이러한 사실은 그 후로 여러 해 동안 고통과 비난을 야기했다.

이러한 방식으로 또는 여러 가지 다른 방식으로 이 전쟁은 20세기 후반까지 상처를 드러냈다. 스탈린그라드 전투 50년 뒤에 언론인 티머시 라이벡은 이 도시 외곽의 들판 공터에서 수백 구의 해골을 발견했다. 많은 시신은 매장되지도 않았고 다른 시신들도 흙으로 얇게 덮인 집단 매장지에 방치되어 있었다. 비바람이 토양을 침식시키고 농부들이 들판에 밭을 갈며 십대들이 훈장과 헬멧을 진기한 물건들로 팔기 위해 파헤치면서 더 많은 유골이 계속 드러났다. 영구적 묘지와 전몰자들을 위한 기념관 건설의 책임을 맡은 한 감독관은 신물이 나는 그 일을 다음과 같이 표현했다. "망자(亡者)를 다시 묻는 일은 결코 끝나지 않을 것이다."

제8부
서양과 세계

THE WEST AND THE WORLD

　제2차 세계대전은 20세기의 거대한 분수령이었다. 제2차 세계대전은 광범위하고 다양한 유산을 남겼다. 연합국과 추축국 사이의 '열전(熱戰)'은 연합국 중에서 가장 막강한 미국과 소련 사이의 경쟁으로 대체되었다. 이 초강대국들은 핵무기, 전 지구적 세력 범위, 이들 나라에게 제국의 권위를 부여해주는 동맹의 네트워크 등을 소유했다. 이들 강대국 사이의 '냉전'은 40년 동안이나 세계대전으로부터의 복구, 더 나아가 전 지구적 정치를 지배했다. 냉전 정치의 흥망은 20세기 역사에서 근본적인 주제이며, 다음과 같은 두 가지 역사적 경향 중 하나이다.

　한편으로 냉전은 초강대국이라는 양극을 둘러싼 세계의 정치적·문화적·경제적 삶을 한 점에 집합시키는 것처럼 보이지만, 다른 한편으로 20세기 후반의 다른 핵심 주제는 지구화의 분산 효과들을 포함하고 있다. 이것은 유럽의 오래된 식민 제국의 해체와 신생 국가의 등장과 더불어 시작되었다. 또한 여성, 인종적 소수자들, 그리고 제국주의 시대에 정치적 발언권을 거부당했던 사람들의 사회운동에 입각한 새로운 형태의 정치와 저항이 등장했다. 서유럽 제국들만 붕괴된 것은 아니었다. 냉전의 종식과 더불어 소련이라는 비공식적 제국이 붕괴되면서 새로운 국가들과 새로운 희망을 창출해냈다. 이러한 사건들은 미국을 세계를 주도하는 강국으로 남겨놓은 것처럼 보이지만 세계의 나머지 국가들은 단순히 미국의 방식대로 '미국화'되기 위해 기권하거나 동의하는 것으로 미 제국의 일원이 되지는 않았다. 20세기가 끝나가면서 서양이 세계 문명의 한층 더 단단한 네트워크 속에서 작동한다는 것이 분명해졌다. 전 지구화된 세계가 등장하는 환경이 마지막 제8부의 초점이다.

연표: 서양과 세계

	정치	사회와 문화	경제	국제 관계
				모한다스 간디 (1869~1948)
	맬컴 X (1925~1965) 마틴 루서 킹 2세 (1929~1968)	알렉산더 플레밍이 최초의 항생 물질인 페니실린 발견 (1928)		
1940				간디가 인도 독립 운동을 이끎 (1940년대) 소련이 동유럽에 철의 장막을 세움 (1945~1948) 중국의 공산주의 혁명 (1945~1949) 인도 독립 획득, 파키스탄 형성 (1947) 트루먼 독트린 (1947) 베트남 전쟁, 프랑스 개입 (1947~1954)
		알베르 카뮈, 『이방인』 (1942)		
	독일 분단, 베를린 공수 (1948~1949)		마셜 플랜 (1948)	그리스 내전 (1948) 티토가 소련으로부터 유고슬라비아의 독립 선언 (1948) 아일랜드 국가 형성 (1948)
	콘라트 아데나워, 서독 수상 (1949~1963)	조지 오웰, 『1984』 (1949) 시몬 드 보부아르, 『제2의 성』 (1949)		나토 결성 (1949)
1950	마오쩌둥의 대약진 운동 (1950년대)		유럽 석탄 및 강철 공동체 창설 (1951)	한국 전쟁 (1950~1953) 압델 나세르 이집트 대통령 취임 (1952) 미국과 소련의 수소 폭탄 실험 (1953)
	이오시프 스탈린 사망 (1953) 흐루시초프 정권 (1953~1964)	새뮤얼 베켓, 『고도를 기다리며』 (1953) 프랜시스 크릭과 제임스 왓슨이 DNA 구조 발견 (1953) 조너스 소크가 소아마미 백신 개발 (1953)		
				알제리 전쟁이 끝나고 알제리 독립 (1954~1962) 바르샤바 조약 체결 (1955) 베트남 전쟁, 미국 개입 (1955~1975) 수에즈 위기 (1956) 소련의 헝가리 봉기 진압 (1956)
	흐루시초프의 스탈린 격하 운동 개시 (1956) 프랑스에서 샤를 드골의 제5공화국 형성 (1958) 중국의 문화 혁명 (1960년대) 존 F. 케네디 대통령 (1961~1963) 베를린 장벽 설치 (1961)	보리스 파스테르나크, 『닥터 지바고』 (1957) 귄터 그라스, 『양철북』 (1959) 조지프 헬러, 『캐치 22』 (1961) 프란츠 파농, 『대지의 저주받은 사람들』 (1961)	유럽 경제 공동체(EEC) 결성 (1958) 서유럽 전역에 걸친 인플레이션 비율 상승 (1960년대 말~1970년대)	쿠바 혁명 (1959) 쿠바 미사일 위기 (1962)
1960	킹 목사 워싱턴 행진 인도 (1963) 레오니트 브레즈네프의 소련 통치 (1964~1982)	레이첼 카슨, 『침묵의 봄』 (1962) 베티 프리던, 『여성의 신비』 (1963) 허버트 마르쿠제, 『일차원적 인간』 (1964) 비틀즈의 뉴욕 연주 여행 (1964) 피임약 이용 가능 (1960년대 중반)		베트남 전쟁 (1963~1975)
				이스라엘과 아랍 국가들 간의 6일 전쟁 (1967)
	파리에서의 학생 저항 운동과 노동자 파업 (1968) 체코 봉기, 프라하의 봄 (1968)			
1970	빌리 브란트 서독 수상 (1970~1974) 워터게이트 추문 (1972~1974), 리처드 닉슨 대통령 사임			SALT 조약들 (1970년대와 1980년대 초) 소련과 서방 열강들 사이의 점진적 데탕트 (1970년대) 닉슨의 중국 방문 (1972)
			서유럽 시민들 EEC 의회에 보낼 대표 선출 (1972)	

정치	사회와 문화	경제	국제 관계	
		석유 가격의 꾸준한 상승이 광범위한 경기 침체를 악화시킴 (1973~1980년대)	OPEC의 서방 열강들에 대한 금수 조치 (1973) 아랍-이스라엘 전쟁 (1973) 캠프 데이비드 협정 (1978) 소련의 아프가니스탄 군사 개입 (1979~1989)	1973
마가렛 대처 영국 수상 (1979~1990) 폴란드 연대노조 노동자 운동 파업 조직 (1980) 로널드 레이건 대통령 (1980~1988) 헬무트 콜 서독 수상 취임 (1982) 미하일 고르바초프 공산당 지도자 (1985~1991)		컴퓨터 혁명 시작 (1980년대)		1980
	아시아 인구 30억 명 도달 (1986) 체르노빌 원자력 발전소 사고 (1986)			
폴란드에서 재건된 연대노조 파업, 동유럽권 전역에 걸친 시위 발생(1988) 동유럽에서 소련 권력의 붕괴 (1989) 베를린 장벽 붕괴 (1989) 천안문 광장 학살 (1989) 독일 통일 (1990) 보리스 옐친 러시아 공화국 대통령 당선 (1990) 소련 해체 (1992)		동유럽 경제 위기 (1990년대) 인터넷 혁명 시작 (1990년대)	걸프 전쟁 (1991) 유고슬라비아 내전 (1991~1992, 1992~1995)	1990
		캐나다, 멕시코, 미국의 NAFTA 서명 (1993)		
넬슨 만델라 남아프리카공화국 대통령 당선, 아파르트헤이트의 종식 (1994)			르완다에서의 종족 학살 (1994) 러시아와 체첸 간의 전쟁 시작 (1994) 파키스탄과 인도의 핵무기 실험 (1990년대 말)	
	스코틀랜드 과학자들이 양 복제에 성공 (1997)		코소보에서의 전쟁 (1999)	
	지구 전체의 인구 60억 명 초과 (2001)		미국의 테러와의 전쟁 선포 (2001)	2001

제27장

냉전의 세계
: 전 지구적 정치, 경제 회복, 문화적 변화

- 냉전의 원인은 무엇이었을까?
- 서유럽은 어떻게 제2차 세계대전으로부터 회복되었는가?
- 탈식민지화, 제2차 세계대전, 그리고 냉전 사이의 연결 고리는 무엇이었는가?
- 전후 문화를 규정한 주제들은 무엇인가?

"전쟁은 터널 끝을 빠져나오는 것처럼 끝났다." 나치의 강제노동수용소에서 살아남은 체코 여성 헤다 코발리(1919~2010)는 이렇게 썼다. "당신은 저 멀리 전방에서 희미한 빛이 점점 커지고 그 빛에 다가가면 갈수록 광채가 어둠 속에서 당신에게 떼 지어 몰려와 한층 더 눈부시게 보이는 빛을 볼 수 있을 것이다. 그러나 기차가 눈부신 태양빛 속으로 갑자기 들어서게 될 때 당신이 본 모든 것은 황무지이려니." 제2차 세계대전은 유럽을 잔해와 혼동의 땅으로 만들었다. 사람들이 강제로 자신의 땅에서 쫓겨나는 동안 수백 만 명의 피난민들은 집으로 돌아가기 위해 수백 또는 수천 킬로미터의 거리를 걸어서 갔다. 일부 지역에서 주택이란 말 그대로 존재하지도 않았고 새로 지을 수단도 찾기 힘들었다. 식량은 위험할 정도로 공급이 부족한 상태였다. 예컨대 유럽에서 전후 1년이 지난 뒤에도 대략 1억 명의 사람들이 여전히 하루에 1,500칼로리에도 못 미치는 음식을 섭취하며 살았다. 사람들은 채마밭에서 채소를 그러모으거나 암시장에서 밀수품을 거래했다. 각국 정부는 계속해서 식량을 배급했고 식량 배급을 받지 못하는 상당 수 유럽인은 굶주리곤 했다. 1945년에서 1946년에 이르는 겨울 동안 많은 지역에서 난방을 위한 연료가 거의 없거나 전혀 없었다. 그나마 전쟁 이전의 공급에 비해 절반에도 못 미치는 석탄이 있던 곳에서도 그것을 가장 필요로 하는 지역으로 수송할 수 없었다. 국제적 전쟁, 내전, 점령 등으로 인한 야만적 행위는 소수민족 집단과 동료 시민 사이의 관계를 갈기갈기 찢으면서 여러 나라들을 갈라놓았다. 해방된 보통 사람들의 강렬한 안도감은 종종 서로 협력해 자신의 이웃이 전시에 행한 배신, 부역 또는 단순한 기회주의를 비난하는 것으로 나타났다.

한 국가, 지역 또는 문명이 어떻게 제2차 세계대전의 대규모 파멸로부터 회복되었을까? 여러 나라들은 식량을 제공하고 경제적 기간 시설을 재건하는 것을 훨씬 넘어서는 일을 해야 했다. 각국은 정부의 권위, 관료제의 기능 발휘, 적법한 법체계 등을 복구하거나 창조해야 했다. 각국은 또한 한편으로는 정의를 요구하는 목소리와 다른 한편으로는 과거의 기억을 지워버리고자 하는 압도적인 욕구 사이의 흐름을 조종하면서 시민 사이에 신뢰와 정중함으로 맺어진 유대를 재건해야 했다. 재건은 1930년대에 서양이 경험했던 것과 같은 위협들을 견뎌낼 수 있는 민주적 제도들을 창출하기 위해 민주주의를 다시 새롭게 하는 일이었다. 이런 과정 중 일부는 1945년에 가장 낙관적인 예보자조차도 가능할까라고 생각했던 것 이상의 놀라운 성공을 거두었지만, 또 다른 과정들은 20세기의 후반이 될 때까지도 성공을 거두지 못하거나 지연되었다.

제2차 세계대전이 가져다준 파괴적인 결과들은 국제적인 세력 균형에 두 가지 극적인 변화를 가져왔다. 첫 번째 변화는 미국과 소련이라는 초강대국의 등장과 이 두 나라 사이에 빠르게 '냉전'이 발발했다는 점이다. 냉전은 유럽을 소련군이 점령한 동유럽과 미국의 군사적·경제적 힘이 지배하는 서유럽으로 갈라놓았다. 두 번째 커다란 변화는 한때 전 세계에 걸쳐 뻗어 있던 유럽 제국들의 해체와 더불어 일어났다. 제국들의 붕괴와 새로 해방된 국가들의 탄생은 냉전의 판돈을 올려주었고 초강대국의 경쟁 관계가 지구의 광범위한 지역에 미치도록 했다. 전후 복구의 특성을 규정한 사건들, 필연적으로 '서양'의 의미에 대한 새로운 이해를 만들어낸 사건들이 이 장의 주제이다.

냉전 그리고 나누어진 대륙

♦ 냉전의 원인은 무엇이었을까?

　어떤 평화 조약도 제2차 세계대전을 끝내지 못했다. 전쟁이 막바지에 다다르면서 연합국들 사이의 관계는 중부 및 동유럽에서의 권력과 영향력에 관한 문제를 둘러싸고 시끄러워지기 시작했다. 전후에 연합국들은 불신 단계에서 공개적인 충돌로 돌입했다. 미국과 소련은 신속하게 두 제국권의 중심을 형성했다. 냉전으로 알려지게 된 미국과 소련의 경쟁 관계는 두 개의 군사적 강대국, 두 종류의 국가적 이해관계, 그리고 두 가지 이데올로기, 즉 자본주의와 공산주의 사이의 힘겨루기였다. 냉전으로 인한 복잡한 간접적 영향력은 유럽 이외의 지역으로 널리 퍼졌다. 왜냐하면 유럽의 식민 지배가 약화되었다는 것을 느낀 반식민주의 운동은 독립 투쟁에서 소련에게 도움을 청하는 쪽으로 돌아섰기 때문이다. 따라서 냉전은 평화를 구축했고 40년 동안이나 국제관계를 형성했으며 두 개의 초강대국 중 어느 한쪽에 의존하는 전 세계 정부와 사람들에게 영향을 주었다.

철의 장막

　소련은 테헤란(1943)과 얄타(1945)에서 열린 전시 협상 기간 동안 동유럽을 통제할 합법적인 권리가 있다고 주장해왔다. 이것을 일부 서방 지도자들은 히틀러를 패배시킨 대가로 받아들였고 다른 지도자들은 위험한 대치를 피하기 위해 모르는 척했다. 처칠은 1944년 모스크바를 방문했을 때 스탈린과 암암리에 서로에게 해방될 나라들의 '퍼센티지'를 제시하면서 자국이 차지할 영향력의 범위를 거래했다. 1945년 얄타에서 선포된 「해방 유럽의 원리 선언(Declaration of Principles of Liberated Europe)」은 자유선거를 보장했지만 스탈린은 연합국에 협력했다는 사실이 자신에게 동유럽에서 마음대로 할 권한을 주었다고 믿었다. 스탈린의 포위 망상증은 그의 권위주의적 정부에 스며들었고 국내나 해외에 있는 거의 모든 사람을 잠재적 위협이나 국가의 적으로 생각했다. 하지만 소련의 정책은 개인적 편집증에만 의존한 것은 아니었다. 소련이 전시에 입은 파멸적 손실은 자신이 나치의 지배에서 해방시킨 나라들에 대한 정치적·경제적·군사적 통제의 유지를 작정하도록 만들었다. 소련에게 동유럽은

'영역이자 방패'였다. 소련은 이전의 연합국들이 자신의 요구에 반대하자 의심을 품고 방어적이면서 침략적으로 되었다.

동유럽에서 소비에트 연방은 모스크바를 향한 '인민 공화국(people's republic)'들의 공감 창출을 위해 외교적 압력, 정치적 침투, 군사력 등을 적절히 결합해 사용했다. 나라마다 다음과 같은 동일한 과정이 전개되었다. 우선, 각 나라에 전 나치 동조자들을 배제한 연립정부를 세운다. 다음에는 공산주의자들이 지배하는 연합이 뒤를 잇는다. 마지막으로 하나의 당이 권력의 모든 핵심적 지위를 차지한다. 이것은 윈스턴 처칠이 1946년 미주리 주 풀턴의 한 대학 졸업식에서 "철의 장막이 유럽 전역에 드리워졌다"고 말하도록 자극한 과정이었다. 1948년 소련은 자유주의적 지도자들인 에드바르트 베네시(1884~1948)와 얀 마사리크(1886~1948)가 이끌던 체코슬로바키아 연립정부를 무너뜨렸다. 이것은 얄타 회담에서 민주적 선거를 보장했던 약속을 깨뜨린 것으로서 많은 사람들을 놀라게 했다. 그해에 모스크바에 의존하는 정부들이 폴란드, 헝가리, 루마니아, 불가리아에도 세워졌다. 이들 나라를 한데 묶어 동구권(Eastern bloc)이라고 불렀다.

동유럽을 지배하려는 소련의 움직임에 도전이 없었던 것은 아니었다. 유고슬라비아 공산주의자이자 레지스탕스 지도자였던 티토(1892~1980)는 모스크바와는 독립적인 정부를 지키기 위해 싸웠다. 대부분의 동유럽 공산주의 지도자들과는 달리 티토는 제2차 세계대전 기간 중에 자력으로 권좌에 올랐다. 그는 전시의 활동 덕분에 유고슬라비아 내에서 정치적 권위를 부여받았으며 자국 내 세르비아인, 크로아티아인, 무슬림의 지지를 받았다. 모스크바는 유고슬라비아를 '내셔널리즘의 길을 택했다'거나 '제국주의 국가들의 식민지'가 되었다고 비난하며 공산주의 국가들의 경제적·군사적 조약에서 축출했다. 다른 곳에서 통제권을 거듭 주장하면서 소련은 여러 위성 국가들의 당과 행정부 내의 숙청을 요구했다. 이러한 숙청 작업은 발칸 반도에서 시작되어 체코슬로바키아, 동독, 폴란드 등으로 확대되었다. 전쟁 이전에 민주적 제도가 와해되었다는 사실이 전쟁 직후 독재의 확립을 훨씬 더 용이하게 만들었다. 이런 숙청 작업은 공포심을 이용하고 증오심을 곪아 터지게 만듦으로써 성공했다. 예컨대 몇몇 지역에서 숙청을 단행하는 정부는 자신의 반대자를 유대인이라고 공격했다. 헤다 코발리가 설명했듯이, 분쇄되기는커녕 잠재적인 정치 세력으로 남아 있던 반유대주의는 전쟁의 공포를 가져온 것이 유대인이라고 비난하는 일을 일상적인 것으로 만들었다.

전쟁의 종식은 평화를 의미하지 않았다. 유고슬라비아나 발칸 반도의 상당 지역에서 그랬던 것처럼 그리스에서 종전(終戰)으로 인해 지역 공산주의자가 이끄는 저항은 권력 장악

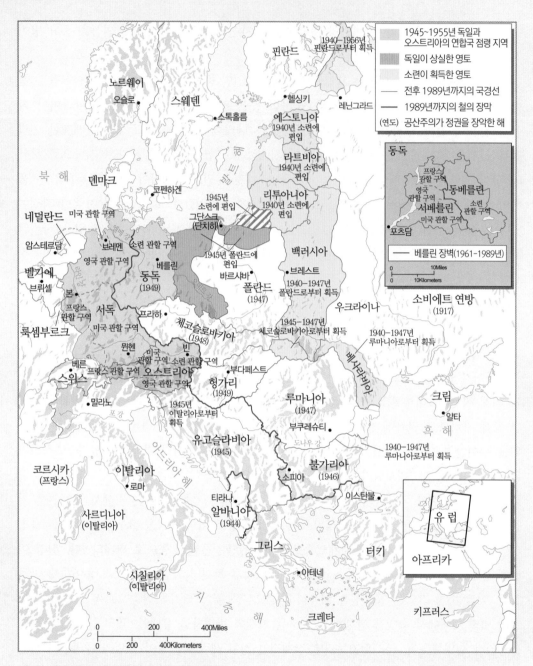

제2차 세계대전 이후의 유럽에서의 영토 변화

제2차 세계대전 말기에 소련은 자국과 서유럽 사이에 완충 지대를 만들기 위해 동유럽 영토를 합병했다. 그와 동시에 미국은 유럽에서 공산주의의 확산을 막기 위해 서유럽에서 일련의 군사 동맹 관계를 확립했다. 이 새로운 영토적 경계들이 어떻게 소련과 미국 사이의 긴장을 악화시켰는가?

직전에까지 이르렀다. 하지만 영국과 미국은 소련과의 비공식 협정에 따라 그리스를 자신들의 영향권에 두기로 결정했다. 이를 위해서는 오로지 반공주의 군주정에 대규모 원조를 단행하는 일만이 허용되었다. 1949년까지 지속된 피비린내 나는 내전은 전시에 점령당했을 때보다 더 많은 인명 피해를 가져왔다. 그리스의 유혈 사태는 냉전기 최초의 위기 중 하나로, 공산주의의 팽창에 대한 미국의 점증하는 공포심의 시금석이 되었다. 1947년 미국 국무부 장관 대리 딘 애치슨(1893~1971)은 "썩은 사과 하나가 있는 통에 든 사과들처럼 그리스가 부패한다면 이란과 동양……아프리카……이탈리아 그리고 프랑스에 이르는 모든 나라에 영향을 미칠 것이다"라고 경고했다. "로마와 카르타고 이래로 지구상에 그러한 세력의 양극화가 있던 적은 없었다."

패전국 독일은 대립하는 두 세력권의 심장부에 있었고 이내 충돌의 최전선이 되었다. 연합국은 독일을 네 개의 점령 지역으로 나누었다. 베를린 시는 비록 소련 점령 지역 깊숙이에 있었지만 이 도시 역시 네 개의 점령 지역으로 분할되었다. 점령 지역은 공식적인 평화적 해결이 있을 때까지 임시로 설정된 것이었다. 그러나 소련과 프랑스, 영국, 미국은 배상금과 독일의 경제 발전 정책을 둘러싸고 대립했다. 서방 세력들 사이의 관리를 둘러싼 갈등은 소련과의 의견 불일치만큼이나 격렬했다. 예컨대 영국과 미국은 자국의 관할 지역에서 식량 공급과 교역을 둘러싸고 심각한 불화를 겪었다. 하지만 냉전이 가속화되면서 이런 논의가 진정되었고, 1948년 서방 3개 연합국은 관할 구역에 단일 정부를 세웠다. 3개 연합국은 경제적 통합의 강력한 상징으로서 경제 위기를 완화하기 위한 개혁 조처를 통과시켰고 새로운 통화를 도입했다. 이에 소련은 서방 연합국 점령 지역에서 서베를린으로 가는 모든 도로, 철도, 강을 통한 접근로를 차단하는 것으로 응수했으나, 서방 연합국은 베를린에 대한 지배권을 넘겨주는 것을 거부했다. 11개월 동안 서방 연합국은 소련 점령 지역을 넘어 포위된 베를린의 서쪽 관할 구역에 매일 수백 편의 항공기로 총 12,000톤의 보급품을 공수했다. 베를린 봉쇄는 1948년 6월에서 1949년 5월까지 거의 1년 동안이나 계속되었다. 베를린 봉쇄는 결국 두 개의 독일—서쪽의 독일연방공화국과 이전 소련 점령 지역의 독일민주공화국—이 탄생하는 것으로 끝을 맺었다. 불과 몇 년 만에 이 두 나라는 두드러지게 무장한 병영처럼 보였다.

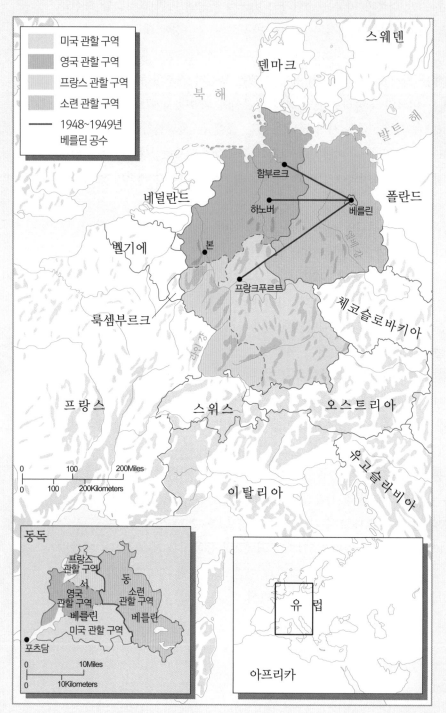

미국 관할 구역
영국 관할 구역
프랑스 관할 구역
소련 관할 구역
1948~1949년
베를린 공수

스웨덴

덴마크

북 해

발 트 해

네덜란드

함부르크

폴란드

하노버

베를린

벨기에

본

룩셈부르크

프랑크푸르트

체코슬로바키아

프 랑 스

스 위 스

오 스 트 리 아

유 고 슬 라 비 아

이 탈 리 아

0   100   200Miles
0   100   200Kilometers

동독

프랑스
관할 구역

서
영국
관할 구역,
베를린

동
소련
관할 구역
베를린

미국 관할 구역

포츠담

0   10Miles
0   10Kilometers

유 럽

아프리카

분할된 독일과 베를린 공수
1948년 여름 소련은 독일민주공화국을 거쳐 베를린의 서방 연합국 관리 구역으로 이르는 길을 차단했다. 이 봉쇄는 소련과 미국 사이의 긴장을 고조시켰고, 연합국이 서베를린에 보급품을 공수하지 않으면 안 되게 만들었다. 어떤 때에는 비행기들이 베를린에 3분마다 착륙했다.

마셜 플랜

미국은 서유럽에 대한 대대적인 경제 및 군사 원조 계획으로 소련의 팽창과 국지적 차원에서 준동하는 공산주의 운동에 맞섰다. 1947년 그리스의 반공주의자들에 대한 군사적 지원을 촉구하는 의회 연설에서 해리 트루먼 대통령은 트루먼 독트린(Truman Doctrine)이라고 불리게 될 공산주의에 대항한 '자유 국민'의 저항을 지원하는 서약을 발표했다. 그런데 트루먼 독트린은 또한 정치권력을 위한 경쟁을 경제학에 연결시켰다. 트루먼 대통령은 미소 간의 갈등이 '두 가지 생활방식' 사이의 선택이 되어야 한다고 선언했다. 몇 달 뒤 국무장관 조지 마셜(재임 1947~1949)은 애초에는 동유럽 국가를 포함한 유럽에 대한 야심찬 경제 원조 계획, 즉 유럽 복구 프로그램의 밑그림을 구상했다. 마셜 플랜은 산업 재개발을 목표로 (1948년부터 시작해) 4년에 걸쳐 130억 달러의 원조를 제공했다. 이 계획은 참여 국가들에게 미국제 트랙터, 기관차, 식량, 기계 장비, 자본 등을 공급했다. 또한 구제 계획과는 별도로 마셜 플랜은 참여 국가들에게 자국의 경제 문제를 진단하고 자체의 해결책을 개발할 것을 권장했다. 마셜 플랜은 부분적으로는 이상주의—일부 인사들은 '유럽합중국(United States of Europe)'에 관해 말했다—에 입각해서 그리고 부분적으로는 프랑스를 설득해 독일에 대한 배상금 요구와 독일 경제의 와해 시도를 단념시키고자 유럽 국가들 사이의 협력을 꾀했다. 일련의 경제 협정과 더불어 마셜 플랜은 유럽 경제 통합의 초석 중 하나가 되었다. 하지만 미국의 프로그램은 가격 통제 해제, 임금 인상 억제, 균형 예산 등과 같은 조치를 요구했다. 미국은 공산주의에 동조적이 될지도 모를 좌경화한 정치가들과 운동에 대한 반대를 조장했다.

미국은 또한 군사적 방어의 강화를 서둘렀다. 1949년 4월 캐나다 및 미국과 서유럽 국가들의 대표단이 북대서양 조약기구(North Atlantic Treaty Organization: NATO)를 설립하는 협정에 서명했다. 이후 그리스, 터키, 서독이 회원국으로 추가되었다. 조약은 나토 회원국 중 어느 한 나라에 대한 무력 공격은 전체 회원국에 대한 공격으로 간주될 것이며 연합한 군사적 대응을 초래할 것이라고 천명했다. 나토는 1950년 전시 연합군의 사령관이었던 드와이트 아이젠하워(1890~1969)를 최고 사령관으로 하는 합동군 사령부를 창설했다. 나토 지상군은 1950년 30개 사단으로 출범해 1953년에는 놀랍게도 신생 서독의 12개 사단을 포함해 약 60개 사단을 보유하게 되었다. 서독의 재무장은 특히 영국과 프랑스에게는 고통스러운 논쟁의 주제였지만 미국의 압력과 전략적 필요성으로 말미암아 서유럽 내에서 받아들여졌다.

제2차 세계대전이 남긴 후유증에서 가장 두드러진 측면에는 독일이 얼마나 빨리 유럽에 다시 통합되는가의 문제도 들어 있었다. 새로운 냉전 세계에서 '서양(the West)'이라는 단어는 신속하게 반공주의를 의미하게 되었다. 잠재적으로 의지가 되는 연합국들은 그 나라의 과거가 무엇이든지 간에 처벌을 받거나 배제되어서는 안 되었다.

또 다른 유럽 전쟁에 대비한 나토의 준비는 제공권, 즉 당대의 궁극적 무기인 원자 폭탄을 전투에 배치시켜줄 신세대 제트 폭격기에 크게 의존했다. 따라서 새로운 독일 국경을 따라 발발할 어떠한 충돌도 극히 최근에 겪었던 대량 학살을 별일이 아닌 것으로 만들 수 있었다.

두 세계와 군비 경쟁

소련은 나토, 마셜 플랜 그리고 특히 유럽 문제에 대한 미국의 급작스런 개입을 심각한 경계의 눈초리로 바라보았다. 소련은 마셜 플랜의 초기 원조 제공을 거부하면서 동유럽의 마셜 플랜으로서 경제상호원조회의(Council for Mutual Economic Assistance: COMECON)를 결성했다. 1947년 소련은 전 세계적인 공산주의 정책과 프로그램을 조정하는 국제적인 정치 기구인 코민포름(Communist Information Bureau: Cominform)을 조직했다. 나토에 대해서는 1955년 바르샤바 조약에 따른 군사동맹 체제 수립으로 대응했다. 이 조약에 따라 알바니아, 불가리아, 체코슬로바키아, 헝가리, 폴란드, 루마니아, 동독 사이에 합동군이 결성되었고 이들 국가에서 소련군의 계속적인 주둔이 보장되었다.

이 모든 갈등은 핵무기 경쟁으로 드리워진 그림자로 인해 더욱 어두워졌다. 1949년 소련은 최초의 원폭 실험을 함으로써 미국 정보 당국을 놀라게 했다(이 폭탄은 1945년 미국이 실험을 했던 플루토늄 폭탄을 모델로 한 것이었다). 1953년 양대 초강대국은 신무기, 즉 히로시마에 투하된 원폭보다 천 배나 강력한 수소 폭탄(또는 '초강력' 폭탄)을 과시했다. 몇 년 지나지 않아 양국은 이 폭탄을 한층 더 소형으로 만들었고 그것을 이용 가능하게 해주는 운반 체계를 개발했다. 한 발을 발사하면 몇 개의 핵탄두로 분리될 수 있는 대륙 간 미사일이 개발되어 지상뿐만 아니라 항상 발사 준비를 갖추고 바다를 돌아다니는 신세대 핵추진 잠수함에 탑재되었다. 로버트 오펜하이머는 민간인에 대한 전쟁 능력이 너무나도 극적으로 향상된 수소 폭탄이 '대량 학살의 무기'가 될 수 있다고 경고했다. 핵전쟁이 인류 문명을 파괴할 것이라는 냉혹한 경고 외에도 수소 폭탄은 한층 더 특별한 전략적 중요성을 갖고 있었다. 전쟁이 벌어지면 핵전쟁의 양상이 될 것이라는 사실은 냉전이 양극화되는 결과를 가져왔다. 왜냐하면 핵무기를 갖지 못한 나라들은 소련이나 미국의 동맹 중 하나에 가담하지 않을 수 없다는 것을 깨달았기 때문이다. 장기간에 걸쳐 이런 사실은 두 집단의 국가들, 예컨대 한 편에는 엄청난 군사 예산을 보유한 초강대국들과 다른 한편에는 협정과 국제법에 의존하게 된 다른 나라들 사이에 불균형을 조장했다. 그것은 초강대국의 피보호국들 사이의 '대리전쟁(proxy war)'을 조장하고 국지적 전쟁이 전면전을 불러올지도 모른다는 두려움을 증대시키면서 정면으로 맞서는 전쟁의 성격을 변화시켰다.

수소 폭탄은 신속하게 당대의 유일한 가장 강력한 상징으로서 엄청난 문화적 중요성을 차지했다. 수소 폭탄은 인류의 권능과 취약성 모두를 확인해주는 것처럼 보였다. 수소 폭탄이 대표하는 지식에서의 도약은 과학과 진보에 대한 동시대인의 확신을 증대시켜주었다. 동시에 대량살상 무기와 인류 자체를 말살시킬 수 있는 인류의 떠오르는 능력은 그런 확신이 잘못된 것 아닌가 하는 괴로운 질문을 제기했다.

냉전은 불가피했는가? 미국과 소련은 자신들의 불일치를 협상할 수 있었는가? 소련에서는 스탈린의 개인적 의구심, 무자비함, 독재적 야망 등이 안보에 대한 순수한 관심과 결합해 냉전의 정신 상태를 심화시켰다. 미국의 지도자들은 자신의 입장에서 유럽 대륙의 황폐화가 소련에게 동유럽에서와 마찬가지로 서유럽에서 공산주의 정권을 수립할 기회를 줄 수 있다고 믿었다. 서유럽은 홀로 독일, 그리스, 그 밖의 지역에서 점증하는 전후 위기에 효과적으로 대응할 수 없었다. 미국 역시 제2차 세계대전 기간 동안에 획득한 군사적·경제적·정치적 권세를 포기할 의사가 없었다. 미국은 전통적인 고립주의로부터 방향 전환을 하면서 유럽의 산업과 광범위한 군사기지의 획득을 포함한 전 지구적 결과들에 대한 새로운 전략적 이해관계를 명확히 했다. 이러한 이해관계는 소련의 두려움에 영향을 끼쳤다. 이런 맥락에서 신뢰는 거의 불가능한 것이 되었다.

새로운 국제적 권력의 균형은 재빨리 새로운 국제 정책을 창출했다. 1946년 조지 케넌(1904~2005)은 미국이 소련의 위협을 우선적으로 봉쇄할 필요가 있다고 주장했다. 소련은 세계 혁명을 개시하지 않았다고 케넌은 말했다. 따라서 미국은 "연극 같은 행동, 예컨대 외부적으로 강경함을 보여주는 위협이나 허세 또는 불필요한 제스처 등"이 아니라 "계속해서 변화하는 지리적·정치적 요충지에서 빈틈없고 부단히 경계하는 대항군을 적용함으로써" 대응할 필요가 있었다. 이후 40년 동안 봉쇄가 미국의 대외 정책에서 판단의 기준이 되었다.

냉전은 절정기에 미국과 소련의 국내 정치에 으스스한 결과를 가져왔다. 소련에서는 작가와 예술가들이 당의 노선에서 벗어났다는 이유로 공격을 받았다. 당은 서유럽의 산업이 전시에 겪었던 피해로부터 회복될지도 모른다는 암시로 경제학자들을 훈련시켰다. 라디오는 체코슬로바키아나 헝가리의 지도자들이 배반자로 밝혀졌다는 뉴스를 내보냈다. 미국에서는 의회 위원회가 도처에 있는 '공산주의자들'을 뿌리 뽑기 위한 운동을 출범시켰다. 냉전은 철의 장막 양쪽에서 방공 훈련, 간첩 재판, 생활방식이 위기에 처했다는 경고, 위협을 가하고 있는 '상대방'에 대항해 가족과 가정을 지키자는 호소 등을 통해 일상에서의 두려움을 심화시켰다.

흐루시초프와 해빙

1953년 스탈린이 사망했다. 니키타 흐루시초프(1894~1971)의 집권은 1956년이 될 때까지는 확고한 것은 아니었고 더딘 과정을 거쳤지만 그의 집권은 방향 전환의 신호탄이었다. 흐루시초프는 순박하고 직설적인 성격의 소유자로 서방에 대한 적대감을 갖기는 했지만 긴장 완화에도 기여한 사람이었다. 스탈린은 크렘린에서 스스로 틀어박혀 나오지 않았지만 흐루시초프는 떨쳐 나와 세계 각지를 돌아다녔다. 1959년 미국을 방문한 그는 아이오와의 농부들과 익살스러운 대화를 나누기도 하고 디즈니랜드에 놀러가기도 했다. 흐루시초프는 성난 반미 수사와 외교적 화해 사이를 기민하게 오가는 빈틈없는 정치가였다. 국제적 긴장을 완화하려는 의지를 증명하기 위해 흐루시초프는 영국, 프랑스, 미국의 지도자들과 첫 정상 회담을 갖기로 했다. 이 정상 회담은 중무장한 유럽에서의 마찰을 완화하고 1960년대 초 지상에서 핵무기 실험의 금지를 가져온 일련의 협정을 이끌었다.

흐루시초프의 방향 전환은 그가 스탈린 시대의 잔학한 행위들을 인정한 (문을 걸어 잠근 채 열린 제20차 전당대회에서) 1956년의 유명한 '비밀 연설'에서도 나타났다. 그 연설은 비밀이었지만, 흐루시초프의 비난은 광범위하게 회자되었다. 스탈린 정권의 가혹함은 중기계와 무기 생산에서 소비자 상품으로의 전환, 예술에서 어느 정도의 자유, 경찰에 의한 억압의 종식 등에 대한 대중의 불만과 요구들을 불러일으켜왔다. 이런 상황하에서 흐루시초프 정권은 안전한 범위 내에서 어떻게 스탈린 격하를 지속할 수 있었을까? 해빙은 통제하기 힘든 것으로 판명된 세력들을 해방시켰다. 1956년과 1958년 사이에 소련의 죄수 수용소들은 수많은 죄수를 석방시켰다. 소련 시민은 부분적으로는 자신들을 주택 등과 같은 시민으로서의 확실한 특권들을 받을 자격이 있게 만들기 위해 스탈린 치하에서 처형되거나 투옥된 친척들을 복권시켜달라는 요구로 이 정권을 괴롭혔다. 새로운 문화적 환경에서 사생활, 예컨대 가족 문제, 전후 남성 인구의 부족, 고아 문제 등이 합법적인 관심과 논의의 주제가 되었다.

　해빙은 소련의 몇몇 중요한 작가들에게 잠시 동안 기회의 창을 제공했다. 1957년에 보리스 파스테르나크(1890~1960)의 소설 『닥터 지바고(Doktor Zhivago)』는 소련에서 출판될 수 없었고 파스테르나크가 노벨상을 수상하는 것도 금지되었다. 알렉산드르 솔제니친(1918~2008)의 첫 번째 소설 『이반 데니소비치의 하루(Odin den' Ivana Denisovicha)』가 1962년에 출간될 수 있었던 것은 해빙으로 인한 상대적인 문화적 자유를 보여주었다. 『이반 데니소비치의 하루』는 솔제니친이 겪은 수용소에서의 경험을 토대로 한 것이었다. 그는 한 편지에서 스탈린을 비판했다는 이유로 수용소에서 8년을 보냈다. 그리고 이 작품은 흐루시초프도 인정했던 억압에 대한 강력한 문학적 증언이었다. 하지만 1964년에 이르러 흐루시초프는 실각하고 해빙도 끝났다. 그로 인해 비판이나 솔제니친 같은 작가들은 지하로 숨어들었다. 역시 자전적 소설인 『제1원(V kruge pervom)』은 비밀경찰을 위해 감옥의 연구소에서 일하는 과학자들의 이야기를 전하고 있다. 솔제니친은 스탈린 시대의 수용소들(gulags)에 대한 최초의 방대한 역사적·문학적 연구인 『수용소 군도(Arkhipelag GULAG)』로 탄생하게 될 작품의 집필을 계속했다. 그는 비밀리에 수용소 수감자들로부터 회고담과 개인적 증언을 수집해 담배말이 종이에 메모하고 자기 집 뒤에다 각 장(章)의 초고들을 묻었다. 소련의 비밀경찰은 솔제니친이 초고를 막 완성했을 때 택시에서 초고의 사본을 발견했다. 그럼에도 『수용소 군도』는 1973년 파리에서 출간되었다. 그러나 1년 뒤 소련 정부는 솔제니친을 반역 혐의로 체포한 후 추방시켰다. 가장 유명한 소련 반대자는 민주주의자도 친서방주의자도 아니었다. 그는 19세기 러시아 작가들과 철학자들에 기원을 둔 이상주의자이자 도덕가였다. 망명 생활에서 솔제니친은 소련의 억압뿐만 아니라 미국 상업주의의 타락을 공격했다.

유럽의 초기 냉전, 1946~1961년	
처칠의 '철의 장막' 연설	1946년
트루먼 독트린	1947년
소련의 코민포름과 코메콘 출범	1947년
동유럽 공산권 수립	1948년
마셜 플랜	1948년
베를린 봉쇄	1948~1949년
나토 결성	1949년
스탈린 사망	1953년
바르샤바 조약 결성	1955년
동독, 폴란드, 헝가리 봉기	1953~1956년
흐루시초프 미국 방문	1959년
베를린 장벽 설치	1961년

동유럽에서의 억압

스탈린이 사망한 해에 동유럽에서 긴장이 폭발했다. 소련에 대해 배상금 지불의 짐을 지고 있던 동독 정부는 경제 위기에 직면했다. 동독 정부가 서독의 경제적 성공을 잘 알고 있다는 점 역시 문제를 악화시켰다. 동독 시민의 서독으로의 불법 탈출은 급격하게 늘어났는데, 1953년 3월에만 5만 8,000명이 동독을 떠났다. 동독 정부가 산업 생산성을 크게 증대시킬 것을 요구한 6월에는 동베를린에서 파업이 일어났다. 불안은 전국에 걸쳐 확산되었다. 소련군은 봉기를 진압했고 이어진 숙청으로 수백 명이 처형당했다. 그 결과 발터 울브리히트(1893~1973)의 지도력하에서 동독 정부는 일당 지배를 굳건히 하기 위해 무질서에 대한 두려움을 이용했다.

1956년 흐루시초프의 스탈린 격하 운동으로 용기를 얻은 폴란드와 헝가리는 국내 문제 관리에서 더 많은 독립을 요구하면서 봉기했다. 파업 노동자들은 폴란드에서의 반대를 이끌었다. 정부는 처음에는 군사적 억압으로 그 다음에는 자유화를 약속하는 것으로 대응하면서 갈팡질팡하는 모습을 보였다. 결국 반스탈린주의자인 폴란드 지도자 브와디스와프 고무우카(1905~1982)는 폴란드가 바르샤바 조약의 조건에 충성할 것을 서약함으로써 폴란드식 '사회주의 발전 방식'을 추구하는 것에 대해 소련의 허락을 얻어냈다.

헝가리에서의 사건들은 이와는 매우 상이하게 끝났다. 헝가리 공산주의 정부의 카리스마적 지도자인 임레 너지(1896~1958)는 공산주의자일 뿐만 아니라 대단한 민족주의자였다. 그의 정부하에서 모스크바의 정책에 대항한 저항들은 한층 더 광범위한 반공주의 투쟁으로 발전했다. 훨씬 더 중요한 것은 이러한 저항들이 바르샤바 조약으로부터의 탈퇴를 시도했다는 사실이었다. 흐루시초프는 동유럽과 모스크바의 느슨한 연결을 고려해볼 수는 있었지만 바르샤바 조약이 파멸에 이르는 것은 용납하지 않았다. 1956년 11월 4일 소련군은 부다페스트를 점령해 헝가리 봉기의 지도자들을 체포하고 처형했다. 헝가리인은 무기를 들었고 거리 전투는 몇 주 동안 계속되었다. 헝가리인은 서방의 지원을 기대했지만 대통령으로 재선된 드와이트 아이젠하워는 지원을 제공하지 않았다. 소련군은 철두철미한 공산주의자인 야노스 카다르(1912~1989) 휘하에 새 정부를 설치하고 억압을 계속했고 수만 명의 헝가리 난민은 서방으로 피했다. 서방에 좀 더 점잖고 한결 유화적인 소련을 보여주려는 흐루시초프의 노력은 봉기와 억압으로 좌절되었다.

서방과의 '평화적 공존(peaceful coexistence)'이라는 흐루시초프의 정책은 동유럽에 대한 어떠한 군사적 위협도 방지하겠다는 그의 결심을 약화시키지는 않았다. 1950년대 중반에 이르러 서독에 전술 핵무기를 배치하려는 나토의 정책은 바로 그런 위협의 증거로 여겨졌다. 더욱이 동독인들은 서베를린을 거쳐 계속해서 동독을 탈출했다. 1949년과 1961년 사이에 270만 명의 동독인이 독일을 떠났고 이는 동독 정권이 인기가 없다는 것을 보여주는 명백한 증거였다. 이러한 탈출의 물결을 막기 위해 흐루시초프는 서방이 베를린의 자유 도시와 더불어 독일의 영구적 분단을 인정하라고 요구했다. 그러한 요구가 거부되자 1961년 동독 정부는 베를린 시의 두 지역을 분리하는 약 3미터 높이의 장벽을 설치했다. 이 장벽은 양측에게 위험한 무력시위를 초래했는데, 소련과 미국이 전쟁에 대비해 예비군을 동원했기 때문이었다. 새로 선출된 미국 대통령 케네디(재임 1961~1963)는 '모든 자유인'은 공산주의자가 아닌 서베를린의 동료 시민이라고 선포한 베를린 방문에서 이 도시의 경쟁적 지위를 잘 표현했다. 1989년까지 거의 30년 동안 베를린 장벽은 열전(熱戰)에서 냉전으로의 변화 및 독일과 유럽의 분할을 어렴풋하게 반영하는 기념물로 남았다.

냉전: 소련과 미국의 관점들

   첫 번째 발췌문은 1946년 초 미주리 주의 풀턴에 있는 웨스트민스터 대학에서 윈스턴 처칠이 행한 「평화의 원동력(The Sinew of Peace)」이라는 연설에서 인용한 것이다. 이 연설문에서 그는 동유럽에서 떠오르는 소련의 세력을 경고하는 '철의 장막(Iron Curtain)'이라는 말을 만들어냈다.
   두 번째 발췌문은 1953년 공산당 제1서기가 된 니키타 흐루시초프의 연설문에서 인용한 것이다. 3년 후 권력이 공고해진 그는 공개적으로 스탈린의 범죄들을 부인하기 시작했다. 흐루시초프는 미국과 소련의 관계에서 단명했던 해빙을 관장했다. 하지만 그의 연설에서 볼 수 있듯이 흐루시초프는 세계가 두 개의 상호 적대적인 진영으로 나뉘어져 있다는 처칠의 개념을 공유했다.

윈스턴 처칠의 '철의 장막' 연설
   연합국이 승리함으로써 이제 막 불이 켜진 무대에 그림자가 드리워졌습니다. 어느 누구도 소련과 소련의 공산주의 국제 조직이 가까운 장래에 무엇을 하려고 하는지 또는 만약에 있다면 그것들로 개종시키려는 팽창주의적인 경향의 한계가 어디인지를 알지 못합니다. 저는 용맹한 러시아 국민에게 그리고 저의 전시 동료 스탈린 원수에게 깊은 감탄과 존경의 마음을 갖고 있습니다. 모든 러시아의 인민과 많은 차이와 좌절에도 불구하고 지속적인 우정의 확립을 보존하겠다는 결의에 대해……영국에는 깊은 공감과 친선이 있습니다. 우리는 러시아인이 독일의 모든 침략 가능성을 제거함으로써 소련의 서부 변경들을 지킬 필요성이 있다는 것을 이해합니다. 우리는 러시아가 세계의 지도적인 국가들 사이에서 걸맞게 자리 잡는 것을 환영합니다. 우리는 무엇보다도 대서양 양측에 있는 러시아 국민과 우리 국민 사이의 변함없고 빈번하며 증대되는 접촉을 환영합니다. 하지만 유럽의 현 상황에 대한 특정 사실들을 여러분 앞에 제시하는 것이……저의 임무입니다.

발트 해의 슈테틴에서 아드리아 해의 트리에스테에 이르기까지 유럽 대륙 전역에 걸쳐 철의 장막이 드리워졌습니다. 장막이 드리워진 그 선 뒤에는 중부 및 동부 유럽의 아주 오래된 국가들의 모든 수도가 있습니다. 바르샤바, 베를린, 프라하, 빈, 부다페스트, 베오그라드, 부쿠레슈티, 소피아 등 이 모든 유명한 도시들과 그 주변의 사람들은 제가 소련의 영역이라고 불러야 하는 것에 놓여 있고, 모두 하나의 형태 아니면 또 다른 형태로 소련의 영향력뿐만 아니라 대부분의 경우 모스크바로부터 매우 고차원의 증가일로에 있는 통제 조처에 종속되어 있습니다.……

전쟁 기간 동안 우리의 러시아 친구들과 연합국들에 관해 본 것에서 저는 그들이 힘보다도 더 감탄하는 것은 아무것도 없고 나약함 특히 군사적 나약함보다 더 싫어하는 것은 아무것도 없다는 것을 확신했습니다. 그러한 이유로 세력 균형이라는 오래된 신조는 믿을 수 없습니다. 만약 우리가 세력 균형을 도울 수 있다고 생각해서 아슬아슬하게 힘의 세 축이라는 유혹을 제안할 수는 없습니다. 만약 서방 민주주의 국가들이 국제연합 헌장에 담긴 원리들을 엄격히 고수하기 위해 함께한다면, 그러한 원리들을 진전시키기 위한 그들의 영향력은 엄청날 것이고 어느 누구도 그들을 방해할 것 같지 않습니다. 하지만 만약 그들이 분열되거나 임무를 머뭇거린다면 그리고 아주 중요한 시기들을 놓친다면 정말로 파국이 우리 모두를 압도하고 말 것입니다.

니키타 흐루시초프, 「공산당 당 대회에 보내는 보고서」(1961)

동지들! 두 가지 세계 사회 체제인 사회주의와 자본주의의 경쟁은 제20차 당 대회 이래로 이 시대의 주요 내용이었습니다. 그것은 중심축이자 역사적 현 단계에서 세계 발전의 기초가 되었습니다. 두 가지 노선들, 두 개의 역사적 경향들은 사회 발전에서 점점 더 명확하게 스스로를 드러냈습니다. 그중 한 가지는 사회적 진보, 평화, 건설적 행동의 노선입니다. 다른 한 가지는 반동, 억압, 전쟁의 노선입니다.

두 체제의 평화적인 경쟁 과정에서 자본주의는 모든 인민이 본 대로 심대한 도덕적 패배를 겪었습니다. 보통 사람들은 매일 자본주의가 인류가 직면하고 있는 절박한 문제들 중 단 한 가지도 해결할 능력이 없다고 확신합니다. 사회주의에 이르는 행로만이 이러한 문제들에 대한 해결책을 발견할 수 있다는 것이 점점 더 명백해집니다. 자본주의 체제에 대한 믿음과 자본주의적 발전 경로는 줄어들고 있습니다. 영향력을 상실하고 있는 독점 자본주의는 점점 더 인민 대중을 위협하고 억압하는 것에 의존하고, 자본주의 국가의 국내 정책을 수행하는 데에서 노골적인 독재의 방법들에 의지하며 다른 나라들에 대한 침략 행위들에 의존하고 있습니다. 그러나 인민 대중은 반동 행위에 대해 점점 저항하고 있습니다.

협박과 위협의 방법이 힘의 징표가 아니라 자본주의가 약화되고 자본주의의 전반적인 위기가 심화되고 있다는 증거라는 것은 그 누구에게도 비밀이 아닙니다. 속담에도 있듯이 사자의 갈기를 잡을 수 없다면 꼬리도 잡지 못할 것입니다! 반동 세력은 여전히 일부 국가들에서 자국의 헌법을 위반하며 의회를 해산시키고 인민이 뽑은 최고의 대표들을 투옥시키며 이른바 '제어하기 어려운 나라'를 굴복시키기 위해 순양함과 해병대를 파견할 능력을 가지고 있습니다. 이 모든 것은 잠시 동안 자본주의의 지배를 위한 불길한 시각의 접근을 출발시킬 수는 있습니다. 제국주의자들은 자신이 앉아 있는 나뭇가지를 톱으로 잘라내고 있습니다. 진보의 길을 따라가는 인간의 전진을 막을 능력이 있는 세력은 이 세상에 없습니다.

분석 문제

1. 처칠은 소련권과 서방권 사이에서 어느 쪽이 철의 장막을 건설했다고 비난했는가?

2. 소련이 국제 공산주의를 창조하기 위해 적극적으로 노력하고 있었는가? 미국은 전 지구적 규모로 서구 생활 방식을 퍼뜨리기 위해 노력하고 있었는가?

경제적 르네상스

✦ 서유럽은 어떻게 제2차 세계대전으로부터 회복되었는가?

전 지구적 초강대국의 경쟁 관계로 인한 계속되는 긴장에도 불구하고 전후 시대에 서유럽은 놀라운 회복, 즉 경제 '기적'을 이루었다. 경제학자들은 여전히 이 경제 기적의 원인에 대해 논란을 벌인다. 일부 요인은 평시에 적용될 수 있는 다양한 기술 혁신을 고취시킨 전쟁의 직접적인 결과였다. 그러한 기술 혁신은 향상된 통신(예컨대 레이더의 발명), 합성 물질의 개발, 증대되는 알루미늄과 합금 강철의 이용, 부품 생산 기술의 진보 등이었다. 전시 제조업은 각국의 생산성을 크게 증대시켰다. 마셜 플랜은 당시에 많은 사람들이 주장했던 것만큼 그다지 큰 중심적 역할을 한 것으로 보이지는 않지만, 미국산 상품을 구입하기 위한 달러 부족과 지불 수지 균형과 관련 있는 즉각적인 문제들을 해결해주었다. 이런 호황은 세 번째 요인, 즉 1950년대와 1960년대에 걸친 높은 소비 수요와 결과적으로 매우 높은 수준의 취업으로 촉진되었다. 활발한 국내 및 해외 소비는 팽창, 계속적인 자본 투자, 기술 혁신 등을 북돋웠다. 유럽산 상품에 대한 수요 증가는 국제 무역 및 통화의 자유로운 흐름을 고취하는 조약의 체결을 촉진했다(나중에 논의할 것이다).

이제 각국은 이전보다 한층 더 경제 관리, 예컨대 투자를 감독하고 무엇을 현대화할 것인가에 관한 결정을 내리고 산업과 국가 사이의 정책들을 조정하는 등의 책임을 떠맡았다. 이것 역시 전시의 유산이었다. 이에 대해 한 영국 관리는 다음과 같이 말했다. "우리는 이제 모두 계획자들이다." 경제를 관리하는 정부의 전술은 다양했다. 서독은 기업 투자를 활성화하기 위해 세금을 삭감했다. 영국과 이탈리아는 자국의 강철 및 석유 산업에 투자 수당을 제공했다. 프랑스, 영국, 이탈리아, 오스트리아는 생산성을 높이기 위한 노력의 일환으로 산업과 서비스업을 국유화하는 실험으로 경제 관리의 방법을 이끌었다. 그 결과는 공공 소유와 사적 소유가 결합된 '혼합' 경제였다. 1930년대에 이미 공공 소유가 잘 발달했던 프랑스는 철도, 전기 및 가스, 은행, 라디오, 텔레비전, 자동차 산업의 상당 부분을 국가 관리 아래 두었다. 영국에서 공공 소유 산업의 목록은 마찬가지로 길었는데, 석탄 및 도로, 철도, 항공 수송 같은 공익사업들, 그리고 은행업 등이 포함되었다. 서독에서 국유화는 그다지 일상적이지는 않았지만, (19세기 말 이래로 국가가 소유한) 철도 체계, 일부 전기·화학·야금 콘체른, 그리고 히틀러가 '국민차' 생산을 시도했던 것의 유물인 폭스바겐 회사 등이 모두 국가의 수중에 있었다. 하지만 폭스바겐 회사는 1963년 대부분 사적 부문으로 환원되었다.

이런 정부 정책과 프로그램들은 놀라운 성장률에 기여했다. 1945~1963년 서독의 국내총생산(국민총생산[GNP]에서 해외에서 벌어들인 수입을 뺀 것) 성장률은 7.6퍼센트였고, 오스트리아 5.8퍼센트, 이탈리아는 6퍼센트, 네덜란드는 4.7퍼센트 등을 기록했다. 경제는 전쟁으로부터 회복되었을 뿐만 아니라 침체된 수요, 과잉 생산, 불충분한 투자라는 전쟁 이전의 경제 유형을 역전시켰다. 생산 시설은 치솟는 수요에 부응하기 위해 힘차게 돌아갔다.

서독의 회복은 특히 놀라웠고, 이는 유럽의 나머지 국가들에게 각별히 중요했다. 생산은 1948년과 1964년 사이에 6배나 증가했다. 실업률은 모든 실업자에게 6개의 일자리가 있었던 1965년에 0.4퍼센트에 도달하면서 최저치로 떨어졌다. 대공황기의 파국적인 실업율과 비교하면 이는 기적이라는 인상을 고조시켰다. 물가는 상승했지만 그 다음에 곧 안정되었고, 많은 시민은 생산을 치솟게 만든 국내 소비 경쟁에 빠져들 수 있었다. 1950년대에 국가와 개인이 운영하는 산업은 매년 50만 채의 새로운 주택을 건설했다. 이는 전쟁으로 집이 파괴된 시민, 동독 및 동유럽에서 망명한 새로운 주민, 서독의 높은 노동 수요에 이끌려 이탈리아, 에스파냐, 그리스, 그리고 다른 여러 나라들에서 온 떠돌이 노동자들을 수용하기 위한 것이었다. 독일산 자동차, 특화된 기계 상품, 광학 제품, 화학 제품 등은 세계 시장을 지배했던 이전의 역할을 되찾았다. 서독 여성도 이 과정에 참여했다. 1950년대 동안 독일 정치가들은 여성에게 독일 경제를 활발하게 해줄 적극적이지만 신중한 상품 구매자인 '시민 소비자(citizen consumer)'로서의 역할을 권장했다.

계획 장관인 장 모네(1888~1979)의 지휘하에 프랑스 정부는 자본뿐만 아니라 전문가의 조언에 기여하고 노동자들을 가장 필요로 하는 곳에 있게 하기 위해 국가적 노동 요원의 교체를 용이하게 하면서 산업 개혁에서 직접적인 역할을 수행했다. 이 계획은 기간산업에 우선권을 주었다. 따라서 전력 생산은 두 배 늘어났고 강철 산업은 철저하게 현대화되었으며 프랑스 철도 체계는 유럽 대륙에서 가장 빠르고 효율적인 것이 되었다. 이탈리아 산업의 '기적'은 나중에 왔지만 훨씬 더 인상적이었다. 정부와 마셜 플랜으로부터 온 자본의 유입으로 자극을 받은 이탈리아 회사들은 곧 유럽의 다른 국제적인 거대 기업과 경쟁하기 시작했다. 올리베티(Olivetti), 피아트(Fiat), 피렐리(Pirelli) 등의 생산품은 과거에 어떤 이탈리아 상품도 누리지 못했을 정도로 전 세계의 가정에서 친숙한 것이 되었다. 전력 생산은 1938년과 1953년 사이에 두 배로 증가했고, 1954년에 이르러 실질 임금은 1938년에 비해 50퍼센트 인상되었다.

전반적으로 정치적 전통이나 산업 유형에서 공통적인 것이 거의 없었던 유럽 국가들은 모두 일반적인 번영을 공유했다. 하지만 GNP의 증가는 국가들 사이의 또는 국내에서의 차이를 없애지 못했다. 남부 이탈리아에서 문맹률은 높은 채로 남아 있었고 토지는 여전히 소수의 부유한 가문에 속했다. 스웨덴의 일인당 GNP는 터키에 비해 거의 10배에 달했다. 영국의 상황은 특별했다. 보수당 출신의 수상 해럴드 맥밀런(189~1986)은 1959년 다음과 같은 슬로건으로 성공적으로 재선 선거운동을 했다. "여러분은 결코 이렇게 많이 가져본 적이 없습니다." 이는 자랑하기에 충분할 정도로 정확한 말이었다. 영국의 성장은 과거에 비하면 훌륭한 것이었다. 하지만 영국의 경제는 여전히 부진했다. 영국은 시대에 뒤진 공장들과 방법들, 초기에 산업화를 이룩한 것에 따른 유산, 구식 산업에 새로운 기술의 적용하거나 한층 더 성공적인 새로운 산업에 투자하기를 꺼려하는 것 등의 부담을 안고 있었다. 영국은 또한 수입한 것보다 더 많은 상품을 팔 수 없어서 발생하는 국제 수지 위기로 골머리를 앓았다.

유럽 경제 통합

서유럽의 르네상스는 집단적인 노력이었다. 마셜 플랜부터 시작해 일련의 국제적 경제 조직들이 서유럽 국가들을 한데 묶었다. 그중 최초의 조직은 유럽의 가장 핵심적인 자원의 무역과 관리를 조정하기 위해 1951년에 창설된 유럽 석탄·강철 공동체(European Coal and Steel Community: ECSC)였다. 석탄은 20세기 중반의 유럽에서 여전히 왕 노릇을 했다. 석탄은 강철 제조와 기차에서 가정용 난방에 이르기까지 모든 것에 연료를 공급했고, 유럽의 제1차적인 에너지 소비의 82퍼센트를 차지했다. 석탄은 또한 풍부한 석탄 광산을 지닌 서독과 석탄 부족에 시달리는 제철소를 가진 프랑스의 관계를 해결하는 열쇠였다. 각국의 전문가들로 구성된 ECSC의 중앙 기구인 고위 당국(High Authority)은 가격을 규제하고 생산을 증대하거나 제한하며 관리비를 부과할 권한을 갖고 있었다. 1957년의 로마 조약은 프랑스, 서독, 이탈리아, 벨기에, 네덜란드, 룩셈부르크를 유럽 경제 공동체(European Economic Community: EEC. 유럽 공동 시장[European Common Market: ECM]이라고도 한다)로 탈바꿈시켰다. EEC는 회원국 사이의 무역 장벽을 제거하는 것을 목표로 했다. 더욱이 이 조직은 공통의 외부 관세, 회원국 사이의 자유로운 노동과 자본의 이동, 공동 시장 전역에 걸쳐 유사한 노동 조건을 창조하기 위한 균일한 임금 구조와 사회 보장을 구축할 것을 서약했다. 브뤼셀에 본부를 둔 한 위원회가 이 프로그램을 관리했는데, 1962년까지 브뤼셀에서 3,000명 이상의 '유럽 경제 공동체의 관리들'이 활동했다.

통합은 순탄하게 진행되지 않았다. 영국은 ECSC가 자국의 쇠퇴하는 석탄 산업과 오스트레일리아·뉴질랜드·캐나다와의 오랜 무역 관계에 미칠 영향을 우려해 멀리 떨어져 있었다. 영국은 원료를 필요로 하는 프랑스나 시장을 필요로 하는 다른 나라들과 함께하지 않고, 대영제국 및 영연방국가와의 경제 관계에 계속 의존했다. 제2차 세계대전의 승전국으로서 영국은 전후 세계에서 전 지구적 차원의 경제적 지위를 유지할 수 있을 것이라고 상정하고 있었다. 그 외의 여러 나라들에서 임금이나 농산물 가격에 관한 EEC 조항은 국내적 반대를 불러일으켜 종종 이 조약을 무효화시키려 했다. 프랑스 등은 정치적 안정을 위해 농민의 이해에 민감했고 시골 지역에 국가적 정체성을 두었기에 농업 보호를 고집했다.

석탄보다 석유와 원자력이 더욱 중요하게 된 커다란 변화들(제28장 참조)은 ECSC를 비효율적인 조직으로 만들었다. 그러나 유럽 경제 공동체는 여전히 놀라운 성공을 거두었다. 1963년 유럽 경제 공동체는 세계에서 가장 거대한 수입처가 되었다. EEC의 강철 생산은 미국의 강철 생산에 버금갈 정도였으며, 전체 산업 생산은 1950년에 비해 70퍼센트 이상 더 높아졌다. 최종적으로 EEC는 새로운 장기적인 정치적 경향—개별 국가들은 자국의 문제에 대해 유럽화한 해결책을 모색했다—을 확립했다.

또한 결정적인 협정이 1944년 7월 미국 뉴햄프셔 주의 브레턴우즈(Bretton Woods)에서 맺어졌다. 이 협정은 1930년대를 괴롭혔던 파국들을 피하면서 전 지구적 경제 운동을 조정하고 경제 위기에 대한 해결책을 국제화하는 것을 겨냥했다. 브레턴우즈는 예측 가능하고 안정적인 환율을 확립하고 투기를 방지하며 통화와 궁극적으로는 무역의 자유로운 이동을 가능하도록 해주는 국제통화기금(International Monetary Fund: IMF)과 세계은행(World Bank)을 창설했다. 이에 따라 모든 통화는 달러로 안정되었고, 이는 가장 선두에 있는 재정 강국으로서 미국의 역할을 반영하고 고양시켜주는 것이었다. 이 새로운 국제 체제는 정신적으로는 미국-유럽의 영역에서 형성되었지만, 이들 조직은 곧 제3세계라고 알려지게 된 나라들의 경제 발전에서 역할을 하기 시작했다. 그 후 전후 시대는 주로 미국적 방식으로 전 지구적 경제 통합을 재촉했다.

동유럽에서의 경제 발전

동유럽에서의 경제 발전은 서방에서처럼 그렇게 극적이진 않았지만 중요한 진전을 이루었다. 국민소득은 늘어났고 생산이 증가했다. 특히 폴란드와 헝가리는 처음에는 프랑스와 서독을 비롯한 서방과의 경제적 관계를 강화했다. 1970년대 말에 이르면 동유럽 무역의 약 30퍼센트가 소련권 밖에서 이루어졌다. 그러나 소련은 위성국가들의 경제 정책을 자국의 경제적 이해관계 이상을 위해 기여하도록 설계할 것을 요구했다. 서방의 공동 시장에 상응하는 동유럽의 코메콘을 지배하는 규제들은 소련이 자국의 수출품을 세계 수준을 훨씬 상회하는 가격으로 팔고 코메콘 회원국들에게는 불리하게 소련과 무역할 것을 강제하는 조치들을 확보했다. 헝가리와 폴란드 같은 나라들에서의 정치적 긴장이 소련에게 결국 더 많은 소비재를 생산하고 서방과의 적당한 무역 발전을 허용하도록 정책의 완화를 강제했지만, 코메콘의 본래 중요성은 중공업과 집단화된 농업에 있었다.

복지국가

경제 성장은 전후 시대의 슬로건 중 하나였다. 사회복지는 또 다른 슬로건이었다. 새로운 입법의 근원은 1880년대 말 독일의 비스마르크가 도입한 노령, 질병, 장애 등에 대한 보험 계획으로 소급된다. 그러나 경제 팽창은 전후 유럽 국가들로 하여금 더욱 포괄적인 사회 프로그램에 대한 기금 마련을 가능하게 해주었고, 민주주의를 한층 더 확고한 기반 위에 올려놓는 것에 대한 헌신은 정치적 동기를 부여해주었다. 사회주의자이자 영국 노동당의 지도자인 클레멘트 애틀리(1883~1967)는 '복지국가(welfare state)'라는 용어를 만들어냈다. 1951년까지 집권한 그의 정부는 국민 보건 서비스(National Health Service)를 통해 모든 사람에게 무상 의료와 가정에 대한 지원을 제공하고, 몇몇 종류의 중등교육을 보장하는 법 제정에서 선두에 섰다. 복지국가는 정부가 대중의 구매력을 지원하고 수요를 창출하며 취업이 아니면 실업 보험 둘 중 하나를 제공할 수 있고 제공하도록 노력해야 한다는 가설에 바탕을 두고 있었다. 이것은 일찍이 존 메이너드 케인스(『일반 이론』, 1936)나 완전 고용에 관한 윌리엄 비버리지(1879~1963)의 중요한 1943년 보고서에서 상세히 설명된 가설들이었다. 영국 노동당과 대륙의 사회주의 정당들은 이 조처들을 밀어붙였지만, 복지는 전후 대부분의 서유럽 국가들을 지배했던 온건 연합체들이 지지한 합의였다.

이런 방식으로 이해된 복지는 빈민 구호가 아닌 재정 지원 혜택이었다. 따라서 그것은 빈곤과 시민권에 관한 수세기 동안 지속된 사고방식과의 결별을 의미했다. 1950년 영국의 사회학자 T. H. 마셜(1893~1981)은 짤막하지만 극히 영향력 있는 국가, 시민권, 권리 등에 관한 역사적 개요를 설명했다. 마셜은 17세기 말과 18세기에 인권, 즉 로크적인 의미의 종교·재산·계약의 자유가 등장했고, 19세기에는 정치적 권리가 나타났으며, 20세기는 "근소한 경제적 복지와 안전의 권리에서 사회적 유산을 충분히 공유하고 사회에서 널리 행해지는 표준에 따라 문명화된 존재로서 살아갈 권리에 이르기까지 모든 영역의 사회적 권리"를 가져다줄 것이라고 말했다. 마셜의 간략한 역사는 여성 권리의 역사가 왜 그렇게 다른가, 즉 여성이 시민적·정치적 권리를 왜 그렇게 늦게 받았으며 여성이 가족 구성원이나 어머니로서만 사회적 권리를 획득한 것에 대해 설명하지는 못한다. 하지만 마셜의 이론은 사회민주주의의 정치적 흐름 이면에 있는 사상들을 가장 잘 표현했다. 마셜에 따르면, 민주주의와 사회 복지가 서로 협조하고 모든 시민이 동일한 '사회적 유산'을 받을 자격이 있으며 사회계급의 명확한 불평등을 없애는 것이 민주적 문화를 강화하는 데 결정적이라는 신념이 증대되고 있다는 것이다.

유럽의 정치

전후 정치 지도자들은 압도적으로 실용주의적이었다. 1949~1963년 서독의 수상이었던 콘라트 아데나워(1876~1967)는 독일의 군국주의를 경멸하고 히틀러가 권좌에 오르게 된 전통을 비난했다. 하지만 그는 독일 의회 민주주의를 염려했고 가부장적이면서 때때는 권위주의적 방식으로 통치했다. 프랑스와 독일 간의 수세기에 걸친 적대감을 종식시키고자 하는 그의 결심은 경제 연합을 향한 운동에 크게 기여했다. 1948~1953년 이탈리아 수상을 지낸 알치데 데 가스페리(1881~1954) 역시 중도파였다. 전후 프랑스 지도자들 중에서 가장 다채로운 인물은 레지스탕스 영웅이었던 샤를 드골이었다. 드골은 프랑스 유권자들이 행정부를 강화시키자는 자신의 제안을 거부하자 1946년에 정계에서 은퇴했다. 1958년 알제리 전쟁(683쪽 참조)과 우익 군장교 집단의 실패한 쿠데타로 야기된 혼란에 직면해 프랑스 정부는 붕괴되었고 드골은 복귀를 요청받았다. 드골은 이를 수락했지만 새 헌법의 제정을 주장했다. 1958

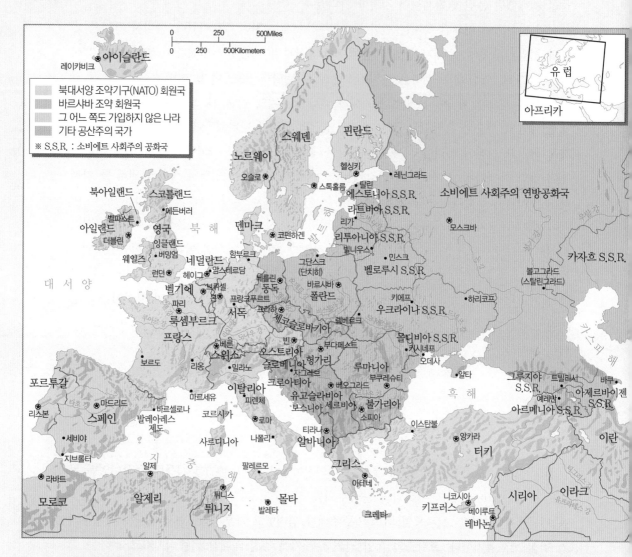

레이캬비크 ✵아이슬란드

북대서양 조약기구(NATO) 회원국
바르샤바 조약 회원국
그 어느 쪽도 가입하지 않은 나라
기타 공산주의 국가
※ S.S.R. : 소비에트 사회주의 공화국

250 500Miles
250 500Kilometers

유 럽

아프리카

핀란드
스웨덴
헬싱키
노르웨이
오슬로   ✵레닌그라드
✵스톡홀름   탈린
에스토니아 S.S.R.   소비에트 사회주의 연방공화국
라트비아 S.S.R.
리가
북아일랜드 스코틀랜드
벨파스트   ✵에든버러
아일랜드 영국 북 해 덴마크 리투아니아 S.S.R. ✵모스크바
더블린   잉글랜드   빌뉴스
웨일즈 ✵버밍엄   코펜하겐   민스크   카자흐 S.S.R.
런던 네덜란드 함부르크 그단스크   벨로루시 S.S.R. 볼고그라드
대 서 양 벨기에 암스테르담 (단치히)   (스탈린그라드)
헤이그 베를린 바르샤바
브뤼셀 동독 폴란드 키에프
파리 프랑크푸르트   우크라이나 S.S.R. ✵하리코프
룩셈부르크 서독 프라하 렘베르크
프랑스 체코슬로바키아   몰디비아 S.S.R.
빈   부다페스트   키시네프
보르도 스위스 오스트리아 헝가리   ✵오데사
리옹 밀라노 슬로베니아 자그레브 루마니아 ✵얄타
포르투갈 마르세유 이탈리아 크로아티아 부쿠레슈티   그루지야 S.S.R. 트빌리시 바쿠
리스본 스페인 바르셀로나 피렌체 유고슬라비아 베오그라드   흑 해   예레반 아제르바이젠 S.S.R.
마드리드 발레아레스 로마 보스니아 세르비아 불가리아   아르메니아 S.S.R.
✵세비야 제도 사르디니아 소피아 이스탄불
지브롤터 코르시카 티라나   앙카라 이란
알제 나폴리 알바니아   터키
지 중 해 팔레르모 그리스
라바트 모로코 알제리 튀니스 몰타 아테네   니코시아 시리아 이라크
튀니지 발레타 크레타 키프러스 베이루트
레바논

냉전기의 유럽

나토와 바르샤바 조약 가입국들을 각각 조사해보라. 각각의 가입국들을 특징짓는 정부 형태는 무엇인가? 각
동맹의 가입이 거의 반세기 동안 상대적으로 안정적이었던 이유는 무엇인가? 어떤 사회주의 정부들(스웨덴,
핀란드)과 연방 민주주의 국가들(스위스)이 둘 중 하나의 조약에 가입하기보다는 중립으로 남았던 이유는 무
엇인가? 공산주의 정부하에 있던 유고슬라비아가 바르샤바 조약에 가입하지 않은 이유는 무엇인가?

년 제5공화국을 창출한 이 헌법은 일찍이 프랑스를 약화시켰던 의회의 교착 상태를 피하기 위한 노력으로 행정부를 강화했다. 드골은 프랑스의 권세와 위신을 회복하기 위해 자신의 새로운 권한을 사용했다. 그는 이에 대해 회고록에 다음과 같이 썼다. "프랑스는 맨 앞 열에 있지 않으면 진정한 프랑스가 아니다. 프랑스는 위대함 없이는 프랑스가 될 수 없다." 드골에게 위대함은 알제리에 대한 프랑스 지배의 종식을 추구하는 등의 대외 정책 방향을 전환하는 것을 포함하고 있었다. 그는 유럽에서의 미국 영향력에 저항하면서 1966년 프랑스 군대를 나토에서 빼냈다. 그는 소련 및 서독과 더 나은 관계를 발전시켰다. 마침내 그는 원자 무기로 완성된 현대적인 군 시설의 건설로 경제 및 산업의 팽창을 가속시켰다. 그의 상대자들처럼 드골은 타고난 민주주의자는 아니었다. 그는 정치적 문제에 대해 실용적인 해결책을 창출하고자 열심히 노력하고 그럼으로써 어떤 형태의 급진주의도 약화시키는 중도파의 길을 걸었다. 다른 서유럽 국가들의 지도자들도 대부분 똑같았다.

혁명, 반식민주의, 그리고 냉전

♣ 탈식민지화, 제2차 세계대전, 그리고 냉전 사이의 연결 고리는 무엇이었는가?

유럽과 마찬가지로 식민지 세계에서도 제2차 세계대전의 종전은 새로운 갈등을 낳았다. 이러한 갈등은 유럽의 정치적·경제적 회복과 밀접하게 연관되었고, 비록 나중의 일이지만 서양 문화에 엄청난 영향을 끼쳤으며 냉전을 복잡하게 만들었다. 앞서 보았듯이 냉전은 세계 정치에 두 개의 막강한 무게 중심을 창출했다. 그러나 전후 아시아와 아프리카를 휩쓴 반식민주의적 독립 운동의 물결은 한편 또는 다른 한편 블록과의 제휴를 피하고자 스스로를 '제3세계(Third World)'라고 부른 새로운 국가 집단을 생성시켰다.

중국 혁명

이러한 운동의 물결에서 첫 번째는 제2차 세계대전 이후 발전도상에 있던 세계에서 유일하고 가장 급진적 변화인 중국 혁명이었다. 장제스(1887~1975) 휘하의 국민당 군대와 마오쩌

뚱(1893~1976) 지도하의 공산주의 반군이 처음에는 남부에서 그 다음에는 북부에서 싸웠던 1926년 이래로 중국은 내전 상태였다. 1937년 일본에 맞서 서로 싸우던 양측이 휴전을 맺기도 했다. 일본이 패배하고 점령이 끝나자 마오저뚱이 이끌던 공산주의자들은 그들이 통제하던 북부 지방을 포기하지 않으려고 했다. 내전이 다시 발발했다. 미국이 개입해 처음에는 중재하고자 했으나 실패하자 그 다음에는 국민당 정부에 대한 대량의 군사 지원으로 대응했다. 그러나 부패하고 대표성을 상실한 국민당 정부는 야전에서 패배하고 1949년에 항복했다.

중국 혁명은 러시아 혁명보다 훨씬 더 농민적인 국가의 행동이었다. 농촌에서 급진적 개혁을 강조하는 프로그램(지대를 낮추고 보건과 교육을 제공하며 혼인 제도를 개혁하는 등), 농민 동원, 서양 식민지 열강들로부터의 독립 등과 더불어 마오는 마르크스주의 창시자들이 상상했던 것과는 매우 상이한 조건들을 채택했다. 그리고 러시아에서처럼 중국에서의 공산주의는 반드시 성공적이지는 않았던 경제 발전을 위한 모델을 마련했다. '위대한 인민 혁명'의 새로운 지도자들은 엄청난 인구를 동원해 매우 혼합적인 결과를 남기면서 한 세대 내에 중국을 현대적인 산업 국가로 변화시키는 작업에 착수했다.

성공한 농민 반란으로서 중국 혁명은 전 세계에 걸쳐 반식민주의 활동의 본보기로 자리잡았다. 식민 강대국들에게 중국 혁명은 탈식민지화라는 위험스러우면서도 일어날 수도 있는 결과를 보여주었다. '중국의 상실'은 서양에게 특히 미국에게 두려움과 당혹감을 불러일으켰다. 마오쩌뚱과 스탈린은 서로를 불신했고 가장 큰 두 공산주의 국가의 관계는 극히 복잡했지만, 미국은 이 두 나라를 1970년대 초까지 하나의 공산주의 블록으로 간주했다. 중국 혁명은 즉각적으로 공산주의와 자본주의 사이의 교착적인 균형을 기울게 하는 것처럼 보였고 아시아 전역에 걸쳐 있는 정부들에 대한 서방의 군사적·외교적 근심을 증폭시켜주었다.

한국 전쟁

이러한 근심은 한국을 냉전 시대의 분쟁 지대로 만드는 데 일조했다. 1890년대 이래로 사실상 일본 식민지였던 한국은 끔찍한 폭력을 앞세운 일본 점령자들에게 나라를 종속당하고 자원을 착취당면서 고통을 겪었다. 제2차 세계대전 말기에 소련의 동부 공세는 일본을 한국에서 무력으로 몰아냈다. 그 후 한국은 북쪽의 러시아 군대와 남쪽의 미군에 의해 분할되었다. 독일처럼 두 개의 신생 국가, 즉 소련의 하수인 김일성(1912~1994)이 지배하는 공산주의 북한과 반공주의 독재자 이승만(1875~1965)이 통치하는 남한이 수립되었다. 북한 정부는 곧 이런 조정이 지속되어서는 안 된다고 결정했다. 1950년 6월 공산주의 북한 군대는 국경을 넘어 공격을 개시했고 남한의 저항을 분쇄하면서 비공산주의 세력과 소규모 미군 수비대를 한반도의 최남단까지 후퇴시켰다. 미국은 러시아의 일시적인 불참을 틈타 북한의 침공을 유엔 안전보장이사회에 상정했다. 안보리는 남한을 방어하고 공산주의자들에 맞서기 위한 미국 주도의 '경찰 행동(police action)'을 허용하는 결의안을 통과시켰다.

이러한 경찰 행동의 책임은 제2차 세계대전의 영웅이자 점령된 일본의 군정 총독인 더글러스 맥아더(1880~1964) 장군에게 부여되었다. 그는 북한군 전선 후방에 대해 대담한 상륙 공격을 감행해 북한군을 괴멸시켰다. 맥아더는 한국 공산주의자들을 중국 국경까지 몰아냈고 그들이 중국으로 후퇴하자 중국을 응징하고 중국 혁명을 되돌리기를 희망하면서 공격 권한을 달라고 압력을 가했다. 트루먼(재임 1945~1953) 대통령은 이 무모한 요청을 거부하고 월권행위를 이유로 맥아더를 사령관직에서 해임했다. 하지만 그 대가는 곧 나타났다. 100만 명 이상의 중국 군대가 북한을 돕기 위해 국경을 넘어 물밀 듯 밀려왔다. 남한을 돕고 있던 국제적인 군대는 한겨울에 피투성이가 되어 허둥지둥 후퇴하지 않을 수 없었다. 이 힘겨운 겨울 동안에 유능하고 참을성 있는 미군 장군 매슈 리지웨이(1895~1993)는 맥아더로부터 지휘권을 넘겨받아 후퇴를 저지했다. 하지만 전쟁은 교착 상태에 빠졌다. 중국과 북한 군대는 유엔군에 대항해 참호를 팠다. 유엔군은 주로 미군과 남한 군대로 이루어졌지만 영국, 오스트레일리아, 에티오피아, 네덜란드, 터키 등에서 와 전투에서 나름대로 전공을 세운 소규모 파견 부대들도 있었다. 전쟁은 평화 회담이 시작되면서 2년을 질질 끌었다. 그것은 포병 전투, 육박전, 진지가 잘 갖추어진 고지를 향한 공격, 엄청난 추위 등으로 이루어진 치열한 전쟁이었다. 1953년에 선포된 결말은 결론을 맺지 못한 것이었다. 한국은 대부분 1945년에 그어진 본래의 선을 따라 분단되어 더 이상 전쟁도 평화도 아닌 채로 남게 되었다. 5만 3,000명의 미군과 100만 명 이상의 한국인과 중국인이 죽었고 남한을 '잃어버리지' 않았지만 중국이나 미국 그 어느 쪽도 결정적인 승리를 거두지 못했다. 독일에서처럼 자국의 궁

아시아에서의 주요 발전, 1947~1997년	
인도 독립 획득	1947년
중국 공산주의 혁명	1949년
한국 전쟁	1950~1953년
베트남인들이 프랑스인들을 패배시킴	1954년
중국 문화 혁명	1960년대
베트남 전쟁 (미국)	1964~1975년
미국의 공산주의 중국 승인	1972년
천안문 광장 사건	1989년
홍콩 반환	1997년

극적인 목적을 달성에 급급한 주요 강대국들이 보여준 무능력은 분열적인 협정과 분단국가라는 결과를 낳았다.

탈식민지화

중국 혁명은 더 큰 파도의 시작임이 판명되었다. 19세기에 건설된 마구 뻗어나가는 제국들은 1947년과 1960년 사이에 해체되었다. 제국주의는 항상 저항을 불러일으켰다. 식민 지배에 대한 반대는 제1차 세계대전 이후에 전쟁으로 약화된 유럽 국가들로 하여금 제국의 조건을 재협상하게 만들면서 보강되어왔다. 그러나 제2차 세계대전 이후에 낡은 형태의 제국은 더 이상 유지될 수 없게 되었다. 일부 지역에서 유럽 국가들은 손실을 줄이고 격감된 재정적·정치적·인적 자원을 철수시키고자 했으며, 일부 지역에서는 잘 조직된 완강한 민족주의 운동이 새로운 헌법적 제도와 독립을 요구하는 데 성공했다. 세 번째 경우에 유럽 강대국들은 원주민과 유럽 정착민 공동체의 서로 다른 운동들 사이의 성가시고 다면적이며 극도로 폭력적인 투쟁들에 말려들었다. 사실 유럽 국가들은 이런 충돌이 발생하는 데 기여하기도 했다.

대영제국의 해체

인도는 제2차 세계대전 이후에 자치를 획득한 최초이자 가장 큰 식민지였다. 앞서 본 것처럼 세포이 반란과 같은 반란들은 19세기에 인도에서 영국의 대행자들에게 도전했다(제25장 참조). 제2차 세계대전의 초기 단계 동안 독립 운동 단체인 인도 국민회의(Indian National Congress, 1885년 창립)는 영국에게 '인도의 포기'를 요구했다. 비범한 인도 민족주의자 모한다스 간디(1869~1948)는 1920년대 이래로 인도에서 운동을 해왔고 전 세계에 걸쳐 반향을 불러일으킨 반식민주의 사상과 전술의 선구자가 되었다. 간디는 식민 지배에 직면해 폭력이 아니라 스와라지(swaraj, 자치)를 옹호했다. 간디는 인도인들에게 개인적으로 그리고 집단적으로 자신만의 자원을 개발하고 파업을 일으키고 세금 납부를 거부하거나 수입 직물 불매운동과 손으로 짠 직물 착용 등으로 제국의 경제에서 벗어나기를 촉구했다. 1947년 간디와 동

668

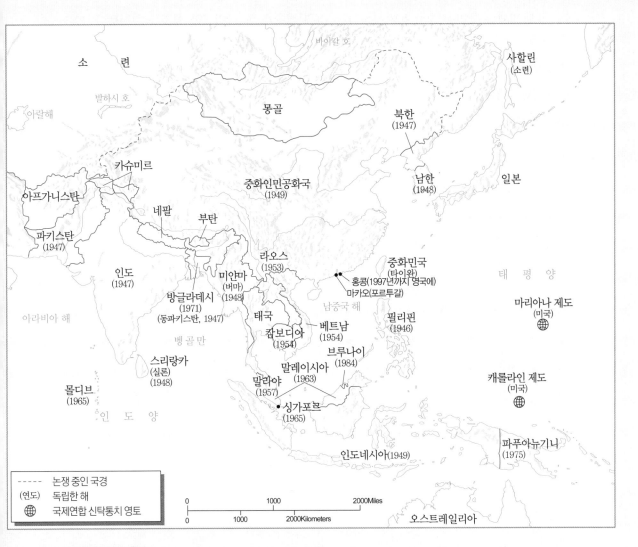

아시아의 탈식민지화

영국과 미국은 아시아에 있는 자국의 속국들을 위해 상대적으로 평화적인 독립으로의 이행을 도왔다. 프랑스는 인도차이나를 보유하기 위해 열심히 싸웠지만 주요 군사적 패배 이후에 떠났다. 아시아에서 냉전으로 인한 긴장은 한국 전쟁뿐 아니라 베트남 전쟁을 이끌었다.

료 민족주의자이자 독립에 찬성하는 국민회의의 지도자인 자와할랄 네루(1889~1964)는 영국이 계속 권세를 누리는 것이 불가능하다는 것을 깨닫게 한 광범위한 지지를 획득했다. 1945년 영국에서 선출된 노동당 정부는 항상 인도 독립을 찬성해왔다. 이제 인도 독립은 영국의 정치적 숙명이 되었다.

하지만 독립 절차를 확립하는 회담 기간 중에 인도는 인종적·종교적 갈등으로 분열되었다. 모하메드 알리 진나(1876~1948)가 이끄는 무슬림 동맹은 무슬림 지역에서의 자치를 원했고 단일한 연합 국가에서 힌두 국민회의파의 권한이 우세해지는 것을 우려했다. 주기적인 소요 사태가 두 종교 공동체 사이에서 발생했다. 1947년 6월 영국령 인도는 인도(힌두교도가 다수)와 파키스탄(이슬람교도가 다수) 두 나라로 분할되었다. 이 분할 과정은 잔인한 종교적·인종적 전투를 야기했다. 100만 명 이상의 힌두교도와 이슬람교도가 죽었고 자신의 땅에서 쫓겨나거나 전투를 피해 도망친 약 1,200만 명의 난민이 발생했다. 이제 80세가 된 간디는 이 혼돈의 과정에서 줄곧 폭력에 저항했고 식민주의의 유산을 극복하는 데 초점을 맞추었다. 그는 다음과 같이 주장했다. "우리가 스스로 서양식 교육, 서양 문화, 우리에게 깊이 뿌리내린 서양식 생활방식에서 벗어날 때 진정한 자유가 올 것이다." 1948년 1월 간디는 한 힌두교 열광자에 의해 암살당했다. 독립 국가인 인도와 파키스탄 사이에서 충돌은 계속되었다. 인도 최초의 수상이 된 네루는 산업화와 근대화 프로그램에 착수했다. 하지만 이는 간디가 살아 있었더라면 전혀 권장하지 않았을 프로그램이었다. 네루는 냉전 세계를 조종하는 데 특히 정통한 인물임이 입증되었다. 그는 소련으로부터 산업을 위한 지원을 받아내고 미국으로부터 식량 수입을 얻어내면서 양대 블록의 그 어느 쪽과도 긴밀한 제휴 관계를 맺지 않는 길을 잘 조종했다.

팔레스타인

1948년 대영제국은 팔레스타인에서의 위임통치령 종식을 포함해 더 많은 위기를 맞았다. 제1차 세계대전 동안 영국의 외교관들은 아랍 민족주의자들에게 오스만튀르크에 대항해 반란을 일으킬 것을 권했다. 그들은 또한 1917년 밸푸어 선언(Balfour Declaration)으로 팔레스타인에 유럽의 유대 민족주의자들을 위한 '유대인의 조국'을 약속했다. 모순적인 약속들과 유럽 출신 유대인의 나치 독일로부터의 탈출은 1930년대 동안 팔레스타인에서 유대인 정착민과 아랍인 사이에 갈등을 고조시켰고 영국이 무참히 진압한 아랍의 반란을 불러일으

모한다스 간디와 비폭력적 반식민주의

1894~1914년 남아프리카에서 인도인의 권리를 위한 운동을 이끈 이후에 마하트마('위대한 영혼'이라는 뜻) 간디로 알려진 모한다스 간디는 인도의 자치를 위한 기나긴 투쟁의 지도자가 되었다. 이 투쟁은 1947년 마침내 승리로 끝났고 인도의 분할과 파키스탄의 창건을 가져왔다. 비폭력적 비협조의 힘에 관한 간디의 고집은 그를 인도 정치의 중심에 서게 했고 미국의 인권운동을 포함한 수많은 해방 투쟁에 본보기를 제공했다. 간디는 식민지 지배와 식민지 법의 부당함을 극적으로 보여준 비폭력 저항만이 공동체를 결속시키고 식민주의를 종식시킬 영적 힘을 갖는다고 주장했다.

수동적 저항은 개인적 고통으로 권리를 확보하는 방법이다. 그것은 무력 저항의 반대이다. 내가 양심에 모순되는 일을 거부할 때 나는 영적 힘을 사용한다. 예를 들면 당대의 정부는 나에게 적용할 수 있는 법을 통과시켰다. 나는 그것을 좋아하지 않는다. 만약 폭력을 사용함으로써 내가 정부로 하여금 그 법을 취소하도록 강제할 수 있다면 나는 신체적 힘이라고 부를 수 있는 것을 사용하고 있는 것이다. 만약 내가 그 법에 복종하지 않고 법을 위반했다는 이유로 형벌을 받아들인다면 나는 영적 힘을 사용하는 것이다. 그것은 자아의 희생을 포함한다.

모든 사람은 자아의 희생이 다른 것들의 희생에 비해 대단히 우월한 것이라는 점을 인정한다. 더욱이 이런 종류의 힘이 부당한 이유로 사용된다면 그것을 사용하는 사람만 고통을 겪는다. 그 사람은 자신의 잘못으로 다른 사람들을 고생하게 하지 않는다. 이전까지 사람들은 결과적으로 잘못된 것으로 판명된 많은 일들을 해왔다.……따라서 그는 자신이 잘못된 것이라고 아는 것을 하지 말아야 하고 그 결과가 무엇이 되든지 간에 그것을 견뎌야 한다는 것에 의견이 일치한다. 이것이 영적 힘을 사용하기 위한 열쇠이다.……

만약 우리가 양심에 반하는 법을 따른다면 우리의 인간성에 반하는 것이다. 그러한 가르침은 종교에 반대되고 노예제를 의미한다. 만약 정부가 아무 옷도 입지 않고 돌아다니라고 부탁한다면 우리는 그렇게 해야 하는가? 만약 내가 수동적인 저항자라면 나는 그들에게 그들의 법과 나는 아무런 관련이 없다고 말할 것이다. 그러나 우리는 스스로를 망각하고 우리가 어떠한 비열한 법도 신경 쓰지 않는다고 불평하게 된다.

자신의 인간성을 인식한 인간은 오로지 하느님만을 두려워하고 아무도 두려워하지 않을 것이다. 인간이 만든 법들은 본질적으로 인간을 얽매고 있지 않다. 심지어 정부조차도 우리에게 조금도 그런 일을 기대하지 않는다. 그들은 다음과 같이 말하지 않는다. "당신들은 이러이러한 일을 해야만 한다." 그러나 그들은 다음과 같이 말한다. "만약 당신들이 그것을 하지 않는다면 우리는 당신들을 처벌할 것이다." 우리는 너무도 의기소침하게 기가 죽어 법이 정한 것을 하는 것이 우리의 임무이자 종교라고 생각한다. 만약 인간이 부당한 법을 준수하는 것이 비겁한 것이라는 것을 인식하는 날에는 어떤 인간의 폭정도 그를 노예로 만들지 못할 것이다. 이것이야말로 자기 지배 또는 자치의 열쇠이다.

분석 문제

1. 간디는 왜 '자기 희생'이 '다른 것들의 희생'에 비해 우월하다고 믿었는가?
2. 간디가 "만약 우리가 양심에 반하는 법을 따른다면 우리의 인간성에 반하는 것이다"라고 말했을 때 그가 말하고자 한 의미는 무엇인가?

컸다. 그와 동시에 중동에서 새롭게 중요해진 석유 이권은 수에즈 운하, 이집트, 아랍 국가들에서 전반적으로 영국의 전략적 이해관계를 증대시켰다. 그러나 국지적 충돌을 중재하면서 자국의 이해관계에만 균형을 맞추는 일은 불가능한 일로 판명되었다. 1939년 영국은 지역의 안정을 명분으로 더 이상의 유대인 이민을 엄격하게 제한했다. 영국은 전후에도 그러한 제한을 유지하려고 애썼지만 이제 유럽으로부터 온 수만 명에 달하는 유대인 난민의 압력에 직면했다. 이 갈등은 빠르게 세 방향의 전쟁으로 전개되었다. 즉, 아랍계 팔레스타인은 자신의 땅이라고 생각한 것을 위해 싸웠고 유대인 정착민과 유대 민족주의 투사들은 영국이 가한 제약에 도전하기로 결심했으며 동조하는 쪽이 서로 다른 영국의 행정가들은 유대인 난민의 곤경에 당황스러워하고 경악하면서도 우호적인 영국-아랍 관계를 유지하는 일에 전념했다. 결국 영국은 군사적으로 대응했다. 1947년 위임통치령에 있는 18명의 주민마다 1명꼴로 영국 군인이 배치되었다. 하지만 양측 모두에서 테러리스트 전술을 사용한 수년에 걸친 전투는 영국으로 하여금 그곳에서 손을 떼게 만들었다. 국제연합은 (근소한 표차로) 그 영토를 두 개의 나라로 분할하기로 표결했다. 유대인 정착민이나 아랍계 팔레스타인인 모두 이 분할이 만족스럽지 않다는 것을 깨달았고 양측은 영국군이 철수하기도 전에 영토를 놓고 싸우기 시작했다. 1948년 5월 이스라엘이 독립을 선언하자마자 이웃한 아랍 5개국이 침공했다. 신생국이지만 잘 조직된 이스라엘은 이 전쟁에서 살아남아 오히려 국경을 확대했다. 또한 전쟁에서의 패배로 탈출하거나 쫓겨난 100만 명의 아랍계 팔레스타인인은 가자 지

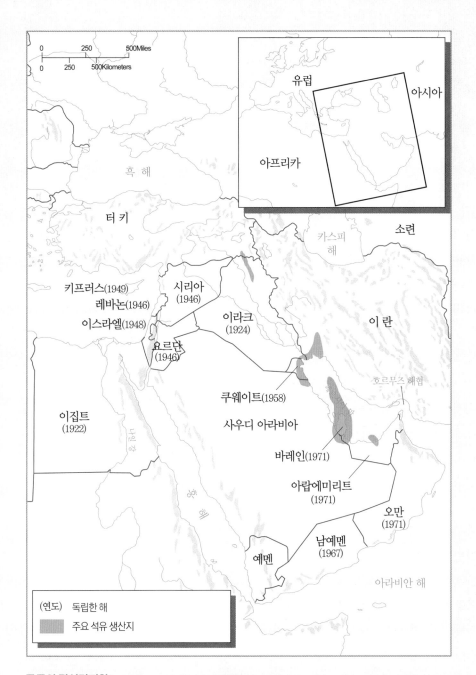

중동의 탈식민지화

제1차 세계대전 이전에 오스만 제국의 지배하에서 중동의 많은 지역은 전후에 영국과 프랑스로부터 직접 또는 간접 통치를 받았다. 주요 식민 강국인 영국은 비록 1971년까지 페르시아 만과 아라비아 해의 소규모 국가들에 대한 지배를 유지했지만, 제2차 세계대전이 끝난 첫 해에 자국의 보유지 대부분에게 독립을 허용했다.

673

구와 휴전으로 확장된 요르단 영토인 웨스트 뱅크(West Bank)에 있는 난민 수용소로 모여들었다. 이 충돌이 애초부터 냉전의 대결 양상이 되지 않은 것은 놀라운 일이다. 각자가 갖고 있는 이유들로 인해 소련과 미국 모두 이스라엘을 승인했다. 하지만 이 신생국은 그 지역에서 문화와 세력 균형에 영구적인 변화를 표출시켰다.

아프리카

서아프리카 식민지들은 1950년대와 그 이전에 적극적인 독립 운동을 전개했고, 영국 정부는 그들의 요구 사항에 주저하면서도 동의하는 쪽으로 나아갔다. 1950년대 중반에 이르러 영국은 서아프리카에서 다양한 조건으로 독립에 동의했다. 영국은 그들에게 성문 헌법과 영국의 법체계를 전해주었지만 현대적 기반 시설이나 경제적 지원의 측면에서는 거의 아무것도 남겨주지 않았다. 영국 식민주의의 옹호자들은 이러한 공식적 제도들이 독립 국가들을 이롭게 해줄 것이라고 주장했지만, 다른 자원들 없이는 심지어 가장 촉망되는 나라조차도 실패하고 말 것이었다. 이전에는 황금 해안(Gold Coast)이라고 알려졌고 이들 식민지 중에서 가장 먼저 독립을 획득한 가나는 1960년대 초 자유 아프리카 국가들을 위한 본보기로 여겨졌다. 하지만 가나의 정치는 곧 타락했고 콰메 은크루마(1909~1972)는 부패와 독재 행위로 대통령직에서 쫓겨난 아프리카 지도자들 중 최초의 인물이 되었다.

벨기에와 프랑스 역시 자국의 소유지에서 철수했다. 1965년까지 이전의 모든 아프리카 식민지들은 실질적으로 독립했으나, 그들 중 어떤 나라도 독립의 실효를 얻을 수 있는 식민 지배로 인한 손실 시정의 수단을 갖지 못했다. 1960년 벨기에 당국자들이 콩고에서 급히 축출되었을 때 그들은 부서진 철도와 대학 교육을 받은 24명 남짓의 원주민을 남겨놓았다.

유럽 정착민의 수가 많아서 유럽의 철수를 까다롭게 만들었던 곳을 제외하면 식민지 해체의 과정은 상대적으로 평화적으로 이루어졌다. 아프리카 북부에서 정착민의 저항은 알제리로부터 프랑스의 퇴진을 고통스럽고 복잡하게 만들었다(나중에 논의할 것이다). 동부의 케냐에서는 다수민인 키쿠유(Kikuyu)족이 영국의 통치와 소규모 집단의 정착민에 대항해 반란을 일으켰다. 마우마우(Mau Mau) 반란이라고 알려진 이 봉기는 곧 유혈 사태로 비화했다. 영국군은 반군 점령 지역에서 함부로 목표물을 향해 발포했고 때때로 민간인도 죽였다. 식민지 보안군이 세운 억류 수용소는 공개적인 조사가 진행되고 심지어 가장 보수적인 영국의 정치가들과 군 장교조차 비난한 잔학 행위의 장소가 되었다. 반란이 시작되고 10년이 지난 1963년에 영국은 케냐의 독립을 인정했다.

1950년대 말 영국 수상 해럴드 맥밀런은 강력한 변화의 바람을 맞아 영국이 소유한 아프리카 식민지들의 독립을 승인했다. 남부 아프리카에서 유난히 규모가 크고 부유한 유럽 정착민들이 이러한 대세에 거슬러 저항했는데, 그 저항은 수십 년 동안이나 계속되었다. 18세기에 처음 도착한 사람들의 후손인 영국 이주민과 프랑스-네덜란드 아프리카너들이 혼합된 정착민들은 지구상에서 가장 수지맞는 금 및 다이아몬드 광산과 더불어 방대한 면적의 비옥한 농경지를 지배했다. 이것은 특히 남아프리카에서는 사실이었다. 1940년대 말 동안에 영국의 노동당 정부는 치명적인 정치적 거래에서 아프리카너의 인종주의에 대한 뿌리 깊은 혐오감을 눈감아주었다. 남아프리카의 금이 영국의 전 지구적 금융 권력을 지탱하는 데 긴요하게 사용될 것이라는 보장에 대한 대가로 영국은 남아프리카에 아파르트헤이트가 도입되는 것을 묵인했다. 다른 인종 분리의 표준들에 비해서 아파르트헤이트는 특히 가혹했다. 아파르트헤이트하에서 아프리카인, 인도인, 그리고 혼혈 혈통의 유색인은 모든 정치적 권리를 상실했다. 결혼과 학교를 포함한 사회생활의 모든 제도 또한 인종에 따라 분리되었다. 더욱이 정부는 일반적으로는 광업과 산업화의 팽창에 따른 극적인 사회적 결과들을, 특별하게는 도시로의 아프리카인 이주와 광산들에서의 노동 투쟁의 새로운 물결을 봉쇄하려고 애썼다. 아파르트헤이트는 아프리카인이 지정된 '본거지(homeland)'에 살 것을 요구했고 특별한 허가증 없이 여행하는 것을 금했으며 경제에 필수적인 노동을 관리하는 정교한 정부 기구들을 창설했다. 정부는 또한 어떠한 정치적 항의도 금지했다. 이런 조치들은 서방 강대국들이 인종 분리 정권을 불편하게 여기도록 만들었지만, 백인 남아프리카인들은 자신을 공산주의에 대항하는 보루임을 보여주면서 미국의 지원에 매달렸다.

그 북쪽에 있는 로디지아 영토에서 영국 정부는 백인 정착민이 통치하지만 장차 다수파가 지배할 기회를 지닌 대규모 연합[1]을 권장했다. 하지만 1960년대 초 이 연합은 붕괴 직전의 상태에 놓였다. 1964년 다수파가 지배하는 말라위는 연합에서 탈퇴했고 로디지아는 북부 및 남부로 분열되었다. 북로디지아의 수상은 흑인 민중운동가 케네스 카운다(1924~) 휘하의 다수파 정부를 인정하고 받아들였다. 남로디지아에서는 1945년 이후 도착했던 20만 명의 우익 영국인 이주민의 지원을 받는 분노한 아프리카너들이 다수파의 지배를 거부했다. 영국

---

1) 로디지아-니아살랜드 연방(Federation of Rhodesia and Nyasaland). 북로디지아는 잠비아, 니아살랜드는 말라위, 남로디지아는 로디지아가 되었다. 로디지아는 1980년 4월 백인 지배에서 독립하고 짐바브웨로 개칭했다.

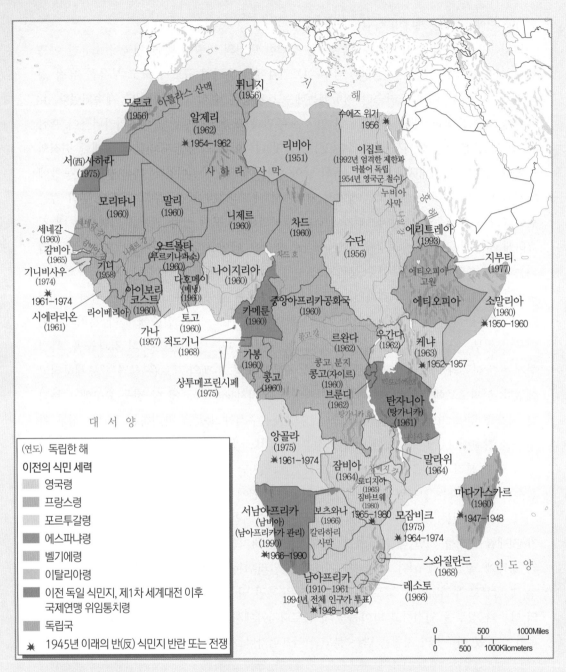

아프리카의 탈식민지화

| (연도) | 독립한 해 |

이전의 식민 세력
- 영국령
- 프랑스령
- 포르투갈령
- 에스파냐령
- 벨기에령
- 이탈리아령
- 이전 독일 식민지, 제1차 세계대전 이후 국제연맹 위임통치령
- 독립국
- ✳ 1945년 이래의 반(反) 식민지 반란 또는 전쟁

모로코 (1956)
튀니지 (1956)
알제리 (1962) ✳ 1954~1962
리비아 (1951)
수에즈 위기 1956 ✳
이집트 (1992년 엄격한 제한과 더불어 독립 1954년 영국군 철수)
서(西)사하라 (1975)
모리타니 (1960)
말리 (1960)
니제르 (1960)
차드 (1960)
수단 (1956)
에리트레아 (1993)
지부티 (1977)
세네갈 (1960)
감비아 (1965)
기니비사우 (1974) ✳ 1961~1974
기니 (1958)
오트볼타 (부르키나파소) (1960)
다호메이 (베냉) (1960)
나이지리아 (1960)
중앙아프리카공화국 (1960)
에티오피아
소말리아 (1960) ✳ 1950~1960
아이보리코스트 (1960)
시에라리온 (1961)
라이베리아
토고 (1960)
가나 (1957)
적도기니 (1968)
카메룬 (1960)
가봉 (1960)
콩고 (1960)
상투메프린시페 (1975)
르완다 (1962)
브룬디 (1962)
콩고 분지 콩고(자이르) (1960)
우간다 (1962)
케냐 (1963) ✳ 1952~1957
탄자니아 (탕가니카) (1961)
앙골라 (1975) ✳ 1961~1974
잠비아 (1964)
로디지아 (1965) 짐바브웨 (1980)
말라위 (1964)
마다가스카르 (1960) ✳ 1947~1948
서남아프리카 (남비아) (남아프리카가 관리) (1990) ✳ 1966~1990
보츠와나 (1966) ✳ 1965~1980
모잠비크 (1975) ✳ 1964~1974
스와질란드 (1968)
남아프리카 (1910~1961) 1994년 전체 인구가 투표 ✳ 1948~1994
레소토 (1966)

아프리카의 탈식민지화
어떤 세력들이 아프리카의 탈식민지화를 후원했는가? 그 세력들은 한 지역에서 또 다른 지역에 이르기까지 얼마나 다양했는가?

676

정부가 그들에게 억지로 다수파의 지배를 받아들이도록 시도하자 정착민들은 1965년 일방적으로 독립을 선포하고 남로디지아의 흑인에 대항해 반 세대 동안 지속되었던 피비린내 나는 내전을 시작했다.

수에즈 위기와 한 시대의 종말

전후 영국에게 제국은 정치적으로 성가신 존재였을 뿐만 아니라 비용을 너무 많이 들게 했다. 영국은 상당한 유지비를 필요로 하는 전 세계에 걸쳐 있는 해군 및 공군 기지들을 철수시키기 시작했다. 노동당 정부는 전후 세계에서 영국의 권세와 위신을 유지하고자 애썼다. 말레이에서 영국군은 소수민족인 중국인 공산주의자들이 일으킨 반란을 진압하고 싱가포르와 말레이시아의 독립을 도왔다. 그와 동시에 영국은 말레이시아의 수익성 높은 고무 및 석유 매장지와 영국 회사 및 은행들 간의 인연을 유지시켜나갔다. 노동당 정부는 또한 영국이 세계 시장에서 판매하기를 원하는 지역의 천연 자원들을 이용하기 위해 '식민지 개발'에 목표를 둔 조심스런 노력을 기울이기 시작했다. 하지만 '개발'은 자금 부족과 다른 지역에서 냉전에 전념하는 바람에 대개 등한시되었다. 영국 정부는 중동에서 군사력으로 석유가 풍부한 몇몇 나라들을 보호했고 산유국들의 돈이 확실히 영국의 금융 시장에 투자되도록 하기 위해 이란에서 민족주의 정부가 전복되는 것을 도왔다.

하지만 이집트에서 영국은 제국주의적 자부심의 전통적인 특징을 포기하지 않으려고 했다. 1951년 민족주의자들은 영국에게 이집트 영토에서 3년 내로 영국군이 철수하는 것에 대해 동의하라고 요구했다. 1952년 민족주의 군장교단은 영국과 긴밀한 관계를 유지해왔던 이집트의 국왕 파루크(재위 1936~1952)를 폐위시키고 공화국을 선포했다. 영국이 최종적으로 철수한 직후에 가말 압델 나세르가 대통령(재임 1956~1970)에 취임했다. 대통령으로서 그가 취한 첫 번째 주요한 공식 활동은 수에즈 운하 회사를 국유화하는 것이었다. 그렇게 함으로써 나일 강에 아스완 댐을 건설하는 비용을 수월하게 조달할 수 있었고, 댐과 운하의 국유화는 모두 이집트의 경제적 독립과 국가적 자부심을 상징했다. 나세르는 또한 범아랍주의라는 반식민주의 이데올로기를 발전시키는 데 일조했다. 범아랍주의는 이슬람 세계 전역에서 아랍 민족주의자들이 더 이상 서방에 기대지 않고 현대 국가들의 동맹을 창건하자고 제안했다. 나세르는 또한 이런 목적을 달성하기 위해 기꺼이 소련의 지원과 지지를 받고자 했고, 이것은 결국 수에즈 운하를 냉전의 문제로 비화시켰다.

아프리카에서의 주요 발전, 1952년~현재	
이집트 독립 획득	1952년
콩고 독립 획득	1960년
알제리 독립 획득	1962년
로디지아 독립 획득	1965년
대규모 경제적 쇠퇴	1970년대~1990년대
남아프리카에서의 아파르트헤이트 종식	1992~1994년
사하라 사막 이남에서의 AIDS 창궐	1980년대~현재

이스라엘, 프랑스 그리고 영국은 나세르와 그의 범아랍주의 이상이 위협적이라는 것을 알았다. 우호적이지 않은 인접국들로 사방이 둘러싸여 있는 이스라엘은 전략적인 가치가 높은 시나이 반도를 장악해 이집트에 대항한 완충지대를 만들 기회를 엿보고 있었다. 이미 알제리 민족주의자들과 싸우고 있던 프랑스는 아랍 민족주의의 이집트적 근원을 파괴하고자 희망했다. 영국은 자국의 전략 기지들로 가는 통로로서 수에즈 운하에 의존했고 이러한 타격으로 말미암아 제국의 위신이 손상되었다. 영국인들은 개입을 꺼려했지만, 나세르에 대해 개인적으로 뿌리 깊은 증오심을 키워온 영국 수상 앤서니 이든(1897~1977)은 개입을 촉구했다. 1956년 가을 이들 3개국은 이집트를 치기로 은밀히 결탁했다. 영국과 프랑스의 제트기들이 지상에 있는 이집트 공군을 파괴하는 동안 이스라엘은 시나이 반도를 점령했다. 이전의 식민 강대국들은 운하 입구에 군대를 상륙시켰지만 병력면에서 카이로까지 밀어붙일 자원이 부족했다. 이 전쟁의 결과 나세르는 권력을 유지했고 제국주의자들을 수에즈 만에 붙들어둔 업적으로 이집트 대중에게 영웅이 되었다. 이 공격은 전 세계적으로 비난을 받았다. 미국은 화가 나서 영국과 프랑스에 대해 매우 심한 징벌적인 재정적 조치를 가하면서 동맹국들의 허세에 도전했다. 영국과 프랑스는 자국의 원정군을 철수시키지 않을 수 없게 되었다. 대영제국과 프랑스의 정책 입안자들에게 수에즈에서의 실패는 한 시대의 종말을 알렸다.

프랑스의 탈식민지화

두 가지 특별한 경우에서 프랑스의 탈식민지화 경험은 북아일랜드의 있을 수 있는 예외를 지닌 영국의 어떠한 경험보다도 유혈적이고 더 힘들고 프랑스의 위신과 국내 정치에 더 큰 손상을 주는 것이었다. 그 첫 번째 경우는 인도차이나였다. 프랑스는 제2차 세계대전에서 인도차이나를 상실한 이후에 그곳에서 제국의 권위를 회복시키고자 노력했지만, 이는 군사적 패배와 더 심각한 수치라는 결과를 초래했다. 두 번째 경우인 알제리는 폭력적인 식민지 전쟁이 되었을 뿐만 아니라 국내에서 심각한 정치적 파생물과의 투쟁을 야기했다.

제1차 베트남 전쟁, 1946~1954년

인도차이나는 프랑스가 19세기에 획득한 최후의 주요한 제국주의 식민지 중 한 곳이었다. 다른 곳에서와 마찬가지로 그곳에서도 양차 세계대전은 처음에는 민족주의 운동에 그 다음에는 공산주의 독립 운동에 활기를 불어넣었다. 인도네시아의 민족주의 세력들은 식민주의를 회복시키려는 네덜란드의 노력에 대항해 반란을 일으켰고 1949년 독립을 쟁취했다. 인도차이나에서 공산주의자의 저항은 특히 호치민의 지도하에 효과적으로 전개되었다. 프랑스에서 교육을 받은 호치민은 윌슨의 민족자결주의 원칙으로 고양되었기에 베트남이 1919년 베르사유에서 독립을 획득할 수 있지 않을까라고 희망하기도 했다(제24장 참조). 그는 마르크스와 레닌의 서적을 읽었고 민족 문제뿐만 아니라 사회 문제와 농업 문제를 둘러싸고 농민을 조직하는 것에 관한 중국 공산주의자의 가르침을 받아들였다. 제2차 세계대전 동안 호치민은 처음에는 비시 식민지 정부와 나중에는 일본 점령군과 싸웠으며 연합국에 정보를 제공했다. 하지만 1945년 미국과 영국은 호치민의 독립 운동과 관계를 끊고 프랑스가 동남아시아 전역에서 식민지들을 되찾는 것을 허용했다. 마르크스주의자였던 것만큼이나 열렬한 민족주의자였던 베트남 공산주의자들은 프랑스에 대항한 게릴라 전쟁을 재개했다.

전투는 오래 지속되었고 유혈적이었다. 프랑스는 이 전투를 국가적 자부심을 회복할 수 있는 기회로 생각했다. 프랑스의 가장 유능한 장군 중 한 사람인 장 드 라트르 드 타시니(1889~1952)가 1951년 반군에게 최종적으로 군사적 우세를 달성한 뒤 프랑스 정부는 유리한 조건에서 식민지를 해체할 수도 있었다. 하지만 프랑스 정부는 반군을 발본색원하려는 목적으로 베트남 영토 깊숙이 군대를 파견하면서 완전한 승리를 거두기 위해 압박을 가하기로 결정했다. 오늘날 라오스와 국경을 접하고 있는 '디엔비엔푸'라는 작은 마을의 계곡에 기지가 세워졌다. 높은 산들로 둘러싸인 취약한 지점은 프랑스군 최정예 부대인 수천 명의 프랑스 엘리트 공수부대와 알제리와 서아프리카 출신의 식민지 병사들을 위한 기지가 되었다. 반군들은 그 기지를 포위했다. 수만 명의 베트남 민족주의 투사들은 무거운 대포를 손으로 끌고 산기슭으로 올라가 프랑스군이 세운 요새들에 포격을 가했다. 포위 공격은 몇 달간 지속되었고, 프랑스에게는 오랜 시간 동안 국가적 위기였다.

1954년 디엔비엔푸가 함락되자 프랑스 정부는 제네바에서 평화 회담을 시작했다. 프랑스, 공산주의자들을 포함한 베트남 정치가들, 영국, 미국이 입안한 제네바 협정(Geneva Accords)은 인도차이나를 라오스, 캄보디아, 그리고 두 나라로 분할된 베트남으로 나누었다. 북베트남은 호치민의 당이 장악했고, 남베트남은 서방이 지지하는 정치가들이 차지했다. 베트남을 통일시키고자 하는 호치민의 민족주의적 욕구와 함께 남부에서의 부패, 억압, 무능 등은 분명히 전쟁을 지속시킬 것이었다. 프랑스에 군사 및 재정적 지원을 해왔던 미국은 남베트남 정권에 원조를 보내기 시작했다. 미국은 이 충돌을 냉전의 프리즘을 통해 보았다. 미국의 프로젝트는 식민주의의 회복이 아니라 공산주의를 봉쇄해 동남아시아 전역으로의 확산을 막는 것이었다. 이 정책의 한계는 1960년대까지 분명하게 드러나지 않았다.

베트남 전쟁: 프랑스가 처한 상황에 대한 미국의 분석

제2차 세계대전 끝날 무렵 프랑스 정부는 인도차이나에 있는 이전 식민지에 대한 통제권을 거듭 주장함으로써 자국의 명성과 제국을 되찾고자 했다. 프랑스는 프랑스에서 교육받은 호치민 휘하에 있는 민족주의 세력의 격렬한 저항에 직면했다. 몇 년 내에 미국 군사고문단은 휘청거리는 프랑스군을 강화하기 시작했다. 냉전 이데올로기, 중국과 한국에 관한 걱정, 프랑스인이 할 수 없었던 것을 자신이 할 수 있다는 확신 등이 결합해 미국을 이 전쟁에 더욱 깊숙이 말려들게 만들었다. 1950년 미국 중앙정보국(CIA)은 전략적 상황에 관해 다음과 같이 분석했다.

인도차이나에서 3년 이상 격렬한 충돌이 진행되어왔다. 그 충돌은 모스크바가 훈련시킨 혁명가 호치민의 지도하에 있는 베트남 민족주의 세력이 프랑스 당국이 다시 등장하는 것을 반대하면서 촉발되었다. 베트남 내에서……프랑스 및 그 베트남 추종자들과 호치민의 저항 세력들 사이에 불안정한 군사적 균형이 존재하고 있다. 지금까지 정치적·군사적 목적 모두를 향한 프랑스의 진척 상황은 저항으로 야기된 프랑스의 보유권에 대한 위협을 제거하는 데 필수적인 것보다 상당히 미흡했다.

프랑스의 지위와 1926년 이래로 베트남의 황제인 바오다이(保大)의 가망성은 최근에 더욱 약화되었다. 이는 정치적으로는 중국 공산주의자와 소련의 호치민에 대한 인정 그리고 군사적으로는 호치민 세력에게 군대 보급품들을 이용 가능하게 해주는 중국 공산주의 세력의 능력에 인한 것이었다. 프랑스와 바오 다이가 상당한 수준의 외부적 지원을 받지 못한다면, 이러한 정치적·군사적 압력의 결합은 인도차이나 전체 또는 대부분의 지역에서 프랑스의 철수를 가속화할 수 있다. 이는 중국 공산주의자와 소련이 호치민을 인정하기 이전에 이미 2년 이내에 일어날 것이라고 예측되었다.

인도차이나에서의 전투는 서구 동맹의 동반자인 프랑스를 약화시키는 군사적 자원들의 점진적 고갈 상태를 만들어낸다. 만약 프랑스가 인도차이나에서 쫓겨난다면 베트남에 등장할 공산주의를 지향하는 원주민 정권은 중국과 소련의 새로운 정부가 휘두를 압력들과 결합해 인접한 태국과 버마가 공산주의의 전진에 굴복하는 원인으로 작용할 것이다. 이러한 상황이라면 말레이 반도와 인도네시아도 매우 취약해질 것이다.

프랑스는 주권의 일정 측면들을 바오다이 황제에게 넘김으로써 현재의 비우호적인 경향을 멈추고자 한다.……프랑스의 정치적 목적은 공산주의자가 아닌 민족주의자들을 호치민의 지도력에서 바오다이의 지도력으로 끌어당기는 것이다.

그사이 호치민 정권에 대한 소련과 중국 공산주의자의 인정은 크렘린이 인도차이나에 공산주의 정권을 세우려는 목적을 달성하기 위해 한층 더 큰 압력을 가할 준비가 되어 있다는 것을 분명하게 해주었다. 프랑스 혼자서는 그러한 전진을 막을 수 없고 이러한 공산주의자의 전략을 좌절시키려면 오로지 미국의 지원에 의지할 수밖에 없다. 이미 공개적으로 바오다이에 대한 지원을 선포한 미국은 바오다이의 나약하고 취약한 지위를 강화하거나 그를 포기하고 인도차이나에 대한 공산주의 지배라는 훨씬 광범위한 결과들을 받아들일 것인가 하는 선택의 기로에 서 있다.

분석 문제

1. 미국 중앙정보국 보고서의 작성자가 어떻게 조지 케넌의 봉쇄 정책을 이용했는지 설명해보라. 만약 프랑스 군대가 철수했다면 무슨 일이 일어났을까? 동남아시아가 제2차 세계대전에 뒤이은 10년 동안 분쟁 지대였던 이유는 무엇인가?

2. 이제 막 유럽의 전쟁터에서 벗어난 프랑스나 미국의 군대가 동남아시아 같은 곳에서 전쟁을 치르고 싶다는 생각을 했을까?

알제리

디엔비엔푸에서의 수치로 인해 비틀거리던 프랑스는 자국에서 훨씬 더 가까운 곳에 있는 알제리에서 복잡한 식민지 문제에 직면했다. 1830년대 이래로 알제리에서는 세 가지 사회집단으로 구성된 정착민 사회가 발전해왔다. 첫째, 소규모의 프랑스 군인과 행정가들 계급 외에도 그곳에는 100만 명의 유럽 정착민이 있었다. 그들은 전형적으로 주요 도시 인근의 농장과 포도밭을 소유하거나 도시 내에서 노동계급과 상인 공동체를 형성했다. 그들은 모두 법적으로 프랑스의 일부였던 알제리의 세 행정 구역에 사는 시민들이었다. 이 공동체는 유명한 프랑스 작가와 지식인들, 예컨대 알베르 카뮈(1913~1960), 자크 데리다(1930~2004), 피에르 부르디외(1930~2002) 등을 배출했다. 알제리의 소읍과 마을에는 프랑스 군대에서 복무했던 오랜 역사로 말미암아 식민지 내에서 공식 및 비공식 특권을 부여받았던 두 번째 집단인 베르베르인(주로 이슬람교도)이 살았다. 세 번째 집단은 일부는 남부의 사막에서 살고 있었지만 대부분은 도시의 빈곤한 주택 지구로 밀어닥치고 있던 수백만 명의 무슬림 아랍인이었다. 그들은 알제리 사회에서 가장 많지만 가장 가난한 집단이었다. 양차 대전 사이에 프랑스 정부는 그들의 권리와 의원 선출권을 증대시키기 위한 소규모 개혁을 제안했고, 이것이 세 집단을 공통의 알제리 사회로 융합시켜주리라고 기대했다. 그러나 개혁은 너무도 늦게 시작되었고 자신의 특권이 유지되기를 갈망하는 유럽 정착민들은 개혁을 약화시켰다.

제2차 세계대전이 끝날 즈음 알제리 민족주의자들은 전쟁 기간 동안에 기여한 것에 대한 보답으로 알제리의 독립을 인정해줄 것을 연합국에 요청했다. 공개적인 시위가 빈번해졌고 몇몇 경우에는 정착민 지주들에 대한 공격으로 비화하기도 했다. 세티프라는 시골 마을에서는 독일의 패배를 기리는 축하 행사가 정착민에 대한 폭행으로 번졌다. 프랑스의 진압은 즉각적이면서도 거칠었다. 보안군은 수천 명의 아랍인을 살해했다. 전후에 프랑스 정부는 모든 알제리인을 위한 지방 의회를 승인했다. 이 의회는 두 집단의 유권자, 즉 한편에는 정착민들로 이루어지고 다른 한편에는 주로 베르베르인 무슬림인 아랍인으로 이루어진 유권자들에 의해 선출되었다. 이처럼 매우 제한적인 선거권 부여는 아랍계 알제리인에게는 아무런 정치적 권리를 주지 않았다. 한층 더 중요한 변화는 경제적인 것이었다. 제2차 세계대전 이후에 모든 알제리인은 어려움을 겪었다. 많은 아랍계 알제리인은 자신이 이주하지 않으면 안 된다고 생각했고, 수십 만 명의 알제리인이 일하기 위해 프랑스로 갔다. 프랑스 본토의 시민들이 인도차이나에서의 전쟁에 관한 기사를 읽으며 눈살 찌푸리고 있는 동안에 알제리에서의 상황은 더욱 심각해졌다. 1950년대 중반에 이르러 온건파의 지도력에 불만을 느낀 젊은 세대의 아랍 행동주의자들은 무력으로 독립에 헌신하는 운동을 떠맡았다. 사회주의로 경도된 그리고 모든 사람의 동등한 시민권을 요구하는 민족해방전선(Front de Libération Nationale: FLN)이 조직되었다.

알제리에서의 전쟁은 세 곳 전선에서의 전쟁으로 전개되었다. 첫 번째는 산악과 사막에서 치러진 프랑스 정규군과 FLN 사이의 게릴라 전쟁이었다. 수년 동안 계속된 이 전쟁은 FLN의 명백한 군사적 패배였지만 그렇다고 해서 프랑스의 명쾌한 승리도 결코 아니었다. 알제리의 도시들에서 벌어진 두 번째 전쟁은 FLN의 폭탄 투척과 테러리즘 공세와 더불어 시작되었다. 유럽 민간인들이 살해당했고 프랑스 행정부는 공세를 펼쳐 이에 보복했다. 프랑스 공수부대원들은 FLN 폭탄 투척자들의 조직망을 색출해 이를 분쇄했다. 프랑스 보안군이 행한 체계적인 고문으로 얻어낸 정보는 FLN 조직망을 파괴할 수 있게 해주었다. 그러나 고문은 프랑스에서 저항의 물결을 불러오면서 국제적인 추문으로 번졌다. 이러한 알제리 전쟁의 제3전선은 프랑스를 분열시켰고 정부를 무너뜨렸으며 드골을 다시 권좌로 불러들였다.

드골은 알제를 방문해 정착민들의 열광적인 갈채를 받으며 알제리가 언제나 프랑스가 될 것이라고 선언했다. 폭력 사태가 있은 지 1년 뒤 드골과 그의 조언자들은 마음을 바꾸었다. 1962년 일련의 회담은 알제리 전 주민의 주민투표가 행해질 것을 예고하면서 독립을 향한 방식을 창출해냈다. 1962년 7월 1일 주민투표는 압도적 표 차이로 통과되었다. 아랍계 정치 집단들과 FLN 출신의 게릴라들은 의기양양해서 알제에 입성했다. 프랑스 군대를 위해 싸웠던 정착민과 베르베르인 수십만 명은 알제리를 떠나 프랑스로 향했다. 나중에 이들 난민은 경제적 이유로 이주한 아랍인들과 프랑스에서 합류했다.

알제리는 탈식민지화로 인한 극적인 국내적 충격을 잘 보여주었다. 프랑스의 정체성이 바로 위태로워진 것처럼 보였기 때문에 전쟁은 프랑스 사회를 심하게 분열시켰다. 알제리로부터의 철수는 현대적 강국이 된다는 것의 의미에 관한 프랑스적 관점의 수정을 의미했다. 드골은 이와 같은 이율배반적인 상황을 자신의 회고록에서 다음과 같이 요약했다. 알제리에 머무르는 것은 "프랑스를 정치적으로, 재정적으로, 군사적으로 옴짝달싹할 수 없는 끝없는 수렁에 빠지게 할 것이다. 사실 지금은 프랑스가 20세기에 요구되는 국내적 변화를 달성하고 해외에서 방해받지 않고 프랑스의 영향력을 행사하기 위해 운신의 폭을 자유롭게 해야 할 때이다." 프랑스와 다른 제국주의 강대국들에게 결론은 분명해 보였다. 전통적 형태의 식민지 지배로는 전후 정치와 문화의 요구 사항들을 만족시킬 수 없었고, 예전에 제국들로 인해 두각을 나타냈던 주도적인 유럽 국가들은 새로운 형태의 영향력을 모색해야 했다. 드골이 말한 전쟁으로부터의 회복, 경제적 재건, 정치적 재생 등과 같은 국내적 변화는 근본적으로 변화하는 전 지구적 무대에서 자리를 잡아야 했다.

전후 시대의 문화와 사고

◆ 전후 문화를 규정한 주제들은 무엇인가?

전후 시대는 주목할 만한 문화 생산의 폭발을 가져왔다. 작가와 예술가는 거대한 문제, 예컨대 자유, 문명, 인간의 상황 그 자체를 다루는 데 망설임이 없었다. 민주주의의 재생에 대한 탐색은 문학에 절박함을 부여했다. 전쟁, 점령, 저항의 도덕적 딜레마는 문학에 반향을 불러일으켰고 대중적 호소력을 불어넣었다. 식민지 해체의 과정 역시 인종, 문화, 식민주의 등의 문제를 서양의 논쟁들에서 중심 무대를 차지하게 만들었다.

흑인의 현존

1947년 파리에서 창간된 《아프리카인의 현존(Présence Africaine)》은 새로운 문화적 발언 중에서 한 목소리를 낸 유일한 잡지였다. 《아프리카인의 현존》은 마르티니크 출신의 초현실주의 시인 에메 세제르(1913~2008)와 세네갈의 레오폴 상고르(1906~2001) 같은 작가들의 작품을 실었다. 세제르와 상고르는 탁월한 학생들이었고 프랑스 최고의 엘리트 대학에서 교육을 받았으며, 프랑스 하원인 국민의회 의원으로 선출되었다. 세제르는 프랑스령 카리브 해 식민지와 (1946년 이후에는) 마르티니크 해외 현(縣)에서 중요한 정치인이 되었고, 상고르는 1960년 세네갈 최초의 대통령으로 선출되었다. 중요한 측면에서 프랑스적인 것의 모델인 두 사람은 모두 '흑인의 의식' 또는 '흑인의 자랑'으로 번역할 수 있는 '네그리튀드(Négritude)'의 가장 영향력 있는 대표자가 되었다. 상고르는 다음과 같이 썼다.

동화(同化)는 실패했다. 우리는 프랑스어로 된 수학에 동화될 수 있지만, 결코 검은 피부를 벗겨 내거나 흑인의 영혼을 뿌리 뽑을 수 없다. 그래서 우리는 우리의 집단적 영혼을……위한 열렬한 탐구에 착수한다. 네그리튀드란 흑인을 특징짓는 문화적·경제적·사회적·정치적 측면에서 문명화된 가치들의 통일적 복합체이다.

세제르의 초기 작품은 초현실주의와 의식의 탐구를 시도했다. 나중에 그의 작품은 한층 더 정치적인 것이 되었다. 『식민주의에 관한 담론(Discours sur le colonialisme)』(1950)은 그가 주장했듯이 식민지 피지배민의 인간성을 박탈할 뿐만 아니라 식민주의자 스스로를 타락시키는 식민주의의 물질적이고 영적인 야비함에 관한 강력한 고발이었다.

세제르의 제자이자 역시 마르티니크 출신의 프란츠 파농(1925~1961)은 그보다 한층 더 나아갔다. 그는 고립된 흑인 문화로 물러서는 것은 (그가 네그리튀드를 해석한 것처럼) 인종주의에 대한 효과적인 대응이 아니었다. 그는 유색인에게는 급진적 사회 변화의 이론이 필요하다고 믿었다. 파농은 알제리에서 정신의학을 공부하고 일했으며 그곳에서 민족해방전선의 전사가 되었다. 『검은 피부, 하얀 가면(Peau noire, masques blancs)』(1952)에서 그는 식민주의의 결과들과 급진적 정신의학자의 관점에서 본 인종주의를 고찰했다. 『대지의 저주받은 사람들(Les Damnés de la Terre)』(1961)은 당대의 가장 영향력 있는 혁명 선언문 중 하나였다. 파농은 세제르보다 한 단계 더 나아갔고 간디의 이론과 실천을 솔직하게 거부하면서 폭력이란 식민주의에 뿌리내리고 있기에 반식민주의 운동에도 폭력이 뿌리내리고 있다고 주장했다. 그러나 그는 많은 반식민주의 지도자들이 자신의 야심과 이전의 식민 세력과의 협력으로 인해 타락할 수 있다고 믿었다. 그는 혁명적 변화란 가난한 농민이나 "식민 체제에서 갉아먹을 뼈다귀를 전혀 갖지 못한" 사람들에게서만 올 수 있다고 믿었다.

이들 작가는 어떻게 해서 전후 문화에 적합했는가? 서양의 지식인들은 제2차 세계대전의 잔학 행위 이후에 휴머니즘과 민주주의적 가치들을 부활시키고자 했다. 파농과 다른 사람들은 식민주의에 대한 투쟁이 그런 프로젝트를 더욱 힘들게 만든다고 지적했다. 알제리 같은 곳에서의 반식민주의 운동에 대한 폭력적인 진압은 야만적 행위로 되돌아가는 것으로 여겨졌다. 그들은 유럽의 문명화 사명이 지닌 아이러니를 지적하고 서양 문화의 중심 개념으로서 흑인다움(blackness)의 재평가를 요구했다. 서구의 전후 회복은 결국 서구 문화의 보편적 요구에 대한 이런 도전에 직면하는 것을 수반했다.

반식민주의와 폭력

카리브 해의 프랑스 식민지인 마르티니크에서 태어난 프란츠 파농은 1950년대 초 알제리에서 일하기 위해 이주하기 전에 프랑스에서 정신의학을 공부했다. 파농은 알제리 혁명의 민족해방전선(FLN) 구성원이자 탈식민지화의 열렬한 옹호자가 되었다. 장 폴 사르트르가 서문을 쓴 1952년에 출간된 『검은 피부, 하얀 가면』은 흑인 문화와 개인에 대한 식민주의와 인종주의의 심리학적 결과들에 관한 연구였다. 『대지의 저주받은 사람들』은 당대의 가장 영향력 있는 혁명 선언문 중 하나였다. 파농은 민족주의 지도자들이 야심에 가득 차고 부패했다는 이유로 이들을 공격했다. 그는 혁명적 변화는 "식민지 체제에서 갉아먹을 뼈다귀를 전혀 갖지 못한" 가난한 농부들로부터 올 수 있다고 믿었다. 백혈병 진단을 받은 파농은 소련과 미국 워싱턴에서 치료법을 찾다가 워싱턴에서 사망했다.

탈식민지화에 관련해서는 식민지 상황에 대한 완벽한 문제 제기의 필요성이 있다. 만약 그것을 엄밀하게 묘사하기를 원한다면, 우리는 다음과 같이 잘 알려진 문구에서 찾을 수도 있다. "나중 된 자가 먼저 될 것이요 먼저 된 자가 나중 될 것이다." 탈식민지화는 이 문장을 실천으로 옮기는 것이다.……

탈식민지화의 적나라한 진실은 우리에게 그을린 총알과 피 묻은 칼을 보여준다. 왜냐하면 만약 나중 된 자가 먼저 된다면, 이것은 두 명의 주인공들 사이에서 무시무시하고 결정적인 투쟁이 벌어진 이후에만 일어날 것이기 때문이다. 그것은 사물의 선두에 나중 된 자를 두고 조직된 사회의 특색을 이루는 잘 알려진 단계들을 일정한 속도로 (어떤 사람들은 너무 빠르게) 올라가게 만들기 위한 의도를 확인하는 것만으로도 우리가 국면의 전환을 위해 폭력을 포함한 모든 수단을 사용한다면 승리할 수 있다.

만약 여러분이 애초부터, 말하자면 그러한 프로그램이 실질적으로 형성될 때부터 결정하지 않았다면, 여러분이 그렇게 하는 데에서 뜻밖에 만나게 될 모든 장애물을 극복하기 위해 여러분은 그러한 프로그램으로 어떠한 사회도, 그 사회가 아무리 원시적이라 할지라도 엉망으로 만들지는 않는다. 그 프로그램을 실천에 옮기고 그것의 원동력이 되기로 결정한 원주민은 언제나 폭력을 위한 준비가 되어 있다. 태어날 때부터 금지들로 온통 뒤덮인 이 좁은 세상에 대해 원주민은 절대적인 폭력으로만 문제 제기를 할 수 있다는 것은 분명하다.

분석 문제

1. 파농이 식민지 관계와 반식민주의 운동 모두의 중심에 폭력이 있다고 믿은 이유는 무엇인가?

2. 그는 간디에 맞서기 위해 어떤 주장들을 내세울 것인가?

실존주의

　프랑스 실존주의 작가들 중에서 장 폴 사르트르(1905~1980)와 알베르 카뮈(1913~1960)는 가장 두드러지게 개인성, 참여, 선택이라는 주제들을 중심 무대에 올려놓았다. 니체, 하이데거, 키르케고르 등으로부터 주제를 취한 실존주의자들은 전쟁으로 파괴된 유럽이라는 새로운 맥락에서 이 주제들을 다시 다루었다. 그들의 출발점은 '본질에 선행하는 실존'이었다. 다른 말로 표현하면, 인생에서 의미는 주어지는 것이 아니라 창조하는 것이었다. 따라서 개인은 '자유롭게 될 운명을 타고났고' 선택하고 책임을 받아들임으로써 자신의 삶에 의미를 부여할 운명이라는 것이다. 개인의 자유나 책임을 부정하는 것은 '그릇된 신념'으로 행동하는 것이었다. 전쟁, 부역과 저항, 종족 근절, 대량살상 무기의 개발 등은 모두 특별한 판단의 기준을 제공하고 이들 추상에 새로운 의미를 주었다. 실존주의자들의 저술은 명쾌하고 이해하기 쉬웠기에 엄청난 인기를 얻었다. 사르트르는 철학 논문들을 쓰기도 했지만, 희곡과 단편들을 출간하기도 했다. 카뮈가 직접 겪었던 레지스탕스 경험은 그에게 엄청난 도덕적 권위를 부여해주었기에 그는 신세대의 상징이 되기도 했다. 『이방인(L'Étrange)』(1942), 『페스트(La Peste)』(1947), 『전락(La Chute)』(1956)을 포함한 그의 소설은 종종 자기 자신의 딜레마에 책임이 있는 사람들을 보여주고 반(反)영웅을 통해 서로 도울 수 있는 인간의 제한된 능력을 탐구하면서 전쟁에 대한 은유 주위를 맴돌았다.

　실존주의자들의 통찰은 다른 문도 열었다. 예컨대 인종에 대한 실존주의자의 접근 방식은 피부색에는 아무런 의미도 내재되어 있지 않다는 것을 강조했다. 대신에 인종은 살아 있는 경험이나 상황에서 의미를 이끌어냈다. 프란츠 파농이 썼듯이 백인과 흑인은 '그들이 서로를 창조하는 한에서만' 존재한다. 똑같은 접근 방식을 젠더에도 적용할 수 있다. 시몬 드 보부아르(1908~1986)는 유명한 『제2의 성(Le Deuxième Sexe)』(1949) 서문에서 "여성은 여성으로 태어나지 않는다. 여성으로 키워질 뿐이다"라고 주장했다. 여성도 남성처럼 자유롭게 될 운명을 타고났던 것이다. 보부아르는 계속해서 여성이 자신의 2등급 지위를 받아들이는 것처럼 보이는 이유와, 그녀의 말대로 여성이 '남성들의 꿈을 꾸는' 이유가 무엇인지를 물었다. 『제2의 성』이 다루고 있는 범위와 야심은 이 책을 대단히 영향력 있게 만들었다. 이 책은 실제로 역사, 신화, 생물학, 심리학 등을 분석하고 마르크스와 프로이트의 통찰력을 '여성 문제'에 돌리고 있다는 점에서 백과사전적이었다. 보부아르의 삶 역시 이 책이 높은 평가를 받는 데 기여했다. 엄격한 중간계급 배경 출신의 총명한 학생인 그녀는 사르트르와 일생에 걸친 관계를 가지면서도 그와 결혼하지 않았다. 이것은 많은 사람이 그녀를 해방되고 성공한 여성 지식인으로서 로맨틱하게 생각하도록 만들었다. 하지만 그녀는 1960년대 말까지도 페미니즘과 거의 관련이 없었다. 『제2의 성』이 출간되었을 때 이 책은 실존주의와 관련 있었다. 나중에 가서야 이 책은 여성 운동의 핵심적 교과서가 되었다(제28장 참조).

기억과 기억상실증: 전쟁의 여파

국가 권력에 직면한 개인의 무력함이라는 주제는 가장 유명하게는 조지 오웰(1903~1950)의 『동물 농장(Animal Farm)』(1946)과 『1984년』(1949)을 시작으로 당대의 셀 수 없는 작품들을 관통했다. 미국인 조지프 헬러(1923~1999)의 매우 대중적인 『캐치 22(Catch-22)』(1961)는 전쟁의 어리석음을 다루면서 조직화와 그것이 개인적 자유에 주는 희생에 대해 신랄한 비평을 제공한 대중적 실존주의 형식을 대표했다. 억압적인 체코 정부를 피해 파리에 살았던 체코 작가 밀란 쿤데라(1929~)는 몰상식한 관료제에 저항하기 위한 달콤 쌉쌀한 노력을 우려하게 포착했다. 일부 작가들은 부조리와 환상적인 것으로 탈출함으로써 자신의 실망을 표현했다. 아일랜드인 새뮤얼 베켓(1906~1989)의 심오한 비관주의적 작품 『고도를 기다리며(En attendant Godot)』(1953. 프랑스어로 썼다), 영국인 해럴드 핀터(1930~2008)의 『관리인(The Caretaker)』(1960)과 『귀향(Homecoming)』(1965)에서는 아무것도 일어나지 않는다. 주인공들은 현대 시대의 부조리에 마비되어 진부한 말만 일삼는다.

또 다른 작가들은 환각, 공상과학, 판타지의 영역으로 과감하게 뛰어들었다. 미국인인 윌리엄 버로스(1914~1997)와 커트 보니것(1922~2007)은 독자들을 내적 판타지에서 외부 공간으로 데려간다. 당대의 가장 인기 있는 책들 중 하나는 영국인 톨킨(1892~1973)이 제2차 세계대전 이전과 기간 중에 쓴 『반지의 제왕(The Lord of the Rings)』(1954~1955)이었다. 중간계(Middle Earth)라는 환상의 세계에서 일어난 일들을 다룬 이 책은 자신이 공부한 고대 켈트어 및 스칸디나비아어와 인간의 신화가 지닌 위력에 대한 톨킨의 찬사이기도 한데, 나름대로의 이유로 전후 서양 문화에 반항한 로맨틱한 청년 세대를 사로잡았다.

테러와 독재에 관한 질문이 전후 시대의 사회 및 정치사상, 그리고 특히 유럽 출신 이민자의 작품에 자주 등장했다. 전시에 미국으로 망명한 학자들로 구성된 독일 마르크스주의 '프랑크푸르트 학파'의 대표자들은 파시즘과 나치즘이 어떻게 서양 문화와 정치에 뿌리를 내려왔는가를 이해하고자 했다. 테오도르 아도르노(1903~1969)는『계몽의 변증법(Dialektik der Aufklärung)』(1947)이라는 논문집을 막스 호르크하이머(1895~1973)와 함께 출간했다. 이 책은 '문화 산업(culture industry)'이 대중을 비정치화하고 민주주의를 불구로 만들었다고 고발하는 내용으로 널리 알려져 있다. 아도르노는 또한 사람들이 어떻게 인종주의, 편견, 독재를 받아들이게 되는가를 탐색하면서 사회조사를 이용한『권위주의적 성격(Authoritarian Personality)』(1950)을 공동 저술했다. 프랑크푸르트학파는 독일 나치즘의 특별한 기원이 무엇이든지간에 현대 사회에서 관심의 동기를 제공하는 한층 더 일반적인 경향이 있었음을 시사했다.

독일 출신의 유대인 망명자인 한나 아렌트(1906~1975)는 최초로 나치즘뿐만 아니라 스탈린주의를 신기한 20세기의 정부 형태, 즉 전체주의로 이해해야 한다고 제안했다(『전체주의의 기원(Elemente und Ursprünge totaler Herrschaft)』, 1951). 폭정이나 전제주의 같은 초기의 정부 형태들과는 달리 전체주의는 대중의 지지를 동원함으로써 작동했다. 전체주의는 저항을 분쇄하고 정치 및 사회 제도들을 무너뜨리며 대중을 원자화하기 위해 테러를 사용했다. 아렌트는 전체주의가 또한 새로운 이데올로기들을 만들어낸다고 주장했다. 전체주의 정권들은 살인이 법으로 정당화되는지에 관해 관심을 갖지 않았다. 그들은 역사의 객관적 법칙이나 인종 투쟁을 내세우면서 수용소와 몰살을 정당화했다. 전체주의 정치는 파괴를 일삼고 전 인구를 제거하면서 집단적인 저항을 실질적으로 불가능하게 만들었다. 아렌트는 한 나치 지도자의 재판에 관한 도발적이고 충격적인 글『예루살렘의 아이히만(Eichmann in Jerusalem)』(1963)에서 동일한 주제로 되돌아갔다. 많은 독자들을 고통스럽게 했을지 몰라도 그녀는 명백하게 나치즘을 악마화하지 않았다. 대신에 그녀는 자신이 '악의 평범성(banality of evil)'이라고 명명한 것을 탐구했다. 그것은 새로운 형태의 국가 권력과 테러의 대두가 어떻게 아돌프 아이히만 같은 나치가 단순히 정책으로서 종족 학살을 이행할 수 있는 세계에서 창조되어왔는가에 대한 탐구였다. 아렌트는 전체주의의 위기가 사회의 도덕적 붕괴라고 주장했는데, 그 이유는 처형자들과 희생자들, 다시 말하면 '괴롭히는 사람들과 괴롭힘을 당하는 사람들' 모두에게 똑같이 인간의 감정과 저항 능력을 파괴했기 때문이었다.

하지만 전쟁과 그 유산에 관한 논의는 제한적이었다. 전쟁과 전쟁의 잔혹한 결과를 직접적으로 다룬 회고록과 소설들은 국제적으로 광범위한 대중에게 다가갔다. 그러한 저술 중에는 전시 폴란드의 한 소년에 관한 소설인 저지 코진스키(1933~1991)의『페인트로 얼룩진 새(The Painted Bird)』, 동유럽에서의 지식인 부역에 관한 체슬라브 밀로즈(1911~2004)의 회고록 『사로잡힌 정신(The Captive Mind)』(1951), 독일인 귄터 그라스(1927~)가 쓴 『양철북(Die Blechtrommel)』(1959) 등이 있다. 반자전적 형식으로 나치와 전쟁 경험을 묘사한 그라스의 책은 그를 '당대의 양심' 반열에 오르게 만들었다. 모든 회고록 중에서 1947년에 출간된 안네 프랑크(1929~1945)의 『한 어린 소녀의 일기(The Diary of a Young Girl)』는 의심할 바 없이 가장 널리 읽힌 책이었다. 하지만 전후 문화의 주류는 상이한 방향으로 나아가면서 고통스런 문제들과 나쁜 기억들을 억압하는 쪽을 향했다. 전후 각국 정부들은 전쟁 범죄에 관련된 모든 것을 일소할 수 없었거나 일소하지 않았다. 프랑스의 법정들은 2,640명에게 사형선고를 내리고 791명을 처형했다. 오스트리아에서는 1만 3,000명이 전범으로 유죄 선고를 받고 30명이 처형되었다. 정의를 부르짖은 사람들은 사기가 꺾였고 냉소적이 되었다. 몇몇 사람들은 레지스탕스 활동을 신화화하고 그 활동에 참여한 것을 침소봉대하며 부역 활동에 대한 논의를 회피하는 것으로 대응했다. 프랑스 텔레비전은 방영하기에는 너무도 논쟁적인 비시 정권하의 프랑스 마을에 관한 마르셀 오퓔스(1927~)의 탁월하면서도 가차 없는 다큐멘터리 〈슬픔과 동정(Le chagrin et la pitié)〉(1969)을 방영할 것인지에 대해 10년 동안이나 숙고했다. 대다수의 유대인 생존자들은 사는 곳이 어디든지 간에 자신의 이야기를 출판하는데 관심이 있는 편집자들이 거의 없다는 것을 알았다. 1947년 단지 소규모 출판사가 이탈리아의 유대인 생존자 프리모 레비의 『아우슈비츠에서의 생존(Survival in Auschwitz)』 출간을 떠맡았지만, 이 책과 레비의 다른 저술들은 나중에까지도 커다란 호응을 얻지 못했다.

냉전은 기억을 매몰시키고 왜곡시키는 중요한 요인이었다. 철의 장막 서쪽, 서독을 동맹으로 포용하려는 열망, 경제 발전에 대한 일치단결된 강조, 열렬한 반공주의 등은 과거에 대한 시각을 흐리게 만들었다. 한 가지 사례에 클라우스 바르비(1913~1991)가 포함된다. 그는 레지스탕스 요원들을 체포하고 개인적으로 고문하며 유대인 어린이들을 포함한 수천 명을 강제수용소에 보낸 독일 점령 치하 프랑스의 게슈타포 요원이었다. 전후에 미국 정보 당국은 바르비의 공산주의자 색출 능력을 높이 사 그를 고용했고, 전쟁 범죄로 그를 기소하기를 원하는 사람들의 손길이 닿지 않는 유럽 밖으로 그를 몰래 빼내기 위해 비용을 지불했다. 그는 마침내 1983년 볼리비아에서 인도되어 인류에 대한 범죄로 재판을 받고 유죄판결을 받았다. 동유럽권에서 각국 정부들은 파시즘을 과거의 일이라고 선언하고 그러한 과거를 샅샅이 조사하거나 나치에 부역한 다수의 사람들을 색출하지 않았다. 철의 장막 양쪽에서 절대 다수의 사람은 가정생활을 소중히 여기며 내적으로 방향을 전환해 사생활을 즐기며 긴장을 풀었다.

잊을 수 없는 전쟁

헤다 코발리는 프라하에서 태어나 강제수용소에서 살아남은 뒤 그곳으로 되돌아왔다. 많은 난민과 생존자들처럼 그녀도 불명확한 귀환 환영 인사를 받았다. 체코슬로바키아와 다른 곳에서 나치의 점령은 수십 년 동안 지속된 쓰라림과 분열이라는 유산을 남겼다. 생존자들은 다른 유럽인에게 전쟁에 대해 일깨워주었고 그들을 방어적으로 만들었다. 코발리가 보여주는 것처럼 역설적이게도 전쟁으로 인한 문제들을 희생자의 탓으로 돌리는 것이 흔히 있는 일이었다.

그래서 잊을 수 없는 길고도 끔찍한 전쟁은 끝났다. 삶은 계속되었다. 죽은 자와 살아 있는 자 양쪽이 있음에도 삶은 계속되었다. 왜냐하면 이것은 그 어느 누구도 전혀 살아남지 못한 전쟁이었기 때문이다. 매우 중요하고 귀중한 무언가는 전쟁으로 죽임을 당했거나 아마도 공포, 기아 또는 단순히 혐오로 인해 죽고 말았겠지. 누가 알고 있으랴? 우리는 그 것을 재빨리 묻으려고 노력했고, 땅은 그 위에 자리 잡았고, 우리는 성급하게 그것을 못 본 체했다. 결국 우리의 진정한 삶은 이제 시작하고 있었고 그것을 어떻게 만들 것인가는 우리에게 달려 있었다.

사람들은 은신처에서 기어 나왔다. 그들은 숲에서, 감옥에서, 강제수용소에서 돌아왔고, 그들이 생각할 수 있었던 모든 것은 다음과 같은 것이었다. "끝났어, 모두 끝났어."…… 어떤 사람들은 말없이 돌아왔고 어떤 사람들은 마치 어떤 일에 관해 말하는 것이 그것을 없애버리거나 할 것처럼 끊임없이 지껄였다.……어떤 목소리들이 죽음과 화염, 피와 교수대에 관해 말하는 동안 눈에 띄지 않는 곳에서는 수천 명의 합창이 지칠 줄도 모르고 다음과 같은 말을 반복했다. "그래, 우리도 겪었어.……오로지 탈지 우유뿐이었지.……빵에 바를 버터도 없었어.……"

때때로 때가 줄줄 흐르고 맨발인 강제수용소 생존자는 용기를 내 전쟁 이전의 친구들 집 문을 두드리고 다음과 같이 부탁하기도 했다. "미안하지만, 우리가 떠나면서 너에게 보관해달라고 부탁한 것 중 일부를 혹시라도 아직 가지고 있니?" 그러면 그 친구는 다음과 같이 말한다. "네가 잘못 알고 있는 거야. 너는 아무것도 우리에게 남겨놓지 않았어. 어쨌든 들어와!" 그리고 그들은 바닥에 그의 양탄자가 깔려 있는 응접실에 그를 앉히고 그의 할머니 소유였던 고풍스런 잔에 허브 차를 따라줄 것이다.……그는 자신에게 다음과 같이 말하곤 한다. "무슨 상관이람? 우리가 살아 있는 한에서? 무슨 상관이람?"……어느 생존자가 빼앗긴 문서를 되찾기 위해 변호사가 필요할지도 모르고 그가 한때 커다란 유대인 회사들을 대표했던 인물 중 한 사람의 이름을 기억해내는 일이 생기기도 한다. 그는 변호사를 만나러 가서 우아한 대기실의 구석에 있는 나폴레옹 시대풍의 의자에 앉아 그 모든 훌륭한 취향과 사치스러움을 즐기면서 귀엽게 생긴 비서들이 바쁘게 돌아다니는 것을 바라보게 된다. 귀엽게 생긴 비서들 중 하나가 그녀 뒤에 있는 문을 닫는 것을 잊어버린 뒤에야 비로소 그 변호사의 낭랑한 목소리가 열린 문틈을 통해 다음과 같이 울려 퍼진다. "당신들은 우리가 그들을 마침내 제거해버렸다고 생각했겠지. 하지만 아니야, 그들을 절멸시키는 것은 불가능해. 히틀러조차 그 일을 해낼 수 없었는걸. 매일매일 그들은 더 많이 쥐새끼들처럼 기어 나오고 있어……" 그러면 이 생존자는 조용히 의자에서 일어나 이번에는 아무런 웃음기 없이 살며시 대기실에서 빠져나온다. 계단을 내려오는 도중에 그의 눈은 마치 아우슈비츠에 있는 소각로의 연기를 쏘인 것처럼 촉촉이 젖어든다.

분석 문제

1. 코발리가 제2차 세계대전이 '그 어느 누구도 전혀 살아남지 못한 전쟁'이라고 했을 때 그 의미는 무엇일까? 그러한 주장을 모든 전쟁에 대해 할 수 있는가? 제2차 세계대전은 어떤 면에서 특이했는가?

2. 코발리는 개인적으로 마주친 것들을 묘사하고 있다. 그녀의 이야기는 한층 더 광범위한 사회적·문화적 발전들을 보여주는가?

결론

냉전 시대 최후의 심각하면서도 가장 극적인 대결 국면은 1962년 쿠바에서 일어났다. 1958년의 쿠바 혁명으로 카리스마적 공산주의자 피델 카스트로(1926~)가 권력을 잡았다. 그 직후부터 미국은 망명한 쿠바인들과 작업을 개시했는데, 그것은 많은 모험 중에서도 1961년 피그 만을 통해 침공하려는 서투른 시도를 지원하는 것으로 나타났다. 카스트로는 스스로 소련과 손을 잡고 소련에게 쿠바에 핵미사일 기지를 둘 것을 요청했다. 그곳에서 미사일을 발사한다면 플로리다까지 날아가는 데 단 몇 분밖에 걸리지 않았다. 1962년 미국의 첩보기가 미사일과 관련된 쿠바의 군사 시설을 확인했을 때 케네디는 흐루시초프에 맞섰다. 공습으로 인해 발생할 반향에 대해 숙고한 후 케네디는 쿠바에 대한 해상 봉쇄를 명령했다. 10월 22일 그는 분장도 하지 않고 눈에 띄게 피곤한 모습으로 텔레비전에 출연해 대중에게 심각한 상황을 설명하고 흐루시초프에게 무기들을 철수시키고 "세계를 파괴의 나락으로부터 되돌려놓으라"고 으름장을 놓았다. 급박한 양상을 보이는 핵전쟁의 위협에 놀란 미국인들은 도시 지역을 떠나 방사성 낙진 대피소에서 비좁고 불편한 생활을 준비하며 총기류를 구입했다. 신경을 건드리는 3주가 지난 후 소련은 이미 쿠바에 배치되었던 폭격기와 미사일을 철수하고 제거하기로 동의했다. 그러나 양국의 시민은 방공호에서 수없이 많은 걱정의 시간을 보냈고 전 세계의 구경꾼들은 핵으로 인한 세계 종말의 날이 다가왔다는 점점 커져가는 두려움과 씨름했다.

쿠바 미사일 위기는 냉전의 주제들을 많이 담고 있는 매우 훌륭한 블랙코미디인 스탠리 큐브릭(1928~1999)의 고전적 영화 〈닥터 스트레인지러브(Dr. Strangelove)〉(1964)에 영감을 제공해주었다. 이 영화는 '우발적인' 핵 공격과 그 공격에 책임이 있는 정신 나간 주인공에 관한 것이었다. 이 영화는 또한 기억의 억압과 냉전으로 초래된 동맹 관계의 갑작스런 반전(反轉)을 다루고 있다. 난폭한 괴짜인 독일인 과학자 스트레인지러브 박사는 미국인을 위해 일하고 있는 현재 삶과 히틀러의 열광적인 추종자로서 살았던 억압된 과거를 오간다. 이 영화의 각본은 묵시록적인 내용을 지닌 많은 1950년대 소설 중 하나인 영국 작가 피터 브라이언트(1924~1966)의 『운명의 순간까지 두 시간(Two Hours to Doom)』(1958)을 토대로 한 것이었다. 쿠바 미사일 위기는 이 영화의 줄거리를 국내에 너무도 친숙하게 만들어서 영화가 출시되었을 때 컬럼비아 영화사는 다음과 같은 부인 성명을 발표하지 않으면 안 된다고 생각할 정도였다. "미 공군의 안전장치는 이 영화에서 묘사된 것과 같은 사건들의 발생을 막을 것이라는 것이 미 공군의 공식 입장이다." 블랙 유머는 끔찍한 세계 전멸의 가능성을 다루는 공통적인 문화적 메커니즘으로 여겨졌다. 밥 딜런(1941~)이 1963년에 발표한 〈제3차 세계대전 블루스(Talkin' World War III Blues)〉는 그가 버려진 캐딜락("전쟁 이후에 몰기 좋은 차")을 몰고 TV 디너를 먹고 있는 벙커의 주민들에게 접근하면서 방사능으로 오염된 주차 요금 기계에 담뱃불을 붙이는 묵시록적인 꿈을 장난스럽게 서술한다.

냉전은 전후 문화에 커다란 영향을 미쳤고 또한 전후 정치를 지배했다. 냉전은 소련과 미국 양국의 발전에 결정적인 영향을 미쳤다. 아이젠하워 대통령은 퇴임 연설에서 다음과 같이 경고했다. '군산복합체(military-industrial complex)'가 형성되었으며, 그것의 "총체적 영향력, 즉 경제적·정치적, 심지어 영적 영향력은 모든 도시, 모든 주 의회, 연방정부의 모든 사무실에서 감지된다." 하지만 또 다른 중요한 발전들이 이 시대를 특징지었다. 국민국가는 경제 계획과 관리, 시민 교육, 사회보장제 보장 등에서 새로운 역할을 떠맡으며 비군사적 영역으로 확대되었다. 이런 변화들은 민주주의와 안정의 모색으로 추진되었다. 이전의 식민지들은 독립 국가가 되었다. 장기적으로 제3세계의 형성은 냉전으로 확립된 양극적 분할보다도 한층 더 중요하지 않더라도 상당히 중요했다. 전 지구적 그리고 지역적 경제 통합은 가속화되었다. 경제 성장은 모든 서방 국가들이 비록 유럽이 이전의 전 지구적 권세를 다시 획득했는지는 의문스럽더라도 전쟁의 참화로부터 회복되는 것을 도왔다. 마지막으로 경제 성장은 의도하지 않은 결과들을 가져왔다. 1960년대에 이르러 사회적·문화적 변화들은 냉전으로 인해 정착된 것들을 약화시키기 시작했다.

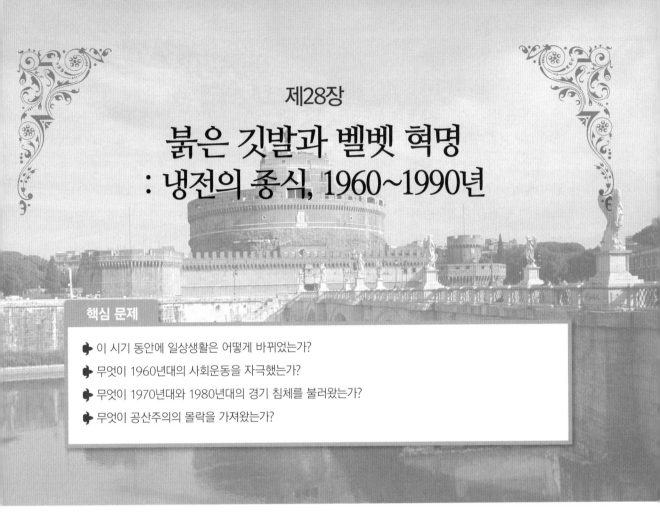

제28장

붉은 깃발과 벨벳 혁명
: 냉전의 종식, 1960~1990년

핵심 문제

♣ 이 시기 동안에 일상생활은 어떻게 바뀌었는가?

♣ 무엇이 1960년대의 사회운동을 자극했는가?

♣ 무엇이 1970년대와 1980년대의 경기 침체를 불러왔는가?

♣ 무엇이 공산주의의 몰락을 가져왔는가?

　　1960년은 황금기로 그리고 약속으로 가득 찬 해로 보였다. 끊임없는 국제적 긴장에도 불구하고 유럽과 북아메리카에서의 일상생활은 향상되고 있는 것처럼 보였다. 경제는 회복되었고 많은 부문에서 생활수준은 향상되었으며 새로운 형태의 문화가 꽃을 피웠다. 경제적 지평은 밝아 보였다. 1990년까지 그런 낯익은 풍경은 대부분 극적으로 변모하고 말았다. 서유럽인은 더 이상 번영이나 당연하게 여겼던 그런 삶을 제공해준다는 지도자들의 능력을 별로 확신할 수 없었다. 사회는 예기치 못한 방식으로 파편화되었다. 소련권의 놀라울 정도로 급작스런 해체는 평화에 대한 희망과 예상치 못한 갈등에 대한 두려움 모두를 불러일으켰던 냉전 세계의 기초를 무너뜨렸다.

　　이러한 변모를 어떻게 설명할 수 있는가? 1960년대 중반 무렵 사회·경제적 긴장은 전후 번영이 서구에서 창출되어왔다는 합의의 토대를 침식하고 있었다. 1945년 이후의 경제적 팽창은 극적인 변화들, 예컨대 새로운 산업, 새로운 경제적 가치, 새로운 사회계급, 새삼 민감한 세대 차이에 대한 생각 등을 선도했다. 각국 정부는 새로운 사회집단의 요구에 직면했고 그에 대응하기 위한 노력에서 자주 실패를 거듭했다. 긴장은 1960년대 말에 폭발했다. 1968년 체코슬로바키아에서 독일, 프랑스, 미국, 멕시코에 이르기까지 서양 전역에서 폭동과 파업이 일어났다. 1975년 이후의 연이은 경제 위기가 한 세대가 달성하기 위해 그토록 열심히 노력했던 안전을 위협하면서 문제들은 더욱 심화되었다. 경제가 정체되면서 이른바 '60년대'가 끝난 이후에도 최소한 10년 동안 유럽과 미국에서 사회적 저항은 계속되었다.

1960년대와 1970년대의 변화는 동구권에서 한층 더 근본적인 것이었음이 드러났다. 정치적·사회적 침체와 결합된 경제적 쇠퇴는 또 다른 반항의 물결을 몰고 왔다. 1989년은 이례적으로 빠르고 놀라운 사건들의 시작을 알렸다. 동유럽에서 공산주의의 지배가 붕괴되었고 소련이 해체되었다. 냉전은 더 이상 문제가 되지 않는 것처럼 보였다. 이런 변화들이 민주주의의 장래와 동쪽의 중국 국경에서 서쪽의 폴란드 국경까지 펼쳐져 있는 방대한 지역의 정치적 안정에 무엇을 의미하는지는 미해결의 문제로 남아 있다.

1945~1968년의 사회와 계급

♣ 이 시기 동안에 일상생활은 어떻게 바뀌었는가?

제2차 세계대전 직후의 모진 날들과 대조적으로 특히 놀라움을 안겨주었던 1950년대의 '호황'은 사회생활에 심대하고 광범위한 결과를 낳았다. 우선 늘 그런 것은 아니었지만 인구가 팽창했다. 인구 팽창은 유럽 대륙 전역에서 변화를 일으켰다. 서독과 프랑스는 모두 생산 호황을 유지하려면 노동자들의 수입이 필요했다. 1960년대 중반 무렵 임금은 상승하고 실업이 줄어들면서 서독에서는 130만 명의 외국인 노동자들이 일했고, 프랑스에서는 180만 명이 일했다. 대부분의 노동자들은 남유럽 특히 실업률이 높은 수준을 유지했던 이탈리아 남부의 농업 지역에서 왔다. 영국으로는 이전의 식민지들로부터 노동자들이 이주했는데, 그들은 종종 저임금의 하찮은 일에 종사했고 일터와 공동체에서 널리 퍼져 있는 차별에 마주쳤다. 이러한 노동자들의 이주는 제2차 세계대전 동안과 직후에 일어났던 정치적·소수민족적 난민의 거대한 이동과 함께 유럽 공동시장의 창설로 가속화된 국가적 장벽의 붕괴에 기여했다.

가장 극적인 변화는 토지와 농업의 변모에서 압축적으로 드러났다. 농업생산성은 20세기 전반기에 걸쳐 거의 변화하지 않았지만 20세기 중엽 이후 치솟았다. 예를 들어 1900년에 5명을 먹이기에 충분한 서독의 농토(와 노동)는 1950년에는 6명 그리고 1980년에는 35명을 먹이기에 충분한 수준이 되었다. 서독과 프랑스에서 공동시장 정책, 국가 후원의 근대화 프로그램, 신형 농기계, 새로운 종류의 비료·종자·가축사료는 변화의 원동력이었다. 폴란드와 동구권에서 사회주의 정권은 소농의 보유지를 대규모 농업으로 대체했는데, 그 결과는 경제적·사회적 측면 전역에 두루 미쳤다. 풍성함은 한층 저렴한 식량가격을 의미했다. 각 가정의 식료품비는 전체 가계 예산에서 훨씬 더 적은 비율을 차지했고, 이는 다른 형태의 소비를 위해 돈을 쓸 수 있고 경제성장을 가속시킬 수 있다는 것을 의미했다. 농업에 종사하는 노동력의 비율이 감소한다는 것은 산업 특히 서비스 부문의 팽창이 가속된다는 것을 의미했다. 채무를 감당할 수 있는 드넓은 보유지나 값나가는 특화된 작물(낙농제품이나 포도주)을 가진 농민층은 이에 순응했다. 하지만 다른 사람들은 터전을 잃었다. 1960년대 프랑스인들은 매년 10만 명이 농촌을 떠나 이주하는 것을 보고 '농민의 종말'을 이야기했다. 이런 변화는 자신의 생활수준을 지키려는 농민들의 계속적인 저항을 북돋웠다. 공동시장은 농산물 가격을 유지하는 정책에 동의했으나 저항의 역동성은 달라지지 않았다.

일터에서도 전통적인 사회적 차별이 잠식되면서 변화가 일어났다. 많은 비평가들은 부분적으로는 국가 관료제가 극적으로 팽창한 결과인 중간계급 화이트칼라의 놀라운 성장에 주목했다. 1964년경 대부분의 유럽 국가에서 공무원으로 고용된 전체 남녀의 숫자는 노동력의 40퍼센트를 넘었는데, 이는 1920년대와 1930년대에 비해 상당히 높은 수준이었다. 사업과 산업에서도 중간 관리자급의 피고용인 수가 늘어났다. 산업에서 심지어 공장 노동자들 내에서도 봉급을 받는 피고용인, 즉 감독, 검사인, 기술자, 입안자의 수가 배가되었다. 예컨대 서독에서 이러한 노동자의 수는 1950년과 1961년 사이에 95퍼센트 증가했다. 산업 노동은 19세기에 그것이 의미했던 것과는 훨씬 다른 무언가를 의미했다. 숙련 기술은 관습과 판에 박힌 것이라기보다는 전문 기술에 입각해 한층 더 전문화된 것이었다. 숙련 기술은 자동제어장치를 감시하고 추상적 신호들을 해석하며 엄밀하면서도 수학적으로 계산된 조정 능력을 의미했다. 더 많은 여성이 과거보다 훨씬 적은 저항을 받으면서 노동력으로 편입되었고 그들의 일자리는 남성의 것과 크게 다르지 않았다.

19세기의 사회는 분명하게 규정된 계급문화로 특징지어져왔다. 노동계급은 소비, 의복, 여가시간, 체면의 개념, 젠더 관계 등의 유형으로 쉽게 구별되는 '별개의 삶'을 살았다. 1900년에는 그 누구도 노동자와 농민을 혼동하지 않았고, 중간계급의 사람들은 그들만의 학교, 레크리에이션, 상점 등을 갖고 있었다. 그러나 1950년 이후의 경제적 변화는 그렇게 구별되는 문화를 희미하게 만들었다. 노동조합은 막강한 기관으로 남았다. 예컨대 프랑스에서 가장 큰 노조는 150만 명, 이탈리아는 350만 명, 독일은 650만 명의 노조원이 있었다. 개별 노조의 연합체인 영국의 직종별노조연합(Trades Union Congress)은 과거보다 훨씬 더 많은 수의 여성을 포함해 800만 명에 육박하는 노조원이 있다고 큰소리쳤다. 공산당들은 선거에서 막강한 정치적 영향력을 갖고 있었다. 그러나 새로운 사회운동들도 성장했다. 노동자들은 여전히 스스로를 노동자로 인지했지만, 계급은 비교적 덜 엄격하게 정의된 의미를 지니게 되었다.

교육의 확대는 사회적 계급제도의 변화를 이끌어냈다. 모든 서방 국가들은 중등 의무교육을 확대하는 법을 통과시켰고, 프랑스·서독·영국에서는 16세까지로 확대되었다. 늘어나는 출산율과 결부된 새로운 입법은 학생 인구를 극적으로 증대시켰다. 1950년과 1960년 사이에 프랑스·홀란드·벨기에의 중등학교 재학생 수는 두 배로 늘어났고, 영국과 서독에서 그 수는 50퍼센트 이상으로 증가했다. 교육이 자동적으로 사회적 유동성을 창출하는 것은 아니지만 경제적 번영, 새로운 노동구조, 소비 호황 등과 결합되면서 교육은 '후기산업' 사회라고 부르게 될 사회를 위한 초석을 놓기 시작했다.

동구권에서는 그 유형이 어떻게 달랐을까? 소련의 노동자들은 자신의 전문화된 숙련 기술에 주목하지 않았는데, 사실 소련 경제 후퇴의 주요인은 기술 혁신의 실패에 있었다. '노동자 국가'에서 노동자들은 보통 (관리자급을 제외하고) 중간계급의 지위에 있는 사람들보다 더 높은 임금을 받았지만 지위는 훨씬 더 못했다. 상대적으로 높은 그들의 임금은 스탈린 체제하에서 효과적으로 폐지되었던 독립적인 노동조합들과는 거의 아무런 상관이 없었다. 그들의 임금이 높았던 이유는 지속적인 노동력 부족과 이에 따른 노동 불안에 대한 염려 때문이었다. 중간계급과 관련해서는 비록 동유럽 전역에 걸쳐 사회주의 정권들이 특권과 지위를 획득하는 새로운 방식을 창출해내기도 했고 정권의 해설자들이 관료와 당원이라는 새로운 계급을 언급했지만, 두 차례에 걸친 전쟁과 국가사회주의는 고립된 전통적 부르주아 문화를 황폐화시켰다. 1958년 니키타 흐루시초프가 실시한 교육 개혁은 똑똑한 아동이 궁극적으로는 관리자의 지위에 도달하는 학업을 추구하도록 장려했다. 소련의 교육은 또한 문화적으로 이질적인 것으로 남아 있던 나라를 통일시키는 것을 목적으로 했다. 예를 들면 터키계 이슬람교도는 소련에서 상당한 규모의 소수민을 구성했는데, 소수인종의 민족성으로 인해 소비에트 '연방'이라는 그다지 견고하지 않은 조직을 갈가리 찢어놓을지도 모른다는 우려가 항상 성공을 거둔 것은 아니지만 교육이라는 수단으로 문화를 하나로 통일시키려는 정부의 욕구를 증대시켰다.

대량 소비

고용기회의 증가, 더 많은 수입, 한결 저렴한 농산물 가격 등이 결합되어 각 가정과 개인은 한층 더 높은 구매력을 갖게 되었다. 그들은 신문, 담배, 스포츠 경기를 관람하기 위한 티켓, 영화, (가장 높은 증가율을 기록한) 건강과 위생 등에 더 많은 비용을 지출했다. 가족들은 자신의 집에 돈을 들였다. 가전제품과 자동차는 사실상 일상용품의 새로운 세계를 보여주는 가장 놀라운 상징물이었다. 1956년 영국 가정의 8퍼센트가 냉장고를 소유했지만 1979년까지 그 수치는 69퍼센트로 비약적으로 늘어났다. 진공청소기, 세탁기, 전화 등은 모두 일상생활의 공통적인 특성이 되었다. 이러한 제품들이 단순히 노동시간의 절감이나 자유시간의 창출을 가져온 것은 아니었다. 왜냐하면 가전제품들은 한층 과중한 가사노동의 표준과 가정생활에의 새로운 투자—한 역사가는 "어머니에게 더 많은 일을"이라고 표현했다—를 요구했기 때문이었다. 우리는 변화를 과장해서는 안 된다. 1962년 냉장고를 소유한 프랑스 가정은 단지 40퍼센트였고, 1975년 전화를 갖고 있던 가정은 단지 35퍼센트였다. 하지만 이런 수치조차도 유럽의 좀 더 가난한 나라나 세계의 다른 나라들에 비해 한층 더 높은 것이었다.

1948년에는 500만 명의 서유럽인이 자동차를 소유했는데, 1965년에는 4,000만 명이 소유하게 되었다. 1950년 이탈리아의 노동자들은 자전거를 타고 일터로 갔지만, 10년 뒤 공장들은 피고용자들의 자동차를 위해 주차장을 짓고 있었다. 자동차는 전 세계에 걸쳐 사람들의 상상력을 사로잡았다. 예컨대 잡지, 광고, 헤아릴 수 없이 많은 영화에서 자동차는 로맨스, 이동, 자유, 휴가 등 새로운 이미지의 중심이었다. 물론 자동차만 노동자들에게 저렴한 휴가를 즐길 수 있게 해준 것은 아니었다. 대부분의 나라에서 노동자들이 1년에 30일 이상의 유급 휴가를 받게 된 연차 휴가의 제도화만큼이나 주당 노동시간이 48시간에서 약 42시간으로 줄어든 것은 한층 더 중요한 요인이었다.

이런 변화는 대량생산이라는 새로운 문화의 특징이었다. 이 변화들은 판매, 광고, 신용 지불에 전념하는 새로운 산업으로 가속화되었다. 이것은 가치관의 변화도 수반했다. 19세기에 신뢰할 수 있는 중간계급의 가정은 빚을 지지 않았고 자제와 검약이 존경받을 만한 미덕이었다. 20세기 후반 무렵 은행과 소매상인들은 대량생산과 경제성장의 미명하에 중간 및 노동계급에게 빚지는 일을 부끄러워하지 말라고 설득하고 있었다. 풍부함, 신용, 소비 지출, 생활수준 등 이 모든 용어는 일상적인 경제생활의 일부가 되었다. 가장 중요한 것은 이 새로운 용어가 점차 시민이 자신의 필요, 욕구, 칭호 등에 관해 생각하는 방식을 다시 형성시켰다는 점이다. 예를 들면 생활수준은 두드러진 사회적 불평등을 측정하고 이에 저항하는 척도를 창출했다. 정치가, 경제학자, 마케팅 전문가는 보통 사람의 소비 습관에 한층 더 세심한 주의를 기울였다.

동유럽과 소련에서 소비는 이와는 다르게 조직되었다. 시장이 아니라 정부가 소비자 상품의 분배 방식을 결정했다. 경제 정책은 소비재를 희생해가며 자원들을 중공업에 돌렸다. 이것은 결국 전반적인 결핍, 심지어 기초 생필품의 예기치 못한 부족, 질 낮은 상품 등의 결과를 초래했다. 특히 여성은 자주 하루의 임금 노동을 마친 뒤에도 상점에서 몇 시간 동안이나 줄을 서서 기다려야 했다. 소련과 동유럽에서 가전제품의 숫자가 극적으로 증가되었지만, 소비의 비효율성은 여성에게 특히 일터와 가사노동이라는 무거운 이중의 부담을 지게 만들었다. 물자 부족 그리고 표면적으로는 불합리한 정책에 대한 시민의 증대되는 불만이 심각한 문제를 야기했다. 어느 역사가가 언급했듯이 소비 정책의 실패는 '공산주의의 주요 막다른 골목 중 하나'였으며 결국 공산주의 정권들의 붕괴에 기여했다.

대중문화

새로운 소비 유형은 대중문화에서 광범위한 변화를 자극했다. '대중'문화의 기원은 1890년대 대중 언론, 음악당, 스포츠 단체, '5센트 극장(Nickelodeons)' 등의 확대에서 찾을 수 있다. 이 모든 것은 계급에 토대를 둔 전통적인 형태의 흥행, 예컨대 마을 댄스, 민중악극단(boulevard theater), 중간계급 콘서트 등을 대체하는 장구한 과정에서 시작되었다. 대중문화는 1920년대에 활기를 띠게 되었으며 그 중요성은 대중 정치로 말미암아 강화되었다(제25장 참조). 앞서 보았던 1950년대의 사회적 변화들은 각 가정이 지출할 돈을 더 많이 갖게 되었을 뿐만 아니라 더 많은 여가시간을 갖게 되었음을 의미했다. 그러한 결합은 성장하고 있는 문화 산업에 절호의 기회를 제공했고 과거와 단절하고자 하는 전후의 욕구는 변화를 위한 더 큰 추진력을 만들어냈다. 그 결과를 문화적 혁명, 즉 문화의 변형, 보통 사람의 삶에서 문화가 지닌 역할의 변형, 미디어가 주조해낸 권력의 변형 등을 포함하는 문화적 혁명이라는 부르는 것이 타당할 것이다.

음악과 청년문화

1960년대 새로운 대중문화의 상당 부분은 새로운 세대의 소비습관과 욕망에 의존했다. 신세대는 청소년기를 오래 유지하면서 학교에서 더 많은 시간을 보냈고, 청년들은 부모와 일터로부터 더욱 거리를 유지하며 자기들끼리 더 많은 시간을 가졌다. 특히 농촌에서 학교 수업은 소년과 소녀의 활동을 갈라놓았던 장벽들을 무너뜨리기 시작했다(이는 뒤에서 논의할 '성 혁명'의 한 가지 요인이기도 하다). 1950년대 말부터 음악은 신세대의 문화적 표현이 되었다. 트랜지스터라디오는 베를린 공수작전 시기에 등장했고, 1950년대 중반 휴대용 라디오가 미국과 유럽에서 팔리기 시작했다. 라디오는 새로운 라디오 프로그램들을 탄생시켰고 나중에는 인기 가수와 영화 스타들을 다루는 잡지도 등장하게 만들었다. 이 모든 것은 새로운 흥미의 공동체들을 만들어내는 데 도움을 주었다. 어느 역사가가 언급했듯이 라디오 프로그램은 '청년문화의 모세혈관들'이었다. 사회적 변화는 음악의 내용, 즉 음악의 주제와 가사가 청년에게 다가가도록 영향을 주었다. 기술적 발전은 분당 78회전의 레코드보다 재생 시간이 두 배 길고 가격도 저렴한 레코드를 만들어냈다. 축음기의 가격도 낮아지면서 잠재적 구매자의 수를 배가시켰다. 이런 발전이 결합되면서 음악이 만들어지고 배포되며 소비되는 방식을 바꾸어놓았다. 음악은 이제 더 이상 콘서트홀이나 카페에 국한되지 않고 일상생활에 사운드트랙을 제공하면서 가정이나 자동차 그리고 청소년의 방에서 울려 퍼졌다.

전후 청년문화는 로큰롤이라고 알려진 혼성 음악 스타일에 상당한 영향을 받았다. 1930년대와 1940년대 미국 남부에서 백인과 흑인 음악이 통합되어 북부 도시들로 퍼져나갔다. 제2차 세계대전 이후 흑인 리듬앤블루스 음악가들과 남부 백인 로커빌리[1] 연주자들은 새로운 기술, 즉 전기기타, 스튜디오 녹음을 위한 장비, 대도시에서의 광대역 라디오 방송국 등

---

1) 흑인의 리듬앤블루스와 백인의 컨트리 음악을 혼합한 형태의 미국 음악.

을 활용하면서 한층 더 많은 청중을 확보했다. 스타일과 사운드 그리고 '레이스 뮤직(race music)'[2]을 듣는 백인 청소년의 문화적 호기가 합쳐져 로큰롤을 창조해냈다. 이 음악은 흥취를 자극했고 때때로 공격적이었으며 활력이 넘치는 것이었으며, 젊은 청취자들을 짜릿하게 만든 이러한 특성은 자신이 좋아하는 연주자의 최신 레코드 구입에 열을 올리게 했다.

유럽에서 로큰롤은 특히 영국과 아일랜드에서 노동계급 사람들에게 파고들었다. 미국풍 사운드를 받아들여 빈곤과 저항의 억양으로 흥얼거리며 성공적인 연주자나 밴드로 성장할 만한 음악적 재능을 가진 지방 젊은이들을 집단적으로 '영국인의 침공(British Invasion)' 이라고 불렀다. 1960년대에 영국의 사운드와 스타들은 미국의 사운드와 스타들과 혼합되었다. 이러한 음악의 인기가 확산되자 음악 문화는 국가적 경계가 모호해졌다. 1960년대 이전 프랑스에서 최신 유행의 미국 노래들은 프랑스 대중가요도 노래했던 연주자 자니 할리데이(1943~)가 부른 것들이었다. 비틀즈는 자신의 음악을 프랑스, 독일, 미국에서 히트곡 목록에 올렸다. 우드스탁 페스티벌(1969) 무렵의 청년 음악 문화는 국제적이었다. 록 음악은 인도의 시타르(sitar) 같은 동양적 영향과 포크 음악의 부활이 지닌 저항적인 에너지를 흡수하며 전 세계적 청년 문화의 사운드가 되었다. 록 음악은 냉전으로 나뉜 세계를 가로지르는 다리를 마련해주었다. 예컨대 동구권은 '자본주의' 음악의 수입을 제한했으나 해적판 노래들—때때로 디스크가 아니라 병원에서 구한 엑스레이 판에 새기기도 했다—이 유통되었다. 음반 녹음 스튜디오들은 음악에 잠재되어 있는 사업성을 잡아냈고 자동차 회사나 철강 회사만큼이나 막강한 기업이 되었다.

미술과 회화

문화적 혁명은 대중 예술뿐만 아니라 고급 예술을 변화시켰다. 음반 회사의 영향력은 록 음악을 훨씬 뛰어넘었다. 고전 음악 분야에서 새로운 녹음 기술은 즐겨 듣는 음반들의 재발매를 가능하게 해주었고, 음반 회사들은 이 음반들을 한층 더 공격적으로 판매했다. 음반 회사들은 콘서트 공연, 오케스트라에 대한 영향력, 새로운 녹음 작업 등을 통해 소프라노 마리아 칼라스(1923~1977)나 (훨씬 뒤의) 테너 루치아노 파바로티(1935~2007)와 같이 국제적

---

2) 흑인이 연주하는 음악.

으로 갈채를 받는 스타들의 음악 활동을 활발하게 만들었다.

　회화와 미술 역시 대중문화 및 소비문화의 등장으로 변화되었다. 미술 시장은 호황을 누렸다. 달러의 위력으로 뉴욕은 현대 미술의 중심지로 떠올랐으며, 이는 당대의 가장 놀라운 발전 중 하나였다. 이민은 또 다른 요인이었다. 왜냐하면 서서히 밀려드는 유럽으로부터의 이민 물결은 사회적·정치적 사상뿐만 아니라 미국 미술의 자양분이 되었으며(제27장 참조), 뉴욕은 유럽 미술가들에게 개방적이었다. 추상표현주의 유파의 창조적 작업은 전후 뉴욕의 명성을 확인했다. (네덜란드 출신의) 빌럼 데 쿠닝(1904~1997), (러시아 출신의) 마크 로스코(1903~1970), 프란츠 클라인(1910~1962), 잭슨 폴록(1912~1956), 헬렌 프랑켄탈러(1928~2011), 로버트 머더웰(1915~1991) 등의 추상표현주의 화가들은 새로운 표현 형식을 찾기 위해 색, 질감, 기법 등을 실험하면서 입체파와 초현실주의 화가들이 확립한 경향을 따랐다. 그들 중 다수는 회화의 물리적 측면과 그림 그리는 행위를 강조했다. 폴록은 개인적이고 물리(신체)적인 표현성이라는 강력한 이미지를 창조하면서 캔버스에 물감을 붓고 심지어 내던졌다. 어떤 사람들은 그 과정을 '액션 페인팅'이라고 불렀다. 전통적인 미술 구조에 도전한 그의 거대한 캔버스는 즉각적인 주목을 받았다. 비판자들은 물감을 떨어뜨리는 그의 그림들을 "예측할 수 없고 훈련받지 못했으며 폭발적인" 것이라고 평가하면서 그림들 속에서 전후 미국 문화의 유년기적 풍부함을 보았다. 마크 로스코는 강렬하거나 칙칙한 색의 직사각형들로 일련의 희미하지만 여전히 엄청나게 강렬한 추상들을 창조했다. 그는 그 작품들이 "연상(聯想)이 아니라 단지 감각만을 나타낸다"고 말했다. 추상표현주의의 엄청난 영향력은 한 비평가로 하여금 '서양 미술의 주요 활동무대'는 '산업 생산과 정치권력'과 더불어 미국으로 이동하고 말았다고 과장되게 선언하도록 만들었다.

　추상표현주의는 또한 그와 반대되는 것, 때때로 팝아트라고 부르는 것을 창출해냈다. 팝 아티스트들은 추상표현주의의 우울하고 알기 어려운 명상(冥想)과 거리를 두었다. 그들은 전위 예술과 대중 예술 또는 예술적인 것과 상업적인 것 사이의 구별을 거부했다. 그들은 즉각 인식할 수 있는 상업적 이미지 같은 평범한 것에 아낌없이 주의를 기울였다. 그들은 그래픽 디자인에서 기법을 빌려오기도 했고, 인접해 있는 일상적인 예술과 보통 사람들의 시각적 경험에 관심을 가졌다. 재스퍼 존스(1930~)가 그린 미국 국기는 이런 경향의 일부를 보여주었다. 앤디 워홀(1928~1987)과 로이 리히텐슈타인(1923~1997)은 수프 깡통과 만화 영웅들의 이미지 같은 대상을 주제로 택했다. 워홀은 자신의 작품을 상업적 문화의 진부함에 대한 저항으로 보지 않았으며, 자신이 추상에 대한 실험을 계속하고 있다고 주장했다. 이런 놀림조의 진지함으로 대중문화를 다루는 것은 1960년대 예술의 중심 주제 중 하나가 되었다.

영화

대중문화는 특히 영화를 통해 시각적인 세계에 가장 강력한 영향을 주었다. 영화는 몇 가지 상이한 경향을 따라 발전하면서 제2차 세계대전 이후에 번창했다. 1940년대 말과 1950년대 이탈리아의 네오리얼리스트, 반파시스트, 사회주의자 등은 진실성(authenticity) 또는 그들이 노동계급의 경험이라고 규정했던 '있는 그대로의 삶'을 포착하기 시작했다. 그들은 당대 문학의 특징이었던 외로움, 전쟁, 타락 등과 같은 주제를 다루었다. 그들은 무명 배우들을 기용해 자연광과 야외 촬영으로 영화를 찍었고, 자신들이 관련되었던 파시스트 및 전시 유럽의 더럽혀진 영화적 술책과 높은 완성도를 일부러 피하고자 했다. 그들은 엄밀한 의미에서 사실주의자가 아니었으며 비선형 구성으로 예측할 수 없는 인물과 동기들로 채워진 영화를 만들었다. 로베르토 로셀리니(1906~1977)의 〈무방비 도시(Roma: Citta Aperta)〉(1945)는 나치 점령하의 로마에 대한 애정 어린 초상화였다. 비토리오 데 시카(1901~1974)의 〈자전거 도둑(Ladri di Biciclette)〉(1948)은 벽보 붙이는 직업을 유지하기 위해 자전거를 필사적으로 필요로 하는 한 남자가 실업과 빈곤에 대항해 투쟁하는 이야기를 전해준다. 이 영화는 주인공의 아들이 커다란 접시에 담긴 파스타를 먹고 있는 또 다른 가족을 부러운 듯이 보고 있는 장면을 보여줌으로써 부자와 빈자 사이의 대비뿐만 아니라 영화 포스터에 담긴 영화 스타가 상징하는 미국에 대한 황홀한 매력과 전쟁으로 파괴된 이탈리아의 빈곤 사이의 현저한 차이를 강조했다. 로셀리니를 위해 시나리오를 쓰는 일로 영화 일을 시작한 페데리코 펠리니(1920~1993)가 네오리얼리즘에서 벗어나면서 만든 〈달콤한 인생(La Dolce Vita)〉(1959, 마르첼로 마스트로야니 주연)은 이탈리아 영화를 유럽과 미국 전역의 영화관에서 상영되게 만들었고, 펠리니가 〈8과 1/2〉(1963)에서 발전시킨 초현실주의와 사육제 같은 양식으로의 이행을 보여주었다.

프랑스 누벨바그 영화감독들은 감상을 배제하면서 자연주의적이고 수수께끼 같은 사회적 전망을 계속해서 발전시켰다. 누벨바그 감독들은 자신들의 영화에 서로를 (그리고 부인들과 연인들) 출연시키고 즉흥 연기를 권장하며 일관성이 없는 서술을 실험하면서 긴밀하게 작업했다. 프랑수아 트뤼포(1932~1984)의 〈400번의 구타(Les quatre cents coups)〉(1959)와 〈야생의 아이(L'enfant sauvage)〉(1969), 장뤼크 고다르(1930~)의 〈네 멋대로 해라(À bout de souffle)〉(1959)와 〈경멸(Le Mépris)〉(1963, 브리짓 바르도 주연)이 대표적인 사례들이다. 체코의 영화감독 이리 멘젤(1938~)은 〈가까이서 본 기차(Ostre Sledovane Vlaky)〉(1966)를 통해 누벨바그에 기여했다. 누벨바그는 영화의 카메라 작업과 (글쓰기보다는) 영상이 진정한 예술, 다시 말하면 시각적인 것에 조화시킨 새로운 가치의 일부라고 주장하면서 감독의 지위를 끌어올렸다. 프랑스는 칸 영화제를 후원함으로써 국제 영화에 또 다른 기여를 했다. 제1회 칸 영화제는 제2차 세계대전 전에 열렸으나 이 도시는 예술적 국제주의의 기치 아래 1946년에 다시 영화제를 개최했다. 어느 평론가는 이에 대해 다음과 같이 말했다. "평화라는 대의를 진전시키는 데는 여러 가지 방법이 있다. 그러나 영화의 힘은……다른 형식의 표현보다 더 큰데, 그 이유는 영화가 직접적으로 동시에 세계 대중의 마음을 움직이기 때문이다." 프랑스를 국제적 영화산업의 중심에 놓는 일은 제2차 세계대전의 참화에서 프랑스의 지속적인 복구 작업의 일환이 되었고, 칸은 세계에서 가장 큰 영화 시장 중 하나가 되었다.

할리우드와 문화의 미국화

미국의 영화산업은 상당히 유리한 위치에 있었고 제2차 세계대전으로 유럽이 참화를 당하자 할리우드는 이전에 획득했던 지위를 강화할 수 있었다(제27장 참조). 할리우드에게는 미국의 거대한 국내 시장이 최대 이점이었다. 1946년 어림잡아 1억 명의 미국인이 매주 영화를 보러 갔다. 1950년대 할리우드는 1년에 500편의 영화를 만들었으며 그중 40~75퍼센트 정도의 영화가 유럽에서 상영되었다. 같은 시기에 영화 제작 면에서 총천연색 영화로의 전환과 와이드스크린을 포함한 새로운 시각적 형식 같은 중요한 기술 혁신이 있었다. 미국의 몇몇 영화감독은 주제와 관련되는 한에서 유럽의 네오리얼리즘과 같은 방향으로 나아갔다. 어느 비평가가 말했듯이 그들은 "허구적 영상들을 사실에 토대해서, 좀 더 중요하게는 그 영상들을 스튜디오에 설치된 세트가 아니라 실제 장소에서 촬영하려고" 애썼다.

냉전 시대 미국의 국내 정치는 영화 제작을 크게 압박했다. 1947~1951년 악명 높은 미 하원 반미활동조사위원회(Un-American Activities Committee)는 공산주의 동조자와 좌익 조직 관련자를 조사하기 위해 수많은 사람들을 청문회에 불러들였다. 수백 명의 영화배우, 감독, 작가 등이 영화 스튜디오의 블랙리스트에 올랐다. 동시에 역설적이게도 미국의 검열 제도는 영화에 극적인 결과를 남기면서 와해되고 있었다. 1930년대 이래로 영화제작윤리규약(Motion Picture Production Code)은 (결혼한 부부가 한 침대를 쓰는 것을 포함한) '열애 장면', 부도덕과 신성모독(이 규약은 '처녀[virgin]', '이크[cripes]' 등의 단어도 금했다), 총기 묘사, 범죄·자살·살인에 대한 세부 묘사 등을 허용하지 않았다. 하지만 외국 영화들은 이 규약의 승인 도장 없이도 미국에서 상영되었다. 뉴욕 주는 어떤 영화(로셀리니가 감독하고 펠리니가 각본을 쓴 〈기적(Il Miracolo)〉)를 '신성모독적인' 것으로서 상영 금지를 시키려고 했으나, 1952년 대법원은 영화는 수정헌법 제1조의 보호를 받는다고 판결했다. 프랭크 시나트라(1915~1998)가 마약중독자 역할을 한 오토 프레밍거(1906~1986) 감독의 영화[3]는 영화제작윤리규약의 승인을 받지 못했지만 출시되어 흥행에 대성공을 거두었다. 이것은 도덕관이 바뀌고 있다는 징표였다. 〈이유 없는 반항(Rebel without a Cause)〉(1955)은 청소년 비행을 영화의 본격적인 주제로 만들었다. 1960년대에 이르러 영화제작윤리규약은 무효화되었다. 아서 펜(1922~2010) 감독의 〈위에게 내일은 없다(Bonnie and Clyde)〉(1967)의 마지막 장면에 나오는 극히 사실적인 폭력 장면은 이런 변화가 얼마나 큰 것이었는지를 보여주었다.

할리우드의 영향력 확대는 서양 문화의 '미국화'를 보여주는 한 가지 사례일 뿐이다. 유럽인은 최소한 1920년대 이래로 하나의 모델로서의 미국에 대해 염려해왔다. 미국은 '대중 문명의 생산과 조직'의 중심으로 여겨졌던 것이다. 1950년대의 미국 영화는 이러한 염려를 증폭시켰다. 여기에 1965년 무렵 미국의 6,200만 가구, 영국의 1,300만 가구, 서독의 1,000만 가구, 프랑스와 이탈리아의 각각 500만 가구에서 시청했던 텔레비전이 더해져 일상생활과 사회성에 한층 더 중요한 충격을 가했다. 이것은 단순히 문화적인 문제가 아니었다. 왜냐하면 그것은 미국 기업의 힘, 미국의 사업 기법과 공격적 마케팅, 전 지구적 무역망에 대한 미국의 지배 등을 포함하고 있었기 때문이다. 많은 우려가 제기되었고 때때로 그러한 우려는 서로 모순되었다. 일부 관찰자들은 미국과 그 문화의 수출이 물질주의적이고 체제 순응적이며 자기만족적이라고 믿었다. 또 다른 사람들은 미국인이 반항적이고 외로우며 성적으로 불행하다고 생각했다. 예를 들면 제임스 딘(1931~1955)이 결손 가정의 소외된 십대로 출연하고 칼싸움과 자동차 경주 장면이 나오는 〈이유 없는 반항〉은 독일 비평가들에게 모욕적인 아우성을 불러일으켰다. 그들은 미국 부모들의 지나친 관대함을 개탄했고 중간계급 아이들이 '깡패'처럼 행동하는 것에 충격을 받았다.

문화의 '미국화'는 무엇을 말하는 것일까? 첫째, 이 용어는 여러 상이한 과정에 적용된다.

---

3) 〈황금 팔을 가진 사나이(The Man With The Golden Arm)〉(1955).

미국의 산업가들은 공공연히 더 큰 경제적 영향력과 경제적 통합을 추구했다. 예컨대 그들은 미국 상품에 대한 시장 개방, 미국적 생산 기술에 대한 산업 개방 등을 추구했다. 또한 미국 정부는 미국의 정치적 가치, 무엇보다도 '자유 유럽 라디오' 방송 같은 조직을 통해 반공주의를 수출하고자 했다. 여전히 가장 널리 미치는 미국의 영향력은 의도한 것은 아니지만 음악과 영화를 통해 전파되었다. 이것은 반항적인 십대, 풍요로운 사회, 자동차, 도로에서의 로맨스, (유럽의 노동계급에 비해서 노동계급처럼 보이지 않는) 시시덕거리는 노동계급의 소녀들 또는 까불거리는 남녀 커플들의 이미지를 통해 전파되었다. 이런 이미지는 완벽하게 통제될 수 없는 것이었고 단 한 가지의 결과만 가져다주는 것도 아니었다. 미국 청년에 관한 영화는 미국이 가지고 있는 힘의 로맨스를 나타내는 것이기도 했고 그러한 힘에 대한 반란을 표현하는 것이기도 했다. 둘째, '미국산' 상품은 지역 문화에서 상이한 용도로 쓰였다. 셋째, 언론인, 비평가, 보통의 남녀는 '미국제'라는 단어를 아시아에서 생산된 저가의 전자 제품들처럼 좀 더 세계적인 다양한 현대적 또는 대중문화적 발전을 나타내는 만능 라벨로 사용하려는 경향이 있었다. 어느 역사가가 말했듯이 미국은 실재라기보다는 관념이며 또한 그 반대이기도 하다.

젠더 역할과 성 혁명

1960년대의 성 혁명(sexual revolution)은 여러 측면을 지니고 있다. 첫째, 이미 영화에서 보았듯이 검열이 완화되고 공개적으로 성에 관해 논의하는 것과 관련된 금기가 훨씬 적어졌다. 미국에서 남성과 여성의 성에 관한 킨제이 보고서(1948년과 1953년에 출간되었다)는 도덕과 성적 행동을 신문 1면에 장식하게 만들었다. 앨프리드 킨제이(1894~1956)는 사회과학자로 변신한 동물학자로 과학과 통계학을 섹스에 적용한 그의 방식은 상당한 주목을 끌었다. 유럽의 어떤 열광적인 언론인은 킨제이가 집계한 방대한 수치들은 마침내 '섹스의 진실'을 보여줄 것이라고 보도했다. 하지만 그 진실은 파악하기 어려웠다. 킨제이는 적어도 도덕률과 개인의 행동이 적절히 일치되지 않는다는 것을 보여주었다. 예를 들면 그가 인터뷰한 여성의 80~90퍼센트는 혼전 섹스를 찬성하지 않았지만 50퍼센트의 여성은 혼전 섹스를 경험했다. 《타임》은 믿음과 행동 사이의 불일치를 공표하는 것은 파괴적인 것이 될 수 있다고 경고하면서 사람들은 '수가 많음을 도덕'으로 결정할 것이라고 주장했다.

하지만 유럽과 북아메리카 전역에서 젊은 남녀들은 자신만의 고집 센 결론에 도달한 것처럼 보였다. 이탈리아의 어느 십대는 자신의 도덕률을 옹호하면서 이렇게 말했다. "수치스럽게 행동한 것은 어른들이죠.……여성에게 정조대를 채웠으며, 소녀들은 자기보다 곱절이나 나이 많은 남성들에게 시집갔잖아요.……소년들은 심지어 아주 어린 나이에도 완전한 자유를 누리며 갈보집에서 줄서서 기다리는데 말예요." 이탈리아와 프랑스의 십대 소녀들은 연구자와 보고자들에게 금기들은 낡은 방식일 뿐만 아니라 해악을 끼치는 것이며, 자신들의 어머니는 자기들을 인생을 위한 어떤 준비도 없이 내버려두면서 월경과 같은 가장 기초적인 것에 관해서도 무지한 상태로 만들었다고 말했다.

가족은 붕괴되고 있었는가? 농촌에서 농업과 생활의 변화는 농민층 가정이 더 이상 출산, 노동, 구애, 결혼, 죽음 등을 통제하는 제도가 아니라는 것을 의미했다. 하지만 가정은 새롭게 소비, 지출, 여가시간의 중심으로서 중요해졌는데, 왜냐하면 텔레비전이 사람들을 (주로 남성들을) 술집, 카페, 음악당 등에서 가정으로 이끌어 들였기 때문이다. 정부의 관심은 가족 수당, 건강 관리, 냉전 등의 형태로 가족의 가치에 호소하는 데 집중되었다. 사람들은 이혼율이 상승했기 때문에 결혼에 대해 더 많은 기대를 했고 규모가 한결 작은 가정이 등장했기 때문에 자녀들에게 더 많은 관심을 기울였다. '베이비붐'이라는 단어를 만들어 낸 전후의 출산율 급증에도 불구하고 장기적으로 피임을 금지했던 나라들에서조차 출산율이 낮아졌다. 가정은 전통적인 권위 구조—부인과 자녀들에 대한 아버지의 통제—가 사회 변동의 압력으로 무너지면서 새로운 의미를 갖게 되었다.

성 혁명의 두 번째 측면은 대량 소비문화에서 섹스와 에로티시즘이 중심에 자리 잡게 되었다는 점이다. 이 시기에 번창했던 잡지는 연애에 성공하는 방법과 매력적으로 되는 법에 관한 조언을 제공했다. 성적 매력을 포함한 외모 가꾸기는 소비에 대한 새로운 강조와 맞아떨어졌다. 실제로 건강과 개인 위생은 가계 소비에서 가장 빠르게 증가하는 범주였다. 광고, 상담 칼럼, TV, 영화 등은 소비재의 구매, 개인적 완성의 추구, 성적 욕망 사이의 경계를 희미하게 만들었다. 에로티시즘의 호소력에 관해서는 새로울 것이 전혀 없었다. 그러나 성적 관심이 자기 표현의 형태, 자기 자신의 속마음으로 광범위하게 인식되었다는 사실은 20세기의 새로운 현상이었다. 이러한 발전은 변화를 더욱 가속화했고, 당대의 정치에서 성 혁명을 두드러지게 만들었다.

성 혁명의 세 번째 측면은 피임에 대한 법적·의학적 또는 과학적 변화와 더불어 일어났다. 1959년에 개발되어 최초로 승인된 경구 피임약은 10년 내에 주류가 되었다. 경구 피임약은 이미 낮아지고 있던 출산율에 근본적인 영향을 미치지는 않았다. 하지만 이 약은 (비싸긴 했지만) 간편했고 여성 스스로 사용할 수 있었기 때문에 극적인 결과를 보여주었다. 1975년 15~45세의 영국 여성 중 3분의 2가 이 약을 먹고 있다고 말했다. 이러한 수치는 산아제한에 대해 말하는 것이 외설적이고 종교에 대한 모독이며 탐닉과 난교에 이르는 길이라는 수세기 묵은 관점의 장구하면서도 지루한 종결을 나타냈다. 서양 국가들은 대체로 1960년대에 피임을 그리고 1970년대에 낙태를 합법화했다. 1965년 미국 연방대법원은 피임약의 사용을 금하는 법을 위헌이라고 판결했다(매사추세츠 주에서는 1972년까지 피임약의 판매가 불법이었다). 소련은 스탈린 치하 대부분의 기간 동안 낙태를 금했지만 1950년에 이를 합법화했다. 동유럽 전체에 걸쳐 낙태율은 지극히 높았다. 피임약은 다른 소비재만큼이나 구하기 힘들었으며 남성들은 종종 약의 사용을 거부했기 때문에 여성들은 장시간 노동과 집안일 그리고 만성적인 주택 부족이라는 이중고에 시달리며 낙태 말고는 별다른 선택의 여지가 없었다.

하지만 당대 여성들의 운동 없었다면 법적 변화들은 일어나지 않았을 것이다. 19세기 페미니스트에게는 투표권의 획득이 가장 어렵지만 실질적이면서도 상징적인 투쟁이었다(제23장 참조). 1960년대와 1970년대에 부활한 페미니즘에서 가정, 노동, 성적 관심—이 모든 것은 당대의 사회적 변화로 의해 논의 주제가 되었다—이 중심을 차지했다. 제2차 세계대전 이래로 중간계급 여성은 가정에 속한다는 가설은 특히 교육과 서비스 부문에서 꾸준히 증가하는 노동자에 대한 수요로 인해 도전받아왔다. 따라서 한층 더 많은 기혼 여성과 어머니들이 노동력의 일부가 되었다. 더욱이 서양 전역에 걸쳐 대학에서 공부하는 젊은 중간계급 여성이 남성과 마찬가지로 늘어나고 있었다. 그러나 단 한 가지 사례를 들면, 미국에서도 대학에 등록한 37퍼센트의 여성만이 졸업했다. 나머지 여성은 졸업 대신에 결혼을 해야 한다고 믿었던 것이다. 한 여성은 그 이유에 대해 다음과 같이 설명했다. "우리는 우리가 되고 싶었던 것과 결혼했다." 그들이 되고 싶었던 것은 의사, 교수, 매니저 등이었다. 여성은 비서직이 아닌 직업을 구하기 어려웠을 뿐만 아니라 똑같은 일을 하고도 월급을 덜 받았으며, 설사 취업되었다고 하더라도 신용을 개설하기 위해서는 남편에 의존해야 했다.

한편의 풍요, 성장, 자기 표현에 대한 강조에서 유래한 증대하는 기대와 다른 한편의 좁은 문이라는 현실은 조용한 불만의 물결을 일으켰다. 베티 프리던(1921~2006)의 『여성의 신비(The Feminine Mystique)』(1963)는 풍요롭고 행복한 가정주부라는 문화적 신화와 경제적 불평등, 힘든 노동, 사회적 좁은 문이라는 현실을 대비하면서 이런 불만의 상당 부분을 공론화했다. 1949년 시몬 드 보부아르는 서양 문화(신화, 문학, 심리학)가 어떻게 여성을 제2의 성이자 열등한 성으로 만들어왔는가를 물었다. 프리던은 사회 변화가 독자들로 하여금 자신의 사상을 보다 더 잘 수용하게 만들었을 때 저널리스틱한 문체로 어떻게 미디어, 사회과학, 광고 등이 여성성을 찬양하는 동시에 여성의 기대와 가능성을 깎아내렸는가를 보여주었다. 1966년 프리던은 전국여성기구(National Organization of Women: NOW)를 창립했으며 이후 수십 년에 걸쳐 유럽 전역에서 이보다 소규모이기는 하지만 한층 더 급진적인 여성 운동 단체들이 늘어났다. 이 세대의 페미니스트에게 생식의 자유는 사적인 문제이자 기본적 권리, 즉 여성이 자신의 삶을 통제하기 위한 열쇠였다. 피임과 낙태의 불법화는 서양의 성생활에서 결정적인 변화들이 낳은 결과를 여성 혼자 책임지게 만드는 것이었다. 그들은 그러한 조치가 비효율적일 뿐만 아니라 부당한 것이라고 주장했다. 프랑스 페미니스트들은 불법 낙태를 한 적이 있다고 고백했던 보부아르를 포함한 343명의 유명 여성 인사들의 이름을 발표함으로써 이 문제를 극대화했다. 다음 해 독일에서 유사한 청원이 발표되었고 뒤이어 의사들과 수만 명의 지지자들로부터의 청원이 이어졌다. 요약하면 정치적 요구사항으로부터 법적 변화가 이어졌고 그것은 많은 여성(그리고 남성)의 조용한 또는 숨은 반란, 즉 한층 더 장기적인 대의를 지닌 반란을 반영했다. 대량 소비, 대중문화, 공적 및 사생활에서의 놀라울 정도로 급격한 변화는 모두 긴밀하게 연관되었다.

대서양 양쪽에서의 '여성 문제'

서양 문화는 '여성성(femininity)'을 어떻게 정의했고 여성은 그러한 정의를 어떻게 내면화했는가? 이런 질문은 전후 페미니스트 사고의 중심이었다. 이 질문은 두 권의 고전적 텍스트인 시몬 드 보부아르의 『제2의 성』(1949)과 베티 프리던의 『여성의 신비』(1963)에서 예리하게 제기되었다. 보부아르는 인간은 '자유로워질 운명을 타고났고' 자신만의 삶에 의미를 부여하기 위해 태어났다는 실존주의적 전제로부터 출발했다. 여성은 왜 자신에게 부여된 한계를 받아들이고, 보부아르의 말을 빌리면, "남성의 꿈을 꾸는가?" 비록 이해하기 어렵고 철학적이지만 『제2의 성』은 세계적으로 널리 읽혔다. 마찬가지로 영향력 있는 베티 프리던의 베스트셀러는 보부아르에게 크게 의존했다. 프리던은 전문가들이 조장하고 여성 잡지들이 광고하며 표면적으로는 전후 미국에서 중간계급 가정주부들이 받아들인 여성성의 본보기라고 자신이 이름 붙인 '여성의 신비'의 기원들을 찾고자 했다. 아래의 발췌문에서 프리던이 지적한 것처럼 전후의 새로운 신비는 계속되는 사회 변화, 여성에게 개방된 더욱 광범위한 직업 분야, 여성 교육의 확대 등에도 불구하고 전쟁 이전의 이상들에 비해 여러 면에서 더 보수적이었다. 프리던은 1966년에 전국여성기구(NOW)를 공동 창립했고 1970년까지 회장으로 봉직했다.

시몬 드 보부아르, 『제2의 성』

먼저 우리는 다음과 같은 질문을 해야 한다. 여성이란 무엇인가?……

모든 사람은 여성이 인간 종(種)에 존재한다는 사실을 인정하는 데 동의한다. 오늘날 늘 그렇듯이 여성은 인류의 약 절반을 차지한다. 그러나 우리는 여전히 여성성이 위험하다는 말을 듣는다. 우리는 여성이라고, 여성으로 남아 있으라고, 여성이 되라는 훈계를 듣는다.……일부 여성이 이 본질을 실현시키기 위해 열심히 노력하지만, 그것은 거의 불가능한 일이다. 그것은 현자(賢者)의 사전에서 빌려온 것처럼 애매하고 현혹적인 용어로 자주 묘사된다.……

만약 여성으로서 기능하는 것이 여성을 규정하는 데 충분하지 않다면, 또한 우리가 여성을 '영원한 여성'을 통해 설명하기를 거부한다면, 그리고 그럼에도 불구하고 우리가 임시로 여성이 존재한다는 것을 인정한다면, 우리는 다음과 같은 질문에 직면해야 한다. 여성이란 무엇인가?

나에게 질문의 명시는 일단 예비의 답변을 떠오르게 한다. 내가 그 질문을 한다는 사실은 그 자체로 중요하다. 남성은 인간의 남성이라는 특별한 상황에 관해 책을 쓴다는 생각을 전혀 하지 않을 것이다. 그러나 만약 내 자신을 규정하고 싶다면 나는 무엇보다 먼저 다음과 같이 말해야 한다. "나는 여성이다." 이것에 관한 진실은 그 이상의 논의에 입각해야 할 것임에 틀림없다. 남성은 결코 어떤 정해진 성(性)을 지닌 개인으로서 자기 자신을 소개하면서 시작하지 않는다. 그는 남성이라는 말을 하지 않고 지나간다. 남성과 여성이라는 용어는 법적인 문서에서처럼 의례적인 일로만 대칭적으로 사용된다. 사실상 두 성의 관계는 두 개의 전봇대 관계와 매우 다른데, 왜냐하면 남성은 긍정적이고 중립적인 것 모두를 대표하는데……반면에 여성은 상호성 없이 한정적인 기준으로 규정된 오로지 부정적인 것만을 대표하기 때문이다.

남성은 인간이 되는 것이 올바르지만, 여성은 그렇지 못하다. 여성은 난소와 자궁을 가지고 있다. 이런 특수성들이 여성을 그녀의 주관성에 감금시키고 그녀만의 본성이라는 한계들 내에 그녀를 제한시킨다.……

그에게 그녀는 성교(sex)이다. 바로 절대적인 성교일 뿐이다. 그녀는 남성에 관해 정의하고 구별하지만 그는 여성에 관해 그렇게 하지 않는다. 그녀는 부차적인 것, 즉 본질적인 것에 반대되는 비본질적인 존재이다. 그는 주체이고 절대자이지만, 그녀는 타자이다.

베티 프리던, 『여성의 신비』

1939년 여성 잡지 이야기들의 여주인공들은 항상 젊은 것은 아니었지만, 어떤 의미에서 오늘날 자신들의 허구적인 상대자들보다는 훨씬 젊었다. 그들은 미국의 남주인공들이 항상 젊었던 것과 똑같은 방식으로 젊었다. 그들은 쾌활하면서도 단호한 기질을 지닌 새로운 여성을 위한 새로운 정체성, 즉 자신만의 인생을 창조하는 신여성이었다. 그들에게는 과거와는 상이한 것이 될 예정인 미래가 되어가는 그리고 미래로 나아가는 독특한 기운(氣運)이 있었다.……

이 이야기들은 위대한 문학이 된 적이 없을 수도 있다. 그러나 이 이야기들의 여주인공들이 지닌 정체성은 지금처럼 그 당시에 여성 잡지들을 읽은 가정주부들에 관해 무언가를 말해주는 것처럼 보인다. 이 잡지들은 직장 여성들을 위해 쓴 것이 아니었다. 신여성 여주인공들은 가정주부들의 이상이었다. 그들은 그때 여성을 위해 존재했던 정체성을 위한 열망과 가능성의 의식을 비춰주는 꿈들을 반영했다.……

1949년……여성의 신비는 미국 전역에 퍼져나가기 시작했다.……

여성의 신비는 여성을 위한 최고의 가치와 유일한 책임은 여성만의 여성성 실현이라고 말한다. 여성의 신비는 서양 문화의 커다란 잘못은 역사의 대부분 시기에 여성성을 과소평가해온 것이라고 말한다.……과거에 여성이 가진 고민의 근원인 그 잘못은 성적 수동성, 남성 지배, 모성애 교육하기 등에서만 성취를 이룰 수 있는 자기 자신의 본성을 받아들이는 대신에 여성이 남성을 부러워하고 여성이 남성처럼 되려고 애쓰는 것이라고 여성의 신비는 말한다.

그러나 이 신비가 미국 여성에게 주는 새로운 이미지는 '직업: 가정주부'라는 낡은 이미지이다. 새로운 신비는 그 밖에 어느 것도 될 기회가 없었던 가정주부-어머니를 모든 여성의 본보기로 만든다. 그것은 역사가 여성이 관련되어 있는 한에서는 여기저기에서 최종적이고 영광스러운 결말에 도달했다는 것을 전제로 한다.……

모든 직업이 마침내 미국의 여성에게 개방되면서 '직장 여성'이라는 말이 무례한 단어가 된 것은 이상한 역설 이상이다. 즉, 고등 교육이 그것을 받을 능력이 있는 어떠한 여성에게도 가능해지면서, 여성을 위한 교육은 수상쩍은 것이 되어서 점점 더 많은 여성이 결혼과 출산을 위해 고등학교와 대학을 중퇴한다. 그리고 현대 사회에서 너무나 많은 역할들을 여성이 담당해야 하게 되면서, 여성은 너무나 고집스럽게 스스로를 한 가지 역할에 한

정시킨다. 왜……여성은 자신이 사람이 아니라 인간 존재의 자유와 인간 운명에 대한 발언이 금지된 것이 자명하게 여겨지는 '여성'이라고 우기는 이 새로운 이미지를 받아들여야 하는가?

분석 문제

1. 보부아르는 왜 "여성이란 무엇인가"라고 물었는가?
2. 프리던은 왜 '여성의 신비'가 제2차 세계대전 이후에 등장했다고 생각했는가?

1960년대의 사회운동

◆ 무엇이 1960년대의 사회운동을 자극했는가?

1960년대의 사회 불안은 국제적인 현상이었다. 그것의 근원은 전후 시대의 정치 투쟁과 사회 변화에 있었다. 그 가운데 가장 중요한 것은 반식민주의 운동과 인권운동이었다. 성공적인 반식민주의 운동(제27장 참조)은 민족의식의 증대를 반영했고 동시에 민족의식을 신장시켰다. 새로이 독립한 아프리카와 카리브 해 국가들은 식민주의의 부활과 계속되는 서유럽과 미국의 경제적 주도권에 대해 경계를 늦추지 않았다. 서유럽과 미국으로의 흑인과 아시아인 이민은 긴장과 빈번한 폭력을 야기했다. 서양에서 특히 미국에서 유색인은 사회적·경제적 불만과 동일시되었다.

흑인 인권운동

아프리카와 카리브 해에서 신생 흑인 국가들의 등장은 증대되는 아프리카계 미국인의 투쟁과 궤를 같이했다. 제2차 세계대전은 미국 남부로부터 북부 도시들로 아프리카계 미국인의 이주를 늘어나게 만들었다. 이는 전국유색인지위향상협회(National Association for the Advancement of Colored People: NAACP)와 전국도시동맹(National Urban League) 같은 조직들과 더불어 전쟁 전에 시작된 권리, 존엄성, 독립 등을 향한 운동을 강화해주었다. 1960년 인종평등회의(Congress of Racial Equality: CORE)가 이끄는 다양한 인권 단체들은 미국 남부에서 흑인을 차별하는 사기업과 공공 서비스를 직접 겨냥한 보이콧과 시위를 조직하기 시작했다. 1960년대 미국의 인권운동에서 가장 두드러진 인물은 마틴 루서 킹 2세(1929~1968)였다. 침례교 목사인 킹은 인도의 사회·정치 활동가 모한다스 간디가 발전시킨 비폭력의 철학을 받아들였다. 직접 수많은 시위에 참여한 사실, 자신이 정당하다고 믿었던 대의를 위해 기꺼이 감옥에 간 사실, 그리고 흑인과 백인 모두에게 감동을 불러일으키는 웅변가로서의 능력 등은 그를 가장 높이 존경받는 그리고 가장 폭넓은 두려움의 대상이 되는 흑인 권리의 옹호자로 이끌었다. 감동을 불러일으키는 그의 활동은 1968년 암살당함으로써 비극적으로 끝나고 말았다.

킹과 CORE 같은 조직들은 흑인과 백인이 완전히 통합된 국가를 갈망했다. 그러나 다른 중요한 카리스마적 흑인 지도자들은 흑백 통합이 아프리카계 미국인을 흑인 공동체의 자존심, 존엄, 자치 등에 필요한 영적 또는 물질적 자원 없이 내버려두게 될 것을 우려하면서 백인 사회로부터의 완전한 독립을 모색했다. 흑인 민족주의자 중 가장 영향력 있는 인물은 맬컴 X(1925~1965)였다. 그는 '백인식' 성인 리틀(Little)을 버리고 'X'를 사용했다. 맬컴 X는 성인 이후 삶의 대부분을 흑인 무슬림 운동의 대변인으로 보내면서 흑인들에게 자신의 권리를 위해 새롭게 노력하고 경제적 자치를 위해 흑인 기업을 세우며 백인의 지배에 대항해 경제적·정치적·심리적 방어를 강화할 것을 촉구했다. 1965년 그도 킹처럼 할렘의 집회에서 연설하는 도중에 암살당했다.

린든 존슨 대통령의 재임 기간(1963~1969)에 통과된 인권법은 아프리카계 미국인에게 투표권과 관련해 어느 정도의 평등과 이보다 훨씬 낮은 정도이지만 학교에서의 흑백차별 철폐를 가져왔다. 하지만 주택과 일자리 같은 분야에서 백인의 인종차별은 계속되었다. 경제 발전은 많은 아프리카계 미국인 공동체를 스쳐 지나갔으며, 이후의 행정부들은 존슨 시대의 혁신적 프로그램에서 후퇴했다.

그러한 문제는 미국에 국한된 것은 아니었다. 영국에서 서인도 제도 출신, 인도인, 파키스탄인 이민자들은 일자리, 주택, 당국과의 일상적 상호작용에서 차별을 받았다. 이는 결국 영국의 주요 도시에서 빈번한 인종적 소요를 야기했다. 프랑스는 알제리인 이민에 대해 그리고 독일은 터키인 노동자의 수입에 대해 적대감을 보였다. 서유럽에서도 미국에서처럼 인종 및 소수민족적 통합을 위한 투쟁은 탈식민지 세계의 주요 문제가 되었다.

인권운동은 20세기에 매우 중요한 의미를 지니고 있었으며 여러 가지 다른 운동에 활기를 북돋웠다. 인권운동은 그 어떤 운동보다도 미국 민주주의의 평등주의적 약속과 사회적·정치적 생활의 중심부에 있는 불평등 사이의 간격을 극적으로 보여주었다. 이러한 간격은 다른 서양 국가들에서도 찾아볼 수 있다. 아프리카계 미국인의 요구는 도덕적으로나 정치적으로 강력한 것이었고 인권운동은 다른 운동들이 자기만족적이고 엄밀하게 개인주의적이며 물질주의적 문화라고 보았던 것들을 날카롭게 비판했다.

반전운동

베트남에서 미국이 전쟁을 확대한 것은 불만의 불길에 기름을 끼얹은 격이었다. 1961년 존 F. 케네디 대통령은 개발도상 국가들에서 대의제 정부와 자유 시장경제라는 미국적 모델의 승리를 보장하고 공산주의와 싸우는 데 필요한 '어떠한 짐도 질 것'이라고 약속했다. 케네디의 계획은 상당수가 무기로 제공된 대외 원조의 엄청난 증가로 이어졌다. 대외 원조는 지역의 상황을 개선하고 미국인의 자선과 선한 의도를 보여주고자 평화봉사단(Peace Corps) 같은 인도주의적 기관의 창설을 자극했다. 하지만 짐을 진다는 것은 또한 소련의 원조를 받는 게릴라와의 전투를 의미했다. 이것은 라틴아메리카, 콩고, 그리고 가장 중요하게는 베트남에서의 은밀한 개입을 포함했다.

1963년 케네디가 사망할 무렵 약 1만 5,000명의 미국 '고문관'이 남베트남군의 전투 현장에 있었다. 케네디에 이어 대통령이 된 린든 존슨은 북베트남에 전략적 폭격을 개시했고 신속하게 수십만 명의 미군을 남베트남에서의 전투에 몰아넣었다. 베트콩(Viet Cong)이라고 알려진 남부의 반란군들은 견고하게 참호에 몸을 숨긴 고도로 숙달된 게릴라 전사들이었으며 호치민 휘하의 전문적이고 잘 무장된 북베트남군의 지원을 받았다. 남베트남 정부는 개혁 노력에 저항함으로써 대중의 지지를 상실했다. 미국의 엄청난 물량 공세에도 불구하고 교착 상태만 야기되었으며 그사이 미국인 사상자는 늘어갔고 불만도 커져갔다.

베트남은 1960년대 미국의 정치적 소동에 상당한 원인을 제공했다. 마틴 루서 킹 2세가 지적했듯이 작은 유색인 국가에 대항한 전쟁 수행에 어울리지 않을 정도로 많은 수의 흑인 병사들에 의존한 이 전쟁은 국내에서 인종적 불평등을 울려 퍼지게 하고 확대시켰다. 전쟁

중국

멍치

난닝

핑샹

라오카이

롱손

몽카이

디엔비엔푸

하노이

하이퐁

북베트남

빈

통킹 만

하이난

남지나 해

루앙프라방

라오스

팍라이

비엔티안

우돈타니

비무장지대

콴트리

훼

다낭

탐키

태 국

수린

콘툼

플레이쿠

쾅응아이

퀴논

코랏

포이펫

앙코르와트

남베트남

나트랑

톤레삽 호

방콕

캄보디아
(크메르 공화국)

캄란
만

트랑

호치민 시
(사이공)

판티엣

타일랜드
만

프놈펜

삼각주에 있는
베트콩의 피난처

아시아

칸토

메콩 강
삼각주(델타)

남지나 해

보급로

0   100   200Miles

0   100   200Kilometers

베트남과 동남아시아에서의 전쟁

1954년 제네바 협정은 베트남을 북위 17도 선으로 나누었다. 북쪽은 공산주의자 지도자인 호치민에게 넘겨졌고, 남쪽은 미국의 동맹자인 고딘디엠이 지배했다. 1956년 남베트남은 제네바 협정에서 위임한 선거를 거부했다. 호치민은 게릴라 군대인 베트콩을 동원했고, 이에 베트남 전쟁이 시작되었다. 베트콩은 자신들의 전략적 이점을 위해 캄보디아와 라오스와의 근접성을 어떻게 이용했는가? 미국은 왜 개입하기로 결정했는가?

터에서의 고통에 격앙된 미국의 정책 입안자들은 계속해서 더 많은 군대를 보냈지만 헛수고였다. 파리에서의 평화 회담은 양측의 사망자가 증가하는 동안에도 교착 상태에 있었다. 미국 청년들에 대한 비자발적 징병은 확대되었고 이는 대중을 양극화시키고 말았다. 1968년 여론은 존슨 대통령이 재선에 나서는 계획을 포기할 수밖에 없도록 만들었다. 존슨의 후임자이자 전쟁을 끝내겠다는 약속을 근거로 대선에서 근소한 차로 승리를 거둔 리처드 닉슨은 전쟁을 확대했다. 전쟁에 반대하는 학생들의 저항은 빈번하게 폭력으로 끝을 맺었다. 정부는 미국의 저명한 소아과 의사인 벤저민 스포크(1903~1998)와 예일 대학교의 교목인 윌리엄 슬로언 코핀(1924~2006)을 젊은이에게 징병에 저항할 것을 권장했다는 이유로 형사상 음모죄로 고발했다. 그러나 징병 회피는 더욱 광범위해졌고 결국 1970년 징병 제도가 바뀌었다. 다른 나라들에게 베트남 전쟁은 굉장히 인상적인 광경으로 보였다. 왜냐하면 세계에서 가장 강력하고 부유한 국가가 반공주의, 민주주의, 자유라는 이름으로 가난한 농민의 나라를 파괴하려고 의도하는 전쟁으로 보였기 때문이다. 서구 가치의 손상된 이미지가 미국과 서유럽의 1960년대 저항 운동의 중심에 서 있었다.

학생운동

학생운동은 전후 발전의 결과들, 즉 과거보다 더 많은 시간과 부를 가진 청년 무리의 증가, 부분적으로는 대중적 청소년 문화에 대한 마케팅으로 인해 고조된 세대 의식, 숫자가 증가했지만 기대에 부응하지 못하는 교육기관 등의 결과라고 볼 수 있다. 프랑스에서 고등학생 수는 1949년 40만 명에서 1969년 200만 명으로 늘어났고 같은 기간에 대학생 수는 10만 명에서 60만 명으로 치솟았다. 이탈리아, 영국, 서독에서도 마찬가지였다. 소규모 엘리트층의 교육을 위해 창설된 대학은 교수진과 시설 면에서 모두 어쩔 수 없는 상황에 빠져 있었다. 강의실은 만원이었고, 대학 행정 관료들은 수많은 요구에 부응하지 못했으며, 수천 명의 학생은 같은 시간에 시험을 치렀다. 좀 더 철학적으로 말하면 학생들은 민주 사회에서 엘리트 교육의 역할 및 의미와 '지식 공장'으로서의 대학 사이의 간극 문제, 소비문화, 그리고 프랑스의 알제리 전쟁과 미국의 베트남 전쟁 같은 신식민주의적 모험에 대해 문제를 제기했다. 보수적 전통은 지적 개혁을 힘들게 만들었다. 더욱이 개인 생활, 예컨대 기숙사에서 이성 룸메이트를 허용하는 일에 대한 규제 완화 요구는 대학 대표자들의 권위주의적 반동을 불러일으켰다. 학생 저항의 물결은 미국과 서유럽에 국한되지 않았다. 저항은 학생들이 관료적 일당 통치, 숨 막힐 것 같은 지적 생활, 권위주의에 저항하고 의견을 달리하는 사람들의 네트워크를 유지하는 것을 도왔던 폴란드와 체코슬로바키아를 휩쓸었다. 1960년대 중엽 동유럽에서 부글부글 끓어오르는 분노는 다시 한 번 위험한 지경에 이르렀다.

1968년

1968년은 예외적인 해였고, 혁명의 물결이 일었다는 점에서 1848년과 매우 유사했다(제20장 참조). 그것은 전 지구적 유대가 강화되었음을 반영해준 한층 더 강렬하게 나타난 국제적 현상이었다. 국제적인 청년 문화는 집단적 동질감을 키워주었다. 새로운 매체는 미국 인권운동의 양상을 유럽에 전달해주었고 텔레비전 화면에 나타난 베트남 전쟁에 관한 방송 뉴스 화면을 웨스트버지니아에서 서독까지 중계 방송했다. 불안의 파도는 동구권과 서구권 모두를 뒤흔들어놓았다. 저항 운동은 관료제와 냉전으로 인한 인류의 희생을 비난했다. 예컨대 이 운동은 소련에 대해서는 관료제, 권위주의, 민간인에 대한 무관심 등을, 서구권에 대해서는 뉴스 매체에서의 편견과 독점, 군산복합체, 미국의 제국주의 등을 공격했다. 소련 정권은 억압으로 대응했다. 미국과 서유럽에서 전통적인 정당들은 새로운 운동과 이에 참여한 사람들을 어떻게 해야 할지 거의 생각이 없었다. 양측에서 일어난 사건들은 정치 체제를 급속하게 압박했다.

파리

유럽에서 가장 심각한 학생 소요 사태는 1968년 봄 파리에서 일어났다. 프랑스 공화국은 1960년대 초 알제리 전쟁을 둘러싼 갈등으로 흔들리고 있었다. 이보다 더 중요한 점은 경제 호황이 프랑스 정권의 토대와 드골의 전통적인 통치 방식을 침식해왔다는 것이다. 파리 대학의 학생들은 대학을 현대화해줄 개혁을 요구했다. 학생들의 저항은 이전에 공군 기지가 있던 곳에 세워진 새로운 대학 분교가 있는 낭테르에서 처음 절정에 달했다. 낭테르는 기금에 목말라하는 학생들로 북적이는 가난하고 제대로 대접을 받지 못하는 주민들이 있는 지역이었다. 청원, 시위, 그리고 대학 당국과의 대치 등은 빠르게 낭테르에서 파리 중심에 있는 소르본으로 옮겨갔다. 무질서가 확산되자 파리 대학은 문을 닫았고 학생들을 거리로 몰아내 경찰과 격렬히 대치하게 만들었다. 경찰의 무자비한 진압과 폭력적 대응은 거리의 구경꾼과 텔레비전 시청자들을 깜짝 놀라게 만들어 정부에 불리한 결과를 초래했다. 학생들의 운동에 동조하는 사람들이 빠르게 늘어났고 이와 더불어 드골 대통령 정부에 반대하는 사람들의 수도 증가했다. 대규모 노조 파업이 발생했다. 자동차 산업, 기술직 노동자, 그리고 가스와 전기시설에서 우편 체제와 라디오 및 텔레비전에 이르는 공공 부문의 피고용인도 파업에 나섰다. 5월 중순경 1,000만 명에 달하는 놀라운 수의 프랑스 노동자들이 일자리를 박차고 나왔다. 드골은 학생들에 대해 일말의 동정심도 없었다. 소문에 의하면 대치의 절정기에 그는 이렇게 선언했다고 한다. "개혁이라고, 좋아. 하지만 침대에 오줌 싸는 것은 안 돼." 어느 순간 정부는 마치 무너질 것처럼 보였다. 하지만 정부는 임금 인상으로 파업자들을 만족시키고 대중에게 질서 유지를 호소했다. 고립된 학생운동은 점차 소멸되었고 학생들은 대학 생활로 되돌아가기로 동의했다. 드골 정부는 회복되었지만 1968년의 사건들은 드골이 지닌 대통령으로서의 지위를 약화시켰으며 다음 해 그가 대통령직에서 물러나는 데 커다란 요인으로 작용했다.

1950년대에도 저항과 반항의 움직임이 있었지만 1968년에 일어난 사건의 규모는 놀랄 만한 것이었다. 1968년에 저항 운동이 폭발한 도시는 파리만이 아니었다. 서베를린에서는 정부가 이란의 전제적인 국왕과 긴밀한 관계를 맺은 것과 미디어 회사들의 권세를 비판하는 학생들의 저항이 일어났고, 경찰과 충돌하며 폭력으로 비화했다. 이탈리아의 도시들에서도 대학생들이 대학의 과밀화를 환기시키는 몇 차례의 시위가 벌어졌으며, 이로 인해 26개의 대학이 문을 닫았다. 런던 경제대학 또한 저항 운동으로 인해 거의 문을 닫을 지경이었다. 멕시코시티에서 시위대와 경찰의 대치는 멕시코 정부가 주최한 1968년 올림픽 전야에 대부분이 학생들로 구성된 수백 명의 시위자들의 사망으로 끝났다. 이 시기의 올림픽은 당대의 정치적 논쟁을 반영했다. 예컨대 아프리카 국가들은 흑인에 대한 인종 차별 정책을 펼치고 있는 남아프리카공화국이 참가한다면 올림픽 참가를 거부하겠다고 위협했다. 두 명의 아프리카계 미국인 메달리스트는 시상식에서 블랙파워를 상징하는 인사를 했고 올림픽 위원회는 그들을 즉각 귀국시켰다. 베트남에서 베트콩은 새로운 공세를 개시함으로써 전세를 바꾸어놓았다는 미국의 주장에 도전했다. 이른바 '구정 공세(Tet Offensive)'는 하루 동안 베트남 전쟁에서 최고의 사상자를 발생시켰으며 저항 운동을 폭발하게 만들었다. 반전 시위대와 학생 저항 운동은 미국 전역을 휩쓸었다. 구정 공세로 타격을 입었을 뿐만 아니라 이미 베트남 전쟁으로 인해 피로해진 존슨 대통령은 재선에 출마하지 않기로 결정했다. 1968년은 또한 마틴 루서 킹 2세의 암살(4월 4일)과 대통령 후보 로버트 F. 케네디의 암살(6월 5일)로 인해 미국의 정치적 장래에 암울한 그림자가 드리워졌고 미국인은 마음의 상처를 입었다. 킹 목사의 암살로 말미암아 미국 전역에 걸쳐 50개 이상의 도시에서 폭동이 이어졌고 늦여름에 시카고에서 열린 민주당 전당대회에서는 경찰과 학생 시위대 간의 거리 전투가 벌어졌다. 어떤 사람들은 저항 운동의 만개를 또 다른 '인민의 봄'로 보았다. 하지만 다른 사람들은 그것을 지루한 악몽으로 보았다.

1960년대의 정치: 상황주의자

1957년 소규모 유럽 예술가와 작가 집단이 '상황주의자 인터내셔널(Situationist International)'을 결성했다. 이 운동은 다다(dada)와 초현실주의 예술 전통을 아나키즘과 마르크스주의에 결합시켰다. 전통적인 마르크스주의와는 달리 상황주의자는 작업장에 초점을 맞추지 않았고, 대신에 일상생활에 대한 광범위한 비판을 발전시키면서 동시대 사회의 예술·창조성·상상력의 갑갑함에 저항했다. 그들은 소비를 촉진하기 위해 끊임없이 새로운 필요성과 욕구를 발명해내는 소비문화의 '폭정'을 공격했다. 그들은 자본주의가 "일상생활을 식민지로 만들었다"고 말했다. 상황주의자의 사상과 특히 그들의 비정통적인 초현실주의 양식은 프랑스에서 1968년 5월의 사건들 동안 영향력을 발휘했다. 파리 전역에서 학생들은 다음에 인용한 내용과 같은 상황주의의 슬로건을 내걸었다.

1968년의 사회운동은 냉전의 경계를 넘어 소련의 권위주의뿐만 아니라 서방의 소비주의를 공격했다. 일군의 학생들과 상황주의자들은 1968년 5월 소련 공산당 정치국에 전보(두 번째 발췌문)를 보냈다.

1968년, 상황주의자의 반(反)자본주의
공장들을 점령하라
노동자평의회에 권력을
계급 사회를 폐지하라
구경거리(spectacle) 사회, 상품 사회를 타도하자
소외를 없애라
대학을 폐지하라
인류는 마지막 자본가의 창자로 마지막 관료의 목을 매달 때까지 행복하지 않을 것이다

짭새들에게 죽음을

5월 6일의 소요 기간 동안 약탈로 유죄를 받은 4명의 동지들을 석방하라

—자치적이고 민중적인 소르본 대학의 점령위원회

1968년, 상황주의자의 반공 슬로건들

1968년 5월 17일

모스크바 크렘린의 소비에트 사회주의 연방공화국의 공산당 정치국 귀중

관료들이여 무서워서 흠칫흠칫하라. 노동자평의회의 국제 권력이 당신들을 곧 쓸어버릴 것이다. 인류는 마지막 자본가의 창자로 마지막 관료의 목을 매달 때까지 행복하지 않을 것이다. 트로츠키와 레닌에 대항한 크론슈타트 수병들과 마크노브슈치나(Makhnovshchina) 투쟁 만세. 1956년 부다페스트 평의회주의자의 봉기 만세.

• 국가를 타도하라. • 혁명적 마르크스주의 만세.

—자치적이고 민중적인 소르본 대학의 점령위원회

분석 문제

1. 이들 슬로건에 어떤 공통적인 주제들이 있는가?

2. 1968년을 종종 '바리케이드의 해'라고 부르는 이유는 무엇인가?

프라하

미국과 서유럽에서의 학생운동은 1956년의 헝가리 사태(제27장 참조) 이후 소련 당국에 가장 강력하게 도전한 사건 중 하나인 1968년의 '프라하의 봄'에서 영감을 받았다. 이 사건은 체코슬로바키아에서 알렉산드르 둡체크(1921~1992)가 이끄는 자유주의적 공산주의 정부가 등장하면서 시작되었다. 둡체크는 한층 더 보수적이고 권위주의적인 당 지도자들의 허를 찔렀다. 그는 '인간의 얼굴을 한 사회주의'를 옹호했다. 즉, 그는 당 내에서의 토론, 학문 및 예술의 자유, 검열의 완화 등을 권장했다. 그런 경우에 자주 그렇듯이 당원들은 개혁의 지지자들과 개혁이 혁명을 불러올 것을 두려워하는 사람들로 나뉘었다. 하지만 개혁자들은

당 밖에서 학생 조직과 언론을 비롯해 당과 의견을 달리하는 조직의 지지를 받았다. 서유럽과 미국에서처럼 이 저항 운동은 전통적인 당 정치 영역에까지 영향을 미쳤다.

소련에서 1964년 흐루시초프가 실각하고 권력의 지배권은 공산당 서기인 레오니트 브레즈네프(1906~1982)에게 넘어갔다. 브레즈네프는 흐루시초프보다 더 보수적이었고 서방과의 교섭에 소극적이었으며 소련의 영향권을 지키기 위해 방어적 행동을 취하는 경향이 있었다. 소련은 애초에 둡체크를 정치적 괴짜로 간주하고 그를 관대하게 대하려 했다. 하지만 1968년의 사건들은 소련 당국의 염려를 불러일으켰다. 대부분의 동유럽 공산주의 지도자들은 체코의 개혁주의를 비난했지만 일당 지배의 종식, 검열 완화, 사법 제도의 개혁을 요구하는 학생들의 지지 시위가 폴란드와 유고슬라비아에서 일어났다. 게다가 한결 더 완고하게 독립적인 동유럽의 공산주의자인 유고슬라비아의 요시프 브로즈 티토와 루마니아의 니콜라에 차우셰스쿠(1918~1989)가 둡체크를 방문했다. 소련에게 그러한 행동은 마치 그들이 바르샤바 조약과 소련의 안보를 겨냥하고 있는 것처럼 보였다. 소련은 또한 미국의 베트남 개입을 세계 도처에서 고조되고 있는 반공 활동의 증거라고 보았다. 둡체크가 공산당을 민주화하려 하고 바르샤바 조약 회원국 회합에 참가하지 않으려고 하자 소련은 1968년 8월 프라하에 탱크와 군대를 보냈다. 세계는 체코 난민의 물결이 조국을 떠나고 소련 보안군이 내세운 억압적인 정부가 주도권을 잡는 것을 목격했다. 둡체크와 그의 지지 세력은 투옥되거나 국내 유형에 처해졌다. 체코 공산당원 중 20퍼센트가 숙청을 통해 제거되었다. 프라하의 봄을 진압한 후에 소련 외교관들은 새로운 브레즈네프 독트린에 따라 자신들의 입장을 공고히 했다. 이 독트린은 어떤 사회주의 국가도 국제 사회주의의 이해관계를 위태롭게 하는 정책을 채택할 수 없고 소비에트 연방은 공산주의 지배가 위협당할 경우 소련 권역에 있는 어떠한 국가의 국내 문제에도 개입할 수 있다는 것을 천명했다. 다른 말로 하면 1956년에 헝가리에 적용되었던 억압적인 통치가 변하지 않으리라는 것이었다.

'1968년'의 결과는 무엇이었을까? 드골 정부는 회복되었다. 공화당의 리처드 닉슨(재임 1969~1974)은 1968년의 미국 대선에서 승리했다. 1972~1975년에 걸쳐 미국은 베트남에서 철수했다. 베트남 전쟁의 결과로 난민 위기와 무시무시한 지역적 갈등이 일어났다. 프라하에서 바르샤바 조약군의 탱크들은 봉기를 진압했고 브레즈네프 독트린을 통해 소련은 위성국들에 대한 통제권을 재확인했다. 냉전의 심각한 대치가 난민이 서방으로 밀려오면서 체코슬로바키아의 서부 국경을 따라서 그리고 한반도에서는 북한이 미 해군의 정보함을 나포한 후 파문을 일으켰다. 하지만 장기적으로 저항자들과 의견을 달리하는 사람들의 요구는 봉쇄하기 한층 힘들다는 것이 판명되었다. 동유럽과 소련에서 의견 반대자는 패배했지만 제거되지는 않았다. 체코 봉기의 분쇄는 철저한 환멸을 가져다주었고 1968년의 사건들은 중요한 점에서 1989년의 소련 지배력 붕괴를 예시했다. 서유럽과 미국에서 학생운동은 진정되었지만 이 운동이 개척한 논점과 정치적 본질은 한층 더 지속되었다. 페미니즘(또는 좀 더 정확하게 제2의 페미니즘)은 실제로 1968년 이후에야 모습을 드러냈으며 시몬 드 보부아르와 베티 프리던보다 한 세대 더 젊은 여성들에 의해 확대되었다. 그들은 1960년대에 학생 정치 조직에 속해 있었고 전통적 정당과 남학생 동지들에 대한 실망은 그들을 별도의 집단에 속하게 만들었다. 그들은 성관계와 가족관계에서 평등의 투사로 활동했다. 1950년대와 1960년대의 일부 변화들을 포착한 문구에서 그들은 '개인적인 것이 정치적인 것'이라고 주장했다. 한 영국 여성이 말했듯이 "우리는 일상생활에 대한 분석을 포함시키기 위해 정치의 의미를 정의하고자 한다"는 것은 성생활, 건강, 육아, 여성의 문화적 이미지 등을 의미했다. 반전운동은 핵무기를 문제 삼았는데, 이는 특히 유럽에서 폭발하기 쉬운 문제였다. 마지막으로 환경운동이 확립되었는데, 환경운동은 오염과 줄어드는 세계의 자원뿐만 아니라 우후죽순으로 늘어나는 도시화와 1960년대에 대두되고 있었던 무분별한 경제 성장의 방식에 관심을 가졌다. 장기적으로 유럽과 미국 양 지역에서 전통적인 정당에 대한 유권자의 충성도는 훨씬 줄어들었고 군소 정당이 증가했다. 이런 방식으로 새로운 사회운동은 매우 상이한 정치적 풍경의 일부가 되었다.

「2,000어 선언」(1968)

　　1968년 '프라하의 봄' 사태 동안 한 무리의 체코 지식인들이 약칭 「2,000어 선언」이라고 알려지게 된 「노동자, 농부, 관리, 과학자, 예술가, 그리고 모든 사람에게 속하는 2,000어 선언」을 발표했다(이 선언은 루드비크 바출리크가 작성했다). 이 선언은 출판 자유의 확대를 포함한 더 많은 개혁을 요구했다. 그러나 소련은 이것을 직접적인 모욕이라고 여겨 소련과 체코 사이의 긴장이 고조되었다. 결국 1968년 8월 바르샤바 조약군의 탱크들이 프라하로 밀고 들어와 알렉산드르 둡체크의 개혁적 정부를 무너뜨렸다.

　　대부분의 국가는 사회주의 프로그램을 높은 기대를 갖고 환영했다. 그러나 그것은 나쁜 사람들의 수중에 떨어지고 말았다. 만약 그들이 다른 사람의 의견을 듣는 데 당연한 조심성과 예의를 충분히 지키고 점진적으로 한층 더 능력 있는 사람들로 대체하는 데 동의하기만 했다면, 그들이 나랏일에 충분한 경험, 실제의 지식, 혹은 철학적 교육 등을 결여한 것이 그리 크게 문제되지는 않았을 것이다.……

통치자들의 주요 과실과 기만은 자기의 변덕을 '노동자들의 의지'라고 설명해왔다는 것이다. 만약 이러한 거짓을 받아들인다면, 우리는 오늘날 우리 경제의 쇠퇴와 무고한 사람들에게 자행된 범죄들, 이런 일들에 관해 쓰는 사람들을 막기 위한 검열의 도입 등에 대해 노동자들을 비난해야 할 것이다. 노동자들은 잘못 계획된 투자, 대외 무역에서 겪은 손실, 주택 부족 등에 대해 책임져야 마땅할 것이다. 분명히 지각 있는 사람이라면 그런 일에 대해 노동계급에게 책임을 지우지 않을 것이다. 우리는 모두 알고 있다. 모든 노동자가 특히 그 어떤 것을 결정하는 데에서 실제로 아무 말도 하지 않았다는 것을.……

올해가 시작된 이래 우리는 민주화의 재생 과정을 경험해왔다.……

권력을 남용하고 공공 재산에 손해를 입히며 불명예스럽거나 잔인하게 행동한 사람들의 축출을 요구하자. 그들을 물러나게 강제하는 방법들을 찾을 수 있다. 그 방법들 중 몇 가지를 언급하면, 공개 비판, 결의안, 시위, 시범적인 노동 여단, 은퇴 시 그들에게 줄 선물을 구입하기 위한 모금, 파업, 그들의 대문 앞에서 피켓 들기 등이 있다. 그러나 우리는 어떠한 불법적, 상스러운 또는 촌스러운 방법들을 거부해야 한다.……대개는 공식적 대변자 수준으로 변질된 구역 및 지방 신문들을 정치에서 완전히 전향적인 요소들을 위한 토론장으로 개조하자. 국민전선 대표들로 구성된 편집위원단을 요구하거나 그렇지 않으면 새로운 신문을 창간하자. 언론 자유를 수호하기 위한 위원회들을 결성하자.……

최근 외국의 세력이 우리의 발전에 간섭할 가능성에 대해 커다란 불안감을 갖고 있다. 어떤 우세한 세력이 우리 앞에 올지라도 우리가 할 수 있는 모든 것은 우리만의 입장을 고수하고 품위 있게 처신하며 우리 스스로 아무것도 먼저 시작하지 않는 것이다. 만약 우리가 정부에게 하도록 한 명령을 정부가 한다면, 우리는 만약 필요하다면 무기를 들고 정부를 기다릴 것이라는 것을 우리 정부에게 보여줄 수 있다.

이 봄이 지나가면 다시 오지 않을 것이다. 겨울이 되면 우리는 모든 것을 알게 될 것이다.

분석 문제

1. 이 문서의 저자에 따르면 사회주의는 어디로 잘못 갔는가?
2. 그들이 요구한 특정한 개혁들은 무엇인가?

경기 침체: 성공의 대가

♦ 무엇이 1970년대와 1980년대의 경기 침체를 불러왔는가?

　사회 문제뿐만 아니라 경제 문제는 1970년대와 1980년대 내내 유럽을 괴롭혔지만, 이들 문제는 훨씬 전에 시작되었다. 1960년대 중반 서독의 성장률은 완만해지고 있었다. 즉, 제조 상품에 대한 수요는 감소했고 1966년 서독은 전후 최초로 경기 후퇴를 겪었다. 독일 기적의 상징인 폴크스바겐은 주당 노동시간 감축을 도입했고 70만 명의 서독인이 동시에 해고되었다. 프랑스에서는 지속적인 주택 부족으로 생활비가 증가했다. 신흥 산업은 계속 번창했지만 석탄, 강철, 철도 같은 기초 산업의 적자는 늘어나기 시작했다. 실업은 물가와 연계되어 증가하고 있었다. 신기술을 도입함으로써 영국 경제를 부흥시키겠다는 해럴드 윌슨 (1916~1995) 수상의 공약은 계속되는 저성장률로 심화된 파운드화의 외화 교환가치 위기로 실패하고 말았다. 1973년 영국, 아일랜드, 덴마크의 가입으로 그리고 1980년대 초 그리스, 에스파냐, 포르투갈의 가입으로 확대된 유럽 공동시장은 많은 유럽 국가들의 특징인 국내 경제 규제와 유럽 경제공동체가 될 나라들 내에서 널리 보급되었던 자유 시장 정책 사이의 갈등에서 파생된 문제들을 해결하기 위해 분투했다.

　석유 가격은 이들 문제를 심화시키면서 1970년대 초 사상 처음으로 치솟았다. 1973년 아랍이 지배하는 석유수출국기구(Organization of Petroleum Exporting Countries: OPEC)는 서구 열강에 대한 석유 수출금지를 단행했다. 1973년 원유 1배럴의 가격은 1.73달러였는데, 1975년에는 10.46달러가 되었고 1980년대 초에는 30달러로 치솟았다. 석유 가격의 인상은 인플레이션의 소용돌이를 몰고 왔다. 이자율은 상승했고 이와 더불어 서방의 소비자들이 구입하곤 했던 거의 모든 것의 가격이 올랐다. 인상된 물가는 임금 인상과 파업을 불러왔다. 1950년대와 1960년대 초의 조용한 산업 관계는 옛날 일이 되고 말았다. 그와 동시에 유럽의 제조업자들은 일본처럼 고도로 발전한 나라뿐만 아니라 지난 몇 십 년간 서양이 열심히 자본을 투자한 아시아 및 아프리카의 더욱더 적극적인 경제와 심각한 경쟁에 직면했다. 1980년에 이르면 일본은 서독에서 자동차 시장의 10퍼센트를 차지했고 벨기에에서는 25퍼센트를 점유했다. 1984년 서유럽의 실업은 약 1,900만 명에 달했다. 배고픈 시절이 도래했던 것이다.

　소련권의 경제 역시 막다른 골목에 이르렀다. 중공업의 확장은 전후 시대의 경제 회복에 도움을 주었으나 1970년대 무렵 이들 부문은 더 이상 성장이나 혁신을 가져다주지 않았다.

1961년 소련 공산당은 1970년까지 소비에트 연방공화국이 일인당 생산에서 미국을 능가할 것이라고 선포했다. 하지만 1970년대 말에 이르러 소련의 일인당 생산은 남유럽의 낙후된 산업국가들보다도 그다지 크게 높지 않았다. 소련은 비효율적인 것이 되고 말았던 방위 산업—비록 그것을 운영한 당원들에게는 수지맞는 일이기는 했지만—에 지나치게 몰두했다. 소련 경제는 1973년과 1979년에 석유수출국기구가 단행한 유가 인상에서 활력을 얻었다(소련은 1916년에 창설된 OPEC에 속하지 않았지만, 소련은 세계 최대의 석유 생산국으로서 유가 인상으로 혜택을 보았다). 만약 이런 경기 활성화 요인이 없었다면 소련의 상황은 훨씬 더 냉혹했을 것이다.

1970년대 초 동안의 인상적인 경제적 성과에 뒤이어 동유럽 국가들은 심각한 재정적 어려움에 직면했다. 이들 국가의 성공은 부분적으로 서방에서 빌려온 자본에 의존해왔다. 1980년에 이르러 이들 채무는 동유럽의 국가 경제를 심하게 압박했다. 폴란드가 서방 국가들에게 진 경화 채무는 이 나라의 연간 수출액보다 네 배나 많았다. 폴란드와 다른 나라들에서 시도된 이 문제에 대한 해결책은 수출을 늘리기 위해 국내 소비를 위한 생산을 삭감하는 것이었다. 하지만 이 정책은 강력한 대중적 반대에 부딪혔다. 동유럽에서는 실질적으로 실업이 전혀 없었지만 사람들은 자신의 경제 상황에 전혀 행복하지 않았다. 노동시간은 서유럽보다 훨씬 길었고 상품과 용역은 번영기에도 부족했다.

서방 정부들은 경제적 환경의 갑작스러운 변화에 효과적으로 대응하기 위해 분투했다. 영국 보수당의 새로운 지도자인 마가렛 대처(1925~2013)는 노조의 힘을 약화시키고 경제를 자극하기 위해 세금을 삭감하고 공적 소유의 기업들을 사유화하는 프로그램으로 1979년에 수상으로 선출되었고 1983년과 1987년에 재선되었다. 영국 경제는 1986년 실업률이 15퍼센트에 근접하면서 취약한 상태로 남아 있었다. 서독에서는 사회민주주의 정부가 더 높은 세금으로 재정을 조달하는 직업훈련 계획과 감세 조치로 경기 후퇴에 맞서려고 시도했다. 그러나 이들 프로그램은 경기 회복에 거의 도움을 주지 못했고 서독은 우파로 돌아섰다.

우파와 좌파 정부들이 유럽의 전례 없는 전후 번영을 재창조할 능력이 없다는 사실은 경제적 요인이 개별 국가의 통제력 밖에 있는 정도가 어느 정도인지를 시사해준다. 계속되는 경제에 대한 막연한 불안은 공통의 문제들을 유럽화하기 위한 노력을 부활시켰다. 1980년대 말 EEC는 야심찬 통합 계획을 출범시켰다. 1991년 유럽연합(European Union: EU)이 형성될 때 동의했던 장기적 목표에 유럽 중앙은행과 단일 통화로의 화폐 통합, 빈곤과 실업을 감소시키기 위한 통합된 사회 정책 등이 포함되었다. 21세기의 막이 오르자 유럽연합 회원국들은 이들 중 몇 가지를 제도화하기 시작했다. 하지만 새로운 유럽 '연방' 국가가 회원국의 국민 주권에 대한 요구를 극복할 수 있을지 또는 미국의 전 지구적 지배에 대응하는 경제적·정치적 힘을 발전시킬 것인지는 불분명한 채로 남아 있다.

유럽 경제 공동체의 발전	
유럽 석탄·강철 공동체 창설	1951년
로마 조약으로 EEC 결성	1957년
유럽 공동체 확대	1985년
마스트리흐트 조약으로 유럽연합 창건	1991년

폴란드에서의 연대

1980년 동유럽에서 사회 불안은 다시 절정에 달했는데, 이번에는 '연대(solidarity)'를 의미하는 폴란드의 '솔리다르노시치(Solidarność)'[4]와 더불어 다가왔다. 폴란드의 노동자들은 정부의 기능을 마비시키는 파업을 조직했으며, 몇 가지 핵심적 요구사항을 명확하게 밝혔다. 첫째, 그들은 심각한 경제 위기와 싸우기 위해 정부가 부과한 노동 조건에 반대했다. 둘째, 그들은 고물가, 특히 정부 정책과 물자 배급 우선권에 뿌리를 두고 있던 물자 부족에 저항했다. 하지만 무엇보다도 솔리다르노시치에 속한 폴란드 노동자들은 정부가 후원하는 노동 조직 대신에 진정으로 독립된 노조를 요구했다. 사회는 그 자체를 조직할 권리가 있고 이에 따라 자체의 정부를 세울 수 있다는 믿음이 이 운동의 핵심에 자리 잡고 있었다. 그단스크 조선소 출신의 전기공 레흐 바웬사(1943~)가 파업 노동자들을 이끌었다. 바웬사의 카리스마적 인품은 폴란드 시민뿐만 아니라 서방의 동조자들에게까지 호소력을 지녔다. 하지만 소련은 권위주의적 통치를 다시 부과하는 군사 정권을 지원했다. 폴란드 대통령 보이치에흐 야루젤스키(재임 1989~1990)는 헝가리와 체코슬로바키아 사태를 염두에 두고 솔리다르노시치를 억압하면서도 폴란드 정부의 행동 자유를 유지하기 위해 미묘한 외교 게임을 했다.

---

4) 폴란드 최초의 자유노조.

다시 주조된 유럽: 공산주의의 몰락과 소련의 종말

♠ 무엇이 공산주의의 몰락을 가져왔는가?

역사가 매력적인 이유 중 하나는 역사의 불가측성 때문이다. 1989년 동유럽 공산주의 정권의 급작스런 붕괴, 냉전의 극적인 종식, 그리고 한때 막강했던 소련의 해체는 역사의 불가측성을 뚜렷하게 보여주는 사례였다.

고르바초프와 소련의 개혁

소련의 갑작스런 붕괴는 1980년대 중반에 시작된 새로운 개혁의 물결에서 의도하지 않게 밀려왔다. 1985년 신세대의 관리들이 소련 공산당을 담당하기 시작했으며, 이는 미하일 고르바초프(1931~)가 당 지도부에 임명되면서 예고된 변화였다. 50대 중반이었던 고르바초프는 선임자들보다 상당히 젊었고 소련의 국내 및 대외 정책을 형성해온 기질에 좌우될 필요가 적었다. 그는 공산주의의 부진한 경제와 공산주의 사회의 억압적인 측면을 솔직하게 비판했고 그러한 비판을 공개적으로 말하는 것도 주저하지 않았다. 글라스노스트(glasnost, 지적 개방성)와 페레스트로이카(perestroika, 경제적 재건)라는 그의 쌍둥이 정책은 한층 자유롭고 더욱 번영하는 소비에트 연방을 향한 희망을 품게 했다. 고르바초프 체제에서 수많은 정치범이 석방되었는데, 그중에는 '소련 수소 폭탄의 아버지'이자 나중에 냉전 체제의 무기 경쟁을 통렬하게 비판한 과학자 안드레이 사하로프(1921~1989)도 있었다.

페레스트로이카 정책은 관직에 대한 경쟁 선거를 제도화하고 임기를 제한함으로써 정치적 엘리트의 특권과 국가 관료제의 부동 상태를 변혁하고자 했다. 고르바초프의 페레스트로이카 프로그램은 스탈린이 제도화한 중앙집중식 계획 경제를 시장의 힘으로 작동하는 경제 계획과 결합시킨 혼합 경제로 변화시킬 것을 요구했다. 농업 분야에서 페레스트로이카는 협동 생산에서 벗어나는 것을 가속시키면서 생산 목표 달성을 위한 유인책을 제도화했다. 고르바초프는 국제통화기금 같은 기구에 참여함으로써 소비에트 연방을 국제 경제에 통합시키는 것을 계획했다.

하지만 이런 극적인 개혁들은 너무 미약했고 너무 늦었다. 19세기 러시아 제국주의의 유산인 소수민족적 사회 불안은 발트 해 공화국들과 다른 지역에서 분리 운동이 힘을 얻어가면서 소비에트 연방의 분열을 위협했다. 1988년부터 계속된 아르메니아 내부에 위치한 소수민족인 아제르바이잔인이 거주하는 지역을 둘러싼 아르메니아인과 아제르바이잔인 사이의 전투가 이란과의 국경 분쟁을 심화시키는 사태에 이르렀다. 국경을 순찰하는 소련 군대와 무력으로 아제르바이잔의 분리주의 운동을 진압하고자 하는 고르바초프의 의지만이 일시적으로 충돌을 진정시켰다.

　소비에트 연방 내에서의 사건들에 자극받은 동유럽 국가들은 모스크바로부터의 독립을 선동하기 시작했다. 고르바초프는 소련뿐만 아니라 위성국가들 내에서도 공개적인 논의, 즉 글라스노스트를 장려했다. 그는 사회주의 일당 독재 정부를 주장하는 브레즈네프 독트린을 철회하고 인접 위성국가들의 수도를 자주 방문해 영감을 불어넣어주었다.

　글라스노스트는, 1981년 정부에 의해 솔리다르노시치가 패배하긴 했지만 파괴되지는 않았던 폴란드에서 반대의 불꽃을 다시 점화시켰다. 1988년 연대노조는 새로운 파업을 개시했다. 이들 소요 사태는 연대노조를 합법화하고 자유선거를 약속한 정부와 솔리다르노시치 사이의 협정으로 끝났다. 그 결과는 1989년 6월에 세계를 놀라게 했다. 실질적으로 정부가 내세운 모든 후보가 패했고 솔리다르노시치와 손잡은 시민위원회가 폴란드 의회에서 다수를 획득했다.

　헝가리와 체코슬로바키아에서 일어난 사건들도 1988년과 1989년 사이에 유사한 과정을 밟았다. 1956년 소련의 강경 조처 이래로 헝가리의 지도자였던 야노스 카다르(1912~1989)는 1988년 5월 계속되는 시위에 직면해 사임하고 헝가리 사회주의노동자당의 개혁주의 정부로 대체되었다. 1989년 봄 헝가리 정부는 공산당 지지자들을 숙청했다. 헝가리 정부는 또한 오스트리아 국경을 따라 설치된 보안 철조망을 제거하기 시작했다. 1년 뒤 헝가리 민주 포럼(Hungarian Democratic Forum)은 완전한 시민권을 회복시킬 것과 경제를 재건할 것을 약속하면서 국회에서 다수 의석을 확보했다.

　체코인들 역시 1988년 말 소련의 지배에 대항한 시위를 벌였다. 1989년 학생 시위대에 대한 경찰의 잔인한 구타는 체코의 노동자들을 과격하게 만들었고 대규모 시위를 촉발시켰다. 정부 반대파들의 연합인 시민 포럼은 자유선거와 공산주의 지도부의 사임을 위해 공산주의자가 아닌 사람들을 포함시키는 연합 정부의 설치를 요구했다. 시민 포럼은 계속되는 대규모 시위와 총파업의 위협으로 자신의 요구 사항을 보강했다. 그 결과 공산주의 정권이 무너지고 극작가이자 시민 포럼의 지도자인 바츨라프 하벨(1936~2011)이 대통령으로 선출되었다.

베를린 장벽의 붕괴

1980년대 말 동유럽에서 가장 중요한 정치적 변화는 동독에서의 공산주의 몰락과 동독과 서독의 통일이었다. 동독은 오랫동안 소련의 위성국가 중에서 가장 번영하는 나라로 생각되었지만 심각한 경기 침체와 환경적 퇴화를 겪었다. 서방으로 대량 불법 이주를 하는 동독인의 물결은 악화되는 상황에 대한 그들의 불만을 나타냈다. 이러한 탈출은 광범위한 공직 부패의 증거와 결합되어 장기 집권을 하면서 강경 노선을 견지했던 동독 수상 에리히 호네커(1912~1994)의 사임을 불러왔다. 그의 계승자인 에곤 크렌츠(1937~)는 개혁을 약속했지만 계속되는 저항과 대량 이주에 직면했다.

1989년 11월 4일 동독 정부는 자국의 시민을 잡아두는 데 무력하다는 것을 인정하는 조처로 체코슬로바키아 쪽의 국경을 개방했다. 이런 조처는 동독인이 효과적으로 서방으로 여행할 수 있게 해주었다. 머지않아 냉전의 산물이자 철의 장막이며 동서 분단의 상징인 베를린 장벽이 보통 시민들에 의해 붕괴되었다. 양측에서 환호하는 남녀노소 군중이 자유로의 복귀와 통일의 기회를 상징하는 몇 발자국을 내딛기 위해 벌어진 구멍들을 통해 걸어 나왔다. 1990년 3월 독일 전역에 걸쳐 자유선거가 치러졌으며 그 결과 서독 수상 헬무트 콜(1930~)의 그리스도교민주연합과 제휴한 독일을 위한 동맹(Alliance for Germany)이 승리를 거두었다. 대량 이주가 계속되면서 통일 논의는 재빨리 1990년 10월 3일 통일 독일의 공식 선포로 정점에 이르렀다.

동유럽과 아마도 전 세계적으로 대중의 분위기는 1989년 가을 동안 이런 평화적인 '벨벳 혁명(velvet revolution)'으로 압도되었다. 하지만 동유럽의 일당 지배의 종식은 폭력 없이 달성되지 않았다. 동구권에서 유일하면서도 가장 억압적인 루마니아의 니콜라에 차우셰스쿠의 철저한 독재는 훨씬 더 많은 유혈사태를 불러일으킨 후 무너졌다. 12월에 이르러 주변 국가들의 대중 봉기의 물결과 트란실바니아의 헝가리계 소수민족의 폭동에 직면해 루마니아의 수많은 당 관리와 군 장교들은 차우셰스쿠를 물러나게 함으로써 자신의 지위를 유지하고자 했다. 하지만 차우셰스쿠의 거대한 비밀경찰은 이 쿠데타에 대한 저항을 조직했다. 그리하여 수도 부쿠레슈티에서는 약 2주간에 걸쳐 피비린내 나는 시가전이 벌어졌다. 차우셰스쿠에 충성하는 저격병들은 동유럽 국가들이 새로운 정치 체제로 크리스마스와 새해를 즐기고 있는 동안에도 여전히 민간인을 뿌리 뽑겠다는 위험한 시도를 감행하면서 지붕 꼭대기에서 지나가는 민간인을 죽이고 있었다. 차우셰스쿠와 그의 부인은 민중 군부대에 사로잡혀 처형되었다. 유혈이 낭자한 이 부부의 시체의 영상은 위성 텔레비전으로 전 세계에 방영되었다.

동유럽의 나머지 지역에 걸쳐 갈가리 찢긴 철의 장막 뒤에 남아 있던 나라들, 즉 알바니아, 불가리아, 유고슬라비아의 일당 독재 정부들은 민주적 변화에 대한 압력에 직면해 붕괴되었다. 그사이 소비에트 연방에서도 동유럽에서 일어난 사건들에 자극 받은 리투아니아와 라트비아의 발트 해 공화국들이 소련의 지배로부터 벗어나기 위해 저항했다. 1990년 이들 국가는 '연합'과 '공화국' 사이의 긴장을 빈틈없이 제거하면서 소련으로부터의 독립을 일방적으로 선포했다. 고르바초프는 무력 개입과 더 많은 지역 자치라는 불확실한 혼합으로 반응했다. 1991년 가을 리투아니아와 라트비아는 제3의 발트 해 국가인 에스토니아와 더불어 독립 공화국으로서 국제적인 승인을 획득했다.

소비에트 연방의 붕괴

동유럽에서 소련의 영향력이 감퇴되는 동안 소련 국내에서 비생산적인 경제는 꾸준히 광범위한 불만의 불길을 타오르게 만들었다. 자원 부족과 생산을 증대시킬 수 없었다는 점에서 비롯된 페레이스트로이카의 실패와 더불어 이전에 고르바초프의 동지였던 보리스 옐친(1931~2007)이 강력한 정치적 경쟁자로 등장했다. 모스크바 시의 개혁주의 성향의 시장이었던 옐친은 1990년에 반(反)고르바초프 강령을 내걸고 소비에트 공화국에서 가장 큰 '러시아 공화국'의 대통령으로 당선되었다. 옐친 진영으로부터의 압력은 고르바초프의 개혁 프로그램과 권력 유지 능력을 잠식하면서 정치국과 군부에 있는 반동적 파벌로부터 독립적인 책략을 쓰고자 하는 그를 무력화시켰다.

소비에트 연방의 점차 심화되는 심각한 국내 문제들은 고르바초프가 소련인의 생활수준을 향상시키려는 정책이 실패했을 때—실제로는 사라졌을 때—인 1991년에 이르러 커다란 저항을 불러왔다. 소련의 계속되는 경기 침체에 대해 극적인 처방으로 대응하는 거만한 정부 관료에 대한 요구 사항이 늘어났다. 고르바초프는 처음에는 급진적인 '500일' 경제 개혁 프로그램을 명령했다가 취소하고 그와 동시에 독립을 소리 높이 외치는 연방 내의 불만을 품은 공화국들과의 협상에 동의하면서 정치적 냉정함을 잃어가는 것처럼 보였다. 이에 고위 강경파 공산당 관리들은 자신의 정치 인생이 위험에 처했다고 느끼고 1991년 8월에 실패로 끝난 쿠데타를 도모했다. 그들은 고르바초프와 부인을 여름 별장에 감금하고 남아 있는 소비에트 연방의 전 지구적 세력과 공산당의 국내 권력을 구하기 위한 노력의 일환으로 정통적인 당 노선으로의 복귀를 선언했다. 소련 시민, 특히 모스크바와 레닌그라드 같은 대도시의 시민은 자칭 그들의 구원자에게 반항했다. 민중을 불러 모으기 위해 어느 한순간 모스크바 거리에서 탱크에 올랐던 보리스 옐친의 인도로 민중은 소비에트 공화국들과 군부의 지지를 모았고 음모자들이 허세를 부리는 것이라고 비난하는 데 성공했다. 2주 내에 고르바초프는 권좌에 복귀했고 쿠데타 지도자들을 투옥되었다.

아이러니하게도 민중의 반혁명은 고르바초프를 복귀시켰지만 그가 이끌었던 소련의 권세를 파괴하고 있었다. 1991년 가을에 고르바초프가 소비에트 연방을 한데 묶으려고 분투하고 있는 동안 옐친은 불만에 편승해 다른 거대 공화국들의 대통령과 제휴했다. 1991년 12월 러시아, 우크라이나, 백러시아(현재의 벨로루시) 공화국의 대통령들은 소비에트 연방이 더 이상 존재하지 않는다고 다음과 같이 선언했다. "국제법상 하나의 주체이자 지정학적 실체인 러시아 소비에트 사회주의 연방공화국(USSR)은 사라졌다." 이 문장은 단순했지만 그 메시지는 중대한 것이었다. 75년 전 혁명적 열기와 폭력이 폭발하는 가운데 세워진 한때 막강했던 소비에트 연방은 독립국가연합(Commonwealth of Independent States)으로서 느슨하게 서로 손잡은 막강한 국가들과는 거리가 먼 11개 국가의 모임을 남긴 채 하룻밤에 자취를 감추고 말았다. 1991년 12월 25일 고르바초프는 사임하고 정계를 떠났다. 이것은 일상적인 방식으로 관직에서 밀려난 것이 아니지만 소련을 붕괴시킨 다른 주역들과는 상관없이 이루어진 일이었다. 40년 동안 유럽의 절반을 속박시켜왔던 국가를 상징하는 망치와 낫이 그려진 소련의 국기는 마침내 크렘린 궁에서 내려졌다.

이 거대한 몰락은 대단한 많은 문제들을 남겼다. 식량 부족은 1992년 여름 동안에 악화되었다. 루블화의 가치는 엄청난 속도로 하락했다. 독립국가연합 내의 공화국들은 공동의 군사 정책에 동의할 수 없었거나 핵탄두의 통제와 관련된 어렵고 위험한 문제들을 해결할 수 없었다. 서방으로부터의 경제적 지원을 바라는 옐친의 기원은 사적 및 공적 자본의 대량 유입을 가져왔지만 심각한 경제적 곤경과 혼란을 막는 데는 실패했다. 자유 기업은 실업을 가져왔고 범죄를 통한 부당 이득 행위를 조장했다. 자신의 경제 프로그램을 앞서서 추진하려고 하는 옐친의 결정은 자신들이 경험하고 있는 무자비함과 신속함을 경계한 의회와 시민들로부터 강경한 저항에 부닥쳤다. 1993년 9월 의회가 옐친의 제안들을 방해하자 그는 의회를 해산했다. 이러한 조치는 두 달 후 보수적 정치인과 군 장교들이 도모한 쿠데타 시도를 일으키게 만들었다. 옐친에게 충성하는 관리들은 1991년의 쿠데타 시도보다 훨씬 더 강력한 군대로 반란을 진압했다. 이때 전 세계의 텔레비전 시청자들은 유혈적인 총격전이 벌어지면서 모스크바에 있는 반도들이 점령한 의사당에 포탄이 작렬하는 것을 지켜보았다. 의회가 다시 개원하게 된 1995년의 선거는 불만의 척도를 보여주었다. 이 선거를 통해 다시 소생한 공산주의자들은 의석의 약 3분의 1가량을 차지했고, 그 과정에서 블라디미르 지리노프스키(1946∼)가 이끄는 외국인 혐오증을 지닌 민족주의자들도 러시아의 고통을 서방 탓이라고 꾸준히 비난했던 것에 힘입어 주목할 만한 표를 얻었다.

그사이 소수민족적·종교적 갈등이 공화국들을 괴롭혔다. 소비에트 연방이 해체된 지 1년도 되지 않아 그루지야, 아르메니아, 아제르바이잔에서 전쟁이 일어났다. 가장 심각한 충돌은 코카서스의 그루지야와 국경을 면하고 있으면서 1991년 말 러시아로부터의 독립을 선포했던 체첸 공화국의 무슬림 지역에서 일어났다. 체첸 반군은 19세기까지 소급되는 러시아 당국에 대항한 산적(山賊)과 분리주의 전통의 후계자들이었다. 1994년 러시아 정부는 그들의 계속적인 도전에 지친 나머지 저항을 진압하기 위한 일치된 노력을 개시했다. 러시아 군대가 체첸의 수도 그로즈니로 진군하자 체첸 반군은 대부분 폐기된 러시아 병기고에서 훔친 화력으로 무장한 채 매복했다. 그 결과는 러시아 침략군에 대한 학살로 나타났고, 이 도시를 장악하기 위한 길고도 피비린내 나는 포위가 이어졌다. 그 후 이러한 충돌은 러시아 군대와 체첸 반군 사이의 장기간에 걸친 특히 유혈적인 게릴라 전쟁으로 비화했으며 양측에 대한 거듭된 잔학 행위를 보여주었다. 1995년과 1997년의 짧은 휴전 이후에 체첸 전쟁은 새로운 세기까지 질질 이어졌다. 체첸 전쟁은 많은 인명이 희생되었고 지리적으로 가까웠다는 측면에서 러시아의 아프가니스탄에서의 충돌과 비견된다.

철의 장막은 유럽사에서 가장 견고한 국경 중 하나를 확립해왔다. 소비에트 연방의 붕괴는 러시아와 러시아의 제국적 지배국들 모두를 개방시켰고, 그러한 변화는 냉전의 종식을 가져왔다. 그것은 또한 동유럽과 선진 산업 세계 전역에 걸쳐 예기치 못한 많은 문제들, 예컨대 소수민족의 갈등, 신생 러시아 정부에 관한 외교적 불확실성, 때때로 미국의 일방주의라고 부르는 유일한 초강대국의 지배 등의 문제들 불러왔다. 러시아와 이전의 몇몇 소비에트 공화국들 내에서 러시아적 '와일드 웨스트(Wild West)'라고 부르는 새로운 시대가 등장했다. 자본주의적 시장 관계가 분명하게 정의된 재산 관계나 안정적 법적 체제 없이 발전하기 시작했다. 전직 정부 관리들은 경제의 모든 부문을 장악하기 위해 자신이 갖고 있던 권력적 지위로부터 이득을 취했다. 부패가 만연했고, 조직범죄가 산업, 주식시장, 점점 커가는 불법 마약 거래, 심지어 일부 지방 정부 등을 지배했다. 러시아, 우크라이나, 카자흐스탄 같은 거대 공화국의 가장 활기찬 중앙 정부들조차도 엄청난 문제들에 직면했다. 소련의 개방 이후 시대는 새로운 민주주의적 러시아를 위한 토대를 놓을 수 있었지만 또한 더 오래된 형태의 폭정이 부활하는 움직임을 보여줄 수도 있었다.

혁명 이후의 고민들: 1989년 이후의 동유럽

중부 및 동유럽의 벨벳 혁명은 희망을 고조시켜주었다. 지방 차원에서는 권위주의적 정부의 종식이 경제적 번영과 문화적 다원론을 가져다줄 것이라는 희망이 있었고, 서방에서는 이들 나라가 확대된 유럽 공동체에서 자본주의의 동반자로서 서방 국가와 협력할 것이라는 희망이 있었다. 하지만 현실은 1989년의 낙관주의자들이 예견했던 것보다 훨씬 더디고 한층 더 힘든 것이었다. 유럽 대륙에 계속적인 함의를 지닌 문제이자 가장 커다란 노력은 독일의 재통일이었다. 재통일의 행복감은 독일인 사이에서 불확실성을 가려주었다. 무너져가는 동독 경제는 문제로 남아 있었다. 1990년대 동안 다른 경제적 어려움으로 첩첩산중이었던 이전의 서독에서 동독을 '구하기' 위한 필요성에 대해 원성이 높아갔다. 작가인 귄터 그라스가 '마음속의 장벽'이라고 묘사한 것은 여전히 독일을 갈라놓았다. 선거와 두 개의 독일에 있는 관료제의 통합에서는 커다란 진전이 있었지만 경제적·문화적 통일은 훨씬 더 어려운 일이었다.

동유럽 전역은 변화에 적응하기 위해 지난한 과정을 겪었다. 자유 시장 경제를 창출하기 위한 시도는 인플레이션과 실업 그리고 그것들의 결과로 자본주의에 반대하는 시위를 가져왔다. 효율적이지 못한 산업, 변화에 대한 노동계의 저항, 에너지 부족, 모험자본의 결여, 심각하게 오염된 환경 등이 결합해 진보를 방해하고 희망을 꺾었다. 1997년 초 불가리아와 알바니아에서의 봉기는 기본적인 경제적·사회적 문제를 해결하지 못하는 정부의 무능력으로 인해 심화되었다. 더욱이 인종 및 소수민족적 갈등은 제1차 세계대전을 불러왔고 동유럽 역사를 통해 그 지역에 재앙을 가져왔던 분열을 상기시키면서 새로 해방된 민주주의를 계속 분열시켰다. 소수민족은 자치권이나 즉각적인 분리를 위한 운동을 벌였고 이는 종종 폭력 사태로 비화되었다.

체코슬로바키아의 벨벳 혁명은 슬로바키아가 체코로부터 독립을 선포하고 이로 인해 하벨이 사임하고 1989년에 시작된 유망한 문화적·경제적 개혁이 지체되면서 벨벳 분열(velvet divorce)로 전락하고 말았다. 폴란드는 여러 해에 걸친 역경 이후에 1990년대 동안 경제 분야에서 약진했지만 나머지 대부분의 동유럽 국가들은 계속 변화의 길이 험난하기 이를 데 없다는 것을 뼈저리게 느꼈다. 이런 역경에 이전에는 중앙집권적 공산주의 정부가 억눌렀던 소수민족적 긴장의 부활도 한몫 거들었다. 동유럽 전역에 걸쳐 비유럽계 이민에 대한, 체코 공화국과 헝가리에서는 집시(Romani)에 대한, 루마니아에서는 헝가리계 소수민족에 대한 폭력이 있었다.

이런 갈등의 가장 극단적인 사례는 유고슬라비아의 내분과 더불어 발생했다. 1980년 티토의 사망 이후 유고슬라비아의 소수민족을 한데 묶어주었던 연방주의적 패치워크가 해체되었다. 유고슬라비아는 1960년대와 1970년대에 불균등한 경제 성장을 이뤘는데, 이러한 경제 성장은 수도인 베오그라드와 크로아티아 및 슬로베니아 지방에는 이로웠지만 세르비아, 보스니아-헤르체고비나의 중공업 지대와 조그마한 코소보 지역은 훨씬 뒤처지기 시작했다. 세르비아 정치가들, 그중 가장 주목할 만하게는 슬로보단 밀로셰비치(1941~2006)는 경제적 곤경으로 인한 세르비아인의 좌절을 국민적 자부심과 주권이라는 주제로 방향 전환시키기 시작했다.

민족주의, 특히 세르비아인과 크로아티아인의 민족주의는 오랫동안 유고슬라비아의 굳건한 연방 정치체제를 괴롭혀왔다. 민족주의적 감정은 특히 세르비아인 사이에서 심했다. 세르비아의 민족적 신화는 중세까지 소급되는 것이었고 이 나라는 소수민족에 따른 정치적 분리주의라는 최근의 전통을 더 많이 갖고 있었다. 밀로셰비치와 그를 둘러싸고 모인 세르비아인 민족주의자들은 여러 가지 방법으로 그 시대의 두려움과 좌절을 포착하고 정치적 발화점에 불을 붙였다. 밀로셰비치에게 더욱 중요한 것은 그것이 자신을 결정적인 권력의 자리에 올려놓았다는 점이었다. 그는 비세르비아계 공화국 출신의 대표들을 따돌렸다. 1989년의 평화적인 변화에 고무된 슬로베니아의 작은 지방 출신의 대표들은 공화국 내에서 적절한 대표성을 인정받지 못하고 경제적 지원도 받지 못해왔다고 선언했다. 1991년 민족주의와 개혁의 물결에 편승해 슬로베니아인은 유고슬라비아로부터 분리했다. 유고슬라비아 정부는 무력으로 연방을 한데 유지하려는 단기간의 시도 이후 태도를 누그러뜨리고 슬로베니아가 독립을 주장할 수 있게 해주었다. 다른 공화국에 있는 소수민족의 민족주의자들도 이 선례를 따랐다. 이로써 훨씬 더 심각하고 더욱 피비린내 나는 해체의 과정이 시작되었다.

한때 합스부르크 제국의 일부였고 제2차 세계대전 동안 잠시 나치와 손잡은 독립 국가였던 거대 공화국 크로아티아는 유고슬라비아 정부 내의 세르비아계 관리들이 자행한 불의를

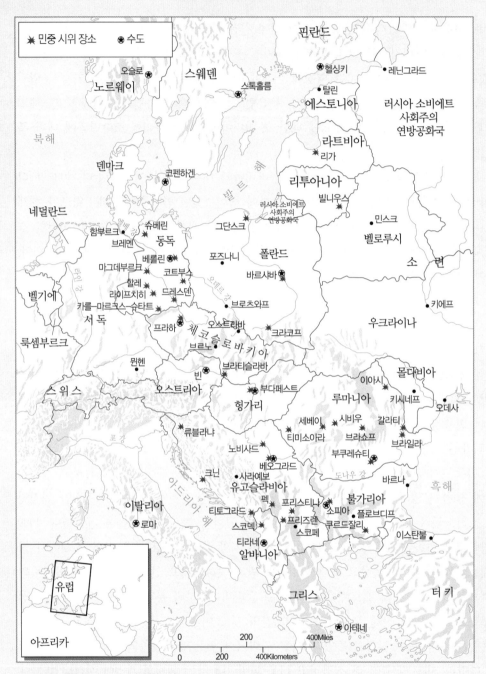

민중 시위 장소   수도

핀란드
오슬로
노르웨이   스웨덴
스톡홀름   헬싱키   레닌그라드
북해   탈린
에스토니아   러시아 소비에트
사회주의
연방공화국
덴마크   라트비아
코펜하겐   리가
네덜란드   리투아니아
빌니우스
함부르크   슈베린   그단스크   민스크
브레멘   동독   벨로루시
베를린   포즈나니   폴란드   소   련
마그데부르크   코트부스
할레   바르샤바
라이프치히   드레스덴   브로츠와프   키에프
카를-마르크스-슈타트   우크라이나
벨기에   오스트라바   크라코프
서독   프라하   체 코 슬 로 바 키 아
룩셈부르크   브르노   몰다비아
뮌헨   브라티슬라바   이아시   키시네프
빈   부다페스트   루마니아   오데사
오스트리아   헝가리   시비우   갈라티
스 위 스   류블랴나   세베이   브라쇼프   흑해
티미소아라   브라일라
노비사드   부쿠레슈티
크닌   베오그라드   바르나
이탈리아   사라예보   도나우 강
로마   유고슬라비아   펙   프리스티나   불가리아
티토그라드   소피아   플로브디프
스코녜   프리즈렌   쿠르드잘리   이스탄불
티라네   스코페
알바니아   터 키
그리스
유럽
아테네
아프리카   0   200   400Miles
0   200   400Kilometers

1989년의 동유럽

소련에서의 어떤 정치적 변화들이 동유럽 전역에 걸친 시위의 확산을 허용했는가? 1989년 최초의 정치적 격변이 폴란드와 동독에서 일어난 이유는 무엇인가?

언급하며 자유로운 자본주의 국가로서의 독립을 선언했다. 유고 연방군과 독립 크로아티아의 잘 무장된 민병대 사이에 전쟁이 발발했지만, 이 충돌은 유엔의 중재로 끝났다. 이 전쟁의 종교적 성격, 즉 가톨릭교도인 크로아티아인과 그리스 정교회교도인 세르비아인 사이의 전쟁이었다는 점과 제2차 세계대전에서 서로 싸웠던 유산은 양측에 폭력 사태를 야기했다. 1940년대 이래로 세르비아인과 크로아티아인이 함께 살아왔던 마을과 촌락은 각각의 소수민족 집단이 서로 뭉쳐서 상대방을 학살하면서 분열되었다.

그 다음 충돌은 1914년에 훨씬 더 큰 전쟁을 일으켰던 곳, 즉 보스니아-헤르체고비나 지방에서 일어났다. 보스니아는 유고슬라비아에서도 가장 다양한 소수민족이 거주하는 공화국이었다. 공화국의 수도 사라예보는 몇몇 주요 소수민족 집단의 고향이었고 종종 평화로운 공존의 사례로 칭송받아왔다. 1992년 보스니아가 유고슬라비아로부터 분리하자 소수민족의 공존은 무너졌다. 보스니아는 아무런 공식적 군대 없이 전쟁을 시작했다. 예컨대 세르비아계 유고슬라비아, 크로아티아, 보스니아 정부가 제공한 무기로 무장한 무리들이 이 신생 국가 전역에 걸쳐 서로 전투를 치렀다. 보스니아의 무슬림을 싫어하는 세르비아인과 크로아티아인은 특히 무기를 잘 갖추었고 잘 조직되었다. 그들은 마을과 촌락에 포탄과 총알을 퍼부었고, 가족이 안에 있는 집에 불을 질렀으며, 무슬림 남성들을 억류 수용소에 가두고 굶어죽게 만들었으며 수천 명의 보스니아 여성을 강간했다. 어느 한쪽이 아니라 모든 편에서 잔학 행위를 저질렀다. 하지만 세르비아인은 가장 사악한 범죄들을 획책하고 수행했다. 이 범죄에는 '인종 청소'라고 부르게 된 것도 포함되었다. 인종 청소에는 무슬림이나 크로아티아 영토를 통해 한층 더 많은 사람들이 이 지역에서 도망치도록 조장하기 위해 살육과 테러 전쟁을 수행하는 비정규군의 파견도 포함되었다. 전투가 치러진 첫 18개월 동안 대부분이 보스니아의 무슬림들이었던 8만 명의 민간인을 포함한 10만 명 정도의 사람들이 죽임을 당했다. 이 군사 행동이 서방 정부들을 섬뜩하게 만들었지만 이들 나라는 서방의 간섭이 끔찍한 인종 살육 자체에 대해 아무런 분명한 해결책이 없으며 또 다른 베트남이나 아프가니스탄을 초래할 가능성이 있을지 모른다고 염려했다. 주로 유럽의 군대로 구성되어 유엔의 푸른 헬멧을 착용한 외부 세력은 전투원들을 분리시키고 박해받는 모든 당파의 소수민족을 위한 안전지대를 설정하면서 인도주의적 구제에 집중했다.

이 위기는 1995년 가을에 막바지에 다다랐다. 사라예보는 3년 동안 포위된 상태에 있었지만, 사라예보에 있는 공공 시장에 대한 박격포 공격은 서방을 새로이 격분시켰고 미국으로 하여금 행동에 나서게 만들었다. 크로아티아 세력과 보스니아 군대는 세르비아의 민병대에 대항해 이미 전쟁을 지상전으로 전환시켰고 이제 파상적인 미군의 공습으로 지원을 받았다. 미군의 폭격에 크로아티아-보스니아의 공세가 더해져 보스니아의 세르비아인은 협상에 나서야만 했다. 영국군 포병의 지원을 받은 프랑스 정예 부대는 사라예보에 대한 포위망을 돌파했다. 평화 회담이 오하이오 주 데이턴에서 열렸다. 협정문은 대부분의 보스니아 영토를 무슬림과 크로아티아인의 수중에 두고 1992년 인종적으로 청소된 영토를 포함하는 지역에 소규모의 자치적인 '세르비아인 공화국(Serb Republic)'으로 구분하면서 보스니아를 나누었다. 안정은 회복되었지만 3년에 걸친 전쟁은 20만 명 이상의 사람들을 죽음에 이르게 했다.

보스니아의 유산은 중세 그리스 정교회교도 세르비아인의 고향이지만 지금은 대부분이 무슬림인 알바니아인이 차지하고 있는 코소보를 둘러싸고 다시 충돌로 비화했다. 밀로셰비치는 알바니아인이 분리를 획책하고 코소보에서 세르비아인이 살고 있는 것에 도전을 가하고 있다고 비난했다. '대(大)세르비아'라는 미명하에 세르비아 군인들은 '대(大)알바니아'의 기치 아래 모인 알바니아인 분리주의자들과 싸웠다. 양측은 테러리스트 전술을 사용했다. 서방 국가들은 이 충돌이 전략적 요충지이자 소수민족으로 나뉜 마케도니아 지방으로 확산되어 발칸 지역의 전반적인 충돌의 발단이 되지 않을까 염려했다. 하지만 서방의 정치적 여론은 세르비아 군대가 일찍이 보스니아에서 자행했던 것과 같은 많은 잔학한 전술을 사용하자 격분했다. 나토의 강대국들은 밀로셰비치 정부와 알바니아 반군 사이의 회담을 후원했지만 1999년 초 결렬되고 말았다. 협상이 결렬되자 코소보에 있는 세르비아 군대뿐만 아니라 세르비아 자체에 대해서도 미군이 주도하는 새로운 대대적인 폭격이 이어졌다. 새로이 시작된 인종 청소의 악순환이 수십 만 명의 알바니아인을 고향에서 몰아냈다. 남부 발칸 지역의 험준한 산악 지형에서 지상전을 치르기를 꺼려한 미국과 유럽연합군은 교량, 발전소, 공장, 세르비아군 기지 등에 대한 전략적 폭격에 집중했다. 러시아 정부는 동족인 슬라브인에 대한 일방적인 공격을 심히 걱정했지만 교전 중단을 중개하는 데에서 중요한 역할을 했다. 밀로셰비치는 코소보를 또 다른 나토의 무장 평화유지군의 수중에 남겨둔 채 그곳에서 철수하지 않으면 안 되었다.

10년에 걸친 전쟁과 경제 제재로 쇠약해진 세르비아인이 지배하는 유고슬라비아는 마침내 밀로셰비치 정권에 등을 돌렸다. 전쟁과 부패는 민족주의자이자 민중주의자인 밀로셰비치에 대한 신뢰도를 무너뜨렸다. 그가 2000년의 민주적 선거 결과를 거부하고자 한 이후에 그의 정부는 대중의 저항으로 무너졌다. 밀로셰비치는 전쟁 범죄로 유엔 재판소에서 재판을 받던 중 2006년에 사망했다.

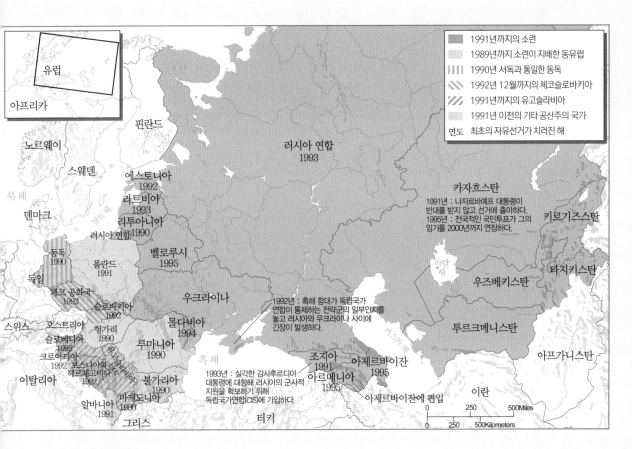

냉전 이후의 서양

소련의 붕괴와 냉전의 종식이 어떻게 유럽의 정치적 풍경에 어떤 세력들이 다시 등장하도록 허용했는가? 남
동부 및 중부 유럽의 지리를 면밀히 검토해보라. 정치적 경계들은 어떻게 재조직되었는가?

이제 다시 20세기를 조망해보며 1990년대 유고슬라비아에서 일어난 전쟁들은 발칸 지역의 폭력 사태에만 국한된 것은 아니었다. 그 문제들은 철저하게 서구적인 것이었다. 발칸 지역은 로마 가톨릭교회, 동방 정교회, 이슬람의 영향을 받은 문화들이 만나고 중첩되며 정치적 지배와 영향력을 위해 다투는 서양의 경계지 중 하나였다. 19세기 이래로 대단히 복잡한 종교적·문화적·인종적 다양성을 지닌 이 지역은 민족주의와 얽혀 있는 것들과 투쟁해왔다. 우리는 대부분 소수민족의 혈통에 따라 그려진 신생 민족국가의 탄생을 둘러싼 충돌이 중부 유럽에서 많은 경우에 비극적인 폭력 사태로 어떻게 비화했는가를 살펴보았다. 유고슬라비아에서의 전쟁들은 동일한 유형의 몇 가지와 딱 들어맞는다.

결론

1989년 동유럽에서 일어난 혁명들과 계속된 소비에트 연방의 붕괴는 혁명적인 전환점이었다. 1789년의 프랑스 혁명과 마찬가지로 이 사건들은 정권뿐만 아니라 제국도 붕괴시켰다. 프랑스 혁명처럼 이 사건들은 폭력 사태로 번졌다. 그리고 프랑스 혁명처럼 이 사건들은 국제적으로 결정적인 결과들을 파생시켰다. 이 혁명들과 소련의 붕괴는 제2차 세계대전의 종결 이래로 국제 정치를 구축해왔으며 수많은 사람들의 일상생활을 형성해왔던 냉전에 마침표를 찍었다. 이 책의 마지막 장에서 우리는 냉전 자체가 어떻게 한층 더 복잡한 전 지구적 관계에 길을 열어주었는지 생각해볼 것이다.

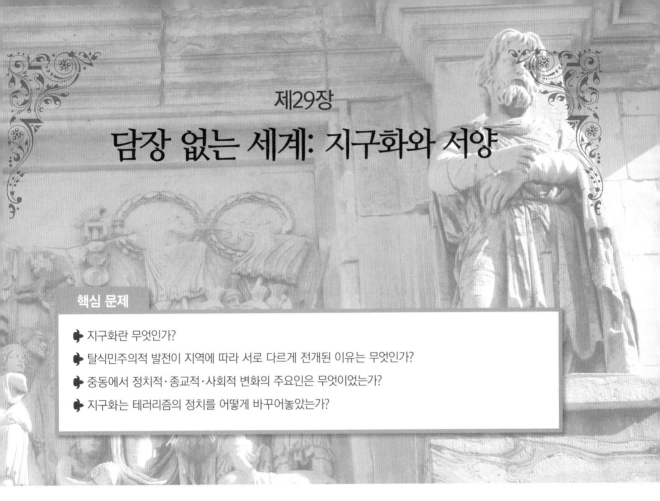

제29장

담장 없는 세계: 지구화와 서양

핵심 문제

🍂 지구화란 무엇인가?

🍂 탈식민주의적 발전이 지역에 따라 서로 다르게 전개된 이유는 무엇인가?

🍂 중동에서 정치적·종교적·사회적 변화의 주요인은 무엇이었는가?

🍂 지구화는 테러리즘의 정치를 어떻게 바꾸어놓았는가?

세계는 21세기에 국민국가의 역할, 번영의 근원, 문화의 경계 등에 관한 기본적인 가정이 빠르게 변화하는 시대에 다시 진입했다. 우리는 상이한 역사적 시대들에서 심하지만 거의 이해되지 않는 변화에 대한 당혹감이 서양 문화의 중심이 되어왔다고 생각하기 때문에 '다시 진입'했다고 표현했다. 19세기의 산업혁명이 그러한 예이다. 19세기 초에 만들어진 '산업혁명'이라는 용어가 마치 동시대인의 변화에 대한 인식을 포착한 것처럼 보이듯이, 지구화(globalization)'라는 말도 우리의 변화에 대한 인식을 포착하기 위한 것처럼 보인다. 지구화는 새로운 것은 아니지만, 그것에 대한 예리한 의식은 새로운 것이다.

우리는 직관적으로 지구화가 무엇을 의미하는지 알고 있다. 지구화란 인터넷, 세계무역기구(World Trade Organization: WTO)에 대한 저항, 일자리와 용역의 아웃소싱, 멕시코의 월마트, 베를린 장벽의 제거 등으로 나타난다. 이 모든 것은 한층 더 크고 매우 중요한 발전들의 막강한 이미지들이다. 인터넷은 전 지구적 통신, 미디어, 지식의 형태에 대한 놀라운 변화를 대표한다. 베를린 장벽은 한때 서로 갈라진 냉전 세계를 대표했지만, 그것의 붕괴는 국제관계의 극적인 변형, 공산주의에 대한 이데올로기적 전투의 종식, 새로운 동맹·시장·공동체 등의 창조로 나타났다. 또한 2001년의 세계무역센터에 대한 공격은 '지구화'라는 용어에 새로우면서도 무서운 의미를 제공했다. 그것은 많은 미국인의 상대적인 고립감과 안전하다는 생각을 뒤흔들어놓았다. 지구화는 새로운 가능성을 생각해냈지만, 또한 새로운 취약성을 불러내기도 했다.

지구화란 정확하게 무엇을 의미하는가? 무엇이 지구화를 발생시켰으며 지구화로 나아가게 하는가, 그리고 그 결과는 무엇인가? 단순하게 시작하면, 지구화는 통합을 의미한다. 그것은 지구의 더욱 큰 부문으로 확산되는 수많은 정치적·사회적·경제적·문화적 네트워크의 창조 과정이다. 신기술, 새로운 경제적 절박함, 변화하는 법률 등이 전 지구적 교환을 한층 더 빠르게 하고 경제적·사회적·문화적 관계를 강화하기 위해 결합되어왔다. 이제 정보, 사상, 상품, 그리고 사람들은 빠르게 이동하고 쉽게 국경을 넘나든다. 하지만 지구화는 '국제화(internationalization)'의 동의어가 아니며, 이것을 구별하는 것은 중요하다. 국제관계는 국민국가 사이에 수립되었다. 전 지구적 교환은 국가적 통제로부터 매우 독립적일 수 있다. 예컨대 오늘날 무역·정치·문화 교류는 어느 역사가의 말에 따르면 "국민국가의 레이더 아래에서" 일어난다.

지구화는 아시아 국가들이 특히 산업 거인으로 등장하고 서구 열강이 점차 이전의 식민지들로부터 에너지 자원을 의존하게 되면서 전 세계적으로 산업의 분포와 무역 유형을 급격하게 바꾸어놓았다. 지구화는 금융과 통상에서 제조업에 이르기까지 경제적 사업들의 재조직화가 일어나게 만들었다. 국제통화기금(IMF) 같은 초국가적인 경제 기구들이 지구화의 사례이며 또한 지구화의 속도를 가속시켰다. 마찬가지로 국제형사재판소(ICC)는 법에서의 중요한 경향, 즉 사법권의 지구화를 보여준다. 새롭고 신속하며 놀라울 정도로 친근한 형태의 매스커뮤니케이션(블로그, 인터넷을 이용한 정치적 선거운동 등)은 새로운 형태의 정치를 낳았다. 국제적인 인권운동은 전 지구적 통신과 그것이 만들어낸 공동체에 엄청난 빚을 지고 있다. 아마도 가장 흥미로운 것은 국민국가의 주권과 국가적 공동체의 뚜렷한 경계가 수많은 지구화 경향들로 인해 잠식되는 것처럼 보인다는 점이다.

이 모든 발전이 우리 시대의 특징으로 보인다. 하지만 이러한 발전들이 새로운 것인가? 수세기 동안 종교, 제국, 통상, 산업 등은 지구화적인 충격과 결과를 겪어왔다. 예를 들면 (네덜란드와 영국의) 동인도회사는 21세기에 마이크로소프트사가 있는 것처럼 17세기에 있던 당대 최고의 지구적 기업이었다. 국왕이 특허장을 부여한 독점 기업이었던 그들은 무역, 자본 투자, 제조업, 상업적 무역 등을 조직했다. 네덜란드 동인도회사의 네트워크는 암스테르담에서 남아프리카를 거쳐 인도와 동남아시아에 이르기까지 퍼져 있었다. 유럽의 경제 발전은 전반적으로 원료, 시장, 노동 등을 공급했던 전 지구적 네트워크에 철저하게 얽혀 있었다. '서양'을 전 지구적 차원에서 떼어내기란 항상 힘든 일이었다. 노예제를 폐지하기 위한 운동은 전 지구적인 것은 아닐지라도 확실히 대서양을 넘나드는 운동이었다.

또 다른 놀라운 사례는 이주와 이민이다. 우리는 현대 세계를 사람들의 거대한 이동으로 특징지을 수 있는 유동적인 것이라고 생각한다. 하지만 장거리 대량 이주와 이민은 19세기 동안 절정에 달했다. 1846년(신뢰성 있는 최초의 통계가 작성된 때)과 1940년 사이에 5,500만 명에서 5,800만 명에 이르는 사람들이 유럽을 떠나 아메리카 대륙 특히 미국, 캐나다, 아르헨티나, 브라질로 향했다. 동일한 기간에 4,800만~5,200만 명에 달하는 인도인과 남중국인이 동남아시아, 남태평양, 인도양 주변 지역으로 이주했다(다수의 인도 이주민은 대영제국의 다른 지역으로 갔다). 또 다른 약 5,000만 명의 사람들이 동북아시아와 러시아를 떠나 만주, 시베리아, 중앙아시아, 일본으로 향했다. 훨씬 더 빠른 장거리 운송(철도와 증기선)이 긴 여정을 가능하게 해주면서 그들을 받아들인 지역에서의 산업화는 경제적 역동성을 제공했다. 애덤 맥케언(Adam McKeown)이라는 학자가 썼듯이, 19세기는 "지구 전역에서 공장, 건설 사업, 광산, 플랜테이션, 농업적 프런티어, 상업적 네트워크 등이 쇄도하는 움직이는 세계"였다. 이러한 이주의 인구학적·사회적·경제적·문화적 효과는 변화였다. 맥케언이 지적했듯이, 제1차 세계대전 이후에 여러 나라 정부는 문을 걸어 잠그기 시작했다. 따라서 1920년대부터 노동자들(그리고 망명자들)의 이동은 한층 어려워졌다. 만약 이주가 지구화의 척도라면 우리가 살고 있는 세계는 한 세기 전보다 덜 '지구화되어' 있다.

더 나아가 지구화를 통합과 동일시하는 것은 오해의 소지가 있을 수 있다. 지구화 경향은 반드시 평화, 평등, 동질성을 가져오지 않는다. 지구화 경향의 결과는 예측하기 어렵다. 1900년대 초에 많은 유럽인은 세계, 즉 최소한 서양 제국주의 국가들이 지배하는 일부 세계는 조화롭게 되어서 서양 문화가 수출될 것이고 서양의 표준이 보편적인 것이 될 것이라고 굳게 믿었다. 역사는 그러한 기대를 저버렸다. 일부 학자들은 '지구화'라는 용어는 획일성, 즉 어디에서나 유사하게 작동하는 것을 의미하는 평준화 과정을 암시하기 때문에 폐기되어야 한다고 주장한다. 지구화는 매우 상이하고 본질적으로 다른 결과, 즉 국가나 지역 사이에서 권력과 부의 엄청난 비대칭성으로 형성된 결과를 낳았다. 지난 몇 십 년 동안 전 세계적인 불평등은 심화되었다. 지구화 과정은 장애물과 저항에 직면한다. 지구화 과정은 통일 성뿐만 아니라 분열의 씨도 뿌린다. 일상의 인간적 접촉 수준에서 지구화는 새로운 종류의 문화적 혼합과 새로운 형태의 사회성을 촉진해왔지만, 그것은 또한 그러한 혼합에 대한 반발도 초래했다. 우리를 들뜨게 하는 '지구적'이라는 단어는 우리의 분석을 왜곡하고 우리를 그릇된 방향으로 향하게 한다. 어느 역사가가 주장하듯이 '국가적이나 대륙적인 그릇' 밖에 서 생각할 수 있게 되는 것이 중요하지만, "지구라는 행성 이외에는 그릇이란 전혀 없다"고 믿는 오류를 범할 수도 있다.

이 장에서 우리는 지구화, 특히 21세기의 냉전 이후 세계와 관련된 지구화를 이해하기 위해 결정적인 세 가지 주제를 탐구할 것이다. 첫 번째 주제는 돈, 사람, 생산물, 사상 등의 자유로운 흐름을 가속화시켜온 일련의 전 지구적 변화이다. 두 번째 주제는 탈식민주의 시대의 정치, 즉 이전 식민지들의 현대적 경험을 나타내는 다양한 궤적이다. 마지막으로 현대 지구적 사건에서 중동의 정치가 지닌 복잡하고 중요한 역할을 한층 더 심도 있게 탐구할 것이다. 이를 통해 우리는 이미 다른 맥락에서 살펴본 친숙한 역사적 사건들과 관련된 최근 의 발전 방향을 보여줄 수 있기를 기대한다.

유동적인 근대성? 돈, 사상, 사람들의 흐름

◆ 지구화란 무엇인가?

20세기 말의 지구화가 갖는 기본적인 특징은 1970년 이후 시장의 급속한 통합으로 두드 러진 세계 경제의 변화였다. 일련의 역사적 변화에 따라 제2차 세계대전 이래로 사람, 상 품, 화폐의 이동을 규제했던 국제적 협약이 전복되었다. 말하자면, 브레턴우즈에서 조인되었 던 전후 경제 협정(제27장 참조)은 서양 산업 국가들이 인플레이션과 경제적 침체라는 이중 의 부담에 직면하자 1960년대 후반에 꾸준히 부식되었다. 통화 정책의 결정적인 변화는 미 국이 전후 금본위제를 포기하고 브레턴우즈 체제의 핵심인 달러화의 자유로운 변동을 허 용했던 1971년에 발생했다. 그 결과 국가들 사이의 통화, 국제 금융, 대출 등에 대한 공식적 규제가 사라졌다. 그것은 거대한 사적 채권자들, 주도적인 서방 국가들에 건재하고 있는 그 들의 정치적 우호 세력들, 국제통화기금과 세계은행 같은 독립적 금융기관들이 자율적으로 관리하는 비공식적 조절의 네트워크로 대체되었다. 이런 새로운 네트워크를 지배하는 경제학자와 행정가들은 전후 계획의 입안과 복구를 형성했던 간섭주의 정책으로부터 멀어져갔다. 대신에 그들은 '신자유주의'라는 광범위한 시장 지향적 모델에 의존했다. 고전적 자유주의 경제학의 변이인 신자유주의는 자유 시장의 가치, 이윤 동기, 정부가 운영하든지 기업이 운영하든지 간에 적자 예산과 사회복지 프로그램 모두에 대한 강력한 제한 등을 강조했다. 그것이 지지한 새로운 대출 체제는 위험하기 짝이 없는 성장에 자금을 대주는가 하면 파멸적인 부채를 가져다주기도 하는 뒤죽박죽의 결과를 초래했다. 글로벌화한 경제에서의 산업발전은 모든 대륙에 걸쳐서 그리고 단일한 도시들 내에서조차도 발전과 황폐라는 부조화적인 것의 병존, 즉 '풍요와 빈곤의 서양 장기판'으로 묘사되는 현상을 창출했다.

그와 동시에 세계의 지역, 국가 그리고 지방의 경제는 더욱더 연결되었고 상호의존적이되었다. 수출 무역은 번창했고, 1960년대와 1980년대의 기술적 진보와 더불어 첨단 기술 상품 비율도 증가했다. 수출 통상의 호황은 전 세계적으로 노동 분화에서의 중요한 변화들과 결합되었다. 탈식민주의 세계—아시아의 '호랑이들'뿐만 아니라 인도, 라틴아메리카, 그밖의 나라들—에서 더 많은 산업적 직업들이 등장했다. 안정되고 숙련된 육체노동은 서양의 여러 나라에서 종종 저임금의 하찮은 노동으로 대체되면서 사라지기 시작했지만, 금융및 서비스 분야의 고용은 급격하게 증가했다. 상품의 교환과 이용은 한층 더 복잡졌다. 상품은 한 나라의 회사에서 디자인되고, 또 다른 나라의 회사에서 제조되며, 한층 더 광범위한 문화의 상호 교환에 연결된다. 일괄하면 글로벌한 경제적 변화는 시민권의 본질과 국경내에서의 자격, 초국가적 기업의 권세와 책임, 글로벌한 자본주의로 인한 인적·환경적 비용등에 관한 어려운 논의를 불러일으키면서 심각한 정치적 결과를 초래했다.

또 다른 중대한 변화는 정보의 광범위한 흐름과 정보 자체에 붙어 다니는 새로운 상업적·문화적 중요성을 포함하고 있다. 정보를 창출하고 저장하며 공유하기 위해 고안된 전자시스템과 장치가 배가되었으며, 이것은 경이적으로 한층 더 강력하면서도 이용하기 쉽게 되어가고 있다. 예컨대 전 세계 남녀의 일상생활에 개인용 컴퓨터보다 더 큰 충격을 준 것은없을 것이다. 1990년대 초 무렵 점점 더 정교해진 컴퓨터는 새로운 수단이었을 뿐만 아니라새로운 문화적·정치적 환경에서 대륙들을 가로질러 사람들이 서로서로에게 즉각적으로 소통할 수 있게 해주었다. 인터넷을 통한 전자 통신은 지구촌이라는 용어에 강한 흥미를 돋우는 새로운 의미를 부여해주었다. 인터넷 혁명은 먼 옛날의 인쇄 혁명의 특징을 공유했다.인터넷 혁명은 유토피아적 야망을 지니고 비공식적으로 쉽게 출판할 수 있는 문화적으로는 불법적이고 정치적으로는 명예롭지 못한 자료들에 아낌없는 관심을 기울인 사업가들이 개척했다. 그것은 새로운 '공중(公衆)'을 구성하면서 사회적·정치적 집단에게 새로운 가능성을 열어주었다. 그리고 그것은 문화와 사업의 새로운 채널에서 돈을 긁어모으기를 갈망하는 거대한 상설 기업의 관심을 끌었다.

인터넷과 유사한 기술들의 이용은 평범해 보이지만, 그것은 지구 전역에서 정치적 투쟁에 광범위한 영향을 미쳐왔다. 진용을 정비한 소수민족은 온라인 캠페인 사이트를 통해 전 세계적인 관중을 발견했다. 위성 텔레비전은 아마 틀림없이 1989년에 동유럽에서 연달아 일어난 대중 봉기를 촉진시켰다. 같은 해 팩스는 천안문 광장에서 중국인 시위대의 노력에 대한 국제적인 지지를 호소하는 뉴스를 전파했다. 그사이 전자 기술을 향한 도약은 상업적 이해관계를 위한 새로운 세계적인 기반을 마련해주었다. 소니, RCA 등과 같은 회사들은 음악, 영화, 텔레비전 쇼뿐만 아니라 그런 콘텐츠를 즐기기 위한 전자 장비를 포함한 엔터테인먼트 콘텐츠를 창출했다. 빌 게이츠(1955~)의 마이크로소프트 사는 세계의 주요 컴퓨터 소프트웨어 생산자로 부상했고, 이로 인해 한 회사의 이윤이 에스파냐의 국내총생산을 능가하는 결과를 가져오기도 했다. 생산·판매·관리의 수준에서 정보산업은 미국, 인도, 서유럽, 그리고 개발도상의 세계 여러 지역에 걸쳐 광범위하게 전파되는 글로벌한 것이었다. 하지만 그 산업의 회사 본부들은 일반적으로 서구에 남아 있고 신자유주의적 정치를 지지한다. 예를 들면 오스트레일리아인 루퍼트 머독(1931~)이나 타임워너 사가 운영하는 국제적인 미디어, 뉴스, 엔터테인먼트 거대 복합기업은 국영 회사들과는 별도로 미국의 제도 및 세계관과 견고하게 관련되어 있다.

화폐, 상품, 사상의 이동처럼 노동의 흐름도 지구화의 기본적인 측면이 되어왔다. 1945년 이래로 사람들의 전 세계적인 이주, 특히 이전의 식민지들과 제국주의 열강들 사이의 이주는 전 세계에 걸쳐 일상생활을 변화시켰다. 유럽에서뿐만 아니라 아시아와 필리핀 노동자들을 매혹시킨 석유가 풍부한 아랍 국가들에서, 그리고 멕시코와 다른 라틴아메리카 국가들로부터 온 영구적 또는 계절적 이주가 대륙 전체에 확산되어온 미국에서 이민 노동자 집단은 팽창하는 경제의 하층 단계를 채워왔다. 사람과 문화의 융합은 눈에 띌 정도로 새로운 음악, 음식, 언어, 그리고 다른 형식의 대중문화와 사회성의 혼합을 창출했다. 이것은 16~18세기에 신세계에서 형성된 크리올 문화에 견주면 신기해 보인다. 그것은 또한 근대사에서 낯익은 주제들이기도 한 시민권의 정의와 정치적·문화적 공동체의 경계를 둘러싼 긴장을 증대시켰다. 그 결과 주기적인 폭력적인 외국인 혐오증, 편협함, 정치적 극단주의 등이 이민을 받아들인 국가와 지역에서 나타났지만, 그와 더불어 새로운 개념의 인권과 문화적 소속감도 출현했다.

앞서 암시한 것처럼 가장 성공적인 글로벌한 활동가들과 한층 더 가난하고 불우하며 때때로 한창 전쟁 중에 있는 나라와 문화 사이에는 뚜렷한 경계선이 존재한다. 하지만 특정 제조업 분야에서 한층 더 가난한 탈식민주의 지역들은 엄청난 이윤을 내는 안정된 서양의 시장에 대응할 수 있었다. 아편, 헤로인, 코카인 등과 같은 불법 마약의 생산은 콜롬비아, 미얀마(이전의 버마), 말레이시아 같은 나라에서 번창하는 산업이다. 그러한 물질의 교역은 금지되었지만, 마약을 생산하는 나라들의 취약한 경제는 공적 및 사적 권력들로 하여금 마약 생산에 맹목적으로 달려들게 만들었으며, 심지어 그들 자신의 이익을 위해 개입하게 만들었다. 그 밖에 유사한 형태의 불법 통상들이 구조와 정치적 중요성에서 예전의 '조직범죄' 차원을 훨씬 넘어서서 성장해왔다. 불법 이민의 운송, 부정한 금융 거래의 운영, 금지된 동물 추출물의 거래, 몇몇 잔인한 탈식민주의적 내란에서 얻어진 '충돌의 산물'인 다이아몬드 등은 모두 이러한 경향을 보여준다. 이들 범죄와 관련된 거래 배후의 조직들은 쇠퇴하고 있는 탈식민주의 국가들의 정치적 폭력과 경제 붕괴 그리고 이들 지역과 서양의 주도적인 경제 대국들 사이의 인적·상업적 왕래를 통해 성장했다. 이 조직들은 규제가 약한 전 지구적 무역 체제에서의 틈, 허점, 감독이 소홀한 기회 등을 이용해왔고, 어떠한 단일 국가의 법에도 직접 저촉되지 않는 권력의 중앙을 파고들었다.

인구학과 전 지구적 보건

지구화의 진전은 세계 인구의 늘어나는 숫자 및 보건과 복잡하게 얽혀 있다. 1800년에서 20세기 중반 사이에 전 세계 인구는 10억 명에서 30억 명으로 거의 세 배나 증가했다. 하지만 1960년과 2000년 사이에 인구는 다시 두 배로 증가해 60억 명 이상이 되었다. 비록 불균등하지만 특히 영유아와 가임 여성에 대한 기초 건강 수준에서의 엄청난 향상은 도시적·산업적 환경을 개선하고자 하는 지역적 노력과 마찬가지로 인구 증가에 기여했다. 아시아의 인구는 전체적으로 1900년 이래 거의 네 배나 증가해 현재 세계 인구의 약 3분의 2에 달한다. 그러한 인구 증가는 빈곤과 혼란으로 야기된 소수민족적·이데올로기적 폭력의 악순환뿐만 아니라 전염병 발생의 가능성을 증대시키면서 저개발된 사회복지, 공중보건 시설, 도시 기간시설 등을 옥줘었다.

　꾸준히 줄어드는 인구가 사회복지 체제를 좀먹는 서구의 여러 지역은 상이한 형태의 인구학적 위기에 직면해 있다. 늘어난 수명, 확대된 복지 프로그램, 증가하는 건강관리 비용 등은 그러한 도전에 기여해왔다. 미국과 영국의 인구는 안정적이거나 이민으로 인해 서서히 증가해왔다. 이탈리아, 스칸디나비아, 그리고 최근의 러시아에서는 출산율의 현저한 저하가 인구 감소를 초래했다. 출산율의 감소는 수십 년에 걸친 향상된 의료 수준과 국가 주도의 재정 지원 프로그램으로 건강과 활력을 갖게 된 노령 인구의 증가와 함께 일어났다. 그러한 프로그램의 장기적인 해결책 유지는 유럽의 여러 국가들, 특히 사회복지의 보장과 재정 및 정치적 현실 사이에 균형을 맞추려고 분투하는 국가들에게 힘겨운 선택을 제기하고 있다.

　지구화는 새로운 치료 방법뿐만 아니라 위험한 새로운 위협들을 창출하면서 보건과 의료를 변화시켜왔다. 좀 더 나은 그리고 한층 더 포괄적인 건강 관리는 대체로 다른 종류의 번영을 함께 가져왔으며, 따라서 서양에서 더욱 접근 가능한 것이었다. 아프리카, 라틴아메리카, 그리고 그 밖의 지역에서 정치적 혼돈, 무역 불균형, 일부 대규모 제약회사들의 사업 행태는 종종 새로운 치명적인 질병의 물결에 대항해 싸우는 것을 힘들게 만들면서 의약품의 부족과 허약한 의료 인프라를 초래했다. 실제로 전염병에 대한 전 세계적인 노출 위험은 지구화의 새로운 현실이다. 즉, 그것은 증대된 문화적 상호작용, 개발에 따른 새로운 생태계에의 노출, 대륙 간 수송 속도 등의 산물이다. 1970년대에 항공기 여행의 가속화는 전염병이 중세의 세계적 유행병보다 훨씬 더 빠르게 전파될 것이라는 우려를 낳았다. 그러한 두려움은 1970년대 말에 처음 등장한 인체 면역 결핍 바이러스(HIV)—최종적으로 AIDS를 일으킨다—의 전 세계적 확산으로 확인되었다. HIV-AIDS가 전 지구적 보건 위기—특히 이 질병이 파멸적으로 확산되는 아프리카에서—가 되면서 국제기구들은 장래의 질병 발병에 대한 재빠르고 포괄적인 조기 대처가 필요함을 인식했다. 이것은 2003년 중증 급성 호흡기 증후군(SARS)의 성공적인 전 지구적 봉쇄로 확인되었다.

　그사이 다국적 의료 회사들의 연구는 질병의 예방과 치료 능력을 확대시켰다. 이러한 노력 중에서 가장 강력한 도구 중 하나는 1950년대 DNA의 기념비적 발견에서 파생된 유전공학의 발전이었다. 1990년대에 이르러 몇몇 실험실들은 가장 야심찬 의학 연구인 인간 게놈(genome) 지도를 만드는 것, 즉 인간의 DNA에 담겨 있는 염색체와 유전자의 완전한 구조를 밝히는 데 몰두했다. 그 과정에서 유전공학자들은 생명체의 생물학을 바꾸어놓을 방법을 개발했다. 예컨대 불임 부부는 의학적인 체외 수정을 통해 임신할 수 있게 되었다. 유전공학자들은 다른 종들의 화학적 표지, 세포, 심지어 기관을 달고 다니는 생쥐와 여타 실험동물의 변종을 개발하고 특허를 취득하기도 했다. 1997년 영국의 연구자들은 복제(유전적 복사) 양(羊)을 만들어내는 데 성공했다. 게놈 연구는 인간 진화의 유전적 기준에서 생물학적 '결점'과 전환에 대한 의학적 이해를 확대·심화시켰다. 전 지구적 상호 연결의 시대에 새로운 유형의 지식으로서 유전공학은 인간 사회의 법적·도덕적 경계를 넘어 도약했다. 누가, 즉 국가, 국제적인 기구 또는 지역적 문화 및 종교적 공동체 중 어떤 것이 이러한 진전을 통제할 것인가는 열띤 논쟁거리이다. 생명을 구하기 위한 간섭과 문화적 선호도 사이에서 그리고 개별적 매개체와 생물학적 결정론 사이에서 어느 쪽에 선을 그을 것인가에 관한 신선한 논쟁들이 이어졌다. 인류에 대한 과거의 과학적 연구들처럼 유전학은 윤리, 시민권, 인간성의 척도 등에 관한 근본적인 문제를 제기했다.

제국 이후: 전 지구적 시대의 탈식민주의적 정치

👉 탈식민주의적 발전이 지역에 따라 서로 다르게 전개된 이유는 무엇인가?

냉전 시대의 초강대국 간 경쟁관계가 붕괴된 이후에도 전후 시대의 또 다른 유산이 21세기까지 국제 관계를 형성해왔다. 이전 식민지들과 서구 강대국들 사이의 탈식민주의적 관계는 제27장에서 상술한 탈식민지화 투쟁에서 등장했다. 이전 식민지들은 제국주의 열강의 정치적·경제적 영향력 아래 있었던 다른 국가들과 마찬가지로 새로운 문화적·정치적 권한과 함께 최소한 형식적인 독립을 획득했다. 하지만 다른 측면에서 이전 식민지들의 국민에게 변한 것은 거의 없었다. '탈식민주의'라는 용어 자체가 식민주의의 유산이 독립 이후에도 지속된다는 사실을 강조한다. 이들 지역 내에서 새롭고 또는 오래된 정치 공동체들은 다양한 방법으로 제국의 유산과 탈식민주의적 미래를 조종했다. 몇몇 경우에 이전의 식민지 개척자들이나 그들의 지역 동맹자들이 너무도 큰 권력을 계속 쥐고 있어서 형식적 독립은 실제로 아무런 의미도 없었다. 다른 경우에는 피비린내 나는 독립 투쟁은 정치 문화에 해독을 끼치기도 했다. 신생 국가와 새로운 정치의 등장은 경제적 목표, 식민화 이전의 문화적 정체성 부활, 소수민족적 갈등 등으로 나아갔다. 그 결과는 몹시 가파른 산업적 성공에서 소수민족의 대량 학살까지 그리고 민주화에서 절대주의의 새로운 국지적 모델까지 이르렀다. 냉전 시대에 탈식민주의 지역에서 종종 초강대국의 투쟁이 치러지기도 했다. 이들 지역은 초강대국의 후원이라는 혜택을 입었을 뿐만 아니라 공산주의에 대항한 투쟁에서 서방의 자금 지원을 받는 대리전쟁의 무대가 되기도 했던 것이다. 1989년 이래로 그것들의 다양한 궤적은 냉전 이후 지구화 세계에 잔존하는 제국주의적 과거의 복잡한 유산을 보여준다.

아프리카 해방과 소수민족의 갈등

식민주의 유산은 사하라 사막 이남의 아프리카에 큰 부담이 되었다. 아프리카 대륙의 이전 식민지 대부분은 수십 년에 걸친 제국주의적 무관심 이후에 기초적인 기간 시설이 악화된 채로 제2차 세계대전 이후에 독립했다. 아프리카 대륙의 각국 정부들은 자생적이거나 외부적인 부패, 빈곤, 내전 등으로 어려움을 겪었기 때문에 냉전 시기에는 불충분한 향상을 이루었다. 1989년 무렵 사하라 사막 이남의 아프리카에는 냉전의 종식과 폭발 직전의 지역적 상황들이 결합된 매우 상이한 두 가지 경향이 등장했다.

첫 번째 경향은 남아프리카에서 찾아볼 수 있다. 그곳에서는 소수 백인 정부가 후원한 인종 차별이라는 잔인한 인종 정책을 둘러싸고 수십 년 동안 정치가 공전해왔다. 가장 두드러진 인종 차별의 반대자이자 아프리카 민족회의(African National Congress: ANC)를 이끌었던 넬슨 만델라(1918~2013)는 1962년 이후 감옥에 수감되어 있었다. 강력한 억압과 폭력적 충돌이 1980년대까지 계속되었고, 1980년대 말에는 위험한 막다른 골목에 다다랐다. 그 후 남아프리카공화국 정부는 대담한 새로운 정책을 채택하고 1990년 초 만델라를 석방시켰다. 그는 ANC의 지도력을 되찾았고 그 단체를 재개된 대중 시위와 협상 계획의 결합을 모색하는 방향으로 전환시켰다. 아프리카너가 지배하는 백인 정권 내에서도 P. W. 보타(1916~2006)에 이어 F. W. 데 클레르크(1936~)가 수상에 오르면서 정치가 변화했다. 인종 차별을 둘러싼 내전과 국가적 붕괴를 두려워한 실용주의자 데 클레르크는 만델라와 잘 어울렸다. 1992년 3월 두 사람은 다수의 지배를 확립하기 위해 직접 대화를 시작했다. 법적·헌정적인 개혁이 뒤를 이었고, 1994년 5월 모든 남아프리카공화국 사람들이 참여한 선거에서 넬슨 만델라가 이 나라 최초의 흑인 대통령으로 선출되었다. 주택, 경제, 보건 등을 개혁하고자 하는 만델라 정부의 많은 노력이 실패했지만, 그는 조직적인 인종 폭력의 분위기를 완화시켰다. 그는 또한 흑인과 백인 남아공인 사이에서 똑같이 새로운 정치 문화의 상징으로서 엄청난 개인적 인

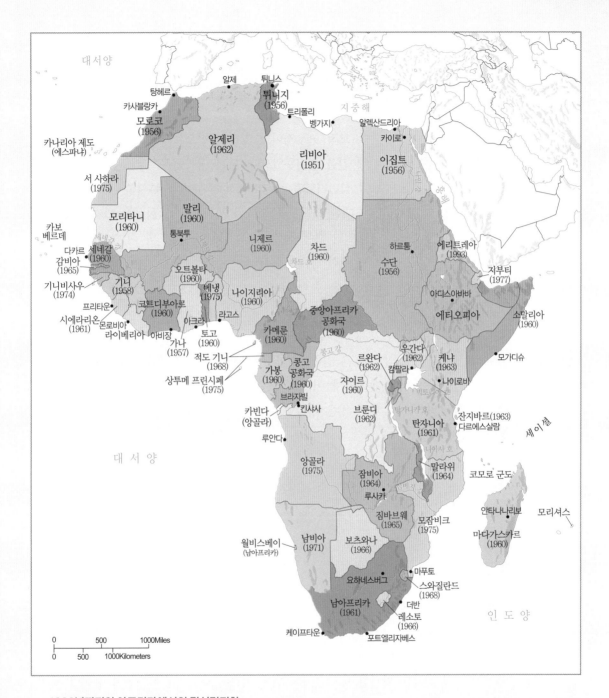

1980년까지의 아프리카에서의 탈식민지화

오늘날 아프리카 국가들의 국경이 어떻게 여전히 유럽 식민화의 흔적을 갖고 있는가? 이것이 이 국가들 내의 소수민족적 긴장을 가져다주는 데 어떤 영향을 미쳤다고 생각하는가?

기를 얻었고 이를 유지했다. 만델라의 인기는 사하라 사막 이남뿐만 아니라 전 세계적으로 확산되었다. 베냉, 말라위, 모잠비크 같은 좀 더 작은 수많은 탈식민주의 국가들에서 1990년 대 초 의회 민주주의와 경제 개혁에 찬성해 일당 또는 일인 지배를 종식시키는 정치 개혁이 이루어졌다.

두 번째 경향은 상이하면서도 비교적 고무적이지 않은 방향으로 나아갔다. 일부 이전의 독재 정치는 다원주의의 요구에 길을 열어주었으나, 다른 국가들은 무자비한 소수민족적 갈등으로 붕괴되었다. 벨기에의 식민지였던 르완다에서 후투족과 투치족 사이의 갈등은 대통령이 암살당한 뒤 투치족에 대한 고도로 조직화된 계획적 대량 학살을 가져온 군사 행동으로 분출되었다. 온갖 배경을 지닌 후투족이 자행한 인종 학살은 몇 주 만에 80만 명의 투치족을 죽게 만들었다. 결국 국제적 압력은 르완다의 지역 정치 세력으로 하여금 범죄자들로부터 등을 돌리게 만들었다. 그들 중 다수는 인접한 자이르로 탈출했고 모부투 세세 세코(1930~1997) 정권의 붕괴에 뒤이은 여러 부족 간의 내전에서 용병으로 고용되었다. 32년 간 자이르를 지배했던 독재자 세세 세코는 외국에서 원조 받은 수십억 달러의 돈을 개인 은행 계좌로 전용한 것으로 악명 높은 인물이었다. 야심찬 몇몇 인접국들은 자이르의 값진 자원을 확보하고 국경을 넘어 쏟아져 들어오는 소수민족 집단과의 갈등을 해결하기 위해 자이르 문제에 개입했다. 이에 따라 많은 평자들이 '아프리카의 세계대전(Africa's world war)' 이라고 명명한 전투가 1990년대 말에서 21세기에 이르기까지 계속되었다. 자이르—1997년 5 월 킨샤사에 있는 무능한 정부가 무너지면서 콩고 민주공화국으로 이름을 바꾸었다—의 공공 서비스, 정상적인 무역, 심지어 기초적인 보건과 안전마저 붕괴되었다. 전투, 대량 학 살, 질병 등으로 인한 사망자는 수백만 명에 이르렀지만, 2000년대에도 아무것도 해결되지 않은 채 전투가 계속되었다.

환태평양 지역의 경제력

20세기 말 동아시아는 산업 및 제조업 생산의 중심지가 되었다. 1970년대에 공산주의 정부가 서방과의 통상 관계를 확립한 중국은 2000년에 이르러 세계에서 주도적인 중공업 생산자로 부상했다. 국가 소유의 회사들은 미국과 유럽 시장에 팔기 위한 생산물을 저렴하게 대량으로 생산하려고 서구 회사들과 계약을 맺었다. 중국 무역에 대한 유럽의 19세기 침입에 신중한 반전을 꾀하는 방법으로 중국은 상하이와 같은 주요 항구 도시 주위에 반(半)자본주의적 경제특구를 세웠다. 이는 1997년 영국으로부터 홍콩을 반환받는 것을 중심에 놓는 정책이었다. 경제특구는 중국에게 엄청난 양의 값싼 수출품으로 인한 수출초과 무역수지를 안겨주는 조건에서 외국의 막대한 투자를 촉진시키기 위한 것이었다. 경제특구는 실제로는 들쭉날쭉 혼잡한 성공을 향유했다. 농업에서의 침체와 급박한 양상을 보이는 에너지 위기는 중국 본토에서의 번영과 경제성장을 방해했지만, 홍콩은 아편 무역 시절 이래로 그래왔던 것처럼 세계의 나머지 지역과 경제적·문화적 중간 지대로서의 유지를 꾀했다(제22장 참조).

　다른 아시아 국가들도 전 지구적 통상 강국으로 부상했다. 제2차 세계대전 이후 수십 년 동안 일본에서 시작되어 아시아의 태평양 연안 지역을 따라 동남아시아와 오세아니아까지 이르는 국가들에서 산업이 번창했다. 1980년대에 이르러 이 나라들의 꾸준한 산업 팽창과 뚜렷한 잠재력은 이 나라들이 집단적으로 '호랑이들'이라는 별명을 얻게 만들었다. 이 별명은 중국 신화에 나오는 야심차고 적극적인 호랑이라는 이미지에서 따온 것이었다. 이들 환태평양 국가들은 미국과 유럽 이외의 세계에서 가장 중요한 산업 지역을 집단적으로 형성했다. 그중에서 일본은 그 길을 주도했을 뿐 아니라 궁극적으로 서독의 경제 기적을 능가하는 전후 부흥과 더불어 가장 영향력 있는 성공의 본보기가 되었다(제28장 참조). 일본 회사들은 연료절감형 자동차, 특수강, 소형 전자제품 등과 같이 자국의 생산품에서 효율성과 기술적 신뢰도에 집중했다. 일본 외교와 막대한 국가 보조금은 일본 회사들의 성공을 뒷받침했다. 즉, 충분한 자금을 바탕으로 한 기술 교육 프로그램은 연구와 신상품의 개발을 촉진했던 것이다. 한편 일본 회사들은 공무원과 주식회사 관리자들 사이에 퍼져 있는 집단적인 충성심의 덕을 보았는데, 이러한 태도는 일본이 가진 오랫동안의 동업 길드와 봉건적 정치에서 기인한 것이었다. 다른 동아시아 국가들은 일본보다 더 신흥국이거나 덜 안정적이기는 했지만 일본의 성공을 모방하려고 애썼다. 남한이나 타이완에 있는 중국 국민당의 본거지 같은 일부 국가들은 번영의 창출을 필수적인 애국적 책무로 취급했다. 말레이시아와 인도네시아 같은 탈식민주의 국가의 정부는 천연자원과 여유 있는 지역의 노동력(이것들은 이전 시기에 제국주의 열강으로 하여금 이들 나라에게 군침을 흘리게 만들었다)을 산업화를 위한 투자처로 활용했다. 중국에서처럼 우후죽순으로 생겨나는 공장들은 서구 회사들의 자회사들이 되거나 산업화 초기 선대제가 새로운 형태의 다국적 선대제로 바뀌어 서구 회사들을 대신해 운영되었다.

하지만 환태평양 국가들의 경기 호황은 또한 '불황'의 요소를 내포하고 있었다. 1990년대에 여러 가지 요인이 합쳐져 성장이 엄청나게 지체되고 몇몇 나라의 통화가 거의 붕괴되는 결과를 초래했다. 일본은 생산비의 상승, 주가 조정, 폭등하는 부동산 시장에 대한 무분별한 투기, 기업의 충실한 충성에 보답하는 관례적인 리베이트 등을 겪었다. 동남아시아에서 인도네시아 같은 나라는 엄격한 채무 지불 예정표를 정해놓은 서구의 채권자들에게 과대평가된 산업 자본에 대한 차액을 지불해야 한다는 것을 깨달았다. 남한에서 한국 전쟁 이후의 경제적 파국을 겪었던 나이든 세대는 빈번히 자신의 저축을 재정이 건전치 못한 회사들을 살리기 위해 투입함으로써 희생을 요구하는 국가적 부름에 응했다. 일본은 두 세대에 걸친 최초의 심각한 실업에 대처하기 위해 통화 긴축 프로그램을 출범시켰다. 인도네시아에서 인플레이션과 실업은 번영과 국가의 폭력적인 억압으로 숨죽이고 있었던 첨예한 소수민족적 갈등을 다시 점화시켰다. 종교 내에 오랜 관용과 다원론의 전통을 지닌 무슬림 세력이 현저하게 강한 이 나라에서 또 다른 지역, 즉 중동과 널리 제휴한 폭력적인 종교적 근본주의의 분출을 보게 되었다.

새로운 무게 중심: 이스라엘, 석유 그리고 중동에서의 정치적 이슬람

♣ 중동에서 정치적·종교적·사회적 변화의 주요인은 무엇이었는가?

지구화 시대에 중동만큼 서구로부터 큰 주목을 받아온 지역도 없을 것이다. 중동은 서구의 군사적·정치적·경제적 이해관계가 폭발 직전의 상태로 결합되어 뿌리 깊은 지역 갈등과 초국가적인 이슬람 정치로 집중된 곳이었다. 이와 같이 계속되는 대치 상태의 결과물들이 21세기를 형성할 듯하다. 여기에서는 최근의 중동 역사에서 가장 중요한 세 가지 측면을 고찰할 것이다. 첫 번째 측면은 아랍과 이스라엘 간의 갈등 전개이다. 두 번째 측면은 이 지역이 석유 생산에서 전 지구적 중심으로서 핵심적 발전을 이루었다는 것이다. 세 번째 측면은 주로 최근 서구와의 관계에 대한 반동으로 아랍 세계 내부에서 대두한 것이다. 이것은 제국주의의 유산에 도전하고 탈식민주 국가들에서 혁명과 때때로 묵시록적 변화를 약속하는 독특하면서도 현대적인 양상의 이슬람 급진주의의 발전이다. 이슬람 급진주의의 가장 폭력적인 요소는 주기적인 두려움과 분노 그리고 궁극적으로 서구 정부들과의 직접적인 갈등을 일으키기도 한다.

아랍과 이스라엘의 갈등

　제27장에서 본 것처럼 이스라엘의 존재는 처음부터 전쟁터였다. 홀로코스트와 격렬한 전후 반유대주의를 피해 유럽에서 온 유대인 이민자의 민족적 열망은 유럽의 지배에 대항해 아랍의 자부심과 자존심을 촉구한 세속적이고 반식민주의적 민족주의자들로 구성된 범아랍주의자의 동기와 충돌을 빚었다. 두 차례에 걸친 아랍과 이스라엘의 전쟁 이후 1970년대 말에 이르면 한 세대에 걸친 싸움은 끝날 것처럼 보였다. 미국의 중재자들은 더 이상의 갑작스런 충돌이 발발하는 것을 막기 위한 대화를 후원했고, 소련의 지도자들은 중립을 지키면서 평화 노력을 지지했다. 가장 주목할 만한 일은 이스라엘에 대항한 1973년의 전쟁을 승인하고 지휘했던 이집트의 안와르 사다트(재임 1970~1981) 대통령이 이스라엘의 파괴가 아닌 공존이 지역 갈등의 장기적인 해답이라고 결정한 것이었다. 미국의 지미 카터(재임 1977~1981) 대통령의 도움을 받아 1978년 사다트는 이집트와 이스라엘의 고집스런 보수적 지도자 메나헴 베긴(1913~1992) 간의 평화를 중개했다. 갈등 양측의 지도자들은 빤한 위험보다 가능성 있는 보답이 더 위대하다고 믿었다.

　그러나 평화가 지속되리라는 희망은 곧 좌절되었다. 이스라엘과 팔레스타인 아랍인 사이에 고조된 적대감은 아랍과 이스라엘 간의 교전 행위, 즉 점차 훨씬 더 큰 규모의 사람들 집단으로 양극화된 대치로 대체되었다. 이스라엘과 팔레스타인 갈등에서 강하게 혼합된 소수민족적·종교적 민족주의가 양측의 논쟁과 행동을 지배하기 시작했다. 이스라엘에서 보수주의자들은 특히 최근에 온 유대인 이민자들—대부분 구소련에서 온 이민자들—사이에서 다른 것보다 안전을 최우선에 놓는 여론을 형성시키고자 노력했다. 반면에 혁명에 실패한 구세대에게 분노한 젊은 팔레스타인인은 팔레스타인 해방기구(Palestinian Liberation Organization: PLO)의 세속적 급진주의에 등을 돌리고 급진적인 이슬람교로 돌아섰다.

　이런 불붙기 쉬운 정치적 환경에서 웨스트 뱅크와 인구가 과밀한 가자 지구에 사는 팔레스타인인은 1987년에 거리 폭동이 분출하는 가운데 봉기했다. 인티파다(intifada, '떨쳐 버리기' 또는 '봉기'를 의미한다)라고 부르는 이 반란은 투석으로 맞서는 팔레스타인 청년들과 이스라엘 보안군 사이의 일상적인 전투로 수년 동안 계속되었다. 거리 전투는 팔레스타인인의

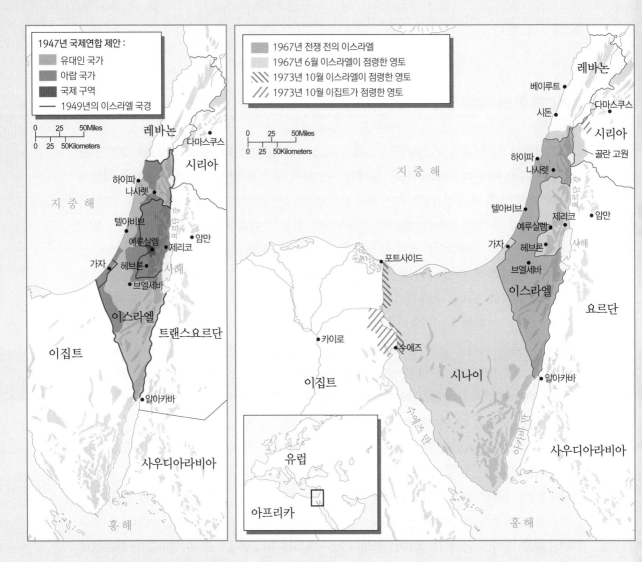

지도 범례 (왼쪽 지도):
- 1947년 국제연합 제안 :
  - 유대인 국가
  - 아랍 국가
  - 국제 구역
  - 1949년의 이스라엘 국경

0 25 50Miles
0 25 50Kilometers

레바논, 다마스쿠스, 시리아, 하이파, 나사렛, 지중해, 텔아비브, 예루살렘, 암만, 제리코, 가자, 헤브론, 사해, 브엘세바, 이스라엘, 트랜스요르단, 이집트, 알아카바, 사우디아라비아, 홍해

지도 범례 (오른쪽 지도):
- 1967년 전쟁 전의 이스라엘
- 1967년 6월 이스라엘이 점령한 영토
- 1973년 10월 이스라엘이 점령한 영토
- 1973년 10월 이집트가 점령한 영토

0 25 50Miles
0 25 50Kilometers

레바논, 베이루트, 시돈, 다마스쿠스, 시리아, 골란 고원, 하이파, 나사렛, 텔아비브, 제리코, 암만, 예루살렘, 가자, 헤브론, 브엘세바, 이스라엘, 요르단, 지중해, 포트사이드, 카이로, 수에즈, 시나이, 알아카바, 이집트, 사우디아라비아, 홍해

유럽, 아프리카

1967년과 1973년의 아랍–이스라엘 전쟁들

1967년과 1973년의 아랍–이스라엘 충돌의 결과로 중동의 지정학이 변화한 것에 주목하라. 이 두 차례의 전쟁에서 어떤 요인들이 아랍으로 하여금 이스라엘을 공격하게 이끌었는가? 이스라엘인들은 왜 1967년 전쟁 막바지에 시나이와 웨스트 뱅크 지역들을 점령하기를 바랐는가? 이것이 야기한 문제들은 무엇이고, 그것이 어떻게 1973년의 충돌을 이끌었을 수도 있는가? 1973년 전쟁 말기에 이스라엘이 점령한 영토와 이집트가 점령한 영토의 분포를 연구해보라. 서방에 있는 많은 정치인들이 시나이 문제의 해결을 최우선적인 것으로 생각한 이유는 무엇인가?

주기적인 테러리즘 특히 민간의 목표물에 대한 자살 폭탄 테러와 이에 대한 이스라엘군의 보복으로 확대되었다. 평화를 중개하려는 국제적인 노력은 약간의 결실을 보았는데, PLO 의장 야세르 아라파트(1929~2004)가 이끄는 팔레스타인 당국의 공식적인 자치도 포함되었다. 하지만 이 평화는 항상 깨지기 쉬운 것이었다. 이 평화는 한 반동적인 이스라엘인이 1995년에 이스라엘의 개혁주의적 수상 이자크 라빈(1922~1995)을 암살한 사건과 이슬람 테러리스트들의 계속적인 공격으로 치명적인 손상을 겪기도 했다. 21세기로의 전환기인 2000년 말에 팔레스타인인들이 재개한 '제2차 인티파다'와 더불어 폭력의 악순환은 다시 불타올랐다. 또한 계속되는 폭동에 대한 전쟁과 폭탄 테러가 인접한 나라들에서도 발생했다.

석유, 권력, 그리고 경제학

이스라엘과 인접국들 사이의 투쟁은 당사국들에게는 당연히 중요한 것이었다. 하지만 외부에 있는 강대국들에게 이 갈등이 중요했던 가장 강력한 이유는 석유 때문이었다. 석유에 대한 전 지구적 수요는 전후 시대 내내 폭증했고 가속되어왔다. 냉전 시대 서방에서 경기 호황이 시작되면서 보통 시민도 자동차와 석유를 연소시키는 내구재들을 구입했고, 석유 부산물로 만든 산업 플라스틱 제품들이 수많은 기본적인 가재도구들을 만들기 위해 사용되었다. 석유에 대한 필요성과 석유에 따른 이윤과 권력에 대한 갈망은 1930년대와 1940년대에 엄청난 석유 매장지가 발견된 중동의 산유국들로 서방의 주식회사들과 정부들을 끊임없이 끌어들였다. 거대 주식회사들은 석유 시추, 정유, 선적 등에 대한 이권을 도모하기 위해 중동 국가들과 자국 정부들의 공동 외교를 유도했다. 도급업자들이 부설한 송유관이 캘리포니아에서 로마를 거쳐 러시아에 이르기까지 전 세계에 깔렸다.

중동의 석유 매장지가 지닌 장기적이고 엄청난 경제적 가치는 석유를 정치권력을 둘러싼 새로운 투쟁에서 근본적인 도구로 만들었다. 많은 산유국들은 자국의 자원을 이전의 서방 제국주의 열강에 대한 지렛대로 변모시키고자 했다. 1960년 중동, 아프리카, 라틴아메리카의 주도적인 산유국들은 원유 생산과 가격을 규제할 목적으로 석유수출국기구(OPEC)를 결성하면서 이 지극히 중요한 자원을 이용하기 위해 카르텔로 함께 단결했다. 1970년대 동안 OPEC는 전 지구적 경제에서 주도적인 역할을 했다. OPEC의 정책은 석유 생산이라는 본연의 영역에서 최대한 이윤을 얻고자 하는 욕망뿐만 아니라 석유를 아랍-이스라엘 갈등에서 서방에 대항하는 무기로 이용하기를 바라는 일부 OPEC 지도자들의 호전적인 정치를 반영했다. 1973년의 아랍-이스라엘 전쟁 이후 강경파들이 주장한 석유 수출 금지는 거의 10년이나 지속되었던 위험한 주기적인 경기 침체를 촉발시키면서 서구에서 소용돌이치는 인플레이션과 경제 문제들을 일으켰다.

이에 대응해 서구 정부들은 중동의 산유 지역들을 치명적인 전략적 무게 중심, 즉 강대국의 영속적인 외교 주제로 다루었다. 서구 열강들은 만약 갈등이 직접적으로 석유 생산이나 우호적인 정부들의 안정을 위협한다면 1991년의 걸프 전쟁처럼 무력으로 개입할 준비가 되어 있었다. 1990년대에 이르러 다른 나라들에서도 에너지에 대한 수요가 증가함에 따라 새로운 전선의 경쟁과 잠재적인 갈등이 대두했다. 특히 신흥 산업 강국인 중국과 인도는 중동의 유전을 서구와 동일한 조바심을 갖고 바라보았다. 석유 붐은 또한 중동 산유국들 내에서도 폭력적인 갈등을 발생시켰다. 석유로 거둬들이는 세입은 불균등한 경제 발전을 가져왔다. 석유를 가지고 있는 나라들과 그렇지 못한 나라들로 갈라진 중동 사회들 사이의 또는 내부에서의 엄청난 격차는 커다란 분노, 공무원의 부패, 급진 정치 등의 새 물결을 초래했다. 범아랍권 민족주의자들이 무대에서 사라져가면서 새롭게 떠오른 혁명 세력은 탈식민주의 정치와 연결된 이슬람 근본주의의 현대적 해석 주위에 모였다.

정치적 이슬람의 대두

북아프리카와 중동에서 근대화와 지구화 과정은 엄청난 불만을 불러일으켰다. 탈식민지화로 등장한 신생 국가들은 사하라 이남에서 '도둑정치(kleptocracy)'라는 특징을 공유했다. 도둑정치란 부패한 국가 대리인들, 소수민족 또는 가족의 친족관계에 입각한 연줄, 타락해가는 공무원, 급속한 인구 증가, 반대자들에 대한 국가의 끊임없는 억압 등을 말한다. 이런 상황에 대한 실망은 깊어만 갔으며 범아랍주의의 본거지인 나세르의 이집트에서보다 더심한 곳은 없었다. 1960년대 동안 이집트의 지식인들과 문화 비평가들은 새로운 강력한 정치 운동의 핵이 된 나세르 정권에 대해 비난을 퍼부었다. 그들의 비판은 이슬람 사상에서의 어떤 법적·정치적 흐름에 대한 현대적인 해석을 제공했다. 그들은 외국의 간섭과 공무원의 부패에 대항한 반란을 자신들과 관련지음으로써 세기를 가로질러 느슨하게 연계된 사상을 제공했다. 그들은 이집트의 민족주의 정부가 탐욕스럽고 잔인하며 부패했다고 비난했다.

　　하지만 그들의 주장에는 다른 의미가 있었다. 아랍 세계의 도덕적 실패의 뿌리에는 서구와의 수세기에 걸친 식민지로서의 접촉이 가로놓여 있었다는 것이다. 이들 이슬람주의적 비판자 중에서 가장 영향력 있는 인물인 사이드 쿠틉(1906~1966)은 일련의 논문에서 이런 사상을 제시했고, 이집트 당국에 몇 차례 체포되었다가 결국 처형되고 말았다. 그의 주장은 다음과 같았다. 외부로부터 받은 사악한 영향으로 신생 아랍 국가들의 지배적인 엘리트들은 자선과 안정이라는 정부의 책임을 방기하는 한편 경제적 분할을 심화시키면서 지역 및 가족의 유대를 해치는 정책을 추구했다. 설상가상으로 이들 나라의 엘리트들은 도덕적으로도 파탄해서 그들의 삶은 이슬람 신앙에 뿌리박혀 있는 도덕, 자제, 공공의 책임이라는 규약을 무시했다. 이들 엘리트는 권력을 유지하기 위해 서구의 제국주의적·기업적 열강의 손아귀에서 놀아났다. 쿠틉의 관점에서 보면 이런 협조는 문화적 오염을 야기했고 진정한 무슬림 신앙을 쇠퇴하게 만들었다. 외부와 내부로부터 망가지게 되었다는 아랍 사회에 대한 극단적인 판단은 동시에 과감한 해결책을 필요로 했다. 아랍 사회는 억압적인 탈식민주의적 정부뿐만 아니라 자신에게 옮겨진 특히 '서구적'이라고 이름 붙일 수 있는 모든 정치적·문화적 사상을 거부해야 했다. 일련의 민중 봉기 이후 아랍 독재 국가들은 이상적인 형태의 보수주의적 이슬람교 정부로 대체되었다. 이 이슬람 정부란 엄격한 형식의 이슬람교가 법, 정부, 문화를 이어주는 체제를 말한다.

　　19세기와 20세기의 유럽 정치를 연구하는 역사가들에게 친숙한 공식에 따르면, 이슬람교 정치라는 특별한 브랜드는 민중의 분노, '외국의' 영향에 대한 지식인의 반대, 과거를 고도로 이상화하는 시각 등이 결합된 것이었다. 1970년대에 이슬람교 정치는 지역 정치에서 공개적으로 모습을 드러내기 시작했다. 쿠틉의 사상을 반식민주의 정치, 지역 자선, 맹렬한 근본주의 이슬람교 등에 뿌리를 두고 있는 비밀스럽지만 광범위한 단체인 이집트의 무슬림 형제단(Muslim Brotherhood)이 실행에 옮겼다. 또한 쿠틉의 사상은 도시화된 아랍 국가들의 유사한 조직과 역사적으로 정치이론과 종교법에 관한 논쟁의 중심이었던 주도적인 이슬람권 대학에 확산되었다. 이슬람 급진주의는 아랍 독재 정권들에 대한 비판과 도전을 선도하는 세력으로 대두했다. 자유선거와 언론 자유를 요구했던 세속적 비판자들과 보다 자유주의적인 이슬람주의자들은 한층 더 분열되어 있었기에 침묵하기가 더 쉬웠다. 한편 새로운 근본주의자 진영은 그들이 실제 반란을 일으키지 않는 한 공개적으로 설교하고 출간하는 것을 허용해주는 양보를 얻어냈다. 이 운동이 꾸준히 수면 위로 부상하고 있었지만 가장 극적인 전환은 많은 관찰자들을 경악하게 만들었다. 다루기 힘든 독일 제후국들 내에서 프로테스탄트교가 등장하거나 러시아에서 공산주의 혁명이 성공한 것처럼 정치 세력으로서의 이슬람 급진주의의 결정적 순간은 예기치 않았던 곳, 이란에서 나타났다.

이란의 이슬람 혁명

이란은 중동에서 별다른 흥미를 불러일으키지 못했던 근대화의 가장 극적인 사례를 제공했다. 1960년대와 1970년대의 엄청난 경제성장에도 불구하고 이란인은 샤[1] 레자 팔레비(1919~1980) 치하에서 부패한 통치와 외국인 투자의 후유증으로 신음하고 있었다. 팔레비는 1953년 영국과 미국이 후원한 군사 쿠데타로 집권한 친서방적 지도자였다. 냉전 시대 동안 서방 우호국으로서의 역할과 적정한 가격의 석유를 꾸준히 공급해주는 대가로 이란 정부는 석유 계약, 무기, 개발 지원 등에서 엄청난 금액을 받았다. 수많은 서양인 특히 미국인이 이란에 와서 전통적 가치에 도전할 뿐만 아니라 경제적·정치적 대안을 제공하는 외국의 영향들을 소개했다. 하지만 팔레비는 서구화된 이란 중간계급 노동자들과 매우 독실한 대학생들에게 똑같이 민주적인 대의제를 거부하면서 이들의 대안을 받아들이지 않았다. 그는 끊임없는 내분으로 분열된 소규모 귀족정을 통해 통치했다. 그의 군대와 비밀경찰은 정기적으로 잔인한 억압활동을 자행했다. 이 모든 것과 서구에서 자극받은 대중 저항에도 불구하고 보수적인 닉슨 행정부 같은 서구 정부들은 샤를 전략적으로 핵심적인 동맹, 즉 반소련 동맹과 안전한 석유 공급지의 핵으로서 포용했다.

1953년의 쿠데타 이후 25년 만에 팔레비의 산업 국가를 향한 독재가 종식되었다. 장구한 경기 침체, 대중의 불만, 개인적 병세 등으로 팔레비는 계속 권좌에 있을 수 없다는 것을 깨달았다. 그는 1979년 2월 민중의 압력으로 공적 생활에서 물러났다. 8개월에 걸친 불확실한 시기가 이어지면서 대부분의 서구 사람들은 이란을 떠났으며 샤가 임명한 임시정부도 붕괴되었다. 이런 진공 상태에서 가장 강력한 정치 연합이 갑자기 대두했다. 그것은 아야톨라[2] 루홀라 호메이니(1902~1989)를 중심으로 한 광범위한 이슬람교 운동이었다. 호메이니는 프랑스에서 망명 생활을 하다가 귀국한 이란의 원로 성직자이자 신학자였다. 여러 원로 성직자들과 이란의 수많은 실업자들, 매우 독실한 대학생들이 이 운동에 활력을 제공했

---

1) 샤(shah). 왕 또는 지배자를 의미하는 페르시아어.
2) 아야톨라(ayatollah). 시아파 고위 성직자에게 수여되는 칭호.

다. 권리를 박탈당한 세속 저항자들도 수십 년에 걸친 서구의 무관심과 샤의 억압을 비난하며 이슬람 급진파에 가담했다. 새로운 정권하에서 일부 제한적인 경제적·정치적 민중주의가 엄격한 이슬람 율법의 건설, 여성의 공적 생활에 대한 제한, 서구의 영향이라고 여겨지는 많은 사상과 활동의 금지 등과 결합되었다.

　새로운 이란 정부는 또한 인접국들의 수니파 종교 집단, '무신론적인' 소비에트 공산주의, 그리고 특히 이스라엘과 미국을 적으로 규정했다. 이란인은 다른 지도자들에게 그랬던 것처럼 미국이 호메이니를 무너뜨리려 하지 않을까 우려했다. 테헤란 거리에서의 폭력은 호전적인 학생들이 1979년 11월 미국 대사관에 몰려 들어가 52명의 인질을 사로잡았을 때 절정에 달했다. 이 행동은 재빨리 서구 세력과 탈식민주의 이슬람 급진주의자 사이에 새로운 대결을 알리는 국제적인 위기를 불러왔다. 민주당 대통령 지미 카터 행정부는 궁극적으로 인질의 석방을 이끌어냈으나, 그 이전에 있었던 몇 가지 실패로 말미암아 결국 공화당의 로널드 레이건(재임 1981~1989)이 당선되기에 이르렀다.

이란, 이라크, 그리고 예기치 못한 냉전의 결과들

　인질 사태에서 이란이 거둔 승리는 덧없는 것이었다. 1980년 후반 이란의 아랍 인접국이자 전통적인 경쟁국인 이라크가 혁명으로 인한 혼란에 처해 있는 이란의 남부 유전 지대를 장악할 의도로 이란에 침공했다. 이에 이란은 반격을 가했다. 그 결과 8년에 걸친 잔인한 전쟁이 이어졌다. 이 전쟁에서 화학무기가 사용되었으며, 이란의 과격파 청년들이 소련제 무기로 무장한 이라크인과 싸우는 양상으로 전개되었다. 이 전쟁은 이란의 패배로 끝났지만 이란의 신정일치 정권이 붕괴되지 않았다. 단기적으로 이란 민족주의를 지키려는 이란인의 장구한 투쟁은 성직자들로 하여금 국내에서 한층 더 기반을 굳히게 만들었으며, 해외에서 그들은 석유 수입을 사용해 레바논의 급진파 민병대를 후원하고 다른 지역에서 서구에 대한 테러리즘에 관련된 사람들을 지원했다. 이란 정권에 대한 가장 강력한 위협은 내부—샤 이래로 자신의 번영과 실질적인 시민권에 대한 전망이 바뀌지 않았음을 발견한 청년 학생들과 권리를 박탈당한 서비스업 종사 노동자들의 신세대—로부터 왔다.

　이란-이라크 전쟁은 서방의 이해관계와 주도적인 OPEC 가입국 정부들에게 또 다른 문제를 안겨주었는데, 그것은 바로 이라크였다. 프랑스, 사우디아라비아, 소련, 미국 등의 밑

기지 않는 동맹을 포함한 여러 나라 정부는 이란의 성직자들을 실각시키기 위한 노력의 일
환으로 이라크를 지원했다. 이들 정부의 후원은 그 지역에서 가장 폭력적인 정부 중 하나
인 사담 후세인(1937~2006)의 독재에 기댔다. 이라크는 정치적으로나 경제적으로 이 전쟁에
서 국력을 소진했다. 후세인은 자신의 정권을 강화하고 이라크의 영향력을 회복시키기 위
해 그 지역의 다른 곳으로 눈을 돌렸다. 1990년 이라크는 그 지역의 작은 나라이면서 석유
가 풍부한 인접국 쿠웨이트를 침공했다. 냉전이 종말로 치달으면서 소련의 이라크 지지자들
은 이라크의 침략을 용인하지 못했고 미국이 이끌던 몇몇 서구 국가들도 강력하게 대처했
다. 수개월 내에 이라크는 몇몇 OPEC 국가들의 군대, 프랑스군, 영국, 이집트, 시리아의 기
갑사단들과 더불어 베트남 전쟁 이래로 이라크의 군대보다 훨씬 더 강력한 소련군을 패퇴
시키기 위해 강도 높게 훈련을 받은 미군 주력부대에 직면했다. 이 연합군은 6주 동안 계속
이라크군에 대해 공습을 가했고, 그 후 단기간에 성공적으로 수행된 지상전으로 이라크군
을 패주시키고 쿠웨이트를 되찾았다. 이 전쟁은 정부들 사이의 친밀도뿐만 아니라 서구의
새로운 등장에 대한 반미 급진주의자들의 분노를 자극하면서 미국과 아랍 산유국 간 관계
의 방향을 바꾸어놓았다. 그것은 또한 핵무기 및 생화학 무기를 개발하려는 후세인의 노력
에 초점이 맞추어지면서 이라크와 서구의 대결은 끝이 아니라 시작을 알렸다.

다른 곳에서는 냉전의 대리전쟁이 양대 초강대국을 새로우면서도 증대되는 이슬람 급진
주의의 네트워크에 빠져들게 만들었다. 1979년 아프가니스탄의 사회주의 정부는 소련의 후
원에 대해 반감을 품었다. 소련령 중앙
아시아의 무슬림 지역에 근본주의가 확
산되는 것과 더불어 이란과 같은 결과가
나타나는 것을 두려워한 소련은 아프가
니스탄의 대통령을 무너뜨리고 친소련파
를 자리에 앉히는 것으로 대응했다. 10만
명 이상의 소련군의 지원을 받은 새 정
부는 지방 보수주의와 전투적 이슬람교
가 결합된 전사들뿐만 아니라 이집트, 레
바논, 사우디아라비아 등의 급진 이슬람
운동에 매혹된 지원병들과 즉각적인 전
쟁에 돌입하게 되었다. 스스로를 무자헤

중동에서의 주요 발전, 1948년~현재	
이스라엘 국가 형성	1948년
제1차 아랍-이스라엘 전쟁	1948~1949년
이집트 독립 획득	1952년
이스라엘-이집트 전쟁	1956년
OPEC 결성	1960년
6일 전쟁: 이스라엘의 가자 지구 서안 점령	1967년
제4차 아랍-이스라엘 전쟁	1973년
캠프 데이비드 평화 협정들	1978년
이란-이라크 전쟁	1980~1988년
걸프 전쟁	1991년
팔레스타인 자치 허용	1995년
9·11 테러 공격: 아프가니스탄에서 알카에다와 탈레반에 대한 미국의 군사 행동	2001년
미국의 이라크 침공: 사담 후세인의 몰락	2003년
이스라엘-팔레스타인 간의 갈등 지속	현재

딘(mujahidin)이라고 부르는 이 전사들은 이 전쟁을 성전(聖戰)으로 보았다. 무자헤딘은 미국이 주도하는 서구 강대국들이 제공한 선진 무기와 훈련의 혜택을 입었다. 지원을 제공한 이들 강대국은 이 전쟁을 냉전적 관점―무익한 제국주의 전쟁으로 소련의 자원을 점차 약화시킬 수 있는 기회―에서 보았다. 이런 관점에서 지원이 이루어진 이 전쟁은 약 10년간이나 질질 끌면서 수만 명의 러시아인의 생명을 앗아갔고 국내에서는 소련 정부의 신뢰성에 손상을 입혔다. 소련군은 1989년에 철수했다. 5년간에 걸친 부족 전쟁을 치른 뒤 무자헤딘의 외국 세력과 제휴한 강경 이슬람 정파가 아프가니스탄을 장악했다. 이란의 신정 통치는 아프가니스탄의 신정 통치 실험과 비교하면 온건한 것으로 보였다.

경계를 넘어선 폭력: 21세기의 전쟁과 테러리즘

✦ 지구화는 테러리즘의 정치를 어떻게 바꾸어놓았는가?

통신, 금융, 이동의 전 지구적 네트워크는 20세기 말에 급진적 정치 폭력에 혼란스런 새로운 성격을 부여해주었다. 1960년대에 조직적이고 분파적인 테러 전술은 중동, 유럽, 라틴아메리카에서 정치적 갈등의 중요한 부분이 되어왔다. 초기 테러리스트 조직의 대부분(아일랜드 공화국 군대, 이탈리아의 붉은 여단, 여러 개의 팔레스타인 혁명 조직들을 포함)은 소수민족의 분리나 혁명 정부의 수립 같은 특정한 목적을 지니고 있었다. 1980년대와 1990년대에 점차 이들 집단은 보완되었고 상이한 이름을 가진 테러리스트 조직으로 대체되었는데, 그것은 영토적 경계와 지역의 법체계를 자유롭게 넘나들었다. 대참사의 도래를 예기하는 보다 새로운 테러리스트 집단들은 자신의 적들을 제거하고 스스로 순교하기 위한 결정적인 투쟁을 요구했다. 그런 집단 중 일부는 전후 호황의 사회적 일탈에서 등장했고 다른 집단은 종교적 급진주의와 직접 연계되었다. 이 집단들은 종종 애초에 자신을 분노하게 만든 지역적 위기와 결별하고 자신의 대의에 동조하는 신참자들을 찾기 위해 이 나라 저 나라를 광범위하게 돌아다녔다.

그중 대표적인 본보기이자 이내 가장 유명해진 집단은 알카에다(al Qaeda)라는 급진적인 이슬람주의자의 산하 조직이었다. 알카에다는 아프가니스탄에서 소련에 대항해 싸웠던 외국 무자헤딘 지도자들이 창건했다. 알카에다의 공식 지도자이자 재정적 후원자는 사우디아라비아 출신의 억만장자 오사마 빈 라덴(1957~2011)이었다. 알카에다에서 활동 중인 우두머리 중 가장 유명한 인물은 이집트 출신의 급진주의자 아이만 알 자와히리(1951~)였는데, 그의 정치적 경력은 사이드 쿠틉과 현대 이슬람 혁명을 창건한 사상가들과 직접 연결되어 있었다. 이들 지도자들은 동남아시아의 이슬람 지역에서 유럽, 동아프리카, 미국 등에 이르는 전 세계에 걸쳐 독립적인 세포 조직으로 이루어진 광범위한 네트워크를 조직했다. 이들 조직은 전 지구적 경제를 통해 수많은 개인 계정, 위장 회사, 불법 무역, 기업의 리베이트 등으로부터 자금을 획득했다. 그들의 조직은 경계를 문제 삼지 않았고 그들의 목적 또한 그러했다. 그들은 영토를 놓고 협상하거나 특정 국가의 정부를 바꾸려고도 하지 않았다. 대신에 그들은 이스라엘과 미국, 유럽, 그리고 전 세계적으로 비(非)이슬람 정부 체제의 파괴를 공언했고, 오로지 신앙에 기초한 이슬람 공동체를 세우기 위해 무슬림 근본주의자들이 단결된 종말론적인 반란을 일으킬 것을 요구했다. 1990년대에 그들은 이슬람 국가들에서 다양한 지역적 테러리스트 활동에 개입했고 미국인을 대상으로 한 대규모 자살 공격을 조직했는데, 그중 주목할 만한 것은 1998년 케냐와 탄자니아에서의 미국 대사관 공격이었다.

21세기 벽두에 알카에다 조직원들은 자신의 가장 명백한 정적이자 지구화의 상징적 중심지인 미국을 타격했다. 알카에다의 지원을 받은 소규모 자살 급진주의자 팀은 민간 항공기를 공중 납치해 전략적으로 미국의 글로벌한 권력의 가장 중요한 상징을 기습하기 위한 날아다니는 폭탄으로 이용하기로 계획했다. 2001년 9월 11일 그들은 미국 땅에서 유례를 찾아볼 수 없는 가장 치명적인 테러리스트 공격으로 그 임무를 수행했다. 약 한 시간 간격으로 공중 납치된 비행기들은 미군 사령부인 펜타곤과 뉴욕 시에 있는 세계무역센터 쌍둥이 빌딩과 충돌했다. 아마도 미국 연방의회 의사당을 목표로 했던 네 번째 비행기는 승객들이 납치범들에게 대항해 싸우면서 공격이 좌절되자 펜실베이니아의 탁 트인 농지에 충돌했다. 세계에서 가장 높은 건물 중 하나였던 세계무역센터 빌딩은 수억 명의 시청자들이 위성 텔레비전과 인터넷으로 지켜보는 가운데 무너져 내려 잿더미로 변했다. 이날 동시에 일어난 몇 차례의 공격으로 대략 3,000명이 사망했다.

이 공격은 사고방식뿐만 아니라 방법의 측면에서 지구화와 한층 더 오래된 어떤 것, 예컨대 전반적인 일탈과 불확실성의 시대에 국가적 문화에 대항한 주변 집단의 극단적이고 기회주의적 폭력에서 기인한 새로운 종류의 테러였다. 미국의 즉각적인 반응은 이전의 30년에 걸친 전쟁으로 완전히 파괴된 아프가니스탄에 핵심적 은신처를 갖고 있던 알카에다에 대한 전투로 나타났다. 미국의 다재다능한 직업 군인들과 타의 추종을 불허하는 장비는 아프가니스탄의 혼란에 분노를 느낀 아프간 무장 민병대와 더불어 신속하게 탈레반의 알카에다 후원자들을 패퇴시켰고 테러리스트들을 흩어지게 만들었다. 하지만 그러한 노력은 종말론적 테러리즘을 추진하는 지도력, 재정, 정보 등의 숨겨진 네트워크를 정밀 폭격해 제거하는 데 실패했다. 미국과 유럽이 감행한 작전의 궁극적인 목표인 아프가니스탄의 재건과 회복은 행정과 인프라라는 면에서 거의 무에서 시작되었다. 그러나 회복을 더욱 어렵게 만든 것은 여러 장소에서 발생한 위기들과 변화무쌍한 서구 대중의 관심이었다.

　알카에다 같은 집단에 대한 두려움이 지속적인 이유는 그 집단이 사용할지도 모를 무기들, 예컨대 수백만 명을 죽일 수 있는 화학 물질과 생물학적 제재, 심지어 휴대용 핵무기 등을 획득할 능력과 가능성이 증대되고 있는 것과 관련 있다. 냉전의 종식과 더불어 초강대국들이 테러에 대한 자국의 핵 균형을 유지하기 위해 채택했던 방법과 기술은 테러 집단들에게 그들이 열심히 추구한 재정적 또는 정치적 수단과 더불어 근소하게나마 한층 더 획득 가능해졌던 것이다. 이스라엘 주변이나 인도와 파키스탄 사이의 갈등을 중심으로 한 주요 무기 경쟁은 더 이상 절대적으로 법적 관습과 초강대국의 억지력에 지배되지 않으면서도 끔찍한 위력을 지닌 무기의 생산지와 자원의 획득 가능성을 확산시키는 데 일조했다. 사담 후세인의 이라크 정부가 생물학 및 핵무기를 보유할 가능성에 도달하고 있다는 두려움은 1991년의 걸프 전쟁과 이후에 이라크를 무장 해제하려는 적극적인 국제적 노력을 추진하는 데 도움을 주었다. 이라크 같은 나라가 그런 무기를 대참사를 일으킬 수 있는 테러리스트에게 넘길지도 모른다는 우려와 뉴욕과 워싱턴에 대한 공격 이후의 새로운 삶에서 갖게 된 두려움은 2003년 봄 미국이 주도하는 이라크 침공에 대한 근본적 이유를 제공했다. 지상과 공중 양쪽에서 놀라울 정도로 소규모 병력을 동원한 이 전쟁은 신속하게 이라크를 점령했고 후세인을 권좌에서 몰아냈다. 하지만 진행 중인 무기 개발 프로그램이 있었다는 아무런 즉각적인 증거는 발견되지 않았다. 그리고 그 과정에서 미국은 게릴라 공격과 반서구 테러리즘으로 부서진 결손 국가의 복합적인 재건이라는 과제를 떠안았다.

　현재 유사한 위협이 북한에 남아 있다. 검증된 보고서에 따르면 1991년 소련의 후원이 끊어진 이후에 고립된 북한은 연이은 경제적 재앙으로 기울어졌다고 한다(이 보고서는 또한 북한 일부 지역에서의 기아, 군사적·정치적 봉토제로 와해된 정부에 대해 언급하고 있다). 북한은 동북아시아의 주요 국가들과 미국에 대항한 협상 카드로 핵무기 개발을 추구했다. 인접국들은 각각 북한이 핵무기를 돈에 쪼들리는 나라가 아니라 무국적 조직들에게 제공하면서 최종적이자 아마도 가장 결정적인 핵무기 사용 단계를 시작할지도 모른다는 소름끼치는 위험을 느꼈다. 한마디로 21세기 초 전쟁과 현대 기술의 엄청난 살상력은 국민국가와 명확하게 정의된 정치 공동체에 대한 통제를 곤란하게 만들었다.

변화들: 인권

이와 동일한 지구화 과정의 일부가 시민권, 권리, 법 등에 대한 우리의 개념을 극적으로 확대시켜왔다. 고등학교 복도와 대학교 통로는 보편적 인권을 장려하는 앰네스티 인터내셔널(Amnesty International) 같은 국제기구의 목록으로 채워졌다. 어떻게 해서 인권 개념이 그렇게 친숙해졌는가? 구축되거나 대체된 더 오래된 전통은 무엇인가?

인권이라는 현대적인 용어는 최소한 17세기까지 소급되는 정치사상의 전통에 닻을 내리고 있다. 인권은 제1차 세계대전과 특히 제2차 세계대전의 잔학 행위에 대한 대응으로 현재의 형태를 갖추게 되었다. 하지만 잔학 행위와 그에 대한 사람들의 정신적 타격은 인권에 대한 새로운 관심이나 그것을 지지하기 위해 헌신하는 기관 그 어느 것도 만들어내지 않았다. '보편적' 인권을 강요하는 것은 국민국가의 주권과 자국의 시민에 대한 개별 국민국가의 권한에 도전하는 것이다. 따라서 국제 법정과 인권 단체들은 정치 사상가들이 사법 권력의 지구화라고 부르는 것을 요구하고 이를 촉진시킨다.

인권은 서양의 정치적 전통의 일부이다. 인권에 대한 반대의 전통도 있다. 권리가 '자연', '자연 질서', 또는 '자연법'에 깊이 새겨져 있다는 믿음은 근대 초 정치사상의 강력한 기풍이었다. 존 로크는 자연법을 이성의 법으로 이해했다(제15장 참조). 다른 사람들은 그것을 신의 법이 되어야 한다고 이해했다. 하지만 자연법은 개념화되면서 사람들이 따라야 하는 한층 더 고결한 권위를 대표했다. 17세기와 18세기 유럽의 절대주의 반대자들은 경제적·종교적·사회적 동기에 따라 움직였다. 하지만 자연권은 그들의 슬로건 중 하나가 되었다. 명예혁명 이후에 영국의 윌리엄과 메리가 받아들인 1689년의 「권리장전」은 "왕국 백성의 진정한 예로부터의 의심의 여지가 없는 권리와 자유"를 주장했다. 한 세기 뒤에 미국 「독립선언서」와 프랑스 「인권 선언」은 한층 더 광범위하게 북아메리카의 식민지인이나 프랑스의 시민뿐만 아니라 자신들이 보기에 모든 사람에게 속하는 '천부적이고, 양도할 수 없으며, 신성한 인간의 권리'를 선포했다. 물론 이들 두드러진 권리 선언들은 보편적인 것이 아니었다. 왜냐하면 여성, 노예, 유색인, 다른 종교를 가진 사람들은 전적으로 또는 부분적으로 배제되었고 많은 19세기 정치이론가와 과학자들은 많은 저작을 통해 이들 집단이 평등하게 창조되지 '않았다'는 주장을 펼치는 데 몰두했다. 그 후 어떤 인간 존재가 '인간의 권리'를 부여받을 수 있는가가 19세기와 20세기의 대부분 동안에 격렬하게 논의되었고 한층 더 포괄적인 인권 개념이 서서히 협소한 인권의 역사적 전통을 대신하게 된다.

오늘날의 기준에서 보면 상대적으로 제한된 인간의 권리조차 반대와 회의주의에 직면했다. 출중한 보수주의자인 에드먼드 버크는 프랑스 「인권 선언」을 잘 정비된 제도와 관습이 아닌 '하찮은 얼룩진 종잇조각'에 의존한 위험스런 형이상학적 난센스라고 비난했다(제18장 참조). 마찬가지로 유명한 급진주의자인 카를 마르크스는 프랑스와 미국의 선언서들을 그것들이 약속한 정치적 권리가 사회적·경제적 불평등으로 인해 골자가 빠졌기 때문에 눈속임이라고 생각했다.

인권의 역사와 관련한 19세기의 가장 중요한 발전은 내셔널리즘과 국민국가의 대두였다. 권리와 그것을 요구하는 정치적 운동은 점차 국민의 신분(nationhood)과 떼려야 뗄 수 없는 것이 되었다. "나라란 무엇인가……그리고 개인적 권리를 요구하는 우리의 요구가 가장 잘 보장되는 곳은?" 이탈리아의 민족주의자 주세페 마치니는 이렇게 물었다. 19세기의 이탈리아인, 독일인, 세르비아인, 폴란드인 그리고 20세기의 인도인, 베트남인, 알제리인 등 비록 소수의 민족만 열거했지만, 그들에게 국가적 독립을 위한 투쟁은 시민의 권리를 확보하기 위한 길이었다. 국민주권이란 일단 성취되고 나면 정치 구조와 국제관계에 촘촘히 엮이게 되어서 쉽사리 포기될 수 없는 것이 된다.

세계는 전환점을 맞이했다. 유례없는 전 지구적 충돌이었던 제1차 세계대전은 국제기구의 후원 아래 거의 확실하게 전 지구적 평화라는 꿈을 불러일으켰다. 파리 조약은 영토 조정 이상의 것을 목적으로 했다. 예컨대 국제연맹과 더불어 파리 조약은 시험적으로 개별 국가의 권세를 초월하는 (분명치 않은) '문명'의 원리를 떠받쳐줄 기구를 세우려고 했다(이러한 방침에도 불구하고 국제연맹은 인종 차별을 비판하는 성명에 대한 영국과 미국의 반대에 굴복했다). 그 실험은 실패로 돌아갔다. 왜냐하면 깨지기 쉬운 국제연맹은 1930년대의 극단적 민족주의와 침략의 파동으로 말미암아 쓰러졌다. 하지만 곧 이어진 전쟁의 잔학 행위에 대한 충격과 혐오감은 한층 더 결정적인 노력을 불러왔다. 제2차 세계대전의 여파로 국제연합, 헤이그 소재 국제사법재판소, 유엔 인권위원회 등이 설립되었다. 제1차 세계대전 이후에 시도된 그 어떤 것과 달리 인권위원회는 국민국가에 대항한 개인의 권리를 확립하기 위한 일에 착수했다.

1948년 인권위원회가 작성한 「세계 인권 선언(Universal Declaration of Human Rights)」은 인

권에 대한 현대적 개념의 초석이 되었다. 「세계 인권 선언」의 저자들 중에는 엘리노어 루스벨트(1884~1962)와 프랑스의 법학자 르네 카생(1887~1976)이 포함되었다. 카생은 제1차 세계대전에서 부상당한 적이 있고(그는 그때 치료를 받기 위해 창자를 움켜쥔 채 기차를 타고 거의 645킬로미터를 달렸다), 유대인 대학살로 인해 가족을 잃었으며, 조국이 나치에 협력하는 것을 보았다. 고등위원회는 제2차 세계대전과 '인류의 양심을 유린한 야만적 행위'는 어떤 나라도 자국 시민에 대해 절대적 권력을 행사해서는 안 된다는 것을 보여주었다고 주장했다. 「세계 인권 선언」은 고문, 잔인한 처벌, 노예제 등을 금지했다. 1948년에 통과된 별도의 총회는 새로이 정의된 인종학살의 범죄를 다루었다. 1948년의 「세계 인권 선언」은 법적 평등권, 종교와 언론의 자유, 정부에 참여할 수 있는 권리 등을 보편화한 초기 선언들을 토대로 했다. 마지막으로 그것은 '사회적' 권리, 즉 교육, 노동, '공정하고 알맞은 보수', '생활수준', 사회보장 등을 확립함으로써 민주주의를 한층 더 굳건한 토대에 놓으려는 전후 시대의 노력을 반영했다.

　「세계 인권 선언」을 기꺼이 비준하려는 국가는 거의 없었다. 전후 수십 년 동안 「세계 인권 선언」의 이상주의적 원리는 영국과 프랑스의 식민주의, 미국의 인종 분리, 소련의 독재와 화합할 수 없었다. 식민주의를 종식시키기 위한 전쟁이 장기간 계속되면서 보편적 원리에 대한 선언들은 공허하게 울려 퍼졌다(마하트마 간디는 서양 문명에 대해 코멘트를 부탁받았을 때 그는 '좋은 생각'이었다고 대답했다). 냉전이 지속되는 한에서 인권은 초강대국들 사이의 논쟁에서 단지 애써 숨기려 하지 않는 무기처럼 보였다. 따라서 탈식민지화와 나중에 냉전의 종식이 있고 난 뒤에야 인권의 적법성과 광채가 고양되기 시작했다. 제2차 세계대전 이후에 세워진 국제기구들은 전문가와 고매함을 확보하면서 성숙했다. 전 지구적 통신과 매체는 국민국가의 경제적·정치적 경계 밖에서 활동하는 앰네스티 인터내셔널(1961년 창립) 같은 기구들의 회원 수와 영향력을 극적으로 확대시켜주었다. 냉전으로 인해 왜곡되거나 파묻힌 제2차 세계대전에 대한 기억은 되살아났으며 기억이 지닌 힘은 1993년 유고슬라비아와 르완다에 대한 국제형사법정의 창설에 일조했다. 마지막으로 어느 역사가가 지적했듯이 많은 사람들이 지구화의 힘에 무력하다고 느낄 때 인권은 국민국가가 제공해주거나 더 이상 제공해줄 수 없는 권리, 상품, 보호(환경적인) 등에 관한 이야기 방식을 마련해준다.

결론

　친숙한 정신적 지주의 상실은 인간 행동과 정치적 공동체에 관한 근본적 질문에 답하기 어렵게 만든다. 역사는 아무런 신속한 해결책을 제공하지 않는다. 역사가들은 역사가 피터 노빅(1934~2012)이 말한 '자동차 범퍼 스티커에 걸맞은 간결한 교훈' 같은 것을 제공하기를 꺼린다. 노빅은 다음과 같이 말했다.

　　과장된 말을 사용해서 만약 역사적 사건을 숙고해서 얻게 되는 어떤 지혜가 있다면, 나는 그것이 그 역사적 사건의 모든 복잡성과 모순 속에 있는 지혜와 마주 대하는 데에서 얻어질 것이라고 생각한다. 예컨대 그것은 다른 사건들과 상이한 방식뿐만 아니라 비교될지도 모를 다른 사건들과 유사한 방식들인 것이다.……만약 과거와 마주하는 데에서 추출되는 교훈이 있다면 그 마주침은 그 모든 번잡함을 지닌 과거와 함께 있어야 한다는 것이다. 따라서 그렇게 형성되어왔기에 영감을 주는 교훈이 나타나게 될 과거와의 조우에서 교훈들이 나올 것 같지는 않다.

　역사가들이 문서보관소에서 발견하는 너저분하고 모순적인 증거는 흠이 없는 영웅이나 있는 그대로의 악한을 거의 만들어내지 못한다. 훌륭한 역사는 오랜 세월에 걸친 복잡한 과정과 변화의 역동성을 드러내 보여준다. 훌륭한 역사는 현재 세계에서 우리를 형성해오고 속박해온 수많은 과거의 층위를 이해하도록 돕는다. 그와 동시에 훌륭한 역사는 계속해서 이러한 속박이 다음에 일어날 것이거나 우리가 미래의 역사를 어떻게 만들 수 있을 것인가를 예정하지 않는다는 것을 보여준다.

참고문헌

15장

Berlin, Ira. *Many Thousands Gone: The First Two Centuries of Slavery in North America.* Cambridge, Mass., 1998.

Blanning, T. C. W., ed. *The Eighteenth Century: Europe 1688~1815.* Oxford and New York, 2000.

Brewer, John S. *The Sinews of Power: War, Money, and the English State, 1688~1783.* London, 1988 ; New York, 1989.

Cameron, Euan., ed. *Early Modern Europe: An Oxford History.* Oxford and New York, 1999.

Campbell, Peter R. *Louis XIV, 1661~1715.* London, 1993.

Collins, James B. *The State in Early Modern France.* Cambridge and New York, 1995.

Doyle, William. *The Old European Order, 1660~1800.* Oxford and New York, 1992.

Hufton, Olwen. *The Prospect before Her: A History of Women in Western Europe, 1500~1800.* New York, 1996.

Hughes, Lindsey. *Russia in the Age of Peter the Great.* New Haven, Conn., 1998.

Ingrao, Charles. *The Habsburg Monarchy, 1618~1815.* 2d ed., Cambridge and New York, 2000.

Israel, Jonathan I. *The Dutch Republic: Its Rise, Greatness, and Fall, 1477~1806.* Oxford and New York, 1995.

Kishlansky, Mark A. *A Monarchy Transformed: Britain, 1603~1744.* London, 1996.

Klein, Herbert S. *The Atlantic Slave Trade.* Cambridge and New York, 1999.

Koch, H. W. *A History of Prussia.* London, 1978.

Lewis, William Roger., gen. ed. *The Oxford History of the British Empire.* Vol. I: *The Origins of Empire: British Overseas Enterprise to the Close of the Seventeenth Century.* Ed. Nicholas Canny. Vol. II: *The Eighteenth Century.* Ed. Peter J. Marshall. Oxford and New York, 1998.

Locke, John. *Two Treatises of Government.* Ed. Peter Laslett. Rev. ed., Cambridge and New York, 1963.

Miller, John., ed. *Absolutism in Seventeenth-Century Europe.* London, 1990.

Monod, Paul K. *The Power of Kings: Monarchy and Religion in Europe, 1589~1715.* New Haven, Conn., 1999.

Quataert, Donald. *The Ottoman Empire, 1700~1822.* Cambridge and New York, 2000.

Riasanovsky, Nicholas V. and Steinberg, Mark D. *A History of Russia.* 7th ed., Oxford and New York, 2005.

Saint-Simon, Louis. *Historical Memoirs.* Many editions.

Thomas, Hugh. *The Slave Trade: The History of the Atlantic Slave Trade, 1440~1870.* London and New York, 1997.

Tracy, James D. *The Rise of Merchant Empires: Long-Distance Trade in the Early Modern World, 1350~1750.* Cambridge and New York, 1990.

White, Richard. *It's Your Misfortune and None of My Own: A History of the American West.* Norman, Okla., 1991.

16장

Biagioli, Mario. *Galileo, Courtier.* Chicago, 1993.

Cohen, I. B. *The Birth of a New Physics.* New York, 1985.

Dear, Peter. *Revolutionizing the Sciences: European Knowledge and Its Ambitions, 1500~1700.* Princeton, N.J., 2001.

Drake, Stillman. *Discoveries and Opinions of Galileo.* Garden City, N.Y., 1957.

Feingold, Mardechai, *The Newtonian Moment: Isaac Newton and the Making of Modern Culture.* New York, 2004.

Gaukroger, Stephen. *Descartes: An Intellectual Biography.* Oxford, 1995.

Gleick, James. *Isaac Newton.* New York, 2003.

Grafton, Anthony. *New Worlds, Ancient Texts: The Power of Tradition and the Shock of Discovery.* Cambridge, Mass., 1992.

Hall, A. R. *The Revolution in Science, 1500~1750.* New York, 1983. Revised version of a 1954 classic.

Jones, Richard Foster. *Ancients and Moderns: A Study of the Rise of the Scientific Movement in Early Modern England.* Berkeley, Calif., 1961.

Koestler, Arthur. *The Sleepwalkers: A History of Man's Changing Vision of the Universe.* London, 1958.

Kuhn, Thomas. *The Structure of Scientific Revolution.* Chicago, 1962.

Pagden, Anthony. *European Encounters with the New World.* New Haven, Conn., and London, 1993.

Scheibinger, Londa. *The Mind Has No Sex? Women in the Origins of Modern Science.* Cambridge, Mass., 1989.

Shapin, Steven. *The Scientific Revolution.* Chicago, 1996.

Shapin, Steven. and Simon Schaffer. *Leviathan and the Air Pump.* Princeton, N.J., 1985.

Stephenson, Bruce. *The Music of the Heavens: Kepler's Harmonic Astronomy.* Princeton, N.J., 1994.

Thoren, Victor. *The Lord of Uranibourg: A Biography of Tycho Brahe.* Cambridge, 1990.

Westfall, Richard. *The Construction of Modern Science.* Cambridge, 1977.

Westfall, Richard. *Never at Rest: A Biography of Isaac Newton.* Cambridge, 1980.

Wilson, Catherine. *The Invisible World: Early Modern Philosophy and the Invention of the Microscope.* Princeton, N.J., 1995.

Zinsser, Judith P. *La Dame d'Esprit: A Biography of the Marquise Du Châtelet.* New York, 2006. To be issued in paper as *Emilie du Châtelet: Daring Genius of the Enlightenment.* 2007.

17장

Baker, Keith. *Condorcet: From Natural Philosophy to Social Mathematics.* Chicago, 1975.

Bell, Susan. and Karen Offen., eds. *Women, the Family, and Freedom: The Debate in Documents.* Vol. 1: *1750~1880.* Stanford, Calif., 1983.

Blum, Carol. *Rousseau and the Republic of Virtue: The Language of Politics in the French Revolution.* Ithaca, N.Y. and London, 1986.

Buchan, James. *The Authentic Adam Smith: His Life and Ideas.* New York, 2006.

Calhoun, Craig., ed. *Habermas and the Public Sphere.* Cambridge, Mass., 1992.

Cassirer, E. *The Philosophy of the Enlightenment.* Princeton, N.J., 1951.

Chartier, Roger. *The Cultural Origins of the French Revolution.* Durham, N.C., 1991.

Darnton, Robert. *The Business of Enlightenment: A Publishing History of the* Encyclopédie, *1775~1800.* Cambridge, Mass., 1979. See his other books as well: *The Literary Underground of the Old Regime.* Cambridge, Mass., 1982, ; *The Great Cat Massacre and Other Episodes in French Cultural History.* New York, 1984. ; and *The Forbidden Best Sellers of Revolutionary France.* New York and London, 1996.

Davis, David Brion. *The Problem of Slavery in Western Culture.* New York, 1988.

Gay, Peter. *The Enlightenment: An Interpretation.* Vol. 1: *The Rise of Modern Paganism.* Vol. 2: *The Science of Freedom.* New York, 1966~1969.

Gray, Peter. *Mozart.* New York, 1999.

Goodman, Dena. *The Republic of Letters: A Cultural History of the French Enlightenment.* Ithaca, N.Y., 1994.

Hazard, Paul. *The European Mind: The Critical Years (1680~1715).* New Haven, Conn., 1953.

Hildesheimer, Wolfgang. *Mozart.* New York, 1982.

Israel, Jonathan Irvine. *Radical Enlightenment: Philosophy and the Making of Modernity, 1650~1750.* New York, 2001.

Israel, Jonathan Irvine. *Enlightenment Contested: Philosophy, Modernity, and the Emancipation of Man, 1670~1752.* New York, 2006.

Munck, Thomas. *The Enlightenment: A Comparative Social History, 1721~1794.* London, 2000.

Outram, Dorinda. *The Enlightenment.* Cambridge, 1995.

Porter, Roy. *The Creation of the Modern World: The Untold Story of the British Enlightenment.* New York, 2000.

Rendall, Jane. *The Origins of Modern Feminism: Women in Britain, France and the United States, 1780~1860.* New York, 1984.

Sapiro, Virginia. *A Vindication of Political Virtue: The Political Theory of Mary Wollstonecraft.* Chicago, 1992.

Shklar, Judith. *Men and Citizens: A Study of Rousseau's Social Theory.* London, 1969.

Shklar, Judith. *Montesquieu.* Oxford, 1987.

Taylor, Barbara. *Mary Wollstonecraft and the Feminist Imagination.* Cambridge and New York, 2003.

Venturi, Franco. *The End of the Old Regime in Europe, 1768~1776: The First Crisis.* Trans. R. Burr Litchfield. Princeton, N.J., 1989.

Venturi, Franco. *The End of the Old Regime in Europe, 1776~1789.* Princeton, N.J. 1991.

Watt, Ian P. *The Rise of the Novel.* London, 1957.

18장

Applewhite, Harriet B. and Darline G. Levy., eds. *Women and Politics in the Age of the Democratic Revolution*. Ann Arbor, Mich., 1990.

Bell, David A. *The First Total War: Napoleon's Europe and the Birth of Warfare as We Know It*. Boston and New York, 2007.

Blackburn, Robin. *The Overthrow of Colonial Slavery*. London and New York, 1988.

Blanning, T. C. W. *The French Revolutionary Wars, 1787~1802*. Oxford, 1996.

Blum, Carol. *Rousseau and the Republic of Virtue: The Language of Politics in the French Revolution*. Ithaca, N.Y., 1986.

Cobb, Richard. *The People's Armies*. New Haven, Conn., 1987.

Connelly, Owen. *The French Revolution and Napoleonic Era*. 3rd ed., New York, 2000.

Darnton, Robert, *The Forbidden Best-Sellers of Pre-Revolutionary France*. New York, 1995.

Doyle, William. *Origins of the French Revolution*. New York, 1988.

Doyle, William. *Oxford History of the French Revolution*. New York, 1989.

Dubois, Laurent. *Avengers of the New World. The Story of the Haitian Revolution*. Cambridge, Mass., 2004.

Dubois, Laurent, and John D. Garrigus. *Slave Revolution in the Caribbean, 1789~1804: A Brief History with Documents*. New York, 2006.

Englund, Steven. *Napoleon, A Political Life*. Cambridge, Mass., 2004.

Forrest, Alan. *The French Revolution and the Poor*. New York, 1981.

Furet, Francois. *Revolutionary France, 1770~1880*. Trans. Antonia Nerill. Cambridge, Mass., 1992.

Geyl, Pieter. *Napoleon: For and Against*. Rev. ed., New Haven, Conn., 1964.

Hunt, Lynn. *The French Revolution and Human Rights*. Boston, 1996.

Hunt, Lynn. *Politics, Culture, and Class in the French Revolution*. Berkeley, Calif., 1984.

Hunt, Lynn. and Jack R. Censer. *Liberty, Equality, Fraternity: Exploring the French Revolution*. University Park, Pa., 2001.

Landes, Joan B. *Women and the Public Sphere in the Age of the French Revolution*. Ithaca, N.Y., 1988.

Lefebvre, Georges. *The Coming of the French Revolution*. Princeton, N.J., 1947.

Lewis, G. and C. Lucas. *Beyond the Terror: Essays in French Regional and Social History, 1794~1815*. New York, 1983.

O'Brien, Connor Cruise. *The Great Melody: A Thematic Biography of Edmund Burke*. Chicago, 1992.

Palmer, R. R. *The Age of the Democratic Revolution: A Political History of Europe and America, 1760~1800*. 2 vols., Princeton, N.J., 1964.

Palmer, R. R. and Isser Woloch. *Twelve Who Ruled: The Year of the Terror in the French Revolution*. Princeton, N.J., 2005.

Schama, Simon. *Citizens: A Chronicle of the French Revolution*. New York, 1989.

Soboul, Albert. *The Sans-Culottes: The Popular Movement and Revolutionary Government, 1793~1794*. Garden City, N.Y., 1972.

Sutherland, D. M. G. *France, 1789~1815: Revolution and Counterrevolution*. Oxford, 1986.

Thompson, J. M. *Robespierre and the French Revolution.* London, 1953.

Tocqueville, Alexis de. *The Old Regime and the French Revolution.* Garden City, N.Y., 1955. Originally written in 1856.

Trouillot, Michel Rolph. *Silencing the Past.* Boston, 1995.

Woloch, Isser. *The New Regime: Transformations of the French Civic Order, 1789~1820.* New York, 1994.

Woolf, Stuart. *Napoleon's Integration of Europe.* New York, 1991.

19장

Berg, Maxine. *The Age of Manufactures: Industry, Innovation, and Work in Britain, 1700~1820.* Oxford, 1985.

Bridenthal, Renate. Claudia Koonz. and Susan Stuard., eds. *Becoming Visible: Women in European History.* 2d ed., Boston, 1987.

Briggs, Asa. *Victorian Cities.* New York, 1963.

Cameron, R. E. *France and the Industrial Development of Europe.* Princeton, 1968.

Chevalier, Louis. *Laboring Classes and Dangerous Classes during the First Half of the Nineteenth Century.* New York, 1973.

Cipolla, Carlo M., ed. *The Industrial Revolution, 1700~1914.* New York, 1976.

Cott, Nancy. *The Bonds of Womanhood: "Woman's Sphere" in New England, 1780~1935.* New Haven, Conn., and London, 1977.

Davidoff, Leonore. and Catherine Hall. *Family Fortunes: Men and Women of the English Middle Class, 1780~1850.* Chicago, 1985.

Ferguson, Niall. *The Cash Nexus: Money and Power in the Modern World, 1700~2000.* New York, 2001.

Ferguson, Niall. "The European Economy, 1815~1914." *In The Nineteenth Century.* Ed. T. C. W. Blanning. Oxford and New York, 2000.

Gay, Peter. *The Bourgeois Experience: Victoria to Freud.* New York, 1984.

Gay, Peter. *Schnitzler's Century: The Making of Middle-Class Culture, 1815~1914.* New York and London, 2002. A synthesis of some of the arguments presented in *The Bourgeois Experience.*

Hellerstein, Erna. Leslie Hume. and Karen Offen., eds. *Victorian Women: A Documentary Account.* Stanford, Calif., 1981.

Hobsbawm, Eric J. *The Age of Capital, 1848~1875.* London, 1975.

Hobsbawm, Eric J. *The Age of Revolution, 1789~1848.* London, 1962.

Hobsbawm, Eric. and George Rudé. *Captain Swing: A Social History of the Great English Agricultural Uprising of 1830.* New York, 1975.

Kemp, Tom. *Industrialization in Nineteenth-Century Europe.* London, 1985.

Kindelberger, Charles. *A Financial History of Western Europe.* London, 1984.

Landes, David S. *The Unbound Prometheus: Technological Change and Industrial Development in Western Europe from 1750 to the Present.* London, 1969.

Langer, William L. *Political and Social Upheaval, 1832~1852.* New York, 1969.

McNeill, J. R. *Something New under the Sun: An Environmental History of the Twentieth-Century World.*

New York and London, 2000.

Mokyr, Joel. *The Lever of Riches: Technological Creativity and Economic Progress.* New York, 1992.

O'Gráda, Cormac. *Black '47 and Beyond: The Great Irish Famine.* Princeton, N.J., 1999.

O'Gráda, Cormac. *The Great Irish Famine.* Cambridge, 1989.

Rendall, Jane. *The Origins of Modern Feminism: Women in Britain, France and the United States, 1780~1860.* New York, 1984.

Rose, Sonya O. *Limited Livelihoods: Gender and Class in Nineteenth-Century England.* Berkeley, Calif., 1992.

Sabean, David Warren. *Property, Production, and Family Neckarhausen, 1700~1870.* New York, 1990.

Sabel, Charles. and Jonathan Zeitlin. "Historical Alternatives to Mass Production." *Past and Present* 108 (August 1985), pp. 133~176.

Schivelbusch, Wolfgang. *Disenchanted Night: The Instrialization of Light in the Nineteenth Century.* Berkeley, Calif., 1988.

Schivelbusch, Wolfgang. *The Railway Journey.* Berkeley, 1986.

Thompson, E. P. *The Making of the English Working Class.* London, 1963.

Tilly, Louise. and Joan Scott. *Women, Work and the Family.* New York, 1978.

Valenze, Deborah. *The First Industrial Woman.* New York, 1995.

Williams, Raymond. *Keywords: A Vocabulary of Culture and Society.* New York, 1976. updated as *New Keywords: A Revised Vocabulary of Culture and Society.* 2005, by Lawrence Grossberg. and Meaghan Morris.

Zeldin, Theodore. *France, 1848~1945,* 2 vols., Oxford, 1973~1977.

20장

Agulhon, Maurice. *The Republican Experiment, 1848~1852.* New York, 1983.

Anderson, Benedict. *Imagined Communities: Reflections on the Origin and Spread of Nationalism.* London, 1983.

Briggs, Asa. *The Age of Improvement, 1783~1867.* New York, 1979.

Colley, Linda. *Britons: Forging the Nation, 1707~1837.* New Haven, Conn., 1992.

Furet, François. *Revolutionary France, 1770~1880.* New York, 1970.

Gilbert, Sandra M. and Susan Gubar. *The Madwoman in the Attic: The Woman Writer and the Nineteenth-Century Literary Imagination.* New Haven, Conn. and London, 1970.

Hobsbawm, Eric. *The Age of Revolution: Europe 1789 to 1848.* New York, 1970.

Kramer, Lloyd. *Nationalism: Political Cultures in Europe and America, 1775~1865.* London, 1998.

Langer, William. *Political and Social Upheaval, 1832~1851.* New York, 1969.

Laven, David. and Lucy Riall. *Napoleon's Legacy: Problems of Government in Restoration Europe.* London, 2002.

Levinger, Matthew. *Enlightened Nationalism: The Transformation of Prussian Political Culture, 1806~1848.* New York, 2000.

Macfie, A. L. *Orientalism*. London, 2002.

Merriman, John M., ed. *1830 in France*. New York, 1975.

Pinkney, David. *The French Revolution of 1830*. Princeton, N.J., 1972.

Porter, Roy. and Mikulas Teich., eds. *Romanticism in National Context*. Cambridge, 1988.

Raeff, Marc. *The Decembrist Movement*. New York, 1966.

Sahlins, Peter. *Forest Rites: The War of the Demoiselles in Nineteenth-Century France*. Cambridge, Mass., 1994.

Said, Edward W. *Orientalism*. New York, 1979.

Saville, John. *1848: The British State and the Chartist Movement*. New York, 1987.

Schroeder, Paul. *The Transformation of European Politics, 1763~1848*. Oxford and New York, 1994.

Sewell, William H. *Work and Revolution in France: The Language of Labor from the Old Regime to 1848*. Cambridge, 1980.

Smith, Bonnie. *The Gender of History: Men, Women, and Historical Practice*. Cambridge, Mass., 1998.

Wordsworth, Jonathan. Michael C. Jaye. and Robert Woof. *William Wordsworth and the Age of English Romanticism*. New Brunswick, N.J., 1987.

21장

Beales, Derek. *The Risorgimento and the Unification of Italy*. New York, 1971.

Blackbourn, David. *The Long Nineteenth Century: A History of Germany, 1780~1918*. New York, 1998.

Blackburn, Robin. *The Overthrow of Colonial Slavery*. London, 1988.

Brophy, James M. *Capitalism, Politics, and Railroads in Prussia, 1830~1870*. Columbus, Ohio, 1998.

Coppa, Frank. *The Origins of the Italian Wars of Independence*. London, 1992.

Craig, Gordon. *Germany, 1866~1945*. New York, 1978.

Davis, David Brian. *Inhuman Bondage: The Rise and Fall of Slavery in the New World*. New York, 2006.

Deak, Istvan. *The Lawful Revolution: Louis Kossuth and the Hungarians, 1848~1849*. New York, 1979.

Eyck, Erich. *Bismarck and the German Empire*. 3d ed., London, 1968.

Hamerow, Theodore S. *The Birth of a New Europe: State and Society in the Nineteenth Century*. Chapel Hill, N.C., 1983.

Hamerow, Theodore S. *The Social Foundations of German Unification, 1858~1871*. 2 vols., Princeton, N.J., 1969~1972.

Higonnet, Patrice. *Paris: Capital of the World*. London, 2002.

Hobsbawm, Eric J. *Nations and Nationalism since 1870: Programme, Myth, Reality*. 2d ed., Cambridge, 1992.

Howard, Michael. *The Franco-Prussian War*. New York, 1981.

Hutchinson, John. and Anthony Smith., eds. *Nationalism*. New York, 1994.

Johnson, Susan. *Roaring Camp*. New York, 2000.

Kolchin, Peter. *Unfree Labor: American Slavery and Russian Serfdom*. Cambridge, Mass., 1987.

Mack Smith, Denis. *Cavour and Garibaldi.* New York, 1968.

Mack Smith, Denis. *The Making of Italy, 1796~1870.* New York, 1968.

Nochlin, Linda. *Realism.* New York, 1971.

Pflanze, Otto. *Bismarck and the Development of Germany.* 2d ed., 3 vols., Princeton, N.J., 1990.

Pinkney, David. *Napoleon III and the Rebuilding of Paris.* Princeton, N.J., 1972.

Robertson, Priscilla. *Revolutions of 1848: A Social History.* Princeton, N.J., 1952.

Sammons, Jeffrey L. *Heinrich Heine: A Modern Biography.* Princeton, N.J., 1979.

Sheehan, James J. *German Liberalism in the Nineteenth Century.* Chicago, 1978.

Sperber, Jonathan. *The European Revolutions, 1848~1851.* New York, 1994.

Sperber, Jonathan. *Rhineland Radicals: The Democratic Movement and the Revolution of 1848~1849.* Princeton, N.J., 1993.

Stearns, Peter N. *1848: The Revolutionary Tide in Europe.* New York, 1974.

Zeldin, Theodore. *The Political System of Napoleon III.* New York, 1958.

22장

Adas, Michael. *Machines as the Measure of Man: Science, Technology, and Ideologies of Western Dominance.* Ithaca, N.Y. and London, 1989.

Bayly, C. A. *Indian Society and the Making of the British Empire.* Cambridge, 1988.

Burton, Antoinette. *Burdens of History: British Feminists, Indian Women, and Imperial Culture, 1865~1915.* Chapel Hill, N.C., 1994.

Cain, P. J. and A. G. Hopkins. *British Imperialism, 1688~2000.* London, 2002.

Clancy-Smith, Julia. and Frances Gouda. *Domesticating the Empire: Race, Gender, and Family Life in French and Dutch Colonialism.* Charlottesville, Va., and London, 1998.

Conklin, Alice. *A Mission to Civilize: The Republican idea of Empire in France and West Africa, 1895~1930.* Stanford, Calif., 1997.

Cooper, Frederick. and Ann Laura Stoler. *Tensions of Empire: Colonial Cultures in a Bourgeois World.* Berkeley, Calif., 1997.

Headrick, Daniel R. *The Tools of Empire: Technology and European Imperialism in the Nineteenth Century.* Oxford, 1981.

Hobsbawm, Eric. *The Age of Empire, 1875~1914.* New York, 1987.

Hochschild, Adam. *King Leopold's Ghost: A Story of Greed, Terror, and Heroism in Colonial Africa.* Boston, 1998.

Lorcin, Patricia. *Imperial Identities: Stereotyping, Prejudice and Race in Colonial Algeria.* New York, 1999.

Louis, William Roger. *The Oxford History of the British Empire.* 5 vols., Oxford, 1998.

Metcalf, Thomas. *Ideologies of the Raj.* Cambridge, 1995.

Pakenham, Thomas. *The Scramble for Africa, 1876~1912.* London, 1991.

Prochaska, David. *Making Algeria French: Colonialism in Bône, 1870~1920.* Cambridge, 1990.

Robinson, Ronald. and J. Gallagher. *Africa and the Victorians: The Official Mind of Imperialism*. London, 1961.

Said, Edward. *Culture and Imperialism*. New York, 1993.

Sangari, Kumkum. and Sudesh Vaid. *Recasting Women: Essays in Colonial History*. New Delhi, 1989.

Schneer, Jonathan. *London 1900: The Imperial Metropolis*. New Haven, Conn., 1999.

Spence, Jonathan. *The Search for Modern China*. New York, 1990.

23장

Berlanstein, Lenard. *The Working People of Paris, 1871~1914*. Baltimore, Md., 1984.

Berlin, Isaiah. *Karl Marx: His Life and Environment*. 4th ed., New York, 1996.

Blackbourn, David. *The Long Nineteenth Century: A History of Germany, 1780~1918*. New York, 1998.

Bowler, Peter J. *Evolution: The History of an Idea*. Berkeley, Calif., 1984.

Bredin, Jean-Denis. *The Affair: The Case of Alfred Dreyfus*. New York, 1986.

Burns, Michael. *Dreyfus: A Family Affair*. New York, 1992.

Chipp, Herschel B. *Theories of Modern Art: A Source Book by Artists and Critics*. Berkeley, Calif., 1968.

Clark, T. J. *The Painting of Modern Life: Paris in the Art of Manet and His Followers*. New York, 1985.

Eley, Geoff. *Forging Democracy*. Oxford, 2002.

Frank, Stephen. *Crime, Cultural Conflict, and Justice in Rural Russia, 1856~1914*. Berkeley, Calif., 1999.

Gay, Peter. *The Bourgeois Experience: Victoria to Freud*, 5 vols., New York, 1984~2000.

Gay, Peter. *Freud: A Life of Our Time*. New York, 1988.

Herbert, Robert L. *Impressionism: Art, Leisure, and Parisian Society*. New Haven, 1988.

Hughes, H. Stuart. *Consciousness and Society*. New York, 1958.

Jelavich, Peter. *Munich and Theatrical Modernism: Politics, Play-writing, and Performance, 1890~1914*. Cambridge, Mass., 1985.

Jones, Gareth Stedman. *Outcast London*. Oxford, 1971.

Joyce, Patrick. *Visions of the People: Industrial England and the Question of Class, 1848~1914*. New York, 1991.

Kelly, Alfred. *The German Worker: Autobiographies from the Age of Industrialization*. Berkeley, Calif., 1987.

Kern, Stephen. *The Culture of Time and Space*. Cambridge, Mass., 1983.

Landes, David. *The Unbound Prometheus: Technological Change and Industrial Development in Western Europe from 1750 to the Present*. New York, 1969.

Lidtke, Vernon. *The Alternative Culture: Socialist Labor in Imperial Germany*. New York, 1985.

Marrus, Michael Robert. *The Politics of Assimilation: A Study of the French Jewish Community at the Time of the Dreyfus Affair*. Oxford, 1971.

Micale, Mark S. *Approaching Hysteria: Disease and Its Interpretations*. Princeton, N.J., 1995.

Rupp, Leila J. *Worlds of Women: The Making of an International Women's Movement*. Princeton, N.J.,

1997.

Schivelbusch, Wolfgang. *Disenchanted Night: The Industrialization of Light in the Nineteenth Century.* Berkeley, Calif., 1995.

Showalter, Elaine. *The Female Malady: Women, Madness, and English Culture, 1890~1980.* New York, 1985.

Silverman, Deborah L. *Art Nouveau in Fin-de-Siècle France: Politics, Psychology, and Style.* Berkeley, 1989.

Smith, Bonnie. *Changing Lives: Women in European History since 1700.* New York, 1988.

Tickner, Lisa. *The Spectacle of Women: Imagery of the Suffrage Campaign, 1907~14.* Chicago, 1988.

Verner, Andrew. *The Crisis of Russian Autocracy: Nicholas II and the 1905 Revolution.* Princeton, N.J., 1990.

Vital, David. *A People Apart: A Political History of the Jews in Europe, 1789~1939.* Oxford and New York, 1999.

Weber, Eugen. *Peasants into Frenchmen: The Modernization of Rural France, 1870~1914.* Stanford, 1976.

24장

Chickering, Roger. *Imperial Germany and the Great War, 1914~1918.* New York, 1998.

Eksteins, Modris. *Rites of Spring: The Great War and the Birth of the Modern Age.* New York, 1989.

Ferguson, Niall. *The Pity of War.* London, 1998.

Ferro, Marc. *The Great War, 1914~1918.* London, 1973.

Figes, Orlando. *A People's Tragedy: A History of the Russian Revolution.* New York, 1997.

Fischer, Fritz. *War of Illusions.* New York, 1975.

Fitzpatrick, Sheila. *The Russian Revolution, 1917~1932.* New York and Oxford, 1982.

Fussell, Paul. *The Great War and Modern Memory.* New York, 1975.

Higonnet, Margaret Randolph. et al., eds. *Behind the Lines: Gender and the Two World Wars.* New Haven, Conn., 1987.

Hynes, Samuel. *A War Imagined: The First World War and English Culture.* New York, 1991.

Jelavich, Barbara. *History of the Balkans: Twentieth Century.* New York, 1983.

Joll, James. *The Origins of the First World War.* London, 1984.

Keegan, John. *The First World War.* London, 1998.

Macmillan, Margaret. and Richard Holbrooke. *Paris 1919: Six Months That Changed the World.* New York, 2003.

Mazower, Mark. *Dark Continent: Europe's Twentieth Century.* New York, 1999.

Rabinowitch, Alexander. *The Bolsheviks Come to Power.* New York, 1976.

Roberts, Mary Louise. *Civilization without Sexes: Reconstructing Gender in Postwar France, 1917~1927.* Chicago, 1994.

Schivelbusch, Wolfgang. *The Culture of Defeat: On National Trauma, Mourning, and Recovery.* New York, 2001.

Smith, Leonard. *Between Mutiny and Obedience: The Case of the French Fifth Infantry Division during World War I.* Princeton, N.J., 1994.

Stevenson, David. *Cataclysm: The First World War as Political Tragedy.* New York, 2003.

Stites, Richard. *Revolutionary Dreams: Utopian Visions and Experimental Life in the Russian Revolution.* New York, 1989.

Williams, John. *The Home Fronts: Britain, France and Germany, 1914~1918.* London, 1972.

Winter, J. M. *The Experience of World War I.* New York, 1989.

25장

Carr, E. H. *The Bolshevik Revolution, 1917~1923.* London and New York, 1950~1953.

Cohen, Stephen F. *Bukharin and the Bolshevik Revolution: A Political Biography, 1888~1938.* New York, 1973.

Conquest, Robert. *The Great Terror: A Reassessment.* New York, 1990.

Crew, David F., ed. *Nazism and German Society, 1933~1945.* New York, 1994.

Degrazia, Victoria. *Irresistible Empire: America's Advance through 20th-Century Europe.* Cambridge, Mass., 2005.

Figes, Orlando. *Peasant Russia Civil War: The Volga Countryside in Revolution, 1917~1921.* Oxford, 1989.

Fitzpatrick, Shelia. *Everyday Stalinism: Ordinary Life in Extraordinary Times: Soviet Russia in the 1930s.* Oxford and New York, 1999.

Friedlander, Saul. *Nazi Germany and the Jews: The Years of Persecution. 1933~1939.* Rev. ed., New York, 2007.

Gay, Peter. *Weimar Culture.* New York, 1968.

Getty, J. Arch. and Oleg V. Naumov. *The Road to Terror: Stalin and the Self-Destruction of the Bolsheviks, 1932~1939.* New Haven, Conn., 1999.

Goldman, Wendy Z. *Women, the State, and Revolution: Soviet Family Policy and Social Life, 1917~1936.* New York, 1993.

Kershaw, Ian. *Hitler.* 2 vols: *1889~1936 Hubris.* New York, 1999 ; *1936~1945: Nemesis,* New York, 2001.

Kershaw, Ian. *The Hitler Myth: Image and Reality in the Third Reich.* New York, 1987.

Klemperer, Victor. *I Will Bear Witness: A Diary of the Nazi Years, 1933~1941.* New York, 1999. *I Will Bear Witness: A Diary of the Nazi Years, 1942~1945.* New York, 2001.

Lewin, Moshe. *The Making of the Soviet System: Essays in the Social History of Interwar Russia.* New York, 1985.

McDermott, Kevin. *Stalin: Revolutionary in an Era of War.* Basingstoke, UK. and New York, 2006.

Montefior, Simon Sebag. *Stalin: The Court of the Red Tsar.* London, 2004.

Orwell, George. *The Road to Wigan Pier.* London, 1937.

Orwell, George. *Homage to Catalonia.* London, 1938.

Rentschler, Eric. *The Ministry of Illusion: Nazi Cinema and Its Afterlife.* Cambridge, Mass., 1996.

Service, Robert. *Stalin: A Biography*. London, 2004.

Suny, Ronald Grigor. *The Revenge of the Past: Nationalism, Revolution, and the Collapse of the Soviet Union*. Stanford, Calif., 1993.

Tucker, Robert C. *Stalin as Revolutionary, 1879~1929*. New York, 1973.

Tucker, Robert C. *Stalin in Power: The Revolution from Above, 1928~1941*. New York, 1990. With *Stalin as Revolutionary, 1978~1929*. New York, 1974.

26장

The U.S. Holocaust Memorial Museum has an extraordinary collection of articles, photographs, and maps. See www.ushmm.org.

Bartov, Omer. *Hitlers Army: Soldiers, Nazis, and War in the Third Reich*. New York, 1991.

Braithwaite, Rodric. *Moscow. 1941: A City and Its People at War*. London, 2006.

Browning, Christopher R. *The Path to Genocide: Essays on Launching the Final Solution*. Cambridge, 1992. See also the authors *Ordinary Men: Reserve Police Battalion 101 and the Final Solution in Poland*. 1998.

Burrin, Philippe. *France under the Germans: Collaboration and Compromise*. New York, 1996.

Carr, Raymond. *The Spanish Tragedy: The Civil War in Perspective*. London, 1977.

Dawidowicz, Lucy S. *The War against the Jews, 1933~1945*. New York, 1975.

Divine, Robert A. *Roosevelt and World War II*. Baltimore, Md., 1969.

Djilas, Milovan. *Wartime*. New York, 1977.

Gellately, Robert. and Ben Kiernan., eds. *The Specter of Genocide: Mass Murder in Historical Perspective*. New York, 2003.

Gilbert, Martin. *The Appeasers*. Boston, 1963.

Graham, Helen. *The Spanish Civil War: A Very Short Introduction*. Oxford and New York, 2005. See also the authors *The Spanish Republic at War, 1936~1939*. Cambridge, 2002.

Hilberg, Raul. *The Destruction of the European Jews*. 2nd ed., 3 vols., New York, 1985.

Kedward, Roderick. *In Search of the Maquis: Rural Resistance in Southern France, 1942~1944*. Oxford, 1993.

Keegan, John. *The Second World War*. New York, 1990.

Mann, Michael. *The Dark Side of Democracy: Explaining Ethnic Cleansing*. New York, 2005.

Marrus, Michael R. *The Holocaust in History*. Hanover, N.H., 1987.

Mawdsley, Evan. *Thunder in the East: The Nazi-Soviet War, 1941~1945*. New York, 2005.

Megargee, Geoffrey. *War of Annihilation: Combat and Genocide on the Eastern War, 1941*. Lanham, Md., 2006.

Merridale, Catherine. *Ivan's War: Life and Death in the Red Army, 1939~1945*. New York, 2006.

Michel, Henri. *The Shadow War: The European Resistance, 1939~1945*. New York, 1972.

Milward, Alan S. *War, Economy, and Society, 1939~1945*. Berkeley, Calif., 1977.

Noakes, Jeremy. and Geoffrey Pridham. *Nazism: A History in Documents and Eyewitness Accounts,*

1919~1945. New York, 1975.

Overy, Richard. *Russia's War*. New York, 1998.

Overy, Richard. *Why the Allies Won*. New York, 1995.

Paxton, Robert O. *Vichy France: Old Guard and New Order, 1940~1944*. New York, 1982.

Stoff, Michael B. *The Manhattan Project: A Documentary Introduction to the Atomic Age*. New York, 1991.

Weinberg, Gerhard L. *A Global History of World War II*. New York, 1995.

Wilkinson, James D. *The Intellectual Resistance in Europe*. Cambridge, Mass., 1981.

27장

Aron, Raymond. *The Imperial Republic: The United States and the World, 1945~1973*. Lanham, Md., 1974.

Carter, Erica. *How German Is She? Postwar West German Reconstruction and the Consuming Woman*. Ann Arbor, Mich., 1997.

Clayton, Anthony. *The Wars of French Decolonization*. London, 1994.

Connelly, Matthew. *A Diplomatic Revolution: Algeria's Fight for Independence and the Origins of the Post—Cold War Era*. New York and Oxford, 2003.

Cooper, Frederick. and Ann Laura Stoler., eds. *Tensions of Empire: Colonial Cultures in a Bourgeois World*. Berkeley, Calif., 1997.

Darwin, John. *Britain and Decolonization: The Retreat from Empire in the Postwar World*. New York, 1988.

Deák, István. Jan T. Gross, and Tony Judt, eds. *The Politics of Retribution in Europe: World War II and Its Aftermath*. Princeton, N.J., 2000.

Farmer, Sarah. *Martyred Village: Commemorating the 1944 Massacre at Oradour-sur-Glane*. Berkeley, Calif., 1999.

Holland, R. F. *European Decolonization 1918~1981: An Introductory Survey*. New York, 1985.

Jarausch, Konrad Hugo., ed. *Dictatorship as Experience: Towards a Socio-Cultural History of the GDR*. Trans. Eve Duffy. New York, 1999.

Judt, Tony. *The Burden of Responsibility: Blum, Camus, and the French Twentieth Century*. Chicago and London, 1998.

Judt, Tony. *A Grand Illusion? An Essay on Europe*. New York, 1996.

Judt, Tony. *Past Imperfect: French Intellectuals, 1944~1956*. Berkeley, Calif., 1992.

Judt, Tony. *Postwar. A History of Europe Since 1945*. London, 2005.

Koven, Seth. and Sonya Michel. *Mothers of a New World: Maternalist Politics and the Origins of Welfare States*. New York, 1993.

LaFeber, Walter. *America, Russia, and the Cold War*. New York, 1967.

Large, David Clay. *Berlin*. New York, 2000.

Leffler, Melvyn P. *A Preponderance of Power: National Security, the Truman Administration, and the Cold War*. Stanford, Calif., 1992.

Louis, William Roger. *The Ends of British Imperialism: The Scramble for Empire, Suez, and Decolonization.* London, 2006.

Macey, David. *Frantz Fanon.* New York, 2000.

Medvedev, Roy. *Khrushchev.* New York, 1983.

Milward, Alan S. *The Reconstruction of Western Europe, 1945~1951.* Berkeley, Calif., 1984.

Moeller, Robert G. *War Stories: The Search for a Usable Past in the Federal Republic of Germany.* Berkeley, Calif., 2001.

Reynolds, David. *One World Divisible: A Global History Since 1945.* New York, 2000.

Rousso, Henri. *The Vichy Syndrome: History and Memory in France since 1944.* Cambridge, Mass., 1991.

Schissler, Hanna., ed. *The Miracle Years: A Cultural History of West Germany, 1949~1968.* Princeton, N.J., 2001.

Schneider, Peter. *The Wall Jumper: A Berlin Story.* Chicago, 1998.

Shepard, Todd. *The Invention of Decolonization: The Algerian War and the Remaking of France.* Ithaca, N.Y., 2006.

Trachtenberg, Mark. *A Constructed Peace: The Making of the European Settlement, 1945~1963.* Princeton, N.J., 1999.

Wilder, Gary. *The French Imperial Nation-State: Negritude and Colonial Humanism between the Two World Wars.* Chicago, 2005.

Yergin, Daniel. *Shattered Peace: The Origins of the Cold War.* New York, 1977. Rev. ed., 1990.

Young, Marilyn B. *The Vietnam Wars, 1945~1990.* New York, 1991.

28장

Bailey, Beth. *From Front Porch to Back Seat: Courtship in Twentieth-Century America.* Baltimore, Md., 1988.

Beschloss, Michael. and Strobe Talbott. *At the Highest Levels: The Inside Story of the End of the Cold War.* Boston, 1993.

Brown, Archie. *The Gorbachev Factor.* Oxford and New York, 1996.

Caute, David. *The Year of the Barricades: A Journey through 1968.* New York, 1988.

Charney, Leo. and Vanessa R. Schwartz., eds. *Cinema and the Invention of Modern Life.* Berkeley, Calif., 1995.

Dallin, Alexander. and Gail Lapidus. *The Soviet System: From Crisis to Collapse.* Boulder, Colo., 1995.

Echols, Alice. *Daring to Be Bad: Radical Feminism in America, 1967~1975.* Minneapolis, Minn., 1989.

Eley, Geoff. *Forging Democracy: The History of the Left in Europe, 1850~2000.* Oxford and New York, 2002.

Fink, Carole. Phillipp Gassert. and Detlef Junker., eds. *1968: The World Transformed.* Cambridge, 1998.

Fulbrook, Mary., ed. *Europe since 1945* (The Short Oxford History of Europe). Oxford, 2001.

Garton Ash, Timothy. *In Europe's Name: Germany and the Divided Continent.* New York, 1993.

Glenny, Misha. *The Balkans, 1804~1999: Nationalism, War and the Great Powers.* London, 1999.

Horowitz, Daniel. *Betty Friedan and the Making of the Feminine Mystique: The American Left, the Cold

War, and Modern Feminism. Amherst, Mass., 1998.

Hosking, Geoffrey. *The Awakening of the Soviet Union.* Cambridge, Mass., 1990.

Hughes, H. Stuart. *Sophisticated Rebels: The Political Culture of European Dissent, 1968~1987.* Cambridge, Mass., 1990.

Hulsberg, Werner. *The German Greens: A Social and Political Profile.* New York, 1988.

Jarausch, Konrad. *The Rush to German Unity.* New York, 1994.

Judah, Tim. *The Serbs: History, Myth, and the Destruction of Yugoslavia.* New Haven, Conn., 1997.

Judt, Tony. *Postwar.* London, 2005.

Kaplan, Robert D. *Balkan Ghosts: A Journey through History.* New York, 1993.

Kotkin, Stephen. *Armegeddon Averted: The Soviet Collapse, 1970~2000.* Oxford, 2001.

Lewin, Moshe. *The Gorbachev Phenomenon.* Expanded ed. Berkeley, Calif., 1991.

Lieven, Anatol. *Chechnya, Tomb of Russia Power.* New Haven, Conn. and London, 1998.

Maier, Charles S. *Dissolution: The Crisis of Communism and the End of East Germany.* Princeton, N.J., 1997.

Mann, Michael. *The Dark Side of Democracy: Explaining Ethnic Cleansing.* New York, 2005.

Marwick, Arthur. *The Sixties.* Oxford and New York, 1998.

Pells, Richard. *Not Like Us: How Europeans Have Loved, Hated, and Transformed American Culture since World War II.* New York, 1997.

Poiger, Uta G. *Jazz, Rock, and Rebels: Cold War Politics and American Culture in a Divided Germany.* Berkeley, Calif., 2000.

Sheehan, Neil. *A Bright Shining Lie: John Paul Vann and America in Vietnam.* New York, 1988.

Strayer, Robert. *Why Did the Soviet Union Collapse? Understanding Historical Change.* Armonk, N.Y. and London, 1998.

Suri, Jeremi. *Power and Protest.* New ed., Cambridge, Mass., 2005.

Wright, Patrick. *On Living in an Old Country: The National Past in Contemporary Britain.* New York, 1986.

29장

Achebe, Chinua. *Things Fall Apart.* Expanded edition with notes. Portsmouth, N.H., 1996.

Cmiel, Kenneth, "The Recent History of Human Rights." *American Historical Review.* (February 2004).

Coetzee, J. M. *Waiting for the Barbarians.* London, 1980.

Cooper, Frederick. *Colonialism in Question: Theory, Knowledge, History.* Los Angeles and Berkeley, Calif., 2005.

Epstein, Helen. *The Invisible Cure: Africa, the West, and the Fight Against AIDS.* New York, 2007.

Geyer, Michael. and Charles Bright. "World History in a Global Age." *American Historical Review* (October 1995).

Glendon, Mary Ann. *A World Made New: Eleanor Roosevelt and the Universal Declaration of Human Rights.* New York, 2001.

Held, David., et al. *Global Transformations: Politics, Economics, and Culture*. Stanford, Calif., 1999.

Hopkins, A. G., ed. *Globalization in World History*. New York, 2002.

Hunt, Lynn. *Inventing Human Rights: A History*. New York, 2007.

Keddie, Nikki. *Modern Iran: Roots and Results of Revolution*. New Haven, Conn., 2003.

Lacqueur, Walter. *The Age of Terrorism*. Boston, 1987.

Landes, David. *The Wealth and Poverty of Nations: Why Some Are So Rich and Some So Poor*. New York, 1998.

Lewis, Bernard. *The Crisis of Islam. Holy War and Unholy Terror*. New York, 2003.

McNeill, J. R. *Something New under the Sun: An Environmental History of the Twentieth-Century World*. New York and London, 2000.

Mckeown, Adam. "Global Migration, 1846~1940" *Journal of World History*. Vol. 15, no. 2, 2004.

Novick, Peter. *The Holocaust in American Life*. Boston, 1999.

Power, Samantha. *The Problem from Hell: America in the Age of Genocide*. New York, 2003.

Reynolds, David. *One World Divisible: A Global History since 1945*. New York and London, 2000.

Shlaim, Avi. *The Iron Wall: Israel and the Arab World*. New York, 2000.

Stiglitz, Joseph E. *Globalization and Its Discontents*. New York, 2002.

Shilts, Randy. *And the Band Played On: Politics, People, and the AIDS Epidemic*. New York, 1987.

Turkle, Sherry. *Life on the Screen: Identity in the Age of the Internet*. New York, 1995.

Winter, Jay. *Dreams of Peace and Freedom: Utopian Moments in the Twentieth Century*. New Haven, Conn., 2006.

찾아보기

ㄱㄱㄹ

가리발디(Garibaldi, Giuseppe) • 325, 330~332

가톨릭인민당 • 547

간디(Gandhi, Mohandas) • 382, 668, 670~672, 685, 686, 714, 768

갈리아주의자 • 38

갈릴레이(Galilei, Galileo) • 80, 82, 83, 88~96, 102, 104, 107, 108

걸프 전쟁 • 758, 765

검은 셔츠단 • 548

게슈타포 • 559, 690

게이츠(Gate, Bill) • 746

경제상호원조회의(COMECON) • 650, 662

고갱(Gauguin, Paul) • 472, 473

고다르(Godard, Jean-Luc) • 705

고드윈(Godwin, William) • 289

고든(Gordon, Charles) • 389, 413, 414

고든(Gordon, George) → 바이런

고르바초프(Gorbachev, Mikhail) • 728, 729, 731, 732

고무우카(Gomulka, Wladyslaw) • 654

고비노(Gobineau, Arthur de) • 405

고야(Goya, Francisco) • 202

고한 작업장(sweatshop) • 257

고흐(Gogh, Vincent van) • 473

곡물법 • 301, 302

골턴(Galton, Francis) • 405

「공산당 선언」 • 282, 283

과달루페 이달고 조약 • 311, 312, 416

과학혁명 • 80~83, 102, 108, 109, 112, 153

관세 동맹 • 315

관용법(1689년) • 33

괴벨스(Goebbels, Joseph) • 556, 557, 561, 564, 578~580, 609

괴테(Goethe, Johann Wolfgang von) • 294, 295

교황 보증법 • 332

구경거리(spectacle) 사회 • 720

구급간호봉사대 • 505

구르카(Gurkha) • 635

구정 공세(Tet Offensive) • 719

구즈(Gouze, Olympe de) • 174

구체제 • 27, 161, 163, 168, 173, 177, 189, 195, 196, 198, 209

국가사회주의독일노동자당 • 555

국민공회(National Convention) • 184, 185, 187, 188, 190, 191, 208, 209

국민대표법 • 504

국민의회(National Assembly, 프랑스) • 169, 170, 172~177, 180, 181, 185, 189, 309

국민협회 • 334~337

국제노동자협회(제1인터내셔널) • 431

국제연맹 • 523~525, 527, 585, 586, 588, 589, 592, 767

국제통화기금(IMF) • 661, 728, 742, 744

국제형사법정 • 768

국제형사재판소(ICC) • 742

국제화(internationalization) • 742

군산복합체 • 693, 718

굴라그(gulag) • 540

굶주린 40년대 • 304, 328

권리장전 • 33, 349, 766

그라스(Grass, Günter) • 690, 734

그라쿠스 바뵈프 → 바뵈프

그레고리우스 16세(Gregorius XVI, Pope) • 324

그레이(Grey, Edward) • 484

그레이(Grey, Charles) • 300

그로스(Grosz, George) • 573

그로피우스(Gropius, Walter) • 574, 579

그리스 독립 전쟁 • 273

그림(Grimm) 형제 • 293

글라스노스트 • 728, 729

글래드스턴(Gladstone, William) • 246, 448

ㅁ

ᘒ이ᘓ

ㅈ

ㅊ

지은이

주디스 코핀(Judith G. Coffin)은 예일 대학교에서 프랑스 근대사 연구로 박사학위를 받았다. 하버드 대학교, 캘리포니아 대학교(리버사이드)에서 강의했고, 현재 텍사스 대학교(오스틴) 역사학과 교수로 있다. 그녀의 연구 관심 분야는 성, 대중문화, 노예제, 인종관계, 식민주의 등에 관련된 사회·문화사에 집중되어 있다. 저서로는 『여성 노동의 정치학 : 파리 의류업 1750~1915』 등이 있다.

로버트 스테이시(Robert C. Stacey)는 워싱턴 대학교(시애틀) 인문대학 학장으로 있으면서 역사학 및 유대인 문제를 연구, 강의하고 있다. 오랫동안 서양 문명의 역사와 중세 유럽사를 가르쳐온 그는 워싱턴 대학교와 예일 대학교에서 최우수 강의 교수로 선정되기도 했다(1984~1988). 그의 최근 연구 관심 분야는 중세 잉글랜드의 유대인 역사이다.

옮긴이

손세호(孫世浩)는 연세대학교 신학과를 졸업했으며, 서강대학교 대학원 사학과에서 서양사 전공으로 석사 및 박사 학위를 받았다. 뉴욕주립대학교(SUNY at Albany)에서 박사 후 연수 과정을 수료했고, 루이지애나 주립대 풀브라이트 미국학 연수 프로그램을 이수했으며, 스탠퍼드 대학교 사학과에서 풀브라이트 방문교수로 미국사를 연구했다. 서강대·연세대·이화여대·건국대 등에서 서양사와 미국사에 관한 강의를 했으며, 현재 평택대학교 미국학과 교수로 재직하고 있다.

주요 학회 경력으로는 한국미국사학회, 한국아메리카학회, 한국서양사학회, 역사학회 이사 등을 지냈으며, 한국미국사학회 회장을 역임했다. 또한 미국사 및 미국학 분야에서 세계적 권위를 인정받는 미국의 미국사학회(OAH)와 아메리카학회(ASA)의 연례 학술대회에서 논문을 발표한 바 있으며, 한국아메리카학회가 수여하는 우암논문상을 수상하기도 했다.

주요 저서로는 『하룻밤에 읽는 미국사』(랜덤하우스코리아, 2011), 『왜 콜럼버스는 신항로를 개척했을까?』(자음과 모음, 2013), 『눈으로 본 세계 역사 20 : 미국의 독립과 발전』(교원, 2006), 『세계사 인물 오디세이』(공저, 서해문집, 2010), 『역사 속의 소수자들』(공저, 푸른역사, 2009), 『미국 역사학의 역사』(공저, 비봉, 2000) 등이 있으며, 번역서로는 『미국 노예, 프레더릭 더글러스의 삶에 관한 이야기』(지만지, 2011), 『뒤를 돌아보면서 : 2000~1887』(지만지, 2008), 『서양 문명의 역사(하)』(소나무, 2007), 『있는 그대로의 미국사』(공역, 휴머니스트, 2005), 『영화로 본 새로운 역사』(공역, 소나무, 1998) 등이 있다.

주요 논문으로는 「미국 초기 여권운동과 윌리엄 로이드 개리슨」, 「주요 노예제 폐지론자의 헌법 해석 : 개리슨, 필립스, 더글러스」, 「에드워드 벨라미의 『뒤를 돌아보면서』를 뒤돌아보며」, 「『미국 역사 표준서』와 개정판을 둘러싼 논쟁」, 「미국 중등학교 미국사 교과서에서의 베트남 전쟁 서술」, 「에드워드 벨라미의 공화적 사회주의」 등이 있다.